RESPONSABILIDADE CIVIL

DOUTRINA E JURISPRUDÊNCIA PARA UTILIZAÇÃO PROFISSIONAL

Coleção

USO PROFISSIONAL

Organizadores
Leonardo Garcia
Alessandro Dantas
Roberval Rocha

ALESSANDRO DANTAS

RESPONSABILIDADE CIVIL

DOUTRINA E JURISPRUDÊNCIA PARA UTILIZAÇÃO PROFISSIONAL

2021

EDITORA JusPODIVM
www.editorajuspodivm.com.br

EDITORA
*Jus*PODIVM
www.editorajuspodivm.com.br . 87 – Pituba – CEP: 41830-530 – Salvador – Bahia
Tel: (71) 3045.9051
• Contato: https://www.editorajuspodivm.com.br/sac

Capa e Diagramação: Marcelo S. Brandão *(santibrando@gmail.com)*

U86 Dantas, Alessandro.
Uso Profissional - Responsabilidade Civil / Alessandro Dantas – Salvador: Editora JusPodivm, 2021
704 p. (Uso Profissional / coordenadores Alessandro Dantas, Leonardo Garcia, Roberval Rocha)

Inclui bibliografia
ISBN 978-85-442-3380-1

1. Responsabilidade civil em geral. 2. Legislação comentada. I. Dantas, Alessandro. II. Garcia, Leonardo. III. Rocha, Roberval. IV. Título.

CDD 342.151

Os limites do meu conhecimento são os limites do meu mundo.

Ludwig Wittgenstein

Dedico este livro aos meus pais Orly Coutinho e Marlene Coutinho, ao meu irmão Felipe Dantas Coutinho, por quem tenho grande admiração, e à maior paixão de minha vida: minha filha Maria Izabel Rosa Frigini Coutinho, preciosidade que me faz superar limites e que é o sinônimo legítimo e verdadeiro da palavra "amor".

AGRADECIMENTOS

Agradeço ao amigo e parceiro Leonardo Garcia pela confiança de me convidar para coordenar a coleção e atuar ativamente nela. Léo é um exemplo de profissional preocupado com a qualidade do ensino e dos materiais que são levados aos nossos leitores.

Agradeço aos meus grandes amigos e parceiros da advocacia, especialmente ao Getúlio, meu sócio, e à Thais.

Agradeço à Editora Juspodivm e o faço neste momento na pessoa do amigo Vauledir pela confiança no projeto e por sempre ser um grande incentivador.

APRESENTAÇÃO

O tema Responsabilidade Civil é um dos mais recorrentes nos mais diversos juízos e tribunais. Objetivando trazer um compilado de doutrina e jurisprudência atualizadas, elaboramos esta obra densa, completa e que, com certeza, jogará muitas luzes para aqueles que tratam do tema, sejam advogados, juízes, promotores, desembargadores e ministros.

Procuramos, o máximo possível, apresentar decisões recentes sobre o tema.

Desenvolvemos o livro inicialmente tratando da teoria geral da responsabilidade civil para, logo após, ir avançando em subáreas.

Acreditamos que a obra suprirá uma lacuna existente e estamos, como sempre, disponíveis às críticas dos leitores para, a cada edição, melhorarmos nossos trabalhos.

Alessandro Dantas.

Primavera de 2020

ENTENDENDO MELHOR A ESTRUTURA DO LIVRO

A obra foi estruturada e pensada para facilitar ao máximo sua utilização pelo profissional do Direito, ofertando ao leitor rápida e precisa pesquisa sobre o ponto exato do tema que pretende utilizar em suas peças processuais.

A obra possui:

- ✓ Sumário extenso e detalhado para que o leitor consiga localizar com precisão o que ele de fato precisa utilizar;
- ✓ Comentários aos temas relacionados à Responsabilidade Civil em diversos segmentos;
- ✓ Centenas de citações doutrinárias prontas para serem usadas em peças processuais (petição inicial, recursos, sentenças, votos, pareceres etc.);
- ✓ Jurisprudências selecionadas do STF e do STJ, inclusive as Repercurssões Gerais e os Repetitivos;
- ✓ Jurisprudência selecionada de diversos Tribunais Federais e Estaduais;
- ✓ Jurisprudência selecionada sobre Responsabilidade Civil por Danos Morais;
- ✓ Jurisprudência selecionada sobre Responsabilidade Civil do transportador;
- ✓ Jurisprudência selecionada sobre Responsabilidade Civil por erro médico;
- ✓ Jurisprudência selecionada sobre Responsabilidade Civil decorrente das relações de consumo;
- ✓ Jurisprudência selecionada sobre Responsabilidade Civil decorrente de acidente de trânsito;
- ✓ Jurisprudência selecionada sobre Responsabilidade Civil por perda de uma chance;
- ✓ Jurisprudência selecionada sobre Responsabilidade Civil dos Bancos;
- ✓ Jurisprudência selecionada sobre Responsabilidade Civil por inscrição indevida no SPC e SERASA;
- ✓ Doutrina e jurisprudência sobre Responsabilidade Civil do Estado.

ENTENDENDO OS SÍMBOLOS PARA FACILITAR A PESQUISA

CONECTORES

(►)referem-se a citações doutrinárias ou tópicos desenvolvidos pelo autor.

► **Destina-se ela (a responsabilidade) a restaurar o equilíbrio moral e patrimonial provocado pelo autor do dano.**

Destina-se ela a restaurar o equilíbrio moral e patrimonial provocado pelo autor do dano. Exatamente o interesse em restabelecer a harmonia e o equilíbrio violados pelo dano constitui a fonte geradora da responsabilidade civil. (GONÇALVES, Carlos Roberto, Comentários ao Código Civil: parte especial: direito das obrigações, volume 11 (arts. 927 a 965) / Carlos Roberto Gonçalves; (coord.) Antônio Junqueira de Azevedo. – São Paulo: Saraiva, 2003, p. 01)

► **No mesmo sentido:** Responsabilidade (respondere) é o dever jurídico de recomposição do dano sofrido, imposto ao seu causador direto ou indireto. A responsabilidade constitui uma relação obrigacional cujo objeto é o ressarcimento. (LISBOA, Roberto Senise. *Manual de direito civil, v. 2*: Direito das obrigações e responsabilidade civil. 3ª. ed. – São Paulo: Saraiva, 2004, p. 427)

(◙)referem-se às citações jurisprudenciais

◙ É preciso reconhecer que o STJ tem enfrentado no mérito relativamente poucos casos envolvendo erro judiciário, visto que, na maioria esmagadora das situações levadas ao seu conhecimento, a Corte tem entendido que a questão passa pelo reexame de provas, insuscetível de ser feito em sede de recurso especial.

◙ Manutenção de indenização devida à pessoa condenada no lugar de outra, e que ficou presa por nove anos, motivo suficiente, inclusive, para a Corte já entender por presumido o dano sofrido.

(REsp 1.030.890/PR, 2.ª T., Rel. Min. Castro Meira, j. 14.04.2011);

(֍) referem-se às sumulas do STF e STJ

֍ Súmula STF 18: "Pela falta residual, não compreendida na absolvição pelo juízo criminal, é admissível a punição administrativa do servidor público".

SUMÁRIO DETALHADO

SUMÁRIO

TEORIA GERAL DA RESPONSABILIDADE CIVIL

SUMÁRIO

TEORIA GERAL DA RESPONSABILIDADE CIVIL

TEORIA GERAL DA RESPONSABILIDADE CIVIL

▶ As várias acepções da responsabilidade

Existem várias espécies de responsabilidade civil, que variam conforme a perspectiva analisada. Dentre as muitas classificações possíveis, se destacam aquelas relativas: 1. ao fato gerador, que se divide em contratual (proveniente de conduta violadora de uma norma convencional) e extracontratual ou aquiliana (resultante da violação do dever legal de abstenção, denominado *neminem laedere*); 2. ao agente, decomposta em direta (proveniente de ato do próprio responsável) e indireta (que provém de ato de terceiro vinculado ao agente ou de fato de animal ou coisa inanimada sob sua guarda); e 3. ao fundamento da responsabilidade, apresentando as três figuras básicas que mais interessam ao presente estudo. (KIRCHNER, Felipe. A responsabilidade civil objetiva no art. 927, parágrafo único, do CC/2002. RT 871/36, maio 2008)

> ▶ **Veja ainda:** A palavra responsabilidade tem sua origem na raiz latina *spondeo*, pela qual se vinculava o devedor, solenemente, nos contratos verbais do Direito Romano. Dentre as várias acepções existentes, algumas fundadas na doutrina do livre-arbítrio, outras em motivações psicológicas, destaca-se a noção de responsabilidade como aspecto da realidade social. Toda atividade que acarreta prejuízo traz em seu bojo, como fato social, o problema da responsabilidade. (GONÇALVES, Carlos Roberto, Comentários ao Código Civil: parte especial: direito das obrigações, volume 11 (arts. 927 a 965) / Carlos Roberto Gonçalves; (coord.) Antônio Junqueira de Azevedo. – São Paulo: Saraiva, 2003, p. 01)
>
> ▶ **Ainda:** "imputar a responsabilidade a alguém, é considerar-lhe responsável por alguma coisa, fazendo-o responder pelas consequências de uma conduta contrária ao dever, sendo responsável aquele indivíduo que podia e devia ter agido de outro modo" (Separação, Violência e Danos Morais – A Tutela da Personalidade dos Filhos. São Paulo: Paulistana Jur, 2004, p. 245).
>
> ▶ **Ainda:** A palavra "responsabilidade" tem sua origem no verbo latino respondere, significando a obrigação que alguém tem de assumir com as consequências jurídicas de sua atividade, contendo, ainda, a raiz latina de *spondeo*, fórmula através da qual se vinculava, no Direito Romano, o devedor nos contratos verbais. A acepção que se faz de responsabilidade, portanto, está ligada ao surgimento de uma obrigação derivada, ou seja, um dever jurídico sucessivo, em função da ocorrência de um fato jurídico lato sensu. O respaldo de tal obrigação, no campo jurídico, está no princípio fundamental da "proibição de ofender", ou seja, a ideia de que a ninguém se deve lesar – a máxima *neminem laedere*, de Ulpiano —, limite objetivo da liberdade individual em uma sociedade civilizada. (GAGLIANO, Pablo Stolze. PAMPLONA FILHO, Rodolfo. Novo curso de direito civil, volume 3: Responsabilidade Civil / – 16ª. ed. rev., atual. e ampl. – São Paulo: Saraiva, 2018, p. 51/52)

► A palavra tem raízes etimológicas na antiguidade.

"O termo responsabilidade evoca o cognato resposta, ambos alicerçados na raiz *spond do verbo respondere*, cujo significado é responder"...."Responsável é aquele que responde e resposta é sempre a resultante do estímulo anterior causativo – a pergunta. Por outro lado, irresponsável é o que não responde, deixando em suspenso o diálogo, por falta do segundo elemento do binômio – a resposta. É o monólogo do irresponsável". (CRETELLA JR., José. O Estado e a obrigação de indenizar. São Paulo: Saraiva, 1980. p. 6-7.)

► Herbert Hart aponta quatro sentidos principais do termo responsabilidade.

O primeiro é o de role-responsibility, que poderia ser traduzido como "responsabilidade-papel", ou "responsabilidade-função". Neste sentido, responsabilidade significa a atividade que se espera de determinada pessoa no desempenho de função que especialmente lhe é atribuída. São exemplos de uso da expressão neste primeiro sentido frases como: os pais são responsáveis por cuidar dos filhos; o capitão é responsável por zelar pela integridade do navio. Ainda que da "responsabilidade-função" possa-se deduzir a necessidade social de atribuição de consequência jurídica ao seu mau desempenho, nota-se que ainda não é esse o sentido técnico-jurídico de responsabilidade. O segundo é o de causal-responsibility, ou seja, "responsabilidade causal". Trata-se, novamente, não da expressão em sentido preciso da técnica do direito, senão uma invocação livre da noção de responsabilidade como sinônimo de causa. Exemplifique-se com afirmações como: "a longa seca foi responsável pela fome naquele país"; "a colisão dos veículos foi responsável pelos ferimentos sofridos porfulano". O terceiro sentido é o de capacity-responsibility, ou, traduzindo-se, "responsabilidade-capacidade". A ideia aqui expressa é o reconhecimento da aptidão de "compreensão, raciocínio e controle" de quem se diz responsável, quanto à sua conduta. Numa frase como "quem é o responsável pela limpeza deste andar?", ou ainda "quem é o responsável pelas condições de higiene deste hospital?", não se está cogitando de aplicação de consequência jurídica, senão somente se está indagando qual o sujeito habilitado (de fato e de direito) a tomar determinadas condutas. Por fim, o quarto sentido é o que Hart diz legal liability-responsibility. É este o da "responsabilidade jurídica": aqui um sentido propriamente jurídico de responsabilidade, destacado dos demais, que carregam antes um aspecto lógico ou moral. (HART, Herbert. Punishment and responsibility: essays in the philosophy of Law. Oxford: Clarendon Press, 1998. p. 211 e ss.)

► Evolução da responsabilidade civil

"O instituto da responsabilidade civil, assim como a própria ciência do direito, evoluiu concomitantemente com a sociedade. Os seus conceitos, requisitos e teorias surgiram em razão da exigência social, por isso, para melhor compreensão, faz-se necessária uma abordagem histórica sobre o tema. (GONDIM, Glenda Gonçalves. Responsabilidade civil: teoria da perda de uma chance. RT 840/11, out. 2005.)

► **Fontes das obrigações de indenizar.**

As obrigações de indenizar podem nascer tanto da lei, quanto de um fato jurídico (atos jurídicos, negócios jurídicos, contratos, declaração unilateral de vontade, ato ilícito e, até mesmo, de ato lícito). (Código Civil Comentado - Ed. 2019, Autor: Nelson Nery Junior, Rosa Maria de Andrade Nery, Editor:Revista dos Tribunais, Código Civil, Parte Especial. LIVRO I. DO DIREITO DAS OBRIGAÇÕES, TÍTULO IX. DA RESPONSABILIDADE CIVIL, Capítulo I. DA OBRIGAÇÃO DE INDENIZAR, Art. 927. Página RL-2.125, https://proview.thomsonreuters.com/launchapp/title/rt/codigos/100083938/v13/page/RL-2.125)

► **Natureza da responsabilidade civil.**

A responsabilidade civil é a consequência da imputação civil do dano à pessoa que lhe deu causa ou que responda pela indenização correspondente, nos termos da lei ou do contrato. A indenização devida pelo responsável pode ter natureza compensatória e/ou reparatória do dano causado. (Código Civil Comentado - Ed. 2019, Autor: Nelson Nery Junior, Rosa Maria de Andrade Nery, Editor:Revista dos Tribunais, Código Civil, Parte Especial. LIVRO I. DO DIREITO DAS OBRIGAÇÕES, TÍTULO IX. DA RESPONSABILIDADE CIVIL, Capítulo I. DA OBRIGAÇÃO DE INDENIZAR, Art. 927. Página RL-2.125, https://proview.thomsonreuters.com/launchapp/title/rt/codigos/100083938/v13/page/RL-2.125

► **A noção jurídica de responsabilidade**

"...a noção jurídica de responsabilidade pressupõe a atividade danosa de alguém que, atuando *a priori* ilicitamente, viola uma norma jurídica preexistente (legal ou contratual), subordinando-se, dessa forma, às consequências do seu ato (obrigação de reparar). (GAGLIANO, Pablo Stolze. PAMPLONA FILHO, Rodolfo. Novo curso de direito civil, volume 3: Responsabilidade Civil / - 16ª. ed. rev., atual. e ampl. - São Paulo: Saraiva, 2018, p. 59)

> ► **Ainda:** responsabilidade civil deriva da agressão a um interesse eminentemente particular, sujeitando, assim, o infrator, ao pagamento de uma compensação pecuniária à vítima, caso não possa repor *in natura* o estado anterior de coisas. (GAGLIANO, Pablo Stolze. PAMPLONA FILHO, Rodolfo. Novo curso de direito civil, volume 3: Responsabilidade Civil / - 16ª. ed. rev., atual. e ampl. - São Paulo: Saraiva, 2018, p. 59)

► **Destina-se ela (a responsabilidade) a restaurar o equilíbrio moral e patrimonial provocado pelo autor do dano.**

Destina-se ela a restaurar o equilíbrio moral e patrimonial provocado pelo autor do dano. Exatamente o interesse em restabelecer a harmonia e o equilíbrio violados pelo dano constitui a fonte geradora da responsabilidade civil. (GONÇALVES, Carlos Roberto, Comentários ao Código Civil: parte especial: direito das obrigações, volume

11 (arts. 927 a 965) / Carlos Roberto Gonçalves; (coord.) Antônio Junqueira de Azevedo. – São Paulo: Saraiva, 2003, p. 01)

> ▶ __No mesmo sentido:__ Responsabilidade (respondere) é o dever jurídico de recomposição do dano sofrido, imposto ao seu causador direto ou indireto. A responsabilidade constitui uma relação obrigacional cujo objeto é o ressarcimento. (LISBOA, Roberto Senise. *Manual de direito civil, v. 2*: Direito das obrigações e responsabilidade civil. 3ª. ed. – São Paulo: Saraiva, 2004, p. 427)

▶ A responsabilidade exprime ideia de restauração de equilíbrio, de contraprestação, de reparação de dano.

Pode-se afirmar, portanto, que responsabilidade exprime ideia de restauração de equilíbrio, de contraprestação, de reparação de dano. Sendo múltiplas as atividades humanas, inúmeras são também as espécies de responsabilidade, que abrangem todos os ramos do Direito e extravasam os limites da vida jurídica, para se ligar a todos os domínios da vida social. Coloca-se, assim, o responsável na situação de quem, por ter violado uma determinada norma, vê-se exposto às consequências não desejadas decorrentes de sua conduta danosa, podendo ser compelido a restaurar o *statu quo ante*. (GONÇALVES, Carlos Roberto, Comentários ao Código Civil: parte especial: direito das obrigações, volume 11 (arts. 927 a 965) / Carlos Roberto Gonçalves; (coord.) Antônio Junqueira de Azevedo. – São Paulo: Saraiva, 2003, p. 1/2)

> ▶ __No mesmo sentido:__ Responsabilidade, para o Direito, nada mais é, portanto, que uma obrigação derivada - um dever jurídico sucessivo - de assumir as consequências jurídicas de um fato, consequências essas que podem variar (reparação dos danos e/ou punição pessoal do agente lesionante) de acordo com os interesses lesados. (GAGLIANO, Pablo Stolze. PAMPLONA FILHO, Rodolfo. Novo curso de direito civil, volume 3: Responsabilidade Civil / – 16ª. ed. rev., atual. e ampl. – São Paulo: Saraiva, 2018, p. 53)

▶ Natureza jurídica da responsabilidade civil.

Já expusemos que tanto a responsabilidade civil quanto a responsabilidade penal decorrem a priori da prática de um ato ilícito, ou seja, de uma violação da ordem jurídica, gerando desequilíbrio social, ressalvando-se como exceção, por rigor técnico, a possibilidade de a responsabilidade civil decorrer, também, de uma imposição legal, seja em atividades lícitas, seja em função do risco da atividade exercida. Ora, a consequência lógico-normativa de qualquer ato ilícito é uma sanção, podendo esta ser definida, portanto, como "a consequência jurídica que o não cumprimento de um dever produz em relação ao obrigado..." (GAGLIANO, Pablo Stolze. PAMPLONA FILHO, Rodolfo. Novo curso de direito civil, volume 3: Responsabilidade Civil / – 16ª. ed. rev., atual. e ampl. – São Paulo: Saraiva, 2018, p. 69)

► Havendo dano, produzido injustamente na esfera alheia, surge a necessidade de reparação, como imposição natural da vida em sociedade e, exatamente, para a sua própria existência e o desenvolvimento normal das potencialidades de cada ente personalizado.

Havendo dano, produzido injustamente na esfera alheia, surge a necessidade de reparação, como imposição natural da vida em sociedade e, exatamente, para a sua própria existência e o desenvolvimento normal das potencialidades de cada ente personalizado. É que investidas ilícitas ou antijurídicas no circuito de bens ou de valores alheios perturbam o fluxo tranquilo das relações sociais, exigindo, em contraponto, as reações que o Direito engendra e fórmula para a restauração do equilíbrio rompido. (BITTAR, Carlos Alberto, Reparação Civil por Danos Morais, São Paulo: Revista dos Tribunais, 1993, p. 16).

► Nesse sentido, a teoria da responsabilidade civil encontra suas raízes no princípio fundamental do *neminem laedere*, justificando-se diante da liberdade e da racionalidade humanas, como imposição, portanto, da própria natureza das coisas.

Ao escolher as vias pelas quais atua na sociedade, o homem assume os ônus correspondentes, apresentando-se a noção de responsabilidade como corolário de sua condição de ser inteligente e livre. Realmente, a construção de uma ordem jurídica justa – ideal perseguido, eternamente, pelos grupos sociais – repousa em certas pilastras básicas, em que avulta a máxima de que a ninguém se deve lesar. Mas, uma vez assumida determinada atitude pelo agente, que vem a causar dano, injustamente, a outrem, cabe-lhe sofrer os ônus relativos, a fim de que se possa recompor a posição do lesado, ou mitigar-lhe os efeitos do dano, ao mesmo tempo em que se faça sentir ao lesante o peso da resposta compatível prevista na ordem jurídica. Na satisfação dos interesses lesados é que, em última análise, reside a linha diretiva da teoria em questão, impulsionada, *ab origine*, por forte colaboração humanista, tendente a propiciar ao lesado a restauração do patrimônio ou a compensação pelos sofrimentos experimentados, ou ambos, conforme a hipótese, cumprindo-se assim os objetivos próprios" (BITTAR, Carlos Alberto, Reparação Civil por Danos Morais, São Paulo: Revista dos Tribunais, 1993, p. 16).

► Na ação de indenização com fundamento na responsabilidade civil por erro médico a certeza há de vir na tríplice realidade, consistente no dano sofrido pelo paciente, na conduta ilícita por imperícia, negligência ou imprudência por parte do médico e no nexo de causalidade.

Na ação de indenização com fundamento na responsabilidade civil por erro médico a certeza há de vir na tríplice realidade, consistente no dano sofrido pelo paciente, na conduta ilícita por imperícia, negligência ou imprudência por parte do médico e no nexo de causalidade. A constatação de que não houve negligência seja na realização do procedimento cirúrgico, seja no acompanhamento da paciente na fase do pós-operatório, impõe o indeferimento do pedido reparatório. Não há razão para majorar o valor arbitrado a título de indenização por danos morais fixado de acordo com os parâmetros da razoabilidade. (Ap 45271/2017, DES. GUIOMAR TEODORO BORGES, QUARTA CÂMARA DE DIREITO PRIVADO, Julgado em 31/05/2017, publicado no DJE 02/06/2017)

► **Causa da responsabilidade. Causa *efficiens*. Elemento de apuração da responsabilidade (relação potencial causa/causado).**

O uso jurídico mais corriqueiro do termo causa (ver sobre o tema os comentários ao CC 104) se dá no sentido de causa *efficiens*, quando da apuração da responsabilidade de alguém por algo, quando da análise do dever de indenizar um dano sofrido por outrem, ocasião em que se analisa o nexo de causalidade como critério para identificar se, por quem e a favor de quem a indenização é devida e em que medida. Em Tácito há menção a esse vínculo, de imputar algo a alguém por ter dado causa a uma situação nefasta (Tácito. Agrícola, XXXIV). É nessa seara que surge a pergunta sobre o que seria causa juridicamente relevante de algo (de interesse para a ciência do direito) para imputar a alguém a responsabilidade pela ocorrência de determinado fato. *"El desarrollo de la relación causa-efecto puede ser interferido por otra causa que actúa en forma conjunta con la anterior, a veces desviando las consecuencias que normalmente ocurren por acción de la primera de acuerdo con el orden natural, mientras que en otras las neutraliza o agrava. El efecto producido en el caso, proviene de la conjunción de la causa puesta por el agente con otra circunstancia independiente" (Antonio Vazquez Vialard. La responsabilidad en el derecho del trabajo, Buenos Aires, Astrea, 1998, p. 339).* (Código Civil Comentado – Ed. 2019, Autor: Nelson Nery Junior, Rosa Maria de Andrade Nery, Editor: Revista dos Tribunais, Código Civil, Parte Geral. Livro III. Dos Fatos Jurídicos, Título III. Dos Atos Ilícitos, Art. 186. Página RL-2.29, https://proview.thomsonreuters.com/launchapp/title/rt/codigos/100083938/v13/page/RL-2.29)

◙ **A responsabilização civil se verifica mediante demonstração do ato ilícito, comissivo ou omissivo, doloso ou culposo; do dano e do nexo de causalidade (CC, arts. 186 e 927).**

APELAÇÃO CÍVEL - AÇÃO DE INDENIZAÇÃO - ACIDENTE DE TRÂNSITO - CONVERSÃO À ESQUERDA E INGRESSO EM VIA PREFERENCIAL - CAUSA DETERMINANTE - RESPONSABILIDADE CIVIL - DANOS MORAIS, MATERIAIS E LUCROS CESSANTES. A responsabilização civil se verifica mediante demonstração do ato ilícito, comissivo ou omissivo, doloso ou culposo; do dano e do nexo de causalidade (CC, arts. 186 e 927). Em regra, nos acidentes de trânsito, a responsabilidade recai sobre o condutor do veículo que agiu de forma determinante para o sinistro. O condutor que vai efetuar manobra de conversão à esquerda para ingressar na via principal deve agir com maior cautela para evitar a colisão com os veículos que nela transitam. De acordo com o conjunto probatório, não há que se falar em culpa concorrente, pois é possível aferir que a conduta do motorista que ingressou na via principal foi a causa determinante para o acidente e não há evidência de que o outro veículo estivesse em velocidade incompatível com a via. A incolumidade física consiste direito da personalidade e sua violação caracteriza constrangimentos e transtornos de ordem moral, passíveis de reparação. O arbitramento da indenização por danos morais deve se orientar pelos princípios da razoabilidade e proporcionalidade, de forma que a reparação possa cumprir a dupla finalidade compensatória e pedagógica, de acordo com as circunstâncias do caso concreto. Os danos materiais e os lucros cessantes devem ser indenizados quando comprovados nos autos. Recurso parcialmente provido.

(Processo: AC 10000190225201001 MG – Publicação: 13/05/2019 – Julgamento: 5 de Maio de 19 – Relator: Manoel dos Reis Morais.)

▶ **A responsabilidade pode resultar da violação tanto de normas morais como jurídicas, separada ou concomitantemente.**

Mutatis mutandis, até mesmo no âmbito da moral, a noção de responsabilidade desponta, embora sem a coercitividade característica da responsabilidade decorrente da violação de uma norma jurídica. De fato, por isso, se o católico fervoroso comete um pecado, descumprindo um mandamento religioso (norma moral), será punido apenas no campo psicológico, arcando com as consequências do seu ato (terá de rezar dez pais-nossos, por exemplo). (GAGLIANO, Pablo Stolze. PAMPLONA FILHO, Rodolfo. Novo curso de direito civil, volume 3: Responsabilidade Civil / – 16ª. ed. rev., atual. e ampl. – São Paulo: Saraiva, 2018, p. 53)

> ▶ **No mesmo sentido:** A responsabilidade pode resultar da violação tanto de normas morais como jurídicas, separada ou concomitantemente. Tudo depende do fato que configura a infração, que pode ser, muitas vezes, proibido pela lei moral ou religiosa ou pelo Direito. (GONÇALVES, Carlos Roberto, Comentários ao Código Civil: parte especial: direito das obrigações, volume 11 (arts. 927 a 965) / Carlos Roberto Gonçalves; (coord.) Antônio Junqueira de Azevedo. – São Paulo: Saraiva, 2003, p. 02)
>
> ▶ **Ainda:** Ocorre, aqui, a primeira distinção entre responsabilidade jurídica e responsabilidade moral. Esta se confina – explicam Henri et Leon Mazeaud – no problema do pecado. O homem se sente moralmente responsável perante Deus ou perante a sua consciência, conforme seja, ou não, um crente". E arremata: "Não se cogita, pois, de saber se houve, ou não, prejuízo, porque um simples pensamento induz essa espécie de responsabilidade, terreno que escapa ao campo do Direito, destinado a assegurar a harmonia das relações entre os indivíduos, objetivo que, logicamente, não parece atingido por esse lado". (DIAS, Aguiar. Da responsabilidade civil. 9ª edição, Forense, Rio de Janeiro, 1994, p. 4)

▶ **O campo da moral é mais amplo do que o do direito, pois só se cogita da responsabilidade jurídica quando há prejuízo.**

O campo da moral é mais amplo do que o do direito, pois só se cogita da responsabilidade jurídica quando há prejuízo. Esta só se revela quando ocorre infração da norma jurídica que acarrete dano ao indivíduo ou à coletividade. Neste caso, o autor da lesão será obrigado a recompor o direito atingido, reparando em espécie ou em pecúnia o mal causado. A responsabilidade moral e a religiosa, contudo, atuam no campo da consciência individual. O homem sente-se moralmente responsável perante sua consciência ou perante Deus, conforme seja ou não religioso, mas não há nenhuma preocupação com a existência de prejuízo a terceiro. Como a responsabilidade moral é confinada à consciência ou ao pecado, e não se exterioriza socialmente, não tem repercussão na ordem jurídica. Pressupõe, porém, o livre-arbítrio e a consciência da obrigação. (GONÇALVES, Carlos Roberto, Comentários ao Código Civil: parte especial: direito das obrigações, volume 11 (arts. 927 a 965) / Carlos Roberto Gonçalves; (coord.) Antônio Junqueira de Azevedo. – São Paulo: Saraiva, 2003, p. 02)

► A diferença mais relevante entre responsabilidade civil e moral.

A diferença mais relevante, todavia, reside realmente na ausência de coercitividade institucionalizada da norma moral, não havendo a utilização da força organizada para exigir o cumprimento, uma vez que esta é monopólio do Estado. (GAGLIANO, Pablo Stolze. PAMPLONA FILHO, Rodolfo. Novo curso de direito civil, volume 3: Responsabilidade Civil / – 16ª. ed. rev., atual. e ampl. – São Paulo: Saraiva, 2018, p. 54)

► Distinção entre obrigação e responsabilidade

Obrigação é o vínculo jurídico que confere ao credor (sujeito ativo) o direito de exigir do devedor (sujeito passivo) o cumprimento de determinada prestação. Corresponde a uma relação de natureza pessoal, de crédito e débito, de caráter transitório (extingue-se pelo cumprimento), cujo objeto consiste numa prestação economicamente aferível. A obrigação nasce de diversas fontes e deve ser cumprida livre e espontaneamente. Quando tal não ocorre e sobrevém o inadimplemento, surge a responsabilidade. Não se confundem, pois, obrigação e responsabilidade. Esta só surge se o devedor não cumpre espontaneamente a primeira.

► **No mesmo sentido:** Embora não seja comum nos autores, é importante distinguir a obrigação da responsabilidade. Obrigação é sempre um dever jurídico originário; responsabilidade é um dever jurídico sucessivo, consequente à violação do primeiro. Se alguém se compromete a prestar serviços profissionais a outrem, assume uma obrigação, um dever jurídico originário. Se não cumprir a obrigação (deixar de prestar os serviços), violará o dever jurídico originário, surgindo daí a responsabilidade, o dever de compor o prejuízo causado pelo não cumprimento da obrigação. Em síntese, em toda obrigação há um dever jurídico originário, enquanto na responsabilidade há um dever jurídico sucessivo. (CAVALIERI FILHO, Sérgio, Programa de responsabilidade civil, 13ª. ed., Atlas, São Paulo, 2019 p. 14)

► **Ainda:** A responsabilidade não se confunde com a obrigação originária, uma vez que aquela é invariavelmente um dever jurídico sucessivo ou suplementar, decorrente da violação da obrigação. (LISBOA, Roberto Senise. Manual de direito civil, v. 2: Direito das obrigações e responsabilidade civil. 3ª. ed. – São Paulo: Saraiva, 2004, p. 427)

► Para uma aproximação mais precisa do conceito jurídico de responsabilidade, de plano há que se distinguir responsabilidade e obrigação (ou dever jurídico).

Sobre esse ponto, é precisa a lição de Kelsen, que aqui se adota: "Conceito essencialmente ligado com o conceito de dever jurídico, mas que dele deve ser distinguido, é o conceito de responsabilidade. Um indivíduo é juridicamente obrigado a uma determinada conduta quando uma oposta conduta sua é tornada pressuposto de um ato coercitivo (como sanção). Mas este ato coercitivo, isto é, a sanção como consequência do ilícito, não tem de ser necessariamente dirigida [...] contra o indivíduo obrigado, quer dizer, contra o indivíduo cuja conduta é o pressuposto do ato coercitivo, contra o delinquente, mas pode também ser dirigido contra um outro indivíduo que se encontre com aquele numa relação determinada pela ordem jurídica. O indivíduo contra quem é dirigida a consequência do ilícito responde pelo ilícito, é juridicamente responsável por ele". (KELSEN, Hans. Teoria pura do direito. Trad. João Baptista Machado. Coimbra: Arménio Amado, 1962. vol. 1, p. 233-234)

► **A responsabilidade é a sombra da obrigação**

Daí a feliz imagem de Larenz ao dizer que *"a responsabilidade é a sombra da obrigação"*. Assim como não há sombra sem corpo físico, também não há responsabilidade sem a correspondente obrigação. Sempre que quisermos saber quem é o responsável teremos que identificar aquele a quem a lei imputou a obrigação, porque ninguém poderá ser responsabilizado por nada sem ter violado dever jurídico preexistente. (CAVALIERI FILHO, Sérgio, Programa de responsabilidade civil, 13ª. ed., Atlas, São Paulo, 2019 p. 14)

► **Devemos a Alois Brinz essa importante distinção entre obrigação e responsabilidade, o primeiro a visualizar dois momentos distintos na relação obrigacional**

Devemos a Alois Brinz essa importante distinção entre obrigação e responsabilidade, o primeiro a visualizar dois momentos distintos na relação obrigacional: o do débito (Shuld), consistente na obrigação de realizar prestação e dependente de ação ou omissão do devedor; e o da responsabilidade (Haftung), na qual se faculta ao credor atacar e executar o patrimônio do devedor a fim de obter a correspondente indenização pelos prejuízos causados em virtude do descumprimento da obrigação originária (apud Arnoldo Wald, Direitos das obrigações, 15. ed. São Paulo: Malheiros, 2001, p. 35). (CAVALIERI FILHO, Sérgio, Programa de responsabilidade civil, 13ª. ed., Atlas, São Paulo, 2019 p. 14)

► **O Código Civil faz essa distinção entre obrigação e responsabilidade no seu art. 389.**

O Código Civil faz essa distinção entre obrigação e responsabilidade no seu art. 389. "Não cumprida a obrigação [obrigação originária], responde o devedor por perdas e danos [...]" – obrigação sucessiva, ou seja, a responsabilidade. Esse dispositivo é aplicável tanto à responsabilidade contratual como à extracontratual, conforme se depreende desta primorosa lição de Aguiar Dias: "Se o contrato é uma fonte de obrigações, a sua inexecução também o é. Quando ocorre a inexecução, não é a obrigação contratual que movimenta o mundo da responsabilidade. O que se estabelece é uma obrigação nova, que se substitui à obrigação preexistente no todo ou em parte: a obrigação de reparar o prejuízo consequente à inexecução da obrigação assumida. Essa verdade se afirmará com mais vigor se observamos que a primeira obrigação (contratual) tem origem na vontade comum das partes, ao passo que a obrigação que a substitui por efeito de inexecução, isto é, a obrigação de reparar o prejuízo, advém, muito ao contrário, contra a vontade do devedor: esse não quis a obrigação nova, estabelecida com a inexecução da obrigação que contratualmente consentira. Em suma: a obrigação nascida do contrato é diferente da que nasce de sua inexecução. Assim sendo, a responsabilidade contratual é também fonte de obrigações, como a responsabilidade delitual. Nos dois casos, tem lugar uma obrigação; em ambos, essa obrigação produz efeito" (CAVALIERI FILHO, Sérgio, Programa de responsabilidade civil, 13ª. ed., Atlas, São Paulo, 2019 p.14/15).

► **A responsabilidade é, pois, a consequência jurídica patrimonial do descumprimento da relação obrigacional.**

A responsabilidade é, pois, a consequência jurídica patrimonial do descumprimento da relação obrigacional. (GONÇALVES, Carlos Roberto, Comentários ao Código Civil: parte especial: direito das obrigações, volume 11 (arts. 927 a 965) / Carlos Roberto Gonçalves; (coord.) Antônio Junqueira de Azevedo. – São Paulo: Saraiva, 2003, p. 3)

► **Malgrado a correlação entre ambas, uma pode existir sem a outra.**

Malgrado a correlação entre ambas, uma pode existir sem a outra. As dívidas prescritas e as de jogo constituem exemplos de obrigação sem responsabilidade. O devedor, nestes casos, não pode ser condenado a cumprir a prestação, isto é, ser responsabilizado, embora continue devedor. Como exemplo de responsabilidade sem obrigação pode ser mencionado o caso do fiador, que é responsável pelo pagamento do débito do afiançado, este sim originariamente obrigado ao pagamento dos aluguéis. (GONÇALVES, Carlos Roberto, Comentários ao Código Civil: parte especial: direito das obrigações, volume 11 (arts. 927 a 965) / Carlos Roberto Gonçalves; (coord.) Antônio Junqueira de Azevedo. – São Paulo: Saraiva, 2003, p. 3)

► **Importante não se definir responsabilidade como "obrigação" de indenizar. A sujeição à incidência de uma sanção não expressa obrigação.**

Talvez essa ideia seja mais simples de se figurar em termos de sanção penal do que em termos de sanção civil. Imagine-se, por exemplo, a pena de prisão. A condução à prisão, na qual via de regra o condenado comporta-se de modo passivo – isto é, é conduzido à prisão – sugere a percepção intuitiva da incidência da sanção. Por outro lado, quanto à sanção civil de indenização, ocorre, provavelmente com mais frequência do que em matéria penal, o acatamento espontâneo da determinação judicial de indenização (como sanção), de modo que o devedor assim instado paga, de modo ativo, a indenização. E, se não paga, pode sofrer uma execução forçada de sua dívida. Neste ponto é que se pode supor ser o momento do pagamento espontâneo da indenização ainda um momento de "cumprimento da obrigação", enquanto o momento da execução forçada seria o momento da incidência da sanção. Todavia, o pagamento espontâneo de uma indenização ao qual alguém foi condenado já expressa incidência de sanção. Do mesmo modo que, voltando ao exemplo penal, o comparecimento espontâneo do condenado, apresentando-se para a prisão, não significa cumprimento de obrigação de sua parte, mas sim sujeição à incidência da sanção. O que se acaba de dizer, no entanto, não afasta a existência de verdadeira situação de "obrigação de indenizar". Essa obrigação de indenizar, todavia, sendo propriamente obrigação, não se confunde com a incidência da indenização como sanção, ou seja, não se confunde com a responsabilidade. (MENEZES DE ALMEIDA, Fernando Dias. Coordenação: Maria Sylvia Zanella Di Pietro. *Tratado de Direito Administrativo: controle da administração pública e responsabilidade civil*, 1ª edição, São Paulo, Revista dos Tribunais, 2014. p. 240)

► **Distinção entre responsabilidade e dever de indenizar**

Kelsen logra bem precisar a distinção entre duas situações que, na prática, revestem-se de traços exteriores de similaridade: ***a responsabilidade e a obrigação de indenizar.*** Há casos em que o direito faculta, ou mesmo impõe, certa conduta. Nesses termos, por definição trata-se de conduta lícita, à qual não estará associada sanção – pelo contrário, sanção poderá estar associada à conduta oposta – e, portanto, da qual não decorrerá responsabilidade. Contudo, ao mesmo tempo em que o direito faculta ou impõe tal conduta, admite que essa mesma conduta cause um gravame, um sacrifício, em relação ao direito (subjetivo) de outrem. Isso implica – em nome de uma decisão de política legislativa visando a garantir a igualdade de todos perante os encargos sociais – a obrigação (complementar) de que o sujeito obrigado à conduta gravosa quanto a terceiro, indenize o terceiro. Trata-se, pois, de duas obrigações – pode-se logicamente falar em duas, ainda que cronologicamente incidam de modo simultâneo: **A primeira** é a obrigação de um sujeito adotar determinada conduta que o próprio legislador admite ser gravosa à posição jurídica de outrem. E, em que pese gravosa, ao mesmo tempo entende ser necessária do ponto de vista do bem social. A segunda é a obrigação de ato contínuo (ou mesmo simultâneo), o mesmo sujeito que adota tal conduta indenizar aquele outro que se vê por ela agravado. Fala-se, então, que essa segunda obrigação é uma "obrigação de indenizar". E não é responsabilidade. (MENEZES DE ALMEIDA, Fernando Dias. Coordenação: Maria Sylvia Zanella Di Pietro. Tratado de Direito Administrativo: controle da administração pública e responsabilidade civil, 1ª edição, São Paulo, Revista dos Tribunais, 2014. p. 240)

► **Responsabilidade, nesse caso, só haveria em um momento ulterior, caso a obrigação de indenizar – enquanto obrigação que também é – venha a ser descumprida e daí decorra uma sanção.**

É o exemplo típico de certas hipóteses de limitação ao exercício do direito de propriedade. Veja-se o caso da desapropriação. Que o Estado desaproprie, isso não é ato ilícito, não é pressuposto da incidência de sanção. (Por certo se está cogitando de uma desapropriação conduzida nos termos da lei.). Em muitos casos, há claramente configurado um dever de o Estado desapropriar, se esse é o meio necessário para a implementação de medidas a ele impostas. Aliás, pela perspectiva de o Estado agir mediante o exercício de "dever-poder", a desapropriação seria sempre um dever. Ora, pelo cumprimento de um dever o Estado não sofrerá a incidência de sanção. Ao mesmo tempo, porém, o legislador entende correto – do ponto de vista de política legislativa, certamente sob inspiração da isonomia – que o Estado indenize o desapropriado, recompondo, com recursos oriundos do patrimônio público, o patrimônio daquele indivíduo que foi (momentaneamente) agravado em benefício da coletividade. (MENEZES DE ALMEIDA, Fernando Dias. Coordenação: Maria Sylvia Zanella Di Pietro. Tratado de

Direito Administrativo: controle da administração pública e responsabilidade civil, 1ª edição, São Paulo, Revista dos Tribunais, 2014. p. 241)

► **É importante esclarecer que o problema da responsabilidade do Estado não pode nem deve ser confundido com a obrigação, a cargo do Poder Público, de indenizar os particulares naqueles casos em que a ordem jurídica lhe confere o poder de investir diretamente contra o direito de terceiros, sacrificando certos interesses privados e convertendo-os em sua correspondente expressão patrimonial.**

"É importante esclarecer que o problema da responsabilidade do Estado não pode nem deve ser confundido com a obrigação, a cargo do Poder Público, de indenizar os particulares naqueles casos em que a ordem jurídica lhe confere o poder de investir diretamente contra o direito de terceiros, sacrificando certos interesses privados e convertendo-os em sua correspondente expressão patrimonial. A desapropriação é o exemplo típico desta situação". (BANDEIRA DE MELLO, Celso Antônio. Curso de direito administrativo. 31. ed. São Paulo: Malheiros, 20104. p. 1012.)

► **O tratamento do sacrifício de direitos como ensejador de obrigação de indenizar é mais adequado.**

"... o tratamento do sacrifício de direitos como ensejador de obrigação de indenizar é mais adequado, levando necessariamente à discussão sobre haver ou não verdadeiro direito; e haver ou não necessidade de recomposição do sacrifício em face do caráter genérico, ou individualizado, da oneração imposta." (MENEZES DE ALMEIDA, Fernando Dias. Responsabilidade extracontratual do Estado por atos lícitos – Ensaio em homenagem a Guido Soares. In: CASELLA, Paulo Borba; CELLI JUNIOR, Umberto; MEIRELLES, Elizabeth de Almeida; POLIDO, Fabrício Bertini Pasquot (org.). *Direito internacional humanismo e globalidade* – Guido Fernando Silva Soares *amicorum discipulorum liber*. São Paulo: Atlas, 2008. p. 21-22.)

► **Esse último aspecto é bem importante, por envolver uma lógica própria da matéria de sacrifício de direitos.**

Como regra, o sacrifício de direitos decorrente de norma de caráter geral (p. ex.: restrições ambientais e urbanísticas; servidão instituída diretamente por força de lei) não é indenizável, diferentemente do sacrifício imposto em caráter individual (p. ex.: desapropriação). Com efeito, tratando-se de limitação imposta com generalidade em relação a seus destinatários, não se justifica o raciocínio, baseado na isonomia, que leva a que o patrimônio coletivo indenize aquele que, individualmente, sofreu um ônus em benefício da coletividade. Se o Estado desapropriar e não indenizar aí então estará descumprindo uma obrigação, sujeitando-se, pela ação dos órgãos estatais competentes, à incidência da sanção de indenizar. (MENEZES DE ALMEIDA, Fernando Dias. Coordenação: Maria Sylvia Zanella Di Pietro. Tratado de Direito Administrativo: controle da administração pública e responsabilidade civil, 1ª edição, São Paulo, Revista dos Tribunais, 2014. p, 242)

► **Já a lógica da responsabilidade afasta-se dessa cogitação de generalidade da limitação, considerando apenas os elementos de cada caso individual: conduta, resultado e nexo de causalidade.**

Já a lógica da responsabilidade afasta-se dessa cogitação de generalidade da limitação, considerando apenas os elementos de cada caso individual: conduta, resultado e nexo de causalidade. Desse modo, a aplicação de raciocínio típico de responsabilidade, quanto mais pelo sistema objetivo, a essas hipóteses de sacrifício de direitos pode tender a um exagero na condenação do Estado a indenizar, sobrevalorizando o sentido individual do direito de propriedade, em detrimento de sua função social. (MENEZES DE ALMEIDA, Fernando Dias. Coordenação: Maria Sylvia Zanella Di Pietro. Tratado de Direito Administrativo: controle da administração pública e responsabilidade civil, 1ª edição, São Paulo, Revista dos Tribunais, 2014, p. 242)

► **Obrigação é sempre um dever jurídico originário; responsabilidade é um dever jurídico sucessivo, consequente à violação do primeiro.**

Obrigação "é sempre um dever jurídico originário; responsabilidade é um dever jurídico sucessivo, consequente à violação do primeiro. Se alguém se compromete a prestar serviços profissionais a outrem, assume uma obrigação, um dever jurídico originário. Se não cumprir a obrigação (deixar de prestar os serviços), violará o dever jurídico originário, surgindo daí a responsabilidade, o dever de compor o prejuízo causado pelo não-cumprimento da obrigação. Em síntese, em toda obrigação há um dever jurídico originário, enquanto na responsabilidade há um dever jurídico sucessivo. E, sendo a responsabilidade uma espécie de sombra da obrigação (a imagem é de Larenz), sempre que quisermos saber quem é o responsável teremos de observar a quem a lei imputou a obrigação ou dever originário". (CAVALIERI FILHO, Sérgio, Programa de responsabilidade civil, 13ª. ed., Atlas, 2018, p. 14)

FUNDAMENTO DA RESPONSABILIDADE CIVIL.

► **Um dos valores cultivados pela civilização de raízes europeias é o de que a vontade é a fonte última de qualquer obrigação. As pessoas obrigam-se apenas porque querem.**

Um dos valores cultivados pela civilização de raízes europeias é o de que a vontade é a fonte última de qualquer obrigação. As pessoas obrigam-se apenas porque querem. Não se pode imputar obrigação a alguém contra a sua vontade, nem obrigá-la a mais do que ela concorda em se obrigar. Este valor caro às ideologias liberais encontra-se nos fundamentos do caráter vinculativo da lei na democracia. Somos obrigados a obedecer os mandamentos legais porque foram aprovados por nossos representantes, isto é, em nosso nome. Ao eleger deputados e senadores, a sociedade confere a eles o poder de representação, de expressão de uma pretensa vontade geral. O contribuinte, assim, paga os impostos determinados na lei porque expressou, pelo mecanismo da democracia representativa, sua concordância. Presume-se a vontade do devedor. Em suma, se a obrigação não provém imediatamente da vontade do sujeito obrigado (contrato), provém mediatamente dela (lei aprovada por representantes democraticamente escolhidos). Esse valor é o fundamento da responsabilidade civil subjetiva. (Curso de Direito Civil – Vol. 2 – Ed. 2020, Autor: Fábio Ulhoa Coelho. Editor: Revista dos Tribunais. TERCEIRA PARTE – RESPONSABILIDADE CIVIL. CAPÍTULO 21. INTRODUÇÃO À RESPONSABILIDADE CIVIL. Página RB-9.3.https://proview.thomsonreuters.com/launchapp/title/rt/monografias/111088798/v8/page/RB-9.3)

► Ao imputar a quem incorre em ilícito a obrigação de indenizar os prejuízos decorrentes, a lei prestigia a noção de que a vontade é a fonte de todas as obrigações.

Ao imputar a quem incorre em ilícito a obrigação de indenizar os prejuízos decorrentes, a lei prestigia a noção de que a vontade é a fonte de todas as obrigações. Não o faz apenas pelo mecanismo geral que vincula qualquer lei à vontade dos seus destinatários na organização democrática. Se assim fosse, não haveria diferença entre os fundamentos das duas espécies de responsabilidade civil, visto que ambas se assentam em dispositivos legais. A imputação da responsabilidade civil subjetiva funda-se no valor da vontade como fonte última de qualquer obrigação principalmente por uma relação argumentativa (ideológica) específica. (Curso de Direito Civil – Vol. 2 – Ed. 2020, Autor: Fábio Ulhoa Coelho. Editor: Revista dos Tribunais. TERCEIRA PARTE – RESPONSABILIDADE CIVIL. CAPÍTULO 21. INTRODUÇÃO À RESPONSABILIDADE CIVIL. Página RB-9.3.https://proview.thomsonreuters.com/launchapp/title/rt/monografias/111088798/v8/page/RB-9.3)

► Quem é responsabilizado por ato ilícito é-o porque agiu como não deveria ter agido

Quem é responsabilizado por ato ilícito é-o porque agiu como não deveria ter agido. Foi negligente naquilo em que deveria ter sido cuidadoso, imperito quando tudo dependia de sua habilidade, imprudente se era exigida cautela, ou comportou-se conscientemente de modo contrário ao devido. Em suma, uma conduta diversa era exigida do causador dos danos. Não há responsabilidade civil subjetiva se ausente esse pressuposto da exigibilidade de conduta diversa. Imagine que grave acidente de ônibus ocorre nas cercanias de pequena cidade onde trabalha apenas um único médico, que tem que se desdobrar para atender duas dezenas de pacientes graves em condições precárias, totalmente adversas. Após longas horas de heroico esforço, já comprometida sua capacidade de concentração, acaba incorrendo num erro; é evidente que ele não pode ser responsabilizado. Estando além da capacidade humana de qualquer profissional médio manter a acuidade naquelas mesmas condições, era mesmo inexigível a perícia que faltou. Não se pode responsabilizar aquele médico pelo erro porque não seria exigível dele conduta diversa (a de permanecer plenamente concentrado e hábil mesmo após longo tempo de trabalho em condições estressantes). (Curso de Direito Civil – Vol. 2 – Ed. 2020, Autor: Fábio Ulhoa Coelho. Editor: Revista dos Tribunais. TERCEIRA PARTE – RESPONSABILIDADE CIVIL. CAPÍTULO 21. INTRODUÇÃO À RESPONSABILIDADE CIVIL. Página RB-9.3.https://proview.thomsonreuters.com/launchapp/title/rt/monografias/111088798/v8/page/RB-9.3)

► **A responsabilização por ato ilícito pressupõe a exigibilidade da conduta diversa.**

A responsabilização por ato ilícito pressupõe a exigibilidade da conduta diversa. Se o sujeito de direito fez o que não deveria, ele é responsável exatamente porque estava ao seu alcance não fazer; ou, por outra: se não fez o que deveria, é responsável porque fazer era-lhe possível. Ao comportar-se de certa maneira, quando poderia comportar-se de outra, o sujeito de direito manifesta, num certo sentido, sua vontade. (Curso de Direito Civil - Vol. 2 - Ed. 2020, Autor: Fábio Ulhoa Coelho. Editor: Revista dos Tribunais. TERCEIRA PARTE - RESPONSABILIDADE CIVIL. CAPÍTULO 21. INTRODUÇÃO À RESPONSABILIDADE CIVIL. Página RB-9.3.https://proview.thomsonreuters.com/launchapp/title/rt/monografias/111088798/v8/page/RB-9.3)

► **Quando se tem em mira o dolo, não há maiores dificuldades na identificação da vontade do sujeito causador do dano na constituição da obrigação de indenizar.**

Quando se tem em mira o dolo, não há maiores dificuldades na identificação da vontade do sujeito causador do dano na constituição da obrigação de indenizar. Se o motorista lança conscientemente seu veículo sobre o pedestre com a intenção de atropelá-lo (dolo direto), manifesta inequívoca vontade de fazê-lo. Em conseguindo o objetivo, responderá pelos danos ligados à morte ou lesão do pedestre porque quis causá-los diretamente. Note-se que igual responsabilidade terá o motorista que conscientemente lançar o veículo apenas com o objetivo de assustar o transeunte (dolo indireto). Neste caso, também responderá pelos mesmos danos, não porque os quis diretamente, mas porque teve a vontade de correr o risco de causá-los. (Curso de Direito Civil - Vol. 2 - Ed. 2020, Autor: Fábio Ulhoa Coelho. Editor: Revista dos Tribunais. TERCEIRA PARTE - RESPONSABILIDADE CIVIL. CAPÍTULO 21. INTRODUÇÃO À RESPONSABILIDADE CIVIL. Página RB-9.3.https://proview.thomsonreuters.com/launchapp/title/rt/monografias/111088798/v8/page/RB-9.3)

► **Também no caso de culpa simples, a despeito da ausência da intenção de causar danos ou de assumir os riscos de causá-los, é a vontade do sujeito de direito que se encontra nos fundamentos de sua responsabilização.**

Também no caso de culpa simples, a despeito da ausência da intenção de causar danos ou de assumir os riscos de causá-los, é a vontade do sujeito de direito que se encontra nos fundamentos de sua responsabilização. Aqui, a relação entre responsabilidade e vontade pode não parecer imediata, mas existe. Se o sujeito foi negligente quando a conduta diligente estava ao seu alcance, agiu de um dos modos possíveis; considera-se, então, que escolheu esse modo, como poderia ter escolhido o outro. Se foi imprudente quando poderia ter sido cauteloso, ou imperito quando não existiam condições adversas ao competente desempenho profissional, também fez o sujeito uma escolha (Tunc, 1989:115). A opção pela conduta negligente, imprudente ou imperita não é intencional, nem ao menos consciente (caso fosse, configurar-se-ia o dolo indireto e não a culpa simples), mas a exigibilidade da conduta diversa - que pressupõe seja ela plenamente factível - leva à identificação de um certo ato de vontade pelo qual se responsabiliza o sujeito. Não há contradição na ideia de vontade inconsciente - a psicologia já a identificou há tempos. (Curso de Direito Civil - Vol. 2 - Ed.

2020, Autor: Fábio Ulhoa Coelho. Editor: Revista dos Tribunais. TERCEIRA PARTE – RESPONSABILIDADE CIVIL. CAPÍTULO 21. INTRODUÇÃO À RESPONSABILIDADE CIVIL. Página RB-9.3.https://proview.thomsonreuters.com/launchapp/title/rt/monografias/111088798/v8/page/RB-9.3)

► **A responsabilidade civil se assenta na conduta do agente (responsabilidade subjetiva) ou no fato da coisa ou no risco da atividade (responsabilidade objetiva).**

A responsabilidade civil se assenta na conduta do agente (responsabilidade subjetiva) ou no fato da coisa ou no risco da atividade (responsabilidade objetiva). Na responsabilidade objetiva o sistema fixa o dever de indenizar independentemente da culpa ou dolo do agente. Na responsabilidade subjetiva há o dever de indenizar quando se demonstra o dolo ou a culpa do agente, na causação do fato que ocasionou o dano. (Código Civil Comentado – Ed. 2019, Autor: Nelson Nery Junior, Rosa Maria de Andrade Nery, Editor:Revista dos Tribunais, Código Civil, Parte Especial. LIVRO I. DO DIREITO DAS OBRIGAÇÕES, TÍTULO IX. DA RESPONSABILIDADE CIVIL, Capítulo I. DA OBRIGAÇÃO DE INDENIZAR, Art. 927. Página RL-2.125, https://proview.thomsonreuters.com/launchapp/title/rt/codigos/100083938/v13/page/RL-2.125)

◙ **Sentença proferida com fundamento na responsabilidade civil. Argumento de que não há provas suficientes do abalo moral aduzido na exordial. Existência de prova demonstrando a ocorrência fática**

Sentença proferida com fundamento na responsabilidade civil. Argumento de que não há provas suficientes do abalo moral aduzido na exordial. Existência de prova demonstrando a ocorrência fática. Comprovação suficiente do uso de palavras ofensivas à honra do apelado que ganhou publicidade perante terceiros. Vocábulos injuriosos e difamatórios cujo teor extrapolou o limite aceitável e causou abalo anímico ensejador de danos morais. Ânimo de ofender evidenciado. Encargos moratórios. Insurgência em relação ao termo inicial dos juros de mora. Relação extracontratual. Aplicação da súmula 54 do STJ. Consectário devido desde a data do ilícito. Sentença mantida. Recurso conhecido e desprovido. (Processo: AC 0004173-81.2004.8.24.0067 São Miguel do Oeste 0004173-81.2004.8.24.0067 – Órgão Julgador: 1ª Câmara de Enfrentamento de Acervos – Julgamento: 1 de Agosto de 2018 – Relator: Carlos Roberto da Silva.)

FUNÇÕES DA RESPONSABILIDADE CIVIL

► **A função da responsabilidade civil é principalmente ressarcir os prejuízos da vítima.**

A recomposição do patrimônio ou do direito do sujeito lesado por ato juridicamente imputável a outrem é o objetivo primário das regras de responsabilização. Não deixa de existir, nesta primazia, ranços da vingança pessoal que inspirara a regra de Talião. Ao sujeito ilegitimamente lesado é reconhecido o direito de receber compensação, pecuniária ou não, cuja contrapartida é a redução do patrimônio do devedor, causador do dano ou responsável por ele. Afastando os vestígios do primitivo arquétipo, aponta-se o ressarcimento da vítima como meio de tutela da indenidade. A ordem jurídica procura garantir a todos os sujeitos a preservação de seus direitos (patrimoniais ou da personalidade), no sentido de assegurar sua recomposição sempre que imputável a outrem qualquer sorte de prejuízo que os acometa. (Curso de Direito Civil - Vol. 2 - Ed. 2020, Autor: Fábio Ulhoa Coelho. Editor: Revista dos Tribunais. TERCEIRA PARTE - RESPONSABILIDADE CIVIL. CAPÍTULO 21. INTRODUÇÃO À RESPONSABILIDADE CIVIL. Página RB-9.6.https://proview.thomsonreuters.com/launchapp/title/rt/monografias/111088798/v8/page/RB-9.6)

► **A função da responsabilidade civil é dupla**

a) garantir o direito do lesado, prevenindo-se a coletividade de novas violações que poderiam eventualmente ser realizadas pelo agente em desfavor de terceiros determinados ou não (titulares, portanto, dos interesses difusos e coletivos); e b) servir como sanção civil. A função-garantia decorre da necessidade de segurança jurídica que a vítima possui, para o ressarcimento dos danos por ela sofridos. A função-sanção decorre da ofensa à norma jurídica imputável ao agente causador do dano, e importa em compensação em favor da vítima lesada. (LISBOA, Roberto Senise. Manual de direito civil, v. 2: Direito das obrigações e responsabilidade civil. 3ª. ed. - São Paulo: Saraiva, 2004, p. 428)

> ► **<u>Entendendo ser três as funções:</u>** três funções podem ser facilmente visualizadas no instituto da reparação civil: compensatória do dano à vítima; punitiva do ofensor; e desmotivação social da conduta lesiva. (GAGLIANO, Pablo Stolze. PAMPLONA FILHO, Rodolfo. Novo curso de direito civil, volume 3: Responsabilidade Civil / - 16ª. ed. rev., atual. e ampl. - São Paulo: Saraiva, 2018, p. 71)

► **Função compensatória do dano à vítima**

Na primeira função, encontra-se o objetivo básico e finalidade da reparação civil: retornar as coisas ao status quo ante. Repõe-se o bem perdido diretamente ou, quando não é mais possível tal circunstância, impõe-se o pagamento de um quantum indenizatório, em importância equivalente ao valor do bem material ou compensatório do direito não redutível pecuniariamente. (GAGLIANO, Pablo Stolze. PAMPLONA FILHO, Rodolfo. Novo curso de direito civil, volume 3: Responsabilidade Civil / - 16ª. ed. rev., atual. e ampl. - São Paulo: Saraiva, 2018, p. 72)

► **Função punitiva do ofensor.**

Como uma função secundária em relação à reposição das coisas ao estado em que se encontravam, mas igualmente relevante, está a ideia de punição do ofensor. Embora esta não seja a finalidade básica (admitindo-se, inclusive, a sua não incidência quando possível a restituição integral à situação jurídica anterior), a prestação imposta ao ofensor também gera um efeito punitivo pela ausência de cautela na prática de seus atos, persuadindo-o a não mais lesionar. (GAGLIANO, Pablo Stolze. PAMPLONA FILHO, Rodolfo. Novo curso de direito civil, volume 3: Responsabilidade Civil / - 16ª. ed. rev., atual. e ampl. - São Paulo: Saraiva, 2018, p. 72)

► **Função de desmotivação social da conduta lesiva.**

"... terceira função, de cunho socioeducativo, que é a de tornar público que condutas semelhantes não serão toleradas. Assim, alcança-se, por via indireta, a própria sociedade, restabelecendo-se o equilíbrio e a segurança desejados pelo Direito. (GAGLIANO, Pablo Stolze. PAMPLONA FILHO, Rodolfo. Novo curso de direito civil, volume 3: Responsabilidade Civil / – 16ª. ed. rev., atual. e ampl. – São Paulo: Saraiva, 2018, p. 72)

◘ **O CC 944, *caput*, não afasta a possibilidade de se reconhecer a função punitiva ou pedagógica da responsabilidade civil. Jornada IV DirCiv STJ 379**

◘ **A principal função da responsabilidade civil é reparatória. Portanto, o ofendido deve ser colocado no estado que se encontrava antes da situação que ensejou a pretensão.**

A principal função da responsabilidade civil é reparatória. Portanto, o ofendido deve ser colocado no estado que se encontrava antes da situação que ensejou a pretensão. A indenização deve ser suficiente para restaurar a situação jurídica existente antes da violação ao direito, por isso a sua medida é a extensão do dano, na precisa dicção do artigo 927, do código civil. Evidenciado nos autos que o agravado fundamenta a execução em orçamento de engenharia que inova o estado de fato existente antes da situação que gerou a lide, é devida a produção da prova pericial a fim de que se definam as obras a serem realizadas em atendimento à sentença transitada em julgado. Possibilitada a produção de prova pericial. Recurso conhecido e provido. (Processo: AI 0025839-61.2019.8.19.0000 – Órgão Julgador: VIGÉSIMA SÉTIMA CÂMARA CÍVEL – Julgamento: 14 de Agosto de 2019 – Relator: Des(a). JDS JOÃO BATISTA DAMASCENO.)

► **Tanto a responsabilidade civil subjetiva como a objetiva cumprem a função de compensação.**

Seja na hipótese de dano causado por culpa do devedor, seja na de imputação de responsabilidade por ato lícito, a função da regra constitutiva do vínculo obrigacional é transferir do patrimônio do devedor para o do credor bens que neutralizem o prejuízo por este último experimentado. O cumprimento da obrigação de indenizar reconduz o credor à condição anterior ao evento danoso. A função compensatória visa reequilibrar o que o prejuízo desequilibrou. (Curso de Direito Civil – Vol. 2 – Ed. 2020, Autor: Fábio Ulhoa Coelho. Editor: Revista dos Tribunais. TERCEIRA PARTE – RESPONSABILIDADE CIVIL. CAPÍTULO 21. INTRODUÇÃO À RESPONSABILIDADE CIVIL. Página RB-9.3.https://proview.thomsonreuters.com/launchapp/title/rt/monografias/111088798/v8/page/RB-9.3)

◘ **A função da responsabilidade civil é recolocar o ofendido na posição em que se encontrava antes no evento danoso**

A função da responsabilidade civil é recolocar o ofendido na posição em que se encontrava antes no evento danoso. Dever de constituição de capital. Súmula 313, STJ.

Embora configurem categorias autônomas de danos, no momento do arbitramento, é facultado ao juiz fixar o quantum indenizatório a título de dano estético separada ou conjuntamente com o dano moral, importa que o dano estético seja levado em consideração no arbitramento. Extensa e irregular cicatriz em ambos os pés e tornozelos, com amputação de um dos dedos do pé. Impossibilidade de permanecer de pé ou andar normalmente. Danos morais e estéticos que ora se arbitra em R$ 50.000,00 (cinquenta mil reais). Recursos conhecidos. Desprovido o do réu. Provido o do autor. (Processo: APL 0033432-30.2013.8.19.0202 RIO DE JANEIRO MADUREIRA REGIONAL 4 VARA CIVEL – Órgão Julgador: VIGÉSIMA SÉTIMA CÂMARA CÍVEL, Publicação: 08/11/2017 – Julgamento: 1 de Novembro de 2017 – Relator: JDS JOÃO BATISTA DAMASCENO.)

► A compensação é feita normalmente mediante pagamento em dinheiro.

A obrigação constituída por responsabilidade civil é via de regra pecuniária. Disso não se segue, porém, que equivalha invariavelmente ao dano sofrido. Quando o prejuízo é meramente patrimonial, a compensação é equivalente ao dano. O devedor tem a obrigação de pagar ao credor o valor do prejuízo. Não se opera, neste caso, enriquecimento da vítima, que deve apenas ver seu patrimônio recomposto à mesma condição anterior ao dano. Já se o prejuízo é (exclusiva ou inclusivamente) extrapatrimonial, no caso de danos morais, o valor a ser pago em dinheiro não é equivalente ao dano. A dor moral é, rigorosamente falando, insuscetível de avaliação pecuniária. O dinheiro que o devedor paga, nesta hipótese de compensação, não tem relação nenhuma com qualquer tipo de redução do patrimônio do credor. Sempre que devida a indenização por danos extrapatrimoniais, a vítima enriquece. A função da responsabilidade civil, assim, é compensar o credor do vínculo obrigacional, seja recompondo prejuízos patrimoniais na mesma medida, seja assegurando-lhe aumento no patrimônio em contrapartida à dor moral experimentada. (Curso de Direito Civil – Vol. 2 – Ed. 2020, Autor: Fábio Ulhoa Coelho. Editor: Revista dos Tribunais. TERCEIRA PARTE – RESPONSABILIDADE CIVIL. CAPÍTULO 21. INTRODUÇÃO À RESPONSABILIDADE CIVIL. Página RB-9.3.https://proview.thomsonreuters.com/launchapp/title/rt/monografias/111088798/v8/page/RB-9.3)

► Além da função compensatória, cumprem as duas espécies de responsabilidade civil também outra que lhes é comum: a preventiva.

Ao determinar a constituição de vínculo obrigacional cuja prestação é a compensação de prejuízos, a lei contribui para a prevenção destes. A responsabilidade subjetiva e a objetiva, porém, cumprem a função preventiva de modo diferente. Para compreender a diferença, convém examinar antes as funções específicas de cada espécie: enquanto a responsabilidade subjetiva sanciona atos ilícitos, a objetiva viabiliza a socialização de custos. (Curso de Direito Civil – Vol. 2 – Ed. 2020, Autor: Fábio Ulhoa Coelho. Editor: Revista dos Tribunais. TERCEIRA PARTE – RESPONSABILIDADE CIVIL. CAPÍTULO 21. INTRODUÇÃO À RESPONSABILIDADE CIVIL. Página RB-9.3.https://proview.thomsonreuters.com/launchapp/title/rt/monografias/111088798/v8/page/RB-9.3)

◙ Ademais, imperativo reconhecer que, atualmente, a função da responsabilidade civil não é apenas reparatória, mas, também, dissuasória, tendo o claro objetivo de prevenção geral, com orientação às empresas sobre condutas a adotar.

Ademais, imperativo reconhecer que, atualmente, a função da responsabilidade civil não é apenas reparatória, mas, também, dissuasória, tendo o claro objetivo de prevenção geral, com orientação às empresas sobre condutas a adotar. Ademais, o montante arbitrado a título de dano moral atende a dupla finalidade da reparação: a compensação do autor, na medida do possível, e o efeito pedagógico, reprimenda para evitar a repetição da conduta abusiva. E os danos materiais foram devidamente comprovados. APELO NÃO PROVIDO. SENTENÇA MANTIDA. (Processo: APL 0086024-67.2010.8.05.0001 BA 0086024-67.2010.8.05.0001 – Órgão Julgador: Quarta Câmara Cível – Publicação: 11/12/2013 – Julgamento: 10 de Dezembro de 2013 – Relator: José Olegário Monção Caldas.)

► Ao cumprir a função sancionatória, a responsabilidade civil subjetiva aproxima-se das duas outras órbitas de responsabilização jurídica: penal e administrativa

Note-se que, ao motorista que, transitando em velocidade muito acima da permitida, provoca acidente de trânsito com vítima fatal imputa a lei responsabilidade civil (deve indenizar os danos materiais e morais), penal (comete crime de homicídio culposo) e administrativa (incorre em infração pela qual é multado). As sanções correspondentes a essas três órbitas de responsabilização jurídica são consequências negativas diversas e autônomas – nem sempre sobrepostas – que a lei estabelece para as condutas indesejáveis. A punição na forma da lei é a única via admissível nas sociedades democráticas de evitá-las. (Curso de Direito Civil – Vol. 2 – Ed. 2020, Autor: Fábio Ulhoa Coelho. Editor: Revista dos Tribunais. TERCEIRA PARTE – RESPONSABILIDADE CIVIL. CAPÍTULO 21. INTRODUÇÃO À RESPONSABILIDADE CIVIL. Página RB-9.6.https://proview.thomsonreuters.com/launchapp/title/rt/monografias/111088798/v8/page/RB-9.6)

RESPONSABILIDADE CIVIL E RESPONSABILIDADE PENAL

► A responsabilidade civil e responsabilidade penal aproximam-se pelo fato de serem responsabilidades cuja apuração é de competência jurisdicional.

A responsabilidade civil e responsabilidade penal aproximam-se pelo fato de serem responsabilidades cuja apuração é de competência jurisdicional. Isso, no caso brasileiro, importa dizer apuração no âmbito dos órgãos do Poder Judiciário, eis que em vigor o sistema de unicidade de jurisdição, concentrada naquele Poder. (MENEZES DE ALMEIDA, Fernando Dias. Coordenação: Maria Sylvia Zanella Di Pietro. Tratado de Direito Administrativo: controle da administração pública e responsabilidade civil, 1ª edição, São Paulo, Revista dos Tribunais, 2014, p. 246)

► **Certos fatos põem em ação somente o mecanismo recuperatório da responsabilidade civil; outros movimentam tão-somente o sistema repressivo ou preventivo da responsabilidade penal; outros, enfim, acarretam, a um tempo, a responsabilidade civil e a penal**

"Assim, certos fatos põem em ação somente o mecanismo recuperatório da responsabilidade civil; outros movimentam tão-somente o sistema repressivo ou preventivo da responsabilidade penal; outros, enfim, acarretam, a um tempo, a responsabilidade civil e a penal, pelo fato de apresentarem, em relação a ambos os campos, incidência equivalente, conforme os diferentes critérios sob que entram em função os órgãos encarregados de fazer valer a norma respectiva. Reafirmamos, pois, que é quase o mesmo o fundamento da responsabilidade civil e da responsabilidade penal. As condições em que surgem é que são diferentes, porque uma é mais exigente do que a outra, quanto ao aperfeiçoamento dos requisitos que devem coincidir para se efetivar". (DIAS, Aguiar. Da responsabilidade, cit., 10. ed., p. 8, n. 5.)

► **No caso da responsabilidade penal, o agente infringe uma norma de direito público. O interesse lesado é o da sociedade. Na responsabilidade civil, o interesse diretamente lesado é o privado.**

Se, ao causar dano o agente transgride, também, a lei penal, ele se torna, ao mesmo tempo, obrigado civil e penalmente. E, assim, terá de responder perante o lesado e perante a sociedade, visto que o fato danoso se revestiu de características que justificam o acionamento do mecanismo recuperatório da responsabilidade civil e impõem a movimentação do sistema repressivo da responsabilidade penal. Quando, porém, no fato de que resulta o dano não se acham presentes os elementos caracterizadores da infração penal, o equilíbrio rompido se restabelece com a reparação civil, simplesmente. (LYRA, Afrânio. Responsabilidade civil, cit., 10. ed., p. 34.)

► **A diferença entre responsabilidade civil e penal, no caso brasileiro, que, de resto, não destoa da tradição jurídica ocidental, usa ser explicada por um critério de alcance do dano.**

"... a diferença entre responsabilidade civil e penal, no caso brasileiro, que, de resto, não destoa da tradição jurídica ocidental, usa ser explicada por um critério de alcance do dano: a responsabilidade civil, defendendo primordialmente o indivíduo, visa a restabelecer a situação individual afetada; a responsabilidade penal, defendendo primordialmente a sociedade, visa a restabelecer o equilíbrio social perturbado. (CRETELLA JR., José. O Estado e a obrigação de indenizar. São Paulo: Saraiva, 1980. p. 37)

> ► **No mesmo sentido:** "Como sentimento social, a ordem jurídica não se compadece com o fato de que uma pessoa possa causar mal a outra pessoa. Vendo no agente um fator de desequilíbrio, estende uma rede de punições com que procura atender às exigências do ordenamento jurídico. Esta satisfação social gera a responsabilidade criminal. Como sentimento humano, além de social, à mesma ordem jurídica repugna que o agente reste incólume em face do prejuízo individual. O lesado não se contenta com a punição social do ofensor. Nasce

daí a ideia de reparação, como estrutura de princípios de favorecimento à vítima e de instrumentos montados para ressarcir o mal sofrido. Na responsabilidade civil estará presente uma finalidade punitiva ao infrator aliada a uma necessidade que eu designo como pedagógica, a que não é estranha à ideia de garantia para a vítima, e de solidariedade que a sociedade humana lhe deve prestar" (PEREIRA, Caio Mário da Silva. Responsabilidade Civil, 9ª edição, 2001, p. 11).

► **Nota-se, de plano, a impossibilidade de se fixar *a priori*, por um critério material, a diferenciação entre a obrigação civil e obrigação penal, cujo descumprimento enseja as respectivas responsabilidades.**

Por certo que o ilícito penal se reveste de peculiaridades ausentes no civil, no tocante, p. ex., à tipicidade das condutas, ao redobrado rigor na produção da prova e na fixação da pena, às consequências da primariedade (ou de sua ausência). De todo modo, essas são apenas consequências, em termos de regime jurídico, a partir de uma decisão política anterior, quanto a considerar-se um ilícito como civil ou penal, qualificações, aliás, que podem ser cumuladas. (MENEZES DE ALMEIDA, Fernando Dias. Coordenação: Maria Sylvia Zanella Di Pietro. Tratado de Direito Administrativo: controle da administração pública e responsabilidade civil, 1ª edição, São Paulo, Revista dos Tribunais, 2014. p. 246)

► **No mesmo sentido:** Mas, enquanto o ilícito penal acarreta uma violação da ordem jurídica, quer por sua gravidade ou intensidade, a única sanção adequada é a imposição da pena, no ilícito civil, por ser menor a extensão da perturbação social, são suficientes as sanções civis (indenização, restituição *in specie*, anulação do ato, execução forçada etc.). A diferença entre o ilícito civil e o ilícito penal é, assim, tão somente, de grau ou de quantidade". (GAGLIANO, Pablo Stolze. PAMPLONA FILHO, Rodolfo. Novo curso de direito civil, volume 3: Responsabilidade Civil / – 16ª. ed. rev., atual. e ampl. – São Paulo: Saraiva, 2018, p. 56)

► **Quando coincidem, a responsabilidade penal e a responsabilidade civil proporcionam as respectivas ações, isto é, as formas de se fazerem efetivas.**

Quando coincidem, a responsabilidade penal e a responsabilidade civil proporcionam as respectivas ações, isto é, as formas de se fazerem efetivas: uma, exercível pela sociedade; outra, pela vítima; uma, tendente à punição; outra, à reparação – a ação civil aí sofre, em larga proporção, a influência da ação penal. (DIAS, Aguiar. Da responsabilidade, cit., 10. ed., p. 10, n. 5.)

► **Responsabilidade independente.**

Pelo princípio da independência das responsabilidades, adotado pelo sistema brasileiro, o mesmo fato pode dar origem a sanções civis, penais e administrativas, aplicáveis cumulativamente. (Código Civil Comentado – Ed. 2019, Autor: Nelson Nery Junior, Rosa Maria de Andrade Nery, Editor: Revista dos Tribunais, Código Civil, Parte Especial. LIVRO I. DO DIREITO DAS OBRIGAÇÕES. TÍTULO IX. DA RESPONSA-

BILIDADE CIVIL. Capítulo I. DA OBRIGAÇÃO DE INDENIZAR. Art. 935. Página RL-2.125. https://proview.thomsonreuters.com/launchapp/title/rt/codigos/100083938/v13/page/RL-2.125)

► Coisa julgada penal. Independência.

A coisa julgada penal não interfere na área civil. Absolvição do réu no processo penal, por exemplo, não significa automática liberação de responder na esfera civil. O direito penal exige a culpa em sentido estrito para a condenação, enquanto o direito civil pode sancionar o devedor que tenha agido com culpa, ainda que no grau mínimo. Assim, pode o réu ser absolvido no processo penal por falta de provas (CPP 386 V) e responder ação civil e ser condenado a indenizar pelo mesmo fato. (Código Civil Comentado – Ed. 2019, Autor: Nelson Nery Junior, Rosa Maria de Andrade Nery, Editor: Revista dos Tribunais, Código Civil, Parte Especial. LIVRO I. DO DIREITO DAS OBRIGAÇÕES. TÍTULO IX. DA RESPONSABILIDADE CIVIL. Capítulo I. DA OBRIGAÇÃO DE INDENIZAR. Art. 935. Página RL-2.125. https://proview.thomson-reuters.com/launchapp/title/rt/codigos/100083938/v13/page/RL-2.125)

► Um mesmo fato pode acarretar responsabilidade civil e penal, enquanto outro pode acarretar somente uma ou outra.

"É quase o mesmo o fundamento da responsabilidade civil e da responsabilidade penal. As condições em que surgem é que são diferentes, porque uma é mais exigente do que a outra, quanto ao aperfeiçoamento dos requisitos que devem coincidir para se efetivar". (DIAS, Aguiar. Da responsabilidade, cit., 10. ed., p. 10, n. 5.)

◙ Sentença penal. Processo administrativo.

A absolvição na forma do CPP 386 I, por meio de sentença criminal transitada em julgado, impede tome a instância administrativa por base aqueles mesmos fatos, reputados inexistentes, para sancionar pretensa falta residual, ainda que estejam eles tipificados na legislação local como aptos a ensejar a pena de demissão. Incidência do CC/1916 1525 [CC 935] (STJ, 6.ª T., ROMS 10654-SP, rel. Min. Fernando Gonçalves, v.u., j. 25.9.2001, DJU 15.10.2001, p. 299).

Súmula STF 18: "Pela falta residual, não compreendida na absolvição pelo juízo criminal, é admissível a punição administrativa do servidor público".

► Outros aspectos distinguem-se, ainda, a responsabilidade civil e a responsabilidade penal.

Sob outros aspectos distinguem-se, ainda, a responsabilidade civil e a responsabilidade penal. Esta é pessoal, intransferível. Responde o réu com a privação de sua liberdade. Por isso, deve estar cercado de todas as garantias contra o Estado. A este incumbe reprimir o crime e arcar sempre com o ônus da prova. Na esfera civil, porém, é diferente. A regra *actori incumbit probatio*, aplicada à generalidade dos casos, sofre hoje muitas exceções, não sendo tão rigorosa como no processo penal. Na responsabilidade civil não é o réu, mas a vítima que, em muitos casos, tem de enfrentar entidades poderosas, como as empresas multinacionais e o próprio Estado. Por isso, mecanismos de ordem legal e jurisprudencial têm sido desenvolvidos para cercá-la de todas as garantias e possibilitar-lhe a obtenção do ressarcimento do dano. (GONÇALVES, Carlos Roberto, Comentários ao Código Civil: parte especial: direito das obrigações, volume 11 (arts. 927 a 965) / Carlos Roberto Gonçalves; (coord.) Antônio Junqueira de Azevedo. – São Paulo: Saraiva, 2003, p. 22/23)

► **A tipicidade é um dos requisitos genéricos do crime.**

É necessário que haja perfeita adequação do fato concreto ao tipo penal. No cível, no entanto, qualquer ação ou omissão pode gerar a responsabilidade civil, desde que viole direito ou cause prejuízo a outrem (art. 186 do CC). (GONÇALVES, Carlos Roberto, Comentários ao Código Civil: parte especial: direito das obrigações, volume 11 (arts. 927 a 965) / Carlos Roberto Gonçalves; (coord.) Antônio Junqueira de Azevedo. – São Paulo: Saraiva, 2003, p. 23)

► **A culpabilidade é bem mais ampla na área civil.**

Também a culpabilidade é bem mais ampla na área civil, segundo a regra *in lege Aquilia et levissima culpa venit* (no cível, a culpa, ainda que levíssima, obriga a indenizar). Na esfera criminal nem toda culpa acarreta a condenação do réu, pois se exige que tenha um certo grau ou intensidade. Conceitualmente, a culpa civil e a culpa penal são iguais, pois têm os mesmos elementos. A diferença é apenas de grau ou de critério de aplicação da lei, pois o juiz criminal é mais exigente, não vislumbrando infração em caso de culpa levíssima. (GONÇALVES, Carlos Roberto, Comentários ao Código Civil: parte especial: direito das obrigações, volume 11 (arts. 927 a 965) / Carlos Roberto Gonçalves; (coord.) Antônio Junqueira de Azevedo. – São Paulo: Saraiva, 2003, p. 23)

► **A imputabilidade também é tratada de modo diverso.**

Somente os maiores de 18 anos são responsáveis, civil e criminalmente, por seus atos. Admite-se, porém, no cível, que os menores de 18 anos sejam também responsabilizados, de modo equitativo, se as pessoas encarregadas de sua guarda ou vigilância não puderem fazê-lo, desde que não fiquem privados do necessário (CC, art. 928, parágrafo único). Na esfera criminal, estão sujeitos apenas às medidas de proteção e socioeducativas do Estatuto da Criança e do Adolescente. (GONÇALVES, Carlos Roberto, Comentários ao Código Civil: parte especial: direito das obrigações, volume 11 (arts. 927 a 965) / Carlos Roberto Gonçalves; (coord.) Antônio Junqueira de Azevedo. – São Paulo: Saraiva, 2003, p. 23)

► **Enquanto a responsabilidade penal é pessoal, intransferível, respondendo o réu com a privação de sua liberdade, a responsabilidade civil é patrimonial**

Enquanto a responsabilidade penal é pessoal, intransferível, respondendo o réu com a privação de sua liberdade, a responsabilidade civil é patrimonial: é o patrimônio do devedor que responde por suas obrigações. Ninguém pode ser preso por dívida civil, exceto o depositário infiel e o devedor de pensão oriunda do direito de família. Desse modo, se o causador do dano e obrigado a indenizar não tiver bens que possam ser penhorados, a vítima permanecerá irressarcida. (GONÇALVES, Carlos Roberto, Comentários ao Código Civil: parte especial: direito das obrigações, volume 11 (arts. 927 a 965) / Carlos Roberto Gonçalves; (coord.) Antônio Junqueira de Azevedo. – São Paulo: Saraiva, 2003, p. 23)

► **A valoração quanto a um dano atingir primordialmente a esfera individual, indicando um sancionamento civil, ou atingir primordialmente a esfera social, indicando um sancionamento penal – ou ainda, atingir ambas, gerando as duas ordens de sanções – depende de opções de política legislativa.**

No direito brasileiro, as sanções de caráter penal são previstas na Constituição Federal, em seu art. 5.º, nos seguintes termos: "(...) XLVI – a lei regulará a individualização da pena e adotará, entre outras, as seguintes: a) privação ou restrição da liberdade; b) perda de bens; c) multa; d) prestação social alternativa; e) suspensão ou interdição de direitos; (...)".

► **Sem pretensão de se adentrar a profundidade das discussões doutrinárias sobre a teoria das penas, pode-se simplesmente observar, do rol acima citado, que se trata de sanções voltadas à proteção da sociedade.**

Sem pretensão de se adentrar a profundidade das discussões doutrinárias sobre a teoria das penas, pode-se simplesmente observar, do rol acima citado, que se trata de sanções voltadas à proteção da sociedade, com maior ou menor grau de sofrimento pessoal imposto ao agente responsável. Não se privilegia a recomposição da situação pessoal de eventual vítima individualmente identificável.

► **A seu turno, a sanção civil por excelência, em razão do ilícito de dano, é a indenização pecuniária, ou seja, uma sanção voltada à recomposição da situação pessoal da vítima**

A seu turno, a sanção civil por excelência, em razão do ilícito de dano, é a indenização pecuniária, ou seja, uma sanção voltada à recomposição da situação pessoal da vítima, mensurada em termos patrimoniais (ainda que a partir de um dano moral). (MENEZES DE ALMEIDA, Fernando Dias. Coordenação: Maria Sylvia Zanella Di Pietro. Tratado de Direito Administrativo: controle da administração pública e responsabilidade civil, 1ª edição, São Paulo, Revista dos Tribunais, 2014. p. 247)

RESPONSABILIDADE CONTRATUAL E EXTRACONTRATUAL

Uma pessoa pode causar prejuízo a outrem por descumprir uma obrigação contratual. Por exemplo: quem toma um ônibus tacitamente celebra um contrato, chamado contrato de adesão, com a empresa de transporte. Esta, implicitamente, assume a obrigação de conduzir o passageiro ao seu destino, são e salvo. Se, no trajeto, ocorre um acidente e o passageiro fica ferido, dá-se o inadimplemento contratual, que acarreta a responsabilidade de indenizar as perdas e danos, nos termos do art. 389 do Código

Civil. Acontece o mesmo quando o comodatário não devolve a coisa emprestada porque, por sua culpa, ela pereceu; com o ator, que não comparece para dar o espetáculo contratado. Enfim, com todas as espécies de contratos não adimplidos. (GONÇALVES, Carlos Roberto, Comentários ao Código Civil: parte especial: direito das obrigações, volume 11 (arts. 927 a 965) / Carlos Roberto Gonçalves; (coord.) Antônio Junqueira de Azevedo. – São Paulo: Saraiva, 2003, p. 24)

► **Quando a responsabilidade não deriva de contrato, diz-se que ela é extracontratual ou aquiliana.**

Neste caso, aplica-se o disposto no art. 186 do Código Civil. Todo aquele que causa dano a outrem, por culpa em sentido estrito ou dolo, fica obrigado a repará-lo. É a responsabilidade derivada de ilícito extracontratual, também chamada aquiliana.

► **A situação se torna ainda mais grave quando a lesão decorre do descumprimento de uma obrigação espontaneamente assumida pelo infrator, em função da celebração de um negócio jurídico. Trata-se da diferença entre a responsabilidade civil contratual e a aquiliana (extracontratual), que veremos no próximo tópico.**

"... não há a menor dúvida de que, abstraídas as hipóteses de responsabilidade subjetiva com presunção de culpa, ou de responsabilidade objetiva, existe uma grande dificuldade na demonstração da culpa do agente ou da antijuridicidade de sua conduta para ensejar a sua responsabilização civil. Tal dificuldade é minorada quando a conduta ensejadora do dano é resultante do descumprimento de um dever contratual, pois, nessa hipótese, presumir-se-ia a culpa, uma vez que a própria parte se obrigou, diretamente, à obrigação, ora descumprida. A depender, portanto, da natureza da norma jurídica violada pelo agente causador do dano, uma subdivisão – muito mais didática e legislativa do que propriamente científica – pode ser feita, subtipificando-se a responsabilidade civil em: contratual e extracontratual ou aquiliana. Assim, se o prejuízo decorre diretamente da violação de um mandamento legal, por força da atuação ilícita do agente infrator (caso do sujeito que bate em um carro), estamos diante da responsabilidade extracontratual, a seguir analisada. Por outro lado, se, entre as partes envolvidas, já existia norma jurídica contratual que as vinculava, e o dano decorre justamente do descumprimento de obrigação fixada neste contrato, estaremos diante de uma situação de responsabilidade contratual". (GAGLIANO, Pablo Stolze. PAMPLONA FILHO, Rodolfo. Novo curso de direito civil, volume 3: Responsabilidade Civil / – 16ª. ed. rev., atual. e ampl. – São Paulo: Saraiva, 2018, p. 66)

► **Na responsabilidade extracontratual, o agente infringe um dever legal, e, na contratual, descumpre o avençado, tornando-se inadimplente.**

Na responsabilidade extracontratual, o agente infringe um dever legal, e, na contratual, descumpre o avençado, tornando-se inadimplente. Nesta, existe uma convenção prévia entre as partes, que não é cumprida. Na responsabilidade extracontratual, nenhum vínculo jurídico existe entre a vítima e o causador do dano, quando este pratica o ato ilícito. O Código Civil distinguiu as duas espécies de responsabilidade, disciplinando genericamente a responsabilidade extracontratual nos arts. 186 a 188 e 927 a 954; e a contratual, nos arts. 389 e s. e 395 e s., omitindo qualquer referência diferenciadora. É certo, porém, que nos dispositivos em que trata genericamente dos atos ilícitos, da obrigação de indenizar e da indenização (arts. 186 a 188 e 927 e s. e 944 e s.), o Código não regulou a responsabilidade proveniente do inadimplemento da obrigação, da prestação com defeito ou da mora no cumprimento das obrigações provenientes dos contratos (que se encontra no capítulo referente ao inadimplemento das obrigações). Além dessas hipóteses, a responsabilidade contratual abrange também o inadimplemento ou mora relativos a qualquer obrigação, ainda que proveniente de um negócio unilateral (como o testamento, a procuração ou a promessa de recompensa) ou da lei (como a obrigação de prestar alimentos). E a responsabilidade extracontratual compreende, por seu turno, a violação dos deveres gerais de abstenção ou omissão, como os que correspondem aos direitos reais, aos direitos da personalidade ou aos direitos de autor (à chamada propriedade literária, científica ou artística, aos direitos de patente ou de invenções e às marcas). (GONÇALVES, Carlos Roberto, Comentários ao Código Civil: parte especial: direito das obrigações, volume 11 (arts. 927 a 965) / Carlos Roberto Gonçalves; (coord.) Antônio Junqueira de Azevedo. – São Paulo: Saraiva, 2003, p. 24)

► **Diferenciações geralmente apontadas entre as duas espécies de responsabilidade (contratual e extracontratual).**

Três elementos diferenciadores podem ser destacados, a saber, a necessária preexistência de uma relação jurídica entre lesionado e lesionante; o ônus da prova quanto à culpa; e a diferença quanto à capacidade. (GAGLIANO, Pablo Stolze. PAMPLONA FILHO, Rodolfo. Novo curso de direito civil, volume 3: Responsabilidade Civil / – 16ª. ed. rev., atual. e ampl. – São Paulo: Saraiva, 2018, p. 68)

► **Ainda:** A primeira, e talvez mais significativa, diz respeito ao ônus da prova. Se a responsabilidade é contratual, o credor só está obrigado a demonstrar que a prestação foi descumprida. O devedor só não será condenado a reparar o dano se provar a ocorrência de alguma das excludentes admitidas na lei: culpa exclusiva da vítima, caso fortuito ou força maior. Incumbe-lhe, pois, o *onus probandi*. No entanto se a responsabilidade for extracontratual, a do art. 186 (um atropelamento, por exemplo), o autor da ação é que fica com o ônus de provar que o fato se deu por culpa do agente (motorista). A vítima tem maiores probabilidades de obter a condenação do agente ao pagamento da indenização quando a sua responsabilidade deriva do descumprimento do contrato, ou seja, quando a responsabilidade é contratual, porque não precisa provar a culpa. Basta provar que o contrato não foi cumprido e, em consequência, houve o dano. (GONÇALVES, Carlos Roberto, Comentários ao Código Civil: parte especial: direito das obrigações, volume 11 (arts. 927 a 965) / Carlos Roberto Gonçalves; (coord.) Antônio Junqueira de Azevedo. – São Paulo: Saraiva, 2003, p. 26)

► **Outra diferenciação que se estabelece entre a responsabilidade contratual e a extracontratual diz respeito às fontes de que promanam.**

Enquanto a contratual tem a sua origem na convenção, a extracontratual a tem na inobservância do dever genérico de não lesar, de não causar dano a ninguém *(neminem laedere),* estatuído no art. 186 do Código Civil. (GONÇALVES, Carlos Roberto, Comentários ao Código Civil: parte especial: direito das obrigações, volume 11 (arts. 927 a 965) / Carlos Roberto Gonçalves; (coord.) Antônio Junqueira de Azevedo. – São Paulo: Saraiva, 2003, p. 26)

► **Outro elemento de diferenciação entre as duas espécies de responsabilidade civil (contratual e extracontratual) refere-se à capacidade do agente causador do dano.**

JOSSERAND entende que a capacidade sofre limitações no terreno da responsabilidade simplesmente contratual, sendo mais ampla no campo da responsabilidade extracontratual. A convenção exige agentes plenamente capazes ao tempo de sua celebração, sob pena de nulidade e de não produzir efeitos indenizatórios. Na hipótese de obrigação derivada de um delito, o ato do incapaz pode dar origem à reparação por aqueles que legalmente são encarregados de sua guarda. E a tendência de nosso direito é para a ampliação da responsabilidade delituosa dos incapazes, como se pode verificar pelo art. 928 do novo Código Civil, que responsabiliza os incapazes em geral (loucos, menores etc.) pelos prejuízos que causarem, toda vez que as pessoas por eles responsáveis não tiverem a obrigação legal de fazê-lo, ou não dispuserem de meios suficientes. (Derecho civil, Buenos Aires, Bosch, 1951, v. 1, p. 343, n. 455.)

► **Outro elemento de diferenciação (da responsabilidade contratual e extracontratual) poderia ser apontado no tocante à gradação da culpa.**

Outro elemento de diferenciação poderia ser apontado no tocante à gradação da culpa. Em regra, a responsabilidade, seja extracontratual (art. 186), seja contratual (arts. 389 e 392), funda-se na culpa. A obrigação de indenizar, em se tratando de delito, deflui da lei, que vale erga omnes. Consequência disso seria que, na responsabilidade delitual, a falta se apuraria de maneira mais rigorosa, enquanto na responsabilidade contratual ela variaria de intensidade de conformidade com os diferentes casos, sem, contudo, alcançar aqueles extremos a que se pudesse chegar na hipótese de culpa aquiliana, em que vige o princípio do *in lege Aquilia et levissima culpa venit.* No setor da responsabilidade contratual, a culpa obedece a um certo escalonamento, de conformidade com os diferentes casos em que ela se configure, ao passo que, na delitual, ela iria mais longe, alcançando a falta ligeiríssima. (MELO DA SILVA, Wilson, Da responsabilidade civil automobilística, 3. ed., Saraiva, 1980, p. 37, n. 9.)

► **Para caracterizar a responsabilidade civil contratual, faz-se mister que a vítima e o autor do dano já tenham se aproximado anteriormente e se vinculado para o cumprimento de uma ou mais prestações**

"... para caracterizar a responsabilidade civil contratual, faz-se mister que a vítima e o autor do dano já tenham se aproximado anteriormente e se vinculado para o cumprimento de uma ou mais prestações, sendo a culpa contratual a violação de um dever de adimplir, que constitui justamente o objeto do negócio jurídico. (GAGLIANO, Pablo Stolze. PAMPLONA FILHO, Rodolfo. Novo curso de direito civil, volume 3: Responsabilidade Civil / – 16ª. ed. rev., atual. e ampl. – São Paulo: Saraiva, 2018, p. 68)

► **Na culpa aquiliana, viola-se um dever necessariamente negativo, ou seja, a obrigação de não causar dano a ninguém.**

Na culpa aquiliana, viola-se um dever necessariamente negativo, ou seja, a obrigação de não causar dano a ninguém. Justamente por essa circunstância é que, na responsabilidade civil aquiliana, a culpa deve ser sempre provada pela vítima, enquanto na responsabilidade contratual, ela é, de regra, presumida, invertendo-se o ônus da prova, cabendo à vítima comprovar, apenas, que a obrigação não foi cumprida, restando ao devedor o *onus probandi*, por exemplo, de que não agiu com culpa ou que ocorreu alguma causa excludente do elo de causalidade. (GAGLIANO, Pablo Stolze. PAMPLONA FILHO, Rodolfo. Novo curso de direito civil, volume 3: Responsabilidade Civil / – 16ª. ed. rev., atual. e ampl. – São Paulo: Saraiva, 2018, p. 68)

► **Artigos relacionados à responsabilidade civil extracontratual.**

Art. 186. Aquele que, por ação ou omissão voluntária, negligência ou imprudência, violar direito e causar dano a outrem, ainda que exclusivamente moral, comete ato ilícito.

Art. 187. Também comete ato ilícito o titular de um direito que, ao exercê-lo, excede manifestamente os limites impostos pelo seu fim econômico ou social, pela boa-fé ou pelos bons costumes.

Art. 188. Não constituem atos ilícitos:

I – os praticados em legítima defesa ou no exercício regular de um direito reconhecido;

II – a deterioração ou destruição da coisa alheia, ou a lesão a pessoa, a fim de remover perigo iminente.

Parágrafo único. No caso do inciso II, o ato será legítimo somente quando as circunstâncias o tornarem absolutamente necessário, não excedendo os limites do indispensável para a remoção do perigo.

TÍTULO IX

Da Responsabilidade Civil

CAPÍTULO I

Da Obrigação de Indenizar

Art. 927. Aquele que, por ato ilícito (arts. 186 e 187), causar dano a outrem, fica obrigado a repará-lo.

Parágrafo único. Haverá obrigação de reparar o dano, independentemente de culpa, nos casos especificados em lei, ou quando a atividade normalmente desenvolvida pelo autor do dano implicar, por sua natureza, risco para os direitos de outrem.

Art. 928. O incapaz responde pelos prejuízos que causar, se as pessoas por ele responsáveis não tiverem obrigação de fazê-lo ou não dispuserem de meios suficientes.

Parágrafo único. A indenização prevista neste artigo, que deverá ser eqüitativa, não terá lugar se privar do necessário o incapaz ou as pessoas que dele dependem.

Art. 929. Se a pessoa lesada, ou o dono da coisa, no caso do inciso II do art. 188, não forem culpados do perigo, assistir-lhes-á direito à indenização do prejuízo que sofreram.

Art. 930. No caso do inciso II do art. 188, se o perigo ocorrer por culpa de terceiro, contra este terá o autor do dano ação regressiva para haver a importância que tiver ressarcido ao lesado.

Parágrafo único. A mesma ação competirá contra aquele em defesa de quem se causou o dano (art. 188, inciso I).

Art. 931. Ressalvados outros casos previstos em lei especial, os empresários individuais e as empresas respondem independentemente de culpa pelos danos causados pelos produtos postos em circulação.

Art. 932. São também responsáveis pela reparação civil:

I – os pais, pelos filhos menores que estiverem sob sua autoridade e em sua companhia;

II – o tutor e o curador, pelos pupilos e curatelados, que se acharem nas mesmas condições;

III – o empregador ou comitente, por seus empregados, serviçais e prepostos, no exercício do trabalho que lhes competir, ou em razão dele;

IV – os donos de hotéis, hospedarias, casas ou estabelecimentos onde se albergue por dinheiro, mesmo para fins de educação, pelos seus hóspedes, moradores e educandos;

V – os que gratuitamente houverem participado nos produtos do crime, até a concorrente quantia.

Art. 933. As pessoas indicadas nos incisos I a V do artigo antecedente, ainda que não haja culpa de sua parte, responderão pelos atos praticados pelos terceiros ali referidos.

Art. 934. Aquele que ressarcir o dano causado por outrem pode reaver o que houver pago daquele por quem pagou, salvo se o causador do dano for descendente seu, absoluta ou relativamente incapaz.

Art. 935. A responsabilidade civil é independente da criminal, não se podendo questionar mais sobre a existência do fato, ou sobre quem seja o seu autor, quando estas questões se acharem decididas no juízo criminal.

Art. 936. O dono, ou detentor, do animal ressarcirá o dano por este causado, se não provar culpa da vítima ou força maior.

Art. 937. O dono de edifício ou construção responde pelos danos que resultarem de sua ruína, se esta provier de falta de reparos, cuja necessidade fosse manifesta.

Art. 938. Aquele que habitar prédio, ou parte dele, responde pelo dano proveniente das coisas que dele caírem ou forem lançadas em lugar indevido.

Art. 939. O credor que demandar o devedor antes de vencida a dívida, fora dos casos em que a lei o permita, ficará obrigado a esperar o tempo que faltava para o vencimento, a descontar os juros correspondentes, embora estipulados, e a pagar as custas em dobro.

Art. 940. Aquele que demandar por dívida já paga, no todo ou em parte, sem ressalvar as quantias recebidas ou pedir mais do que for devido, ficará obrigado a pagar ao devedor, no primeiro caso, o dobro do que houver cobrado e, no segundo, o equivalente do que dele exigir, salvo se houver prescrição.

Art. 941. As penas previstas nos arts. 939 e 940 não se aplicarão quando o autor desistir da ação antes de contestada a lide, salvo ao réu o direito de haver indenização por algum prejuízo que prove ter sofrido.

Art. 942. Os bens do responsável pela ofensa ou violação do direito de outrem ficam sujeitos à reparação do dano causado; e, se a ofensa tiver mais de um autor, todos responderão solidariamente pela reparação.

Parágrafo único. São solidariamente responsáveis com os autores os co-autores e as pessoas designadas no art. 932.

Art. 943. O direito de exigir reparação e a obrigação de prestá-la transmitem-se com a herança.

CAPÍTULO II

Da Indenização

Art. 944. A indenização mede-se pela extensão do dano.

Parágrafo único. Se houver excessiva desproporção entre a gravidade da culpa e o dano, poderá o juiz reduzir, eqüitativamente, a indenização.

Art. 945. Se a vítima tiver concorrido culposamente para o evento danoso, a sua indenização será fixada tendo-se em conta a gravidade de sua culpa em confronto com a do autor do dano.

Art. 946. Se a obrigação for indeterminada, e não houver na lei ou no contrato disposição fixando a indenização devida pelo inadimplente, apurar-se-á o valor das perdas e danos na forma que a lei processual determinar.

Art. 947. Se o devedor não puder cumprir a prestação na espécie ajustada, substituir-se-á pelo seu valor, em moeda corrente.

Art. 948. No caso de homicídio, a indenização consiste, sem excluir outras reparações:

I – no pagamento das despesas com o tratamento da vítima, seu funeral e o luto da família;

II – na prestação de alimentos às pessoas a quem o morto os devia, levando-se em conta a duração provável da vida da vítima.

Art. 949. No caso de lesão ou outra ofensa à saúde, o ofensor indenizará o ofendido das despesas do tratamento e dos lucros cessantes até ao fim da convalescença, além de algum outro prejuízo que o ofendido prove haver sofrido.

Art. 950. Se da ofensa resultar defeito pelo qual o ofendido não possa exercer o seu ofício ou profissão, ou se lhe diminua a capacidade de trabalho, a indenização, além das despesas do tratamento e lucros cessantes até ao fim da convalescença, incluirá pensão correspondente à importância do trabalho para que se inabilitou, ou da depreciação que ele sofreu.

Parágrafo único. O prejudicado, se preferir, poderá exigir que a indenização seja arbitrada e paga de uma só vez.

Art. 951. O disposto nos arts. 948, 949 e 950 aplica-se ainda no caso de indenização devida por aquele que, no exercício de atividade profissional, por negligência, imprudência ou imperícia, causar a morte do paciente, agravar-lhe o mal, causar-lhe lesão, ou inabilitá-lo para o trabalho.

Art. 952. Havendo usurpação ou esbulho do alheio, além da restituição da coisa, a indenização consistirá em pagar o valor das suas deteriorações e o devido a título de lucros cessantes; faltando a coisa, dever-se-á reembolsar o seu equivalente ao prejudicado.

Parágrafo único. Para se restituir o equivalente, quando não exista a própria coisa, estimar-se-á ela pelo seu preço ordinário e pelo de afeição, contanto que este não se avantaje àquele.

Art. 953. A indenização por injúria, difamação ou calúnia consistirá na reparação do dano que delas resulte ao ofendido.

Parágrafo único. Se o ofendido não puder provar prejuízo material, caberá ao juiz fixar, eqüitativamente, o valor da indenização, na conformidade das circunstâncias do caso.

Art. 954. A indenização por ofensa à liberdade pessoal consistirá no pagamento das perdas e danos que sobrevierem ao ofendido, e se este não puder provar prejuízo, tem aplicação o disposto no parágrafo único do artigo antecedente.

Parágrafo único. Consideram-se ofensivos da liberdade pessoal:

I – o cárcere privado;

II – a prisão por queixa ou denúncia falsa e de má-fé;

III – a prisão ilegal.

► **Artigos relacionados à responsabilidade civil contratual.**

Art. 389. Não cumprida a obrigação, responde o devedor por perdas e danos, mais juros e atualização monetária segundo índices oficiais regularmente estabelecidos, e honorários de advogado.

Art. 390. Nas obrigações negativas o devedor é havido por inadimplente desde o dia em que executou o ato de que se devia abster.

Art. 391. Pelo inadimplemento das obrigações respondem todos os bens do devedor.

Art. 392. Nos contratos benéficos, responde por simples culpa o contratante, a quem o contrato aproveite, e por dolo aquele a quem não favoreça. Nos contratos onerosos, responde cada uma das partes por culpa, salvo as exceções previstas em lei.

Art. 393. O devedor não responde pelos prejuízos resultantes de caso fortuito ou força maior, se expressamente não se houver por eles responsabilizado.

Parágrafo único. O caso fortuito ou de força maior verifica-se no fato necessário, cujos efeitos não era possível evitar ou impedir.

CAPÍTULO II

Da Mora

Art. 394. Considera-se em mora o devedor que não efetuar o pagamento e o credor que não quiser recebê-lo no tempo, lugar e forma que a lei ou a convenção estabelecer.

Art. 395. Responde o devedor pelos prejuízos a que sua mora der causa, mais juros, atualização dos valores monetários segundo índices oficiais regularmente estabelecidos, e honorários de advogado.

Parágrafo único. Se a prestação, devido à mora, se tornar inútil ao credor, este poderá enjeitá-la, e exigir a satisfação das perdas e danos.

Art. 396. Não havendo fato ou omissão imputável ao devedor, não incorre este em mora.

Art. 397. O inadimplemento da obrigação, positiva e líquida, no seu termo, constitui de pleno direito em mora o devedor.

Parágrafo único. Não havendo termo, a mora se constitui mediante interpelação judicial ou extrajudicial.

Art. 398. Nas obrigações provenientes de ato ilícito, considera-se o devedor em mora, desde que o praticou.

Art. 399. O devedor em mora responde pela impossibilidade da prestação, embora essa impossibilidade resulte de caso fortuito ou de força maior, se estes ocorrerem durante o atraso; salvo se provar isenção de culpa, ou que o dano sobreviria ainda quando a obrigação fosse oportunamente desempenhada.

► **Danos decorrentes de quebra do equilíbrio do contrato.**

Caso o contratante tenha prejuízos morais e/ou patrimoniais em virtude de superveniente desequilíbrio do contrato que celebrou, tem direito de ressarcir-se; a outra parte tem o dever de indenizar referidos danos. Isto porque o desequilíbrio contratual, quer de natureza objetiva, quer proveniente de condutas ofensivas à base objetiva do negócio jurídico, à boa-fé objetiva e de *venire contra factum proprium*, são ilegais porque desatendem os comandos do CC 421 e 422. As condutas caracterizadoras de abuso de direito também são ilegais (CC 187) e devem ser indenizadas objetivamente (CC 927). Já afirmamos que o ilícito derivado do abuso do direito é objetivo e sua aferição se dá independentemente de dolo ou culpa, vale dizer, a indenização dos danos decorrentes do abuso de direito é devida pelo regime da responsabilidade objetiva. (*Código Civil Comentado* - Ed. 2019, Autor: Nelson Nery Junior, Rosa Maria de Andrade Nery, Editor: Revista dos Tribunais, Código Civil. Parte Especial. LIVRO I. DO DIREITO DAS OBRIGAÇÕES. TÍTULO IX. DA RESPONSABILIDADE CIVIL. Capítulo I. DA OBRIGAÇÃO DE INDENIZAR. Art. 927. Página RL-2.125.https://proview.thomsonreuters.com/launchapp/title/rt/codigos/100083938/v13/page/RL-2.125)

SISTEMAS DE RESPONSABILIDADE: ÊNFASE NA CONDUTA DO AGENTE OU ÊNFASE NO RESULTADO

Dois são os sistemas de responsabilidade civil que foram adotados pelo CC: responsabilidade civil objetiva e responsabilidade civil subjetiva. O sistema geral do CC é o da responsabilidade civil subjetiva (CC 186), que se funda na teoria da culpa: para que haja o dever de indenizar é necessária a existência: a) do dano; b) do nexo de causalidade entre o fato e o dano; c) da culpa *lato sensu* (culpa - imprudência, negligência ou imperícia - ou dolo) do agente. O sistema subsidiário do CC é o da responsabilidade civil objetiva (CC 927, par.ún.), que se funda na teoria do risco: para que haja o dever de indenizar é irrelevante a conduta (dolo ou culpa) do agente, pois basta a existência: a) do dano; e b) do nexo de causalidade entre o fato e o dano. Haverá responsabilidade civil objetiva quando a lei assim o determinar (v.g., CC 933) ou quando a atividade habitual do agente, por sua natureza, implicar risco para o direito de outrem (v.g., atividades perigosas). Há outros subsistemas derivados dos dois sistemas, que se encontram tanto no CC como em leis extravagantes. Ambas têm a mesma importância no sistema do CC, não havendo predominância de uma sobre a outra. Conforme o caso aplica-se um ou outro regime da responsabilidade civil, sendo impertinente falar-se em regra e exceção. Considerando o sistema da responsabilidade subjetiva como a regra geral e o da responsabilidade objetiva como a exceção, Moreira Alves. A responsabilidade extracontratual e seu fundamento: culpa e nexo de causalidade (Est. Oscar Corrêa, n. 5, p. 200). No sistema de direito privado, há hipóteses de responsabilidade extracontratual que se determinam pelo critério subjetivo (CC 186) e pelo critério objetivo (CC 927, par.ún.). Igualmente, há situações de responsabilidade civil por dano contratual que se apura pelo critério da responsabilidade subjetiva (hipótese em que se verificam os aspectos que compõem a base subjetiva do negócio jurídico) e da responsabilidade objetiva (quando a matéria sob análise aborda a base objetiva do negócio jurídico - CC 421 e 422). (Código Civil Comentado - Ed. 2019,

Autor: Nelson Nery Junior, Rosa Maria de Andrade Nery, Editor: Revista dos Tribunais, Código Civil. Parte Especial. LIVRO I. DO DIREITO DAS OBRIGAÇÕES. TÍTULO IX. DA RESPONSABILIDADE CIVIL. Capítulo I. DA OBRIGAÇÃO DE INDENIZAR. Art. 927. Página RL-2.125.https://proview.thomsonreuters.com/launchapp/title/rt/codigos/100083938/v13/page/RL-2.125)

► **Tradicionalmente a doutrina, ao apresentar o tema da responsabilidade civil no Brasil, invoca os distintos sistemas: responsabilidade subjetiva e responsabilidade objetiva.**

Antes, todavia, de se prosseguir nesta trilha, cabe tentar situar a questão por outro ângulo, o ângulo dos fundamentos de política legislativa que levam à opção por um ou outro sistema. Essa discussão visa a compreender as razões que, em diferentes momentos e em distintas sociedades, levam os órgãos encarregados da elaboração da norma jurídica a optarem por determinado tratamento a ser dado à responsabilidade civil. Ainda que pareça evidente o que se está a dizer, é relevante a ressalva porque muitas vezes se aborda o tema sem que se tenha em conta a real dimensão de que a opção entre um sistema dito de "responsabilidade subjetiva" ou outro dito de "responsabilidade objetiva" é uma opção política, decorrente da vontade da sociedade expressa no direito. Assim, quando se afirma, por exemplo, que existe a responsabilidade civil baseada em culpa (sentido lato) e que existe a responsabilidade civil baseada em risco, resultando respectivamente em um sistema de responsabilidade subjetiva, ou em um sistema de responsabilidade objetiva, não se está lidando com um dado *a priori* posto pela natureza, de observância (metafisicamente) obrigatória pela sociedade humana, como se a incidência maior de "riscos" no estilo de vida do homem contemporâneo, decorrente dos avanços tecnológicos produzidos pelo próprio homem, impusesse, inexoravelmente, a alteração do modo de ser da responsabilidade de prioritariamente subjetiva para prioritariamente objetiva. Enfim, são opções da sociedade, em cada momento histórico, valorizar aspectos subjetivos ou objetivos na edificação de um sistema de responsabilidade civil. (MENEZES DE ALMEIDA, Fernando Dias. Coordenação: Maria Sylvia Zanella Di Pietro. Tratado de Direito Administrativo: controle da administração pública e responsabilidade civil, 1ª edição, São Paulo, Revista dos Tribunais, 2014. p. 251)

► **Os fundamentos de política legislativa - ou seja, os elementos da vida social sopesados pelo legislador para a tomada de uma opção quanto à normatização jurídica de certa matéria -, no caso da responsabilidade civil, genericamente, podem ser de duas ordens.**

Uma, que centra atenção na conduta do agente causador do resultado danoso. Outra, que centra atenção no próprio resultado danoso. A primeira usa ser dita subjetiva, por envolver elementos que se extraem do psiquismo do agente, a animar sua conduta. A segunda diz-se objetiva por prescindir da análise desses elementos relacionados à pessoa do agente, atentando em especial para o resultado da conduta, objetivamente considerado. (MENEZES DE ALMEIDA, Fernando Dias. Coordenação: Maria Sylvia Zanella Di Pietro. Tratado de Direito Administrativo: controle da administração pública e responsabilidade civil, 1ª edição, São Paulo, Revista dos Tribunais, 2014. p. 252)

► <u>Ainda:</u> A responsabilidade civil, enquanto fenômeno jurídico decorrente da convivência conflituosa do homem em sociedade, é, na sua essência, um conceito uno, incindível. Entretanto, em função de algumas peculiaridades dogmáticas, faz-se mister estabelecer uma classificação sistemática, tomando por base justamente a questão da culpa e, depois disso, a natureza da norma jurídica violada. (GAGLIANO, Pablo Stolze. PAMPLONA FILHO, Rodolfo. Novo curso de direito civil, volume 3: Responsabilidade Civil / – 16ª. ed. rev., atual. e ampl. – São Paulo: Saraiva, 2018, p. 63)

► Elementos fundamentais da relação de causalidade na responsabilidade subjetiva e objetiva.

"... para que se cogite de responsabilidade, devem estar presentes, no plano fático, os elementos fundamentais de uma relação de causalidade: ação causadora, efeito danoso, com nexo de causalidade ligando os dois elementos. De rigor, a afirmação acima contém uma redundância, justificável de certo modo por seu sentido didático. Isso porque, se se fala de ação causadora e de efeito danoso, por óbvio há nexo de causalidade entre elas: não seria lógico cogitar-se de uma causa desconectada de seu efeito. Parece preferível não incluir um suposto "agente causador" – aqui no sentido de pessoa – entre os elementos lógicos necessários para a identificação de uma situação fática ensejadora de responsabilidade. (MENEZES DE ALMEIDA, Fernando Dias. Coordenação: Maria Sylvia Zanella Di Pietro. Tratado de Direito Administrativo: controle da administração pública e responsabilidade civil, 1ª edição, São Paulo, Revista dos Tribunais, 2014. p. 253)

► A responsabilidade civil subjetiva é a decorrente de dano causado em função de ato doloso ou culposo.

Esta culpa, por ter natureza civil, se caracterizará quando o agente causador do dano atuar com negligência ou imprudência, conforme cediço doutrinariamente, através da interpretação da primeira parte do art. 159 do Código Civil de 1916 ("Art. 159. Aquele que, por ação ou omissão voluntária, negligência, ou imprudência, violar direito, ou causar prejuízo a outrem, fica obrigado a reparar o dano"), regra geral mantida, com aperfeiçoamentos, pelo art. 186 do Código Civil de 2002 ("Art. 186. Aquele que, por ação ou omissão voluntária, negligência ou imprudência, violar direito e causar dano a outrem, ainda que exclusivamente moral, comete ato ilícito"). (GAGLIANO, Pablo Stolze. PAMPLONA FILHO, Rodolfo. Novo curso de direito civil, volume 3: Responsabilidade Civil / – 16ª. ed. rev., atual. e ampl. – São Paulo: Saraiva, 2018, p. 63)

► A obrigação de indenizar (reparar o dano) é a consequência juridicamente lógica do ato ilícito.

A obrigação de indenizar (reparar o dano) é a consequência juridicamente lógica do ato ilícito, conforme se infere também dos arts. 1.518 a 1.532 do Código Civil de 1916, constantes de seu Título VII ("Das obrigações por atos ilícitos"). (GAGLIANO,

Pablo Stolze. PAMPLONA FILHO, Rodolfo. Novo curso de direito civil, volume 3: Responsabilidade Civil / – 16ª. ed. rev., atual. e ampl. – São Paulo: Saraiva, 2018, p. 63)

► **A noção básica da responsabilidade civil, dentro da doutrina subjetiva, é o princípio segundo o qual cada um responde pela própria culpa**

A noção básica da responsabilidade civil, dentro da doutrina subjetiva, é o princípio segundo o qual cada um responde pela própria culpa – *unuscuique sua culpa nocet.* Por se caracterizar em fato constitutivo do direito à pretensão reparatória, caberá ao autor, sempre, o ônus da prova de tal culpa do réu. (GAGLIANO, Pablo Stolze. PAMPLONA FILHO, Rodolfo. Novo curso de direito civil, volume 3: Responsabilidade Civil / – 16ª. ed. rev., atual. e ampl. – São Paulo: Saraiva, 2018, p. 64)

► **A causa de que se cogita é uma ação que, enquanto tal, independe de ter sido produzida por uma pessoa (natural ou jurídica).**

A causa de que se cogita é uma ação que, enquanto tal, independe de ter sido produzida por uma pessoa (natural ou jurídica). Fala-se em ação no sentido amplo dado pelas ciências físicas, ao se pensar em leis que conectam "ação e reação". (MENEZES DE ALMEIDA, Fernando Dias. Coordenação: Maria Sylvia Zanella Di Pietro. Tratado de Direito Administrativo: controle da administração pública e responsabilidade civil, 1ª edição, São Paulo, Revista dos Tribunais, 2014. p. 253)

► **A operação pela qual se associa uma pessoa a uma ação causadora, ou seja, a conduta de uma pessoa, é uma operação que transcende a lógica de causalidade.**

A operação pela qual se associa uma pessoa a uma ação causadora, ou seja, a conduta de uma pessoa, é uma operação que transcende a lógica de causalidade, pela qual opera o mundo do ser e ingressa na lógica de imputação, pela qual opera o mundo do dever ser. Dito de outro modo, é o direito que reconhece ser imputável a um sujeito a ação causadora de um dano. (MENEZES DE ALMEIDA, Fernando Dias. Coordenação: Maria Sylvia Zanella Di Pietro. Tratado de Direito Administrativo: controle da administração pública e responsabilidade civil, 1ª edição, São Paulo, Revista dos Tribunais, 2014. p. 253)

► **Para que haja a situação jurídica de responsabilidade, é necessário que exista um sujeito de direito ao qual, por meio de uma relação de imputação (pela vontade contida na norma), independentemente de uma relação de causalidade (factual), seja dirigida a sanção.**

Para que haja a situação jurídica de responsabilidade, é necessário que exista um sujeito de direito ao qual, por meio de uma relação de imputação (pela vontade contida na norma), independentemente de uma relação de causalidade (factual), seja dirigida a sanção. Por essa mesma razão, melhor não se referir ao responsável como sendo o "agente causador" do dano. Isso porque nem sempre uma conduta praticada pelo responsável é a causa do dano. A causa – faticamente – pode estar situada em uma conduta de outra pessoa, distinta daquela a quem o direito atribui a responsabilidade.

(MENEZES DE ALMEIDA, Fernando Dias. Coordenação: Maria Sylvia Zanella Di Pietro. Tratado de Direito Administrativo: controle da administração pública e responsabilidade civil, 1ª edição, São Paulo, Revista dos Tribunais, 2014. p. 253)

► **Com essa perspectiva, chega-se à conclusão de que a situação de base, física e logicamente necessária e suficiente para a existência de responsabilidade civil, corresponde à situação da responsabilidade que tradicionalmente se diz objetiva – responsabilidade pelo resultado.**

"Toda construção pela qual a essa situação objetiva são acrescidos elementos subjetivizantes é uma construção aportada pela opção de política legislativa." (...) "Por outras palavras, a partir de um grau inicial de objetividade, por opção legislativa, podem ser acrescidos matizes de subjetividade como elementos necessários para a configuração da responsabilidade civil. Essa perspectiva evitaria, por exemplo, discussões quase meramente terminológicas entre ser "objetiva" ou "subjetiva" (sem meios-termos) a responsabilidade do Estado por omissão; ou entre incidirem ou não certas "excludentes" de responsabilidade, com viés subjetivo, no caso da responsabilidade objetiva do Estado. A esses pontos voltar-se-á mais adiante. Avance-se, por ora, na caracterização da responsabilidade civil no Brasil." (MENEZES DE ALMEIDA, Fernando Dias. Coordenação: Maria Sylvia Zanella Di Pietro. Tratado de Direito Administrativo: controle da administração pública e responsabilidade civil, 1ª edição, São Paulo, Revista dos Tribunais, 2014. p. 254)

► **A existência da responsabilidade objetiva no Código Civil aferida especialmente em função da atividade de risco desenvolvida pelo autor do dano.**

Sem abandonar tais regras, inova o Código Civil de 2002, no parágrafo único do seu art. 927, ao estabelecer que "Haverá obrigação de reparar o dano, independentemente de culpa, nos casos especificados em lei, ou quando a atividade normalmente desenvolvida pelo autor do dano implicar, por sua natureza, risco para os direitos de outrem". Assim, a nova concepção que deve reger a matéria no Brasil é de que vige uma regra geral dual de responsabilidade civil, em que temos a responsabilidade subjetiva, regra geral inquestionável do sistema anterior, coexistindo com a responsabilidade objetiva, especialmente em função da atividade de risco desenvolvida pelo autor do dano (conceito jurídico indeterminado a ser verificado no caso concreto, pela atuação judicial), ex vi do disposto no art. 927, parágrafo único. (GAGLIANO, Pablo Stolze. PAMPLONA FILHO, Rodolfo. Novo curso de direito civil, volume 3: Responsabilidade Civil / – 16ª. ed. rev., atual. e ampl. – São Paulo: Saraiva, 2018, p. 66)

► **Ainda:** As teorias objetivistas da responsabilidade civil procuram encará-la como mera questão de reparação de danos, fundada diretamente no risco da atividade exercida pelo agente. (GAGLIANO, Pablo Stolze. PAMPLONA FILHO, Rodolfo. Novo curso de direito civil, volume 3: Responsabilidade Civil / – 16ª. ed. rev., atual. e ampl. – São Paulo: Saraiva, 2018, p. 65)

PRESSUPOSTOS DA RESPONSABILIDADE CIVIL

O art. 186 do Código Civil consagra uma regra universalmente aceita: a de que todo aquele que causa dano a outrem é obrigado a repará-lo. Estabelece o aludido dispositivo legal, informativo da responsabilidade aquiliana: "*Aquele que, por ação ou omissão voluntária, negligência ou imprudência, violar direito e causar dano a outrem, ainda que exclusivamente moral, comete ato ilícito*". A análise do artigo supratranscrito evidencia que quatro são os elementos essenciais da responsabilidade civil: ação ou omissão, culpa ou dolo do agente, relação de causalidade, e o dano experimentado pela vítima. (GONÇALVES, Carlos Roberto, Comentários ao Código Civil: parte especial: direito das obrigações, volume 11 (arts. 927 a 965) / Carlos Roberto Gonçalves; (coord.) Antônio Junqueira de Azevedo. – São Paulo: Saraiva, 2003, p. 33)

> ▶ **Entendendo serem três os pressupostos:** Funda-se no ato ilícito absoluto, composto por elementos objetivos e subjetivos. São elementos objetivos do ato ilícito absoluto: *a) a existência de ato ou omissão (ato comissivo por omissão), antijurídico (violadores de direito subjetivo absoluto ou de interesse legítimo); b) a ocorrência de um dano material ou moral; c) nexo de causalidade entre o ato ou a omissão e o dano.* (Código Civil Comentado – Ed. 2019, Autor: Nelson Nery Junior, Rosa Maria de Andrade Nery, Editor:Revista dos Tribunais, Código Civil, Parte Especial. LIVRO I. DO DIREITO DAS OBRIGAÇÕES, TÍTULO IX. DA RESPONSABILIDADE CIVIL, Capítulo I. DA OBRIGAÇÃO DE INDENIZAR, Art. 927. Página RL-2.125, https://proview.thomsonreuters.com/launchapp/title/rt/codigos/100083938/v13/page/RL-2.125)

▶ **PRESSUPOSTO 1: AÇÃO OU OMISSÃO – Inicialmente, refere-se a lei a qualquer pessoa que, por ação ou omissão, venha a causar dano a outrem.**

A depender da forma pela qual a ação humana voluntária se manifesta, poderemos classificá-la em: **a) positiva ou b) negativa. A primeira** delas traduz-se pela prática de um comportamento ativo, positivo, a exemplo do dano causado pelo sujeito que, embriagado, arremessa o seu veículo contra o muro do vizinho. **A segunda** forma de conduta, por sua vez, é de intelecção mais sutil. Trata-se da atuação omissiva ou negativa, geradora de dano. Se, no plano físico, a omissão pode ser interpretada como um "nada", um "não fazer", uma "simples abstenção", no plano jurídico, este tipo de comportamento pode gerar dano atribuível ao omitente, que será responsabilizado pelo mesmo. Observe, aliás, que o art. 186 impõe a obrigação de indenizar a todo aquele que "por ação ou omissão voluntária" causar prejuízo a outrem. É o caso da enfermeira que, violando as suas regras de profissão e o próprio contrato de prestação de serviços que celebrou, deixa de ministrar os medicamentos ao seu patrão, por dolo ou desídia. (GAGLIANO, Pablo Stolze. PAMPLONA FILHO, Rodolfo. Novo curso de direito civil, volume 3: Responsabilidade Civil / – 16ª. ed. rev., atual. e ampl. – São Paulo: Saraiva, 2018, p. 80/81)

> ▶ **No mesmo sentido:** A responsabilidade pode derivar de ato próprio, de ato de terceiro que esteja sob a guarda do agente, e ainda de danos causados por coisas e animais que lhe pertençam. O Código prevê a responsabilidade por ato

próprio, dentre outros, nos casos de calúnia, difamação e injúria; de demanda de pagamento de dívida não vencida ou já paga; de abuso de direito. A responsabilidade por ato de terceiro ocorre nos casos de danos causados pelos filhos, tutelados e curatelados, ficando responsáveis pela reparação os pais, tutores e curadores. Também o empregador responde pelos atos de seus empregados. Os educadores, hoteleiros e estalajadeiros, pelos seus educandos e hóspedes. Os farmacêuticos, por seus prepostos. As pessoas jurídicas de direito privado, por seus empregados, e as de direito público, por seus agentes. E, ainda, aqueles que participam do produto de crime. A responsabilidade por danos causados por animais e coisas que estejam sob a guarda do agente é, em regra, objetiva: independe de prova de culpa. Isto se deve ao aumento do número de acidentes e de vítimas, que não devem ficar irressarcidas, decorrente do grande desenvolvimento da indústria de máquinas. (GONÇALVES, Carlos Roberto, Comentários ao Código Civil: parte especial: direito das obrigações, volume 11 (arts. 927 a 965) / Carlos Roberto Gonçalves; (coord.) Antônio Junqueira de Azevedo. – São Paulo: Saraiva, 2003, p. 33)

▶ **No mesmo sentido:** Um fato da natureza, diferentemente, subsumível em uma categoria maior e mais abrangente – de fato jurídico em sentido lato —, a despeito de poder causar dano, não geraria responsabilidade civil, por não poder ser atribuído ao homem. Apenas o homem, portanto, por si ou por meio das pessoas jurídicas que forma, poderá ser civilmente responsabilizado. Nesse contexto, fica fácil entender que a ação (ou omissão) humana voluntária é pressuposto necessário para a configuração da responsabilidade civil. Trata-se, em outras palavras, da conduta humana, positiva ou negativa (omissão), guiada pela vontade do agente, que desemboca no dano ou prejuízo. (GAGLIANO, Pablo Stolze. PAMPLONA FILHO, Rodolfo. Novo curso de direito civil, volume 3: Responsabilidade Civil / – 16ª. ed. rev., atual. e ampl. – São Paulo: Saraiva, 2018, p. 79)

▶ Considerando-se que agente é a pessoa que pratica uma conduta, somente se reputará como elemento do ato ilícito a conduta que contraria o ordenamento jurídico, proporcionando dano patrimonial ou extrapatrimonial em desfavor da vítima.

Considerando-se que agente é a pessoa que pratica uma conduta, somente se reputará como elemento do ato ilícito a conduta que contraria o ordenamento jurídico, proporcionando dano patrimonial ou extrapatrimonial em desfavor da vítima. Qualquer pessoa física ou jurídica pode agir de forma danosa ao interesse alheio, devendo-se coibir a prática de atos proibidos pelo sistema. (LISBOA, Roberto Senise. Manual de direito civil, v. 2: Direito das obrigações e responsabilidade civil. 3ª. ed. – São Paulo: Saraiva, 2004, p. 431)

▶ A conduta do autor do ilícito pode ser comissiva ou omissiva, conforme venha a realizar alguma atividade positiva ou negativa (um não fazer), respectivamente.

A conduta do autor do ilícito pode ser comissiva ou omissiva, conforme venha a realizar alguma atividade positiva ou negativa (um não fazer), respectivamente. (LIS-

BOA, Roberto Senise. Manual de direito civil, v. 2: Direito das obrigações e responsabilidade civil. 3ª. ed. – São Paulo: Saraiva, 2004, p. 431)

▶ **A ação deve ser voluntária**

A ação deve ser voluntária, podendo ainda a responsabilidade decorrer de ação praticada por terceiro ou decorrente de fato de coisa animada ou inanimada. Nesse caso, subsiste a responsabilidade indireta do agente em virtude do fato danoso cuja causa pode ser identificada a partir da coisa animada ou inanimada de titularidade precária ou definitiva do agente. (LISBOA, Roberto Senise. Manual de direito civil, v. 2: Direito das obrigações e responsabilidade civil. 3ª. ed. – São Paulo: Saraiva, 2004, p. 431/432)

> ▶ **Ainda:** O núcleo fundamental, portanto, da noção de conduta humana é a voluntariedade, que resulta exatamente da liberdade de escolha do agente imputável, com discernimento necessário para ter consciência daquilo que faz. (GAGLIANO, Pablo Stolze. PAMPLONA FILHO, Rodolfo. Novo curso de direito civil, volume 3: Responsabilidade Civil / – 16ª. ed. rev., atual. e ampl. – São Paulo: Saraiva, 2018, p. 79)
>
> ▶ **O mesmo autor mais adiante:** Vê-se, portanto, que sem o condão da voluntariedade não há que se falar em ação humana, e, muito menos, em responsabilidade civil. (GAGLIANO, Pablo Stolze. PAMPLONA FILHO, Rodolfo. Novo curso de direito civil, volume 3: Responsabilidade Civil / – 16ª. ed. rev., atual. e ampl. – São Paulo: Saraiva, 2018, p. 80)

▶ **Não insere, no contexto de "voluntariedade" o propósito ou a consciência do resultado danoso**

"Cumpre, todavia, assinalar que se não insere, no contexto de 'voluntariedade' o propósito ou a consciência do resultado danoso, ou seja, a deliberação ou a consciência de causar o prejuízo. Este é um elemento definidor do dolo. A voluntariedade pressuposta na culpa é a da ação em si mesma". (Rui Stoco, Tratado de Responsabilidade Civil, 5. ed., São Paulo: Revista dos Tribunais, 2001, p. 95)

▶ **Em outras palavras, a voluntariedade, que é pedra de toque da noção de conduta humana ou ação voluntária, primeiro elemento da responsabilidade civil, não traduz necessariamente a intenção de causar o dano, mas sim, e tão somente, a consciência daquilo que se está fazendo.**

Em outras palavras, a voluntariedade, que é pedra de toque da noção de conduta humana ou ação voluntária, primeiro elemento da responsabilidade civil, não traduz necessariamente a intenção de causar o dano, mas sim, e tão somente, a consciência daquilo que se está fazendo. E tal ocorre não apenas quando estamos diante de uma situação de responsabilidade subjetiva (calcada na noção de culpa), mas também de responsabilidade objetiva (calcada na ideia de risco), porque em ambas as hipóteses o agente causador do dano deve agir voluntariamente, ou seja, de acordo com a sua livre capacidade de autodeterminação. (GAGLIANO, Pablo Stolze. PAMPLONA FILHO,

Rodolfo. Novo curso de direito civil, volume 3: Responsabilidade Civil / – 16ª. ed. rev., atual. e ampl. – São Paulo: Saraiva, 2018, p. 80)

► **Na responsabilidade indireta, o agente nada faz concretamente no sentido de prejudicar a vítima.**

Na responsabilidade indireta, o agente nada faz concretamente no sentido de prejudicar a vítima. Ordinariamente, são os seus assistentes quem cometem os atos, muitos do quais passíveis de repreensão. (LISBOA, Roberto Senise. Manual de direito civil, v. 2: Direito das obrigações e responsabilidade civil. 3ª. ed. – São Paulo: Saraiva, 2004, p. 432)

► **Há situações em que o ordenamento jurídico atribui a responsabilidade civil a alguém por dano que não foi causado diretamente por ele, mas sim por um terceiro com quem mantém algum tipo de relação jurídica.**

"...há situações em que o ordenamento jurídico atribui a responsabilidade civil a alguém por dano que não foi causado diretamente por ele, mas sim por um terceiro com quem mantém algum tipo de relação jurídica. Nesses casos, trata-se, *a priori*, de uma responsabilidade civil indireta, em que o elemento culpa não é desprezado, mas sim presumido, em função do dever geral de vigilância a que está obrigado o réu. (GAGLIANO, Pablo Stolze. PAMPLONA FILHO, Rodolfo. Novo curso de direito civil, volume 3: Responsabilidade Civil / – 16ª. ed. rev., atual. e ampl. – São Paulo: Saraiva, 2018, p. 64)

> ► **Em arremate:** "na tese da presunção de culpa subsiste o conceito genérico de culpa como fundamento da responsabilidade civil. Onde se distancia da concepção subjetiva tradicional é no que concerne ao ônus da prova. Dentro da teoria clássica da culpa, a vítima tem de demonstrar a existência dos elementos fundamentais de sua pretensão, sobressaindo o comportamento culposo do demandado. Ao se encaminhar para a especialização da culpa presumida, ocorre uma inversão do *onus probandi*. Em certas circunstâncias, presume-se o comportamento culposo do causador do dano, cabendo-lhe demonstrar a ausência de culpa, para se eximir do dever de indenizar. Foi um modo de afirmar a responsabilidade civil, sem a necessidade de provar o lesado a conduta culposa do agente, mas sem repelir o pressuposto subjetivo da doutrina tradicional. Em determinadas circunstâncias é a lei que enuncia a presunção. Em outras, é a elaboração jurisprudencial que, partindo de uma ideia tipicamente assentada na culpa, inverte a situação impondo o dever ressarcitório, a não ser que o acusado demonstre que o dano foi causado pelo comportamento da própria vítima". (PEREIRA, Caio Mário da Silva. Responsabilidade Civil, 9ª edição, 2001, p. 265/266)

► **Ação**

A ação é a forma mais comum de exteriorização da conduta, porque, fora do domínio contratual, as pessoas estão obrigadas a abster-se da prática de atos que possam lesar o seu semelhante, de sorte que a violação desse dever geral de abstenção se obtém através de um fazer. Consiste, pois, a ação em um movimento corpóreo comissivo, um comportamento positivo, como a destruição de uma coisa alheia, a morte ou lesão corporal causada em alguém, e assim por diante. Já a omissão, forma menos comum de comportamento, caracteriza-se pela inatividade, abstenção de alguma conduta devida. Vieira dizia, com absoluta propriedade, que omissão é aquilo que se faz não fazendo. (CAVALIERI FILHO, Sérgio, Programa de responsabilidade civil, 13ª. ed., Atlas, São Paulo, 2019 p. 41)

► Conduta omissiva

Conduta omissiva parece contrassenso, uma vez que, do ponto de vista naturalístico, a omissão é ausência de atividade, um não fazer, um nada, e do nada nada provém. Mas do ponto de vista jurídico não é assim. O direito é uma ciência normativa, possuindo conceitos específicos. Ação e omissão no sentido jurídico são conceitos diferentes da ação ou omissão na ciência natural. No plano jurídico, a omissão tem natureza normativa e não naturalística, vale dizer, é imposta pelo Direito e não pelas leis naturais. É abstenção de atividade que o omitente podia e devia realizar. Não é mero não fazer, mas, sim, não fazer algo que, nas circunstâncias, era imposto ao omitente pelo Direito e que lhe era possível submeter ao seu poder final de realização. É assim porque, tal como a ação, a omissão também pode exteriorizar a vontade, pode ser forma de realização da conduta. No jargão popular costuma-se dizer que "quem cala consente". O Padre António Vieira, no célebre sermão Pecado por Omissão, já advertia que "omissão é aquilo que se faz não fazendo". A noção jurídica de omissão, repetimos, é necessariamente normativa, pressupõe a existência de norma que imponha a ação omitida, pois o Direito nos impõe, muitas vezes, o dever de agir, casos em que, nos omitindo, além de violar dever jurídico, podemos deixar de impedir a ocorrência de um resultado. Ao definir o ato ilícito, o art. 186 do Código Civil se refere expressamente à omissão: "Aquele que, por ação ou omissão voluntária" [...]. Assim, a omissão tem relevância jurídica quando o Direito impõe o dever de agir, dever de praticar um ato para impedir determinado resultado, dever este que, como veremos, pode advir da lei, do negócio jurídico ou de uma conduta anterior do próprio omitente, criando o risco da ocorrência do resultado. Em casos tais, não impedir o resultado significa permitir que a causa opere. O omitente coopera na realização do evento com uma condição negativa, ou deixando de movimentar-se, ou não impedindo que o resultado se concretize (Paulo José da Costa Jr., Curso de Direito Penal, v. I/66, Saraiva, 1991). Somente os pais, por exemplo, respondem, civil e penalmente, pela omissão alimentar dos filhos, porque a eles cabe o dever legal de alimentá-los; somente o médico contratado pelo paciente, ou que está adstrito ao atendimento, responde pela falta desse atendimento, porque assumiu a posição de garantidor (ou garante) da não ocorrência do resultado, e assim por diante. Em suma, só pode ser responsabilizado por omissão quem tiver o dever jurídico de agir, vale dizer, estiver numa situação jurídica que o obrigue a impedir a ocorrência do resultado. Se assim não fosse, toda e qualquer omissão seria relevante e, consequentemente, todos teriam contas a prestar à Justiça. O tema, por sua relevância, voltará a ser examinado em detalhe no tópico. (CAVALIERI FILHO, Sérgio, Programa de responsabilidade civil, 13ª. ed., Atlas, São Paulo, 2019 p. 41)

▶ **Tipo aberto e fechado.**

Tipo ou arquétipo é a valoração jurídica da conduta exigida pelo modelo legal ou negocial. O tipo desempenha a função de garantia da segurança jurídica geral, e de fundamento da caracterização da licitude ou da ilicitude do fato. O tipo pode ser aberto ou fechado. Tipo aberto é aquele que não descreve integralmente a conduta ilícita do agente. Tipo fechado é aquele que contém integralmente a descrição da conduta ilícita do agente. O tipo penal é, em regra, fechado. Já o tipo civil é aberto, sendo o objeto de estudo no presente Manual. Das considerações formuladas, conclui-se que o ato ilícito civil é toda ação positiva ou negativa tipificada que causa prejuízo a outrem ou ao seu patrimônio. Ora, como o tipo civil é aberto, qualquer comportamento antijurídico que proporcione dano a outrem pode acarretar a responsabilização civil, devendo-se apenas verificar se é necessária a discussão sobre a existência de culpa ou dolo do agente causador do ilícito. Em caso afirmativo, tratar-se-á de sistema de responsabilidade civil subjetiva; caso contrário, de hipótese de responsabilidade objetiva. (LISBOA, Roberto Senise. Manual de direito civil, v. 2: Direito das obrigações e responsabilidade civil. 3ª. ed. – São Paulo: Saraiva, 2004, p. 432)

▶ **O tipo pode ser objetivo ou subjetivo.**

Tipo objetivo é aquele que descreve a conduta danosa. Tipo subjetivo é aquele que estabelece a culpa ou o dolo do agente. O tipo subjetivo civil pode ser expresso ou implícito, caso o legislador não faça qualquer referência à culpa ou ao dolo, pois o causador do dano responde mesmo que aja com culpa levíssima. Antes da consagração da teoria da responsabilidade civil objetiva, isto é, aquela que recai sobre o agente independentemente da existência de sua culpa, todo ato ilícito civil pressupunha a existência da culpa ou do dolo, ainda que presumida por lei. Entretanto, o reconhecimento legal da responsabilidade civil sem culpa importa na possibilidade de realização de ato ilícito, independentemente da existência de qualquer elemento subjetivo do tipo. Afinal, na responsabilidade civil objetiva, o próprio tipo exclui a necessidade de discussão sobre a culpa ou o dolo. Portanto, para que ocorra a tipificação civil da responsabilidade do agente, basta a existência de conduta comissiva ou omissiva que cause dano à vítima, caso a lei expressamente estabeleça a desnecessidade de discussão a respeito da culpa do agente. Se assim não for, far-se-á imprescindível a demonstração da culpa ou do dolo do agente causador do dano, e a hipótese será de responsabilidade civil subjetiva. (LISBOA, Roberto Senise. Manual de direito civil, v. 2: Direito das obrigações e responsabilidade civil. 3ª. ed. – São Paulo: Saraiva, 2004, p. 432)

◙ **Responsabilidade civil. Condomínio. Furto em unidade autônoma.**

"Agravo regimental no agravo de instrumento. Responsabilidade civil. Condomínio. Furto em unidade autônoma. Matéria de prova. Súmula 7/STJ. Alegada existência de cláusula de responsabilidade. Súmula 5/STJ. Preposto. Responsabilidade objetiva do condomínio. Ausência de prequestionamento. Súmula 211/STJ. Precedentes. 1. A Segunda Seção desta Corte firmou entendimento no sentido de que 'O condomínio só responde por furtos ocorridos nas suas áreas comuns se isso estiver expressamente previsto na respectiva convenção' (EREsp 268.669/SP, Relator o Ministro Ari Pargendler,

DJ 26.04.2006) 2. Na hipótese dos autos, o acórdão recorrido está fundamentado no fato de que: (a) o furto ocorreu no interior de uma unidade autônoma do condomínio, e não em uma área comum; (b) o autor não logrou êxito em demonstrar a existência de cláusula de responsabilidade do condomínio em indenizar casos de furto e roubo ocorridos em suas dependências. 3. Para se concluir que o furto ocorreu nas dependências comuns do edifício e que tal responsabilidade foi prevista na Convenção do condomínio em questão, como alega a agravante, seria necessário rever todo o conjunto fático-probatório dos autos, bem como analisar as cláusulas da referida Convenção, medidas, no entanto, incabíveis em sede de recurso especial, a teor das Súmulas 5 e 7 desta Corte. 4. Impossibilidade de análise da questão relativa à responsabilidade objetiva do condomínio pelos atos praticados por seus prepostos por ausência de prequestionamento. 5. Agravo regimental a que se nega provimento" (STJ, AgRg no Ag 1.102.361/RJ, 4.ª Turma, Rel. Min. Raul Araújo, j. 15.06.2010, DJe 28.06.2010).

■ Responsabilidade civil. Indenização por danos morais. Roubo em condomínio.

"Responsabilidade civil. Indenização por danos morais. Roubo em condomínio. Sentença que não padece de nulidade, já que se reportou à prova emprestada (no que tange ao Regulamento Interno do Condomínio). Roubo em edifício comercial. Autor que laborava em um dos escritórios do edifício. Improcedência. Regulamento Interno isenta o condomínio de responsabilidade acerca de roubos ou furtos havidos em suas dependências. Alegada conduta negligente de seus prepostos também não evidenciada. Roubo ocorrido por volta das 23h30 (horário em que a portaria não mais funcionava). Ademais, trata-se de hipótese de força maior. Utilização de grave ameaça (arma de fogo) pelos meliantes. Inviável a responsabilização do condomínio pelo evento. Sentença mantida. Recurso improvido" (TJSP, Apelação com Revisão 570.269.4/4, Acórdão 2689958, 8.ª Câmara de Direito Privado, Santos, Rel. Des. Salles Rossi, j. 26.06.2008, DJESP 17.07.2008).

■ Indenização. Responsabilidade civil. Furto de veículo de condômino, quando guardado na garagem do condomínio.

"Indenização. Responsabilidade civil. Furto de veículo de condômino, quando guardado na garagem do condomínio. Falta de prova de que o condomínio, com rateio correspondente, mantém serviço específico de guarda e vigilância. Improcedência. Recurso provido" (TJSP, Apelação Cível 228.722-1, 2.ª Câmara Civil, São Paulo, Rel. J. Roberto Bedran, 26.09.1995, v.u.).

■ A jurisprudência já confirmou a responsabilização de empresa de logística e transporte ferroviário por omissão na limpeza de via atingida por descarrilamento, o que gerou danos a morador da área do acidente.

"O Tribunal local, analisando o acervo fático-probatório dos autos, concluiu que ficou comprovada a demora da empresa em retirar os vagões do trem descarrilado da via pública, bem como em providenciar o recolhimento do material transportado (enxofre) e a limpeza do local, estando assim configurada sua responsabilidade civil e o dever de indenizar o autor por danos morais. (...). É possível a revisão do montante da indenização nas hipóteses em que o quantum fixado for exorbitante ou irrisório, o que, no entanto, não ocorreu no caso em exame, em que o valor da indenização por danos morais, arbitrado em R$ 9.300,00 (nove mil e trezentos reais), não é exorbitante nem desproporcional à conduta omissiva da agravante em recolher vagões de trem descarrilado e material nele transportado (enxofre) abandonados nas proximidades da residência do agravado" (STJ, AInt no AREsp 903.765/SP, 4.ª Turma, Rel. Min. Raul Araújo, j. 02.02.2017, DJe 10.02.2017).

◙ No que diz respeito à responsabilidade civil do Estado pelo transporte ferroviário, a mesma Corte Superior fixou parâmetros quanto ao dever de reparar danos causados a usuários e transeuntes, analisando hipóteses que dizem respeito à omissão.

"A despeito de situações fáticas variadas no tocante ao descumprimento do dever de segurança e vigilância contínua das vias férreas, a responsabilização da concessionária é uma constante, passível de ser elidida tão somente quando cabalmente comprovada a culpa exclusiva da vítima. Para os fins da sistemática prevista no art. 543-C do CPC, citam-se algumas situações: (i) existência de cercas ao longo da via, mas caracterizadas pela sua vulnerabilidade, insuscetíveis de impedir a abertura de passagens clandestinas, ainda quando existente passarela nas imediações do local do sinistro; (ii) a própria inexistência de cercadura ao longo de toda a ferrovia; (iii) a falta de vigilância constante e de manutenção da incolumidade dos muros destinados à vedação do acesso à linha férrea pelos pedestres; (iv) a ausência parcial ou total de sinalização adequada a indicar o perigo representado pelo tráfego das composições" (STJ, REsp 1.210.064/SP, 2.ª Seção, Rel. Min. Luis Felipe Salomão, j. 08.08.2012, DJe 31.08.2012).

◙ Quanto aos exemplos jurisprudenciais de condutas comissivas, tem-se responsabilizado os provedores de conteúdo da internet por omissão, quando não tomam medidas para que se possam identificar autores de mensagens ofensivas.

"Ao oferecer um serviço por meio do qual se possibilita que os usuários divulguem livremente suas opiniões, deve o provedor de conteúdo ter o cuidado de propiciar meios para que se possa identificar cada um desses usuários, coibindo o anonimato e atribuindo a cada imagem uma autoria certa e determinada. Sob a ótica da diligência média que se espera do provedor, do dever de informação e do princípio da transparência, deve este adotar as providências que, conforme as circunstâncias específicas de cada caso, estiverem ao seu alcance para a individualização dos usuários do site, sob pena de responsabilização subjetiva por culpa *in omittendo*. Precedentes. Uma vez ciente do ajuizamento da ação e da pretensão nela contida – de obtenção dos dados de um determinado usuário –, estando a questão sub judice, o mínimo de bom senso e prudência sugere a iniciativa do provedor de conteúdo no sentido de evitar que essas informações se percam. Essa providência é condizente com a boa-fé que se espera não apenas dos fornecedores e contratantes em geral, mas também da parte de um processo judicial, nos termos dos arts. 4.º, III, do CDC, 422 do CC/02 e 14 do CPC" (STJ, REsp 1.417.641/RJ, 3.ª Turma, Rel. Min. Nancy Andrighi, j. 25.02.2014, DJe 10.03.2014).

► PRESSUPOSTO 2: CULPA OU DOLO DO AGENTE

— Todos concordam em que o art. 186 do Código Civil cogita do dolo logo no início: "ação ou omissão voluntária", passando, em seguida, a referir-se à culpa: "negligência ou imprudência". (GONÇALVES, Carlos Roberto, Comentários ao Código Civil: parte especial: direito das obrigações, volume 11 (arts. 927 a 965) / Carlos Roberto Gonçalves; (coord.) Antônio Junqueira de Azevedo. – São Paulo: Saraiva, 2003, p. 34)

► O dolo consiste na vontade de cometer uma violação de direito, e a culpa, na falta de diligência.

Dolo, portanto, é a violação deliberada, consciente, intencional, do dever jurídico. Para obter a reparação do dano, a vítima geralmente tem de provar dolo ou culpa stricto sensu do agente, segundo a teoria subjetiva adotada em nosso diploma civil. Entretanto, como essa prova muitas vezes se torna difícil de ser conseguida, o nosso direito positivo admite, em hipóteses específicas, alguns casos de responsabilidade sem culpa: a responsabilidade objetiva, com base especialmente na teoria do risco, abrangendo também casos de culpa presumida. (GONÇALVES, Carlos Roberto, Comentários ao Código Civil: parte especial: direito das obrigações, volume 11 (arts. 927 a 965) / Carlos Roberto Gonçalves; (coord.) Antônio Junqueira de Azevedo. – São Paulo: Saraiva, 2003, p. 34)

► Tipos de culpa

A culpa pode ser, ainda, ***in eligendo***: decorre da má escolha do representante, do preposto; ***in vigilando***: decorre da ausência de fiscalização; ***in committendo***: decorre de uma ação, de um ato positivo; ***in ommittendo***: decorre de uma omissão, quando havia o dever de não se abster; ***in custodiendo***: decorre da falta de cuidados na guarda de algum animal ou de algum objeto. (GONÇALVES, Carlos Roberto, Comentários ao Código Civil: parte especial: direito das obrigações, volume 11 (arts. 927 a 965) / Carlos Roberto Gonçalves; (coord.) Antônio Junqueira de Azevedo. – São Paulo: Saraiva, 2003, p.)

► Culpa *in eligendo*:

É a forma segundo a qual o agente não procede com acerto na escolha de seu preposto, empregado, representante, ou não exerce um controle suficiente sobre os bens usados para uma determinada atividade. Os erros cometidos na direção de um veículo, ou trafegar nele quando não reúne condições mecânicas de segurança, provocam a responsabilidade pelo dano superveniente. (A reparação nos acidentes de trânsito. Autor: Arnaldo Rizzardo, Editor: Revista dos Tribunais. 1. Da responsabilidade civil. https://proview.thomsonreuters.com/launchapp/title/rt/monografias/98597800/v13/document/98719031/anchor/a-98719031)

◙ Demora no conserto do veículo. Culpa *in eligendo*

RESPONSABILIDADE CIVIL EM ACIDENTE DE TRÂNSITO. LUCROS CESSANTES. LIQUIDAÇÃO DE SENTENÇA. DEMORA NO CONSERTO DO VEÍCU-

LO. CULPA *IN ELIGENDO*. RESPONSABILIDADE SOLIDÁRIA. 1. Preliminar de nulidade da sentença: o Juiz é o destinatário da prova, cabendo a ele determinar as provas necessárias à instrução, indeferindo as diligências inúteis ou de caráter meramente protelatório. Além disso, também lhe compete aferir sobre a necessidade ou não de sua produção, a teor do que estabelece o art. 370 do CPC/2015. No caso, a prova oral não se mostra necessária ao deslinde do feito, ao passo que o Julgador determinou a juntada dos documentos postulados pela ré na fase de liquidação de sentença, não havendo falar em cerceamento de defesa. 2. Lucros cessantes: é devido o pagamento, pelas requeridas, de indenização a título de lucros cessantes, correspondente ao período em que a empresa demandante restou impossibilitada de fazer uso de seu caminhão. Possibilidade de apuração do montante indenizatório em liquidação de sentença, nos termos da sentença. Responsabilidade solidária reconhecida, a da seguradora corré até os limites da apólice, nos termos da fundamentação. Preliminar rejeitada. Apelação desprovida. (Apelação Cível Nº 70077257533, Décima Segunda Câmara Cível, Tribunal de Justiça do RS, Relator: Umberto Guaspari Sudbrack, Julgado em 10/05/2018).

■ **Contratação de falso médico para atuar em atendimento à sociedade**

RESPONSABILIDADE CIVIL DA ADMINISTRAÇÃO PÚBLICA. CULPA *IN ELIGENDO* E CULPA *IN VIGILANDO*. DANOS MORAIS *IN RE IPSA* CONFIGURADOS. RECURSO CONHECIDO E PROVIDO. 1. O cerne da questão recursal gravita em torno da responsabilidade civil objetiva do Poder Público quanto a contratação de falso médico para atuar em atendimento à sociedade; 2. Ainda que a parte recorrente tenha sido atendida e o resultado tenha sido positivo, posto que não houve sequelas mais graves além daquelas que qualquer acidente grave ocasiona, o fato de ter sido atendido por falso médico já gera uma responsabilidade para a Administração Pública; 3. A contratação do agente público foi de livre e responsabilidade do Poder Público, devendo, neste ato, guardar a sua melhor escolha, além da responsabilidade de, após a contratação, fiscalizar o serviço prestado, bem como o terceiro que o presta; 4. A responsabilidade da parte recorrida encontra-se configurada em decorrência da culpa *in eligendo* e culpa *in vigilando*, não havendo de se falar que também foi vítima da fraude praticada pelo terceiro, uma vez que é de sua responsabilidade manter pessoas qualificadas nos seus quadros de servidores, devendo, para tanto, averiguar a qualificação não só quando da contratação, mas, sim, enquanto houver vínculo o servidor, seja contratado ou estatutário; 5. Recurso conhecido e provido. (Processo: APL 0006643-97.2013.8.04.4700 AM 0006643-97.2013.8.04.4700 – Órgão Julgador: Terceira Câmara Cível – Publicação: 08/10/2018 – Julgamento: 8 de Outubro de 2018 – Relator: Airton Luís Corrêa Gentil)

■ **Responsabilidade civil. Negligência do clube. Dever de indenizar. Excludente de responsabilidade. "Culpa *in eligendo*" e "culpa *in vigilando*"**

RESPONSABILIDADE CIVIL. NEGLIGÊNCIA DO CLUBE. DEVER DE INDENIZAR. EXCLUDENTE DE RESPONSABILIDADE. "CULPA *IN ELIGENDO*" E "CULPA *IN VIGILANDO*". AFASTADA. 1 – A instituição financeira que exerce considerável poder fiscalizatório sobre a associação recreativa, possuindo ampla e irrestrita ingerência sobre as decisões tomadas pelo clube, evidencia a legitimidade para figurar no polo passivo da ação. 2 – O dever de indenizar decorre da prática de ato ilícito, seja ele cometido por ação ou omissão voluntária, negligência ou imprudência, nos moldes do disposto nos artigos 186 e 927 do Código Civil, sendo necessária a presença da conduta humana ilícita, culpa ou dolo, nexo de causalidade e dano indenizável. 3 – Não é razoável o acolhimento da tese de excludente de responsabilidade pelo fato de terceiro, "culpa *in eligendo*" e "culpa *in vigilando*", quando a supervisão dos pais ou dos responsáveis maiores eventualmente presentes no momento do acidente não são decisivos para a ocorrência do evento danoso. 4 – O valor da indenização deve ser arbitrada em quantia razoável, de modo a preservar a dupla finalidade da condenação, qual seja, a de punir pelo ato ilícito praticado e a de reparar os danos suportados pela vítima. 1º Apelo Conhecido e Parcialmente Provido. 2º Apelo Conhecido e Desprovido. (Processo: APL 0086214-72.2014.8.09.0132 – Órgão Julgador: 3ª Câmara Cível – Partes: Apelante: MARIA SANDRA FERREIRA, Apelado: MARIA SANDRA FERREIRA – Publicação: DJ de 22/05/2019 – Julgamento: 22 de Maio de 2019 – Relator: GILBERTO MARQUES FILHO)

◙ Companhia aérea. Extravio definitivo de bagagem. Culpa *in eligendo*

RESPONSABILIDADE CIVIL. CONSUMIDOR. AÇÃO INDENIZATÓRIA. COMPANHIA AÉREA. EXTRAVIO DEFINITIVO DE BAGAGEM. CULPA *IN ELIGENDO*. DANOS MATERIAIS COMPROVADOS. DANOS MORAIS CARACTERIZADOS. QUANTUM INDENIZATÓRIO MINORADO. 1. Narrou a autora ter adquirido passagens aéreas da empresa requerida referente ao trecho Palmas/TO – Passo Fundo/RS, para o dia 10/02/2015, e que quando do desembarque verificou que sua bagagem havia sido extraviada. 2. Sentença que julgou procedentes os pedidos de indenização do dano material, no valor de R$ 2.009,00, bem como de compensação do dano moral, no valor de R$ 8.000,00. 3. Empresa aérea ré que pleiteia, em sede de recurso, o afastamento do arbitramento do dano moral fixado na origem. Não merecem acolhida as razões do presente recurso. Evidente e incontroversa a falha na prestação do serviço, já que a autora, ao chegar a seu destino, verificou o extravio de toda a sua bagagem levada para a viagem. 4. O extravio definitivo de bagagem qualifica-se como causa a ensejar a configuração de dano moral "in re ipsa", visto que ultrapassa a esfera do mero dissabor, causando abalo aos atributos da personalidade. Indenização arbitrada pelo Juízo de origem que, contudo, vai minorada. 5. Adoção do critério bifásico professado... pelo Superior Tribunal de Justiça, para arbitramento do dano moral (1ª fase – padrão usual para casos análogos; 2ª fase – circunstâncias do caso, grau da ofensa e condições pessoais das partes). Homenagem ao princípio da imediação do juiz à prova. Valor que deve ser reduzido, porém, a R$ 6.000,00, consoante precedente do Recurso Cível Nº 71006176168, Terceira Turma Recursal Cível, Turmas Recursais, Relator: Lusmary Fatima Turelly da Silva, Julgado em 27/10/2016, em que se manteve o valor fixado de R$ 6.000,00. RECURSO PARCIALMENTE PROVIDO. (Recurso Cível Nº 71006727655, Terceira Turma Recursal Cível, Turmas Recursais, Relator: Fabio Vieira Heerdt, Julgado em 23/11/2017).

◙ O advogado que, atuando de forma livre e independente, lesa terceiros no exercício de sua profissão responde diretamente pelos danos causados, não havendo que se falar em solidariedade de seus clientes, salvo prova expressa da 'culpa *in eligendo*' ou do assentimento a suas manifestações escritas, o que não ocorreu na hipótese

RESPONSABILIDADE CIVIL DO ADVOGADO. SUPOSTAS OFENSAS PROFERIDAS EM PROCESSO. LEGITIMIDADE, EM REGRA, EXCLUSIVA DO MANDATÁRIO. EXCEÇÃO. PROVA DE CULPA *IN ELIGENDO* OU ASSENTIMENTO COM AS MANIFESTAÇÕES ESCRITAS. "O advogado que, atuando de forma livre e independente, lesa terceiros no exercício de sua profissão responde diretamente pelos danos causados, não havendo que se falar em solidariedade de seus clientes, salvo prova expressa da 'culpa *in eligendo*' ou do assentimento a suas manifestações escritas, o que não ocorreu na hipótese." (REsp 932.334/RS, Rela. Ministra Nancy Andrighi, Terceira Turma, j. 18-11-2008, DJe 4-8-2009). Prematura exclusão da mandante. Constância de declaração. Dúvida quanto ao assentimento na prolação das supostas ofensas. Necessária dilação probatória para aferição da legitimidade da cliente para integrar polo passivo da lide. Recurso provido. (Processo: AI 4022131-44.2018.8.24.0900 Balneário Camboriú 4022131-44.2018.8.24.0900 – Órgão Julgador: Quinta Câmara de Direito Civil – Julgamento: 18 de Dezembro de 2018 – Relator: Ricardo Fontes)

◙ Protesto indevido. Legitimidade passiva do endossatário do título. Ausência de cautela na emissão das duplicatadas. Responsabilidade solidária do mandante/credor. Culpa *in eligendo*.

RESPONSABILIDADE CIVIL. AÇÃO DE INDENIZAÇÃO POR DANOS MATERIAIS E MORAIS. PROTESTO INDEVIDO. LEGITIMIDADE PASSIVA DO ENDOSSATÁRIO DO TÍTULO. AUSÊNCIA DE CAUTELA NA EMISSÃO DAS DUPLICATADAS. RESPONSABILIDADE SOLIDÁRIA DO MANDANTE/CREDOR. CULPA *IN ELIGENDO*. DANOS MORAIS *IN RE IPSA* CONFIGURADOS. Trata-se de ação de indenização por danos materiais e moral decorrentes de protestos indevidos, julgada parcialmente procedente na origem. LEGITIMIDADE PASSIVA DA INSTITUIÇÃO FINANCEIRA É assente na jurisprudência o entendimento de que a instituição financeira que recebe o título através de endosso-mandato apenas responde por eventuais danos de protesto indevido nos casos em que extrapolar os poderes que lhe foram conferidos. Orientação sumular nº 476 do STJ. *In casu*, é possível concluir que o banco apresentante do título não teve a devida cautela ao emitir as duplicatas, pois não observou os dados que lhe foram repassados pela mandante e credora originária, mormente no que se refere ao CPF do devedor, razão pela qual não há como afastar a responsabilidade do demandado pelos prejuízos sofridos pela parte autora, pelo que rejeito a preliminar contra recursal. RESPONSABILIDADE SOLIDÁRIA DA INSTITUIÇÃO DE ENSINO Ainda que tenha restado demonstrada a falha do... mandatário, no caso, da instituição financeira apresentante dos títulos, tal circunstância não exime o mandante da sua responsabilidade perante o devedor, nos termos do que dispõe o art. 679 do Código Civil. Na situação em comento a responsabilidade da instituição de ensino decorre de sua culpa *in eligendo*. Precedentes do STJ e deste Tribunal. DANOS MORAIS Os documentos juntados aos autos comprovam a efetivação dos protestos em nome da parte autora, por desídia dos demandados. Assim, traduzindo-se irregular, ilegal e indevido os protestos dos títulos expedidos erroneamente com o CPF da autora, caracterizado está o dano moral indenizável, tratando-se, pois, de dano *in re ipsa*..." (Processo: AC 70076956549 RS – Órgão Julgador: Sexta Câmara Cível – Publicação: Diário da Justiça do dia 30/05/2018 – Julgamento: 24 de Maio de 2018 – Relator: Niwton Carpes da Silva)

► **Culpa *in vigilando***

Caracteriza-se com a falta de cuidados e fiscalização de parte do proprietário ou do responsável pelos bens e pelas pessoas. Exemplificando: não se acompanha o desenvolvimento das atividades dos empregados; admite-se que uma pessoa despreparada execute certo trabalho; abandona-se veículo, com a chave de ignição ligada, em local frequentado por crianças; não são vistoriados os veículos pelo dono; dirige-se um carro com defeitos nos freios e com pneus gastos. (A reparação nos acidentes de trânsito. Autor: Arnaldo Rizzardo, Editor: Revista dos Tribunais. 1. Da responsabilidade civil. https://proview.thomsonreuters.com/launchapp/title/rt/monografias/98597800/v13/document/98719031/anchor/a-98719031)

◙ **Ação De Indenização Por Danos Morais – Responsabilidade Civil Do Estado – Agressões Físicas Sofridas Por Detento – Responsabilidade Subjetiva – Culpa *In Vigilando***

APELAÇÃO CÍVEL – AÇÃO DE INDENIZAÇÃO POR DANOS MORAIS – RESPONSABILIDADE CIVIL DO ESTADO – AGRESSÕES FÍSICAS SOFRIDAS POR DETENTO – RESPONSABILIDADE SUBJETIVA – CULPA *IN VIGILANDO* DO ESTADO – RESPONSABILIDADE DE INDENIZAR – QUANTUM – CRITÉRIO DA EQUIDADE. – A responsabilidade do Estado é subjetiva quando os danos decorrem de atividade omissiva da Administração, cabendo à vítima o ônus de provar a culpa do Poder Público – Comprovadas as agressões e as lesões corporais sofridas por detento, a negligência do ente público classificada como culpa *in vigilando* e o nexo de causalidade, existe a responsabilidade do Estado (subjetiva) que torna devida a indenização – Na fixação do quantum indenizatório deve haver bom senso prático, com atenta observância ao caso concreto e em consonância com os princípios da proporcionalidade e da razoabilidade. (Processo: AC 10000190078279001 MG – Publicação: 13/06/2019 – Julgamento: 11 de Junho de 2019 – Relator: Alice Birchal)

◙ **Furto de veículo estacionado na garagem.**

RESPONSABILIDADE CIVIL DE CONDOMÍNIO. CULPAS *IN VIGILANDO* OU *IN CUSTODIENDO*. OCORRÊNCIA. A responsabilização civil, na forma *in vigilando* ou *in custodiendo*, do Condomínio, pelos furtos ocorridos nas áreas comuns pressupõe o dever de guarda ou de vigilância sobre coisas e pessoas. Furto de veículo estacionado na garagem. Existência de serviço interno de segurança e guarda das chaves em área comum. Responsabilidade do Condomínio bem aferida em sede singular. Desprovimento do recurso que perseguia a reversão do julgado. Unânime. (Processo: APL 0119489-38.2014.8.19.0001 RIO DE JANEIRO CAPITAL 45 VARA CÍVEL – Órgão

Julgador: VIGÉSIMA CÂMARA CÍVEL – Publicação: 05/06/2017 – Julgamento: 31 de Maio de 2017 – Relator: MARÍLIA DE CASTRO NEVES VIEIRA)

◙ O nosocômio tem o dever de vigiar e guardar seus pacientes, sob pena de responder civilmente ante a culpa *in vigilando*.

RESPONSABILIDADE CIVIL DE CLÍNICA PSIQUIÁTRICA. MORTE DECORRENTE DE SUICÍDIO DE PACIENTE INTERNADO. CULPA *IN VIGILANDO*. DANO MORAL. DESCABIMENTO DE PENSÃO MENSAL. 1. Ação de responsabilidade civil visando à reparação pelos danos morais e materiais sofridos em razão da morte do filho da autora, que cometeu suicídio quando estava internado nas dependências da clínica ré. 2. O nosocômio tem o dever de vigiar e guardar seus pacientes, sob pena de responder civilmente ante a culpa *in vigilando*. Dano moral configurado. 3. O pagamento de pensão mensal à autora é incabível, vez que o filho falecido não gerava expectativa de prestar auxílio financeiro à família. 4. Dano moral proporcional e razoavelmente fixado em R$73.000,00 (setenta e três mil reais). 5. DESPROVIMENTO DOS RECURSOS. (Processo: APL 0013365-78.2008.8.19.0021 – Órgão Julgador: SEXTA CÂMARA CÍVEL – Julgamento: 17 de Maio de 2017 – Relator: Des(a). BENEDICTO ULTRA ABICAIR)

◙ Furto em estacionamento de empresa

RESPONSABILIDADE CIVIL. AÇÃO POR MATERIAIS. FURTO EM ESTACIONAMENTO DE EMPRESA. CULPA *IN VIGILANDO*. DANOS EFETIVAMENTE COMPROVADOS. Em que pese o alegado pelo recorrente, logra o autor em comprovar os prejuízos indicados na vestibular, devendo a apelante arcar com as quantias apontadas pela demandante. NEGARAM PROVIMENTO AO RECURSO. (Apelação Cível Nº 70071147524, Quinta Câmara Cível, Tribunal de Justiça do RS, Relator: Léo Romi Pilau Júnior, Julgado em 26/10/2016).

◙ Furto de bem apreendido pelo Estado – dever de zelo e vigilância do estado – inobservância – culpa *in vigilando*

APELAÇÃO CÍVEL – PRELIMINAR DE ILEGITIMIDADE PASSIVA – REJEITADA – RESPONSABILIDADE CIVIL – FURTO DE BEM APREENDIDO PELO ESTADO – DEVER DE ZELO E VIGILÂNCIA DO ESTADO – INOBSERVÂNCIA – CULPA *IN VIGILANDO* – CARACTERIZAÇÃO DO DEVER INDENIZATÓRIO – JUROS DE MORA – ENTENDIMENTO STF – RECURSO PARCIALMENTE PROVIDO. – A Suprema Corte já decidiu que "tratando-se de ato omissivo do poder público, a responsabilidade civil por tal ato é subjetiva, pelo que exige dolo ou culpa, numa de suas três vertentes, negligência, imperícia ou imprudência, não sendo, entretanto, necessário individualizá-la, dado que pode ser atribuída ao serviço público, de forma genérica, a 'faute de service' dos franceses". (STF – RE nº. 179.147 – Relator Min. Carlos Velloso – Julgamento: 12/12/1997 – Órgão Julgador: Segunda Turma) – A Administração Pública possui o dever de zelo e vigilância pelos bens por ela apreendidos como medida cautelar em processo penal – Comprovada a relação entre o evento danoso e a omissão do Poder Público Municipal por culpa *in vigilando*, configurado está o seu dever de indenizar por danos materiais – Considerando a decisão de suspensão proferida nos Embargos Declaratórios no Recurso Extraordinário nº. 870.947/SE, nas condenações da Fazenda Pública deverão incidir juros de mora aplicáveis à caderneta de poupança, nos termos do disposto no art. 1º-F, da Lei nº 9.494 /97, com redação dada pelo art. 5º da Lei nº 11.960 /09. (Processo: AC 10223140283514001 MG – Publicação: 15/03/2019 – Julgamento: 7 de Março de 2019 – Relator: Versiani Penna)

◙ A despeito de dispor de circuito interno de câmeras para monitoração das garagens e de vigia noturno, o assaltante entrou na garagem e furtou a bicicleta sem qualquer obstáculo

RESPONSABILIDADE CIVIL. INDENIZAÇÃO. CULPA *IN VIGILANDO*. I – As garagens dos Condomínios-réus são interligadas e eles dividem a segurança do local. Ilegitimidade passiva rejeitada. II – A Seguradora responde solidariamente com os Condomínios-réus pelos danos causados ao condômino, uma vez que vigente a apólice de seguro na data do evento danoso. Ilegitimidade passiva rejeitada. III – A ré Edina Maria não tem pertinência subjetiva para compor o polo passivo da ação, visto que ela apenas intermediou a contratação da apólice de seguros. Acolhida ilegitimidade passiva. IV – Trata-se de culpa *in vigilando*, em que se verifica a quebra do dever legal de vigilância. A despeito de dispor de circuito interno de câmeras para monitoração das garagens e de vigia noturno, o assaltante entrou na garagem e furtou a bicicleta sem qualquer obstáculo. V – Dos Regimentos Internos e Convenções Condominiais dos Condomínios-réus, infere-se cláusula expressa do dever de indenizar furtos de veículos ocorridos na garagem coletiva. Nos termos do art. 96 do Código de Trânsito Brasileiro, bicicleta é veículo de propulsão humana, portanto, ao contrário do que sustentam as rés, há dever de guarda e segurança do bem do apelado-autor. VI – Apelações dos Condomínios desprovidas. Apelação das rés Servcon e Edina Maria parcialmente provida. (Processo: 0000453-35.2014.8.07.0001 0000453-35.2014.8.07.0001 – Órgão Julgador: 6ª TURMA CÍVEL – Publicação: Publicado no DJE: 02/08/2016. Pág.: 386/446 – Julgamento: 15 de Junho de 2016 – Relator: VERA ANDRIGHI)

◙ O Estado é responsável pela integridade física de detento sob sua custódia em estabelecimento prisional, incumbindo aos seus agentes a vigilância e a adoção de medidas preventivas eficazes

AÇÃO DE INDENIZAÇÃO – DANO MORAL – MORTE DE PRESO EM ESTABELECIMENTO PRISIONAL – DIREITO À INCOLUMIDADE – INTELIGÊNCIA DO ART. 5º, XLIX, DA CR/88 – RESPONSABILIDADE CIVIL DO ESTADO – CULPA *IN VIGILANDO* – INDENIZAÇÃO DEVIDA – FIXAÇÃO – CRITÉRIOS. – O Estado é responsável pela integridade física de detento sob sua custódia em estabelecimento prisional, incumbindo aos seus agentes a vigilância e a adoção de medidas preventivas eficazes. A falha na prevenção e vigilância, que redunda no suicídio do detento, enseja a reparação dos danos morais à mãe, decorrentes da privação prematura do convívio do filho para o resto de suas vidas. – Para a fixação da indenização por danos morais devem ser consideradas a culpabilidade do ofensor e sua capacidade econômica, visando adequar o caráter punitivo da pena às peculiaridades do caso concreto e impedir uma penalização excessiva. (Processo: AC 0009428-23.2012.8.13.0236 MG – Órgão Julgador: Câmaras Cíveis / 3ª CÂMARA CÍVEL – Publicação: 13/09/2017 – Julgamento: 16 de Agosto de 2017 – Relator: Elias Camilo)

◙ Moto furtada dentro de estacionamento de universidade

RESPONSABILIDADE CIVIL. AÇÃO DE INDENIZAÇÃO POR DANOS MATERIAIS. MOTO FURTADA DENTRO DE ESTACIONAMENTO DE UNIVERSIDADE. CIRCUNSTÂNCIAS (ENTIDADE FILANTRÓPICA E GRATUIDADE DO ESTACIONAMENTO) QUE NÃO AFASTAM O DEVER DE INDENIZAR. CULPA *IN VIGILANDO*. SENTENÇA DE PROCEDÊNCIA DA AÇÃO MANTIDA. APELO DESPROVIDO. UNÂNIME. (Apelação Cível Nº 70073129843, Sexta Câmara Cível, Tribunal de Justiça do RS, Relator: Luís Augusto Coelho Braga, Julgado em 24/08/2017).

◙ Responsabilidade civil. Dano em veículo. Interior de estacionamento privativo. Empresa de vigilância patrimonial. Culpa *in vigilando*

RESPONSABILIDADE CIVIL. DANO EM VEÍCULO. INTERIOR DE ESTACIONAMENTO PRIVATIVO. EMPRESA DE VIGILÂNCIA PATRIMONIAL. CULPA *IN VIGILANDO*. RESPONSABILIDADE CONTRATUAL. 1 – Na forma do art. 46 da Lei 9.099 /1995, a ementa serve de acórdão. Recurso próprio, regular e tempestivo. 2 – Prova documental. Apresentação por ocasião do recurso. Inviabilidade. Ressalvada a hipótese de documento novo, os documentos e demais provas devem ser apresentados na audiência de conciliação e julgamento, na forma do art. 33 da Lei 9.099 /1995. 3 – Responsabilidade Civil. Dano em veículo. Estacionamento de empresa pública. Contrato de vigilância com empresa privada. É da natureza do contrato de vigilância em estacionamento guarnecido com guarita que esta tenha por objeto o espaço do estacionamento e os bens que nele se encontrem, independentemente de os veículos serem particulares. Inviável discutir cláusula de contrato cujo instrumento não foi apresentado a tempo. 4 – Dano. É possível a quem administra o estacionamento demonstrar, por câmeras ou outro meio que o automóvel ingressou com avaria, o que afasta a ocorrência do dano. A prova contrária é impossível ao usuário. Assim, em face do que dispõe o art. 5º., da Lei 9.099 /1995, valorizando as regras de experiência comum e a omissão da ré na produção de provas, confirma-se a sentença que reconheceu a ocorrência do fato. 5 – Recurso conhecido, mas não provido. Custas processuais e honorários advocatícios, fixados em 10% do valor da condenação, pelo recorrente vencido. (Processo: ACJ 20151410019644 – Órgão Julgador: 2ª Turma Recursal dos Juizados Especiais do Distrito Federal – Publicação: Publicado no DJE: 01/02/2016. Pág.: 342 – Julgamento: 26 de Janeiro de 2016 – Relator: AISTON HENRIQUE DE SOUSA)

◙ Morte de detento em estabelecimento prisional – suicídio por enforcamento – culpa *in vigilando*

AÇÃO INDENIZATÓRIA – MORTE DE DETENTO EM ESTABELECIMENTO PRISIONAL – SUICÍDIO POR ENFORCAMENTO – DIREITO À INCOLUMIDADE – INTELIGÊNCIA DO ARTIGO 5º, XLIX, DA CF/1988 – RESPONSABILIDADE CIVIL ESTADO – CULPA *IN VIGILANDO* – DANOS MORAIS – FIXAÇÃO – CRITÉ-

RIOS – RAZOABILIDADE E PROPORCIONALIDADE – CORREÇÃO MONETÁRIA E JUROS DE MORA – SENTENÇA MANTIDA. 1. O Estado é responsável pela integridade física de detento sob sua custódia em Estabelecimento Prisional, incumbindo aos seus Agentes a vigilância e a adoção de medidas preventivas eficazes. A falha na prevenção e vigilância que redunda na morte de detento, ainda que por suicídio por enforcamento, enseja a reparação dos danos decorrentes. 2. Não havendo parâmetros legais para a fixação do valor dos danos morais, cabe ao Juiz fixá-lo sob seu prudente arbítrio, evitando que seja irrisório ou de molde a converter o sofrimento em móvel de captação de lucro. 3. O valor fixado a título de danos morais deve ser corrigido monetariamente desde a data do arbitramento, a teor da Súmula 362 do Superior Tribunal de Justiça, com incidência de juros de mora desde a data do evento danoso, nos termos da Súmula 54 do STJ, pelos índices da caderneta de poupança previstos no art. 1º-F da Lei nº 9.494 /1997, com a redação dada pela Lei nº 11.960 /2009. (Processo: AC 10878120006365002 MG – Publicação: 26/03/2019 – Julgamento: 14 de Março de 2019 – Relator: Elias Camilo)

◙ Ainda que a ré comprove que seu veículo estava sendo conduzido por terceiro, sem seu consentimento, não exclui sua responsabilidade de reparar o dano causado pelo mesmo

RESPONSABILIDADE CIVIL. CULPA *IN VIGILANDO*. SENTENÇA PROCEDENTE MANTIDA. RECURSO INOMINADO IMPROVIDO. Ainda que a ré comprove que seu veículo estava sendo conduzido por terceiro, sem seu consentimento, não exclui sua responsabilidade de reparar o dano causado pelo mesmo. Cabe ressaltar ainda que o condutor do veículo da ré no momento do abalroamento era de sua confiança, pois segundo ela mesma, residiam juntos. Sentença que merece confirmação por seus próprios e jurídicos fundamentos, conforme art. 46 da lei 9.099 /95. RECURSO IMPROVIDO (Recurso Cível Nº 71004748174, Terceira Turma Recursal Cível, Turmas Recursais, Relator: Roberto Arriada Lorea, Julgado em 10/07/2014).

◙ Extravio de equipamentos do hospital de base de Brasília. Culpa *in vigilando*. Dever de indenizar.

RESPONSABILIDADE CIVIL CONTRATUAL. DANOS MATERIAIS. EXTRAVIO DE EQUIPAMENTOS DO HOSPITAL DE BASE DE BRASÍLIA. CULPA *IN VIGILANDO*. DEVER DE INDENIZAR. 1. A petição inicial é inepta quando incapaz de transmitir os fundamentos jurídicos do pleito e quando os fatos expostos não se vinculam às consequências jurídicas, que constituem o fundo do pedido. 2.Para que a Administração Pública apure os fatos, identifique o (s) responsável (is), quantifique o dano e notifique o (s) responsável (is), nos termos da Lei Complementar Distrital 01/1994, é necessário aguardar o transcurso da Sindicância e da Tomada de Contas Especial para surgir a pretensão de ressarcimento ao erário. 3.O prazo prescricional de cinco anos, nos termos do Decreto n. 20.910 /1932, da Administração Pública começa a fluir a partir da conclusão da apuração no âmbito administrativo. 4. A empresa de vigilância que firma contrato, obrigando-se a reparar os danos causados por seus empregados por quaisquer danos ou prejuízos causados ao patrimônio da contratante ou a terceiros, por ação ou omissão, tem o dever de ressarcir o erário. 5. A culpa *in vigilando* decorre da falta de atenção ou cuidado com o procedimento de outrem, cujo ilícito o responsável deve pagar, nos termos do art. 932, III do Código Civil. 6. Recurso conhecido e desprovido. (Processo: APC 20130110660297 – Órgão Julgador: 6ª Turma Cível – Publicação: Publicado no DJE: 07/12/2015. Pág.: 321 – Julgamento: 11 de Novembro de 2015 – Relator: CARLOS RODRIGUES)

■ **Queda De Caminhão – Atropelamento Com Vítima Fatal – Omissão Do Ente Público – Culpa *In Vigilando***

APELAÇÃO CÍVEL – AÇÃO DE INDENIZAÇÃO – PRELIMINAR – NULIDADE DA SENTENÇA – REJEIÇÃO – DANOS MORAIS E MATERIAIS – RESPONSABILIDADE CIVIL – QUEDA DE CAMINHÃO – ATROPELAMENTO COM VÍTIMA FATAL – OMISSÃO DO ENTE PÚBLICO – CULPA *IN VIGILANDO* – DEVER DE INDENIZAR – CONDUTA IMPRUDENTE DA VÍTIMA – TEORIA DO RISCO BILATERAL – CULPA CONCORRENTE CARACTERIZADA – DANO MORAL – QUANTUM INDENIZATÓRIO – PENSÃO MENSAL PARA A VIÚVA – DEPENDÊNCIA ECONÔMICA PRESUMIDA – LIMITAÇÃO ETÁRIA – POSSIBILIDADE – PRECEDENTES DO STJ – ATUALIZAÇÃO MONETÁRIA – SENTENÇA REFORMADA – RECURSO PARCIALMENTE PROVIDO. 1. Nos termos do art. 93, IX, da Constituição da República e do art. 11 do CPC, as decisões do Poder Judiciário, ainda que concisas, devem ser fundamentadas, sob pena de nulidade. 2. Não padece de nulidade a sentença que, ainda que de forma objetiva, apresenta os motivos da decisão, apontando, no elenco probatório, as razões de seu convencimento. 3. Para caracterizar a responsabilidade civil do Estado prevista no art. 37, § 6º, da Carta Magna, afigura-se suficiente à caracterização do dever de indenizar a comprovação do evento danoso e da relação de causalidade entre o ato praticado pelo ente estatal e o sofrimento suportado. 4. Todavia, em se tratando de condutas omissivas, a responsabilidade estatal rege-se pela teoria subjetiva, a qual exige a demonstração da culpa do serviço público (*faute du service*). 5. A omissão do município no dever de fiscalizar e zelar pela integridade física tanto de seus servidores, quanto daqueles que permite serem transportados por veículo que presta serviços ao ente público, gera o dever de indenizar, pela constatação da culpa *in vigilando*. 6. De acordo com a teoria do risco bilateral, quando os personagens da relação jurídica atraem para si a responsabilidade pelas suas condutas, e juntos concorrem para o resultado danoso, aplicar-se-á a culpa concorrente..." (Processo: AC 10486110030229001 MG – Publicação: 19/11/2018 – Julgamento: 6 de Novembro de 2018 – Relator: Raimundo Messias Júnior).

► **Tipos de culpa.**

Admitem-se vários tipos de culpa, sendo importante a classificação para efeitos de verificação de sua presença nos atos humanos. Apresentaremos os principais, resumidamente: a) Culpa *in eligendo*: É a forma segundo a qual o agente não procede com acerto na escolha de seu preposto, empregado, representante, ou não exerce um controle suficiente sobre os bens usados para uma determinada atividade. Os erros cometidos na direção de um veículo, ou trafegar nele quando não reúne condições mecânicas de segurança, provocam a responsabilidade pelo dano superveniente. b) Culpa *in vigilando*: Caracteriza-se com a falta de cuidados e fiscalização de parte do proprietário ou do responsável pelos bens e pelas pessoas. Exemplificando, não se acompanha o desenvolvimento das atividades dos empregados; admite-se que uma pessoa despreparada execute certo trabalho; abandona-se veículo, com a chave de ignição ligada, em local frequentado por crianças; não são vistoriados os veículos pelo dono; dirige-se um carro com defeitos nos freios e com pneus gastos. c) Culpa *in comitendo*: É a culpa que exsurge da prática de uma atividade determinadora de um prejuízo, como nos acidentes automobilísticos, na demolição de um prédio em local muito frequentado, sem o afastamento dos transeuntes. d) Culpa *in omitendo*: Na culpa com esta feição, o agente tinha a obrigação de intervir em uma atividade, mas nada faz. Depara-se o culpado com a responsabilidade dada a sua falta de iniciativa. Há um socorro a prestar, mas queda-se inativa a pessoa. e) Culpa *in custodiendo*: É a ausência de atenção e cuidado com respeito a alguma coisa, facilmente verificável em relação aos animais, que ficam soltos pelas estradas. f) Culpa grave ou *lata*, leve e levíssima: Do direito antigo nos advém esta classificação. A primeira se avizinha do dolo civil. Envolve uma crassa desatenção e a violação de dever comum de cuidado relativamente ao mundo no qual vivemos. Alcança dimensões maiores quando a violação é consciente, embora não almejado o resultado. No dizer de Pontes de Miranda, "é a culpa magna, nímia, como se dizia, que tanto pode haver no ato positivo como no negativo, é a culpa ressaltante, a culpa que denuncia descaso, temeridade, falta de cuidado indispensável. Quem devia conhecer o alcance do seu ato positivo ou negativo incorre em culpa grave". (...) g) Culpa contratual e extracontratual: A primeira consiste na violação de um dever determinado, inerente a um contrato. Nasce da violação dos deveres assumidos, como no desempenho do mandato recebido e do depósito, quando os titulares da obrigação não se esmeram em diligência e cuidado. São negligentes na defesa de interesses alheios, ou não se portam com a seriedade que revelariam se a coisa lhes pertencesse. Exemplo de culpa contratual ocorre nos contratos de transporte, cuja responsabilidade é regida pelo Decreto no 2.681, de 7.12.1912 (regulamenta a responsabilidade civil das estradas de ferro). (RIZZARDO, Arnaldo. Responsabilidade Civil, 8ª edição. [Grupo GEN]. Retirado de https://grupogen.vitalsource.com/#/books/9788530986070/)

▶ Culpa *in comittendo*

É a culpa que exsurge da prática de uma atividade determinadora de um prejuízo, como nos acidentes automobilísticos, na demolição de um prédio em local muito frequentado, sem o afastamento dos transeuntes. (A reparação nos acidentes de trânsito. Autor: Arnaldo Rizzardo, Editor: Revista dos Tribunais. 1. Da responsabilidade civil. https://proview.thomsonreuters.com/launchapp/title/rt/monografias/98597800/v13/document/98719031/anchor/a-98719031)

► **Culpa *in omittendo***

Na culpa com esta feição, o agente tinha a obrigação de intervir em uma atividade, mas nada faz. Depara-se o culpado com a responsabilidade dada a sua falta de iniciativa. Há um socorro a prestar, mas queda-se inativa a pessoa. (A reparação nos acidentes de trânsito. Autor: Arnaldo Rizzardo, Editor: Revista dos Tribunais. 1. Da responsabilidade civil. https://proview.thomsonreuters.com/launchapp/title/rt/monografias/98597800/v13/document/98719031/anchor/a-98719031)

► **Culpa *in custodiendo***

É a ausência de atenção e cuidado com respeito a alguma coisa, facilmente verificável em relação aos animais, que ficam soltos pelas estradas. (A reparação nos acidentes de trânsito. Autor: Arnaldo Rizzardo, Editor: Revista dos Tribunais. 1. Da responsabilidade civil. https://proview.thomsonreuters.com/launchapp/title/rt/monografias/98597800/v13/document/98719031/anchor/a-98719031)

► **Culpa grave ou lata, leve e levíssima**

Culpa grave ou lata, leve e levíssima: Do direito antigo nos advém esta classificação. A primeira se avizinha do dolo civil. Envolve uma crassa desatenção e a violação de dever comum de cuidado relativamente ao mundo no qual vivemos. Alcança dimensões maiores quando a violação é consciente, embora não almejado o resultado. No dizer de Pontes de Miranda, "é a culpa magna, nímia, como se dizia, que tanto pode haver no ato positivo como no negativo, é a culpa ressaltante, a culpa que denuncia descaso, temeridade, falta de cuidado indispensável. Quem devia conhecer o alcance do seu ato positivo ou negativo incorre em culpa grave". A culpa leve se expressa na falta que poderia ser evitada com uma atenção comum e normal no procedimento da pessoa. Levíssima ela se denomina quando evitável o erro com uma atenção especial e muito concentrada. O ser humano carece de habilidades e conhecimentos na realização de um mister, ou incide em fatos danosos devido à ausência de um maior discernimento na apreciação da realidade. É o acidente de veículo que acontece por causa da falta de capacidade para manobrar quando o carro se encontra entre outros dois. (RIZZARDO, Arnaldo. Responsabilidade Civil, 8ª edição. [Grupo GEN]. Retirado de https://grupogen.vitalsource.com/#/books/9788530986070/)

► **Ainda:** Do direito antigo nos advém esta classificação. A primeira se avizinha do dolo civil. Envolve uma crassa desatenção e a violação de dever comum de cuidado relativamente ao mundo no qual vivemos. Alcança dimensões maiores quando a violação é consciente, embora não almejado o resultado. No dizer de Pontes de Miranda, "é a culpa magna, nímia, como se dizia, que tanto pode haver no ato positivo como no negativo, é a culpa ressaltante, a culpa que denuncia descaso, temeridade, falta de cuidado indispensável. Quem devia conhecer o alcance do seu ato positivo ou negativo incorre em culpa grave". (A reparação nos acidentes de trânsito. Autor: Arnaldo Rizzardo, Editor: Revista dos Tribunais. 1. Da responsabilidade civil. https://proview.thomsonreuters.com/launchapp/title/rt/monografias/98597800/v13/document/98719031/anchor/a-98719031)

◙ Acionamento da seguradora. Conserto do veículo em oficina credenciada. Má prestação do serviço. Responsabilidade solidária da seguradora. Culpa *in eligendo*

RESPONSABILIDADE CIVIL EM ACIDENTE DE TRÂNSITO. AÇÃO INDENIZATÓRIA. ACIONAMENTO DA SEGURADORA. CONSERTO DO VEÍCULO EM OFICINA CREDENCIADA. MÁ PRESTAÇÃO DO SERVIÇO. RESPONSABILIDADE SOLIDÁRIA DA SEGURADORA. CULPA *IN ELIGENDO*. LUCROS CESSANTES. AUSÊNCIA DE COMPROVAÇÃO. DANO MORAL. 1. Não conhecimento: considerando que, apesar de devidamente intimada acerca do indeferimento da gratuidade judiciária, a requerida POWERTECH não realizou o recolhimento do preparo recursal, impõe-se o não conhecimento do recurso, por estar caracterizada a deserção. 2. Preliminar de nulidade da sentença: incumbe ao Julgador, na forma do art. 370 do CPC, indeferir as diligências inúteis e/ou protelatórias. Caso em que o indeferimento da prova testemunhal não acarreta cerceamento do direito de defesa, uma vez que a comprovação da alegada diminuição dos rendimentos deve ser comprovada por prova documental. 3. Responsabilidade da seguradora: não há falar em afastamento da condenação da requerida HDI SEGUROS, uma vez que responde, solidariamente, pela má prestação do serviço realizado pela demandada POWERTECH, por se tratar de oficina credenciada, sendo, por conseguinte, hipótese de culpa *in eligendo*. Nesse sentido, ao realizar o credenciamento de empresa que não dispunha das condições técnicas necessárias ao adequado conserto do veículo, a seguradora responde, solidariamente, pela má prestação do serviço (alinhamento da carroceria), bem como pela substituição do motor de arranque, das velas aquecedoras e da bateria, impondo-se o provimento do recurso do requerente no ponto. 4. Responsabilidade da requerida KARIN DANIELA: na linha do entendimento da Julgadora de origem, a proprietária do veículo segurado não responde pela reparação dos danos postulados na presente demanda, uma vez que as pretensões indenizatórias decorrem de fatos ocorridos após o acionamento da seguradora e a entrega da camionete de propriedade do autor à requerida POWERTECH para conserto. (Processo: AC 70079699906 RS – Órgão Julgador: Décima Segunda Câmara Cível – Publicação: 30/09/2019 – Julgamento: 26 de Setembro de 2019 – Relator: Umberto Guaspari Sudbrack)

◙ Culpa *in elegendo* da operadora de plano de saúde.

CULPA *IN ELIGENDO*. RESPONSABILIDADE CIVIL CONFIGURADA. DANO MORAL CABIMENTO. HONORÁRIOS RECURSAIS. Se o plano de saúde oferece rede credenciada, deve responder por eventual má prestação de serviço médico, porquanto integrante da própria cadeia contratual. Solidariedade que decorre da relação de consumo (CDC, 7º, parágrafo único e 25, § 1º). Possibilidade do segurador de haver eventuais prejuízos diretamente do causador dos danos em ação própria. Laudo pericial que aponta a falha no atendimento dentário. Inocorrência de causas de exclusão de responsabilidade. Sofrimento imposto ao paciente. Responsabilidade solidária (CDC, 14) e objetiva. Culpa in elegendo da operadora de plano de saúde. Dano moral devidamente configurado. Incidência da Súmula nº 343 deste Tribunal. Precedentes do STJ e do TJRJ. Honorários recursais. Conhecimento e desprovimento do recurso. (Processo: APL 0023752-83.2011.8.19.0204 RIO DE JANEIRO BANGU REGIONAL 4 VARA CÍVEL – Órgão Julgador: VIGÉSIMA SEGUNDA CÂMARA CÍVEL – Partes: APELANTE: AMIL ASSISTÊNCIA MEDICA INTERNACIONAL S A, APELADO: PATRICIA REGINA MARTINS GOES – Julgamento: 13 de Novembro de 2018 – Relator: Des(a). ROGÉRIO DE OLIVEIRA SOUZA)

◙ A responsabilização civil, na forma *in vigilando* ou *in custodiendo*, do Condomínio, pelos furtos ocorridos nas áreas comuns pressupõe o dever de guarda ou de vigilância sobre coisas e pessoas

RESPONSABILIDADE CIVIL DE CONDOMÍNIO. CULPAS *IN VIGILANDO* OU *IN CUSTODIENDO*. OCORRÊNCIA. A responsabilização civil, na forma *in vigilando* ou *in custodiendo*, do Condomínio, pelos furtos ocorridos nas áreas comuns pressupõe o dever de guarda ou de vigilância sobre coisas e pessoas. Furto de veículo estacionado na garagem. Existência de serviço interno de segurança e guarda das chaves em área comum. Responsabilidade do Condomínio bem aferida em sede singular. Desprovimento do recurso que perseguia a reversão do julgado. Unânime. (Processo: APL 0119489-38.2014.8.19.0001 RIO DE JANEIRO CAPITAL 45 VARA CÍVEL – Órgão Julgador: VIGÉSIMA CÂMARA CÍVEL – Partes: APELANTE: CONDOMÍNIO DO EDIFÍCIO RESIDÊNCIA, APELADO: JOÃO ELIAS ALVARES DA SILVA – Publicação: 05/06/2017 – Julgamento: 31 de Maio de 2017 – Relator: MARÍLIA DE CASTRO NEVES VIEIRA)

◙ Ação de responsabilidade civil visando à reparação pelos danos morais e materiais sofridos em razão da morte do filho da autora, que cometeu suicídio quando estava internado nas dependências da clínica ré.

RESPONSABILIDADE CIVIL DE CLÍNICA PSIQUIÁTRICA. MORTE DECORRENTE DE SUICÍDIO DE PACIENTE INTERNADO. CULPA *IN VIGILANDO*. DANO MORAL. DESCABIMENTO DE PENSÃO MENSAL. 1. Ação de responsabilidade civil visando à reparação pelos danos morais e materiais sofridos em razão da morte do filho da autora, que cometeu suicídio quando estava internado nas dependências da clínica ré. 2. O nosocômio tem o dever de vigiar e guardar seus pacientes, sob pena de responder civilmente ante a culpa *in vigilando*. Dano moral configurado. 3. O pagamento de pensão mensal à autora é incabível, vez que o filho falecido não gerava expectativa de prestar auxílio financeiro à família. 4. Dano moral proporcional e razoavelmente fixado em R$73.000,00 (setenta e três mil reais). 5. DESPROVIMENTO DOS RECURSOS. (Processo: APL 0013365-78.2008.8.19.0021 – Órgão Julgador: SEXTA CÂMARA CÍVEL – Julgamento: 17 de Maio de 2017 – Relator: Des(a). BENEDICTO ULTRA ABICAIR)

◙ Responsabilidade civil. Ação por materiais. Furto em estacionamento de empresa. Culpa *in vigilando*.

RESPONSABILIDADE CIVIL. AÇÃO POR MATERIAIS. FURTO EM ESTACIONAMENTO DE EMPRESA. CULPA *IN VIGILANDO*. DANOS EFETIVAMENTE

COMPROVADOS. Em que pese o alegado pelo recorrente, logra o autor em comprovar os prejuízos indicados na vestibular, devendo a apelante arcar com as quantias apontadas pela demandante. NEGARAM PROVIMENTO AO RECURSO. (Apelação Cível Nº 70071147524, Quinta Câmara Cível, Tribunal de Justiça do RS, Relator: Léo Romi Pilau Júnior, Julgado em 26/10/2016).

◙ A Seguradora responde solidariamente com os Condomínios-réus pelos danos causados ao condômino, uma vez que vigente a apólice de seguro na data do evento danoso.

RESPONSABILIDADE CIVIL. INDENIZAÇÃO. CULPA *IN VIGILANDO*. I – As garagens dos Condomínios-réus são interligadas e eles dividem a segurança do local. Ilegitimidade passiva rejeitada. II – A Seguradora responde solidariamente com os Condomínios-réus pelos danos causados ao condômino, uma vez que vigente a apólice de seguro na data do evento danoso. Ilegitimidade passiva rejeitada. III – A ré Edina Maria não tem pertinência subjetiva para compor o polo passivo da ação, visto que ela apenas intermediou a contratação da apólice de seguros. Acolhida ilegitimidade passiva. IV – Trata-se de culpa *in vigilando*, em que se verifica a quebra do dever legal de vigilância. A despeito de dispor de circuito interno de câmeras para monitoração das garagens e de vigia noturno, o assaltante entrou na garagem e furtou a bicicleta sem qualquer obstáculo. V – Dos Regimentos Internos e Convenções Condominiais dos Condomínios-réus, infere-se cláusula expressa do dever de indenizar furtos de veículos ocorridos na garagem coletiva. Nos termos do art. 96 do Código de Trânsito Brasileiro, bicicleta é veículo de propulsão humana, portanto, ao contrário do que sustentam as rés, há dever de guarda e segurança do bem do apelado-autor. VI – Apelações dos Condomínios desprovidas. Apelação das rés Servcon e Edina Maria parcialmente provida. (Processo: 0000453-35.2014.8.07.0001 0000453-35.2014.8.07.0001 – Órgão Julgador: 6ª TURMA CÍVEL – Publicação: Publicado no DJE: 02/08/2016. Pág.: 386/446 – Julgamento: 15 de Junho de 2016 – Relator: VERA ANDRIGHI)

► Não basta a imputabilidade do agente para que o ato lhe possa ser imputado. A responsabilidade subjetiva é assim chamada porque exige, ainda, o elemento culpa.

"Para que o fato possa ser imputado, é necessário que o imputável tenha agido com culpa, que haja certo nexo psicológico entre o fato e a vontade do agente" (Antunes Varela, ob. cit., p. 575). Com efeito, na responsabilidade subjetiva a conduta culposa do agente erige-se em pressuposto principal da obrigação de indenizar. (CAVALIERI FILHO, Sérgio, Programa de responsabilidade civil, 13ª. ed., Atlas, São Paulo, 2019 p. 46)

► Não se confunde a imputabilidade com a culpa

Não se confunde a imputabilidade com a culpa, pois aquela se encontra intimamente relacionada com a capacidade, que é a aptidão de discernimento para o autor responder pelos atos praticados, enquanto esta é a violação do dever jurídico, que pode ser efetivada pelo incapaz, que nenhuma responsabilidade terá por tal comportamento, já que o dever recairá sobre seu representante legal. (LISBOA, Roberto Senise. Manual de direito civil, v. 2: Direito das obrigações e responsabilidade civil. 3ª. ed. – São Paulo: Saraiva, 2004, p. 430)

► **Importa dizer que nem todo comportamento do agente será apto a gerar o dever de indenizar, mas somente aquele que estiver revestido de certas características previstas na ordem jurídica.**

Importa dizer que nem todo comportamento do agente será apto a gerar o dever de indenizar, mas somente aquele que estiver revestido de certas características previstas na ordem jurídica. A vítima de um dano só poderá pleitear ressarcimento de alguém se conseguir provar que esse alguém agiu com culpa; caso contrário, terá que conformar-se com a sua má sorte e sozinha suportar o prejuízo. Vem daí a observação: "a irresponsabilidade é a regra, a responsabilidade a exceção". (CAVALIERI FILHO, Sérgio, Programa de responsabilidade civil, 13ª. ed., Atlas, São Paulo, 2019 p. 46)

► **A dificuldade em definir a culpa.**

Os maiores mestres temem dar um conceito, como sucedeu com Ripert, que abertamente o declara e sustenta nem existir uma definição legal. E Savatier, outro grande francês, parte da ideia do dever para caracterizá-la. A culpa (faute, palavra que os franceses não deram um significado exato, e que é tida igualmente como 'falta') "é a inexecução de um dever que o agente podia conhecer e observar. Se efetivamente o conhecia e deliberadamente o violou, ocorre o delito civil ou, em matéria de contrato, o dolo contratual. Se a violação do dever, podendo ser conhecida e violada, é involuntária, constitui a culpa simples, chamada, fora da matéria contratual, de quase delito. (RIZZARDO, Arnaldo. Responsabilidade Civil, 8ª edição. [Grupo GEN]. Retirado de https://grupogen.vitalsource.com/#/books/9788530986070/)

► **Mas o que é a culpa?**

Essa é uma questão ainda hoje turbulenta, pelo que vamos enfrentá-la de forma simples e objetiva. (CAVALIERI FILHO, Sérgio, Programa de responsabilidade civil, 13ª. ed., Atlas, São Paulo, 2019 p. 46)

► **A palavra culpa é tomada, em direito, em pelo menos três sentidos distintos.**

Culpa no sentido de culpabilidade, culpa em sentido amplo (*lato sensu*), e culpa em sentido estrito (*stricto sensu*). (CAVALIERI FILHO, Sérgio, Programa de responsabilidade civil, 13ª. ed., Atlas, São Paulo, 2019 p. 46)

► **É do conhecimento geral que a culpa propriamente dita, e não o dolo, é formada por dois elementos, na previsão do art. 186 do Código Civil em vigor: negligência e imprudência.**

No entanto, a palavra abrange outras formas, ou ostenta-se através de caracteres diferentes dos referidos. A imperícia é prevista como mais um elemento integrante, assim como também podemos falar em descuido, distração, leviandade, indolência etc. As espécies se entrelaçam.

Por isso, ao expressar a culpa, no art. 186, o Código Civil teve em vista mais o ato ilícito, assim como ocorria com o art. 159 do Código anterior. Previu uma ação contrária ao direito, como doutrinava Aguiar Dias. É o resultado danoso que interessa. Conclui-se que não se deixa de considerar o resultado se a parte não frisou rigorosamente a espécie de culpa pela qual demandou o réu. Não podemos nos fixar na literalidade dos termos.

► **Culpabilidade, não é demais relembrar, é o juízo de censura, juízo final de reprovação que recai sobre alguém considerado culpado pela prática de um ato ilícito.**

Agir culpavelmente significa atuar o agente em termos de, pessoalmente, merecer a censura ou reprovação do Direito. Mas só merece esse juízo de reprovação, repita-se, o agente que, em face das circunstâncias concretas, podia e devia ter agido de outro modo. "Sabido quem seja susceptível do juízo genérico de censura, importa saber se a pessoa imputável, a que o fato é atribuível, agiu, no caso concreto, em termos que justifica a censura. Trata-se de saber se a pessoa podia e devia ter agido de modo diferente e em que grau o podia e devia ter feito" (Antunes Varela, ob. cit., p. 572). (CAVALIERI FILHO, Sérgio, Programa de responsabilidade civil, 13ª. ed., Atlas, São Paulo, 2019 p. 46)

► **Imperícia, negligência**

A negligência traz tonalidades de imprevisão. A imprudência envolve desprezo pela diligência. Imperícia e negligência se confundem, em vários pontos, pois o incapaz de dirigir é insensato na observância dos requisitos para o exercício da função. (...) Imperícia demanda mais falta de habilidade exigível em determinado momento, e observável no desenrolar normal dos acontecimentos. Já negligência consiste na ausência da diligência e prevenção, do cuidado necessário às normas que regem a conduta humana. Não são seguidas as normas que ordenam operar com atenção, capacidade, solicitude e discernimento. Omitem-se as precauções exigidas pela salvaguarda do dever a que o agente está obrigado; é o descuido no comportamento, por displicência, por ignorância inaceitável e impossível de justificar. (RIZZARDO, Arnaldo. Responsabilidade Civil, 8ª edição. [Grupo GEN]. Retirado de https://grupogen.vitalsource.com/#/books/9788530986070/)

► **A imprudência revela-se na precipitação de uma atitude, no comportamento inconsiderado, na insensatez e no desprezo das cautelas necessárias em certos momentos.**

A imprudência revela-se na precipitação de uma atitude, no comportamento inconsiderado, na insensatez e no desprezo das cautelas necessárias em certos momentos. Os atos praticados trazem consequências ilícitas previsíveis, embora não pretendidas, o que, aliás, sucede também nas demais modalidades de culpa. (A reparação nos acidentes de trânsito. Autor: Arnaldo Rizzardo, Editor: Revista dos Tribunais. 1. Da responsabilidade civil. https://proview.thomsonreuters.com/launchapp/title/rt/monografias/98597800/v13/document/98719031/anchor/a-98719031)

► **Culpa *lato sensu* indica o elemento subjetivo da conduta humana, o aspecto intrínseco do comportamento, a questão mais relevante da responsabilidade subjetiva.**

E assim é porque a realização externa de um fato contrário ao dever jurídico deve corresponder a um ato interno de vontade que faça do agente a causa moral do resultado. Tentaremos explicar melhor. Entende-se por conduta, conforme já destacado, o comportamento humano voluntário que se exterioriza através de uma ação ou omissão. Ação ou omissão é o aspecto físico, externo, objetivo da conduta, enquanto a vontade constitui o seu aspecto intrínseco, psicológico ou subjetivo. Conduta voluntária é sinônimo de conduta determinada pela vontade. Na realidade, é a vontade que dá ao comportamento a natureza de conduta humana, que a distingue da conduta meramente instintiva dos animais. A vontade é o elemento subjetivo da conduta, sua carga de energia psíquica que impele o agente; é o impulso causal do comportamento humano. Mas conduta voluntária não significa fato psicologicamente querido – fato cujo efeito, previamente representado no espírito do agente, determinará ou motivará a sua vontade. O querer do agente pode revestir uma intensidade variável, tem graus; pode-se querer mais ou menos, atuar com maior ou menor intensidade. Noutras palavras, o ser humano pode querer mais ou menos, pode ter maior ou menor determinação no seu querer, mas sempre haverá um mínimo de vontade em sua conduta. Daí ser possível que o indivíduo, em sua conduta antissocial, aja tencional ou intencionalmente. (CAVALIERI FILHO, Sérgio, Programa de responsabilidade civil, 13ª. ed., Atlas, São Paulo, 2019 p. 47)

► **Conduta voluntária é sinônimo de conduta dominável pela vontade, mas não necessariamente por ela dominada ou controlada, o que importa dizer que nem sempre o resultado será querido.**

Ao mencionar ação ou omissão voluntária, está conceituando, ou introduzindo a definição de dolo; falando em negligência ou imprudência, classifica a culpa. De um lado, envolve o elemento interno, que reveste o ato da intenção de causar o resultado; de outro, a vontade é dirigida ao fato causador do dano, mas o resultado não é querido pelo agente. Há a falta de diligência em se observar a norma de conduta. (RIZZARDO, Arnaldo. Responsabilidade Civil, 8ª edição. [Grupo GEN]. Retirado de https://grupogen.vitalsource.com/#/books/9788530986070/)

> ► <u>**Ainda:**</u> Para haver vontade basta que exista um mínimo de participação subjetiva, uma manifestação do querer suficiente para afastar um resultado puramente mecânico. Haverá vontade desde que os atos exteriores, positivos ou negativos, sejam oriundos de um querer íntimo livre. (CAVALIERI FILHO, Sérgio, Programa de responsabilidade civil, 13ª. ed., Atlas, São Paulo, 2019 p. 47)

► **Só não constituem conduta, portanto, os atos em que não intervém a menor parcela de vontade, os chamados atos reflexos, como nos casos de sonambulismo, hipnose e outros estados de inconsciência.**

Só não constituem conduta, portanto, os atos em que não intervém a menor parcela de vontade, os chamados atos reflexos, como nos casos de sonambulismo, hipnose e outros estados de inconsciência. O mesmo ocorrerá no caso da coação física absoluta (irresistível), quando o ato não será do coato, mas de quem dele se serviu como instrumento. (CAVALIERI FILHO, Sérgio, Programa de responsabilidade civil, 13ª. ed., Atlas, São Paulo, 2019 p. 47)

► **Nos casos de força física irresistível, aquele que causa o dano ou lesão em terceira pessoa nada mais é do que um instrumento nas mãos do agente coator.**

Apresenta-se como inevitável o evento se aponta uma causa estranha à vontade do obrigado, irresistível e invencível, o que sói acontecer caso não tenha concorrido culposamente o agente. Não agindo precavidamente, desponta a culpa, o que leva a deduzir não ter sido inevitável. A inevitabilidade está ligada à ausência de culpa. Um requisito não subsiste sem o outro. Presentes os dois, há impossibilidade de impedir o acontecimento. (RIZZARDO, Arnaldo. Responsabilidade Civil, 8ª edição. [Grupo GEN]. Retirado de https://grupogen.vitalsource.com/#/books/9788530986070/)

> ► Ainda: Na verdade, nos casos de força física irresistível, aquele que causa o dano ou lesão em terceira pessoa nada mais é do que um instrumento nas mãos do agente coator. Mas se for caso de coação compulsiva, como obrigar alguém a assinar um documento ou a fazer qualquer outra coisa mediante grave ameaça exercida com uma arma apontada para a sua cabeça, aí já teremos a exclusão de culpabilidade existirá vontade suficiente para constituí-la, mas não será livre, pelo que insuficiente para merecer um juízo de reprovação. (CAVALIERI FILHO, Sérgio, Programa de responsabilidade civil, 13ª. ed., Atlas, São Paulo, 2019 p. 47)

► **De um lado, envolve o elemento interno, que reveste o ato da intenção de causar o resultado; de outro, a vontade é dirigida ao fato causador do dano, mas o resultado não é querido pelo agente.**

Ao mencionar ação ou omissão voluntária, está conceituando, ou introduzindo a definição de dolo; falando em negligência ou imprudência, classifica a culpa. De um lado, envolve o elemento interno, que reveste o ato da intenção de causar o resultado; de outro, a vontade é dirigida ao fato causador do dano, mas o resultado não é querido pelo agente. Há a falta de diligência em se observar a norma de conduta. Diante de tais colocações, pode-se considerar a culpa no sentido estrito como aquela que marca a conduta imprudente ou negligente; e no sentido lato, verificada na prática consciente e deliberada de um ato prejudicial e antissocial, configurando, então, o dolo. (RIZZARDO, Arnaldo. Responsabilidade Civil, 8ª edição. [Grupo GEN]. Retirado de https://grupogen.vitalsource.com/#/books/9788530986070/)

► **A intenção, por sua vez, é a vontade dirigida a um fim determinado.**

É a bússola da vontade, seu elemento finalístico, que a norteia para o objetivo eleito. Enquanto a vontade se limita à conduta, a intenção volta-se para o evento, que é o escopo (Paulo José da Costa Jr., ob. cit., v. I/43). Chegamos, dessa forma, à noção de culpa em sentido amplo (lato sensu), abrangente de toda espécie de comportamento contrário ao Direito, seja intencional, como no caso de dolo, ou tencional, como na culpa. (CAVALIERI FILHO, Sérgio, Programa de responsabilidade civil, 13ª. ed., Atlas, São Paulo, 2019 p. 47)

► **ainda:** Ou verifica-se o pleno conhecimento do mal e ocorre a direta intenção de o praticar; ou a violação de um dever que o agente podia conhecer e acatar é a tônica, simplifica Barros Monteiro. (RIZZARDO, Arnaldo. Responsabilidade Civil, 8ª edição. [Grupo GEN]. Retirado de https://grupogen.vitalsource.com/#/books/9788530986070/)

► Dolo

Já o dolo corresponde à prática voluntária de uma infração à lei. Age a pessoa deliberadamente no rompimento da ordem natural das coisas ou do equilíbrio no relacionamento humano. A infração é pretendida, repercutindo maior gravidade nas consequências e no combate pela lei. (RIZZARDO, Arnaldo. Responsabilidade Civil, 8ª edição. [Grupo GEN]. Retirado de https://grupogen.vitalsource.com/#/books/9788530986070/)

► Dolo e culpa – distinção

Tanto no dolo como na culpa há conduta voluntária do agente, só que no primeiro caso a conduta já nasce ilícita, porquanto a vontade se dirige à concretização de um resultado antijurídico – o dolo abrange a conduta e o efeito lesivo dele resultante –, enquanto no segundo a conduta nasce lícita, tornando-se ilícita na medida em que se desvia dos padrões socialmente adequados. O juízo de desvalor no dolo incide sobre a conduta, ilícita desde a sua origem; na culpa, incide apenas sobre o resultado. (CAVALIERI FILHO, Sérgio, Programa de responsabilidade civil, 13ª. ed., Atlas, São Paulo, 2019 p. 48)

► Na culpa encontra-se também o fator inadimplemento, porém despido da consciência da violação.

Como observa o insigne Caio Mário, na culpa encontra-se também o fator inadimplemento, porém despido da consciência da violação. A ação é voluntária, no que diz respeito à materialidade do ato gerador das consequências danosas. Mas o agente (ao contrário do que ocorre no dolo) não procura o dano como objetivo de sua conduta, nem procede com a consciência da infração (Caio Mário da Silva Pereira, ob. cit., v. II/274). (CAVALIERI FILHO, Sérgio, Programa de responsabilidade civil, 13ª. ed., Atlas, São Paulo, 2019 p. 49)

► Não cabe, aqui, a sua identificação com o dolo no sentido de vício ou defeito da vontade

Não cabe, aqui, a sua identificação com o dolo no sentido de vício ou defeito da vontade, disciplinado nos arts. 145 e seguintes do Código Civil, que se define como o ardil ou expediente astucioso empregado com a finalidade de levar outrem à prática de um negócio prejudicial, em proveito do agente do dolo ou de outra pessoa. Utiliza-se nos contratos ou negócios da órbita civil. (RIZZARDO, Arnaldo. Responsabilidade Civil, 8ª edição. [Grupo GEN]. Retirado de https://grupogen.vitalsource.com/#/books/9788530986070/)

▶ **Tem-se o dolo, *in casu*, no significado de voluntariedade da conduta**

Embora não exclua aquela espécie, tem-se o dolo, *in casu*, no significado de voluntariedade da conduta, verificando-se nos casos em que o agente quer o resultado ou assume os riscos de produzi-lo, nutrindo a consciência da antijuridicidade. Se quer o resultado, aceitando a consequência e não retrocedendo no intento, diz-se direto o dolo; já se unicamente assume, sendo que se lhe afigura viável ocorrer o prejuízo, embora não o queira diretamente, denomina-se eventual o dolo, ou indireto. (RIZZARDO, Arnaldo. Responsabilidade Civil, 8ª edição. [Grupo GEN]. Retirado de https://grupogen.vitalsource.com/#/books/9788530986070/)

▶ **No dolo o agente quer a ação e o resultado, ou, pelo menos, assume o risco de produzi-lo.**

Em suma, no dolo o agente quer a ação e o resultado, ou, pelo menos, assume o risco de produzi-lo. O agente que age dolosamente sabe ser ilícito o resultado que intenciona alcançar (representação) ou assume o risco de produzi-lo (anuência) com sua conduta. Está consciente de que age de forma contrária ao dever jurídico, embora lhe seja possível agir de forma diferente. Na culpa o agente só quer a ação, vindo a atingir o resultado lesivo por desvio de conduta decorrente da falta de cuidado, atenção, diligência ou cautela a serem observados em cada caso e nas mais variadas situações. A conduta é voluntária, mas o resultado é involuntário; o agente quer a conduta, não, porém, o resultado; quer a causa, mas não quer o efeito, nem assume o risco de produzi-lo. Disso decorre a total impossibilidade de se equiparar a culpa ao dolo. Por mais grave que aquela seja, mesmo que o resultado seja previsto, o agente jamais poderá querer ou assumir o risco de produzi-lo. Se assim não for, já não será caso de culpa, mas sim de dolo. (CAVALIERI FILHO, Sérgio, Programa de responsabilidade civil, 13ª. ed., Atlas, São Paulo, 2019 p. 49)

▶ **Ressai desses conceitos que o dolo tem por elementos a representação do resultado e a consciência da sua ilicitude.**

Representação é, em outras palavras, previsão, antevisão mental do resultado. Antes de desencadear a conduta, o agente antevê, representa mentalmente o resultado danoso e o elege como objeto de sua ação. E assim é porque somente se quer aquilo que se representa. (CAVALIERI FILHO, Sérgio, Programa de responsabilidade civil, 13ª. ed., Atlas, São Paulo, 2019 p. 50)

▶ **O agente que age dolosamente sabe também ser ilícito o resultado que intenciona alcançar com sua conduta.**

O agente que age dolosamente sabe também ser ilícito o resultado que intenciona alcançar com sua conduta. Está consciente de que age de forma contrária ao dever jurídico, embora lhe seja possível agir de forma diferente. (CAVALIERI FILHO, Sérgio, Programa de responsabilidade civil, 13ª. ed., Atlas, São Paulo, 2019 p. 50)

► Culpa e ato ilícito

O ato ilícito não se constitui prescindido de culpa, que é apenas um de seus elementos. Sem ela, não se revela, vindo a formar o seu elemento anímico. Surge porque preexistiu a transgressão de uma norma. Mas, nota-se, como afirma com autoridade Aguiar Dias,8 ele surge quando a culpa traz efeito material, ou quando passa do plano puramente moral para a execução material. Então, se há a repercussão do ato ilícito no patrimônio de outrem, e aí está a consumação do ato ilícito, concretiza-se a responsabilidade civil. Culpa materializada redunda em ato ilícito, o qual desencadeia a obrigação. Não se pode falar em ato ilícito sem a culpa, ou defender que se manifesta pela mera violação à lei. Acontece que o elemento subjetivo já existe com a infringência da lei, que desencadeia a responsabilidade se traz efeitos patrimoniais ou pessoais de fundo econômico. (RIZZARDO, Arnaldo. Responsabilidade Civil, 8ª edição. [Grupo GEN]. Retirado de https://grupogen.vitalsource.com/#/books/9788530986070/)

► Culpa é a violação de dever objetivo de cuidado, que o agente podia conhecer e observar, ou, como querem outros, a omissão de diligência exigível.

Culpa é a violação de dever objetivo de cuidado, que o agente podia conhecer e observar, ou, como querem outros, a omissão de diligência exigível. Mas em que consiste esse dever de cuidado? Quando ocorre a sua violação? A dificuldade da teoria da culpa está justamente na caracterização precisa da infração desse dever ou diligência, que nem sempre coincide com a violação da lei. (CAVALIERI FILHO, Sérgio, Programa de responsabilidade civil, 13ª. ed., Atlas, São Paulo, 2019 p. 50)

► Culpa concorrente

A indenização reparte-se quando há concorrência de culpas. E a concorrência é determinada pela presença de duas ou mais causas originadoras do evento. As causas são os comportamentos culposos. Somam-se as culpas determinantes do dano, aparecendo o vínculo de causalidade entre elas e os prejuízos. Não basta, assim, o procedimento culposo, mas deve apresentar-se o liame da causa e do efeito entre as culpas e o dano. É preciso que o mal sofrido seja consequência do ato culposo. Expressa Luiz Cláudio Silva: "Tem-se como concorrente a culpa quando os envolvidos no evento danoso concorrem para o seu acontecimento. Assim, a responsabilidade é dividida entre eles, de acordo com a concorrência de culpa de cada um, sendo os prejuízos experimentados rateados nessa proporcionalidade." O Código Civil de 2002, sanando omissão do Código de 1916, trouxe norma específica sobre o assunto, no art. 945: "Se a vítima tiver concorrido culposamente para o evento danoso, a sua indenização será fixada tendo-se em conta a gravidade de sua culpa em confronto com a do autor do dano." (RIZZARDO, Arnaldo. Responsabilidade Civil, 8ª edição. [Grupo GEN]. Retirado de https://grupogen.vitalsource.com/#/books/9788530986070/)

► A culpa da vítima surte um efeito necessário sobre a condenação do demandado.

A culpa da vítima surte um efeito necessário sobre a condenação do demandado. Neste sentido vem decidindo e firmando a jurisprudência, amparada na doutrina. A condenação "debe ser proporcional a la respectiva gravedad de las culpas cometidas. Si las culpas les parecen iguales, dividen por la mitad; pero, si una les parece más caracterizada que la otra, emplean toda la gama de las fracciones: condenan al demandado a reparar 1/10, 1/8, 1/5, 1/4, 1/3, 2/3, 3/4, etcétera, del daño". Inúmeras são as hipóteses da chamada culpa recíproca, sempre fixando-se a indenização proporcionalmente ao grau de culpa, como quando ambos os motoristas inobservam regras elementares de tráfego, ou o motorista desenvolve uma velocidade inadequada para o local e a vítima atravessa indevidamente a pista, de grande movimento. Igualmente, em situações frequentes, se o condutor diminui a velocidade repentinamente, e o carro que está atrás não guarda uma distância regulamentar. A dificuldade está em fixar o grau de culpa, para determinar o quantum da indenização. Aquele que paga dois terços, por exemplo, das despesas, por não ter inculcada contra si a total responsabilidade, e por se admitir também contra o outro alguma parcela, tem assegurado o direito de pleitear, posteriormente, o recebimento correspondente ao grau de culpa atribuído a este, calculado sobre os danos incidentes em seu veículo. (RIZZARDO, Arnaldo. Responsabilidade Civil, 8ª edição. [Grupo GEN]. Retirado de https://grupogen.vitalsource.com/#/books/9788530986070/)

► Vivendo em sociedade, o homem tem que pautar a sua conduta de modo a não causar dano a ninguém.

Ao praticar os atos da vida, mesmo que lícitos, deve observar a cautela necessária para que de seu atuar não resulte lesão a bens jurídicos alheios. "A cada momento e em qualquer lugar o homem se acha sempre em situação de praticar um ato (ação ou omissão), do qual derive, ou possa derivar, dano a terceiro, sem que seja possível determinar a norma infringida. Fácil é imaginar, portanto, que um número infinito de casos não estão, nem podem estar regulados. Por isso a ordem jurídica impõe a todos um dever indeterminado de cuidado, diligência ou cautela a ser observado em cada caso e nas mais variadas situações" (Agostinho Alvim, ob. cit., p. 247-248). A essa cautela, atenção ou diligência convencionou-se chamar de dever de cuidado objetivo. (CAVALIERI FILHO, Sérgio, Programa de responsabilidade civil, 13ª. ed., Atlas, São Paulo, 2019 p. 50)

► Há dois momentos distintos no processo de formação da conduta diligente.

Observa Fernando Pessoa Jorge que há dois momentos distintos no processo de formação da conduta diligente. Num primeiro momento, de caráter fundamentalmente intelectual ou de conhecimento, o agente é chamado a descobrir o comportamento adequado para atingir o fim que lhe é proposto. O esforço de vontade exerce-se sobre a própria inteligência, levando-a a conhecer as diversas atuações possíveis que perante o agente se deparam e a concentrar-se na ponderação das vantagens e inconvenientes de cada uma, provocando, assim, um estado de vigilância e atenção ao cumprimento do dever. No segundo momento, depois de conhecido o comportamento devido, a vontade exerce-se de novo para determinar o agente a efetivamente adotar esse comportamento. Em ambos os momentos a vontade atua ou pode atuar, mas, na medida em que ela é chamada a atuar, só é exigível do agente um esforço médio (Ensaio sobre os pressupostos da responsabilidade civil, Lisboa, 1968, p. 98-99). (CAVALIERI FILHO, Sérgio, Programa de responsabilidade civil, 13ª. ed., Atlas, São Paulo, 2019 p. 50/51)

▶ **No grau de diligência ou cautela exigível deve ser levado em conta não só o esforço da vontade para avaliar e determinar a conduta adequada ao cumprimento do dever, mas também os conhecimentos e a capacidade ou aptidão exigíveis das pessoas.**

De se destacar, ainda, que no grau de diligência ou cautela exigível deve ser levado em conta não só o esforço da vontade para avaliar e determinar a conduta adequada ao cumprimento do dever, mas também os conhecimentos e a capacidade ou aptidão exigíveis das pessoas. O padrão que se toma para apreciar a conduta do agente não é só a do homem diligente, cuidadoso e zeloso, mas também do homem medianamente sensato, avisado, razoável e capaz. Quem não tem capacidade física, intelectual ou técnica para exercer determinada atividade deve se abster da prática dos atos que escapam de todo ao círculo de suas aptidões naturais, ou reforçar a diligência para suprir suas deficiências – como, por exemplo, o motorista que tem deficiência visual ou auditiva, o médico cujo caso não está em sua especialidade, e assim por diante. A tendência geral da doutrina e da jurisprudência é nesse sentido: incluir na caracterização da culpa não só a diligência da vontade, mas também a falta de capacidade ou de conhecimentos exigíveis do agente. (CAVALIERI FILHO, Sérgio, Programa de responsabilidade civil, 13ª. ed., Atlas, São Paulo, 2019 p. 51)

▶ **A inobservância desse dever de cuidado torna a conduta culposa**

A inobservância desse dever de cuidado torna a conduta culposa – o que evidencia que a culpa é, na verdade, uma conduta deficiente, quer decorrente de uma deficiência da vontade, quer de inaptidões ou deficiências próprias ou naturais. Exprime um juízo de reprovabilidade sobre a conduta do agente, por ter violado o dever de cuidado quando, em face das circunstâncias específicas do caso, devia e podia ter agido de outro modo. (CAVALIERI FILHO, Sérgio, Programa de responsabilidade civil, 13ª. ed., Atlas, São Paulo, 2019 p. 51)

▶ **O núcleo da conduta culposa, portanto, consiste na divergência entre a ação efetivamente praticada e a que deveria ter sido realizada em virtude da observância do dever de cuidado.**

De todo o exposto pode-se concluir que há na culpa uma conduta tencional, não importando o fim do agente, que normalmente será lícito, mas o modo e a forma do seu atuar são impróprios. Diferentemente do dolo (também incluído no conceito de culpa em sentido lato), a culpa não é a vontade de praticar determinado ato ilícito. É, antes, a vontade de praticar ato lícito, mas o agente, por não adotar a conduta adequada, acaba por praticar ato ilícito. Vê-se, então, que há na culpa uma conduta mal dirigida a um fim lícito; uma conduta inadequada aos padrões sociais; ato ou fato que uma pessoa prudente e cautelosa não teria praticado. É imprevisão do previsível, por falta de cautela do agente. O núcleo da conduta culposa, portanto, consiste na divergência entre a ação efetivamente praticada e a que deveria ter sido realizada em virtude da observância do dever de cuidado. Há na culpa, em última instância, um erro de conduta; uma conduta mal dirigida a um fim lícito. (CAVALIERI FILHO, Sérgio, Programa de responsabilidade civil, 13ª. ed., Atlas, São Paulo, 2019 p. 51)

▶ Como ocorre esse erro de conduta?

Alguém, através de uma conduta voluntária, busca alcançar um resultado permitido, lícito. Quer, por exemplo, fazer uma pequena obra no jardim de sua casa. Não adota, entretanto, a conduta socialmente adequada e acaba derrubando o muro do vizinho. Incide em erro de conduta por falta de cautela e, assim, vem a alcançar outro resultado não pretendido, ilícito. Isso torna evidente o que já foi ressaltado: na culpa a conduta nasce lícita, pois é dirigida a um fim legítimo, mas, por erro sobre o curso causal, desvia-se da sua rota normal e acaba por produzir um resultado ilícito. Inúmeras atividades humanas podem provocar dano para os bens jurídicos de outrem, até por sua própria natureza perigosa, razão pela qual a lei procura estabelecer quais os deveres e cuidados que o agente deve ter quando desempenhar essas atividades, como, por exemplo, o limite de velocidade nas estradas, uso de equipamentos especiais, respeito aos sinais de trânsito, e outras regras técnicas. Pode-se dizer que, quanto mais perigosa a atividade, maior será o cuidado que se exigirá do agente. (CAVALIERI FILHO, Sérgio, Programa de responsabilidade civil, 13ª. ed., Atlas, São Paulo, 2019 p. 51/52)

▶ Concausa ou causa superveniente

Uma das questões mais delicadas no âmbito da reparação relaciona-se à concausa, ou à causa superveniente, que agrava a lesão provocada pelo acidente, ou conduz ao resultado letal. Não é raro receber o paciente um tratamento médico defeituoso, insuficiente, equivocado, que leva à paraplegia definitiva ou até à morte. O acidente não causou, por si, a morte. O término da vida foi consequência do tratamento médico ou hospitalar deficiente, a que se submeteu o lesionado. O médico não empregou a perícia e a técnica próprias e normalmente exigidas para a hipótese. O hospital negligenciou no internamento e nos cuidados que estava em condições de oferecer. Ao ser examinado, o doente não teve diagnosticada uma fratura craniana, que desencadeia uma hemorragia interna e leva à morte. O profissional descura dos exames recomendados para o caso, como a exigência de radiografias, o estudo da pressão arterial, ignorando a ruptura de um órgão interno, que traz o desenlace fatal. (RIZZARDO, Arnaldo. Responsabilidade Civil, 8ª edição. [Grupo GEN]. Retirado de https://grupogen.vitalsource.com/#/books/9788530986070/)

► **Impossível, porém, é uma regulamentação jurídica que esgote todas as possíveis violações de cuidados nas atividades humanas.**

Impossível, porém, é uma regulamentação jurídica que esgote todas as possíveis violações de cuidados nas atividades humanas. A cada momento e em qualquer lugar, o homem se acha sempre em situação de praticar algum ato do qual derive, ou possa derivar, prejuízo para terceiros, sem que seja possível determinar a lei infringida. (CAVALIERI FILHO, Sérgio, Programa de responsabilidade civil, 13ª. ed., Atlas, São Paulo, 2019 p.)

► **A lei não prevê, nem poderia fazê-lo, todas as regras de diligências a serem obedecidas nas condições concretas de cada situação, para serem desempenhadas com cuidado, cautela e prudência.**

Com efeito, a lei não prevê, nem poderia fazê-lo, todas as regras de diligências a serem obedecidas nas condições concretas de cada situação, para serem desempenhadas com cuidado, cautela e prudência. Por isso, ao lado do dever imposto por lei ou regulamento, resultante de um texto claro que obrigue a fazer ou deixar de fazer alguma coisa, há também um dever indeterminado que justifica as hipóteses em que a culpa existe sem que o dever corresponda a um texto expresso de lei ou regulamento. (CAVALIERI FILHO, Sérgio, Programa de responsabilidade civil, 13ª. ed., Atlas, São Paulo, 2019 p. 52)

► **O ponto de partida da culpa, portanto, a sua *ratio essendi*, é a violação de uma norma de conduta por falta de cuidado**

O ponto de partida da culpa, portanto, a sua *ratio essendi*, é a violação de uma norma de conduta por falta de cuidado; geral, quando contida na lei; particular, quando consignada no contrato, mas sempre por falta de cautela. "Em matéria contratual, o dever identifica-se com a obrigação assumida pelas partes. Mas fora desse terreno, é impossível sistematizar os deveres, cuja violação constitui o elemento objetivo da culpa" (Agostinho Alvim, ob. cit., p. 306). E a observância desse dever é fator de harmonia social. (CAVALIERI FILHO, Sérgio, Programa de responsabilidade civil, 13ª. ed., Atlas, São Paulo, 2019 p. 52)

► **Depreende-se do exposto que a noção de culpa é normativa, exigindo um juízo de valor em cada caso.**

Não havendo normas legais ou regulamentares específicas, o conteúdo do dever objetivo de cuidado só pode ser determinado por intermédio de um princípio metodológico – comparação do fato concreto com o comportamento que teria adotado, no lugar do agente, um homem comum, capaz e prudente, pois o núcleo da conduta culposa, repita-se, consiste na divergência entre a ação efetivamente praticada e a que deveria ter sido realizada em virtude da observância do dever de cuidado. Portanto, para a aferição da culpa é indispensável estabelecer qual o comportamento devido na situação concreta. Quanto mais perigosa a atividade, maior será o cuidado que se exige do agente. (CAVALIERI FILHO, Sérgio, Programa de responsabilidade civil, 13ª. ed., Atlas, São Paulo, 2019 p. 52/53)

► **Isso se faz mais necessário principalmente nos casos da chamada culpa profissional**

Isso se faz mais necessário principalmente nos casos da chamada culpa profissional, quando não estará em causa o cidadão comum, mas o especialista, a atuação profissional de alto grau de especialização. Resulta do bom senso que a culpa profissional tem que ser tratada com mais rigor do que a culpa da pessoa comum, desprovida de conhecimento ou expertise técnica. Aqui, por maior razão, deve ser aplicada a regra: quanto maior a especialização do agente, isto é, quanto maior a habilidade específica exigida para a realização da atividade, tanto maior será o nível de exigência a respeito do resultado dessa atividade. A toda evidência, a diligência técnica esperável de um ciclista não é comparável com a exigível do comandante de um Boeing com centenas de passageiros a bordo; a capacidade técnica exigível de um simples pedreiro (construtor de paredes) não é a mesma de um construtor de grandes edificações, e assim por diante. (CAVALIERI FILHO, Sérgio, Programa de responsabilidade civil, 13ª. ed., Atlas, São Paulo, 2019 p. 53)

► **Para a aferição da conduta culposa é indispensável estabelecer qual o comportamento devido na situação concreta, segundo as regras de diligência**

Em suma, para a aferição da conduta culposa é indispensável estabelecer qual o comportamento devido na situação concreta, segundo as regras de diligência. Essas devem ser fixadas, na precisa lição do mestre Ruy Rosado de Aguiar Junior, conforme a capacidade, o conhecimento e a aptidão exigíveis de uma pessoa prudente, da mesma profissão ou de idêntico grupo de pessoas (médico, motorista, agricultor, empregada doméstica etc.), com o que se encontra o padrão geral de conduta adequado para o caso. Assim estabelecido o parâmetro normativo que deveria presidir a situação concreta, confronta-se essa norma com a conduta efetivamente assumida. O critério, em circunstâncias muito especiais, pode ser temperado com a consideração de condições personalíssimas da pessoa de quem se trata, cujo desprezo pode significar a injusta exigência de conduta inatendível. Se há desconformidade entre a conduta do agente e a norma de diligência assim extraída concretamente da situação, entende-se que ele agiu com negligência (Extinção dos contratos por incumprimento do devedor: resolução, 2. ed. Aide Editora, 2003, p. 105). (CAVALIERI FILHO, Sérgio, Programa de responsabilidade civil, 13ª. ed., Atlas, São Paulo, 2019 p. 53)

► **Por tudo que foi dito, pode-se conceituar a culpa como conduta voluntária contrária ao dever de cuidado imposto pelo Direito, com a produção de um evento danoso involuntário, porém previsto ou previsível.**

Por tudo que foi dito, pode-se conceituar a culpa como conduta voluntária contrária ao dever de cuidado imposto pelo Direito, com a produção de um evento danoso involuntário, porém previsto ou previsível. (CAVALIERI FILHO, Sérgio, Programa de responsabilidade civil, 13ª. ed., Atlas, São Paulo, 2019 p. 54)

► Graus da culpa

Já se observou, na classificação acima, a existência de culpa grave, leve ou levíssima, em consonância com a intensidade maior, média ou menor da negligência, ou imprudência, ou imperícia na conduta que desencadeia um dano. Aprofundando-se o que se referiu acima, pode-se evidenciar a primeira na inobservância crassa e imperdoável das regras comuns exigidas nas atividades, no proceder comum, na prática de um ato, como na condução de um veículo quando a pessoa se encontra em estado de embriaguez, ou na imposição de um trabalho sem equipamentos de segurança, ou no atravessar uma pista em local não sinalizado e de intensa circulação de carros. Já a culpa leve se configura em situações de inadvertência, de falta de uma concentração maior, de distração não plena, verificáveis na direção de veículo estando a conversar o condutor, ou no uso de equipamento de segurança com defeito, no desleixe de regras comuns de atenção. Por último, a culpa levíssima emerge no procedimento comum, mas com pequena falha em obedecer às regras impostas no momento do fato. É a hipótese de colidir atrás de um veículo, que para com certa instantaneidade, frente a um obstáculo que surge à frente do mesmo; ou da realização de uma obra, com um pequeno defeito num detalhe, que a desmerece no seu aspecto; ou na imposição de exercícios físicos com demasiada rapidez, provocando uma distensão muscular de alguém que o pratica. (RIZZARDO, Arnaldo. Responsabilidade Civil, 8ª edição. [Grupo GEN]. Retirado de https://grupogen.vitalsource.com/#/books/9788530986070/)

► Normalmente, o grau de culpa não importa em maior ou menor peso na indenização, cujo critério para a fixação é medido pela extensão do dano.

Normalmente, o grau de culpa não importa em maior ou menor peso na indenização, cujo critério para a fixação é medido pela extensão do dano. Embora gravíssima a culpa, ou tenha o causador agido com dolo, não ultrapassará a indenização o dano provocado, em obediência ao art. 944 do Código Civil, que trouxe regra que não constava no estatuto civil revogado: "A indenização mede-se pela extensão do dano." (RIZZARDO, Arnaldo. Responsabilidade Civil, 8ª edição. [Grupo GEN]. Retirado de https://grupogen.vitalsource.com/#/books/9788530986070/)

► Elementos da conduta culposa

Extraem-se desse conceito os seguintes elementos para a culpa: a) conduta voluntária com resultado involuntário; b) previsão ou previsibilidade; e c) falta de cuidado, cautela, diligência ou atenção. (CAVALIERI FILHO, Sérgio, Programa de responsabilidade civil, 13ª. ed., Atlas, São Paulo, 2019 p. 54)

► Conduta voluntária com resultado involuntário

O primeiro elemento dispensa maiores comentários, em face do que já foi exposto. Na culpa não há intenção, mas há vontade; não há conduta intencional, mas tencional. A vontade não se dirige a um fim determinado, como no dolo, mas se dirige à conduta. A conduta é voluntária; involuntário é o resultado. Em suma, enquanto no dolo o agente quer a conduta e o resultado, a causa e a consequência, na culpa a vontade não vai além da ação ou omissão. O agente quer a conduta, não, porém, o resultado; quer a causa, mas não quer o efeito. (CAVALIERI FILHO, Sérgio, Programa de responsabilidade civil, 13ª. ed., Atlas, São Paulo, 2019 p. 54)

▶ Previsão e previsibilidade

Embora involuntário, o resultado poderá ser previsto pelo agente. Previsto é o resultado que foi representado, mentalmente antevisto. Nesse caso, teremos a culpa com previsão ou consciente, que se avizinha do dolo, porque neste também há previsão, mas como elemento essencial, conforme já visto. Estrema-se dele, todavia, pelo fato de não ser querido o resultado, muito embora previsto. Em sede penal – o que não deixa de ter aplicação no campo da responsabilidade civil – define-se a culpa consciente como sendo aquela em que o agente prevê o resultado, mas acredita sinceramente que ele não ocorrerá. Não sendo previsto, o resultado terá que, pelo menos, ser previsível. Este é o limite mínimo da culpa – a previsibilidade, entendendo-se como tal a possibilidade de previsão. Embora não previsto, não antevisto, não representado mentalmente, o resultado poderia ter sido previsto e, consequentemente, evitado. (CAVALIERI FILHO, Sérgio, Programa de responsabilidade civil, 13ª. ed., Atlas, São Paulo, 2019 p. 54)

▶ E previsível é aquilo que tem certo grau de probabilidade, de forma que, segundo as regras da experiência, é razoável prevê-lo.

E previsível é aquilo que tem certo grau de probabilidade, de forma que, segundo as regras da experiência, é razoável prevê-lo. Só há o dever de evitar o dano que for razoável prever. (CAVALIERI FILHO, Sérgio, Programa de responsabilidade civil, 13ª. ed., Atlas, São Paulo, 2019 p. 54)

▶ A previsibilidade necessária para a configuração da culpa não é a previsibilidade genérica, abstrata, sobre aquilo que pode um dia acontecer; mas sim a previsibilidade específica, presente, atual, relativa às circunstâncias do momento da realização da conduta

Devemos ter em mente, todavia, que a previsibilidade necessária para a configuração da culpa não é a previsibilidade genérica, abstrata, sobre aquilo que pode um dia acontecer; mas sim a previsibilidade específica, presente, atual, relativa às circunstâncias do momento da realização da conduta. Todos podemos prever, por exemplo, que um dia haveremos de morrer; que se sairmos à rua numa cidade violenta e insegura poderemos ser assaltados; que se vou viajar, dirigindo um automóvel, poderei sofrer um acidente. Não basta essa previsibilidade, como já se disse, para configurar a culpa. Será necessário que determinado acontecimento, concretamente considerado, pudesse ter sido previsto pelo agente, e consequentemente evitado, mas não o foi por falta de cuidado. Se, embora genericamente previsível, não foi possível prever a efetiva ocorrência do fato danoso, não haverá que se falar em previsibilidade. (CAVALIERI FILHO, Sérgio, Programa de responsabilidade civil, 13ª. ed., Atlas, São Paulo, 2019 p. 54/55)

▶ A previsibilidade, pois, não importa em responsabilidade civil, se a intervenção não oferece outra alternativa, ou se é reclamada para sanar um mal superior.

Não se pode exigir do hospital uma responsabilidade de resultado. O fato do internamento não importa em necessária recuperação. Se não vislumbrada a culpa dos prepostos, como enfermeiros, atendentes, médicos, não responde o hospital. Esse o entendimento de Humberto Theodoro Júnior: "A responsabilidade civil dos hospitais, seja por infecção hospitalar, seja por qualquer outra lesão sofrida pelos pacientes em razão dos serviços de internação, não se inclui na regra do art. 1.545 do CC (obrigação de meio). Aplica-se-lhes, portanto, a teoria comum da responsabilidade contratual, segundo a regra a qual o contratante se presume culpado pelo não alcance do resultado a que se obrigou. Não se trata de teoria pura do risco, porque sempre será lícito ao hospital provar a não ocorrência de culpa para eximir-se do dever de indenizar. Mas o ônus da prova da culpa não caberá, como ocorre no caso de erro médico, ao paciente ofendido... Quem se apresenta como vítima de lesão sofrida durante internamento somente terá de provar, para obter a competente indenização, o dano e a sua verificação coincidente com sua entrada no hospital. A culpa estaria presumida contra o estabelecimento, até prova em contrário." O citado art. 1.545 corresponde ao art. 951 do vigente Código. (RIZZARDO, Arnaldo. Responsabilidade Civil, 8ª edição. [Grupo GEN]. Retirado de https://grupogen.vitalsource.com/#/books/9788530986070/)

▶ Há dois critérios de aferição da previsibilidade: o objetivo e o subjetivo.

O primeiro tem em vista o homem médio, diligente e cauteloso. Previsível é um resultado quando a previsão do seu advento pode ser exigida do homem comum normal, do indivíduo de atenção e diligência ordinárias. Pelo critério subjetivo, a previsibilidade deve ser aferida tendo em vista as condições pessoais do sujeito, como idade, sexo, grau de cultura, capacidade técnica, habilidade profissional etc. Entendemos que os dois critérios devem ser conjugados em prol de uma solução justa, correspondente à realidade. O juiz deve ter em vista não apenas o fato em si, com suas circunstâncias, a exigir o cuidado ordinário, mas também as condições pessoais do sujeito: podia ele deixar de empregar a diligência comum dos homens, ou, por outro lado, a diligência exigível da sua condição pessoal e nas condições em que se encontrava? Não havendo previsibilidade, estaremos fora dos limites da culpa, já no terreno do caso fortuito ou da força maior. Deles falaremos oportunamente, porque são causas de exclusão do nexo causal. Ninguém pode responder por fato imprevisível porque, na realidade, não lhe deu causa. (CAVALIERI FILHO, Sérgio, Programa de responsabilidade civil, 13ª. ed., Atlas, São Paulo, 2019 p. 55)

▶ Falta de cuidado

Neste ponto, cabe uma indagação: se o resultado foi previsto, por que o agente não o evitou? Se era pelo menos previsível, por que o agente não o previu e, consequentemente, o evitou? A resposta é singela: porque faltou com a cautela devida; violou aquele dever de cuidado que é a própria essência da culpa. Por isso, vamos sempre encontrar a falta de cautela, atenção, diligência ou cuidado como razão ou substrato final da culpa. Sem isso não se pode imputar o fato ao agente a título de culpa, sob pena de se consagrar responsabilidade objetiva. (CAVALIERI FILHO, Sérgio, Programa de responsabilidade civil, 13ª. ed., Atlas, São Paulo, 2019 p. 55)

▶ Imprudência, negligência e imperícia

A falta de cautela exterioriza-se através da imprudência, da negligência e da imperícia. Não são, como se vê, espécies de culpa, nem elementos desta, mas formas de exteriorização da conduta culposa. A imprudência é falta de cautela ou cuidado por conduta comissiva, positiva, por ação. Age com imprudência o motorista que dirige em excesso de velocidade, ou que avança o sinal. Negligência é a mesma falta de cuidado por conduta omissiva. Haverá negligência se o veículo não estiver em condições de trafegar, por deficiência de freios, pneus etc. O médico que não toma os cuidados devidos ao fazer uma cirurgia, ensejando a infecção do paciente, ou que lhe esquece uma pinça no abdômen, é negligente. A imperícia, por sua vez, decorre de falta de habilidade no exercício de atividade técnica, caso em que se exige, de regra, maior cuidado ou cautela do agente. Haverá imperícia do motorista que provoca acidente por falta de habilitação. O erro médico grosseiro também exemplifica a imperícia. (CAVALIERI FILHO, Sérgio, Programa de responsabilidade civil, 13ª. ed., Atlas, São Paulo, 2019 p. 55/56)

▶ A imprudência revela-se na precipitação de uma atitude, no comportamento inconsiderado, na insensatez e no desprezo das cautelas necessárias em certos momentos

A imprudência revela-se na precipitação de uma atitude, no comportamento inconsiderado, na insensatez e no desprezo das cautelas necessárias em certos momentos. Os atos praticados trazem consequências ilícitas previsíveis, embora não pretendidas, o que, aliás, sucede também nas demais modalidades de culpa. (RIZZARDO, Arnaldo. Responsabilidade Civil, 8ª edição. [Grupo GEN]. Retirado de https://grupogen.vitalsource.com/#/books/9788530986070/)

▶ Imperícia demanda mais falta de habilidade exigível em determinado momento, e observável no desenrolar normal dos acontecimentos.

Imperícia demanda mais falta de habilidade exigível em determinado momento, e observável no desenrolar normal dos acontecimentos. Já negligência consiste na ausência da diligência e prevenção, do cuidado necessário às normas que regem a conduta humana. Não são seguidas as normas que ordenam operar com atenção, capacidade, solicitude e discernimento. Omitem-se as precauções exigidas pela salvaguarda do dever a que o agente está obrigado; é o descuido no comportamento, por displicência, por ignorância inaceitável e impossível de justificar. (RIZZARDO, Arnaldo. Responsabilidade Civil, 8ª edição. [Grupo GEN]. Retirado de https://grupogen.vitalsource.com/#/books/9788530986070/)

▸ PRESSUPOSTO 3: Nexo causal.

É a relação de causa e efeito entre a ação ou omissão do agente e o dano verificado. Vem expressa no verbo "causar", utilizado no art. 186. Sem ela, não existe a obrigação de indenizar. Se houve o dano, mas sua causa não está relacionada com o comportamento do agente, inexiste a relação de causalidade e também a obrigação de indenizar. Se, *verbi gratia*, o motorista está dirigindo corretamente e a vítima, querendo suicidar-se, atira-se sob as rodas do veículo, não se pode afirmar ter ele "causado" o acidente, pois na verdade foi um mero instrumento da vontade da vítima, esta sim responsável exclusiva pelo evento. (GONÇALVES, Carlos Roberto, Comentários ao Código Civil: parte especial: direito das obrigações, volume 11 (arts. 927 a 965) / Carlos Roberto Gonçalves; (coord.) Antônio Junqueira de Azevedo. – São Paulo: Saraiva, 2003, p. 35)

▸ O nexo causal como condição para a atribuição da responsabilidade

O dano pode atingir a universalidade de bens existentes, como o patrimônio material ou econômico da pessoa física ou jurídica, os seus valores espirituais e interiores, o nome, a boa fama, o conceito social, a paz, a liberdade, a honra, a intimidade, a normalidade corporal, a apresentação ou integridade física, as relações sociais, a amizade, a tranquilidade pessoal, e assim outros bens de ordem espiritual e mesmo físicos que entram na esfera de direitos e são importantes, senão necessários, para a normalidade da vida, a possibilidade da coexistência e a realização do ser humano nas mais diversas esferas da existência humana. Outrossim, o acervo de bens ou de valores existente deve revelar estimativa e ser protegido pelos sistemas jurídicos, ou amparado nos ordenamentos legais, de sorte que a sua violação ou ofensa importe em infringir a lei, ou em atentar contra o estado de direito, sujeitando-se o infrator às cominações decorrentes. Por último, faz-se necessário a verificação de uma relação, ou um liame, entre o dano e o causador, o que torna possível a sua imputação a um indivíduo. Constatada, pois, essa triangulação coordenada de fatores, decorre a configuração da responsabilidade civil. Por outros termos, para ensejar e buscar a responsabilidade, é preciso que haja ou se encontre a existência de um dano, o qual se apresenta antijurídico, ou que não seja permitido ou tolerado pelo direito, ou constitua espécie que importe em reparação pela sua mera verificação, e que se impute ou atribua a alguém que o causou ou ensejou a sua efetivação. Em três palavras resume-se o nexo causal: o dano, a antijuridicidade e a imputação. (RIZZARDO, Arnaldo. Responsabilidade Civil, 8ª edição. [Grupo GEN]. Retirado de https://grupogen.vitalsource.com/#/books/9788530986070/)

▸ A rigor, é a primeira questão a ser enfrentada na solução de qualquer caso envolvendo responsabilidade civil.

A rigor, é a primeira questão a ser enfrentada na solução de qualquer caso envolvendo responsabilidade civil. Antes de decidirmos se o agente agiu ou não com culpa, teremos que apurar se ele deu causa ao dano. O Código Penal, que tem norma expressa sobre o nexo causal (art. 13), é muito claro ao dizer: "O resultado de que depende a existência do crime, somente é imputável a quem lhe deu causa". Vale dizer, ninguém pode responder por algo que não fez, de modo que não tem o menor sentido examinar culpa de alguém que não tenha dado causa ao dano. (CAVALIERI FILHO, Sérgio, Programa de responsabilidade civil, 13ª. ed., Atlas, São Paulo, 2019 p. 65)

► **Quando se diz que o Estado é civilmente responsável, isso implica sua sujeição a uma sanção civil, de indenização, ante o descumprimento de uma obrigação.**

"...quando se diz que o Estado é civilmente responsável, isso implica sua sujeição a uma sanção civil, de indenização, ante o descumprimento de uma obrigação. Acrescente-se mais um elemento à análise que se está fazendo. Em qualquer caso, para que se cogite de responsabilidade, devem estar presentes, no plano fático, os elementos fundamentais de uma relação de causalidade: ação causadora e efeito danoso. A relação entre esses elementos diz-se de causalidade: há um nexo de causalidade entre a ação e o dano. (MENEZES DE ALMEIDA, Fernando Dias. Coordenação: Maria Sylvia Zanella Di Pietro. Tratado de Direito Administrativo: controle da administração pública e responsabilidade civil, 1ª edição, São Paulo, Revista dos Tribunais, 2014. p. 243)

► **Esses elementos (nexo de causalidade) localizam-se no plano dos fatos, no mundo natural, ou "mundo do ser".**

"A natureza é, segundo uma das muitas definições deste objeto, uma determinada ordem das coisas ou um sistema de elementos que estão ligados uns com os outros como causa e efeito, ou seja, portanto, segundo um princípio que designamos por causalidade. As chamadas leis naturais, com as quais a ciência descreve este objeto – como, v.g., esta proposição: quando um metal é aquecido, dilata-se – são aplicações desse princípio. A relação que intercede entre o calor e a dilatação é a de causa e efeito. (KELSEN, Hans. Op. cit. vol. 1, p. 148-149.)

► **Se há uma ciência social que é diferente da ciência natural, ela deve descrever o seu objeto segundo um princípio diferente do da causalidade. Esse outro princípio, a seu turno, é o da imputação, que opera no plano normativo, no mundo do dever ser.**

"Se alguém comete um crime, deve ser-lhe aplicada uma pena; se alguém não paga a sua dívida, deve proceder-se a uma execução forçada do seu patrimônio; se alguém é atacado de doença contagiosa, deve ser internado num estabelecimento adequado. Procurando uma fórmula geral, temos: sob determinados pressupostos, fixados pela ordem jurídica, deve efetivar-se um ato de coerção, pela mesma ordem jurídica estabelecido. É esta a forma fundamental da proposição jurídica (...). Talqualmente uma lei natural, também uma proposição jurídica liga entre si dois elementos. Porém, a ligação que se exprime na proposição jurídica tem um significado completamente diferente daquela que a lei natural descreve, ou seja, a da causalidade. Sem dúvida alguma que o crime não é ligado à pena, o delito civil à execução forçada, a doença contagiosa ao internamento do doente como uma causa é ligada ao seu efeito. Na proposição jurídica não se diz, como na lei natural, que quando A é, B é, mas que quando A é, B deve ser, mesmo quando B, porventura, efetivamente não seja". (KELSEN, Hans. Op. cit. vol. 1, p. 148-149.)

► **Kelsen esclarece que a diferença essencial entre a ligação (por imputação) dos elementos na proposição jurídica e a ligação (por causalidade) dos elementos na lei natural reside na circunstância de a imputação decorrer de um ato de vontade humana: a vontade da autoridade que cria a norma jurídica.**

A norma jurídica é essencialmente ato de vontade e a proposição da ciência jurídica que a descreve promove uma ligação de seus elementos de modo a refletir essa vontade. Em suma, o dever ser é a expressão de um ato de vontade. Já as leis naturais (as leis da física) referem-se a fatos cuja existência não depende da vontade humana e são descritas por proposições (das ciências naturais) que promovem uma ligação de seus elementos de modo a refletir não a vontade, mas o conhecimento. Em suma: o ser é a expressão de um ato de conhecimento. (KELSEN, Hans. Op. cit. vol. 1, p. 148-149.)

► **A relação entre os elementos factuais da situação ensejadora de responsabilidade é uma relação de causalidade. Há um nexo de causalidade entre a ação e o dano.**

"...a relação entre os elementos factuais da situação ensejadora de responsabilidade é uma relação de causalidade. Há um nexo de causalidade entre a ação e o dano. Até então, trata-se do mundo do ser. O direito, tomando esse dado da realidade natural, interfere sobre ele, estabelecendo, por meio da vontade normativa – por imputação e não por causalidade –, a responsabilidade a um sujeito. Nesse caso, a situação jurídica então gerada pode ser descrita pela proposição: dada a existência de uma ação causadora de um dano, deve o sujeito A ser responsabilizado, ou seja, deve incidir uma sanção jurídica sobre o sujeito A. (MENEZES DE ALMEIDA, Fernando Dias. Coordenação: Maria Sylvia Zanella Di Pietro. Tratado de Direito Administrativo: controle da administração pública e responsabilidade civil, 1ª edição, São Paulo, Revista dos Tribunais, 2014. p. 244)

► **A relação causal não se confunde com a imputabilidade.**

A lição de Serpa Lopes a este respeito continua atual e oportuna: "São dois pontos que não se confundem – a relação causal e a imputabilidade. Quando se cogita de imputabilidade ou da culpabilidade, temos que determinar quais as condições necessárias a que um resultado deva ser imputado subjetivamente ao seu autor, enquanto o problema do nexo causal diz respeito às condições mediante as quais o dano deve ser imputado objetivamente à ação ou omissão de uma pessoa. No primeiro caso, temos uma questão de uma *imputatio iuris*, ao passo que, na segunda, um problema de *imputatio facti*. Na *imputatio iuris* impõe-se responder ao seguinte questionário: o causador do dano deve ser também considerado dele culpado, para os efeitos da responsabilidade?" (Curso de direito civil, 4. ed., Freitas Bastos, 1995, v. V, p. 219).

► **Outrossim, a culpa não se coloca como condição para se firmar a responsabilidade.**

Com frequência, a pessoa fica coagida a indenizar porque assim a lei o determina, sendo exemplo os acidentes de trânsito; ou porque a atividade desenvolvida pela vítima do dano oferece risco, tal acontecendo quando a atividade se desenvolve em máquinas ou instrumentos aptos a trazer lesões ou prejuízos. Tem-se aí a responsabilidade objetiva em si, ou pelo risco, quando a pessoa fica obrigada a reparar independentemente da culpa. Prescinde-se da culpa nas atividades ligadas a riscos. Os danos acontecidos durante a execução de certos serviços, como os de transporte de coisas ou de pessoas, acarretam o dever de indenizar, figurando como exemplo os acidentes de trânsito. A empresa de mudanças suportará os danos ocasionados em eventuais tempestades, por força dos arts. 749 e 750 do Código Civil, e ainda do Decreto no 2.681, de 1912, em seu art. 1º, item 4. (RIZZARDO, Arnaldo. Responsabilidade Civil, 8ª edição. [Grupo GEN]. Retirado de https://grupogen.vitalsource.com/#/books/9788530986070/)

▶ **O nexo de causalidade ou nexo causal constitui o elemento imaterial ou virtual da responsabilidade civil, constituindo a relação de causa e efeito entre a conduta culposa ou o risco criado e o dano suportado por alguém.**

O nexo de causalidade ou nexo causal constitui o elemento imaterial ou virtual da responsabilidade civil, constituindo a relação de causa e efeito entre a conduta culposa ou o risco criado e o dano suportado por alguém. De acordo com a doutrina de Sérgio Cavalieri Filho, "trata-se de noção aparentemente fácil, mas que, na prática, enseja algumas perplexidades (...). O conceito de nexo causal não é jurídico; decorre das leis naturais. É o vínculo, a ligação ou relação de causa e efeito entre a conduta e o resultado" (Programa..., 2005, p. 70). Como é um elemento imaterial ou espiritual, pode-se imaginar que o nexo de causalidade é um cano virtual, que liga os elementos da conduta e do dano. (TARTUCE, Flávio. Direito Civil – Direito das Obrigações e Responsabilidade Civil – Vol. 2. [Grupo GEN]. Retirado de https://grupogen.vitalsource.com/#/books/9788530989316/)

▶ **Para a responsabilidade surgir, dá-se a ligação entre o fato, a lesão e o causador ou autor. Daí surge a relação de causalidade, ou o vínculo causal.**

Não é suficiente a prática de um fato contra legem ou contra jus, ou que contrarie o padrão jurídico das condutas. Muitos erros de conduta, ou violações de leis, se não trazem consequências negativas, ou se não ofendem os direitos, são irrelevantes à responsabilidade, como aquele que transgride às leis de trânsito, ou que ingresse em imóvel alheio, sem que importe em prejuízo para terceiros. Muito menos interessa a verificação de danos a bens ou pessoas, se não fica apurada a individualidade de seu autor. De sorte que, para a responsabilidade surgir, dá-se a ligação entre o fato, a lesão e o causador ou autor. Daí surge a relação de causalidade, ou o vínculo causal. (RIZZARDO, Arnaldo. Responsabilidade Civil, 8ª edição. [Grupo GEN]. Retirado de https://grupogen.vitalsource.com/#/books/9788530986070/)

▶ **É preciso que o dano tenha sido causado pela conduta ilícita do agente, que exista entre ambos uma necessária relação de causa e efeito.**

Não basta, portanto, que o agente tenha praticado uma conduta ilícita; tampouco que a vítima tenha sofrido um dano. É preciso que esse dano tenha sido causado pela conduta ilícita do agente, que exista entre ambos uma necessária relação de causa e efeito. Em síntese, é necessário que o ato ilícito seja a causa do dano, que o prejuízo sofrido pela vítima seja resultado desse ato, sem o que a responsabilidade não correrá a cargo do autor material do fato. Daí a relevância do chamado nexo causal. Cuida--se, então, de saber quando um determinado resultado é imputável ao agente; que relação deve existir entre o dano e o fato para que este, sob a ótica do Direito, possa ser considerado causa daquele. (CAVALIERI FILHO, Sérgio, Programa de responsabilidade civil, 13ª. ed., Atlas, São Paulo, 2019 p. 66)

▶ O nexo de causalidade é elemento indispensável em qualquer espécie de responsabilidade civil

Pode-se ainda afirmar que o nexo de causalidade é elemento indispensável em qualquer espécie de responsabilidade civil. Pode haver responsabilidade sem culpa, como teremos oportunidade de ver quando estudarmos a responsabilidade objetiva, mas não pode haver responsabilidade sem nexo causal. (CAVALIERI FILHO, Sérgio, Programa de responsabilidade civil, 13ª. ed., Atlas, São Paulo, 2019 p. 67)

◙ Ato ilícito. Indenização. Nexo causal. Imprescindibilidade.

A indenização decorrente de ato ilícito não prescinde da prova de nexo causal (2.º TACivSP, 10.ª Câm., Ag 655683-0/8, rel. Nestor Duarte, v.u., j. 18.10.1999).

▶ Dentre os pressupostos para a reparação, existe a necessidade de comprovação da relação de causalidade entre a conduta do agente e o dano existente.

Este elemento possui grande relevância nas demandas que envolvem a responsabilidade civil, pois a sua ausência acarreta a impossibilidade de imputar ao agente o dever de indenizar, ainda que exista uma conduta culposa, bem como um dano. Esse foi o entendimento da 10.ª Câm. Civ. do TJRJ, no julgamento de um caso de erro médico em que se decidiu pela ausência de culpa do profissional médico, porque a prova pericial produzida afastou a existência de nexo causal entre a cirurgia realizada e o dano alegado pela apelante. (GONDIM, Glenda Gonçalves. Responsabilidade civil: teoria da perda de uma chance. RT 840/11, out. 2005.)

> **▶ No mesmo sentido:** é necessária a existência de uma relação de causalidade entre a ação ou omissão culposa do agente e o dano experimentado pela vítima; em caso de não se evidenciar que resultou do comportamento ou atitude do ofensor, o pedido de indenização deverá ser julgado improcedente.

◙ Nexo causal. Crime praticado em porta de shopping center que resulta em morte.

1. É do terceiro a culpa de quem realiza disparo de arma de fogo para dentro de um shopping e provoca a morte de um frequentador seu. 2. Ausência de nexo causal entre o dano e a conduta do shopping por configurar hipótese de caso fortuito externo, imprevisível, inevitável e autônomo, o que não gera o dever de indenizar (CDC 14 § 3.º II). Precedentes. 3. Relação de consumo afastada. 4. Recursos especiais providos (STJ, 3.ª T., REsp 1440756-RJ, rel. Min. Moura Ribeiro, j. 23.6.2015, DJUE 1.º.7.2015).

► Teoria da equivalência dos antecedentes

Pela primeira – equivalência das condições, também conhecida como da condictio *sine qua non* – estabelece como causa do dano todas as condições sem as quais o mesmo não aconteceria. Segue na explicação Fernando Noronha: "De acordo com essa teoria, seria indiferente falar em causas ou em condições do dano. Um acontecimento deveria ser considerado causa de um dano sempre que se pudesse afirmar que este não teria acontecido se aquele não tivesse ocorrido... A pessoa responsável pela condictio *sine qua non* deveria responder pelo dano subsequente, porque, nas condutas comissivas, este não teria acontecido caso ela se tivesse abstido de agir, ou caso tivesse agido de outra forma; nas condutas omissivas, porque ela se omitiu, quando o dano não teria acontecido caso tivesse agido." Assim, responde o agente por tudo o que provocou o evento, sejam quais forem os danos. No caso do acidente, aquele que o provocou arcará pelos eventos sucedâneos que aconteceram em razão do acidente. Além disso, todos os que influíram no dano arcam com as decorrências. (RIZZARDO, Arnaldo. Responsabilidade Civil, 8ª edição. [Grupo GEN]. Retirado de https://grupogen.vitalsource.com/#/books/9788530986070/)

► **Ainda:** '...essa teoria não faz distinção entre causa (aquilo de que uma coisa depende quanto à existência) e condição (o que permite à causa produzir seus efeitos positivos ou negativos). Se várias condições concorrem para o mesmo resultado, todas têm o mesmo valor, a mesma relevância, todas se equivalem. Não se indaga se uma delas foi mais ou menos eficaz, mais ou menos adequada. Causa é a ação ou omissão sem a qual o resultado não teria ocorrido, sem distinção da maior ou menor relevância que cada uma teve. Por isso, essa teoria é também chamada da *conditio sine qua non*, ou da equivalência das condições. (CAVALIERI FILHO, Sérgio, Programa de responsabilidade civil, 13ª. ed., Atlas, São Paulo, 2019 p. 68)

► Teoria da causalidade adequada

a causalidade adequada, que também deixa situações desprovidas de solução. Há um certo subjetivismo na determinação da causa. Por meio dela, deve-se buscar a causa que seria apta para produzir o dano. Se um veículo derrapa e causa um acidente de proporções, deve-se pesquisar se a causa consistiu no veículo que vinha em sentido contrário, ocupando parte do centro da pista, ou na súbita e exagerada freada imprimida pelo condutor. A causa adequada é a que se mostra capaz de originar o evento. Alguém desfere uma leve batida na cabeça de uma pessoa, cujo osso craniano já se encontrava com fraturas, vindo, por isso, a falecer. Não é adequada a causa para produzir a morte. Não responderá, por isso, por esse último resultado. As teorias revelam fragilidade, permitindo o subjetivismo, embora, em vários casos, ajudem a apontar a causa. (RIZZARDO, Arnaldo. Responsabilidade Civil, 8ª edição. [Grupo GEN]. Retirado de https://grupogen.vitalsource.com/#/books/9788530986070/)

► **Ainda**: "... é a que mais se destaca entre aquelas que individualizam ou qualificam as condições. Causa, para ela, é o antecedente não só necessário, mas, também, adequado à produção do resultado. Logo, se várias condições concorreram para determinado resultado, nem todas serão causas, mas somente aquela que for a mais adequada à produção do evento. Diferentemente da teoria anterior, esta faz distinção entre causa e condição, entre os antecedentes que tiveram maior ou menor relevância. Estabelecido que várias condições concorreram para o resultado, e isso é feito através do mesmo processo mental hipotético (até aqui as teorias seguem os mesmos caminhos), é necessário agora verificar qual foi a mais adequada. Causa será apenas aquela que foi a mais adequada, desconsiderando-se as demais. Na causalidade adequada, portanto, a palavra chave é adequação. Para ser considerado causa, o antecedente terá que ser não só necessário, mas também adequado à produção do resultado. E o problema reside justamente neste ponto. Como estabelecer, entre várias condições, qual foi a mais adequada? Não há uma regra teórica, nenhuma fórmula hipotética para resolver o problema, de sorte que a solução terá que ser encontrada em cada caso, atentando-se para a realidade fática, com bom senso e ponderação. Causa adequada será aquela que, de acordo com o curso normal das coisas e a experiência comum da vida, se revelar a mais idônea para gerar o evento. (CAVALIERI FILHO, Sérgio, Programa de responsabilidade civil, 13ª. ed., Atlas, São Paulo, 2019 p. 68/69)

► **Teoria da causalidade necessária**

Já a teoria da causalidade necessária, outrora defendida no Brasil por Agostinho Alvim, busca justificar a responsabilidade na causa mais apropriada ou causa eficiente, na causa primeira, encontrada naquele evento que importou no surgimento do dano. O nexo de causalidade consiste numa relação necessária entre o fato gerador e o evento danoso, mas não continuando a abranger as perdas e danos mesmo em razão de outro evento. A causa necessária é a que explica o dano, continuando a produzir efeitos ou consequências, até que advenha um outro fato. Nessa visão, a colisão com um veículo traz prejuízos materiais, impondo a sua recuperação. Entrementes, a causa está na culpa que ensejou o acidente, o que pode levar a indenizar todos os demais prejuízos. Aparecendo novas lesões, deve-se encontrar aquela causa que importou na produção do novo dano que surgiu. Assim, se enquanto é socorrido uma pessoa que sofreu um ferimento num ataque desferido contra ela, e vem a ser vítima de um acidente, sofrendo novas lesões, arcará com a responsabilidade o causador do acidente envolvendo a ambulância. Muitas confusões decorrem, no entanto, da teoria, consistindo a principal em destacar qual dos vários acontecimentos pode ser considerado causa necessária. Numa briga de casal, decorrente a refrega da embriaguez do marido, exemplo que é citado na doutrina, a mulher condena o seu comportamento. Reage o marido, e fere a mulher. Na procura de tratamento médico, resta ela com uma infecção, que lhe traz graves transtornos. Onde está a causa dos danos causados? Pela teoria da causa necessária, vê-se que vários os antecedentes, e qualquer um deles pode ser invocado. Assim, não se tem uma solução segura. De modo que não define com segurança esta teoria a solução da causa. (RIZZARDO, Arnaldo. Responsabilidade Civil, 8ª edição. [Grupo GEN]. Retirado de https://grupogen.vitalsource.com/#/books/9788530986070/)

► A teoria acolhida pelo nosso direito civil

Os nossos melhores autores, a começar por Aguiar Dias, sustentam que, enquanto a teoria da equivalência das condições predomina na esfera penal, a da causalidade adequada é a prevalecente na órbita civil. Logo, em sede de responsabilidade civil, nem todas as condições que concorrem para o resultado são equivalentes (como no caso da responsabilidade penal), mas somente aquela que foi a mais adequada a produzir concretamente o resultado. Além de se indagar se uma determinada condição concorreu concretamente para o evento, é ainda preciso apurar se, em abstrato, ela era adequada a produzir aquele efeito. Entre duas ou mais circunstâncias que concretamente concorreram para a produção do resultado, causa adequada será aquela que teve interferência decisiva. (CAVALIERI FILHO, Sérgio, Programa de responsabilidade civil, 13ª. ed., Atlas, São Paulo, 2019 p. 70)

◙ À luz da teoria da causalidade adequada, prevista expressamente no art. 403 do CC/02, somente se considera existente o nexo causal quando a conduta do agente for determinante à ocorrência do dano

"...À luz da teoria da causalidade adequada, prevista expressamente no art. 403 do CC/02, somente se considera existente o nexo causal quando a conduta do agente for determinante à ocorrência do dano. Precedentes. 9. Pela causalidade adequada, a concorrência de culpas, que na verdade consubstancia concorrência de causas para o evento danoso, só deve ser admitida em casos excepcionais, quando não se cogita de preponderância causal manifesta e provada da conduta do agente. Precedentes. 10. A configuração da culpa concorrente exige a simultaneidade dos atos jurídicos, razão pela qual a sucessividade no descumprimento dos deveres de cuidado implica o seu afastamento. 11. Na hipótese dos autos, segundo a moldura fática delimitada pelo acórdão recorrido, a atuação imprudente do preposto da concessionária, "ao confirmar o negócio e emitir a nota fiscal de compra e venda de veículo em favor da autora, induzi[u a autora] ao pagamento exigido pelos terceiros" (e-STJ, fl. 547), podendo, assim, ser considerada decisiva para a ocorrência do dano. Além disso, há sucessividade entre as condutas culposas da vítima e da responsável, o que também impede a caracterização de concorrência de culpas. 12. Agravo em recurso especial conhecido para dar provimento ao recurso especial de VANESSA KAJIMOTO DELLAROSA, com inversão dos ônus sucumbenciais. (REsp 1808079/PR, Rel. Ministra NANCY ANDRIGHI, TERCEIRA TURMA, julgado em 06/08/2019, DJe 08/08/2019)

◙ **Ainda**: "...A jurisprudência do STJ é há muito tempo pacífica no sentido da aplicação do CDC às relações entre consumidores e as instituições financeiras. 5. No âmbito das relações de consumo, aplicando-se a teoria da causalidade adequada e do dano direto imediato, somente há responsabilidade civil por fato do produto ou serviço quando houver defeito e se isso for a causa dos danos sofridos pelo consumidor. 6. Na hipótese sob julgamento, nenhuma das causas da insolvência da cooperativa singular pode ser atribuída ao recorrente BANCOOB, o qual atuava como simples prestador de serviços do sistema de crédito cooperativo, nos termos da regulamentação das autoridades competentes. 7. Não há como reconhecer a responsabilidade solidária prevista nos arts. 7º, parágrafo único, 20 e 25 do CDC, pois o recorrente BANCOOB não forma a cadeia de fornecimento do serviço em discussão na controvérsia em julgamento. 8. Recurso especial conhecido e provido. (REsp 1468567/ES, Rel. Ministra NANCY ANDRIGHI, TERCEIRA TURMA, julgado em 07/08/2018, DJe 10/08/2018)

▶ **O Código Civil brasileiro adotou a causa do dano direto e imediato.**

O Código Civil brasileiro adotou a causa do dano direto e imediato, com amparo no art. 403, preceituando: "Ainda que a inexecução resulte de dolo do devedor, as perdas e danos só incluem os prejuízos efetivos e os lucros cessantes por efeito dela direto e imediato, sem prejuízo do disposto na lei processual." Interessa, no caso, o dano que é efeito direto e imediato do fato causador, e não o remoto, ou o advindo de novas causas. Apenas aqueles danos que têm relação com o fato ocorrido, e não outros que aparecerem. (RIZZARDO, Arnaldo. Responsabilidade Civil, 8ª edição. [Grupo GEN]. Retirado de https://grupogen.vitalsource.com/#/books/9788530986070/)

▶ **Não se indenizam os efeitos remotos ou distantes, ou aqueles que permitem concluir que derivam de outras causas.**

Não se indenizam os efeitos remotos ou distantes, ou aqueles que permitem concluir que derivam de outras causas. Se adquirida uma mercadoria alimentícia contaminada ou estragada, o seu custo torna-se indenizável, e mais os prejuízos que causou, como o tratamento médico de quem ingeriu, o lucro perdido porque não realizada a venda. Não, porém, as supostas perdas porque não pôde o comerciante comprar outro bem com o lucro que conseguiria, ou por ficar impossibilitado de expandir seu negócio, ou pelo fato de não pagar as suas dívidas. (RIZZARDO, Arnaldo. Responsabilidade Civil, 8ª edição. [Grupo GEN]. Retirado de https://grupogen.vitalsource.com/#/books/9788530986070/)

▶ **Causalidade comum**

Trata-se da autoria coletiva na produção de danos. Duas ou mais pessoas concorrem de forma associada e imbuídas do mesmo intento no resultado lesivo. Há a cooperação na produção do dano, ou uma pluralidade de agentes, agindo os causadores coletivamente, sendo, pois, coautores. Está-se diante de figura equivalente à coautoria ou ao concurso de agentes do direito penal. É necessário que intervenham dois ou mais agentes, que estejam eles voltados para o mesmo propósito, isto é, para a realização do fim comum, e que colaborem na execução do evento que repercute negativamente junto a terceiros, considerados vítimas. Acrescenta-se a ilicitude dos atos, contrariando o direito e aptos a resultarem ofensa ao patrimônio material e mora de alguém. Resulta o dano da ação ilícita (ou até lícita na responsabilidade objetiva) cometida em conjunto, ensejando a responsabilidade conjunta e solidária de todas as pessoas que atuaram na obtenção do resultado. Por outros termos, todos os que participaram e cada um por si respondem pelo dano total, mesmo que menor a participação de um ou alguns dos indivíduos que ajudaram no fato ou ato. (RIZZARDO, Arnaldo. Responsabilidade Civil, 8ª edição. [Grupo GEN]. Retirado de https://grupogen.vitalsource.com/#/books/9788530986070/)

▶ Causalidade alternativa e responsabilidade

A apresentação de vários exemplos facilita a compreensão do tema. Lembra-se que o assunto se relaciona ao nexo causal, haja vista que se procura encontrar o vínculo entre o fato que redundou no prejuízo e a sua autoria. Duas ou mais pessoas desferem disparos a esmo, atingindo um dos projéteis uma pessoa que circulava nas proximidades, e que não fora percebida pelos autores dos disparos. Dois veículos disputam em desenfreada velocidade uma corrida, vindo um deles a atropelar um pedestre, sem que venha a ser identificado. Na casuística acima, não se logra êxito em se chegar ao causador individual do dano. Como, todavia, os fatos ou atos praticados eram propícios a causar o dano, a responsabilidade recai em todos quantos efetuaram os atos ou fatos que produziram o dano. (...) Incide a chamada responsabilidade na causalidade alternativa. Sintetizava Pontes de Miranda: "Há causalidade alternativa quando o dano pode ter sido causado e o foi pelo ato de A ou B, sem se poder determinar com certeza qual dos dois o causou."98 Como todas as pessoas praticaram o ato capaz de alcançar o resultado verificado, recai a responsabilidade civil nelas. O fundamento da responsabilidade está na participação de propósito e de ações. Não basta a presença junto à pessoa que efetivamente atingiu a vítima. É indispensável a prática de um ato igual àquele que provocou o dano. As pessoas praticaram condutas de perigo. Dá-se a responsabilidade porque criaram ou favoreceram situação de perigo. Não é relevante a falta de conhecimento sobre quem é o autor do dano, entre os vários indivíduos possíveis. Suficiente que se comprove que todos praticaram a ação que conduziu ao resultado que uma delas perpetrou. Em resumo, os partícipes que se encontravam no grupo são considerados responsáveis solidários pelo evento perpetrado por um deles contra a vítima porque praticaram fato ou ato capaz de causar o efeito. Mesmo que o autor do fato seja uma só pessoa, nasce a responsabilidade solidária até porque todos os participantes silenciam a respeito do culpado, revelando uma concordância, e, assim, participação indireta no resultado. Há um conjunto de pessoas no qual qualquer uma delas poderia causar o dano, tendo executado ações próprias para tanto. (RIZZARDO, Arnaldo. Responsabilidade Civil, 8ª edição. [Grupo GEN]. Retirado de https://grupogen.vitalsource.com/#/books/9788530986070/)

▶ Causalidade concorrente

Não revela complexidade a causação concorrente, revelando-se clara a explicação de Orlando Gomes: "Quando duas ou mais pessoas causam o mesmo dano mediante ato que realizam independentemente uma da outra, mas de tal modo que o dano se verificaria com a mesma extensão pelo ato isolado de qualquer uma delas." Não se trata, pois, de coautoria, ou de participação conjunta na perpetração de um resultado negativo e ofensivo aos direitos de outrem, pois a ação de cada um se opera isoladamente. Duas pessoas, uma ignorando a ação da outra, e sem que haja um vínculo subjetivo que as unem no objetivo perseguido, atiram concomitantemente contra um desafeto, e lhe causam a morte. Apurando-se, penalmente, que os disparos de uma delas é que provocaram a morte, e que os do outro apenas resultaram em ferimentos, aquele responde por homicídio e o último por tentativa de homicídio. Civilmente, porém, os danos são procurados indistintamente contra qualquer um dos agressores ou contra ambos. Vários produtores de hortaliças lavam os ingredientes onde eram colocados produtos tóxicos em um córrego, cujas águas abastecem famílias ribeirinhas. Pelos males decorrentes todos são responsáveis, ou qualquer um deles, porquanto tal procedimento de qualquer dos produtores já era suficiente para o resultado verificado. Nota-se que a causação é comum, intervindo dois ou mais indivíduos, mas sendo suficiente a ação de qualquer deles para atingir o resultado nocivo advindo. (RIZZARDO, Arnaldo. Responsabilidade Civil, 8ª edição. [Grupo GEN]. Retirado de https://grupogen.vitalsource.com/#/books/9788530986070/)nader)

EXCLUDENTES DO NEXO CAUSAL

► **Como causas excludentes de responsabilidade civil devem ser entendidas todas as circunstâncias que, por atacar um dos elementos ou pressupostos gerais da responsabilidade civil, rompendo o nexo causal, terminam por fulminar qualquer pretensão indenizatória.**

Esse nosso conceito tem por finalidade estabelecer uma regra que sirva para a sistematização de todas as formas de responsabilidade, exigindo-se, assim, uma característica de generalidade. Sem prejuízo do exposto, mesmo reconhecendo que a "culpa" é um elemento acidental para a caracterização da responsabilidade civil, vale registrar que, quando adotada uma perspectiva subjetivista (lembre-se que a responsabilidade civil aquiliana, de um modo geral, ainda exige a comprovação necessária da culpa para incidir), tal dado anímico é fulminado também com a ocorrência da causa excludente. (GAGLIANO, Pablo Stolze. PAMPLONA FILHO, Rodolfo. Novo curso de direito civil, volume 3: Responsabilidade Civil / – 16ª. ed. rev., atual. e ampl. – São Paulo: Saraiva, 2018, p.163/164)

► **São elas.**

1. Estado de necessidade;
2. legítima defesa;
3. exercício regular de direito e estrito cumprimento do dever legal;
4. caso fortuito e força maior;
5. culpa exclusiva da vítima;
6. fato de terceiro.

► **Estado de necessidade**

O estado de necessidade tem assento legal no art. 188 do CC-02 (art. 160 do CC-16), no seu inc. II, conforme se vê abaixo: "Art. 188. Não constituem atos ilícitos: I –

os praticados em legítima defesa ou no exercício regular de um direito reconhecido; II – a deterioração ou destruição da coisa alheia, ou a lesão a pessoa, a fim de remover perigo iminente. Parágrafo único. No caso do inciso II, o ato será legítimo somente quando as circunstâncias o tornarem absolutamente necessário, não excedendo os limites do indispensável para a remoção do perigo". O estado de necessidade consiste na situação de agressão a um direito alheio, de valor jurídico igual ou inferior àquele que se pretende proteger, para remover perigo iminente, quando as circunstâncias do fato não autorizarem outra forma de atuação. (GAGLIANO, Pablo Stolze. PAMPLONA FILHO, Rodolfo. Novo curso de direito civil, volume 3: Responsabilidade Civil / – 16ª. ed. rev., atual. e ampl. – São Paulo: Saraiva, 2018, p. 164)

> ▶ **No mesmo sentido:** Age em estado de necessidade o agente que, a fim de evitar um perigo iminente, criado por terceiro ou pelo ofendido, com moderação vale-se, necessariamente, da alternativa de violar direito alheio, destruindo bens ou ferindo a pessoa. A Lei Civil não enumera os bens passíveis de proteção, mas estes são os patrimoniais e os morais: a vida, a honra, a liberdade, enfim, os direitos da personalidade. (NADER, Paulo. Curso de Direito Civil – Vol. 7 – Responsabilidade Civil, 6ª edição. [Grupo GEN]. Retirado de https://grupogen.vitalsource.com/#/books/9788530968717/)

▶ **Requisitos do Estado de necessidade.**

"é uma situação de fato, em que uma pessoa, para se livrar de um perigo desencadeado, sacrifica outra pessoa ou coisa alheia". No plano dos interesses, há um conflito, desencadeando-se o ferimento do direito de outrem, que foi posto em colisão com o do autor da lesão. Aí, sempre se assegura o direito de indenização, a menos que o lesado tenha provocado o perigo. Por isso, "o que pratica o ato em estado de necessidade tem de indenizar o dano que cause, não porque o seu ato seja ilícito (art. 159), não o é (art. 160, II), pois que se lhe preexcluiu a própria contrariedade a direito. Há colisão de interesses, a que o legislador teve de dar solução; e aprouve-lhe meter tais atos no rol dos atos-fatos. Este o ponto cientificamente mais importante. O dever de indenizar cabe ao agente, e só a ele, ainda que outrem tivesse salvo os seus interesses em virtude ou por causa do ato em estado de necessidade". Os dispositivos 159 e 160, I, referidos no texto, correspondem aos arts. 186 e 188, inc. I, do atual diploma civil. (RIZZARDO, Arnaldo. Responsabilidade Civil, 8ª edição. [Grupo GEN]. Retirado de https://grupogen.vitalsource.com/#/books/9788530986070/)

> ▶ **Ainda:** O agente atua em estado de necessidade apenas diante de perigo iminente, isto é, daquele que está prestes a transformar a potência em ato, caso alguma providência não seja tomada imediatamente. Se o perigo de dano à pessoa ou ao patrimônio for algo a se verificar em futuro distante, a defesa do direito com prejuízo de outrem não se caracterizará como estado de necessidade. O agente responderá por todos os danos causados à vítima. Na observação de Antônio Chaves, o autor dos danos não deve ter contribuído para a formação do perigo. Se concorreu não deve ser beneficiado com a excludente de ilicitude. A violação do direito alheio há de ser a única opção do agente, para salvaguar-

dar o patrimônio ou a integridade física sua ou de outrem. Ou seja, o agente não dispunha de outro recurso para afastar o perigo iminente. Conforme anota Humberto Theodoro Júnior, não basta o perigo iminente para justificar o sacrifício alheio: "Se houver condições, mesmo que mais onerosas, para afastar o perigo com recursos e meios próprios, jamais se justificará o sacrifício da coisa alheia." O direito protegido pela conduta pode ser tanto o do agente quanto de terceira pessoa. Os autores costumam citar como exemplo a ação do motorista que, para evitar o atropelamento de um pedestre distraído, lança o seu carro de encontro a outro, causando prejuízos patrimoniais a outrem. Nas circunstâncias em que o agente se encontrava, não havia escolha: era a incolumidade física do pedestre ou a lesão à coisa alheia. A conduta era necessária no momento da ocorrência. A reação do agente, diante do perigo iminente, deve ser moderada, suficiente para afastar a ameaça ao seu direito. O excesso na conduta descaracteriza a excludente e o autor responde por ato ilícito. O dano autorizado ao direito alheio, estando em perigo iminente o do próprio agente ou de terceiro, há de ser de menor vulto do que o direito poupado.30 Não é lógico que a ordem jurídica permita o sacrifício de um bem, a fim de preservar um outro de menor expressão. (NADER, Paulo. Curso de Direito Civil – Vol. 7 – Responsabilidade Civil, 6ª edição. [Grupo GEN]. Retirado de https://grupogen.vitalsource.com/#/books/9788530968717/)

► **Estado de necessidade e reparação**

Embora o dano provocado em estado de necessidade não configure ato ilícito, mas conduta autorizada pela ordem jurídica, a Lei Civil protege a vítima quando não causadora do perigo que sacrificou o seu direito. Neste caso, o agente responderá pelo dano e, se o perigo se originou de fato de terceiro, contra este terá direito de regresso.

► **Legítima defesa. Conceito.**

É a repulsa, proporcional à ofensa, no intuito de evitar que direito próprio ou de outrem seja violado. O sistema autoriza a defesa da pessoa, de terceiro e também dos bens de ambos, para evitar que ataque injusto cause dano à pessoa e/ou bens. Se no juízo penal o réu foi absolvido porque se reconheceu o exercício de legítima defesa, não se poderá mais questionar sobre o fato no juízo cível, porque os fatos justificáveis não são considerados ilícitos civis. (Código Civil Comentado – Ed. 2019, Autor: Nelson Nery Junior, Rosa Maria de Andrade Nery, Editor: Revista dos Tribunais, Código Civil, Parte Geral. Livro III. Dos Fatos Jurídicos, Título III. Dos Atos Ilícitos, Art. 188. Página RL-2.29, https://proview.thomsonreuters.com/launchapp/title/rt/codigos/100083938/v13/page/RL-2.29)

► **Ainda:** O art. 188, inc. I considera não ilícitos os atos praticados em legítima defesa ou no exercício regular de um direito reconhecido. Reconhecida a legítima defesa pela sentença penal que transitou em julgado, em face das disposições acima, não é possível reabrir a discussão sobre essa excludente de criminalidade, no âmbito civil. O juiz civil aceita aquilo que ficou reconhecido no juízo penal: "A absolvição baseada no requisito da legítima defesa vincula o juiz civil, pois o ato praticado em legítima defesa é também considerado lícito na esfera civil...". Não se pense, porém, que a excludente necessita do prévio reconhecimento no juízo penal para valer em matéria cível. Independentes são os campos, podendo vir alegada em qualquer esfera, e prevalecendo se perfeitamente provada. O indivíduo exerce um direito ao defender a sua pessoa ou os bens que lhe pertencem, direito que emana diretamente da personalidade ou da natureza humana. De acordo com Carvalho Santos, cujos ensinamentos mantêm-se atuais, pois equivalentes as disposições do anterior Código ao vigente, para valer a isenção de responsabilidade devem concorrer os seguintes requisitos, que provêm do direito penal, onde é tratada a legítima defesa: "a) Agressão atual; b) impossibilidade de prevenir ou obstar a ação ou invocar e receber socorro de autoridade pública; c) ausência de provocação que ocasionasse a agressão, ou, em outros termos, a injustiça da agressão".101 Mais especificamente, com base em Nelson Hungria, Serpa Lopes aponta os elementos assim descritos: "a) agressão atual ou iminente e injusta; b) preservação de um direito, próprio ou de outro; c) emprego moderado dos meios necessários à defesa". (RIZZARDO, Arnaldo. Responsabilidade Civil, 8ª edição. [Grupo GEN]. Retirado de https://grupogen.vitalsource.com/#/books/9788530986070/)

► Legítima defesa. Natureza jurídica.

É causa de exclusão da antijuridicidade do ato de defesa, tanto no direito civil como no penal. O CP 25 define legítima defesa: "Entende-se em legítima defesa quem, usando moderadamente dos meios necessários, repele injusta agressão, atual ou iminente, a direito seu ou de outrem". O CC 1210 § 1.º autoriza o desforço pessoal para a recuperação da posse, que é ato de legítima defesa: "§ 1.º O possuidor turbado, ou esbulhado, poderá manter-se ou restituir-se por sua própria força, contanto que o faça logo; os atos de defesa, ou de desforço, não podem ir além do indispensável à manutenção, ou restituição da posse". Note-se que os elementos constitutivos da legítima defesa estão no CC 1210 § 1.º (injusta agressão: possuidor esbulhado; atual ou iminente: contanto que o faça logo; atos não podem ir além do indispensável: meios moderados). (Código Civil Comentado – Ed. 2019, Autor: Nelson Nery Junior, Rosa Maria de Andrade Nery, Editor: Revista dos Tribunais, Código Civil, Parte Geral. Livro III. Dos Fatos Jurídicos, Título III. Dos Atos Ilícitos, Art. 188. Página RL-2.29, https://proview.thomsonreuters.com/launchapp/title/rt/codigos/100083938/v13/page/RL-2.29)

► A legítima defesa pode ser própria ou de outrem

A legítima defesa pode ser própria ou de outrem, não se limitando à proteção da vida, e sim compreendendo todos os direitos aptos a serem lesados. Mas, tratando-se da honra, modifica-se a situação: não se exclui a indenização. É evidente que, no âmbito do direito civil, não se considera a ofensa simplesmente moral como conceito da mesma espécie que o homicídio, perpetrado ou tentado. Trata-se de valores incomensuráveis, insuscetíveis de medida comum por intermédio de critérios racionais.

(RIZZARDO, Arnaldo. Responsabilidade Civil, 8ª edição. [Grupo GEN]. Retirado de https://grupogen.vitalsource.com/#/books/9788530986070/)

► **A legítima defesa real pressupõe a reação proporcional a uma injusta agressão**

A legítima defesa real (art. 188, I, primeira parte, do CC e art. 160, I, do CC-16) pressupõe a reação proporcional a uma injusta agressão, atual ou iminente, utilizando-se moderadamente dos meios de defesa postos à disposição do ofendido. (GAGLIANO, Pablo Stolze. PAMPLONA FILHO, Rodolfo. Novo curso de direito civil, volume 3: Responsabilidade Civil / – 16ª. ed. rev., atual. e ampl. – São Paulo: Saraiva, 2018, p. 166)

► **Ainda:** Esta excludente aplica-se tanto à responsabilidade civil quanto à criminal. Ao causar os danos o agente encontra-se em situação excepcional: diante de uma agressão injusta, atual ou iminente, à sua pessoa ou à outrem. O autor não responde pelos danos, pois a sua prática não constitui ato ilícito, à luz do inciso I do art. 188. A definição de legítima defesa não é formulada pelo Código Civil, devendo ser buscada na Lei Penal, que trata da matéria no art. 25. Quando, todavia, a ação praticada em legítima defesa causa danos a terceiro isento de culpa, haverá a responsabilidade civil. Quem age em legítima defesa o faz acobertado pelo *Jus Positum* e seguindo a ordem natural das coisas. A reação à injusta agressão é fundamentada na Moral e emana do instinto humano; daí a sua observância em todas as épocas e lugares. A forma ordinária de se lutar em defesa dos direitos subjetivos é a solicitação da interferência do Estado, seja rogando a proteção da polícia preventiva, seja mediante ingresso em juízo. Nem sempre, porém, as circunstâncias comportam um compasso de espera; quando a agressão injusta é atual ou iminente, a lei autoriza o titular do direito, ou qualquer outra pessoa, a repelir a prática antijurídica. Rudolf von Ihering, em A Luta pelo Direito, observou que o ser humano possui o dever moral de lutar pelos seus próprios direitos: "Não permiti que vosso direito seja pisoteado impunemente." A moral e a lei não exigem a resignação ou o espírito de renúncia. Se a pessoa dispõe de recursos para afastar a injusta agressão, valendo-se igualmente de meios violentos, assim poderá agir, desde, entretanto, que não se exceda na reação. Para que a conduta se enquadre na excludente é indispensável que a reação atenda a todos os requisitos da Lei Penal, art. 25: "Entende-se em legítima defesa quem, usando moderadamente dos meios necessários, repele injusta agressão, atual ou iminente, a direito seu ou de outrem." Se o agente, por exemplo, invade injustificadamente o domicílio alheio e é repelido fisicamente, a sua reação incontinenti, ainda que atenda aos demais requisitos, não será em legítima defesa, devendo responder por todos os danos causados. *In casu*, não reagiu a uma injusta agressão. De múltiplas formas a legítima defesa pode se descaracterizar, ainda quando o agente repele uma agressão. Paulo, NADER. Curso de Direito Civil - Vol. 7 - Responsabilidade Civil, 6ª edição. São Paulo: Grupo GEN, 2015.

► **Quando o ato praticado em legítima defesa faz resultar lesão em pessoa estranha à agressão, a responsabilidade para com esta subsiste.**

Lembra Carvalho Santos, reportando-se ao dano sofrido por um estranho à agressão injusta que deu causa à repulsa: "'A' agride 'B'; 'B' defende-se. Mas o golpe desferido por ele em 'A' vai atingir também 'C', que passava pelo local. 'B' fica obrigado a indenizar 'C', muito embora o ato se considere crime justificável."Pontes de Miranda é do mesmo parecer: "O dano a terceiro, ou coisa de terceiro (não só a coisa, art. 1.520, parágrafo único), é ressarcível; porque é contrário a direito, defendendo-se de 'A', lesar 'B'; aí, não há defesa."104 O citado art. 1.520, parágrafo único, está reproduzido no art. 930, parágrafo único, do Código em vigor. Outrossim, cabe a ação de indenização contra o terceiro agressor, que provocou a reação que redundou em dano. O causador direto do dano, ou da lesão, não responde civilmente pelos prejuízos. Entrementes, aquele que fez surgir a reação do causador coloca-se no polo passivo na ação ressarcitória, conforme viabiliza a parágrafo único do art. 930: "A mesma ação competirá contra aquele em defesa de quem se causou o dano (art. 188, inciso I)." (RIZZARDO, Arnaldo. Responsabilidade Civil, 8ª edição. [Grupo GEN]. Retirado de https://grupogen.vitalsource.com/#/books/9788530986070/)

► **A legítima defesa putativa não exclui o dever de indenizar**

Na legítima defesa putativa, o agente pensa que está defendendo um direito seu, o que não ocorre realmente no plano fático. A pessoa pressente um perigo que, na realidade, não existe e, por isso, age imoderadamente, o que não exclui o dever de indenizar. Nesse sentido, há tempos vêm entendendo os nossos Tribunais, inclusive o Superior Tribunal de Justiça:

> ◙ **No mesmo sentido:** "Civil – Dano moral – Legítima defesa putativa. A legítima defesa putativa supõe negligência na apreciação dos fatos, e por isso não exclui a responsabilidade civil pelos danos que dela decorram. Recurso Especial conhecido e provido" (STJ, REsp 513.891/RJ, Processo 2003/0032562-7, 3.ª Turma, Rel. Min. Ari Pargendler, j. 20.03.2007, DJU 16.04.2007, p. 181).
>
> ◙ **No mesmo sentido:** "Civil – Indenização – Homicídio – Pensão – Dano moral – Julgamento extra petita – Impossibilidade de decisões contraditórias na espécie vertente – Ainda que admitida a tese de legítima defesa putativa, subsistiria a obrigação de reparar o dano, visto não ser caso de exclusão de ilicitude" (STJ, REsp 47.246/RJ (9400119569), Data da decisão: 30.08.1994, Órgão julgador: T3 – Terceira Turma, Relator: Ministro Costa Leite, Fonte: DJ 27.03.1995, p. 7.157, RSTJ 71/343).

► **Ocorrendo excesso na legítima defesa, o agente responderá proporcionalmente à parte excedente.**

Em princípio, a todos se permite o exercício regular do direito de se defender, ou a legítima defesa pessoal e da propriedade. Não se impede a instalação de equipamentos ou aparelhos de proteção, e que visem impedir as invasões e as ofensas à pessoa e aos bens próprios. Deve-se levar em conta o disposto no art. 187 da lei civil: "Também comete ato ilícito o titular de um direito que, ao exercê-lo, excede manifestamente os limites impostos pelo seu fim econômico ou social, pela boa-fé ou pelos bons costumes." Ou seja, deve-se levar em conta a proporcionalidade, a ponto de não excederem, em consequências, os limites ou a necessidade da defesa pessoal ou do patrimônio. Se a finalidade visa impedir a escalada em muros, parece suficiente o uso de setas pontiagudas, ou de pedaços de vidro, ou que se energize eletricamente a cerca, em uma potência de força suficiente para repelir o invasor. Não carece, para a finalidade, que se instalem dispositivos que acionem pistolas automáticas, cujos projéteis, acertando pontos nevrálgicos do organismo humano, provocam inapelavelmente a morte. Despropositada afigura-se, também, que se coloquem detonadores camuflados ou não perceptíveis, os quais, tocados, explodem atingindo as pessoas próximas. (RIZZARDO, Arnaldo. Responsabilidade Civil, 8ª edição. [Grupo GEN]. Retirado de https://grupogen.vitalsource.com/#/books/9788530986070/)

► **Ainda:** Ocorrendo excesso na legítima defesa, o agente responderá proporcionalmente à parte excedente. A conduta será lícita quanto à repulsa da agressão injusta e ilícita relativamente à demasia cometida. Na prática dos tribunais, a aferição do quociente reparável exige, muitas vezes, avaliação subjetiva do juiz, que deverá orientar-se pelo critério do razoável, buscando a solução exigida pelo caso concreto. (NADER, Paulo. Curso de Direito Civil - Vol. 7 - Responsabilidade Civil, 6ª edição. [Grupo GEN]. Retirado de https://grupogen.vitalsource.com/#/books/9788530968717/)

► **No mesmo sentido:** Excesso de legítima defesa. Se a repulsa a ato injusto for exercida de modo desproporcional, há excesso na legítima defesa e aquele que assim agiu responde pelo excesso. (Código Civil Comentado - Ed. 2019, Autor: Nelson Nery Junior, Rosa Maria de Andrade Nery, Editor: Revista dos Tribunais, Código Civil, Parte Geral. Livro III. Dos Fatos Jurídicos, Título III. Dos Atos Ilícitos, Art. 188. Página RL-2.29, https://proview.thomsonreuters.com/launchapp/title/rt/codigos/100083938/v13/page/RL-2.29)

► Legítima defesa putativa

Relativamente à legítima defesa putativa, inocorre a responsabilidade criminal, mas o agente responde civilmente pelos danos provocados na vítima, conforme entendimento jurisprudencial e doutrinário. A excludente do ato ilícito verifica-se apenas quando se trata de legítima defesa real. Anotemos as distinções: enquanto nesta última o sujeito repele uma injusta agressão atual ou iminente, na legítima defesa putativa age sob a falsa representação da realidade, supondo a ocorrência de uma agressão injusta ou iminente, que em realidade inexiste. A vítima, por exemplo, coloca a mão no bolso a fim de tirar um lenço e o agente supõe que se trata de uma arma, a fim de matá-lo, quando então atira contra o seu imaginado ofensor. (NADER, Paulo. Curso de Direito Civil - Vol. 7 - Responsabilidade Civil, 6ª edição. [Grupo GEN]. Retirado de https://grupogen.vitalsource.com/#/books/9788530968717/)

◙ Legítima defesa putativa.

Não se admite como proporcional ao questionamento feito pelo autor, ainda que em tom sarcástico, no sentido de saber se o réu ainda estava falando mal dele, seguido do ato de segurar, de forma amistosa, o braço do seu interlocutor, a reação do réu, de imediatamente desferir no autor um golpe com a cabeça, com força tal que fraturou o nariz da vítima e cortou o supercílio do próprio agressor. Não se ignora que, antes desse fatídico dia, o autor havia sido descortês com o réu, mas sua atitude não passou de um comportamento reprovável do ponto de vista da etiqueta social, quando muito um ato injurioso, inexistindo nos autos registro de conduta pretérita que permitisse ao réu supor que o autor pudesse adotar qualquer atitude tendente à violência física. Não bastasse isso, as partes se encontravam no interior de um posto bancário, sendo certo que naquele momento estavam no local outras pessoas, ou seja, um ambiente tranquilo e cordial, nada ou pouco propício a levantar a suspeita de um possível ataque físico. 3. Tendo o réu incorrido em equívoco na interpretação da realidade objetiva que o cercava, supondo existir uma situação de perigo que, aos olhos do homem-médio, se mostra totalmente descabida, sua conduta caracterizou legítima defesa putativa, a qual não exclui a responsabilidade civil decorrente do ato ilícito praticado. 4. A legítima defesa real, prevista no CP 25, possui como pressupostos objetivos não apenas a existência de agressão injusta, mas moderação no uso dos meios necessários para afastá-la (STJ, 3.ª T., REsp 1119886-RJ, rel. Min. Sidnei Beneti, rel. p/ acórdão Min. Nancy Andrighi, j. 6.10.2011, DJUE 28.2.2012).

► Legítima defesa recíproca

A doutrina cogita da possibilidade de ocorrência de legítima defesa recíproca, factível quando os fatos se sucedem a partir de uma legítima defesa putativa. "A", supondo estar sendo atacado, fere o seu pretenso ofensor "B"; este, em consequência, revida o ato, lesionando "A" gravemente. Embora reconhecendo a inexistência de legítima defesa contra legítima defesa, Basileu Garcia, ao analisar a hipótese, admite a absolvição de ambos: "Se bem que não haja legítima defesa contra legítima defesa, é, ainda, perfeitamente possível que no mesmo processo o veredito absolutório, baseado nessa descriminante, atinja dois acusados de agressão mútua. Na realidade, só um deles estará em legítima defesa..." (NADER, Paulo. Curso de Direito Civil – Vol. 7 – Responsabilidade Civil, 6ª edição. [Grupo GEN]. Retirado de https://grupogen.vitalsource.com/#/books/9788530968717/).

► A sentença absolutória, fundada faticamente em legítima defesa do acusado, faz coisa julgada no cível

Tendo em vista o teor do art. 65 do Código de Processo Penal, para o qual a sentença absolutória, fundada faticamente em legítima defesa do acusado, faz coisa julgada no cível, incabível o pleito de indenização por danos materiais ou morais produzidos sob aquela excludente de criminalidade. Damásio E. de Jesus é enfático na conclusão: "Não pode haver ação civil de reparação de dano, quando o fato é praticado em legítima defesa, contra o autor da agressão. (NADER, Paulo. Curso de Direito Civil – Vol.

7 – Responsabilidade Civil, 6ª edição. [Grupo GEN]. Retirado de https://grupogen.vitalsource.com/#/books/9788530968717/)

► **Exercício regular de um direito**

Não poderá haver responsabilidade civil se o agente atuar no exercício regular de um direito reconhecido (art. 188, I, segunda parte). Isso é muito claro. Se alguém atua escudado pelo Direito, não poderá estar atuando contra esse mesmo Direito. Tal ocorre quando recebemos autorização do Poder Público para o desmatamento controlado de determinada área rural para o plantio de cereais. Atua-se, no caso, no exercício regular de um direito. Da mesma forma, quando empreendemos algumas atividades desportivas, como o futebol e o boxe, podem surgir violações à integridade física de terceiros, que são admitidas, se não houver excesso. (GAGLIANO, Pablo Stolze. PAMPLONA FILHO, Rodolfo. Novo curso de direito civil, volume 3: Responsabilidade Civil / – 16ª. ed. rev., atual. e ampl. – São Paulo: Saraiva, 2018, p. 168)

> ► **<u>Ainda</u>**: Os direitos subjetivos existem com a finalidade de serem exercitados, podendo seus titulares deles tirar todo o proveito que encerram. Destarte, as consequências derivadas do uso e gozo regular dos direitos são lícitas. Desde que o titular de um direito subjetivo não exorbite o permissivo legal, contra ele não caberá postulações. O locatário, por exemplo, que pratica o direito de retenção de imóvel, sob o fundamento de haver feito, a suas expensas, benfeitorias necessárias, não se sujeita a reparações por eventuais danos causados ao proprietário com esta prática. O exercício regular de direito é excludente tanto de responsabilidade criminal quanto civil. A absolvição, no juízo criminal, sob este fundamento, faz coisa julgada no cível. Qualquer dano praticado no exercício regular de direito não configura ato ilícito; daí não sujeitar o agente a qualquer tipo de reparação civil, consoante a previsão do art. 188, inciso I, do Código Civil. Fundamental é que o exercício do direito subjetivo não vá além do permitido em lei, pois do contrário não haverá excludente, mas ato ilícito por abuso de direito. À vista do ordenamento jurídico italiano, Massimo Bianca fundamenta a ilicitude do exercício irregular na "solidarietà sociale". Para ele, todo exercício de direito que sacrifique outra pessoa sem ser justificado por um benefício ao seu titular configura um abuso. A excludente sub examine encontra-se cristalizada no aforismo romano "qui jure suo utitur, neminem laedit" (i.e., "quem usa de seu direito não lesa ninguém") e na lição de Gaio: "Nullus videtur dolo facere, qui suo iure utitur" (i.e., "Não se considera que obra com dolo quem usa de seu direito"). (NADER, Paulo. Curso de Direito Civil – Vol. 7 – Responsabilidade Civil, 6ª edição. [Grupo GEN]. Retirado de https://grupogen.vitalsource.com/#/books/9788530968717/)

► **Os atos cometidos no exercício regular de um direito reconhecido constam previstos no inc. I do art. 188 do Código Civil, sob a afirmação de que não constituem delitos, ou não são ilícitos.**

Para a doutrina, não há exercício regular de direito se decorre transgressão à lei. Adverte Aguiar Dias: "No exercício regular de direito reconhecido será preciso indagar se não está ele, por uma das muitas razões que justificam a aplicação da doutrina objetiva, submetido a critério mais largo que o da culpa, para constituição da obrigação de reparar." Nota-se a tendência em determinar a indenização, na hipótese de acontecer, eventualmente, uma situação de ofensa a um bem de outrem, apesar de praticada com apoio em tal princípio. De modo um tanto forte, sentencia Cunha Gonçalves: "O exercício do direito não é obrigatório; o seu titular ou sujeito pode realizá-lo, ou não, ou exercê-lo só em parte ou do modo que lhe aprouver. Excetuam-se os direitos que são também deveres, como o poder familiar, a tutela etc.". (RIZZARDO, Arnaldo. Responsabilidade Civil, 8ª edição. [Grupo GEN]. Retirado de https://grupogen.vitalsource.com/#/books/9788530986070/)

► **Estrito cumprimento do dever legal**

Os danos cometidos na observância de dever imposto por lei não caracterizam o ilícito civil, nem o criminal. Tão relevante é a excludente, que para Basileu Garcia nem seria necessário o dispositivo penal, para declarar a licitude do ato. Razão assiste ao eminente autor, pois uma conduta não pode ser, ao mesmo tempo, lícita e ilícita. Daí o Código Civil, ao dispor sobre as excludentes dos atos ilícitos, não haver disciplinado a respeito e certamente assim se apresenta em razão do axioma de contradição, segundo o qual "a conduta juridicamente regulada não pode ser, ao mesmo tempo, proibida e permitida". Assim, quando o oficial de justiça cumpre um mandado de despejo, *manu militari*, provocando danos patrimoniais e morais ao inquilino, não estará praticando ato ilícito, pois age no estrito cumprimento do dever legal. A excludente em análise é tão intuitiva que ninguém colocaria em dúvida, por exemplo, que, nos países onde há a pena de morte, ao cumprir o seu ofício o carrasco não estaria praticando atos ilícitos, mas exercendo o seu dever legal, isento de qualquer responsabilidade pelas execuções que, em realidade, seriam execuções de sentenças. (NADER, Paulo. Curso de Direito Civil - Vol. 7 - Responsabilidade Civil, 6ª edição. [Grupo GEN]. Retirado de https://grupogen.vitalsource.com/#/books/9788530968717/)

► **É absolutamente irrelevante no juízo cível que no criminal se haja decidido ter sido o ato danoso praticado no estrito cumprimento do dever legal.**

É absolutamente irrelevante no juízo cível que no criminal se haja decidido ter sido o ato danoso praticado no estrito cumprimento do dever legal. Tal circunstância exclui a ilicitude penal, mas não a civil. Nem do art. 159, nem do art. 160 do CC se infere a licitude civil do ato praticado no estrito cumprimento do dever legal. Ao contrário, o que é justo e razoável é que o dano seja ressarcido ou reparado. Na maioria dos casos (aqueles a que os alemães chamam polizeinot stand), o problema cai naquele outro das indenizações em direito público."123 Os arts. 159 e 160 retrocitados equivalem aos arts. 186 e 188 do vigente Código Civil. (RIZZARDO, Arnaldo. Responsabilidade Civil, 8ª edição. [Grupo GEN]. Retirado de https://grupogen.vitalsource.com/#/books/9788530986070/)

► **Que dever legal é, de fato, o que pode causar dano impune?**

Compreende-se que isente de responsabilidade criminal, mas dá-lo sempre como causa de exoneração da responsabilidade civil é desconhecer o que está hoje assentado na consciência jurídica universal: todo dano injusto deve ser reparado. (DIAS, Aguiar, Da Responsabilidade Civil, vol. II, p. 885)

► É indispensável que o agente se mantenha nos limites de sua função, sem qualquer exorbitância

É indispensável que o agente se mantenha nos limites de sua função, sem qualquer exorbitância, pois, do contrário, estará fora da licitude, como seria o caso de o oficial de justiça, além de cumprir o mandado, humilhar o inquilino com expressões ultrajantes ou danificar intencionalmente os bens móveis. Em qualquer destas hipóteses estará praticando ato ilícito, sujeitando-se aos efeitos da responsabilidade civil e penal. (NADER, Paulo. Curso de Direito Civil - Vol. 7 - Responsabilidade Civil, 6ª edição. [Grupo GEN]. Retirado de https://grupogen.vitalsource.com/#/books/9788530968717/)

► Caso fortuito e força maior

Dentre as causas excludentes de responsabilidade civil, poucas podem ser elencadas como tão polêmicas quanto a alegação de caso fortuito ou força maior. Tal afirmação se respalda até mesmo na profunda cizânia doutrinária para tentar definir a diferença entre os dois institutos, havendo quem veja nessa diferença questão "meramente acadêmica", uma vez que se trataria de "sinônimos perfeitos". (GAGLIANO, Pablo Stolze. PAMPLONA FILHO, Rodolfo. Novo curso de direito civil, volume 3: Responsabilidade Civil / - 16ª. ed. rev., atual. e ampl. - São Paulo: Saraiva, 2018, p. 172)

◙ Excludentes: Caso fortuito, força maior e cláusula de não indenizar. Inevitabilidade.

A responsabilidade de indenizar, na ausência de pactuação em contrário, pode ser afastada pela prova da ocorrência de força maior, como tal se qualificando o roubo de objetos sob a guarda do devedor. Segundo qualificada doutrina, que encontrou eco nesta Corte, caso fortuito é "o acidente produzido por força física ininteligente, em condições que não podiam ser previstas pelas partes", enquanto a força maior é "o fato de terceiro, que criou, para a inexecução da obrigação, um obstáculo, que a boa vontade do devedor não pode vencer", com a observação de que o traço que os caracteriza não é a imprevisibilidade, mas a inevitabilidade (STJ, 4.ª T., REsp 258707-SP, rel. Min. Sálvio de Figueiredo Teixeira, v.u., j. 22.8.2000, DJU 25.9.2000, p. 111, RT 785/208)

◙ "O caso fortuito e a força maior somente serão considerados como excludentes da responsabilidade civil quando o fato gerador do dano não for conexo à atividade desenvolvida". Jornada V DirCiv STJ 443

► Na força maior conhece-se o motivo ou a causa que dá origem ao acontecimento, pois se trata de um fato da natureza

"...na força maior conhece-se o motivo ou a causa que dá origem ao acontecimento, pois se trata de um fato da natureza, como, p. ex., um raio que provoca um incêndio, inundação que danifica produtos ou intercepta as vias de comunicação, impedindo a entrega da mercadoria prometida, ou um terremoto que ocasiona grandes prejuízos etc.". Já "no caso fortuito, o acidente que acarreta o dano advém de causa desconhecida, como o cabo elétrico aéreo que se rompe e cai sobre fios telefônicos, causando incêndio, explosão de caldeira de usina, e provocando morte". (DINIZ Maria Helena, Curso de Direito Civil Brasileiro – Teoria Geral das Obrigações, 16. ed., São Paulo: Saraiva, 2002, v. 2, p. 346-7.)

► A característica básica da força maior é a sua inevitabilidade, mesmo sendo a sua causa conhecida.

"A característica básica da força maior é a sua inevitabilidade, mesmo sendo a sua causa conhecida (um terremoto, por exemplo, que pode ser previsto pelos cientistas); ao passo que o caso fortuito, por sua vez, tem a sua nota distintiva na sua imprevisibilidade, segundo os parâmetros do homem médio. Nessa última hipótese, portanto, a ocorrência repentina e até então desconhecida do evento atinge a parte incauta, impossibilitando o cumprimento de uma obrigação (um atropelamento, um roubo)".

◙ Caso fortuito ou força maior. Defeito mecânico. Inadmissibilidade.

Como casos fortuitos ou de força maior não podem ser consideradas quaisquer anormalidades mecânicas, tais como a quebra ou ruptura de peças, verificadas em veículos motorizados (RT 235/225).

► O fortuito, natural ou humano, exclui a responsabilidade subjetiva em qualquer hipótese.

Se o prédio ruiu em razão de fato natural imprevisível, o dono não é obrigado pelos danos. Da mesma forma, se o empresário emprega os mais modernos instrumentos de segurança do trabalho e treina adequadamente seus empregados, o acidente de trabalho certamente não decorreu de culpa sua e pode ter derivado de fortuito humano. Por isso, o empresário não será responsável pela indenização do empregado acidentado. No tocante à responsabilidade objetiva, contudo, apenas o fortuito natural é excludente. A objetivação da responsabilidade visa transferir as consequências do fortuito humano – da vítima para o agente que detém as condições econômicas de socializar custos. Para alcançar tal objetivo, este tipo de fortuito não pode evidentemente servir de excludente. Desse modo, se o jovem que assistia a show de rock no gramado dum estádio é atingido por um raio (não atraído pelos para-raios do local), o fortuito natural exclui a responsabilidade do empresário promotor do espetáculo. Ao contrário, se aquele jovem é pisoteado por outros espectadores, que procuravam atabalhoadamente abandonar o local quando o palco incendiou-se, o defeito no serviço causador de acidente de consumo não é excludente de responsabilidade do empresário, mesmo caracterizando-se como fortuito humano por não ter havido culpa de ninguém pelo incêndio. (Curso de Direito Civil – Vol. 2 – Ed. 2020, Autor: Fábio Ulhoa Coelho. Editor: Revista dos Tribunais, TERCEIRA PARTE – RESPONSABILIDADE CIVIL. CAPÍTULO 24. EXCLUSÃO DA RESPONSABILIDADE. Página RB-12.3. https://proview.thomsonreuters.com/launchapp/title/rt/monografias/111088798/v8/page/RB-12.3)

► **Caso o perigo iminente decorra de caso fortuito ou força maior, o agente deverá responder pelos danos causados a outrem.**

Caso o perigo iminente decorra de caso fortuito ou força maior, o agente deverá responder pelos danos causados a outrem. É que, para este fim, o *act of God* produz igual consequência ao fato de terceiro, com uma diferença: não permite ao autor do dano o direito de regresso existente em face de terceiro. Entendemos que igual efeito se aplica à eventualidade de um estado de necessidade putativo, quando o agente, equivocadamente, vislumbra um perigo iminente e que na realidade inexiste. (NADER, Paulo. Curso de Direito Civil – Vol. 7 – Responsabilidade Civil, 6ª edição. [Grupo GEN]. Retirado de https://grupogen.vitalsource.com/#/books/9788530968717/)

► **Culpa exclusiva da vítima.**

Quando o dano decorre de culpa exclusiva da vítima, também não se estabelece a relação de causalidade entre ele e o ato ou atividade do demandado. Na verdade, neste caso, é a vítima que causou o dano e não há razões para imputar-se a quem quer que seja a responsabilidade pela indenização dos prejuízos. A vítima deve suportá-los inteiramente porque foi apenas dela a culpa pelo evento danoso. Não basta que o demandado tenha-se envolvido direta ou indiretamente com o dano para que surja sua responsabilidade. É necessário que seus atos ou atividades tenham sido a causa do prejuízo. A culpa exclusiva da vítima afasta esta possibilidade. (Curso de Direito Civil – Vol. 2 – Ed. 2020. Autor: Fábio Ulhoa Coelho, Editor: Revista dos Tribunais TERCEIRA PARTE – RESPONSABILIDADE CIVIL, CAPÍTULO 24. EXCLUSÃO DA RESPONSABILIDADE, Página RB-12.5, https://proview.thomsonreuters.com/launchapp/title/rt/monografias/111088798/v8/page/RB-12.5)

► **PRESSUPOSTO 4: Dano.**

► **Conceito de dano.**

Poderíamos conceituar o dano ou prejuízo como sendo a lesão a um interesse jurídico tutelado – patrimonial ou não —, causado por ação ou omissão do sujeito infrator. (GAGLIANO, Pablo Stolze. PAMPLONA FILHO, Rodolfo. Novo curso de direito civil, volume 3: Responsabilidade Civil / – 16ª. ed. rev., atual. e ampl. – São Paulo: Saraiva, 2018, p. 88)

► **Indispensável a existência de dano ou prejuízo para a configuração da responsabilidade civil.**

Indispensável a existência de dano ou prejuízo para a configuração da responsabilidade civil. Mesmo em se tratando de responsabilidade contratual, o comportamento da parte inadimplente que deixa de cumprir a obrigação convencionada carrega em si a presunção de dano. Sem a ocorrência deste elemento não haveria o que indenizar, e, consequentemente, responsabilidade. (GAGLIANO, Pablo Stolze. PAMPLONA FILHO, Rodolfo. Novo curso de direito civil, volume 3: Responsabilidade Civil / – 16ª. ed. rev., atual. e ampl. – São Paulo: Saraiva, 2018, p. 87)

► **Sem a prova do dano, ninguém pode ser responsabilizado civilmente.**

O dano pode ser material ou simplesmente moral, ou seja, sem repercussão na órbita financeira do ofendido. O Código Civil consigna um capítulo sobre a liquidação do dano, ou seja, sobre o modo de se apurarem os prejuízos e a indenização cabível. A inexistência de dano é óbice à pretensão de uma reparação, aliás, sem objeto. O novo Código aperfeiçoou o conceito de ato ilícito ao dizer que o pratica quem "violar direito e causar dano a outrem" (art. 186), substituindo o "ou" ("violar direito ou causar dano a outrem") que constava do art. 159 do diploma de 1916. Com efeito, o elemento subjetivo da culpa é o dever violado. A responsabilidade é uma reação provocada pela infração a um dever preexistente. No entanto, ainda mesmo que haja violação de um dever jurídico e que tenha havido culpa, e até mesmo dolo, por parte do infrator, nenhuma indenização será devida, uma vez que não se tenha verificado prejuízo. Se, por exemplo, o motorista comete várias infrações de trânsito, mas não atropela nenhuma pessoa nem colide com outro veículo, nenhuma indenização será devida, malgrado a ilicitude de sua conduta. A obrigação de indenizar decorre, pois, da existência da violação de direito e do dano, concomitantemente. (GONÇALVES, Carlos Roberto, Comentários ao Código Civil: parte especial: direito das obrigações, volume 11 (arts. 927 a 965) / Carlos Roberto Gonçalves; (coord.) Antônio Junqueira de Azevedo. – São Paulo: Saraiva, 2003, p.)

► **Seja qual for a espécie de responsabilidade sob exame (contratual ou extracontratual, objetiva ou subjetiva), o dano é requisito indispensável para a configuração da responsabilização.**

Seja qual for a espécie de responsabilidade sob exame (contratual ou extracontratual, objetiva ou subjetiva), o dano é requisito indispensável para a sua configuração, qual seja, sua pedra de toque. (GAGLIANO, Pablo Stolze. PAMPLONA FILHO, Rodolfo. Novo curso de direito civil, volume 3: Responsabilidade Civil / – 16ª. ed. rev., atual. e ampl. – São Paulo: Saraiva, 2018, p. 87)

► **O dano é composto por dois elementos, quais sejam, um de fato e outro de direito.**

Tais considerações são de extrema relevância, pois como bem define Antônio Lindbergh Montenegro, o dano é composto por dois elementos, quais sejam, um de fato e outro de direito. Aquele se entende como o prejuízo sofrido em decorrência da conduta do agente, sendo que este é a lesão jurídica sofrida pela vítima. O autor conclui o seu entendimento definindo que "nem todo o prejuízo, portanto, rende azo à indenização. Preciso é que a vítima demonstre também que o prejuízo constitua um fato violador de um interesse juridicamente tutelado do qual seja ela o titular". (MONTENEGRO, Antônio Lindbergh. Obra citada, p. 17.)

► **Requisitos do dano indenizável**

"...para que o dano seja efetivamente reparável (indenizável – hipótese mais frequente e, por isso, usada normalmente como gênero – ou compensável), é necessária a conjugação dos seguintes requisitos mínimos: ***a) a violação de um interesse jurídi-***

co patrimonial ou extrapatrimonial de uma pessoa física ou jurídica – obviamente, todo dano pressupõe a agressão a um bem tutelado, de natureza material ou não, pertencente a um sujeito de direito. Lembre-se de que a Magna Carta de 1988, neste ponto acompanhada expressamente pelo art. 186 do novo Código Civil, reconhece a plena reparabilidade do dano moral, independentemente do dano patrimonial; ***b) certeza do dano*** – somente o dano certo, efetivo, é indenizável. Ninguém poderá ser obrigado a compensar a vítima por um dano abstrato ou hipotético. Mesmo em se tratando de bens ou direitos personalíssimos, o fato de não se poder apresentar um critério preciso para a sua mensuração econômica não significa que o dano não seja certo. Tal ocorre, por exemplo, quando caluniamos alguém, maculando a sua honra. A imputação falsa do fato criminoso (calúnia) gera um dano certo à honra da vítima, ainda que não se possa definir, em termos precisos, quanto vale este sentimento de dignidade. MARIA HELENA DINIZ, com propriedade, citando doutrina estrangeira, lembra que "a certeza do dano refere-se à sua existência, e não à sua atualidade ou ao seu montante". Assim, um crime de lesões corporais que culmine com a mutilação da perna de um jogador de futebol é dano certo, proveniente de um fato atual, que gerará inevitáveis repercussões futuras. (...) "c) subsistência do dano – quer dizer, se o dano já foi reparado, perde-se o interesse da responsabilidade civil. O dano deve subsistir no momento de sua exigibilidade em juízo, o que significa dizer que não há como se falar em indenização se o dano já foi reparado espontaneamente pelo lesante. Obviamente, se a reparação tiver sido feita às expensas do lesionado, a exigibilidade continua. (GAGLIANO, Pablo Stolze. PAMPLONA FILHO, Rodolfo. Novo curso de direito civil, volume 3: Responsabilidade Civil / – 16ª. ed. rev., atual. e ampl. – São Paulo: Saraiva, 2018, p. 91/92)

► **Nem todo o prejuízo, portanto, rende azo à indenização.**

"Preciso é que a vítima demonstre também que o prejuízo constitua um fato violador de um interesse juridicamente tutelado do qual seja ela o titular". (GONDIM, Glenda Gonçalves. Responsabilidade civil: teoria da perda de uma chance. RT 840/11, out. 2005.)

► **A lesão sofrida pela vítima para ser juridicamente relevante deve ser contrária a interesses tutelados pelo direito, conforme anteriormente mencionado.**

"A lesão sofrida pela vítima para ser juridicamente relevante deve ser contrária a interesses tutelados pelo direito, conforme anteriormente mencionado. Por outro lado, para que ocorra o ressarcimento deste prejuízo a doutrina apresenta certos requisitos intrínsecos ao dano, destacando-se a certeza e a atualidade". (GONDIM, Glenda Gonçalves. Responsabilidade civil: teoria da perda de uma chance. RT 840/11, out. 2005.)

► **<u>No mesmo sentido</u>:** A lesão sofrida pela vítima para ser juridicamente relevante deve ser contrária a interesses tutelados pelo direito, conforme anteriormente mencionado. Por outro lado, para que ocorra o ressarcimento deste prejuízo a doutrina apresenta certos requisitos intrínsecos ao dano, destacando-se a certeza e a atualidade. (GONDIM, Glenda Gonçalves. Responsabilidade civil: teoria da perda de uma chance. RT 840/11, out. 2005.)

► **O dano-prejuízo se desdobra em dano material e dano imaterial (ou moral)**

O dano-prejuízo é a consequência patrimonial proveniente da atividade lesiva. Ela pode atingir tanto o campo material como o campo imaterial das coisas, bem como ambos. (MAGGI, Bruno Oliveira. Nova proposta de classificação do dano no direito civil. RDPriv 32/32, out. 2007.)

► **O dano-prejuízo material requer a análise de dois aspectos**

O dano-prejuízo material requer a análise de dois aspectos: os danos emergentes e os lucros cessantes. "..." o dano emergente é 'o déficit no patrimônio do credor, a concreta redução por este sofrida em sua fortuna (*quantum mihi abfuit*)' e o lucro cessante é 'o que ele [credor] razoavelmente deixou de auferir, em virtude do inadimplemento do devedor (quantum *lucrari potui*)'. (MAGGI, Bruno Oliveira. Nova proposta de classificação do dano no direito civil. RDPriv 32/32, out. 2007.)

► **Com relação ao dano-prejuízo moral, ele pode existir no caso da lesão gerar um sofrimento íntimo a uma das vítimas**

Com relação ao dano-prejuízo moral, ele pode existir no caso da lesão gerar um sofrimento íntimo a uma das vítimas, caso que poderá ser observado no caso de um dos automóveis ser objeto de herança do querido avô de uma das vítimas, fato que pode transformar o bem em uma peça de afeto, preservada por gerações pela família. (MAGGI, Bruno Oliveira. Nova proposta de classificação do dano no direito civil. RDPriv 32/32, out. 2007.)

► **O dano será definido como "certo" quando tenha a sua existência determinada, não existindo dúvidas quanto a sua ocorrência, sendo inadmissível o ressarcimento a lesões hipotéticas.**

O dano será definido como "certo" quando tenha a sua existência determinada, não existindo dúvidas quanto a sua ocorrência, sendo inadmissível o ressarcimento a lesões hipotéticas. (GONDIM, Glenda Gonçalves. Responsabilidade civil: teoria da perda de uma chance. RT 840/11, out. 2005.)

► **Outra característica que deverá estar presente, para fundamentar a ressarcibilidade do prejuízo, é a sua atualidade.**

O dano atual será assim considerado, quando a conduta estiver consumada, gerando consequências lesivas ao direito de outrem. Nestes termos, o dano possui os requisitos a ensejar a reparação, isto é a atualidade e a certeza. Todavia, poderá haver indenização de uma futura lesão decorrente de um dano atual. Destaca-se que não é o dano que ocorrerá no futuro, mas sim as repercussões que se prolongam no tempo, como consequências de uma lesão atual. (GONDIM, Glenda Gonçalves. Responsabilidade civil: teoria da perda de uma chance. RT 840/11, out. 2005.)

► **Contrapondo-se ao dano certo, tem-se o dano eventual, o qual não é indenizado.**

Contrapondo-se ao dano certo, tem-se o dano eventual, o qual não é indenizado. Isto porque, repudia-se a indenização fundada em expectativas incertas ou pouco prováveis de ocorrer. Neste sentido, vale transcrever a lição de Hector Pedro Irirbane: "El daño no puede configurarse como quebramiento de expectativas inciertas o muy poco posibles. Pero a la vez, todo daño futuro estará siempre afectado de un grado de incertidumbre, y, estrictamente, los requisitos de certeza no son congruentes com ese concepto". (GONDIM, Glenda Gonçalves. Responsabilidade civil: teoria da perda de uma chance. RT 840/11, out. 2005.)

► **Não apenas os danos hipotéticos, mas também a mera presunção de um dano não poderá ser reparada**

Ainda, não apenas os danos hipotéticos, mas também a mera presunção de um dano não poderá ser reparada, neste sentido mister citar a decisão proferida pela 2.ª Câm. Civ., também, do Tribunal de Alçada do Estado do Paraná, julgando improcedente o pedido de lucros cessantes pleiteado, visto não restarem inequivocadamente demonstrados, sendo impossível indenizar danos "imaginários ou aleatórios, mensurados num dano eventual e hipotético não comprovado". (GONDIM, Glenda Gonçalves. Responsabilidade civil: teoria da perda de uma chance. RT 840/11, out. 2005.)

► **Outra característica que deverá estar presente, para fundamentar a ressarcibilidade do prejuízo, é a sua atualidade.**

O dano atual será assim considerado, quando a conduta estiver consumada, gerando consequências lesivas ao direito de outrem. Nestes termos, o dano possui os requisitos a ensejar a reparação, isto é, a atualidade e a certeza. (GONDIM, Glenda Gonçalves. Responsabilidade civil: teoria da perda de uma chance. RT 840/11, out. 2005.)

► **Poderá haver indenização de uma futura lesão decorrente de um dano atual**

Todavia, poderá haver indenização de uma futura lesão decorrente de um dano atual. Destaca-se que não é o dano que ocorrerá no futuro, mas sim as repercussões que se prolongam no tempo, como consequências de uma lesão atual. (GONDIM, Glenda Gonçalves. Responsabilidade civil: teoria da perda de uma chance. RT 840/11, out. 2005.)

► **Em virtude da necessidade de certeza e atualidade no prejuízo sofrido pela vítima, a fim de que este seja ressarcido, muitos doutrinadores admitem a existência de uma zona gris, na qual se localiza a teoria da perda de uma chance.**

"Em virtude da necessidade de certeza e atualidade no prejuízo sofrido pela vítima, a fim de que este seja ressarcido, muitos doutrinadores admitem a existência de uma zona gris, na qual se localiza a teoria da perda de uma chance, pois não se trata de um dano certo e atual, mas sim, de probabilidades. O que ocorre é que a conduta do agente faz com que uma certeza deixe de se realizar, conforme será melhor abordado posteriormente." (GONDIM, Glenda Gonçalves. Responsabilidade civil: teoria da perda de uma chance. RT 840/11, out. 2005.)

DANOS PATRIMONIAIS

▶ **O dano patrimonial traduz lesão aos bens e direitos economicamente apreciáveis do seu titular.**

O dano patrimonial traduz lesão aos bens e direitos economicamente apreciáveis do seu titular. Assim ocorre quando sofremos um dano em nossa casa ou em nosso veículo. Já advertimos, outrossim, seguindo a moderna tendência de despatrimonialização do direito civil, que outros bens, personalíssimos, também podem ser atingidos, gerando, assim, a responsabilidade civil do infrator. Ainda, porém, no que tange especificamente ao dano patrimonial ou material, convém o analisarmos sob dois aspectos: a) o dano emergente – correspondente ao efetivo prejuízo experimentado pela vítima, ou seja, "o que ela perdeu"; b) os lucros cessantes – correspondente àquilo que a vítima deixou razoavelmente de lucrar por força do dano, ou seja, "o que ela não ganhou". (GAGLIANO, Pablo Stolze. PAMPLONA FILHO, Rodolfo. Novo curso de direito civil, volume 3: Responsabilidade Civil / – 16ª. ed. rev., atual. e ampl. – São Paulo: Saraiva, 2018, p. 97)

▶ **O dano patrimonial, como o próprio nome diz, também chamado de dano material, atinge os bens integrantes do patrimônio da vítima.**

O dano patrimonial, como o próprio nome diz, também chamado de dano material, atinge os bens integrantes do patrimônio da vítima, entendendo-se como tal o conjunto de relações jurídicas de uma pessoa apreciáveis economicamente. Esta definição, embora não mereça a aprovação unânime dos autores, tem o mérito de abranger todos os bens e direitos na expressão conjunto das relações jurídicas, vale dizer, abrange não só as coisas corpóreas, como a casa, o automóvel, o livro, enfim, o direito de propriedade, mas também as coisas incorpóreas, como os direitos de crédito. A ideia de prejuízo, tal como estava no art. 159 do Código Civil de 1916, resultante de uma lesão a um direito, bem caracteriza o dano material. Ou, como preferem outros autores, o dano material envolve a efetiva diminuição do patrimônio, quer se trate de um bem corpóreo ou incorpóreo. O crédito que não é honrado, os direitos autorais que não são respeitados causam prejuízo, tal como o dano causado em um veículo. Nem sempre, todavia, o dano patrimonial resulta da lesão de bens ou interesses patrimoniais. Como adiante veremos, a violação de bens personalíssimos, como o bom nome, a reputação, a saúde, a imagem e a própria honra, pode refletir no patrimônio da vítima, gerando perda de receitas ou realização de despesas – o médico difamado perde a sua clientela –, o que para alguns autores configura o dano patrimonial indireto. (CAVALIERI FILHO, Sérgio, Programa de responsabilidade civil, 13ª. ed., Atlas, São Paulo, 2019 p. 105)

▶ **Danos diretos e imediatos.**

"De aplicação da teoria dos danos diretos e imediatos, formulada a propósito da relação de causalidade, que deve existir, para que se caracterize a responsabilidade do devedor. Assim, o devedor responde tão só pelos danos que se prendem a seu ato por um vínculo de necessidade, não pelos resultantes de causas estranhas ou remotas" (Carlos Roberto Gonçalves citado por Stolze. GAGLIANO, Pablo Stolze. PAMPLONA FILHO, Rodolfo. Novo curso de direito civil, volume 3: Responsabilidade Civil / – 16ª. ed. rev., atual. e ampl. – São Paulo: Saraiva, 2018, p. 100)

► **Dano emergente**

O dano emergente, também chamado positivo, este, sim, importa efetiva e imediata diminuição no patrimônio da vítima em razão do ato ilícito. O Código Civil, ao disciplinar a matéria no seu art. 402 (reprodução fiel do art. 1.059 do Código de 1916), caracteriza o dano emergente como sendo aquilo que a vítima efetivamente perdeu. (CAVALIERI FILHO, Sérgio, Programa de responsabilidade civil, 13ª. ed., Atlas, São Paulo, 2019 p. 105/106)

► **Dano emergente é aquele que é possível estabelecer, com precisão, o desfalque do nosso patrimônio, sem que as indagações se perturbem por penetrar no terreno hipotético**

"Possível estabelecer, com precisão, o desfalque do nosso patrimônio, sem que as indagações se perturbem por penetrar no terreno hipotético". (GAGLIANO, Pablo Stolze. PAMPLONA FILHO, Rodolfo. Novo curso de direito civil, volume 3: Responsabilidade Civil / – 16ª. ed. rev., atual. e ampl. – São Paulo: Saraiva, 2018, p. 98)

► **Lucro cessante**

O ato ilícito pode produzir não apenas efeitos diretos e imediatos no patrimônio da vítima (dano emergente), mas também mediatos ou futuros, reduzindo consequência futura de um fato já ocorrido. O médico ou advogado que, em razão de um acidente, fica impossibilitado para o trabalho por vários meses, deve ser indenizado pelo que deixou de ganhar durante esse período. Na trilha de Antônio Lindbergh Montenegro, que, por sua vez, se funda em Adriano De Cupis, pode-se dizer que, se o objeto do dano é um bem ou interesse já existente, estaremos em face do dano emergente; tratando-se de bem ou interesse futuro, ainda não pertencente ao lesado, estaremos diante do lucro cessante. "É a evolução de um fato prejudicial já devidamente verificado" (Planiol, apud Agostinho Alvim, ob. cit., p. 174). (CAVALIERI FILHO, Sérgio, Programa de responsabilidade civil, 13ª. ed., Atlas, São Paulo, 2019 p. 106)

► **Consiste, portanto, o lucro cessante na perda do ganho esperável, na frustração da expectativa de lucro, na diminuição potencial do patrimônio da vítima.**

Pode decorrer não só da paralisação da atividade lucrativa ou produtiva da vítima, como, por exemplo, a cessação dos rendimentos que alguém já vinha obtendo da sua profissão, como, também, da frustração daquilo que era razoavelmente esperado. Nesse sentido a magistral lição de Aguiar Dias: "Em regra, os efeitos do ato danoso incidem no patrimônio atual, cuja diminuição ele acarreta. Pode suceder, contudo, que esses efeitos se produzam em relação ao futuro, impedindo ou diminuindo o benefício patrimonial a ser deferido à vítima. Aí estão identificados o dano positivo ou *dam-*

num emergens e o lucro frustrado ou *lucrum cessans*. As duas modalidades do dano podem, todavia, coincidir, assim como podem ocorrer distinta e insuladamente, conforme o caso concreto" (Da responsabilidade civil, Forense, 5. ed., v. II, 1973, p. 347). (CAVALIERI FILHO, Sérgio, Programa de responsabilidade civil, 13ª. ed., Atlas, São Paulo, 2019 p. 106)

► **Na modalidade de indenização por lucro cessante, como não se prova fato futuro, a demonstração é a da cessação da atividade, com a não auferição de ganhos**

No caso do dano patrimonial, na modalidade do lucro cessante, como não se prova fato futuro, a demonstração é a da cessação da atividade, com a não auferição de ganhos, devendo o magistrado arbitrar o valor que considera razoável para o prejuízo sofrido pela vítima (Ex.: taxista vítima de colisão, que deixa de trabalhar por um mês). (GAGLIANO, Pablo Stolze. PAMPLONA FILHO, Rodolfo. Novo curso de direito civil, volume 3: Responsabilidade Civil / – 16ª. ed. rev., atual. e ampl. – São Paulo: Saraiva, 2018, p. 92)

► **Quanto aos lucros cessantes o julgador utilizar o bom senso para aferir a sua configuração.**

"A expressão 'o que razoavelmente deixou de lucrar', constante do art. 1.059 do Código Civil, deve ser interpretada no sentido de que, até prova em contrário, se admite que o credor haveria de lucrar aquilo que o bom senso diz que obteria, existindo a presunção de que os fatos se desenrolariam dentro do seu curso normal, tendo em vista os antecedentes" (REsp 320417/RJ, Rel. Min. Sálvio de Figueiredo Teixeira DJ de 20-5-2002).

► **O critério para a fixação do dano material.**

O critério para a fixação do dano material é o cálculo de tudo aquilo que o lesado deixou de lucrar e do que efetivamente perdeu. Já que o evento danoso interrompe a sucessão normal dos fatos, a reparação de danos deve provocar um novo estado de coisas que se aproxime tanto quanto possível da situação frustrada, ou seja, daquela situação que, segundo a experiência humana, em caráter imaginário, seria a existente se não tivesse ocorrido o dano (v. José de Aguiar Dias, Da responsabilidade civil, 6. ed., Rio de Janeiro, Forense, 1979, v. 2, p. 407).

■ **O atraso na entrega do imóvel objeto de contrato de promessa de compra e venda acarreta a condenação da promitente vendedora ao pagamento de lucros cessantes, a título de aluguéis, que deixariam de ser pagos ou que poderia o imóvel ter rendido.**

AGRAVO INTERNO NO RECURSO ESPECIAL. PROMESSA DE COMPRA E VENDA DE IMÓVEL. ATRASO NA ENTREGA DA OBRA. AÇÃO DE RESCISÃO CUMULADA COM INDENIZATÓRIA. 1. VIOLAÇÃO À CF. IMPOSSIBILIDADE. MATÉRIA CONSTITUCIONAL. 2. VIOLAÇÃO AOS ARTS. 421 E 422 DO CC. INOVAÇÃO RECURSAL. IMPOSSIBILIDADE. PRECLUSÃO CONSUMATIVA. 3. RESPONSABILIDADE DA PROMITENTE VENDEDORA RECONHECIDA

PELO ACÓRDÃO RECORRIDO. NECESSIDADE DE RESTITUIÇÃO DA INTEGRALIDADE DOS VALORES PAGOS. SÚMULA 543/STJ. 4. PAGAMENTO DE LUCROS CESSANTES. POSSIBILIDADE. SÚMULA 83/STJ. 5. SITUAÇÃO EXCEPCIONAL ENSEJADORA DE REPARAÇÃO POR DANO MORAL. QUANTUM REPARATÓRIO. REEXAME DE PROVAS. DESCABIMENTO. SÚMULA 7/STJ. 6. AGRAVO INTERNO IMPROVIDO. 1. É inadmissível, em recurso especial, a análise de suposta violação de dispositivos constitucionais, sob pena de se usurpar a competência do Supremo Tribunal Federal, nos termos do art. 102 da Constituição Federal. 2. Inviável o conhecimento da matéria que foi suscitada apenas em agravo interno, constituindo indevida inovação recursal, ante a configuração da preclusão consumativa. 3. A jurisprudência desta Corte se firmou no sentido da possibilidade da devolução de todas as parcelas pagas, desde que a vendedora seja responsável pela rescisão do contrato. Esse entendimento foi consolidado na Súmula 543 do STJ. 4. O atraso na entrega do imóvel objeto de contrato de promessa de compra e venda acarreta a condenação da promitente vendedora ao pagamento de lucros cessantes, a título de aluguéis, que deixariam de ser pagos ou que poderia o imóvel ter rendido. Precedentes. Acórdão a quo em harmonia com a jurisprudência desta Corte Superior, atraindo a incidência da Súmula 83/STJ. 5. Modificar o entendimento do Tribunal local, quanto ao dever de indenizar, incorrerá em reexame de matéria fático-probatória, o que é inviável, devido ao óbice da Súmula 7/STJ. 6. Fixados os honorários recursais no primeiro ato decisório, não cabe novo arbitramento nas demais decisões que derivarem de recursos subsequentes, apenas consectários do principal, tais como agravo interno e embargos de declaração. 7. Agravo interno improvido. (AgInt no REsp 1834537/SP, Rel. Ministro MARCO AURÉLIO BELLIZZE, TERCEIRA TURMA, julgado em 02/12/2019, DJe 05/12/2019)

◙ A indenização por lucros cessantes não é admitida sem sua efetiva comprovação, devendo ser rejeitados os lucros presumidos ou hipotéticos, dissociados da realidade efetivamente comprovada.

PROCESSUAL CIVIL. AGRAVO INTERNO NO AGRAVO EM RECURSO ESPECIAL. INDENIZAÇÃO. PERDAS E DANOS. AUSÊNCIA DE COMPROVAÇÃO. LUCROS PRESUMIDOS OU HIPOTÉTICOS. IMPOSSIBILIDADE. ACÓRDÃO RECORRIDO EM CONSONÂNCIA COM JURISPRUDÊNCIA DESTA CORTE. SÚMULA N. 83 DO STJ. DECISÃO MANTIDA. 1. A indenização por lucros cessantes não é admitida sem sua efetiva comprovação, devendo ser rejeitados os lucros presumidos ou hipotéticos, dissociados da realidade efetivamente comprovada. Precedentes. 2. Inadmissível o recurso especial quando o entendimento adotado pelo Tribunal de origem coincide com a jurisprudência do STJ (Súmula n. 83/STJ). 3. Agravo interno a que se nega provimento. (AgInt no AREsp 1014412/MT, Rel. Ministro ANTONIO CARLOS FERREIRA, QUARTA TURMA, julgado em 26/11/2019, DJe 02/12/2019)

◙ A apuração dos lucros cessantes deve ser feita com a dedução de todas as despesas operacionais da empresa, inclusive tributos.

PROCESSUAL CIVIL. AGRAVO INTERNO NO RECURSO ESPECIAL. DESNECESSIDADE DE REEXAME DE PROVAS. RECURSO ESPECIAL SUFICIENTEMENTE

FUNDAMENTADO. LUCROS CESSANTES. CÁLCULO. LUCRO LÍQUIDO DA EMPRESA COM A DEDUÇÃO DAS DESPESAS OPERACIONAIS. DECISÃO MANTIDA. 1. No caso concreto, o recurso especial foi suficientemente fundamentado e a análise da pretensão recursal de se reconhecer a errônea escolha do critério – entre aqueles apresentados no laudo pericial – para o cálculo dos lucros cessantes, não depende de reexame de provas. Portanto inaplicáveis as Súmulas n. 7/STJ e 284/STF. 2. "A apuração dos lucros cessantes deve ser feita com a dedução de todas as despesas operacionais da empresa, inclusive tributos" (REsp 1.110.417/MA, Rel. Ministra MARIA ISABEL GALLOTTI, QUARTA TURMA, julgado em 7/4/2011, DJe 28/4/2011). 3. Agravo interno a que se nega provimento. (AgInt no REsp 1805603/MT, Rel. Ministro ANTONIO CARLOS FERREIRA, QUARTA TURMA, julgado em 26/11/2019, DJe 03/12/2019)

◼ A inexecução do contrato de compra e venda, consubstanciada na ausência (ou no atraso) de entrega do imóvel na data acordada, acarreta o pagamento de indenização por lucros cessantes, os quais se presumem.

AGRAVO INTERNO NO RECURSO ESPECIAL. ATRASO NA ENTREGA DO IMÓVEL. PROGRAMA MINHA CASA MINHA VIDA. LUCROS CESSANTES. PREJUÍZO PRESUMIDO. INDENIZAÇÃO DEVIDA. AGRAVO INTERNO DESPROVIDO. 1., sendo ônus do promitente vendedor provar que a mora contratual não lhe seja imputável. 2. Agravo interno desprovido. (AgInt no REsp 1773294/PR, Rel. Ministro MARCO AURÉLIO BELLIZZE, TERCEIRA TURMA, julgado em 25/11/2019, DJe 29/11/2019)

DANO MORAL

► A tese da reparabilidade do dano moral passou por três momentos distintos.

Inicialmente prevaleceu a teoria negativista, consistente na expressiva oposição doutrinária quanto à possibilidade de reparação do dano moral, seja direto ou indireto, com decisiva influência na jurisprudência nacional. O segundo momento é marcado por um temperamento da posição radical que afirmava a impossibilidade de existência do dano moral. Trata-se da teoria eclética ou mista, que por sua vez admitia a reparabilidade do dano moral desde que houvesse uma repercussão patrimonial. Finalmente, prevaleceu a teoria positivista que acolheu a tese da reparabilidade do dano moral puro, sobretudo a partir da inserção do tema na Constituição Federal de 1988 (art. 5.º, V e X). (SANTANA, Héctor Valverde. Dano moral no direito do consumidor [livro eletrônico] / Héctor Valverde Santana; apresentação Claudia Lima Marques; Antonio Herman V. Benjamin e Claudia Lima Marques, coordenação. – 2. ed. – São Paulo: Thomson Reuters Brasil, 2019.)

► A consagração da tese da reparabilidade do dano moral indica que o sistema jurídico brasileiro abandonou a exclusividade da proteção patrimonial e reconheceu que o ser humano também é dotado de valores extrapatrimoniais.

A consagração da tese da reparabilidade do dano moral indica que o sistema jurídico brasileiro abandonou a exclusividade da proteção patrimonial e reconheceu que o ser humano também é dotado de valores extrapatrimoniais, estes considerados fundamentais para sua existência digna, cuja tutela apresenta-se imprescindível à vida ordenada de uma sociedade livre, justa e solidária, coerente com um dos objetivos fundamentais da República Federativa do Brasil, nos termos do art. 3.º, I, da CF/1988. (SANTANA, Héctor Valverde. Dano moral no direito do consumidor [livro eletrônico] / Héctor Valverde Santana; apresentação Claudia Lima Marques; Antônio Herman V. Benjamin e Claudia Lima Marques, coordenação. – 2. ed. – São Paulo: Thomson Reuters Brasil, 2019.)

► **Dano moral é violação de algum direito ou atributo da personalidade.**

Em sentido amplo, dano moral é violação de algum direito ou atributo da personalidade. Relembre-se, como já assentado, que os direitos da personalidade constituem a essência do ser humano, independentemente de raça, cor, fortuna, cultura, credo, sexo, idade, nacionalidade. São inerentes à pessoa humana desde o nascimento até a morte. A personalidade é o conjunto de caracteres ou atributos da pessoa humana. É através dela que a pessoa pode adquirir e defender os demais bens. Nessa categoria incluem-se também os chamados novos direitos da personalidade: a imagem, o bom nome, a reputação, sentimentos, relações afetivas, aspirações, hábitos, gostos, convicções políticas, religiosas, filosóficas, direitos autorais. Em suma, os direitos da personalidade podem ser realizados em diferentes dimensões e também podem ser violados em diferentes níveis. Resulta daí que o dano moral, em sentido amplo, envolve esses diversos graus de violação dos direitos da personalidade, abrange todas as ofensas à pessoa, considerada esta em suas dimensões individual e social, ainda que sua dignidade não seja arranhada.

► **Dano moral como agressão a um bem ou atributo da personalidade moral**

Como se vê, hoje o dano moral não mais se restringe à dor, tristeza e sofrimento, estendendo a sua tutela a todos os bens personalíssimos – os complexos de ordem ética –, razão pela qual podemos defini-lo, de forma abrangente, como sendo uma agressão a um bem ou atributo da personalidade moral é insusceptível de avaliação pecuniária, podendo apenas ser compensado com a obrigação pecuniária imposta ao causador do dano, sendo esta mais uma satisfação do que uma indenização.

► **Na seara dos danos morais, é preciso observar que não é a dor que deve ser provada, mas, sim, a violação a um direito da personalidade**

Já na seara dos danos morais, é preciso observar que não é a dor que deve ser provada, mas, sim, a violação a um direito da personalidade. Em determinadas situações, vale acrescentar, configura-se o que se convencionou chamar de dano *in re ipsa* (demonstrado pela força dos próprios fatos), ou seja, pela própria natureza da conduta perpetrada, a exemplo do que se dá quando se perde um ente próximo da família (genitor, cônjuge ou descendente) ou se tem o nome negativado. (GAGLIANO, Pablo Stolze. PAMPLONA FILHO, Rodolfo. Novo curso de direito civil, volume 3: Responsabilidade Civil / – 16ª. ed. rev., atual. e ampl. – São Paulo: Saraiva, 2018, p. 92)

▶ Destaque-se que os elementos essenciais do dano moral pertencem a um rol meramente exemplificativo.

Destaque-se que os elementos essenciais do dano moral pertencem a um rol meramente exemplificativo, conforme acima indicado pela expressão dentre outros semelhantes. O ser humano tem natureza complexa, diversificada no aspecto subjetivo, variável no tempo e no espaço, sujeita a constantes mutações. Não há como elaborar rol exaustivo ou fechado de valores inerentes à dignidade da pessoa humana e limitar os casos de dano moral. Superado o critério negativo, diversas definições de dano moral são apresentadas pela doutrina com apoio nos seus elementos constitutivos. Sérgio Cavalieri Filho ensina que "(...) Em sentido estrito, dano moral é a violação à dignidade. E foi justamente por considerar a inviolabilidade da intimidade, da vida privada, da honra e da imagem corolário do direito à dignidade que a Constituição inseriu em seu art. 5.º, V e X, a plena reparação do dano moral." Sílvio de Salvo Venosa63 considera que "dano moral é o prejuízo que afeta o ânimo psíquico, moral e intelectual da vítima. Nesse campo, o prejuízo transita pelo imponderável, daí por que aumentam as dificuldades de se estabelecer a justa recompensa pelo dano. Em muitas situações, cuida-se de indenizar o inefável." Após detalhado exame da questão, Carlos Alberto Bittar registra que "desse modo, em conclusão, como categoria jurídica específica, danos morais são aqueles suportados na esfera dos valores da moralidade pessoal ou social, e, como tais, reparáveis, em sua integralidade, no âmbito jurídico. Perceptíveis pelo senso comum – porque ligados à natureza humana – podem ser identificados, em concreto, pelo juiz, à luz das circunstâncias fáticas e das peculiaridades da hipótese sub litem, respeitado o critério básico da repercussão do dano na esfera do lesado." (SANTANA, Héctor Valverde. Dano moral no direito do consumidor [livro eletrônico] / Héctor Valverde Santana; apresentação Claudia Lima Marques; Antônio Herman V. Benjamin e Claudia Lima Marques, coordenação. – 2. ed. – São Paulo: Thomson Reuters Brasil, 2019.)

▶ Dano moral direto e indireto

Apenas por uma questão de rigor acadêmico, consideramos salutar distinguir o dano moral direto e o dano moral indireto, eis que se constituem em classificações oriundas do requisito "causalidade entre o dano e o fato", imprescindível para a configuração do dano indenizável. O primeiro se refere a uma lesão específica de um direito extrapatrimonial, como os direitos da personalidade. Já o dano moral indireto ocorre quando há uma lesão específica a um bem ou interesse de natureza patrimonial, mas que, de modo reflexo, produz um prejuízo na esfera extrapatrimonial, como é o caso, por exemplo, do furto de um bem com valor afetivo ou, no âmbito do direito do trabalho, o rebaixamento funcional ilícito do empregado, que, além do prejuízo financeiro, traz efeitos morais lesivos ao trabalhador. É interessante diferenciar o dano moral indireto do dano moral em ricochete (ou dano reflexo). No primeiro, tem-se uma violação a um direito da personalidade de um sujeito, em função de um dano material por ele mesmo sofrido; no segundo, tem-se um dano moral sofrido por um sujeito, em função de um dano (material ou moral, pouco importa) de que foi vítima um outro indivíduo, ligado a ele. (GAGLIANO, Pablo Stolze. PAMPLONA FILHO, Rodolfo. Novo curso de direito civil, volume 3: Responsabilidade Civil / – 16ª. ed. rev., atual. e ampl. – São Paulo: Saraiva, 2018, p. 125)

▶ **Dano moral e pessoa jurídica.**

Se é certo que uma pessoa jurídica jamais terá uma vida privada, mais evidente ainda é que ela pode e deve zelar pelo seu nome e imagem perante o público-alvo, sob pena de perder largos espaços na acirrada concorrência de mercado. Uma propaganda negativa de um determinado produto, por exemplo, pode destruir toda a reputação de uma empresa, da mesma forma que informações falsas sobre uma eventual instabilidade financeira da pessoa jurídica podem acabar levando-a a uma indesejável perda de credibilidade, com fortes reflexos patrimoniais. A Constituição Federal de 1988, por sua vez, ao preceituar, em seu art. 5.º, X, que "são invioláveis a intimidade, a vida privada, a honra e a imagem das pessoas, assegurado o direito a indenização pelo dano material ou moral decorrente de sua violação", não fez qualquer acepção de pessoas, não podendo ser o dispositivo constitucional interpretado de forma restritiva, notadamente quando se tratam de direitos e garantias fundamentais (Título II, onde se encontra o dispositivo mencionado). (GAGLIANO, Pablo Stolze. PAMPLONA FILHO, Rodolfo. Novo curso de direito civil, volume 3: Responsabilidade Civil / – 16ª. ed. rev., atual. e ampl. – São Paulo: Saraiva, 2018, p. 139/140)

▶ **A prova do dano**

Uma das mais relevantes questões nas ações indenizatórias é a prova do dano, por ser ele, como visto, requisito indispensável para a reparação. "Grande número de vezes o credor não consegue cobrir-se dos prejuízos totais, não por causa da lei, que lhe dá tudo, mas por causa do rigor da prova exigida" (Agostinho Alvim, ob. cit., p. 193). Completa o Mestre: "Sempre se reconheceu haver situações difíceis e provas quase que impossíveis de produzir com precisão, dada a natureza dos fatos. O princípio da reparação do dano exige que se tenha em vista todas as circunstâncias que rodeiam o caso, não sendo possível traçar, a priori, regras fixas, que invariavelmente se ajustam a todas as hipóteses" (ob. cit., p. 195). E como, de regra, não se presume o dano, esta é uma questão que deve merecer redobrada atenção de quem busca uma indenização em juízo.

▶ **Uma coisa é a prova do dano, do fato lesivo, da efetiva violação do dever jurídico, e outra é a prova do valor da indenização.**

Cumpre, então, lembrar que uma coisa é a prova do dano, do fato lesivo, da efetiva violação do dever jurídico, e outra é a prova do valor da indenização. Tanto assim que a efetividade do dano e o cálculo da indenização podem ser apreciados em duas fases distintas. Na primeira, prova-se a existência do dano, a efetiva ocorrência do fato lesivo e a responsabilidade de seu causador (*an debeatur*); na segunda, busca-se fixar a extensão do dano, a sua quantificação, o valor da indenização (*quantum debeatur*). Isso se torna mais evidente nos casos de interesses ou direitos individuais homogêneos, os que decorrem de origem comum (CDC, art. 81, III). Na ação coletiva prova-se o fato lesivo comum (*an debeatur*), cabendo depois, a cada vítima, promover a execução, na qual deverá ser apurado o valor da indenização de cada uma (*quantum debeatur*).

► Como se prova a existência do dano?

Ora, se dano é lesão de um bem ou interesse juridicamente tutelado (e aí está a importância dos conceitos), prova-se o dano provando-se a ocorrência do fato lesivo (v. g., o acidente, a morte do ente familiar, o fato do produto ou do serviço, o fato ofensivo à honra etc.) por qualquer meio de prova em juízo admitido – documental, testemunhal, pericial etc. Tanto o dano patrimonial como o dano extrapatrimonial exigem a prova do fato lesivo. Por isso se diz que dano certo é aquele cuja existência acha-se provada, de tal modo que não pairam dúvidas quanto à sua ocorrência.

► Arbitramento do dano moral

"...na reparação do dano moral não há ressarcimento, já que é praticamente impossível restaurar o bem lesado, que, via de regra, tem caráter imaterial. O dano moral resulta, na maior parte das vezes, da violação a um direito da personalidade: vida, integridade física, honra, liberdade etc. (v. Carlos Alberto Bittar, Os direitos da personalidade, 5. ed. atual. por Eduardo Carlos Bianca Bittar, Rio de Janeiro, Forense Universitária, 2001; Carlos Alberto Bittar, Reparação civil por danos morais, 3. ed., São Paulo, Revista dos Tribunais, 1999, p. 57-65; Yussef Said Cahali, Dano moral, 2. ed., São Paulo, Revista dos Tribunais, 1999, p. 42; Regina Beatriz Tavares da Silva Papa dos Santos, Reparação civil na separação e no divórcio, São Paulo, Saraiva, 1999, p. 148-9). O dano moral não é mensurável da mesma forma que o é o dano material. Por conseguinte, não basta estipular que a reparação mede-se pela extensão do dano.

► Os dois critérios que devem ser utilizados para a fixação do dano moral são a compensação ao lesado e o desestímulo ao lesante.

Os dois critérios que devem ser utilizados para a fixação do dano moral são a compensação ao lesado e o desestímulo ao lesante. Inserem-se nesse contexto fatores subjetivos e objetivos, relacionados às pessoas envolvidas, como a análise do grau da culpa do lesante, de eventual participação do lesado no evento danoso, da situação econômica das partes e da proporcionalidade ao proveito obtido com o ilícito (v. Carlos Alberto Bittar, Reparação civil por danos morais, cit., p. 221).

► A tese da reparabilidade do dano moral passou por três momentos distintos.

A tese da reparabilidade do dano moral passou por três momentos distintos. Inicialmente prevaleceu a teoria negativista, consistente na expressiva oposição doutrinária quanto à possibilidade de reparação do dano moral, seja direto ou indireto, com decisiva influência na jurisprudência nacional. O segundo momento é marcado por um temperamento da posição radical que afirmava a impossibilidade de existência do dano moral. Trata-se da teoria eclética ou mista, que por sua vez admitia a reparabilidade do dano moral desde que houvesse uma repercussão patrimonial. Finalmente, prevaleceu a teoria positivista que acolheu a tese da reparabilidade do dano moral puro, sobretudo a partir da inserção do tema na Constituição Federal de 1988 (art.

5.º, V e X). (Dano moral no direito do consumidor – Ed. 2019. Autor: Héctor Valverde Santana. Editor: Revista dos Tribunais, ELEMENTOS CONSTITUTIVOS DO DANO MORAL, Página RB-4.7. https://proview.thomsonreuters.com/launchapp/title/rt/monografias/101615131/v3/page/RB-4.7)

► A consagração da tese da reparabilidade do dano moral indica que o sistema jurídico brasileiro abandonou a exclusividade da proteção patrimonial e reconheceu que o ser humano também é dotado de valores extrapatrimoniais

A consagração da tese da reparabilidade do dano moral indica que o sistema jurídico brasileiro abandonou a exclusividade da proteção patrimonial e reconheceu que o ser humano também é dotado de valores extrapatrimoniais, estes considerados fundamentais para sua existência digna, cuja tutela apresenta-se imprescindível à vida ordenada de uma sociedade livre, justa e solidária, coerente com um dos objetivos fundamentais da República Federativa do Brasil, nos termos do art. 3.º, I, da CF/1988. (Dano moral no direito do consumidor – Ed. 2019. Autor: Héctor Valverde Santana. Editor: Revista dos Tribunais, ELEMENTOS CONSTITUTIVOS DO DANO MORAL, Página RB-4.7. https://proview.thomsonreuters.com/launchapp/title/rt/monografias/101615131/v3/page/RB-4.7)

► Dano moral ou não patrimonial é o dano causado injustamente a outrem, que não atinja ou diminua o seu patrimônio

Além do prejuízo patrimonial ou econômico, há o sofrimento psíquico ou moral, isto é, as dores, os sentimentos, a tristeza, a frustração etc. Em definição de Gabba, lembrada por Agostinho Alvim, dano moral ou não patrimonial é o dano causado injustamente a outrem, que não atinja ou diminua o seu patrimônio. (Da inexecução das obrigações e suas consequências, p. 219.)

► Dano moral, é o dano que só atinge o ofendido como ser humano, sem repercussão no patrimônio

Para Pontes de Miranda, o dano patrimonial é aquele que alcança o patrimônio do ofendido; moral, é o dano que só atinge o ofendido como ser humano, sem repercussão no patrimônio. (Tratado de direito privado cit., t. XXVI, § 3.108, p. 30)

► Danos morais são aqueles suportados na esfera dos valores da moralidade pessoal ou social, e, como tais, reparáveis, em sua integralidade, no âmbito jurídico

"Desse modo, em conclusão, como categoria jurídica específica, danos morais são aqueles suportados na esfera dos valores da moralidade pessoal ou social, e, como tais, reparáveis, em sua integralidade, no âmbito jurídico. Perceptíveis pelo senso comum – porque ligados à natureza humana – podem ser identificados, em concreto, pelo juiz, à luz das circunstâncias fáticas e das peculiaridades da hipótese sub litem, respeitado o critério básico da repercussão do dano na esfera do lesado." (Carlos Alberto Bittar, Reparação civil por danos morais, p. 43-44.)

► **O dano moral, ou não patrimonial, ou ainda extrapatrimonial, reclama dois elementos**

O dano moral, ou não patrimonial, ou ainda extrapatrimonial, reclama dois elementos, em síntese, para se configurar: o dano e a não diminuição do patrimônio. Apresenta-se como aquele mal ou dano que atinge valores eminentemente espirituais ou morais, como a honra, a paz, a liberdade física, a tranquilidade de espírito, a reputação, a beleza etc. (A reparação nos acidentes de trânsito. Autor: Arnaldo Rizzardo, Editor: Revista dos Tribunais. 1. Da responsabilidade civil. https://proview.thomsonreuters.com/launchapp/title/rt/monografias/98597800/v13/document/98719031/anchor/a-98719031)

► **Classificação do dano moral em dois grupos**

Yussef Said Cahalin classifica o dano moral em dois grupos: 1. refere-se à parte social do patrimônio moral (honra e reputação) ou à parte afetiva do patrimônio moral (dor, tristeza e saudade); 2. corresponde ao dano moral que provoca direta ou indiretamente dano patrimonial (cicatriz deformante) ou dano moral puro (dor e tristeza). (Yussef Said Cahali, Dano moral, p. 22.)

◙ **Responsabilidade civil. Danos decorrentes de transporte de cargas com excesso de peso em rodovias federais. Responsabilidade configurada. Independência**

ADMINISTRATIVO. RESPONSABILIDADE CIVIL. DANOS DECORRENTES DE TRANSPORTE DE CARGAS COM EXCESSO DE PESO EM RODOVIAS FEDERAIS. RESPONSABILIDADE CONFIGURADA. INDEPENDÊNCIA DE INSTÂNCIAS. DEVER DE REPARAR OS DANOS. FIXAÇÃO DE ASTREINTES EM CASO DE REINCIDÊNCIA NA PRÁTICA. ACÓRDÃO EM CONFRONTO COM A JURISPRUDÊNCIA DO STJ. I – Cuida-se, na origem, de ação civil pública movida pelo Ministério Público Federal com o objetivo de impedir que veículos de carga da empresa recorrida trafeguem com excesso de peso nas rodovias, em total desacato à legislação, sob pena de multa civil (astreinte) e, ainda, de condenação ao pagamento de dano material e moral coletivo, nos termos da Lei n. 7.347/1985 (Lei da Ação Civil Pública). II – Sustenta o MPF, como causa de pedir, que a parte requerida, ao trafegar com excesso de peso, causou danos ao patrimônio público, à ordem econômica, ao meio ambiente equilibrado, violando os direitos à vida, à integridade física, à saúde e à segurança pessoal e patrimonial dos cidadãos usuários das rodovias federais. III – No recurso especial, insurge-se o Ministério Público Federal contra acórdão em que se entendeu pela impossibilidade de condenação da empresa recorrida a não trafegar com excesso de peso pelas estradas, haja vista que já existe, no Código de Trânsito Brasileiro, penalidade administrativa para tal conduta, deixando ademais de reconhecer a ocorrência de danos materiais e morais coletivos. IV – Em parecer, o Ministério Público Federal opinou pelo provimento do recurso. Em decisão monocrática, não se conheceu do agravo em recurso especial. V – O agravo interno merece provimento. A matéria está devidamente prequestionada, porquanto na Corte de origem foram fixadas as questões de direito e fundamentadas as teses jurídicas a respeito da legitimidade do Ministério Público (arts. 1º e 11 da Lei n. 7.347/85), e responsabilidades civil e administrativa (arts. 186, 187 e

927 do CC), afastando-se assim, qualquer pretensão de reexame fático-probatório e a incidência do enunciado n. 7 da Súmula do STJ, por tratar-se de questão essencialmente jurídica. É o que se confere dos seguintes trechos do acórdão objeto do recurso especial (fls. 300): "Logo, se a legislação prevê as penalidades aplicáveis à infração ao limite de carga, não pode a União postular em juízo, através do órgão ministerial, a aplicação de sanções maiores que as fixadas na lei ou a cominação de sanções adicionais, não previstas em lei. Com efeito, se as penalidades cominadas em lei se mostram insuficientes para reprimir o ilícito, deve a União promover as alterações legislativas necessárias, a fim de que sejam fixadas sanções capazes de desestimular a reiteração da conduta, e não postular a aplicação de sanções diversas daquelas legalmente previstas". A mera referência, em obter *dictum*, a princípios ou dispositivos constitucionais, não deve ser considerada como fundamento autônomo para fins de incidência do enunciado n. 126/STJ ou do art. 1.032 do CPC/2015. VI – Vale citar o entendimento firmado, recentemente, no julgamento do REsp n. 1.574.350/SC, de relatoria do Exmo. Ministro Herman Benjamin na Segunda Turma sobre a matéria em debate. Naquela ocasião, o colegiado, por unanimidade, deu provimento ao recurso especial do Ministério Público Federal, com os fundamentos que se passa a expor. VII – No mérito, importa salientar que as penalidades previstas no Código de Trânsito Brasileiro têm natureza administrativa. O que é diferente de afirmar que os direitos nele previstos condicionam e limitam a sua implementação exclusivamente ao agir do administrador, pois, como se sabe, a nossa legislação consagra o princípio da independência entre as instâncias civil, penal e administrativa. VIII – Saliente-se que a penalidade administrativa por infração à norma do art. 231, V, da Lei n. 9.503/1997 (Código de Trânsito Brasileiro) não guarda identidade com a "tutela inibitória" veiculada em ação civil pública, em que se busca a cessação de flagrante e contumaz recalcitrância do réu em observar as exigências legais, fazendo-o por meio de multa pecuniária que incidirá em caso de eventual descumprimento da ordem judicial. Além disso, em nada diverso do usual no regime de responsabilidade civil, impõe-se pagamento de competente indenização por danos materiais e morais coletivos causados. Não há falar, pois, em bis in idem em relação aos múltiplos remédios concomitantes, complementares e convergentes do ordenamento jurídico contra violação de suas normas. IX – A existência de penalidade ou outra medida administrativa *in abstracto* (para o futuro) ou *in concreto* (já infligida), como resposta a determinada conduta ilegal, não exclui a possibilidade e a necessidade de providência judicial, nela contida a de índole cautelar ou inibitória, com o intuito de proteger os mesmos direitos e deveres garantidos, em tese, pelo poder de polícia da administração, seja com cumprimento forçado de obrigação de fazer ou de não fazer, seja com determinação de restaurar e indenizar eventuais danos materiais e morais causados ao indivíduo, à coletividade, às gerações futuras e a bens estatais. No Brasil, a regra geral é que o comportamento anterior – real ou hipotético – do administrador não condiciona, nem escraviza, o desempenho da jurisdição, já que a intervenção do juiz legitima-se tanto para impugnar, censurar e invalidar decisão administrativa proferida, como para impor ex novo aquela que deveria ter ocorrido, no caso de omissão, e, noutra perspectiva, para substituir a incompleta ou a deficiente, de maneira a inteirá-la ou aperfeiçoá-la. X – Independentes entre si,

"multa civil" (astreinte), frequentemente utilizada como reforço de autoridade "da" e "na" prestação jurisdicional, não se confunde com "multa administrativa". Tampouco caracteriza sanção judicial "adicional" ou "sobreposta" à aplicável pelo Estado-Administrador com base no seu poder de polícia. Além disso, a multa administrativa, como pena, destina-se a castigar fatos ilícitos pretéritos, enquanto a multa civil imposta pelo magistrado projeta-se, em um de seus matizes, para o futuro, de modo a assegurar a coercitividade e o cumprimento de obrigações de fazer e de não fazer, dar e pagar, legal ou judicialmente estabelecidas. XI – A sanção administrativa não esgota, nem poderia esgotar, o rol de respostas persuasivas, dissuasórias e punitivas do ordenamento no seu esforço – típico desafio de sobrevivência – de prevenir, reparar e reprimir infrações. Assim, a admissibilidade de "cumulação" de multa administrativa e de multa civil integra o próprio tecido jurídico do Estado Social de Direito brasileiro, inseparável de um dos seus atributos básicos, o "imperativo categórico e absoluto de eficácia de direitos e deveres". XII – Como explicitado pelos eminentes integrantes da Segunda Turma do STJ, por ocasião dos debates orais em sessão, a presente demanda cuida de problema "paradigmático", diante "da desproporcionalidade entre a sanção imposta e o benefício usufruído", pois "a empresa tolera a multa administrativa", na medida em que "a infração vale a pena", estado de coisa que desrespeita o princípio que veda a "proteção deficiente", também no âmbito da "consequência do dano moral" (Ministro Og Fernandes). Observa-se, nessa espécie de comportamento "à margem do CTB", e reiterado, "um investimento empresarial na antijuridicidade do ato, que, nesse caso, só pode ser reprimido por ação civil pública" (Ministro Mauro Campbell). A matéria posta perante o STJ, portanto, é da maior "importância" (Ministra Assusete Magalhães), tanto mais quando o quadro fático passa a nefasta ideia de que "compensa descumprir a lei e pagar um pouquinho mais", percepção a ser rejeitada "para que se saiba que o Brasil está mudando, inclusive nessa área" (Ministro Francisco Falcão). XIII – A modalidade de dano tratada na presente demanda é tipicamente "difusa", o que não quer dizer que inexistam prejuízos individuais e coletivos capazes de cobrança judicial pelos meios próprios. Como se sabe, a Lei n. 7.347/85 traz lista "meramente enumerativa" de categorias de danos, exemplificada com a técnica de citação de "domínios materiais do universo difuso e coletivo" (meio ambiente; consumidor; patrimônio histórico-cultural; ordem econômica; honra e dignidade de grupos raciais, étnicos ou religiosos; patrimônio público e social). XIV – Embora o art. 3º da Lei n. 7.347/1985 disponha que "a ação civil poderá ter por objeto a condenação em dinheiro ou o cumprimento de obrigação de fazer ou não fazer" (grifei), é certo que a conjunção "ou" contida na citada norma (assim como nos arts. 4º, VII, e 14, § 1º, da Lei n. 6.938/1981) opera com "valor aditivo", não introduz alternativa excludente. Vedar a cumulação desses remédios limitaria, de forma indesejada, a ação civil pública, instrumento de persecução da responsabilidade civil de danos causados, por exemplo, inviabilizando a condenação em dano moral coletivo. XV – A confessada inobservância da norma legal pela empresa recorrida autoriza – ou melhor – exige a pronta atuação do Poder Judiciário, com o fito de inibir o prosseguimento dessas práticas nefastas, em que as sanções administrativas, reiteradamente aplicadas no decorrer de 10 anos, não se revelaram capazes de coibir ou minimizar a perpetração de infrações ao Código de Trânsito Brasileiro. XVI – Consequência direta do tráfego de veículos com excesso de peso, o dano material ao patrimônio público, associado à redução da longevidade do piso asfáltico rodoviário, independe, pela sua "notoriedade, de provas outras", à luz do que dispõe o art. 334, I, do CPC. XVII – Impossível, por outro lado, negar o nexo de causalidade entre o transporte com excesso de carga e a deterioração das rodovias decorrente de tal prática. O caráter incontroverso dos fatos ilícitos foi indicado na petição inicial, mas desconsiderado pela Corte de origem em descompasso com a jurisprudência desta Corte: "em 18/03/2010 foi abordado o veículo MERCEDES BENZ L1620, placa DAJ-7504, trafegando na BR 365, Km 413 (Trecho Patos de Minas/Patrocínio), neste Município de Patos de Minas/MG, com excesso de 1.710 Kg no Peso Bruto Total – PBT, tendo sido lavrado o Boletim de Ocorrência n. 180320101702 e o Auto de Infração B10.933-1". XVIII – O transporte de cargas nas rodovias não é livre: submete-se a padrões previamente assentados pelo Estado por meio de normas legais e administrativas. Logo, não há direito a efetuá-lo ao talante ou conveniência do transportador, mas apenas dentro dos critérios de regência, entre eles aqueles que dispõem sobre o peso máximo para a circulação dos veículos. O comando de limite do peso vem prescrito não por extravagância ou experimento de futilidade do legislador e do administrador, mas justamente porque o sobrepeso causa danos ao patrimônio público e pode acarretar ou agravar acidentes com vítimas. Portanto, inafastável, já que gritante, a relação entre a conduta do agente e o dano patrimonial imputado. XIX – Desse modo, fica deferido o pleito indenizatório por "dano material" formulado sob essa rubrica, em quantum a ser fixado pelo Tribunal de origem, observados "parâmetros objetivos" para essa finalidade. XX – Por fim, confirma-se a existência do "dano moral coletivo" em razão de ofensa a direitos coletivos ou difusos de caráter extrapatrimonial – consumidor, ambiental, ordem urbanística, entre outros -, podendo-se afirmar que o caso em comento é de dano moral in re ipsa, ou seja, deriva do fato por si só. XXI – O dano moral coletivo, compreendido como o resultado de lesão à esfera extrapatrimonial de determinada comunidade, dá-se quando a conduta agride, de modo ilegal ou intolerável, os valores normativos fundamentais da sociedade em si considerada, a provocar repulsa e indignação na consciência coletiva (arts. 1º da Lei n. 7.347/1985, 6º, VI, do CDC e 944 do CC, bem como Enunciado n. 456 da V Jornada de Direito Civil). XXII – Entenda-se o dano moral coletivo como o de natureza transindividual que atinge classe específica ou não de pessoas. É passível de comprovação pela presença de prejuízo à imagem, a sentimento e à moral coletiva dos indivíduos como síntese das individualidades envolvidas, a partir de uma mesma relação jurídica-base. "O dano extrapatrimonial coletivo prescinde da comprovação de dor, de sofrimento e de abalo psicológico, suscetíveis de apreciação na esfera do indivíduo, mas inaplicável aos interesses difusos e coletivos" (REsp n. 1.410.698/MG, Rel. Ministro Humberto Martins, Segunda Turma, DJe 30/6/2015). XXIII – O dano moral extrapatrimonial atinge direitos de personalidade do grupo ou coletividade como realidade massificada, que a cada dia reclama mais soluções jurídicas para sua proteção. Isso não importa exigir da coletividade "dor, repulsa, indignação tal qual fosse um indivíduo isolado, pois a avaliação que se faz é simplesmente objetiva, e não personalizada, tal qual no manuseio judicial da boa-fé objetiva. Na noção inclui-se tanto o dano moral coletivo indivisível (por ofensa a interesses difusos e coletivos de uma comunidade) como o divisível (por afronta a interesses individuais homogêneos)" (REsp n. 1.574.350/SC, Rel. Ministro Herman Benjamin, Segunda Turma, julgado em 3/10/2017, DJe 6/3/2019). Nesse sentido também o precedente desta Segunda Turma: REsp n. 1.057.274, Segunda Turma, Rel. Ministra Eliana Calmon, Dje 26/2/2010. XXIV – Dessa forma, volvendo ao caso concreto, caracterizado o agir ilícito (tráfego de veículos com excesso de peso) e a vinculação normal, lógica e razoável entre o tipo de comportamento e o dano imputado, deve a empresa responder pelos prejuízos causados, os quais "derivam do próprio fato ofensivo". Segundo as regras da experiência comum, é desnecessária a comprovação pericial pela vítima. XXV – É «fato notório» (art. 374, I, do CPC) que o tráfego de veículos com excesso de peso provoca sérios «danos materiais» às vias públicas, ocasionando definhamento da durabilidade e da vida útil da camada que reveste e dá estrutura ao pavimento e ao acostamento, o que resulta em buracos, fissuras, lombadas e depressões, imperfeições no escoamento da água, tudo a ampliar custos de manutenção e de recuperação, consumindo preciosos e escassos recursos públicos. Ademais, acelera a depreciação dos veículos que utilizam a malha viária, impactando, em particular, nas condições e desempenho do sistema de frenagem da frota do embarcador/expedidor. Mais inquietante, afeta as condições gerais de segurança das vias e estradas, o que aumenta o número de acidentes, inclusive fatais. Em consequência, provoca "dano moral coletivo" consistente no agravamento dos riscos à saúde e à segurança de todos, prejuízo esse atrelado igualmente à redução dos níveis de fluidez do tráfego e de conforto dos usuários. XXVI – Por todos os argumentos acima expostos, deve-se afastar a orientação do Tribunal a quo, que afirma a impossibilidade de coexistência entre a multa de trânsito e as astreintes civis, negando em adição a existência de dano patrimonial e moral e de nexo causal. Assim, reconhecidos os danos materiais e morais coletivos (*an debeatur*), verifica-se a necessidade de devolução do feito ao juízo de origem para mensuração do *quantum debeatur*. XXVII – Nesse contexto, tendo em vista que a reprimenda civil deve ser suficiente para desestimular a conduta indesejada e considerando razoável a *ratio* do Ministério Público, que pugnou pela cominação de multa no valor de R$ 50.000,00 (cinquenta mil reais), a ser continuamente atualizada para cada veículo de carga que for flagrado transitando com excesso de peso, determina-se que sejam fixadas as astreintes, conforme pleiteado. XXVIII – Em caso análogo a este, a Segunda Turma já decidiu no sentido da existência dos danos e no dever de indenizar. (REsp n. 1.574.350/SC, Rel. Ministro Herman Benjamin, Segunda Turma, julgado em 3/10/2017, DJe 6/3/2019. Recentemente, também esta mesma Segunda Turma, à unanimidade, afastou a incidência de óbices ao conhecimento do recurso e deu provimento ao recurso especial do Ministério Público Federal relativamente a mesma questão jurídica posta nestes autos: AgInt no AREsp 1137714/MG, Rel. Ministro FRANCISCO FALCÃO, SEGUNDA TURMA, julgado em 11/06/2019, DJe 14/06/2019. XXIX – Dessa forma, deve ser dado provimento ao agravo interno para dar provimento ao recurso especial deferindo o pleito de tutela inibitória (infrações futuras), conforme os termos e patamares requeridos pelo Ministério Público Federal na petição inicial. Devolva-se o feito ao Juízo a quo a fim de que proceda à fixação dos valores dos danos materiais e morais coletivos e difusos. XXX

– Agravo interno provido. (AgInt no REsp 1701573/PE, Rel. Ministro FRANCISCO FALCÃO, SEGUNDA TURMA, julgado em 20/08/2019, DJe 02/09/2019)

◙ Responsabilidade civil. 1. Reparação por danos morais. Obra literária. Figura pública. Abuso do direito de expressão e de informação. Afronta aos direitos de personalidade

RECURSOS ESPECIAIS. RESPONSABILIDADE CIVIL. 1. REPARAÇÃO POR DANOS MORAIS. OBRA LITERÁRIA. FIGURA PÚBLICA. ABUSO DO DIREITO DE EXPRESSÃO E DE INFORMAÇÃO. AFRONTA AOS DIREITOS DE PERSONALIDADE. EXISTÊNCIA. INFORMAÇÃO INVEROSSÍMIL. EXISTÊNCIA DE *ANIMUS INJURIANDI VEL DIFFAMANDI*. 2. *QUANTUM* INDENIZATÓRIO. MÉTODO BIFÁSICO. OBSERVÂNCIA DOS PRINCÍPIOS DA PROPORCIONALIDADE E DA RAZOABILIDADE. 3. DIREITO À RETRATAÇÃO. PRINCÍPIO DA REPARAÇÃO INTEGRAL. PUBLICAÇÃO DA DECISÃO CONDENATÓRIA. POSSIBILIDADE. 4. RECURSO ESPECIAL DOS RÉUS DESPROVIDO. RECURSO ESPECIAL DO AUTOR PARCIALMENTE PROVIDO. 1. Liberdade de expressa e de informação em contraponto à proteção aos direitos da personalidade. O Superior Tribunal de Justiça estabeleceu, para situações de conflito entre tais direitos fundamentais, entre outros, os seguintes elementos de ponderação: a) o compromisso ético com a informação verossímil; b) a preservação dos chamados direitos da personalidade, entre os quais incluem-se os direitos à honra, à imagem, à privacidade e à intimidade; e c) a vedação de veiculação de crítica jornalística com intuito de difamar, injuriar ou caluniar a pessoa (*animus injuriandi vel diffamandi*). 1.1. A princípio, não configura ato ilícito as publicações que narrem fatos verídicos ou verossímeis, embora eivados de opiniões severas, irônicas ou impiedosas, sobretudo quando se trate de figuras públicas que exerçam atividades tipicamente estatais, gerindo interesses da coletividade, e a notícia e a crítica referirem-se a fatos de interesse geral relacionados à atividade pública desenvolvida pela pessoa noticiada. 1.2. Não obstante a liberdade de expressão seja prevalente, atraindo verdadeira excludente anímica, ela não é absoluta, devendo ser balizada pelos demais direitos e princípios constitucionais. Comprovado, na espécie, que o autor do livro ultrapassou a informação de cunho objetivo, deve preponderar os direitos da personalidade. Dano moral configurado. 2. O valor estabelecido pelas instâncias ordinárias a título de danos morais somente deve ser revisto por esta Corte Superior nas hipóteses em que a condenação se revelar irrisória ou excessiva, em desacordo com os princípios da razoabilidade e da proporcionalidade. No caso, a tríplice função da indenização por danos morais e o método bifásico de arbitramento foram observados, de acordo com a gravidade e a lesividade do ato ilícito, de modo que é inviável sua redução. 3. O direito à retratação e ao esclarecimento da verdade possui previsão na Constituição da República e na Lei Civil, não tendo sido afastado pelo Supremo Tribunal Federal no julgamento da ADPF 130/DF. O princípio da reparação integral (arts. 927 e 944 do CC) possibilita o pagamento da indenização em pecúnia e in natura, a fim de se dar efetividade ao instituto da responsabilidade civil. 3.1. Violada a expectativa legítima, cabe à jurisdição buscar a pacificação social, podendo o Magistrado determinar a publicação da decisão condenatória nas próximas edições do livro. 4. Recurso especial dos réus desprovido. Recurso especial do autor parcialmente provido. (REsp 1771866/

DF, Rel. Ministro MARCO AURÉLIO BELLIZZE, TERCEIRA TURMA, julgado em 12/02/2019, DJe 19/02/2019)

◙ Processual civil e administrativo. Indenização por danos morais. Corte no serviço de abastecimento de água. Dívidas pretéritas.

PROCESSUAL CIVIL E ADMINISTRATIVO. INDENIZAÇÃO POR DANOS MORAIS. CORTE NO SERVIÇO DE ABASTECIMENTO DE ÁGUA. DÍVIDAS PRETÉRITAS. TRIBUNAL DE ORIGEM ASSENTOU A CONFIGURAÇÃO DO ATO ILÍCITO. APLICAÇÃO DA SÚMULA 83/STJ. ALEGADA VIOLAÇÃO DOS ARTS. 40 DA LEI 11.445/07; 186, 407, 927 E 944, DO CÓDIGO CIVIL E 4º DA LEI 8.177/1991. AUSÊNCIA DE PREQUESTIONAMENTO. SÚMULA 211/STJ. REDUÇÃO DO QUANTUM INDENIZATÓRIO. IMPOSSIBILIDADE NA ESPÉCIE. SÚMULA 7/STJ. 1. O Superior Tribunal de Justiça entende ser inviável o conhecimento do Recurso Especial quando os artigos tidos por violados não foram apreciados pelo Tribunal a quo, a despeito da oposição de Embargos de Declaração, haja vista a ausência do requisito do prequestionamento. Incide, na espécie, a Súmula 211/STJ. 2. O Tribunal de origem, com base no conjunto fático-probatório dos autos, assentou: "Além disso, conforme se infere dos autos de processo, a suspensão do fornecimento de água se deu por conta pretérita. A própria ré afirmou que o débito inadimplido se refere ao consumo do mês de janeiro de 2016 (f. 239) e o corte ocorreu apenas em abril de 2016. Nessa hipótese, a suspensão do serviço configura abuso de direito, vedado pelo ordenamento jurídico em vigor (art. 187 do Código Civil1). Isso porque a ré deixou de considerar a finalidade social do serviço e excedeu seu direito subjetivo quando se utilizou da interrupção como ferramenta para receber dívida pretérita. Por isso, embora seja regular a cobrança, a conduta da empresa ré é passível de indenização." (fls. 331-332, e-STJ). 3. Para modificar o entendimento firmado no acórdão recorrido, aferindo o cálculo do quantum de indenização por dano moral decorrente da suspensão do fornecimento de água, seria necessário exceder as razões colacionadas no acórdão vergastado, o que demanda incursão no contexto fático-probatório dos autos, vedada em Recurso Especial, conforme Súmula 7/STJ. 4. O STJ consolidou que o valor da indenização por dano material e moral só pode ser alterado nesta instância quando se mostrar ínfimo ou exagerado, o que não ocorreu *in casu*. A indenização por danos morais foi fixada no montante de 5.000,00 (cinco mil reais) a cada autor. 5. Recurso Especial não conhecido. (REsp 1739118/MS, Rel. Ministro HERMAN BENJAMIN, SEGUNDA TURMA, julgado em 21/06/2018, DJe 20/11/2018)

◙ O comportamento da Autora constitui ilícito passível de ressarcimento, seja pela omissão em informar a quitação da dívida, seja por, mesmo satisfeita a obrigação, requerer o bloqueio do veículo

CIVIL. RESPONSABILIDADE CIVIL. DANO MORAL. Ação de busca e apreensão extinta pela quitação do débito. Reconvenção com pedido indenizatório fundada na demora indevida da lide. Rejeita-se a preliminar de nulidade da sentença porque proferida em sintonia com o artigo 489 do Código de Processo Civil, contendo suficiente fundamentação. O exercício do direito de ação não consubstancia ato ilícito capaz de gerar direito a reparar danos se exercido nos limites das leis e da Constituição Federal. A prova dos autos revela que o Réu quitou o débito quatro dias após o ajuizamento da ação e o Autor só informou o pagamento em juízo passados mais de um ano e meio, e antes requereu o bloqueio do veículo no RENAJUD, deferido pelo juízo. O comportamento da Autora constitui ilícito passível de ressarcimento, seja pela omissão em informar a quitação da dívida, seja por, mesmo satisfeita a obrigação, requerer o bloqueio do veículo. Assim, deve indenizar os danos impostos ao Réu. Manifesto o dano moral não só pela angústia e desconforto do Réu com o bloqueio no direito de uso do carro, mas também pelo tempo perdido para solucionar os problemas gerados pela má prestação do serviço da Ré ¿ aplicação da Teoria do Desvio Produtivo adotado no E. Superior Tribunal de Justiça. O valor da reparação observa o evento lesivo, a capacidade das partes, a potencialidade do dano e sua repercussão, sem perder de norte o princípio da razoabilidade. Recurso provido. (Processo: APL 0002458-25.2015.8.19.0045 – Órgão Julgador: QUINTA CÂMARA CÍVEL – Julgamento: 26 de Novembro de 2019 – Relator: Des(a). HENRIQUE CARLOS DE ANDRADE FIGUEIRA)

◙ O inadimplemento de obrigação contratual, por si só, não acarreta dano moral, o qual pressupõe ofensa anormal à personalidade

RESPONSABILIDADE CIVIL. DANO MORAL. INADIMPLEMENTO CONTRATUAL. INOCORRÊNCIA. O inadimplemento de obrigação contratual, por si só, não acarreta dano moral, o qual pressupõe ofensa anormal à personalidade. (Processo: AC 10672100145354001 MG – Publicação: 01/11/2019 – Julgamento: 22 de Outubro de 2019 – Relator: Cabral da Silva)

◙ Para a pessoa jurídica, o dano moral é fenômeno distinto daquele relacionado à pessoa natural.

"Para a pessoa jurídica, o dano moral é fenômeno distinto daquele relacionado à pessoa natural. Não se aceita, assim, o dano moral em si mesmo, isto é, como uma decorrência intrínseca à existência de ato ilícito. Necessidade de demonstração do prejuízo extrapatrimonial" (STJ-3ª T., REsp 1.497.313, Min. Nancy Andrighi, j. 7.2.17, DJ 10.2.17).

◙ Despedida injusta. Trabalhador acusado de furto.

A empresa tem de indenizar o empregado demitido injustamente, reparando o dano moral e o patrimonial. Acusado de furto, o funcionário foi demitido. Foi levado à polícia sob as vistas de todos os colegas. Aberto inquérito, as investigações conduzem à inocência do empregado e o MP requer o arquivamento do inquérito policial, sob fundamento na flagrante inocência do indiciado. Proposta ação de indenização, foi julgado procedente o pedido. Condenação mantida (STJ, REsp 182093-RO, rel. Min. Waldemar Zveiter, v.u., j. 13.2.2001, DJU 9.4.2001).

◙ Imagem e honra das pessoas.

A agressão aos bens imateriais configura prejuízo moral. São invioláveis a honra e a imagem das pessoas, assegurado o direito à indenização pelo dano material ou moral consequente à sua violação (STJ, 2.ª T., REsp 37374-MG, rel. Min. Hélio Mosimann, j. 28.9.1994, DJU 24.10.1994, p. 28737).

■ **Suspeita de furto.**

Abordagem de cliente em estabelecimento comercial [empresarial]. Constitui dano moral o sentimento de humilhação que experimenta a cliente ao ser abordada como suspeita da prática de furto no interior de estabelecimento comercial, e obrigada a submeter-se a estrepitosas e vexatórias "revistas"; tanto mais porque a causa do disparo do alarme deveu-se apenas à circunstância de uma etiqueta de segurança, caída ao chão, colar-se na sola de seu sapato (TJRJ, 13.ª Câm., AC 9900111034-RJ, rel. Des. Nametala Jorge, v.u., j. 28.10.1999, BolAASP 2208/380).

■ **Dano moral. Arbitramento. Avaliação do todo publicado.**

Fixado o valor do dano moral em função de todo o conjunto de publicações que atingiram a moral do autor, as quais aconteceram durante longo espaço de tempo com maior e menor carga ofensiva, e às quais ele reagiu judicialmente apenas após a última, razoável a adoção de critério intermediário ao do STJ 54 para o cômputo dos juros moratórios, que retrata mais fielmente a situação fático-jurídica que emerge dos autos. Em tais circunstâncias, os juros de mora fluirão a partir de abril de 1994, data intermediária entre a primeira e a última lesão (STJ, 3.ª T., REsp 219293-RJ, rel. Min. Waldemar Zveiter, rel. p/ acórdão Min. Aldir Passarinho Júnior, m.v., j. 12.12.2000, DJU 18.6.2001).

■ **Dano moral. Ilícito absoluto. Indenização Limitação do *quantum* pela LImp. Inadmissibilidade.**

"Toda limitação, prévia e abstrata, ao valor de indenização por dano moral, objeto de juízo de equidade, é incompatível com o alcance da indenizabilidade irrestrita assegurada pela atual Constituição da República. Por isso já não vige o disposto no LImp 52, o qual não foi recebido pelo ordenamento jurídico vigente" (STF, 2.ª T., RE 447584-7-RJ, rel. Min. Cezar Peluso, j. 28.11.2006, v.u.). No mesmo sentido: STJ 281. O STF julgou procedente a ADPF 130 (DOU e DJE 12.5.2009) para o fim de declarar a LImp não recepcionada pela CF.

Súmula nº 403 do STJ: "Independe de prova do prejuízo a indenização pela publicação não autorizada de imagem de pessoa com fins econômicos ou comerciais".

■ **Enunciado 189 do CEJ: "Na responsabilidade civil por dano moral causado à pessoa jurídica, o fato lesivo, como dano eventual, deve ser devidamente demonstrado".**

Súmula nº 281 do STJ: "A indenização por dano moral não está sujeita à tarifação prevista na Lei de Imprensa".

Súmula nº 370 do STJ: "Caracteriza dano moral a apresentação antecipada de cheque pré-datado".

Súmula nº 387 do STJ: "É lícita a cumulação das indenizações de dano estético e dano moral".

Súmula nº 388 do STJ: "A simples devolução indevida de cheque caracteriza dano moral".

Súmula nº 362 do STJ: "A correção monetária do valor da indenização do dano moral incide desde a data do arbitramento".

Súmula nº 420 do STJ: "Incabível, em embargos de divergência, discutir o valor de indenização por danos morais".

Súmula nº 498 do STJ: "Não incide imposto de renda sobre a indenização por danos morais".

Enunciado 159 do CEJ: "O dano moral, assim compreendido todo o dano extrapatrimonial, não se caracteriza quando há mero aborrecimento inerente a prejuízo material".

A indenização a título de danos morais deve ser suficiente para reparar o dano sofrido, sem ensejar o enriquecimento sem causa da parte lesada.

EMENTA – RESPONSABILIDADE CIVIL. DANOS MORAIS. QUANTUM INDENIZATÓRIO. RAZOABILIDADE. 1. A indenização a título de danos morais deve ser suficiente para reparar o dano sofrido, sem ensejar o enriquecimento sem causa da parte lesada. 2. Arbitrada em patamar razoável, não discrepante dos padrões adotados pelo Tribunal para casos semelhantes, deve ser mantida a reparação por danos morais na quantia fixada pela sentença. 3. Apelo conhecido e desprovido. Unanimidade. (Processo: AC 0005609-83.2016.8.10.0022 MA 0206582019 – Órgão Julgador: QUARTA CÂMARA CÍVEL – Publicação: 30/09/2019 00:00:00 – Julgamento: 17 de Setembro de 2019 – Relator: PAULO SÉRGIO VELTEN PEREIRA)

Ação de responsabilidade civil. Danos morais. Violação de bagagem. Furto.

AÇÃO DE RESPONSABILIDADE CIVIL. DANOS MORAIS E MATERIAIS. VIOLAÇÃO DE BAGAGEM. FURTO. Demanda indenizatória por danos morais e materiais, fundada em falha no serviço de companhia aérea. Autora que alegou ter tido sua bagagem despachada violada, com o furto de pertences, em retorno de viagem internacional. Sentença de procedência parcial. Condenação da Ré ao ressarcimento dos danos morais. Afastamento da condenação por danos materiais, por ausência de comprovação. Apelação da parte Autora objetivando a condenação da Ré ao pagamento de reparação pelos danos materiais sofridos. Apelante que não fez prova mínima da aquisição dos produtos, que teriam sido retirados de suas bagagens despachadas. Dano material não comprovado. Manutenção da sentença. Recurso conhecido e desprovido. (Processo: APL 0010308-68.2015.8.19.0001 – Órgão Julgador: DÉCIMA NONA CÂMARA CÍVEL – Julgamento: 12 de Novembro de 2019 – Relator: Des(a). LÚCIO DURANTE)

RG -STF- Direito ao esquecimento.

Veiculação de programa televisivo que aborda crime ocorrido há várias décadas. Ação indenizatória proposta por familiares da vítima. Alegados danos morais. Debate acerca da harmonização dos princípios constitucionais da liberdade de expressão e do direito à informação com aqueles que protegem a dignidade da pessoa humana e a inviolabilidade da honra e da intimidade. Presença de repercussão geral (STF, Pleno, RE 833248-RJ [análise da repercussão geral], rel. Min. Dias Toffoli, j. 11.12.2014, DJUE 20.2.2015).

◙ O exercício do direito de ação não consubstancia ato ilícito capaz de gerar direito a reparar danos, se exercido no limite das leis e da Constituição Federal.

CIVIL. RESPONSABILIDADE CIVIL. DANO MORAL POR IMPUTAÇÃO FALSA DE CRIME. Ação indenizatória fundada na falsa imputação ao Autor do crime de ameaça. A lei considera ato lícito a informação sobre o cometimento de algum crime para a autoridade policial, e o Autor tinha razões suficientes para comunicar a ameaça tendo em vista o comportamento do Réu ao confundi-lo com terceiro, o que perdurou por anos mesmo depois de o Juiz em audiência pesquisar e informar o engano do Réu. Na responsabilidade civil somente existe o dever de indenizar no caso de demonstrada a ilicitude do ato. A comunicação de delito para a autoridade policial por si só não configura ilícito, exceto se comprovada a intenção lesiva do comunicante. Assim, seria imprescindível que o Réu provasse a culpa do Autor pela comunicação do crime de ameaça com a intenção de o prejudicar, mas esta prova não veio aos autos. O exercício do direito de ação não consubstancia ato ilícito capaz de gerar direito a reparar danos, se exercido no limite das leis e da Constituição Federal. Recurso provido. (Processo: APL 0005035-78.2015.8.19.0205 – Órgão Julgador: QUINTA CÂMARA CÍVEL – Julgamento: 16 de Abril de 2019 – Relator: Des(a). HENRIQUE CARLOS DE ANDRADE FIGUEIRA)

◙ Agressão sofrida por médico enquanto prestava serviço em estabelecimento do próprio Município

RESPONSABILIDADE CIVIL. DANO MORAL. Preliminar de ilegitimidade passiva que se afasta. Agressão sofrida por médico enquanto prestava serviço em estabelecimento do próprio Município. Culpa concorrente evidenciada. "Quantum" mitigado. Sentença reformada em parte. Tema 810 que deve ser observado. Recursos conhecidos. Dá-se parcial provimento ao apelo da ré e nega-se provimento ao recurso da autora, com determinação. (Processo: AC 1033324-88.2015.8.26.0114 SP 1033324-88.2015.8.26.0114 – Órgão Julgador: 2ª Câmara de Direito Público – Publicação: 24/09/2019 – Julgamento: 24 de Setembro de 2019 – Relator: Vera Angrisani)

◙ Demonstrado pela prova dos autos que a demandada utilizou-se do telefone de colega de trabalho do autor para cobrar uma dívida, impõe-se o reconhecimento da ilicitude da conduta da demandada e o dever indenizar pelo dano moral.

RESPONSABILIDADE CIVIL. DANO MORAL. COBRANÇA VEXATÓRIA. Demonstrado pela prova dos autos que a demandada utilizou-se do telefone de colega de trabalho do autor para cobrar uma dívida, impõe-se o reconhecimento da ilicitude da conduta da demandada e o dever indenizar pelo dano moral. O valor do dano moral deve ser estabelecido de maneira a compensar a lesão causada em direito da personalidade e com atenção aos princípios da proporcionalidade e da razoabilidade. Manutenção do valor da indenização fixado pela sentença, pois adequado ao caso concreto Apelações não providas. (Apelação Cível Nº 70079846259, Décima Câmara Cível, Tribunal de Justiça do RS, Relator: Marcelo Cezar Muller, Julgado em 13/12/2018).

◙ Fraude, transferência de infrações de trânsito a terceiro de boa-fé que jamais dirigiu veículo com o qual elas foram cometidas. Artigos 186 e 927 do Código Civil. Ato ilícito. Dano moral configurado.

RESPONSABILIDADE CIVIL. DANOS MORAIS. Fraude, transferência de infrações de trânsito a terceiro de boa-fé que jamais dirigiu veículo com o qual elas foram cometidas. Artigos 186 e 927 do Código Civil. Ato ilícito. Dano moral configurado. Preenchimento dos requisitos legais indenizatórios. *Quantum debeatur* proporcional ao dano sofrido. Fixação de honorários advocatícios que deve corresponder a percentual sobre o valor da condenação. Sentença parcialmente reformada. Recurso parcialmente provido. (Processo: AC 1012036-58.2017.8.26.0100 SP 1012036-58.2017.8.26.0100 – Órgão Julgador: 3ª Câmara de Direito Privado – Publicação: 20/09/2019 – Julgamento: 20 de Setembro de 2019 – Relator: Maria Salete Corrêa Dias)

◙ Comprovado que o fornecimento do serviço de caráter contínuo e essencial se realizava de forma intermitente, impõe-se o dever de indenizar

RESPONSABILIDADE CIVIL. DANO MORAL. SERVIÇO DE ABASTECIMENTO DE ÁGUA PRESTADO DE FORMA INTERMITENTE. DANO MORAL. 1- Ainda que se lhe atribua a natureza jurídica de preço, a cobrança do serviço público de água prestado por concessionária subordina-se à sua disponibilidade ou efetiva prestação, cuja inexistência a desautoriza. 2- Comprovado que o fornecimento do serviço de caráter contínuo e essencial se realizava de forma intermitente, impõe-se o dever de indenizar. 3- Dano moral *in re ipsa*, cuja verba deve ser fixada em patamar compatível com os princípios da razoabilidade e da proporcionalidade, bem como ao caráter punitivo-pedagógico. (Processo: APL 0090503-84.2008.8.19.0001 – Órgão Julgador: DÉCIMA NONA CÂMARA CÍVEL – Julgamento: 13 de Agosto de 2019 – Relator: Des(a). MILTON FERNANDES DE SOUZA)

◙ Poder-dever de apurar eventual infração disciplinar. Exercício regular de direito. Não cabimento de danos morais.

RESPONSABILIDADE CIVIL. DANO MORAL. Instauração de "Investigação Preliminar" para apuração de denúncia de prática de abuso de poder por policiais militares durante evento festivo realizado na Comarca de Santa Branca. Posterior arquivamento por falta de provas. Pleito de indenização por dano moral em face dos requeridos que comunicaram os fatos e postularam a apuração. Não cabimento. Ausência de ilicitude na conduta dos réus. Poder-dever de apurar eventual infração disciplinar. Exercício regular de direito. Arquivamento da investigação que não dá ensejo a indenização. Ausência de prova de má fé ou dolo na comunicação realizada. Improcedência da ação mantida. Recurso improvido. (Processo: AC 1006954-86.2016.8.26.0292 SP 1006954-86.2016.8.26.0292 – Órgão Julgador: 2ª Câmara de Direito Público – Publicação: 05/09/2019 – Julgamento: 5 de Setembro de 2019 – Relator: Claudio Augusto Pedrassi)

◙ Laudo do IML que constatou a existência de escoriações em membro superior esquerdo e lábio da autora. Autor que é menor de idade e presenciou as agressões do réu contra sua mãe. Danos morais configurados.

RESPONSABILIDADE CIVIL. DANOS MORAIS. Autores que alegam terem sido vítimas de agressões físicas praticadas pelo réu. Réu que afirmou em seu depoimento pessoal ter "colocado a mão no ombro da autora", para impedi-la de deixar o recinto, e negou qualquer agressão ao autor, menor de idade. Prova testemunhal que confirmou a existência de hematomas na autora após a discussão com o réu. Laudo do IML que constatou a existência de escoriações em membro superior esquerdo e lábio da autora. Autor que é menor de idade e presenciou as agressões do réu contra sua mãe. Danos morais configurados. Quantum fixado em R$2.000,00 para cada autor, ante as condições financeiras das partes. Sentença reformada para julgar procedente a ação, invertendo-se o ônus da sucumbência. Honorários fixados em 15% do valor da condenação. Recurso provido. (Processo: AC 1013540-92.2018.8.26.0576 SP 1013540-92.2018.8.26.0576 – Órgão Julgador: 5ª Câmara de Direito Privado – Publicação: 18/10/2019 – Julgamento: 18 de Outubro de 2019 – Relator: Fernanda Gomes Camacho)

◙ Aquisição de produto alimentício contendo "fio de cabelo" no interior da embalagem – Ausente a ingestão do produto – Não caracterizados os danos morais

RESPONSABILIDADE CIVIL – DANOS MORAIS – Aquisição de produto alimentício contendo "fio de cabelo" no interior da embalagem – Ausente a ingestão do produto – Não caracterizados os danos morais – SENTENÇA DE IMPROCEDÊNCIA, condenando a Autora ao pagamento das custas e despesas processuais e honorários advocatícios (fixados em 20% do valor da causa – a que foi atribuído o valor de R$ 10.000,00), observada a gratuidade processual – RECURSO DA AUTORA IMPROVIDO. (Processo: AC 1006443-83.2018.8.26.0077 SP 1006443-83.2018.8.26.0077 – Órgão Julgador: 35ª Câmara de Direito Privado – Publicação: 08/05/2019 – Julgamento: 8 de Maio de 2019 – Relator: Flavio Abramovici)

◙ Prisão indevida em virtude de crime praticado por terceira pessoa. Falta de cautela na efetivação da prisão, na instrução criminal e nos demais atos processuais, quanto à identidade do autor do fato. Nexo causal suficientemente comprovado. Danos Morais

RESPONSABILIDADE CIVIL. DANO MORAL. Responsabilidade civil do Estado. Prisão indevida em virtude de crime praticado por terceira pessoa. Falta de cautela na efetivação da prisão, na instrução criminal e nos demais atos processuais, quanto à identidade do autor do fato. Nexo causal suficientemente comprovado. DANOS MORAIS. Dano moral *in re ipsa*. Indenização que deve ser reduzida, em face do contexto fático. Sentença alterada neste aspecto. CORREÇÃO MONETÁRIA E JUROS DE MORA. Cálculo que deve ocorrer conforme o julgado pelo STF no tema 810 (RExtr. nº 870947/SE). Recurso parcialmente provido. (Processo: AC 0002878-45.2014.8.26.0538 SP

0002878-45.2014.8.26.0538 – Órgão Julgador: 2ª Câmara de Direito Público – Publicação: 13/06/2019 – Julgamento: 13 de Junho de 2019 – Relator: Claudio Augusto Pedrassi)

◙ Tratamento de saúde – Descolamento de retina – Necessidade de cirurgia – Perda da visão do olho direito – Omissão da Administração – Descumprimento de decisão judicial de antecipação de tutela – Negligência – Dano moral verificado

APELAÇÃO – RESPONSABILIDADE CIVIL – DANO MORAL – Tratamento de saúde – Descolamento de retina – Necessidade de cirurgia – Perda da visão do olho direito – Omissão da Administração – Descumprimento de decisão judicial de antecipação de tutela – Negligência – Dano moral verificado – Valor da indenização razoável e proporcional – Sentença procedência mantida – Apelações desprovidas. (Processo: AC 0001809-53.2014.8.26.0416 SP 0001809-53.2014.8.26.0416 – Órgão Julgador: 4ª Câmara de Direito Público – Publicação: 16/05/2019 – Julgamento: 13 de Maio de 2019 – Relator: Ana Liarte)

◙ Declarada a inexistência do débito em ação anterior, a inscrição do nome da parte autora nos cadastros de inadimplentes é ilegítima, sendo caso de dano moral puro, passível de indenização, independente de comprovação do dano efetivo.

RESPONSABILIDADE CIVIL. DANO MORAL. INSCRIÇÃO EM CADASTRO DE INADIMPLENTES. DÍVIDA INEXISTENTE. Declarada a inexistência do débito em ação anterior, a inscrição do nome da parte autora nos cadastros de inadimplentes é ilegítima, sendo caso de dano moral puro, passível de indenização, independente de comprovação do dano efetivo. Dano *in re ipsa*. O valor do dano moral deve ser estabelecido de maneira a compensar a lesão causada em direito da personalidade e com atenção aos princípios da proporcionalidade e da razoabilidade. Apelação provida. (Apelação Cível Nº 70080409675, Décima Câmara Cível, Tribunal de Justiça do RS, Relator: Marcelo Cezar Muller, Julgado em 28/03/2019).

◙ Notícia falsa veiculada pelo réu em rede social que repercutiu sobre a honra pessoal e profissional do autor.

RESPONSABILIDADE CIVIL. DANOS MORAIS. Notícia falsa veiculada pelo réu em rede social que repercutiu sobre a honra pessoal e profissional do autor. Réu que não nega a prática do ato. Dano moral configurado. Valor da indenização mantido em R$40.000,00, ante as circunstâncias fáticas. Sentença mantida. Honorários majorados. Recurso não provido, com observação. (Processo: AC 1112647-19.2017.8.26.0100 SP 1112647-19.2017.8.26.0100 – Órgão Julgador: 5ª Câmara de Direito Privado – Publicação: 14/03/2019 – Julgamento: 13 de Março de 2019 – Relator: Fernanda Gomes Camacho)

◙ Comprovada a ausência do fornecimento do serviço de caráter contínuo e essencial, impõe-se o dever de indenizar.

RESPONSABILIDADE CIVIL. DANO MORAL. SERVIÇO DE ABASTECIMENTO DE ÁGUA PRESTADO DE FORMA INTERMITENTE. DANO MORAL. 1- Ainda que se lhe atribua a natureza jurídica de preço, a cobrança do serviço público de água prestado por concessionária subordina-se à sua disponibilidade ou efetiva prestação, cuja inexistência a desautoriza. 2- Comprovada a ausência do fornecimento do serviço de caráter contínuo e essencial, impõe-se o dever de indenizar. 3- Dano moral *in re ipsa*, cuja verba deve ser fixada em patamar compatível com os princípios da razoabilidade e da proporcionalidade, bem como ao caráter punitivo-pedagógico. 4 - Recurso a que se nega provimento com majoração dos honorários advocatícios de sucumbência para 12% (doze por cento) do valor da condenação, nos termos do art. 85, § 11º, do CPC/2015. (Processo: APL 0057669-48.2010.8.19.0004 - Órgão Julgador: DÉCIMA NONA CÂMARA CÍVEL - Julgamento: 6 de Agosto de 2019 - Relator: Des(a). MILTON FERNANDES DE SOUZA)

■ **Movimentação na conta corrente da Autora - Operação não reconhecida - Aplicação do Código de Defesa do Consumidor - Falha na prestação dos serviços - Responsabilidade do Réu configurada - Caracterização dos danos morais**

RESPONSABILIDADE CIVIL - DANOS MORAIS - Movimentação na conta corrente da Autora - Operação não reconhecida - Aplicação do Código de Defesa do Consumidor - Falha na prestação dos serviços - Responsabilidade do Réu configurada - Caracterização dos danos morais - Aborrecimentos e transtornos decorrentes da movimentação fraudulenta na conta corrente - Dano moral "in re ipsa" - Indenização devida - Fixação em R$8.760,00 - Recurso provido. (Processo: 1060313-08.2017.8.26.0100 SP 1060313-08.2017.8.26.0100 - Órgão Julgador: 19ª Câmara de Direito Privado - Publicação: 27/07/2018 - Julgamento: 27 de Julho de 2018 - Relator: Mario de Oliveira)

■ **O valor do dano moral deve ser estabelecido de maneira a compensar a lesão causada em direito da personalidade e com atenção aos princípios da proporcionalidade e da razoabilidade.**

RESPONSABILIDADE CIVIL. DANO MORAL. INSCRIÇÃO EM CADASTRO DE INADIMPLENTES. DÍVIDA INEXISTENTE. Inscrição indevida por ausência de contratação. O valor do dano moral deve ser estabelecido de maneira a compensar a lesão causada em direito da personalidade e com atenção aos princípios da proporcionalidade e da razoabilidade. Mantido o valor fixado pela sentença. Apelação não provida. (Apelação Cível Nº 70079681862, Décima Câmara Cível, Tribunal de Justiça do RS, Relator: Marcelo Cezar Muller, Julgado em 13/12/2018).

■ **Anotação indevida em cadastros de inadimplentes relativa a distribuição de execução em face de homônima da autora.**

RESPONSABILIDADE CIVIL. DANO MORAL. Alegação de anotação indevida em cadastros de inadimplentes relativa a distribuição de execução em face de homônima da autora. Sentença de improcedência, com consequente apelo da autora. Falha na prestação de serviços pelas apeladas que ignoraram a distinção do CPF informado naquela demanda e reproduziram a pendência em desfavor da apelante. Dano moral configurado 'in re ipsa'. Recurso provido para julgar procedente a ação, de maneira a determinar a exclusão das anotações discutidas no número de CPF da apelante, bem como para condenar as apeladas a pagarem indenização por dano moral à recorrente no valor de R$ 15.000,00 (quinze mil reais). (Processo: AC 1010682-89.2017.8.26.0005 SP 1010682-89.2017.8.26.0005 – Órgão Julgador: 15ª Câmara de Direito Privado – Publicação: 04/06/2019 – Julgamento: 28 de Maio de 2019 – Relator: JAIRO BRAZIL FONTES OLIVEIRA)

◙ Contrato de transporte aéreo. Atraso de voo. Falha de serviço evidenciada. Sentença de procedência do pedido de reparação moral

RESPONSABILIDADE CIVIL. DANO MORAL. Contrato de transporte aéreo. Atraso de voo. Falha de serviço evidenciada. Sentença de procedência do pedido de reparação moral. Indenização mantida. Pedido de redução. Inadmissibilidade. Valor razoável e compatível com a ofensa. Sentença mantida. JUROS DE MORA. Termo inicial a partir da citação. Responsabilidade contratual. Inteligência dos artigos 240 do CPC e 405 do CC. Sentença mantida. RECURSO NÃO PROVIDO. (Processo: 1032907-75.2018.8.26.0100 SP 1032907-75.2018.8.26.0100 – Órgão Julgador: 38ª Câmara de Direito Privado – Publicação: 27/07/2018 – Julgamento: 25 de Julho de 2018 – Relator: Fernando Sastre Redondo)

◙ Carro de compra adaptado com cadeirinha de bebês. Quebra do suporte da cadeirinha, causando múltiplos ferimentos na boca do menor

RESPONSABILIDADE CIVIL. DANO MORAL. EXTRA HIPERMERCADO. Carro de compra adaptado com cadeirinha de bebês. Quebra do suporte da cadeirinha, causando múltiplos ferimentos na boca do menor. Denunciação à lide da seguradora ACE. Sentença a quo que julgou parcialmente procedente o pedido. Condenação da ré ao pagamento de danos morais no valor de R$ 12.000,00 (doze mil reais) para cada autor, computando-se correção monetária desde a sentença e juros de 1% ao mês desde a citação. Condenação da seguradora litisdenunciada a ressarcir a ré das despesas efetuadas, nos limites do contrato de seguro. Apelos das rés pela improcedência do pedido ao argumento de culpa exclusiva dos pais do menor e, eventualmente, pela redução do dano moral. Manutenção do decisum. Relação de consumo. Responsabilidade objetiva. Inteligência do art. 14, caput, do CDC. Inexistência das excludentes previstas no § 3º, inciso II, do art. 14, da lei 8.078 /90. Não comprovação da culpa exclusiva da vítima. *In casu*, a parte autora demonstrou o fato constitutivo do direito invocado, em total cumprimento ao art. 373, I, do CPC, sendo certo que a parte ré, em nenhum momento, se incumbiu de provar qualquer fato impeditivo, modificativo ou extintivo da pretensão autoral, quando tal ônus lhe cabia (art. 373, II, CPC). Verba moral fixada com razoabilidade e proporcionalidade. Em contrato de seguro em que a apólice prevê cobertura por danos pessoais, compreendem-se nesta expressão os danos morais. Precedentes do STJ. Juros corretamente fixados em 1% ao mês desde a citação, computando-se correção monetária desde a data da sentença (Súmulas 97 TJRJ e 362 do STJ). APELOS CONHECIDOS E DESPROVIDOS. (Processo: APL 0006039-97.2015.8.19.0061 – Órgão Julgador: DÉCIMA NONA CÂMARA CÍVEL – Julgamento: 12 de Março de 2019 – Relator: Des(a). FERDINALDO DO NASCIMENTO)

◙ Esvaziamento de conta bancária e realização de cobranças indevidas

RESPONSABILIDADE CIVIL - DANO MORAL - OPERAÇÕES FRAUDULENTAS - Pretensão de reforma do capítulo da sentença que julgou improcedente pedido de indenização por dano moral - Cabimento - Hipótese em que, declarada a inexistência do débito, verifica-se a ocorrência da dano moral - Esvaziamento de conta bancária e realização de cobranças indevidas - Dano moral arbitrado em R$3.000,00 (três mil reais), valor que se mostra consentâneo com o patamar adotado em outros casos análogos, já julgados por esta Colenda 13ª Câmara de Direito Privado - RECURSO PROVIDO, POR MAIORIA DE VOTOS. (Processo: AC 1003147-89.2017.8.26.0529 SP 1003147-89.2017.8.26.0529 - Órgão Julgador: 13ª Câmara de Direito Privado - Publicação: 03/04/2019 - Julgamento: 2 de Abril de 2019 - Relator: Ana de Lourdes Coutinho Silva da Fonseca)

◙ Médico que afirmou no documento de alta e em atestado médico que o autor era portador de neoplasia quando ainda não concluído a totalidade dos exames revela conduta negligente.

RESPONSABILIDADE CIVIL. DANO MORAL. CARACTERIZAÇÃO. 1.- A circunstância do médico ter afirmado no documento de alta e em atestado médico que o autor era portador de neoplasia quando ainda não concluído a totalidade dos exames revela conduta negligente. 2.- Informações demasiadamente importantes para o paciente e seus familiares que não podem ser produzidas sem certeza de sua existência. 3.- Sofrimento do paciente e de seus familiares capazes de permitir a caracterização de dano moral direto e por via reflexa. 4.- Dano moral direto fixado em R$8.000,00 e o reflexo em R$4.000,00, valores que permitem atender a dupla finalidade da condenação. Recurso parcialmente provido. (Apelação Cível Nº 70077846434, Nona Câmara Cível, Tribunal de Justiça do RS, Relator: Eduardo Kraemer, Julgado em 26/06/2018).

◙ Correspondência de conteúdo ofensivo enviada pela filha menor da ré à residência dos autores.

RESPONSABILIDADE CIVIL. DANO MORAL. Correspondência de conteúdo ofensivo enviada pela filha menor da ré à residência dos autores. Sentença de procedência. Apelo dos autores, postulando a majoração do quantum indenizatório. Correspondência fechada cujo conteúdo foi acessado apenas pelos autores. Situação vexatória pública ocasionada pelos próprios autores, que levaram o ocorrido ao conhecimento de terceiros. Quantum indenizatório arbitrado em consonância com a extensão do dano e a condição social das partes, não comportando majoração. Recurso desprovido. (Processo: AC 1006512-93.2017.8.26.0322 SP 1006512-93.2017.8.26.0322 - Órgão Julgador: 7ª Câmara de Direito Privado - Publicação: 28/03/2019 - Julgamento: 28 de Março de 2019 - Relator: Mary Grün)

◙ Responsabilidade civil do Estado. Prisão indevida em virtude de crime praticado por terceira pessoa. Falta de cautela na efetivação da prisão, na instrução criminal e nos demais atos processuais, quanto a identidade do autor do fato.

RESPONSABILIDADE CIVIL. DANO MORAL. Responsabilidade civil do Estado. Prisão indevida em virtude de crime praticado por terceira pessoa. Falta de cautela na efetivação da prisão, na instrução criminal e nos demais atos processuais, quanto a identidade do autor do fato. Nexo causal suficientemente comprovado. Dano moral *in re ipsa*. Indenização que deve ser majorada, em face do contexto fático. CORREÇÃO MONETÁRIA E JUROS DE MORA. Cálculo que deve ocorrer conforme o julgado pelo STF no tema 810 (RExtr. nº 870947/SE). Recurso do autor parcialmente provido e recurso da ré improvido. (Processo: APL 1001125-60.2018.8.26.0032 SP 1001125-60.2018.8.26.0032 – Órgão Julgador: 2ª Câmara de Direito Público – Publicação: 01/02/2019 – Julgamento: 1 de Fevereiro de 2019 – Relator: Claudio Augusto Pedrassi)

◙ O valor da indenização por dano moral deve ser fixado examinando-se as peculiaridades de cada caso e, em especial, a gravidade da lesão, a intensidade da culpa do agente, a condição socioeconômica das partes e a participação de cada um nos fatos que originaram o dano a ser ressarcido, de tal forma que assegure ao ofendido satisfação adequada ao seu sofrimento, sem o seu enriquecimento imotivado, e cause no agente impacto suficiente para evitar novo e igual atentado.

EMENTA: EMPRESA DE TELEFONIA – PRESTAÇÃO DE SERVIÇOS – DEFEITO – RESPONSABILIDADE CIVIL – DANOS MATERIAIS – INDENIZAÇÃO – RESPONSABILIDADE CIVIL – DANO MORAL – FIXAÇÃO. 1. A concessionária dos serviços de telefonia responde, independentemente da existência de culpa, pela reparação dos danos causados aos consumidores por defeitos relativos à prestação dos serviços. 2. O valor da indenização por dano moral deve ser fixado examinando-se as peculiaridades de cada caso e, em especial, a gravidade da lesão, a intensidade da culpa do agente, a condição socioeconômica das partes e a participação de cada um nos fatos que originaram o dano a ser ressarcido, de tal forma que assegure ao ofendido satisfação adequada ao seu sofrimento, sem o seu enriquecimento imotivado, e cause no agente impacto suficiente para evitar novo e igual atentado. (Processo: AC 10027120216653001 MG – Publicação: 03/12/2019 – Julgamento: 14 de Novembro de 2019 – Relator: Maurílio Gabriel)

◙ Desconto indevido de benefício previdenciário

RESPONSABILIDADE CIVIL. DANOS MORAIS. Ação declaratória de inexistência de débito c.c. indenização por danos materiais e morais. Desconto indevido de benefício previdenciário. Sentença de parcial procedência. Irresignação da autora. Indenização fixada em R$ 2.000,00. Valor em simetria com o art. 944 "caput" do CC, com os princípios da proporcionalidade/razoabilidade e com as circunstâncias do caso concreto. Honorários advocatícios corretamente fixados por equidade (art. 85, § 8º do CPC). Sentença mantida. RECURSO DESPROVIDO. (Processo: AC 1002089-93.2018.8.26.0439 SP 1002089-93.2018.8.26.0439 – Órgão Julgador: 3ª Câmara de Direito Privado – Publicação: 08/03/2019 – Julgamento: 8 de Março de 2019 – Relator: Alexandre Marcondes)

◙ Dano decorrente da utilização de documentos pessoais, do nome da empresa do autor e de falsificação de assinatura pelo réu.

RESPONSABILIDADE CIVIL. DANOS MORAIS. Pedido indenizatório relativo a dano decorrente da utilização de documentos pessoais, do nome da empresa do autor e de falsificação de assinatura pelo réu. Sentença de procedência. Insurgência do réu. Interposição de dois recursos contra a mesma decisão. Afronta ao princípio da unirrecorribilidade recursal. Preclusão consumativa. Falsificação da assinatura do autor comprovada em processo criminal. Contudo, os transtornos experimentados em decorrência dos fatos e ainda da tramitação daquela ação, consistem em mero aborrecimento, não tendo o condão de originar dano moral passível de reparação. Tratando-se se crime, deverão ser observadas as penas cabíveis, mas não restou comprovada a repercussão negativa na vida do autor, ônus que lhe competia. Exegese do artigo 373, I, CPC. Danos morais não configurados. Sentença reformada. RECURSO PROVIDO. (Processo: AC 0002576-54.2011.8.26.0236 SP 0002576-54.2011.8.26.0236 – Órgão Julgador: 6ª Câmara de Direito Privado – Publicação: 13/06/2019 – Julgamento: 13 de Junho de 2019 – Relator: Ana Maria Baldy)

◙ **A inscrição indevida do nome do consumidor nos cadastros de restrição ao crédito enseja indenização moral.**

RESPONSABILIDADE CIVIL. DANO MORAL. OCORRÊNCIA. INSCRIÇÃO. INDEVIDA. CADASTROS DE INADIMPLENTES. DANO MORAL. ARBITRAMENTO. A inscrição indevida do nome do consumidor nos cadastros de restrição ao crédito enseja indenização moral. Ao fixar a indenização por danos morais, não se pode provocar o enriquecimento sem causa da parte que busca a indenização, nem deixar de se incutir no valor condenatório um caráter pedagógico e propedêutico, visando desestimular o agente do ato ilícito de reiterar em tal prática. (Processo: AC 10000190512673001 MG – Publicação: 30/07/2019 – Julgamento: 14 de Julho de 19 – Relator: Cabral da Silva)

◙ **Contrato de transporte aéreo. Cancelamento de voo. Falha de serviço evidenciada. Sentença de procedência do pedido de reparação moral.**

RESPONSABILIDADE CIVIL. DANO MORAL. Contrato de transporte aéreo. Cancelamento de voo. Falha de serviço evidenciada. Sentença de procedência do pedido de reparação moral. Indenização mantida. Recurso da ré não provido. MAJORAÇÃO. Não Cabimento. Valor razoável e compatível com a ofensa. Sentença mantida. Recurso do autor não provido. RECURSOS NÃO PROVIDOS. (Processo: 1001411-28.2018.8.26.0003 SP 1001411-28.2018.8.26.0003 – Órgão Julgador: 38ª Câmara de Direito Privado – Publicação: 07/06/2018 – Julgamento: 6 de Junho de 2018 – Relator: Fernando Sastre Redondo)

◙ **Matéria jornalística publicada na internet com expressões injuriantes, que atingiu a honra e imagem dos autores.**

RESPONSABILIDADE CIVIL. DANOS MORAIS. Matéria jornalística publicada na internet com expressões injuriantes, que atingiu a honra e imagem dos autores. Indenização fixada em R$6.000,00. Valor que se entremostra razoável, considerando as condições financeiras dos autores e a ausência de comprovação da capacidade financeira do réu. Valor que não pode configurar fonte de enriquecimento ou empobrecimento. Quantum mantido. Sentença e honorários mantidos. Recurso não provido. (Processo: 1002711-52.2017.8.26.0070 SP 1002711-52.2017.8.26.0070 – Órgão Julgador: 5ª Câmara de Direito Privado – Publicação: 14/06/2018 – Julgamento: 14 de Junho de 2018 – Relator: Fernanda Gomes Camacho)

◙ Aquisição fraudulenta de automóvel.

RESPONSABILIDADE CIVIL. DANOS MORAIS. Ação declaratória de inexistência de relação jurídica c.c. indenização por danos morais. Aquisição fraudulenta de automóvel. Sentença de procedência. Irresignação do autor. Indenização fixada (e mantida) em R$ 15.000,00. Valor em simetria com o art. 944 "caput" do CC, com os princípios da proporcionalidade/razoabilidade e com as circunstâncias do caso concreto. Juros moratórios que incidem desde a data do evento danoso (Súmula nº 54 do STJ). Honorários advocatícios que incidem sobre o valor atualizado da condenação (art. 85, § 2º do CPC). Sentença reformada, em parte. RECURSO PARCIALMENTE PROVIDO. (Processo: AC 0155793-74.2010.8.26.0100 SP 0155793-74.2010.8.26.0100 – Órgão Julgador: 3ª Câmara de Direito Privado – Publicação: 07/03/2019 – Julgamento: 7 de Março de 2019 – Relator: Alexandre Marcondes)

◙ Responsabilidade civil. Dano moral. Cobrança abusiva. Ocorrência

RESPONSABILIDADE CIVIL. DANO MORAL. COBRANÇA ABUSIVA. OCORRÊNCIA. Demonstrado pela prova dos autos que o demandado demonstrou comportamento que excedeu ao legítimo direito de promover a cobrança de seu crédito. O valor do dano moral deve ser estabelecido de maneira a compensar a lesão causada em direito da personalidade e com atenção aos princípios da proporcionalidade e da razoabilidade. Valor mantido. Apelações não providas. (Apelação Cível Nº 70076800382, Décima Câmara Cível, Tribunal de Justiça do RS, Relator: Marcelo Cezar Muller, Julgado em 24/05/2018).

◙ Veiculação pelo Facebook de informações falsas sobre a autora. Ofensa à honra e à imagem. Condenação do réu ao pagamento de danos morais

RESPONSABILIDADE CIVIL. DANOS MORAIS. Veiculação pelo Facebook de informações falsas sobre a autora. Ofensa à honra e à imagem. Condenação do réu ao pagamento de danos morais. Insurgência quanto ao valor da indenização. Quantum fixado em valor adequado e razoável. Valor suficiente para compensar os abalos sofridos. Pedido de retratação pública. Não cabimento Suficientes a condenação do réu em danos morais com determinação de remoção das postagens ofensivas da rede social. Sentença mantida. Honorários advocatícios fixados em fase recursal, a serem pagos pela autora, no valor de R$1.000,00. Recurso não provido, com observação. (Processo: APL 1008059-61.2015.8.26.0348 SP 1008059-61.2015.8.26.0348 – Órgão Julgador: 5ª Câmara de Direito Privado – Publicação: 30/11/2018 – Julgamento: 30 de Novembro de 2018 – Relator: Fernanda Gomes Camacho)

◙ Submissão de consumidor a revista de bolsa e pertences em local aberto, diante de terceiros. Comprovação de inocorrência da prática criminosa

RESPONSABILIDADE CIVIL. DANO MORAL. Ocorrência. Suspeita de furto no interior de estabelecimento comercial. Submissão de consumidor a revista de bolsa e pertences em local aberto, diante de terceiros. Comprovação de inocorrência da prática criminosa. Abordagem que provocou lesão extrapatrimonial à honra da vítima, porquanto feita de maneira exposta. *Quantum debeatur* fixado em atenção aos critérios da razoabilidade e proporcionalidade. Sentença reformada. RECURSO PROVIDO. (Processo: AC 1003662-97.2017.8.26.0344 SP 1003662-97.2017.8.26.0344 – Órgão Julgador: 2ª Câmara de Direito Privado – Publicação: 28/02/2019 – Julgamento: 28 de Fevereiro de 2019 – Relator: Rosangela Telles)

◙ Matéria jornalística publicada na internet com expressões injuriantes, que atingiu a honra e imagem dos autores.

RESPONSABILIDADE CIVIL. DANOS MORAIS. Matéria jornalística publicada na internet com expressões injuriantes, que atingiu a honra e imagem dos autores. Indenização fixada em R$6.000,00. Valor que se entremostra razoável, considerando as condições financeiras dos autores e a ausência de comprovação da capacidade financeira do réu. Valor que não pode configurar fonte de enriquecimento ou empobrecimento. Quantum mantido. Sentença e honorários mantidos. Recurso não provido. (Processo: 1002711-52.2017.8.26.0070 SP 1002711-52.2017.8.26.0070 – Órgão Julgador: 5ª Câmara de Direito Privado – Publicação: 14/06/2018 – Julgamento: 14 de Junho de 2018 – Relator: Fernanda Gomes Camacho)

◙ Ação de indenização. Danos materiais e morais. Nascituro. Perda do pai.

1. Não há falar em omissão, contradição ou obscuridade no acórdão recorrido, que apreciou todas as questões que lhe foram submetidas de forma fundamentada, ainda que de modo contrário aos interesses da Recorrente. 2. "O nascituro também tem direito aos danos morais pela morte do pai, mas a circunstância de não tê-lo conhecido em vida tem influência na fixação do quantum" (REsp 399.028/SP, rel. Min. Sálvio de Figueiredo Teixeira, DJ 15.4.2002). 3. "A jurisprudência desta Corte é disposta no sentido de que o benefício previdenciário é diverso e independente da indenização por danos materiais ou morais, porquanto, ambos têm origens distintas. Este, pelo direito comum; aquele, assegurado pela Previdência; A indenização por ato ilícito é autônoma em relação a qualquer benefício previdenciário que a vítima receba" (AgRg no AgRg no REsp 1.292.983/AL, rel. Min. Humberto Martins, DJe 7.3.2012). 4. "Em ação de indenização, procedente o pedido, é necessária a constituição de capital ou caução fidejussória para a garantia de pagamento da pensão, independentemente da situação financeira do demandado" (STJ 313). 5. "A apreciação do quantitativo em que autor e réu saíram vencidos na demanda, bem como a verificação da existência de sucumbência mínima ou recíproca, encontram inequívoco óbice na STJ 7, por revolver matéria eminentemente fática" (AgRg nos EDcl no REsp 757.825/RS, rel. Min. Denise Arruda, DJe 2.4.2009). 6. O recurso não trouxe nenhum argumento capaz de modificar a conclusão do julgado, a qual se mantém por seus próprios fundamentos. 7. Agravo regimental improvido (STJ, 3.ª T., AgRg no AgRg no AREsp 150297-DF, rel. Min. Sidnei Beneti, v.u., j. 19.2.2013, DJUE 7.5.2013).

◙ Ação de indenização por danos morais. Investigação de paternidade.

Investigatória de paternidade configura exercício regular do direito de ação constitucionalmente garantido e, portanto, não pode ser considerada conduta lesiva. Sentença mantida. Apelo desprovido. Vale dizer, ainda, que o ajuizamento de ação investigatória configura exercício regular do direito de ação, o qual é constitucionalmente garantido a qualquer um que se sinta lesado ou ameaçado (CF, 5º, XXXV), circunstância que, à evidência, não pode ser considerada como lesiva à honra de outrem (TJSP, 7.ª Câm. Cív., Ap 9060773-43.2009.8.26.0000-Santa Fé do Sul, rel. Des. Ramon Mateo Júnior, j. 29.1.2014, v.u., DJe 5.2.2014).

◙ **Acidente ferroviário. Morte de cônjuge e pai. Indenização por danos morais. Majoração. Bloqueio da parcela devida ao menor em conta poupança à disposição do juízo. Descabimento.**

1. Esta Corte Superior possui entendimento sólido segundo o qual, em caso de morte de cônjuge, ascendente ou descendente em primeiro grau, mostra-se razoável indenização por danos morais fixada em valor equivalente a 500 (quinhentos) salários mínimos (REsp 1021986/SP, rel. Min. Luis Felipe Salomão, 4.ª T., j. 16.4.2009; REsp 713764/RS, rel. Min. Fernando Gonçalves, 4.ª T., j. 4.3.2008). 2. Não há motivo justificado para que a parcela devida ao menor coautor (com 17 anos) fique bloqueada em "conta poupança" à disposição do Juízo, haja vista que, nos termos dos CC/1916 385 e 389 [CC 1689], os pais são administradores e usufrutuários dos bens dos filhos, havendo restrições apenas quanto a alienações e gravames reais dos bens imóveis (CC/1916 360). 3. Recurso especial provido (STJ, 4.ª T., REsp 989284-RJ, rel. Min. Luis Felipe Salomão, v.u., j. 16.6.2011, DJUE 22.8.2011).

◙ **Alarme antifurto na saída de loja.**

I. O soar de alarme antifurto em estabelecimento comercial de grande porte, chamando a atenção de todos para o cliente que portava mercadorias adquiridas, uma das quais continha etiqueta equivocadamente não destacada no caixa, acarreta dano de ordem moral e o dever de pagar pela indenização respectiva, que deve, por outro lado, ser fixada com moderação, a fim de evitar enriquecimento sem causa. II. Recurso especial conhecido pela divergência e parcialmente provido, para redução do valor da indenização a patamar razoável (STJ, 4.ª T., REsp 552381-MG, rel. Min. Aldir Passarinho Junior, j. 28.9.2004, DJU 27.6.2005).

◙ **Arbitramento. *Quantum debeatur*. Critério do CBT.**

O arbitramento da indenização em cem vezes o valor do débito, conquanto prestigiada por alguns precedentes jurisprudenciais, não atende o efeito da frustração de práticas lesivas, pois havido o fato, cumpre à vítima receber a compensação devida, a fim de que não se proliferem ações danosas. Melhor que se observe a mensuração estabelecida pelo CBT, limitador a 100 salários-mínimos a indenização pelo dano moral. Sendo indiscutível a capacidade econômica dos apelantes, considerável a dimensão do dano e pertinente a ideia de sancionamento dos causadores da lesão, a fim de que não voltem a praticar atos lesivos à personalidade de outrem, adota-se o limite máximo previsto na legislação referida (1.º TACivSP, 5.ª Câm., Ap 786128-5, rel. Juiz Álvaro Torres Júnior, v.u., j. 25.8.1999, BolAASP 2247/2109).

Arbitramento. Intervenção do STJ.

A intervenção do STJ há de se dar quando há o abuso, o absurdo: indenizações de um milhão, de dois milhões, de cinco milhões, como temos visto; não é o caso. Aqui, ficaríamos entre quinhentos, trezentos e cinquenta, duzentos, duzentos e cinquenta, cem reais a mais, cem salários a menos. Não é, portanto, um caso de abuso na fixação, é uma discrepância na avaliação. Não sendo abusiva ou iníqua a opção do tribunal local, não se justifica a intervenção deste Tribunal (STJ, 4.ª T., REsp 269407-RJ, rel. Min. Sálvio de Figueiredo Teixeira, rel. p/ acórdão Min. Ruy Rosado de Aguiar, m.v., j. 28.11.2000, DJU 19.3.2001).

Arbitramento. Parâmetros da LImp.

A LImp 53 [*rectius*: 51] convive com o sistema implantado pela CF, assim como tem sido interpretado pelos tribunais. É que, muito embora não esteja em vigor o limite para a reparação do dano moral, os parâmetros enumerados na lei servem de útil orientação ao juiz para a prudente quantificação do valor indenizatório, decisão que deve ser adotada em matéria sempre movediça e indefinida, que não possui natureza sensível a considerar e avaliar, mas acarreta efeitos imateriais cujo valor, em termos concretos, é meramente estimativo (STJ, 4.ª T., REsp 277407-RJ, rel. Min. Ruy Rosado de Aguiar, v.u., j. 28.11.2000, DJU 12.2.2001). O STF julgou procedente a ADPF 130 (DOU e DJE 12.5.2009) para o fim de declarar a LImp não recepcionada pela CF. Sobre quantificação do dano, v. CC 944 a 954.

Artista de TV. Limitação ao direito de imagem e abuso do direito de informar.

Ator de TV, casado, fotografado em local aberto, sem autorização, beijando mulher que não era sua cônjuge. Publicação em diversas edições de revista de "fofocas". A existência do ato ilícito, a comprovação dos danos e a obrigação de indenizar foram decididas, nas instâncias ordinárias, com base no conteúdo fático-probatório dos autos, cuja reapreciação, em sede de recurso especial, esbarra na STJ 7. Por ser ator de televisão que participou de inúmeras novelas (pessoa pública e/ou notória) e estar em local aberto (estacionamento de veículos), o recorrido possui direito de imagem mais restrito, mas não afastado. Na espécie, restou caracterizada a abusividade do uso da imagem do recorrido na reportagem, realizado com nítido propósito de incrementar as vendas da publicação. A simples publicação da revista atinge a imagem do recorrido, artista conhecido, até porque a fotografia o retrata beijando mulher que não era sua cônjuge. Todas essas circunstâncias foram sopesadas e consideradas pelo TJRJ na fixação do quantum indenizatório, estipulado com base nas circunstâncias singulares do caso concreto. A alteração do valor fixado implicaria em ofensa à STJ 7. Tratando-se de responsabilidade extracontratual, decorrente de ato ilícito, os juros de mora contam desde a prática do ilícito, de acordo com a regra do CC 398 e com a STJ 57. Tendo o autor decaído apenas em pontos de pouca significância em face do pleito indenizatório, a recorrente deve arcar com a totalidade das custas e honorários advocatícios. Em ação de danos morais, os valores pleiteados na inicial são meramente estimatórios, não implicando em sucumbência recíproca a condenação em valor inferior ao pedido. Recurso especial não conhecido (STJ, 3.ª T., REsp 1082878-RJ, rel. Min. Nancy Andrighi, j. 14.10.2008, DJUE 18.11.2008).

◙ Atraso de entrega de imóvel comprado na planta.

1. Os recursos especiais têm origem em ação de indenização por perdas e danos decorrentes de atraso na conclusão de obra objeto de contrato de compromisso de compra e venda para fins de aquisição de unidades imobiliárias em empreendimento comercial. 2. O proprietário permutante do terreno não responde pelos atos de incorporação quando se limita à mera alienação do terreno para a incorporadora sem participar de nenhum ato tendente à comercialização ou construção do empreendimento. 3. Na espécie, as instâncias de cognição plena, à luz da prova dos autos, e analisando os contratos celebrados entre as partes, concluíram que a alienante permutante do terreno figurou nos contratos de promessa de compra e venda ora na condição de "vendedora" ora na condição de credora hipotecária, transmitindo para o adquirente/consumidor a ideia de solidariedade na efetivação do empreendimento, de forma que não pode ser reconhecida a sua ilegitimidade passiva. 4. A cláusula penal inserta em contratos bilaterais, onerosos e comutativos deve voltar-se aos contratantes indistintamente, ainda que redigida apenas em favor de uma das partes. 5. É possível cumular a cláusula penal decorrente da mora com indenização por lucros cessantes pela não fruição do imóvel, pois aquela tem natureza moratória, enquanto esta tem natureza compensatória. 6. A alegação de exceção de contrato não cumprido arguida em defesa deve ser comprovada pelo réu, pois é seu o ônus de demonstrar o fato impeditivo, modificativo ou extintivo do direito do autor, nos termos do CPC/1973 333 II [CPC 373 II]. 7. Essa Corte já se pronunciou em inúmeras oportunidades no sentido de que a inversão das conclusões da Corte local para afirmar, por exemplo, que o excesso de chuvas e a escassez de mão de obra configuram fatos extraordinários e imprevisíveis, enquadrando-se como hipóteses de caso fortuito ou força maior, demandaria o reexame do conjunto fático-probatório dos autos. 8. A conclusão da Corte local para fixar a data da expedição da carta de habite-se como termo final do pagamento dos lucros cessantes resultou da análise das circunstâncias fáticas, bem como da interpretação de cláusulas contratuais. 9. O simples inadimplemento contratual não é capaz, por si só, de gerar dano moral indenizável, devendo haver consequências fáticas que repercutam na esfera de dignidade da vítima, o que não se constatou no caso concreto. 10. Recursos especiais parcialmente conhecidos e não providos (STJ, 3.ª T., REsp 1536354-DF, rel. Min. Ricardo Villas Bôas Cueva, j. 7.6.2016, DJUE 20.6.2016).

> **Súmula nº 385 do STJ:** "Da anotação irregular em cadastro de proteção ao crédito, não cabe indenização por dano moral, quando preexistente legítima inscrição, ressalvado o direito ao cancelamento".

◙ Campanha publicitária que desqualifica concorrente.

Os veículos de comunicação não podem se descuidar de seu compromisso ético com a veracidade dos fatos, tampouco manipular dados oficiais na tentativa de assumir posição privilegiada na preferência dos telespectadores, desprestigiando o conceito de que goza a empresa concorrente no mercado. Precedentes. As instâncias ordinárias reconheceram que a recorrente extrapolou a liberdade de expressão, na medida em que dados verdadeiros foram utilizados em anúncio publicitário de modo a alterar a verdade que eles refletiam, permitindo a visão estrábica do público sobre eles, em evidente violação da honra e a imagem da empresa ofendida. A análise da alegação recursal demanda o reexame do conjunto fático-probatório, incidindo o óbice da STJ 7. O direito consumerista pode ser utilizado como norma principiológica mesmo que inexista relação de consumo entre as partes litigantes porque as disposições do CDC veiculam cláusulas criadas para proteger o consumidor de práticas abusivas e desleais do fornecedor de serviços, inclusive as que proíbem a propaganda enganosa. É possível a intervenção desta Corte para alterar o valor da reparação por danos morais, essa se mostrar irrisória ou exorbitante, o que não se pode dizer sobre uma indenização fixada em R$ 500.000,00, que reflete quantia suficiente para compensá-los, observadas as peculiaridades do caso concreto que envolve duas grandes empresas de comunicação e tem por fundamento a inadequada divulgação de informações inverossímeis que afetaram a honra objetiva da pessoa jurídica. O valor do dano material, observado o princípio da sua reparação integral, foi fixado com base nos documentos comprobatórios das despesas da ofendida para exercer seu direito de resposta concedido em medida cautelar, não sendo possível nova análise do tema pelo STJ que não é terceira instância recursal (STJ 7) (STJ, 3.ª T., REsp 1552550-SP, rel. Min. Moura Ribeiro, j. 1.º.3.2016, DJUE 22.4.2016).

◙ Casamento. Descumprimento dos deveres conjugais de lealdade e sinceridade recíprocos.

Exige-se para a configuração da responsabilidade civil extracontratual, a inobservância de um dever jurídico que, na hipótese, consubstancia-se na violação dos deveres conjugais de lealdade e sinceridade recíprocos, implícitos no CC/1916 231 (CC 1566). Transgride o dever de sinceridade o cônjuge que, deliberadamente, omite a verdadeira paternidade biológica dos filhos gerados na constância do casamento, mantendo o consorte na ignorância. O desconhecimento do fato de não ser o pai biológico dos filhos gerados durante o casamento atinge a honra subjetiva do cônjuge, justificando a reparação pelos danos morais suportados (STJ, 3.ª T., REsp 742137-RJ, rel. Min. Nancy Andrighi, v.u., j. 21.8.2007, DJ 29.10.2007, in Rosa Nery. Tratado, v. IV, p. 469).

◙ Celebração de casamento nulo. Anulação após três anos, quando da abertura do inventário do "cônjuge" falecido. Danos materiais não demonstrados.

Demandas ajuizadas contra a autora que não guardam nexo de causalidade com o ato. Autora beneficiária da justiça gratuita. Dano moral indenizável perfeitamente configurado. Integridade psicofísica atingida. Indenização pretendida em valores excessivos. Arbitramento mais adequado à hipótese fática com análise do grau de culpa e da repercussão na esfera jurídica do ofendido (TJSP, 7.ª Câm. Dir. Priv., Ap. Cív. 99403017057-1, rel. Des. Luiz Antonio Costa, j. 1.º.9.2010, DJ 20.9.2010, in Rosa Nery. Tratado, v. IV, p. 528).

◙ Cobrança indevida em cartão de crédito.

1. Não configura dano moral *in re ipsa* a simples remessa de fatura de cartão de crédito para a residência do consumidor com cobrança indevida. Para configurar a existência do dano extrapatrimonial, há de se demonstrar fatos que o caracterizem, como a reiteração da cobrança indevida, a despeito da reclamação do consumidor, inscrição em cadastro de inadimplentes, protesto, publicidade negativa do nome do suposto devedor ou cobrança que o exponha a ameaça, coação, constrangimento. 2. Recurso conhecido e provido (STJ, 4.ª T., REsp 1550509-RJ, rel. Min. Maria Isabel Gallotti, j. 3.3.2016, DJUE 14.3.2016).

◙ Contratação frustrada.

O reclamante, enfim, pode ter formalmente assinado um ajuste experimental, mas estava convicto que a sua contratação seria por período superior, e a tanto foi induzido pela empregadora, que lhe criou essa expectativa, adiantando valor para mudança de domicílio e incentivando uma movimentação familiar que de modo algum se justificaria se ventilada a possibilidade real de término da relação contratual 90 dias após. Desde as negociações preliminares vigora o princípio da boa-fé no dever de conduta dos sujeitos, conforme dispõe o CC 422. O empregador tem o dever de agir com lealdade, lisura, respeito e consideração com o empregado, sobretudo ante o seu estado de necessidade econômica e a sua condição de hipossuficiente, de modo que o fomento a uma expectativa de direito ao contrato de trabalho causa prejuízos não apenas financeiros, mas também afeta a moral de permanecer na situação de desemprego e faz emergir o dever de reparação baseado na perda de uma chance. No caso, a rejeição da pretensão decorreu da ausência de "prova de ato ou omissão criadores de situação de especial e injusto mal infligido na órbita moral do reclamante", o que foi caracterizado no registro já mencionado. Evidenciado o dano, assim como a conduta culposa do empregador e o nexo causal entre ambos, deve ser restabelecida a sentença que o condenou ao pagamento de indenização por danos morais. Precedentes. Recurso de revista de que se conhece e a que se dá provimento (TST, 7.ª T., RR 92-70-2012.5.04.0664, rel. Min. Cláudio Brandão, j. 16.12.2015, DEJT 18.12.2015).

Súmula nº 37 do STJ: "São cumuláveis as indenizações por dano material e dano moral oriundos do mesmo fato".

◙ Curso não autorizado pelo MEC.

Não tendo a instituição de ensino alertado os alunos, entre eles as recorrentes, acerca do risco (depois concretizado) de impossibilidade de registro do diploma quando da conclusão do curso, o dano moral daí decorrente pode – e deve – ser presumido. Não há como negar o sentimento de frustração e engodo daquele que, após anos de dedicação, entremeado de muito estudo, privações, despesas etc., descobre que não poderá aspirar a emprego na profissão para a qual se preparou, tampouco realizar cursos de especialização, pós-graduação, mestrado ou doutorado, nem prestar concursos públicos; tudo porque o curso oferecido pela universidade não foi chancelado pelo MEC.

Some-se a isso a sensação de incerteza e temor quanto ao futuro, fruto da possibilidade de jamais ter seu diploma validado. Há de se considerar, ainda, o ambiente de desconforto e desconfiança gerados no seio social: pais, parentes, amigos, conhecidos, enfim, todos aqueles que convivem com o aluno e têm como certa a diplomação. A demora, na hipótese superior a 2 (dois) anos, expõe ao ridículo o "pseudo-profissional", que conclui o curso mas vê-se impedido de exercer qualquer atividade a ele correlata (STJ, 3.ª T., REsp 631204-RS, rel. Min. Castro Filho, rel. p/ acórdão Min. Nancy Andrighi, j. 25.11.2008, DJUE 16.6.2009).

◙ Dano capaz de abalar o núcleo familiar.

Indenização devida individualmente a cada um dos membros. V., em "Médicos e hospitais", abaixo, o item "Erro médico. Sequelas".

◙ Dano moral. Mulher que, depois trinta e nove de casamento, descobre na viuvez que seu marido fora casado anteriormente, por isso o seu foi anulado e considerado putativo.

Pretensão de indenização por dano moral, porque o Cartório de Registro Civil celebrou casamento de pessoa impedida para o ato. Falha do Oficial de Registro Civil configurada. Serviço de registro civil exercido por delegação do Poder Público. CF 236; L 8935/94. Responsabilidade do Estado caracterizada. CF 37 § 6.º. Sentença de procedência confirmada. Recurso de apelação desprovido (TJSP, 12.ª Câm. Dir. Púb., Ap 00267205520098260562-Santos, rel. Des. J. M. Ribeiro de Paula, j. 5.6.2013, v.u.).

> **Súmula nº 388 do STJ:** "A simples devolução indevida de cheque caracteriza dano moral".

◙ Dano moral coletivo. Caracterização.

O dano moral coletivo prescinde da comprovação de dor, de sofrimento e de abalo psicológico, pois tal comprovação, embora possível na esfera individual, torna-se inaplicável quando se cuida de interesses difusos e coletivos (STJ, 2.ª T., REsp 1509923-SP, rel. Min. Humberto Martins, j. 6.10.2015, DJUE 22.10.2015).

◙ Dano moral coletivo. Contratos de consumo.

1. As tutelas pleiteadas em ações civis públicas não são necessariamente puras e estanques. Não é preciso que se peça, de cada vez, uma tutela referente a direito individual homogêneo, em outra ação uma de direitos coletivos em sentido estrito e, em outra, uma de direitos difusos, notadamente em se tratando de ação manejada pelo Ministério Público, que detém legitimidade ampla no processo coletivo. Isso porque embora determinado direito não possa pertencer, a um só tempo, a mais de uma categoria, isso não implica dizer que, no mesmo cenário fático ou jurídico conflituoso, violações simultâneas de direitos de mais de uma espécie não possam

ocorrer. 2. No caso concreto, trata-se de ação civil pública de tutela híbrida. Percebe-se que: (a) há direitos individuais homogêneos referentes aos eventuais danos experimentados por aqueles contratantes que tiveram tratamento de saúde embaraçado por força da cláusula restritiva tida por ilegal; (b) há direitos coletivos resultantes da ilegalidade em abstrato da cláusula contratual em foco, a qual atinge igualmente e de forma indivisível o grupo de contratantes atuais do plano de saúde; (c) há direitos difusos, relacionados aos consumidores futuros do plano de saúde, coletividade essa formada por pessoas indeterminadas e indetermináveis. 3. A violação de direitos individuais homogêneos não pode, ela própria, desencadear um dano que também não seja de índole individual, porque essa separação faz parte do próprio conceito dos institutos. Porém, coisa diversa consiste em reconhecer situações jurídicas das quais decorrem, simultaneamente, violação de direitos individuais homogêneos, coletivos ou difusos. Havendo múltiplos fatos ou múltiplos danos, nada impede que se reconheça, ao lado do dano individual, também aquele de natureza coletiva. 4. Assim, por violação a direitos transindividuais, é cabível, em tese, a condenação por dano moral coletivo como categoria autônoma de dano, a qual não se relaciona necessariamente com aqueles tradicionais atributos da pessoa humana (dor, sofrimento ou abalo psíquico). 5. Porém, na hipótese em julgamento, não se vislumbram danos coletivos, difusos ou sociais. Da ilegalidade constatada nos contratos de consumo não decorreram consequências lesivas além daquelas experimentadas por quem, concretamente, teve o tratamento embaraçado ou por aquele que desembolsou os valores ilicitamente sonegados pelo plano. Tais prejuízos, todavia, dizem respeito a direitos individuais homogêneos, os quais só rendem ensejo a condenações reversíveis a fundos públicos na hipótese da *fluid recovery*, prevista no CDC 100. Acórdão mantido por fundamentos distintos (STJ, 4.ª T., REsp 1293606-MG, rel. Min. Luis Felipe Salomão, j. 2.9.2014, DJUE 26.9.2014).

◙ Dano moral coletivo. Disponibilização de leite estragado para venda.

1. A disponibilização de produto em condições impróprias para o consumo não apenas frustra a justa expectativa do consumidor na fruição do bem, como também afeta a segurança que rege as relações consumeristas. 2. No caso, houve violação do direito básico à incolumidade da saúde do consumidor (CDC 6.º I) ante a potencialidade de lesão pelo consumo do produto comercializado: leite talhado. 3. Necessidade de reparação dos prejuízos causados aos consumidores efetivamente lesados e à sociedade como um todo, na forma dos CDC 95 e LACP 13, visto que a conduta dos réus mostrou-se nociva à saúde da coletividade, enquanto potencialmente consumidora do produto deteriorado. 4. Inafastável a condenação genérica quanto aos danos morais e materiais, a ser fixada em liquidação. 5. Recurso especial provido (STJ, 3.ª T., REsp 1334364-RS, rel. Min. Ricardo Villas Bôas Cueva, j. 18.2.2016, DJUE 23.2.2016).

◙ Dano moral coletivo. Programação televisiva.

Ação civil pública. Rede comunitária de televisão. Veiculação de programa nitidamente ofensivo a diversas normas constitucionais e infraconstitucionais, sobretudo o princípio da dignidade da pessoa humana. Danos morais coletivos. Condenação solidária da associação e dos apresentadores do referido programa. (...) A conduta dos réus é clamorosamente ofensiva aos princípios fundamentais, não havendo que se falar em censura. Há um desrespeito à dignidade da pessoa humana. Os comentários feitos são muito mais do que chulos. Expressam um desprezo e um escárnio a pessoas com orientação sexual diversa ou com problemas físicos. A programação faz tábula rasa de qualquer campanha de inclusão, disseminando o preconceito e a violência. Como se sabe, não existe uma liberdade ou um direito absoluto. Dessa forma, a garantia constitucional da livre manifestação do pensamento, bem como da livre expressão da atividade intelectual, artística, científica e de comunicação, a chamada liberdade de imprensa, não pode constituir salvo-conduto para a violação de outros direitos igualmente assegurados (TRF-4.ª Reg., 3.ª T., Ap. Cív. 2006.71.10.001807/RS, rel. Des. Fed. Carlos Eduardo Thompson Flores Lenz, j. 8.7.2008, DJE 31.7.2008, in Rosa Nery. Tratado, v. III, p. 545).

> **Súmula nº 387 do STJ:** "É lícita a cumulação das indenizações de dano estético e dano moral".

Dano moral indenizável.

Jornada V DirCiv STJ 445: "O dano moral indenizável não pressupõe necessariamente a verificação de sentimentos humanos desagradáveis como dor ou sofrimento".

Dano moral indenizável.

"O dano moral indenizável é o que atinge a esfera legítima de afeição da vítima, que agride seus valores, que humilha, que causa dor. A perda de uma frasqueira contendo objetos pessoais, geralmente objetos de maquiagem da mulher, não obstante desagradável, não produz dano moral indenizável" (STF, 2.ª T., AgRgRE 387014-SP, rel. Min. Carlos Velloso, v.u., j. 8.6.2004, DJU 25.6.2004).

> **Súmula nº 403 do STJ:** "Independe de prova do prejuízo a indenização pela publicação não autorizada de imagem de pessoa com fins econômicos ou comerciais".

Desconto de pensão por morte para quitar dívida.

1. O Código de Defesa do Consumidor não se aplica à relação jurídica existente entre entidade fechada de previdência privada e seus participantes, restringindo-se a aplicação da STJ 321 aos casos envolvendo entidades abertas de previdência. 2. Nos termos do CC 1792, o herdeiro responde pelo passivo nos limites da força da herança, ou seja, não responde com seu próprio patrimônio. 3. O CC 1017 do Código de Processo Civil, por sua vez, preconiza que "antes da partilha, poderão os credores do espólio requerer ao juízo do inventário o pagamento das dívidas vencidas e exigíveis." 4. Impõe-se declarar a nulidade de requerimento de parcelamento de débito firmado por viúva beneficiária, porquanto a par de inexistir amparo legal para a responsabilização do seu patrimônio pelos débitos do de cujus, a manifestação externada não correspondeu com sua verdadeira vontade, tratando-se, pois, de negócio jurídico anulável

por vício de consentimento decorrente de erro. 5. Configura ato ilícito passível de indenização a apropriação do patrimônio da viúva beneficiária como forma de liquidar obrigações contraídas pelo participante falecido, mediante compensação com o pecúlio por morte e descontos na pensão da beneficiária, haja vista a natureza alimentar das verbas retidas. 6. O valor fixado a título de compensação por danos morais, em que pese a falta de critérios objetivos, deve ser pautado pela proporcionalidade e razoabilidade, além de servir como forma de compensação ao dano sofrido e de possuir caráter sancionatório e inibidor da conduta praticada. 7. Apelação da ré conhecida e não provida. Apelação da autora conhecida e provida (TJDFT, 1.ª T., Ap 2014061013552-7, rel. Des. Simone Lucindo, j. 27.1.2016, DJE 4.2.2016).

▶ **Dívida da herança. Antes da partilha.**

A regra é de que a herança responde pelo pagamento das dívidas do falecido (CC 1997 caput 1.ª parte). Se o morto era obrigado ao pagamento de indenização e ao tempo de sua morte já havia prova bastante da obrigação, podem os interessados na reparação, ainda antes da partilha, requerer, no inventário, o pagamento das dívidas. Se isto acontecer, colhe-se oportunidade para duas providências: a) não há impugnação dos herdeiros, e a satisfação do crédito é feita nos autos do inventário; b) há impugnação, que não se funda na alegação de pagamento, acompanhada de prova valiosa, e o juiz manda reservar, em poder do inventariante, bens suficientes que permitam a excussão do crédito, devendo o credor, para continuar desfrutando da garantia da reserva de bens, em 30 dias, dar início à ação de cobrança. Isso é o que contém o CC, 1997, §§ 1.º e 2.º.

◙ **Descumprimento do dever de fidelidade.**

Omissão sobre a verdadeira paternidade biológica de filho nascido na constância do casamento. Dor moral configurada. Redução do valor indenizatório. 1. Os alimentos pagos a menor para prover as condições de sua subsistência são irrepetíveis. 2. O elo de afetividade determinante para a assunção voluntária da paternidade presumidamente legítima pelo nascimento de criança na constância do casamento não invalida a relação construída com o pai socioafetivo ao longo do período de convivência. 3. O dever de fidelidade recíproca dos cônjuges é atributo básico do casamento e não se estende ao cúmplice de traição a quem não pode ser imputado o fracasso da sociedade conjugal por falta de previsão legal. 4. O cônjuge que deliberadamente omite a verdadeira paternidade biológica do filho gerado na constância do casamento viola o dever de boa-fé, ferindo a dignidade do companheiro (honra subjetiva), induzido a erro acerca de relevantíssimo aspecto da vida que é o exercício da paternidade, verdadeiro projeto de vida. 5. A família é o centro de preservação da pessoa e base mestra da sociedade (CF 226) devendo-se preservar no seu âmago a intimidade, a reputação e a autoestima dos seus membros. 6. Impõe-se a redução do valor fixado a título de danos morais por representar solução coerente com o sistema. 7. Recurso especial do autor desprovido; recurso especial da primeira corré parcialmente provido e do segundo corréu provido para julgar improcedente o pedido de sua condenação, arcando o autor, neste caso, com as despesas processuais e honorários advocatícios (STJ, 3.ª T., REsp 922462-SP, rel. Min. Ricardo Villas Bôas Cueva, v.u., j. 4.4.2013, DJe 13.5.2013).

◙ Divulgação de cenas de cerimônia de casamento homossexual do autor em jornal.

Matéria jornalística sobre uniões da espécie. Pedido reparatório de indicado dano moral provocado pela divulgação da opção sexual do autor. Direito de informar que encontra limitação na garantia constitucional do direito à privacidade e à intimidade da vida das pessoas. Quem, por ação ou omissão voluntária, negligência ou imprudência, violar direito ou causar dano a outrem, fica obrigado a reparar o dano. A ofensa de ordem moral é de índole subjetiva. Demonstrada a ocorrência e caracterizada a ofensa à honra subjetiva, surge o dever de indenizar, cumprindo ser fixado o valor com moderação e adequação (TJRJ, 16.ª Câm. Cív., Ap. Cív. 200400129336, rel. Des. Ronald Valladares, j. 6.9.2005, DJE 9.3.2006, in Rosa Nery. Tratado, v. IV, p. 620).

◙ Divulgação dos maiores salários do Estado. Profissão incorretamente indicada.

1. Hipótese em que o Tribunal de origem condenou o Estado do Rio Grande do Sul a pagar indenização por ter vazado lista com os duzentos maiores salários pagos pelo ente federativo à imprensa, o que teria gerado dano moral ao recorrido. O dano seria oriundo de reportagem jornalística, que publicou o nome do servidor e seu salário corretamente, mas atribuiu-lhe o cargo de "operador de VT", função que jamais exercera. 2. De acordo com a Corte local, "o fato do autor, servidor que exerceu inúmeras funções de relevo na Administração Pública, ser indicado, em um jornal de grande circulação, como um suposto operador de VT, possuidor de um dos duzentos maiores salários do Estado, por si só, traria abalo íntimo a qualquer homem de sensibilidade razoável. Não pela atividade em si, por óbvio. Mas porque a preparação e a responsabilidade necessária para exercê-lo não justificariam um rendimento mensal de R$ (...)". 3. É direito da coletividade conhecer os salários dos servidores públicos, pois, ao final de cada mês, suporta, como contribuinte, a conta da folha de pagamento do Estado. Assim, nada mais justo que assegurar a cada cidadão a possibilidade de saber o modo como são remunerados todos os que lhe prestam serviços. 4. No Estado Democrático de Direito, o poder de controle final do Estado e dos seus integrantes reside com os cidadãos. Logo, vedar, inviabilizar, condicionar, dificultar ou retardar informações sobre o funcionamento (ou mal funcionamento) das atividades estatais, bem como sobre o status, privilégios e benefícios dos servidores públicos equivale, pela via transversa, a desautorizar o controle popular, assegurado constitucionalmente. 5. A Corte de origem, com base na prova dos autos, estabeleceu a premissa de que o ato do Estado de fornecer a lista com equívoco para o jornal contribuiu para a causação do dano. A responsabilidade civil, portanto, não decorre *in casu* da divulgação em si dos salários, mas da imprecisão nos dados apresentados publicamente, erro esse que expôs o recorrido a ridículo. Rever esse entendimento demanda análise de fatos e provas, o que encontra óbice nos termos da STJ 7 (STJ, 2.ª T., REsp 718210-RS, rel. Min. Herman Benjamin, j. 8.9.2009, DJUE 15.12.2009).

Falha no acionamento de *air bag*. Dano moral.

1. Polêmica em torno da ocorrência de danos morais decorrentes da falha de acionamento dos quatro *air bags* do veículo Citroen Xsara em colisão frontal de trânsito contra um caminhão no perímetro urbano, tendo sido o demandante levado para o hospital local inconsciente em face das lesões sofridas na cabeça (choque encefálico) e no rosto (trauma na face e edema mandibular), mas sem sequelas mais graves. 2. Caracterização de dano moral indenizável decorrente da falha de acionamento dos quatro *air bags* do veículo em colisão frontal de trânsito, colocando em risco a vida e a saúde do motorista. Precedentes específicos do STJ. 3. Caráter lógico-normativo do nexo de causalidade, possibilitando a análise no âmbito desta Corte, a partir dos fatos delineados pelas instâncias ordinárias. Precedente específico da Terceira Turma. 4. Distinção entre a hipótese dos autos e os casos de acionamento indevido do dispositivo durante o curso regular do veículo (STJ, 3.ª T., REsp 1384502-SC, rel. Min. Paulo de Tarso Sanseverino, j. 19.5.2015, DJUE 25.5.2015).

Honra subjetiva. Conotação de moral.

É possível a concretização do dano moral, independentemente da conotação média de moral, posto que a honra subjetiva tem termômetro próprio inerente a cada indivíduo. É o decoro, é o sentimento de autoestima, de avaliação própria que possuem valoração individual, não se podendo negar esta dor de acordo com sentimentos alheios (STJ, 3.ª T., REsp 270730-RJ, rel. Min. Carlos Alberto Menezes de Direito, rel. p/acórdão Min. Nancy Andrighi, m.v., j. 19.12.2000, DJU 7.5.2001).

Imprensa. Tarifação.

STJ 281: "A indenização por dano moral não está sujeita à tarifação prevista na LImp". O STF julgou procedente a ADPF 130 (DOU e DJE 12.5.2009) para o fim de declarar a LImp não recepcionada pela CF.

Jornada III DirCiv STJ 159:

"O dano moral, assim compreendido todo o dano extrapatrimonial, não se caracteriza quando há mero aborrecimento inerente a prejuízo material".

Mensuração. Tamanho do desconforto. Irrelevância.

Para a reparação do dano moral não se exige a ocorrência de ofensa à reputação do indivíduo. O que acontece é que, de regra, a publicação da fotografia de alguém, com intuito comercial ou não, causa desconforto, aborrecimento ou constrangimento, não importando o tamanho desse desconforto, desse aborrecimento ou desse constrangimento. Desde que ele exista, há o dano moral, que deve ser reparado (CF 5.º X) (STF, 2.ª T., RE 2159841-RJ, rel. Min. Carlos Velloso, v.u., j. 4.6.2002).

◙ Montante da indenização por dano moral. Jornada VII DirCiv STJ 588

"O patrimônio do ofendido não pode funcionar como parâmetro preponderante para o arbitramento de compensação por dano extrapatrimonial".

◙ Perseguição política e tortura durante o regime militar. Imprescritibilidade.

A jurisprudência do STJ é pacificada no sentido de que a prescrição quinquenal, disposta no D 20910/32 1.º, é inaplicável aos danos decorrentes de violação de direitos fundamentais, que são imprescritíveis, principalmente quando ocorreram durante o Regime Militar, época na qual os jurisdicionados não podiam deduzir a contento suas pretensões. Ressalte-se que a afronta aos direitos básicos da pessoa humana, como a proteção da sua dignidade lesada pela tortura e prisão por delito de opinião durante o Regime Militar de exceção, enseja ação de reparação *ex delicto* imprescritível e ostenta amparo constitucional no ADCT 8.º § 3.º (STJ, 2.ª T., REsp 1577411-SP, rel. Min. Herman Benjamin, j. 23.2.2016, DJUE 30.5.2016).

◙ Pessoa jurídica.

Sumula n.º 227 do STJ: "A pessoa jurídica pode sofrer dano moral".

► <u>Neste sentido:</u> A evolução do pensamento jurídico, no qual convergiram jurisprudência e doutrina, veio a afirmar, inclusive nesta Corte, onde o entendimento tem sido unânime, que a pessoa jurídica pode ser vítima também de danos morais, considerados estes como violadores da sua honra objetiva, isto é, sua reputação junto a terceiros (STJ, 4.ª T., REsp 223494-DF, rel. Min. Sálvio de Figueiredo Teixeira, v.u., j. 14.9.1999, DJU 25.10.1999, p. 94).

◙ Pessoa jurídica. Protesto indevido de título.

A honra objetiva da pessoa jurídica pode ser ofendida pelo protesto indevido de título cambial, cabendo indenização pelo dano extrapatrimonial daí decorrente (STJ, 4.ª T., REsp 60033-MG, rel. Min. Ruy Rosado de Aguiar, v.u., j. 9.7.1995).

◙ Prescrição.

O direito à indenização por dano moral não desaparece com o decurso de tempo (desde que não transcorrido o lapso prescricional), mas é fato a ser considerado na fixação do *quantum* (STJ, 4.ª T., REsp 399028-SP, rel. Min. Sálvio de Figueiredo Teixeira, v.u., j. 26.2.2002, DJU 15.4.2002).

◙ Prótese peniana defeituosa.

A existência de fundamento autônomo inatacado e apto para manter a conclusão do aresto impugnado, qual seja, de que o defeito da segunda prótese também englobava o fato jurídico que embasou a pretensão indenizatória e por isso não se podia falar em ilegitimidade passiva, faz incidir o disposto na STF 283 e implica o não conhecimento do recurso no ponto. Tratando-se de hipótese de responsabilidade por vício do produto, pois ele não correspondeu à legítima expectativa do consumidor quanto à sua utilização e fruição e como sobre isso não se insurgiu o recorrente, presente está a responsabilidade solidária do fornecedor prevista no CDC 18. Incidência, também, da 2.ª parte do CC, 942, e do CDC, 7º, par. ún. A jurisprudência desta Corte, nos casos em que fica comprovado o vício do produto com base no CDC 18, entende que a responsabilidade do fornecedor e do fabricante é solidária, cabendo ao consumidor a escolha dos fornecedores solidários que irão integrar o polo passivo da demanda. Precedentes. Inviável, em recurso especial, modificar o acórdão recorrido que entendeu caracterizado o dano moral em razão de vício no produto, tendo em vista que a análise do tema demandaria o reexame do conjunto fático-probatório, procedimento vedado nos termos da STJ 7 (STJ, 3.ª T., REsp 1505263-RS, rel. Min. Moura Ribeiro, j. 5.5.2015, DJUE 13.5.2015).

■ **Publicação de fotografia com notícia falsa.**

1. A publicação de fotografia, sem autorização, por coluna social veiculando notícia não verdadeira, causa grande desconforto e constrangimento, constituindo ofensa à imagem da pessoa e, consequentemente, impondo o dever de indenizar (dano moral). 2. Recurso especial conhecido e provido (STJ, 4.ª T., REsp 1053534-RN, rel. Min. Fernando Gonçalves, j. 23.9.2008, DJUE 6.10.2008).

■ **Queda de torcedor de rampa de acesso a estádio de futebol. Danos físicos e morais.**

1. O serviço é defeituoso quando não apresenta a segurança legitimamente esperada pelo consumidor (CDC 14 § 1.º). 2. Concorre para o evento danoso (queda do torcedor de rampa de acesso ao estádio devido a aglomeração de torcedores) a entidade que disponibiliza quantia de ingressos superior ao espaço reservado à torcida rival. 3. Reconhecida a concorrência de responsabilidade dos réus para a implementação do evento danoso. 4. Inaplicabilidade da excludente do fato exclusivo de terceiro, prevista no CDC 14 § 3.º II, pois, para sua configuração, seria necessária a exclusividade de outras causas não reconhecida na origem. STJ 7. 5. Responsabilidade objetiva e solidária, nos termos do CDC 14, das entidades organizadoras com os clubes e seus dirigentes pelos danos causados a torcedor que decorram de falhas de segurança nos estádios, mesmo antes da entrada em vigor do Estatuto do Torcedor (L 10671/03) (STJ, 3.ª T., REsp 1513245-SP, rel. Min. Paulo de Tarso Sanseverino, j. 10.3.2015, DJUE 16.3.2015).

■ **Queixa-crime. Conteúdo.**

1. Quando a própria causa de pedir da ação judicial consiste em imputação de crime, o insucesso do autor não autoriza a sua posterior responsabilização a título de danos morais pelos fatos descritos em suas peças processuais, pertinentes ao debate da causa. "O STJ pacificou entendimento de que a apresentação de notícia-crime constitui, em regra, exercício regular de direito e, portanto, não sujeita o denunciante à responsabilização por danos materiais e morais sofridos pelo acusado, exceto nas hipóteses em que a má-fé ou culpa grave do delator contribuir para a imputação de crime não praticado pelo acusado. (EDcl no REsp 914336-MS, rel. Min. João Otávio de Noronha, 4.ª T., DJUE 29.3.2010). 2. Embora a responsabilidade civil e a penal sejam indepen-

dentes, o ordenamento jurídico é uno; suas diferentes regras devem ser interpretadas de forma coerente, harmônica. Não é crime a injúria ou a difamação cometida em juízo como argumento para a discussão da causa. Igualmente não acarreta, em princípio, responsabilidade civil, desde que as afirmações ofensivas tenham pertinência com o debate da causa. Pouco adiantaria a lei excluir o crime, se o direito de livre discussão da causa fosse freado pelo temor de responsabilização civil na hipótese de insucesso do autor da manifestação tida por ofensiva. Apenas os abusos, as ofensas divorciadas de sentido no contexto do debate da causa, são passíveis de punição na esfera penal e também na civil. 3. Hipótese em que o conteúdo de queixa-crime em que os querelantes pretendem demonstrar os fatos e circunstâncias do suposto ilícito praticado pelo querelado, ainda que dotado de animosidade, não é suscetível de ensejar indenização por danos morais (STJ, 4.ª T., REsp 1306443-SP, rel. Min. Maria Isabel Gallotti, j. 19.11.2013, DJUE 5.3.2014).

◙ Recusa de cobertura do seguro-saúde.

1. Esta Corte reconhece o direito à compensação dos danos morais advindos da injusta recusa de cobertura de seguro saúde. Precedentes. 2. O dano moral na hipótese é presumido, o que torna desnecessário o revolvimento do conteúdo fático-probatório dos autos. Precedentes. 3. Agravo no recurso especial não provido (STJ, 3.ª T., AgRg no REsp 1385554-MS, rel. Min. Nancy Andrighi, j. 3.10.2013, DJUE 8.10.2013).

◙ Reparação do dano moral.

Jornada VII Dir-Civ STJ 589: "A compensação pecuniária não é o único modo de reparar o dano extrapatrimonial, sendo admitida a reparação in natura, na forma de retratação pública ou outro meio".

◙ Reparação por danos materiais e morais. Descumprimento dos deveres conjugais de lealdade e sinceridade recíprocos.

Omissão sobre a verdadeira paternidade biológica. Solidariedade. Valor indenizatório. Exige-se, para a configuração da responsabilidade civil extracontratual, a inobservância de um dever jurídico que, na hipótese, consubstancia-se na violação dos deveres conjugais de lealdade e sinceridade recíprocos, implícitos no CC/1916 231 (correspondência: CC 1566). Transgride o dever de sinceridade o cônjuge que, deliberadamente, omite a verdadeira paternidade biológica dos filhos gerados na constância do casamento, mantendo o consorte na ignorância. O desconhecimento do fato de não ser o pai biológico dos filhos gerados durante o casamento atinge a honra subjetiva do cônjuge, justificando a reparação pelos danos morais suportados. A procedência do pedido de indenização por danos materiais exige a demonstração efetiva de prejuízos suportados, o que não ficou evidenciado no acórdão recorrido, sendo certo que os fatos e provas apresentados no processo escapam da apreciação nesta via especial. Para a materialização da solidariedade prevista no CC/1916 1518 (correspondência: CC 942), exige-se que a conduta do "cúmplice" seja ilícita, o que não se caracteriza no processo examinado. A modificação do valor compulsório a título de danos morais mostra-se necessária tão somente quando o valor revela-se irrisório ou exagerado, o que não ocorre na hipótese examinada. Recursos especiais não conhecidos (STJ, 3.ª T., REsp 742137-RJ, rel. Min. Nancy Andrighi, m.v., j. 21.8.2007, DJUE 29.10.2007).

◙ Revista. Abuso do direito de informação.

O CC 186 estabelece que "aquele que, por ação ou omissão voluntária, negligência ou imprudência, violar direito e causar dano a outrem, ainda que exclusivamente moral, comete ato ilícito". O subsequente CC 188 I apresenta duas hipóteses de exclusão da ilicitude: quando o ato for praticado em legítima defesa ou no exercício regular de um direito reconhecido. Por sua vez, o CC 927 trata da obrigação de indenizar o dano que alguém causar a outrem. Desde já, destaco que a garantia fundamental de liberdade de expressão, além de ser questão eminentemente constitucional, é aqui referida apenas para verificar se tem fundamento a tese da recorrente de que estaria no "exercício regular de um direito reconhecido", ou seja, para fins de analisar se houve ou não alguma contrariedade aos dispositivos acima referidos. Feita essa observação, verifico que a sentença, cujos fundamentos foram referidos no acórdão recorrido, após analisar as provas dos autos, entendeu que ficou caracterizada a prática de mais de um ato ilícito sem que houvesse justificativa para sua prática ou que descaracterizasse a ilicitude, a impor o ressarcimento dos danos causados ao ora recorrido. [...] Outro não foi o entendimento firmado no acórdão recorrido, que reconheceu que a manchete estampada na capa da revista tinha caráter depreciativo e transmitia a ideia de que o recorrido seria um aproveitador, avesso ao trabalho. Assim, afastou a alegada situação excludente de ilicitude, registrando que a recorrente "excedeu no direito de crítica e atingiu a honra do embargante". De igual forma, também entendeu que ficou configurado um segundo ato ilícito, consistente na divulgação de imagens de um casamento realizado em local privado, sem acesso ao público, em que, reconhecidamente, buscou-se manter a privacidade dos nubentes. A propósito, o acórdão recorrido se reportou aos termos da sentença para também concluir que houve uso indevido da imagem, com a reprodução desautorizada das fotografias para fins comerciais. Em suma, o que ficou assentado na origem, após ampla análise das provas produzidas, foi que houve abuso do direito de informar, seja quando se optou por inserir na capa de revista de grande circulação manchete com forte apelo depreciativo, seja quando divulgou fotos obtidas clandestinamente de um evento reservado, privado, sem prévia autorização do interessado. E mais: que poderia até haver um interesse do público, por serem os noivos pessoas conhecidas, mas não um interesse público. Ora, está claro que eventual alteração na conclusão a que chegou o acórdão recorrido demandaria o reexame dos fatos e das provas, o que atrai a incidência do óbice contido na STJ 7 (STJ, 3.ª T., REsp 1461352-SP, rel. Min. João Otávio de Noronha, j. 17.3.2015, DJUE 24.3.2015).

◙ Valor do dano. Momento da fixação.

Recomenda-se que o valor do dano moral seja fixado desde logo, inclusive nesta instância, buscando dar solução definitiva ao caso e evitando inconvenientes e retardamento da solução jurisdicional (STJ, 4.ª T., REsp 399028-SP, rel. Min. Sálvio de Figueiredo Teixeira, v.u., j. 26.2.2002, DJU 15.4.2002).

Violação de direito autoral.

1. Pleito indenizatório em que a parte autora busca a reparação de danos morais suportados em virtude da publicação desautorizada de texto de sua autoria, a qual caracteriza a prática de ato ilícito. 2. A Constituição Federal, em seu art. 5.º, inciso XX-VII, confere proteção ao direito do autor, em razão do interesse econômico, moral e social envolvido. No mesmo rumo, a LDA regula as hipóteses de proteção ao direito autoral, consoante se denota do seu art. 7.º. 3. Verifica-se pela prova coligida no feito que a dissertação de mestrado elaborada pela autora foi utilizada, sem menção adequada quanto à sua autoria, em artigo publicado internacionalmente pela ré, fato que lhe ocasionou danos de ordem moral. 4. Desse modo, houve efetivamente prejuízo imaterial no caso dos autos à autora, pois foi utilizada a propriedade intelectual desta, sem a devida referência, obra técnica na área de desenvolvimento rural, que valoriza o profissional que atua nesta, sendo que a reprodução de ideias sem nominação da autoria atinge seu criador no âmago do espírito inventivo, dano moral que merece reparação. 5. Evidente que esse profissional trabalha com a palavra e que esta já existe, ou seja, não se cria, na maioria das vezes, nova nomenclatura, contudo, a organização desta nas frases e parágrafos é atribuída à concepção autoral de cada um, pois qualquer um poderia ter escrito um romance de Machado de Assis. Não obstante isso, as palavras utilizadas por aquele reconhecido autor nacional em sua obra já existiam na língua portuguesa, não fosse o fato de a forma, organização e sequência de frases, parágrafos e capítulos terem sido ordenados, de maneira invulgar, por aquele afamado escritor. 6. Assim, mister se faz o reconhecimento da autoria intelectual como propriedade indelével de determinado espírito humano, cuja reprodução sem a devida nominação, importa no mais nefasto dos delitos, a apropriação indevida de criação alheia, tal ilícito retira mais do que palavras de um texto, mas captura a própria alma de seu criador. 7. No que tange à prova do dano moral, por se tratar de lesão imaterial, desnecessária a demonstração do prejuízo, na medida em que possui natureza compensatória, minimizando de forma indireta as consequências da conduta do réu, decorrendo aquele do próprio fato. Conduta ilícita da demandada que faz presumir os prejuízos alegados pela parte autora, é o denominado dano moral puro. 9. O valor a ser arbitrado a título de indenização por dano imaterial deve levar em conta o princípio da proporcionalidade, bem como as condições do ofendido, a capacidade econômica do ofensor, além da reprovabilidade da conduta ilícita praticada. Por fim, há que se ter presente que o ressarcimento do dano não se transforme em ganho desmesurado, importando em enriquecimento ilícito. Portanto, presentes os pressupostos precitados que autorizam a fixação da indenização no montante arbitrado. 10. Em relação ao pedido de reparação pelos danos morais, o deferimento de quantia menor do que a postulada na exordial não induz sucumbência recíproca. Inteligência da STJ 326. 11. O LDA 108 prevê expressamente a obrigação de divulgação da identidade do autor da obra para os casos de utilização de obra intelectual sem indicação de autoria. 12. Portanto, ainda que o trabalho não tenha sido publicado no Brasil, a autora que mora nesta cidade de Porto Alegre, tomou conhecimento da existência do mesmo através da internet, razão pela qual possível considerar que qualquer pessoa residente no país, e fora dele, possa ter acesso ao documento, devendo, portanto, a ré ser condenada a divulgar a correta

autoria do trabalho por ela utilizado (TJRS, 5.ª Câm. Cív., Ap 70066691213, rel. Des. Jorge Luiz Lopes do Canto, j. 6.5.2016).

Súmula nº 387 do STJ: "É lícita a cumulação das indenizações de dano estético e dano moral".

Súmula nº 37 do STJ: "São cumuláveis as indenizações por dano material e dano moral oriundos do mesmo fato".

Súmula nº 281 do STJ: "A indenização por dano moral não está sujeita à tarifação prevista na LImp".

Súmula nº 498 do STJ: "Não incide imposto de renda sobre a indenização por danos morais".

Súmula nº 227 do STJ: "A pessoa jurídica pode sofrer dano moral".

Na responsabilidade civil por dano moral causado à pessoa jurídica, o fato lesivo, como dano eventual, deve ser devidamente demonstrado". Jornada III DirCiv STJ 189

Súmula nº 476 do STJ: "O endossatário de título de crédito por endosso-mandato só responde por danos decorrentes de protesto indevido se extrapolar os poderes de mandatário".

Súmula nº 475 do STJ: "Responde pelos danos decorrentes de protesto indevido o endossatário que recebe por endosso translativo título de crédito contendo vício formal extrínseco ou intrínseco, ficando ressalvado seu direito de regresso contra os endossantes e avalistas".

O arbitramento da indenização por danos morais deve se orientar pelos princípios da razoabilidade e proporcionalidade, de forma que a reparação possa cumprir a dupla finalidade compensatória e pedagógica, de acordo com as circunstâncias do caso concreto.

O arbitramento da indenização por danos morais deve se orientar pelos princípios da razoabilidade e proporcionalidade, de forma que a reparação possa cumprir a dupla finalidade compensatória e pedagógica, de acordo com as circunstâncias do caso concreto. Os danos materiais e os lucros cessantes devem ser indenizados quando comprovados nos autos. Recurso parcialmente provido. (Processo: AC 10000190225201001 MG - Publicação: 13/05/2019 - Julgamento: 5 de Maio de 19 - Relator: Manoel dos Reis Morais.)

A possibilidade de redução do montante da indenização em face do grau de culpa do agente, estabelecida no parágrafo único do art. 944 do novo Código Civil, deve ser interpretada restritivamente, por representar uma exceção ao princípio da reparação integral do dano.

Enunciado n. 46, da I Jornada de Direito Civil, com a redação dada pelo Enunciado n. 380 da IV Jornada de Direito Civil: "Art. 944. A possibilidade de redução do montante da indenização em face do grau de culpa do agente, estabelecida no parágrafo único do art. 944 do novo Código Civil, deve ser interpretada restritivamente, por representar uma exceção ao princípio da reparação integral do dano".

► Dano difuso e coletivo

Um tema tormentoso, ainda pouco enfrentado pela doutrina especializada, se refere à possibilidade de configuração de reparação por danos morais na tutela de interesses difusos e coletivos. Isso porque, partindo da premissa de que os danos morais são lesões à esfera extrapatrimonial de um indivíduo, ou seja, a seus direitos da personalidade, não seria possível se imaginar, a priori, um dano moral a interesses difusos, como, por exemplo, ao meio ambiente e ao patrimônio histórico-cultural. (GAGLIANO, Pablo Stolze. PAMPLONA FILHO, Rodolfo. Novo curso de direito civil, volume 3: Responsabilidade Civil / – 16ª. ed. rev., atual. e ampl. – São Paulo: Saraiva, 2018, p. 141)

► O dano moral difuso tutelado pela previsão legal somente pode ser caracterizado como uma lesão ao direito de toda e qualquer pessoa

Assim sendo, o dano moral difuso tutelado pela previsão legal somente pode ser caracterizado como uma lesão ao direito de toda e qualquer pessoa (e não de um direito específico da personalidade). A título de exemplo, poderíamos imaginar uma lesão difusa à integridade corporal de toda uma população com a poluição causada em um acidente ambiental ou violação à integridade psíquica, com o cerceio à liberdade de conhecimento e pensamento, com a destruição de bens e direitos de valor artístico, estético, histórico, turístico e paisagístico. A limitação da legitimidade para ajuizamento de tais pretensões, bem como a circunstância de que os valores obtidos reverterão para fundos específicos de defesa de direitos difusos justifica socialmente tal exceção legal, ressaltando a importância constitucional, por exemplo, da defesa de um meio ambiente ecologicamente equilibrado. (GAGLIANO, Pablo Stolze. PAMPLONA FILHO, Rodolfo. Novo curso de direito civil, volume 3: Responsabilidade Civil / – 16ª. ed. rev., atual. e ampl. – São Paulo: Saraiva, 2018, p. 141/142)

◙ DANO MATERIAL – Rejeição do pedido de indenização por danos materiais, por lucros cessantes – Somente são indenizáveis os danos "certos", ou seja, os danos que resultem com razoável certeza do evento danoso, devidamente descritos na inicial e demonstrados no curso da ação

RESPONSABILIDADE CIVIL – Comprovada a falha na prestação de serviço da ré, consistente na demora excessiva e injustificada para a transferência de endereço do serviço de telefonia contratado pela parte autora, e não configurada nenhuma excludente de responsabilidade, de rigor o reconhecimento da responsabilidade e a condenação da parte ré na obrigação de indenizar a parte autora pelos danos decorrentes do ilícito em questão. DANO MATERIAL – Rejeição do pedido de indenização por danos materiais, por lucros cessantes – Somente são indenizáveis os danos "certos", ou seja, os danos que resultem com razoável certeza do evento danoso, devidamente descritos na inicial e demonstrados no curso da ação, e não os danos "hipotéticos", que poderiam não se concretizar, independentemente da ocorrência de evento danoso, e, muito menos, os pleiteados sem qualquer especificação a respeito da natureza e extensão do dano ocorrido. DANO MORAL – A interrupção ou indisponibilidade de serviço de telefonia, decorrente de má prestação de serviços da concessionária e do desinteresse dela em regularizar o defeito, por si só, é fato ensejador de dano moral, visto que implica em ofensa à honra objetiva até mesmo de sociedades empresárias – Reforma da r. sentença, para condenar a parte ré ao pagamento de indenização por danos morais, na quantia de R$4.770,00, com incidência de correção monetária a partir da data do presente julgamento. Recurso provido, em parte. (Processo: 1018387-75.2016.8.26.0005 SP 1018387-75.2016.8.26.0005 – Órgão Julgador: 20ª Câmara de Direito Privado – Publicação: 13/06/2018 – Julgamento: 11 de Junho de 2018 – Relator: Rebello Pinho)

■ Ausência de dano certo e atual, imprescindível para caracterizar a responsabilidade civil

Ausência de dano certo e atual, imprescindível para caracterizar a responsabilidade civil. Improcedência da ação que se impõe. Recurso provido. (Processo: APL 0002190-72.2011.8.26.0511 SP 0002190-72.2011.8.26.0511 – Órgão Julgador: 32ª Câmara de Direito Privado – Publicação: 22/01/2015 – Julgamento: 22 de Janeiro de 2015 – Relator: Ruy Coppola)

■ Responsabilidade civil. Paciente diabético. Danos morais reflexos.

Responsabilidade civil. Paciente diabético. Danos morais reflexos. Negligência das rés em interromper a hemodiálise, culminando com o falecimento do pai e marido dos autores, por divergências contratuais entre estas e falta de pagamento, bem como por descumprimento de decisão judicial. Laudo pericial conclusivo. Danos morais. Falha no atendimento médico e hospitalar. Parentes próximos que sofreram pessoalmente dano certo e grave, como consequência direta das lesões infligidas no paciente falecido. Indenização devida. Quantum indenizatório arbitrado em R$ 50.000,00 para cada autor. Arbitramento em consonância com o caso concreto e os precedentes do C. STJ. Recurso adesivo. Elevação. Fixação adequada. Súmula 54 do C. STJ inaplicável. Recursos desprovidos. (Processo: APL 0010286-93.2010.8.26.0161 SP 0010286-93.2010.8.26.0161 – Órgão Julgador: 7ª Câmara de Direito Privado – Publicação: 04/04/2017 – Julgamento: 4 de Abril de 2017 – Relator: Rômolo Russo)

■ Somente são indenizáveis os danos "certos", ou seja, os danos que resultem com razoável certeza do evento danoso, devidamente descritos na inicial e demonstrados no curso da ação, e não os danos "hipotéticos", que poderiam não se concretizar, independentemente da ocorrência de evento danoso, e, muito menos, os pleiteados sem qualquer especificação a respeito da natureza e extensão do dano ocorrido

RESPONSABILIDADE CIVIL – Caracterizado o defeito de serviço e o ato ilícito da instituição financeira ré, consistente na celebração de contrato fraudulento, por culpa dela ré, com consequente ocorrência de duas autuações do veículo indevidamente cadastrado no nome do autor, e não configurada nenhuma excludente de responsabilidade, de rigor, o reconhecimento da responsabilidade e a condenação da parte ré na obrigação de indenizar a parte autora pelos danos decorrentes do ilícito em questão. DANO MATERIAL – Rejeição do pedido de indenização por danos materiais – Somente são indenizáveis os danos "certos", ou seja, os danos que resultem com razoável certeza do evento danoso, devidamente descritos na inicial e demonstrados no curso da ação, e não os danos "hipotéticos", que poderiam não se concretizar, independentemente da ocorrência de evento danoso, e, muito menos, os pleiteados sem qualquer especificação a respeito da natureza e extensão do dano ocorrido. DANO MORAL – A ocorrência de autuações e multas em veículo cadastrado no nome de vítima de fraude em celebração de contrato de financiamento, constitui, por si só, fato ensejador de dano moral – Indenização por danos morais fixada na quantia de R$7.880,00, com incidência de correção monetária a partir da data deste julgamento. Recurso provido, em parte. (Processo: APL 0003997-39.2011.8.26.0411 SP 0003997-39.2011.8.26.0411 – Órgão Julgador: 20ª Câmara de Direito Privado – Publicação: 12/08/2015 – Julgamento: 10 de Agosto de 2015 – Relator: Rebello Pinho)

◙ **A aplicação da teoria da perda de uma chance, que objetiva responsabilizar o advogado pela perda da possibilidade do cliente de buscar uma situação mais vantajosa no processo, necessita de demonstração de que a negligência ou desídia do profissional tenha ensejado a perda de uma chance séria e real, que tangencia a certeza, não hipotética ou duvidosa.**

RESPONSABILIDADE CIVIL DO ADVOGADO NÃO VERIFICADA NA ESPÉCIE. INEXISTÊNCIA DE DANOS MATERIAIS E MORAIS A SEREM INDENIZADOS. A aplicação da teoria da perda de uma chance, que objetiva responsabilizar o advogado pela perda da possibilidade do cliente de buscar uma situação mais vantajosa no processo, necessita de demonstração de que a negligência ou desídia do profissional tenha ensejado a perda de uma chance séria e real, que tangencia a certeza, não hipotética ou duvidosa. No caso concreto, o alegado prejuízo material da autora resultou de decisão judicial, cuja hipotética possibilidade de reforma não demonstra a ocorrência de dano certo e diretamente decorrente da conduta do advogado réu, não havendo, pois, como amparar a pretensão indenizatória. Apelo desprovido. (Apelação Cível Nº 70053875126, Décima Quinta Câmara Cível, Tribunal de Justiça do RS, Relator: Vicente Barrôco de Vasconcellos, Julgado em 12/06/2013)

◙ **Reconhecimento do dever de indenizar depende da efetiva e concreta demonstração do dano certo e atual.**

Reconhecimento do dever de indenizar depende da efetiva e concreta demonstração do dano certo e atual. Precedentes do STJ. Inexistência de elementos probatórios aptos a indicar os prejuízos materiais pelo autor. Improcedência do pedido. RECURSOS PARCIALMENTE PROVIDOS. (Processo: APL 0041583-20.2011.8.26.0053 SP 0041583-20.2011.8.26.0053 – Órgão Julgador: 9ª Câmara de Direito Público – Publicação: 09/04/2015 – Julgamento: 8 de Abril de 2015 – Relator: José Maria Câmara Junior)

INDENIZAÇÃO

◙ **Obrigação de indenizar.**

A regra é a de que quem estiver obrigado a reparar um dano deve recompor a situação pessoal e patrimonial do lesado ao estado anterior, para torná-la como era se o evento maléfico não tivesse se verificado, evento esse que impõe ao responsável pelo dano (com ou sem culpa pela sua ocorrência – dependendo da hipótese legal de que se trata) a obrigação de repará-lo. Quando o CC 944 cuida de fixar o valor da indenização pela extensão do dano, revela comando de que a obrigação deva ser cumprida pontualmente, ou seja, "ponto por ponto". Quando se diz que uma obrigação deva ser cumprida "pontualmente", diz-se que o obrigado deve satisfazer, "cabalmente, todos os deveres dela resultantes. (Código Civil Comentado – Ed. 2019, Autor: Nelson Nery Junior, Rosa Maria de Andrade Nery, Editor: Revista dos Tribunais, Código Civil, Parte Especial. LIVRO I. DO DIREITO DAS OBRIGAÇÕES. TÍTULO IX. DA RESPONSABILIDADE CIVIL. Capítulo I. DA OBRIGAÇÃO DE INDENIZAR. Art. 935. Página RL-2.125. https://proview.thomsonreuters.com/launchapp/title/rt/codigos/100083938/v13/page/RL-2.125)

◙ **Cumulação das indenizações.**

São cumuláveis as indenizações por dano moral e patrimonial (STJ 37), desde que oriundas do mesmo fato, pois protegem bens jurídicos diferentes e têm fundamentos distintos. No sistema das relações de consumo ocorre o mesmo fenômeno, pois o CDC 6.º VI resguarda a efetiva prevenção e reparação de danos das mais distintas naturezas (patrimoniais, morais, coletivos...), prescrevendo, por conseguinte, a possibilidade da indenização cumulada dos danos patrimoniais e morais. (Código Civil Comentado – Ed. 2019, Autor: Nelson Nery Junior, Rosa Maria de Andrade Nery, Editor: Revista dos Tribunais, Código Civil. Parte Especial. LIVRO I. DO DIREITO DAS OBRIGAÇÕES. TÍTULO IX. DA RESPONSABILIDADE CIVIL. Capítulo I. DA OBRIGAÇÃO DE INDENIZAR. Art. 927. Página RL-2.125.https://proview.thomsonreuters.com/launchapp/title/rt/codigos/100083938/v13/page/RL-2.125)

◙ **A culpa como elemento de dosagem da indenização.**

Aqui se abre ocasião para o juízo de equidade, diante de eventuais circunstâncias que tenham feito gerar uma consequência anormal no resultado do dano. (Código Civil Comentado – Ed. 2019, Autor: Nelson Nery Junior, Rosa Maria de Andrade Nery, Editor: Revista dos Tribunais, Código Civil. Parte Especial. LIVRO I. DO DIREITO DAS OBRIGAÇÕES. TÍTULO IX. DA RESPONSABILIDADE CIVIL. Capítulo I. DA OBRIGAÇÃO DE INDENIZAR. Art. 927. Página RL-2.125.https://proview.thomsonreuters.com/launchapp/title/rt/codigos/100083938/v13/page/RL-2.125)

◙ **Mora.**

Na responsabilidade civil extracontratual, o causador do dano responde pelos juros de mora, contados a partir do evento danoso. O CC 398 é expresso ao dizer que o devedor, na indenização resultante de ato ilícito (CC 186), considera-se em mora desde que o praticou. No sistema anterior já era essa a conclusão da doutrina e jurisprudência, que interpretavam a expressão "delito", constante do CC/1916 962, como se referindo ao ilícito extracontratual e não apenas a "crime" (Código Civil Comentado – Ed. 2019, Autor: Nelson Nery Junior, Rosa Maria de Andrade Nery, Editor: Revista dos Tribunais, Código Civil. Parte Especial. LIVRO I. DO DIREITO DAS OBRIGA-

ÇÕES. TÍTULO IX. DA RESPONSABILIDADE CIVIL. Capítulo I. DA OBRIGAÇÃO DE INDENIZAR. Art. 927. Página RL-2.125.https://proview.thomsonreuters.com/launchapp/title/rt/codigos/100083938/v13/page/RL-2.125)

Súmula nº 362 do STJ: "A correção monetária do valor da indenização do dano moral incide desde a data do arbitramento".

Súmula nº 562 do STF: "Na indenização de danos materiais decorrentes de ato ilícito cabe a atualização de seu valor, utilizando-se, para esse fim, dentre outros critérios, dos índices de correção monetária".

Súmula nº 43 do STJ: "Incide correção monetária sobre dívida por ato ilícito a partir da data do efetivo prejuízo".

Súmula nº 28 do STF: O estabelecimento bancário é responsável pelo pagamento de cheque falso, ressalvadas as hipóteses de culpa exclusiva ou concorrente do correntista".

Súmula nº 35 do STF: "Em caso de acidente do trabalho ou de transporte, a concubina tem direito de ser indenizada pela morte do amásio, se entre eles não havia impedimento para o matrimônio".

Súmula nº 229 do STF: "A indenização acidentária não exclui a do direito comum, em caso de dolo ou culpa grave do empregador". Atualmente, a culpa, ainda que leve, também dá lugar à indenização de direito comum (RSTJ 26/514, 30/483, 53/117, 53/135).

Súmula nº 562 do STF: "Na indenização de danos materiais decorrentes de ato ilícito cabe a atualização de seu valor, utilizando-se, para esse fim, dentre outros critérios, dos índices de correção monetária".

Súmula nº 186 do STJ: "Nas indenizações por ato ilícito, os juros compostos somente são devidos por aquele que praticou o crime."

Súmula nº 54 do STJ: "Os juros moratórios fluem a partir do evento danoso, em caso de responsabilidade extracontratual".

► **A indenização, como regra, segue o disposto no *caput* do art. 944 do Código Civil.**

"... a indenização equivale ao dano, justamente por visar a recompor o patrimônio da vítima, como se dano não tivesse havido. Todavia, optou o legislador de 2002 por abrir ao juiz a hipótese de reduzir a indenização no caso de "excessiva desproporção entre a gravidade da culpa e o dano". (MENEZES DE ALMEIDA, Fernando Dias. Coordenação: Maria Sylvia Zanella Di Pietro. Tratado de Direito Administrativo: controle da administração pública e responsabilidade civil, 1ª edição, São Paulo, Revista dos Tribunais, 2014. p. 262)

► **Por certo, o sistema de responsabilidade civil visa a eliminar o dano; no entanto, ponderou o legislador não ser adequado que isso se dê à custa de aniquilarem-se os meios de vida do causador do dano, que tenha agido com pequeno grau de culpa.**

Por certo, o sistema de responsabilidade civil visa a eliminar o dano; no entanto, ponderou o legislador não ser adequado que isso se dê à custa de aniquilarem-se os meios de vida do causador do dano, que tenha agido com pequeno grau de culpa. Vislumbram-se situações, por exemplo, como aquela em que um indivíduo, por leve descuido – imagine-se, um tropeço ao andar na calçada enquanto se olha a paisagem –, desencadeia uma sucessão de fatos culminando com resultado gravíssimo – morte de outro passante que, ao ser tocado pelo primeiro, cai, batendo a cabeça no meio-fio –, a normalmente ensejar enorme indenização – no caso, a familiares. (MENEZES DE ALMEIDA, Fernando Dias. Coordenação: Maria Sylvia Zanella Di Pietro. Tratado de Direito Administrativo: controle da administração pública e responsabilidade civil, 1ª edição, São Paulo, Revista dos Tribunais, 2014. p. 262/263)

► **Implícita nessa opção do legislador está a ideia – metajurídica, ou seja, estranha ao direito positivo – de não merecimento de sanção grave por parte de quem agir com conduta volitivamente pouco censurável.**

Implícita nessa opção do legislador está a ideia – metajurídica, ou seja, estranha ao direito positivo – de não merecimento de sanção grave por parte de quem agir com conduta volitivamente pouco censurável.

► **Está-se lidando com uma questão de "graus" de culpa.**

A mesma questão de graus de culpa é trazida pelo Código Civil no artigo seguinte, igualmente resultando na mensuração do valor da indenização: "Art. 945. Se a vítima tiver concorrido culposamente para o evento danoso, a sua indenização será fixada tendo-se em conta a gravidade de sua culpa em confronto com a do autor do dano."

► **As principais categorias de culpa, conforme seu grau.**

As principais categorias de culpa, conforme seu grau, seriam a *culpa lata* – "consistente em não se compreender aquilo que todos compreendem" – e a *culpalevis* – que "consiste em não observar, no cumprimento da obrigação, o cuidado que teria um homem médio e normal" (*culpa in abstracto*) ou o "cuidado que, na espécie, o [próprio] indivíduo costuma aplicar às suas coisas" (*culpa in concreto*). (MENEZES DE ALMEIDA, Fernando Dias. Coordenação: Maria Sylvia Zanella Di Pietro. Tratado de Direito Administrativo: controle da administração pública e responsabilidade civil, 1ª edição, São Paulo, Revista dos Tribunais, 2014. p. 263)

► **Traçado esse panorama do tratamento da responsabilidade civil, em face do Código Civil de 2002, é possível concluir que não existe mais uma preferência por um dos sistemas de responsabilização, tradicionalmente ditos de responsabilidade subjetiva ou objetiva.**

A regra hoje em vigor é a de a responsabilidade civil decorrer de uma das seguintes hipóteses, cada qual suficiente, sempre a partir da existência do substrato físico mínimo ação causadora – efeito danoso: a) conduta culposa (dolosa ou culposa em sentido estrito); b) abuso de direito – o que importa certo grau de culpa quanto à desatenção em relação aos limites impostos pelo fim econômico ou social do direito, pela boa-fé ou pelos bons costumes (limites esses que são pressupostos como de conhecimento e assimilação pelos indivíduos vivendo em sociedade); c) risco para os direitos de outrem, constatado a critério do juiz, decorrente de atividade normalmente desenvolvida pelo autor do dano, independentemente da cogitação de culpa na conduta causadora do dano; d) previsão expressa do legislador, independentemente da cogitação de culpa na conduta causadora do dano e independentemente de verificação pelo juiz da existência de riscos decorrentes da atividade do autor do dano. (MENEZES DE ALMEIDA, Fernando Dias. Coordenação: Maria Sylvia Zanella Di Pietro. Tratado de Direito Administrativo: controle da administração pública e responsabilidade civil, 1ª edição, São Paulo, Revista dos Tribunais, 2014. p. 264)

► **E, uma vez detectada a hipótese de responsabilidade, caberá ainda ao julgador chegar à fixação da indenização mediante a consideração de intensidade da ação culposa do responsável ou da vítima.**

Essa diversidade de hipóteses indica a superação teórica da divisão binomial "responsabilidade subjetiva – responsabilidade objetiva". Admita-se, por um lado, que o uso de expressões consagradas facilita a comunicação. Não se propõe, portanto, que sejam banidas da linguagem jurídica essas expressões. Por outro lado, há que se compreender que a eventual referência a "responsabilidade subjetiva" ou "responsabilidade objetiva" não remete a um (entre dois) regimes jurídicos precisos e estanques de aplicação da responsabilidade. A partir de um substrato mínimo, de caráter objetivo – formado pela ação causadora e a efeito danoso – o processo de aplicação da responsabilidade (o que inclui a fixação da indenização) pressupõe uma atividade decisória judicial que poderá exigir a demonstração de certos elementos portadores de subjetividade em distintos graus. (MENEZES DE ALMEIDA, Fernando Dias. Coordenação: Maria Sylvia Zanella Di Pietro. Tratado de Direito Administrativo: controle da administração pública e responsabilidade civil, 1ª edição, São Paulo, Revista dos Tribunais, 2014. p. 264)

◙ **Dano moral. Fixação do valor da indenização.**

Revisão em instância especial. A revisão do valor da indenização por dano moral na instância especial é possível quando absolutamente inadequado o quantum escolhido na instância ordinária, situação que não ocorre no caso dos autos (STJ, 4.ª T., REsp 299700-DF, rel. Min. Ruy Rosado de Aguiar Júnior, v.u., j. 4.9.2001, DJU 29.10.2001).

◙ **Redução equitativa da indenização tem caráter excepcional e somente será realizada quando a amplitude do dano extrapolar os efeitos razoavelmente imputáveis à conduta do agente. Jornada V DirCiv STJ 457A.**

Súmula nº 326 do STJ: "Na ação de indenização por dano moral, a condenação em montante inferior ao postulado na inicial não implica sucumbência recíproca".

Súmula nº 186 do STJ: "Nas indenizações por ato ilícito, os juros compostos somente são devidos por aquele que praticou o crime".

◙ **Responsabilidade civil do Estado. *Quantum* indenizatório. Alteração pelo STJ. Possibilidade.**

Quando o *quantum* fixado a título de indenização por danos morais se mostrar irrisório ou exorbitante, incumbe ao STJ aumentar ou reduzir o seu valor, não implicando exame de matéria fática (STJ, 1.ª T., REsp 331279-CE, rel. Min. Luiz Fux, m.v., j. 23.4.2002, DJU 3.6.2002).

◙ **"A quantificação da reparação por danos extrapatrimoniais não deve estar sujeita a tabelamento ou a valores fixos". VI DirCiv STJ 550**

ATO ILÍCITO

► **Ato ilícito é o fato gerador da responsabilidade jurídica.**

Ato ilícito é o fato gerador da responsabilidade jurídica. O ato ilícito é aquele cometido em desconformidade com o ordenamento jurídico. (LISBOA, Roberto Senise. Manual de direito civil, v. 2: Direito das obrigações e responsabilidade civil. 3ª. ed. – São Paulo: Saraiva, 2004, p. 428)

► <u>No mesmo sentido:</u> Chegamos, finalmente, ao ato ilícito, conceito da maior relevância para o tema em estudo, por ser o fato gerador da responsabilidade civil. Trata-se de uma conquista do Direito moderno, devida à obra monumental dos pandectistas alemães do século XIX, que criaram a parte geral do Direito Civil e, por conseguinte, deram-nos os fundamentos científicos de toda a teoria da responsabilidade hoje estudada. O Código Civil Alemão – BGB 1897 – foi o primeiro a abandonar a tradicional classificação romanista de delito e quase-delito e, no lugar dessa dicotomia, erigiu um conceito único – o conceito do ato ilícito. (CAVALIERI FILHO, Sérgio, Programa de responsabilidade civil, 13ª. ed., Atlas, São Paulo, 2019 p. 19)

► **Antijurídico é todo comportamento em desconformidade ou contrariedade com o ordenamento jurídico ou ao negócio lícito celebrado.**

Antijurídico é todo comportamento em desconformidade ou contrariedade com o ordenamento jurídico ou ao negócio lícito celebrado. Como a responsabilidade civil funda-se na concepção de tipologias abertas (vide o tópico antecedente), a antijuridicidade exerce uma função indiciária do tipo, preponderando no direito civil a chamada antijuridicidade material, ou seja, deixa-se de lado a noção segundo a qual somente haveria ilícito na ilegalidade. Superou-se, como observa Carlos Roberto Gonçalves, a ideia de *numerus clausus* dos direitos subjetivos tutelados, característica da antijuridicidade formal, adotando-se a concepção do dever de reparação de qualquer dano ressarcível. (LISBOA, Roberto Senise. Manual de direito civil, v. 2: Direito das obrigações e responsabilidade civil. 3ª. ed. – São Paulo: Saraiva, 2004, p. 433)

► A antijuridicidade pode ser objetiva ou subjetiva

A antijuridicidade pode ser objetiva ou subjetiva, sendo a esta imprescindível a imputação do evento danoso à consciência do agente (culpa ou dolo). (LISBOA, Roberto Senise. Manual de direito civil, v. 2: Direito das obrigações e responsabilidade civil. 3ª. ed. – São Paulo: Saraiva, 2004, p. 434)

"Antijuridicidade subjetiva é a desaprovação da conduta do agente causador do dano. Antijuridicidade objetiva é a desaprovação do fato que advém da conduta ilícita do agente. A desconformidade objetiva, por outro lado, desnecessita da aferição de culpa ou dolo, pois se fundamenta no risco da atividade que proporciona dano a outrem. A doutrina anterior propugnava que apenas o ato injurídico que propiciasse dano, em virtude de ação consciente do autor de violação do dever jurídico, poderia ser considerado como ato ilícito. No entanto, a evolução tem demonstrado que a definição de ato ilícito se refere à desconformidade, ainda que objetiva, tornando-se o elemento culpa presente ou não, para os fins de se imputar a responsabilidade em desfavor do ofensor." (LISBOA, Roberto Senise. Manual de direito civil, v. 2: Direito das obrigações e responsabilidade civil. 3ª. ed. – São Paulo: Saraiva, 2004, p. 434)

► Não se confunde a antijuridicidade do ato com a culpa ou o dolo

Desse modo, não se confunde a antijuridicidade do ato com a culpa ou o dolo, elementos explícitos ou implícitos do tipo subjetivo. (LISBOA, Roberto Senise. Manual de direito civil, v. 2: Direito das obrigações e responsabilidade civil. 6ª. ed. – São Paulo: Saraiva, 2012, p. 434)

► Mas o que se entende por ato ilícito?

Inclui-se no seu conceito o elemento culpa? Todos os autores reconhecem tratar-se de um conceito complexo e controvertido. Assinala Caio Mário que a construção dogmática do ato ilícito sofreu tormentas nas mãos dos escritores dos séculos XVIII e XIX e não melhorou muito nas dos contemporâneos nossos; antes tem sido de tal modo intrincada que levou De Page a tachar de completa anarquia o que se passa no terreno da responsabilidade civil, tanto sob o aspecto legislativo quanto doutrinário, como, ainda, jurisprudencial. No entender do insigne mestre a doutrina não poderá aclarar devidamente a teoria do ato ilícito enquanto se preocupar com a diversificação das noções de dolo e culpa, culpa grave, leve e levíssima, e outras diferenciações sem utilidade prática. Embora sustente que o caráter antijurídico da conduta e o seu resultado danoso constituem o perfil do ato ilícito – violação de uma obrigação preexistente –, reconhece o notável civilista que a noção de culpa está presente na composição do esquema legal do ato ilícito. Adverte, entretanto, que a palavra "culpa" traz aqui um sentido amplo, abrangente de toda espécie de comportamento contrário ao Direito, seja intencional ou não, porém imputável por qualquer razão ao causador do dano (Instituições de Direito Civil, 2. ed., Forense Universitária, p. 454-455). (CAVALIERI FILHO, Sérgio, Programa de responsabilidade civil, 13ª. ed., Atlas, São Paulo, 2019 p. 19/20)

► Ato ilícito é, portanto, todo comportamento pessoal típico, que infringe um dever jurídico.

O dever jurídico pode ser: a) dever jurídico primário ou originário; b) dever jurídico sucessivo ou suplementar, decorrente da violação de um dever jurídico primário e preexistente. A violação do dever jurídico primário ou originário acarreta a necessidade do cumprimento de um dever jurídico sucessivo ou suplementar. O dever jurídico sucessivo ou suplementar decorre de previsão legal ou negocial. A origem do dever jurídico é, portanto, o tipo previsto em lei ou em negócio jurídico. (LISBOA, Roberto Senise. Manual de direito civil, v. 2: Direito das obrigações e responsabilidade civil. 3ª. ed. – São Paulo: Saraiva, 2004, p. 431)

► A noção de ato ilícito abrange em nosso sistema o excesso ou abuso de direito (art. 187 do CC).

Segundo o novo Código, também se considera ato ilícito o exercício do direito que excede: a) o seu fim econômico ou social, uma vez que se consagrou a teoria da função social do instituto jurídico, segundo a qual o exercício de um direito sobre um bem corpóreo ou incorpóreo deve harmonizar-se ou não pode ser prejudicial aos interesses socialmente mais relevantes. Exemplos: a função social da propriedade é observada se o proprietário confere produtividade ao bem, a teor do art. 182, § 2º, da CF; a função social do contrato é observada se as partes não prejudicam interesses jurídicos de terceiros determinados ou indeterminados; b) a boa-fé, que pode ser entendida sob o seu aspecto: subjetivo, como sentimento próprio de justiça e inconsciência do injusto; ou objetivo, como regra de conduta que razoavelmente se poderia esperar da outra pessoa. Exemplos: a pessoa que se apossa de um imóvel julgando que ele não tem proprietário (res nullius); o comprador que espera que o vendedor lhe informe adequadamente todas as funções do produto que pretende lhe vender; c) os bons costumes, como forma de garantia da moral pública. (LISBOA, Roberto Senise. Manual de direito civil, v. 2: Direito das obrigações e responsabilidade civil. 6ª. ed. – São Paulo: Saraiva, 2012, p. 429)

► A teoria do abuso do direito foi adotada pela legislação civil vigente de forma conciliada com a teoria da confiança, que superou a clássica teoria da responsabilidade.

Orienta-se o atual estudo da responsabilidade civil, destarte, pelo prevalecimento de um sentido de solidariedade social. Desse modo, o abuso de direito foi adotado em sua orientação objetiva. Torna-se desnecessária a apreciação do elemento subjetivo da conduta, bastando a verificação da existência de excesso no exercício do direito e do prejuízo sofrido pela vítima. O agente responde pelo abuso de sua conduta se tal circunstância vier a ser apurada. (LISBOA, Roberto Senise. Manual de direito civil, v. 2: Direito das obrigações e responsabilidade civil. 3ª. ed. – São Paulo: Saraiva, 2004, p. 430)

► Abuso do direito. Conceito. Distinção do ato ilícito subjetivo.

Ocorre quando o ato é resultado do exercício não regular do direito (CC, 188, I, *in fine*, a *contrario sensu*). No ato abusivo há violação da finalidade do direito, de seu espírito, violação essa aferível objetivamente, independentemente de dolo ou culpa (Alvino Lima. Culpa e risco, 2.ª ed., n. 48, p. 252; Alvino Lima, RF 166/25; Jornada I DirCiv STJ 37). Distingue-se do ato ilícito do CC 186, porque neste se exige a culpa para que seja caracterizado. Ambos são ilícitos, mas com regimes jurídicos diferentes. Este entendimento não é acompanhado por Judith Martins-Costa, que vê, no CC 187, "as balizas do exercício inadmissível de posição jurídica" (Judith Martins-Costa. A ilicitude derivada do exercício contraditório de um direito: o renascer de *venire contra factum proprium*, RF 376/122). (Código Civil Comentado - Ed. 2019, Autor: Nelson Nery Junior, Rosa Maria de Andrade Nery, Editor: Revista dos Tribunais, Código Civil, Parte Geral. Livro III. Dos Fatos Jurídicos. Título III. Dos Atos Ilícitos, Art. 187. Página RL-2.29, https://proview.thomsonreuters.com/launchapp/title/rt/codigos/100083938/v13/page/RL-2.29)

► **Abuso de direito. Ilícito objetivo.**

A norma comentada imputa ao ato abusivo a natureza de ilícito. Tendo em vista suas próprias peculiaridades, não se assemelha ao ato ilícito do CC 186, assim considerado pela lei para fins de reparação do dano por ele causado. O ato abusivo pode, até, não causar dano e nem por isso deixa de ser abusivo. A ilicitude do ato cometido com abuso de direito é de natureza objetiva, aferível independentemente de dolo ou culpa. "A concepção adotada de abuso de direito é a objectiva. Não é necessária a consciência de se excederem, com o seu exercício, os limites impostos pela boa-fé, pelos bons costumes ou pelo fim social ou econômico do direito; basta que excedam seus limites" (Pires de Lima-Antunes Varela. CC Anot., v. I4, coment. 1 CC port. 334.º, p. 298). No mesmo sentido, Jornada I DirCiv STJ 37, cujo texto integral se encontra na casuística abaixo, verbete "Responsabilidade objetiva". Entendendo que o ato abusivo é ilícito, sem fazer a distinção aqui desenvolvida: Bevilaqua. CC, v. I11, coment. 6 CC/1916 160, p. 347; Everardo da Cunha Luna. Abuso de direito, 2.ª ed., 1988, n. 24, p. 119. No conceito de abuso de direito "cabem tanto os casos de abuso por excesso nos fins visados, como os por excesso nos meios empregados" [Fernando Noronha. O ato ilícito nos contratos e fora deles (RDC 34/34)]. (Código Civil Comentado - Ed. 2019, Autor: Nelson Nery Junior, Rosa Maria de Andrade Nery, Editor: Revista dos Tribunais, Código Civil, Parte Geral. Livro III. Dos Fatos Jurídicos. Título III. Dos Atos Ilícitos, Art. 187. Página RL-2.29, https://proview.thomsonreuters.com/launchapp/title/rt/codigos/100083938/v13/page/RL-2.29Nery)

► **O reconhecimento do abuso de direito como espécie de ato ilícito**

O reconhecimento do abuso de direito como espécie de ato ilícito é a condenação da filosofia individualista, que atribuía aos direitos subjetivos um caráter absoluto.4 Esta era a visão, hoje superada, do jurisconsulto Paulo: "Nemo damnum facit, nisi qui id fecit, quod facere ius non habet" (i.e., "Ninguém faz dano a não ser que faça o que não tem direito de fazer"). 5 Desde o início do século XX, quando se abandonou definitivamente a concepção egocêntrica, a relevância do interesse social é considerada em nosso ordenamento e a partir da Lei Maior. Para o pensamento socialista, conforme Boris Starck, os direitos são relativos, devendo o seu titular utilizá-los conforme a sua função, "porque o direito tem um objetivo social que deve ser respeitado". (NADER, Paulo. Curso de Direito Civil - Vol. 7 - Responsabilidade Civil, 6ª edição. [Grupo GEN]. Retirado de https://grupogen.vitalsource.com/#/books/9788530968717/)

► **Abuso do direito. Natureza e características.**

É categoria autônoma, de concepção objetiva e finalística, e não apenas dentro do âmbito estreito do ato emulativo (ato ilícito). Diferentemente do ato ilícito, que exige a prova do dano para ser caracterizado, o abuso de direito é aferível objetivamente e pode não existir dano e existir ato abusivo (Guilherme Fernandes Neto. O abuso de direito no Código de Defesa do Consumidor, 1999, p. 200). O abuso de direito é aferível de modo objetivo, prescindindo do dolo ou culpa e também do dano para caracterizar-se. (Código Civil Comentado - Ed. 2019, Autor: Nelson Nery Junior, Rosa Maria de Andrade Nery, Editor: Revista dos Tribunais, Código Civil, Parte Geral. Livro III. Dos Fatos Jurídicos. Título III. Dos Atos Ilícitos, Art. 187. Página RL-2.29, https://proview.thomsonreuters.com/launchapp/title/rt/codigos/100083938/v13/page/RL-2.29)

► **Abuso manifesto.**

Para que se caracterize como ato ilícito objetivo, o abuso tem de ser manifesto, isto é, aquele que ocorre quando o direito é exercido em termos clamorosamente ofensivos à justiça. (Código Civil Comentado - Ed. 2019, Autor: Nelson Nery Junior, Rosa Maria de Andrade Nery, Editor: Revista dos Tribunais, Código Civil, Parte Geral. Livro III. Dos Fatos Jurídicos. Título III. Dos Atos Ilícitos, Art. 187. Página RL-2.29, https://proview.thomsonreuters.com/launchapp/title/rt/codigos/100083938/v13/page/RL-2.29)

► **Abuso de direito e arbitrariedade**

Os conceitos de abuso de direito e arbitrariedade não se confundem. Arbitrariedade é categoria de Direito Público e que se constitui quando a autoridade abandona o esquema legal e pratica ato de força; daí não ser correto, a rigor, afirmar-se que na prática abusiva o titular do direito subjetivo age arbitrariamente. Luis Recaséns Siches analisa um caso concreto, onde as duas figuras se apresentam: em Potsdam, o dono de uma propriedade rural que recebia as águas da correnteza, dada a sua animosidade com o proprietário das terras situadas abaixo e sem buscar qualquer proveito pessoal, desviou o curso daquela, exclusivamente com o propósito de prejudicar o seu vizinho. Este, inconformado, ingressou em juízo, mas a sentença lhe foi desfavorável, sob o fundamento de que o ordenamento da Prússia não previa a figura do abuso de direito. Ao tomar ciência do fato, o monarca Frederico II revogou diretamente o ato judicial, acatando o pleito do autor, além de punir os magistrados. Com o seu ato o monarca praticou uma arbitrariedade, embora esta, no que diz respeito ao *meritum causae*, fosse substancialmente justa. (NADER, Paulo. Curso de Direito Civil - Vol. 7 - Responsabilidade Civil, 6ª edição. [Grupo GEN]. Retirado de https://grupogen.vitalsource.com/#/books/9788530968717/)

► O abuso de direito não requer a adequação da conduta a um tipo prescrito em lei. Fundamental é que se constate a existência de um direito subjetivo e o seu exercício irregular.

O abuso de direito não requer a adequação da conduta a um tipo prescrito em lei. Fundamental é que se constate a existência de um direito subjetivo e o seu exercício irregular. Não há um critério objetivo de aferição da abusividade. Trata-se mesmo de uma cláusula aberta, sujeita à variação temporal, pois de diversos modos a ilicitude pode se caracterizar, bastando dizer que a noção de bons costumes é variável no tempo e no espaço. Legaz y Lacambra observa neste sentido: "... o que em um tempo aparece como lícito, mais tarde resulta 'abuso' de direito, sem que a norma jurídica haja variado. A situação jurídica do titular de direito subjetivo é a mesma, mas tem havido variação em seu conteúdo e extensão concretas." (NADER, Paulo. Curso de Direito Civil – Vol. 7 – Responsabilidade Civil, 6ª edição. [Grupo GEN]. Retirado de https://grupogen.vitalsource.com/#/books/9788530968717/)

► Abuso de direito e fraude à lei

Assemelham-se as duas figuras jurídicas em epígrafe, tanto que a doutrina procura extremá-las. A fraude à lei se caracteriza quando o agente, valendo-se de negócios jurídicos permitidos, visa a alcançar resultados vedados no ordenamento. O objetivo de quem o pratica não é tirar os proveitos previstos no instituto, mas os que são escusos. Na lição de Pedro Batista Martins, eis a definição de fraude à lei: "Todo o ato jurídico, que se conclui para realizar por meio indireto um fim prático, que a lei não permite atingir diretamente, enquadra-se na categoria dos atos fraudatórios." Seria o caso de uma pessoa estrangeira que, exclusivamente para evitar a extradição, casa-se com um nacional. A fraude à lei, *in casu*, se patenteia quando ambos não visam a constituir uma entidade familiar, mas apenas a tirar o proveito apontado. Distinguem-se, também, os efeitos jurídicos de ambas figuras: enquanto o ato negocial em fraude à lei é nulo, o abuso de direito impõe ao agente uma indenização à vítima. (NADER, Paulo. Curso de Direito Civil – Vol. 7 – Responsabilidade Civil, 6ª edição. [Grupo GEN]. Retirado de https://grupogen.vitalsource.com/#/books/9788530968717/)

► Abuso do direito. Natureza. Conceito legal indeterminado.

Usar de seu direito de maneira regular é dever imposto pela norma comentada, a *contrario sensu*. Como já vimos nos comentários preliminares à Parte Geral deste CC, os institutos a seguir mencionados têm como efeitos: a) princípios gerais de direito – agem como regras de conduta e norteadoras da interpretação; b) cláusulas gerais – significam a manifestação dos princípios, a concretude dada pelo juiz aos princípios e aos conceitos indeterminados, criando as soluções adequadas; c) conceitos legais indeterminados – uma vez preenchidos, a solução já está predeterminada pela norma e, portanto, independe da função criadora do juiz. Nada obstante haja o dever legal de observância das cláusulas gerais de boa-fé, bons costumes e exercício do direito de acordo com seus fins econômicos e sociais (v., acima, coment. 5 CC 187), quando há desobediência a esses critérios e ocorre efetivamente o abuso de direito, essa circunstância se amolda à figura do conceito legal indeterminado, pois, uma vez reconhecido, o sistema legal já tem a solução predeterminada para o caso: a ilicitude objetiva do ato. Não é cláusula geral porque o juiz não pode criar solução que repute adequada para o caso concreto, porque a solução já está predeterminada pela lei: declarar o ato como ilícito objetivo e dar-lhe a consequência do ato ilícito (v.g., indenização). Não é mero princípio porque possui concretude (a lei dá a solução). (Código Civil Comentado – Ed. 2019, Autor: Nelson Nery Junior, Rosa Maria de Andrade Nery, Editor: Revista dos Tribunais, Código Civil, Parte Geral. Livro III. Dos Fatos Jurídicos. Título III. Dos Atos Ilícitos, Art. 187. Página RL-2.29, https://proview.thomsonreuters.com/launchapp/title/rt/codigos/100083938/v13/page/RL-2.29)

◙ **"A responsabilidade civil decorrente do abuso do direito independe de culpa e fundamenta-se somente no critério objetivo-finalístico". Jornada I DirCiv STJ 37.**

◙ **"O abuso de direito é uma categoria jurídica autônoma em relação à responsabilidade civil. Por isso, o exercício abusivo de posições jurídicas desafia controle independentemente de dano" Jornada VI DirCiv STJ 539.**

► **Há formas de abuso de direito previstas em diversos instrumentos legais.**

Na dicção do *caput* do art. 1.277 do Código Civil, quem se utiliza de uma propriedade de modo extravagante, causando incômodos nocivos à segurança, sossego ou à saúde dos vizinhos, poderá ser compelido por estes a cessar tais interferências. A hipótese caracteriza o mau exercício do direito subjetivo de usar do prédio a que título for. A propósito, aduzem Cristiano Chaves de Farias e Nélson Rosenwald: "Nos direitos de vizinhança, recolhe-se uma abundante fonte de obrigações derivadas do abuso de direito. (NADER, Paulo. Curso de Direito Civil – Vol. 7 – Responsabilidade Civil, 6ª edição. [Grupo GEN]. Retirado de https://grupogen.vitalsource.com/#/books/9788530968717/)

► **Exemplos de abuso de direito (extraídos de Pires de Lima-Antunes Varela. CC Anot., v. I4, coment. 5 CC port. 334.º, p. 299):**

a) proprietário que abre poço em seu terreno com o fim de prejudicar uma nascente existente em prédio vizinho; b) proprietário de estreita faixa de terreno, apenas cultivável manualmente, onde não é possível fazer qualquer construção e que provavelmente virá a ser incorporada na estrada com que confina, se opõe a que o dono de uma casa vizinha abra sobre ele janelas a menos de metro e meio de distância; c) assembleia geral de sociedade toma, por maioria, deliberação que visa, não o interesse comum dos associados, mas antes interesses extrassociais dos sócios majoritários; d) devedor que obsta, com sua conduta, ao exercício tempestivo do direito do credor e invoca depois a prescrição desse direito. (Código Civil Comentado – Ed. 2019, Autor: Nelson Nery Junior, Rosa Maria de Andrade Nery, Editor: Revista dos Tribunais, Código Civil, Parte Geral. Livro III. Dos Fatos Jurídicos. Título III. Dos Atos Ilícitos, Art. 187. Página RL-2.29, https://proview.thomsonreuters.com/launchapp/title/rt/codigos/100083938/v13/page/RL-2.29)

▶ **Também é possível, em matéria contratual, a prática abusiva de direito.**

Esta pode ocorrer no período anterior ao contrato, durante a celebração ou na fase pós-contratual. Josserand analisa o ilícito no período pré-contratual: "... quem exerce uma profissão como resultado de uma investidura dos poderes públicos e sob a supervisão destes não pode ter a pretensão de escolher sua clientela e negar arbitrariamente o auxílio de sua função a nenhuma pessoa que o solicite." Uma empresa de transporte coletivo, por exemplo, não pode negar-se, sem razão suficiente, a conduzir um passageiro. A este caberá a prova da recusa do transporte, enquanto àquela, a do motivo relevante. Nas relações de consumo, caso o fornecedor deixe de vender um produto, injustificadamente, à pessoa interessada, estará violando o disposto no art. 39, inciso IX, do Código de Defesa do Consumidor, sujeitando-se, pois, à reparação de dano. (NADER, Paulo. Curso de Direito Civil – Vol. 7 – Responsabilidade Civil, 6ª edição. [Grupo GEN]. Retirado de https://grupogen.vitalsource.com/#/books/9788530968717/)

▶ **Abuso na celebração do contrato ocorre, com maior frequência, nos contratos de adesão, quando uma das partes impõe cláusulas leoninas ao aderente.**

Abuso na celebração do contrato ocorre, com maior frequência, nos contratos de adesão, quando uma das partes impõe cláusulas leoninas ao aderente. A fim de combater tais práticas a ordem jurídica dispõe de princípios e normas. O Código Civil impõe a boa-fé objetiva aos negócios jurídicos em geral, vedando, destarte, a deslealdade, o engodo, a desonestidade entre os pactuantes. Ao interpretar os atos negociais, cumpre ao juiz levar em consideração a boa-fé objetiva, além dos usos do lugar da celebração. É a dicção do art. 113 do Códex que, pelo art. 422, exige das partes a observância dos princípios de probidade e boa-fé. Embora o texto se refira apenas às fases de conclusão e de execução do contrato, é fora de dúvida que a orientação se impõe, igualmente, no período pré-contratual, consoante as boas fontes doutrinárias. (NADER, Paulo. Curso de Direito Civil – Vol. 7 – Responsabilidade Civil, 6ª edição. [Grupo GEN]. Retirado de https://grupogen.vitalsource.com/#/books/9788530968717/)

▶ **Efeitos do ato abusivo.**

Verificado e declarado um ato como havendo sido cometido com abuso de direito, esse fato gera os efeitos de todo ato ilícito, contra o direito: a) obrigação de reparar os danos por ele causados, morais e patrimoniais, sob o regime da responsabilidade objetiva; b) nulidade do ato ou negócio jurídico, nos termos do CC 166 VI (fraudar lei imperativa) (Pires de Lima-Antunes Varela. CC Anot., v. I4, coment. 6 CC port. 334.º, p. 299, referindo-se à nulidade e não anulabiliadade do ato abusivo, com expressa remissão ao CC port. 294.º, que é semelhante ao nosso CC 166 VI, inclusive no que tange à fraude à lei imperativa). (Código Civil Comentado – Ed. 2019, Autor: Nelson Nery Junior, Rosa Maria de Andrade Nery, Editor: Revista dos Tribunais, Código Civil, Parte Geral. Livro III. Dos Fatos Jurídicos. Título III. Dos Atos Ilícitos, Art. 187. Página RL-2.29, https://proview.thomsonreuters.com/launchapp/title/rt/codigos/100083938/v13/page/RL-2.29)

► Arguição do abuso do direito.

Como é causa de nulidade, o ato abusivo pode ser apontado como matéria de defesa (prescinde de ação para ser reconhecido), pela parte, interessado ou MP, e deve ser declarado *ex officio* pelo juiz, porque matéria de ordem pública [nulidade em fraude à lei imperativa (CC 166 VI)]. (Código Civil Comentado – Ed. 2019, Autor: Nelson Nery Junior, Rosa Maria de Andrade Nery, Editor: Revista dos Tribunais, Código Civil, Parte Geral. Livro III. Dos Fatos Jurídicos. Título III. Dos Atos Ilícitos, Art. 187. Página RL-2.29, https://proview.thomsonreuters.com/launchapp/title/rt/codigos/100083938/v13/page/RL-2.29)

► O abuso de direito prescinde do elemento culpa.

A I Jornada de Direito Civil, promovida pelo Conselho da Justiça Federal, aprovou o enunciado nº 37, pelo qual se interpreta que o abuso de direito prescinde do elemento culpa: "A responsabilidade civil decorrente do abuso de direito independe de culpa e fundamenta-se somente no critério objetivo-finalístico." Tal enunciado encontra respaldo na doutrina em geral. Ao abusar do direito subjetivo, exercitando-o além de suas virtualidades, o titular deixa inequívoco o seu desprezo ou menoscabo pelos interesses do próximo. Cunha Gonçalves dá ênfase à irrelevância da culpa na caracterização do ato abusivo: "... embora o abuso do direito seja uma variedade do ato ilícito, é manifesto que o ato abusivo pode dar lugar à responsabilidade, mesmo quando não houve intenção de lesar, culpa ou negligência (NADER, Paulo. Curso de Direito Civil - Vol. 7 – Responsabilidade Civil, 6ª edição. [Grupo GEN]. Retirado de https://grupogen.vitalsource.com/#/books/9788530968717/).

◙ Danos morais coletivos por abuso de direito.

RECURSO ESPECIAL. AÇÃO CIVIL PÚBLICA. LIBERDADE DE COMUNICAÇÃO E PROTEÇÃO À CRIANÇA E AO ADOLESCENTE. RESPONSABILIDADE CIVIL DA EMISSORA DE TELEVISÃO. EXIBIÇÃO DE FILME EM HORÁRIO DIVERSO DAQUELE RECOMENDADO PELA CLASSIFICAÇÃO INDICATIVA. AUSÊNCIA DE OBSERVÂNCIA OBRIGATÓRIA (ADI N. 2.404/DF). DANOS MORAIS COLETIVOS POR ABUSO DE DIREITO. POSSIBILIDADE, EM TESE. HIPÓTESE NÃO VERIFICADA NO CASO DOS AUTOS. RECURSO ESPECIAL DESPROVIDO. 1. O propósito recursal cinge-se em saber se é possível a condenação de emissora de televisão ao pagamento de indenização por danos morais coletivos em razão da exibição de filme fora do horário recomendado pelo órgão competente. 2. No julgamento da ADI n. 2.404/DF, o STF reconheceu a inconstitucionalidade da expressão "em horário diverso do autorizado", contida no art. 254 do ECA, asseverando, ainda, que a classificação indicativa não pode ser vista como obrigatória ou como uma censura prévia dos conteúdos veiculados em rádio e televisão, haja vista seu caráter pedagógico e complementar ao auxiliar os pais a definir o que seus filhos podem, ou não, assistir e ouvir. 3. A despeito de ser a classificação da programação apenas indicativa e não proibir a sua veiculação em horários diversos daqueles recomendados, cabe ao Poder Judiciário controlar eventuais abusos e violações ao direito à programação sadia. 4. O dano moral coletivo se dá *in re ipsa*, contudo, sua configuração somente ocorrerá quando a conduta antijurídica afetar, intoleravelmente, os valores e interesses coletivos fundamentais, mediante conduta maculada de grave lesão, para que o instituto não seja tratado de forma trivial, notadamente em decorrência da sua repercussão social. 5. É possível, em tese, a condenação da emissora de televisão ao pagamento de indenização por danos morais coletivos, quando, ao exibir determinada programação fora do horário recomendado, verificar-se uma conduta que afronte gravemente os valores e interesse coletivos fundamentais. 6. A conduta perpetrada pela ré no caso vertente, a despeito de ser irregular, não foi capaz de abalar, de forma intolerável, a tranquilidade social dos telespectadores, de modo que não está configurado o ato ilícito indenizável. 7. Recurso especial desprovido. (REsp 1840463/SP, Rel. Ministro MARCO AURÉLIO BELLIZZE, TERCEIRA TURMA, julgado em 19/11/2019, DJe 03/12/2019)

◙ Dívida em discussão. Ausência de prejuízo irreparável ou de difícil reparação. Nome do cliente incluso no cadastro do SERASA. Abuso de direito configurado.

Dívida em discussão. Ausência de prejuízo irreparável ou de difícil reparação. Nome do cliente incluso no cadastro do SERASA. Abuso de direito configurado. Ainda que tenha havido demora da autora para encaminhar a certidão de óbito e ainda que houvesse pendência financeira em nome do falecido, o fato é que o réu, ao tomar ciência inequívoca da situação autorizadora da baixa, já que havia o seguro justamente para garantir o pagamento da dívida em caso de falecimento, deveria proceder ao necessário de imediato. O necessário não é apenas a baixa da pendência em seu sistema interno, mas também no apontamento negativo em nome do falecido. Manter essa anotação configura evidente abuso de direito, nos termos do CC 187 e, como tal, merece a devida reparação (TJSP, 38.ª Câm. Cív., Ap 0013707-24.2013.8.26.0602, rel. Des. Achile Alesina, j. 30.10.2017).

◙ Divulgação de pesquisa de opinião. Publicidade comparativa.

Consoante a jurisprudência desta Corte, a publicidade comparativa, apesar de ser de utilização aceita, encontra limites na vedação à propaganda (i) enganosa ou abusiva; (ii) que denigra a imagem ou gere confusão entre os produtos ou serviços comparados, acarretando degenerescência ou desvio de clientela; (iii) que configure hipótese de concorrência desleal e (iv) que peque pela subjetividade e/ou falsidade das informações. Na hipótese vertente, a divulgação objetiva do resultado de pesquisa de opinião, ainda que movida pela intenção de tornar público a apurada predileção dos leitores de determinada municipalidade pelo próprio veículo de comunicação jornalística divulgador frente aos seus concorrentes diretos, não constituiu hipótese de concorrência desleal de que trata o LPI 195 e, pela forma como foi promovida em concreto, além de não ter ofendido nenhum direito de personalidade da pessoa jurídica recorrente, também não assumiu natureza de propaganda comercial, pelo que não há falar em dano moral indenizável (STJ, 3.ª T., REsp 1481124-SC, rel. Ricardo Villas Bôas Cueva, j. 7.4.2015, DJUE 13.4.2015).

◙ Encerramento abrupto de curso universitário.

1. Possibilidade de extinção de curso superior por instituição educacional, no exercício de sua autonomia universitária, desde que forneça adequada e prévia informação

de encerramento do curso (LDB 53). 2. Necessidade de oferta de alternativas ao aluno, com iguais condições e valores, de forma a minimizar os prejuízos advindos com a frustração do aluno em não poder mais cursar a faculdade escolhida. 3. Reconhecimento pela corte de origem de excesso na forma como se deu o encerramento do curso superior, caracterizando a ocorrência de abuso de direito (CC 187). 4. Caso concreto em que a pretensão recursal esbarra no óbice da STJ 7. 5. Precedente em sentido contrário da Quarta Turma em face das peculiaridades do caso lá apreciado. 5. Recurso especial e adesivo desprovidos (STJ, 3.ª T., REsp 1341135-SP, rel. Min. Paulo de Tarso Sanseverino, j. 14.10.2014, DJUE 21.10.2014).

■ **Ofensa à honra.**

O Tribunal de origem, ao analisar o conteúdo fático-probatório dos autos, concluiu que age com abuso de direito e causa danos morais o ajuizamento de 19 procedimentos administrativos e judiciais contra magistrado, imputando-lhe falsas acusações e ofendendo-lhe a honra. Assim, configurado o ato ilícito indenizável, a reforma de tal entendimento atrai a incidência da STJ 7 (STJ, 3.ª T., AgRg no AREsp 648285-DF, rel. Min. Moura Ribeiro, j. 18.8.2015, DJUE 3.9.2015).

■ **Prédio alugado. Abuso de direito.**

Sumula n.º 409 do STF: "Ao retomante, que tenha mais de um prédio alugado, cabe optar entre eles, salvo abuso de direito".

■ **Uso da imagem de pessoa famosa.**

No tocante às pessoas notórias, apesar de o grau de resguardo e de tutela da imagem não ter a mesma extensão daquela conferida aos particulares, já que comprometidos com a publicidade, restará configurado o abuso do direito de uso da imagem quando se constatar a vulneração da intimidade, da vida privada ou de qualquer contexto minimamente tolerável. Na hipótese, apesar de se tratar de pessoa famosa e de a fotografia ter sido retirada em local público, verifica-se que a forma em que a atriz foi retratada, tendo-se em conta o veículo de publicação, o contexto utilizado na matéria e o viés econômico, demonstra o abuso do direito da demandada, pois excedido manifestamente os limites impostos pelo seu fim econômico ou social, pela boa-fé ou pelos bons costumes (CC, 187) (STJ, 4.ª T., REsp 1594865-RJ, rel. Min. Luis Felipe Salomão, j. 20.6.2017, DJUE 18.8.2017).

■ **Uso exclusivo de bem comum.**

Apenas o cônjuge impedido, seja de forma direta (expulso, por exemplo) ou prática (ameaçado ou violentado), do usufruto da coisa comum fica de fato privado do exercício de legítimo interesse sobre a coisa em virtude da demora da partilha, motivo pelo qual tem direito à indenização por parte do ex-cônjuge que o utiliza de forma exclusiva, sob pena de abuso de direito (CC, 186 e 187) (STJ, 2.ª Seção, REsp 1250362-RS, rel. Min. Raul Araújo, j. 8.2.2017, DJUE 20.2.2017).

▶ E o que se deve entender por ato ilícito, diante de tais ponderações?

O ato ilícito é uma conduta incompatível com o ordenamento jurídico e que gera repercussão negativa sobre a esfera jurídica alheia. O prejuízo, patrimonial ou não, deve ser reparado. São pressupostos do ato ilícito: a) a existência de uma conduta pessoal, devendo-se considerar ainda possível a responsabilidade pessoal por fato de coisa animada ou inanimada, tal como sucedia com o direito romano; b) a violação de um dever jurídico estabelecido pelo ordenamento jurídico ou por meio de negócio jurídico; c) o prejuízo a outrem, pois não há dever de reparação quando não houver dano ressarcível; e d) a imputabilidade do responsável pelo dano. (LISBOA, Roberto Senise. Manual de direito civil, v. 2: Direito das obrigações e responsabilidade civil. 3ª. ed. – São Paulo: Saraiva, 2004, p. 430)

▶ Com efeito, se a culpa é elemento integrante do ato ilícito, então, onde não houver culpa também não haverá ilícito. Nesse caso, qual seria o fato gerador da responsabilidade objetiva?

Em face dessa dificuldade, Colin e Capitant, citados por Alvino Lima, afirmam configurar uma tautologia dizer ser a culpa um ato ilícito (Culpa e risco, 2. ed., RT, p. 53). Há também os que sustentam que a obrigação de reparar sem culpa não é caso de responsabilidade, e sim de uma simples garantia – o que, *data venia*, se me afigura navegar de costas para o futuro, remando contra a maré. Estando universalmente reconhecida e consagrada a responsabilidade objetiva, cujos domínios cada vez mais se expandem, não há mais espaço para se contestar a existência de responsabilidade nos casos de indenização sem culpa. (CAVALIERI FILHO, Sérgio, Programa de responsabilidade civil, 13ª. ed., Atlas, São Paulo, 2019 p. 20)

▶ Duplo aspecto da ilicitude

Entendemos que a solução adequada para a questão pode ser encontrada no duplo aspecto da ilicitude. No seu aspecto objetivo, leva-se em conta para a configuração da ilicitude apenas a conduta ou fato em si mesmo, sua materialidade ou exterioridade, e verifica-se a desconformidade dela com a que o Direito queria. A conduta contrária à norma jurídica, só por si, merece a qualificação de ilícita ainda que não tenha origem numa vontade consciente e livre. Por esse enfoque objetivo o ato ilícito indica a antijuridicidade da conduta, a desconformidade entre esta e a ordem jurídica, ou seja, a objetiva violação de um dever jurídico. Este, aliás, é um ponto em que não há divergência. Todos estão de acordo em que o cerne da ilicitude consiste, precisamente, em ser o fato – evento ou conduta – contrário ao Direito, no sentido de que nega os valores e os fins da ordem jurídica. E assim é porque o legislador, ao impor determinada conduta, o faz porque, em momento prévio, valorou positivamente o fim que essa conduta visa atingir. (CAVALIERI FILHO, Sérgio, Programa de responsabilidade civil, 13ª. ed., Atlas, São Paulo, 2019 p. 21)

▶ O que se pretende é proteger o interesse ou utilidade social.

Com efeito, a antijuridicidade de uma conduta é normalmente estabelecida à luz de certos valores sociais, valores que podem ser englobados na noção tradicional do bem comum. O que se pretende é proteger o interesse ou utilidade social. Dessa forma, sempre que se desenvolve um comportamento contrário à norma jurídica fere-se esse valor, ainda que tal comportamento não decorra de ato humano voluntário. Aqui leva--se em consideração apenas se certa conduta – ou o resultado desta – é socialmente vantajosa ou nociva. Por este enfoque, a fronteira da ilicitude é marcada pela violação do dever jurídico. Assevera San Tiago Dantas: "O ilícito é a transgressão de um dever jurídico. Não há definição mais satisfatória para o ilícito civil" (Programa de Direito Civil – Parte Geral, 4. tir., Ed. Rio, p. 345). A contrariedade a direito é condição objetiva que se configura por ter sido violada a ordem jurídica. (CAVALIERI FILHO, Sérgio, Programa de responsabilidade civil, 13ª. ed., Atlas, São Paulo, 2019 p. 21)

► **No seu aspecto subjetivo, a qualificação de uma conduta como ilícita implica fazer um juízo de valor a seu respeito – o que só é possível se tal conduta resultar de ato humano consciente e livre.**

Por esse enfoque subjetivista, a ilicitude só atinge sua plenitude quando a conduta contrária ao valor que a norma visa atingir (ilicitude objetiva) decorre da vontade do agente; ou, em outras palavras, quando o comportamento objetivamente ilícito for também culposo. Essa é a lição de Orlando Gomes: "Mas a antijuridicidade objetiva distingue-se nitidamente da antijuridicidade subjetiva. Para que esta se configure, é necessário que o ato seja imputável ao agente, isto é, a quem tenha procedido culposamente. Na antijuridicidade objetiva, a reação da ordem jurídica não leva em conta o comportamento do agente. Ademais, pode ser provocada por um fato stricto sensu, enquanto a antijuridicidade subjetiva sempre é consequência de ato voluntário" (Obrigações, 14. ed., Forense, p. 254). (CAVALIERI FILHO, Sérgio, Programa de responsabilidade civil, 13ª. ed., Atlas, São Paulo, 2019 p. 21)

► **Alguns autores utilizam a expressão ilicitude para indicar o ilícito subjetivo (antijuridicidade subjetiva) e a expressão antijuricidade para indicar o ilícito objetivo (antijuricidade objetiva).**

Confira-se: "Então, quem viola um dever jurídico ou o direito de outrem, pratica um ato antijurídico – contrário ao direito – mas nem por isso, comete ato ilícito. A ilicitude depende da configuração desta possibilidade de agir de maneira diversa, sem a qual a responsabilidade subjetiva não se impõe." E mais adiante: "De qualquer modo, é certo que a antijuridicidade, como componente objetivo da ilicitude, corresponde à violação de um dever de conduta, não se confundindo com a ilicitude em si, que exige, além disso, um componente vinculado visceralmente à conduta do sujeito: o da culpabilidade, essencial à responsabilidade subjetiva" (Novos paradigmas da responsabilidade civil, Atlas, p. 153-154). (CAVALIERI FILHO, Sérgio, Programa de responsabilidade civil, 13ª. ed., Atlas, São Paulo, 2019 p. 21/22)

► **Ato ilícito em sentido estrito e amplo**

Esse duplo aspecto da ilicitude nos permite falar do ato ilícito também com duplo sentido.

▶ **Em sentido estrito, o ato ilícito é o conjunto de pressupostos da responsabilidade – ou, se preferirmos, da obrigação de indenizar.**

Na verdade, a responsabilidade civil é um fenômeno complexo, oriundo de requisitos diversos intimamente unidos; surge e se caracteriza uma vez que seus elementos se integram. Na responsabilidade subjetiva, como veremos, serão necessários, além da conduta ilícita, a culpa, o dano e o nexo causal. Esse é o sentido do art. 186 do Código Civil. A culpa está ali inserida como um dos pressupostos da responsabilidade subjetiva. A culpa é, efetivamente, o fundamento básico da responsabilidade subjetiva, elemento nuclear do ato ilícito que lhe dá causa. Já na responsabilidade objetiva a culpa não integra os pressupostos necessários para sua configuração. (CAVALIERI FILHO, Sérgio, Programa de responsabilidade civil, 13ª. ed., Atlas, São Paulo, 2019 p. 22)

▶ **Em sentido amplo, o ato ilícito indica apenas a ilicitude do ato, a conduta humana antijurídica, contrária ao Direito, sem qualquer referência ao elemento subjetivo ou psicológico.**

Tal como o ato lícito, é também uma manifestação de vontade, uma conduta humana voluntária, só que contrária à ordem jurídica. (CAVALIERI FILHO, Sérgio, Programa de responsabilidade civil, 13ª. ed., Atlas, São Paulo, 2019 p. 22)

▶ **Conclui-se do exposto que o conceito estrito de ato ilícito, tendo a culpa como um dos seus elementos, tornou-se insatisfatório até mesmo na responsabilidade subjetiva.**

Em sede de responsabilidade civil objetiva, cujo campo de incidência é hoje vastíssimo, só tem guarida o ato ilícito lato sensu, assim entendido como a mera contrariedade entre a conduta e a ordem jurídica, decorrente de violação de dever jurídico preexistente. (CAVALIERI FILHO, Sérgio, Programa de responsabilidade civil, 13ª. ed., Atlas, São Paulo, 2019 p. 22/23)

▶ **O Código Civil assumiu em relação ao ato ilícito essa postura dicotômica, tanto é assim que, além da responsabilidade subjetiva fulcrada no ato ilícito *stricto sensu*, prevista no art. 186 c/c o art. 927, lembra o parágrafo único deste mesmo artigo que há outras situações igualmente geradoras da obrigação de indenizar independentemente de culpa.**

Devemos ainda ressaltar que o Código, após conceituar o ato ilícito em sentido estrito em seu art. 186, formulou outro conceito de ato ilícito, mais abrangente, no seu art. 187, no qual a culpa não figura como elemento integrante, mas sim os limites impostos pela boa-fé, bons costumes e o fim econômico ou social do Direito. O abuso do direito foi aqui configurado como ato ilícito dentro de uma visão objetiva, pois boa-fé, bons costumes, fim econômico ou social nada mais são que valores ético-sociais consagrados pela norma em defesa do bem comum, que nada tem a ver com a culpa. (CAVALIERI FILHO, Sérgio, Programa de responsabilidade civil, 13ª. ed., Atlas, São Paulo, 2019 p. 23)

► **Outra diferença entre o ato ilícito previsto no art. 186 e o do art. 187 é que apenas o primeiro faz alusão ao dano.**

Isso importa dizer que a ilicitude configuradora do abuso do direito pode ocorrer sem que o comportamento do agente cause dano a outrem. Nem por isso essa ilicitude será desprovida de sanção. O ordenamento jurídico muitas vezes admite sanções distintas da obrigação de indenizar. Ora a sanção será a nulidade do ato, ora a perda de um direito processual ou material, e assim por diante. Portanto, diferentemente do Código Civil de 1916, que consagrou na cláusula geral do seu art. 159 apenas a responsabilidade subjetiva (a responsabilidade objetiva era admitida casuisticamente apenas em alguns artigos para casos específicos), o Código de 2002 contém cláusulas gerais tanto para a responsabilidade subjetiva como para a objetiva, cada qual abrangendo determinadas áreas da atividade humana. A responsabilidade subjetiva continua fulcrada no ato ilícito stricto sensu (art. 186), com aplicação nas relações interindividuais, e o ato ilícito em sentido amplo é o fato gerador da responsabilidade objetiva e tem por campo de incidência as relações entre o indivíduo e o grupo (Estado, empresas, fornecedores de serviços, produtos etc.). (CAVALIERI FILHO, Sérgio, Programa de responsabilidade civil, 13ª. ed., Atlas, São Paulo, 2019 p. 23/24)

► **O ato ilícito, portanto, é sempre um comportamento voluntário que infringe um dever jurídico, e não que simplesmente prometa ou ameace infringi-lo, de tal sorte que, desde o momento em que um ato ilícito foi praticado, está-se diante de um processo executivo, e não diante de uma simples manifestação de vontade.**

Nem por isso, entretanto, o ato ilícito dispensa uma manifestação de vontade. Antes, pelo contrário, por ser um ato de conduta, um comportamento humano, é preciso que ele seja voluntário, como mais adiante será ressaltado. Em conclusão, ato ilícito é o conjunto de pressupostos da responsabilidade. Em sede de responsabilidade subjetiva a culpa integrará esses pressupostos, mas tratando-se de responsabilidade objetiva bastará a ilicitude em sentido amplo, a violação de um dever jurídico preexistente por conduta voluntária. De se registrar, por derradeiro, que o ato ilícito se divide em civil e penal, sem se falar no ilícito administrativo, por sua total impertinência com o objeto deste trabalho. (CAVALIERI FILHO, Sérgio, Programa de responsabilidade civil, 13ª. ed., Atlas, São Paulo, 2019 p. 24)

◙ **Caracterizado o ato ilícito, consistente em protesto indevido de título, por culpa da ré**

RESPONSABILIDADE CIVIL – Caracterizado o ato ilícito, consistente em protesto indevido de título, por culpa da ré, e não configurada nenhuma excludente de responsabilidade, de rigor, o reconhecimento da responsabilidade e a condenação da ré na obrigação de indenizar a autora pelos danos decorrentes do ilícito em questão. DANOS MATERIAIS – Somente são indenizáveis os danos "certos", ou seja, os danos que resultem com razoável certeza do evento danoso, devidamente descritos na inicial e demonstrados no curso da ação, e não os danos "hipotéticos", que poderiam não se concretizar, independentemente da ocorrência de evento danoso, e, muito menos, os pleiteados sem qualquer especificação a respeito da natureza e extensão do dano ocorrido – Ausente prova de diminuição patrimonial, nem de perda ou redução de ganhos dos autores com nexo com o ilícito, descabida a condenação do réu ao pagamento à parte autora de indenização por danos emergentes ou lucros cessantes, visto que não se indenizam danos meramente hipotéticos ou eventuais – Rejeição do pedido de pagamento de indenização por danos materiais, consistentes em deixar de receber lucros oriundo de vendas perdidas em razão do ato ilícito praticado pela parte ré. DANO MORAL – O protesto indevido de título constitui, por si só, fato ensejador de dano moral – Inaplicável à espécie a Súmula 385 do STJ – Condenação da parte ré ao pagamento de indenização por danos morais, fixada na quantia de R$10.000,00, com incidência de correção monetária a partir da data deste julgamento. Recurso provido, em parte. (Processo: APL 1025900-58.2016.8.26.0405 SP 1025900-58.2016.8.26.0405 – Órgão Julgador: 20ª Câmara de Direito Privado – Publicação: 27/04/2017 – Julgamento: 24 de Abril de 2017 – Relator: Rebello Pinho)

■ **Caracterizado o defeito de serviço e o ato ilícito da instituição financeira ré, consistente na celebração de contrato fraudulento, por culpa dela ré, com consequente ocorrência de duas autuações do veículo indevidamente cadastrado no nome do autor**

"...RESPONSABILIDADE CIVIL – Caracterizado o defeito de serviço e o ato ilícito da instituição financeira ré, consistente na celebração de contrato fraudulento, por culpa dela ré, com consequente ocorrência de duas autuações do veículo indevidamente cadastrado no nome do autor, e não configurada nenhuma excludente de responsabilidade, de rigor, o reconhecimento da responsabilidade e a condenação da parte ré na obrigação de indenizar a parte autora pelos danos decorrentes do ilícito em questão. (Processo: APL 0003997-39.2011.8.26.0411 SP 0003997-39.2011.8.26.0411 – Órgão Julgador: 20ª Câmara de Direito Privado – Publicação: 12/08/2015 – Julgamento: 10 de Agosto de 2015 – Relator: Rebello Pinho)

■ **A ocorrência de autuações e multas em veículo cadastrado no nome de vítima de fraude em celebração de contrato de financiamento, constitui, por si só, fato ensejador de dano moral**

"...DANO MORAL – A ocorrência de autuações e multas em veículo cadastrado no nome de vítima de fraude em celebração de contrato de financiamento, constitui, por si só, fato ensejador de dano moral – Indenização por danos morais fixada na quantia de R$7.880,00, com incidência de correção monetária a partir da data deste julgamento. Recurso provido, em parte. (Processo: APL 0003997-39.2011.8.26.0411 SP 0003997-39.2011.8.26.0411 – Órgão Julgador: 20ª Câmara de Direito Privado – Publicação: 12/08/2015 – Julgamento: 10 de Agosto de 2015 – Relator: Rebello Pinho)

■ **Comprovado o ato ilícito da ré prestadora de serviços de telefonia, consistente na prestação inadequada dos serviços contratados, consistente na indisponibilidade do serviço contratado**

"...RESPONSABILIDADE CIVIL – Comprovado o ato ilícito da ré prestadora de serviços de telefonia, consistente na prestação inadequada dos serviços contratados, consistente na indisponibilidade do serviço contratado, e não configurada nenhuma excludente de responsabilidade, de rigor, o reconhecimento da responsabilidade e a condenação da prestadora de serviços de telefonia na obrigação de indenizar a parte autora pelos danos decorrentes do ilícito em questão. (Processo: APL 0033039-81.2009.8.26.0451 SP 0033039-81.2009.8.26.0451 – Órgão Julgador: 20ª Câmara de Direito Privado – Publicação: 27/02/2014 – Julgamento: 24 de Fevereiro de 2014 – Relator: Rebello Pinho)

◙ A interrupção ou indisponibilidade de serviço de telefonia, decorrente de má prestação de serviços da concessionária e do desinteresse dela em regularizar o defeito, por si só, é fato ensejador de dano moral

"...A interrupção ou indisponibilidade de serviço de telefonia, decorrente de má prestação de serviços da concessionária e do desinteresse dela em regularizar o defeito, por si só, é fato ensejador de dano moral – Mantida a r. sentença na parte em que fixou a indenização por danos morais na quantia de R$10.200,00, com incidência da correção monetária a partir data do arbitramento. (Processo: APL 0033039-81.2009.8.26.0451 SP 0033039-81.2009.8.26.0451 – Órgão Julgador: 20ª Câmara de Direito Privado – Publicação: 27/02/2014 – Julgamento: 24 de Fevereiro de 2014 – Relator: Rebello Pinho)

◙ Caracterizado o ato ilícito consistente em demora injustificada na entrega do diploma à parte autora, por culpa da parte ré.

Caracterizado o ato ilícito, consistente em demora injustificada na entrega do diploma à parte autora, por culpa da parte ré, uma vez que ausente qualquer motivo razoável, e não configurada nenhuma excludente de responsabilidade, de rigor, o reconhecimento da responsabilidade e a condenação da parte ré na obrigação de indenizar a parte autora pelos danos decorrentes do ilícito em questão...." (Processo: APL 0015603-02.2013.8.26.0506 SP 0015603-02.2013.8.26.0506 – Órgão Julgador: 20ª Câmara de Direito Privado – Publicação: 27/04/2017 – Julgamento: 24 de Abril de 2017 – Relator: Rebello Pinho)

◙ Responsabilidade Civil Danos morais Inscrição do nome da autora no cadastro dos órgãos de proteção ao crédito, sem a prévia notificação

Responsabilidade Civil Danos morais Inscrição do nome da autora no cadastro dos órgãos de proteção ao crédito, sem a prévia notificação Descumprimento do artigo 43, § 2º do CDC Notificação encaminhada a endereço diverso que não comprova o cumprimento da obrigação Dano "*in re ipsa*" Ação procedente Decisão reformada Recurso provido. "O cadastramento de informações negativas, atinentes a supostas dívidas dos consumidores, sem dúvida significa um risco evidente, e um dano certo, um abalo óbvio à sua reputação econômica, quando indevido. Pode gerar, além de prejuízos materiais que devem ser comprovados, danos morais considerados" in re ipsa ", ou seja, decorrentes da própria violação de direito da personalidade, no caso a honra objetiva. É o que Antônio Junqueira de Azevedo reputa ser uma verdadeira capacidade destruidora dos bancos de dados. No seu dizer," a ação do banco de dados pode destruir a reputação econômica da pessoa." (Processo: APL 9101699-37.2007.8.26.0000 SP 9101699-37.2007.8.26.0000 - Órgão Julgador: 3ª Câmara de Direito Privado - Publicação: 31/01/2013 - Julgamento: 29 de Janeiro de 2013 - Relator: Jesus Lofrano)

RESPONSABILIDADE POR FATO DE OUTREM

► **Quando a obrigação de reparar os danos recai sobre o autor da ação ou omissão, tem-se a responsabilidade direta ou por fato próprio.**

Quando a obrigação de reparar os danos recai sobre o autor da ação ou omissão, tem-se a responsabilidade direta ou por fato próprio. (NADER, Paulo. Curso de Direito Civil - Vol. 7 - Responsabilidade Civil, 6ª edição. [Grupo GEN]. Retirado de https://grupogen.vitalsource.com/#/books/9788530968717/)

► **Diz-se responsabilidade indireta ou por fato de outrem quando o titular da obrigação de reparar não foi o gerador direto da causa, mas alguém em relação ao qual exercia o dever de vigilância por força contratual ou de lei**

Diz-se responsabilidade indireta ou por fato de outrem quando o titular da obrigação de reparar não foi o gerador direto da causa, mas alguém em relação ao qual exercia o dever de vigilância por força contratual ou de lei. Como adverte Sourdat, *in casu*, não se verifica a derrogação do princípio da personalidade da culpa. A razão desta responsabilidade, diz o eminente jurista, "é que certas pessoas devem exercer vigilância sobre a conduta de outros indivíduos que lhes são subordinados a diversos títulos, impedindo os danos que a inexperiência ou a malícia desses poderão causar".1 De origem francesa, a expressão por fato de outrem é imprópria, pois os indivíduos respondem apenas por suas faltas. Em igual sentido a observação de Luigi Corsaro: "Em nossa experiência, a responsabilidade por fato de outrem é um modo de ser da responsabilidade por fato próprio, porque não existe a responsabilidade civil fora da responsabilidade pessoal, isto é, por fato imputável à pessoa." (NADER, Paulo. Curso de Direito Civil - Vol. 7 - Responsabilidade Civil, 6ª edição. [Grupo GEN]. Retirado de https://grupogen.vitalsource.com/#/books/9788530968717/)

► **A responsabilidade por fato de outrem pressupõe três pessoas:**

a) o autor do ato ilícito - responsável direto ou primário; b) o responsável indireto ou secundário pelo ressarcimento dos danos; c) a vítima. Nas hipóteses em que o autor responde solidariamente com o responsável indireto, pode a vítima ajuizar a ação de responsabilidade civil em face de um ou de outro, podendo propô-la contra ambos. Esta espécie de responsabilidade, em que uma pessoa responde pelos ilícitos praticados por outra, possui regras próprias, distintas das reguladoras da responsabilidade por fato próprio. (NADER, Paulo. Curso de Direito Civil - Vol. 7 - Responsabilidade Civil, 6ª edição. [Grupo GEN]. Retirado de https://grupogen.vitalsource.com/#/books/9788530968717/)

► **A responsabilidade por fato de outrem, especialmente no modelo do Código Civil de 2002, que adota a teoria objetiva, favorece a vítima, pois amplia a probabilidade de ressarcimento.**

A responsabilidade por fato de outrem, especialmente no modelo do Código Civil de 2002, que adota a teoria objetiva, favorece a vítima, pois amplia a probabilidade de ressarcimento. A regra geral, como anota Rui Stoco, ainda é a responsabilidade por ato próprio: "... no Brasil pode-se dizer que a responsabilidade por fato de outrem ou pelo fato da coisa continua sendo excepcional, posto que a regra é a responsabilidade por ato próprio...".4 A responsabilidade por fato de outrem circunscreve-se às hipóteses estipuladas no art. 932 do Código Civil. (NADER, Paulo. Curso de Direito Civil - Vol. 7 - Responsabilidade Civil, 6ª edição. [Grupo GEN]. Retirado de https://grupogen.vitalsource.com/#/books/9788530968717/)

◙ "Os 'direitos de outrem' mencionados no CC, 927, par.ún., devem abranger não apenas a vida e a integridade física, mas também outros direitos, de caráter patrimonial ou extrapatrimonial". Jornada VI DirCiv STJ 555:

RESPONSABILIDADE DOS PAIS

► **Entre outras atribuições, o poder familiar compreende a guarda, criação, educação e acompanhamento dos filhos menores de dezoito anos.**

Se os genitores se encontram no exercício regular da guarda, obrigam-se pelos danos praticados por seus filhos a outrem. Em outras palavras, é a dicção do art. 932, inc. I, do Código Civil, para o qual respondem "os pais pelos filhos menores que estiverem sob sua autoridade e em sua companhia". (NADER, Paulo. Curso de Direito Civil - Vol. 7 - Responsabilidade Civil, 6ª edição. [Grupo GEN]. Retirado de https://grupogen.vitalsource.com/#/books/9788530968717/)

► **A responsabilidade dos pais decorre, a um só tempo, da menoridade dos filhos e da circunstância de se acharem sob sua autoridade e companhia.**

O primeiro requisito se prova com a certidão de nascimento, e não suscita maiores problemas. Convém apenas ressaltar que o filho deve ser menor de idade no momento em que pratica a conduta lesiva, pouco importando se o resultado danoso se produz quando já atingiu a maioridade ou se a ação de indenização só é ajuizada após a sua maioridade. A partir da emancipação legal do menor, cessa a responsabilidade dos pais; cuidando-se, todavia, de emancipação voluntária, mister analisar se os pais tiveram em mira se eximir da responsabilidade pelo dano causado pelo filho, hipótese em que não ficam exonerados, configurando-se fraude à lei. Com efeito, se a emancipação é genuína, e o jovem passa a agir de modo completamente independente e com autonomia, produ-zem-se os seus regulares efeitos, liberando-se o patrimônio dos pais. (TEPEDINO, Gustavo. Fundamentos do Direito Civil - Responsabilidade Civil - Vol. 4. [Grupo GEN]. Retirado de https://grupogen.vitalsource.com/#/books/9788530989934/)

▶ Autoridade e companhia

No que tange ao segundo requisito, a análise há de ser mais detida. O Código anterior utilizava, em vez de autoridade, o termo poder, pelo que se afirmava que a responsabilidade dos pais "é a consequência lógica do pátrio poder".10 Exigia, ainda, o legislador, que os pais tivessem o menor em sua companhia, o que costumava ser entendido como exigência de coabitação, sem a qual não seria possível o exercício adequado do dever de vigilância sobre os filhos. O Código Civil de 2002, por sua vez, ao empregar a expressão sob sua autoridade, parece ter preservado a abrangência do Código anterior, responsabilizando solidariamente os pais que exerçam a autoridade parental. De outro lado, a referência à companhia, mantida no art. 932, I, deve ser entendida no sentido de influência sobre a criança, sem exigir a vigilância concreta ou o contato físico permanente e atual com o menor. O fim da relação de conjugalidade, em princípio, em nada influencia na atribuição de responsabilidade objetiva aos pais do menor, pois a regra no direito brasileiro é a guarda compartilhada, em que se verifica a estreita convivência entre filhos e genitores. Nesse caso, portanto, ainda que o filho menor estivesse na companhia exclusiva de um dos genitores no momento do ato danoso, ambos respondem solidariamente. No entanto, se a guarda tiver sido atribuída de forma exclusiva a um dos genitores, que tem o menor em sua constante companhia, apenas o guardião responderá pelo dano. É possível, contudo, afastar a responsabilidade do guardião e atribui-la, também com exclusividade, ao não guardião quando o menor causar o dano em dia de visita regulamentada. Ainda que seja atribuída a guarda unilateral a um dos genitores, o não guardião, além de conservar inalterável a autoridade parental, tem garantido o direito/dever de visitação que, quando exercido, lhe atribui a companhia do menor e o dever de fiscalizá-lo. Ademais, nos termos do art. 1.583, § 5º "a guarda unilateral obriga o pai ou a mãe que não a detenha a supervisionar os interesses dos filhos". Entendimento diverso, que afastasse o não guardião da incidência do art. 932, I, quando o menor estivesse em sua companhia, iria de encontro ao escopo da norma, consistente na proteção integral da vítima, além de criar injustificável desigualdade entre os genitores, onerando desproporcionalmente aquele que já está incumbido de decidir sobre as questões do dia a dia do menor. (TEPEDINO, Gustavo. Fundamentos do Direito Civil – Responsabilidade Civil – Vol. 4. [Grupo GEN]. Retirado de https://grupogen.vitalsource.com/#/books/9788530989934/)

◙ Acidente de trânsito. Condutor menor. Responsabilidade dos pais e do proprietário do veículo.

DIREITO CIVIL E PROCESSUAL CIVIL. RECURSO ESPECIAL. AÇÃO DE INDENIZAÇÃO POR DANOS MATERIAIS, MORAIS E ESTÉTICOS. PREQUESTIONAMENTO. AUSÊNCIA. SÚMULA 211/STJ. JUNTADA DE DOCUMENTOS NOVOS NA FASE RECURSAL. POSSIBILIDADE. HARMONIA ENTRE O ACÓRDÃO RECORRIDO E A JURISPRUDÊNCIA DO STJ. FUNDAMENTAÇÃO DEFICIENTE. SÚMULA 284/STF. ACIDENTE DE TRÂNSITO. CONDUTOR MENOR. RESPONSABILIDADE DOS PAIS E DO PROPRIETÁRIO DO VEÍCULO. DESNECESSIDADE DE COMPROVAÇÃO DE CULPA. TRANSPORTE DE CORTESIA. DANOS CAUSADOS AO TRANSPORTADO. DOLO OU CULPA GRAVE. SÚMULA 145/STJ. DESPE-

SAS DE TRATAMENTO E LUCROS CESSANTES. AFASTAMENTO TEMPORÁRIO DO TRABALHO. DANOS MORAIS E ESTÉTICOS. CUMULATIVIDADE. PROVA. DESNECESSIDADE. ÔNUS SUCUMBENCIAIS. REDISTRIBUIÇÃO. DISSÍDIO JURISPRUDENCIAL PREJUDICADO. 1. Ação ajuizada em 11/01/2007. Recurso especial interposto em 31/05/2012 e atribuído a esta Relatora em 18/11/2016. Julgamento: Aplicação do CPC/73. 2. A ausência de decisão acerca dos dispositivos legais invocados pelos recorrentes, em que pese a prévia oposição de embargos de declaração, impede o conhecimento do recurso especial. 3. É admitida a juntada de documentos na fase recursal, desde que não se trate de documento indispensável à propositura da ação, não haja má-fé na sua ocultação e seja ouvida a parte contrária. Precedentes. 4. Não se conhece do recurso especial quando ausente a indicação expressa do dispositivo legal que teria sido violado pelo acórdão recorrido. 5. A teor do disposto no art. 932, I, do CC/02, os pais são responsáveis pela reparação civil dos danos causados pelos filhos menores que estiverem sob sua autoridade e em sua companhia. A atribuição de responsabilidade, nessa hipótese, prescinde da demonstração de culpa dos pais, conforme prevê o art. 933 do CC/02, bastando que se comprove a prática de ato ao menos culposo pelo filho menor. 6. "Em matéria de acidente automobilístico, o proprietário do veículo responde objetiva e solidariamente pelos atos culposos de terceiro que o conduz e que provoca o acidente" (REsp 577.902/DF, 3ª Turma, de minha relatoria, DJ de 28/08/2006). 7. "No transporte desinteressado, de simples cortesia, o transportador só será civilmente responsável por danos causados ao transportado quando incorrer em dolo ou culpa grave" (Súmula 145/STJ). 8. Hipótese em que o Tribunal de origem – soberano na análise dos fatos e provas dos autos – aferiu a culpa grave do menor que conduzia o veículo, na medida em que: (i) empreendia ao automóvel velocidade de 90 Km/h, quando o permitido no local era de 60 Km/h; (ii) apresentava visível despreparo para a direção de veículos, atuando de forma alheia à prudência que se deve ter em dias de chuva e em curvas acentuadas; (iii) ingeriu bebida alcoólica momentos antes do acidente. 9. É obrigação do ofensor e de seus responsáveis custear as despesas com tratamento médico da vítima até a recuperação de sua saúde, consoante preconiza o art. 949 do CC/02. 10. De acordo com o art. 402 do CC/02, as perdas e danos abrangem, além dos danos emergentes, os lucros cessantes, que, na espécie, correspondem à remuneração que o autor deixou de aferir enquanto afastado, temporariamente, do trabalho. 11. "É lícita a cumulação das indenizações de dano estético e dano moral" (Súmula 387/STJ). 12. A reparabilidade do dano estético exsurge, tão somente, da constatação da deformidade física sofrida pela vítima. 13. Para além do prejuízo estético, a perda parcial de um braço atinge a integridade psíquica do ser humano, trazendo-lhe dor e sofrimento, com afetação de sua auto-estima e reflexos no próprio esquema de vida idealizado pela pessoa, seja no âmbito das relações profissionais, como nas simples relações do dia-a-dia social. É devida, portanto, compensação pelo dano moral sofrido pelo ofendido, independentemente de prova do abalo extrapatrimonial. 14. O reconhecimento da culpa concorrente pelo evento danoso – matéria que, frise-se, não foi devolvida ao conhecimento desta Corte – acarreta a distribuição dos ônus da sucumbência. 15. Recurso especial parcialmente conhecido e, nessa extensão, parcialmente provido, apenas para a redistribuição dos ônus sucumbenciais.

(REsp 1637884/SC, Rel. Ministra NANCY ANDRIGHI, TERCEIRA TURMA, julgado em 20/02/2018, DJe 23/02/2018)

◙ Responsabilidade civil por fato de outrem – pais pelos atos praticados pelos filhos menores

DIREITO CIVIL. RESPONSABILIDADE CIVIL POR FATO DE OUTREM – PAIS PELOS ATOS PRATICADOS PELOS FILHOS MENORES. ATO ILÍCITO COMETIDO POR MENOR. RESPONSABILIDADE CIVIL MITIGADA E SUBSIDIÁRIA DO INCAPAZ PELOS SEUS ATOS (CC, ART. 928). LITISCONSÓRCIO NECESSÁRIO. INOCORRÊNCIA. 1. A responsabilidade civil do incapaz pela reparação dos danos é subsidiária e mitigada (CC, art. 928). 2. É subsidiária porque apenas ocorrerá quando os seus genitores não tiverem meios para ressarcir a vítima; é condicional e mitigada porque não poderá ultrapassar o limite humanitário do patrimônio mínimo do infante (CC, art. 928, par. único e En. 39/CJF); e deve ser equitativa, tendo em vista que a indenização deverá ser equânime, sem a privação do mínimo necessário para a sobrevivência digna do incapaz (CC, art. 928, par. único e En. 449/CJF). 3. Não há litisconsórcio passivo necessário, pois não há obrigação – nem legal, nem por força da relação jurídica (unitária) – da vítima lesada em litigar contra o responsável e o incapaz. É possível, no entanto, que o autor, por sua opção e liberalidade, tendo em conta que os direitos ou obrigações derivem do mesmo fundamento de fato ou de direito (CPC,73, art. 46, II) intente ação contra ambos – pai e filho -, formando-se um litisconsórcio facultativo e simples. 4. O art. 932, I do CC ao se referir a autoridade e companhia dos pais em relação aos filhos, quis explicitar o poder familiar (a autoridade parental não se esgota na guarda), compreendendo um plexo de deveres como, proteção, cuidado, educação, informação, afeto, dentre outros, independentemente da vigilância investigativa e diária, sendo irrelevante a proximidade física no momento em que os menores venham a causar danos. 5. Recurso especial não provido. (REsp 1436401/MG, Rel. Ministro LUIS FELIPE SALOMÃO, QUARTA TURMA, julgado em 02/02/2017, DJe 16/03/2017)

◙ Responsabilidade civil dos pais pelos atos ilícitos de filho menor. Presunção de culpa. Legitimidade passiva, em solidariedade, do genitor que não detém a guarda. Possibilidade.

Não ocorrência *in casu*. Recurso especial desprovido. I. Como princípio inerente ao pátrio poder ou poder familiar e ao poder-dever, ambos os genitores, inclusive aquele que não detém a guarda, são responsáveis pelos atos ilícitos praticados pelos filhos menores, salvo se comprovarem que não concorreram com culpa para a ocorrência do dano. II. A responsabilidade dos pais, portanto, se assenta na presunção juris tantum de culpa e de culpa *in vigilando*, o que, como já mencionado, não impede de ser elidida se ficar demonstrado que os genitores não agiram de forma negligente no dever de guarda e educação. Esse é o entendimento que melhor harmoniza o contido nos CC/1916, 1518 par.ún., e 1521, I, correspondentes aos CC, 942, par.ún. e 932 I, respectivamente, em relação ao que estabelecem os ECA, 22, e LDi, 27, este recepcionado no CC 1579, a respeito dos direitos e deveres dos pais em relação aos filhos. III.

No presente caso, sem adentrar-se no exame das provas, pela simples leitura da decisão recorrida, tem-se claramente que a genitora assumiu o risco da ocorrência de uma tragédia, ao comprar, três ou quatro dias antes do fato, o revólver que o filho utilizou para o crime, arma essa adquirida de modo irregular e guardada sem qualquer cautela (fls. 625/626). IV. Essa realidade, narrada no voto vencido do v. acórdão recorrido, é situação excepcional que isenta o genitor, que não detém a guarda e não habita no mesmo domicílio, de responder solidariamente pelo ato ilícito cometido pelo menor, ou seja, deve ser considerado parte ilegítima. V. Recurso especial desprovido (STJ, 3.ª T., REsp 777327-RS, rel. Min. Massami Uyeda, v.u., j. 17.11.2009, DJUE 1.º.12.2009).

■ **Responsabilidade civil indireta dos pais pelos atos dos filhos. Excludentes. Reexame de matéria fática.**

1. Os pais respondem civilmente, de forma objetiva, pelos atos dos filhos menores que estiverem sob sua autoridade e em sua companhia (CC 932 I). 2. O fato de o menor não residir com o(a) genitor(a) não configura, por si só, causa excludente de responsabilidade civil. 3. Há que se investigar se persiste o poder familiar com todas os deveres/poderes de orientação e vigilância que lhe são inerentes. Precedentes. 4. No caso dos autos, o Tribunal de origem não esclareceu se, a despeito de o menor não residir com o Recorrente, estaria também configurada a ausência de relações entre eles a evidenciar um esfacelamento do poder familiar. O exame da questão, tal como enfocada pela jurisprudência da Corte, demandaria a análise de fatos e provas, o que veda a STJ 7. 5. Agravo regimental a que se nega provimento (STJ, 3.ª T., AgRg no AREsp 220930-MG, rel. Min. Sidnei Beneti, v.u., j. 9.10.2012, DJUE 29.10.2012).

■ **Responsabilidade dos pais e da avó em face de ato ilícito praticado por menor. Separação dos pais. Poder familiar exercido por ambos os pais. Dever de vigilância da avó.**

Reexame de fatos. Incidência da STJ 7. Dissídio jurisprudencial comprovado. 1. O Tribunal a quo manifestou-se acerca de todas as questões relevantes para a solução da controvérsia, tal como lhe fora posta e submetida. Não cabe alegação de violação do CPC/1973 535 [CPC 1022], quando a Corte de origem aprecia a questão de maneira fundamentada, apenas não adotando a tese da recorrente. Precedentes. 2. Ação de reparação civil movida em face dos pais e da avó de menor que dirigiu veículo automotor, participando de "racha", ocasionando a morte de terceiro. A preliminar de ilegitimidade passiva dos réus, sob a alegação de que o condutor do veículo atingiu a maioridade quando da propositura da ação, encontra-se preclusa, pois os réus não interpuseram recurso em face da decisão que a afastou. 3. Quanto à alegada ilegitimidade passiva da mãe e da avó, verifica-se, de plano, que não existe qualquer norma que exclua expressamente a responsabilização das mesmas, motivo pelo qual, por si só, não há falar em violação aos CC, 932 I e 933. 4. A mera separação dos pais não isenta o cônjuge, com o qual os filhos não residem, da responsabilidade em relação aos atos praticados pelos menores, pois permanece o dever de criação e orientação, especialmente se o poder familiar é exercido conjuntamente. Ademais, não pode ser acolhida a tese dos recorrentes quanto à exclusão da responsabilidade da mãe, ao argumento de que houve separação e, portanto, exercício unilateral do poder familiar pelo pai, pois tal implica o revolvimento do conjunto fático probatório, o que é defeso em sede de recurso especial. Incidência da STJ 7. 5. Em relação à avó, com quem o menor residia na época dos fatos, subsiste a obrigação de vigilância, caracterizada a delegação de guarda, ainda que de forma temporária. A insurgência quanto à exclusão da responsabilidade da avó, a quem, segundo os recorrentes, não poderia se imputar um dever de vigilância sobre o adolescente, também exigiria reapreciação do material fático-probatório dos autos. Incidência da STJ 7. 6. Considerando-se as peculiaridades do caso, bem como os padrões adotados por esta Corte na fixação do valor indenizatório a título de danos morais por morte, reduzo a indenização arbitrada pelo Tribunal de origem para o valor de R$ 250.000,00 (duzentos e cinquenta mil reais), acrescido de correção monetária a partir desta data (STJ 362), e juros moratórios a partir da citação, conforme determinado na sentença (fl. 175), e confirmado pelo Tribunal de origem (fls. 245/246). 7. Recurso especial parcialmente conhecido e, na extensão, provido (STJ, 4.ª T., REsp 1074937-MA, rel. Min. Luis Felipe Salomão, v.u., j. 1.º.10.2009, DJUE 19.10.2009).

◙ **"Considerando que a responsabilidade dos pais pelos atos danosos praticados pelos filhos menores é objetiva, e não por culpa presumida, ambos os genitores, no exercício do poder familiar, são, em regra, solidariamente responsáveis por tais atos, ainda que estejam separados, ressalvado o direito de regresso em caso de culpa exclusiva de um dos genitores". Jornada V DirCiv STJ 450:**

► **Enquanto a responsabilidade dos pais é objetiva, a apuração da conduta dos filhos é subjetiva, considerando-se a sua intenção, imprudência, negligência ou imperícia.**

Enquanto a responsabilidade dos pais é objetiva, a apuração da conduta dos filhos é subjetiva, considerando-se a sua intenção, imprudência, negligência ou imperícia. Se o filho provocou dano sem reprovabilidade, incabível, portanto, a responsabilidade de seus pais. (NADER, Paulo. Curso de Direito Civil – Vol. 7 – Responsabilidade Civil, 6ª edição. [Grupo GEN]. Retirado de https://grupogen.vitalsource.com/#/books/9788530968717)

► **Solidariedade entre os pais**

Os pais são, ainda, solidariamente responsáveis pelos danos decorrentes de ato infracional praticado pelo menor entre 12 e 18 anos. Nesse caso, o Estatuto da Criança e do Adolescente expressamente permite que a autoridade competente imponha ao menor a obrigação de compensar os prejuízos sofridos pela vítima. (TEPEDINO, Gustavo. Fundamentos do Direito Civil – Responsabilidade Civil – Vol. 4. [Grupo GEN]. Retirado de https://grupogen.vitalsource.com/#/books/9788530989934/)

► **Responsabilidade subsidiária do menor**

Em qualquer caso, é possível que o patrimônio do menor seja superior ao de seus pais, insuficiente para adimplir o dever de reparar. Nesse caso, o Código estabeleceu a responsabilidade subsidiária do incapaz, impondo-lhe o dever de indenizar os prejuízos que causar quando as pessoas por ele responsáveis não dispuserem de meios suficientes para fazê-lo, consoante dispõe o art. 928. Dito de outro modo, a responsabilidade pelo ressarcimento dos danos causados pelo filho menor é dos pais, e somente quando seu patrimônio for insuficiente para arcar com a indenização, admite-se que sejam executados os bens do próprio incapaz. A solução, que inova em face do sistema anterior, volta-se, a toda evidência, à tutela da vítima, que poderia permanecer irressarcida em caso de insolvência do responsável, ainda que o incapaz possuísse patrimônio significativo. (TEPEDINO, Gustavo. Fundamentos do Direito Civil – Responsabilidade Civil – Vol. 4. [Grupo GEN]. Retirado de https://grupogen.vitalsource.com/#/books/9788530989934/)

▶ **Responsabilidade direta do menor**

O dispositivo prevê, ainda, segunda hipótese em que o patrimônio do incapaz responde pela indenização do dano injusto por ele causado, não já subsidiariamente, mas de maneira direta: quando referidas pessoas não tiverem obrigação de fazê-lo. Cuida-se da situação contemplada no art. 116 do Estatuto da Criança e do Adolescente, segundo o qual "em se tratando de ato infracional com reflexos patrimoniais, a autoridade poderá determinar, se for o caso, que o adolescente restitua a coisa, promova o ressarcimento do dano, ou, por outra forma, compense o prejuízo da vítima". Referido ressarcimento encerra medida socioeducativa, imposta em razão da prática de ato infracional – entendido, nos termos do art. 103 do Estatuto da Criança e do Adolescente, como a conduta da criança e do adolescente que pode ser descrita como crime ou contravenção penal. Nesse cenário, identificam-se duas esferas distintas, sujeitas a regime jurídico diverso. Praticado ato infracional com reflexos patrimoniais, imputam-se exclusivamente ao menor as medidas socioeducativas cabíveis, dentre as quais se destaca a reparação do dano, hipótese em que os pais não respondem com seu patrimônio. Embora não se qualifiquem como penas, as medidas socioeducativas ostentam aspectos sancionatórios e coercitivos, e visam à inserção do menor em processos educativos, razão pela qual devem ser suportadas apenas pelo próprio agente. De outro lado, na hipótese de ato equiparável a ilícito civil, aplica-se o regime jurídico do Código Civil, e respondem os pais, direta e objetivamente, pelo ressarcimento do dano dele decorrente. (TEPEDINO, Gustavo. Fundamentos do Direito Civil – Responsabilidade Civil – Vol. 4. [Grupo GEN]. Retirado de https://grupogen.vitalsource.com/#/books/9788530989934/)

▶ **Em se tratando de incapaz sem discernimento, haverá a responsabilidade indireta por exclusão**

Em se tratando de incapaz sem discernimento, haverá a responsabilidade indireta por exclusão, ou seja, caso a vítima não seja culpada, nem terceiro, e não tenha ocorrido força maior ou caso fortuito. (NADER, Paulo. Curso de Direito Civil – Vol. 7 – Responsabilidade Civil, 6ª edição. [Grupo GEN]. Retirado de https://grupogen.vitalsource.com/#/books/9788530968717/)

◙ **Ato praticado por maior portador de esquizofrenia.**

O CC, 1590, estende ao incapaz – absoluta ou relativamente – as normas pertinentes à guarda dos filhos menores. Nesse enfoque, é importante destacar que a guarda representa mais que um direito dos pais em ter os filhos próximos. Revela-se, sobretudo, como um dever de cuidar, de vigiar e de proteger os filhos, em todos os sentidos, enquanto necessária tal proteção. Consta do acórdão recorrido que o primeiro réu, apesar de maior, é portador de esquizofrenia paranoide, mora sozinho, tem surtos periódicos e agride transeuntes. Sua genitora (segunda ré), plenamente ciente da situação e omissa no cumprimento de suas obrigações em relação ao filho incapaz e na adoção de medidas com o propósito de evitar a repetição de tais fatos, deve ser responsabilizada civilmente pelos danos morais sofridos pela autora, decorrentes de lesões provocadas pelo deficiente (STJ, 4.ª T., REsp 1101324-RJ, rel. Min. Antonio Carlos Ferreira, j. 13.10.2015, DJUE 12.11.2015).

► A responsabilidade indireta dos pais deriva do seu poder familiar, compreensivo da autoridade e companhia dos filhos

"...a responsabilidade indireta dos pais deriva do seu poder familiar, compreensivo da autoridade e companhia dos filhos. Autoridade, realmente, possui quem detém o poder familiar; todavia, não apenas quem se encontra nesta condição; também os que mantêm a guarda de crianças e adolescentes. Requisito também da responsabilidade indireta é a menoridade do filho à época em que praticou o ato. Se os efeitos danosos do ato se verificaram posteriormente, quando o filho alcançou a plena capacidade de fato, a responsabilidade dos pais não se descaracteriza; igualmente se a sentença cível condenatória transitou em julgado já alcançada a maioridade. (NADER, Paulo. Curso de Direito Civil - Vol. 7 - Responsabilidade Civil, 6ª edição. [Grupo GEN]. Retirado de https://grupogen.vitalsource.com/#/books/9788530968717/)

◙ Ato ilícito praticado por menor.

Os pais são responsáveis pela reparação civil dos atos praticados pelos filhos menores que estiverem sob seu poder e em sua companhia, a teor do disposto no CC/1916 1521 [CC 932]. Delineia-se, na espécie, uma presunção de culpa cuja fonte é justamente o pátrio poder [hoje, poder familiar]. A momentânea ausência do pai por motivo de viagem na época dos fatos não desfigura a presunção, denotando falta de maior empenho paterno na admonição e preparação do filho. Também, a não imputabilidade deste não funciona como excludente da responsabilidade paterna pela simples razão de que sua fonte é o pátrio poder, abrangendo ela todos os atos ilícitos que pratique, em qualquer situação, porque a vigilância que lhe incumbe é universal e contínua, não podendo, pois, pretender que com relação a determinados atos submetidos a essa vigilância não se configure sua responsabilidade (RT 651/73).

► Preenchidos aqueles requisitos, os pais respondem civilmente pelos danos causados.

Preenchidos aqueles requisitos, os pais respondem civilmente pelos danos causados. Na definição desta responsabilidade é irrelevante a constatação de que os pais não tiveram culpa, pois a sua responsabilidade é objetiva. A inimputabilidade dos filhos também não os beneficia; quanto maior o grau de incompreensão dos filhos, maior o desvelo e vigilância exigidos dos pais. (NADER, Paulo. Curso de Direito Civil - Vol.

7 – Responsabilidade Civil, 6ª edição. [Grupo GEN]. Retirado de https://grupogen.vitalsource.com/#/books/9788530968717/)

◙ Menor que sofre acidente fatal. Responsabilidade dos pais e do preposto da empresa.

A responsabilidade dos pais é dever decorrente do exercício do poder familiar, prerrogativa a que não podem renunciar. O Estatuto da Criança e do Adolescente (ECA) considera a vulnerabilidade da criança e do adolescente, impondo aos pais, em razão do poder familiar, obrigações materiais, afetivas, morais e psíquicas, entre as quais o dever de educar os filhos e sobre eles manter vigilância, preservando sua segurança. Ocorrido acidente que leve menor a óbito e constatado que, além da responsabilidade objetiva da empresa por ato de seu preposto, houve falha quanto ao dever de vigilância dos pais sobre o menor acidentado, caracterizada está a culpa concorrente, de forma que a indenização deve ser fixada na proporção da culpa de cada parte (STJ, 3.ª T., REsp 1415474-SC, rel. Min. João Otávio de Noronha, j. 14.6.2016, DJUE 16.6.2016).

◙ "A responsabilidade civil dos pais pelos atos dos filhos menores, prevista no CC 932 I, não obstante objetiva, pressupõe a demonstração de que a conduta imputada ao menor, caso o fosse a um agente imputável, seria hábil para a sua responsabilização". Jornada VII DirCiv STJ 590

► Uma vez efetuado o pagamento à vítima, os pais não assumem direito de regresso em face dos filhos

Uma vez efetuado o pagamento à vítima, os pais não assumem direito de regresso em face dos filhos, pois não praticam o ato na condição de representantes ou assistentes, mas em nome próprio, como enfatiza Orlando Gomes. (NADER, Paulo. Curso de Direito Civil - Vol. 7 - Responsabilidade Civil, 6ª edição. [Grupo GEN]. Retirado de https://grupogen.vitalsource.com/#/books/9788530968717/)

► A responsabilidade dos pais independe do tipo de dano causado pelo filho a terceiro.

A responsabilidade dos pais independe do tipo de dano causado pelo filho a terceiro. A Lei Civil não distingue, também, para efeito dessa responsabilidade, os valores dos prejuízos. Quanto ao pagamento efetuado pelos responsáveis indiretos, este não constitui adiantamento da legítima, nem poderia ser, pois, se o ilícito leva a marca direta do menor, indiretamente carrega a dos pais, que falharam, quando nada, no processo educacional. Ao indenizar a vítima, os pais respondem tanto pela culpa do menor quanto por suas próprias falhas e erros.(NADER, Paulo. Curso de Direito Civil - Vol. 7 - Responsabilidade Civil, 6ª edição. [Grupo GEN]. Retirado de https://grupogen.vitalsource.com/#/books/9788530968717/)

◙ Ambos os genitores, em decorrência do princípio do poder familiar, inclusive aquele que não detém a guarda, são responsáveis pelos atos ilícitos praticados pelos filhos menores

AGRAVO INTERNO NO AGRAVO EM RECURSO ESPECIAL. AÇÃO DE INDENIZAÇÃO POR DANOS MATERIAIS E MORAIS. RESPONSABILIDADE CIVIL

DO GENITOR, PELOS ATOS DE SEU FILHO MENOR, DO QUAL NÃO DETÉM A GUARDA. POSSIBILIDADE. SÚMULAS 7 E 83 DO STJ. AGRAVO INTERNO IMPROVIDO. 1. Conforme entendimento desta Corte, ambos os genitores, em decorrência do princípio do poder familiar, "inclusive aquele que não detém a guarda, são responsáveis pelos atos ilícitos praticados pelos filhos menores, salvo se comprovarem que não concorreram com culpa para a ocorrência do dano" (REsp 777.327/RS, Rel. Ministro Massami Uyeda, Terceira Turma, julgado em 17/11/2009, DJe 1/12/2009). Súmula 83 do STJ. 2. O Tribunal de origem, diante da análise do contexto fático-probatório dos autos, consignou pela responsabilidade do genitor, em razão da influência e da efetiva participação na criação e educação do seu filho, menor de idade. Infirmar tais conclusões demandaria o revolvimento do conjunto fático-probatório dos autos. Súmula 7 do STJ. 3. Agravo interno improvido. (AgInt no AREsp 1253724/PR, Rel. Ministro MARCO AURÉLIO BELLIZZE, TERCEIRA TURMA, julgado em 05/06/2018, DJe 15/06/2018)

► Como os filhos adotivos em tudo se igualam aos consanguíneos, preenchidos os requisitos da responsabilidade civil

Como os filhos adotivos em tudo se igualam aos consanguíneos, preenchidos os requisitos da responsabilidade civil, os pais adotivos responderão pelos danos causados por eles, enquanto menores e sob a sua autoridade e companhia. A responsabilidade existe antes mesmo da adoção, já a partir do estágio de convivência ou com a guarda provisória. Em tais fases preliminares à adoção, previstas, respectivamente, nos arts. 33, § 2º, e 46, ambos do Estatuto da Criança e do Adolescente (Lei nº 8.069, de 13 de julho de 1990), o pleiteante da adoção possui responsabilidades in educando e *in vigilando*, razão pela qual responde por eventuais danos causados pelos menores a terceiros. (NADER, Paulo. Curso de Direito Civil – Vol. 7 – Responsabilidade Civil, 6ª edição. [Grupo GEN]. Retirado de https://grupogen.vitalsource.com/#/books/9788530968717/)

► As normas sobre a responsabilidade civil dos pais encontram o seu fundamento na ordem moral.

As normas sobre a responsabilidade civil dos pais encontram o seu fundamento na ordem moral. A geração de filho há de ser um ato consequente, responsável. Os pais assumem, com o nascimento, os deveres inerentes ao poder familiar, entre os quais o de educação e vigilância sobre os atos dos filhos, na medida em que estes se desenvolvem física e intelectualmente. Se os seres humanos nascessem autossuficientes, capazes de gerir a sua vida autonomamente, razão não haveria para o poder familiar e, conseguintemente, pela responsabilidade dos pais por atos e omissões de seus filhos menores. (NADER, Paulo. Curso de Direito Civil – Vol. 7 – Responsabilidade Civil, 6ª edição. [Grupo GEN]. Retirado de https://grupogen.vitalsource.com/#/books/9788530968717/)

► Os pais respondem, então, pela conduta de seus filhos, enquanto crianças ou adolescentes.

Os pais respondem, então, pela conduta de seus filhos, enquanto crianças ou adolescentes. O seu dever é de vigilância sobre os pupilos, evitando a prática de quaisquer atos lesivos aos direitos de terceiros. A vigilância, todavia, nem sempre é completa, pois muitas vezes se faz sem a observação direta, dado que é impossível o acompanhamento visual dos passos dos filhos em todos os dias e em todas as horas. Como, então, perante a moral, imputar-se aos pais a responsabilidade por ato de um filho, cometido no momento em que se encontravam trabalhando? A culpa estaria na deficiência da educação dada ao menor ou na falta de sua colocação em estabelecimentos, públicos ou particulares, sob a responsabilidade de educadores. Tais recursos, é verdade, não estão ao alcance de todas as camadas sociais e nem disponibilizados em todas as regiões. (NADER, Paulo. Curso de Direito Civil - Vol. 7 - Responsabilidade Civil, 6ª edição. [Grupo GEN]. Retirado de https://grupogen.vitalsource.com/#/books/9788530968717/)

► **Ainda que não se possa, em concreto, vislumbrar falhas na conduta dos pais em relação ao filho que violou direito alheio, a Lei Civil presume a culpa dos genitores e não admite prova em contrário.**

Ainda que não se possa, em concreto, vislumbrar falhas na conduta dos pais em relação ao filho que violou direito alheio, a Lei Civil presume a culpa dos genitores e não admite prova em contrário. O legislador preferiu a adoção de linguagem mais direta e radical, porém com igual resultado, ao declarar, no citado art. 933, que a responsabilidade independe de culpa. Entre sacrificar o direito alheio ou impor aos pais o dever de reparação, a Lei Civil adotou a segunda opção. (NADER, Paulo. Curso de Direito Civil - Vol. 7 - Responsabilidade Civil, 6ª edição. [Grupo GEN]. Retirado de https://grupogen.vitalsource.com/#/books/9788530968717/)

► **Se os menores respondessem isoladamente, como regra geral, pelos seus atos, os prejuízos das vítimas dificilmente seriam reparados**

Se os menores respondessem isoladamente, como regra geral, pelos seus atos, os prejuízos das vítimas dificilmente seriam reparados, pois, com raríssimas exceções, aqueles não dispõem de patrimônio. Um outro aspecto seria relevante: a injustiça contra os que não possuem discernimento suficiente para compreender o alcance de seus atos. As crianças ficariam expostas aos riscos e seus pais já não teriam outra motivação, senão o amor à prole, para exercer a vigilância sobre a sua conduta. Teoricamente, as crianças e adolescentes poderiam atuar como instrumento de vingança de seus pais contra as vítimas. Como se vê, sob todos os aspectos procede a responsabilidade dos pais pelos atos dos filhos menores, que se encontram sob a sua autoridade e em sua companhia. (NADER, Paulo. Curso de Direito Civil - Vol. 7 - Responsabilidade Civil, 6ª edição. [Grupo GEN]. Retirado de https://grupogen.vitalsource.com/#/books/9788530968717/)

► **Para que os pais respondam civilmente por danos causados por seus filhos incapazes é necessário que estes estejam sob sua autoridade e em sua companhia.**

Para que os pais respondam civilmente por danos causados por seus filhos incapazes é necessário que estes estejam sob sua autoridade e em sua companhia. Assim, em caso de pais separados ou divorciados, a responsabilidade deverá ser de quem se encontrava naquela condição. Se a guarda é da mãe, mas o ato ilícito foi praticado quando o filho se encontrava em companhia de seu pai, deste será a responsabilidade. Estando em andamento a ação de separação ou divórcio, a guarda deverá ser definida pelo juiz do feito, cabendo ao guardião a responsabilidade. Se um dos genitores perder o poder familiar, nem por isto ficará isento de responsabilidade em relação aos danos causados pelo filho, encontrando-se este em sua companhia no momento da ocorrência. O fato de o menor achar-se em companhia de um de seus pais, no momento do ato danoso, faz desse ascendente o responsável, ainda que não tenha a guarda do seu filho. (NADER, Paulo. Curso de Direito Civil - Vol. 7 - Responsabilidade Civil, 6ª edição. [Grupo GEN]. Retirado de https://grupogen.vitalsource.com/#/books/9788530968717/)

► **Estando os filhos menores sob autoridade de seus pais, a responsabilidade será de ambos, salvo quando a vigilância estiver entregue apenas a um deles, que responderá pelos danos.**

Estando os filhos menores sob autoridade de seus pais, a responsabilidade será de ambos, salvo quando a vigilância estiver entregue apenas a um deles, que responderá pelos danos. A relevância desta segunda hipótese dependerá do regime de bens no casamento ou união estável. Se este for o da comunhão universal, responderá o patrimônio comum; se em qualquer outro regime, o ressarcimento se fará com o patrimônio particular do ascendente em cuja companhia se encontrava o incapaz. Tratando-se de guarda compartilhada, quando rompida a sociedade ou o vínculo conjugal, o poder familiar se mantém, dividindo-se apenas o seu exercício. Em caso de danos provocados pelo filho, a obrigação de ressarcimento será do ascendente que no momento exercia o dever de vigilância. Nem sempre esta solução é a mais justa, pois a conduta do menor pode ter sido um reflexo da educação recebida de ambos os genitores. (NADER, Paulo. Curso de Direito Civil - Vol. 7 - Responsabilidade Civil, 6ª edição. [Grupo GEN]. Retirado de https://grupogen.vitalsource.com/#/books/9788530968717/)

► **O requisito de o menor achar-se sob a companhia de seus pais deve ser encarado com temperamentos.**

Não se exige a coabitação permanente, contemporânea ao incidente gerador de danos. Pode ser que o menor, no momento da ocorrência, se encontre a passeio ou estudando em outra localidade. Tais circunstâncias não excluem, em tese, o dever de seus pais responderem perante a vítima. Para Aubry e Rau os pais continuam responsáveis pelos atos dos filhos, ainda que estes estejam confiados à vigilância de outrem momentaneamente, como a um professor, salvo se este, no episódio, agiu com negligência ou imprudência. (NADER, Paulo. Curso de Direito Civil - Vol. 7 - Responsabilidade Civil, 6ª edição. [Grupo GEN]. Retirado de https://grupogen.vitalsource.com/#/books/9788530968717/)

► **Questão polêmica diz respeito à hipótese de crianças ou adolescentes que abandonam o lar, revelando-se rebeldes, refratários à educação e controle de seus pais.**

Continuariam estes responsáveis por eventuais danos causados a outrem? Há juristas que excluem a responsabilidade, sob o fundamento da ausência dos requisitos autoridade e companhia. O poder familiar, entretanto, não permite acomodação diante de fatos desta natureza. Na maioria das vezes o comportamento de rebeldia deriva de falhas no processo de educação. Diante de um fato concreto de insubmissão, cabe aos pais recorrerem aos mecanismos estatais, a fim de encontrar o encaminhamento mais recomendável à hipótese do caso concreto. O que não nos parece justo é a inércia dos pais, quando os filhos se mostram rebeldes, infensos aos limites que já lhes deveriam ser impostos a partir dos primeiros anos de vida. (NADER, Paulo. Curso de Direito Civil - Vol. 7 - Responsabilidade Civil, 6ª edição. [Grupo GEN]. Retirado de https://grupogen.vitalsource.com/#/books/9788530968717/)

► **A exclusão de responsabilidade dos pais, nestes casos, implicaria agravamento na situação de quem sofreu danos provocados por crianças ou adolescentes**

A exclusão de responsabilidade dos pais, nestes casos, implicaria agravamento na situação de quem sofreu danos provocados por crianças ou adolescentes, pois estes geralmente não dispõem de recursos para o ressarcimento devido. Entre impor a responsabilidade aos pais, que mantêm o poder familiar, e deixar a descoberto de reparação a vítima de danos, havemos de concluir pela primeira solução. (NADER, Paulo. Curso de Direito Civil - Vol. 7 - Responsabilidade Civil, 6ª edição. [Grupo GEN]. Retirado de https://grupogen.vitalsource.com/#/books/9788530968717/)

► **Também quanto à responsabilidade dos adolescentes emancipados por iniciativa de seus pais divergem os entendimentos.**

Há ponderáveis razões a favor de uma e de outra opinião. Quem opta pela exclusão de responsabilidade considera, especialmente, que o adolescente já não se encontra sob a autoridade dos pais, uma vez que o poder familiar cessa com a emancipação. Tal efeito excluiria o fundamento da responsabilidade: encontrar-se o menor sob a autoridade e em companhia dos pais. Em contrapartida, há quem sustente opinião oposta, considerando que o ato de emancipação deve levar em conta o grau de responsabilidade moral do menor, sua compreensão da engrenagem social e capacidade de optar de acordo com os princípios reguladores da sociedade. Se o adolescente pratica danos a outrem, presumível a temeridade dos pais ao praticarem a faculdade jurídica de emancipação. Para Aubry e Rau, a emancipação pelo casamento desobriga os pais, ainda que o filho continue em sua companhia, mas a decorrente de declaração dos pais não exclui a sua responsabilidade. (NADER, Paulo. Curso de Direito Civil - Vol. 7 - Responsabilidade Civil, 6ª edição. [Grupo GEN]. Retirado de https://grupogen.vitalsource.com/#/books/9788530968717/)

► **Uma vez que a emancipação retira dos pais a autoridade sobre os filhos, inviabiliza-se, em nossa opinião, a responsabilidade daqueles ascendentes, à vista do que dispõe o art. 932, inc. I, da Lei Civil.**

A partir do fato jurídico, o emancipado não se obriga a seguir a orientação dos pais; daí por que estes não devem ser responsabilizados. Como o filho emancipado fica independente juridicamente dos pais, estes não devem responder por seus atos. Também nesta direção é o posicionamento de Orlando Gomes: "Mais estranhável ainda a opinião de que o pai responde pelos atos ilícitos do filho emancipado. Para todos os efeitos, a emancipação equivale à maioridade. É apenas o processo de antecipá-la. Não é possível, assim, sustentar que persiste a responsabilidade do pai. Até porque tal opinião esbarra com um obstáculo intransponível, que é a lei...". (NADER, Paulo. Curso de Direito Civil – Vol. 7 – Responsabilidade Civil, 6ª edição. [Grupo GEN]. Retirado de https://grupogen.vitalsource.com/#/books/9788530968717/)

► **Nem sempre os pais são responsáveis pelos danos causados pelo filho, que se encontra sob a sua autoridade e em sua companhia.**

Nem sempre os pais são responsáveis pelos danos causados pelo filho, que se encontra sob a sua autoridade e em sua companhia. Se o menor, por exemplo, praticou o ato na condição de empregado de uma empresa, a esta caberá responder civilmente, à vista do teor do inciso III do art. 932. Igualmente se no momento da infração se encontrava internado regularmente em estabelecimento escolar ou prestando serviço militar, ainda que voluntariamente, como destacam Aubry e Rau. (NADER, Paulo. Curso de Direito Civil – Vol. 7 – Responsabilidade Civil, 6ª edição. [Grupo GEN]. Retirado de https://grupogen.vitalsource.com/#/books/9788530968717/)

► **Seriam os pais responsáveis pelos atos praticados por seus filhos menores, quando em atividade na escola?**

Entendemos que sim, em princípio, pois agressões a colegas ou depredações revelam falhas no processo educacional e, por via de consequência, induzem à responsabilidade dos pais. A Corte de Apelação de Nancy, em acórdão de 29 de abril de 1998, não excluiu a responsabilidade dos pais por ato praticado pelo filho, durante a sua permanência na escola: "... a presunção de responsabilidade dos pais prevista no art. 1.384, alínea 4, do Código Civil, não está descartada pelo só fato de a criança se encontrar no momento dos fatos em um estabelecimento escolar." (NADER, Paulo. Curso de Direito Civil – Vol. 7 – Responsabilidade Civil, 6ª edição. [Grupo GEN]. Retirado de https://grupogen.vitalsource.com/#/books/9788530968717/)

► **Se houve culpa *in vigilando* de professores, que em primeiro lugar devem ser educadores, a responsabilidade se transfere ao estabelecimento escolar.**

Se houve culpa *in vigilando* de professores, que em primeiro lugar devem ser educadores, a responsabilidade se transfere ao estabelecimento escolar. As peculiaridades do caso concreto é que definirão a responsabilidade. Se um funcionário, por exemplo, solicita a menor não habilitado para fazer determinada entrega em veículo do estabelecimento e em horário de atividade escolar, indubitavelmente os pais não responderão por eventuais danos causados pelo incapaz. (NADER, Paulo. Curso de Direito Civil – Vol. 7 – Responsabilidade Civil, 6ª edição. [Grupo GEN]. Retirado de https://grupogen.vitalsource.com/#/books/9788530968717/)

► **Quanto à hipótese de o menor dirigir sem habilitação e causar prejuízos a terceiros, dúvida não há quanto à responsabilidade dos pais.**

Quanto à hipótese de o menor dirigir sem habilitação e causar prejuízos a terceiros, dúvida não há quanto à responsabilidade dos pais. Estes respondem quando autorizam o filho a dirigir sem habilitação e, ainda, quando este se apodera do carro às escondidas. Nesta última hipótese a responsabilidade se caracteriza por incúria *in vigilando*. (Sérgio Cavalieri Filho, Programa de Responsabilidade Civil, ed. cit., § 43, p. 193)

◙ Ato de menor púbere legalmente habilitado.

Achando-se o menor púbere legalmente habilitado à condução de veículo automotor de sua propriedade, os danos por ele provocados a terceiros em acidente no qual também perdeu a vida não devem ser suportados pelos pais, eis que o dever de vigilância inerente ao exercício do pátrio poder [hoje, poder familiar] não se estende sobre atos para os quais o filho se achava apto a praticar de forma absolutamente autônoma. Conquanto possível, ainda assim, em hipóteses excepcionais, atribuir-se aos pais responsabilidade civil pelo comportamento do filho menor púbere, quando, sendo de seu conhecimento que ele padece de vício (alcoolismo, drogas etc.), doença ou tratamento que lhe retira reflexo ou capacidade de discernimento para dirigir, se omitem na tomada das providências necessárias, tais situações não se verificam no caso dos autos (STJ, 4.ª T., REsp 392099-DF, rel. Min. Aldir Passarinho Junior, v.u., j. 7.3.2002, DJU 15.4.2002).

► É possível que os pais respondam pelos atos dos filhos, sob fundamento diverso ao do poder familiar.

É possível que os pais respondam pelos atos dos filhos, sob fundamento diverso ao do poder familiar. Seria na hipótese, por exemplo, em que admite o filho como empregado e este, nesta condição, causa prejuízos a terceiros. Os pais responderão civilmente, não pela condição de detentores do poder familiar, mas pela de empregadores. Aguiar Dias assinala esta possibilidade: "Pode o pai, independentemente de sua qualidade, responder a outros títulos pelo ato danoso do filho. Assim, por exemplo, se lhe deu uma incumbência, caso em que responde tal como o comitente." (NADER, Paulo. Curso de Direito Civil - Vol. 7 - Responsabilidade Civil, 6ª edição. [Grupo GEN]. Retirado de https://grupogen.vitalsource.com/#/books/9788530968717/)

► Qual a situação em que se encontram os padrastos ou madrastas, relativamente à responsabilidade civil por atos de seus enteados, à luz do Código Reale?

Pelo Código de 1916 a resposta que se impunha era de exclusão de responsabilidade por falta de embasamento jurídico. Atualmente, quando a doutrina e os tribunais reconhecem a paternidade socioafetiva, desde que a relação entre padrasto ou madrasta e enteado revele características comuns ao vínculo entre pais e filhos, amor e respeito recíprocos, não temos dúvida em admitir a responsabilidade civil. Embora enfocando a matéria sob o prisma da teoria subjetiva, mas adiantado para a sua época, Pontes de Miranda admitiu a responsabilidade de padrasto e madrasta sob determinadas condições. Estes seriam responsáveis se os consortes tivessem o pátrio poder, guarda e companhia do menor, além de culpa *in vigilando*, cumprindo à vítima a prova da negligência ou imprudência, em consonância com os parâmetros do Código de 1916. (NADER, Paulo. Curso de Direito Civil - Vol. 7 - Responsabilidade Civil, 6ª edição. [Grupo GEN]. Retirado de https://grupogen.vitalsource.com/#/books/9788530968717/)

■ **Enunciado 39 do CEJ: "A impossibilidade de privação do necessário à pessoa, prevista no art. 928, traduz um dever de indenização equitativa, informado pelo princípio constitucional da proteção à dignidade da pessoa humana. Como consequência, também os pais, tutores e curadores serão beneficiados pelo limite humanitário do dever de indenizar, de modo que a passagem ao patrimônio do incapaz se dará não quando esgotados todos os recursos do responsável, mas quando reduzidos estes ao montante necessário à manutenção de sua dignidade".**

■ **Enunciado 40 do CEJ: "O incapaz responde pelos prejuízos que causar de maneira subsidiária ou excepcionalmente, como devedor principal, na hipótese do ressarcimento devido pelos adolescentes que praticarem atos infracionais, nos termos do art. 116 do Estatuto da Criança e do Adolescente, no âmbito das medidas socioeducativas ali previstas".**

■ **Enunciado 41 do CEJ: "A única hipótese em que poderá haver responsabilidade solidária do menor de 18 anos com seus pais é ter sido emancipado nos termos do art. 5º, parágrafo único, inciso I, do novo Código Civil".**

■ **Responsabilidade dos pais pelos danos causados por filhos menores. Legitimidade para recorrer do filho: ausência.**

RECURSO ESPECIAL. AÇÃO DE REPARAÇÃO POR DANOS MATERIAIS E COMPENSAÇÃO POR DANOS MORAIS. RESPONSABILIDADE DOS PAIS PELOS DANOS CAUSADOS POR FILHOS MENORES. LEGITIMIDADE PARA RECORRER DO FILHO. AUSÊNCIA. 1. Discussão acerca da legitimidade do filho menor para recorrer de sentença proferida em ação proposta unicamente em face de seu genitor, com fundamento na responsabilidade dos pais pelos atos ilícitos cometidos pelos filhos menores. 2. Inviável o reconhecimento de violação ao art. 535 do CPC quando não verificada no acórdão recorrido omissão, contradição ou obscuridade apontadas pelo recorrente. 3. A ausência de decisão sobre os dispositivos legais supostamente violados, não obstante a interposição de embargos de declaração, impede o conhecimento do recurso especial. Incidência da Súmula 211/STJ. 4. Em regra, é a parte sucumbente quem tem legitimidade para recorrer. O art. 499, §1º, do CPC, contudo, assegura ao terceiro prejudicado a possibilidade de interpor recurso de determinada decisão, desde que ela afete, direta ou indiretamente, uma relação jurídica de que seja titular. 5. A norma do art. 942 do Código Civil deve ser interpretada em conjunto com aquela dos arts. 928 e 934, que tratam, respectivamente, (i) da responsabilidade subsidiária e mitigada do incapaz e (ii) da inexistência de direito de regresso em face do descendente absoluta ou relativamente incapaz. 6. Na hipótese, conclui-se pela carência de interesse e legitimidade recursal do recorrente porque a ação foi proposta unicamente em face do seu genitor, não tendo sido demonstrado o nexo de interdependência entre seu interesse de intervir e a relação jurídica originalmente submetida à apreciação judicial. 7. Negado provimento ao recurso especial. (REsp 1319626/MG, Rel. Ministra NANCY ANDRIGHI, TERCEIRA TURMA, julgado em 26/02/2013, DJe 05/03/2013)

RESPONSABILIDADE DOS TUTORES E CURADORES

▶ **Tutela e curatela**

No caso de falecimento dos pais, julgados ausentes ou decaindo do poder familiar, os filhos menores serão postos em tutela (art. 1.728). Estão sujeitos à curatela aqueles que, por causa transitória ou permanente, não puderem exprimir sua vontade (art. 1.767). (TEPEDINO, Gustavo. Fundamentos do Direito Civil - Responsabilidade Civil - Vol. 4. [Grupo GEN]. Retirado de https://grupogen.vitalsource.com/#/books/9788530989934/)

▶ **A segunda hipótese de responsabilidade por fato de outrem, prevista no art. 932, diz respeito aos tutores e curadores por atos, respectivamente, de pupilos e curatelados, desde que sob a sua autoridade e em sua companhia.**

O papel desempenhado por esses vigilantes é análogo ao dos pais. A responsabilidade em foco é objetiva. Como os menores não podem ficar sem representação ou assistência, impõe-se a nomeação de tutor diante de uma das seguintes ocorrências: morte ou ausência declarada dos pais; perda ou impossibilidade de exercício do poder familiar; abandono do filho. A tutela se acha regulada no conjunto dos arts. 1.728 *usque* 1.766. O instituto se destina a suprir a incapacidade de criança ou adolescente e por isto é temporária; subsiste enquanto o menor não alcança a maioridade. Dada a sua finalidade, que é de suprir a falta da representação dos pais, a tutela não pode coexistir com o poder familiar. (NADER, Paulo. Curso de Direito Civil - Vol. 7 – Responsabilidade Civil, 6ª edição. [Grupo GEN]. Retirado de https://grupogen.vitalsource.com/#/books/9788530968717/)

▶ **Impõe-se a nomeação de curador ao portador de incapacidade definitiva ou transitória, impedido de gerir a sua vida ou administrar seus bens regularmente.**

A curatela está disciplinada nos arts. 1.767 a 1.783, aplicando-se-lhe, ainda, com as ressalvas do art. 1.781, as normas destinadas ao exercício da tutela. A curatela é remédio jurídico que visa a preencher a incapacidade não decorrente de idade, mas de natureza física, permanente ou não. Havemos de ressaltar, *ab initio*, que a responsabilidade civil do curador não se estende aos ilícitos quando o curatelado for pessoa pródiga, pois a capitis *deminutio* se limita aos atos de natureza econômica. (NADER, Paulo. Curso de Direito Civil - Vol. 7 – Responsabilidade Civil, 6ª edição. [Grupo GEN]. Retirado de https://grupogen.vitalsource.com/#/books/9788530968717/)

▶ **Atenuação da responsabilidade**

O tutor e o curador respondem objetivamente pelos danos causados pelos pupilos e curatelados que se encontrem sob sua autoridade e em sua companhia, a exemplo da responsabilidade atribuída aos pais pelos atos dos filhos. A despeito, contudo, da similitude, a doutrina sustentava a possibilidade de se atenuar a responsabilidade dos tutores e curadores por se tratar de *munus* publico, de ônus que tutor e curador suportam por imposição legal, e não em razão de vínculo paterno-filial, muitas vezes sem qualquer remuneração. O pretendido entendimento, todavia, parece não se justificar diante da atual regulamentação, que estabelece a responsabilidade objetiva com o escopo primordial de tutelar prioritariamente a vítima. Além disso, ao titular de munus publico não se pode imputar dever menos rigoroso do que aos genitores. Referida mitigação, por conseguinte, contrariaria o escopo da norma, pelo que não deve prevalecer. (TEPEDINO, Gustavo. Fundamentos do Direito Civil – Responsabilidade Civil – Vol. 4. [Grupo GEN]. Retirado de https://grupogen.vitalsource.com/#/books/9788530989934/)

► **Para efeito de responsabilidade civil, o inciso II do art. 932 do Códex situa o tutor e o curador em igual nível.**

Ambos respondem, objetivamente, pelos ilícitos civis praticados, respectivamente, pelo pupilo e curatelado. Com o termo de compromisso, assumem o dever de zelar pelos interesses do incapaz e dispõem do poder de mantê-lo sob a sua autoridade e em sua companhia. No exercício de suas funções, cumpre-lhes manter a vigilância sobre os atos do *alieni iuris*, impedindo-lhe de praticar qualquer ato em prejuízo de outrem. Se este ocorre, o vigilante responde civilmente, ainda que no caso concreto não tenha sido negligente no cumprimento de suas obrigações. Sob a vigência do Código de 1916, o vigilante respondia apenas por culpa. (NADER, Paulo. Curso de Direito Civil – Vol. 7 – Responsabilidade Civil, 6ª edição. [Grupo GEN]. Retirado de https://grupogen.vitalsource.com/#/books/9788530968717)

► **Como atualmente a responsabilidade do vigilante é objetiva, não cabe à vítima comprovar a sua culpa, nem o aproveita deduzir a prova de que não se descurou do incapaz no exercício da missão que lhe foi confiada.**

Há, todavia, uma tendência de se considerar a responsabilidade objetiva, *in casu*, com temperamentos, sem rigor, tendo em vista que o papel desempenhado constitui um *munus publicum*, quase sempre sem remuneração. O enfoque benigno da condição do tutor ou curador considera apenas uma parte da relação jurídica instaurada com o ato ilícito, deixando de contemplar a vítima. Destarte, cada vez que se atenua a situação daquele que assumiu dever jurídico de zelar pelo incapaz, agrava-se a condição da vítima. Tal atenuação, entretanto, não encontra na Lei Civil qualquer amparo. Acresce ainda que: a) se o vigilante possuir uma boa condição financeira, incapaz de ser abalada pelo ressarcimento dos prejuízos, razão maior se terá para não considerar a sua responsabilidade benignamente; b) caso o vigilante não tenha condições financeiras e o incapaz possuir patrimônio, aplica-se à espécie a regra do art. 928, responsabilizando-se este por seus atos, desde, naturalmente, que o pagamento da obrigação não prejudique a sua manutenção, nem a de seus eventuais dependentes. Na aplicação do quantum o juiz se orientará pela exigência do caso concreto, decidindo por equidade. (NADER, Paulo. Curso de Direito Civil – Vol. 7 – Responsabilidade Civil, 6ª edição. [Grupo GEN]. Retirado de https://grupogen.vitalsource.com/#/books/9788530968717)

► **De um modo geral, à situação de tutores e curadores aplicam-se os princípios afetos à responsabilidade dos pais.**

Assim, se o ato ilícito foi praticado quando o incapaz não se encontrava sob autoridade do vigilante, mas confiado a parente próximo ou passando dias em casa de amigos da família, a estes e não ao tutor ou curador caberá a responsabilidade. (NADER, Paulo. Curso de Direito Civil - Vol. 7 - Responsabilidade Civil, 6ª edição. [Grupo GEN]. Retirado de https://grupogen.vitalsource.com/#/books/9788530968717)

► **A responsabilidade do vigilante pressupõe, além de autoridade sobre o incapaz, a companhia deste.**

Se o curador, atendendo à orientação médica, providencia o internamento do curatelado em estabelecimento especializado, qualquer dano por ele provocado, em sua permanência no hospital, não poderá civilmente ser imputado ao curador, pois, no momento da ocorrência, o *alieni iuris* não se encontrava em sua companhia. *In casu*, responsável será o estabelecimento. Embora objetiva a sua responsabilidade, na hipótese o curador carecia de um elemento básico à guarda, que é a companhia do incapaz. Na esfera da moral não se encontra, também, qualquer justificativa, pois o curador sequer dirigiu a educação do *alieni iuris* ou nele inculcou os atos reflexos. Nenhum fundamento, jurídico ou moral, sinaliza a obrigação de ressarcimento pelo curador. (NADER, Paulo. Curso de Direito Civil - Vol. 7 - Responsabilidade Civil, 6ª edição. [Grupo GEN]. Retirado de https://grupogen.vitalsource.com/#/books/9788530968717)

► **Se o tutor ou curador, necessitando de ausentar-se, confia o tutelado ou curatelado ao seu irmão, pergunta-se, quem seria o responsável por eventual ato ilícito praticado no período?**

Entendemos que o tutor ou curador responderá pelos danos, podendo, se for o caso, exercitar direito de regresso contra o irmão, provando, todavia, culpa de sua parte. (NADER, Paulo. Curso de Direito Civil - Vol. 7 - Responsabilidade Civil, 6ª edição. [Grupo GEN]. Retirado de https://grupogen.vitalsource.com/#/books/9788530968717)

► **Capacidade da pessoa com deficiência**

O tutor, depois de nomeado, passa a ser o representante legal do menor incapaz. Já o curador, com a alteração promovida no Código Civil pela Lei n. 13.146, de 6 de julho de 2015,22 não mais se qualifica, de regra, como representante legal do maior com deficiência psíquica ou intelectual, como o era outrora, mas sim como assistente. Isso porque, referida lei, também designada Lei Brasileira de Inclusão (LBI), alterou profundamente o regime das incapacidades ao reconhecer a plena capacidade da pessoa com deficiência e assegurar seu "direito ao exercício de sua capacidade legal em igualdade de condições com as demais pessoas" (art. 84, LBI), superando a categoria abstrata e apriorística que vinculava à incapacidade os maiores que não tinham discernimento para os atos da vida civil. Todavia, nas situações em que o exercício pessoal dos direitos assegurados não é efetivamente possível sem prejuízo dos interesses do próprio sujeito, admite-se a submissão à curatela, concebida aqui como medida extraordinária e proporcional às necessidades e circunstâncias do caso concreto, de acordo com o seu efetivo poder de autodeterminação (art. 84, § 3º, LBI). Nesse caso, reconhece-se a incapacidade relativa da pessoa com deficiência, nos termos do art. 4º, III, do Código Civil, limitada aos atos indicados na sentença de interdição.

► Responsabilidade da pessoa com deficiência

Diante da plena capacidade civil da pessoa com deficiência psíquica ou intelectual, a regra passou a ser a sua responsabilidade direta e integral pelos danos por ela causados, com base na cláusula geral de responsabilidade subjetiva, nos termos dos arts. 186 e 927, *caput*, do Código Civil. No entanto, limitada a sua capacidade civil pela curatela, impõe-se analisar a extensão da responsabilidade do curador, nos termos do art. 932, II: o curador será objetivamente responsável por todos os danos causados pelo curatelado ou sua responsabilidade estará adstrita aos novos limites da curatela? (TEPEDINO, Gustavo. Fundamentos do Direito Civil – Responsabilidade Civil – Vol. 4. [Grupo GEN]. Retirado de https://grupogen.vitalsource.com/#/books/9788530989934/)

► Se a pessoa com deficiência sob curatela torna-se relativamente incapaz, sofrendo restrição mínima e pontual na sua autonomia, e se é justamente essa restrição que determina a medida dos poderes do curador, sua responsabilidade deve também ser estabelecida pelo mesmo critério

Vale dizer, de acordo com os poderes que lhe são expressamente conferidos na sentença de interdição. Dessa forma, todos os danos decorrentes de atos praticados pelo curatelado no espectro de sua autonomia e capacidade – atos esses não compreendidos, portanto, pelos efeitos da curatela – vinculam o seu patrimônio e deverão ser por ele mesmo suportados, afastando-se a responsabilidade do curador. (TEPEDINO, Gustavo. Fundamentos do Direito Civil – Responsabilidade Civil – Vol. 4. [Grupo GEN]. Retirado de https://grupogen.vitalsource.com/#/books/9788530989934/)

► Não se pode, todavia, afastar a possibilidade de o curador, a despeito da restrição mínima à capacidade do curatelado imposta pela interdição, exercer poderes de fato que extrapolem aqueles definidos na sentença

Não se pode, todavia, afastar a possibilidade de o curador, a despeito da restrição mínima à capacidade do curatelado imposta pela interdição, exercer poderes de fato que extrapolem aqueles definidos na sentença, intervindo mais intensamente no dia a dia da pessoa com deficiência, orientando e controlando sua atuação em todas as esferas da vida civil. Isso pode ocorrer quando o curador verificar, na prática, comprometimento mais severo da autonomia do curatelado. Nesse cenário, responderá o curador pelos danos causados no âmbito de sua concreta esfera de atuação, além, portanto, dos poderes formalmente conferidos pela sentença de interdição. Evidentemente, o raciocínio exposto há de se aplicar apenas às curatelas estabelecidas de acordo com o regime da nova legislação, uma vez que, em relação às curatelas anteriores à alteração legislativa, conferiam-se poderes amplos ao curador, a atribuir-lhe responsabilidade objetiva por todos os danos causados pelo curatelado. (TEPEDINO, Gustavo. Fundamentos do Direito Civil – Responsabilidade Civil – Vol. 4. [Grupo GEN]. Retirado de https://grupogen.vitalsource.com/#/books/9788530989934/)

► A função da curatela do pródigo é evitar a dilapidação do seu patrimônio

A corroborar o entendimento esposado, pertinente observar que a doutrina nunca considerou incluído no inciso II o caso do pródigo, já que sua interdição somente o priva dos atos de disposição de patrimônio. Veja-se, portanto, que a função da curatela do pródigo é evitar a dilapidação do seu patrimônio, de modo que ao curador apenas se atribui poderes para emprestar, transigir, dar quitação, alienar, hipotecar etc. Assim, considerando a plena capacidade do pródigo para todos os demais atos da vida civil, sua responsabilidade pelos ilícitos praticados é direta e pessoal. (TEPEDINO, Gustavo. Fundamentos do Direito Civil - Responsabilidade Civil - Vol. 4. [Grupo GEN]. Retirado de https://grupogen.vitalsource.com/#/books/9788530989934/)

► O curador responderá objetivamente por todos os danos causados pelo curatelado em algumas situações.

De todo modo, importante sublinhar que, em situações extremas e justificáveis, dado o máximo grau de comprometimento da funcionalidade da pessoa com deficiência, que não ostenta qualquer condição de se manifestar, admite-se a outorga de poderes de representação no âmbito da curatela, a abarcar todos os negócios e atos jurídicos relativos ao curatelado, até mesmo, excepcionalmente, aqueles existenciais. Nesses casos, o curador responderá objetivamente por todos os danos causados pelo curatelado.

► Ausência de curatela

De outro lado, ainda que não haja curatela regularmente constituída, é possível que a situação fática imponha a responsabilidade a quem conhece a deficiência do maior não interdito e se omite em adotar as providências necessárias para o estabelecimento da curatela. Foi o que decidiu o Superior Tribunal de Justiça, ao apreciar ação de indenização ajuizada por mulher agredida na rua pelo réu, então com 35 anos, que alegou sofrer de esquizofrenia paranoide desde os 18 anos, motivo pelo qual já fora submetido a diversas internações. O Tribunal condenou solidariamente a mãe do réu a indenizar a autora, não obstante a ausência de interdição e curadoria, sob o argumento de que a genitora, apesar de conhecer não só o estado de saúde do filho, mas também as agressões anteriores desferidas contra transeuntes, não tomou qualquer providência para protegê-lo e evitar novos ataques a terceiros. (TEPEDINO, Gustavo. Fundamentos do Direito Civil - Responsabilidade Civil - Vol. 4. [Grupo GEN]. Retirado de https://grupogen.vitalsource.com/#/books/9788530989934/)

► Responsabilidade subsidiária do incapaz

Assim como se passa no âmbito da responsabilidade dos pais pelos ilícitos praticados pelos filhos, sendo o patrimônio do tutor ou curador insuficiente para reparar o dano, o patrimônio do incapaz responderá, nos termos do art. 928. Cuida-se, portanto, de responsabilidade subsidiária. (TEPEDINO, Gustavo. Fundamentos do Direito Civil - Responsabilidade Civil - Vol. 4. [Grupo GEN]. Retirado de https://grupogen.vitalsource.com/#/books/9788530989934/)

RESPONSABILIDADE DOS EMPREGADORES OU COMITENTES

► **Responsabilidade civil objetiva**

De acordo com o novo ordenamento jurídico, a responsabilidade civil do empregador por ato causado por empregado, no exercício do trabalho que lhe competir, ou em razão dele, deixou de ser uma hipótese de responsabilidade civil subjetiva, com presunção de culpa (Súmula 341 do Supremo Tribunal Federal), para se transformar em hipótese legal de responsabilidade civil objetiva. (GAGLIANO, Pablo Stolze. PAMPLONA FILHO, Rodolfo. Novo curso de direito civil, volume 3: Responsabilidade Civil / – 16ª. ed. rev., atual. c ampl. – São Paulo: Saraiva, 2018, p. 322)

► **A ideia de culpa, na modalidade *in eligendo*, tornou-se legalmente irrelevante para se aferir a responsabilização civil do empregador**

A ideia de culpa, na modalidade *in eligendo*, tornou-se legalmente irrelevante para se aferir a responsabilização civil do empregador, propugnando-se pela mais ampla ressarcibilidade da vítima, o que se mostra perfeitamente compatível com a vocação, aqui já demonstrada, de que o empregador deve responder pelos riscos econômicos da atividade exercida. (GAGLIANO, Pablo Stolze. PAMPLONA FILHO, Rodolfo. Novo curso de direito civil, volume 3: Responsabilidade Civil / – 16ª. ed. rev., atual. e ampl. – São Paulo: Saraiva, 2018, p. 322)

► **A Lei Civil não exige vínculo empregatício entre comitente e auxiliar; o importante é que este último, ao praticar o ato ilícito, se encontre a serviço daquele em uma atividade subordinada, seguindo suas instruções.**

A Lei Civil não exige vínculo empregatício entre comitente e auxiliar; o importante é que este último, ao praticar o ato ilícito, se encontre a serviço daquele em uma atividade subordinada, seguindo suas instruções. Se alguém contrata os serviços de um marceneiro e este, ao montar os móveis na casa do contratante, causa lesão corporal em terceiro, a hipótese não se subsume ao disposto no inciso III do art. 932. Pelo ilícito responderá exclusivamente o marceneiro, pois não desempenhava trabalho subordinado. Se, todavia, fosse empregado de uma empresa e, em razão do seu trabalho, causasse os danos a outrem, por estes o empregador seria responsável indireto ou secundário. Haveria a responsabilidade solidária, cabendo ao empregador o direito de reembolso contra o empregado. (NADER, Paulo. Curso de Direito Civil – Vol. 7 – Responsabilidade Civil, 6ª edição. [Grupo GEN]. Retirado de https://grupogen.vitalsource.com/#/books/9788530968717)

Súmula nº 341 do STF: "É presumida a culpa do patrão ou comitente pelo ato culposo do empregado ou preposto".

► **O dispositivo legal refere-se a empregador e a comitente, não distinguindo uma figura da outra para os fins a que procura alcançar.**

Como Arnaldo Rizzardo anota, "o termo 'comitente' utilizado no preceito é no significado da pessoa que dá ordens e instruções a empregado, preposto ou serviçais". Não se confundem, entretanto, as duas noções. Empregador é quem estabelece relação de emprego com outrem, denominado empregado, que se subordina às suas diretivas e faz jus a salário. O comitente, visando à realização de negócios, contrata os serviços do comissário, a fim de que este, em seu próprio nome, pratique atos de compra e venda conforme as suas instruções, mediante contraprestação, podendo ou não declinar, de acordo com a cláusula contratual, o nome de quem se encontra por trás dos negócios. Ao se referir ao comitente, entretanto, o dispositivo em análise não tomou por base esta conotação, nem poderia fazê-lo, pois o comissário não desenvolve atividade subordinada, mas em nome próprio. (NADER, Paulo. Curso de Direito Civil - Vol. 7 - Responsabilidade Civil, 6ª edição. [Grupo GEN]. Retirado de https://grupogen.vitalsource.com/#/books/9788530968717)

■ **Enunciado 44 do CEJ: "Na hipótese do art. 934, o empregador e o comitente somente poderão agir regressivamente contra o empregado ou preposto se estes tiverem causado dano com dolo ou culpa".**

▶ O litisconsórcio facultativo e a denunciação da lide

Se decorre da novel regra legal que o empregador responde objetivamente pelos danos causados pelo empregado, não há óbice para que a pretensão indenizatória seja direcionada em face do empregado, fulcrada na ideia de responsabilidade civil subjetiva, ou, melhor ainda, diretamente contra os dois sujeitos, propugnando por uma solução integral da lide, o que se respalda, inclusive, na palavra "também" registrada no caput do multicitado art. 932 do CC/2002. Trata-se de medida de economia processual, pois permite verificar, desde já, todos os campos de responsabilização em uma única lide, evitando sentenças contraditórias. (GAGLIANO, Pablo Stolze. PAMPLONA FILHO, Rodolfo. Novo curso de direito civil, volume 3: Responsabilidade Civil / - 16ª. ed. rev., atual. e ampl. - São Paulo: Saraiva, 2018, p. 324)

▶ É cabível denunciação da lide do empregador ao empregado?

Todavia, a segunda hipótese (obrigação, pela lei ou pelo contrato, de indenizar, em ação regressiva, o prejuízo do que perder a demanda) pode ser perfeitamente aplicável em um litígio dessa natureza. (...) Assim sendo, consideramos não somente possível a formação do litisconsórcio passivo, mas, principalmente, recomendável o eventual deferimento da denunciação da lide, garantindo-se, assim, uma resolução integral da demanda, possibilitando uma maior celeridade na efetiva solução do litígio e uma economia processual no sentido macro da expressão. (GAGLIANO, Pablo Stolze. PAMPLONA FILHO, Rodolfo. Novo curso de direito civil, volume 3: Responsabilidade Civil / - 16ª. ed. rev., atual. e ampl. - São Paulo: Saraiva, 2018, p. 325)

■ **O autor do evento danoso atuou na qualidade de vigia do local e, ainda que em gozo de licença médica e desobedecendo os procedimentos da ré**

"Ação indenizatória. Responsabilidade civil do empregador por ato de preposto (art. 932, III, CC). Teoria da aparência. Responsabilidade objetiva. O autor do evento danoso atuou na qualidade de vigia do local e, ainda que em gozo de licença médica e desobedecendo os procedimentos da ré, praticou o ato negligente na proteção do estabelecimento" (STJ-4ª T., REsp 1.365.339, Min. Isabel Gallotti, j. 2.4.13, DJ 16.4.13).

► **Ao selecionar seus auxiliares, compete ao empregador ou preposto proceder criteriosamente, a fim de admitir pessoas responsáveis e moralmente bem formadas.**

Ao selecionar seus auxiliares, compete ao empregador ou preposto proceder criteriosamente, a fim de admitir pessoas responsáveis e moralmente bem formadas. A falha em tal procedimento pode levá-lo a responder, objetivamente, por danos causados a terceiros no período de seu trabalho. A responsabilidade indireta ou secundária do comitente ou empregador independe de comprovação de sua culpa *in eligendo* e *in vigilando*. (NADER, Paulo. Curso de Direito Civil – Vol. 7 – Responsabilidade Civil, 6ª edição. [Grupo GEN]. Retirado de https://grupogen.vitalsource.com/#/books/9788530968717)

► **Todavia, indispensável que o ato do subordinado tenha sido intencional ou de forma culposa – negligência, imprudência ou imperícia.**

Todavia, indispensável que o ato do subordinado tenha sido intencional ou de forma culposa – negligência, imprudência ou imperícia. Quanto à adoção da responsabilidade objetiva, ressalte-se que o Supremo Tribunal Federal, sensível à evolução no âmbito das grandes empresas, onde pouco ou nenhum é o contato entre os empregadores e seus funcionários, tornando-se insustentável o fundamento da responsabilidade por culpa *in vigilando*, editou a Súmula nº 341: "É presumida a culpa do patrão ou comitente pelo ato culposo do empregado ou preposto." (NADER, Paulo. Curso de Direito Civil – Vol. 7 – Responsabilidade Civil, 6ª edição. [Grupo GEN]. Retirado de https://grupogen.vitalsource.com/#/books/9788530968717)

◙ **Responsabilidade objetiva do empregador.**

Em função da culpa *in eligendo* e *in vigilando*, o empregador responde objetivamente pelo dano moral ocasionado aos pais da vítima, se, de maneira negligente e imprudente, seu preposto deixou a chave na ignição de trator que acabou sendo utilizado pelo adolescente, ocasionando-lhe a morte, ainda que este não exercesse atividade remunerada (RT 778/354).

> ◙ **Ainda:** "O empregador responde objetivamente pelos atos ilícitos de seus empregados e prepostos praticados no exercício do trabalho que lhes competir, ou em razão dele (arts. 932, III, e 933 do Código Civil). Tendo o Tribunal de origem admitido que o preposto da instituição de ensino entregou obra literária de terceiro para disponibilização no sítio eletrônico daquela, sem autorização e indicação clara de seu verdadeiro autor, o reconhecimento da responsabilidade da instituição empregadora pelos danos causados é de rigor, ainda que não haja culpa de sua parte" (STJ-4ª T., REsp 1.201.340, Min. Isabel Gallotti, j. 3.11.11, DJ 2.8.12).

► **A responsabilidade objetiva se justifica plenamente, pois o empregador ou comitente estabelece vínculos com empregado ou comissário, respectivamente, confiando-lhe atribuições com vista a tirar proveito de seu trabalho.**

A responsabilidade objetiva se justifica plenamente, pois o empregador ou comitente estabelece vínculos com empregado ou comissário, respectivamente, confiando-lhe atribuições com vista a tirar proveito de seu trabalho. Assim, natural que se sujeite não apenas aos lucros ou benefícios de sua atividade, também aos percalços e incômodos. Interessante a comparação de Sílvio Rodrigues entre a responsabilidade sub examine e a dos pais: "... o rigor com que se impõe examinar a responsabilidade do preponente deve ser maior do que a severidade com que se deve examinar a dos pais. Isso porque estes não visam precipuamente tirar proveito da atividade de seus filhos menores, enquanto o patrão utiliza seu empregado justamente para um fim de seu precípuo interesse." O enfoque é valioso, entretanto os pais têm a oportunidade de moldar a personalidade e o caráter de seus filhos, educando-os em conformidade com os princípios morais. (NADER, Paulo. Curso de Direito Civil - Vol. 7 - Responsabilidade Civil, 6ª edição. [Grupo GEN]. Retirado de https://grupogen.vitalsource.com/#/books/9788530968717)

► **A responsabilidade indireta se caracteriza quando o subordinado, a serviço do empregador ou comitente, com dolo ou culpa, causa danos patrimoniais ou morais a terceiro.**

A responsabilidade indireta se caracteriza quando o subordinado, a serviço do empregador ou comitente, com dolo ou culpa, causa danos patrimoniais ou morais a terceiro. Tratando-se de pessoa jurídica, Washington de Barros Monteiro chama a atenção para a necessidade de uma importante distinção: se o autor do ilícito representa a pessoa jurídica, esta é diretamente responsável, ainda que o seu agente não estivesse a seu serviço no momento; se empregado, este figura na relação como responsável direto ou primário e a pessoa jurídica, como responsável indireta ou secundária, mas para tanto é indispensável que o ilícito praticado seja em função do trabalho. (NADER, Paulo. Curso de Direito Civil - Vol. 7 - Responsabilidade Civil, 6ª edição. [Grupo GEN]. Retirado de https://grupogen.vitalsource.com/#/books/9788530968717)

► **A favor dos comitentes ou empregadores, entretanto, há três aspectos importantes:**

a) a sua responsabilidade é solidária, vale dizer, podem ser acionados ou não e, se acionados, isoladamente ou em conjunto com os empregados; b) diversamente dos autores diretos incapazes, os empregados se sujeitam a ressarcir os danos, sem as condições do art. 928, ou seja, as pessoas por eles responsáveis "não tiverem obrigações de fazê-lo ou não dispuserem de meios suficientes"; c) efetuado o ressarcimento pelos comitentes isoladamente, terão o direito de regresso garantido, à vista do disposto no art. 934 da Lei Civil. (NADER, Paulo. Curso de Direito Civil - Vol. 7 - Responsabilidade Civil, 6ª edição. [Grupo GEN]. Retirado de https://grupogen.vitalsource.com/#/books/9788530968717)

► **Importante questão é suscitada pela doutrina e diz respeito à hipótese de danos causados com desvio de atribuições.**

O empregado ou comitente, ao extrapolar as funções que lhes são próprias, agem abusivamente, provocando prejuízos a terceiro. Para que o empregador ou comitente assuma a responsabilidade indireta, indispensável é que o terceiro não tenha conhecimento de que a pessoa com quem esteja lidando não possui atribuições para tanto. Carlos Alberto M. Direito e Sérgio Cavalieri Filho enfatizam tal requisito: "O lesado, a toda evidência, terá que estar de boa-fé, isto é, convicto de que o preposto se achava no exercício de sua função no momento da prática do ato." Além do convencimento do terceiro, é preciso que a conduta do empregado ou comissário se apresente como regular, dentro de suas atribuições. É apenas com fundamento na teoria da aparência que o lesado poderá pleitear contra o empregador ou comitente. (NADER, Paulo. Curso de Direito Civil - Vol. 7 - Responsabilidade Civil, 6ª edição. [Grupo GEN]. Retirado de https://grupogen.vitalsource.com/#/books/9788530968717)

◙ Relação de preposição entre a Diocese e o padre a ela vinculado.

"Relação de preposição entre a Diocese e o padre a ela vinculado. Subordinação configurada. Responsabilidade solidária e objetiva da instituição. Evidencia-se, no particular, a subordinação caracterizadora da relação de preposição, porque demonstrada a relação voluntária de dependência entre o padre e a Diocese à qual era vinculado, de sorte que o primeiro recebia ordens, diretrizes e toda uma gama de funções do segundo, e, portanto, estava sob seu poder de direção e vigilância, mesmo que a ele submetido por mero ato gracioso (voto religioso). A gravidade dos fatos reconhecidos em juízo, sobre crimes sexuais praticados por religiosos contra menores, acarreta responsabilidade civil da entidade religiosa, dado o agir aproveitando-se da condição religiosa, traindo a confiança que nela depositam os fiéis. Notadamente em circunstâncias como a dos autos, em que o preposto, como sacerdote, é, em geral, pessoa de poucas posses, às vezes por causa do voto de pobreza, e, portanto, sem possuir os meios necessários para garantir a justa indenização, assume o preponente nítida posição de garantidor da reparação devida à vítima do evento danoso, porque, em regra, possui melhores condições de fazê-lo" (STJ-3ª T., REsp 1.393.699, Min. Nancy Andrighi, j. 19.11.13, DJ 24.2.14).

◙ O fato de o suposto causador do ato ilícito ser funcionário terceirizado não exime a tomadora do serviço de sua eventual responsabilidade.

O fato de o suposto causador do ato ilícito ser funcionário terceirizado não exime a tomadora do serviço de sua eventual responsabilidade. A jurisprudência do STJ entende como preposto aquele que possui relação de dependência ou presta serviço sob o interesse de outrem" (STJ-3ª T., REsp 904.127, Min. Nancy Andrighi, j. 18.9.08, DJ 3.10.08).

> ◙ **Ainda:** "Responsabilidade civil. Usina. Transporte de trabalhadores rurais. Motorista. Prestador de serviço terceirizado. Vínculo de preposição. Reconhecimento. Para o reconhecimento do vínculo de preposição, não é preciso que exista um contrato típico de trabalho; é suficiente a relação de dependência ou que alguém preste serviço sob o interesse e o comando de outrem" (STJ-4ª T., REsp 304.673, Min. Barros Monteiro, j. 25.9.01, DJ 11.3.02).

◙ Caracteriza-se a responsabilidade solidária da empresa contratante de serviço de transporte por acidente causado por motorista da empresa transportadora terceirizada

"Caracteriza-se a responsabilidade solidária da empresa contratante de serviço de transporte por acidente causado por motorista da empresa transportadora terceirizada" (STJ-3ª T., Ag em REsp 438.006-AgRg, Min. Ricardo Cueva, j. 7.10.14, DJ 10.10.14). No mesmo sentido: STJ-ª4T., REsp 1.282.069, Min. Luis Felipe, j. 17.5.16, DJ 7.6.16)

◙ Preposto que matou pessoa por tentar pegar o ônibus sem pagamento de passagem

"Responde civilmente o empregador pelo ato de seu preposto que matou pessoa por tentar pegar o ônibus sem pagamento de passagem (art. 1.521 do Código Civil). Culpa *in eligendo* e culpa *in vigilando* do empregador por permitir que seu funcionário dirigisse armado" (STJ-3ª T., REsp 1.279.346, Min. Ricardo Cueva, j. 26.11.13, DJ 29.11.13).

◙ Responsabilidade civil. Servidor público. Acidente de trabalho.

RESPONSABILIDADE CIVIL. SERVIDOR PÚBLICO. ACIDENTE DE TRABALHO. Prescrição quinquenal. Síndrome do Túnel do Carpo. Responsabilidade subjetiva estabelecida na forma dos artigos 7º, inciso XXVIII e 39, §3º, da Carta Magna. Não fornecimento de equipamento de segurança pela demandada. Fato, dano, nexo de causalidade e culpa demonstrados. Dever de indenizar. Pensionamento corretamente fixado. Correção monetária, contudo, pelos critérios usuais. Dano moral. Sua configuração. Quantum excessivo. Redução. Manutenção da verba honorária. Provimento parcial do primeiro recurso, declarado prejudicado o segundo. (Processo: APL 0021417-47.2013.8.19.0002 – Órgão Julgador: DÉCIMA OITAVA CÂMARA CÍVEL – Julgamento: 2 de Outubro de 2019 – Relator: Des(a). CARLOS EDUARDO DA ROSA DA FONSECA PASSOS)

◙ Responsabilidade civil - acidente do trabalho - competência da justiça do trabalho - incompetência absoluta da justiça estadual.

APELAÇÃO CÍVEL – RESPONSABILIDADE CIVIL – ACIDENTE DO TRABALHO – COMPETÊNCIA DA JUSTIÇA DO TRABALHO – INCOMPETÊNCIA ABSOLUTA DA JUSTIÇA ESTADUAL. 1. A competência da justiça do trabalho abrange todas as causas oriundas da relação de trabalho, não somente as causas decorrentes da relação empregatícia, conforme previa o inciso I do art. 114 da Constituição do Brasil anteriormente à Emenda Constitucional nº 45, que passou a incluir na competência da justiça laboral outras formas de prestação de serviço, como o trabalho eventual, temporário ou avulso, não englobando prestação de serviços de natureza consumerista, na forma do § 2º do art. 3º do Código de Defesa do Consumidor. 2. "A Justiça do Trabalho é competente para processar e julgar as ações de indenização por danos morais e patrimoniais decorrentes de acidente de trabalho propostas tanto pelo empregado como pelos seus sucessores contra o empregador". 3. A incompetência absoluta pode ser alegada em qualquer tempo e grau de jurisdição e deve ser declarada de ofício (CPC, art. 64, § 1º). (Processo: AC 10079084405269001 MG – Publicação: 11/03/2019 – Julgamento: 27 de Fevereiro de 2019 – Relator: José Flávio de Almeida)

◙ Responsabilidade civil. Ação indenizatória. Danos morais. Alegação de assédio moral. Competência da justiça do trabalho. Indenização decorrente de relação de trabalho

RESPONSABILIDADE CIVIL. AÇÃO INDENIZATÓRIA. DANOS MORAIS. ALEGAÇÃO DE ASSÉDIO MORAL. COMPETÊNCIA DA JUSTIÇA DO TRABALHO. INDENIZAÇÃO DECORRENTE DE RELAÇÃO DE TRABALHO. De acordo com o que dispõe o art. 114, I e VI, da Constituição Federal, com a redação dada pela

Emenda Constitucional nº 45, compete à Justiça do Trabalho processar e julgar as ações oriundas de relação de trabalho, abrangidos os entes da administração pública direta ou indireta da União, dos Estados, do Distrito Federal e dos Municípios, bem como as demandas indenizatórias por dano moral ou patrimonial que estiverem fundadas em relação de trabalho. No caso, a causa de pedir da pretensão indenizatória tem como fundamento alegação de assédio moral praticado por superior hierárquica em hospital municipal. Assim, sendo a controvérsia entre as partes oriunda de relação de trabalho, a competência para julgamento é da Justiça do Trabalho. COMPETÊNCIA DECLINADA DE OFÍCIO PARA A JUSTIÇA DO TRABALHO. (Apelação Cível Nº 70079590576, Nona Câmara Cível, Tribunal de Justiça do RS, Relator: Eduardo Kraemer, Julgado em 22/05/2019).

◙ **Acidente de trabalho. Dano moral. Pensão vitalícia. Responsabilidade civil. Declinação de competência.**

ACIDENTE DE TRABALHO. DANO MORAL. PENSÃO VITALÍCIA. RESPONSABILIDADE CIVIL. DECLINAÇÃO DE COMPETÊNCIA. APELAÇÃO CÍVEL. SERVIDOR PÚBLICO. MUNICÍPIO DE ESPUMOSO. ACIDENTE DE TRABALHO. DANO MORAL. PENSÃO VITALÍCIA. RESPONSABILIDADE CIVIL. DECLINAÇÃO DE COMPETÊNCIA. APELAÇÃO CÍVEL. SERVIDOR PÚBLICO. MUNICÍPIO DE ESPUMOSO. ACIDENTE DE TRABALHO. DANO MORAL. PENSÃO VITALÍCIA. RESPONSABILIDADE CIVIL. DECLINAÇÃO DE COMPETÊNCIA. APELAÇÃO CÍVEL. SERVIDOR PÚBLICO. MUNICÍPIO DE ESPUMOSO. ACIDENTE DE TRABALHO. DANO MORAL. PENSÃO VITALÍCIA. RESPONSABILIDADE CIVIL. DECLINAÇÃO DE COMPETÊNCIA. Malgrado servidora do município demandado, a causa de pedir reside na responsabilidade civil do município de Espumoso na pensão mensal vitalícia e indenização – dano moral e estético -, em razão de acidente de trabalho. Neste sentido, a competência das Câmaras separadas do c. 5º Grupo Cível para o julgamento do presente recurso, nos termos do art. 19, IV, alínea b, do Regimento Interno deste Tribunal de Justiça. Competência declinada. (Apelação Cível Nº 70079514444, Terceira Câmara Cível, Tribunal de Justiça do RS, Relator: Eduardo Delgado, Julgado em 19/11/2018).

◙ **Responsabilidade civil em acidente de trânsito. Impenhorabilidade de veículo utilizado como objeto de trabalho.**

RESPONSABILIDADE CIVIL EM ACIDENTE DE TRÂNSITO. IMPENHORABILIDADE DE VEÍCULO UTILIZADO COMO OBJETO DE TRABALHO. O veículo utilizado como objeto de trabalho é alcançado pela impenhorabilidade. APELAÇÃO PROVIDA. (Apelação Cível Nº 70080863970, Décima Primeira Câmara Cível, Tribunal de Justiça do RS, Relator: Bayard Ney de Freitas Barcellos, Julgado em 10/04/2019).

◙ **Responsabilidade civil. Acidente de trabalho. Servidor. Queda. Dever de segurança. Ausência de culpa.**

RESPONSABILIDADE CIVIL. ACIDENTE DE TRABALHO. SERVIDOR. QUEDA. DEVER DE SEGURANÇA. AUSÊNCIA DE CULPA. O servidor público tem direito à segurança no trabalho e ao uso de equipamentos obrigatórios. Entretanto, na espécie, a parte autora não fez prova mínima acerca das circunstâncias do acidente. Não há como reconhecer a culpa do Estado do Rio Grande do Sul pelo acidente ocorrido. Sentença de improcedência mantida. Apelo não provido. (Apelação Cível Nº 70078453388, Décima Câmara Cível, Tribunal de Justiça do RS, Relator: Marcelo Cezar Muller, Julgado em 29/11/2018).

■ **Responsabilidade civil em acidente de trabalho.**

RESPONSABILIDADE CIVIL EM ACIDENTE DE TRABALHO. EXECUÇÃO DE SENTENÇA. Em sendo o débito em execução oriundo de responsabilidade em acidente de trabalho, descabe atribuir preferência ao crédito fiscal, nos termos do art. 186 do CTN. Precedentes. O mesmo se aplica à verba honorária sucumbencial, consoante entendimento firmado pelo STJ em sede de recurso repetitivo, aplicável ao caso conforme precedente da Corte Especial do STJ. Agravo de instrumento desprovido. (Agravo de Instrumento Nº 70076585314, Nona Câmara Cível, Tribunal de Justiça do RS, Relator: Eugênio Facchini Neto, Julgado em 30/05/2018).

■ **Responsabilidade civil. Ação de indenização por danos materiais. Ressarcimento de valores indevidamente apropriados por ex-funcionária no curso do contrato de trabalho. Competência absoluta da justiça do trabalho**

RESPONSABILIDADE CIVIL. AÇÃO DE INDENIZAÇÃO POR DANOS MATERIAIS. RESSARCIMENTO DE VALORES INDEVIDAMENTE APROPRIADOS POR EX-FUNCIONÁRIA NO CURSO DO CONTRATO DE TRABALHO. COMPETÊNCIA ABSOLUTA DA JUSTIÇA DO TRABALHO. 1. Nos termos do art. 114, VI, da Constituição Federal, compete à Justiça Laboral processar e julgar as ações de indenização por dano moral ou patrimonial, decorrentes da relação de trabalho. 2. A propósito, o Superior Tribunal de Justiça, corte competente para dirimir conflitos de jurisdição entre juízes vinculados a tribunais diversos, nos termos do art. 105, I, d, da Constituição Federal, tem entendimento de que A ação de indenização por danos patrimoniais, por meio da qual as ex-empregadoras objetivam o ressarcimento de valores desviados por ex-empregado – atos ilícitos que somente puderam ser praticados em função da relação de emprego – insere-se na competência da Justiça do Trabalho (Constituição Federal, art. 114, incisos I e VI), inclusive no tocante aos litisconsortes que não mantinham relação de emprego com as autoras. (AgInt no CC 157060/DF, Segunda Seção, Relatora Min. Maria Isabel Gallotti, Julgado em 27/06/2018). 3. Tratando-se de incompetência absoluta, imperativo o seu reconhecimento *ex officio*, com remessa dos autos... para processamento e julgamento à Justiça Especializada, restando prejudicada a análise do mérito do recurso. COMPETÊNCIA ABSOLUTA DA JUSTIÇA DO TRABALHO RECONHECIDA DE OFÍCIO. RECURSO PREJUDICADO. (Agravo de Instrumento Nº 70081654568, Nona Câmara Cível, Tribunal de Justiça do RS, Relator: Eduardo Kraemer, Julgado em 27/05/2019).

■ **Responsabilidade civil. Município. Acidente de trabalho. Servidor. Dever de segurança. Indenização**

RESPONSABILIDADE CIVIL. MUNICÍPIO. ACIDENTE DE TRABALHO. SERVIDOR. DEVER DE SEGURANÇA. INDENIZAÇÃO. A responsabilidade do Município está prevista na Constituição Federal, art. 7º, XXVIII. O servidor público tem direito à segurança no trabalho e ao uso de equipamentos obrigatórios. Na espécie, deve ser reconhecida a presença de culpa do Município, considerando que o servidor sofreu queda em escada em seu posto de trabalho, a qual não possuía corrimão nem adesivos antiderrapantes. A prova produzida fundamenta a indenização por dano moral. A violação do direito da personalidade motiva a reparação do dano moral. O dano moral deve ser estabelecido com razoabilidade, de modo a servir de lenitivo ao sofrimento da vítima. Apelo da autora não provido. Apelo do Estado parcialmente provido. (Apelação Cível Nº 70076264712, Décima Câmara Cível, Tribunal de Justiça do RS, Relator: Marcelo Cezar Muller, Julgado em 24/05/2018).

◙ Responsabilidade civil. Acidente de trabalho. Servidor público municipal ocupante de cargo em comissão. Queda durante o trabalho. Ausência de prova da culpa do ente público. Dever de indenizar não configurado

RESPONSABILIDADE CIVIL. ACIDENTE DE TRABALHO. SERVIDOR PÚBLICO MUNICIPAL OCUPANTE DE CARGO EM COMISSÃO. QUEDA DURANTE O TRABALHO. AUSÊNCIA DE PROVA DA CULPA DO ENTE PÚBLICO. DEVER DE INDENIZAR NÃO CONFIGURADO. É subjetiva, na forma do artigo 7º, XXVIII, da CF, a responsabilidade do empregador, público ou privado, pela reparação de danos decorrentes de acidente de trabalho. No caso concreto, embora sejam inequívocas as lesões físicas no tornozelo do apelante decorrentes da queda sofrida enquanto trabalhava, não há prova da culpa do Município de Balneário Pinhal na ocorrência do evento danoso. Postulante que detinha o cargo em comissão de chefe de setor e, como tal, possuía a função de dirigir, organizar e planejar as atividades, acompanhando os trabalhos. Ao não fiscalizar o próprio uso de equipamento de segurança, colaborou para o infortúnio. Ausência de demonstração de que o ente público tenha obrado com culpa, ou obrigado o autor a laborar no período da convalescença, tampouco coagido o apelante a pedir exoneração, ônus que incumbia ao requerente, a teor do que dispõe o artigo 373, I, do CPC. Cargo em comissão que é de livre nomeação e exoneração, conforme artigo 37, II, da CF. Ausente prova da culpa do apelado, um dos requisitos necessários para a responsabilização civil, a sentença de improcedência deve ser mantida. APELAÇÃO DESPROVIDA. (Apelação Cível Nº 70081118408, Nona Câmara Cível, Tribunal de Justiça do RS, Relator: Carlos Eduardo Richinitti, Julgado em 22/05/2019).

◙ Responsabilidade civil. Queda de poste. Caminhão. Dano moral. Acidente do trabalho. Competência

RESPONSABILIDADE CIVIL. QUEDA DE POSTE. CAMINHÃO. DANO MORAL. ACIDENTE DO TRABALHO. COMPETÊNCIA. No caso, o poste da AES Sul caiu sobre a pessoa, provocando-lhe a morte. O caminhão da construtora enganchou a caçamba nos fios de telefone. Existe alegação na petição inicial da ação sobre a relação de trabalho entre a construtora e a vítima e a ausência de fornecimento de equipamento obrigatório. Em relação à empresa construtora, a competência é da Justiça do Trabalho, a teor da Súmula vinculante 22 do STF. Apelo não provido. (Apelação Cível

Nº 70076808286, Décima Câmara Cível, Tribunal de Justiça do RS, Relator: Marcelo Cezar Muller, Julgado em 28/06/2018).

■ **Responsabilidade civil. Indenização. Dano estético e moral. Acidente do trabalho. Servidor. Estado. Serviço com equinos.**

RESPONSABILIDADE CIVIL. INDENIZAÇÃO. DANO ESTÉTICO E MORAL. ACIDENTE DO TRABALHO. SERVIDOR. ESTADO. SERVIÇO COM EQUINOS. A administração pública responde pelo acidente de trabalho sofrido por servidor. No caso concreto a atividade desenvolvida traz riscos ao servidor. Ausente a demonstração de prévio treinamento específico para o desempenho do serviço com equinos. Na espécie, os elementos dos autos indicam a responsabilidade do Estado, diante da lesão sofrida pelo servidor ao tratar de cavalo da Brigada Militar. O valor do dano moral e do dano estético deve ser estabelecido de maneira a compensar a lesão causada em direito da personalidade e com atenção aos princípios da proporcionalidade e da razoabilidade. No caso, os valores devem ser majorados. Apelo do autor provido. Apelo do Estado não provido. (Apelação Cível Nº 70078360567, Décima Câmara Cível, Tribunal de Justiça do RS, Relator: Marcelo Cezar Muller, Julgado em 28/03/2019).

■ **Responsabilidade civil. Acidente de trabalho. Culpa do empregador não caracterizada. Inexistência do dever de indenizar.**

RESPONSABILIDADE CIVIL. ACIDENTE DE TRABALHO. CULPA DO EMPREGADOR NÃO CARACTERIZADA. INEXISTÊNCIA DO DEVER DE INDENIZAR. O art. 7º, inciso XXVIII, da Carta Magna, expressa que o trabalhador acidentado tem o direito à indenização civil decorrente dos danos do infortúnio, pelos quais responde o empregador quando incorrer em dolo ou culpa. Assim, para que se caracterize a responsabilidade civil do empregador, é necessário que se comprove o dano, o nexo causal e a culpa, tendo em vista que sua responsabilidade é subjetiva. Hipótese dos autos em que restou caracterizada a culpa exclusiva do próprio trabalhador. Ausência do dever de indenizar. Sentença de improcedência mantida. RECURSO DESPROVIDO. (Apelação Cível Nº 70080418262, Nona Câmara Cível, Tribunal de Justiça do RS, Relator: Tasso Caubi Soares Delabary, Julgado em 08/05/2019).

■ **Responsabilidade civil. Município. Acidente de trabalho. Servidor. Dever de segurança. Indenização. Dano moral.**

RESPONSABILIDADE CIVIL. MUNICÍPIO. ACIDENTE DE TRABALHO. SERVIDOR. DEVER DE SEGURANÇA. INDENIZAÇÃO. DANO MORAL. O recurso de apelação deve observar as regras dos arts. 1.010, 1.013 e 1.014 do CPC. No caso, foram cumpridos os requisitos legais. A perícia elaborada por médico do DMJ esclareceu as circunstâncias relevantes para ser concedida a solução justa e segura para o litígio. Se a matéria técnica está bem esclarecida, pode ser negado o pedido para realização de nova perícia. A responsabilidade do Município está prevista na Constituição Federal, art. 7º, XXVIII. O servidor público tem direito à segurança no trabalho e ao uso de equipamentos obrigatórios. Na espécie, deve ser reconhecida a presença de culpa do

Município, considerando que a servidora, no ambiente de trabalho, foi atingida por uma janela, de aproximadamente 20 kg, que se desprendeu da parede, causando-lhe ferimentos. A prova produzida fundamenta a indenização por dano moral. A violação do direito da personalidade motiva a reparação do dano moral. O dano moral deve ser estabelecido com razoabilidade, de modo a servir de lenitivo ao sofrimento da vítima. Manutenção do valor arbitrado na sentença. Apelos não providos. (Apelação Cível Nº 70079243200, Décima Câmara Cível, Tribunal de Justiça do RS, Relator: Marcelo Cezar Muller, Julgado em 13/12/2018).

◙ **Responsabilidade civil. Acidente de trabalho. Omissão. Responsabilidade subjetiva. Razoabilidade do valor da indenização por dano moral.**

RESPONSABILIDADE CIVIL. ACIDENTE DE TRABALHO. OMISSÃO. RESPONSABILIDADE SUBJETIVA. RAZOABILIDADE DO VALOR DA INDENIZAÇÃO POR DANO MORAL. 1. Em se tratando de acidente de trabalho, a responsabilidade civil da Administração Pública é subjetiva (art. 7º, XXVIII, CF), fundada, portanto, na teoria da culpa, sendo indispensável, para caracterizá-la prova de negligência, imperícia ou imprudência. 2. Há liame causal entre o dano e a conduta causado por agente da autarquia estadual que deixou de fornecer equipamentos de segurança, descumprindo dever constitucional de redução de riscos inerentes ao trabalho (art. 7º, XXII, CF). 3. A indenização por dano moral deve tomar como parâmetro a repercussão do dano, suas sequelas, a repreensão ao agente causador do fato e sua possibilidade de pagamento, bem como ter claro que não acarretará enriquecimento indevido. 4. Vencida a Fazenda Pública, os honorários devem ser fixados consoante apreciação equitativa e considerado o grau de zelo do advogado, a natureza e a importância da causa. 5. Apelo parcialmente provido. (Processo: AC 0007114-13.2010.822.0014 RO 0007114-13.2010.822.0014 - Julgamento: 30 de Setembro de 2019)

◙ **Responsabilidade civil. Ação de indenização. Danos morais. Competência da justiça do trabalho. Indenização decorrente de relação de trabalho.**

RESPONSABILIDADE CIVIL. AÇÃO DE INDENIZAÇÃO. DANOS MORAIS. COMPETÊNCIA DA JUSTIÇA DO TRABALHO. INDENIZAÇÃO DECORRENTE DE RELAÇÃO DE TRABALHO. 1. Nos termos do disposto no art. 114, VI, da Constituição Federal, com a redação dada pela Emenda Constitucional nº 45, à Justiça do Trabalho compete processar e julgar as ações de indenização por danos morais decorrentes de relação de trabalho. 2. No caso, a causa de pedir da pretensão indenizatória tem como fundamento a falsa imputação de crime (furto) por parte de preposta da escola onde a autora prestava serviço de limpeza. Instituição de ensino ré, por sua vez, que é a tomadora dos serviços de limpeza prestados pela autora e contratados por terceira. Logo, tem-se que a controvérsia entre as partes é de natureza trabalhista, devendo ser examinada perante a justiça especializada. Precedentes do STJ. COMPETÊNCIA DECLINADA DE OFÍCIO PARA A JUSTIÇA DO TRABALHO. SENTENÇA DESCONSTITUÍDA E APELAÇÃO PREJUDICADA. (Apelação Cível Nº 70073934564, Nona Câmara Cível, Tribunal de Justiça do RS, Relator: Eugênio Facchini Neto, Julgado em 28/06/2017).

◙ Responsabilidade civil objetiva. Seguro. Invalidez. Acidente de trabalho. Procedência do pleito autoral (idoso) na justiça do trabalho.

RESPONSABILIDADE CIVIL OBJETIVA. SEGURO. INVALIDEZ. ACIDENTE DE TRABALHO. PROCEDÊNCIA DO PLEITO AUTORAL (IDOSO) NA JUSTIÇA DO TRABALHO. O ponto nodal da lide consiste em verificar se a parte autora/Apelante faz jus ao recebimento de indenização contratual em razão de ter desenvolvido LER/ DORT, conforme laudo pericial às e-fls. 041/051 (fls. 41/50), realizado no âmbito da Justiça Trabalhista. O contrato sub judice, Apólice nº 1.93.4767244, e-fls. 051 (fls. 50), garante à parte autora/Apelante o pagamento do prêmio de R$ 128.218,75 (cento e vinte e oito mil e duzentos e dezoito mil e setenta e cinco centavos), apresentando-se injustificada a recusa das partes rés/Apeladas neste caso, notadamente pela ausência de provas que comprovasse alguma excludente de responsabilidade nos termos do artigo 14, § 3º, do CDC. Logo, a tese recursal merece prosperar, visto que as cláusulas devem ser interpretadas de forma mais favorável ao consumidor, com fulcro no artigo 47, do CDC, não se podendo ignorar a previsão expressa de pagamento do seguro em decorrência de invalidez permanente da parte autora/Apelante. A seguradora age em atitude de total descaso com o consumidor, ora parte autora/Apelante, e afronta as normas legais vigentes e ao Poder Judiciário. O descumprimento contratual, não é tão "simples" assim, o descumprimento do pactuado entre as partes causa um sofrimento desnecessário e ultrajante a dignidade do cidadão/consumidor, muitas vezes sem capacidade ou dificuldade de locomoção para comparecer em juízo. Provimento ao recurso da Apelante. (Processo: APL 0009770-46.2014.8.19.0026 – Órgão Julgador: VIGÉSIMA QUARTA CÂMARA CÍVEL – Julgamento: 10 de Outubro de 2018 – Relator: Des(a). ANDREA FORTUNA TEIXEIRA)

◙ Responsabilidade Civil Do Estado – Servidor Público – Pedreiro – Incapacidade Resultante Do Trabalho – Nexo Causal – Responsabilidade Civil Objetiva – Danos Morais Ratificados

RESPONSABILIDADE CIVIL DO ESTADO – SERVIDOR PÚBLICO – PEDREIRO – INCAPACIDADE RESULTANTE DO TRABALHO – NEXO CAUSAL – RESPONSABILIDADE CIVIL OBJETIVA – DANOS MORAIS RATIFICADOS. O servidor público estatutário é protegido pela responsabilidade civil objetiva (art. 37, § 6º, da CF); apenas quanto aos trabalhadores celetistas é que o sistema se funda no dolo ou culpa (art. 7º, XXVII) relativamente a acidentes do trabalho. De todo modo, a obrigação reparatória da Administração, mesmo no primeiro caso, dependerá da demonstração do liame etiológico, revelando-se ao menos uma causalidade normativa, de sorte a se demonstrar que a conduta fazendária levou efetivamente ao dano. No caso, pedreiro adquiriu graves problemas ortopédicos, os quais – pericialmente se revelou – tiveram a contribuição até a título subjetivo da municipalidade. Danos morais de R$ 10.000,00 que são referendados. Recurso desprovido. (Processo: AC 0005170-49.2013.8.24.0067 São Miguel do Oeste 0005170-49.2013.8.24.0067 – Órgão Julgador: Quinta Câmara de Direito Público – Julgamento: 29 de Novembro de 2018 – Relator: Hélio do Valle Pereira)

Responsabilidade civil. Acidente de trabalho. Município. Queda de servidor do compartimento de carga de camionete.

RESPONSABILIDADE CIVIL. ACIDENTE DE TRABALHO. MUNICÍPIO. QUEDA DE SERVIDOR DO COMPARTIMENTO DE CARGA DE CAMIONETE. A responsabilidade do Município deve ser afirmada, considerando a culpa do motorista no acidente ocorrido. O transporte de servidor em caçamba de camionete ocorreu ao arrepio da legislação própria. O dano moral deve ser reconhecido. Ausente prova de incapacidade, deixa-se de fixar pensão mensal. A correção monetária e os juros de mora seguem a Lei 9.494/97. Apelo parcialmente provido. (Apelação Cível Nº 70076930999, Décima Câmara Cível, Tribunal de Justiça do RS, Relator: Marcelo Cezar Muller, Julgado em 28/06/2018).

Vítima de acidente de trabalho. Responsabilidade civil do Município de Duque de Caxias.

VÍTIMA DE ACIDENTE DE TRABALHO. RESPONSABILIDADE CIVIL DO MUNICÍPIO DE DUQUE DE CAXIAS. Condenação imposta à Fazenda Pública. Interposição de Recurso Especial. Retorno dos autos da 3ª Vice-Presidência deste sodalício para o exercício do Juízo de Retratação. Temas 491, 492 e 905 do STJ. Relação jurídica não-tributária. JUROS – A fixação dos juros moratórios segundo o índice de remuneração da caderneta de poupança é constitucional, permanecendo hígido, nesta extensão, o disposto no art. 1º-F da Lei nº 9.494/97 com a redação dada pela Lei nº 11.960/09, porém, sem efeitos retroativos. CORREÇÃO MONETÁRIA – O art. 1º-F da Lei nº 9.494/97, com a redação dada pela Lei nº 11.960 /09, na parte em que disciplina a atualização monetária das condenações impostas à Fazenda Pública segundo a remuneração oficial da caderneta de poupança, revela-se inconstitucional ao impor restrição desproporcional ao direito de propriedade (CRFB, art. 5º, XXII), uma vez que não se qualifica como medida adequada a capturar a variação de preços da economia, sendo inidônea a promover os fins a que se destina. Inconstitucionalidade parcial do art. 1º-F da Lei nº 9.494/97, com a redação dada pela Lei nº 11.960/09, o que autoriza a aplicação do IPCA, índice que melhor reflete a inflação do período. JUÍZO DE RETRATAÇÃO QUE SE EXERCE PARA DETERMINAR A FIXAÇÃO DOS JUROS MORATÓRIOS EM 0,5% AO MÊS DESDE O EVENTO DANOSO (SÚMULA 54, STJ) NA FORMA DO ART. 1º-F DA LEI 9.494 /97, ATÉ A ENTRADA EM VIGOR DA LEI 11.960/2009, APLICANDO-SE A PARTIR DAÍ OS ÍNDICES OFICIAIS DE REMUNERAÇÃO BÁSICA DA CADERNETA DE POUPANÇA (TAXA REFERENCIAL – TR), CONFORME DETERMINA A NOVA REDAÇÃO DO ART. 1º-F DA LEI 9.494 /1997, DADA PELA LEI 11.960/2009, MANTENDO-SE A CORREÇÃO MONETÁRIA SEGUNDO O IPCA, ÍNDICE QUE MELHOR REFLETE A INFLAÇÃO DO PERÍODO. (Processo: APL 0029499-20.2007.8.19.0021 – Órgão Julgador: DÉCIMA NONA CÂMARA CÍVEL – Julgamento: 4 de Junho de 2019 – Relator: Des(a). FERDINALDO DO NASCIMENTO)

Responsabilidade civil. Acidente de trabalho. Município. Perda da visão em um dos olhos.

RESPONSABILIDADE CIVIL. ACIDENTE DE TRABALHO. MUNICÍPIO. PERDA DA VISÃO EM UM DOS OLHOS. A responsabilidade do Município deve ser afirmada, considerando a culpa do empregador no acidente ocorrido. Os trabalhadores roçavam a grama e a autora sofreu lesão em um dos olhos. O objeto foi arremessado e atingiu o olho da trabalhadora. O dano moral deve ser reconhecido. Valor do dano moral deve ser aumentado. Ausência de qualquer prova sobre o dano estético. O dano material deve ser afirmado, diante da redução da capacidade de trabalhado. Aplicação da Súmula n. 72 do TNU da Justiça Federal. Juros legais a partir do evento. A correção monetária e os juros de mora seguem a Lei 9.494 /97. Apelo da autora parcialmente provido. Apelo do réu provido em parte. Apelação da denunciada à lide não provida. (Apelação Cível Nº 70074754524, Décima Câmara Cível, Tribunal de Justiça do RS, Relator: Marcelo Cezar Muller, Julgado em 01/03/2018)

Súmula Vinculante nº 22 do STF: "A Justiça do Trabalho é competente para processar e julgar as ações de indenização por danos morais e patrimoniais decorrentes de acidente de trabalho propostas por empregado contra empregador, inclusive aquelas que ainda não possuíam sentença de mérito em primeiro grau quando da promulgação da EC 45/04".

Concausa. Nexo causal. Provas insuficientes.

A teoria da concausa é admitida pela lei e pode ser definida como sendo o elemento que concorre com outro, formando o nexo entre a ação e o resultado, entre o acidente e/ou doença profissional ou do trabalho e o trabalho exercido pelo empregado. Prescinde-se do nexo causal direto e exclusivo entre o dano e o trabalho, para a configuração do acidente ou da doença profissional ou do trabalho. As provas não permitem concluir, com segurança, que o trabalho exercido pela apelante agiu como a concausa no agravamento da doença e não admitem a aplicação do princípio *in dubio pro misero* (2.º TACivSP, 10.ª Câm., Ap 599509-0/4, rel. Irineu Pedrotti, v.u., j. 31.1.2001).

Danos à capacidade auditiva. Danos materiais.

Práticas reiteradas do empregador que evidenciam sua desídia no cuidado para com os empregados. Concedida a indenização nos limites da restrição laboral que o autor sofreu em virtude dos danos à sua capacidade auditiva (2.º TACivSP, 10.ª Câm., Ap 597703-0/0, rel. Juíza Rosa Maria de Andrade Nery, v.u. j. 4.4.2001). V. CC 950.

Dano moral. Honorários advocatícios. Acidente de trabalho ou doença profissional. Ação de indenização por danos morais e materiais decorrentes de acidente de trabalho ou de doença profissional.

Dano moral. Honorários advocatícios. Acidente de trabalho ou doença profissional. Ação de indenização por danos morais e materiais decorrentes de acidente de trabalho ou de doença profissional. Ajuizamento perante a Justiça comum antes da promulgação da EC 45/04. Posterior remessa à Justiça do Trabalho. Incidência do CPC/1973 20 [CPC 85]. TST-OJ-SDI-1 421: "A condenação em honorários advocatícios nos autos de ação de indenização por danos morais e materiais decorrentes de acidente de trabalho ou de doença profissional, remetida à Justiça do Trabalho após ajuizamento na

Justiça comum, antes da vigência da Emenda Constitucional n. 45/2004, decorre da mera sucumbência, nos termos do art. 85 do CPC de 2015 (art. 20 do CPC de 1973), não se sujeitando aos requisitos da Lei 5584/1970" (redação dada pela Resolução TST 208, de 19.4.2016, DJUE TST 25.4.2016).

▣ Exposição a ruído contínuo e excessivo.

Microtrauma. Enquadra-se no conceito de acidente no trabalho a lesão auditiva produzida por microtrauma, exposto o operário a ruído contínuo e excessivo (STJ, RT 769/193). V. CC 950.

▣ Empregada que teve mão prensada ao tentar pegar o celular sobre prensa.

Conquanto o Regional tenha entendido que a Reclamada incorreu em omissão, pois deveria ter tomado as medidas necessárias a melhor orientar seus empregados, ficou configurado nos autos que havia uma determinação da empresa de que não era permitido falar no celular se estivesse no setor de trabalho, conforme confissão real da própria Reclamante. Verifica-se, portanto, que, ao contrário do entendimento do Regional, a empresa adotou medidas necessárias à prevenção de acidentes, entre elas a proibição do uso de celular em serviço. Assim, a atitude da Reclamante, de adentrar o local de trabalho com o aparelho celular e colocá-lo sobre a prensa, importou em desrespeito às normas da empresa, atraindo para si o risco do acidente, que, de fato, veio a ocorrer. Registre-se que é possível depreender da própria confissão da Reclamante que, se não fosse a sua atitude imprudente, o acidente não teria ocorrido, pois aconteceu justamente porque ela colocou a sua mão na prensa, quando esta começou a subir, para tentar pegar o seu celular. Diante de tais constatações, apesar de ser lamentável o acidente ocorrido e as sequelas que acompanharão a Reclamante por toda a vida, não há como deixar de concluir pela culpa exclusiva da vítima (TST, 4.ª T., RR 521.66.2012.5.04.0234, rel. Min. Maria de Assis Calsing, j. 6.8.2014, DEJT 8.8.2014).

Súmula nº 491 do STF: "É indenizável o acidente que cause a morte de filho menor, ainda que não exerça trabalho remunerado".

▣ Incapacidade e nexo causal comprovados. Existência de vínculo empregatício. Auxílio-acidente devido.

Diante da relação jurídica declarada e determinada pela r. sentença trabalhista, o pressuposto do vínculo de emprego para a concessão do benefício nesta ação foi judicialmente decretado, pelo que, nada mais justo que o INSS (não obstante não ter figurado como parte naqueles autos, como aliás não poderia ter figurado) pague ao autor a contraprestação devida, sob pena de enriquecimento ilícito de sua parte. A obrigação da autarquia decorre da relação empregatícia, judicialmente reconhecida. Deste reconhecimento decorre a obrigação da empresa de recolher as contribuições previdenciárias respectivas, e o direito da autarquia previdenciária de cobrar as mesmas, na hipótese de inadimplemento. Devido, portanto, o benefício acidentário (2.º TACivSP, 10.ª Câm., Ap 713766-0/1, rel. Juíza Cristina Zucchi, v.u., j. 18.6.2003).

◙ Morte de vigia em serviço.

"O dever de cumprir as normas de segurança e medicina do trabalho e adotar precauções para evitar acidentes é do empregador, conforme o art. 7.º, inciso XXII, da Constituição e o art. 157, incisos I e II, da Consolidação das Leis do Trabalho. Assim entendeu a 1.ª Turma do Tribunal Superior do Trabalho ao restabelecer a responsabilidade objetiva de uma empresa de segurança pela morte de um vigilante de posto de gasolina em Belém. Ele foi baleado em um assalto. O vigilante foi surpreendido pelas costas, enquanto conversava com frentistas do posto. Ele foi levado para o hospital, mas morreu depois de 17 dias internado. A esposa e seus quatro filhos pediram reparação financeira, alegando que a empregadora não assegurou um ambiente de trabalho seguro, uma vez que o local não possuía abrigo, e descumpria as próprias diretrizes de segurança, que apontavam que um único vigilante seria insuficiente para guardar o posto. A decisão do TST reforma o entendimento do Tribunal Regional do Trabalho da 8.ª Região (PA), que entendeu que houve culpa concorrente do trabalhador, que não estava no local determinado pela empresa quando o crime aconteceu. Após a publicação do acórdão, a empresa apresentou embargos declaratórios, ainda não examinados. Ao analisar o recurso, o ministro Walmir Oliveira da Costa, relator, considerou que a condição insegura de trabalho à qual a empresa expôs o trabalhador ao compactuar com a proposta do tomador de serviço impossibilita amenizar a sua responsabilidade civil, devendo arcar integralmente com os danos. Em sua defesa, a empresa de segurança afirmou que, embora orientado a contratar o serviço de dois vigilantes, o posto de combustível optou por contratar apenas um. Também alegou culpa exclusiva do trabalhador, por descumprir as orientações de permanecer em vigilância perto de um muro e não se aproximar das bombas de combustíveis ou conversar com os frentistas. O juízo da 7.ª Vara do Trabalho de Belém considerou que a empresa de vigilância, ao concordar com o pedido do posto de contratar apenas um vigilante, submeteu o empregado a uma 'situação de risco extremo'. Por isso, condenou a empresa ao pagamento de R$ 200 mil por dano moral e indenização por danos materiais equivalentes ao salário do vigilante a partir da data da morte até o dia em que ele completaria 65 anos. O TRT-8, porém, considerou que o vigilante também contribuiu para o acidente ao não cumprir as determinações da empregadora, e reduziu a indenização à metade" (TST, 1.ª T., RR 808-83.2013.5.08.0007, rel. Min. Walmir Oliveira da Costa, j. 16.12.2015, DEJT 18.12.2015).

Súmula nº 146 do STJ: "O segurado, vítima de novo infortúnio, faz jus a um único benefício somado ao salário de contribuição vigente no dia do acidente".

RESPONSABILIDADE DOS DONOS DE HOTÉIS, HOSPEDARIAS, ESTABELECIMENTOS DE ALBERGUE E DE ENSINO

► A interpretação que se impõe ao disposto no inciso IV do art. 932 deve ser extensiva, a fim de alcançar todo tipo de estabelecimento em que se dê entrada para hospedagem, seja a título de habitação, repouso, tratamento ou estudos.

A interpretação que se impõe ao disposto no inciso IV do art. 932 deve ser extensiva, a fim de alcançar todo tipo de estabelecimento em que se dê entrada para hospedagem, seja a título de habitação, repouso, tratamento ou estudos. Destarte, sujeitam-se à responsabilidade indireta não só os donos de hotéis e escolas; também os de pensões, motéis, creches, asilos, entre outros. Fundamental é que se trate de estabelecimento que receba pagamento em dinheiro pelos serviços prestados, ressalvadas as instituições públicas, que respondem objetivamente, independente de qualquer contraprestação. (NADER, Paulo. Curso de Direito Civil – Vol. 7 – Responsabilidade Civil, 6ª edição. [Grupo GEN]. Retirado de https://grupogen.vitalsource.com/#/books/9788530968717)

◙ Hospedagem contratada por meio da plataforma de serviços ré

Apelação – Prestação de serviços – Hoteis.com – Hospedagem contratada por meio da plataforma de serviços ré – Autores que, conquanto convictos de que se hospedariam em hotel de bom padrão, foram acomodados em apartamento particular totalmente impróprio para uso, em termos de limpeza e salubridade, ali tendo permanecido por dois dias, por falta de opção – Fatos verificados em solo estrangeiro – Patente a responsabilidade civil da ré, por aplicação da chamada teoria da responsabilidade pelo risco da atividade, expressa no art. 927, parágrafo único, do CC – Irrepreensível a condenação da ré à restituição do que os autores gastaram por conta da hospedagem e ao pagamento de indenização por danos morais – Sentença parcialmente reformada, apenas para majoração da indenização por danos morais, para a quantia de R$ 10.000,00, em favor de cada um dos autores, em atenção ao presumível sofrimento por eles experimentado e à medida de reprovabilidade da conduta da fornecedora de serviços ré, à luz da técnica do desestímulo – Honorários de sucumbência não comportando a pretendida majoração, sem embargo do acréscimo de que trata o art. 85, §11, do CPC. Negaram provimento à apelação e deram parcial provimento ao adesivo. (TJSP; Apelação Cível 1004237-90.2019.8.26.0003; Relator (a): Ricardo Pessoa de Mello Belli; Órgão Julgador: 19ª Câmara de Direito Privado; Foro Regional III – Jabaquara – 1ª Vara Cível; Data do Julgamento: 17/01/2020; Data de Registro: 17/01/2020)

❁ Súmula nº 130 do STJ: "A empresa responde, perante o cliente, pela reparação de dano ou furto de veículo ocorridos em seu estacionamento".

◙ Furto de joias em hotel. Atualização dos valores.

Tratando-se de dívida de valor proveniente de ato ilícito, o ressarcimento do dano é integral, com atualização dos valores dos objetos furtados (TJSP, 3.ª Câm., rel. Des. Moretzsohn de Castro, j. 20.7.1978, RT 518/110).

► O dispositivo legal referido menciona a responsabilidade dos titulares de estabelecimentos, em face de prejuízos causados pelos ocupantes que pagam pelos serviços.

O texto não se refere, mas encontra-se implícito que os atos danosos são os praticados na esfera de vigilância do estabelecimento. Destarte, se um hotel estende a sua proteção e vigilância até à beira-mar, eventual agressão ali praticada por hóspede sujeita a empresa hoteleira a responder objetivamente. Qualquer dano causado externamente ao prédio, fora da área de abrangência dos deveres de vigilância, não será objeto de responsabilidade indireta ou secundária. A obrigação dos estabelecimentos se estende a todo tipo de dano praticado por seus ocupantes a título oneroso. (NADER, Paulo. Curso de Direito Civil - Vol. 7 - Responsabilidade Civil, 6ª edição. [Grupo GEN]. Retirado de https://grupogen.vitalsource.com/#/books/9788530968717)

► As instituições de beneficência, onde não se exige contraprestação dos ocupantes, respondem apenas por culpa.

As instituições de beneficência, onde não se exige contraprestação dos ocupantes, respondem apenas por culpa. Não seria justo se tais estabelecimentos tivessem igual tratamento ao dispensado aos que visam ao lucro. A Lei Civil é omissa a respeito, mas entendo que a responsabilidade sem culpa não se estende às casas que recebem apenas taxa de manutenção. Como o próprio nome revela, a cobrança visa a permitir a continuidade dos serviços, não se justificando, pois, que fiquem situadas em igual patamar dos estabelecimentos comerciais. Frise-se que os estabelecimentos gratuitos ou de cobrança simbólica não se eximem de responsabilidade civil causados aos seus ocupantes, mas se obrigam apenas quando houver culpa de seus dirigentes ou empregados. Destarte, caberá à vítima a prova do animus do agente, que haverá de ter atuado dolosamente ou mediante culpa em sentido estrito, para ser obrigado à indenização. (NADER, Paulo. Curso de Direito Civil - Vol. 7 - Responsabilidade Civil, 6ª edição. [Grupo GEN]. Retirado de https://grupogen.vitalsource.com/#/books/9788530968717)

► Relativamente aos cofres que alguns hotéis colocam à disposição de seus hóspedes

Relativamente aos cofres que alguns hotéis colocam à disposição de seus hóspedes, eventuais danos por desaparecimento de objetos ou valores ali guardados deverão ser reparados quando comprovada a culpa do estabelecimento. Este, portanto, não responde objetivamente por dano de furtos. (NADER, Paulo. Curso de Direito Civil - Vol. 7 - Responsabilidade Civil, 6ª edição. [Grupo GEN]. Retirado de https://grupogen.vitalsource.com/#/books/9788530968717)

◙ Bens não utilizados propriamente pelo hóspede.

Por força do depósito necessário previsto no CC/1916 1284 [CC 649], cumpre ao hospedeiro assegurar a incolumidade pessoal do hóspede no local, bem como a de seus bens que se achem em poder dele, sendo irrelevante o fato de os bens desaparecidos não serem de uso próprio, eis que caracterizados como bagagem (TJSP, 5.ª Câm., rel. Marco Cesar, j. 2.6.1988 - RT 632/96).

► A responsabilidade indireta ou secundária alcança os danos causados aos veículos em geral, estacionados nas dependências dos estabelecimentos

A responsabilidade indireta ou secundária alcança os danos causados aos veículos em geral, estacionados nas dependências dos estabelecimentos. Se houver um local reservado à guarda de veículos, entendemos que a responsabilidade, em princípio, se limita às ocorrências ali verificadas. Não seria razoável se a hospedaria, escola ou hospital, colocando funcionário em determinada área, com incumbência de exercer a vigilância no estacionamento, respondesse por furto de veículo deixado em local diverso e impróprio. (NADER, Paulo. Curso de Direito Civil - Vol. 7 - Responsabilidade Civil, 6ª edição. [Grupo GEN]. Retirado de https://grupogen.vitalsource.com/#/books/9788530968717)

► **Quanto à comunicação de que não se responsabilizam por objetos não entregues para guarda, passada aos hóspedes por estabelecimentos em quadro de avisos, sua validade é questionada na doutrina.**

Pretende-se, com a iniciativa, a inserção da cláusula de não indenização no contrato de hospedagem. Como os contratos pressupõem acordo de vontades, a declaração isolada não possui o condão de afastar a responsabilidade dos hoteleiros. Na lição de José Aguiar Dias, a invalidade da comunicação deriva da unilateralidade da declaração: "... a cláusula pela qual o hoteleiro declara não responder pelos valores senão quando confiados às suas mãos nada tem, em si, que a inutilize. O que a compromete é o fato de faltar-lhe a aprovação do hóspede ou viajante...". Condição para a validade da cláusula de não indenização é a convenção das partes. Se inserida em contrato de adesão, segundo ainda o jurista emérito, não se torna obrigatória. É indispensável que a cláusula seja objeto de efetivo acordo entre as partes. Na opinião de Antônio Elias de Queiroga, a validade da declaração pressupõe também "vantagem paralela em favor do outro contratante". A vantagem teria a finalidade de compensar a falta de garantia, proporcionando equilíbrio contratual. (NADER, Paulo. Curso de Direito Civil - Vol. 7 - Responsabilidade Civil, 6ª edição. [Grupo GEN]. Retirado de https://grupogen.vitalsource.com/#/books/9788530968717)

► **Pertinente aos estabelecimentos de ensino, a sua responsabilidade se restringe ao tempo em que o educando permanece em suas dependências e em função de suas atividades curriculares.**

Pertinente aos estabelecimentos de ensino, a sua responsabilidade se restringe ao tempo em que o educando permanece em suas dependências e em função de suas atividades curriculares. Se estas, eventualmente, são desenvolvidas em outros locais, como visita a museus, a casas de espetáculo, centros de cultura ou lazer, entendo que a responsabilidade aplicável é a subjetiva. (NADER, Paulo. Curso de Direito Civil - Vol. 7 - Responsabilidade Civil, 6ª edição. [Grupo GEN]. Retirado de https://grupogen.vitalsource.com/#/books/9788530968717)

► **Como a norma legal refere-se aos danos praticados pelos educandos, há entendimento de que não alcança a hipótese em que estes figuram como vítimas.**

Como a norma legal refere-se aos danos praticados pelos educandos, há entendimento de que não alcança a hipótese em que estes figuram como vítimas. Na espécie, aplicar-se-ia o disposto no art. 186 do Código Civil. O Superior Tribunal de Justiça, pela Terceira Turma, decidiu neste sentido: "Civil. Responsabilidade Civil. Fato de Outrem. Se o dano é sofrido pelo próprio aluno nas dependências da instituição de ensino a apuração da responsabilidade civil do educando será feita com base no artigo 159 do Código Civil de 1916, pois a hipótese não é de responsabilidade por fato de outrem (art. 1.521, inciso IV). Recurso especial conhecido e provido em parte." (NADER, Paulo. Curso de Direito Civil - Vol. 7 - Responsabilidade Civil, 6ª edição. [Grupo GEN]. Retirado de https://grupogen.vitalsource.com/#/books/9788530968717)

► **Há divergências doutrinárias quanto à extensão da responsabilidade indireta aos estabelecimentos de ensino superior.**

Há divergências doutrinárias quanto à extensão da responsabilidade indireta aos estabelecimentos de ensino superior. Como o texto do art. 932, inc. IV, se refere genericamente à educação e a educandos, há quem sustente a aplicabilidade da regra aos cursos de ensino superior. Para Arnaldo Rizzardo, "embora a função se centralize na obrigação de ensinar, máxime se maiores os alunos, quando já senhores de seus atos e dos direitos, não cessa o dever de vigilância, e nem se atenuando a responsabilidade objetiva do art. 933".79 Diverso é o entendimento de Maria Helena Diniz: "... não alcançará o professor universitário, porque ele não tem o dever de vigilância sobre os estudantes, que, por serem maiores, não precisam ser vigiados, sendo senhores de seus atos e de seus direitos, tendo plena responsabilidade pelo que fizerem...".80. Dois aspectos principais despertam a nossa atenção em face da quaestio iuris: 1ª) o texto legal não faz qualquer distinção quanto ao nível de ensino, empregando expressões amplas e genéricas; 2ª) se a responsabilidade dos hoteleiros não tem por pressuposto a menoridade ou incapacidade dos hóspedes, razão não há para a limitação de garantia à educação fundamental e ao ensino médio. (NADER, Paulo. Curso de Direito Civil - Vol. 7 - Responsabilidade Civil, 6ª edição. [Grupo GEN]. Retirado de https://grupogen.vitalsource.com/#/books/9788530968717)

◙ **Aluno que sofre acidente em aparelho de ginástica.**

O estabelecimento de ensino não tem nenhuma obrigação em reparar os danos sofridos por aluno que, ao treinar ginástica olímpica em ginásio existente nas dependências da escola, vem a sofrer acidente que acabou por ocasionar-lhe diversas sequelas, se inexiste qualquer prova acerca de possível defeito no aparelho e na luva de proteção utilizados pela vítima, mormente em se tratando de atleta experiente que estava sob a instrução de preposto da instituição de ensino, que agiu prontamente após a ocorrência do infausto, propiciando imediato socorro (RT 799/211).

◙ **Estabelecimento de ensino que não deixa criança ir ao banheiro. Dano moral.**

Professor que não deixa menina com 11 anos de idade ir ao banheiro alegando ser ordem superior da diretoria da escola. A menina insistiu no pedido e, como foi negado, urinou na própria roupa. O inesperado acontecimento refletiu uma profunda vergonha na criança, que permaneceu encharcada de urina até chegar em casa. Dano moral caracterizado por afetar os valores pessoais da criança, submetendo-a a humilhação perante a comunidade escolar (STJ, 3.ª T., REsp 189736-AC, rel. Min. Waldemar Zveiter, v.u., j. 16.2.2001, DJU 2.4.2001).

◙ "A instituição hospitalar privada responde, na forma do CC 932 III, pelos atos culposos praticados por médicos integrantes de seu corpo clínico". Jornada III DirCiv STJ 191

֍ Súmula nº 595 do STJ: As instituições de ensino superior respondem objetivamente pelos danos suportados pelo aluno/consumidor pela realização de curso não reconhecido pelo Ministério da Educação, sobre o qual não lhe tenha sido dada prévia e adequada informação.

RESPONSABILIDADE DE BENEFICIÁRIOS EM PRODUTOS DE CRIME

► A última hipótese de responsabilidade por fato de outrem, prevista no inciso V do art. 932, diz respeito à obrigação de quem amealha proveito, gratuitamente, de produto de crime.

A disposição do art. 932, inciso V, é desnecessária, pois constitui uma das causas de repetição do indébito. A obrigação de devolver a coisa não deriva da prática de um ato ilícito próprio, mas por parte de outrem. Exige-se a conduta com base no enriquecimento injusto, que enseja a *actio in rem* verso. (NADER, Paulo. Curso de Direito Civil - Vol. 7 - Responsabilidade Civil, 6ª edição. [Grupo GEN]. Retirado de https://grupogen.vitalsource.com/#/books/9788530968717)

► Se o bem adquirido encontrar-se na posse do beneficiário à época da *actio*, dúvida não há quanto à sua destinação: retorno ao primitivo dono

Se o bem adquirido encontrar-se na posse do beneficiário à época da actio, dúvida não há quanto à sua destinação: retorno ao primitivo dono. Divergências existem para a hipótese de o participante vender o objeto recebido e, com a quantia apurada, custear as despesas familiares. Sérgio Cavalieri Filho distingue produto do crime de proveito, entendendo que o inciso V sub examine não alcança este último. Diz o eminente autor: "Produto é o resultado direto e imediato do crime, é a própria res furtiva; proveito é o resultado indireto ou mediato do crime, o valor ou dinheiro em que se transformou a res furtiva." A conclusão a que chegou o eminente jurista, se adotada, poderia provocar situações insustentáveis. Se o participante ganha um automóvel furtado e após vendê-lo adquire um outro, este seria intocável, caracterizando-se um notório enriquecimento ilícito. Mais consentâneo com os princípios informadores da ordem jurídica seria a interpretação extensiva do dispositivo, a fim de coibir a hipótese em tela. Sílvio de Salvo Venosa também discorda daquela conclusão, sob o fundamento de que haveria "um injusto enriquecimento, cujos princípios gerais devem ser aplicados". (NADER, Paulo. Curso de Direito Civil - Vol. 7 - Responsabilidade Civil, 6ª edição. [Grupo GEN]. Retirado de https://grupogen.vitalsource.com/#/books/9788530968717)

◙ O juízo cível somente está vinculado à decisão proferida no juízo criminal em relação ao fato e à autoria

"O juízo cível somente está vinculado à decisão proferida no juízo criminal em relação ao fato e à autoria, nos termos do art. 935 do CC. A decisão fundamentada na ausência de justa causa para o exercício da ação penal, como no presente caso, não restringe o exame da questão na esfera cível" (STJ-4ª T., Ag em REsp 412.858-AgRg, Min. Isabel Gallotti, j. 5.6.14, DJ 20.6.14).

RESPONSABILIDADE POR DANOS PROVOCADOS POR ANIMAIS

Numa ação de indenização, o ofendido tem de provar apenas que sofreu dano, que esse dano foi devido a um animal e que este pertence ao réu.

"Numa ação de indenização, o ofendido tem de provar apenas que sofreu dano, que esse dano foi devido a um animal e que este pertence ao réu. Para obter uma procedência, não carece o autor de mostrar que o dono do animal se houve, por exemplo, com culpa in custodiendo; contenta-se a lei com o dano objetivo. O réu, para exonerar-se da responsabilidade, é que precisa evidenciar que guardava e vigiava o animal com o cuidado devido." (Washington de Barros Monteiro. *Direito das Obrigações*, São Paulo, Editora Saraiva, vol. II, p. 424).

► A responsabilidade colocada *sub examine* refere-se apenas aos danos provocados por animais que tenham dono, imputando a este ou a quem detém a sua guarda a obrigação de repará-los

A responsabilidade colocada sub examine refere-se apenas aos danos provocados por animais que tenham dono, imputando a este ou a quem detém a sua guarda a obrigação de repará-los. A hipótese legal não se estende aos prejuízos causados por animais silvestres. Destarte, o proprietário de uma área rural não responde por danos causados a outrem por animal sem dono que invadiu as suas terras. (NADER, Paulo. Curso de Direito Civil – Vol. 7 – Responsabilidade Civil, 6ª edição. [Grupo GEN]. Retirado de https://grupogen.vitalsource.com/#/books/9788530968717)

► O responsável pela reparação do dano proveniente da coisa ou do animal é o seu "guardião

Em nosso entendimento, o responsável pela reparação do dano proveniente da coisa ou do animal é o seu "guardião". Por guardião entenda-se não apenas o proprietário (guardião presuntivo), mas, até mesmo, o possuidor ou o mero detentor do bem, desde que, no momento do fato, detivesse o seu poder de comando ou direção intelectual. Assim, se a minha bomba d'água, malconservada, explode e lesiona um transeunte, a obrigação de indenizar será imposta a mim, proprietário e guardião da coisa, que estava sob a minha custódia e direção. Diferentemente, se eu contrato um amestrador de cães, confiando-lhe a guarda do meu buldogue, e este, durante uma sessão de treinamento, desprende-se da coleira e causa dano a terceiro, obviamente que, pela reparação do dano, responderá apenas o expert, pois, no momento do desenlace fatídico, detinha o poder de comando do animal, que estava sob a sua autoridade. Raciocínio contrário, aliás, esbarraria na própria noção de nexo de causalidade, uma vez que, no caso, o dano não poderia ser atribuído ao proprietário do cão, que o havia confiado a um perito. O comportamento deste último foi causa direta e imediata do resultado lesivo. (GAGLIANO, Pablo Stolze. PAMPLONA FILHO, Rodolfo. Novo curso de direito civil, volume 3: Responsabilidade Civil / – 16ª. ed. rev., atual. e ampl. – São Paulo: Saraiva, 2018, p. 238)

◙ Acidente de trânsito provocado por animais na pista. responsabilidade dos donos ou detentores

AGRAVO INTERNO NO AGRAVO EM RECURSO ESPECIAL. AÇÃO DE INDENIZAÇÃO. ACIDENTE DE TRÂNSITO PROVOCADO POR ANIMAIS NA PISTA. RESPONSABILIDADE DOS DONOS OU DETENTORES. REEXAME DE FATOS E PROVAS. IMPOSSIBILIDADE. DECISÃO MANTIDA. RECURSO DESPROVIDO. 1. Com relação aos arts. 128, 460, 512 e 515 do CPC/73, verifica-se que não houve o pronunciamento do Tribunal de origem a respeito da matéria relativa à impossibilidade de reforma, de ofício, da sentença para afastar o limite temporal da pensão mensal. Embora opostos embargos declaratórios, as respectivas razões deixaram de arguir o referido tema a fim de propiciar o prequestionamento, o qual é imprescindível mesmo para vícios surgidos no acórdão recorrido. Incidem, por isso, as Súmulas 282 e 356 do STF. 2. Não configura ofensa aos arts. 165, 458, II, e 535, II, do Código de Processo Civil de 1973 o fato de o col. Tribunal de origem, embora sem examinar individualmente cada um dos argumentos suscitados pela parte recorrente, adotar fundamentação contrária à pretensão da parte, suficiente para decidir integralmente a controvérsia. 3. O julgador tem discricionariedade para indeferir diligências protelatórias ou desnecessárias, desde que apresente os motivos do seu convencimento, não caracterizando, com isso, cerceamento de defesa. 4. Conclusão diversa quanto à descrição fática do acidente e à propriedade dos animais causadores do evento fatídico, que ensejou a responsabilidade dos agravantes, demandaria, necessariamente, o reexame do contexto fático-probatório dos autos, providência vedada no âmbito estreito do recurso especial, a teor da Súmula 7/STJ. 5. A responsabilidade por danos causados por animais recebeu tratamento de presunção de culpa, bastando que a vítima prove o dano e o nexo causal. Hipótese em que os demandados não lograram êxito em demonstrar nenhuma excludente de responsabilidade. 6. "A errônea valoração da prova que enseja a incursão desta Corte na questão é a de direito, ou seja, quando decorre de má aplicação de regra ou princípio no campo probatório e não para que se colham novas conclusões sobre os elementos informativos do processo" (AgInt no AREsp 970.049/RO, Rel. Ministra MARIA ISABEL GALLOTTI, QUARTA TURMA, julgado em 04/05/2017, DJe de 09/05/2017). 7. Agravo interno não provido. (AgInt no AREsp 238.365/PR, Rel. Ministro LÁZARO GUIMARÃES (DESEMBARGADOR CONVOCADO DO TRF 5ª REGIÃO), QUARTA TURMA, julgado em 08/05/2018, DJe 14/05/2018).

◙ O tratamento legal acerca da responsabilidade civil por fato de animal, atualmente, não mais apenas prega a presunção de culpa em desfavor do dono ou detentor do animal.

"O tratamento legal acerca da responsabilidade civil por fato de animal, atualmente, não mais apenas prega a presunção de culpa em desfavor do dono ou detentor do animal. Na verdade, o Código Civil de 2002 trouxe em seu bojo o entendimento de que se trata de responsabilidade objetiva, que independe de culpa, restando afastada apenas quando comprovada culpa da vítima ou força maior" (RJTJERGS 272/280: AP 70022138721).

◙ Dono de animal.

A responsabilidade presumida do dono de animal pelos danos causados a terceiros é relativa, razão pela qual, se demonstrada a imprudência da vítima ao ingressar em local privado da residência, no momento em que foi atacada pelos cães, afasta-se o dever de indenizar do proprietário, mormente se este os guardava e vigiava de forma adequada (RT 787/229).

► Se, entretanto, transferiu a posse ou a detenção do animal a um terceiro (caso do comodato ou da entrega a amestrador), entendemos que o seu dono se exime de responsabilidade, por não deter o poder de comando sobre ele, consoante vimos acima.

Interessante notar ainda que, se o dano ocorre estando o animal em poder do próprio dono, dúvida não há no sentido de ser este o responsável pela reparação, pelo fato de ser o seu guardião presuntivo. Se, entretanto, transferiu a posse ou a detenção do animal a um terceiro (caso do comodato ou da entrega a amestrador), entendemos que o seu dono se exime de responsabilidade, por não deter o poder de comando sobre ele, consoante vimos acima. (GAGLIANO, Pablo Stolze. PAMPLONA FILHO, Rodolfo. Novo curso de direito civil, volume 3: Responsabilidade Civil / – 16ª. ed. rev., atual. e ampl. – São Paulo: Saraiva, 2018, p. 240)

► Em se tratando de acidente em rodovia, causado por animal silvestre, o Município, Estado ou União responde pelos danos, salvo se a conservação da via pública estiver confiada à concessionária, que a explora mediante cobrança de pedágios, quando então a esta caberá a indenização, dado o seu dever de vigilância na estrada

Em se tratando de acidente em rodovia, causado por animal silvestre, o Município, Estado ou União responde pelos danos, salvo se a conservação da via pública estiver confiada à concessionária, que a explora mediante cobrança de pedágios, quando então a esta caberá a indenização, dado o seu dever de vigilância na estrada. A concessionária responde objetivamente e de acordo com as regras do Código de Defesa do Consumidor, pois prevalece o entendimento de que a sua relação com os usuários de rodovias é de natureza consumerista. Se o animal possuir dono ou detentor, à concessionária assistirá o direito de regresso em relação ao que detiver a guarda. (NADER, Paulo. Curso de Direito Civil – Vol. 7 – Responsabilidade Civil, 6ª edição. [Grupo GEN]. Retirado de https://grupogen.vitalsource.com/#/books/9788530968717)

► Ao referir-se a animal, o dispositivo legal pretende abranger todos os seres vivos distintos do ser humano.

Ao referir-se a animal, o dispositivo legal pretende abranger todos os seres vivos distintos do ser humano. Embora nas exemplificações os autores em geral valham-se mais de animais ferozes, são desinfluentes o porte e periculosidade dos causadores do fato. Assim, não apenas o cão, o leão ou o cavalo podem ser os provocadores dos danos, mas também os insetos e até os micro-organismos. Experiências com estes últimos, sem as devidas precauções, podem provocar danos à saúde de terceiros, quando então o pesquisador responderá por sua falta de cuidados. (NADER, Paulo. Curso de Direito Civil – Vol. 7 – Responsabilidade Civil, 6ª edição. [Grupo GEN]. Retirado de https://grupogen.vitalsource.com/#/books/9788530968717)

► **A Lei Civil não distingue, para efeito de responsabilidade, entre animais domésticos, domesticados e ferozes.**

Como já afirmamos, a Lei Civil não distingue, para efeito de responsabilidade, entre animais domésticos, domesticados e ferozes. A doutrina considera irrelevante a periculosidade do animal, como destaca Bianca: "... *la responsabilità presunta opera anche se il danno proviene da animale di indole mansueta.*" Ao cumprir os deveres de custódia, o guardião deve exercer a vigilância na proporção exigida diante da periculosidade do animal e das circunstâncias em que este se encontra. Tal atitude constitui uma precaução contra eventuais investidas do animal sobre terceiros e, também, uma proteção a fim de se afastar a responsabilidade por fato danoso. (NADER, Paulo. Curso de Direito Civil – Vol. 7 – Responsabilidade Civil, 6ª edição. [Grupo GEN]. Retirado de https://grupogen.vitalsource.com/#/books/9788530968717)

► **O fundamental na definição da responsabilidade é a indagação quanto ao verdadeiro guardião no momento em que os fatos se verificaram.**

O fundamental na definição da responsabilidade é a indagação quanto ao verdadeiro guardião no momento em que os fatos se verificaram. Proprietário ou detentor, o decisivo é a verificação de quem possuía a guarda do animal, quando este provocou prejuízos a serem reparados. (NADER, Paulo. Curso de Direito Civil – Vol. 7 – Responsabilidade Civil, 6ª edição. [Grupo GEN]. Retirado de https://grupogen.vitalsource.com/#/books/9788530968717)

► **Causando dano o animal, desponta a culpa de seu proprietário.**

Mais precisamente, o inciso I do art. 1.527 (art. 936 do atual Código) do Código revogado caracterizava a manifestação da culpa na circunstância de não provar que o dono não guardava e vigiava o animal "com cuidado preciso". A culpa considerava-se presumida porque o dever de guardar e vigiar com cuidado preciso equivalia a impedir a fuga do local onde se encontrava guardado o animal; impunha, ainda, que fosse mantida uma vigilância permanente. Afastando-se do cercado, ou da área reservada para a sua permanência, não se verificava tal precaução. Como enfatizava Carvalho Santos, "cuidado preciso não chega a ter o homem que prova não ter agido com negligência. Porque a expressão envolve exigência de atenção maior, de vigilância imposta pelas circunstâncias especiais de cada caso". Exemplificava Pontes de Miranda: "Se A fechou o cercado e lá pôs o cavalo, mas, devido às chuvas caíram algumas estacas da cerca, e o cavalo evadindo-se causa danos, A é responsável: teve o procedimento, a vigilância, o cuidado normal, não o preciso. (RIZZARDO, Arnaldo. Responsabilidade Civil, 8ª edição. [Grupo GEN]. Retirado de https://grupogen.vitalsource.com/#/books/9788530986070/)

► O dono do animal ou seu detentor responde pelos danos por ele causados em alguém.

O dono do animal ou seu detentor responde pelos danos por ele causados em alguém. Diante de uma ocorrência desta ordem, importante para a definição de responsabilidade é a verificação de quem detinha os deveres de vigilância no momento do fato. Para Cunha Gonçalves, a verdadeira regra a ser considerada é esta: "Aquele que tem em seu poder um animal próprio ou alheio, para qualquer fim, lícito ou ilícito, econômico ou não econômico, assume o inerente risco e torna-se responsável pelos danos que o mesmo animal causar a outrem." (NADER, Paulo. Curso de Direito Civil – Vol. 7 – Responsabilidade Civil, 6ª edição. [Grupo GEN]. Retirado de https://grupogen.vitalsource.com/#/books/9788530968717)

► Em nosso direito, responde o dono ou detentor do animal pelos danos causados por este.

Em nosso direito, responde o dono ou detentor do animal pelos danos causados por este. Pouco importa que ele seja doméstico ou não: a obrigação de quem possui um animal é guardá-lo de maneira que não possa ofender a outrem. Se ocorre o dano, presume-se que essa vigilância foi descurada e a presunção subsiste ainda quando o animal tenha fugido, pois, se o fez, foi porque houve negligência na sua guarda. (Carvalho Santos. Código Civil Brasileiro Interpretado, Editora Freitas Bastos, 1961, vol. XX, p. 321.)

► Nem sempre, todavia, o dono ou detentor escapam da responsabilidade, quando o animal se encontrava em poder de outrem no momento dos danos

Nem sempre, todavia, o dono ou detentor escapam da responsabilidade, quando o animal se encontrava em poder de outrem no momento dos danos. Se o proprietário, por exemplo, confiou o animal a quem manifestamente não tinha condições de exercer o seu controle, há de responder pelos danos. Destarte, se o dono de um circo, no impedimento eventual de um domador, improvisa empregado na apresentação do número, durante o qual verificam-se lesões em espectadores, por duplo motivo o proprietário responderá, embora o animal estivesse em poder de outrem: a) a condição de empregador obriga-o a responder pelos atos do empregado que não soube conduzir com destreza o animal; b) a imprudência de confiar à pessoa inexperiente a condução de um animal perigoso. (NADER, Paulo. Curso de Direito Civil – Vol. 7 – Responsabilidade Civil, 6ª edição. [Grupo GEN]. Retirado de https://grupogen.vitalsource.com/#/books/9788530968717)

► A doutrina cogita a hipótese de dois ou mais animais, pertencentes a donos diversos, formarem um grupo e um dentre eles atacar alguém, sem que se possa apontar qual provocou os danos.

A doutrina cogita a hipótese de dois ou mais animais, pertencentes a donos diversos, formarem um grupo e um dentre eles atacar alguém, sem que se possa apontar qual provocou os danos. Para alguns autores, como expõe Cunha Gonçalves, todos os proprietários devem responder solidariamente. Para o eminente jurista luso, tal solução seria iníqua, pois, em outras palavras, o justo pagaria pelo pecador. Preconiza a responsabilidade conjunta e na medida da quota-parte. Fundado na doutrina de Mazeaud e Mazeaud, Orlando Gomes considerou inexigível o ressarcimento em tais circunstâncias. Os guardiães, de um modo geral, respondem ainda que se tenham apoderado do animal à revelia de seu dono. Problema análogo, que exige igual solução, consiste no fato de o animal, no momento da ocorrência, encontrar-se sob a guarda de duas ou mais pessoas. (NADER, Paulo. Curso de Direito Civil - Vol. 7 - Responsabilidade Civil, 6ª edição. [Grupo GEN]. Retirado de https://grupogen.vitalsource.com/#/books/9788530968717)

► Admite-se ao guardião a ação de regresso em face do proprietário, sob o fundamento de que este lhe omitiu vícios ou defeitos do animal

Admite-se ao guardião a ação de regresso em face do proprietário, sob o fundamento de que este lhe omitiu vícios ou defeitos do animal, não lhe permitindo um controle especial, com o qual se teriam evitado os danos em terceiro. Tal direito do guardião pressupõe que o animal lhe tenha sido entregue pelo dono, seu procurador ou preposto. Como expõe Llambías, "se o guardião houvesse assumido por decisão própria a guarda do animal, não teria motivo de queixa contra o dono e teria de suportar as derivações de seus atos". (NADER, Paulo. Curso de Direito Civil - Vol. 7 - Responsabilidade Civil, 6ª edição. [Grupo GEN]. Retirado de https://grupogen.vitalsource.com/#/books/9788530968717)

► Vítima com direito à indenização

Afora o detentor da guarda e dever de vigilância, qualquer pessoa que sofra lesões de animal possui direito à indenização, inclusive o seu proprietário. A este assistiria o direito desde que sem a guarda, isento de culpa e em face do guardião. Seria a hipótese, por exemplo, de confiar o animal a um treinador, a fim de domesticá-lo, e ser surpreendido com o ataque do animal devido à negligência do guardião. (NADER, Paulo. Curso de Direito Civil - Vol. 7 - Responsabilidade Civil, 6ª edição. [Grupo GEN]. Retirado de https://grupogen.vitalsource.com/#/books/9788530968717)

► Se o lesado for empregado do guardião e os danos se verificarem em função do trabalho, a hipótese será de acidente do trabalho, devendo a ação ter andamento na justiça especializada.

Se o lesado for empregado do guardião e os danos se verificarem em função do trabalho, a hipótese será de acidente do trabalho, devendo a ação ter andamento na justiça especializada. Se, todavia, as circunstâncias e condições forem estranhas à atividade, tratar-se-á de ilícito civil sujeito às reparações previstas no art. 936, ora analisado. Seria o caso, por exemplo, de a vítima trabalhar em uma empresa e encontrar-se, no momento do ilícito, participando de festa de aniversário em uma casa de campo do empregador e dono do animal. (NADER, Paulo. Curso de Direito Civil - Vol. 7 - Responsabilidade Civil, 6ª edição. [Grupo GEN]. Retirado de https://grupogen.vitalsource.com/#/books/9788530968717)

► Nem todo impacto de animal sobre a vítima configura a causa eficiente do dano

Nem todo impacto de animal sobre a vítima configura a causa eficiente do dano. É possível que o fato, envolvendo animal e vítima, decorra de interferência de terceiro, como seria a hipótese de um veículo projetar um animal de grande porte sobre o acostamento ou calçada, atingindo transeuntes e causando-lhes danos. Neste caso, responde, não o guardião do animal, mas o proprietário do veículo. A incidência do art. 936 pressupõe um fato próprio do animal, ou seja, é preciso que este atue como causa dos danos. No exemplo, a vítima sofreu o efeito de um efeito e o animal figurou apenas como instrumento de terceiro na prática do ilícito. Não configura a hipótese, também, o fato de alguém induzir o animal à prática de danos, caso em que o autor da conduta responde por fato próprio. (NADER, Paulo. Curso de Direito Civil - Vol. 7 - Responsabilidade Civil, 6ª edição. [Grupo GEN]. Retirado de https://grupogen.vitalsource.com/#/books/9788530968717)

► A culpa do lesado somente exclui a responsabilidade quando pode ser tida como causa exclusiva do acidente.

"a culpa do lesado somente exclui a responsabilidade quando pode ser tida como causa exclusiva do acidente" (Pontes de Miranda. Tratado, ob. Cit., vol. 53, p. 378, § 5.519, no 11).

► Culpa da vítima

Desde que o autor da ação tenha deduzido as provas indispensáveis à viabilidade de seu pleito, poderá o acusado alegar, para a exclusão de sua responsabilidade, que a culpa pelos danos foi exclusivamente da vítima, ao agir temerariamente. Seria o caso, por exemplo, de um assaltante que, ao transpor o muro de uma residência, na calada da noite, fosse atacado por cão feroz que lhe causasse danos corporais. Também a hipótese de quem, em um centro de experiências científicas, imprudentemente remove a tampa de recipiente e é atacado por cobra venenosa. (NADER, Paulo. Curso de Direito Civil - Vol. 7 - Responsabilidade Civil, 6ª edição. [Grupo GEN]. Retirado de https://grupogen.vitalsource.com/#/books/9788530968717)

► Há concorrência se a conduta da vítima e a falta de vigilância do dono conduziram aos danos, exceto em situações especiais.

Não raramente encontra-se um animal caminhando no meio ou ao lado da estrada, sendo divisionado ao longo pelos que trafegam. Embora também se encontre culpa na falta de precauções para evitar a fuga do animal, vindo a atropelar a espécie nestas circunstâncias, a culpa é exclusiva do condutor, pois era-lhe possível tomar as precauções recomendadas para o momento, e impedir o evento. Mas despontando o animal numa curva, ou atravessando subitamente a pista, concorre o proprietário na indenização com o causador do atropelamento se este não foi suficientemente perito em evitar o fato, desviando ou realizando outra manobra salvadora. (RIZZARDO, Arnaldo. Responsabilidade Civil, 8ª edição. [Grupo GEN]. Retirado de https://grupogen.vitalsource.com/#/books/9788530986070/)

► **O guardião também não se responsabiliza quando o animal ataca em decorrência de provocação de quem sofre os danos, pois a hipótese se enquadra na excludente "culpa da vítima".**

O guardião também não se responsabiliza quando o animal ataca em decorrência de provocação de quem sofre os danos, pois a hipótese se enquadra na excludente "culpa da vítima". Àquele caberá a prova de que não houve ilícito, mas culpa exclusiva da vítima. A aferição de culpa da vítima cabe ao juiz, fundado no elemento probatório. Como não há medidas exatas a serem consideradas, a avaliação deve ser procedida com equidade, ou seja, de acordo com os fatos e circunstâncias que os envolveram. O ônus probante de culpa da vítima é do réu na ação. (NADER, Paulo. Curso de Direito Civil - Vol. 7 - Responsabilidade Civil, 6ª edição. [Grupo GEN]. Retirado de https://grupogen.vitalsource.com/#/books/9788530968717)

► **Força maior**

A força maior, ou o caso fortuito, embora não mencionado este último pelo Código, constitui a segunda causa que afasta a responsabilidade. Para a conceituação dessa causa excludente, lembramos a lição de Pontes de Miranda, dizendo que os acontecimentos obra do acaso formam o conteúdo da espécie, destacando a distinção das expressões: "Força maior diz-se mais propriamente do acontecimento insólito, de impossível ou dificílima previsão, tal uma extraordinária seca, uma inundação, um incêndio, um tufão etc. Caso fortuito é um sucesso previsto, mas fatal, como a morte, a doença etc." Em suma, encerram as expressões acontecimentos cuja capacidade de arredá-los está fora do alcance da vontade humana. Expressam, no caso dos animais, segundo o italiano Geri, "... um evento imprevisível e inevitável, não relacionado com o comportamento da parte, de forma que exclua qualquer incidência causal e capaz de determinar a atividade lesiva particular do animal" (RIZZARDO, Arnaldo. Responsabilidade Civil, 8ª edição. [Grupo GEN]. Retirado de https://grupogen.vitalsource.com/#/books/9788530986070/).

> ► **Ainda:** Verifica-se esta excludente de ilicitude quando o fato causador de danos, imprevisível e inevitável, for provocado pela natureza. Se os danos são uma decorrência de forças da natureza, como expõe Pontes de Miranda, o animal não constitui a sua causa primária, "mas secundária, complementar, intermediária". A causa primeira seria o fato imprevisível e irresistível. O nexo etiológico, essencial à caracterização do ato ilícito, não se forma diante da ocorrência de caso fortuito ou força maior. Ainda que provada a autoria, a imprudência ou negligência, além dos prejuízos, não se verifica a responsabilidade civil sempre que positivada a força maior ou caso fortuito. (NADER, Paulo. Curso de Direito Civil - Vol. 7 - Responsabilidade Civil, 6ª edição. [Grupo GEN]. Retirado de https://grupogen.vitalsource.com/#/books/9788530968717)

◙ **Excludente de responsabilidade.**

O proprietário do animal causador do dano somente pode excluir a sua responsabilidade nas hipóteses do CC/1916 1527 [CC 936], provando cumpridamente a ocorrência daquelas excludentes (RT 258/199).

► O furto do animal pode configurar a excludente de força maior desde que o seu dono ou detentor não tenha se descurado dos deveres inerentes ao guardião.

O furto do animal pode configurar a excludente de força maior desde que o seu dono ou detentor não tenha se descurado dos deveres inerentes ao guardião. Se, todavia, houve negligência na vigilância, o nexo etiológico não será afastado sob o fundamento de força maior. (NADER, Paulo. Curso de Direito Civil – Vol. 7 – Responsabilidade Civil, 6ª edição. [Grupo GEN]. Retirado de https://grupogen.vitalsource.com/#/books/9788530968717)

> Ainda: "Em caso de furto, ao dono pode ser imputada a culpa *in vigilando*. Se foi por ter o proprietário faltado ao dever de guardar que o furto ocorreu, a mesma razão que justifica a reparação pela culpa in custodiendo se impõe ao dono que foi privado da posse do animal. Se, porém, o furto se deu não obstante as cautelas da custódia devida, o dono se exonera, equiparado que é o furto à força maior. Tal como se dá na responsabilidade por fato das coisas em geral, e foi visto acima, se o dono perde o comando, a responsabilidade incumbe a quem o tem ainda que não fundado em direito" (SILVA PEREIRA, Caio Mário da Responsabilidade Civil, 9. ed., 6.ª tir., 2001, p. 110).

► Mas, *quid juris* se um malfeitor furta ou se apossa ilicitamente do animal, o qual vem, posteriormente, a desencadear um dano?

"Caso o animal, não perdido nem escapado, seja arbitrariamente subtraído (por exemplo, por meio de furto ou apropriação ou de qualquer outra forma que valha para privar o proprietário de sua custódia), responde de acordo com o art. 2.052 aquele que tenha entrado em posse arbitrária... Para que o usuário seja isentado de responsabilidade, é suficiente que demonstre ou denuncie o fato do qual tenha sido vítima, mesmo que ele não possa indicar a pessoa a quem ele atribua a subtração ilegal." (Geri. Responsabilità Civile per Danni da Cose ed Animali, ob. cit., p. 341.

► Pontes de Miranda, partindo da ideia de que é responsável quem tira proveito, atribui o encargo da reparação ao possuidor de má-fé.

"O ladrão de cavalos responde pelos danos causados pelos cavalos de que está com a posse, ou tença, de má-fé." (MIRANDA, Pontes. Tratado de Direito Privado, v. 53, ob. cit., p. 329, § 5.518, no 3.)

► Não é coerente obrigar o dono do animal à reparação, "porque o caso fortuito é causa da exoneração".

"dificilmente o roubo poderá constituir caso fortuito, reconhece, no entanto, a injustiça se for dada uma interpretação favorável ao ladrão, pois seria tratado mais benevolamente do que o que tem o animal com o consentimento do dono. Não é coerente obrigar o dono do animal à reparação, "porque o caso fortuito é causa da exoneração", salienta. (DIAS, Aguiar. Da Responsabilidade Civil, 4a ed., Rio de Janeiro, Forense, 1960, vol. II, pp. 510-511)

► **Necessidade da prova de que o furto não se deu por negligência do proprietário na guarda do animal.**

Mas são uniformes os autores em assentar a necessidade da prova de que o furto não se deu por negligência do proprietário na guarda do animal. E a prova incumbe a ele, como em qualquer hipótese exonerativa. (RIZZARDO, Arnaldo. Responsabili dade Civil, 8ª edição [Grupo GEN]. Retirado de https://grupogen.vitalsource.com/#/books/9788530986070/)

"A responsabilidade civil do dono ou detentor de animal é objetiva, admitindo-se a excludente do fato exclusivo de terceiro". Jornada V Dir-Civ STJ 452

► **Os danos ocasionados por animal assustado com uma situação incomum podem não caracterizar a responsabilidade do guardião devido à força maior.**

Os danos ocasionados por animal assustado com uma situação incomum podem não caracterizar a responsabilidade do guardião devido à força maior. As circunstâncias é que dirão. Pontes de Miranda faz importantes distinções. Se um cavalo, por exemplo, não afeito ao encontro de urso, assusta-se ao deparar com o animal, causando danos a pessoas, ter-se-á configurada a excludente de responsabilidade. Todavia, se o cavalo pertence a um circo, onde convive com ursos, o susto não justifica a ocorrência; daí não se considerar rompido o nexo de causalidade por força maior. (NADER, Paulo. Curso de Direito Civil - Vol. 7 - Responsabilidade Civil, 6ª edição. [Grupo GEN]. Retirado de https://grupogen.vitalsource.com/#/books/9788530968717)

► **Se um terceiro provoca a fuga do irracional, de modo proposital ou não, abrindo a porteira do local onde se encontra encerrado, é o titular da guarda ou o proprietário responsável pelos eventos lesivos que venha a dar causa?**

A resposta está na responsabilidade do segundo. Não é justo se relegue a vítima à uma situação de quase impossibilidade no direito de ressarcimento dos danos. As mesmas razões que impõem o dono a indenizar os prejuízos resultantes do fato de terceiro se aplicam para assegurar a reparação neste caso. É inconcebível condicionar a garantia na recomposição das ofensas à descoberta do responsável direto e à sua capacidade econômica. (RIZZARDO, Arnaldo. Responsabilidade Civil, 8ª edição. [Grupo GEN]. Retirado de https://grupogen.vitalsource.com/#/books/9788530986070/)

► **Na hipótese de o animal fugitivo provocar danos a outrem, as circunstâncias em que a fuga se verificou definirão a responsabilidade.**

Na hipótese de o animal fugitivo provocar danos a outrem, as circunstâncias em que a fuga se verificou definirão a responsabilidade. Se o guardião não contribuiu de qualquer modo para que a fuga ocorresse, esta deve ser considerada motivo de força maior. Igual efeito não haverá em se tratando de abandono do animal. Se a iniciativa do antigo guardião foi regular, abandonando o animal de acordo com as posturas administrativas, entendemos ser incabível a sua responsabilidade por danos causados a outrem. A hipótese, todavia, não é de força maior, mas de ausência do dever de vigilância do animal pelo término da guarda. Se a fuga decorreu de negligência do guardião, seguindo-se o dano a outrem, ter-se-á configurada a obrigatoriedade do ressarcimento. Sobre a matéria, valiosa é a exposição de Cunha Gonçalves: "O simples abandono dum animal feroz ou perigoso constituirá culpa. Esta responsabilidade só cessará se o proprietário do animal, logo que verifique a fuga deste, avisar dela à autoridade pública e, em geral, os habitantes da região, renunciando à sua propriedade e autorizando-os a prender ou matar o bicho ou se o animal, no momento do prejuízo, estava apropriado por outra pessoa, ou esta simplesmente tinha a mera posse dele, a caminho da prescrição." (NADER, Paulo. Curso de Direito Civil - Vol. 7 - Responsabilidade Civil, 6ª edição. [Grupo GEN]. Retirado de https://grupogen.vitalsource.com/#/books/9788530968717)

NÃO CONSTITUEM ATO ILÍCITO.

▶ Imunidade parlamentar

Nem todo dano causado a outrem impõe o dever de ressarcimento. A Constituição Federal isenta os deputados e senadores da responsabilidade civil e criminal, relativamente a suas opiniões, palavras e votos. É a dicção do caput do art. 53, cuja teleologia é assegurar a liberdade necessária ao pleno exercício da função, para a qual foram eleitos. Iguais direitos protegem a atuação de deputados estaduais (art. 27, § 1º, CF) e vereadores (art. 29, VIII, CF). A tutela não tem por objetivo principal a proteção de membro do Legislativo, mas da própria sociedade em nome da qual exerce o mandato. A imunidade parlamentar constitui privilégio indisponível. (NADER, Paulo. Curso de Direito Civil - Vol. 7 - Responsabilidade Civil, 6ª edição. [Grupo GEN]. Retirado de https://grupogen.vitalsource.com/#/books/9788530968717)

▶ Imunidade dos advogados

O Estatuto da Advocacia - Lei nº 8.906, de 04.07.94 –, pelo art. 2º, § 1º, dispõe que o advogado é inviolável por seus atos e manifestações, no exercício da profissão, respeitados os limites do próprio Estatuto. Mais direto e específico é o art. 7º, § 2º, ao desconsiderar delitos de injúria, difamação ou desacato, quaisquer manifestações do causídico, em juízo ou não, na tutela dos interesses de seus clientes. Quanto aos eventuais excessos, a disposição legal prevê sanções disciplinares perante ao órgão de classe – OAB –, mas evidentemente as consequências possíveis não se limitam à imposições administrativas. Conforme a conduta, esta pode caracterizar abuso de direito, tornando-se o profissional suscetível de responder civil e criminalmente por seus atos, sem corresponsabilidade, em tese, de seu cliente. (NADER, Paulo. Curso de Direito Civil – Vol. 7 - Responsabilidade Civil, 6ª edição. [Grupo GEN]. Retirado de https://grupogen.vitalsource.com/#/books/9788530968717)

▶ O advogado não se sujeita a responder judicialmente por danos morais ou materiais, quando os seus atos decorrem do exercício da profissão.

O advogado não se sujeita a responder judicialmente por danos morais ou materiais, quando os seus atos decorrem do exercício da profissão. A intangibilidade é restrita ao campo profissional e não tem por objetivo beneficiar o causídico, mas a garantir o cliente com uma atuação desenvolta; não pretende conferir ao advogado um *jus diffamandi vel injuriandi*. Paulo Luiz Netto Lôbo dá ênfase a esta finalidade: "Essa peculiar imunidade profissional não constitui um privilégio nem tampouco carta de indenidade. Em verdade, o escopo da lei é menos a proteção do profissional e muito mais a do cliente, rectius, do cidadão." (NADER, Paulo. Curso de Direito Civil – Vol. 7 – Responsabilidade Civil, 6ª edição. [Grupo GEN]. Retirado de https://grupogen.vitalsource.com/#/books/9788530968717)

► **Imunidade diplomática e responsabilidade civil**

A imunidade dos Estados estrangeiros e de seus representantes, restrita à jurisdição e execução, prevista nas Seções 2 e 3 da Convenção de Londres, de 1946, não alcança os feitos de responsabilidade civil. O privilégio geral, reconhecido no concerto das nações, não situa o Estado estrangeiro e seu corpo diplomático acima das leis civis e penais do Estado-sede; restringe-se a não se sujeitar à jurisdição. Embora a imunidade possa ser objeto de renúncia, constitui, ao ver de Osíris Rocha, um grande óbice à formação de contratos entre nacionais e os Estados estrangeiros ou seus representantes. Especificamente quanto à responsabilidade civil, não prevalece a imunidade diplomática, como já se manifestou o Superior Tribunal de Justiça: "Não há imunidade de jurisdição para o Estado estrangeiro, em causa relativa à responsabilidade civil." Igual entendimento prevalece em matéria trabalhista. (NADER, Paulo. Curso de Direito Civil – Vol. 7 – Responsabilidade Civil, 6ª edição. [Grupo GEN]. Retirado de https://grupogen.vitalsource.com/#/books/9788530968717)

CAUSAS CONCORRENTES

► **Quando a atuação da vítima também favorece a ocorrência do dano, somando-se ao comportamento causal do agente, fala-se em "concorrência de causas ou de culpas.**

Quando a atuação da vítima também favorece a ocorrência do dano, somando-se ao comportamento causal do agente, fala-se em "concorrência de causas ou de culpas", caso em que a indenização deverá ser reduzida, na proporção da contribuição da vítima. (GAGLIANO, Pablo Stolze. PAMPLONA FILHO, Rodolfo. Novo curso de direito civil, volume 3: Responsabilidade Civil / – 16ª. ed. rev., atual. e ampl. – São Paulo: Saraiva, 2018, p. 156)

► **Em caso de culpa concorrente, cada um responderá pelo dano na proporção em que concorreu para o evento danoso**

Neste caso de culpa concorrente, cada um responderá pelo dano na proporção em que concorreu para o evento danoso, o que tem de ser pesado pelo órgão julgador quando da fixação da reparação, uma vez que somente há condenação pela existência da desproporcionalidade da culpa. (GAGLIANO, Pablo Stolze. PAMPLONA FILHO, Rodolfo. Novo curso de direito civil, volume 3: Responsabilidade Civil / – 16ª. ed. rev., atual. e ampl. – São Paulo: Saraiva, 2018, p. 156)

◙ Culpa concorrente. Proporção da indenização.

Reconhecida a culpa concorrente do autor, em grau menor que a da ré, a indenização a que ele tem direito, para a reparação do dano que sofreu, deve ser proporcionalmente reduzida (STJ, 4.ª T., REsp 94277-SP, rel. Min. Ruy Rosado de Aguiar, v.u., j. 27.8.1996, DJU 16.9.1996, p. 33748).

► Se houver concorrência de culpas, do autor do dano e da vítima, a indenização deve ser reduzida

"se houver concorrência de culpas, do autor do dano e da vítima, a indenização deve ser reduzida. Posto não enunciado expressamente, esse princípio é irrecusável no sistema do direito pátrio, constituindo, entre nós, 'jus receptum'. A jurisprudência consagra, com efeito, a solução do pagamento pela metade, no caso de culpa de ambas as partes" (Washington de Barros Monteiro, Curso de Direito Civil, Saraiva, 1971, citado por Rui Stoco, in Tratado de Responsabilidade Civil, 5. ed., São Paulo: Revista dos Tribunais, 2001, p. 99).

◙ Falta de cautela da vítima.

Se a vítima não age com a cautela necessária para atravessar a rua em local apropriado, vindo a ser atropelada, justificável a redução proporcional do valor indenizatório, em razão da culpa concorrente (RT 609/112).

◙ Responsabilidade proporcional.

A responsabilidade pelos danos decorrentes de acidente de trânsito, em caso de culpa concorrente, deve ser proporcional ao grau de culpa de cada um dos agentes causadores do sinistro (RT 773/364).

CONCAUSAS

► Conceito.

Utiliza-se a expressão "concausa" para caracterizar o acontecimento que, anterior, concomitante ou superveniente ao antecedente que deflagrou a cadeia causal, acrescenta-se a este, em direção ao evento danoso. (GAGLIANO, Pablo Stolze. PAMPLONA FILHO, Rodolfo. Novo curso de direito civil, volume 3: Responsabilidade Civil / – 16ª. ed. rev., atual. e ampl. – São Paulo: Saraiva, 2018, p. 157)

► A grande questão em torno do tema diz respeito à circunstância de esta concausa interromper ou não o processo naturalístico já iniciado, constituindo um novo nexo, caso em que o agente da primeira causa não poderia ser responsabilizado pela segunda.

Se esta segunda causa for absolutamente independente em relação à conduta do agente – quer seja preexistente, concomitante ou superveniente – o nexo causal originário estará rompido e o agente não poderá ser responsabilizado. Imagine, por exemplo, a hipótese de um sujeito ser alvejado por um tiro, que o conduziria à morte, e, antes do seu passamento por esta causa, um violento terremoto matou-o. Por óbvio, esta causa superveniente, absolutamente independente em face do agente que deflagrou o tiro, rompeu o nexo causal. O mesmo raciocínio aplica-se às causas preexistentes (a ingestão de veneno antes do tiro) e concomitantes (um derrame cerebral fulminante por força de diabetes, ao tempo que é atingido pelo projétil). Diferentemente, em se tratando de uma causa relativamente independente - aquela que incide no curso do processo naturalístico causal, somando-se à conduta do agente —, urge distinguirmos se a mesma é preexistente, concomitante ou superveniente. (GAGLIANO, Pablo Stolze. PAMPLONA FILHO, Rodolfo. Novo curso de direito civil, volume 3: Responsabilidade Civil / - 16ª. ed. rev., atual. e ampl. - São Paulo: Saraiva, 2018, p. 158)

IMPUTABILIDADE

► **Imputabilidade é a suscetibilidade de atribuição do resultado danoso ao seu autor respectivo.**

Imputabilidade é a suscetibilidade de atribuição do resultado danoso ao seu autor respectivo. (LISBOA, Roberto Senise. Manual de direito civil, v. 2: Direito das obrigações e responsabilidade civil. 3ª. ed. - São Paulo: Saraiva, 2004, p. 434)

► **A imputabilidade é pressuposto da própria responsabilidade e integra a noção de ato ilícito.**

A imputabilidade é pressuposto da própria responsabilidade e integra a noção de ato ilícito. É o conjunto de elementos subjetivos que permitem que o agente seja responsável pelos danos praticados. Somente se torna possível tal atribuição em desfavor daquele que tem ciência da conduta perpetrada e do resultado danoso verificado, o que deve ser objetivamente analisado pelo julgador, ao apreciar o caso concreto. Por consequência, somente se considera imputável o sujeito capaz, dotado de discernimento para a prática de atos em sociedade, à época da realização do ato ilícito. (LISBOA, Roberto Senise. Manual de direito civil, v. 2: Direito das obrigações e responsabilidade civil. 3ª. ed. - São Paulo: Saraiva, 2004, p. 434/435)

► **A imputabilidade exsurge como um pressuposto da responsabilidade pessoal do agente causador do dano patrimonial ou extrapatrimonial**

A imputabilidade exsurge como um pressuposto da responsabilidade pessoal do agente causador do dano patrimonial ou extrapatrimonial, cujo fundamento variará conforme o sistema de responsabilidade civil adotado (a culpa ou o risco, analisados no capítulo. (LISBOA, Roberto Senise. Manual de direito civil, v. 2: Direito das obrigações e responsabilidade civil. 3ª. ed. - São Paulo: Saraiva, 2004, p. 435)

► Ainda: A responsabilidade subjetiva não decorre apenas da prática de uma conduta, nem do simples fato lesivo. Exige, ainda, conduta culpável, isto é, reprovável, passível de um juízo de censura. O agente só pode ser pessoalmente censurado quando, em face das circunstâncias concretas da situação, seja possível afirmar que ele devia e podia ter agido de outro modo. A formulação deste juízo de reprovação desdobra-se em dois momentos sucessivos: 1. é necessário que o agente, no momento em que agiu, tenha capacidade de entender o que está fazendo e determinar-se de acordo com esse entendimento; 2. que a sua conduta tenha se desviado do comportamento dele exigível. O primeiro momento nos leva à imputabilidade, o segundo à culpa. Tratemos da imputabilidade. Quem é imputável? Que requisitos são necessários para que a pessoa seja susceptível do juízo de censura ou reprovação na imputação do fato ilícito? (CAVALIERI FILHO, Sérgio, Programa de responsabilidade civil, 13ª. ed., Atlas, São Paulo, 2019 p. 42)

► **A imputabilidade significa a atribuição de responsabilidade.**

Envolve o conjunto de condições pelas quais se pode inculcar em alguém a responsabilidade. Constitui o elemento constitutivo da culpa, dela dependendo a responsabilidade. Para que o ato seja reputado ilícito, urge que represente um resultado de uma livre determinação da parte de seu autor. O ato deve proceder de uma vontade soberana. Pressupõe que toda pessoa tenha consciência de sua obrigação em se abster da prática de uma ação que possa acarretar um prejuízo injustificado a outrem, atingindo a vida, ou a saúde, ou a liberdade de alguém, explica Serpa Lopes. (RIZZARDO, Arnaldo. Responsabilidade Civil, 8ª edição. [Grupo GEN]. Retirado de https://grupogen.vitalsource.com/#/books/9788530986070/)

► **"Imputar" é atribuir a alguém a responsabilidade por alguma coisa.**

Imputabilidade é, pois, o conjunto de condições pessoais que dão ao agente capacidade para poder responder pelas consequências de uma conduta contrária ao dever; imputável é aquele que podia e devia ter agido de outro modo. Disso se conclui que a imputabilidade é pressuposto não só da culpa em sentido lato, mas também da própria responsabilidade. Por isso se diz que não há como responsabilizar quem quer que seja pela prática de um ato danoso se, no momento em que o pratica, não tem capacidade de entender o caráter reprovável de sua conduta e de determinar-se de acordo com esse entendimento. (CAVALIERI FILHO, Sérgio, Programa de responsabilidade civil, 13ª. ed., Atlas, São Paulo, 2019 p. 42/43)

► **Dois são os elementos da imputabilidade**

Dois são os elementos da imputabilidade: maturidade e sanidade mental. Importa o primeiro desenvolvimento mental; e o segundo, higidez. Consequentemente, imputável é o agente mentalmente são e desenvolvido, capaz de entender o caráter de sua conduta e de determinar-se de acordo com esse entendimento. (CAVALIERI FILHO, Sérgio, Programa de responsabilidade civil, 13ª. ed., Atlas, São Paulo, 2019 p. 43)

Para se concretizar a imputabilidade, o comportamento se exterioriza com a transgressão deliberada das regras impostas pela ordem social e jurídica.

Para se concretizar a imputabilidade, o comportamento se exterioriza com a transgressão deliberada das regras impostas pela ordem social e jurídica. Tal violação acontece ou voluntariamente, com dolo, ou culposamente, com negligência ou imprudência. Em outras palavras, urge que o fato lesivo seja voluntário, que se impute ao agente por meio de uma ação ou omissão voluntária, ou então apresente negligência ou imprudência. (RIZZARDO, Arnaldo. Responsabilidade Civil, 8ª edição. [Grupo GEN]. Retirado de https://grupogen.vitalsource.com/#/books/9788530986070/)

► **Os menores de 16 anos não são responsáveis porque são incapazes, nos termos do art. 3º do Código Civil. Falta-lhes maturidade, desenvolvimento mental suficiente para autodeterminar-se.**

Por eles respondem os pais (Código Civil, art. 932, I), se estiverem sob sua autoridade e em sua companhia. Quanto ao menor relativamente incapaz (antes entre 16 e 21 anos, agora entre 16 e 18 anos), o Código de 1916, em seu art. 156, o equiparava ao maior no tocante às obrigações resultantes de ato ilícito. Esse artigo, todavia, não foi agasalhado pelo Código de 2002. (CAVALIERI FILHO, Sérgio, Programa de responsabilidade civil, 13ª. ed., Atlas, São Paulo, 2019 p. 43)

► **O Estatuto da Criança e do Adolescente (Lei nº 8.069/1990), por seu turno, dispõe, em seu art. 116, que, tratando-se de ato infracional com reflexos patrimoniais, a autoridade poderá determinar que o adolescente restitua a coisa, promova o ressarcimento do dano ou, por outra forma, compense o prejuízo da vítima.**

"Adolescente", segundo o art. 2º do mesmo estatuto, é a pessoa entre 12 e 18 anos de idade. Na Jornada de Direito Civil promovida pelo Centro de Estudos Judiciários do Conselho da Justiça Federal (Brasília, setembro/2002) foi aprovado o Enunciado nº 40, com a seguinte redação: "O incapaz responde pelos prejuízos que causar de maneira subsidiária ou excepcionalmente, como devedor principal, na hipótese do ressarcimento devido pelos adolescentes que praticarem atos infracionais, nos termos do art. 116 do Estatuto da Criança e do Adolescente, no âmbito das medidas socioeducativas ali previstas." (CAVALIERI FILHO, Sérgio, Programa de responsabilidade civil, 13ª. ed., Atlas, São Paulo, 2019 p. 43)

◙ **"O incapaz responde pelos prejuízos que causar de maneira subsidiária ou excepcionalmente, como devedor principal, na hipótese do ressarcimento devido pelos adolescentes que praticarem atos infracionais nos termos do ECA 116, no âmbito das medidas socioeducativas ali previstas". Jornada I DirCiv STJ 40**

◙ **"A única hipótese em que poderá haver responsabilidade solidária do menor de 18 anos com seus pais é ter sido emancipado nos termos do CC, 5º, par.ún., I". Jornada I DirCiv STJ 41**

◙ **Incapaz. Ilegitimidade para recorrer de sentença em ação movida apenas contra seu pai.**

A norma do CC, 942 deve ser interpretada em conjunto com aquela dos CC, 928 e 934, que tratam, respectivamente, (i) da responsabilidade subsidiária e mitigada do incapaz e (ii) da inexistência de direito de regresso em face do descendente absoluta ou relativamente incapaz. Na hipótese, conclui-se pela carência de interesse e legitimidade recursal do recorrente porque a ação foi proposta unicamente em face do seu genitor, não tendo sido demonstrado o nexo de interdependência entre seu interesse de intervir e a relação jurídica originalmente submetida à apreciação judicial (STJ, 3.ª T., REsp 1319626-MG, rel. Min. Nancy Andrighi, j. 26.2.2013, DJUE 5.3.2013).

■ "A impossibilidade de privação do necessário à pessoa, prevista no art. 928, traduz um dever de indenização equitativa, informado pelo princípio constitucional da proteção à dignidade da pessoa humana. Como consequência, também os pais, tutores e curadores serão beneficiados pelo limite humanitário do 7 dever de indenizar, de modo que a passagem ao patrimônio do incapaz se dará não quando esgotados todos os recursos do responsável, mas se reduzidos estes ao montante necessário à manutenção de sua dignidade". Jornada I DirCiv STJ 39

▶ São igualmente irresponsáveis os que, por enfermidade ou deficiência mental, não tiverem o necessário discernimento para a prática dos atos da vida civil.

O art. 3º, inciso II, do Código Civil tinha norma expressa nesse sentido, revogada pela Lei nº 13.146, de 6 de julho de 2015, chamada de Estatuto da Pessoa com Deficiência. Temos como certo, entretanto, que o referido estatuto em nada alterou os requisitos da irresponsabilidade por enfermidade ou deficiência mental, uma vez que esta decorre de condições físicas e psicológicas – falta de capacidade de entendimento e autodeterminação. Imputável é o agente mentalmente são e desenvolvido, capaz de entender o caráter de sua conduta e de determinar-se de acordo com esse entendimento, e isso não é puramente normativo. A inimputabilidade dos "amentais" tem por causa a falta de higidez mental, insanidade de todo gênero, que lhes tira a capacidade de entendimento e autodeterminação, e isso decorre de condições físicas e psicológicas da pessoa e não de regra legal. (CAVALIERI FILHO, Sérgio, Programa de responsabilidade civil, 13ª. ed., Atlas, São Paulo, 2019 p. 43/44)

▶ A finalidade do Estatuto da Pessoa com Deficiência é proteger, beneficiar o deficiente e não agravar a sua situação ao ponto de torná-lo civilmente responsável

Ademais, a finalidade do Estatuto da Pessoa com Deficiência é proteger, beneficiar o deficiente e não agravar a sua situação ao ponto de torná-lo civilmente responsável, como se depreende do texto expresso dos seus primeiros artigos: "Art. 1º É instituída a Lei Brasileira de Inclusão da Pessoa com Deficiência (Estatuto da Pessoa com Deficiência), destinada a assegurar e a promover, em condições de igualdade, o exercício dos direitos e das liberdades fundamentais por pessoa com deficiência, visando à sua inclusão social e cidadania. (...) Art. 4º Toda pessoa com deficiência tem direito à igualdade de oportunidades com as demais pessoas e não sofrerá nenhuma espécie de discriminação. (...) Art. 5º A pessoa com deficiência será protegida de toda forma de negligência, discriminação, exploração, violência, tortura, crueldade, opressão e tratamento desumano ou degradante". (CAVALIERI FILHO, Sérgio, Programa de responsabilidade civil, 13ª. ed., Atlas, São Paulo, 2019 p. 44)

► **Respondem pelos deficientes mentais os curadores (art. 932, II, do Código Civil), nas mesmas condições dos pais em relação aos filhos.**

Esta é a concepção clássica já defendida por Orozimbo Nonato (RF 83/369), que dizia: "Ao amental falta-lhe imputabilidade e sem esta inexiste culpa." De longa data, entretanto, muitos autores defendiam o princípio da ampla responsabilidade dos loucos, mormente quando abastados de bens e não têm quem por eles responda, casos em que a vítima ficaria ao desamparo. (CAVALIERI FILHO, Sérgio, Programa de responsabilidade civil, 13ª. ed., Atlas, São Paulo, 2019 p. 44)

► **O Código Civil de 2002 optou por um critério mitigado e subsidiário em seu art. 928 no que diz respeito à responsabilidade do incapaz.**

Responderá o incapaz pelos prejuízos que causar se as pessoas por ele responsáveis não tiverem obrigação de fazê-lo ou não dispuserem de meios suficientes. Aduz o parágrafo único desse artigo: "A indenização prevista neste artigo, que deverá ser equitativa, não terá lugar se privar do necessário o incapaz ou as pessoas que dele dependem." (CAVALIERI FILHO, Sérgio, Programa de responsabilidade civil, 13ª. ed., Atlas, São Paulo, 2019 p. 45)

► **O fundamento da responsabilidade do deficiente mental deve ser encontrado nos princípios de garantia e assistência social, que sacrificam o direito para a Humanidade.**

O restabelecimento do equilíbrio social violado pelo dano deve ser o denominador comum de todos os sistemas de responsabilidade civil, estabelecendo-se, como norma fundamental, que a composição ou restauração econômica se faça, sempre que possível, à custa do ofensor. A indenização, todavia, deve ser calculada de modo a não prejudicar os alimentos do inimputável, nem os deveres legais de alimentos que recaiam sobre ele. Antunes Varela, comentando o art. 489 do Código Civil Português, que corresponde ao nosso art. 928, faz considerações totalmente pertinentes ao nosso estudo: "Em resumo, pode dizer-se que para haver responsabilidade da pessoa inimputável é necessária a verificação dos seguintes requisitos: (a) que haja um facto ilícito; (b) que esse facto tenha causado danos a alguém; (c) que o facto tenha sido praticado em condições de ser considerado culposo, reprovável, se nas mesmas condições tivesse sido praticado por pessoa imputável; (d) que haja entre o facto e o dano o necessário nexo de causalidade; (e) que a reparação do dano não possa ser obtida dos vigilantes do inimputável; (f) que a equidade justifique a responsabilidade total ou parcial do autor, em face das circunstâncias concretas do caso. De todo modo – conclui o grande civilista luso –, a obrigação de indenizar deve ser fixada em termos de não privar o inimputável dos meios necessários aos seus alimentos ou ao cumprimento dos seus deveres legais de alimentos" (Das obrigações em geral, 8. ed., Almedina, p. 575). (CAVALIERI FILHO, Sérgio, Programa de responsabilidade civil, 13ª. ed., Atlas, São Paulo, 2019 p. 45)

► **A inimputabilidade não exclui o dever de reparar o dano se ocorrerem duas condições**

Podemos, então, concluir dizendo que a inimputabilidade não exclui o dever de reparar o dano se ocorrerem duas condições. Primeira, ser o ato tal que, se praticado por alguém imputável, configure a violação de um dever. Se o inimputável agiu em condições em que não se lhe poderia atribuir culpa alguma caso fosse imputável, não poderá ser obrigado a indenizar. Seria um contrassenso tratar o inimputável, nesse aspecto, com maior severidade do que as pessoas imputáveis, exigindo dele uma conduta que a estas se não impõe. Segunda, ter o inimputável bens em valor superior ao necessário para lhe assegurar os alimentos adequados ao seu estado e condição e os alimentos que legalmente deva a outrem. Essa reparação é imposta objetivamente por uma razão de equidade, como expressamente declara o parágrafo único do art. 928. O Enunciado nº 39 da Jornada de Direito Civil promovida pelo Centro de Estudos da Justiça Federal (Brasília, setembro/2002) é nesse sentido: "A impossibilidade de privação do necessário à pessoa, prevista no art. 928, traduz um dever de indenização equitativa, informado pelo princípio constitucional da proteção à dignidade da pessoa humana. Como consequência, também os pais, tutores e curadores serão beneficiados pelo limite humanitário do dever de indenizar, de modo que a passagem ao patrimônio do incapaz se dará não quando esgotados todos os recursos do responsável, mas quando reduzidos estes ao montante necessário à manutenção de sua dignidade." Como o art. 928 refere-se ao incapaz de forma geral, abrange não só os amentais, mas também os menores de 18 anos. (CAVALIERI FILHO, Sérgio, Programa de responsabilidade civil, 13ª. ed., Atlas, São Paulo, 2019 p. 45/46)

SISTEMAS DE RESPONSABILIDADE CIVIL ADOTADOS NO CÓDIGO CIVIL.

Dois são os sistemas de responsabilidade civil que foram adotados pelo CC: responsabilidade civil objetiva e responsabilidade civil subjetiva. (Código Civil Comentado – Ed. 2019, Autor: Nelson Nery Junior, Rosa Maria de Andrade Nery, Editor:Revista dos Tribunais, Código Civil, Parte Especial. LIVRO I. DO DIREITO DAS OBRIGAÇÕES, TÍTULO IX. DA RESPONSABILIDADE CIVIL, Capítulo I. DA OBRIGAÇÃO DE INDENIZAR, Art. 927. Página RL-2.125, https://proview.thomsonreuters.com/launchapp/title/rt/codigos/100083938/v13/page/RL-2.125)

► O sistema geral do CC é o da responsabilidade civil subjetiva (CC 186), que se funda na teoria da culpa

O sistema geral do CC é o da responsabilidade civil subjetiva (CC 186), que se funda na teoria da culpa: para que haja o dever de indenizar é necessária a existência: a) do dano; b) do nexo de causalidade entre o fato e o dano; c) da culpa *lato sensu* (culpa – imprudência, negligência ou imperícia – ou dolo) do agente. (Código Civil Comentado – Ed. 2019, Autor: Nelson Nery Junior, Rosa Maria de Andrade Nery, Editor:Revista dos Tribunais, Código Civil, Parte Especial. LIVRO I. DO DIREITO DAS OBRIGAÇÕES, TÍTULO IX. DA RESPONSABILIDADE CIVIL, Capítulo I. DA OBRIGAÇÃO DE INDENIZAR, Art. 927. Página RL-2.125, https://proview.thomsonreuters.com/launchapp/title/rt/codigos/100083938/v13/page/RL-2.125)

► **O sistema subsidiário do CC é o da responsabilidade civil objetiva (CC, 927, par.ún.), que se funda na teoria do risco.**

O sistema subsidiário do CC é o da responsabilidade civil objetiva (CC, 927, par. ún.), que se funda na teoria do risco: para que haja o dever de indenizar é irrelevante a conduta (dolo ou culpa) do agente, pois basta a existência: a) do dano; e b) do nexo de causalidade entre o fato e o dano. Haverá responsabilidade civil objetiva quando a lei assim o determinar (v.g., CC, 933) ou quando a atividade habitual do agente, por sua natureza, implicar risco para o direito de outrem (v.g., atividades perigosas). (Código Civil Comentado – Ed. 2019, Autor: Nelson Nery Junior, Rosa Maria de Andrade Nery, Editor:Revista dos Tribunais, Código Civil, Parte Especial. LIVRO I. DO DIREITO DAS OBRIGAÇÕES, TÍTULO IX. DA RESPONSABILIDADE CIVIL, Capítulo I. DA OBRIGAÇÃO DE INDENIZAR, Art. 927. Página RL-2.125, https://proview.thomsonreuters.com/launchapp/title/rt/codigos/100083938/v13/page/RL-2.125)

► **Há outros subsistemas derivados dos dois sistemas, que se encontram tanto no CC como em leis extravagantes.**

Ambas têm a mesma importância no sistema do CC, não havendo predominância de uma sobre a outra. Conforme o caso aplica-se um ou outro regime da responsabilidade civil, sendo impertinente falar-se em regra e exceção. Considerando o sistema da responsabilidade subjetiva como a regra geral e o da responsabilidade objetiva como a exceção, Moreira Alves. A responsabilidade extracontratual e seu fundamento: culpa e nexo de causalidade (Est. Oscar Corrêa, n. 5, p. 200). No sistema de direito privado, há hipóteses de responsabilidade extracontratual que se determinam pelo critério subjetivo (CC 186) e pelo critério objetivo (CC, 927, par.ún.). Igualmente, há situações de responsabilidade civil por dano contratual que se apura pelo critério da responsabilidade subjetiva (hipótese em que se verificam os aspectos que compõem a base subjetiva do negócio jurídico) e da responsabilidade objetiva (quando a matéria sob análise aborda a base objetiva do negócio jurídico – CC 421 e 422). (Código Civil Comentado – Ed. 2019, Autor: Nelson Nery Junior, Rosa Maria de Andrade Nery, Editor:Revista dos Tribunais, Código Civil, Parte Especial. LIVRO I. DO DIREITO DAS OBRIGAÇÕES, TÍTULO IX. DA RESPONSABILIDADE CIVIL, Capítulo I. DA OBRIGAÇÃO DE INDENIZAR, Art. 927. Página RL-2.125, https://proview.thomsonreuters.com/launchapp/title/rt/codigos/100083938/v13/page/RL-2.125)

RESPONSABILIDADE CIVIL DECORRENTE DE TRANSPORTE AÉREO

◙ Danos morais – Transporte aéreo – Voo nacional – Atraso, alteração e cancelamento de voos

RESPONSABILIDADE CIVIL – Danos morais – Transporte aéreo – Voo nacional – Atraso, alteração e cancelamento de voos – Transtornos advindos da falha na prestação do serviço que ultrapassaram meros dissabores ou aborrecimentos – Dano moral "in re ipsa" – Fixação do "quantum" indenizatório em R$ 15.000,00 que atende aos princípios da razoabilidade e da proporcionalidade para o caso concreto – Apelação não provida. (TJSP; Apelação Cível 1061756-37.2017.8.26.0506; Relator (a): Roque Antonio Mesquita de Oliveira; Órgão Julgador: 18ª Câmara de Direito Privado; Foro de Ribeirão Preto – 8ª Vara Cível; Data do Julgamento: 17/01/2020; Data de Registro: 17/01/2020)

◙ Transporte aéreo – Extravio temporário de bagagem em voo internacional

Apelação – Transporte aéreo – Extravio temporário de bagagem em voo internacional – Ação indenizatória – Sentença de acolhimento parcial dos pedidos – Reforma parcial, para a majoração da indenização por danos morais e para cancelar a parcial responsabilização da autora pelas verbas da sucumbência. 1. Responsabilidade civil – Bagagem temporariamente extraviada em voo internacional, apenas sendo localizada e devolvida quatro dias depois, isso evidenciando falha na prestação dos serviços e, pois, gerando responsabilidade civil. 2. Dano moral – Caracterização diante do presumido sofrimento experimentado pelo autor, que se viu privado da bagagem e foi compelido a despender tempo para a resolução do impasse. Consideração, porém, de que o extravio temporário da bagagem se deu no destino final. Indenização arbitrada em primeiro grau comportando majoração para R$ 4.000,00, consideradas as peculiaridades do caso, à luz da técnica do desestímulo. 3. Verbas da sucumbência – Não acolhimento integral do pedido de indenização por danos morais não implicando sucumbência recíproca, ao menos para efeito de fixação de verbas da sucumbência (Súmula 326 do STJ). Verbas da sucumbência que ora se atribui à responsabilidade exclusiva da ré. Deram parcial provimento à apelação. (TJSP; Apelação Cível 1065872-72.2019.8.26.0100; Relator (a): Ricardo Pessoa de Mello Belli; Órgão Julgador: 19ª Câmara de Direito Privado; Foro Central Cível – 10ª Vara Cível; Data do Julgamento: 17/01/2020; Data de Registro: 17/01/2020)

◙ Transporte aéreo – Danos à mala e extravio definitivo de itens de bagagem em voo nacional

Apelação – Transporte aéreo – Danos à mala e extravio definitivo de itens de bagagem em voo nacional – Relação de consumo – Ação indenizatória –– Sentença de acolhimento parcial dos pedidos – Irresignação, do autor, parcialmente procedente. Dano moral sem sombra de dúvida caracterizado, pelo sofrimento imposto ao autor, seja pela perda dos pertences, seja pelo longo caminho por ele percorrido, seja pela falta de dedicação da transportadora ré para solucionar o caso. Indenização por danos morais que se arbitra na importância de R$ 5.000,00, sobretudo à luz da técnica do desestímulo. Verbas da sucumbência atribuídas à responsabilidade exclusiva da ré. Ação que se julga procedente, nesses termos. Deram parcial provimento à apelação. (TJSP; Apelação Cível 1015382-09.2016.8.26.0114; Relator (a): Ricardo Pessoa de Mello Belli; Órgão Julgador: 19ª Câmara de Direito Privado; Foro de Campinas – 8ª Vara Cível; Data do Julgamento: 17/01/2020; Data de Registro: 17/01/2020)

◙ Atraso de mais de 18 horas na chegada ao destino.

Ação indenizatória de danos morais. Responsabilidade Civil. Contrato de transporte aéreo internacional. Decisão de parcial procedência. Atraso de mais de 18 horas na chegada ao destino. Culpa, existência de nexo causal e obrigação de indenizar pelos danos morais, *in re ipsa*. Aplicação do CDC. Indenização moral arbitrada em R$ 10.000,00. Proporção e razoabilidade, com caráter compensatório pelo abalo sofrido. Sentença confirmada nos termos do art. 252 do RITJSP. Recurso desprovido. (TJSP; Apelação Cível 1013141-19.2017.8.26.0020; Relator (a): Flávio Cunha da Silva; Órgão Julgador: 38ª Câmara de Direito Privado; Foro Regional XII – Nossa Senhora do Ó – 4ª Vara Cível; Data do Julgamento: 17/01/2020; Data de Registro: 17/01/2020)

◙ Atraso no voo de quase 7 horas que extrapola os limites do mero aborrecimento

Responsabilidade civil – Indenização por danos materiais – Transporte Aéreo – Relação de Consumo – Responsabilidade objetiva do prestador de serviços pelos danos causados – Insuficiência do serviço prestado – Atraso no voo de quase 7 horas que extrapola os limites do mero aborrecimento – Indenização devida – Reforma da sentença – Danos morais fixados em R$10.000,00 – Princípios da razoabilidade e proporcionalidade – Fixação da correção monetária a partir da citação – Dever de indenizar decorrentes de responsabilidade civil – Recurso a que se dá provimento. (TJSP; Apelação Cível 1001216-43.2018.8.26.0003; Relator (a): Mauro Conti Machado; Órgão Julgador: 16ª Câmara de Direito Privado; Foro Regional III – Jabaquara – 3ª Vara Cível; Data do Julgamento: 17/01/2020; Data de Registro: 17/01/2020)

◙ Cancelamentos de voos por motivos operacionais e más condições climáticas

Ação indenizatória por danos morais – Transporte aéreo nacional – Cancelamentos de voos por motivos operacionais e más condições climáticas, em datas distintas, sem realocação do autor em outros voos, que seguiu viagem de ônibus, chegando com considerável atraso no destino final – Aplicação do CDC Responsabilidade objetiva da companhia aérea – Violação aos artigos 734 e 737 do CC e da Resolução ANAC 400/2016 – Clara situação de fortuito interno, não atuando a ré para minimizar as consequências dos transtornos suportados pelo passageiro – Danos morais caracterizados – Indenização que se arbitra em consonância com a extensão do dano e princípios da razoabilidade e proporcionalidade – Ação julgada procedente – Recurso provido. (TJSP; Apelação Cível 1003466-15.2019.8.26.0003; Relator (a): Francisco Giaquinto; Órgão Julgador: 13ª Câmara de Direito Privado; Foro Regional III – Jabaquara – 1ª Vara Cível; Data do Julgamento: 17/01/2020; Data de Registro: 17/01/2020)

◙ Atraso de voo e perda de conexão em razão de manutenção não programada da aeronave

INDENIZAÇÃO POR DANOS MORAIS – TRANSPORTE AÉREO nacional – Atraso de voo e perda de conexão em razão de manutenção não programada da aeronave – Fortuito interno – Chegada ao destino através de transporte terrestre – Atraso de 15 horas – Falha na prestação de serviços caracterizada – Responsabilidade objetiva da companhia aérea por danos causados ao consumidor (art. 14, do CDC) – Dano moral 'in re ipsa' que prescinde de prova Dever de indenizar configurado – Aplicação do art.252 do RITJSP- Sentença mantida nesta parte- Recurso improvido nesta parte. DANOS MORAIS – Quantum- Valor da indenização por danos morais que deve ser mantido, para atender aos princípios da razoabilidade e proporcionalidade – – Sentença mantida nesta parte- Recurso não provido nesta parte. (TJSP; Apelação Cível 1009026-68.2018.8.26.0068; Relator (a): Denise Andréa Martins Retamero; Órgão Julgador: 24ª Câmara de Direito Privado; Foro de Barueri – 6ª Vara Cível; Data do Julgamento: 15/01/2020; Data de Registro: 17/01/2020)

◙ Transporte aéreo internacional. Extravio temporário de bagagem.

APELAÇÃO. Responsabilidade civil. Transporte aéreo internacional. Extravio temporário de bagagem. Ação de reparação de danos morais. Sentença de improcedência. Extravio de bagagem por 13 (treze) dias. Viagem para participação de evento com a presidente da Lituânia. Acolhimento do pedido indenizatório. Fixação para R$ 10.000,00 (dez mil reais). Tarifação inaplicável. Matéria expressamente afastada pelo voto vencedor do Ministro Gilmar Mendes no julgamento do RE com repercussão geral nº 636.331/RJ, que restringiu a tarifação prevista na Convenção de Varsóvia às indenizações por dano material. Recurso provido. (TJSP; Apelação Cível 1087191-33.2018.8.26.0100; Relator (a): Décio Rodrigues; Órgão Julgador: 21ª Câmara de Direito Privado; Foro Central Cível – 20ª Vara Cível; Data do Julgamento: 16/01/2020; Data de Registro: 16/01/2020)

◙ Cancelamento de voo em razão da necessidade de manutenção e abastecimento da aeronave

DANO MORAL – Transporte aéreo internacional – Pretensão de majoração da indenização fixada em R$ 4.000,00 – Cabimento – Cancelamento de voo em razão da necessidade de manutenção e abastecimento da aeronave – Fundamentos que não excluem a responsabilidade da Ré, tratando-se de fortuito interno – Circunstância que ensejou atraso superior a 24 (vinte e quatro) horas para a realização da viagem internacional – Premissa de a Ré ter fornecido hospedagem que não atenua sua responsabilidade pelo atraso, representando mero cumprimento do art. 14 da Resolução ANAC nº. 141/2010 – Majoração para o importe de R$ 15.000,00 – Recurso provido. (TJSP; Apelação Cível 1023332-12.2019.8.26.0002; Relator (a): Mario de Oliveira; Órgão Julgador: 38ª Câmara de Direito Privado; Foro Regional II – Santo Amaro – 4ª Vara Cível; Data do Julgamento: 16/01/2020; Data de Registro: 16/01/2020)

◙ Negativa de embarque e atrasos

APELAÇÃO CÍVEL – Transporte aéreo – Ação de indenização por danos materiais e morais – Negativa de embarque e atrasos – Realização de operações técnicas que constituem fortuito interno – Aparente prática de venda excessiva de assentos (overbooking) – Responsabilidade da companhia aérea nos termos dos artigos 6º, inciso VI e 14 do Código de Defesa do Consumidor – Dano moral caracterizado – Sentença que condenou a companhia aérea no pagamento de indenização por dano moral no valor de R$ 15.000,00 (quinze mil reais) – Valor adequado em vista das circunstâncias do caso concreto – Litigância de má-fé não caracterizada – Sentença de procedência parcial – Inconformismo do autor e da ré – Pedido de reforma – Sentença mantida – Recursos não providos. (TJSP; Apelação Cível 1041210-58.2017.8.26.0506; Relator (a): Daniela Menegatti Milano; Órgão Julgador: 19ª Câmara de Direito Privado; Foro de Ribeirão Preto – 1ª Vara Cível; Data do Julgamento: 10/01/2020; Data de Registro: 15/01/2020)

◙ Voo cancelado

RESPONSABILIDADE CIVIL – Voo cancelado – Atraso de aproximadas 10 (dez) horas até o destino final – Fortuito interno, que não afasta a responsabilidade da companhia aérea pelos danos causados aos autores – Prestação de assistência para diminuir os desconfortos do atraso que não elide a frustação do cancelamento do voo e a justa expectativa de iniciar sua viagem com tranquilidade, além da demora de 10 horas até a chegada ao destino final – Dano moral in re ipsa – Indenização majorada de R$ 4.000,00 para R$ 5.000,00 em favor de cada parte autora, montante que denota razoabilidade e proporcionalidade, sopesado o auxílio material (voucher de alimentação) fornecido pela ré e reacomodação em voo próximo – Precedentes desta Corte – Recurso parcialmente provido para elevar a verba indenizatória para R$ 5.000,00, majorada a honorária para 15% do valor da condenação (art. 85, §2º e 11, do CPC). (TJSP; Apelação Cível 1017538-07.2019.8.26.0003; Relator (a): Mendes Pereira; Órgão Julgador: 15ª Câmara de Direito Privado; Foro Regional III – Jabaquara – 4ª Vara Cível; Data do Julgamento: 21/08/2012; Data de Registro: 13/01/2020)

> ◙ **<u>No mesmo sentido:</u>** APELAÇÃO – TRANSPORTE AÉREO – CANCELAMENTO DE VOO – DANO MORAL E MATERIAL – Pretensão dos autores de reforma da r. sentença de parcial procedência – Cabimento parcial – Hipótese em que, comprovado o atraso, sem demonstração de assistência adequada, com transtornos exacerbados sofridos pelos autores, de rigor o reconhecimento do dano moral – Responsabilidade objetiva da empresa aérea (CDC, art. 14, CDC), a qual não se desincumbiu do ônus da prova que lhe cabia sobre a regularidade na prestação dos serviços por ela oferecidos – Má prestação dos serviços caracterizada – Dano moral configurado – Precedentes do STJ – Valor da indenização majorado para R$10.000,00 para cada passageiro – Prejuízo material que não foi suficientemente demonstrado pelos autores – RECURSO PROVIDO EM PARTE. (TJSP; Apelação Cível 1074672-89.2019.8.26.0100; Relator (a): Ana de Lourdes Coutinho Silva da Fonseca; Órgão Julgador: 13ª Câmara de Direito Privado; Foro Central Cível – 26ª Vara Cível; Data do Julgamento: 10/01/2020; Data de Registro: 10/01/2020)
>
> ◙ **<u>No mesmo sentido:</u>**RESPONSABILIDADE CIVIL CONTRATUAL. Contrato de Transporte Aéreo. Cancelamento de voo. Danos morais reconhecidos. Quantum indenizatório. Majoração admitida. Fixação que deve ser compatível com o dano e atender aos princípios da proporcionalidade e razoabilidade. Sentença reformada. HONORÁRIOS ADVOCATÍCIOS. Majoração. Cabimento. Inteligência do art. 85, § 2º, do Código de Processo Civil. Sentença reformada. RECURSO PROVIDO. (TJSP; Apelação Cível 1009699-28.2019.8.26.0003; Relator (a): Fernando Sastre Redondo; Órgão Julgador: 38ª Câmara de Direito Privado; Foro Regional III – Jabaquara – 1ª Vara Cível; Data do Julgamento: 10/01/2020; Data de Registro: 10/01/2020)

◙ Cancelamento de voo – Autores que, além de perderem um dia de férias dos três programados, foram obrigados a procurar estada e alimentação por conta própria durante dezesseis horas

APELAÇÃO – Transporte aéreo internacional – Ação de indenização por danos morais e materiais – Cancelamento de voo – Autores que, além de perderem um dia de férias dos três programados, foram obrigados a procurar estada e alimentação por conta própria durante dezesseis horas – Indenização por danos morais arbitrada no valor de R$ 10.000,00 – Apelo da ré somente no tocante ao dano extrapatrimonial – Manutenção da sentença – Responsabilidade civil da transportadora confirmada – Ré que não logrou comprovar causa excludente de responsabilidade, deixando de trazer quaisquer documentos aptos a demonstrar suas alegações – Ausência, ademais, de verossimilhança quanto ao argumento de que o aeroporto estaria inoperante no dia dos fatos, uma vez que os autores, ao que consta, partiram do mesmo local – Danos morais configurados – Atraso de mais de 16 horas de voo internacional sem assistência da companhia aérea para pernoite ou alimentação, bem como perda de um dos três dias de passeios programados, é fato que transcende o mero aborrecimento – Dano moral in re ipsa – Quantum indenizatório adequado às peculiaridades do caso – Valor de R$ 10.000,00, arbitrado a título de danos morais para cada autor, que não comporta redução – Limitação tarifária devida apenas em casos de danos materiais – Ainda assim, o montante fixado guarda consonância com o limite indenizatório disposto no art. 22(1) da Convenção de Montreal: 4.150 "DES" (Direito Especial de Saque) – Sentença mantida – Recurso desprovido. (TJSP; Apelação Cível 1037124-30.2019.8.26.0100; Relator (a): Jonize Sacchi de Oliveira; Órgão Julgador: 24ª Câmara de Direito Privado; Foro Central Cível – 41ª Vara Cível; Data do Julgamento: 10/01/2020; Data de Registro: 10/01/2020)

◙ Impossibilidade de embarque em voo internacional por *overbooking*

*Indenizatória por danos morais – Transporte aéreo internacional – Impossibilidade de embarque em voo internacional por *overbooking* – Aplicação do Código de Defesa do Consumidor – Responsabilidade objetiva da companhia aérea (art. 14 do CDC) – Incontroversa prática de *overbooking* – Realocação em voo com partida 2 dias depois do contratado – Falha na prestação de serviços caracterizada – Danos morais que se comprovam com o próprio fato, além de não prestada assistência material ao autor – *Damnum in re ipsa* – Verba indenizatória que deve ser fixada de acordo com a extensão do dano e os princípios da razoabilidade e ponderação – Redução da indenização para R$10.000,00 – Recurso em parte provido.* (TJSP; Apelação Cível 1008651-34.2019.8.26.0003; Relator (a): Francisco Giaquinto; Órgão Julgador: 13ª Câmara de Direito Privado; Foro Regional III – Jabaquara – 5ª Vara Cível; Data do Julgamento: 09/01/2020; Data de Registro: 09/01/2020)

◙ Transporte aéreo internacional – Extravio de bagagem

Ação indenizatória por danos materiais morais – Transporte aéreo internacional – Extravio de bagagem – Prestação de serviços inadequada – Responsabilidade objetiva da companhia aérea por danos causados ao consumidor (art. 14 do CDC) – Recurso exclusivo da autora objetivando a majoração dos danos morais – Danos morais evidenciados que decorrem do próprio extravio da bagagem com o perdimento dos objetos (damnum in re ipsa) – Indenização a comportar majoração, em consonância com os princípios da razoabilidade e proporcionalidade – Sentença reformada – Recurso provido. (TJSP; Apelação Cível 1061799-57.2019.8.26.0100; Relator (a): Francisco Giaquinto; Órgão Julgador: 13ª Câmara de Direito Privado; Foro Central Cível – 16ª Vara Cível; Data do Julgamento: 08/01/2020; Data de Registro: 08/01/2020)

◙ Transporte Aéreo Nacional - Ação De Indenização Por Danos Morais - Cancelamento De Voo

TRANSPORTE AÉREO NACIONAL - AÇÃO DE INDENIZAÇÃO POR DANOS MORAIS - CANCELAMENTO DE VOO - SENTENÇA DE PROCEDÊNCIA - APELAÇÃO DO AUTOR - Cancelamento de voo (São José do Rio Preto - Brasília) - Hospedagem do autor em hotel para aguardar o novo voo - Necessidade de realização de mais uma conexão em Guarulhos/SP - Autor que novamente foi direcionado para hotel, em outra cidade, para aguardar o voo, porém não havia vagas no hotel - Autor que chegou ao seu destino 24 horas após o horário inicialmente previsto - Prestação de serviços inadequada em razão dos transtornos suportados pelo autor - Responsabilidade objetiva da ré evidenciada, ante a falha na prestação dos serviços - Indenização por danos morais devida. - Indenização por danos morais - Sentença que condenou a ré ao pagamento de indenização por danos morais no valor de R$ 3.000,00 - Pedido de majoração - Acolhimento - Majoração da indenização para R$ 10.000,00 - Observância dos princípios da razoabilidade e proporcionalidade - Sentença reformada. - Juros de mora da indenização por danos morais que devem incidir a partir da data da citação, por se tratar de ilícito contratual, nos termos dos artigos 397, parágrafo único, e 405, ambos do Código Civil - Sentença alterada de ofício. Recurso provido com observação. (TJSP; Apelação Cível 1014737-48.2019.8.26.0576; Relator (a): Marino Neto; Órgão Julgador: 11ª Câmara de Direito Privado; Foro de São José do Rio Preto - 1ª Vara Cível; Data do Julgamento: 10/12/2019; Data de Registro: 10/12/2019)

◙ Cancelamento do voo por alegados problemas técnicos na aeronave

RECURSO. Interposição de recurso inominado ao invés de recurso apelação. Mero equívoco na identificação do recurso que não se equipara a erro grosseiro. Aplicação dos princípios da ampla defesa e da fungibilidade recursal, haja vista que o recurso interposto reúne os pressupostos legais pertinentes. Processamento do recurso admitido. RESPONSABILIDADE CIVIL. Danos morais e materiais. Prestação de serviços. Pacote turístico. Viagem de São Paulo a Cancun, incluído 07 noites de hospedagem, no regime all inclusive. Legitimidade passiva da corré Groupon configurada, porque integrou a cadeia de fornecimento do serviço. Cancelamento do voo por alegados problemas técnicos na aeronave. Consideração de que os autores permaneceram no saguão do aeroporto por longo período sem qualquer informação acerca do cancelamento do voo e alternativas de reacomodação, tendo chegado ao destino final com 23 horas de atraso, o que os levou a perder uma diária de hotel. Verificação de transtornos hábeis à configuração de danos morais e materiais indenizáveis. Responsabilidade solidária e objetiva da corré Groupon pelo defeito na prestação do serviço. Indenização por danos morais fixada em

R$ 5.000,00 para cada um dos autores, preservada. Ressarcimento dos danos materiais, no importe de R$ 571,00 (perda de uma diária de hotel), a cada um dos autores, mantida. Descabimento do pleito de redução ou afastamento da condenação. Pedido inicial julgado parcialmente procedente. Sentença mantida. Preliminar repelida. Recurso improvido. Dispositivo: rejeitaram a preliminar e negaram provimento ao recurso. (TJSP; Apelação Cível 0019510-82.2013.8.26.0506; Relator (a): João Camillo de Almeida Prado Costa; Órgão Julgador: 19ª Câmara de Direito Privado; Foro de Ribeirão Preto – 9ª Vara Cível; Data do Julgamento: 09/12/2019; Data de Registro: 09/12/2019)

◙ Transporte aéreo nacional de pessoas. Cancelamento de voo

CONDENAÇÃO A INDENIZAR POR DANOS MORAIS. Transporte aéreo nacional de pessoas. Cancelamento de voo. Procedência. Insurgência da ré. Cancelamento de voo. Assistência material disponibilizada pela ré ao passageiro, com acomodação em hotel e alimentação. Ausência de comprovação de danos passíveis de indenização. Situação que sugere aborrecimento, contudo, sem o potencial lesivo. Responsabilidade objetiva da companhia aérea que, para que haja condenação à indenização, requer a comprovação do dano, inocorrente, na hipótese. SENTENÇA REFORMADA. RECURSO PROVIDO. (TJSP; Apelação Cível 1013606-11.2019.8.26.0003; Relator (a): Sebastião Flávio; Órgão Julgador: 23ª Câmara de Direito Privado; Foro Regional III – Jabaquara – 6ª Vara Cível; Data do Julgamento: 16/11/2016; Data de Registro: 06/12/2019)

◙ Contratação de pacote de viagem. Legitimidade passiva da intermediadora.

Ação indenizatória. Contratação de pacote de viagem. Legitimidade passiva da intermediadora. Cadeia de fornecedores. Responsabilidade solidária. Ausência do traslado contratado entre o aeroporto e hotel. Não disponibilização do veículo alugado. Hotel com vários problemas e sem disponibilização do café da manhã, tendo o autor que procurar outra hospedagem. Falha na prestação do serviço. Dano material e moral configurado. Art. 252 do Regimento Interno deste E. Tribunal. Majoração dos honorários advocatícios. Recurso desprovido. (TJSP; Apelação Cível 1023924-96.2019.8.26.0506; Relator (a): Luis Carlos de Barros; Órgão Julgador: 20ª Câmara de Direito Privado; Foro de Ribeirão Preto – 9ª Vara Cível; Data do Julgamento: 05/12/2019; Data de Registro: 05/12/2019)

◙ Transporte aéreo – Voo nacional. Cancelamento – Atraso de 12 horas

AÇÃO DE INDENIZAÇÃO POR DANOS MORAIS – Transporte aéreo – Voo nacional. Cancelamento – Atraso de 12 horas- Alegação de que o cancelamento decorreu de manutenção não programada da aeronave – Narrativa na apelação desenvolvida de forma distinta daquela apresentada em contestação (excesso de tráfego na malha aérea). Inovação recursal – Inadmissibilidade- Recurso não conhecido nesta parte. AÇÃO DE INDENIZAÇÃO POR DANOS MORAIS – Transporte aéreo – Voo nacional. Cancelamento – Atraso de 12 horas- Perda de um dia de viagem e de uma diária de hotel e ausência de auxilio material por parte da ré- Falha na prestação de serviços – Responsabilidade objetiva da companhia aérea por danos causados ao consumidor (art. 14, do CDC) – DANO MORAL – Dever de indenizar configurado em virtude do desconforto, da aflição e dos transtornos suportados pela passageira – Ratificação da sentença nos termos do art.252 do RITJSP- VALOR INDENIZATÓRIO – Redução de R$10.000,00 para R$7.000,00 – Observância dos Princípios da Razoabilidade e da Proporcionalidade Valor condizente com os parâmetros adotados por esta C. 24ª Câmara de Direito Privado – Sentença reformada apenas nesta parte – Correção monetária a partir da sentença e juros de mora a contar da citação (responsabilidade contratual) – Recurso conhecido nesta parte e provido em parte. (TJSP; Apelação Cível 1001847-50.2019.8.26.0003; Relator (a): Denise Andréa Martins Retamero; Órgão Julgador: 24ª Câmara de Direito Privado; Foro Regional III – Jabaquara 2ª Vara Cível; Data do Julgamento: 05/12/2019; Data de Registro: 05/12/2019)

◙ Retorno de viagem internacional – Atraso de mais de 24 horas para a chegada ao destino

RESPONSABILIDADE CIVIL – INDENIZAÇÃO POR DANOS MORAIS E MATERIAIS – TRANSPORTE AÉREO – Retorno de viagem internacional – Atraso de mais de 24 horas para a chegada ao destino – Assistência fornecida com estadia em hotel, mas de sorte a não atender adequadamente às necessidades da Autora – Prestação de serviço inadequada – Indenização por danos morais arbitrada em R$5.000,00 – Apelação limitada à pretensão de majoração – Acolhimento – Elevação para o importe almejado, de R$15.000,00 – Recurso provido. (TJSP; Apelação Cível 1112971-72.2018.8.26.0100; Relator (a): Mario de Oliveira; Órgão Julgador: 38ª Câmara de Direito Privado; Foro Central Cível – 18ª Vara Cível; Data do Julgamento: 16/12/2019; Data de Registro: 16/12/2019)

◙ Cancelamento de voo internacional que ocasionou atraso de 17 horas para a chegada dos autores ao destino

INDENIZAÇÃO POR DANO MORAL. TRANSPORTE AÉREO. Cancelamento de voo internacional que ocasionou atraso de 17 horas para a chegada dos autores ao destino, com perda de diária de hotel. Manutenção da aeronave. Fato previsível que não exclui a responsabilidade da transportadora. Má prestação do serviço caracterizada. Indenização por dano moral devida. Autora, acompanhada de seus dois filhos (crianças), após ter esperado por horas, foi informada sobre o cancelamento do voo e direcionada para hotel precário e distante do aeroporto. "Quantum" fixado em R$-25.000,00 (R$-8.333,33 para cada autor). Sentença reformada. Ação procedente. RECURSO PROVIDO. (TJSP; Apelação Cível 1044058-41.2018.8.26.0002; Relator (a): Afonso Bráz; Órgão Julgador: 17ª Câmara de Direito Privado; Foro Regional II – Santo Amaro – 6ª Vara Cível; Data do Julgamento: 04/12/2019; Data de Registro: 13/12/2019)

RESPONSABILIDADE CIVIL DECORRENTE DE ERRO MÉDICO NA VISÃO DOS TRIBUNAIS PÁTRIOS.

◙ Demora na realização de procedimento cirúrgico necessário ao tratamento da patologia, com o agravamento da sintomatologia da paciente

RESPONSABILIDADE CIVIL. ERRO MÉDICO. Responsabilidade objetiva dos estabelecimentos hospitalares. Quadro clínico de obstrução intestinal não identificado no atendimento de emergência e no período de internação. Demora na realização de procedimento cirúrgico necessário ao tratamento da patologia, com o agravamento da sintomatologia da paciente. Erro de diagnóstico confirmado pela prova técnica. Dano moral configurado *in re ipsa*. Verba compensatória bem dosada. Recurso desprovido. (Processo: APL 0022794-43.2015.8.19.0209 – Órgão Julgador: DÉCIMA OITAVA CÂMARA CÍVEL – Julgamento: 24 de Abril de 2019 – Relator: Des(a). CARLOS EDUARDO DA ROSA DA FONSECA PASSOS)

◙ Quadro clínico de enfermidade intra-abdominal aguda, não identificado no atendimento de emergência. Retardo na realização de intervenção cirúrgica necessária ao tratamento da patologia. Descoberta de tumor de apêndice após a realização da biópsia. Erro de diagnóstico confirmado pela prova técnica.

RESPONSABILIDADE CIVIL. ERRO MÉDICO. Responsabilidade objetiva dos estabelecimentos hospitalares. Impugnação dos honorários periciais. Verba fixada em patamar excessivo. Sua redução para o correspondente a cinco salários mínimos. Quadro clínico de enfermidade intra-abdominal aguda, não identificado no atendimento de emergência. Retardo na realização de intervenção cirúrgica necessária ao tratamento da patologia. Descoberta de tumor de apêndice após a realização da biópsia. Erro de diagnóstico confirmado pela prova técnica. Dano moral configurado *in re ipsa*. Verba compensatória bem dosada. Juros de mora fixados a contar do evento danoso. Sua incidência a contar da citação. Correção do termo inicial da verba. Recurso provido em parte. (Processo: APL 0018591-58.2012.8.19.0204 – Órgão Julgador: DÉCIMA OITAVA CÂMARA CÍVEL – Julgamento: 17 de Julho de 2019 – Relator: Des(a). CARLOS EDUARDO DA ROSA DA FONSECA PASSOS)

◙ Deslocamento de retina ocorrido no pós-operatório de cirurgia de catarata. Demora no diagnóstico por parte dos prepostos do Apelado. Imperícia.

RESPONSABILIDADE CIVIL. ERRO MÉDICO. NEGLIGÊNCIA E IMPERÍCIA CONFIGURADAS. DANO MORAL. 1. Deslocamento de retina ocorrido no pós-operatório de cirurgia de catarata. Demora no diagnóstico por parte dos prepostos do Apelado. Imperícia. 2. Ausência de conduta do Apelado, quando ainda lhe era possível agir para evitar o dano irreversível, qual seja, a perda da visão. Negligência configurada. 3. Contrato de mútuo que não guarda relação causal com a conduta geradora do dano indenizável. Descabimento do dever de restituição. 4. Dano moral grave e evidente. Compensação devida. 5. Provimento parcial do recurso. (Processo: APL 0013532-64.2013.8.19.0007 – Órgão Julgador: DÉCIMA QUINTA CÂMARA CÍVEL – Julgamento: 5 de Novembro de 2019 – Relator: Des(a). JACQUELINE LIMA MONTENEGRO)

◙ Prova pericial realizada aponta para a inequívoca responsabilidade do médico que conduziu o pré-natal da Autora pela patologia que levou ao óbito do feto em adiantado estado gestacional, decorrente de erro no procedimento adotado

RESPONSABILIDADE CIVIL. ERRO MÉDICO. RESPONSABILIDADE DO MÉDICO E DO HOSPITAL. 1. A prova pericial realizada aponta para a inequívoca responsabilidade do médico que conduziu o pré-natal da Autora pela patologia que levou ao óbito do feto em adiantado estado gestacional, decorrente de erro no procedimento adotado, que não levou em consideração os evidentes indícios de diabetes gestacional; 2. Responsabilidade do Hospital igualmente caracterizada, diante da evidente falha ocorrida no exame de ultrassonografia realizado em suas dependências, o qual interferiu na decisão equivocada do obstetra em conceder alta hospitalar à paciente que ainda apresentava restos placentários no interior do útero; 3. Valor da indenização que merece ser majorado para R$ 50.000,00 (cinquenta mil reais), diante da gravidade da repercussão dos danos na esfera emocional da Apelante; 4. Ônus sucumbenciais mantidos como lançados na sentença; 5. Provimento da primeira Apelação e desprovimento do segundo e terceiro recursos. (Processo: APL 0020138-41.2009.8.19.0204 – Órgão Julgador: DÉCIMA QUINTA CÂMARA CÍVEL – Julgamento: 11 de Dezembro de 2018 – Relator: Des(a). JACQUELINE LIMA MONTENEGRO)

◙ Autora que foi submetida a cirurgia de extração de cálculos renais (litotripsia) em rim diverso daquele que havia sido objeto da indicação da cirurgia, por equívoco do médico.

RESPONSABILIDADE CIVIL. ERRO MÉDICO. Autora que foi submetida a cirurgia de extração de cálculos renais (litotripsia) em rim diverso daquele que havia sido objeto da indicação da cirurgia, por equívoco do médico. Sentença de parcial procedência. Apelo da autora, postulando a majoração do quantum indenizatório. Descabimento. Autora que apresentava cálculos em ambos os rins. Cirurgia no rim inicialmente indicado que foi realizada poucos dias depois da primeira e que transcorreu normalmente. Ausência de dano ou risco à saúde da paciente em razão da demora. Situação experimentada pela autora que se limitou ao prolongamento da dor e à necessidade de realização de novo procedimento, tendo perdurado por curto período de tempo. Quantum fixado em montante indenizatório razoável e proporcional ao dano causado. Recurso desprovido. (Processo: AC 1009333-34.2017.8.26.0625 SP 1009333-34.2017.8.26.0625 – Órgão Julgador: 7ª Câmara de Direito Privado – Publicação: 28/11/2019 – Julgamento: 28 de Novembro de 2019 – Relator: Mary Grün)

◙ Erro na confecção de laudo de exame de DNA.

RESPONSABILIDADE CIVIL. ERRO MÉDICO. Erro na confecção de laudo de exame de DNA. Exame que, em vez de confrontar amostras de DNA do menor e do suposto genitor, confrontou amostras deste e da genitora, concluindo pela inexistência de vínculo de paternidade. Falha incontroversa. Erro prontamente constatado pela genitora e sanado pela ré, com a realização de novo laudo. Resultado correto fornecido em menos de 24 horas. Situação que não extrapolou a esfera jurídica da autora. Necessidade de aguardar a realização de novo laudo que não caracteriza dano moral indenizável. Ação improcedente. Recurso da ré provido e recurso adesivo da autora prejudicado. (Processo: AC 1008413-34.2018.8.26.0008 SP 1008413-34.2018.8.26.0008 – Órgão Julgador: 7ª Câmara de Direito Privado – Publicação: 23/09/2019 – Julgamento: 23 de Setembro de 2019 – Relator: Mary Grün)

◙ Anoxia cerebral neonatal de recém-nascido. Sequelas neurológicas que levaram ao falecimento do filho da autora poucos meses após o nascimento

RESPONSABILIDADE CIVIL. ERRO MÉDICO. Anoxia cerebral neonatal de recém-nascido. Sequelas neurológicas que levaram ao falecimento do filho da autora poucos meses após o nascimento. Sentença de parcial procedência. Apelo do hospital réu. Falha na prestação dos serviços médicos evidenciada. Ausência de preenchimento do partograma pelo período de 12 horas que evitou a constatação anterior de sofrimento fetal e de desproporção cefalopelvica. Demora na indicação e na realização de parto cirúrgico que levou à ausência ou insuficiência de oxigenação fetal. Nexo de causalidade entre a conduta dos prepostos do réu e a anoxia neonatal do filho da autora evidenciado. Responsabilização do nosocômio devida. Precedentes. Dano moral caracterizado. Quantum indenizatório mantido por ausência de impugnação da interessada. Incidência de juros a partir da citação e correção monetária a partir do arbitramento. Recurso parcialmente provido. (Processo: AC 0007460-09.2010.8.26.0642 SP 0007460-09.2010.8.26.0642 – Órgão Julgador: 7ª Câmara de Direito Privado – Publicação: 31/10/2019 – Julgamento: 31 de Outubro de 2019 – Relator: Mary Grün)

◙ Erro no diagnóstico. Fraturas de clavícula e coluna cervical não diagnosticadas.

RESPONSABILIDADE CIVIL. ERRO MÉDICO. Insurgência da Santa Casa contra sentença de parcial procedência. Manutenção. Negligência e imperícia verificadas. Erro no diagnóstico. Fraturas de clavícula e coluna cervical não diagnosticadas. Demora no início do tratamento que, felizmente, não causou agravamento do quadro, mas implicou risco desnecessário de complicações, além de dores ao autor. Indenização por danos morais mantida. Recurso não provido. (Processo: 3000778-83.2013.8.26.0576 SP 3000778-83.2013.8.26.0576 – Órgão Julgador: 3ª Câmara de Direito Privado – Publicação: 26/06/2018 – Julgamento: 26 de Junho de 2018 – Relator: Carlos Alberto de Salles)

◙ Negligência ou imperícia na administração de soro no dorso da mão, o qual, devido a perda de acesso, teria vazado para o subcutâneo, causando úlcera, que ensejou proliferação bacteriana via corrente sanguínea, causando supostamente vários abscessos e ostomielite

RESPONSABILIDADE CIVIL. ERRO MÉDICO. DANOS MORAIS. Pretensão de recebimento de indenização por danos morais e materiais em razão de suposto erro médico (negligência ou imperícia) na administração de soro no dorso da mão, o qual, devido a perda de acesso, teria vazado para o subcutâneo, causando úlcera, que ensejou proliferação bacteriana via corrente sanguínea, causando supostamente vários abscessos e ostomielite. Não aplicação do Código do Consumidor, visto não tratar-se de relação consumo. Precedentes. Laudo pericial produzido por perito do IMESC que, embora não vislumbrando negligência na prática médica, e ao declarar a moléstia como muito comum em recém-nascidos, pela sua estrutura da rede de vasos finos e frágeis, os quais se rompem com facilidade, atestou a causalidade e previsibilidade entre o procedimento e a afecção causada ao autor. Demonstração de falta de previdência no atendimento ao menor, dada a previsibilidade dos efeitos, suficiente ao provimento do pedido indenizatório. Sentença de improcedência reformada. Recurso provido. (Processo: AC 1007962-87.2016.8.26.0037 SP 1007962-87.2016.8.26.0037 – Órgão Julgador: 8ª Câmara de Direito Público – Publicação: 17/10/2019 – Julgamento: 16 de Outubro de 2019 – Relator: Bandeira Lins)

◙ **Deficiência na conduta médica que retardou o parto para data que superava 41 semanas de gestação, quando se recomendava internação e indução de parto.**

RESPONSABILIDADE CIVIL. ERRO MÉDICO. Deficiência no acompanhamento do processo de parturição. Coautora que padece de paralisia cerebral, decorrente das condições de nascimento. Prova pericial que aponta para a deficiência na conduta médica que retardou o parto para data que superava 41 semanas de gestação, quando se recomendava internação e indução de parto. Negligência constatada. Nexo de causalidade presente. Necessidade de majoração da quantia fixada para R$ 100.000,00. Dano ao projeto de vida. Dano material devido. Pensão vitalícia mantida. Termo inicial dos juros de mora. Data do evento danoso. Manutenção, consoante teor da Súmula nº 54 do STJ. Recurso do Estado e remessa necessária desprovidos, recurso da autora provido. (Processo: AC 1001936-59.2015.8.26.0053 SP 1001936-59.2015.8.26.0053 – Órgão Julgador: 10ª Câmara de Direito Público – Publicação: 14/05/2019 – Julgamento: 13 de Maio de 2019 – Relator: Marcelo Semer)

◙ **ERRO MÉDICO. Pedido de indenização por danos materiais, morais e estéticos. Inaplicabilidade do prazo prescricional trienal do art. 206, § 3º, V, do CC. Relação de consumo. Prazo prescricional de 5 anos.**

RESPONSABILIDADE CIVIL. ERRO MÉDICO. Pedido de indenização por danos materiais, morais e estéticos. Inaplicabilidade do prazo prescricional trienal do art. 206, § 3º, V, do CC. Relação de consumo. Prazo prescricional de 5 anos. Art. 27 do CDC. Contagem do prazo prescricional que se inicia a partir da ciência inequívoca do erro médico pelo paciente. Precedentes. Prescrição afastada. Imprescindibilidade da fase de instrução para aferir a ocorrência de falha na prestação de serviços médicos à autora. Sentença anulada. Recurso provido. (Processo: 1009916-92.2016.8.26.0224 SP 1009916-92.2016.8.26.0224 – Órgão Julgador: 7ª Câmara de Direito Privado – Publicação: 11/04/2018 – Julgamento: 4 de Abril de 2018 – Relator: Mary Grün)

◙ **Paciente submetida à nova mamoplastia de aumento, com a troca de próteses mamárias.**

RESPONSABILIDADE CIVIL. ERRO MÉDICO. Ação de indenização por danos materiais e morais. Sentença de procedência. Insurgência das rés. Preliminar de ilegitimidade passiva afastada. Paciente submetida à nova mamoplastia de aumento, com a troca de próteses mamárias. Resultado insatisfatório decorrente de contratura capsular, complicação comum e esperada em cirurgias dessa natureza. Prova pericial que atestou a regularidade da conduta médica e da técnica utilizada no procedimento cirúrgico. Eventuais riscos inerentes a toda cirurgia que foram devidamente informados à autora. Responsabilidade das rés não caracterizada. Sentença reformada. Inversão dos ônus da sucumbência. Denunciação à lide prejudicada. RECURSOS PROVIDOS. (Processo: APL 0012027-55.2012.8.26.0176 SP 0012027-55.2012.8.26.0176 – Órgão Julgador:

3ª Câmara de Direito Privado – Publicação: 22/10/2018 – Julgamento: 22 de Outubro de 2018 – Relator: Alexandre Marcondes)

◘ Responsabilidade objetiva da operadora do plano de saúde por erro médico perpetrado por profissional integrante de sua rede credenciada.

RESPONSABILIDADE CIVIL. ERRO MÉDICO. Ação ajuizada contra a operadora de plano de saúde em razão do falecimento da esposa do autor. Responsabilidade objetiva da operadora do plano de saúde por erro médico perpetrado por profissional integrante de sua rede credenciada. Laudo pericial que não evidenciou a ocorrência de erro médico. Morte da esposa do autor que decorreu da evolução natural da doença de que padecia, não podendo ser imputada ao plano de saúde qualquer responsabilidade por falha na prestação dos serviços médicos a ela despendidos. Ação improcedente. Sentença mantida. Recurso desprovido. (Processo: 1011003-50.2015.8.26.0020 SP 1011003-50.2015.8.26.0020 – Órgão Julgador: 7ª Câmara de Direito Privado – Publicação: 21/02/2018 – Julgamento: 21 de Fevereiro de 2018 – Relator: Mary Grün)

◘ Paciente de 17 anos submetido a procedimento de peniscopia com biopsia e cauterização. Erro devidamente comprovado no laudo pericial

RESPONSABILIDADE CIVIL. ERRO MÉDICO. OCORRÊNCIA. Paciente de 17 anos submetido a procedimento de peniscopia com biopsia e cauterização. Erro devidamente comprovado no laudo pericial. Instrumentadora que ao invés de diluir em água o ácido acético 5%, aplicou-o diretamente no órgão genital do paciente, causando-lhe queimaduras de segundo grau. DANOS MATERIAIS. Cabimento. Pertinência dos gastos com medicamentos. Exclusão de notas de estacionamento e combustível cujo nexo não foi esclarecido. DANO MORAL. Ocorrência. Evidente a lesão aos direitos de personalidade do apelado, diante da dor e da angústia vivenciadas. Manutenção do quantum indenizatório em R$ 15.000,00. SUCUMBÊNCIA. Reciprocidade. RECURSO PARCIALMENTE PROVIDO. (Processo: 1001691-07.2015.8.26.0002 SP 1001691-07.2015.8.26.0002 – Órgão Julgador: 2ª Câmara de Direito Privado – Publicação: 25/07/2018 – Julgamento: 25 de Julho de 2018 – Relator: Rosangela Telles)

◘ Tratamento odontológico supostamente inadequado, resultando em perda de parte da dentição.

RESPONSABILIDADE CIVIL. ERRO MÉDICO. Tratamento odontológico supostamente inadequado, resultando em perda de parte da dentição. Ação ajuizada em face da operadora do plano de saúde e da clínica odontológica. Responsabilidade objetiva do hospital e da operadora do plano de saúde por erro médico perpetrado por profissional integrante de seu quadro ou de sua rede credenciada. Laudo pericial que não evidenciou a ocorrência de erro médico. Impossibilidade de aferir a causa da fratura da raiz do dente. A colocação da coroa provisória, sendo em tese possível a restauração direta, não implica conduta culposa do profissional. Interrupção do tratamento pela paciente, que deixou de trocar a coroa provisória pela definitiva. Improcedência do pedido. Sentença mantida. Recurso desprovido. (Processo: 1002673-48.2014.8.26.0554

SP 1002673-48.2014.8.26.0554 – Órgão Julgador: 7ª Câmara de Direito Privado – Publicação: 09/01/2018 – Julgamento: 9 de Janeiro de 2018 – Relator: Mary Grün)

◙ Cesariana que demorou a ser disponibilizada para a gestante, acarretando a aspiração de mecônio espesso pelo feto. Ausência de monitoramento dos batimentos cardíacos. Criança que permanecerá, por toda a vida, em estado vegetativo. Dano moral.

RESPONSABILIDADE CIVIL. ERRO MÉDICO. Pretensão jurisdicional voltada ao recebimento de indenização e pensão mensal em decorrência de erro médico no procedimento de parto de um dos autores, falha do serviço prestado que deixou a criança com sequelas graves e irreversíveis. Matéria preliminar – Ilegitimidade passiva da Fazenda do Estado de São Paulo. Ocorrência. Embora atualmente o Hospital réu seja assistido pelo Estado-membro por meio do atendimento no Sistema Único de Saúde--SUS, o contrato de parceria foi firmado depois do acontecimento narrado na inicial e seus efeitos não retroagem. Extinção da ação, nos termos do art. 485, VI, do CPC, em relação à FESP. Conquanto excluída a pessoa jurídica de direito público interno do polo passivo, remanesce a competência recursal desta Seção de Direito Público para o julgamento da demanda. Mérito. Acervo probatório suficiente para demonstrar a responsabilidade do hospital pelos traumas adquiridos pelo menor, no momento do parto, nos termos do art. 186 do CC, em razão da conduta culposa de seus prepostos, na modalidade de imperícia. Cesariana que demorou a ser disponibilizada para a gestante, acarretando a aspiração de mecônio espesso pelo feto. Ausência de monitoramento dos batimentos cardíacos. Criança que permanecerá, por toda a vida, em estado vegetativo. Dano moral. Indenização fixada, em primeiro grau, em R$ 80.000,00 para cada um dos autores. Manutenção. Valor necessário para reparar o intenso sofrimento advindo dos fatos. Dor da criança que não pode ser considerada menor que a dos pais. Juros moratórios que incidem desde o evento danoso (súmula 54 do STJ), por se tratar de responsabilidade aquiliana (extracontratual). Inaplicável o art. 405 do CC. Dano material também demonstrado, impondo-se, contudo, a redução da pensão mensal fixada na sentença para um salário mínimo, adequando-se o seu termo inicial, a fim de que o pagamento se inicie quando o autor completar 16 anos. (Processo: APL 1012228-06.2015.8.26.0053 SP 1012228-06.2015.8.26.0053 – Órgão Julgador: 13ª Câmara de Direito Público – Publicação: 18/09/2019 – Julgamento: 18 de Setembro de 2019 – Relator: Djalma Lofrano Filho)

◙ Indenizações pelos danos materiais, morais e estéticos que alega ter sofrido em razão de demora na realização de cirurgia.

RESPONSABILIDADE CIVIL. ERRO MÉDICO. Autor ajuizou a presente demanda visando o recebimento de indenizações pelos danos materiais, morais e estéticos que alega ter sofrido em razão de demora na realização de cirurgia. Sentença de parcial procedência. Apelos de ambas as partes. Autor que sofreu acidente doméstico que acarretou corte em mão esquerda com ruptura de tendão e necessidade de intervenção cirúrgica. Ré que não se desincumbiu do ônus que era seu de comprovar que autorizou a realização da cirurgia em tempo hábil ou que o autor tenha negligenciado a continuidade do seu tratamento.

Demora na realização do procedimento que deve ser imputada à ré. Laudo pericial que demonstrou a inexistência de incapacidade laborativa ou dano estético. Danos morais devidos pela situação experimentada pelo autor, a qual não pode ser considerada mero aborrecimento. Quantum fixado pela r. sentença majorado. Recurso do autor parcialmente provido e desprovido o recurso da ré. (Processo: APL 0005719-15.2015.8.26.0526 SP 0005719-15.2015.8.26.0526 – Órgão Julgador: 7ª Câmara de Direito Privado – Publicação: 23/08/2018 – Julgamento: 23 de Agosto de 2018 – Relator: Mary Grün)

◙ Ação indenizatória. Danos morais e estéticos. Lesão no couro cabeludo. Erro médico. Falha na prestação de serviços

AÇÃO INDENIZATÓRIA. DANOS MORAIS E ESTÉTICOS. LESÃO NO COURO CABELUDO. ERRO MÉDICO. FALHA NA PRESTAÇÃO DE SERVIÇOS. Pretensão à reparação por danos morais e estéticos decorrentes de lesão no couro cabeludo de criança, causado em procedimento cirúrgico de neurólise de plexo braquial realizado no Hospital das Clínicas da Faculdade de Medicina da Universidade de São Paulo. Laudo pericial que concluiu que a lesão tem nexo causal com o procedimento e que sua evolução produziu dano estético. Demonstrada a falha na prestação do serviço. Nexo causal configurado. Dever de indenizar. Responsabilidade civil objetiva do Estado (art. 37, § 6º, CF). Valor da indenização por danos morais e estéticos mantidos (R$ 45.000,00). Correção monetária que deve incidir a partir da sentença (Súmula 362 STJ). RECURSO DA AUTORA NÃO PROVIDO. RECURSO DO MUNICÍPIO PARCIALMENTE PROVIDO. (TJSP; Apelação Cível 0010702-07.2012.8.26.0609; Relator (a): Alves Braga Junior; Órgão Julgador: 2ª Câmara de Direito Público; Foro Central – Fazenda Pública/Acidentes – 11ª Vara de Fazenda Pública; Data do Julgamento: 16/01/2020; Data de Registro: 16/01/2020)

◙ Erro médico por troca de medicamento

APELAÇÃO CÍVEL – Responsabilidade civil por erro médico – Autora que, ao iniciar tratamento para engravidar, necessitou realizar controle de hipertensão – Alegada negligência decorrente de troca, prescrita pelo cardiologista, de medicamento Eupressin por Metildopa – Reações adversas que resultaram em quadro de hepatite crônica medicamentosa – Laudo pericial que não constatou a ocorrência de erro médico – Autora que, no início do tratamento, contava com 41 anos de idade e apresentava quadro de hipertensão, hipotireoidismo e obesidade – Ausência de evidências documentais de condutas técnicas ou éticas pelo médico que estejam em desacordo com a literatura médica – Não comprovada a responsabilidade do médico, inexiste o dever em indenizar – Sentença de improcedência confirmada, com majoração dos honorários advocatícios devidos à parte adversa, conforme art. 85, § 11, do CPC, observada a gratuidade concedida à autora – RECURSO DESPROVIDO. (TJSP; Apelação Cível 0003902-95.2013.8.26.0101; Relator (a): Rodolfo Pellizari; Órgão Julgador: 6ª Câmara de Direito Privado; Foro de Caçapava – 2ª Vara Civel; Data do Julgamento: 16/01/2020; Data de Registro: 16/01/2020)

◙ Erro médico-veterinário

CERCEAMENTO DE DEFESA. INOCORRÊNCIA. SENTENÇA QUE SE EMBASOU NAS FUNDAMENTADAS CONCLUSÕES DO LAUDO PERICIAL. MAGISTRA-

DO QUE É O DESTINATÁRIO DA PROVA, DEVENDO INDEFERIR DILIGÊNCIAS INÚTEIS OU PROTELATÓRIAS. RÉUS, ADEMAIS, QUE, EM SUA CONTESTAÇÃO, APRESENTARAM DEFESA GENÉRICA, QUE NÃO SE MOSTROU APTA A CONTRAPOR O SUBSTANCIOSO LAUDO PERICIAL. DEFESA REJEITADA. RESPONSABILIDADE CIVIL. INDENIZAÇÃO. DANOS MATERIAIS E MORAIS. ERRO MÉDICO-VETERINÁRIO. AUTORES QUE CONTRATARAM COM O RÉU O PROCEDIMENTO CIRÚRGICO DE "ORQUIECTOMIA" (CASTRAÇÃO) EM SEU CAVALO DE PASSEIO. ANIMAL QUE, CERCA DE DOIS MESES APÓS A CIRURGIA, APRESENTOU INFECÇÃO E EDEMAS NA BOLSA ESCROTAL, APRESENTANDO DIFICULDADE DE LOCOMOÇÃO. PERÍCIA JUDICIAL QUE APONTOU QUE O ANIMAL QUASE VEIO A ÓBITO, TENDO DE SER REALIZADA UMA SEGUNDA CIRURGIA, COM OUTRO PROFISSIONAL, PARA TRATAMENTO DO QUADRO. PERITO QUE CONCLUIU QUE OS FIOS DE SUTURA UTILIZADOS NA CIRURGIA NÃO HAVERIAM SIDO ADEQUADOS, ALÉM DE O VETERINÁRIO NÃO HAVER REALIZADO ACOMPANHAMENTO MINUCIOSO DO ANIMAL APÓS O PROCEDIMENTO. DANOS MATERIAIS CARACTERIZADOS, CONSISTENTES NOS GASTOS EFETUADOS PELOS DONOS DO EQUINO PARA SUA RECUPERAÇÃO (R$ 2.055,20), CONSOANTE RECIBOS CONSTANTES DOS AUTOS. DANOS MORAIS, POR SUA VEZ, QUE DECORREM DO SOFRIMENTO OCASIONADO AOS DONOS DO ANIMAL, ALÉM DA NECESSIDADE DE CONTRATAÇÃO DE UMA SEGUNDA CIRURGIA. VERBA FIXADA NO VALOR MODESTO DE R$ 5.000,00, A NÃO COMPORTAR QUALQUER REDUÇÃO. SENTENÇA MANTIDA. RECURSO IMPROVIDO. (TJSP; Apelação Cível 1003733-95.2017.8.26.0022; Relator (a): Vito Guglielmi; Órgão Julgador: 6ª Câmara de Direito Privado; Foro de Amparo – 2ª Vara; Data do Julgamento: 04/10/2013; Data de Registro: 15/01/2020)

◙ Troca do resultado do exame médico da autora.

Responsabilidade Civil. Ré que trocou o resultado do exame médico da autora. Autora que permaneceu por dois meses com a crença de que se encontrava com câncer de bexiga. Recurso. Dano moral configurado. Sentença reformada. Preliminar rejeitada. Recurso parcialmente provido. (TJSP; Apelação Cível 1001719-84.2017.8.26.0428; Relator (a): Fábio Quadros; Órgão Julgador: 4ª Câmara de Direito Privado; Foro de Paulínia – 2ª Vara; Data do Julgamento: 13/01/2020; Data de Registro: 13/01/2020)

◙ Contaminação de paciente pelo vírus HIV em transfusão de sangue realizadas por hospital público do Município de São Paulo e posterior óbito

RESPONSABILIDADE CIVIL – Contaminação de paciente pelo vírus HIV em transfusão de sangue realizadas por hospital público do Município de São Paulo e posterior óbito – Pedido de danos morais e materiais – Dever dos réus em comprovar prestação do serviço (médico) de acordo com as regras e métodos exigidos – Réus que não se desincumbiram de comprovar que a conduta médica adotada foi correta e adequada ao realizarem os testes para detecção do vírus HIV em bolsas de sangue utilizadas nas transfusões de sangue – Não demonstrada a existência de excludente de responsabilidade – Presente o nexo causal decorrente de falha no serviço e os danos suportados pela filha dos autores – Abalo moral comprovado – Afastados os danos materiais – Recurso de apelação provido em parte. (TJSP; Apelação Cível 0027619-72.2002.8.26.0053; Relator (a): Luís Francisco Aguilar Cortez; Órgão Julgador: 1ª Câmara de Direito Público; Foro Central – Fazenda Pública/Acidentes – 14ª Vara de Fazenda Pública; Data do Julgamento: 18/12/2019; Data de Registro: 18/12/2019)

◙ Responsabilidade decorrente de procedimento médico equivocado durante o trabalho de parto

Apelação Cível – Ação de Indenização por Danos Morais e Materiais por Erro Médico c.c. Pedido de Antecipação de Tutela – Responsabilidade decorrente de procedimento médico equivocado durante o trabalho de parto -- Falecimento do filho dos apelantes após um ano de internação, sendo decorrente o óbito de paralisia cerebral em decorrência de falta de oxigenação no cérebro – Constatação da existência de tocotraumatismo, bem como anóxia neonatal, pelos laudos médicos periciais acostados aos autos – Alegação de ausência de responsabilidade solidária, sendo a Santa Casa a única responsável pelo atendimento em questão – Descabimento – Conjunto dos atos que desaguam na responsabilidade civil objetiva, uma vez que vislumbrada a responsabilidade do Município, ante a existência da ação estatal na pessoa de seus agentes, Santa Casa e médicos que prestaram o atendimento, do nexo de causalidade e do dano sofrido – Inteligência do disposto no artigo 37, § 6º, da Constituição Federal – Responsabilidade Objetiva – Pretensão de improcedência da ação ou minoração do valor arbitrado a título de indenização ou, ainda, redução do quanto fixado no tocante aos honorários advocatícios – Inadmissibilidade do pedido da Prefeitura Municipal, ante a gravidade dos fatos ocorridos – Sentença de procedência para fixar como indenização o valor de R$ 399.200,00 – Decisão escorreita, que observou os princípios da razoabilidade e proporcionalidade – Observação apenas, por se tratar de matéria de ordem pública com relação à correção monetária e aos juros de mora, que devem observar o que foi definido na Repercussão Geral, tema 810 do STF (RE 870947) – Recurso improvido, com observação (TJSP; Apelação Cível 0005626-11.2012.8.26.0606; Relator (a): Eduardo Gouvêa; Órgão Julgador: 7ª Câmara de Direito Público; Foro de Suzano – 2ª. Vara Cível; Data do Julgamento: 16/12/2019; Data de Registro: 17/12/2019).

◙ Danos morais – ofensas a acompanhante de paciente em hospital público proferidas por médico contrariado com avaliação negativa do atendimento

RESPONSABILIDADE CIVIL – INDENIZAÇÃO – DANOS MORAIS – OFENSAS A ACOMPANHANTE DE PACIENTE EM HOSPITAL PÚBLICO PROFERIDAS POR MÉDICO CONTRARIADO COM AVALIAÇÃO NEGATIVA DO ATENDIMENTO – PROVA PRODUZIDA QUE AUTORIZA O ATENDIMENTO DA PRETENSÃO – AÇÃO PROCEDENTE – SENTENÇA CONFIRMADA. (TJSP; Apelação Cível 3001752-52.2013.8.26.0146; Relator (a): Ricardo Feitosa; Órgão Julgador: 4ª Câmara de Direito Público; Foro de Cordeirópolis – Vara Única; Data do Julgamento: 09/12/2019; Data de Registro: 16/12/2019)

RESPONSABILIDADE CIVIL DECORRENTE DE RELAÇÕES DE CONSUMO

► **Importador responsabilizado.**

"O importador, em verdade, só é responsabilizado porque os fabricantes ou os produtores de seus produtos não são alcançáveis facilmente pelo consumidor". (BENJAMIN, Antônio Herman V.; MARQUES, Cláudia Lima; BESSA, Leonardo Roscoe. Manual de Direito do Consumidor. 7ª edição. São Paulo, Revista dos Tribunais, 2016, p. 178).

► **Responsabilidade do importador não depende da natureza jurídica do negócio que originou a transação.**

"A responsabilidade do importador não depende da natureza jurídica do negócio que originou a transação: compra e venda, permuta e leasing são alguns dos negócios jurídicos que dão ensejo ao dever de indenizar". (BENJAMIN, Antônio Herman V.; MARQUES, Cláudia Lima; BESSA, Leonardo Roscoe. Manual de Direito do Consumidor. 7ª edição. São Paulo, Revista dos Tribunais, 2016, p. 178).

► **Origem do defeito de fabricação.**

"Os defeitos de fabricação – *difetti di fabbricazione*, no direito italiano – originam-se, normalmente, no momento em que o produto é manufaturado, sendo provocados pelo automatismo e padronização do processo produtivo moderno". (BENJAMIN, Antônio Herman V.; MARQUES, Cláudia Lima; BESSA, Leonardo Roscoe. Manual de Direito do Consumidor. 7ª edição. São Paulo, Revista dos Tribunais, 2016, p. 181).

► **Defeito de concepção.**

"Um produto ou serviço com defeito de concepção – *difetti di costruzione*, no direito italiano – é aquele que "apresenta um risco de dano desarrazoado, não obstante tenha sido produzido meticulo-samente em acordo com planos detalhados e especificações" (Robinson v. Reed-Prentice, 49 N.Y. 2d 471, 403 N.E. 2d 440, 1980)". (BENJAMIN, Antônio Herman V.; MARQUES, Cláudia Lima; BESSA, Leonardo Roscoe. Manual de Direito do Consumidor. 7ª edição. São Paulo, Revista dos Tribunais, 2016, p. 182).

► **Características do defeito de concepção.**

"Três são suas características principais: a inevitabilidade, a dificul-dade de previsão estatística e a manifestação universal". (BENJAMIN, Antônio Herman V.; MARQUES, Cláudia Lima; BESSA, Leonardo Roscoe. Manual de Direito do Consumidor. 7ª edição. São Paulo, Revista dos Tribunais, 2016, p. 183).

► **Inevitabilidade do defeito de concepção.**

"Tal qual o defeito de fabricação, o defeito de concepção, de regra, não pode ser evitado, especialmente naqueles casos em que o conhecimento técnico à época não permitia sua identificação ou previsão". (BENJAMIN, Antônio Herman V.; MARQUES,

Cláudia Lima; BESSA, Leonardo Roscoe. Manual de Direito do Consumidor. 7ª edição. São Paulo, Revista dos Tribunais, 2016, p. 183).

► **Dificuldade de previsão estatística do defeito de concepção.**

"O defeito não se presta com facilidade à previsão estatística, o que, como consequência, dificulta a contratação de seguro. (BENJAMIN, Antônio Herman V.; MARQUES, Cláudia Lima; BESSA, Leonardo Roscoe. Manual de Direito do Consumidor. 7ª edição. São Paulo, Re-vista dos Tribunais, 2016, p. 183).

► **Manifestação universal do defeito de concepção.**

"O defeito de concepção não se limita a apenas um ou outro produto ou serviço da cadeia de produção, mas, ao revés, manifesta-se em todos os produtos daquela série ou em todos os serviços executados e, por isso mesmo, seu potencial de danosidade coletiva é maior do que no caso precedente (Ugo Carnevali, La responsabilità, p. 31)". (BENJAMIN, Antônio Herman V.; MARQUES, Cláudia Lima; BESSA, Leonardo Roscoe. Manual de Direito do Consumidor. 7ª edição. São Paulo, Revista dos Tribunais, 2016, p. 183).

► **Responsabilidade pelo fato X Responsabilidade por vício.**

Se for a uma loja de eletrodomésticos e comprar um aparelho de som em que uma das caixas não funciona ou funciona mal, há vício de adequação do produto, gerando responsabilidade por vícios (arts. 18 a 25). Aqui, o prejuízo é intrínseco, estando o bem somente em desconformidade com o fim a que se destina. Entretanto, se este mesmo aparelho de som, por exemplo, em decorrência de um curto-circuito, pega fogo e causa danos às pessoas, tem-se acidente de consumo, gerando responsabilidade pelo fato (no caso, como se trata de aparelho de som, a responsabilidade é pelo fato do produto – arts. 12 e 13). Nesta hipótese, o prejuízo é extrínseco ao bem, ou seja, não há uma limitação da inadequação do produto em si, mas uma inadequação que gera danos além do produto. Assim, a responsabilidade pelo fato centraliza suas atenções na garantia da incolumidade físico-psíquica do consumidor, protegendo sua saúde e segurança. Já a responsabilidade por vício busca garantir a incolumidade econômica do consumidor.

> ► **No mesmo sentido:** "Assim, a responsabilidade pelo fato considera os produtos ou serviços enquanto com defeitos, sem a prestabilidade e utilidade que devem ter, e a responsabilidade pelo vício enquanto produtos ou serviços que contenham equívocos de qualidade ou quantidade" (NASCIMENTO, Tupinambá Miguel Castro. Comentários ao CDC. São Paulo: Aide, 1991. p. 93-94).

► **Categorias do vício de qualidade.**

"A primeira delas, que tem a ver precipuamente com a tutela da incolumidade físico-psíquica do consumidor, chamaremos de vícios de qualidade por insegurança. É sob tal prisma que examinaremos os acidentes de consumo. A segunda categoria denominaremos vícios de qualidade por inadequação. Tem ela a ver, por um lado, com o desempenho dos produtos e serviços, ou seja, com o cumprimento de sua finalidade em acordo com a expectativa legítima do consumidor. De outro lado, manifesta-se com um caráter de durabilidade, isto é, a garantia de que o produto ou serviço não perderá, total ou parcialmente, de forma prematura, sua utilidade, também em sintonia com a expectativa legítima do consumidor". (BENJAMIN, Antônio Herman V.; MARQUES, Cláudia Lima; BESSA, Leonardo Roscoe. Manual de Direito do Consumidor. 7ª edição. São Paulo, Revista dos Tribunais, 2016, p. 163).

► **Elementos do Vício de qualidade por insegurança.**

"Desconformidade com uma expectativa legítima e a capacidade de provocar acidentes. Sem que estejam reunidos estes dois elementos não há falar em vício de qualidade por insegurança". (BENJAMIN, Antônio Herman V.; MARQUES, Cláudia Lima; BESSA, Leonardo Roscoe. Manual de Direito do Consumidor. 7ª edição. São Paulo, Revista dos Tribunais, 2016, p. 168).

► **Responsabilidade solidária se o produto sofrer processamento.**

"Se o produto animal ou vegetal sofrer processamento (limpeza e embalagem, por exemplo), são solidariamente responsáveis o produtor e aquele que efetuou o processamento, cabendo, aqui também, ação regressiva do que pagou contra quem deu causa ao defeito". (BENJAMIN, Antônio Herman V.; MARQUES, Cláudia Lima; BESSA, Leonardo Roscoe. Manual de Direito do Consumidor. 7ª edição. São Paulo, Revista dos Tribunais, 2016, p. 177).

◙ O Código de Defesa do Consumidor estabelece dois regimes jurídicos para a responsabilidade civil do fornecedor.

"O Código de Defesa do Consumidor estabelece dois regimes jurídicos para a responsabilidade civil do fornecedor: a responsabilidade por fato do produto ou serviço (arts. 12 a 17) e a responsabilidade por vício do produto ou serviço (arts. 18 a 25). Basicamente, a distinção entre ambas reside em que, na primeira, além da desconformidade do produto ou serviço com uma expectativa legítima do consumidor, há um acontecimento externo (acidente de consumo) que causa dano material ou moral ao consumidor. Na segunda, o prejuízo do consumidor decorre do defeito interno do produto ou serviço (incidente de consumo). 3. Para cada um dos regimes jurídicos, o CDC estabeleceu limites temporais próprios para a responsabilidade civil do fornecedor: prescrição de 5 anos (art. 27) para a pretensão indenizatória pelos acidentes de consumo; e decadência de 30 ou 90 dias (art. 26) para a reclamação pelo consumidor, conforme se trate de produtos ou serviços não duráveis ou duráveis. 4. Tratando-se de vício oculto do produto, o prazo decadencial tem início no momento em que evidenciado o defeito, e a reclamação do consumidor formulada diretamente ao fornecedor obsta o prazo de decadência até a resposta negativa deste." (STJ, REsp 1303510/SP, Rel. Ministro João Otávio de Noronha, Terceira Turma, DJe 06/11/2015)

► **Os custos sociais da produção em massa devem ser considerados para a responsabilização do fornecedor.**

"Não é o consumidor, individualmente considerado (nem, tampouco, só o vendedor-direto), que deve suportar os custos sociais da produção em massa. São prejuízos que necessitam de uma repartição entre todos os outros sujeitos do mercado. E só os fornecedores, particularmente o fabricante, têm condições de pulverizá-los, indenizando o consumidor-vítima e incorporando no produto ou serviço o valor pago". (BENJAMIN, Antônio Herman V.; MARQUES, Cláudia Lima; BESSA, Leonardo Roscoe. Manual de Direito do Consumidor. 7ª edição. São Paulo, Revista dos Tribunais, 2016, p. 160).

► **Fato do produto.**

"A expressão 'fato do produto', como causa de responsabilização, significa – em proposição simples – a possibilidade de o produto, ou dos serviços contratados, por si mesmo, causar dano a alguém ou frustrar a expectativa do usuário, através de resultados positivos ou negativos, seja em razão de defeito original, por força de fabricação inadequada, seja porque não proporciona a essencialidade para a qual foi prometida ou anunciada à venda, seja em virtude de seu acondicionamento inadequado com potencialidade lesiva, seja, ainda, em função de expiração de sua validade" (STOCO, Rui. Tratado de Responsabilidade Civil. 6ª ed. São Paulo: Revista dos Tribunais, 2004. p. 448).

► **Teoria unitária da responsabilidade no CDC.**

Para as relações de consumo, pouco importa a clássica divisão do direito civil entre responsabilidade contratual e extracontratual (também chamada de aquiliana). O que realmente importa é a existência de uma relação jurídica de consumo a ser pautada por vícios de qualidade (por insegurança e inadequação) e vícios de quantidade. Nesse sentido, conforme informa a doutrina, temos a chamada teoria unitária da responsabilidade civil.

> ► **No mesmo sentido:** "No âmbito do Direito do Consumidor, por força da necessidade de uma atuação mais eficiente de suas medidas tutelares, já se verifica a adoção da teoria unitária da responsabilidade civil, sob a roupagem da teoria da qualidade. A responsabilidade pelo vício de qualidade instituída por nosso CDC representa a consagração de um dever de qualidade, anexo à atividade do fornecedor e fundado no princípio da proteção à confiança. Este dever de qualidade imprime no próprio produto ou serviço a garantia de ausência de vício de qualidade por insegurança ou por inadequação, funcionando, assim, como fundamento único da responsabilidade, contratual e extracontratual, da cadeia de fornecedores em relação aos consumidores e fazendo prescindir inteiramente da existência de vínculo contratual entre uns e outros para a responsabilização dos primeiros. Tudo isto constitui uma mudança profunda nas concepções tradicionais que têm seu ponto de referência numa clara distinção entre responsabilidade contratual e delitual. A aproximação entre os dois tipos de responsabilidade tende a uma uniformização de soluções, bem como uma harmonização dos conceitos." (BECKER, Anelise. Elementos para uma teoria unitária da responsabilidade civil. Revista Direito do Consumidor 13. p. 54.)

◙ Prazo de validade. Intoxicação de bebê de apenas três meses por produto alimentício vencido.

"Produto alimentício destinado especificamente para bebês exposto em gôndola de supermercado, com o prazo de validade vencido, que coloca em risco a saúde de bebês com apenas três meses de vida, causando-lhe gastroenterite aguda, enseja a responsabilização por fato do produto, ante a existência de vício de segurança previsto no art. 12 do CDC." (STJ, REsp 980860 / SP, Min. Rel. Nancy Andrighi, J. 23.04.09, T3)

◙ Produto vendido com data de validade vencida. Intoxicação alimentar.

"Apelação – dano moral – produto vendido com data de validade vencida – autores que, ao consumirem parte do produto, sofreram intoxicação alimentar – aplicação do art. 12 do CDC – valor reparatório fixado com pertinência e moderação – desprovimento dos recursos". (TJRJ, AC 2004.001.26521 – 2ª C.Cív. – Rel. Des. Jesse Torres, DJRJ 17.3.2005).

◙ Não há dano moral por produto com larvas consumido após data de validade.

"RECURSO ESPECIAL – AÇÃO DE INDENIZAÇÃO POR DANOS MORAIS – BOMBONS – LARVAS – EXISTÊNCIA – PRODUTO CONSUMIDO APÓS A DATA DE VALIDADE – ROMPIMENTO DO NEXO DE CAUSALIDADE – EXIGÊNCIA – GARANTIA DO PRODUTO – SEGURANÇA E QUALIDADE – CÓDIGO DE DEFESA DO CONSUMIDOR – PRAZO – ESTUDOS BIOLÓGICOS E QUÍMICOS – VALIDADE DETERMINADA PELO FABRICANTE – RECURSO IMPROVIDO. I – Ainda que as relações comerciais te-nham o enfoque e a disciplina determinadas pelo Código de Defesa do Consumidor, tal circunstância não afasta, para fins de responsabilidade civil, o requisito da existência de nexo de causalidade, tal como expressamente determina o artigo 12, § 3º e incisos, do Código de Defesa do Consumidor. II – O fabricante ao estabelecer prazo de validade para consumo de seus produtos, atende aos comandos imperativos do próprio Código de Defesa do Consumidor, especificamente, acerca da segurança do produto, bem como a saúde dos consumidores. O prazo de validade é resultado de estudos técnicos, químicos e biológicos, a fim de possibilitar ao mercado consumidor, a segurança de que, naquele prazo, o produto estará em plenas condições de consumo. III – Dessa forma, na oportunidade em que produto foi consumido, o mesmo já estava com prazo de validade expirado. E, essa cir-cunstância, rompe o nexo de causalidade e, via de consequência, afasta o dever de indenizar. IV – Recurso es-pecial improvido." (STJ, REsp 1252307/PR, Rel. Ministra Nancy Andrighi, Rel. p/ Acórdão Ministro Massami Uyeda, Terceira Turma, DJe 02/08/2012)

► Sobre a condenação em dano moral por aquisição e/ou consumo de produto com corpo estranho (ex: insetos em alimentos), verificar art. 6°, VI.

◙ No sentido de que se o consumidor não consumiu o produto contendo corpo estranho, não configura "fato do produto" e sim "vício do produto."

"RESPONSABILIDADE CIVIL. PRODUTO IMPRÓPRIO PARA O CONSUMO. OBJETO METÁLICO CRAVADO EM BOLACHA DO TIPO "ÁGUA E SAL". OBJE-

TO NÃO INGERIDO. DANO MORAL INE-XISTENTE. 1. A simples aquisição de bolachas do tipo "água e sal", em pacote no qual uma delas se encontrava com objeto metálico que a tornava imprópria para o consumo, sem que houvesse ingestão do produto, não acarreta dano moral apto a ensejar reparação. Precedentes. 2. Verifica-se, pela moldura fática apresentada no acórdão, que houve inequivocamente vício do produto que o tornou impróprio para o consumo, nos termos do art. 18, caput, do CDC. Porém, não se verificou o acidente de consumo, ou, consoante o art. 12 do CDC, o fato do produto, por isso descabe a indenização pretendida. 3. De ofício, a Turma determinou a expedição de cópias à agência sanitária reguladora para apurar eventual responsabilidade administrativa. 4. Recurso especial principal provido e adesivo prejudicado." (STJ, REsp 1131139/SP, Rel. Ministro Luis Felipe Salomão, Quarta Turma, DJe 01/12/2010)

◙ Tintura para cabelos. Queda de cabelos anormal.

"APELAÇÃO CÍVEL. RESPONSABILIDADE CIVIL. PRODUTO PARA TINGIR CABELOS. QUEDA CAPILAR ANORMAL. RESPONSABILIDADE OBJETIVA PELO FATO DO PRODUTO CARACTERIZADA. (...) Os produtos e serviços colocados no mercado devem cumprir um objetivo de segurança, sendo o desvio dessa característica ensejador de vício de qualidade. A obrigação de indenizar surge quando tais riscos fogem ao controle do consumidor, de forma que, em decorrência de qualquer defeito, tem sua saúde ameaçada, pela imprevisibilidade do dano ocasionado pelo consumo. Então, é o defeito, como causador do acidente de consumo, o elemento ensejador da responsabilidade civil objetiva. (...)" (TJRS, apelação cível 70014606693, Rel. Odone Sanguiné, J.31.05.06)

◙ Pílula anticoncepcional inerte.

A responsabilidade do fabricante não está condicionada à introdução voluntária do produto no mercado. "(...) A responsabilidade da fornecedora não está condicionada à introdução consciente e voluntária do produto lesivo no mercado consumidor. Tal ideia fomentaria uma terrível discrepância entre o nível dos riscos assumidos pela empresa em sua atividade comercial e o padrão de cuidados que a fornecedora deve ser obrigada a manter. Na hipótese, o objeto da lide é delimitar a responsabilidade da empresa quanto à falta de cuidados eficazes para garantir que, uma vez tendo produzido manufatura perigosa, tal produto fosse afastado das consumidoras. (...)". (STJ, REsp 866636 / SP, Rel. Min. Nancy Andrighi, J. 29.11.07, T3)

◙ Defeito na quantidade do anticoncepcional gerando gravidez na consumidora.

"Civil. Processo civil. Recurso especial. Ação de reparação por danos materiais e compensação por danos morais. Consumidora do anticon-cepcional 'Diane 35' que engravidou, de forma indesejada, durante a utilização do produto em face de defeito deste, porque cartelas com 20 comprimidos, ao invés de 21, foram colocadas no mercado." (STJ, REsp 918.257/SP, Rel. Ministra Nancy Andrighi, Terceira Turma, DJ 23/11/2007)

◙ Veículo que se incendiou enquanto era conduzido pelo consumidor.

"RECURSO ESPECIAL (art. 105, inc. III, "a", CF/88) - AÇÃO CONDENATÓRIA - RESPONSABILIDADE CIVIL DE FABRICANTE DE AUTOMÓVEL - DEFEITO DE FA-BRICAÇÃO - INSTÂNCIAS ORDINÁRIAS QUE JULGARAM IMPROCEDENTES OS PEDIDOS VEICULADOS NA INICIAL, SOB O ARGUMENTO DE QUE NÃO RESTOU COMPROVADO QUE A FORNECEDORA COLOCOU NO MERCADO PRO-DUTO COM ALGUM DEFEITO OU VÍCIO. INSURGÊNCIA DOS AUTORES. DÚVIDA ACERCA DA CAUSA DO INCÊNDIO DO AUTOMÓVEL - RESPONSABILIDADE OBJETIVA - INTELIGÊNCIA DO ART. 12 DO CDC - RECURSO ESPECIAL PRO-VIDO. Pretensão condenatória deduzida em face de fabricante de automóvel, ante os alegados danos decorrentes de incêndio deste, enquanto conduzido por um dos autores. Tribunal a quo que, num primeiro momento, julgou parcialmente procedentes os pedidos. Decisum reformado, em sede de embargos infringentes, para julgar improcedentes os pedidos, reputando-se não demonstrado o defeito de fabricação. 1. Como se infere do art. 12 do CDC, a responsabilidade do fabricante pelos danos causados aos consumidores por defeitos de fabricação do produto é objetiva, dispensando a comprovação de culpa. Assim, inviável o afastamento da responsabilidade da ré com base na ausência de comprovação de que a fornecedora colocou no mercado produto com algum vício ou defeito, como fez o Tribunal de origem. 2. Dessa forma, considerando que não foi elidido no caso dos autos o nexo de causalidade entre os danos sofridos pelos recorrentes e a fabricação do automóvel adquirido da recorrida, tendo em vista que não houve a comprovação de qualquer causa excludente da responsabilidade, pairando dúvida acerca da causa do incêndio, é imperioso o provimento do presente recurso especial para imputar a indenização a título de dano material e moral, da forma determinada no acórdão da apelação, o qual julgou a demanda em estrita consonância com a principiologia consumerista e o entendimento deste Tribunal e, portanto, deve prevalecer. 3. Recurso especial provido, a fim de julgar parcialmente procedentes os pedidos deduzidos na inicial, nos termos do acórdão que julgou a apelação, o qual fica desde já restabelecido" (STJ, REsp 1171767/RJ, Quarta Turma, Rel. Min. Marco Buzzi, julgado em 02/08/2016).

◙ Acidente de veículo por peça defeituosa. Desprendimento da banda de rodagem do pneu.

"Civil. Responsabilidade civil. Acidente de veículo. Desprendimento da banda de rodagem do pneu. Causa única do acidente. Falecimento dos pais de dois dos autores e do filho da outra autora. Responsabilidade objetiva do CDC. Culpa comprovada nas instâncias anteriores com base nas provas dos autos. Valor indenizatório. Pedido de elevação requerido pelos autores. Pedido de redução requerido pela ré. Pensão mensal. Arbitramento. Décimo terceiro salário." (STJ, REsp 1036485 / SC, Rel. Min. Nancy Andrighi, J. 18.12.2008, 3T)

◙ Defeito mecânico na suspensão do veículo.

"PROCESSUAL CIVIL. AÇÃO INDENIZATÓRIA. ACIDENTE AUTOMOBILÍSTICO. PEÇA DEFEITUOSA. RESPONSABILIDADE PELO FATO DO PRODUTO. (...)

4. Demonstrado o nexo de causalidade entre os danos sofridos pelo consumidor e a falha no equipamento (veículo) por ele utilizado, está configurada a responsabilidade civil do fornecedor pelo fato do produto, nos termos do art. 12 do CDC. 5. Recurso especial parcialmente conhecido e desprovido." (STJ, REsp 1157052/PI, Rel. Ministro João Otávio de Noronha, Terceira Turma, DJe 30/05/2014)

■ **Defeito no pneu do veículo.**

"RECURSO ESPECIAL - AÇÃO DE INDENIZAÇÃO - ACIDENTE AUTOMOBILÍSTICO OCASIONADO POR DEFEITO NO PNEU DO VEÍCULO - VÍTIMA ACOMETIDA DE TETRAPLEGIA - CORTE LOCAL QUE FIXA A RESPONSABILIDADE OBJETIVA DA FABRICANTE DO PRODUTO. (...) Demonstrada a ocorrência do acidente em virtude de defeito do pneu, fato do produto, esgota-se o ônus probatório do autor (art.333, I, do CPC), cabendo à fabricante, para desconstituir sua responsabilidade objetiva, demonstrar uma das causas excludentes do nexo causal (art. 12, § 3º, do CDC).(...) A tetraplegia causada ao aposentado em razão do acidente automobilístico, que transformou inteiramente sua vida e o priva da capacidade para, sozinho, praticar atos simples da vida, cuida-se de seríssima lesão aos direitos de personalidade do indivíduo. A indene fixada para tais hipóteses não encontra parâmetro ou paradigma em relação aos casos de morte de entes queridos." (STJ, REsp 1281742/SP, Rel. Ministro Marco Buzzi, Quarta Turma, DJe 05/12/2012)

■ **Quebra do banco do motorista.**

"RECURSO ESPECIAL. RESPONSABILIDADE PELO FATO DO PRODUTO. AUTOMÓVEL FIESTA. QUEBRA DO BANCO DO MOTORISTA. DEFEITO DE FA-BRICAÇÃO. PERDA DO CONTROLE DO VEÍCULO. ACIDENTE GRAVE. RECALL POSTERIOR AO EVENTO DANOSO. ÔNUS DA PROVA DO FABRICANTE. 1 - Ação de indenização proposta com base em defeito na fabricação do veículo, objeto de posterior recall, envolvido em grave acidente de trânsito. 2 - Comprovação pelo consumidor lesado do defeito do produto (quebra do banco do motorista com o veículo em movimento na estrada) e da relação de causalidade com o acidente de trânsito (perda do controle do automóvel em estrada e colisão com uma árvore), que lhe causou graves lesões e a perda total do veículo. 3 - A dificuldade probatória ensejada pela impossibilidade de perícia direta no veículo sinistrado, no curso da instrução do processo, não caracteriza cerceamento de defesa em relação ao fabricante. 4 - Inocorrência de violação às regras dos incisos II e III do § 3º do art. 12 do CDC. 5 - Precedente desta Corte. 6 - Recurso especial desprovido." (STJ, REsp 1168775/RS, Rel. Ministro Paulo de Tarso Sanseverino, Terceira Turma, DJe 16/04/2012)

■ **Fabricante de sabão em pó deve indenizar consumidora que teve reação alérgica grave ao utilizar o produto por falha na informação.**

"DIREITO DO CONSUMIDOR. RECURSO ESPECIAL. FATO DO PRODUTO. DERMATITE DE CONTATO. MAU USO DO PRODUTO. CULPA EXCLUSIVA DA VÍTIMA. INOCORRÊNCIA. ALERGIA - CONDIÇÃO INDIVIDUAL E ESPECÍFICA DE HIPERSENSIBILIDADE AO PRODUTO. DEFEITO INTRÍNSECO

DO PRODUTO. INOCORRÊNCIA. DEFEITO DE INFORMAÇÃO. DEFEITO EXTRÍNSECO DO PRODUTO. FALTA DE INFORMAÇÃO CLARA E SUFICIENTE. VIOLAÇÃO DO DEVER GERAL DE SEGURANÇA QUE LEGITIMAMENTE E RAZOAVELMENTE SE ESPERAVA DO PRODUTO. (...) O uso do sabão em pó para limpeza do chão dos cômodos da casa, além da lavagem do vestuário, por si só, não representou conduta descuidada apta a colocar a consumidora em risco, uma vez que não se trata de uso negligente ou anormal do produto. A informação é direito básico do consumidor (art. 6°, III, do CDC), tendo sua matriz no princípio da boa-fé objetiva, devendo, por isso, ser prestada de forma inequívoca, ostensiva e de fácil compreensão, principalmente no tocante às situações de perigo. O consumidor pode vir a sofrer dano por defeito (não necessariamente do produto), mas da informação inadequada ou insuficiente que o acompanhe, seja por ter informações deficientes sobre a sua correta utilização, seja pela falta de advertência sobre os riscos por ele ensejados. Na hipótese, como constatado pelo Juízo a quo, mera anotação pela recorrente, em letras minúsculas e discretas na embalagem do produto, fazendo constar que deve ser evitado o 'contato prolongado com a pele' e que 'depois de utilizar' o produto, o usuário deve lavar, e secar as mãos, não basta, como de fato no caso não bastou, para alertar de forma eficiente a autora, na condição de consumidora do produto, quanto aos riscos desse." (STJ, REsp 1358615/SP, Rel. Ministro Luis Felipe Salomão, Quarta Turma, DJe 01/07/2013)

■ **Defeito em *air bag*. A periculosidade inerente do dispositivo não autoriza que as montadoras de veículos se eximam da responsabilidade em ressarcir danos fora da normalidade do uso e os riscos que razoavelmente dele se esperam.**

"DIREITO DO CONSUMIDOR. AÇÃO DE INDENIZAÇÃO POR DANO MATERIAL E COMPENSAÇÃO POR DANO MORAL. ACIDENTE DE TRÂNSITO. SEGURANÇA. GRAVES LESÕES. FUNDAMENTO DO ACÓRDÃO NÃO IMPUGNADO. SÚMULA 283/STF. INTERESSE RECURSAL. QUESTÕES RESOLVIDAS PELO TRIBUNAL DE ORIGEM. AUSÊNCIA. REEXAME DE FATOS E PROVAS. INADMISSIBILIDADE. MECANISMO DE SEGURANÇA. RISCO INERENTE. PRODUTO DEFEITUOSO. EXCESSO. REVISÃO DO VALOR DA COMPENSAÇÃO. (...) 6. Considera-se o produto como defeituoso quando não fornece a segurança que o consumidor dele se espera, levando-se em consideração a época e o modo em que foi prestado, e no que mais importa para a espécie, os riscos inerentes a sua regular utilização. 7. O fato da utilização do *air bag*, como mecanismo de segurança de periculosidade inerente, não autoriza que as montadoras de veículos se eximam da responsabilidade em ressarcir danos fora da normalidade do "uso e os riscos que razoavelmente dele se esperam" (art. 12, §1°, II do CDC). (...)". (STJ, REsp 1656614/SC, Terceira Turma, Rel. Ministra Nancy Andrighi, DJe 02/06/2017)

■ ***Air bag*. Indevido acionamento. Indenização pelos danos materiais.**

"O indevido acionamento de air bag constitui fato do produto e, portanto, a empresa deve indenizar o consumidor pelos danos materiais daí advindos." (STJ, REsp 1329189/RN, Rel. Ministra Nancy Andrighi, Terceira Turma, Dje 21/11/2012)

◙ Não acionamento do *air bag* em acidente automobilístico.

"DIREITO DO CONSUMIDOR. RECURSO ESPECIAL. FATO DO PRODUTO. ACIDENTE AUTOMOBILÍSTICO. NÃO ACIONAMENTO DO *AIR BAG*. REGRAS DE INVERSÃO DO ÔNUS DA PROVA. FATO DO PRODUTO. INVERSÃO OPE LEGIS. PROVA PERICIAL EVASIVA. INTERPRETAÇÃO EM FAVOR DO CONSUMIDOR. 1. A Resolução n. 311, de 3 de abril de 2009, do Conselho Nacional de Trânsito – Contran, dispõe que o *air bag* é "equipamento suplementar de retenção que objetiva amenizar o contato de uma ou mais partes do corpo do ocupante com o interior do veículo, composto por um conjunto de sensores colocados em lugares estratégicos da estrutura do veículo, central de controle eletrônica, dispositivo gerador de gás propulsor para inflar a bolsa de tecido resistente" (art. 2°). 2. A responsabilidade objetiva do fornecedor surge da violação de seu dever de não inserção de produto defeituoso no mercado de consumo, haja vista que, existindo alguma falha quanto à segurança ou à adequação do produto em relação aos fins a que se destina, haverá responsabilização pelos danos que o produto vier a causar. 3. Na hipótese, o Tribunal a quo, com relação ao ônus da prova, inferiu que caberia à autora provar que o defeito do produto existiu, isto é, que seria dever da consumidora demonstrar a falha no referido sistema de segurança. 4. Ocorre que diferentemente do comando contido no art. 6º, inciso VIII do CDC, que prevê a inversão do ônus da prova "a critério do juiz", quando for verossímil a alegação ou hipossuficiente a parte, o § 3º do art. 12 do mesmo Código estabelece – de forma objetiva e independentemente da manifestação do magistrado – a distribuição da carga probatória em desfavor do fornecedor, que "só não será responsabilizado se provar: I – que não colocou o produto no mercado; II – que, embora haja colocado o produto no mercado, o defeito inexiste; III– a culpa exclusiva do consumidor ou de terceiro". É a diferenciação já clássica na doutrina e na jurisprudência entre a inversão *ope judicis* (art. 6º, inciso VIII, do CDC) e inversão *ope legis* (arts.12, § 3º, e art. 14, § 3º, do CDC). Precedentes. 5. No presente caso, o "veículo Fiat Tempra atingiu a parte frontal esquerda (frontal oblíqua), que se deslocou para trás (da esquerda para direita, para o banco do carona)", ficando muito avariado; ou seja, ao que parece, foram preenchidos os dois estágios do choque exigidos para a detecção do *air bag*, mas que, por um defeito no produto, não acionou o sistema, causando danos à consumidora. Em sendo assim, a conclusão evasiva do expert deve ser interpretada em favor do consumidor vulnerável e hipossuficiente. 6. Destarte, enfrentando a celeuma pelo ângulo das regras sobre a distribuição da carga probatória, levando-se em conta o fato de a causa de pedir apontar para hipótese de responsabilidade objetiva do fornecedor pelo fato do produto, não havendo este se desincumbido do ônus que lhe cabia, inversão *ope legis*, é de se concluir pela procedência do pedido autoral com o reconhecimento do defeito no produto. 7. Recurso especial provido." (STJ, REsp 1306167/RS, Rel. Ministro Luis Felipe Salomão, Quarta Turma, DJe 05/03/2014)

◙ Quando o vício for grave a ponto de repercutir sobre o patrimônio material ou moral do consumidor, a hipótese será de responsabilidade pelo fato do produto.

"Trata-se de ação de indenização por danos morais e materiais proposta por consumidor contra o fabricante e o comerciante de revestimentos cerâmicos após o surgimento de defeito do produto. O vício do produto é aquele que afeta apenas a sua funcionalidade ou a do serviço, sujeitando-se ao prazo decadencial do art. 26 do Código de Defesa do Consumidor – CDC. Quando esse vício for grave a ponto de repercutir sobre o patrimônio material ou moral do consumidor, a hipótese será de responsabilidade pelo fato do produto, observando-se, assim, o prazo prescricional quinquenal do art. 27 do referido diploma legal. (...) 3. A eclosão tardia do vício do revestimento, quando já se encontrava devidamente instalado na residência do consumidor, determina a existência de danos materiais indenizáveis e relacionados com a necessidade de, no mínimo, contratar serviços destinados à substituição do produto defeituoso. Desse modo, a hipótese é de fato do produto, sujeito ao prazo prescricional de 5 (cinco) anos. 4. No caso, embora a fabricante tenha reconhecido o defeito surgido em julho de 2000, 9 (nove) meses após a aquisição do produto, o consumidor, insatisfeito com a proposta de indenização que lhe foi apresentada, ajuizou ação de reparação de danos morais e materiais em 22/3/2002, quando ainda não superado o prazo prescricional. 5. Recursos especiais parcialmente conhecidos e não providos." (STJ, REsp 1176323/SP, Rel. Ministro Ricardo Villas Bôas Cueva, Terceira Turma, DJe 16/03/2015)

◙ Danos decorrentes do uso do cigarro. Fato do produto.

"A pretensão do autor, apoiada na existência de vícios de segurança, é de informação relativa ao consumo de cigarros – responsabilidade por fato do produto. 2. A ação de responsabilidade por fato do produto prescreve em cinco anos, consoante dispõe o art. 27 do Código de Defesa do Consumidor. 3. O prazo prescricional começa a correr a partir do conhecimento do dano. 4. Recurso especial conhecido e provido." (STJ, REsp 489.895/SP, Rel. Ministro Fernando Gonçalves, Segunda Seção, DJe 23/04/2010)

◙ Defensivo agrícola ineficaz causando prejuízo na safra.

"RECURSO ESPECIAL. AÇÃO INDENIZATÓRIA. DANOS ORIUNDOS DE QUEBRA DE SAFRA AGRÍCOLA. DEFENSIVO AGRÍCOLA INEFICAZ NO COMBATE À "FERRUGEM ASIÁTICA". APLICAÇÃO DO CÓDIGO DE DEFESA DO CONSUMIDOR POR EQUIPARAÇÃO. RESPONSABILIDADE OBJETIVA. REDAÇÃO DO PARÁGRAFO ÚNICO DO ARTIGO 927 DO CÓDIGO CIVIL(...) 6. O resultado agrícola é o meio de sobrevivência do agricultor, a garantia de novos financiamentos e a possibilidade de incremento dessa fundamental atividade econômica. E isso, por óbvio, independe da condição financeira do produtor, porque inerente àquela ocupação. Por esta razão, não é crível que o imenso prejuízo econômico suportado pelos ora recorrentes também não seja causa, direta ou reflexa, de um grave dano moral." (STJ, REsp 1096542/MT, Rel. Ministro Paulo Furtado (Desembargador Convocado do TJ/BA), Terceira Turma, DJe 23/09/2009)

◙ Ineficácia de herbicida.

"RESPONSABILIDADE CIVIL. ALEGAÇÃO DE DANO POR FATO DO PRODUTO E NÃO DE VÍCIO DO PRODUTO. INEFICÁCIA DE HERBICIDA. PREJUÍZO À SAFRA. PRAZO DECADENCIAL. 5 ANOS. ART. 27 DO CÓDIGO DE DEFESA DO CONSUMIDOR. RECURSO PROVIDO PARA AFASTAR A DECADÊNCIA PROS-

SEGUINDO-SE NO EXAME DO MÉRITO NO TRIBUNAL DE ORIGEM. 1. Diante do fundamento da inicial de ocorrência do fato do produto, e não vício, no mau funcionamento de herbicida que, por não combater as ervas daninhas, enseja prejuízo à safra, e consequentemente, ao patrimônio do usuário, o prazo decadencial (*rectius*: prescricional) é de 5 (cinco) anos (CDC, art. 27). 2.– Recurso Especial provido para afastar preliminar de decadência, devendo o Tribunal de origem prosseguir no julgamento de mérito." (STJ, REsp 953.187/MT, Rel. Ministro Sidnei Beneti, Terceira Turma, DJe 29/06/2009)

◙ Cegueira causada por tampa de refrigerante quando da abertura da garrafa.

"Recurso especial. Civil e processual civil. Responsabilidade civil. Indenização por danos materiais e compensação por danos morais. Causa de pedir. Cegueira causada por tampa de refrigerante quando da abertura da garrafa. Procedente. Obrigação subjetiva de indenizar. Súmula 7/STJ. Prova de fato negativo. Superação. Possibilidade de prova de afirmativa ou fato contrário. Inversão do ônus da prova em favor do consumidor. Regra de julgamento. Doutrina e jurisprudência. Arts. 159 do CC/1916, 333, I, do CPC e 6°, VIII, do CDC. - Se o Tribunal a quo entende presentes os três requisitos ensejadores da obrigação subjetiva de indenizar, quais sejam: (i) o ato ilícito, (ii) o dano experimentado pela vítima e (iii) o nexo de causalidade entre o dano sofrido e a conduta ilícita; a alegação de violação ao art. 159 do CC/1916 (atual art. 186 do CC) esbarra no óbice da Súmula n.° 7 deste STJ." (STJ, REsp 422.778/SP, Rel. Ministro Castro Filho, Rel. p/ Acórdão Ministra Nancy Andrighi, Terceira Turma, DJ 27/08/2007)

◙ Explosão de loja de fogos de artifício.

"PROCESSUAL CIVIL. AÇÃO CIVIL PÚBLICA. EXPLOSÃO DE LOJA DE FOGOS DE ARTIFÍCIO. INTERESSES INDIVIDUAIS HOMOGÊNEOS. LEGITIMIDADE ATIVA DA PROCURADORIA DE ASSISTÊNCIA JUDICIÁRIA. RESPONSABILIDADE PELO FATO DO PRODUTO. VÍTIMAS DO EVENTO. EQUIPARAÇÃO A CONSUMIDORES. (...) Em consonância com o artigo 17 do Código de Defesa do Consumidor, equiparam-se aos consumidores todas as pessoas que, embora não tendo participado diretamente da relação de consumo, vem a sofrer as consequências do evento danoso, dada a potencial gravidade que pode atingir o fato do produto ou do serviço, na modalidade vício de qualidade por insegurança." (STJ, REsp 181.580/SP, Rel. Ministro Castro Filho, Terceira Turma, DJ 22/03/2004)

◙ Explosão de botijão de gás.

"Ação de indenização por danos materiais e morais – explosão de botijão de gás – comprovação do nexo de causalidade entre o fato e o dano – responsabilidade objetiva do fornecedor – aplicabilidade do Código de Defesa do Consumidor – Inteligência dos arts. 12 § 3º, I a III e 17, ambos do CDC. A questão é de acidente de consumo, ou como denominou o legislador consumerista, trata-se de responsabilidade for fato do produto, ou seja, não há que se falar simplesmente em um vício do produto adquirido, que poderia ter trocado por outro em perfeitas condições; o que ocorreu, em tela, foi um fato maior, a partir do produto adquirido, ou seja, houve consequências danosas na esfera da integridade física do consumidor e da outra vítima do evento, o segundo autor, que a doutrina estrangeira chama de "bystander". Assim, verifica-se a responsabilidade objetiva do produtor, independentemente da comprovação da culpa, e desta forma, o Código Consumerista, a apelante é a responsável pelo evento danoso, haja vista não ter conseguido demonstrar alguma das três hipóteses excludentes de responsabilidade, como a prova de que não colocou o produto no mercado, ou que embora o tenha colocado no mercado o defeito inexiste, ou por fim que teria havido culpa exclusiva da consumidora." (TAMG, Ap. Civ. 323.657-3, Rel. Dorival Guimarães Pereira, 3ª Câm. Civ. DJU 14.2.2001)

◙ Venda de motocicleta com adulteração no chassi.

"INDENIZAÇÃO POR DANOS MATERIAIS E MORAIS. APREENSÃO DE MOTOCICLETA PELA AUTORIDADE POLICIAL SOB A ACUSAÇÃO DE ADULTERAÇÃO DO NÚMERO DO CHASSI. RESPONSABILIDADE PELO FATO DO PRODUTO. ART. 27 DO CPC. (...) Aplica-se a prescrição quinquenal prevista no art. 27 do CDC nas ações nas quais se discute a reparação de danos causados por fato do produto ou do serviço. Incidência da Súmula nº 83 do STJ ao caso concreto." (STJ, AgRg nos EDcl no AREsp 659.694/PR, Rel. Ministro Moura Ribeiro, Terceira Turma, julgado em 13/10/2015, DJe 26/11/2015)

◙ Dano causado na abertura da lata de tomate por falta de informação.

"Lata de tomate Arisco. Dano na abertura da lata. Responsabilidade civil da fabricante. O fabricante de massa de tomate que coloca no mercado produto acondicionado em latas cuja abertura requer certos cuidados, sob pena de risco à saúde do consumidor, e sem prestar a devida informação, deve indenizar os danos materiais e morais daí resultantes." (STJ, REsp 237964/SP, DJU 08/03/2000, Rel. Min. Ruy Rosado de Aguiar, J. 16.12.1999)

► Risco da atividade e não risco integral.

A responsabilidade objetiva adotada pelo CDC foi a do risco da atividade e não a do risco integral. Isso se demonstra claramente, pois o artigo previu hipóteses que irão mitigar tal responsabilidade. Poderá o fornecedor, de acordo com o § 3°, levantar em sua defesa que não colocou o produto no mercado ou que, embora o produto tenha entrado no mercado de consumo, o defeito inexiste ou que o dano foi causado por culpa exclusiva do consumidor ou de terceiro. São verdadeiras excludentes de responsabilidade, afastando a teoria do risco integral.

► Ônus do fornecedor de provar as excludentes.

É do fornecedor o ônus de provar a ocorrência das excludentes de responsabilidade. Aqui, ocorre uma inversão do ônus da prova *ope legis* (pela lei), uma vez que o encargo probatório recai sobre o fornecedor. Assim, não basta alegar para tentar excluir seu dever de indenizar, é necessário provar o acontecimento das excludentes. O próprio § 3º do art. 12 dispõe nesse sentido, ao dispor que o fornecedor somente "não será responsabilizado quando provar" as excludentes.

◙ **No mesmo sentido:** "O ônus da prova das excludentes da responsabilidade do fornecedor de serviços, previstas no art. 14, § 3º, do CDC, é do fornecedor, por força do art. 12, § 3º, também do CDC." (STJ, Resp 685.662/RJ, Rel. Min. Nancy Andrighi, DJ 5.12.2005)

► **Caso Fortuito e força maior. Excludente de responsabilidade.**

"A regra no nosso direito é que o caso fortuito e a força maior excluem a responsabilidade civil. O Código, entre as causas excludentes de responsabilidade, não os elenca. Também não os nega. Logo, quer me parecer que o sistema tradicional, neste ponto, não foi afastado, mantendo-se, então, a capacidade do caso fortuito e da força maior para impedir o dever de indenizar". (BENJAMIN, Antônio Herman V.; MARQUES, Cláudia Lima; BESSA, Leonardo Roscoe. Manual de Direito do Consumidor. 7ª edição. São Paulo, Revista dos Tribunais, 2016, p. 187).

► **Caso fortuito e força maior. Não admissibilidade como excludente.**

"(...) apenas e tão somente as circunstâncias mencionadas no CDC em *numerus clausus* como causas excludentes do dever de indenizar é que efetivamente podem ser invocadas pelo fornecedor a fim de eximi-lo desse dever". (NERY JÚNIOR, Nelson. Os princípios gerais do Código Brasileiro de Defesa do Consumidor. Revista de Direito do Consumidor. São Paulo: Revista dos Tribunais, vol.3, 1992. p. 56.)

► Nesse sentido: (LISBOA, Roberto Senise. Responsabilidade Civil nas Relações de Consumo. São Paulo: Revista dos Tribunais, 2001, p. 270-271); e (NASCIMENTO, Tupinambá Miguel de Castro. Responsabilidade Civil no Código do Consumidor. Rio de Janeiro: Aide, 1991. p. 53 e 54).

◙ **No sentido de considerar como excludente.** "Como assentado em precedente da Corte, o fato de o art. 14, § 3º do Código de Defesa do Consumidor não se referir ao caso fortuito e à força maior, ao arrolar as causas de isenção de responsabilidade do fornecedor de serviços, não significa que, no sistema por ele instituído, não possam ser invocadas." (STJ, REsp 330523/SP, Rel. Min. Carlos Alberto Menezes Direito, DJ 25.3.2002)

► **Caso fortuito e força maior e o Código Civil. O Código Civil incluiu expressamente no art. 393 o caso fortuito e força maior como causas excludentes de responsabilidade.**

► **Fortuito interno e fortuito externo. Diferenças e causas de exclusão de responsabilidade.**

O fortuito interno é fato imprevisível, e, por isso, inevitável, que se liga à organização da empresa, relacionando-se com os riscos da atividade desenvolvida pelo fornecedor. Assim, conforme leciona Sérgio Cavalieri Filho, seriam exemplos de fortuito interno, o estouro de um pneu do ônibus, o incêndio do veículo, o mal súbito do motorista, etc., já que não obstante acontecimentos imprevisíveis, estão ligados à organização do negócio explorado pelo fornecedor. No fortuito interno, o fornecedor responderá pelos danos ocorridos (ou seja, não é excludente de responsabilidade). Já o fortuito externo é também o fato imprevisível e inevitável, mas estranho à organização do negócio, não guardando nenhuma ligação com a atividade negocial do fornecedor. No fortuito externo, justamente por ser estranho à organização do negócio, o fornecedor não responderá pelos danos sofridos pelo consumidor (ou seja, será excludente de responsabilidade).

► **Utilizando a expressão força maior interna e externa.**

"A força maior, muito embora possua sempre um caráter de inevitabilidade, pode se desencadear na esfera de atuação do agente ou fora desta. Em nosso tema, vale dizer, antes da introdução do produto no mercado ou posteriormente à sua introdução, caracterizando-se, na primeira hipótese, a chamada força maior interna, na segunda, a força maior externa. No sistema de responsabilidade objetiva, admite-se a exclusão de responsabilidade apenas em decorrência da força maior externa. Essa tese, com origem nos ensinamentos de Adolfo Exner, ao final do século passado, tem sido amplamente acatada. Vale dizer, a força maior como eximente deve ser estranha ao campo de atuação do fornecedor. A força maior interna não quebra o nexo de causalidade, posto que o dano não decorre em última instancia daquela, mas da introdução do produto já defeituoso no mercado. Ao fim e ao cabo, existe ao fornecedor a possibilidade de não introduzir a coisa no mercado de consumo. Ao contrário, na força maior externa não há qualquer relação causal entre a atuação do fornecedor e o dano produzido. Por fim, não se pode desconhecer que, na ocorrência de força maior externa, poder-se-ia de toda forma ser excluída a responsabilidade por inexistência de defeito previsto no art. 12, posto que o decorrente da vis maior não se enquadra como defeito de concepção, fabricação ou informação". (CAVALCANTI, Flávio De Queiroz B. Responsabilidade Civil por fato do produto no Código de Defesa do Consumidor. São Paulo: Del Rey, 1996. p. 125).

◙ **Fortuito interno.**

Roubo de talonário durante transporte. "O roubo do talonário de cheques durante o transporte por empresa contratada pelo banco não constituiu causa excludente da sua responsabilidade, pois trata-se de caso fortuito interno. Se o banco envia talões de cheques para seus clientes, por intermédio de empresa terceirizada, deve assumir todos os riscos com tal atividade. O ônus da prova das excludentes da responsabilidade do fornecedor de serviços, previstas no art. 14, § 3º, do CDC, é do fornecedor, por força do art. 12, § 3º, também do CDC." (STJ, REsp 685662/RJ, Rel. Min. Nancy Andrighi, DJ 5.12.2005)

◙ **Fortuito interno Responsabilidade civil das instituições bancárias. Fraude praticada por terceiros.**

"RECURSO ESPECIAL REPRESENTATIVO DE CONTROVÉRSIA. JULGAMENTO PELA SISTEMÁTICA DO ART. 543-C DO CPC. RESPONSABILIDADE CIVIL.

INSTITUIÇÕES BANCÁRIAS. DANOS CAUSADOS POR FRAUDES E DELITOS PRATICADOS POR TERCEIROS. RESPONSABILIDADE OBJETIVA. FORTUITO INTERNO. RISCO DO EMPREENDIMENTO. 1. Para efeitos do art. 543-C do CPC: As instituições bancárias respondem objetivamente pelos danos causados por fraudes ou delitos praticados por terceiros – como, por exemplo, abertura de conta-corrente ou recebimento de empréstimos mediante fraude ou utilização de documentos falsos -, porquanto tal responsabilidade decorre do risco do empreendimento, caracterizando-se como fortuito interno". (STJ, REsp 1199782/PR, Segunda Seção, Rel. Min. Luis Felipe Salomão, DJe 12/09/2011).

■ **Súmula 479/STJ: "As instituições financeiras respondem objetivamente pelos danos gerados por fortuito interno relativo a fraudes e delitos praticados por terceiros no âmbito de operações bancárias."**

■ **Sucessão de saques indevidos em conta corrente. Incumbe ao banco demonstrar a inexistência de fraude.**

"Direito processual civil. Ação de indenização. Saques sucessivos em conta corrente. Negativa de autoria do correntista. Inversão do ônus da prova.– É plenamente viável a inversão do ônus da prova (art. 333, II do CPC) na ocorrência de saques indevidos de contas-correntes, competindo ao banco (réu da ação de indenização) o ônus de provar os fatos impeditivos, modificativos ou extintivos do direito do autor. – Incumbe ao banco demonstrar, por meios idôneos, a inexistência ou impossibilidade de fraude, tendo em vista a notoriedade do reconhecimento da possibilidade de violação do sistema eletrônico de saque por meio de cartão bancário e/ou senha. – Se foi o cliente que retirou o dinheiro, compete ao banco estar munido de instrumentos tecnológicos seguros para provar de forma inegável tal ocorrência. Recurso especial parcialmente conhecido, mas não provido." (STJ, REsp 727843 / SP, Rel. Min. Nancy Andrighi, J. 15.12.2005, T3.)

■ **Fortuito interno. Fraude praticada por terceiro. Inscrição do nome do consumidor em cadastro restritivo de crédito.**

"APELAÇÃO CÍVEL. DIREITO DO CONSUMIDOR. AÇÃO DECLARATÓRIA DE INEXISTÊNCIA DE DÉBITO C/C INDENIZAÇÃO POR DANOS MORAIS. CARTÃO DE CRÉDITO. EMISSÃO FRAUDULENTA. INSCRIÇÃO INDEVIDA EM CADASTRO DO BANCO CENTRAL – SISBACEN. INSTITUIÇÃO FINANCEIRA. FRAUDE. EXCLUDENTE DE RESPONSABILIDADE. CULPA EXCLUSIVA DE TERCEIRO. INOCORRÊNCIA. FORTUITO INTERNO. DANO MORAL PRESUMIDO (*IN RE IPSA*). 1. As disposições do Código de Defesa do Consumidor (Lei 8.078 /90) são aplicáveis aos contratos com instituições financeiras, consoante intelecção dos artigos 2º e 3º do mencionado instrumento normativo. 2. As informações fornecidas pelas instituições financeiras ao Sistema de Informação de Crédito do Banco Central (SISBACEN) afiguram-se como restritivas de crédito, haja vista que esse sistema de informação avalia a capacidade de pagamento do consumidor de serviços bancários. Precedentes. 3. Ainda que se verifique a ocorrência de fraude, a instituição financeira deve responder objetivamente pelos danos causados, uma vez que lhe incumbe precaver-se das fraudes perpetradas (fortuito interno), em razão dos deveres básicos contratuais de cuidado e segurança, não se cogitando de excludente de responsabilidade. Súmula 479 do Superior Tribunal de Justiça. 4. A inscrição ou manutenção indevida do nome do consumidor em protesto ou cadastro restritivo de crédito configura dano moral presumido (*in re ipsa*), ou seja, independe da comprovação do abalo psicológico sofrido pela vítima. Súmula 385 do Superior Tribunal de Justiça. 5. O valor fixado a título de compensação por danos morais, em que pese a falta de critérios objetivos, deve ser pautado pela proporcionalidade e razoabilidade, além de servir como forma de compensação pelo dano sofrido e de desestímulo quanto à reiteração de condutas deste jaez. 6. Apelação conhecida e não provida" (TJDFT, Ap. Cív. 20140111720087, Primeira Turma Cível, Rel. Des. Simone Lucindo, DJ 28/09/2015).

▣ Fortuito interno. Roubo em ônibus ocorrido após alteração de transporte aéreo para transporte terrestre.

"RECURSO ESPECIAL. RESPONSABILIDADE CIVIL. 1. TRANSPORTE AÉREO QUE SEGUIU VIA TERRESTRE (ÔNIBUS), EM VIRTUDE DE CANCELAMENTO DO VÔO. PASSAGEIROS ROUBADOS DURANTE O TRAJETO. CONCORRÊNCIA DE CULPA DA TRANSPORTADORA. ALTERAÇÃO SUBSTANCIAL E UNILATERAL DO CONTRATO. PECULIARIDADES DO CASO CONCRETO. AUSÊNCIA DE CONFIGURAÇÃO DE FORTUITO EXTERNO. (...) 1. No que concerne ao transporte de pessoas, o ordenamento jurídico estabelece a responsabilidade civil objetiva do transportador, o qual deverá responder pelos danos causados às pessoas transportadas e suas bagagens, salvo a existência de alguma excludente de responsabilidade, como motivo de força maior, caso fortuito, culpa exclusiva da vítima ou de terceiro. 1.1. Em relação ao fato de terceiro, todavia, a teor do que dispõe o art. 735 do Código Civil, a responsabilidade só será excluída se ficar comprovado que a conduta danosa era completamente independente em relação à atividade de transporte e aos riscos inerentes à sua exploração, caracterizando-se, nesse caso, como fortuito externo. Precedentes. 1.2. Nessa linha de entendimento, a jurisprudência do STJ reconhece que o roubo dentro de ônibus configura hipótese de fortuito externo, por se tratar de fato de terceiro inteiramente independente ao transporte em si, afastando-se, com isso, a responsabilidade da empresa transportadora por danos causados aos passageiros. 1.3. Não obstante essa seja a regra, o caso em análise guarda peculiaridade que comporta solução diversa. Com efeito, a alteração substancial e unilateral do contrato firmado pela recorrente – de transporte aéreo para terrestre -, sem dúvida alguma, acabou criando uma situação favorável à ação de terceiros (roubo), pois o transporte rodoviário é sabidamente muito mais suscetível de ocorrer crimes dessa natureza, ao contrário do transporte aéreo. Dessa forma, a conduta da transportadora concorreu para o evento danoso, pois ampliou significativamente o risco de ocorrência desse tipo de situação, não podendo, agora, se valer da excludente do fortuito externo para se eximir da responsabilidade. (...)" (STJ, REsp 1728068/SP, Rel. Ministro Marco Aurélio Bellizze, Terceira Turma, DJe 08/06/2018).

Fortuito interno. Transporte coletivo. Assalto à bilheteria de metrô.

"PROCESSUAL CIVIL E CONSUMIDOR. SERVIÇO DE TRANSPORTE METROVIÁRIO. ASSALTO ÀS BILHETERIAS. MENOR VITIMADO. CONDUTA NEGLIGENTE DA CONCESSIONÁRIA. NEXO DE CAUSALIDADE E DANO COMPROVADOS. DEVER DE INDENIZAR. 1. Na linha dos precedentes do STJ, a circunstância de o consumidor ser vítima de roubo não é, por si só, suficiente para caracterizar fortuito externo apto a ilidir a responsabilidade de indenizar do fornecedor de produtos ou serviços. Precedentes. 2. No caso dos autos, as instâncias ordinárias afirmaram que o cenário envolvido no crime era propício a esse tipo de delito, pois envolvia movimentação de alta quantia de dinheiro. Nesse contexto, concluíram ter ficado devidamente comprovada a negligência da concessionária com a segurança. Portanto, é de rigor a responsabilização da empresa pelos danos causados à parte autora". (STJ, AgRg no AREsp 218394/RJ, Quarta Turma, Rel. Min. Antônio Carlos Ferreira, DJe 16/10/2015).

Fortuito interno. Consumidor atingido por projétil de arma de fogo no momento em que ocorreu tentativa de roubo de malotes de dinheiro retirados em frente à agência bancária.

"RECURSO ESPECIAL - AÇÃO DE INDENIZAÇÃO POR DANOS MATERIAIS, MORAIS E ESTÉTICOS PROMOVIDA POR TRANSEUNTE EM FACE DE INSTITUIÇÃO FINANCEIRA E DE EMPRESA DE SEGURANÇA, ATINGIDO POR PROJÉTIL DISPARADO COM ARMA DE FOGO, NO MOMENTO EM QUE OCORREU TENTATIVA DE ROUBO DE MALOTES DE DINHEIRO RETIRADOS EM FRENTE À AGÊNCIA BANCÁRIA, NA CONSECUÇÃO DE OPERAÇÃO TÍPICA. INSTÂNCIAS ORDINÁRIAS, QUE, AO FINAL, RECONHECERAM A RESPONSABILIDADE SOLIDÁRIA DOS DEMANDADOS. INSURGÊNCIAS, EM SEPARADO, DA INSTITUIÇÃO FINANCEIRA E DA EMPRESA DE SEGURANÇA. Hipótese em que se pretende a condenação solidária de instituição financeira e de empresa de segurança pelos danos morais, estéticos e materiais impostos ao demandante que foi atingido por projétil de arma de fogo (resultando, ao final, na amputação de sua perna na parte inferior ao joelho), por ocasião da tentativa de roubo justamente no momento em que a casa bancária, no desempenho de suas operações cotidianas, retirou ostensivamente malotes de dinheiro, pela porta da frente da agência bancária, em horário e local de grande circulação de pessoas. Em primeira instância, a ação restou julgada procedente em face de instituição financeira, e, extinta, sem julgamento de mérito, em relação à empresa de segurança. Em sede de recurso de apelação, reforma parcial da sentença, para reintegrar à lide a empresa de segurança, condenando-a em solidariedade com a casa bancária pelos danos suportados pelo demandante. 1. A partir do suporte fático delineado pelas instâncias ordinárias, sobressai evidenciado que a instituição financeira, na consecução de operação própria de sua atividade – levada a efeito, por sua conta e risco, na via pública -, foi alvo de empreitada criminosa, com repercussão na esfera de direito de terceiros. Constata-se, portanto, que houve a retirada ostensiva de malotes de dinheiro (mediante a atuação de empresa de segurança contratada ante iniciativa da instituição financeira), cuja operação foi realizada através da porta da frente da agência bancária, em horário e local de grande circulação de pessoas, procedimento adotado pela Caixa Econômica Federal para viabilizar ação intrínseca ao seu empreendimento, inegavelmente. 1.1. A conduta ilícita perpetrada em face da instituição financeira (ainda que ocorrida na via pública), deu-se justamente por ocasião e em razão da realização de atividade bancária típica por ela desempenhada, inserindo-se, nessa extensão, nos riscos esperados do empreendimento desenvolvido, mantida incólume a relação de causalidade. 1.2. O simples fato de a tentativa de roubo ter ocorrido na via pública não tem o condão, por si só, de afastar a responsabilidade da instituição financeira ante danos infligidos a terceiro transeunte (consumidor por equiparação), justamente em razão da operação de carga e descarga de dinheiro em malotes ter sido desenvolvida naquele local. Ao assim proceder, os métodos e mecanismos de segurança empregados pela casa bancária deveriam ser mais eficientes, rigorosos e producentes, porquanto expõem, em circunstâncias tais, um número substancialmente maior e impreciso de pessoas aos riscos próprios da atividade que desenvolve, o que robustece sua responsabilidade pelos danos narrados na exordial. 2. A *ratio decidendi* dos precedentes desta Corte de Justiça está justamente no fato de que, no interior das agências, em que há o desenvolvimento, em grande parte, das atividades bancárias, as quais naturalmente envolvem a concentração de elevadas somas em dinheiro, o roubo ali praticado insere-se, indene de dúvidas, no risco do empreendimento desenvolvido pela instituição financeira. Destaca- se: Não é exclusivamente o local, mas também a atividade desempenhada que caracterizam os potenciais riscos. 2.1. Não obstante, caso a atividade bancária venha a ser desenvolvida fora dos limites físicos da agência, também com a movimentação de expressivos valores monetários, a conduta ilícita, ainda que ocorrida na via pública, compreende-se igualmente no risco do empreendimento, devendo a instituição financeira, por isso, responsabilizar-se objetivamente ante danos daí advindos, suportados por clientes ou terceiros. 3. Na hipótese em foco, inexiste dúvida de que o banco demandado, ao operacionalizar sua atividade bancária (retirada e transporte de expressiva quantia em dinheiro em plena via pública, pela porta da frente da agência em local e horário de grande circulação de pessoas), criou riscos a terceiros, devendo, portanto, reparar, de modo pleno, os danos daí advindos. 4. Em relação à empresa de segurança, com mais razão, estas condutas criminosas afiguram-se com alto grau de previsibilidade, sendo inerente à atividade empresarial desempenhada pela recorrente que tem por objeto propiciar, nos termos contratados, proteção e segurança à atividade bancária, e, por consequência, aos clientes e a terceiros. 5. Sobre a condenação por danos morais, não se vislumbra excesso no montante delineado pela Corte local, apto a autorizar a excepcional intervenção deste Superior Tribunal de Justiça, afigurando-se inviável superar o óbice elencado na Súmula n. 7/STJ. 6. Recursos Especiais improvidos." (STJ, REsp 1098236/RJ, Rel. Ministro Marco Buzzi, Quarta Turma, julgado em 24/06/2014, DJe 05/08/2014)

◙ Fortuito interno. Roubo no interior de estacionamento de veículos de agência bancária.

"A jurisprudência desta Corte é firme no sentido de que a prática do crime de roubo no interior de estacionamento de veículos, pelo qual seja direta ou indiretamente responsável a instituição financeira, não caracteriza caso fortuito ou motivo de força maior capaz de desonerá-la da responsabilidade pelos danos suportados por seu cliente vitimado." (STJ, AgRg no AREsp 613.850/SP, Rel. Ministro Ricardo Villas Bôas Cueva, Terceira Turma, DJe 05/08/2015)

◙ Fortuito interno. Assalto à mão armada em estacionamento privado.

"RESPONSABILIDADE CIVIL - ASSALTO À MÃO ARMADA - ESTACIONAMENTO - FORTUITO EXTERNO - INOCORRÊNCIA - RISCO DECORRENTE DA ATIVIDADE - NÃO EXCLUSÃO DO NEXO DE CAUSALIDADE - DANOS MATERIAIS - NÃO COMPROVAÇÃO - DANOS MORAIS - VIOLAÇÃO A DIREITO DA PERSONALIDADE - DESNECESSIDADE DE PROVA - VALOR - RAZOABILIDADE E PROPORCIONALIDADE - SUCUMBÊNCIA "RECÍPROCA - COMPENSAÇÃO." "O fornecedor de serviços responde, independentemente da existência de culpa, pela reparação dos danos causados aos consumidores por defeitos relativos à prestação dos serviços" (CDC, art. 14, caput). A segurança é elemento essencial à atividade quando a ela é confiada, a título oneroso, a guarda de automóveis no interior do estabelecimento. É inconcebível que, num ambiente onde os automóveis (coisas) devam estar seguros, seus proprietários ou detentores (pessoas) não estejam. Tal hipótese é absurda e contrária aos princípios da razoabilidade e proporcionalidade. O assalto à mão armada em estacionamento pago é fortuito e interno, e não externo, uma vez que o modo de fornecimento do serviço (remunerado), o resultado e os riscos que dele razoavelmente se esperam (segurança, tanto do veículo como de seu proprietário) e a época em que o serviço foi prestado conduzem a essa conclusão, posto que, nos dias de hoje, assalto a estacionamento é fato rotineiro, portanto previsível.(...)" (TJMG, Apelação Civel N° 1.0024.05.642951-7/001, Rel. Eduardo Mariné da Cunha, J.31.05.07)

◙ Fortuito interno. Acidente ocorrido com aluno em excursão da escola.

"CIVIL E PROCESSUAL CIVIL. ACIDENTE OCORRIDO COM ALUNO DURANTE EXCURSÃO ORGANIZADA PELO COLÉGIO. EXISTÊNCIA DE DEFEITO. FATO DO SERVIÇO. RESPONSABILIDADE OBJETIVA. AUSÊNCIA DE EXCLUDENTES DE RESPONSABILIDADE. 1. É incontroverso no caso que o serviço prestado pela instituição de ensino foi defeituoso, tendo em vista que o passeio ao parque, que se relacionava à atividade acadêmica a cargo do colégio, foi realizado sem a previsão de um corpo de funcionários compatível com o número de alunos que participava da atividade. 2. O Tribunal de origem, a pré-texto de justificar a aplicação do art. 14 do CDC, impôs a necessidade de comprovação de culpa da escola, violando o dispositivo ao qual pretendia dar vigência, que prevê a responsabilidade objetiva da escola. 3. Na relação de consumo, existindo caso fortuito interno, ocorrido no momento da realização do serviço, como na hipótese em apreço, permanece a responsabilidade do fornecedor, pois, tendo o fato relação com os próprios riscos da atividade, não ocorre o rompimento do nexo causal.4. Os estabelecimentos de ensino têm dever de segurança em relação ao aluno no período em que estiverem sob sua vigilância e autoridade, dever este do qual deriva a responsabilidade pelos danos ocorridos.(..)"(STJ, REsp 762075 / DF, Rel. Luis Felipe Salomão, J.16.06.09)

◙ Fortuito interno. Atraso de voo. Pernoite do passageiro em aeroporto.

"EMBARGOS DE DECLARAÇÃO NO RECURSO ESPECIAL. OMISSÃO, CONTRADIÇÃO E OBSCURIDADE NÃO VERIFICADAS. DIREITO DO CONSUMIDOR. AÇÃO INDENIZATÓRIA. COMPANHIA AÉREA. CONTRATO DE TRANSPORTE. OBRIGAÇÃO DE RESULTADO. RESPONSABILIDADE OBJETIVA. DANOS MORAIS. ATRASO DE VOO. PASSAGEIRO DESAMPARADO. PERNOITE NO AEROPORTO. ABALO PSÍQUICO. CONFIGURAÇÃO. CAOS AÉREO. FORTUITO INTERNO. INDENIZAÇÃO DEVIDA. 1. A postergação da viagem superior a quatro horas constitui falha no serviço de transporte aéreo contratado e gera o direito à devida assistência material e informacional ao consumidor lesado, independentemente da causa originária do atraso. 2. O dano moral decorrente de atraso de voo prescinde de prova e a responsabilidade de seu causador opera-se *in re ipsa* em virtude do desconforto, da aflição e dos transtornos suportados pelo passageiro. 3. Ausentes quaisquer dos vícios ensejadores dos aclaratórios, afigura-se patente o intuito infringente da presente irresignação, que objetiva não suprimir a omissão, afastar a obscuridade ou eliminar a contradição, mas, sim, reformar o julgado por via inadequada. 4. Embargos de declaração rejeitados" (STJ, EDcl. No REsp 1280372/SP, Terceira Turma, Rel. Min. Ricardo Villas Bôas Cueva, DJ 31/03/2015).

◙ Fortuito interno. Atraso de voo superior a 4 horas. Ausência de assistência ao passageiro.

"RECURSO ESPECIAL. DIREITO DO CONSUMIDOR. AÇÃO INDENIZATÓRIA. COMPANHIA AÉREA. CONTRATO DE TRANSPORTE. OBRIGAÇÃO DE RESULTADO. RESPONSABILIDADE OBJETIVA. DANOS MORAIS. ATRASO DE VOO. SUPERIOR A QUATRO HORAS. PASSAGEIRO DESAMPARADO. PERNOITE NO AEROPORTO. ABALO PSÍQUICO. CONFIGURAÇÃO. CAOS AÉREO. FORTUITO INTERNO. INDENIZAÇÃO DEVIDA. 1. Cuida-se de ação por danos morais proposta por consumidor desamparado pela companhia aérea transportadora que, ao atrasar desarrazoadamente o voo, submeteu o passageiro a toda sorte de humilhações e angústias em aeroporto, no qual ficou sem assistência ou informação quanto às razões do atraso durante toda a noite. 2. O contrato de transporte consiste em obrigação de resultado, configurando o atraso manifesta prestação inadequada. 3. A postergação da viagem superior a quatro horas constitui falha no serviço de transporte aéreo contratado e gera o direito à devida assistência material e informacional ao consumidor lesado, independentemente da causa originária do atraso. 4. O dano moral decorrente de atraso de voo prescinde de prova e a responsabilidade de seu causador opera-se *in re ipsa* em virtude do desconforto, da aflição e dos transtornos suportados pelo passageiro. 5. Em virtude das especificidades fáticas da demanda, afigura-se razoável a fixação da verba indenizatória por danos morais no valor de R$ 10.000,00 (dez mil reais). 6. Recurso especial provido" (STJ, REsp 1280372/SP, Terceira Turma, Rel. Min. Ricardo Villas Bôas Cueva, DJ 10/10/2014).

■ **No mesmo sentido:** "APELAÇÃO. AÇÃO INDENIZATÓRIA. SERVIÇO DE TRANSPORTE AÉREO. ATRASO DO VOO. FALHA NA PRESTAÇÃO DO SERVIÇO. INCIDÊNCIA DO CÓDIGO DE DEFESA DO CONSUMIDOR. FORTUITO INTERNO. ASSISTÊNCIA NÃO COMPROVADA. DANOS MORAIS CONFIGURADOS. Ação indenizatória ajuizada por passageiro fundada em atraso do voo contratado e ausência de assistência por parte dos prepostos da ré. Fortuito interno, que não tem o condão de afastar o dever de indenizar. Ademais, ainda que outra fosse a razão do atraso do voo, incumbia à prestadora de serviço oferecer assistência eficiente e imediata ao autor de modo que pudesse alcançar seu destino final da forma mais confortável e breve possível, o que, entretanto, não restou comprovado no caso concreto. Transtornos acarretados ao apelante ultrapassaram, em muito, os do cotidiano, configurando dano moral passível de reparação. Valor indenizatório que deve ser arbitrado em R$ 5.000,00. Reforma da sentença. Art. 557, §1º-A, do CPC. PROVIMENTO AO RECURSO DO AUTOR". (TJRJ, Ap. Cív. 00204059720148190087, Vigésima Sétima Câmara Cível, Rel. Des. Maria Luíza de Freitas Carvalho, DJ 23/03/2016)

■ **Fortuito interno. Atraso de voo ocasionado por tráfego aéreo intenso.**

"JUIZADOS ESPECIAIS. CONSUMIDOR. FALHA NA PRESTAÇÃO DO SERVIÇO DE TRANSPORTE AÉREO. ATRASO EM VOO. TRÁFEGO AÉREO INTENSO. FORTUITO INTERNO. DANOS MORAIS CONFIGURADOS. RECURSO CONHECIDO E NÃO PROVIDO. SENTENÇA MANTIDA. 1. A alegação de que o atraso no voo ocorreu devido ao intenso tráfego aéreo é considerada hipótese de fortuito interno, relacionado à organização dos serviços e aos riscos da atividade, o que não afasta a responsabilidade pela violação a direitos da personalidade, ensejando a reparação pelo dano causado. 2. A falha na prestação de serviços contratados gerou constrangimentos à parte autora no tocante ao atraso do voo de conexão para Montevideo-Uruguai, por 12 (doze) horas, sem a mais adequada assistência pela companhia aérea responsável. Sendo assim, a recorrente deve responder objetivamente pelos danos causados à requerente, consoante disposto no artigo 14 do Código de Defesa do Consumidor. 3. O dano moral, para que se faça indenizável, deve infundir à pessoa lesão à sua imagem, hábil a deixar sequelas que se reflitam de forma nociva em seu dia a dia. Diante disso, verifico que de fato houve grave lesão à pessoa, à sua imagem e à sua personalidade, capaz de ensejar a condenação por danos morais. 4. Portanto, correta a condenação da empresa recorrente ao pagamento de danos morais decorrentes do desgaste ao qual foi submetido a recorrida, devendo ser mantido o valor de R$ 4.000,00 (quatro mil reais) arbitrado em primeira instância" (TJDFT, Recurso Inominado 07164304420158070016, Segunda Turma Recursal, Rel. João Luis Fischer Dias, DJ 22/03/2016).

■ **Fortuito interno. Atraso de voo. Manutenção não programada de aeronave.**

"INDENIZAÇÃO POR DANOS MORAIS. TRANSPORTE AÉREO NACIONAL. RELAÇÃO DE ENVOLVE AS PARTES É DE CONSUMO. INCIDÊNCIA DO CÓDIGO DE DEFESA DO CONSUMIDOR. Alegado atraso no voo contratado que ocasionou a perda do funeral do genitor da Autora. Manutenção não programada que se caracteriza como fortuito interno (inerente à atividade de transporte). Ausência de causas excludentes da responsabilidade objetiva do transportador. Todavia, dano moral não caracterizado, pois a Autora tinha embarcado em voo anterior e apresentou problema de saúde que determinou o retorno da aeronave. Novo voo que não possibilitaria sua chegada ao funeral, mesmo sem o atraso. Recurso da Ré provido, prejudicado o da Autora" (TJSP, Ap. Cív. 10295576420148260506, Trigésima Sétima Câmara de Direito Privado, Rel. Des. João Pazine Neto, DJ 21/06/2016).

■ **Fortuito interno. Cancelamento de voo atribuído a condições meteorológicas.**

"APELAÇÃO. AÇÃO INDENIZATÓRIA. SERVIÇO DE TRANSPORTE AÉREO. CANCELAMENTO DO VOO CONTRATADO E EXTRAVIO DEFINITIVO DE BAGAGEM. FALHA NA PRESTAÇÃO DO SERVIÇO. INCIDÊNCIA DO CÓDIGO DE DEFESA DO CONSUMIDOR. FORTUITO INTERNO. ASSISTÊNCIA NÃO COMPROVADA. DANOS MATERIAIS COMPROVADOS. DANOS MORAIS CONFIGURADOS. Ação indenizatória ajuizada por passageiro fundada em cancelamento do voo contratado e extravio definitivo de bagagem. Problemas climáticos. Fortuito interno, que não tem o condão de afastar o dever de indenizar. Ademais, ainda que outra fosse a razão do cancelamento do voo, incumbia à prestadora de serviço oferecer assistência eficiente e imediata ao autor de modo que pudesse alcançar seu destino final da forma mais confortável e breve possível, o que, entretanto, não restou comprovado no caso concreto. A alegação da ré de que o autor não declarou os bens constantes da bagagem quando do embarque não prospera, eis que o autor não pretende o ressarcimento de tais bens, mas sim das despesas realizadas para a compra de roupas e bens de uso pessoal quando constatado o extravio de sua bagagem. No caso, o autor se viu obrigado a despender valores que não pretendia gastar a fim de contornar a falha na prestação do serviço consistente no extravio da bagagem, sendo certo que não poderia o consumidor permanecer durante a viagem apenas com a roupa que usava quando embarcou. Danos materiais comprovados. Transtornos acarretados ao apelante ultrapassaram, em muito, os do cotidiano, configurando dano moral passível de reparação. Valor indenizatório que deve ser mantido em R$ 5.000,00. Juros de mora a partir da citação. Relação contratual. Manutenção da sentença. RECURSO DESPROVIDO". (TJRJ, Ap. Cív. 02255124220138190001, Vigésima Sétima Câmara Cível, Rel. Des. Maria Luíza de Freitas Carvalho, DJ 13/06/2016).

> ■ **No mesmo sentido:** "APELAÇÃO CÍVEL. TRANSPORTE. TRANSPORTE DE PESSOAS. AÇÃO CONDENATÓRIA POR DANOS MORAIS. CONSUMIDOR. CANCELAMENTO IMOTIVADO DE VOO. FORTUITO INTERNO. INDENIZAÇÃO POR DANO MORAL. 1– A arguição genérica e abstrata de ocorrência de mau tempo, a impedir o embarque dos autores por força do cancelamento do seu vôo de conexão Porto Alegre – Guarulhos, não se mostra suficiente a afastar a responsabilidade da companhia aérea ré. 2– Desbordam da esfera do mero dissabor e configuram dano moral "in re ipsa", inerente ao fato, as circunstâncias do caso presente, que abarcam o cancelamento injustificado do vôo de partida do casal autor para a sua viagem em comemoração a 32 (trinta e dois) anos de casamento, conjuntamente à perda da fruição de 02 (dois) dias do pas-

seio programado. 4– "Quantum" indenizatório por danos morais mantido em R$5.000,00 (cinco mil reais), a cada um dos coautores, ante a sua adequação às peculiaridades do caso e aos parâmetros desta Corte, em precedentes análogos. Recurso de apelação desprovido. (TJRS, Ap. Cív. 70066219213, Décima Segunda Câmara Cível, Rel. Des. Umberto Guaspari Sudbrack, DJ 14/09/2015).

◙ **No sentido de que o atraso do voo por condições meteorológicas adversas configura o fortuito externo:** "DIREITO DO CONSUMIDOR. TRANSPORTE AÉREO DOMÉSTICO. TRAJETO GOIÂNIA-RIO DE JANEIRO. Atraso de voo, quase quatro horas, em razão de mau tempo na cidade de destino. Atraso que fez com que o consumidor, uma adolescente, faltasse a aula no colégio onde estudava. Pretensão reparatória em face da transportadora. Sentença de procedência. Indenização fixada em três mil reais. Recurso pela companhia aérea. Cabimento. Fortuito externo comprovado. Improcedência do pedido. Em que pesem os transtornos narrados pelo consumidor, o atraso foi decorrente de fortuito externo, mau tempo, que apesar de previsível, era inevitável e alheio à organização da atividade da transportadora, o que exclui sua responsabilidade. Reforma da sentença para julgar improcedente o pedido" (TJRJ, Ap. Cív. 00372565620118190205, Sexta Câmara Cível, Rel. Des. Nagib Slaibi Filho, DJ 12/07/2016).

◙ **No mesmo sentido:** "JUIZADOS ESPECIAIS CÍVEIS. DIREITO DO CONSUMIDOR. TRANSPORTE AÉREO. DESVIO DO VOO PARA OUTRO DESTINO. CONDIÇÃO METEOROLÓGICA. CASO FORTUITO EXTERNO. FALHA NA PRESTAÇÃO DO SERVIÇO NÃO CONFIGURADA. PEQUENO LAPSO TEMPORAL ENTRE O DESVIO E NOVO VOO AO DESTINO FINAL. RECURSO CONHECIDO E PROVIDO. SENTENÇA REFORMADA. 1. Trata-se de Recurso Inominado interposto pela parte ré/recorrente, VGR Linhas Aéreas S/A, contra a sentença de que julgou procedente o pedido de indenização por danos morais em razão de remanejamento de voo para outro aeroporto. Sustentou que a alteração do voo do autor decorreu em virtude de mau tempo no aeroporto de João Pessoa, sendo desviado para o aeroporto de Recife até a normalização da escala. Portanto, a readequação da malha área não se deu por falha na prestação de seus serviços, mas por reflexo das condições meteorológicas. Por outro lado, ponderou que não é razoável que a programação seja mantida minutos após o restabelecimento das operações normais do aeroporto. Dessa forma, o mau tempo deve ser tido como causa de força maior, excludente de responsabilidade. 2. As más condições meteorológicas no dia do voo excluem a responsabilidade da empresa por eventual atraso, o que restou comprovado. 3. Ainda, não restou evidenciada a má prestação dos serviços postos à disposição do consumidor, em razão do atraso do voo por ele contratado. 4. Em que pese o autor ter esperado por cerca de quatro horas no aeroporto de Recife-PE, este pequeno lapso temporal deve ser entendido como razoável para que a Companhia Aérea providencie outra aeronave, faça as comunicações e registros necessários, bem como consiga autorização para um novo voo, mormente porque isso afeta toda a malha aérea. 5 – Recurso conhecido e provido. Sentença reformada para julgar improcedente o pedido de indenização por danos morais" (TJDFT, Recurso Inominado 07026368720148070016, Segunda Turma Recursal, Rel. Arnaldo Corrêa Silva, DJ 23/04/2015).

◘ Fortuito interno. Cancelamento de voo. Aeronave atingida por pássaro.

"APELAÇÃO. AÇÃO INDENIZATÓRIA. SERVIÇO DE TRANSPORTE AÉREO. CANCELAMENTO DO VOO. FALHA NA PRESTAÇÃO DO SERVIÇO. INCIDÊNCIA DO CÓDIGO DE DEFESA DO CONSUMIDOR. FORTUITO INTERNO. DEVER DE ASSISTÊNCIA. ATRASO DEMASIADO NO DESTINO FINAL. DANOS MORAIS CONFIGURADOS. Ação indenizatória fundada em cancelamento de voo em razão de suposta avaria causada por choque de uma ave com uma das turbinas da aeronave. Fortuito interno, que não tem o condão de afastar o dever de indenizar. Ademais, ainda que outra fosse a razão do cancelamento do voo, incumbia à prestadora de serviço oferecer assistência eficiente e imediata aos autores de modo que pudessem alcançar seu destino final da forma mais confortável e breve possível, o que, entretanto, não restou comprovado no caso concreto. Transtornos acarretados aos apelantes ultrapassaram, em muito, os do cotidiano, configurando dano moral passível de reparação. Reforma da sentença. Art. 557, §1º-A, do CPC. PROVIMENTO AO RECURSO DOS AUTORES". (TJRJ, Ap. Cív. 04326533120138190001, Vigésima Sétima Câmara Cível, Rel. Des. Maria Luíza de Freitas Carvalho, DJ 28/01/2016)

◘ Fortuito interno. Atraso de voo e perda de conexão. Readequação da malha aérea.

"CONSUMIDOR – AÇÃO DE INDENIZAÇÃO POR DANOS MORAIS E MATERIAIS – TRANSPORTE AÉREO – CANCELAMENTO DE VOO – RESTRUTURAÇÃO DA MALHA AÉREA – FORTUITO INTERNO INERENTE À ATIVIDADE – INEXISTÊNCIA DE CASO FORTUITO OU FORÇA MAIOR QUE AFASTE A RESPONSABILIDADE DE INDENIZAR – RESPONSABILIDADE OBJETIVA CONFIGURADA – APLICAÇÃO DO CÓDIGO DE DEFESA DO CONSUMIDOR – ART. 14, CAPUT, DO CDC – DEVER DE INDENIZAR QUE SE IMPÕE. 1. Aplica-se ao presente caso o Código de Defesa do Consumidor, pois é sedimentado o entendimento no STJ no sentido de que, nos casos de falha na prestação de serviços de transporte aéreo internacional, prevalece as normas do CDC em detrimento às disposições insertas em Convenções Internacionais, como a Convenção de Montreal, como quer fazer valer a Apelante, por entender que a própria Constituição Federal elevou a defesa do consumidor à esfera constitucional de nosso ordenamento. 2. Por ser a companhia aérea uma prestadora de serviços, aplica-se-lhe as regras da responsabilidade civil objetiva, devendo arcar com os prejuízos e os danos causados aos seus consumidores, independente da demonstração de culpa, desde que evidenciado o nexo de causalidade, nos termos do artigo 14 do Código de Defesa do Consumidor, e do parágrafo único do artigo 927 do Código Civil. 3. Infere-se dos autos a inexistência de caso fortuito ou força maior que afaste a responsabilidade da empresa ré. Houve, na verdade, falha na prestação de serviços por parte da demandada, devendo, pois, ser responsabilizada pelo acidente de consumo decorrente de fato do serviço (art. 14 do CDC). 4. Ademais, a TAP alega que de acordo com as informações da reserva, o passageiro foi contatado no dia 28 de abril por telefone e e-mail para ser informado das alterações, porém, não trouxe aos autos qualquer prova de tal alegação, ônus que lhe cabia, nos termos do art. 333, II do CPC. 5. Assim, verificada a quebra do contrato e não evidenciada a excludente de fato de terceiro bem como que as providências para minimizar o prejuízo do autor são obrigações legais que não ilidem a responsabilidade civil, evidenciada está a falha na prestação dos serviços da companhia aérea, permanecendo o dever de reparar" (TJPE, Ap. Cív. 3904236, Terceira Câmara Cível, Rel. Des. Bartolomeu Bueno, DJ 16/03/2016).

◙ **No mesmo sentido:** "CONSUMIDOR. ATRASO DE VÔO – PERDA DE CONEXÃO. FORTUITOINTERNO – RESPONSABILIDADE NÃO ELIDIDA. DANO MORAL CONFIGURADO. PRINCÍPIO DA PROPORCIONALIDADE E DA RAZOABILIDADE. RECURSO CONHECIDO E IMPROVIDO. 1. O atraso do vôo, com repercussão na conexão, de que resulta demasiado atraso na chegada ao destino, com perda de 01 (um) dia de lazer da viagem programada, sem qualquer assistência durante o atraso, enseja indenização por danos morais. 2. Não elide a responsabilidade da companhia aérea a alegação de necessidade de readequação da malha aérea, eis que fortuito interno não exime responsabilidade. 3. A indenização fixada em R$ 7.000,00 (sete mil reais), nas circunstâncias do caso, mostra-se justa e razoável. 4. RECURSO CONHECIDO IMPROVIDO. 5. Decisão proferida na forma do art. 46, da Lei nº 9.099/95, servindo a ementa como acórdão. 6. Diante da sucumbência, nos termos do artigo 55 da Lei dos Juizados Especiais (Lei nº 9.099/95), condeno o recorrente ao pagamento das custas processuais e honorários advocatícios, estes fixados em 15% (quinze por cento) do valor da condenação". (TJDFT, Ap. Cív. Juizado Especial 20151310004492, Terceira Turma Recursal dos Juizados Especiais do Distrito Federal, Rel. Asiel Henrique de Sousa, DJ 24/11/2015).

◙ **Fortuito interno. Atraso de voo ocasionado por greve de funcionários da cia. aérea.**

"DIREITO DO CONSUMIDOR. SERVIÇOS DE TRANSPORTE E HOSPEDAGEM. CANCELAMENTO DO VOO. GREVE DOS FUNCIONÁRIOS DA COMPANHIA AÉREA. RESPONSABILIDADE OBJETIVA (ART. 14 DO CDC) SOMENTE ELIDIDA POR CULPA EXCLUSIVA DA VÍTIMA, FATO DE TERCEIRO DESCONEXO DO SERVIÇO, CASO FORTUITO OU FORÇA MAIOR. PROBLEMAS DE ORDEM INTERNA NÃO EXCLUEM A RESPONSABILIDADE. DANOS MATERIAIS E MORAIS CONFIGURADOS. SENTENÇA MANTIDA. RECURSO DESPROVIDO" (TJRS, Recurso Cível 71005523535, Terceira Turma Recursal Cível, Turmas Recursais, Rel. Cleber Augusto Tonial, DJ 10/07/2015).

◙ **No mesmo sentido envolvendo greve dos controladores:** "DIREITO CIVIL – DANO MORAL E MATERIAL – SERVIÇO DE TRANSPORTE AÉREO – RESPONSABILIDADE OBJETIVA – FALHA NA PRESTAÇÃO DOS SERVIÇOS – ATRASO – GREVE DOS CONTROLADORES DE VÔO – EXCLUDENTE DE ILICITUDE – INOCORRÊNCIA – VALOR INDENIZAÇÃO DANO MORAL – FIXAÇÃO ADEQUADA -Inaplicável o Código Brasileiro de Aeronáutica, em face da aplicabilidade das normas consumeristas. – A responsabilidade do transportador é objetiva, nos termos do art. 14 do CDC, respondendo, independentemente de culpa, pela reparação dos danos que eventualmente causar pela falha na prestação de seus serviços. - Sendo a empresa de transportes conhecedora dos empecilhos que podem obstar a prestação dos serviços, deve agir com cautela no momento da venda dos bilhetes, mormente se considerado o cenário do caos aéreo à época dos fatos. Havendo previsibilidade, não pode ser alegada a força maior como excludente de responsabilidade. - Os danos decorrentes do denominado caos aéreo não podem ser imputados apenas à ANAC e aos demais órgãos oficiais envolvidos, mas sim a todo o sistema, tendo as companhias aéreas a sua parcela de responsabilidade." (TJMG, Apelação Civel 1.0024.07.404591-5/001, Rel. Mota Silva, J. 11.08.09)

◙ Fortuito interno. Problema hidráulico da aeronave. Não presente requisitos de imprevisibilidade e inevitabilidade.

"(...) Os problemas hidráulicos da aeronave não constituem caso fortuito, pois ao evento faltam os requisitos da imprevisibilidade e inevitabilidade, já que é dever do prestador do serviço manter a aeronave em perfeitas condições de uso, oferecendo ao consumidor soluções alternativas para o devido cumprimento do contrato. Não havendo parâmetros fixos para o cálculo do abatimento do preço pelos vícios na prestação do serviço, deve o julgador se valer da equidade. O atraso de quase um dia no vôo, o extravio de bagagem, problemas com a sua reserva em um hotel e a perda de passeios turísticos, etc, acarretam danos passíveis de reparação, ultrapassando os limites do mero aborrecimento." (STJ, Apelação Civel 1.0145.05.262709-1/001, Rel. Wagner Wilson, J. 08.02.07)

◙ Fortuito interno. Assalto em agência dos Correios. Banco Postal. Risco próprio das instituições financeiras.

"RESPONSABILIDADE CIVIL. CÓDIGO DO CONSUMIDOR. BANCO POSTAL. SERVIÇO PRESTADO PELA ECT. ATIVIDADE DE CORRESPONDENTE BANCÁRIO. INCIDÊNCIA DO CÓDIGO DE DEFESA DO CONSUMIDOR. ATIVIDADE QUE TRAZ, EM SUA ESSÊNCIA RISCO À SEGURANÇA. ASSALTO NO INTERIOR DE AGÊNCIA. FORTUITO INTERNO. DANOS MORAIS E MATERIAIS DEVIDOS. 1. Visando conferir efetividade e socialidade ao Programa Nacional de Desburocratização do Governo Federal, ampliando o acesso da população brasileira a alguns serviços prestados por instituições financeiras, foi criada a figura do correspondente bancário, cuja atividade é regulamentada por diversas resoluções do Banco Central do Brasil. 2. O objetivo da atividade de correspondente é justamente o de levar os serviços e produtos bancários mais elementares à população de localidades desprovidas de referidos benefícios, proporcionando a inclusão social e acesso ao sistema financeiro, conferindo maior capilaridade ao atendimento bancário, nada mais sendo do que uma longa *manus* das instituições financeiras que não conseguem atender toda a sua demanda. 3. Ao realizar a atividade de banco postal, contrato de finalidade creditícia, a ECT buscou, no espectro da atividade econômica, aumentar os seus ganhos e proventos, pois, por meio dessa relação, o correspondente tira proveito de recursos ociosos, utilizando a marca do banco para atrair clientes, fidelizar consumidores, acessar serviços e produtos do sistema financeiro, agregando diferencial competitivo ao negócio. 4. Nesse ramo, verifica-se serviço cuja natureza traz, em sua essência, risco à segurança, justamente por tratar de atividade financeira com guarda de valores e movimentação de numerário, além de diversas outras ações tipicamente bancárias, apesar de o correspondente não ser juridicamente uma instituição financeira para fins de incidência do art. 1º, § 1º, da Lei n. 7.102/1983, conforme já decidido pelo STJ. 5. É assente na jurisprudência do STJ que nas discussões a respeito de assaltos dentro de agências bancárias, sendo o risco inerente à atividade bancária, é a instituição financeira que deve assumir o ônus desses infortúnios, sendo que 'roubos em agências bancárias são eventos previsíveis, não caracterizando hipótese de força maior, capaz de elidir o nexo de causalidade, requisito indispensável ao dever de indenizar' (REsp 1093617/PE, Rel. Ministro João Otávio de Noronha, 4ª Turma, DJe 23/03/2009). 6. Além de prestar atividades tipicamente bancárias, a ECT oferece publicamente esses serviços (equipamentos, logomarca, prestígio etc), de forma que, ao menos de forma aparente, de um banco estamos a tratar; aos olhos do usuário, inclusive em razão do nome e da prática comercial, não se pode concluir de outro modo, a não ser pelo fato de que o consumidor efetivamente crê que o banco postal (correspondente bancário) nada mais é do que um banco com funcionamento dentro de agência dos Correios. 7. As contratações tanto dos serviços postais como dos serviços de banco postal oferecidos pelos Correios revelam a existência de contrato de consumo, desde que o usuário se qualifique como 'destinatário final' do produto ou serviço. 8. Na hipótese, o serviço prestado pelos Correios foi inadequado e ineficiente porque descumpriu o dever de segurança legitimamente esperado pelo consumidor, não havendo falar em caso fortuito para fins de exclusão da responsabilidade com rompimento da relação de causalidade, mas sim fortuito interno, porquanto incide na proteção dos riscos esperados da atividade empresarial desenvolvida. 9. De fato, dentro do seu poder de livremente contratar e oferecer diversos tipos de serviços, ao agregar a atividade de correspondente bancário ao seu empreendimento, acabou por criar risco inerente à própria atividade das instituições financeiras, devendo por isso responder pelos danos que esta nova atribuição tenha gerado aos seus consumidores, uma vez que atraiu para si o ônus de fornecer a segurança legitimamente esperada para esse tipo de negócio. Recurso especial não provido" (STJ, REsp 1183121/SC, Quarta Turma, Rel. Min. Luis Felipe Salomão, DJe 07/04/2015).

■ **Fortuito interno. Roubo de mercadorias nos Correios.**

"CIVIL. PROCESSUAL CIVIL. EMPRESA BRASILEIRA DE CORREIOS E TELÉGRAFOS – ECT. EXTRAVIO DE ENCOMENDA. RESPONSABILIDADE CIVIL DA ADMINISTRAÇÃO. DANOS MORAIS E MATERIAIS CARACTERIZADOS. CONSTITUIÇÃO FEDERAL, ART. 37, § 6º. CÓDIGO DE DEFESA DO CONSUMIDOR, ART. 14. SENTENÇA REFORMADA. I. Comprovado nos autos o nexo de causalidade entre o evento danoso e a conduta da empresa pública, incide na espécie a hipótese de responsabilidade objetiva da Administração, prevista no art. 37, § 6º, da Constituição Federal e, na hipótese dos autos, combinada com o art.14 da Lei 8.078/90. Exsurge, manifesto, o dever de indenizar os danos materiais e morais em decorrência do extravio de mercadorias enviadas carta registrada. II. O roubo de mercadorias, no caso da

ECT, deve ser considerado fortuito interno, que não tem o condão de romper o nexo de causalidade no caso em apreço, eis que tal fato é inerente aos riscos da atividade exercida pela ré. A ela, sabedora do potencial de acontecimento de situações semelhantes, impendia prestar seus serviços de maneira mais segura. III. 'As empresas públicas prestadoras de serviços públicos submetem-se ao regime de responsabilidade civil objetiva, previsto no art. 14 do CDC, de modo que a responsabilidade civil objetiva pelo risco administrativo, prevista no art. 37, § 6º, da CF/88, é confirmada e reforçada com a celebração de contrato de consumo, do qual emergem deveres próprios do microssistema erigido pela Lei n. 8.078/90.' (STJ, REsp 1210732/SC, Rel. Ministro Luis Felipe Salomão, Quarta Turma, julgado em 02/10/2012, DJ 15/03/2013). IV. O fato de o objeto ter sido postado sem declaração do valor não exime a empresa do ressarcimento se a autora consegue comprovar seu valor e seu conteúdo a contento. Nesta Corte, também se consolidou o entendimento de que "A ECT responde objetivamente pelo extravio de correspondência, por falta do serviço, mesmo que o remetente não tenha declarado o conteúdo da encomenda" (AC 2003.33.01.000504-4/BA, Relator Desembargador Federal Daniel Paes Ribeiro, Sexta Turma, DJe de 30/08/2010). V. Na hipótese dos autos, a apelante enviou carta registrada de Luziânia/GO para São Paulo/SP, contendo uma máquina fotográfica, mas a encomenda jamais chegou ao destino, fato comprovado e que está apto a caracterizar repercussão e prejuízo nos planos da recorrente. Assim, razoável a fixação de danos morais no valor de R$ 5.000,00 (cinco mil reais). VI. Danos materiais comprovados no importe de R$ 675,00 (seiscentos e setenta e cinco reais), de acordo com a nota fiscal colacionada aos autos. VII. Apelação da autora a que se dá provimento" (TRF-1, Ap. Cív. 2006.36.00.005681-1/MT, Sexta Turma, Rel. Des. Jirair Aram Meguerian, DJ 07/07/2016).

◙ Fortuito interno. Devolução indevida de cheque.

"APELAÇÃO CÍVEL. CONSUMIDOR. RISCO DO EMPREENDIMENTO. DEVOLUÇÃO INDEVIDA DE CHEQUE. SÚMULA 388 STJ. FORTUITO INTERNO. DESDOBRAMENTO DA ATIVIDADE EMPRESARIAL. DANO MORAL. MAJORADO. 1. A responsabilidade civil dentro do Direito do Consumidor está fundamentada na teoria do risco do empreendimento, e não da culpa, significando que todo aquele que se propõe a colocar no mercado um produto ou a prestar um serviço responde pelos danos decorrentes da prestação desse serviço ou pelo produto defeituoso. 2. A simples devolução indevida de cheque caracteriza dano moral STJ 388. 3. No que tange ao fortuito interno, dentro do possível desdobramento da atividade empresarial, não há como afastar a responsabilidade do Réu em relação ao dano. 4. Impõe-se a majoração do valor condenatório, de modo a adequá-lo aos princípios da razoabilidade e proporcionalidade". (TJDFT, Ap. Cív. 20150310114200, Segunda Turma Cível, Rel. Des. Gislene Pinheiro, DJ 25/01/2016).

◙ Fortuito interno. Atraso na entrega de imóvel relacionada a questões próprias do mercado imobiliário.

"COMPROMISSO DE COMPRA E VENDA. ATRASO NA ENTREGA DA OBRA. Preliminar de ilegitimidade passiva afastada. Relação de consumo. Pessoas jurídicas que integram a cadeia de consumo. Responsabilidade solidária. Alegação de caso fortuito e força maior. Dificuldades ligadas ao mercado imobiliário que não podem ser transferidas aos consumidores. Fortuito interno. Verificada a mora na entrega do imóvel é devida a indenização por danos materiais, porquanto presumidos os prejuízos dos promitentes compradores. Precedentes do STJ. Lucros cessantes. Termo inicial é o que consta em contrato, incluído o prazo de tolerância. Termo final que deve ser a data da entrega das chaves. Recurso desprovido". (TJSP, Ap. Cív. 10798457020148260100, Quarta Câmara de Direito Privado, Rel. Des. Milton Carvalho, DJ 14/08/2015).

■ **No mesmo sentido**: "CONSUMIDOR. CONTRATO DE PROMESSA DE COMPRA E VENDA DE IMÓVEL. ATRASO NA ENTREGA. PRAZO DE TOLERÂNCIA. CASO FORTUITO OU FORÇA MAIOR. FORTUITO INTERNO. RESPONSABILIDADE DA CONSTRUTORA. LUCROS CESSANTES. CABIMENTO. APURAÇÃO EM LIQUIDAÇÃO DE SENTENÇA. LAUDO MERCADOLÓGICO. HONORÁRIOS ADVOCATÍCIOS. 1. A regra nas relações contratuais é a responsabilidade subjetiva, fundada na teoria da culpa. Na espécie, o elemento volitivo está consubstanciado na mora do fornecedor em entregar as unidades imobiliárias adquiridas pelo consumidor. 2. A alegada escassez de mão de obra, falta de insumos no setor da construção civil e as condições climática são fatos conexos à atividade desenvolvida, integrando a categoria do fortuito interno, não excluindo o nexo de causalidade. 3. O dever de indenizar subsiste também com fundamento na responsabilidade objetiva, baseada na teoria do risco proveito por ser tratar de relação de consumo, devendo aquele que retira proveito da colocação do produto ou serviço no mercado responder pelos prejuízos decorrentes dessa atividade. 4. A disponibilidade do bem imóvel em construção fora do termo previsto no contrato, ultrapassado o prazo de tolerância, importa dano material na modalidade de danos emergentes e lucros cessantes. 5. Os lucros cessantes são aqueles ganhos que, ordinariamente, o credor deixou de auferir em razão do evento danoso, cujo parâmetro para fixação não pode ser apenas o valor correspondente ao aluguel mensal, pois a locação imediata é algo hipotético. 6. Os lucros cessantes devem ser apurados em posterior liquidação de sentença por arbitramento com a elaboração de laudo pericial - mercadológico, em que se apurará a extensão do dano. 7. Juntada aos autos avaliação imobiliária, esse valor será considerado a base sobre a qual incidirá o percentual apurado no laudo pericial. 8. Incabível a redução da condenação dos honorários advocatícios aquém do mínimo fixado no art. 20, § 4º, do Código de Processo Civil. 9. Recurso conhecido e parcialmente provido". (TJDFT, Ap. Cív. 20130110762349, Quinta Turma Cível, Rel. Des. Maria Ivatônia, DJ 12/12/2015).

■ **Fortuito interno. Atraso na entrega de imóvel relacionado a existência de chuvas fortes habituais e corriqueiras.**

"A existência de chuvas fortes, desde que habituais e corriqueiras em determinada época do ano, não se caracteriza como força maior, sendo previsível; outrossim, manifestamente desarrazoada é a alegação de chuvas atrasarem a obra por mais de um ano. Cláusulas que limitam ou atenuam a responsabilidade do fornecedor são nulas, pelo que inviável é a previsão contratual de fatos extraordinários que não se adequam ao caso fortuito ou força maior, como também a que determina a dedução de valores quando da restituição da quantia paga. Inexecução culposa impõe a restituição integral do valor pago, com a incidência de juros e multa por inadimplemento". (TJBA, Proc. 12.725-2/2003 – 1ª C.Cív. – Relª Desª Sílvia Zarif, J. 22.12.2003)

◙ Fortuito interno. Desabamento de teto de shopping center em razão de chuva forte.

"(...) RESPONSABILIDADE CIVIL. SHOPPING CENTER. DESABAMENTO DE TETO. FORÇA MAIOR QUE NÃO EXCLUI A RESPONSABILIDADE, NA HIPÓTESE. (...) 7. A prestação de segurança aos bens e à integridade física do consumidor é inerente à atividade comercial desenvolvida pelos hipermercados e pelos shopping centers, porquanto a principal diferença existente entres estes estabelecimentos e os centros comerciais tradicionais reside justamente na criação de um ambiente seguro para a realização de compras e afins, capaz de incidir e conduzir o consumidor a tais praças privilegiadas, de forma a incrementar o volume de vendas. 8. A responsabilidade civil do shopping center no caso de danos causados à integridade física dos consumidores ou aos seus bens não pode, em regra, ser afastada sob a alegação de caso fortuito ou força maior, pois a prestação de segurança devida por este tipo de estabelecimento é inerente à atividade comercial exercida por ele. 9. Um consumidor que está no interior de uma loja, em um shopping center, não imagina que o teto irá desabar sobre si, ainda que haja uma forte tempestade no exterior do empreendimento, afinal, a estrutura do estabelecimento deve – sempre, em qualquer época do ano – ser hábil a suportar rajadas de vento e fortes chuvas. 10. Ademais, a par da ocorrência da chuva, a área em questão encontrava-se em obras, sem qualquer restrição à circulação do público. O próprio laudo produzido pela Superintendência da Polícia Técnico-Científica demostra que houve concorrência da situação das obras de expansão para a ocorrência do evento. 11. Assim, por medida de cautela e em razão do estágio em que se encontravam as obras na oportunidade, poderia o shopping recorrido ter isolado temporariamente parte do imóvel, impedindo o acesso de consumidores, evitando eventuais acidentes que pudessem ser desencadeados em razão dos temporais e ventos. Nesse diapasão, não é possível isentar o empreendimento pelas lesões sofridas pela recorrente. (...)" (STJ, REsp 1764439/SP, Rel. Ministra Nancy Andrighi, Terceira Turma, DJe 24/05/2019).

FORTUITO EXTERNO

◙ Fortuito externo. Disparo de arma de fogo em direção a shopping center. Excludente de responsabilidade.

"RESPONSABILIDADE CIVIL. AÇÃO INDENIZATÓRIA POR DANOS MATERIAIS E MORAIS. AÇÃO CRIMINOSA PERPETRADA POR TERCEIRO NA PORTA DE ACESSO AO SHOPPING CENTER. CASO FORTUITO. IMPREVISIBILIDADE E INEVITABILIDADE. EXCLUDENTE DO DEVER DE INDENIZAR. RUPTURA DO NEXO CAUSAL ENTRE A CONDUTA DO SHOPPING E O ÓBITO DA VÍTIMA

DOS DISPAROS. 1. É do terceiro a culpa de quem realiza disparo de arma de fogo para dentro de um shopping e provoca a morte de um frequentador seu. 2. Ausência de nexo causal entre o dano e a conduta do shopping por configurar hipótese de caso fortuito externo, imprevisível, inevitável e autônomo, o que não gera o dever de indenizar (art. 14, § 3.º, II, do CDC). Precedentes. 3. Relação de consumo afastada". (STJ, REsp 1440756/RJ, Terceira Turma, Rel. Min. Moura Ribeiro, DJe 01/07/2015).

■ Fortuito externo. Roubo ocorrido em posto de combustíveis.

"DIREITO CIVIL E CONSUMIDOR - RESPONSABILIDADE CIVIL - INDENIZAÇÃO POR DANOS MORAIS E MATERIAIS - FORNECEDOR - DEVER DE SEGURANÇA - ARTIGO 14, CAPUT, DO CDC - RESPONSABILIDADE OBJETIVA - POSTO DE COMBUSTÍVEIS - OCORRÊNCIA DE DELITO - ROUBO - CASO FORTUITO EXTERNO - EXCLUDENTE DE RESPONSABILIDADE - INEXISTÊNCIA DO DEVER DE INDENIZAR. I - É dever do fornecedor oferecer aos seus consumidores a segurança na prestação de seus serviços, sob pena, inclusive, de responsabilidade objetiva, tal como estabelece, expressamente, o próprio artigo 14, 'caput', do CDC. II - Contudo, tratando-se de postos de combustíveis, a ocorrência de delito (roubo) a clientes de tal estabelecimento, não traduz, em regra, evento inserido no âmbito da prestação específica do comerciante, cuidando-se de caso fortuito externo, ensejando-se, por conseguinte, a exclusão de sua responsabilidade pelo lamentável incidente. III - O dever de segurança, a que se refere o § 1º, do artigo 14, do CDC, diz respeito à qualidade do combustível, na segurança das instalações, bem como no correto abastecimento, atividades, portanto, próprias de um posto de combustíveis. IV - A prevenção de delitos é, em última análise, da autoridade pública competente. É, pois, dever do Estado, a proteção da sociedade, nos termos do que preconiza o artigo 144, da Constituição da República". (STJ, REsp 1243970/SE, Terceira Turma, Rel. Min. Massami Uyeda Ribeiro, DJe 10/05/2012).

■ Fortuito externo. O roubo à mão armada exclui a responsabilidade de quem explora o serviço de estacionamento particular de veículos.

"DIREITO CIVIL E CONSUMIDOR. ESTACIONAMENTO DE VEÍCULOS. RESPONSABILIDADE CIVIL DO ESTACIONAMENTO. 1. Em se tratando de estacionamento de veículos oferecido por instituição financeira, o roubo sofrido pelo cliente, com subtração do valor que acabara de ser sacado e de outros pertences não caracteriza caso fortuito apto a afastar o dever de indenizar, tendo em vista a previsibilidade de ocorrência desse tipo de evento no âmbito da atividade bancária, cuidando-se, pois, de risco inerente ao seu negócio. 2. Diferente, porém, é o caso do estacionamento de veículo particular e autônomo - absolutamente independente e desvinculado do banco - a quem não se pode imputar a responsabilidade pela segurança individual do cliente, tampouco pela proteção de numerário anteriormente sacado na agência e dos pertences que carregava consigo, elementos não compreendidos no contrato firmado entre as partes, que abrange exclusivamente o depósito do automóvel. Não se trata, aqui, de resguardar os interesses da parte hipossuficiente da relação de consumo, mas de assegurar ao consumidor apenas aquilo que ele legitimamente poderia esperar do serviço contratado, no caso a guarda do veículo.3. O roubo à mão armada exclui a responsabilidade de quem explora o serviço de estacionamento de veículos." (STJ, REsp 1232795/SP, Rel. Ministra Nancy Andrighi, Terceira Turma, DJe 10/04/2013)

◙ No sentido de que se o estacionamento for vinculado direta ou indiretamente à instituição financeira, haverá responsabilidade.

"A jurisprudência desta Corte é firme no sentido de que a prática do crime de roubo no interior de estacionamento de veículos, pelo qual seja direta ou indiretamente responsável a instituição financeira, não caracteriza caso fortuito ou motivo de força maior capaz de desonerá-la da responsabilidade pelos danos suportados por seu cliente vitimado." (STJ, AgRg no AREsp 613.850/SP, Rel. Ministro Ricardo Villas Bôas Cueva, Terceira Turma, DJe 05/08/2015)

◙ Fortuito externo. Assalto em via pública após saída de agência bancária.

"RECURSO ESPECIAL. AÇÃO DE REPARAÇÃO POR DANOS MATERIAIS E COMPENSAÇÃO POR DANOS MORAIS. ASSALTO NA VIA PÚBLICA APÓS SAÍDA DE AGÊNCIA BANCÁRIA. SAQUE DE VALOR ELEVADO. RESPONSABILIDADE OBJETIVA. AUSENTE. 1. Autora pleiteia reparação por danos materiais e compensação por danos morais em decorrência de assalto sofrido, na via pública, após saída de agência bancária. 2. Ausente a ofensa ao art. 535 do CPC, quando o Tribunal de origem se pronuncia de forma clara e precisa sobre a questão posta nos autos. 3. Na hipótese, não houve qualquer demonstração de falha na segurança interna da agência bancária que propiciasse a atuação dos criminosos fora das suas dependências. Ausência, portanto, de vício na prestação de serviços. 4. O ilícito ocorreu na via pública, sendo do Estado, e não da instituição financeira, o dever de garantir a segurança dos cidadãos e de evitar a atuação dos criminosos. 5. O risco inerente à atividade exercida pela instituição financeira não a torna responsável pelo assalto sofrido pela autora, fora das suas dependências." (STJ, REsp 1284962/MG, Rel. Ministra Nancy An-drighi, Terceira Turma, DJe 04/02/2013).

> ◙ **<u>No mesmo sentido:</u>** "RESPONSABILIDADE CIVIL. ASSALTO SOFRIDO EM VIA PÚBLICA DEPOIS DE TER SIDO SACADA QUANTIA VULTOSA DE DINHEIRO. CASO FORTUITO EXTERNO. Pedido de oitiva de testemunha vindo depois de proferida a sentença. Preclusão. Não demonstrada falha na prestação de serviços da agência bancária que tenha sido a causa da atuação criminosa ocorrida na via pública, já defronte à sede da empresa autora. Nexo causal ausente. Improcedência do pedido de reparação de danos mantida" (TJRS, Ap. Cív. 70066838053, Nona Câmara Cível, Rel. Des. Jorge Alberto Schreiner Pestana, DJ 01/12/2015).

◙ Fortuito externo. Assalto ocorrido em concessionária de veículos.

"AÇÃO DE INDENIZAÇÃO POR DANOS MA-TERIAIS E MORAIS. Assalto a estabelecimento de concessionária de veículos. Inexistência de responsabilidade pela eventual lesão patrimonial e moral experimentada pelo autor. Evento que não se insere no âmbito da prestação específica da ré. Caso fortuito externo configurado. Aplicação da excludente prevista no artigo 14, § 3º, inciso II, do Código de Defesa do Consumidor. Precedente do Superior Tribunal de Justiça. SENTENÇA MANTI-DA. APELO DESPROVIDO" (TJSP, Ap. Cív. 10024375120158260590, Terceira Câmara de Direito Privado, Rel. Des. Donegá Morandini, DJ 07/04/2016).

◙ **No mesmo sentido:** "RECURSO INOMINADO. AÇÃO DE INDENIZAÇÃO POR DANOS MORAIS E MATERIAIS. ASSALTO EM ESTABELECIMENTO COMERCIAL. CLÍNICA DE ODONTOLOGIA. CASO FORTUITO EXTERNO CARACTERIZADO. IMPREVISIBILIDADE E INEVITABILIDADE DO EVENTO DANOSO. DANO MO-RAL NÃO CONFIGURADO. SENTENÇA MANTIDA. RECURSO CONHECIDO E DESPROVIDO. 1. O artigo 14 do Código de Defesa do Consumidor dispõe que é dever do fornecedor oferecer aos seus consumidores a segurança na prestação de seus serviços. Contudo, tratando-se de clínica de odontologia, a ocorrência do assalto a clientes do estabelecimento comercial não traduz evento inserido no âmbito da prestação específica do comerciante, cuidando-se, pois, de caso fortuito externo, o que enseja a exclusão de sua responsabilidade pelo delito em questão. 2. Ademais, inexiste nexo de causalidade entre a conduta da reclamada e os alegados danos morais suportados, uma vez que, mesmo que o assalto tenha ocorrido dentro do estabelecimento comercial, não é possível imputar à recorrida a responsabilidade por fato alheio à sua atuação. 3. Portanto, a sentença deve ser mantida. Recurso conhecido e desprovido" (TJPR, Recurso Inominado 00059432820148160l820, Primeira Turma Recursal, Rel. Renata Ribeiro Bau, DJ. 16.09.2015).

◙ **Fortuito externo. Furto de notebook ocorrido no interior de ônibus.**

"RECURSO INOMINADO. TRANSPORTE INTERMUNICIAL. AÇÃO DE INDENIZAÇÃO POR DANOS MORAIS E MATERIAIS. FURTO DE NOTEBOOK NO INTERIOR DO COLETIVO. AUSÊNCIA DO DEVER DE INDENIZAR. FORTUITO EXTERNO. DEVER DE VIGILÂNCIA, QUE NÃO PODE SER ATRIBUÍDO À TRANSPORTADORA. FATO DE TERCEIRO. ROMPIMENTO DO NEXO DE CAUSALIDADE. MANTIDA A IMPROCEDÊNCIA DA AÇÃO. A parte autora pede provimento ao recurso para que seja reformada a sentença que julgou improcedente a presente ação. O autor requer indenização por danos morais e materiais em razão do furto de seu notebook que estava na sua bagagem de mão no guarda volumes de ônibus intermunicipal, que faz o trajeto entre Ronda Alta e Bento Gonçalves. Os documentos acostados pelo autor dão verossimilhança aos fatos alegados (fls.24/29). No entanto, no caso dos autos, restou configurado o fato de terceiro, excludente da responsabilidade objetiva, uma vez que o bem sob a guarda do autor, no interior do veículo. A situação dos autos deflagra hipótese de caso fortuito externo que quebra o nexo causal exigido para a incidência da responsabilidade objetiva e, portanto, afasta o dever de indenizar. Precedente do STJ. Sendo assim, não há que se falar em dever da ré de indenizar, devendo ser mantida a improcedência da ação. SENTENÇA MANTIDA. RECURSO IMPROVIDO" (TJRS, Recurso Cível 71005759949, Primeira Turma Recursal Cível, Turmas Recursais, Rel. Fabiana Zilles, DJ 25/02/2016).

■ No mesmo sentido: "DIREITO CIVIL. INDENIZAÇÃO POR DANOS MORAIS. TRANSPORTE RODOVIÁRIO. ROUBO OCORRIDO DENTRO DO ÔNIBUS. INEVITABILIDADE. FORÇA MAIOR. EXCLUSÃO DA RESPONSABILIDADE DO TRANSPORTADOR. PRECEDENTES. RECURSO DESPROVIDO. I – A presunção de culpa da transportadora comporta desconstituição mediante prova da ocorrência de força maior, decorrente de roubo, indemonstrada a desatenção da ré quanto às cautelas e precauções normais ao cumprimento do contrato de transporte. II – Na lição de Clóvis, caso fortuito é "o acidente produzido por força física ininteligente, em condições que não podiam ser previstas pelas partes", enquanto a força maior é "o fato de terceiro, que criou, para a inexecução da obrigação, um obstáculo, que a boa vontade do devedor não pode vencer", com a observação de que o traço que os caracteriza não é a imprevisibilidade, mas a inevitabilidade." (STJ, REsp 264589/RJ, DJU 18.12.2000, Rel. Min. Sálvio Figueiredo Teixeira, J. 14.11.2000, 4ª T.)

■ **Fortuito externo. Vítima morta após agressão no interior de estabelecimento empresarial.**

"RESPONSABILIDADE CIVIL. INDENIZAÇÃO POR DANOS MORAIS E MATERIAIS. VÍTIMA, FALECIDA, AGREDIDA NO INTERIOR DE ESTABELECIMENTO EMPRESARIAL MANTIDO PELOS RÉUS. CASO FORTUITO EXTERNO. ROMPIMENTO DO NEXO CAUSAL. TEORIA DO RISCO. A autora pretende transmudar os fatos. Afirmar que o comportamento agressivo do ofensor poderia ter sido previsto e que poderia ter o réu evitado a agressão. Busca, em última análise, impor nexo causal impossível, que não pode ser afirmado. A questão importante a ser notada é que ocorreu, no caso em exame, caso fortuito externo. A agressão ocorrida, da qual decorreu a morte da vítima, foi aleatória e sem qualquer previsibilidade. No que tange à alegada relação de consumo presente no caso em exame, cumpre observar que o risco em exame se desvencilhava da atividade empresarial desenvolvida pelos réus, que, portanto, não podem responder por ele. Não se poderia esperar que a manutenção de livraria poderia envolver risco à integridade física de clientes. Assim, ausente nexo causal, não se poderia impor a responsabilidade aos réus com fundamento na teoria do risco. Os fatos examinados nestes autos revelam precisamente a hipótese de causa estranha ou fortuito a afastar, pela falta de nexo causal, a responsabilidade, seja subjetiva ou objetiva, fundada no Código de Defesa do Consumidor ou na Teoria do Risco, dos réus pelo evento que tirou a vida da vítima. E o que autoriza esta afirmação é, precisamente, a imprevisibilidade e inevitabilidade do acontecimento, inteiramente fora do âmbito de atividade e controle dos réus. Sentença de improcedência do pedido mantida. Recurso não provido" (TJSP, Ap. Cív. 01141540820128260100, Décima Câmara de Direito Privado, Rel. Des. Carlos Alberto Garbi, DJ 26/10/2015).

■ **Fortuito externo. Agressão a passageiro no interior de transporte coletivo.**

"APELAÇÃO CÍVEL – AÇÃO DE INDENIZAÇÃO POR DANOS MORAIS E MATERIAIS – AGRESSÃO EM TRANSPORTE PÚBLICO – RESPONSABILIDADE CIVIL OBJETIVA – CASO FORTUITO EXTERNO – EXCLUDENTE DE RESPONSABILIDA-

DE – SENTENÇA MANTIDA. 1. A Responsabilidade Civil designa o dever que alguém tem de reparar o prejuízo, em consequência da ofensa a um direito alheio. 2. Para se reconhecer a responsabilidade mostra-se necessária a constatação apenas do dano e do nexo de causalidade entre a conduta e o dano, porquanto se trata o presente caso de responsabilidade objetiva. 3. Nos termos do entendimento consolidado pelo STJ, "em caso de transporte coletivo de passageiros, como é o caso do metrô, 'o transportador só responde pelos danos resultantes de fatos conexos com o serviço que presta'". 4. No presente caso, por se tratar de fortuito externo, uma vez que o ocorrido é fato estranho à atividade empresarial prestada, não há que se falar em configuração dos requisitos ensejadores da responsabilidade civil. 5. Sentença mantida" (TJMG, Ap. Cív. 10040120137522001, Décima Primeira Câmara Cível, Rel. Des. Mariza Porto, DJ 02/09/2015).

◙ **Fortuito externo. Passageiro atingido por pedra arremessada de fora do veículo.**

"APELAÇÃO CÍVEL. AÇÃO DE REPARAÇÃO POR DANOS MATERIAIS E MORAIS. TRANSPORTE COLETIVO. LESÃO EM PASSAGEIRO. PEDRA ARREMESSADA DE FORA DO VEÍCULO. FATO DE TERCEIRO. FORTUITO EXTERNO. EXCLUDENTE DE RESPONSABILIDADE. SÚMULA 187 DO STF. INAPLICÁVEL. FREQUÊNCIA DE OCORRÊNCIA NÃO DEMONSTRADA. DANOS MATERIAIS, LUCROS CESSANTES E ABALO MORAL NÃO CONFIGURADOS. RECURSO CONHECIDO E NÃO PROVIDO. SENTENÇA MANTIDA. 1 – Cuida-se de Ação de Reparação de Danos movida com o intuito de obter indenização pelos danos materiais, morais e lucros cessantes decorrentes de acidente ocorrido em transporte coletivo ocasionado por pedra arremessada de fora, por terceiro não identificado. 2 – O STJ firmou o entendimento no sentido de que o arremesso de objeto contra veículo não se inclui entre os riscos normais da atividade de transporte de passageiros, caracterizando o fortuito externo, não gerando, para aquele que explora essa atividade, o dever de indenizar. Fortuito externo configurado nos autos. Não incidência da Súmula 187 do STF. 3 – A prova trazida aos autos não é bastante para comprovar a frequência de incidentes de mesma natureza no local onde ocorreu o acidente. Ônus processual que incumbe à parte. Dever de indenizar não configurado. 4 – Apelação conhecida e não provida. Sentença mantida" (TJBA, Ap. Cív. 01593215420038050001, Terceira Câmara Cível, Rel. Des. Moacyr Montenegro Souto, DJ 06/05/2015).

◙ **Fortuito externo. Alteração de itinerário de cruzeiro marítimo em razão de greve de pescadores.**

"JUIZADOS ESPECIAIS CÍVEIS. CONSUMIDOR. ALTERAÇÃO DE ITINERÁRIO DE CRUZEIRO EM RAZÃO DE GREVE DE PESCADORES. FORTUITO EXTERNO. CUMPRIMENTO ESCORREITO DO CONTRATO. DEVER DE INDENIZAR INEXISTENTE. RECURSO CONHECIDO E DESPROVIDO. SENTENÇA MANTIDA. 1. É incontroverso que a alteração do itinerário do Cruzeiro contratado pelo consumidor resultou de fortuito externo, decorrente de greve de pescadores no porto de Itajaí/SC, que impediu a embarcação de zarpar por mais de 30 horas. Restou comprovado, ainda, que todos os serviços a bordo foram devidamente oferecidos aos passageiros. 2. Assim, não merece amparo a pretensão indenizatória, seja por danos materiais ou morais, haja vista o rompimento do nexo causal (arts. 14, § 3º, II, da Lei n. 8.078/90 e 734 do Código Civil). Nesse sentido, confira-se, por todos, o claro precedente desta Turma Recursal, litteris: 'CONSUMIDOR. SERVIÇOS DE TURISMO – CRUZEIRO MARÍTIMO – ALTERAÇÃO DE ITINERÁRIO – RESTITUIÇÃO DE TAXA PORTUÁRIA – FATO DE TERCEIRO – INDENIZAÇÃO INDEVIDA. FALHA NA PRESTAÇÃO DE SERVIÇO – CABINE DE CATEGORIA INFERIOR – INDENIZAÇÃO DEVIDA. RECURSO CONHECIDO E PARCIALMENTE PROVIDO. 1. Nos termos do art. 14, § 3º, inciso II, do CDC, o fato de terceiro, que afeta a prestação de serviços, ilide a responsabilidade da prestadora de serviços e afasta a indenização dos danos dela decorrentes. 2. O descumprimento do roteiro contratado de cruzeiro marítimo, em razão de greve de pescadores que impede o navio de zarpar constitui fato de terceiro suficiente para afastar o dever de indenizar da prestadora de serviço de turismo. 3. Não demonstrado que as taxas portuárias constituem pagamento apartado e condicionado ao desembarque não procede a pretensão à indenização relativa a esses valores referidos. 4. A troca de cabine por outra de categoria e valor inferior implica abatimento proporcional do preço contratado. (...) 6. Sentença mantida por seus próprios e jurídicos fundamentos, com súmula de julgamento servindo de acórdão, na forma do artigo 46 da Lei nº 9.099/95.(...)' (Acórdão n.888562, 20150910051563ACJ, Relator: ASIEL HENRIQUE DE SOUSA, 3ª Turma Recursal dos Juizados Especiais do Distrito Federal, Data de Julgamento: 18/08/2015, Publicado no DJE: 31/08/2015. Pág.: 601) 3. Recurso conhecido e desprovido. Sentença mantida pelos próprios fundamentos" (TJDFT, Recurso Inominado 07241965120158070016, Terceira Turma Recursal, Rel. Carlos Alberto Martins Filho, DJ 10/03/2016).

► **Risco do desenvolvimento.**

"O risco de desenvolvimento consiste na hipótese de um determinado produto, apesar de exaustivamente testado, ser lançado no mercado com defeito desconhecido pelo fornecedor, apresentando-se posteriormente, com a evolução dos meios técnicos e científicos, como causador de danos a consumidores, danos estes não avaliáveis anteriormente devido à falta de recursos tecnológico." (MELLO, Sônia Maria Vieira. O direito do consumidor na era da globalização: a descoberta da cidadania. Rio de Janeiro: Renovar, 1998. p. 48).

► **No sentido do risco do desenvolvimento como excludente de responsabilidade.**

"O critério decisivo é o de que o produto satisfaça as legítimas expectativas de segurança do público consumidor no momento da emissão no comércio, sem que do seu aperfeiçoamento ulterior possa inferir-se a existência de defeito daquele momento. A apreciação do caráter defeituoso de um produto não será feita, pelo exposto, à luz de aperfeiçoamentos científicos e tecnológicos ulteriores introduzidos pelo fornecedor em modelos sucessivos, mas de acordo com as legítimas expectativas de segurança existentes na sua época, na época de seu lançamento no mercado". (ROCHA, Silvio Luis Ferreira. Responsabilidade Civil do Fornecedor pelo fato do produto no direito brasileiro. 2ª ed. V. 4. Biblioteca do Direito do Consumidor. São Paulo: Revista dos Tribunais, p. 100-101)

► **<u>No mesmo sentido</u>**: "O risco de desenvolvimento é espécie de defeito juridicamente irrelevante, insuscetível, portanto, de levar à responsabilização do fornecedor pelo fato do produto, conforme a classificação estudada anteriormente" (MARINS, James. Responsabilidade da empresa pelo fato do produto, São Paulo, 1993, Ed. RT, p. 137).

► **No mesmo sentido**: "O risco de desenvolvimento não será suportado pelo prestador de serviço. O surgimento e a adoção de novas técnicas posteriormente à data da prestação, mesmo com o abandono, por superadas, das técnicas empregadas no referido serviço, não o torna defeituoso. Na época não havia conhecimento de outra técnica e, em consequência, inexistia expectativa diferente". (LUZ, Aramy Dornelles. Código do Consumidor anotado. São Paulo: Juarez de oliveira, 1999. p. 36).

► No sentido de não considerar o risco do desenvolvimento como excludente de responsabilidade.

"Realça-se a teoria do risco do empreendimento para a responsabilidade do fornecedor de forma objetiva. O risco proveniente da atividade é suscetível de previsão antecipada, necessário para a proteção do consumidor vulnerável, ou seja; os chamados riscos do desenvolvimento são aqueles que não podem ser cientificamente conhecidos no momento do lançamento do produto no mercado, contudo vindo a ser descoberto após a introdução no mercado e, causando danos ao consumidor, será responsabilizado o fornecedor, conforme previsto na legislação consumerista." (Plinio Lacerda Martins e Felipe Lacerda Moura Martins. Ônus do fornecedor quanto ao encaminhamento do produto com vicio para conserto na modernidade reflexiva. Revista de Direito do Consumidor, RT, vol. 102/2015, p. 387 - 410.).

► **No mesmo sentido:** "Em síntese, nosso posicionamento é que o assim dito risco de desenvolvimento não exclui a responsabilidade civil pelo fato do produto pelas seguintes razões: a uma, porque tal excludente não conta do § 3.º, do art. 12; a duas, porque o risco de desenvolvimento encarta-se no gênero maior: defeito de concepção, o qual, por disposição legal expressa, enseja a responsabilização do fornecedor (cf. caput do art. 12, o qual alude a defeito decorrentes de projeto e fórmula), e, finalmente, porque, pelo sistema do Código, eventual ausência de culpa do fornecedor não é suficiente para eximi-la de responsabilidade. Não é possível, segundo pensamos, que a ideia do risco de desenvolvimento confunda-se com aquela da inexistência do defeito, segundo querem alguns. Quando há risco de desenvolvimento, há defeito – de concepção – só que desconhecido." (Eduardo p. Arruda Alvim. Responsabilidade civil pelo fato do produto no código de defesa do consumidor, Revista de Direito do Consumidor, RT, vol. 15/1995, p. 132 - 150)

CULPA EXCLUSIVA DO CONSUMIDOR

► Culpa exclusiva do consumidor.

Se o comportamento do consumidor ou de terceiro é o único causador do acidente de consumo, não haverá responsabilidade do fornecedor, uma vez que inexistirá nexo causal entre o dano e a atividade do fornecedor.

► **No mesmo sentido:** "Se o comportamento do consumidor é o único causador do acidente de consumo, não há como falar em nexo de causalidade entre a atividade do fabricante, do produtor, do construtor ou do importador e o fato danoso". (BENJAMIN, Antônio Herman V.; MARQUES, Cláudia Lima; BESSA, Leonardo Roscoe. Manual de Direito do Consumidor. 7ª edição. São Paulo, Revista dos Tribunais, 2016, p. 186).

► **Concorrência entre comportamento da vítima e defeito.**

"Se houver concorrência entre o comportamento da vítima e um defeito existente no produto, a excludente não mais se aplica". (BENJAMIN, Antônio Herman V.; MARQUES, Cláudia Lima; BESSA, Leonardo Roscoe. Manual de Direito do Consumidor. 7ª edição. São Paulo, Revista dos Tribunais, 2016, p. 186). (ver culpa concorrente)

◙ Culpa exclusiva do consumidor. Inobservância das orientações contidas em bula de alisante capilar.

"APELAÇÃO CÍVEL. AÇÃO DE INDENIZAÇÃO. DANOS MATERIAIS, MORAIS E ESTÉTICOS. SENTENÇA DE IMPROCEDÊNCIA. INSURGÊNCIA OFERTADA PELA AUTORA. APLICAÇÃO DE ALISANTE CAPILAR. REAÇÃO ALÉRGICA. QUEIMADURAS NO COURO CABELUDO E QUEDA DE CABELO. INOBSERVÂNCIA DAS ORIENTAÇÕES PREVISTAS NA BULA DO PRODUTO PELA CONSUMIDORA. AUSÊNCIA DE PROVA DO TOQUE, QUE PREVIA A ESPERA DE VINTE E QUATRO HORAS PARA APLICAÇÃO EM TODO O CABELO, APÓS REALIZAÇÃO DE TESTE NO ANTEBRAÇO OU ATRÁS DA ORELHA. AUTORA QUE APLICOU O PRODUTO NO MESMO DIA EM QUE O ADQUIRIU. CULPA EXCLUSIVA DA VÍTIMA. EXCLUDENTE DE RESPONSABILIDADE VERIFICADA. EXEGESE DO ART. 12, § 3º, III, DO CÓDIGO DE DEFESA DO CONSUMIDOR. INEXISTÊNCIA DO DEVER DE INDENIZAR. SENTENÇA MANTIDA. RECURSO CONHECIDO E DESPROVIDO. Comprovado pela empresa fabricante a sua orientação de necessidade de realização da 'prova de toque', que exige prazo mínimo de 24 horas para conclusão, a fim de verificar-se a hipersensibilidade ao produto por parte do usuário, e, observando-se que a tintura foi adquirida no mesmo dia do atendimento médico, evidente concluir que a consumidora não tomou as precauções cabíveis em tempo e modo oportunos. (...)" (TJSC, Ap. Cív. 0010876-08.2010.8.24.0038, Rel. Des. Jorge Luis Costa Beber, DJe 16/11/2016).

◙ Culpa exclusiva do consumidor. Transporte rodoviário. Embarque em horário diverso do previsto na passagem.

"APELAÇÃO CÍVEL. TRANSPORTE. TRANSPORTE RODOVIÁRIO. AÇÃO DE INDENIZAÇÃO POR DANOS MATERIAIS E MORAIS. EMBARQUE EM HORÁRIO DIVERSO DO PREVISTO NA PASSAGEM. CULPA EXCLUSIVA DO CONSUMIDOR. Demonstrada a culpa exclusiva do consumidor (art. 14, §3º, CDC), atinente, no caso, à tentativa de embarque em horário diverso daquele previsto no bilhete, a improcedência dos pedidos indenizatórios da inicial é medida que se impõe, face à ausência de qualquer agir ilícito das rés". (TJRS, Apelação Cível 70068917053, Décima Segunda Câmara Cível, Rel. Des. Umberto Guaspari Sudbrack, DJ 22/06/2016).

■ **Culpa exclusiva do consumidor. Alegação de vício do produto. Adulteração de óleo de motor pelo consumidor.**

"APELAÇÃO CÍVEL. AÇÃO DE INDENIZAÇÃO POR DANOS MATERIAIS E MORAIS. VEÍCULO DEFEITUOSO. VÍCIO DO PRODUTO. PROVA PERICIAL. AUSÊNCIA DE COMPROVAÇÃO DE CULPA DO FORNECEDOR DE SERVIÇOS. 'OVERSPEED'. ADULTERAÇÃO DO ÓLEO DO MOTOR. CULPA EXCLUSIVA DO CONSUMIDOR. I – O laudo pericial elaborado por perito da confiança do juiz, com metodologia adequada e justificação dos critérios utilizados, deve ser sopesado para a apuração de eventual vício existente em veículo automotor objeto de compra e venda pactuada entre as partes. II – Nos termos do art. 14, § 3º, do Código de Defesa do Consumidor, o fornecedor de serviços só não será responsabilizado quando provar que, tendo prestado o serviço, o defeito inexiste e, ainda, a culpa exclusiva do consumidor ou de terceiros. III – Tendo a prova pericial requerida concluído pela ausência de culpa das rés pelos defeitos apresentados no veículo objeto da lide, devem ser julgados improcedentes os pedidos de indenização por danos morais e materiais". (TJMG, Apelação Cível 10592130002161001, Décima Câmara Cível, Rel. Des. Vicente de Oliveira Silva, DJ 03/06/2016)

■ **Culpa exclusiva do consumidor. Transporte aéreo. Objetos de valor colocados em bagagem despachada ao invés da bagagem de mão.**

"RESPONSABILIDADE CIVIL. PERMISSIONÁRIA DE SERVIÇO PÚBLICO DE TRANSPORTE AÉREO. ALEGADO FURTO DE ANEL DE DIAMANTE E CÂMERA FOTOGRÁFICA EM BAGAGEM DESPACHADA. ORIENTAÇÃO DA AGÊNCIA NACIONAL DE AVIAÇÃO CIVIL (ANAC) E DA PRÓPRIA COMPANHIA AÉREA NO SENTIDO DE CARREGAR OBJETOS DE VALOR EM BAGAGEM DE MÃO. DESCUMPRIMENTO POR PARTE DO AUTOR. DECLARAÇÃO DE BENS NÃO PREENCHIDA PELO CONSUMIDOR. ÔNUS QUE O INCUMBIA. INVIABILIDADE DE RESPONSABILIZAÇÃO DA EMPRESA ÁREA PELO FURTO. INCIDÊNCIA DA CAUSA EXCLUDENTE DE RESPONSABILIDADE POR CULPA EXCLUSIVA DO CONSUMIDOR. REQUISITOS PARA A CARACTERIZAÇÃO DA RESPONSABILIDADE CIVIL NÃO DEMONSTRADOS. DEVER DE INDENIZAR POR DANOS MORAIS E MATERIAIS INEXISTENTE. RECURSO CONHECIDO E PROVIDO. SENTENÇA DE PROCEDÊNCIA REFORMADA, PARA JULGAR IMPROCEDENTES OS PEDIDOS INICIAIS. INVERSÃO DO ÔNUS SUCUMBENCIAL. A Agência Nacional de Aviação Civil – ANAC orienta que o usuário de transporte aéreo deve levar bens de valor e objetos eletrônicos na bagagem de mão, mas, se houver insistência por parte do consumidor em carregá-los na bagagem a ser despachada, ele deve requerer o formulário e declará-los no balcão de check-in. Desrespeitadas essas regras, o transportador não responde civilmente por eventuais danos". (TJSC, Ap. Civ. 20130257609, Segunda Câmara de Direito Público, Rel. Des. Francisco Oliveira Neto, julgado em 15/03/2016)

◙ Culpa exclusiva do consumidor. Lesões ocorridas durante a prática de rafting que não estava incluído em pacote turístico contratado.

"DIREITO CIVIL E PROCESSUAL CIVIL - AGÊNCIA DE VIAGENS - 'PACOTE TURÍSTICO' - RESPONSABILIDADE DA CADEIA DE FORNECEDORES - RAFTING NO RIO FORMOSO EM BONITO/MS - PASSEIO OPCIONAL - ESPORTE POTENCIALMENTE PERIGOSO - LUXAÇÃO NO COTOVELO - INDENIZAÇÃO - VERBA NÃO DEVIDA - PEDIDOS JULGADOS IMPROCEDENTES. Os fornecedores de toda a cadeia criada para colocar no mercado o 'pacote turístico' vendido à consumidora são, por decorrência de lei, considerados solidariamente responsáveis. Passeios não incluídos no 'pacote', todavia, não vinculam a cadeia de fornecedores. Ilegitimidade passiva ad causam da agência de viagens que vendeu à consumidora/viajante apenas a viagem, traslado, hospedagem e passeios outros que não incluíam descida às corredeiras de determinado rio. Ainda que haja a responsabilidade objetiva dos fornecedores de produtos e serviços à luz do CDC, no caso concreto, por se tratar o rafting de modalidade esportiva radical e potencialmente danosa, não há falar em responsabilidade por fato decorrente do choque entre os corpos dos praticantes, cuja ocorrência, vale dizer, mostra-se tão previsível quanto, v.g., a possibilidade de se torcer o tornozelo durante uma partida de futebol" (TJMG, Ap. Cív. 10024027498518001, Décima Sexta Câmara Cível, Rel. Des. Mauro Soares de Freitas, DJ 13/09/2006).

◙ Culpa exclusiva do consumidor. Afogamento em cachoeira após mergulho que não estava previsto durante a prática de rapel.

"CIVIL E PROCESSUAL CIVIL - APELAÇÃO- AÇÃO DE INDENIZAÇÃO POR DANOS MORAIS E MATERIAIS - EXCURSÃO TURÍSTICA PARA PRÁTICA DE RAPEL - VÍTIMA FATAL - AFOGAMENTO EM CACHOEIRA - RESPONSABILIDADE OBJETIVA DA PRESTADORA DE SERVIÇO - EXISTÊNCIA DE EQUIPAMENTO DE SEGURANÇA - MERGULHO VOLUNTÁRIO EM ÁREA DE TURBILHÃO - CULPA EXCLUSIVA DA VÍTIMA - NEXO DE CAUSALIDADE AFASTADO - INDENIZAÇÃO - NÃO CABIMENTO - RECURSO CONHECIDO E NÃO PROVIDO. - A empresa prestadora de serviço de ecoturismo tem responsabilidade objetiva nos moldes do CDC. - O esporte de rapel não pressupõe mergulho em local de turbilhão de águas, mas apenas descida em paredão de cachoeira, sendo prescindível a prática de natação. - Se o participante de excursão, planejada para descida de rapel em cachoeira, se aventura voluntariamente em mergulho em águas turbulentas, dispensando o colete salva-vidas que estava ao seu dispor, vindo a falecer por afogamento, afastada está a responsabilidade da prestadora de serviço, porque inexistente o nexo de causalidade entre a prática esportiva do rapel e o mergulho voluntário. - Recurso conhecido e não provido" (TJMG, Ap. Cív. 10702020087517001, Décima Sétima Câmara Cível, Rel. Des. Márcia de Paoli Balbino, DJ 21/09/2006).

◙ Culpa exclusiva do consumidor. Bolsa furtada enquanto passageira vai ao banheiro.

"INDENIZAÇÃO POR DANOS MATERIAIS E MORAIS. PASSAGEIRA DE AVIÃO QUE TEM BOLSA FURTADA ENQUANTO VAI AO BANHEIRO. CULPA EXCLUSI-

VA DA VÍTIMA CONFIGURADA. ISENÇÃO DE RESPONSABILIDADE DA EMPRESA TRANSPORTADORA. A responsabilidade objetiva da empresa aérea não alberga danos causados, dolosa ou culposamente, pela própria vítima. Sendo razoável se esperar a vigilância de todos quanto aos seus pertences de valor, a responsabilidade pelo furto destes não pode ser imputada à companhia aérea". (TJ/DF, 2ª T. Cív., Ap. Cív. nº 20000110836043, Rel. Des. Carmelita Brasil, DJ 19.5.2004).

■ **Culpa exclusiva do consumidor. Descuido em relação à senha bancária. Saques realizados por terceiros.**

"APELAÇÃO CÍVEL. AÇÃO DE CANCELAMENTO DE DÉBITO C/C INDENIZAÇÃO POR DANOS MATERIAIS C/C INDENIZAÇÃO POR DANOS MORAIS. PRELIMINAR. ILEGITIMIDADE AD CAUSAM. REJEITADA. SAQUES REALIZADOS POR TERCEIRO EM CARTÃO APROPRIADO INDEVIDAMENTE. SENHA ANOTADA NO CARTÃO. AUSÊNCIA DE RESPONSABILIDADE DA INSTITUIÇÃO FINANCEIRA PELOS DANOS CAUSADOS. EXCLUDENTE. CULPA EXCLUSIVA DO CONSUMIDOR. FALTA DE ZELO NA GUARDA DA SENHA PESSOAL. 1. O Banco é parte legitima da ação, não se tratando de pretensão fundada em contrato de seguro. 2. Trata-se de excludente por culpa exclusiva do consumidor, que não tomou os devidos cuidados da posse do cartão, escrevendo a senha no mesmo, e somente informando a apelada do extravio meses após o fato". (TJMS, Ap. Civ. 00107610520088120001, Segunda Câmara Cível, Rel. Des. José Ale Ahmad Netto, DJ 17/02/2016).

> ■ **No mesmo sentido:** "APELAÇÃO CÍVEL. AÇÃO DE INDENIZAÇÃO POR DANOS MORAIS E MATERIAIS. EXTRAVIO DE CARTÃO MAGNÉTICO. TRANSFERÊNCIA DE VALORES DA CONTA DO TITULAR POR TERCEIRO. UTILIZAÇÃO DA SENHA SECRETA. CULPA EXCLUSIVA DO CONSUMIDOR NO SIGILO DO CÓDIGO PESSOAL. EXCLUDENTE DE RESPONSABILIDADE. INOCORRÊNCIA DE FALHA NA PRESTAÇÃO DOS SERVIÇOS. DEVER DE INDENIZAR AFASTADO. A jurisprudência é pacífica no sentido de que cabe ao correntista agir com zelo e cuidado no uso de seu cartão magnético e respectiva senha, não podendo a instituição financeira responder por saques perpetrados por terceiros que tiveram acesso ao cartão e à senha por descuido do cliente". (TJPB, Ap. Cív. 01017383420128152001, Rel. Des. José Ricardo Porto, julgado em 22/09/2015)
>
> ■ **No mesmo sentido**: "Saques indevidos em conta corrente. Culpa do consumidor em fornecer senha e cartão à terceiro. "Recurso especial – Responsabilidade civil – Ação de indenização – Danos morais – Saques indevidos em conta corrente – Culpa exclusiva da vítima – Art. 14, § 3º, do CDC – Improcedência. 1 – Conforme precedentes desta Corte, em relação ao uso do serviço de conta corrente fornecido pelas instituições bancárias, cabe ao correntista cuidar pessoalmente da guarda de seu cartão magnético e sigilo de sua senha pessoal no momento em que deles faz uso. Não pode ceder o cartão a quem quer que seja, muito menos fornecer sua senha a terceiros. Ao agir dessa forma, passa a assumir os riscos de sua conduta, que contribui, à toda evidência, para que seja

vítima de fraudadores e estelionatários (STJ, Resp. 602680/BA, Rel. Min. Fernando Gonçalves, DJU de 16/11/2004; REsp. 417835/AL, Rel. Min. Aldir Passarinho Júnior, DJU de 19/08/2002). 2 – Fica excluída a responsabilidade da instituição financeira nos casos em que o fornecedor de serviços comprovar que o defeito inexiste ou que, apesar de existir, a culpa é exclusiva do consumidor ou de terceiros (art. 14, § 3º, do CDC)" (STJ, REsp. 601805/SP, Rel. Min. Jorge Scartezzini, DJ 14/11/2005).

◙ Culpa exclusiva do consumidor. Passageiro que se atrasa para o embarque em aeronave.

"CONSUMIDOR. TRANSPORTE AÉREO INTERNACIONAL. INDENIZAÇÃO POR DANOS MATERIAIS E MORAIS. ATRASO DO PASSAGEIRO PARA O EMBARQUE. CULPA EXCLUSIVA DO CONSUMIDOR. AUSENTE A RESPONSABILIDADE DA AGÊNCIA DE TURISMO. PEDIDO IMPROCEDENTE". (TJRS, Recurso Cível 71005574439, Segunda Turma Recursal Cível, Turmas Recursais, Rel. Vivian Cristina Angonese Spengler, DJ em 20/11/2015).

> ◙ **No mesmo sentido**: "RECURSO INOMINADO. AÇÃO DE INDENIZAÇÃO POR DANOS MATERIAIS E MORAIS. EMPRESAS AÉREAS. IMPEDIMENTO DE EMBARQUE EM VOO DOMÉSTICO POR ATRASO DO PASSAGEIRO. PERDA DE VOO POR CULPA EXCLUSIVA DO CONSUMIDOR. AUSÊNCIA DE RESPONSABILIDADE DA COMPANHIA AÉREA. INEXISTÊNCIA DE CIRCUNSTÂNCIA EXCEPCIONAL QUE AUTORIZASSE O EMBARQUE. SENTENÇA DE PROCEDÊNCIA REFORMADA. RECURSO CONHECIDO E PROVIDO. Os Desembargadores que integram a Nona Câmara Cível do Tribunal de Justiça do Estado do Paraná, por unanimidade de votos, em negar provimento ao recurso". (TJPR, Primeira Turma Recursal, Recurso Inominado 00294404220128160182/0, Rel. Fernando Swain Ganem, Rel. Desig. p/ o Acórdão, Kelly Sponholz, DJ 04/11/2015)

◙ Culpa exclusiva do consumidor. Alergia a tintura para cabelo. Não observância de informações contidas em bula do produto pela consumidora.

"INDENIZAÇÃO POR DANOS MORAIS - CONSUMIDOR - DEVER DE INFORMAÇÃO SOBRE OS RISCOS DO PRODUTO - TINTURA DE CABELO - REAÇÃO ALÉRGICA - EMBALAGEM E BULA QUE CONTÊM ADEQUADAS INFORMAÇÕES SOBRE OS RISCOS ADVINDOS DO USO DO PRODUTO E DA NECESSIDADE DE REALIZAÇÃO DE TESTE DE SENSIBILIDADE DE 24 HORAS -CULPA EXCLUSIVA DA CONSUMIDORA - SENTENÇA DE IMPROCEDÊNCIA - INCONFORMISMO. Deve ser prestigiada a sentença que julgou improcedente pedido de indenização de danos morais decorrentes de defeito de informação ao consumidor, se comprovada a existência de informação adequada sobre os riscos do uso do produto e de advertências sobre a necessidade de realização de teste de sensibilidade de 24 horas antes de sua utilização, as quais foram ignoradas pela consumidora, que se limitou a proceder testes de poucos minutos antes do uso, do qual adveio reação alérgica 40 minutos após. Resultado: Apelação desprovida". (TJSP, Ap. Civ. 90000203320088260590, Oitava Câmara de Direito Privado, Rel. Des. Alexandre Coelho, DJE 18/09/2015)

◙ **Culpa exclusiva do consumidor. Tropeço em obstáculo existente em estacionamento de supermercado, devidamente sinalizado e destinado à segurança do próprio consumidor.**

"AÇÃO INDENIZATÓRIA. QUEDA EM ESTACIONAMENTO DE SUPERMERCADO. INCIDÊNCIA DO CDC. INEXISTÊNCIA DE FALHA NA PRESTAÇÃO DO SERVIÇO. CONSUMIDORA QUE TROPEÇOU EM BLOCO DE CONCRETO QUE IMPEDE O ACESSO DE VEÍCULOS À ÁREA DE TRÂNSITO DE PEDESTRES. OBSTÁCULO BEM SINALIZADO E DESTINADO À SEGURANÇA DOS CONSUMIDORES. CULPA EXCLUSIVA DO CONSUMIDOR. EXCLUDENTE PREVISTA NO ART. 14, § 3º, II, DO CDC". (TJSP, Ap. Civ. 10150331320148260005, Sexta Câmara de Direito Privado, Rel. Des. Paulo Alcides, DJ 18/08/2015)

◙ **Culpa exclusiva do consumidor. Medicamento ministrado em cão de estimação sem a prescrição de profissional.**

"APELAÇÃO CÍVEL – RESPONSABILIDADE CIVIL – AÇÃO DE INDENIZAÇÃO POR DANOS MATERIAIS E MORAIS – CÃO DA RAÇA PITBULL AMERICANO – ANIMAL SAUDÁVEL – AUSÊNCIA DE PRESCRIÇÃO MÉDICO-VETERINÁRIA PARA UTILIZAÇÃO DE CÁLCIO – USO DE PRODUTO MINISTRADO NO CÃO PELO SEU PRÓPRIO DONO – REAÇÕES ANORMAIS APÓS A APLICAÇÃO ENDOVENOSA DO PRODUTO VETERINÁRIO – AUSÊNCIA DE CULPA DA EMPRESA DEMANDADA – Não obstante o Código de Defesa do Consumidor imputar responsabilidade objetiva ao fornecedor pelo fato do produto (artigos 12 e 13 do CDC), é indispensável para que haja a responsabilização que o consumidor prove a existência do dano e o nexo de causalidade entre este e a conduta do fornecedor. No caso dos autos, descabida a pretensão do autor no sentido de ser indenizado por danos materiais e morais pelo uso de produto veterinário inadequado, porquanto o demandante agiu por sua conta e risco ao ministrar o produto no seu cão, estando este saudável, tendo ele próprio (autor) aplicado o produto veterinário de forma endovenosa, sem qualquer prescrição médico-veterinária. Assim, correta a douta sentença recorrida que julgou improcedente o pedido na demanda, pois não há que se falar em indenização em face da culpa exclusiva do demandante pelas reações adversas e anormais apresentadas pelo cão. Negaram provimento à apelação." (TJRS, APC 70005331053 – 9ª C.Civ. – Rel. Des. Adão Sérgio do Nascimento Cassiano, J. 17.12.2003)

◙ **Culpa exclusiva do consumidor. Acidente causado durante manuseio do televisor.**

"RESPONSABILIDADE CIVIL – CONSUMIDOR – Indenização por danos moral e estético devido a acidente durante manuseio de aparelho televisor – Alegação de violação do dever de segurança do produto – Fato do produto – Inocorrência – Culpa exclusiva do consumidor, que assumiu o risco ao não observar a cautela necessária para levantar o aparelho – Art. 12, § 3º, II, do CDC – Dever de indenizar afastado – Pedido de afastamento da condenação nas verbas da sucumbência – Impossibilidade –

Art. 20 do CPC c/c. art.12 da LAJ – Sentença mantida – Recurso não provido." (TJSP – Ap 0004445-30.2011.8.26.0405 – j. 18/4/2012 – julgado por Walter Rocha Barone)

◙ Culpa exclusiva do consumidor. Passageiro deixado em parada obrigatória de ônibus.

"RESPONSABILIDADE CIVIL. RECURSO ESPECIAL. TRANSPORTE INTERESTADUAL DE PASSAGEIROS. USUÁRIO DEIXADO EM PARADA OBRIGATÓRIA. CULPA EXCLUSIVA DO CONSUMIDOR. 1. A responsabilidade decorrente do contrato de transpor-te é objetiva, nos termos do art. 37, § 6º, da Constituição da República e dos arts. 14 e 22 do Código de Defesa do Consumidor, sendo atribuído ao transportador o dever reparatório quando demonstrado o nexo causal entre o defeito do serviço e o acidente de consumo, do qual somente é passível de isenção quando houver culpa exclusiva do consumidor ou uma das causas excludentes de responsabilidade genéricas (arts. 734 e 735 do Código Civil). 2. Deflui do contrato de transporte uma obrigação de resultado que incumbe ao transportador levar o transportado incólume ao seu destino (art. 730 do CC), sendo certo que a cláusula de incolumidade se refere à garantia de que a concessionária de transporte irá empreender todos os esforços possíveis no sentido de isentar o consumidor de perigo e de dano à sua integridade física, mantendo-o em segurança durante todo o trajeto, até a chegada ao destino final. 3. Ademais, ao lado do dever principal de transladar os passageiros e suas bagagens até o local de destino com cuidado, exatidão e presteza, há o transportador que observar os deveres secundários de cumprir o itinerário ajustado e o horário marcado, sob pena de responsabilização pelo atraso ou pela mudança de trajeto. 4. Assim, a mera partida do coletivo sem a presença do viajante não pode ser equiparada automaticamente à falha na prestação do serviço, decorrente da quebra da cláusula de incolumidade, devendo ser analisadas pelas instâncias ordinárias as circunstâncias fáticas que envolveram o evento, tais como, quanto tempo o coletivo permaneceu na parada; se ele partiu antes do tempo previsto ou não; qual o tempo de atraso do passageiro; e se houve por parte do motorista a chamada dos viajantes para reembarque de forma inequívoca. 5. O dever de o consumidor cooperar para a normal execução do contrato de transporte é essencial, impondo-se lhe, entre outras responsabilidades, que também esteja atento às diretivas do motorista em relação ao tempo de parada para descanso, de modo a não prejudicar os demais passageiros (art. 738 do CC). 6. Recurso especial provido". (STJ, REsp 1354369/RJ, Quarta Turma, Rel. Min. Luis Felipe Salomão, DJe 25/05/2015).

◙ Culpa exclusiva do consumidor. Demora no fornecimento de energia. Não atendimento de exigências técnicas da concessionária.

"APELAÇÃO CÍVEL – AÇÃO DE INDENIZAÇÃO POR LUCROS CESSANTES – DEMORA NO FORNECIMENTO DE ENERGIA ELÉTRICA – PRESTAÇÃO DE SERVIÇO PÚBLICO – RESPONSABILIDADE OBJETIVA E RELAÇÃO DE CONSUMO – DEMORA POR CULPA EXCLUSIVA DO CONSUMIDOR QUE NÃO ATENDEU À EXIGÊNCIAS TÉCNICAS – EMPRESA CONCESSIONÁRIA NO EXERCÍCIO REGULAR DE DIREITO (EXCLUDENTE DE ILICITUDE) – RESPONSABILIDADE OBJETIVA AFASTADA POR CULPA EXCLUSIVA DO CONSUMIDOR (EXCLUDEN-

TE DO NEXO CAUSAL). 1. A apelada é empresa concessionária de serviço público, sendo tratadas as questões de responsabilidade civil na modalidade objetiva, nos termos do artigo37, § 6º, da Carta Magna. Acresce-se, ainda, evidente relação de consumo, nos termos dos artigos 2º, 3º 3º, § 2º, do Código de Defesa do Consumidor; 2. A prestação de serviço consubstancia-se na instalação de medidores para fornecimento de energia elétrica. A instalação foi realizada após decurso do lapso temporal superior a 05 (cinco) meses da aprovação do primeiro projeto elétrico, deixando o consumidor de auferir lucro em relação aos contratos de locação comercial das lojas da galeria; 3. No caso em tela, a demora da instalação dos medidores não deve ser imputada à empresa concessionária CELPE, mas, sim, ao consumidor que deixou de observar as diversas exigências técnicas disponibilizadas pela distribuidora (Resolução nº 414/2010/ANEEL). A empresa concessionária agiu no exercício regular de direito (artigo 188, inciso I, do Código Civil). Ademais, a responsabilidade objetiva deve ser afastada por ser verificada culpa exclusiva do consumidor, pois, nessa hipótese, resta excluído o nexo de causalidade entre o dano e a conduta do agente".. (TJPE, Ap. Civ. 3752090, Sexta Câmara Cível, Rel. Des. Evandro Sérgio Netto de Magalhães Melo, DJE 17/03/2016)

■ **Culpa exclusiva do consumidor. Cancelamento de voo. Não comparecimento do passageiro ao embarque ("no show").**

"INDENIZAÇÃO. CONTRATO DE TRANSPORTE AÉREO. NÃO COMPARECIMENTO DO PASSAGEIRO AO EMBARQUE. CANCELAMENTO DE VOO. CULPA EXCLUSIVA DO CONSUMIDOR. I O autor efetuou a compra de nova passagem, que antecipou o voo de ida. Diante do não comparecimento do passageiro ao embarque desse voo originário, sem informar à companhia aérea, houve o cancelamento da passagem de volta, conforme a regra tarifária do contrato de transporte aéreo. II Comprovado que os danos experimentados pelo cancelamento do voo de volta decorreram de culpa exclusiva do consumidor, a companhia aérea está isenta de repará-los. Art. 14, § 3º, inc. II, do CDC. III – Apelação desprovida". (TJDFT, Ap. Civ. 20150110128025, Sexta Turma Cível, Rel. Des. Vera Andrighi, DJE 24/11/2015)

■ Em sentido contrário, entendendo como conduta abusiva o cancelamento da passagem de volta.

"Por ser uma conduta abusiva, configura ato ilícito causador de danos morais o cancelamento unilateral da passagem de volta, em razão do não comparecimento para embarque no trecho de ida (no-show), porquanto essa prática é rechaçada pelo Código de Defesa do Consumidor. Precedente." (STJ, AgInt no AREsp 1447599/RJ, Rel. Ministro Marco Aurélio Bellizze, Terceira Turma, DJe 27/06/2019)

■ **Culpa exclusiva do consumidor. Irregularidade no sistema de aterramento elétrico na residência do usuário.**

"CONSUMIDOR. INDENIZAÇÃO. EMPRESA DE DISTRIBUIÇÃO DE ENERGIA. FALHA NA PRESTAÇÃO DO SERVIÇO. INEXISTÊNCIA. ATERRAMENTO. IRREGULARIDADE. CULPA EXCLUSIVA DO CONSUMIDOR. 1. Mesmo considerada a responsabilização objetiva, independente da existência de culpa, é imprescindível a ocorrência de ilícito civil, de dano e do nexo causal entre ambos, o que não se verifica, uma vez que a ré adimpliu todas as obrigações relacionadas às suas atividades e, se houve dano ao autor, não decorreu da conduta por ela perpetrada. 2. Ante a não constatação de efetiva falha na prestação de serviço e em face da demonstração de irregularidade no sistema de aterramento da residência do autor, resta patente a ocorrência das duas excludentes de responsabilidade do prestador de serviços, nos termos do § 3º do artigo 14 do Código de Defesa do Consumidor. 3. Recurso desprovido". (TJDFT, Ap. Civ. 20080110122208, Quinta turma cível, Rel. Des. Maria de Lourdes Abreu, DJE 18/08/2015)

◙ Culpa exclusiva do consumidor. Demora na comunicação ao banco sobre extravio de cartão magnético.

"APELAÇÃO CÍVEL. NEGÓCIOS JURÍDICOS BANCÁRIOS. EXTRAVIO DE CARTÃO MAGNÉTICO. SAQUE DE VALORES. COMUNICAÇÃO TARDIA. CULPA EXCLUSIVA DO CONSUMIDOR. Cabe ao consumidor zelar pela preservação de seu cartão magnético de conta bancária, bem como pelo sigilo de sua senha pessoal e intransferível. Também é ônus do cliente bancário a imediata comunicação da casa bancária acerca de eventual extravio de cartão magnético e/ou violação do sigilo da senha. A não observância destes elementos implica no reconhecimento de que houve culpa exclusiva do consumidor para a ocorrência dos saques impugnados, não havendo de se falar em falha na prestação de serviço da casa bancária. Assim, improcede a pretensão indenizatória". (TJRS, Ap. Cív. 70055043947, Décima Sexta Câmara Cível, Rel. Des. Catarina Rita Krieger Martins, DJ 03/03/2015).

◙ Culpa exclusiva do consumidor. Utilização de colchão por pessoa com peso acima do indicado pelo fabricante.

"APELAÇÃO. INDENIZATÓRIA. COLCHÃO. CULPA EXCLUSIVA DO CONSUMIDOR. EXCLUDENTE DA RESPONSABILIDADE. USO IMPRÓPRIO. MANUTENÇÃO DA SENTENÇA. Culpa exclusiva do consumidor (art. 12, § 3º, III, do CDC). Hipótese excludente de responsabilidade pelo vício de qualidade do produto o uso impróprio do bem, em contrariedade às características técnicas devidamente informadas ao consumidor, que impede o reconhecimento do dever de indenizar". (TJSP, Ap. Cív. 00020529820128260405, Trigésima Câmara de Direito Privado, Rel. Des. Maria Lúcia Pizzoti, DJ 28/02/2015).

◙ Culpa exclusiva do consumidor. Furto de celular em estabelecimento comercial. Objeto deixado pela vítima em balcão de farmácia.

"RECURSO INOMINADO. RESPONSABILIDADE CIVIL. FURTO DE CELULAR EM ESTABELECIMENTO COMERCIAL. AUSENTE RESPONSABILIDADE DA RÉ. CULPA EXCLUSIVA DA CONSUMIDORA. SENTENÇA MANTIDA. A autora alega ter esquecido seu celular no balcão de atendimento da farmácia, buscando ressarcimento do valor do aparelho celular. Ainda que a autora tenha logrado êxito em demonstrar a veracidade dos fatos alegados, não há como imputar ao estabelecimento comercial a responsabilidade pela vigilância dos pertences de seus clientes. No caso dos autos, a autora afirma desde o pedido inicial que esqueceu o aparelho no balcão, sendo seu o dever de guarda e vigilância sobre seus objetos pessoais. Em que pese seja dever do fornecedor a manutenção de segurança e proteção aos consumidores que utilizam seus serviços, não há como exigir a vigilância sobre os pertences pessoais de cada um dos clientes, ainda mais considerando tratar-se de uma farmácia, local frequentado por várias pessoas. Assim, agindo a autora com negligência em relação à guarda de seus pertences pessoais, no caso o aparelho celular, configurada a culpa exclusiva da consumidora para o evento, afastando a responsabilidade do comerciante no que tange à indenização. Sentença mantida por seus próprios fundamentos, conforme autoriza o art. 46 da Lei 9.099/95". (TJRS, Recurso Cível 71005224878, Primeira Turma Recursal Cível, Turmas Recursais, Rel. Pedro Luiz Pozza, DJ 18/12/2014).

◙ Culpa exclusiva do consumidor. Inscrição do nome do consumidor no Cadastro de Emitentes de Cheques sem Fundos (CCF). Ausência de comunicação ao credor dos depósitos do valor devido.

"APELAÇÃO CÍVEL – INSCRIÇÃO NO CADASTRO DO CCF – IMPOSSIBILIDADE DE IDENTIFICAÇÃO DO DEPÓSITO POR PARTE DO FORNECEDOR – CULPA EXCLUSIVA DO CONSUMIDOR. – Resta configurada a culpa exclusiva do consumidor, quanto à inscrição do seu nome no CCF, quando não comunica ao credor os depósitos das prestações do valor devido, mormente quando realizados em datas e valores diversos do pactuado. – Recurso não provido". (TJMG, Ap. Civ. 10557100001980001, Décima Câmara Cível, Rel. Des. Veiga de Oliveira, DJE 04/10/2013)

CULPA DE TERCEIRO

► O "terceiro" é um estranho ao fornecedor, devendo ser compreendido de forma restrita.

"(...) o termo terceiro deve ser compreendido de forma restrita. O terceiro, pessoa natural ou jurídica, é um estranho ao autor e à vítima – alguém que com eles não mantenha qualquer forma de vínculo ou sofra influência -, mas que culmina por se interpor na relação existente entre eles, sendo o seu fato a causa exclusiva do evento. Por isso, se um manobrista de um restaurante – ao levar o carro de um cliente ao estacionamento – termina por atropelar um transeunte, não poderá o proprietário se eximir do nexo causal por força do fato de terceiro, tendo em vista a evidente relação de subordinação entre patrão e empregado. A obrigação objetiva de indenizar do empregador não se fundará em um "fato próprio", mas em um "fato de outrem", a ele hierarquicamente submetido. (...) No regime do Código de Defesa do Consumidor, é ainda mais rígida a linha que autonomiza o terceiro da pessoa do agente. Qualquer responsável que se coloque no interior do processo de criação, fabricação e distribuição do produto ou serviço ou que de qualquer maneira tenha colaborado para sua introdução no mercado responderá solidariamente aos demais, sem que possa atribuir aos demais fornecedores a condição de "terceiro". Nada impede que após a efetivação do ressarcimento, aquele que pagou busque o direito de regresso contra quem considere o responsável. Como bem delineou o CDC, não se cuidará de uma discussão de culpa, mas da aferição da participação de cada um para o desdobramento da causalidade, tal como enunciado pelo parágrafo único do art. 13: "aquele que efetivar o pagamento ao prejudicado poderá exercer o direito de regresso contra os demais responsáveis, segundo sua participação na causação do evento danoso". (FARIAS, Cristiano Chaves; BRAGA NETTO, Felipe; ROSENVALD, Nelson. Novo tratado de responsabilidade civil. 2. ed. São Paulo: Saraiva, 2017, p. 493/494)

▶ Excludente do fato de terceiro.

"A excludente do fato de terceiro ataca o próprio nexo de causalidade, já que deixa de haver qualquer relação entre o prejuízo do consumidor e a atividade do sujeito responsável primariamente". (BENJAMIN, Antônio Herman V.; MARQUES, Cláudia Lima; BESSA, Leonardo Roscoe. Manual de Direito do Consumidor. 7ª edição. São Paulo, Revista dos Tribunais, 2016, p. 186).

▶ Culpa de terceiro (fato de terceiro).

Com relação à culpa de terceiro ou fato de terceiro, o STJ entende que somente quando for imprevisível e inevitável é que poderá ser considerado como excludente. Assim, quando o fato de terceiro for inevitável, mas previsível, ou seja, quando o fornecedor tiver como prever a ocorrência, não poderá servir para excluir sua responsabilidade.

◙ Culpa de terceiro. Somente quando for inevitável e imprevisível.

"Todavia, como afirmam a doutrina e a jurisprudência desta Corte, o fato de terceiro só atua como excludente da responsabilidade quando tal fato for inevitável e imprevisível. Não basta, portanto, que o fato de terceiro seja inevitável para excluir a responsabilidade do fornecedor, é indispensável que seja também imprevisível." (STJ, Resp 685.662/RJ, Rel. Min. Nancy Andrighi, DJ 5.12.2005)

◙ Culpa exclusiva de terceiro. Serviço de *valet*. Roubo praticado por terceiro, excluindo a responsabilidade civil do restaurante fornecedor do serviço do manobrista.

"No serviço de manobristas de rua (*valets*), as hipóteses de roubo constituem, em princípio, fato exclusivo de terceiro, não havendo prova da concorrência do fornecedor, mediante defeito na prestação do serviço, para o evento danoso. Reconhecimento pelo acórdão recorrido do rompimento do nexo causal pelo roubo praticado por terceiro, excluindo a responsabilidade civil do restaurante fornecedor do serviço do manobrista." (STJ, REsp 1321739/SP, Rel. Ministro Paulo de Tarso Sanseverino, Terceira Turma, julgado em 05/09/2013, DJe 10/09/2013)

> ◙ **No mesmo sentido:** "(...) No serviço de manobristas de rua (valets), não havendo prova da concorrência do fornecedor, as hipóteses de roubo constituem fato exclusivo de terceiro, vez que o fato escapa a esfera de previsibilidade das empresas apeladas, que não possuem o dever de garantir a segurança pública, não sendo possível exigir que seus prepostos reagissem ante a ação de um indivíduo portando arma de fogo. 3. A ocorrência de fato externo às atividades de

risco desenvolvidas pelas empresas rés quebra o nexo de causalidade, que exclui o dever de indenizar.". (TJDFT, Ap. Cív. 00226305620158070001, Oitava Turma Cível, Rel. Des. Ana Cantarino, DJe 05/07/2017)

◙ Culpa exclusiva de terceiro. Gravame lançado em veículo da consumidora, decorrente de processo judicial sofrido por proprietário anterior do mesmo bem.

"(...) Com relação aos danos morais, não obstante a situação vivenciada pela autora tenha lhe restringido o direito de propriedade, os documentos de fls. 16/18 demonstram que à época da realização do negócio inexistia a referida constrição judicial que importou em gravame no automóvel da autora em razão de processo judicial sofrido pelo antepenúltimo proprietário do veículo (fl. 16 verso). Portanto, configurada a culpa exclusiva de terceiro para a geração do evento danoso à autora, tem-se por inviável a condenação da ré ao pagamento de indenização por danos morais. Assim, merece ser mantida a sentença recorrida por seus próprios fundamentos. SENTENÇA MANTIDA. RECURSO IMPROVIDO" (TJRS, Recurso Cível 71005631866, Primeira Turma Recursal Cível, Turmas Recursais, Rel. Fabiana Zilles, DJ 28/01/2016).

◙ Culpa exclusiva de terceiro. Ato de vandalismo que danifica torre de transmissão de sinal de telefonia celular.

"RECURSO INOMINADO. CONSUMIDOR. SERVIÇO DE TELEFONIA MÓVEL. ALEGAÇÃO DE AUSÊNCIA DE SINAL POR ALGUNS DIAS NA REGIÃO DE CANDELÁRIA. EXCLUDENTE DE RESPONSABILIDADE. INEXISTÊNCIA DE FALHA NA PRESTAÇÃO DO SERVIÇO. ATO DE VANDALISMO QUE CARACTERIZA A CULPA EXCLUSIVA DE TERCEIRO. RESTABELECIMENTO DE SINAL EM TEMPO RAZOÁVEL. DANOS MORAIS INOCORRENTES. – A parte autora postulou indenização por danos morais alegando falha na prestação do serviço em razão de ter ficado impossibilitada de utilizar o telefone celular por aproximadamente quatro (04) dias em decorrência da falta de sinal. – Falha na prestação de serviço que não se deu por culpa da ré, pois a falta de sinal foi em decorrência de ato de vandalismo praticado por terceiros, os quais, além de danificar as torres de percepção de sinal, furtaram materiais. Culpa exclusiva de terceiro que afasta a responsabilidade da concessionária de telefonia, nos termos do artigo 14, § 3º, inciso II, do CDC. – A interrupção no fornecimento do serviço não ocorreu por culpa da ré. No entanto, mesmo que hipoteticamente fosse considerada tal possibilidade, não há nos autos elementos suficientes para respaldar indenização por dano extrapatrimonial. Cabia à parte autora trazer a prova de que a demora no restabelecimento do serviço causou-lhe transtornos que superaram os triviais dissabores do cotidiano e da vida em sociedade, ônus do qual não se desincumbiu (artigo 333, inciso I, do CPC). Assim, não vindo aos autos a excepcionalidade, pois... houve apenas mero aborrecimento sem ofensa a direitos da personalidade, não há que se falar em indenização por dano imaterial". (TJRS, Recurso Cível 71005273321, Terceira Turma Recursal Cível, Turmas Recursais, Rel. Lusmary Fatima Turelly da Silva, DJ 25/09/2015)

◙ Culpa exclusiva de terceiro. Abertura de conta e emissão de cheque em nome do consumidor por terceiro que aparentava ser o titular de conta corrente.

"DANO MORAL. PROTESTO. CHEQUE. ABERTURA DE CONTA POR MELIANTE. CULPA EXCLUSIVA DE TERCEIRO. 1. Restou assentado que houve abertura de conta corrente em no-me do autor por terceiro meliante, que, valendo-se de talão de cheques, emitiu diversos deles no comércio. 2. O cheque recebido pela ré, comerciante, derivou dessa conta irregular e, por isso, é inexigível. 3. Embora o dano moral esteja configurado, no caso, há excludente de responsabilidade em favor da ré, diante de culpa exclusiva de terceiro, o que quebra o nexo causal e afasta o dever de indenizar. Afinal, houve emissão de cheque por pessoa que aparentava ser titular de conta corrente, e o cheque foi devolvido por ausência de fundos, e não por motivo que pudesse ensejar à ré maiores cautelas no protesto do título. 4. Recurso do réu parcialmente provido, prejudicado o recurso do autor" (TJRS, Ap. Cív. 00238115520118260114, Décima Quarta Câmara de Direito Privado, Rel. Des. Melo Colombi, DJ 31/07/2015).

◙ Culpa exclusiva de terceiro. Responsabilidade do banco afastada. Consumidor que fica inadimplente junto ao banco e tem seu nome inscrito em cadastros de inadimplentes em razão de orientação equivocada prestada por empresa de consultoria.

"APELAÇÃO. DIREITO CIVIL. DIREITO DO CONSUMIDOR. RESPONSABILIDADE SOLIDÁRIA. NÃO APLICAÇÃO. CULPA EXCLUSIVA DE TERCEIRO. DEMONSTRADA. DANO MORAL. PRESENÇA. QUANTUM FIXADO. PROPORCIONALIDADE E RAZOABILIDADE. RECURSO CONHECIDO E PARCIALMENTE PROVIDO. 1. Embora a responsabilidade do fornecedor seja objetiva, não deve ele responder por danos causados por culpa exclusiva de terceiro, ante a ausência do nexo de causalidade. Inteligência do art. 14, § 3º, do código de defesa do consumidor. 2. A responsabilidade objetiva prevista no art. 14 do código de defesa do consumidor é afastada quando comprovada a culpa exclusiva do consumidor ou de terceiro (§ 3º, inciso II, segunda parte). 3.A indenização por danos morais tem dúplice caráter, vez que deve ensejar a reparação do abalo extrapatrimonial suportado pela apelada, sem se afastar do caráter pedagógico-punitivo, ao viso de inibir a reiteração de condutas similares. Há de ser imposta, sobretudo, com fundamento no princípio constitucionais da razoabilidade ou da proporcionalidade. 4. Quantum indenizatório majorado. 5. Recurso conhecido e parcialmente provido". (TJDFT, Ap. Cív. 20130310101044, Quarta Turma Cível, Rel. Des. Rômulo de Araújo Mendes, DJ 29/07/2015)

◙ Culpa exclusiva de terceiro. Roubo praticado na via pública próximo a agência de turismo.

"DIREITO CIVIL DIREITO DO CONSUMIDOR. DANOS MORAIS E MATERIAIS. AGÊNCIA DE TURISMO. ROUBO NA RUA. CULPA EXCLUSIVA DE TERCEIRO. APELO NÃO PROVIDO. DECISÃO UNÂNIME. 1. No caso, observa-se que não houve defeitos com relação à prestação dos serviços contratados, os quais se resumiam a diárias de hotel, excursões, passeios e traslados aeroporto/hotel. Não é possível responsabilizar a Agência de Turismo por roubo ocorrido na rua, pois constitui culpa exclusiva de terceiro, excludente de responsabilidade prevista no § 3º do Art. 14.

2. A Apelada cumpriu com seu dever de informação, pois disponibilizou previamente quais os hotéis em que a apelante ficaria hospedada. 3. Exclusão do nexo causal. 5. Apelação a que se nega provimento". (TJPE, Ap. Cív. 3377382, Primeira Câmara Cível, Rel. Des. Roberto da Silva Maia, DJ 27/11/2014)

◙ Culpa exclusiva de terceiro não demonstrada. Inscrição indevida do nome da consumidora em cadastro restritivo de crédito por devolução de cheque fraudado.

"APELAÇÃO CÍVEL - AÇÃO DE INDENIZAÇÃO POR DANOS MORAIS - INSCRIÇÃO INDEVIDA EM CADASTROS DE INADIMPLENTES - DEVOLUÇÃO DE CHEQUE FRAUDADO - CULPA EXCLUSIVA DE TERCEIROS - INEXISTÊNCIA - FORTUITO INTERNO - ATO PREVISÍVEL E EVITÁVEL - FALHA NA PRESTAÇÃO DE SERVIÇOS DEMONSTRADA - RECURSO DESPROVIDO. Para a configuração do dever de indenizar, seja em relação aos danos contratuais, seja no tocante aos extracontratuais, devem estar presentes os pressupostos responsabilidade civil, quais sejam: o dano, o ato ilício e o nexo de causalidade. Sendo objetiva a responsabilidade da apelante, nos termos do preceito constante do art. 14 Código de Defesa do Consumidor, para o afastamento do nexo de causalidade mostra-se imprescindível a comprovação da imprevisibilidade e inevitabilidades dos atos que acarretaram a negativação indevida do nome da apelada" (TJMG, Ap. Cív. 10338110004094001, Décima Oitava Câmara Cível, Rel. Des. Sérgio André da Fonseca Xavier DJ 22/01/2016).

◙ Culpa exclusiva de terceiro não demonstrada. Alteração de rota durante cruzeiro marítimo em razão de manifestação promovida por pescadores.

"JUIZADOS ESPECIAIS CÍVEIS. DIREITO DO CONSUMIDOR. PACOTE TU-RÍSTICO. ALTERAÇÃO DA ROTA. CRUZEIRO MARÍTIMO. RESPONSABILIDADE OBJETIVA E SOLIDÁRIA DAS EMPRESAS INTEGRANTES DA CADEIA DE CONSUMO. CULPA EXCLUSIVA DE TERCEIRO NÃO CONFIGURADA. FALHA NA PRESTAÇÃO DO SERVIÇO. DANOS MORAIS CONFIGURADOS. SENTENÇA MANTIDA. 1. Trata-se de relação de consumo, visto que a recorrente é fornecedora de serviços, cujo destinatário final é a consumidora, conforme previsto nos artigos 2º e 3º da Lei nº 8.079, de 11 de setembro de 1990, Código de Defesa do Consumidor. 2. Na contratação de pacote turístico, a empresa organizadora de turismo, à luz da teoria do risco do empreendimento, assume a responsabilidade de todo o roteiro contratado, abarcando a culpa in eligendo no concernente aos problemas enfrentados na prestação do serviço. 3. A recorrente alega em seu Recurso Inominado excludente de responsabilidade no caso em questão. Defende que não tinha como prever a realização de protesto e que ficou impossibilitada de cumprir a rota internacional devido a isso. Sem razão a recorrente. O risco da atividade de turismo não pode ser transferido ao consumidor. De acordo com a documentação mencionada em sede de contrarrazões recursais, havia a possibilidade de se prever a manifestação. Dessa forma, está caracterizada a falha na prestação de serviço por parte da Recorrente. Não pode a autora ter adquirido um pacote internacional e ser contemplada com um pacote nacional. 4. Os fornecedores de serviços respondem solidariamente e independentemente de culpa pela reparação dos danos causados aos consumidores por defeitos relativos à prestação dos serviços, conforme art. 14, caput do Código de Defesa do Consumidor. Excludente de responsabilidade não configurada. 5. O fato evidencia a má prestação dos serviços postos à disposição do consumidor, e o dever dos prestadores de serviço em responder solidária e objetivamente pela falha do serviço. 6. A contratação de pacote turístico gera reais expectativas no consumidor, que confia nos serviços que serão futuramente prestados. A impossibilidade de cumprimento do que foi acordado, é fato apto a gerar dano moral, já que extrapola o mero aborrecimento cotidiano. 7. No caso, a indenização fixada em R$ 6.000,00 (cinco mil reais), atende aos princípios da razoabilidade e da proporcionalidade, ao seu caráter compensatório e dissuasório, bem assim à natureza da ofensa e às peculiaridades do caso sob exame, se amolda ao conceito de justa reparação e não merece reparo neste grau revisor. 8. Recurso conhecido e não provido" (TJDFT, Recurso Inominado 20151410007156, Segunda Turma Recursal dos Juizados Especiais do Distrito Federal, Rel. Arnaldo Corrêa Silva, DJe 16/12/2015).

◙ Culpa exclusiva de terceiro não demonstrada. Acidente de ônibus causado por motorista que conversava com passageiro.

"APELAÇÃO CÍVEL. AÇÃO DE REPARAÇÃO CIVIL. ACIDENTE EM ÔNIBUS PERTENCENTE À PESSOA JURÍDICA PRESTADORA DE SERVIÇO PÚBLICO. MOTORISTA. CULPA. COMPROVAÇÃO. CULPA EXCLUSIVA DE TERCEIRO OU CONCORRENTE DA VÍTIMA. NÃO COMPROVAÇÃO. DANO MORAL. O motorista do ônibus, preposto da empresa concessionária de serviço público, não agiu com diligência e cuidado que se esperam, pois conduzia o veículo sem a atenção necessária, conversando com um passageiro e não reduziu a velocidade ao passar por um quebra-molas. Não há prova da ocorrência de culpa exclusiva de terceiro ou culpa concorrente da vítima no acidente. O valor da indenização pelo dano moral arbitrado na sentença (R$15.000,00 - quinze mil reais) atende aos critérios gerais da equidade, proporcionalidade e razoabilidade, bem como atende aos critérios específicos, como o grau de culpa do agente, o potencial econômico e características pessoais das partes, a repercussão do fato no meio social e a natureza do direito violado. Apelação desprovida" (TJDFT, Ap. Cív. 20130610140660, Sexta Turma Cível, Rel. Des. Hector Valverde Santana, DJ 01/12/2015).

◙ Culpa exclusiva de terceiro não demonstrada. Fraude bancária que resulta na inscrição indevida do nome do consumidor em cadastro restritivo de crédito.

"CONSUMIDOR. FRAUDE. APONTAMENTO EM CADASTRO RESTRI-TIVO AO CRÉDITO. RISCO DA ATIVIDADE. FORTUITO INTERNO. EXCLUDENTE DE RESPONSABILIDADE POR CULPA EXCLUSIVA DE TERCEIRO NÃO CONFIGURADA. DANO MORAL CARACTERIZADO. REPARAÇÃO DO DANO. CONDE-NAÇÃO. RAZOABILIDADE DO ARBITRAMENTO JUDICIAL. SENTENÇA MANTIDA. RECURSO NÃO PROVIDO. 1. Incontroversa a existência de negócio jurídico fraudulento e provada anotação restritiva em cadastro de inadimplentes, correta a sentença condenatória na reparação de dano moral do consumidor por equiparação. Consolidado na jurisprudência o entendimento de que a inscrição ou a manutenção indevida em cadastro de inadimplentes gera, por si só, a obrigação de indenizar e constitui dano moral in re ipsa, ou seja, dano vinculado à própria existência do fato, cujos resultados são presumidos. Precedente no STJ: AgRg no Ag 1.379.761/SP, Rel. Ministro Luis Felipe Salomão. 2. Não prospera a alegação de culpa exclusiva de terceiro, pois a fraude, ao integrar os riscos da atividade, caracteriza fortuito interno e não configura a excludente de responsabilidade civil por culpa de terceiro. O fato de terceiro somente é equiparado ao fortuito externo, com a exclusão da responsabilidade, quando não guarda conexão com os riscos da atividade. Precedente no STJ: REsp 1.136.885/SP, Rel. Ministra Nancy Andrighi. 3. Em observância às finalidades compensatória, punitiva, pedagógica e preventiva da condenação, bem assim às circunstâncias da causa, inclusive a capacidade financeira do ofensor e o tempo de permanência da inscrição negativa (cerca de dois anos e seis meses na data da sentença), afigura-se razoável e proporcional o arbitramento feito na sentença. 4. Recurso conhecido e não provido" (TJDFT, Recurso Inominado 20150610063355, Primeira Turma Recursal dos Juizados Especiais do Distrito Federal, Rel. Fábio Eduardo Marques, DJ 02/09/2015).

■ **Culpa exclusiva de terceiro não demonstrada. Cancelamento de reserva em hotel.**

"APELAÇÃO CÍVEL. DIREITO PRIVADO NÃO ESPECIFICADO. AÇÃO CONDENATÓRIA POR DANOS MATERIAIS E MORAIS. CANCELAMENTO DE RESERVA DE HOTEL. CULPA EXCLUSIVA DE TERCEIRO. DANO MATERIAL. REEMBOLSO. DANO MORAL. MINORAÇÃO. 1– Culpa exclusiva de terceiro: tendo em vista as alegações genéricas e abstratas das fornecedoras rés acerca da culpa de terceiro pelo cancelamento injustificado da reserva de hotel da consumidora demandante, não se verifica, no caso concreto, causa excludente da sua responsabilidade, na forma do art. 14, § 3º, do Código de Defesa do Consumidor. 2– Dano material: pedido que encontra respaldo na prova dos autos, sendo de rigor a manutenção da sentença quanto ao reembolso do valor gasto, pela autora, de modo a hospedar-se no hotel cujo quarto já havia reservado e pago, anteriormente. 3– Dano moral: configurado, no caso, tendo em vista que as circunstâncias não se qualificam como mero dissabor cotidiano ou simples inadimplemento contratual, tendo em vista a aflição e apreensão a ela inerentes. "Quantum" minorado para R$5.000,00. Recurso de apelação parcialmente provido" (TJRS, Ap. Cív. 70062705538, Décima Segunda Câmara Cível, Rel. Des. Umberto Guaspari Sudbrack, DJ 31/08/2015).

■ **Culpa de terceiro não demonstrada. Morte causada por bala perdida em estação de trem.**

"RECURSOS ESPECIAIS. CIVIL E PROCESSUAL CIVIL. RESPONSABILIDADE CIVIL. CONSUMIDOR. MORTE NAS DEPENDÊNCIAS DA ESTAÇÃO DE TREM. TRANSEUNTE ATINGIDO POR BALA PERDIDA ADVINDA DE TIROTEIO ENTRE SEGURANÇAS DA EMPRESA E ASSALTANTES QUE OBJETIVAVAM ROUBO DE CARRO FORTE. FATO DO SERVIÇO. INCIDÊNCIA DO CDC. CONSUMIDOR BYSATNDER. PRAZO PRESCRICIONAL QUINQUENAL. FATO EXCLUSIVO DE TERCEIRO NÃO DEMONSTRADO. NEXO CAUSAL MANTIDO. PENSÃO POR MORTE DE FILHO MAIOR AOS GENITORES. DEPENDÊNCIA ECONÔMICA. TERMO FINAL DA PENSÃO POR MORTE. TABELAS DO INSS E IBGE. FORMAÇÃO DE CA-

PITAL. OPÇÃO DE INCLUSÃO EM FOLHA DE PAGAMENTO DA EMPRESA. FASE DE CUMPRIMENTO DE SENTENÇA. 1. Polêmica em torno da responsabilidade civil das empresas demandadas pelos danos causados aos demandantes pela morte de seu filho na Estação Ferroviária da Lapa (São Paulo) atingido por um projétil de arma de fogo disparado durante um tiroteio envolvendo assaltantes e seguranças das empresas recorrentes após tentativa de roubo a carro forte que recolhia valores no local. 2. O serviço apresenta-se defeituoso ao não atender à segurança legitimamente esperada pelo consumidor (art. 14, § 1º, CDC). 3. Atenta contra a segurança do consumidor a opção pelo uso de armas de fogo pelos prepostos da ré em confronto com meliantes, em local de intenso trânsito de pessoas, priorizando a recuperação do dinheiro roubado à integridade física dos consumidores que lá se encontravam. 4. Reação ao assalto, por parte dos seguranças das rés, resultou na morte de três pessoas, além de outras vítimas não fatais. 5. A regra do art. 17 do CDC, ampliando o conceito básico de consumidor do art. 2º, determina a aplicação do microssistema normativo do consumidor a todas as vítimas do evento danoso, protegendo os chamados "bystandars", que são as vítimas inocentes de acidentes de consumo. 6. Incidência do regime jurídico do CDC ao caso. 7. Aplicação do prazo prescricional de cinco anos, estabelecido no artigo 27 do CDC, por se tratar de acidente de consumo previsto no artigo 14 (fato do serviço) do CDC. 8. Inaplicabilidade da excludente do fato de terceiro, prevista no inciso II do parágrafo 3.º do artigo 14 do CDC, pois, para sua configuração, seria necessária a exclusividade de outras causas não reconhecida na origem. Súmula 07/STJ. 9.. (STJ, REsp 1372889/SP, Terceira Turma, Rel. Min. Paulo de Tarso Sanseverino, DJe 19/10/2015).

◙ Culpa de terceiro não demonstrada. Fornecimento de cartão de crédito a terceiro.

"Responsabilidade civil. Fornecimento de cartão de crédito a terceiro. Excludente de responsabilidade: culpa exclusiva de terceiro. CDC. 1. Não é possível identificar a excludente de culpa exclusiva de terceiro sob a égide do CDC quando o banco entrega cartão de crédito a terceira pessoa que não o titular da conta, considerando que direta ou indiretamente participa da operação por meio de seus sistemas de controle em operações da espécie" (STJ, REsp 703.129, 3ª T., DJ 6.11.2007).

◙ Transporte. Culpa de terceiro. STF Súmula nº 187.

"A responsabilidade contratual do transportador, pelo acidente com o passageiro, não é elidida por culpa de terceiro, contra o qual tem ação regressiva."

◙ É encargo do transportador a comprovação da inevitabilidade do fato de terceiro.

"EMENTA: INDENIZAÇÃO. PRELIMINARES AFASTADAS. CONTRATO DE CARGA. RESPONSABILIDADE OBJETIVA. EXCLUDENTE NÃO CARACTERIZADA.(...) O prestador de serviços de transporte responde objetivamente pelo extravio da carga sob sua guarda e custódia, exigindo-lhe a lei exação mínima sobre os bens quanto aos quais assume compromisso típico de depósito. IV – O fato de terceiro capaz de excluir a responsabilidade do transportador há de revestir caráter doloso-inevitável, e sua demonstração constitui encargo do arguente da excludente." (TJMG, Apelação Cível 1.0525.06.098924-7/001, Rel. Fernando Botelho, J. 17.01.08)

CULPA CONCORRENTE

▶ Culpa concorrente.

O CDC somente considerou como excludente de responsabilidade a culpa "exclusiva" do consumidor ou de terceiro. Dessa forma, para boa parte da doutrina consumerista, a culpa concorrente não será considerada como excludente e nem poderá ser usada para diminuir o valor da indenização.

▶ Culpa concorrente como fator de redução da indenização.

O Código Civil, ao contrário, admite a culpa concorrente como fator de redução da indenização, ao prever no art. 945 que: "Se a vítima tiver concorrido culposamente para o evento danoso, a sua indenização será fixada tendo-se em conta a gravidade de sua culpa em confronto com a do autor do dano.".

◙ Culpa concorrente configurada. Acidente em piscina de hotel.

"Responsabilidade do hotel, que não sinaliza convenientemente a profundidade da piscina, de acesso livre aos hóspedes. Art. 14 do CDC. A culpa concorren-te da vítima permite a redução da condenação imposta ao fornecedor. Art. 12, § 2º, III, do CDC. A agência de viagens responde pelo dano pessoal que decorreu do mau serviço do hotel contratado por ela para a hospedagem durante o pacote de turismo. Recursos conhecidos e providos em parte." (STJ, Resp 287849/SP,, Rel. Min. Ruy Rosado de Aguiar, DJ 13/08/2001).

> ◙ **No mesmo sentido:** "RECURSO ESPECIAL. RESPONSABILIDADE CIVIL. ASSOCIAÇÃO DE CLASSE. CLUBE RECRETATIVO. PISCINA APARENTEMENTE SEMIOLÍMPICA. DIFERENTES NÍVEIS DE PROFUNDIDADE. AUSÊNCIA DE INFORMAÇÕES E PESSOAL PARA GARANTIR A SEGURANÇA DOS USUÁRIOS. ACIDENTE. TETRAPLEGIA. NEGLIGÊNCIA. VÍTIMA EM IDADE SUFICIENTE PARA ANTEVER O PERIGO. FALTA DE CAUTELA. CONCORRÊNCIA DE CULPAS. SUBSISTÊNCIA DA OBRIGAÇÃO DE INDENIZAR. REDUÇÃO DO QUANTUM. RECURSO PROVIDO. 1. A jurisprudência do STJ, seja com base na responsabilidade subjetiva, seja com base no Código de Defesa do Consumidor, reconhece o dever de indenizar em caso de acidente ocorrido em piscinas, por causa ou da negligência na segurança ou do descumprimento do dever de informação daquele que disponibiliza a área recreativa. 2. Caracterizada a culpa da associação e constatado que o comportamento do usuário também correu para o acidente, justifica- se aferir a existência de culpa concorrente e reduzir o valor da indenização. 3. Recurso provido." (STJ, REsp 1226974/PR, Rel. Ministro João Otávio de Noronha, Terceira Turma, DJe 30/09/2014)

◙ Culpa concorrente configurada. Atraso na entrega de imóvel ocasionada por desatenção do fornecedor e do consumidor.

"APELAÇÃO CÍVEL. CONTRATO DE COMPRA E VENDA DE IMÓVEL RESIDENCIAL. EQUÍVOCO NO PREENCHIMENTO DO PRAZO DE ENTREGA. AU-

SÊNCIA DE PROVEITO EM FAVOR DO FORNECEDOR. FALTA DE ATENÇÃO DO CONSUMIDOR. CULPA CONCORRENTE NA CAUSAÇÃO DO EVENTO. PREJUÍZOS PARTILHADOS E COMPENSADOS. OBRIGAÇÕES RECÍPROCAS PARA A OUTORGA DA ESCRITURA PÚBLICA – RECURSO PARCIALMENTE PROVIDO. I– Pretende o apelante a reforma da sentença, que reconheceu sua culpa no atraso da entrega de imóvel residencial. II– Houve equívoco do apelante, sem intenção de obter proveito econômico, no momento de preencher o item que tratou da data de entrega da unidade residencial, como sendo em 20/06/2009, pois não havia e nem há sentido fixá-la em momento antecedente à data prevista para a conclusão da obra, qual seja, em 20/12/2009. Nesta data a unidade ainda estava em construção e não poderia, por óbvio, ser entregue. III– Tem o consumidor responsabilidade advinda dos atos negociais de que participa, não sendo um mero espectador quando pode e deve agir, colaborando na formação e execução do contrato, em decorrência do dever anexo destacado do princípio da boa-fé objetiva. IV– Ambas as partes firmaram o contrato sem se darem conta do erro acima mencionado, faltando com a atenção necessária, ou dela se abstendo, em franco comportamento negligente, a evidenciar culpa concorrente na produção dos efeitos que esse equívoco provocou. V– Diante da superioridade técnica, financeira e jurídica que ostenta o fornecedor, estando, por isso, vinculado a um agir com maior atenção e cuidado no trato das relações de consumo, devem os prejuízos serem partilhados na proporção de 70% para o apelante, restando 30% para o recorrido, tomando por base os mesmos parâmetros e valores fixados na sentença, os quais devem ser compensados entre si. VI– De acordo com a cláusula 3.3 do contrato firmado entre as partes, ao outorgado, ora apelado, compete, após quitado o preço do imóvel, arcar com as despesas necessárias e suficientes à lavratura e registro do instrumento translativo, ficando o apelante obrigado a providenciar a sua expedição" (TJBA, Ap. Cív. 0351723-50.2012.8.05.0001, Segunda Câmara Cível, Rel. Des. Dinalva Gomes Laranjeira Pimentel, DJ 04/05/2016).

◙ **Culpa concorrente configurada. Consumidora que não consignou em juízo o valor que entendia devido a operadora de TV por assinatura e teve seu nome inscrito em cadastro de inadimplentes.**

"AÇÃO INDENIZATÓRIA. CONSUMIDOR. TV POR ASSINATURA. DESCUMPRIMENTO DE OFERTA. AUSÊNCIA DE PROVA DO VALOR CONTRA-TADO. COBRANÇA INDEVIDA, EM PARTE. INADIMPLEMENTO. INSCRIÇÃO NOS CADASTROS DE PROTEÇÃO AO CRÉDITO. DANO MORAL CONFIGURADO. CULPA CONCORRENTE. RECURSO PARCIALMENTE PROVIDO" (TJRS, Recurso Cível 71005968623, Terceira Turma Recursal Cível, Turmas Recursais, Rel. Cleber Augusto Tonial, DJ 28/03/2016).

◙ **Culpa concorrente configurada. Consumidor negligente na guarda de talonário de cheques.**

"AÇÃO DE INDENIZAÇÃO POR DANO MORAL – NEGATIVAÇÃO INDEVIDA DO NOME DO AUTOR – CULPA CONCORRENTE DO CORRENTISTA – Devolução de cheque, com assinatura falsa, por insuficiência de fundos – Falha na prestação de serviço – Responsabilidade objetiva do banco – Art. 14 do Código de Defesa do Consumidor – A falha na prestação do serviço pela instituição financeira consistiu na falta de conferência da assinatura do emitente aposta no cheque, tendo-o devolvido por insuficiência de fundos – Súmula 479 do STJ – Culpa concorrente do autor na medida em que não tomou a devida cautela na guarda do talonário de cheques – Dano moral caracterizado – Recurso provido, neste aspecto." (TJSP, Ap. Cív. 00125179520108260322, Vigésima Quarta Câmara de Direito Privado, Rel. Des. Plínio Novaes de Andrade Júnior, DJ 01/12/2015).

■ **Culpa concorrente configurada. Consumidor que não solicita o encerramento de conta corrente e tem o nome inscrito em cadastro de inadimplente.**

"INDENIZATÓRIA. CONSUMIDOR. BANCO. INSCRIÇÃO INDEVIDA EM ÓRGÃOS RESTRITIVOS DE CRÉDITO. DÉBITO CUJA ORIGEM NÃO RESTOU DEMONSTRADA. ÔNUS DO RÉU. DANO MORAL CONFIGURADO. DEVER DE SOLICITAR O ENCERRAMENTO DA CONTA. CULPA CONCORRENTE. REFLEXO NA QUANTIFICAÇÃO DA INDENIZAÇÃO. SENTENÇA REFORMADA. RECURSO PROVIDO" (TJRS, Recurso Cível 71005769005, Terceira Turma Recursal Cível, Turmas Recursais, Rel. Cleber Augusto Tonial, DJ 16/11/2015).

■ **Culpa concorrente configurada. Consumidor que autoriza pagamento de boleto por meio de transferência eletrônica em nome de terceiro.**

"JUIZADOS ESPECIAIS CÍVEIS. CONSUMIDOR. AÇÃO POR DANOS MATERIAIS E MORAIS. FRAUDE. COBRANÇA INDEVIDA. FALHA NA PRESTAÇÃO DE SERVIÇO. CULPA CONCORRENTE. DANO MORAL NÃO CONFIGURADO. 1. A fraude perpetrada por terceiro configura falha na prestação de serviço, já que o prestador de serviços descuidou do seu dever de zelar pela segurança de suas operações financeiras e pelo controle de seus cadastros administrativos, propiciando a terceiros fraudar o seu sistema. 2.A responsabilidade é fundada no risco-proveito da atividade desenvolvida, que não pode ser afastada em razão de a fraude ter sido perpetrada por terceiro, em evidente situação de fortuito interno. Dever de restituir. 3.Considerando as peculiaridades do caso concreto, inclusive por conta da culpa concorrente do consumidor, que autorizou pagamento de boleto por meio de transferência eletrônica em nome de pessoa física e/ou jurídica com quem não tinha relação comercial, e a lesão suportada também pelo banco, afasta-se o dano moral. 4.Recurso conhecido e provido. Sentença Reformada" (TJDFT, Recurso Inominado 20140710324017, Segunda Turma Recursal dos Juizados Especiais do Distrito Federal, Rel. Arnaldo Corrêa Silva, DJe 10/09/2015).

■ **Culpa concorrente configurada. Agressões mútuas entre consumidor e funcionário de estabelecimento comercial.**

"A despeito de restar delineada uma situação de mútua agressão entre consumidor e funcionário do estabelecimento, é cabível a aplicação do Código de Defesa do Consumidor se ela estiver intimamente ligada à atividade desempenhada pelo fornecedor, posto que nascida de um desentendimento ocorrido durante a prestação do serviço, e em virtude desta. Não há como afastar a responsabilidade do empregador pela agressão praticada pelo empregado, mesmo se este tiver sido provocado pelo cliente, posto que àquele cabe prepará-lo, através de treinamento e orientação, para não revidar ofensas, devendo adotar todas as medidas necessárias à preservação da incolumidade física e psicológica do consumidor e do empregado, e, faltando-lhes razoabilidade, acionar os seguranças do estabelecimento, ou mesmo a força policial, a fim de impedir que cheguem às vias de fato. Jamais omitir-se. É responsável civilmente o empregador pela conduta do seu empregado, no exercício do trabalho/em razão dele, ainda que não haja culpa de sua parte. Inteligência dos artigos 932, III, e 933, do Código Civil, sendo inequívoco que a agressão física acarreta dano moral. Entretanto, independentemente de quem iniciou as provocações, é imperioso considerar que faltou bom senso e moderação aos dois contendores, pois ambos poderiam ter solucionado o impasse através de diálogo, e, restando este impossibilitado, afastar-se da parte adversa, para tomar medidas administrativas ou judiciais civilizadas, ou simplesmente desconsiderado os supostos insultos, ao invés de promover uma batalha inteiramente desnecessária e imatura, que não se justifica sob o pretexto de defesa da honra, em se tratando de pessoas maiores de idade. Configura-se, assim, a hipótese de culpa concorrente, que justifica a redução do quantum indenizatório. Indenização fixada em R$ 1.500,00 (um mil e quinhentos reais). Precedentes do TJPE e do STJ. Recurso a que se dá parcial provimento, à unanimidade" (TJPE, Ap. Cív. 2445045, Primeira Câmara Cível, Rel. Des. Stênio José de Souza Neiva Coêlho, DJ 28/08/2015).

◙ Culpa concorrente configurada. Consumidor que deixa de informar mudança de endereço ao banco e confia sua senha pessoal a terceiro.

"RESPONSABILIDADE CIVIL – CONSUMIDOR CULPA CONCORRENTE – Pretensão do autor e do réu de atribuir reciprocamente a responsabilidade pelos danos de forma exclusiva. Descabimento. Hipótese em que o banco não poderia ter enviado o talão de cheques sem a solicitação do consumidor e deve-ria ter realizado uma conferência mais detida das assinaturas, bem como o autor não poderia deixar de informar seu novo endereço ou confiar sua senha pessoal a terceira pessoa Culpa concorrente configurada Dano moral que decorre da inscrição indevida em cadastro de inadimplentes Indenização fixada em R$5.000,00 (cinco mil reais) RECURSO DO RÉU DESPROVIDO E DO AUTOR PROVIDO EM PARTE" (TJSP, Ap. Cív. 00106251020078260597, Décima Terceira Câmara de Direito Privado, Rel. Des. Ana de Lourdes Silva Coutinho da Fonseca, DJ 18/03/2014).

◙ Culpa concorrente configurada. Acidente com paraquedas.

"RESPONSABILIDADE CIVIL. ACIDENTE COM PÁRA-QUEDAS. CULPA DOS RESPONSÁVEIS PELO CURSO DE INSTRUÇÃO ESTABELECIDA. MORTE DO ALUNO. CULPABILIDADE CONCORRENTE DA VÍTIMA. Incumbe aos responsáveis por cursos de instrução para salto com paraquedas oferecer as condições de segurança à prática do esporte. Caso em que, ainda que reconhecida a eficiência no curso de formação, a vítima, após fazer uma manobra inapropriada, chocou-se com uma rede de energia de alta tensão que ficava entre a área principal e a área alternativa de pouso. O evento 'morte' da parente dos demandantes evidencia, por si só, os danos morais, justificando-se a fixação do valor de acordo com a intensidade do sofrimento causado, consideradas as circunstâncias do fato, as graves consequências daí advindas, a condição social dos demandantes, dos ofensores, assim como os precedentes deste Egrégio Tribunal de Justiça em situações similares (...)" (TJRS, Ap. Cív. 70021104179, Décima Câmara Cível, Rel. Des. Jorge Alberto Schreiner Pesta-na, DOERS 12/12/2008).

◙ **Culpa concorrente. Morte de passageiro que viajava na escada do trem.**

"CIVIL E PROCESSUAL. AÇÃO DE INDENIZAÇÃO. QUEDA DE TREM. MORTE DE PASSAGEIRO QUE VIAJAVA EM ESCADA DA LOCOMOTIVA. CULPA CONCORRENTE. DANOS MORAIS E MATERIAIS DEVIDOS. REGIMENTO INTERNO, ART. 257. I. Admissível a concorrência de culpa em transporte ferroviário, quando verificado comportamento aventureiro da vítima, a dificultar, consideravelmente, a eficiência do serviço de fiscalização da empresa transportadora. Redução do valor, em face da concorrência de culpas, à metade. II. Danos morais e materiais devidos, estes, na esteira de precedentes jurisprudenciais, em 2/3 do salário mínimo até a idade em que o de cujus completaria 25 anos, reduzida para 1/3 a partir de então, em face da suposição de que constituiria família, aumentando suas despesas pessoais com o novo núcleo formado, extinguindo-se a obrigação após alcançada a sobrevida provável, de acordo com tabela utilizada pela Previdência Social. III. Prestações vincendas garantidas, a critério da ré, ou pela formação de capital, ou mediante caução. IV. Recurso especial conhecido em parte e parcialmente provido." (STJ, REsp 746.894/SP, Rel. Ministro Aldir Passarinho Junior, Quarta Turma, DJ 18/09/2006)

► **A eventual configuração de culpa pelo comerciante por exposição de produto vencido não tem o condão de afastar a responsabilização do fabricante.**

"(...) O comerciante e o fabricante estão inseridos no âmbito da cadeia de produção e distribuição, razão pela qual não podem ser tidos como terceiros estranhos à relação de consumo. – A eventual configuração da culpa do comerciante que coloca à venda produto com prazo de validade vencido não tem o condão de afastar o direito de o consumidor propor ação de reparação pelos danos resultantes da ingestão da mercadoria estragada em face do fabricante." (STJ, REsp 980860 / SP, Min. Rel. Nancy Andrighi, J. 23.04.09, T3)

► **Hipóteses de responsabilidade subsidiária do comerciante.**

"Três – e só três – são as hipóteses de responsabilidade civil subsidiária (e solidária) do comerciante: a impossibilidade de identificação do responsável principal; a ausência, no produto, de identificação adequada do responsável principal; e, por último, a má conservação dos produtos perecíveis". (BENJAMIN, Antônio Herman V.; MARQUES, Cláudia Lima; BESSA, Leonardo Roscoe. Manual de Direito do Consumidor. 7ª edição. São Paulo, Revista dos Tribunais, 2016, p. 193).

◙ "(...)tratando-se o caso dos autos de responsabilidade pelo fato do produto, decorrente de acidente de consumo, a responsabilidade do comerciante do produto, como a ré, é subsidiária a dos demais integrantes da cadeia dos fornecedores. Somente em casos excepcionais é que o comerciante responde perante o consumidor por acidente de consumo, excepcionalidade que não se verifica no presente caso. Assim, a loja ré é ilegítima para responder à ação.(...)" (TJRS, Apelação Cível Nº 70023025455, Rel. Odone Sanguiné, J. 02.07.08, T9)

► **O comerciante tem as mesmas responsabilidades firmadas no artigo anterior e é solidariamente responsável com os agentes do art. 12.**

"No que respeita ao caput do art. 13, é necessário ressaltar que o vocábulo 'igualmente' tem de ser interpretado no duplo sentido de que o comerciante tem as mesmas responsabilidades firmadas no artigo anterior e que o comerciante é solidariamente responsável com os agentes do art. 12. E, assim, todos são solidários.(...) "O uso do pronome 'aquele' significa que qualquer dos responsáveis pode ser acionado pelo consumidor, independentemente de ser ele ou não o responsável pela deterioração do produto (...) A norma em comento serve para toda e qualquer hipótese de pagamento de verba indenizatória ao consumidor, feita por qualquer dos co-responsáveis solidários. Quem em função do defeito – quando propriamente se fala em indenização ao consumidor – quem em função de vício – quando se troca o produto ou se devolve o dinheiro ou parte dele. Nesse caso de vício, o prejuízo pode ser apenas do comerciante, que pode acionar o co-responsável." (NUNES, Luiz Antônio Rizzatto. Comentários ao Código de Defesa do Consumidor. São Paulo: Sa-raiva, 2000. p. 173 e 177).

► **O comerciante não é considerado "terceiro" para fins de excludente de responsabilidade.**

"(...) o comerciante, repetimos, não é terceiro em relação ao fabricante (produtor ou importador), pois é ele que o escolhe para vender os seus produtos. Logo, responde – o fabricante – também por qualquer defeito do produto ou serviço, mesmo que surja já no processo de comercialização. O dever jurídico do fabricante é duplo: colocar no mercado produtos sem vícios de qualidade e impedir que aqueles que os comercializam, em seu benefício, maculem sua qualidade original." (Sergio Cavalieri Filho, Programa de Responsabilidade Civil. 4ª Ed. São Paulo: 2003, p. 479).

> ► **No mesmo sentido**: "(...) o réu (fabricante, produtor, construtor ou importador), em ação indenizatória por acidente do consumo, não pode furtar-se ao dever de indenizar, com fulcro no art. 12, § 3º, III, sob o argumento de que o dano foi causado por culpa exclusiva do comerciante, entendendo este como terceiro." (Antônio Herman Benjamin, Fato do produto e do serviço. BDJur, Brasília, DF. 30 jan. 2008. p. 29. Disponível em: http:/bdjur.stj.gov.br/dspace/handle/2011/16340>).

■ **Produto vendido com prazo de validade vencido. Reponsabilidade solidária do comerciante e do fabricante.**

"Direito do consumidor. Recurso especial. Ação de indenização por danos morais e materiais. Consumo de produto colocado em circulação quando seu prazo de validade já havia transcorrido. "Arrozina Tradicional" vencida que foi consumida por bebês que tinham apenas três meses de vida, causando-lhes gastroenterite aguda. Vício de segurança. Responsabilidade do fabricante. Possibilidade. Comerciante que não pode ser tido como terceiro estranho à relação de consumo. Não configuração de culpa exclusiva de terceiro. – Produto alimentício destinado especificamente para bebês exposto em gôndola de supermercado, com o prazo de validade vencido, que coloca em risco a saúde de bebês com apenas três meses de vida, causando-lhe gastroenterite aguda, enseja a responsabilização por fato do produto, ante a existência de vício de segurança previsto no art. 12 do CDC. – O comerciante e o fabricante estão inseridos no âmbito da cadeia de produção e distribuição, razão pela qual não podem ser tidos como terceiros estranhos à relação de consumo. – A eventual configuração da culpa do comerciante que coloca à venda produto com prazo de validade vencido não tem o condão de afastar o direito de o consumidor propor ação de reparação pelos danos resultantes da ingestão da mercadoria estragada em face do fabricante. Recurso especial não provido." (STJ, REsp 980.860/SP, Rel. Ministra Nancy Andrighi, Terceira Turma, DJe 02/06/2009)

► **No sentido de que se o dano foi causado pelo comerciante, não responderá o fabricante, produtor ou importador.**

"Os produtores, desde o produtor da matéria-prima até o produtor final, não podem ser responsabilizados por defeitos surgidos no produto em etapa de distribuição posterior à sua própria etapa de produção". (PÜSCHEL, Flavia Portella. A responsabilidade por fato do produto no CDC: acidentes de consumo. São Paulo: Quartier Latin, 2006, pg. 92)

> ► **No mesmo sentido:** "Fica claro, portanto, que, segundo a disciplina dos arts. 12 e 13 do CDC, o produtor não responde por periculosidades originadas na esfera de atividade do comerciante." (Guilherme Henrique Lima Reinig. A responsabilidade do produtor por defeitos originários do âmbito de atividade do comerciante. Revista de Direito do Consumidor, RT, vol. 89/2013, p. 109 – 139)
>
> ► **No mesmo sentido.** "Já se vê que a responsabilidade do comerciante é subsidiária e exsurge tanto na hipótese de os obrigados principais (artigo 12) não poderem ser identificados (v.g., diversos fornecedores de cereal a granel) como também na hipótese de ficar afastada a responsabilidade dos obrigados principais, em virtude de culpa exclusiva do comerciante (v.g., não se preocupou com o fato de o produto ser omisso quanto à identificação da origem ou, ainda, não conservou a mercadoria em lugar fresco e seco, como vinha expressamente indicado). (MANCUSO, Rodolfo de Camargo. Manual do consumidor em juízo. 3ª ed. São Paulo: Saraiva, 2007. p. 87).

► **Responsabilidade solidária do comerciante em produto com deficiência de informação patente.**

"O comerciante, diante de um produto industrializado com deficiência de informação patente (ou, mesmo que não seja evidente, após reiteradas reclamações dos consumidores), insiste em comercializá-lo, é ele solidariamente responsável - só que por responsabilidade subjetiva - por tal desvio. (BENJAMIN, Antônio Herman V.; MARQUES, Cláudia Lima; BESSA, Leonardo Roscoe. Manual de Direito do Consumidor. 7ª edição. São Paulo, Revista dos Tribunais, 2016, p. 278).

■ Consumidor. Responsabilidade civil. Inclusão do nome do consumidor em cadastro restritivo de crédito. Dano moral

CONSUMIDOR. RESPONSABILIDADE CIVIL. INCLUSÃO DO NOME DO CONSUMIDOR EM CADASTRO RESTRITIVO DE CRÉDITO. DANO MORAL. QUANTIFICAÇÃO. Ação declaratória de inexistência de débito cumulada com indenizatória pela inscrição indevida do nome do consumidor nos cadastros restritivos de crédito, pois não houve contratação do serviço. Carece a 1ª Autora de interesse recursal para majorar a verba indenizatória do dano moral porque julgado improcedente seu pedido. A inclusão do nome de suposto cliente em cadastro de devedores inadimplentes deve ter origem em relação jurídica preexistente que a justifique. A Ré deixou de provar a existência de relação contratual com os Autores, de modo que responde pelo dano moral derivado da indevida anotação que notícia no mercado a condição de devedor, com quem jamais contratou. O valor da reparação deve observar a capacidade das partes, o dano e sua repercussão, sem perder de norte o princípio da razoabilidade. Quantia fixada na sentença a merecer incremento. Primeiro apelo provido em parte, desprovido o segundo. (Processo: APL 0027682-20.2017.8.19.0004 - Órgão Julgador: QUINTA CÂMARA CÍVEL - Julgamento: 24 de setembro de 2019 - Relator: Des(a). HENRIQUE CARLOS DE ANDRADE FIGUEIRA)

■ Responsabilidade civil. Energia elétrica. Toi. Inexistência de irregularidade cometida pelo consumidor. Repetição do indébito. Dano moral.

CONSUMIDOR. RESPONSABILIDADE CIVIL. ENERGIA ELÉTRICA. TOI. INEXISTÊNCIA DE IRREGULARIDADE COMETIDA PELO CONSUMIDOR. REPETIÇÃO DO INDÉBITO. DANO MORAL. Ação declaratória cumulada com obrigação de fazer e indenizatória porque a Ré lavrou Termo de Ocorrência de Irregularidade e cobra pelo consumo de energia elétrica recuperado mesmo sem haver vício no relógio medidor do consumidor. A relação jurídica das partes se caracteriza como de consumo em virtude da prestação de serviço e é regulada pelo Código de Defesa do Consumidor. Segundo a perícia apurou, há sinais de deficiência no sistema de medição SMC (Sistema de Medição Centralizado - ¿LIGHT-CHIP¿) da concessionária no período da cobrança impugnada, e não de irregularidade derivada de fraude. Sem prova da suposta irregularidade no relógio medidor, não prospera a cobrança do crédito pela recuperação de consumo, e assiste ao consumidor o direito de reaver em dobro o que pagou indevidamente, pois evidente a má-fé da prestadora de serviço. O comportamento da Ré extrapolou os limites do contrato e ingressou na esfera do ato ilícito pela cobrança indevida, configurado o dano moral. O valor da reparação deve observar a capacidade das partes, a potencialidade do dano e sua repercussão, sem perder de norte o princípio da razoabilidade. Recurso desprovido. (Processo: APL 0183649-33.2018.8.19.0001

– Órgão Julgador: QUINTA CÂMARA CÍVEL – Julgamento: 29 de Outubro de 2019 – Relator: Des(a). HENRIQUE CARLOS DE ANDRADE FIGUEIRA)

▣ Responsabilidade Civil – Direito Do Consumidor – Regular Inscrição Em Cadastro De Inadimplentes – Exercício Regular Do Direito

RESPONSABILIDADE CIVIL – DIREITO DO CONSUMIDOR – REGULAR INSCRIÇÃO EM CADASTRO DE INADIMPLENTES – EXERCÍCIO REGULAR DO DIREITO – MANUTENÇÃO DA SENTENÇA. RESPONSABILIDADE CIVIL – DIREITO DO CONSUMIDOR – REGULAR INSCRIÇÃO EM CADASTRO DE INADIMPLENTES – EXERCÍCIO REGULAR DO DIREITO – MANUTENÇÃO DA SENTENÇA RESPONSABILIDADE CIVIL – DIREITO DO CONSUMIDOR – REGULAR INSCRIÇÃO EM CADASTRO DE INADIMPLENTES – EXERCÍCIO REGULAR DO DIREITO – MANUTENÇÃO DA SENTENÇA. RESPONSABILIDADE CIVIL – DIREITO DO CONSUMIDOR – REGULAR INSCRIÇÃO EM CADASTRO DE INADIMPLENTES – EXERCÍCIO REGULAR DO DIREITO – MANUTENÇÃO DA SENTENÇA – Ação de obrigação de fazer c/c indenização por dano moral em que o Autor objetiva a exclusão de seu nome dos cadastros restritivos de crédito e reparação moral – Relação de Consumo. Existência de débito. Quitação posterior à inscrição em cadastro de inadimplentes. Regularidade – Sentença mantida – Recurso conhecido e desprovido. (Processo: APL 0000890-94.2017.8.19.0047 – Órgão Julgador: SÉTIMA CÂMARA CÍVEL – Julgamento: 24 de Abril de 2019 – Relator: Des(a). CAETANO ERNESTO DA FONSECA COSTA)

▣ Responsabilidade civil. Registro do nome do consumidor em cadastro restritivo de crédito. Dano moral

CONSUMIDOR. RESPONSABILIDADE CIVIL. REGISTRO DO NOME DO CONSUMIDOR EM CADASTRO RESTRITIVO DE CRÉDITO. DANO MORAL. Ação indenizatória de dano moral pela inscrição indevida do nome do Autor nos cadastros restritivos de crédito. O Autor alega a inexistência de relação contratual capaz de gerar o direito obrigacional, enquanto a Ré afirma a condição de adquirente do crédito junto a instituição financeira. Era ônus da Ré demonstrar o vínculo contratual entre as partes e a mora do Autor, mas nada comprovou em prol de suas alegações. A ausência de prova do negócio jurídico evidencia a ilicitude na inscrição do nome deste nos cadastros restritivos de crédito. Manifesto o dano moral pela divulgação ao comércio e mercado financeiro da condição de devedor em mora do Autor. Valor da indenização arbitrado considerando o evento lesivo, suas consequências e a capacidade das partes. Recurso provido. (Processo: APL 0026763-10.2017.8.19.0205 – Órgão Julgador: QUINTA CÂMARA CÍVEL – Julgamento: 12 de Fevereiro de 2019 – Relator: Des(a). HENRIQUE CARLOS DE ANDRADE FIGUEIRA)

▣ Responsabilidade civil. Conta salário. Registro do nome do consumidor nos cadastros restritivos de crédito. Dano moral

CONSUMIDOR. RESPONSABILIDADE CIVIL. CONTA SALÁRIO. REGISTRO DO NOME DO CONSUMIDOR NOS CADASTROS RESTRITIVOS DE CRÉDITO.

DANO MORAL. Ação de obrigação de fazer cumulada com indenizatória de dano moral pela inscrição do nome da Autora nos cadastros restritivos de crédito e cobrança de valores por suposto débito em conta salário encerrada. A relação jurídica das partes possui natureza de consumo, motivo por que o Réu tem responsabilidade civil objetiva, da qual apenas se exime se provar ausência de defeito no serviço, fato exclusivo da vítima ou de terceiro. O Réu incluiu o nome da Autora nos cadastros restritivos de crédito e cobrou valores por suposto débito relacionado à conta salário que permaneceu aberta, embora sem movimentação. Competia ao Réu demonstrar o fato impeditivo do direito alegado na inicial, notadamente a licitude da cobrança e da negativação, mas nada comprovou. A prova documental da negativação do nome do consumidor é possível sob qualquer forma, e não apenas por consulta pública aos bancos de dados. Manifesto o dano moral pela cobrança indevida e divulgação ao comércio e mercado financeiro da condição de devedora em mora da Autora. O valor da reparação deve observar a capacidade das partes, a potencialidade do dano e sua repercussão, sem perder de norte o princípio da razoabilidade. Quantia fixada com acerto pela sentença. Recurso desprovido. (Processo: APL 0007353-69.2017.8.19.0203 – Órgão Julgador: QUINTA CÂMARA CÍVEL – Julgamento: 25 de Abril de 2019 – Relator: Des(a). HENRIQUE CARLOS DE ANDRADE FIGUEIRA)

◙ Responsabilidade civil. Instituição financeira. Inclusão indevida do nome do consumidor nos cadastros de devedores inadimplentes

CONSUMIDOR. RESPONSABILIDADE CIVIL. INSTITUIÇÃO FINANCEIRA. INCLUSÃO INDEVIDA DO NOME DO CONSUMIDOR NOS CADASTROS DE DEVEDORES INADIMPLENTES. Ação indenizatória com obrigação de fazer porque o Réu incluiu o nome da Autora no rol dos maus pagadores sem lastro em negócio jurídico ajustado entre as partes. O Réu sustenta a validade e eficácia do contrato de conta corrente, mas sequer junta aos autos o contrato de abertura de conta assinado pela Autora, ônus que lhe competia nos termos do artigo 373, II, do Código de Processo Civil. A ausência de prova do fato impeditivo importa na procedência do pedido para excluir o nome da Autora do rol dos maus pagadores, cancelar a conta bancária e desconstituir o débito como definiu a r. sentença apelada. Inexiste cerceamento de defesa pela ausência de produção de prova pericial se invertido o ônus da prova por decisão preclusa, o Réu deixa de requerer no momento oportuno a perícia que entende indispensável para comprovar o fato impeditivo do direito alegado na inicial. Recurso desprovido. (Processo: APL 0171480-82.2016.8.19.0001 – Órgão Julgador: QUINTA CÂMARA CÍVEL – Julgamento: 14 de Maio de 2019 – Relator: Des(a). HENRIQUE CARLOS DE ANDRADE FIGUEIRA)

◙ Responsabilidade civil. Telefonia celular. Inclusão do nome do consumidor nos cadastros de devedores inadimplentes. Dano moral.

CONSUMIDOR. RESPONSABILIDADE CIVIL. TELEFONIA CELULAR. INCLUSÃO DO NOME DO CONSUMIDOR NOS CADASTROS DE DEVEDORES INADIMPLENTES. DANO MORAL. Ação declaratória cumulada com obrigação de fazer e indenizatória porque a Ré incluiu o nome da Autora nos cadastros de devedores inadimplentes sem haver débito a justificar a medida. A relação jurídica das partes possui natureza de consumo, motivo por que a Ré tem responsabilidade civil objetiva, da qual apenas se exime se provar ausência de defeito no serviço, fato exclusivo da vítima ou de terceiro. Decretada a revelia, presumem-se verdadeiros os fatos descritos na inicial. A Ré nega a prática de ato ilícito ao argumento de ser pertinente a cobrança que justificou a inclusão do nome da Autora nos cadastros de devedores inadimplentes, mas sequer fez prova da relação contratual. A ausência de prova do fato impeditivo ao direito alegado na inicial impede reconhecer a legalidade da negativação e implica na procedência dos pedidos de reparação do dano moral, declaração de inexistência de débito e exclusão do nome da Autora do rol dos devedores inadimplentes. Valor do dano moral fixado corretamente na sentença, tendo em vista a capacidade das partes, o dano e sua repercussão, sem perder de norte o princípio da razoabilidade. Recurso desprovido. (Processo: APL 0037084-62.2016.8.19.0004 – Órgão Julgador: QUINTA CÂMARA CÍVEL – Julgamento: 5 de Fevereiro de 2019 – Relator: Des(a). HENRIQUE CARLOS DE ANDRADE FIGUEIRA)

◙ Responsabilidade civil. Furto de veículo em supermercado

CONSUMIDOR. RESPONSABILIDADE CIVIL. FURTO DE VEÍCULO EM SUPERMERCADO. ÔNUS DA PROVA. Ação indenizatória porque os Autores tiveram o veículo furtado no estacionamento do Réu. A relação jurídica estabelecida entre as partes é de consumo, motivo por que a responsabilidade civil do Réu possui natureza objetiva, da qual apenas se exime pela prova de alguma excludente de responsabilidade. Para configurar o direito à indenização o consumidor tem o ônus de provar o fato constitutivo, que no caso corresponde ao furto do carro no estacionamento do Réu. A ausência de prova desse fato desautoriza acolher a pretensão. Recurso desprovido. (Processo: APL 0030110-58.2013.8.19.0054 – Órgão Julgador: QUINTA CÂMARA CÍVEL – Julgamento: 30 de Julho de 2019 – Relator: Des(a). HENRIQUE CARLOS DE ANDRADE FIGUEIRA)

◙ Responsabilidade civil. Serviço de telefonia. Dano moral

CONSUMIDOR. RESPONSABILIDADE CIVIL. SERVIÇO DE TELEFONIA. DANO MORAL. Ação de obrigação de fazer cumulada com indenizatória em razão de falha na prestação do serviço telefônico. O efeito devolutivo se limita a existência e quantificação do dano moral decorrente da conduta omissiva da Ré em restabelecer a linha telefônica da Autora, certo que não houve recurso quanto ao capítulo da sentença que reconheceu a ilicitude do comportamento da prestadora do serviço. Manifesto o dano moral não só pela angústia e desconforto da Autora em ficar privada do serviço de telefonia por longo período sem motivo justo, mas também pelo tempo perdido pela consumidora para solucionar o problema gerado pela má prestação do serviço da Ré ¿ aplicação da Teoria do Desvio Produtivo adotado pelo E. Superior Tribunal de Justiça. O valor da reparação observa o evento lesivo, a capacidade das partes, a potencialidade do dano e sua repercussão, sem perder de norte o princípio da razoabilidade. Recurso provido. (Processo: APL 0010593-85.2016.8.19.0208 – Órgão Julgador:

QUINTA CÂMARA CÍVEL – Julgamento: 1 de Outubro de 2019 – Relator: Des(a). HENRIQUE CARLOS DE ANDRADE FIGUEIRA)

◙ Responsabilidade civil. Veículo. Defeito. Dano moral

CONSUMIDOR. RESPONSABILIDADE CIVIL. VEÍCULO. DEFEITO. DANO MORAL. Ação indenizatória fundada na falha do Réu em consertar os defeitos no carro do Autor. O efeito devolutivo da apelação consiste em discutir o valor da verba indenizatória dos danos morais e a devolução da despesa com a aquisição de acessórios. A causa de pedir não indica qualquer falha da Ré no tocante ao pedido de restituição dos acessórios, mas somente a devolução do valor pago, se deferida a obrigação alternativa de desfazer o negócio, o que não acolheu a sentença. O valor da reparação deve observar a capacidade das partes, a potencialidade do dano e sua repercussão, sem perder de norte o princípio da razoabilidade. Quantia arbitrada com acerto na sentença. Recurso desprovido. (Processo: APL 0018607-34.2015.8.19.0001 – Órgão Julgador: QUINTA CÂMARA CÍVEL – Julgamento: 29 de Outubro de 2019 – Relator: Des(a). HENRIQUE CARLOS DE ANDRADE FIGUEIRA)

◙ Responsabilidade civil e consumidor. Concessionária de serviço público. Responsabilidade civil objetiva do transportador

RESPONSABILIDADE CIVIL E CONSUMIDOR. CONCESSIONÁRIA DE SERVIÇO PUBLICO. RESPONSABILIDADE CIVIL OBJETIVA DO TRANSPORTADOR. RELAÇÃO DE CONSUMO. INCIDÊNCIA DO ART. 37 § 6° DA CONSTITUIÇÃO DA REPUBLICA E CODIGO DE DEFESA DO CONSUMIDOR. AUSÊNCIA DE PROVAS. IMPROCEDÊNCIA. MANUTENÇÃO. 1- Autora alega que, ao realizar o pagamento da passagem junto ao cobrador, sofreu uma queda no interior do coletivo da Ré, em razão de uma freada brusca pelo motorista, pelo que teve escoriações pelo corpo e seu telefone celular foi danificado. 2- À empresa de transporte coletivo se aplica a responsabilidade objetiva, prevista no art. 37, § 6º da Constituição da República, art. 14 do CDC e 186 e 927 do Código Civil de 2002. 3- Em que pese a responsabilidade ser objetiva e a proteção dada ao consumidor pelo CDC, por conta de sua presumida hipossuficiência, tal situação não exonera o demandante de comprovar, ainda que minimamente, os fatos constitutivos de seu direito, sobretudo o de caráter extrapatrimonial. 4- O Registro de Ocorrência goza de presunção relativa de veracidade, quanto aos fatos nele constante, tanto que a sua simples juntada aos autos, não afasta a necessidade de ser complementado com outras provas. 5- Não foi apresentada prova testemunhal e a juntada das gravações em vídeo restou prejudicada em razão do lapso temporal entre o fato e seu requerimento, ressaltando-se que não há obrigação legal acerca do prazo para que as filmagens sejam mantidas pelas empresas, sendo certo que não podem ser mantidas indefinidamente. 6- Autora deixou de comprovar o nexo de causalidade entre a conduta da Ré e o alegado dano provocado, pressuposto necessário para caracterizar o dever de indenizar. 7- Improcedencia do pedido é medida que se impõe. 8- NEGATIVA DE PROVIMENTO DA APELAÇÃO. (Processo: APL 0157710-76.2014.8.19.0038 – Órgão Julgador: SEXTA CÂMARA CÍVEL – Julgamento: 24 de Julho de 2019 – Relator: Des(a). TERESA DE ANDRADE CASTRO NEVES)

Responsabilidade civil. Protesto indevido. Dano moral

CONSUMIDOR. RESPONSABILIDADE CIVIL. PROTESTO INDEVIDO. DANO MORAL. Ação de obrigação de fazer cumulada com indenizatória porque a Ré levou a protesto título por dívida inexistente em nome da Autora. A relação jurídica das partes possui natureza de consumo, motivo por que a Ré tem responsabilidade civil objetiva, da qual apenas se exime se comprovar ausência de defeito no serviço, fato exclusivo da vítima ou de terceiro. A Ré não logrou provar a existência da dívida contratual com a Autora, o que era seu ônus. A empresa que noticia no mercado a inverídica condição de devedor em mora da vítima responde pelos danos morais derivados da indevida anotação. O valor da reparação deve observar a capacidade das partes, o dano e sua repercussão, sem perder de norte o princípio da razoabilidade, sem merecer redução o fixado na sentença. Recurso desprovido. (Processo: APL 0004584-48.2017.8.19.0087 – Órgão Julgador: QUINTA CÂMARA CÍVEL – Julgamento: 25 de Junho de 2019 – Relator: Des(a). HENRIQUE CARLOS DE ANDRADE FIGUEIRA)

Responsabilidade civil. Telefone celular. Defeito. Dano moral

CONSUMIDOR. RESPONSABILIDADE CIVIL. TELEFONE CELULAR. DEFEITO. DANO MORAL. Ação de obrigação de fazer cumulada com indenizatória fundada na recusa da Ré em consertar sem custos o aparelho celular da Autora. A relação jurídica estabelecida entre as partes é de consumo, motivo por que a responsabilidade civil da Ré possui natureza objetiva, da qual apenas se exime pela prova de alguma excludente de responsabilidade. Segundo a perícia, o defeito no aparelho decorreu de oxidação por ação de líquido, que atingiu apenas uma parte da placa, sem caracterizar mau uso do aparelho pela Autora. O comportamento da Ré extrapolou os limites do contrato e ingressou na esfera do ato ilícito ao deixar de consertar o celular da Autora, configurado o dano moral. Aplicação da teoria do desvio produtivo. O valor da reparação deve observar a capacidade das partes, a potencialidade do dano e sua repercussão, sem perder de norte o princípio da razoabilidade. Recurso provido. (Processo: APL 0026595-27.2016.8.19.0210 – Órgão Julgador: QUINTA CÂMARA CÍVEL – Julgamento: 29 de Outubro de 2019 – Relator: Des(a). HENRIQUE CARLOS DE ANDRADE FIGUEIRA)

Responsabilidade civil. Processo civil. Lavadora de roupas. Defeito

CONSUMIDOR. RESPONSABILIDADE CIVIL. PROCESSO CIVIL. LAVADORA DE ROUPAS. DEFEITO. Ação de obrigação de fazer cumulada com indenizatória a fim de compelir a Ré a trocar a lavadora de roupas defeituosa e a reparar os danos causados. A relação jurídica estabelecida entre as partes é de consumo, motivo por que a responsabilidade civil da Ré possui natureza objetiva, da qual apenas se exime pela prova de alguma excludente de responsabilidade. Nos termos do artigo 18 do Código de Defesa do Consumidor os fornecedores de produtos duráveis respondem solidariamente pelos vícios de qualidade que os tornem impróprios ou inadequados ao consumo a que se destinam ou lhes diminuam o valor. Não há dúvida da frustração do consumidor que contrata a garantia estendida do produto e ao se dirigir à Ré com a autorização da seguradora, recebe a oferta de um produto de valor inferior, a configurar o dano moral. Considerando o evento lesivo e suas consequências, além da capacidade das partes, o valor para ressarcir o dano moral arbitrado na sentença atende ao princípio da razoabilidade. Recurso desprovido. (Processo: APL 0008627-81.2016.8.19.0210 – Órgão Julgador: QUINTA CÂMARA CÍVEL – Julgamento: 16 de Abril de 2019 – Relator: Des(a). HENRIQUE CARLOS DE ANDRADE FIGUEIRA)

◙ Responsabilidade civil. Serviço de telefonia. Dano moral

CONSUMIDOR. RESPONSABILIDADE CIVIL. SERVIÇO DE TELEFONIA. DANO MORAL. Ação de obrigação de fazer cumulada com indenizatória em virtude de falha na prestação do serviço de telefonia. A Autora contratou plano de telefonia e internet, mas a Ré cancelou seu antigo número sem qualquer aviso ao instalar o novo pacote de serviços. Para se eximir do dever de indenizar competia à Ré provar a inexistência de defeito no serviço, consistente na informação clara e adequada à Autora sobre a troca do seu número de telefone quando da contratação do plano, mas não se desincumbiu desse ônus probatório. Caracterizada a falha na prestação do serviço, a Ré responde pelos danos que deu causa. Os capítulos da sentença que determinaram o cancelamento dos débitos e a conversão da obrigação de fazer em perdas e danos não foram objeto de recurso, motivo por que inviável analisá-los nesta oportunidade. Manifesto o dano moral não só pela angústia e desconforto da Autora com a perda do número de telefone que possuía há vários anos, mas também pelo tempo gasto pela consumidora para solucionar os problemas gerados pela má prestação do serviço da Ré. Aplicação da Teoria do Desvio Produtivo adotado pelo E. Superior Tribunal de Justiça e por esta Alta Corte. O valor da reparação observa a capacidade das partes, o dano e sua repercussão, sem perder de norte o princípio da razoabilidade. Quantia arbitrada com acerto pela sentença. Recurso desprovido. (Processo: APL 0021073-09.2017.8.19.0202 – Órgão Julgador: QUINTA CÂMARA CÍVEL – Julgamento: 20 de Agosto de 2019 – Relator: Des(a). HENRIQUE CARLOS DE ANDRADE FIGUEIRA)

◙ Responsabilidade civil. Ausência de relação jurídica. Inclusão indevida do nome do consumidor nos cadastros de devedores inadimplentes. Dano moral

CONSUMIDOR. RESPONSABILIDADE CIVIL. AUSÊNCIA DE RELAÇÃO JURÍDICA. INCLUSÃO INDEVIDA DO NOME DO CONSUMIDOR NOS CADASTROS DE DEVEDORES INADIMPLENTES. DANO MORAL. JUROS. TERMO INICIAL. Ação de obrigação de fazer cumulada com indenizatória por danos morais devido à inclusão do nome do consumidor nos cadastros de maus pagadores. Transitou em julgado o capítulo da sentença que reconheceu a prática de ilícito pelo Réu, pois não havia relação contratual entre as partes a justificar a inclusão do nome da Autora nos cadastros restritivos de crédito. Limita-se o efeito devolutivo a aferir o valor da indenização e o termo inicial de fluência dos juros de mora. O valor da reparação deve observar a capacidade das partes, a potencialidade do dano e sua repercussão, sem perder de norte o princípio da razoabilidade. Quantia fixada com parcimônia na sentença, a merecer majoração. Nos termos da Súmula 54 do E. Superior Tribunal de Justiça os juros de mora fluem a partir do evento danoso no caso de responsabilidade extracontratual. Recurso provido. (Processo: APL 0023177-62.2017.8.19.0205 – Órgão Julgador: QUINTA CÂMARA CÍVEL – Julgamento: 9 de Julho de 2019 – Relator: Des(a). HENRIQUE CARLOS DE ANDRADE FIGUEIRA)

◙ Responsabilidade civil. Consumidor. Competência territorial

RESPONSABILIDADE CIVIL. CONSUMIDOR. COMPETÊNCIA TERRITORIAL. Descabida a declinação da competência para o foro do domicílio da parte autora, por se tratar de relação de consumo, pois a regra insculpida no CDC, que permite o ajuizamento da ação no foro de domicílio do consumidor, constitui mera faculdade em favor deste, e não norma de competência absoluta.CONFLITO NEGATIVO DE COMPETÊNCIA ACOLHIDO. DECISÃO MONOCRÁTICA. (Conflito de competência, Nº 70082484999, Décima Câmara Cível, Tribunal de Justiça do RS, Relator: Jorge Alberto Schreiner Pestana, Julgado em: 15-08-2019)

◙ Responsabilidade civil. Consumidor. Declinação de ofício para o foro de domicílio do consumidor

RESPONSABILIDADE CIVIL. CONSUMIDOR. DECLINAÇÃO DE OFÍCIO PARA O FORO DE DOMICÍLIO DO CONSUMIDOR. Tratando-se de relação de consumo, não obstante as normas de competência constantes nos arts. 46 e 53, III, do CPC/15, incide no caso em tela a faculdade conferida pelo art. 101, CDC, a qual dispõe que o autor pode propor a ação em seu domicílio. Hipótese em que a redistribuição da demanda observou as hipóteses legais de competência, haja vista que a parte autora escolheu ajuizar a ação em foro que não abrange seu domicílio, tampouco a sede ou filial da parte ré, o que representa afronta ao princípio do juiz natural. CONFLITO DE COMPETÊNCIA IMPROCEDENTE. (Conflito de Competência Nº 70078435625, Nona Câmara Cível, Tribunal de Justiça do RS, Relator: Paulo Roberto Lessa Franz, Julgado em 27/07/2018).

◙ Direito do consumidor. Responsabilidade civil. Alienação fiduciária mediante fraude. Dever da instituição financeira de compensar o dano moral infligido ao consumidor

DIREITO DO CONSUMIDOR. RESPONSABILIDADE CIVIL. ALIENAÇÃO FIDUCIÁRIA MEDIANTE FRAUDE. DEVER DA INSTITUIÇÃO FINANCEIRA DE COMPENSAR O DANO MORAL INFLIGIDO AO CONSUMIDOR. I. Pela teoria do risco do negócio, contemplada no artigo 14, caput, do Código de Defesa do Consumidor, a instituição financeira responde objetivamente pelo dano moral causado ao consumidor que tem o seu veículo alienado fiduciariamente mediante fraude praticada por terceiro. II. Recurso conhecido e desprovido. (Processo: 0006751-25.2014.8.07.0007 DF 0006751-25.2014.8.07.0007 – Órgão Julgador: 4ª TURMA CÍVEL – Publicação: Publicado no DJE: 19/02/2019. Pág.: 377/390 – Julgamento: 12 de Dezembro de 2018 – Relator: JAMES EDUARDO OLIVEIRA)

◙ Responsabilidade civil. Queda de cliente em supermercado.

CIVIL E CONSUMIDOR. RESPONSABILIDADE CIVIL. QUEDA DE CLIENTE EM SUPERMERCADO. ÔNUS DA PROVA. Autora que alega, mas nenhuma prova trouxe aos autos, de que a queda, no interior do supermercado, tenha sido causada em decorrência do piso molhado. Ônus da prova que lhe competia e do qual não se desincumbiu. Art. 373, I, do CPC. Inexistência de prova capaz de imputar ao réu ação ou omissão que tenha dado causa à queda da autora. Manutenção da sentença de improcedência. Desprovimento do recurso. Unânime. (Processo: APL 0013619-42.2011.8.19.0087 – Órgão Julgador: VIGÉSIMA CÂMARA CÍVEL – Julgamento: 10 de Julho de 2019 – Relator: Des(a). MARÍLIA DE CASTRO NEVES VIEIRA)

◙ Responsabilidade civil. Código de defesa do consumidor. Faculdade do consumidor. Competência territorial. Foro regional

RESPONSABILIDADE CIVIL. CÓDIGO DE DEFESA DO CONSUMIDOR. FACULDADE DO CONSUMIDOR. COMPETÊNCIA TERRITORIAL. FORO REGIONAL. 1. O ajuizamento da ação no foro de domicílio da parte autora é faculdade prevista no art. 101, I, do CDC, podendo ser renunciada livremente pelo consumidor. Caso em que a parte demandante optou pelo ajuizamento da demanda no foro do local em que está estabelecida a parte ré. 2. Impossibilidade da declinação da competência ex officio. Entendimento firmado com base no IRDR n. 70070298393. CONFLITO JULGADO PROCEDENTE. (Conflito de Competência Nº 70078706108, Quinta Câmara Cível, Tribunal de Justiça do RS, Relator: Isabel Dias Almeida, Julgado em 26/09/2018).

◙ Responsabilidade civil. Mútuo. Desconto em folha. Cobrança dupla por boleto bancário. Inscrição do nome do consumidor em cadastro restritivo de crédito. Dano moral

CONSUMIDOR. RESPONSABILIDADE CIVIL. MÚTUO. DESCONTO EM FOLHA. COBRANÇA DUPLA POR BOLETO BANCÁRIO. INSCRIÇÃO DO NOME DO CONSUMIDOR EM CADASTRO RESTRITIVO DE CRÉDITO. DANO MORAL. Ação de obrigação de fazer cumulada com indenizatória para cancelar os débitos cobrados em boleto bancário, excluir a inscrição do nome do consumidor dos cadastros restritivos de crédito e reparar o dano moral. As partes ajustaram dois contratos de mútuo com desconto das parcelas em folha de pagamento, mas o Réu cobrou parcelas de setembro de 2016 por boleto bancário. O pagamento das parcelas por débito em folha libera o consumidor da obrigação, exceto quanto ao saldo devedor da parcela não integralmente quitada, que deverá ser diluído pelas demais prestações como regula o contrato de mútuo firmados pelas partes. Somente é viável quitar as parcelas por boleto bancário se obstada a cobrança da prestação por meios de desconto em folha de pagamento, o que não ocorreu no caso. Cabia ao Réu buscar a renegociação da dívida pendente e não lançar mão de sua superioridade na relação contratual para impor a dúplice cobrança, em clara violação aos deveres de boa-fé e cooperação. Se a Autora pagou as parcelas por débito em folha, impõe-se acolher o pleito de cancelamento dos débitos cobrados em boleto bancário. Inviável acolher o pedido de exclusão do nome da Autora dos cadastros de devedores inadimplentes se inexiste prova da negativação. O comportamento ilícito do Réu pela impertinente cobrança caracteriza o dano moral passível de ressarcimento. O valor da reparação deve observar a capacidade das partes, a potencialidade do dano e sua repercussão, sem perder de norte o princípio da razoabilidade. Recurso provido em parte. (Processo: APL 0019842-35.2017.8.19.0205 – Órgão Julgador: QUINTA CÂMARA CÍVEL – Julgamento: 27 de Agosto de 2019 – Relator: Des(a). HENRIQUE CARLOS DE ANDRADE FIGUEIRA)

◙ Responsabilidade civil. Produto defeituoso. Dano moral

CONSUMIDOR. RESPONSABILIDADE CIVIL. PRODUTO DEFEITUOSO. DANO MORAL. Ação de obrigação de fazer cumulada com indenizatória fundada na compra e venda de brinquedos com defeito. Em grau de apelação limita-se a controvérsia a analisar a ocorrência de dano moral e sua quantificação. O descaso da 2ª Ré em consertar ou substituir os brinquedos adquiridos pela Autora em evidente ofensa à boa fé objetiva extrapola o limite da licitude para configurar ilícito passível de reparação. Manifesto o dano moral cujo valor da reparação observa a capacidade das partes, a potencialidade do dano e sua repercussão, sem perder de norte o princípio da razoabilidade. Recurso provido. (Processo: APL 0014655-70.2013.8.19.0210 – Órgão Julgador: QUINTA CÂMARA CÍVEL – Julgamento: 16 de Abril de 2019 – Relator: Des(a). HENRIQUE CARLOS DE ANDRADE FIGUEIRA)

◙ Ação de responsabilidade civil. Concessionaria de telefonia

CONSUMIDOR. AÇÃO DE RESPONSABILIDADE CIVIL. CONCESSIONARIA DE TELEFONIA. Portabilidade de linhas da microempresa que não foi efetivada na forma das tratativas realizadas. Sentença que julgou procedente em parte a ação e condenou a ré a pagar indenização por danos morais no valor de R$ 5.000,00. Duas linhas da autora que ficaram inoperantes por dois dias porque foi realizada a portabilidade sem o aviso prévio que tinha sido combinado e antes que o contrato tivesse sido efetivado. Troca de e-mails entre as empresas que evidenciam os entraves criados e a má prestação de serviços da concessionária de telefonia. A falta do serviço de telefonia nas linhas da empresa enseja dano à sua reputação perante terceiros, dá lugar à desconfiança sobre a qualidade dos serviços e sobre a sua solvabilidade. Situação que gerou a desconfiança de sócios da empresa, atingindo a sua honra objetiva. Falha na prestação do serviço. Dano moral configurado. Valor indenizatório fixado que atende aos princípios da razoabilidade e proporcionalidade e não deve ser modificado. Súmula nº 343 do TJRJ. NEGADO PROVIMENTO AO RECURSO E HONORÁRIOS ADVOCATÍCIOS MAJORADOS EM SUCUMBÊNCIA RECURSAL. (Processo: APL 0009833-10.2018.8.19.0001 – Órgão Julgador: DÉCIMA OITAVA CÂMARA CÍVEL – Julgamento: 24 de Julho de 2019 – Relator: Des(a). EDUARDO DE AZEVEDO PAIVA)

◙ Responsabilidade civil. Hospital particular. Alegação de erro médico

DIREITO DO CONSUMIDOR. RESPONSABILIDADE CIVIL. HOSPITAL PARTICULAR. ALEGAÇÃO DE ERRO MÉDICO. 1) Os hospitais inserem-se na classe de fornecedores de serviços de saúde, por isso que, como tal, respondem objetivamente pelos danos causados aos seus pacientes, nos termos do art. 14 da Lei nº 8.078/90 (Código de Defesa do Consumidor), com fundamento no "fato do serviço", eximindo-se de responsabilidade se provar que o evento danoso não teve por causa um defeito no serviço prestado. 2) De acordo com a conclusão do laudo pericial produzido nos autos, não houve erro médico no atendimento prestado à autora nas dependências do nosocômio réu. 3) De outro giro, também não restou demonstrado descaso no tratamento dirigido à paciente, ônus que cabia a esta última, ainda que a hipótese esteja subsumida aos ditames do Código de Defesa do Consumidor. 4) Recurso ao qual se nega provimento. (Processo: APL 0029009-13.2016.8.19.0205 – Órgão Julgador: QUINTA CÂMARA CÍVEL – Julgamento: 22 de Outubro de 2019 – Relator: Des(a). HELENO RIBEIRO PEREIRA NUNES)

◙ Responsabilidade civil. Negativação.

DIREITO DO CONSUMIDOR. RESPONSABILIDADE CIVIL. NEGATIVAÇÃO. Ação de obrigação de fazer e não fazer c/c indenizatória por danos morais. Sentença de parcial procedência declarando indevida a inclusão do nome do autor nos cadastros restritivos de crédito, bem como cancelada a cobrança feita pela ré, proibindo que a ré insira o nome do autor nos cadastros restritivos de crédito pelo débito descrito na inicial e de cobrar algum débito por meio diverso da consignação em pagamento. Recurso somente do autor objetivando o recebimento de indenização por danos materiais e morais. Comprovação pela parte autora/recorrente que o apontamento preexistente de seu nome está sendo objeto de discussão em outro feito. Afastamento da Súmula nº 385 do STJ. Dano extrapatrimonial evidenciado, na espécie. Danos materiais não requeridos na inicial. Impossibilidade de fixação em sede recursal. Sentença parcialmente reformada. Parcial provimento do recurso. (Processo: APL 0017152-37.2016.8.19.0021 – Órgão Julgador: VIGÉSIMA CÂMARA CÍVEL – Julgamento: 30 de Janeiro de 2019 – Relator: Des(a). MARIA INÊS DA PENHA GASPAR)

◙ Responsabilidade civil. Falha na prestação do serviço. Danos morais

CONSUMIDOR. RESPONSABILIDADE CIVIL. FALHA NA PRESTAÇÃO DO SERVIÇO. DANOS MORAIS. Ação indenizatória fundada em falha na prestação do serviço de fornecimento de concreto para obra da Autora. Rejeita-se a preliminar de ilegitimidade passiva, pois a causa de pedir e o pedido se dirigem à Ré, o quanto basta para integrar o polo passivo da relação processual. As partes ajustaram contrato de empreitada, mas a Ré calculou a menor a quantidade de concreto para construção de laje. A relação jurídica estabelecida entre as partes é de consumo, motivo por que a responsabilidade civil da Ré possui natureza objetiva, da qual apenas se exime pela prova de alguma excludente de responsabilidade. Afastada a excludente de responsabilidade por fato de terceiro, tendo em vista a falta de prova desse fato. O cartão de visitas de terceiro não prova a contratação dele pela Autora, e a prova documental comprova o vínculo contratual das partes. O dano material corresponde ao valor despendido pela Autora para completar a laje, serviço recusado pela Ré. Pertinente a reparação de danos morais por descumprimento contratual se a lesão provoca ofensa de monta, como no caso dos autos, que gerou considerável frustração na Autora. Valor da indenização fixado pela sentença que atende ao princípio da razoabilidade. Recurso desprovido. (Processo: APL 0027047-49.2016.8.19.0206 – Órgão Julgador: QUINTA CÂMARA CÍVEL – Julgamento: 20 de Agosto de 2019 – Relator: Des(a). HENRIQUE CARLOS DE ANDRADE FIGUEIRA)

◙ Responsabilidade civil. Plano de saúde. Cancelamento indevido. Dano moral

CONSUMIDOR. RESPONSABILIDADE CIVIL. PLANO DE SAÚDE. CANCELAMENTO INDEVIDO. DANO MORAL. Ação indenizatória fundada no cancelamento indevido do plano de saúde do Autor. O efeito devolutivo se limita a quantificação dos danos morais, pois não houve recurso quanto ao capítulo da sentença que reconheceu o comportamento ilícito das Rés. Valor da reparação arbitrado na sentença com parcimônia tendo em vista o princípio da razoabilidade, a capacidade das partes e as condições do evento, a merecer incremento. Recurso provido em parte. (Processo: APL 0000265-47.2017.8.19.0019 – Órgão Julgador: QUINTA CÂMARA CÍVEL – Julgamento: 6 de Agosto de 2019 – Relator: Des(a). HENRIQUE CARLOS DE ANDRADE FIGUEIRA)

◙ Responsabilidade civil contrato de seguro saúde. Recusa de atendimento.

CONSUMIDOR. RESPONSABILIDADE CIVIL CONTRATO DE SEGURO SAÚDE. RECUSA DE ATENDIMENTO. Ação indenizatória de dano moral em vista da recusa da 1ª Ré em atender a Autora porque esta não provou a condição de segurada. A Autora contratou seguro saúde dois dias antes de adoecer, por isso não tinha em mãos a carteira de identificação, mas apresentou o contrato. Competia à 1ª Ré se informar junto a operadora de saúde se realmente a Autora era associada, e se havia carência, mas preferiu deixar de prestar o atendimento. Sem razão a Ré quando sustenta que a Autora não estava sob urgência ou emergência porque pretendia se consultar. Era da 1ª Ré o dever de verificar, com a indispensável transparência e com base nos protocolos clínicos, se a situação da Autora merecia tratamento urgente ou não. Caracterizada a falha na prestação do serviço, respondem as Rés pelos danos morais causados na Autora. Retificação de ofício da sentença a fim de determinar os ônus da sucumbência. Recurso desprovido. (Processo: APL 0013139-23.2011.8.19.0036 – Órgão Julgador: QUINTA CÂMARA CÍVEL – Julgamento: 3 de Setembro de 2019 – Relator: Des(a). HENRIQUE CARLOS DE ANDRADE FIGUEIRA)

◙ Responsabilidade civil. Ar condicionado. Defeito. Dano moral.

CONSUMIDOR. RESPONSABILIDADE CIVIL. AR CONDICIONADO. DEFEITO. DANO MORAL. Ação de obrigação de fazer cumulada com indenizatória fundada na falha do Réu em consertar o ar condicionado do carro da Autora. A relação jurídica estabelecida entre as partes é de consumo, motivo por que a responsabilidade civil da Ré possui natureza objetiva, da qual apenas se exime pela prova de alguma excludente de responsabilidade. Inviável reconhecer a ocorrência de falha no serviço do Réu capaz de ensejar o dever de indenizar se o sistema de refrigeração do carro da Autora jamais recebeu qualquer espécie de manutenção preventiva nos oito anos de uso. A conduta do Réu sempre esteve no sentido de consertar o ar condicionado do carro da Autora, não havendo qualquer indício nos autos de que tenha de alguma forma contribuído para a paralisação do sistema de refrigeração. Ausente a falha no serviço do Réu, impossível acolher os pedidos formulados na inicial, pois rompido o nexo causal. Recurso desprovido. (Processo: APL 0022172-85.2015.8.19.0007 – Órgão Julgador: QUINTA CÂMARA CÍVEL – Julgamento: 14 de Maio de 2019 – Relator: Des(a). HENRIQUE CARLOS DE ANDRADE FIGUEIRA)

◙ Direito do consumidor. Responsabilidade civil. Contrato de empréstimo.

DIREITO DO CONSUMIDOR. RESPONSABILIDADE CIVIL. CONTRATO DE EMPRÉSTIMO. Ação do procedimento ordinário, na qual objetiva a autora a restituição em dobro dos descontos que alega indevidos, realizados junto à sua fonte pagadora, com os acréscimos legais, assim como pleiteia a condenação do réu ao pagamento de indenização pelo dano moral que alega ter experimentado. Sentença de parcial procedência. Contrato de empréstimo realizado quando autora mantinha conta conjunta com sua genitora e, após exclusão desta, solicitou a transferência do contrato de empréstimo com os consequentes descontos das parcelas para outra corrente aberta em nome de sua mãe, não tendo o banco atendido tal pleito. Alegação de que a cessação dos descontos cabia à fonte pagadora e de culpa exclusiva da vítima, que denotam nítida inovação em sede recursal, não tendo sido tampouco demonstrada nos autos. Falha na prestação do serviço evidenciada. Devolução em dobro dos valores pagos, nos termos do art. 42, parágrafo único do CODECON. Precedentes do STJ e deste TJRJ. Dano extrapatrimonial evidenciado, na espécie. Honorários advocatícios em conformidade com o art. 85, §2º do NCPC, não havendo se falar em diminuição do percentual, eis que fixados no patamar mínimo. Sentença parcialmente reformada. Majoração da verba honorária. Desprovimento da apelação do réu. Provimento parcial da apelação adesiva da parte autora. (Processo: APL 0193009-31.2014.8.19.0001 - Órgão Julgador: VIGÉSIMA CÂMARA CÍVEL - Julgamento: 17 de Julho de 2019 - Relator: Des(a). MARIA INÊS DA PENHA GASPAR)

◙ Responsabilidade civil. Energia elétrica. Interrupção do serviço. Aparelho vital

CONSUMIDOR. RESPONSABILIDADE CIVIL. ENERGIA ELÉTRICA. INTERRUPÇÃO DO SERVIÇO. APARELHO VITAL. Ação de obrigação de fazer cumulada com indenizatória porque a Ré recusou o pedido para incluir a residência da Autora no cadastro de cliente vital, apesar de ser portadora de microcefalia e síndrome de Wess, que a sujeitam aos cuidados de home care, com auxílio de respirador artificial. Embora a lei autorize a concessionária cortar o fornecimento de energia elétrica no caso de inadimplência, este direito encontra óbice quando o serviço essencial for relevante e imprescindível, como na hipótese em que a energia elétrica se destina manter o tratamento médico e a vida da Apelada. O interesse privado da Apelante e seu direito de suspender o serviço se não houver a contrapartida do pagamento cede aos direitos fundamentais à saúde e à vida. As normas regulamentares da atividade da Apelante tratam da proteção dos clientes vitais e determinam às distribuidoras a elaboração de cadastro das unidades consumidoras onde pessoas utilizem equipamentos elétricos essenciais à sobrevivência humana (artigo 27, § 7º da Resolução Normativa nº 414/2010 da ANEEL). Recurso desprovido. (Processo: APL 0036550-50.2018.8.19.0004 - Órgão Julgador: QUINTA CÂMARA CÍVEL - Julgamento: 17 de Setembro de 2019 - Relator: Des(a). HENRIQUE CARLOS DE ANDRADE FIGUEIRA)

◙ Responsabilidade civil. Seguro de acidentes pessoais. Prescrição. Dano moral

CONSUMIDOR. RESPONSABILIDADE CIVIL. SEGURO DE ACIDENTES PESSOAIS. PRESCRIÇÃO. DANO MORAL. Ação de cobrança cumulada com indenizatória fundada na recusa indevida de cobertura ao sinistro de acidentes pessoais. Manifesta a legitimidade da instituição financeira com base na teoria da asserção porque a Autora afirma a condição de titular do direito em disputa com as Rés. Nas relações de consumo todos os integrantes da cadeia de prestação do serviço respondem solidariamente perante o consumidor. No caso, as Rés integram a cadeia de consumo por força do objetivo comum de lucro na captação do seguro. Rejeita-se a prescrição, pois a prova demonstra que não transcorreu mais de um ano entre a Autora ter ciência do sinistro e o pedido de pagamento da importância segurada. Manifesto o dano moral pelo sofrimento injusto que as Rés impuseram a Autora ao descumprirem o contrato de seguro. Verba reparadora do dano moral fixada considerando o evento lesivo, suas consequências e a capacidade das partes, atendido o princípio da razoabilidade. Primeiro apelo desprovido. Recurso adesivo provido. (Processo: APL 0056229-83.2016.8.19.0205 – Órgão Julgador: QUINTA CÂMARA CÍVEL – Julgamento: 30 de Julho de 2019 – Relator: Des(a). HENRIQUE CARLOS DE ANDRADE FIGUEIRA)

◘ Direito do consumidor. Responsabilidade civil. Compra de produto online. Informação equivocada do endereço. Culpa exclusiva do consumidor

DIREITO DO CONSUMIDOR. RESPONSABILIDADE CIVIL. COMPRA DE PRODUTO ONLINE. INFORMAÇÃO EQUIVOCADA DO ENDEREÇO. CULPA EXCLUSIVA DO CONSUMIDOR. 1 – Na forma do art. 46 da Lei 9.099 /1995, a ementa serve de acórdão. Recurso próprio, regular e tempestivo. 2 – Responsabilidade Civil. Na forma do art. 14, § 3º, incisos I e II do CDC, o fornecedor de serviços não será responsabilizado quando provar que, tendo prestado o serviço, o defeito inexiste, e/ou a culpa exclusiva do consumidor. No caso presente, o autor adquiriu um tênis na loja online da ré, e preencheu de forma equivocada o seu endereço. Não há como imputar à ré a responsabilidade pela entrega do produto no endereço equivocado e não há comprovação do autor de que tentou entrar em contato com o suporte da ré para informar acerca do endereço correto para entrega, tampouco comprovação de que entrou em contato previamente à entrega ter sido realizada no endereço inicialmente informado. Assim, na forma do artigo acima mencionado, não há como responsabilizar o fornecedor pela ausência de recebimento da mercadoria adquirida. 3 – Responsabilidade civil. Dano moral. O reconhecimento da responsabilidade civil por danos morais pressupõe a prática de ilícito. Sem demonstração de ilegalidade não se acolhe pedido de indenização por danos morais (art. 186 do Código Civil). Sentença que se mantém pelos próprios fundamentos. 4 – Recurso conhecido, mas não provido. Custas processuais e honorários advocatícios, fixados em 10% do valor da causa, pelo recorrente vencido, cuja exigibilidade resta suspensa, em face da gratuidade de justiça concedida. (Processo: 0702557-02.2018.8.07.0006 DF 0702557-02.2018.8.07.0006 – Órgão Julgador: 1ª Turma Recursal dos Juizados Especiais Cíveis e Criminais do DF – Publicação: Publicado no DJE: 31/08/2018. Pág.: Sem Página Cadastrada. – Julgamento: 17 de Agosto de 2018 – Relator: AISTON HENRIQUE DE SOUSA)

◘ Responsabilidade civil. Plano de saúde. Cancelamento do contrato. Dano moral

CONSUMIDOR. RESPONSABILIDADE CIVIL. PLANO DE SAÚDE. CANCELAMENTO DO CONTRATO. DANO MORAL. Ação de obrigação de fazer cumulada com indenizatória porque a Ré avisou a intenção de resilir o contrato de seguro saúde durante o período de gravidez da Autora. Ao ser demitida a Autora manteve o plano de seguro saúde contratado por seu antigo empregador, de modo que, em tese, caberia a extinção do contrato quando vencido o prazo previsto no artigo 30 da lei nº 9.656/98. Mas a situação da Autora era especial, pois estava em plena gestação, o que inviabilizaria a transferência para outro plano de saúde, capaz de cobrir as despesas de seu parto105. A Ré tinha pleno conhecimento desta situação, de modo que deixou de observar a indispensável boa-fé contratual, pois era seu dever pelo menos oferecer novo contrato e não deixar a consumidora sem amparo. Vencido o prazo de proteção, o prosseguimento do contrato ocorre em novas condições, próprias dos planos individuais, devendo se apurar o valor do prêmio em liquidação de sentença. Manifesto o dano moral, pois a Ré falhou na prestação do serviço ao deixar de observar a boa-fé contratual. O valor da reparação do dano moral observa a capacidade das partes, a potencialidade do dano e sua repercussão, sem perder de norte o princípio da razoabilidade. Quantia arbitrada com acerto na sentença. Recurso provido em parte. (Processo: APL 0105930-09.2017.8.19.0001 – Órgão Julgador: QUINTA CÂMARA CÍVEL – Julgamento: 22 de Outubro de 2019 – Relator: Des(a). HENRIQUE CARLOS DE ANDRADE FIGUEIRA)

◙ Responsabilidade civil. Fornecimento de água. Cobrança excessiva. Dano moral

CONSUMIDOR. RESPONSABILIDADE CIVIL. FORNECIMENTO DE ÁGUA. COBRANÇA EXCESSIVA. DANO MORAL. Ação de obrigação de fazer cumulada com revisional e indenizatória ao argumento de abuso da prestadora de serviço na cobrança da conta de água em abril, maio e junho de 2017. A relação jurídica estabelecida entre as partes tem natureza de consumo em virtude da prestação de serviço e é regulada pelo Código de Defesa do Consumidor. Manifesta a falha na prestação do serviço de vez que a prova dos autos demonstra a cobrança indevida, considerando o consumo médio do Autor, excessivamente aumentado por três meses sem qualquer motivo razoável. Era ônus da Ré provar a regularidade das cobranças, mas nenhuma prova trouxe aos autos. Ao contrário do por ela sustentado, documentos unilaterais não servem de prova, pois carecem do indispensável contraditório. O lamentável e reprovável comportamento da Ré, que impõe ao consumidor pagamento de valor elevado além de expor o Autor e sua família ao risco de ficar sem serviço essencial configura ilicitude e causa dano moral. O valor da reparação observa o evento lesivo, a capacidade das partes, a potencialidade do dano e sua repercussão, sem perder de norte o princípio da razoabilidade. Valor fixado na sentença com acerto. Recurso desprovido. (Processo: APL 0001739-67.2017.8.19.0079 – Órgão Julgador: QUINTA CÂMARA CÍVEL – Julgamento: 18 de Junho de 2019 – Relator: Des(a). HENRIQUE CARLOS DE ANDRADE FIGUEIRA)

◙ Direito do consumidor. Responsabilidade civil

"DIREITO DO CONSUMIDOR. RESPONSABILIDADE CIVIL. Ação ordinária objetivando as autoras indenização por danos morais e materiais decorrentes da violação da sua privacidade em cruzeiro marítimo. Sentença de parcial procedência. Alegação de fato exclusivo de terceiro que não merece acolhida diante da Teoria do Risco do Empreendimento. Dano moral configurado, *in casu*. Quantificação dotada de proporcionalidade e razoabilidade, diante das circunstâncias do caso concreto, não merecendo redução ou majoração, encontrando-se, outrossim, em consonância com os parâmetros adotados por esta E. Corte em hipóteses análogas. Danos materiais não configurados, na espécie. Responsabilidade solidária da agência de turismo que intermediou o passeio, reconhecida, na forma do art. 7º, parágrafo único do CDC. Cadeia de consumo. Sentença que merece parcial reforma para reconhecer a responsabilidade solidária da 2ª ré, na espécie. Provimento parcial do recurso das autoras e desprovimento do recurso da 1ª ré. Votos vencidos. Utilização da técnica de julgamento do art. 942 do CPC." (Processo: APL 0106910-34.2009.8.19.0001 – Órgão Julgador: VIGÉSIMA CÂMARA CÍVEL – Julgamento: 29 de Novembro de 2017 – Relator: Des(a). MARIA INÊS DA PENHA GASPAR)

◙ **Responsabilidade civil. Saques da conta corrente em caixa eletrônico. Dano moral.**

CONSUMIDOR. RESPONSABILIDADE CIVIL. SAQUES DA CONTA CORRENTE EM CAIXA ELETRÔNICO. DANO MORAL. Ação declaratória de inexistência de débito cumulada com indenizatória em razão dos saques indevidos na conta corrente da Autora mantida junto à instituição financeira. O prestador de serviço responde de forma objetiva pelos danos causados ao consumidor. Considerando a impossibilidade de a Autora produzir prova negativa e invertido o ônus da prova, competia ao Réu provar o alegado fato de terceiro ou culpa exclusiva da vítima. Se nada prova, responde pelos danos impostos ao consumidor. O consumidor lesado por saques indevidos tem direito à devolução em dobro da quantia debitada na conta corrente da Autora. As regras de experiência indicam a ocorrência de constantes fraudes no sistema informatizado dos bancos, causadoras de desfalques nas contas dos consumidores, de modo que devem adotar medidas eficazes a fim de garantir maior segurança no serviço. Os descontos indevidos na conta corrente provocam dano moral na Autora pela angústia ao ficar privada de recursos necessários para sua sobrevivência. O valor da reparação observa o evento lesivo, a capacidade das partes, a potencialidade do dano e sua repercussão, sem perder de norte o princípio da razoabilidade. Recurso provido. (Processo: APL 0008689-18.2016.8.19.0212 – Órgão Julgador: QUINTA CÂMARA CÍVEL – Julgamento: 18 de Junho de 2019 – Relator: Des(a). HENRIQUE CARLOS DE ANDRADE FIGUEIRA)

◙ **Responsabilidade civil. Cobrança de mútuo não contratado. Dano moral.**

CONSUMIDOR. RESPONSABILIDADE CIVIL. COBRANÇA DE MÚTUO NÃO CONTRATADO. DANO MORAL. Ação declaratória de nulidade de negócio jurídico cumulada com indenizatória em vista dos débitos de parcelas de mútuo, sem que as partes houvessem contratado. Na fase recursal impõe-se analisar a extensão dos danos, pois quanto ao capítulo da sentença que reconheceu o ilícito praticado pelo Réu formou-se coisa julgada. O dano moral deriva do comportamento reprovável do Réu tendo em vista a inexistência de relação jurídica a justificar os débitos na conta do Autor. Valor da reparação arbitrado na sentença com parcimônia tendo em vista o princípio da razoabilidade, a capacidade das partes e as condições do evento, a merecer incremento. Recurso provido. (Processo: APL 0021571-13.2014.8.19.0008 – Órgão Julgador: QUINTA CÂMARA CÍVEL – Julgamento: 25 de Junho de 2019 – Relator: Des(a). HENRIQUE CARLOS DE ANDRADE FIGUEIRA)

◙ Responsabilidade civil. Creche. Aluno. Dano moral.

CONSUMIDOR. RESPONSABILIDADE CIVIL. CRECHE. ALUNO. DANO MORAL. ÔNUS DA PROVA. Ação indenizatória fundada na falha do dever de vigilância do Réu ao deixar a aluna sair da creche desacompanhada de seu responsável. Nas relações jurídicas de consumo a responsabilidade civil do prestador do serviço tem natureza objetiva, de modo que incumbe ao consumidor provar o fato lesivo, o dano e o nexo causal. Era ônus da Autora comprovar o fato constitutivo do direito que alega, mas não há nos autos qualquer prova a demonstrar a alegada falha da Ré no cuidado com seus alunos. Sem a comprovação da prática de ato ilícito pela Ré, inviável condenar a prestadora do serviço em ressarcir o dano moral. Recurso desprovido. (Processo: APL 0106346-46.2016.8.19.0054 – Órgão Julgador: QUINTA CÂMARA CÍVEL – Julgamento: 11 de Junho de 2019 – Relator: Des(a). HENRIQUE CARLOS DE ANDRADE FIGUEIRA)

◙ Consumidor. Responsabilidade civil. Contrato de compra e venda de imóvel em construção. Taxa SATI.

CONSUMIDOR. RESPONSABILIDADE CIVIL. CONTRATO DE COMPRA E VENDA DE IMÓVEL EM CONSTRUÇÃO. TAXA SATI. Ação de obrigação de fazer cumulada com repetição de indébito e indenizatória fundada na cobrança indevida da comissão de corretagem e taxas SATI, de administração do contrato e de evolução da obra, que provocaram a inclusão do nome do Autor nos cadastros restritivos de crédito. O efeito devolutivo da apelação se limita à repetição em dobro da taxa SATI, pois não houve recurso quanto ao capítulo da sentença que julgou improcedentes os pedidos de obrigação de fazer e de reparação dos danos. Ilegítima a cobrança de taxa SATI nos termos de tese firmada pelo E. Superior Tribunal de Justiça em sede de recurso repetitivo. Devolução da taxa que se impõe, de forma simples pois não se comprovou má-fé da incorporadora. Recurso provido em parte. (Processo: APL 0015644-32.2015.8.19.0202 – Órgão Julgador: QUINTA CÂMARA CÍVEL – Julgamento: 29 de Outubro de 2019 – Relator: Des(a). HENRIQUE CARLOS DE ANDRADE FIGUEIRA)

◙ Responsabilidade civil. Serviço de telefonia. Multa. Dano moral.

CONSUMIDOR. RESPONSABILIDADE CIVIL. SERVIÇO DE TELEFONIA. MULTA. DANO MORAL. Ação de obrigação de fazer cumulada com indenizatória de danos morais sofridos por consumidora em razão de falha na prestação do serviço telefônico. A Autora adimpliu regularmente a obrigação de pagar as contas, enquanto a Ré deixou de prestar o serviço de forma regular, pois o telefone não funcionou por período razoável. Caracterizada a falha na prestação do serviço, a Ré responde pelos danos causados na Autora. Manifesto o dano moral porque a Autora ficou mais de um mês sem o serviço de telefonia. O comportamento da Ré extrapolou os limites do contrato e ingressou na esfera do ato ilícito ao cobrar e receber por serviço que não prestou. Reparação do dano moral arbitrada em excesso tendo em vista o evento lesivo, suas consequências e a capacidade das partes. Atende aos princípios da razoabilidade e da proporcionalidade reduzir a quantia arbitrada na sentença. A multa na obrigação de fazer tem por finalidade compelir o devedor a acatar desde logo o comando judicial, e seu valor deve atender ao princípio da razoabilidade, como definido na sentença. Recurso provido em parte. (Processo: APL 0066424-68.2014.8.19.0021 – Órgão Julgador: QUINTA CÂMARA CÍVEL – Julgamento: 29 de Janeiro de 2019 – Relator: Des(a). HENRIQUE CARLOS DE ANDRADE FIGUEIRA)

◙ Responsabilidade civil. Energia elétrica. Falha na prestação do serviço. Interrupção. Dano moral.

CONSUMIDOR. RESPONSABILIDADE CIVIL. ENERGIA ELÉTRICA. FALHA NA PRESTAÇÃO DO SERVIÇO. INTERRUPÇÃO. DANO MORAL. Ação indenizatória baseada nas interrupções do serviço de energia elétrica na residência do Autor. A relação jurídica das partes se caracteriza como de consumo em virtude da prestação de serviço, e é regulada pelo Código de Defesa do Consumidor. Constitui fato incontroverso a ocorrência de interrupções no fornecimento de energia na residência do Autor entre dezembro de 2016 e abril de 2017. Manifesta a falha na prestação do serviço tendo em vista as frequentes oscilações e quedas de energia sem razão aparente durante alguns meses, e também pela demora em restabelecer o fornecimento da energia elétrica. O fato de haver várias ações relativas ao mesmo defeito na prestação do serviço de energia elétrica entre dezembro de 2016 e abril de 2017 apenas evidencia a péssima qualidade da Ré quanto ao atendimento a seus consumidores; tivesse ela a preocupação em prestar serviço de qualidade e em respeitar o consumidor, certamente não seria uma das maiores empresas acionadas na justiça estadual. O comportamento ilícito da Ré pelas suspensões indevidas de serviço essencial configura lesão moral passível de ressarcimento. O valor da reparação considera a capacidade das partes, as condições do evento e suas consequências, além de atender ao princípio da razoabilidade. Quantia fixada na sentença a merecer incremento. Primeiro recurso desprovido. Segundo recurso provido. (Processo: APL 0001542-24.2017.8.19.0076 – Órgão Julgador: QUINTA CÂMARA CÍVEL – Julgamento: 15 de Outubro de 2019 – Relator: Des(a). HENRIQUE CARLOS DE ANDRADE FIGUEIRA)

◙ Responsabilidade civil. Plano de saúde. Internação psiquiátrica. Danos materiais e morais.

CONSUMIDOR. RESPONSABILIDADE CIVIL. PLANO DE SAÚDE. INTERNAÇÃO PSIQUIÁTRICA. DANOS MATERIAIS E MORAIS. Ação de obrigação de fazer cumulada com indenizatória com objetivo de condenar a Ré a custear a internação do Autor em clínica psiquiátrica por falta de acomodação individual nas clínicas da rede credenciada, além de indenizar o dano moral. A relação jurídica entre as partes se caracteriza como de consumo, submetida aos ditames do Código de Defesa do Consumidor e da Lei nº 9656 /98. Embora a rede credenciada do plano de saúde possua quarto privado, como necessitava o Autor, a Ré não fez prova de haver vaga nas clínicas credenciadas no momento que o Autor precisou ser internado. O dano material correspondente às despesas com o tratamento do segurado, mas limitadas ao valor pago pela Ré a seus credenciados. Pertinente a reparação de danos morais por descumprimento contratual se a lesão provoca ofensa de monta, como no caso dos autos, que gerou desespero no Autor pela falta de internação. Valor da indenização fixado pela sentença que atende ao princípio da razoabilidade. Ausência de litigância de má-fé, pois o comportamento do Autor se pautou pela observância das regras processuais. Recurso provido em parte. (Processo: APL 0212319-81.2018.8.19.0001 – Órgão Julgador: QUINTA CÂMARA CÍVEL – Julgamento: 17 de Setembro de 2019 – Relator: Des(a). HENRIQUE CARLOS DE ANDRADE FIGUEIRA)

◙ Responsabilidade civil. Transporte interestadual. Extravio de bagagem de mão. Responsabilidade civil. Código de Defesa do Consumidor. Fortuito externo. Fato de terceiro. Inexistência do dever de indenizar.

RESPONSABILIDADE CIVIL. TRANSPORTE INTERESTADUAL. EXTRAVIO DE BAGAGEM DE MÃO. RESPONSABILIDADE CIVIL. CÓDIGO DE DEFESA DO CONSUMIDOR. FORTUITO EXTERNO. FATO DE TERCEIRO. INEXISTÊNCIA DO DEVER DE INDENIZAR. I. O fato de terceiro – fortuito externo – como é cediço, exclui a responsabilidade civil do transportador pelo não cumprimento da obrigação contratual, diante de circunstâncias imprevisíveis ou inevitáveis (fato de terceiro), alheias à vontade do fornecedor de serviços, que impedem, assim, o integral cumprimento da prestação avençada. II. O cumprimento da prestação por parte do transportador sem danos de qualquer natureza para o passageiro, foi, no caso em desate, apenas obstada por fato terceiro, que, como assim noticiado, subtraiu a mochila que fora pela autora colocada no bagageiro de mão, circunstância (furto), por certo, totalmente alheia à vontade do transportador, uma vez que imprevisível e inevitável, e que não contou com a participação – ativa ou omissiva – de qualquer um de seus prepostos. III. Diante desse quadro, não há como se reconhecer a responsabilidade civil da empresa transportadora pelo furto noticiado, uma vez que o objeto eletrônico, que se encontrava no interior da cabine do ônibus como bagagem de mão, foi subtraído, como assim afirmado, por descuido da própria autora, que "cochilou" durante o percurso da viagem. DESPROVIMENTO DO RECURSO. (Processo: APL 0066621-17.2013.8.19.0002 – Órgão Julgador: PRIMEIRA CÂMARA CÍVEL – Julgamento: 11 de Julho de 2019 – Relator: Des(a). JOSÉ CARLOS MALDONADO DE CARVALHO)

◙ Responsabilidade civil. Direito do consumidor. Danos materiais, morais e estéticos

AÇÃO DE RESPONSABILIDADE CIVIL. DIREITO DO CONSUMIDOR. DANOS MATERIAIS, MORAIS E ESTÉTICOS. Colisão de veículo automotor. Air bag do veículo, que não foi acionado em acidente automobilístico. Demanda deflagrada pelo consumidor contra o fabricante e a revendedora autorizada. Sentença improcedente. Apelo ofertado pelo autor. ACÓRDÃO DANDO PROVIMENTO AO APELO DO AUTOR. Declaratórios opostos por ambas as partes. Hipóteses previstas no art. 1.022 do novo CPC que não foram demonstradas a contento pela parte embargante. Questões mais importantes da lide que foram efetivamente enfrentadas pelo Colegiado. As matérias fáticas e jurídicas, relevantes para o deslinde da controvérsia, foram debatidas e resolvidas pelo acórdão embargado, de sorte que não há nele nenhuma omissão, obscuridade ou contradição a ser sanada. Por derradeiro, os embargos constituem recurso de rígidos contornos processuais, exigindo-se, para seu acolhimento, que estejam presentes os pressupostos legais de cabimento. O simples descontentamento da parte com o julgado que lhe foi desfavorável, por si só, não tem o condão de tornar cabíveis os embargos de declaração. Inexistência dos vícios apontados. EMBARGOS REJEITADOS. (Processo: APL 0004799-37.2007.8.19.0002 – Órgão Julgador: DÉCIMA NONA CÂMARA CÍVEL – Julgamento: 10 de Setembro de 2019 – Relator: Des(a). FERDINALDO DO NASCIMENTO)

RESPONSABILIDADE CIVIL NO DIREITO AMBIENTAL

◙ Responsabilidade civil. Dano ambiental. Pescadores profissionais. Acidente ambiental na Lagoa de Araruama

DIREITO AMBIENTAL. RESPONSABILIDADE CIVIL. DANO AMBIENTAL. PESCADORES PROFISSIONAIS. ACIDENTE AMBIENTAL NA LAGOA DE ARARUAMA OCORRIDA EM JANEIRO DE 2009. É admissível, assegurado o contraditório, prova emprestada de processo do qual não participaram as partes do processo para o qual a prova foi trasladada. A sentença analisou os fatos utilizando-se como fundamento um laudo pericial elaborado em outro processo, juntando aos autos e oportunizando às partes deste processo o direito de se manifestar sobre aquele documento. Além disso, outras provas relevantes foram realizadas e analisadas. Constituição Federal atribui responsabilidade objetiva às pessoas jurídicas de direito privado prestadoras de serviços públicos – art. 37, § 6º, respondendo o concessionário diretamente pelos danos decorrentes do exercício de sua atividade (art. 25 da Lei nº 8.987/95; art. 14 da Lei nº 6.938/81). A exploração do serviço é desenvolvida pela apelante. É a concessionária que assume o risco do empreendimento e se submete a toda principiologia e à legislação ambiental em vigor, subordinando-se ainda, aos princípios do poluidor pagador e da precaução. Art. 14 § 1º da Lei nº 6.938/1981 – "Sem obstar a aplicação das penalidades previstas neste artigo, é o poluidor obrigado, independentemente da existência de culpa, a indenizar ou reparar os danos causados ao meio ambiente e a terceiros, afetados por sua atividade." Laudo pericial que atesta de forma peremptória que a mortandade de peixes se deu pelo lançamento de esgotos na lagoa em períodos de chuva. Nexo causal demonstrado. Dano material demonstrado, considerando a atividade desempenhada. A despeito das alegações defensivas apresentadas pela apelante, foi o seu comportamento o causador dos graves acidentes ambientais ocorridos em 24 de janeiro de 2009, ficando evidente que fatores secundários, por si só, não teriam aptidão para à causa do evento danoso. (Processo: APL 0006562-69.2011.8.19.0055 – Órgão Julgador: TERCEIRA CÂMARA CÍVEL – Julgamento: 3 de Julho de 2019 – Relator: Des(a). PETERSON BARROSO SIMÃO)

◙ Responsabilidade Civil Objetiva – Obrigação De Fazer – Dano Ambiental – Recomposição – Queimada

EMENTA: REEXAME NECESSÁRIO E APELAÇÃO CÍVEL – DIREITO AMBIENTAL – RESPONSABILIDADE CIVIL OBJETIVA – OBRIGAÇÃO DE FAZER – DANO

AMBIENTAL - RECOMPOSIÇÃO - QUEIMADA - NEXO CAUSAL - AUSÊNCIA - REGENERAÇÃO NATURAL - OCORRÊNCIA. 1- A responsabilidade civil pela reparação dos danos ambientais é objetiva, de acordo com a teoria do risco integral, sendo imprescindível a comprovação do dano e o nexo causal para que surja o dever de indenizar; 2- Ausente a prova do nexo de causalidade, decorrente da inexistência de elementos que permitam estabelecer vínculo entre a conduta do agente e o dano causado por incêndio florestal, afasta-se a responsabilidade pelos danos; 3- A regeneração natural da área florestal degradada exime o proprietário do imóvel do dever de restauração. (Processo: AC 10400150004663001 MG - Publicação: 15/10/2019 - Julgamento: 10 de Outubro de 2019 - Relator: Renato Dresch)

◙ Direito Ambiental - Ação Civil Pública - Responsabilidade Civil - Dano Ambiental - Responsabilidade Objetiva.

RECURSO DE APELAÇÃO - DIREITO AMBIENTAL - AÇÃO CIVIL PÚBLICA - RESPONSABILIDADE CIVIL - DANO AMBIENTAL - RESPONSABILIDADE OBJETIVA. Cuidamos de ação civil pública ajuizada pelo MINISTÉRIO PÚBLICO DO ESTADO DE SÃO PAULO, a partir do Inquérito Civil nº 02/1996, em que se constatou a ocupação pelo SINDICATO e a degradação ambiental em área localizada do Município de Ubatuba, sem qualquer autorização dos órgãos ambientais competentes. Incontroversa a ocupação e a degradação ambiental realizada na área tombada pelo CONDEPHAAT, bem como a ausência de autorização do órgão ambiental e a inércia do apelante no processo administrativo de regularização do imóvel. A responsabilidade civil por dano ambiental é objetiva, nos termos do art. 14, parágrafo 1º da Lei Federal nº 6.938 /1981, não havendo que se cogitar em boa-fé. Sentença mantida. Recurso de apelação desprovido. (Processo: 0001256-46.2010.8.26.0642 SP 0001256-46.2010.8.26.0642 - Órgão Julgador: 1ª Câmara Reservada ao Meio Ambiente - Publicação: 18/05/2018 - Julgamento: 10 de Maio de 2018 - Relator: Nogueira Diefenthaler)

◙ Direito Ambiental - Ação Civil Pública - Resíduos Sólidos - Recuperação Integral Da Área

RECURSO DE APELAÇÃO - DIREITO AMBIENTAL - AÇÃO CIVIL PÚBLICA - RESÍDUOS SÓLIDOS - RECUPERAÇÃO INTEGRAL DA ÁREA - RESPONSABILIDADE CIVIL POR DANO AMBIENTAL. Cuidamos de ação civil pública ajuizada pelo MINISTÉRIO PÚBLICO DO ESTADO DE SÃO PAULO, a partir do Inquérito Civil nº 01/1991, em que se constatou a destinação irregular de resíduos sólidos em "lixão", causando danos ambientais, pela PREFEITURA MUNICIPAL DA ESTÂNCIA BALNEÁRIA DE PRAIA GRANDE. A responsabilidade civil por dano ambiental é objetiva, nos termos do art. 14, parágrafo 1º da Lei Federal nº 6.938 /1981, não havendo que se cogitar em boa-fé. Sentença mantida. Recurso de apelação desprovido. (Processo: AC 0000428-90.1992.8.26.0477 SP 0000428-90.1992.8.26.0477 - Órgão Julgador: 1ª Câmara Reservada ao Meio Ambiente - Publicação: 16/05/2019 - Julgamento: 9 de Maio de 2019 - Relator: Nogueira Diefenthaler)

◙ Dano ambiental. Área de preservação permanente. Degradação comprovada. Construção de casa de veraneio. Ausência de autorização do poder público. Responsabilidade civil ambiental é objetiva.

DANO AMBIENTAL. ÁREA DE PRESERVAÇÃO PERMANENTE. DEGRADAÇÃO COMPROVADA. CONSTRUÇÃO DE CASA DE VERANEIO. AUSÊNCIA DE AUTORIZAÇÃO DO PODER PÚBLICO. RESPONSABILIDADE CIVIL AMBIENTAL É OBJETIVA. REPARAÇÃO AMBIENTAL PRIMORDIALMENTE POR MEIO DA DEMOLIÇÃO DO IMÓVEL. CONVERSÃO EM COMPENSAÇÃO AMBIENTAL. IMPOSSIBILIDADE. RECURSO DESPROVIDO. 1) Diante da função institucional atribuída ao Ministério Público de proteção ao meio ambiente, tendo tido conhecimento da existência de algum dano ambiental, ainda que por meio de denúncia anônima, o parquet deverá, obrigatoriamente, adotar as providências necessárias para investigar tal fato e elucidar a questão, não podendo o anonimato ser utilizado pelo poluidor como uma proteção para assegurar a impunidade da sua prática ilícita. Precedentes do Superior Tribunal de Justiça. 2) O art. 225, caput, da Constituição da República, assegura as presentes e futuras gerações o direito ao meio ambiente ecologicamente equilibrado, competindo ao Poder Público e à coletividade o dever de defendê-lo e preservá-lo. (Processo: APL 0008353-84.2011.8.08.0021 – Órgão Julgador: TERCEIRA CÂMARA CÍVEL – Publicação: 13/09/2019 – Julgamento: 3 de Setembro de 2019 – Relator: ELIANA JUNQUEIRA MUNHOS FERREIRA)

◙ Responsabilidade civil. Poluição ambiental. Dano moral.

RESPONSABILIDADE CIVIL. POLUIÇÃO AMBIENTAL. DANO MORAL. No caso, a empresa ré foi a responsável por danos ambientais devidamente comprovados e é vizinha da propriedade dos autores. Houve danos à pessoa, o que justifica a indenização a título de dano moral. A violação do direito da personalidade motiva a reparação do dano moral. O dano moral deve ser estabelecido com razoabilidade, de modo a servir de lenitivo ao sofrimento da vítima. Perda do objeto quanto ao dano material já que desde 2015 a empresa não mais funciona próximo ao imóvel dos autores. Apelo não provido. (Apelação Cível Nº 70079376380, Décima Câmara Cível, Tribunal de Justiça do RS, Relator: Marcelo Cezar Muller, Julgado em 29/11/2018).

◙ Responsabilidade civil. Ajuizamento de ação civil pública por dano ambiental. Prescrição. Interrupção.

RESPONSABILIDADE CIVIL. AJUIZAMENTO DE AÇÃO CIVIL PÚBLICA POR DANO AMBIENTAL. PRESCRIÇÃO. INTERRUPÇÃO. Na pendência de julgamento da Ação Civil Pública (2000.71.01.001891-1) que apura a culpa e responsabilidade da agravante pela prática de dano ambiental de grandes proporções, interrompe-se o prazo prescricional da pretensão da reparação de danos materiais decorrentes do dano causado. Prescrição inocorrente. Agravo de instrumento não provido. (Agravo de Instrumento, Nº 70082527227, Décima Câmara Cível, Tribunal de Justiça do RS, Relator: Marcelo Cezar Muller, Julgado em: 31-10-2019)

Direito Ambiental - Ação Civil Pública - Obrigação De Fazer - Responsabilidade Civil Ambiental - Teoria Do Risco Integral - Nexo De Causalidade

RECURSO DE APELAÇÃO - DIREITO AMBIENTAL - AÇÃO CIVIL PÚBLICA - OBRIGAÇÃO DE FAZER - RESPONSABILIDADE CIVIL AMBIENTAL - TEORIA DO RISCO INTEGRAL - NEXO DE CAUSALIDADE. 1. Trata-se de ação civil pública ajuizada pelo MINISTÉRIO PÚBLICO DO ESTADO DE SÃO PAULO, a partir do Inquérito Civil nº 09/1996 e nº 09/1999, em que se constatou a irregularidade do escoamento de esgoto, bem como a inadequação do sistema de drenagem de águas pluviais do Loteamento "Presidente Collor", ocasionando danos ambientais no local. 2. Afastada a responsabilidade do SAAE de São Carlos, porquanto não se constatou qualquer problema em relação ao sistema de esgoto. Inteligência do art. 1º da Lei Municipal nº 17.444/2015. 3. A responsabilidade civil por dano ambiental é objetiva e informada pela teoria do risco integral. Precedentes do C. Superior Tribunal de Justiça. Imprescindível a constatação do nexo de causalidade entre o dano ambiental observado e o comportamento do agente. Recurso do SAAE provido. Recursos do Ministério Público e de Airton Garcia Ferreira desprovidos. (Processo: 0006060-62.2008.8.26.0566 SP 0006060-62.2008.8.26.0566 - Órgão Julgador: 1ª Câmara Reservada ao Meio Ambiente - Publicação: 06/04/2018 - Julgamento: 5 de Abril de 2018 - Relator: Nogueira Diefenthaler)

Ajuizamento de ação civil pública por dano ambiental. Prescrição. Interrupção.

RESPONSABILIDADE CIVIL. AJUIZAMENTO DE AÇÃO CIVIL PÚBLICA POR DANO AMBIENTAL. PRESCRIÇÃO. INTERRUPÇÃO. Na pendência de julgamento da Ação Civil Pública (2000.71.01.001891-1) que apura a culpa e responsabilidade da agravante pela prática de dano ambiental de grandes proporções, interrompe-se o prazo prescricional da pretensão da reparação de danos materiais decorrentes do dano causado. Prescrição inocorrente. Agravo de Instrumento não provido. (Agravo de Instrumento Nº 70080426745, Décima Câmara Cível, Tribunal de Justiça do RS, Relator: Marcelo Cezar Muller, Julgado em 30/05/2019).

Direito Ambiental - Edificação De Barragem Precedida De Autorização Do Órgão Ambiental - Informações Inverídicas Apresentadas Pelo Responsável - Intervenção Irregular Em Área De Reserva Legal E De Preservação Permanente - Irregularidades Comprovadas - Responsabilidade Civil Objetiva, Informada Pela Teoria Do Risco Integral

APELAÇÃO CÍVEL - REEXAME NECESSÁRIO - AÇÃO CIVIL PÚBLICA - DIREITO AMBIENTAL - EDIFICAÇÃO DE BARRAGEM PRECEDIDA DE AUTORIZAÇÃO DO ÓRGÃO AMBIENTAL - INFORMAÇÕES INVERÍDICAS APRESENTADAS PELO RESPONSÁVEL - INTERVENÇÃO IRREGULAR EM ÁREA DE RESERVA LEGAL E DE PRESERVAÇÃO PERMANENTE - IRREGULARIDADES COMPROVADAS - RESPONSABILIDADE CIVIL OBJETIVA, INFORMADA PELA TEORIA DO RISCO INTEGRAL - DEMONSTRAÇÃO DO DANO AMBIENTAL - COMPENSAÇÃO PECUNIÁRIA A SER DETERMINADA EM LIQUIDAÇÃO - SENTENÇA PARCIALMENTE REFORMADA. - Sujeita-se a reexame necessário a sentença de improcedência de ação civil pública que visa obter ressarcimento em razão de dano ambiental, por aplicação analógica do art. 19 da Lei nº 4.717/65 (Lei de Ação Popular)- A Constituição da República, em seu artigo 225, impõe ao Poder Público e à coletividade a responsabilidade pela preservação ambiental, estabelecendo que "todos têm direito ao meio ambiente ecologicamente equilibrado, bem de uso comum do povo e essencial à sadia qualidade de vida, impondo-se ao poder público e à coletividade o dever de defendê-lo e preservá-lo para a presente e as futuras gerações" – A responsabilidade por danos ambientais na esfera cível é objetiva exigindo para a sua configuração a presença do nexo causal entre a conduta do agente e o evento danoso, nos termos do art. 14, § 1º, da Lei n. 6.938/81 – Recurso provido em parte. (Processo: AC 10470170033489001 MG – Publicação: 17/09/2019 – Julgamento: 10 de Setembro de 19 – Relator: Luís Carlos Gambogi)

◙ Responsabilidade civil. Poluição ambiental. Dano a pessoa. Dano moral.

RESPONSABILIDADE CIVIL. POLUIÇÃO AMBIENTAL. DANO A PESSOA. DANO MORAL. No caso, o réu foi o responsável pelo descarte de material poluente no meio ambiente, o que veio a prejudicar a qualidade da água utilizada pelos autores. Houve dano à pessoa, o que justifica a indenização a título de dano moral. A violação do direito da personalidade motiva a reparação do dano moral. O dano moral deve ser estabelecido com razoabilidade, de modo a servir de lenitivo ao sofrimento da vítima. O valor deve ser mantido, considerando os elementos específicos dos autos. Apelação e apelação adesiva não providos. (Apelação Cível Nº 70077093268, Décima Câmara Cível, Tribunal de Justiça do RS, Relator: Marcelo Cezar Muller, Julgado em 24/05/2018).

◙ Responsabilidade civil. Ajuizamento de ação civil pública com o fito de apurar dano ambiental e seus causadores. Prescrição. Interrupção

RESPONSABILIDADE CIVIL. AJUIZAMENTO DE AÇÃO CIVIL PÚBLICA COM O FITO DE APURAR DANO AMBIENTAL E SEUS CAUSADORES. PRESCRIÇÃO. INTERRUPÇÃO. Pendente de julgamento Ação Civil Pública (2000.71.01.001891-1) que discute a responsabilidade pelo dano ambiental, interrompe-se o prazo prescricional da pretensão individual de reparação de danos materiais advindos do primeiro (dano ambiental). Prescrição inocorrente. Agravo de instrumento desprovido. Unânime. (Agravo de Instrumento Nº 70080122427, Décima Câmara Cível, Tribunal de Justiça do RS, Relator: Jorge Alberto Schreiner Pestana, Julgado em 28/03/2019).

◙ Ausência de prévia licença ambiental. Responsabilidade civil objetiva. Degradação ambiental comprovada. Reparação do dano ambiental impositiva. Inaplicabilidade do princípio da insignificância, ante a preponderância do princípio da reparação integral do dano

AUSÊNCIA DE PRÉVIA LICENÇA AMBIENTAL. RESPONSABILIDADE CIVIL OBJETIVA. DEGRADAÇÃO AMBIENTAL COMPROVADA. REPARAÇÃO DO DANO AMBIENTAL IMPOSITIVA. INAPLICABILIDADE DO PRINCÍPIO DA INSIGNIFICÂNCIA, ANTE A PREPONDERÂNCIA DO PRINCÍPIO DA REPARAÇÃO INTEGRAL DO DANO. O conjunto probatório evidencia a supressão de árvores nativas (aroeira preta e angico), realizada sem licença ambiental, com vistas à construção de cerca utilizando moirões. Não tem aplicação ao caso o princípio da insignificância, causa excludente da tipicidade penal, eis que não invocável na esfera cível. No âmbito da responsabilidade civil objetiva por dano ambiental prepondera o princípio da reparação integral, eis que o escopo último é a recomposição do meio ambiente degradado. Necessidade de adotar providência visando à compensação do dano ambiental, com reposição dos espécimes suprimidos, conforme prevê a Lei Estadual nº 9.519/1992. APELO DESPROVIDO. (Apelação Cível Nº 70075000794, Vigésima Segunda Câmara Cível, Tribunal de Justiça do RS, Relator: Miguel Ângelo da Silva, Julgado em 30/05/2018).

◙ Ausência de prévia licença ambiental. Responsabilidade civil objetiva. Degradação ambiental comprovada. Reparação do dano ambiental impositiva

AUSÊNCIA DE PRÉVIA LICENÇA AMBIENTAL. RESPONSABILIDADE CIVIL OBJETIVA. DEGRADAÇÃO AMBIENTAL COMPROVADA. REPARAÇÃO DO DANO AMBIENTAL IMPOSITIVA. O conjunto probatório evidencia a supressão de floresta ombrófila em estágio inicial e médio de regeneração natural, realizada sem licença ambiental, com vistas à expansão de área de lavoura. Necessidade de adotar providência visando a compensação do dano ambiental, com reposição dos espécimes suprimidos, conforme prevê a Lei Estadual nº 9.519/1992. Obrigação de fazer estipulada na sentença. Apresentação e implantação, no prazo de seis meses, a contar do trânsito em julgado, de projeto de recuperação da área degradada ou recuperação de área equivalente. Cominação de multa diária para a hipótese de descumprimento. APELO DESPROVIDO. (Apelação Cível Nº 70074546078, Vigésima Segunda Câmara Cível, Tribunal de Justiça do RS, Relator: Miguel Ângelo da Silva, Julgado em 14/09/2017).

◙ Responsabilidade civil. Ação indenizatória. Danos ambientais e morais. Ocorrência. *Quantum*.

RESPONSABILIDADE CIVIL. AÇÃO INDENIZATÓRIA. DANOS AMBIENTAIS E MORAIS. OCORRÊNCIA. *QUANTUM*. MANUTENÇÃO. – Obras realizadas pela prefeitura em terreno lindeiro ao da autora, que culminaram em danos ambientais, especialmente assoreamento de banhado. Prova técnica, documental e testemunhal que atesta os fatos alegados na exordial – Dever da parte requerida de abster-se de qualquer atitude agravante, bem realizar a recuperação ambiental da área – Indenização por danos morais devida pelo município, em face da gravidade do infortúnio e do efetivo abalo à demandante na sua rotina e propriedade. Situação que extrapola os meros aborrecimentos – *Quantum* indenizatório que deve ser fixado observando a prudência, proporcionalidade e razoabilidade. Binômio punição-compensação. Ausente sistema tarifado, a fixação do montante indenizatório ao dano extrapatrimonial está adstrita ao prudente arbítrio do juiz. Valor fixado na sentença que vai mantido. APELAÇÃO DESPROVIDA. UNÂNIME. (Apelação Cível Nº 70075297465, Décima Câmara Cível, Tribunal de Justiça do RS, Relator: Jorge Alberto Schreiner Pestana, Julgado em 22/03/2018).

◙ Barragem De Fundão – Rompimento – Dano Ambiental – Responsabilidade Civil Objetiva

AGRAVO DE INSTRUMENTO – AÇÃO DE INDENIZAÇÃO – BARRAGEM DE FUNDÃO – ROMPIMENTO – DANO AMBIENTAL – RESPONSABILIDADE CIVIL OBJETIVA – LEGITIMIDADE PASSIVA AD CAUSAM. – Para a apuração do nexo de causalidade no dano ambiental, equiparam-se: quem faz, quem não faz quando deveria fazer, quem deixa fazer, quem não se importa que façam, quem financia para que façam, e quem se beneficia quando outros fazem. Com efeito, responsável por reparar danos causados a terceiros em razão do rompimento da barragem de Fundão é a Samarco Mineração S/A, que faz a barragem, a Vale S/A e BHP Billiton Brasil Ltda., que deixaram fazer, financiam quem faz, e beneficiam quando outros fazem. Acresça-se que, como as agravadas Vale S/A e BHP Billiton Brasil Ltda. integram o grupo econômico a que pertence a Samarco Mineração S/A, cenário jurídico notório, a condição de partes passivas legítimas sobressai induvidosa, de modo que respondem pelos danos causados pelo rompimento da barragem de Fundão em relação aos atingidos (art. 186, CC) de forma objetiva (art. 927, parágrafo único, CC). (Processo: AI 10000181410366001 MG – Publicação: 11/10/2019 – Julgamento: 7 de Outubro de 19 – Relator: Octávio de Almeida Neves)

◙ Dano ambiental. Dano moral em ricochete. Responsabilidade civil objetiva.

DANO AMBIENTAL. DANO MORAL EM RICOCHETE. RESPONSABILIDADE CIVIL OBJETIVA. RECURSO CONHECIDO E NÃO PROVIDO. 1. O meio ambiente ecologicamente equilibrado é um direito embasado na valoração da dignidade da pessoa humana, ou seja, não havendo meio ambiente equilibrado, não há vida digna; 2. A pressuposição de que a autorização do Poder Público à Concessionária para implantar da Usina foi embasada em prévios estudos de impacto ambiental e medidas de compensação aos eventuais danos causados ao meio ambiente e a terceiros e portanto excluiria a responsabilidade civil não deve prosperar; 3. No tocante ao quantum indenizatório, verifico que o magistrado de piso atendeu ao binômino proporcionalidade-razoabilidade; 4. Recurso conhecido e negado provimento. (Processo: 0000193-75.2014.8.04.6100 AM 0000193-75.2014.8.04.6100 – Órgão Julgador: Terceira Câmara Cível – Julgamento: 9 de Julho de 2018 – Relator: Airton Luís Corrêa Gentil)

RESPONSABILIDADE CIVIL DECORRENTE DE ACIDENTE DE TRÂNSITO NA VISÃO DOS TRIBUNAIS PÁTRIOS.

► Presunção da culpa do condutor

Até porque o veículo se inclui dentre as coisas que contêm, por sua própria natureza, forte potencialidade de risco, e, assim, considerando-se intrinsecamente perigoso; levando ainda em conta a desvantagem de forças em relação à vítima, em princípio, mas apenas quando o lesado é pedestre, domina o princípio da presunção da culpa do condutor, a quem incumbe demonstrar que não deu causa, por sua conduta, ao evento. Não com amparo no Código de Defesa do Consumidor, mas justamente em função da diferença de forças entre a vítima e o veículo, e por ser este um instrumento de perigo, deve prevalecer a inversão do ônus da prova. O tratamento é de amplo favorecimento à posição da vítima, de quem se exige, em princípio, mas não se podendo firmar como suficiência absoluta, a prova da relação de causalidade, ou de causa e efeito entre a conduta do condutor e o resultado. Está-se diante de uma presunção apenas, que não dispensa, no curso do processo, a aferição da verdade fática. Necessário, outrossim, que, pela descrição dos fatos, se infira naturalmente a verossimilhança com a normalidade, com a coerência e a verdade, depreendendo-se a culpa do agente provocador. Para tanto, indispensável que o autor da demanda exponha os fatos com clareza, que descreva a conduta do réu, de forma a caracterizar a culpa dele. Necessário apresentar os elementos suficientes para que o juiz tenha condições de aferir a conduta. (A reparação nos acidentes de trânsito. Autor: Arnaldo Rizzardo, Editor: Revista dos Tribunais. 1. Da responsabilidade civil. https://proview.thomsonreuters.com/launchapp/title/rt/monografias/98597800/v13/document/98719031/anchor/a-98719031)

► **A reparação dos danos ocorridos por acidentes de trânsito decorre da culpa, não se podendo buscar lastro, no assunto, na responsabilidade objetiva.**

A reparação dos danos ocorridos por acidentes de trânsito decorre da culpa, não se podendo buscar lastro, no assunto, na responsabilidade objetiva. Não incide o disposto no parágrafo único do art. 927 da lei civil, pelo qual a reparação decorre da atividade desenvolvida pelo autor do dano, que implica, por sua natureza, risco aos direitos de outrem. Para a exata compreensão do assunto, faz-se mister levar em consideração a redação do dispositivo acima, na parte que interessa: "Haverá obrigação de reparar o dano, independentemente de culpa, (...) quando a atividade normalmente desenvolvida pelo autor do dano implicar, por sua natureza, risco para os direitos de outrem". (A reparação nos acidentes de trânsito. Autor: Arnaldo Rizzardo, Editor: Revista dos Tribunais. 1. Da responsabilidade civil. https://proview.thomsonreuters.com/launchapp/title/rt/monografias/98597800/v13/document/98719031/anchor/a-98719031)

► **Cai a presunção caso se retire da versão que o atropelamento aconteceu quando a vítima iniciou a travessia da via.**

Cai a presunção caso se retire da versão que o atropelamento aconteceu quando a vítima iniciou a travessia da via, ou no momento de sua queda do passeio, onde se encontrava, para o leito da pista, em momento de deslocamento do veículo.

No mesmo sentido: "Contendo a ponte o aviso da proibição de passagem de pedestres no local e sendo ela destinada tão somente ao trânsito de composições ferroviárias, caracteriza-se a culpa exclusiva da vítima quando, dispondo ela de outros caminhos, prefere atravessá-la por sua conta e risco". (STJ, 4.ª Turma, REsp 343.786/MG, j. 26.11.2002, DJU 10.03.2003.)

■ **A empresa contratante do serviço de transporte responde perante terceiros pelos danos advindos dessa atividade.**

RESPONSABILIDADE CIVIL. ACIDENTE DE TRÂNSITO. I- A empresa contratante do serviço de transporte responde perante terceiros pelos danos advindos dessa atividade. Ilegitimidade passiva afastada. II- Responsabilidade objetiva, fundada na teoria do risco (parágrafo único, do art. 927, do NCC e art. 2º C/C art. 17, ambos do C.D.C.). III- Culpa exclusiva ou concorrente da vítima não demonstrada. Dever de indenizar. IV- Ressarcimento das despesas com sepultamento da vítima. Cabimento. V- Dano moral caracterizado. VI- Recursos parcialmente providos, apenas para reajustar a indenização moral, para a quantia requerida na inicial, sob pena de julgamento ultra petita. (Processo: APL 0001725-88.2015.8.19.0003 – Órgão Julgador: SÉTIMA CÂMARA CÍVEL – Julgamento: 24 de Julho de 2019 – Relator: Des(a). RICARDO COUTO DE CASTRO)

■ **Prova dos autos que revela que o preposto da Ré colidiu com a motocicleta do Autor ao ultrapassar veículo que se encontrava a sua frente na pista de rolamento. Dever de Indenizar configurado.**

RESPONSABILIDADE CIVIL. ACIDENTE DE TRÂNSITO. 1. Prova dos autos que revela que o preposto da Ré colidiu com a motocicleta do Autor ao ultrapassar veículo que se encontrava a sua frente na pista de rolamento. 2. Dever de Indenizar configurado. 3. Autor que ficou um ano sem poder exercer atividade laboral. Pensão no valor de um salário mínimo, já que o demandante se encontrava desempregado. 4. Indenização por dano moral fixada em patamar razoável e proporcional ao dano experimentado. (R$28.000,00). Dano estético em grau médio que merece redução de R$ 30.000,00 para R$ 15.000,00. 5. Juros que devem incidir a partir do evento danoso. 6. Pretensão de abatimento do seguro obrigatório do valor da indenização somente agitada em grau de recurso. 7. Provimento parcial do recurso. (Processo: APL 0004554-97.2015.8.19.0211 – Órgão Julgador: VIGÉSIMA SÉTIMA CÂMARA CÍVEL – Julgamento: 23 de Outubro de 2019 – Relator: Des(a). JACQUELINE LIMA MONTENEGRO)

■ **Veículo atingido na traseira pelo veículo da apelante. Presunção *iuris tantum*, razão pela qual, cabe ao réu demonstrar o fato impeditivo, modificativo ou extintivo do direito do autor.**

RESPONSABILIDADE CIVIL. ACIDENTE DE TRÂNSITO. Veículo atingido na traseira pelo veículo da apelante. Presunção iuris tantum, razão pela qual, cabe ao réu demonstrar o fato impeditivo, modificativo ou extintivo do direito do autor. Fotos e prova produzida que demonstra a ocorrência do acidente. Versão apresentada pela concessionária que não é corroborada por nenhum dos elementos probatórios. Informante que era o condutor do ônibus, devendo ser observado com reserva as suas declarações. Orçamentos apresentados nos autos e devidamente justificados com as fotos. Dano material devidamente fixado pelo magistrado de primeiro grau. Impugnação ao orçamento genérica, incapaz de infirmar a conclusão do juiz sentenciante. Lucros cessantes corretamente fixados, eis que também impugnados de forma genérica. Honorários regularmente fixados que devem ser majorados, nos termos do artigo 85, § 11, do CPC/2015. Recurso conhecido e improvido, nos termos do Desembargador Relator. (Processo: APL 0026220-94.2009.8.19.0202 – Órgão Julgador: DÉCIMA SEGUNDA CÂMARA CÍVEL – Julgamento: 18 de Junho de 2019 – Relator: Des(a). CHERUBIN HELCIAS SCHWARTZ JÚNIOR)

◙ A autora é parte legítima para pleitear a reparação pretendida. Provas de que conduzia o automóvel na ocasião do evento danoso, sendo que todos os orçamentos foram confeccionados em seu nome, a indicar que ela irá suportar o prejuízo

RESPONSABILIDADE CIVIL EM ACIDENTE DE TRÂNSITO. A autora é parte legítima para pleitear a reparação pretendida. Provas de que conduzia o automóvel na ocasião do evento danoso, sendo que todos os orçamentos foram confeccionados em seu nome, a indicar que ela irá suportar o prejuízo. Caso em que o acidente ocorreu por culpa do réu, que não adotou a cautela devida ao adentrar em via preferencial. Velocidade excessiva do veículo da autora não comprovada. APELO NÃO PROVIDO. UNÂNIME. (Apelação Cível, Nº 70081632986, Décima Primeira Câmara Cível, Tribunal de Justiça do RS, Relator: Antônio Maria Rodrigues de Freitas Iserhard, Julgado em: 30-10-2019)

◙ Devida a indenização por lucros cessantes pois suficientemente comprovados.

RESPONSABILIDADE CIVIL EM ACIDENTE DE TRÂNSITO. Caso em que devida a indenização por lucros cessantes pois suficientemente comprovados. Redução do percentual de abatimento dos custos operacionais, conforme entendimento adotado por esta Câmara Cível. A decretação da liquidação extrajudicial implica a não fluência de juros em relação às dívidas da empresa liquidanda enquanto não for pago integralmente o passivo. APELO DO RÉU NÃO PROVIDO. APELOS DO AUTOR E DA LITISDENUNCIADA PARCIALMENTE PROVIDOS. UNÂNIME. (Apelação Cível, Nº 70081303562, Décima Primeira Câmara Cível, Tribunal de Justiça do RS, Relator: Antônio Maria Rodrigues de Freitas Iserhard, Julgado em: 30-10-2019)

◙ A empresa locadora de veículos responde, civil e solidariamente com o locatário, pelos danos por este causados a terceiro, no uso do carro locado

RESPONSABILIDADE CIVIL EM ACIDENTE DE TRÂNSITO. LOCADOR E LOCATÁRIO DE VEÍCULO ENVOLVIDO EM ACIDENTE DE TRÂNSITO. DENUNCIAÇÃO DA LIDE. DESCABIMENTO. Nos termos da súmula 492, do STF, a empresa locadora de veículos responde, civil e solidariamente com o locatário, pelos danos por este causados a terceiro, no uso do carro locado, razão pela qual descabida a denunciação da lide da locadora, uma vez que vai contra o instituto da solidariedade. Afora isso, a cláusula contratual referida pela agravante, por si só, não torna a locadora garantidora de eventuais danos causados pelo preposto da locatária, não restando configurada a hipótese prevista no inciso II, do art. 125, do CPC. Precedentes jurisprudências do STJ e desta Corte. Manutenção da decisão agravada, AGRAVO DE INSTRUMENTO DESPROVIDO. UNÂNIME. (Agravo de Instrumento, Nº 70081535445, Décima Segunda Câmara Cível, Tribunal de Justiça do RS, Relator: Pedro Luiz Pozza, Julgado em: 27-06-2019)

◙ Em restando demonstrado, nos autos, ter o acidente ocorrido por culpa exclusiva do condutor corréu, o qual, em velocidade incompatível com as características da via, atingiu automóvel que vinha em sentido contrário, sobre ponte estreita, com preferência de passagem, é o caso de confirmação da sentença de procedência

RESPONSABILIDADE CIVIL EM ACIDENTE DE TRÂNSITO. COLISÃO FRONTAL EM PONTE COM UMA ÚNICA FAIXA DE TRÂNSITO. CULPA DO MOTORISTA CORREQUERIDO EVIDENCIADA. Em restando demonstrado, nos autos, ter o acidente ocorrido por culpa exclusiva do condutor corréu, o qual, em velocidade incompatível com as características da via, atingiu automóvel que vinha em sentido contrário, sobre ponte estreita, com preferência de passagem, é o caso de confirmação da sentença de procedência. Honorários advocatícios redimensionados em conformidade com o previsto no artigo 85, § 11, do CPC/2015.Apelação desprovida. Unânime. (Apelação Cível, Nº 70081692402, Décima Segunda Câmara Cível, Tribunal de Justiça do RS, Relator: Umberto Guaspari Sudbrack, Julgado em: 27-06-2019)

◙ Comprovado pela parte autora que o acidente de trânsito ocorreu em razão da imperícia da parte ré, tem-se como configurados os requisitos necessários à responsabilidade civil

ACIDENTE DE TRÂNSITO. RESPONSABILIDADE CIVIL. REQUISITOS. CULPA. A parte que pretende ser ressarcida pelos danos sofridos em decorrência do acidente com veículo automotor do qual foi vítima deve se desincumbir do ônus de provar que o acidente se deu por culpa do condutor do outro veículo. Comprovado pela parte autora que o acidente de trânsito ocorreu em razão da imperícia da parte ré, tem-se como configurados os requisitos necessários à responsabilidade civil sendo, pois, devido a ela a indenização pelos danos morais e materiais sofridos em razão do acidente. (Processo: AC 10372170012630001 MG – Publicação: 18/10/2019 – Julgamento: 8 de Outubro de 2019 – Relator: Cabral da Silva)

◙ Fato de terceiro não isenta a responsabilidade do causador direto do dano. Indenização por danos materiais minorada.

RESPONSABILIDADE CIVIL EM ACIDENTE DE TRÂNSITO. Hipótese em que o fato de terceiro não isenta a responsabilidade do causador direto do dano. Indenização por danos materiais minorada. Indenização por danos morais mantida. APELO PARCIALMENTE PROVIDO. UNÂNIME. (Apelação Cível Nº 70080938020, Décima Primeira Câmara Cível, Tribunal de Justiça do RS, Relator: Antônio Maria Rodrigues de Freitas Iserhard, Julgado em 05/06/2019).

◙ Culpa concorrente das partes no evento danoso

RESPONSABILIDADE CIVIL EM ACIDENTE DE TRÂNSITO. Hipótese em que vai mantida a sentença que reconheceu a culpa concorrente das partes no evento danoso: da autora, por não respeitar a norma inserta no artigo 29, III, c, do Código de Trânsito Brasileiro; do réu, por não adotar a devida cautela ao se aproximar do cruzamento, transitando com velocidade imoderada. APELO NÃO PROVIDO. UNÂNIME.

(Apelação Cível Nº 70077932333, Décima Primeira Câmara Cível, Tribunal de Justiça do RS, Relator: Antônio Maria Rodrigues de Freitas Iserhard, Julgado em 20/03/2019).

■ **Hipótese em que o valor da condenação referente aos danos materiais conserto do veículo deve ser minorado, considerando o montante da cotação do automóvel na tabela FIPE**

RESPONSABILIDADE CIVIL EM ACIDENTE DE TRÂNSITO. Hipótese em que o valor da condenação referente aos danos materiais conserto do veículo deve ser minorado, considerando o montante da cotação do automóvel na tabela FIPE, que é inferior ao do orçamento apresentado pelo autor/reconvindo. APELO PARCIALMENTE PROVIDO. UNÂNIME. (Apelação Cível Nº 70081059362, Décima Primeira Câmara Cível, Tribunal de Justiça do RS, Relator: Antônio Maria Rodrigues de Freitas Iserhard, Julgado em 22/05/2019).

■ **Hipótese em que vai mantida a condenação imposta na sentença, conforme nota fiscal apresentada pelo autor, que corresponde ao custo da substituição do portão de sua residência**

RESPONSABILIDADE CIVIL EM ACIDENTE DE TRÂNSITO. Hipótese em que vai mantida a condenação imposta na sentença, conforme nota fiscal apresentada pelo autor, que corresponde ao custo da substituição do portão de sua residência. Orçamento trazido pela ré que não corresponde ao mesmo serviço. APELO NÃO PROVIDO. UNÂNIME. (Apelação Cível Nº 70080926124, Décima Primeira Câmara Cível, Tribunal de Justiça do RS, Relator: Antônio Maria Rodrigues de Freitas Iserhard, Julgado em 15/05/2019).

■ **Hipótese em que restou demonstrada nos autos a alienação do veículo envolvido no acidente em data anterior ao sinistro. Reconhecimento da ilegitimidade passiva mantido.**

RESPONSABILIDADE CIVIL EM ACIDENTE DE TRÂNSITO. Hipótese em que restou demonstrada nos autos a alienação do veículo envolvido no acidente em data anterior ao sinistro. Reconhecimento da ilegitimidade passiva mantido. APELO NÃO PROVIDO. UNÂNIME. (Apelação Cível Nº 70079549846, Décima Primeira Câmara Cível, Tribunal de Justiça do RS, Relator: Antônio Maria Rodrigues de Freitas Iserhard, Julgado em 17/04/2019).

■ **Caso em que restou evidenciada a culpa exclusiva do motorista das rés no evento danoso, pois invadiu a contramão de direção**

RESPONSABILIDADE CIVIL EM ACIDENTE DE TRÂNSITO. Caso em que restou evidenciada a culpa exclusiva do motorista das rés no evento danoso, pois invadiu a contramão de direção. Não demonstradas as alegadas irregularidades no levantamento realizado pela Polícia Rodoviária Federal. Mantida a indenização por danos morais. PRIMEIRO APELO NÃO PROVIDO. SEGUNDO APELO CONHECIDO EM PARTE E NÃO PROVIDO. UNÂNIME. (Apelação Cível Nº 70080042435, Décima Primeira

Câmara Cível, Tribunal de Justiça do RS, Relator: Antônio Maria Rodrigues de Freitas Iserhard, Julgado em 12/06/2019).

◙ Hipótese em que a responsabilidade da empresa de transporte é solidária em relação à proprietária da carga.

RESPONSABILIDADE CIVIL EM ACIDENTE DE TRÂNSITO. Hipótese em que a responsabilidade da empresa de transporte é solidária em relação à proprietária da carga. Danos emergentes devidamente comprovados. APELO NÃO PROVIDO. UNÂNIME. (Apelação Cível Nº 70080388960, Décima Primeira Câmara Cível, Tribunal de Justiça do RS, Relator: Antônio Maria Rodrigues de Freitas Iserhard, Julgado em 27/03/2019).

◙ Hipótese em que restou demonstrada a culpa exclusiva do réu/reconvinte no evento danoso, pois não observou a preferência de passagem do veículo da autora/reconvinda na rotatória

RESPONSABILIDADE CIVIL EM ACIDENTE DE TRÂNSITO. Hipótese em que restou demonstrada a culpa exclusiva do réu/reconvinte no evento danoso, pois não observou a preferência de passagem do veículo da autora/reconvinda na rotatória. APELO NÃO PROVIDO. UNÂNIME. (Apelação Cível Nº 70080211618, Décima Primeira Câmara Cível, Tribunal de Justiça do RS, Relator: Antônio Maria Rodrigues de Freitas Iserhard, Julgado em 10/04/2019).

◙ Hipótese em que evidenciada a culpa exclusiva da condutora demandada no evento danoso, pois que não observou a preferência de passagem da autora em cruzamento.

RESPONSABILIDADE CIVIL EM ACIDENTE DE TRÂNSITO. Hipótese em que evidenciada a culpa exclusiva da condutora demandada no evento danoso, pois que não observou a preferência de passagem da autora em cruzamento. Minoração do pensionamento diante da constatação de redução da capacidade laborativa da autora e não de sua perda. APELO CONHECIDO EM PARTE E PARCIALMENTE PROVIDO. UNÂNIME. (Apelação Cível Nº 70078888674, Décima Primeira Câmara Cível, Tribunal de Justiça do RS, Relator: Antônio Maria Rodrigues de Freitas Iserhard, Julgado em 15/05/2019).

◙ Hipótese em que restou demonstrada a contribuição culposa do réu, que avançou sobre a faixa de segurança enquanto a autora realizava a travessia da pista de rolamento.

RESPONSABILIDADE CIVIL EM ACIDENTE DE TRÂNSITO. Hipótese em que restou demonstrada a contribuição culposa do réu, que avançou sobre a faixa de segurança enquanto a autora realizava a travessia da pista de rolamento. Culpa concorrente da autora, que não adotou a devida cautela ao atravessar a via. Gratuidade da justiça concedida ao réu. APELO PARCIALMENTE PROVIDO. UNÂNIME. (Apelação Cível Nº 70078128857, Décima Primeira Câmara Cível, Tribunal de Justiça do RS, Relator: Antônio Maria Rodrigues de Freitas Iserhard, Julgado em 15/05/2019).

◙ Hipótese em que evidenciada a culpa do réu no evento danoso. Atropelamento de pedestre.

RESPONSABILIDADE CIVIL EM ACIDENTE DE TRÂNSITO. Hipótese em que evidenciada a culpa do réu no evento danoso. Atropelamento de pedestre. Ausência de prova da culpa da vítima. Indenização por danos morais majorada. APELO DO RÉU NÃO PROVIDO. APELO DA AUTORA PARCIALMENTE PROVIDO. UNÂNIME. (Apelação Cível Nº 70079929311, Décima Primeira Câmara Cível, Tribunal de Justiça do RS, Relator: Antônio Maria Rodrigues de Freitas Iserhard, Julgado em 27/03/2019).

◙ Hipótese em que evidenciada a concorrência de culpas no evento danoso: do réu, por trafegar com velocidade excessiva; da vítima, por desrespeitar a preferencial.

RESPONSABILIDADE CIVIL EM ACIDENTE DE TRÂNSITO. Hipótese em que evidenciada a concorrência de culpas no evento danoso: do réu, por trafegar com velocidade excessiva; da vítima, por desrespeitar a preferencial. APELO CONHECIDO EM PARTE E PARCIALMENTE PROVIDO. UNÂNIME. (Apelação Cível Nº 70078067261, Décima Primeira Câmara Cível, Tribunal de Justiça do RS, Relator: Antônio Maria Rodrigues de Freitas Iserhard, Julgado em 13/03/2019).

◙ Caso em que evidenciada a culpa exclusiva do réu no evento danoso, pois não atentou para a presença de pedestre ao manobrar veículo de grande porte

RESPONSABILIDADE CIVIL EM ACIDENTE DE TRÂNSITO. Caso em que evidenciada a culpa exclusiva do réu no evento danoso, pois não atentou para a presença de pedestre ao manobrar veículo de grande porte. Mantidas as verbas indenizatórias. Devido o abatimento do seguro DPVAT. Alteração de ofício do termo inicial de incidência dos juros moratórios. Precedente do Superior Tribunal de Justiça. APELO CONHECIDO EM PARTE E PARCIALMENTE PROVIDO. UNÂNIME. (Apelação Cível Nº 70080081177, Décima Primeira Câmara Cível, Tribunal de Justiça do RS, Relator: Antônio Maria Rodrigues de Freitas Iserhard, Julgado em 05/06/2019).

◙ Abalroamento com animal em rodovia.

É dever jurídico da empresa responsável pela administração de estradas de rodagem fiscalizar as cercas lindeiras da rodovia, exigindo que os proprietários reforcem-nas, evitando, assim, o transpasse de semoventes, razão pela qual, por ser fato previsível e não fortuito, responde aquela pelos danos causados em veículo de particular que atropela animal em rodovia (RT 780/270). Em sentido contrário: Para que reste caracterizada a responsabilidade civil do Estado por ato omissivo e, consequentemente, o dever de indenizar o dano causado, é necessário que a ausência do atuar exigível do ente estatal seja condição do evento lesivo, razão pela qual, inexistindo prova nesse sentido, é indevida qualquer verba ao particular por autarquia responsável pela administração de estradas de rodagem estaduais, pelo fato de ter ocorrido abalroamento com animal em rodovia, uma vez que, em tal hipótese, a responsabilidade por danos causados por semoventes, em princípio, é de seu proprietário detentor (RT 799/249).

◘ Acidente de navio. Caução. Garantia do ressarcimento.

Cabível a concessão de medida liminar para compelir o armador e o operador de navio estrangeiro a caucionar o Juízo para garantia de eventuais prejuízos causados por colisão do navio no terminal portuário, independentemente da existência de título executivo que autorize o arresto. Princípio Fundamental da Garantia ao Resultado Prático da Ação. Provimento parcial do recurso para deferir a medida, impedindo a concessão de passe de saída do navio do porto enquanto não prestada caução idônea (TJRJ, 13.ª Câm.Civ., Ag 2007.002.35554, Rio de Janeiro-RJ, rel. Des. Arthur Eduardo Ferreira, j. 2.4.2008, v.u., BolAASP 2669/1807).

◘ Acidente de trânsito.

Ré que efetuou retorno em via preferencial, para adentrar novamente na rua lateral de onde proveio. Manobra desnecessária, dada a existência de rotatória próxima ao local dos fatos, e desprovida das cautelas de praxe, que resultou na colisão com viatura da polícia militar. Inexistindo prova de que esta imprimia velocidade excessiva ou adentrou na contramão de direção, torna-se irrelevante a questão do acionamento ou não dos sinais luminosos e sonoros de emergência. Culpa da ré caracterizada (TJSP, 34.ª Câm. Dir. Priv., Ap 9124954-53.2009.8.26.0000, rel. Des. Gomes Varjão, j. 27.2.2012, DJE div. 5.3.2012, publ. 7.3.2012).

◘ Atropelamento de pedestre que atravessa a via.

Motorista que não desacelera automóvel. É devida indenização a título de danos material, moral e estético sofridos por vítima de atropelamento pelo motorista que, agindo com culpa, conduzindo seu veículo em baixa velocidade, antevendo a intenção do pedestre em atravessar a via, não toma nenhuma providência quanto à desaceleração ou frenagem do automóvel (RT 780/268).

◘ Atropelamento de pedestre por motoneta.

Pedestre que titubeou e recuou em direção à moto. Culpa concorrente. Atropelamento de pedestre por motoneta pilotada por menor, que carregava outro rapaz na garupa. Falta de controle do veículo, que, ao invés de aguardar que a transeunte completasse a travessia, tentou desviar-se dela, no exato momento em que, titubeante e procurando fugir do biciclo, também voltou para trás, e acabou sendo atropelada. Culpa concorrente caracterizada. Indenização por metade (1.º TACivSP, 12.ª Câm., EI 795031-6/01, rel. Juiz Jurandir de Sousa Oliveira, m.v., j. 19.7.2000).

◘ Condutor de caminhão. Imprudência.

Age com culpa o motorista de caminhão que, trafegando em via urbana de mão única e pistas paralelas, declina para a esquerda a fim de ganhar mais ângulo e converge para a direita, abalroando veículo que trafegava ao seu lado (STJ, Ag 60681-1-PR, rel. Min. Cláudio Santos, j. 21.2.1995, DJU 3.3.1995, p. 4181).

◘ Guarda de veículo em estabelecimento de supermercado. Morte por atropelamento.

A responsabilidade do supermercado exsurge nítida no caso de atropelamento e morte ocorridos nas dependências do seu estacionamento, causados por veículo que acabara de ser furtado, dirigido pelo autor da subtração. Isso porque era dever jurídico do supermercado impedir a consumação da subtração do veículo. Era seu dever também evitar o rompimento do equilíbrio jurídico. Afinal, é sabido que cabe ao detentor da coisa potencialmente perigosa, como um veículo automotor, zelar para que ele não cause danos a terceiros. Nas circunstâncias, porém, esse dever de guarda, normalmente atribuído ao proprietário ou possuidor do veículo, estava momentaneamente transferido ao supermercado, que dele não se desincumbiu a contento. Não importa que o autor direto do dano tenha sido terceiro (RT 700/69).

◙ Reboque e caminhão trator.

A empresa proprietária de semirreboque é solidariamente responsável pelos danos causados em acidente envolvendo o caminhão trator, no qual se encontrava acoplado, devendo, assim, figurar no polo passivo de ação de indenização em razão dos prejuízos advindos daquele evento (STJ, 4.ª T., REsp 1289202-RS, rel. Min. Luis Felipe Salomão, j. 21.6.2016, DJUE 29.8.2016).

◙ Abalroamento com animal em rodovia.

É dever jurídico da empresa responsável pela administração de estradas de rodagem fiscalizar as cercas lindeiras da rodovia, exigindo que os proprietários reforcem-nas, evitando, assim, o transpasse de semoventes, razão pela qual, por ser fato previsível e não fortuito, responde aquela pelos danos causados em veículo de particular que atropela animal em rodovia (RT 780/270). Em sentido contrário: Para que reste caracterizada a responsabilidade civil do Estado por ato omissivo e, consequentemente, o dever de indenizar o dano causado, é necessário que a ausência do atuar exigível do ente estatal seja condição do evento lesivo, razão pela qual, inexistindo prova nesse sentido, é indevida qualquer verba ao particular por autarquia responsável pela administração de estradas de rodagem estaduais, pelo fato de ter ocorrido abalroamento com animal em rodovia, uma vez que, em tal hipótese, a responsabilidade por danos causados por semoventes, em princípio, é de seu proprietário detentor (RT 799/249).

◙ Acidente de trânsito.

Ré que efetuou retorno em via preferencial, para adentrar novamente na rua lateral de onde proveio. Manobra desnecessária, dada a existência de rotatória próxima ao local dos fatos, e desprovida das cautelas de praxe, que resultou na colisão com viatura da polícia militar. Inexistindo prova de que esta imprimia velocidade excessiva ou adentrou na contramão de direção, torna-se irrelevante a questão do acionamento ou não dos sinais luminosos e sonoros de emergência. Culpa da ré caracterizada (TJSP, 34.ª Câm. Dir. Priv., Ap 9124954-53.2009.8.26.0000, rel. Des. Gomes Varjão, j. 27.2.2012, DJE div. 5.3.2012, publ. 7.3.2012).

◙ Atropelamento de pedestre que atravessa a via. Motorista que não desacelera automóvel.

É devida indenização a título de danos material, moral e estético sofridos por vítima de atropelamento pelo motorista que, agindo com culpa, conduzindo seu veículo em baixa velocidade, antevendo a intenção do pedestre em atravessar a via, não toma nenhuma providência quanto à desaceleração ou frenagem do automóvel (RT 780/268).

◙ Atropelamento de pedestre por motoneta.

Pedestre que titubeou e recuou em direção à moto. Culpa concorrente. Atropelamento de pedestre por motoneta pilotada por menor, que carregava outro rapaz na garupa. Falta de controle do veículo, que, ao invés de aguardar que a transeunte completasse a travessia, tentou desviar-se dela, no exato momento em que, titubeante e procurando fugir do biciclo, também voltou para trás, e acabou sendo atropelada. Culpa concorrente caracterizada. Indenização por metade (1.º TACivSP, 12.ª Câm., EI 795031-6/01, rel. Juiz Jurandir de Sousa Oliveira, m.v., j. 19.7.2000).

Súmula nº492 do STF: "A empresa locadora de veículos responde, civil e solidariamente com o locatário, pelos danos por este causados a terceiro, no uso do carro locado".

Súmula nº 132 do STJ: "A ausência de registro da transferência não implica a responsabilidade do antigo proprietário por dano resultante de acidente que envolva o veículo alienado".

◙ Condutor de caminhão. Imprudência.

Age com culpa o motorista de caminhão que, trafegando em via urbana de mão única e pistas paralelas, declina para a esquerda a fim de ganhar mais ângulo e converge para a direita, abalroando veículo que trafegava ao seu lado (STJ, Ag 60681-1-PR, rel. Min. Cláudio Santos, j. 21.2.1995, DJU 3.3.1995, p. 4181).

◙ Guarda de veículo em estabelecimento de supermercado. Morte por atropelamento.

A responsabilidade do supermercado exsurge nítida no caso de atropelamento e morte ocorridos nas dependências do seu estacionamento, causados por veículo que acabara de ser furtado, dirigido pelo autor da subtração. Isso porque era dever jurídico do supermercado impedir a consumação da subtração do veículo. Era seu dever também evitar o rompimento do equilíbrio jurídico. Afinal, é sabido que cabe ao detentor da coisa potencialmente perigosa, como um veículo automotor, zelar para que ele não cause danos a terceiros. Nas circunstâncias, porém, esse dever de guarda, normalmente atribuído ao proprietário ou possuidor do veículo, estava momentaneamente transferido ao supermercado, que dele não se desincumbiu a contento. Não importa que o autor direto do dano tenha sido terceiro (RT 700/69).

◙ Reboque e caminhão trator.

A empresa proprietária de semirreboque é solidariamente responsável pelos danos causados em acidente envolvendo o caminhão trator, no qual se encontrava acoplado, devendo, assim, figurar no polo passivo de ação de indenização em razão dos prejuízos advindos daquele evento (STJ, 4.ª T., REsp 1289202-RS, rel. Min. Luis Felipe Salomão, j. 21.6.2016, DJUE 29.8.2016).

RESPONSABILIDADE CIVIL POR PERDA DE UMA CHANCE NA VISÃO DOS TRIBUNAIS PÁTRIOS.

◙ Para a aplicação da teoria da perda de uma chance no âmbito da responsabilidade civil é imprescindível que a chance seja séria e real, excluindo-se as meras expectativas e possibilidades hipotéticas

RESPONSABILIDADE CIVIL DO ADVOGADO. TEORIA DA PERDA DE UMA CHANCE. O autor ajuizou ação indenizatória em face dos réus, com fundamento na teoria da perda de uma chance, requerendo o ressarcimento do valor equivalente à condenação contida em sentença prolatada nos autos de uma ação civil pública que tramitou perante a Justiça Federal, por não terem os réus ingressado com a execução do título em tempo hábil, sobrevindo a prescrição intercorrente. Afastada a preliminar de ilegitimidade passiva. Rejeitada a prejudicial de prescrição e a impugnação à gratuidade de justiça. No mérito, a execução individual do título judicial foi ajuizada em 22/05/2012. Entendeu o juízo da execução que, após agosto/2009, o exequente tinha o prazo de dois anos e meio para promover a execução, operando-se, assim a prescrição intercorrente. É certo que a atuação do advogado é uma atividade-meio e não de resultado, cabendo ao profissional atuar da melhor forma possível na defesa dos interesses de seus clientes, "comprometendo-se, quando da celebração do mandato judicial, a observar a técnica ínsita ao exercício da advocacia e, ainda, a articular a melhor defesa dos interesses do mandante, embora sem a garantia do resultado final favorável (obrigação de meio), mas adstritos à uma atuação dentro do rigor profissional exigido, inclusive a utilização dos recursos legalmente estabelecidos, dentro dos prazos legalmente previstos" (REsp 1758767). Desta forma, a responsabilidade civil subjetiva do advogado, por inadimplemento de suas obrigações de meio, depende da demonstração de ato culposo ou doloso, do nexo causal e do dano causado a seu cliente (art. 32 do Estatuto da OAB). A falta de diligência do advogado que, no exercício do mandato, causar prejuízos ao seu cliente, deve ser indenizado. Para a aplicação da teoria da perda de uma chance no âmbito da responsabilidade civil é imprescindível que a chance seja séria e real, excluindo-se as meras expectativas e possibilidades hipotéticas....(Processo: APL 0301963-06.2016.8.19.0001 – Órgão Julgador: TERCEIRA CÂMARA CÍVEL – Julgamento: 3 de Abril de 2019 – Relator: Des(a). PETERSON BARROSO SIMÃO)

◙ O desperdício da chance merece reparação própria, sem se confundir com o próprio óbito por ser este fato posterior e, portanto, imponderável

RESPONSABILIDADE CIVIL MÉDICA. SEGURO SAÚDE. FALECIMENTO DE CRIANÇA. DANO MORAL. PERDA DE UMA CHANCE. Ação indenizatória de dano moral movida contra plano de saúde e hospitais em vista da falha no serviço que provocou o óbito do filho menor da Autora. Rejeita-se a preliminar de cerceamento do direito de defesa, pois houve intimação na audiência para a 2ª Ré se manifestar em alegações finais. Rejeita-se a ilegitimidade passiva, pois o pedido e a causa de pedir se dirigem a 2ª Ré, o quanto basta para integrar o polo passivo da relação processual como orienta a teoria da asserção. O filho da Autora teve problemas de saúde e necessitou de internação em UTI Pediátrica, inexistente nas instalações dos Réus, que demoraram a transferi-lo para hospital equipado com aparelhagem adequada ao tratamento indo a criança a óbito. Ao privar a criança da possibilidade de se recuperar, as Rés respondem pelos danos decorrentes da chance perdida. O desperdício da chance merece reparação própria, sem se confundir com o próprio óbito por ser este fato posterior e, portanto, imponderável. Manifesto o dano moral sofrido pela Autora com a perda prematura de seu filho que sequer teve a oportunidade de se tratar com o auxílio de equipamentos adequados. Valor da indenização que deve atender a capacidade das partes, o dano e sua repercussão, sem perder de norte o princípio da razoabilidade. Recursos desprovidos. (Processo: APL 0017186-47.2013.8.19.0011 – Órgão Julgador: QUINTA CÂMARA CÍVEL – Julgamento: 8 de Outubro de 2019 – Relator: Des(a). HENRIQUE CARLOS DE ANDRADE FIGUEIRA)

◙ Admite-se a responsabilidade civil e o consequente dever de reparação de possíveis prejuízos com fundamento na denominada teoria da perda de uma chance, desde que séria e real a possibilidade de êxito.

EMENTA: APELAÇÃO CÍVEL – PROCEDIMENTO COMUM – AÇÃO DE INDENIZAÇÃO – INOVAÇÃO RECURSAL – RESPONSABILIDADE CIVIL – OBRIGAÇÃO DO ADVOGADO – PERDA DE UMA CHANCE – CHANCE SÉRIA E REAL NÃO COMPROVADA. 1. A petição inicial indicará os fatos e os fundamentos jurídicos do pedido e o pedido com as suas especificações. 2. Impondo-se a correlação entre o pedido e a sentença, é vedado ao juiz decidir aquém (citra ou infra petita), fora (extra petita) ou além (ultra petita) do pedido, se para isto a lei exigir iniciativa da parte. 3. Somente serão objeto de exame e julgamento pelo tribunal as questões suscitadas e discutidas no processo, inadmitida, portanto, a inovação recursal. 4. A obrigação do advogado é de meio e não de resultado. Por isso, ao aceitar a causa, o advogado obriga-se a conduzi-la com toda a diligência, não impondo a ele o dever de entregar um resultado certo. 5. Admite-se a responsabilidade civil e o consequente dever de reparação de possíveis prejuízos com fundamento na denominada teoria da perda de uma chance, desde que séria e real a possibilidade de êxito. 6. As expectativas legítimas do cliente, em relação a demanda, não são suficientes para caracterizar a perda de uma chance. (Processo: AC 10000180921231001 MG – Publicação: 12/08/2019 – Julgamento: 7 de Agosto de 2019 – Relator: José Flávio de Almeida)

◙ Prova pericial que atestou a necessidade da cirurgia em até 7 dias após o nascimento. Ausência de autorização do plano de saúde. Perda de uma chance caracterizada

RESPONSABILIDADE CIVIL. PERDA DE UMA CHANCE. DEMORA NA AUTORIZAÇÃO PARA CIRURGIA. ÓBITO DA MENOR. DANO MORAL CONFIGURADO. 1. Inexistência de vício na sentença, considerando que admitido pelo Código de Processo Civil de 1973 o pedido genérico de dano moral. Alteração legislativa superveniente que não pode atingir os autores. 2. Nulidade da sentença inocorrente, eis que não se pode confundir o pedido de indenização por dano moral com o valor atribuído à causa. Não ocorrência de julgamento ultra petita. 3. Parto realizado sendo que a neonata sofria de hipoplasia de cavidade esquerda. Necessidade de se submeter a cirurgia de "Norwood". Prova pericial que atestou a necessidade da cirurgia em até 7 dias após o nascimento. Ausência de autorização do plano de saúde. Perda de uma chance caracterizada. 4. Elementos da responsabilidade presentes, considerando os documentos carreados aos autos, eis que solicitada a transferência para nosocômio apto a realização da cirurgia. Inteligência dos verbetes sumulares 211 e 339 do TJRJ. 5. Procedimento de urgência que é coberto nos termos da Lei, não podendo se falar em ausência de cobertura. 6. Ausência de responsabilidade do nosocômio, considerando que o mesmo adotou todos os procedimentos necessários a transferência da menor. 7. Dano moral configurado e verba fixada que merece majoração. 8. Pensionamento que não se mostra devido. Entendimento jurisprudencial acerca da impossibilidade de arcar com o pagamento de pensão quando se trata de vítima menor que não exercia atividade laboral. Dano hipotético. 8. Despesas com funeral que não exige comprovação, diante da certeza do sepultamento. 9. Termo inicial dos juros que é a contar da evento, eis que se trata de responsabilidade extracontratual. Correção monetária que deve incidir a contar do arbitramento, nos termos do verbete sumular 362 do STJ. (Processo: APL 0299311-84.2014.8.19.0001 – Órgão Julgador: DÉCIMA SEGUNDA CÂMARA CÍVEL – Julgamento: 21 de Maio de 2019 – Relator: Des(a). CHERUBIN HELCIAS SCHWARTZ JÚNIOR)

◙ Aplicação da teoria da perda de uma chance, porque a paciente, embora acometida de doença gravíssima, poderia ter sobrevida, caso fosse devidamente atendida

RESPONSABILIDADE CIVIL. TEORIA DA PERDA DE UMA CHANCE. Óbito, em decorrência de broncopneumonia, de paciente internada na rede municipal de saúde, em estado grave, acometida de diabetes e Esclerose Lateral Amiotrófica – ELA, sem receber tratamento que poderia ter-lhe proporcionado sobrevida. Preliminar de ilegitimidade passiva afastada. Pertinência subjetiva da ré com o objeto da demanda. Mérito. Ação ajuizada pelo marido da falecida, visando receber indenização por danos morais. Sentença de procedência parcial do pedido, com arbitramento do dano moral em R$ 20.000,00. Hipótese na qual a paciente necessitava de aparelho de ventilação artificial, não fornecido pelo réu, e foi internada três vezes no Pronto Socorro Municipal, sem o devido atendimento. Laudo elaborado por médico legista atestando que, se tivessem sido ministrados à paciente, desde a sua primeira internação, medicação antibiótica intravenosa e outros tratamentos de suporte, seu quadro clínico poderia não ter se agravado. Aplicação da teoria da perda de uma chance, porque a paciente, embora acometida de doença gravíssima, poderia ter sobrevida, caso fosse devidamente atendida. Responsabilidade subjetiva do Município, decorrente de falha no serviço, não prestado a contento. Acervo probatório suficiente para comprovar o dano e o nexo de causalidade. Dano moral arbitrado na sentença em valor insuficiente. Em face das circunstâncias fáticas, cabível a majoração para R$ 40.000,00, quantia correspondente à perda da chance que a paciente teria de sobrevida. Na responsabilidade civil pela perda de uma chance, o valor da indenização não pode equivaler ao prejuízo final (no caso, o evento morte), mas deve ser obtido mediante valoração da chance perdida, como bem jurídico autônomo. Consectários legais – O termo inicial da correção monetária é a data do arbitramento da indenização (Súmula nº 362 do STJ). (Processo: AC 1001690-60.2018.8.26.0602 SP 1001690-60.2018.8.26.0602 – Órgão Julgador: 13ª Câmara de Direito Público – Publicação: 27/03/2019 – Julgamento: 27 de Março de 2019 – Relator: Djalma Lofrano Filho)

◙ A indenização material devida pela perda de uma chance não corresponde, propriamente, à vantagem almejada, mas sim à possibilidade perdida, razão pela qual seus valores não se equiparam.

Responsabilidade Civil – Contrato de transporte – Entrega de documentos fora das condições contratadas – Perda de uma chance – Danos morais e materiais. 1. Incontroversa a falha na prestação de serviços de transporte, porquanto entregues os documentos destinados à habilitação da autora em processo licitatório em local e data diversos, impõe-se o dever de indenizar. 2. Danos materiais. A indenização material devida pela perda de uma chance não corresponde, propriamente, à vantagem almejada, mas sim à possibilidade perdida, razão pela qual seus valores não se equiparam. 3. Danos morais. A pessoa jurídica é suscetível de danos morais quando houver abalo de sua idoneidade perante o mercado de negócios. Hipótese demonstrada Ação procedente, em parte. Recurso parcialmente provido para reduzir o valor da indenização a título de danos morais a R$ 20.000,00 (vinte mil reais).(Processo: APL 0016784-92.2013.8.26.0003 SP 0016784-92.2013.8.26.0003 – Órgão Julgador: 21ª Câmara de Direito Privado – Publicação: 27/08/2018 – Julgamento: 27 de Agosto de 2018 – Relator: Itamar Gaino)

◙ Autor que alega ter contratado os serviços de advogada para propositura de reclamação trabalhista, e que mesmo após diversas reclamações a mesma não ingressou com a ação trabalhista, vindo o Autor a perder o prazo

RESPONSABILIDADE CIVIL SUBJETIVA DO ADVOGADO. TEORIA DA PERDA DE UMA CHANCE. 1. Autor que alega ter contratado os serviços de advogada para propositura de reclamação trabalhista, e que mesmo após diversas reclamações a mesma não ingressou com a ação trabalhista, vindo o Autor a perder o prazo. 2. Sentença de procedência, condenando a Ré ao pagamento de indenização por dano moral e material, consistente este no valor da rescisão apurado pelo contador. 3. Segundo a teoria da responsabilidade pela perda de uma chance (*perte d'une chance*), a parte deixa de alcançar determinado resultado favorável, embora tenha probabilidade real e séria de obtê-lo, em razão de ato ou omissão ilícita praticada por terceiro. Não se busca a integral restituição dos danos, mas a reparação pela oportunidade perdida, a qual tinha reais e sérias probabilidades de ocorrer. 4. Inescusável omissão e desídia da Ré no exercício da sua profissão, que tem o condão de caracterizar sua culpa, ensejando, por consequência a sua responsabilidade pela prescrição. Devido ao Autor o pagamento de indenização por dano material, correspondente à perda da possibilidade de se obter a vantagem pretendida. 5. Indenização pela perda de uma chance que se trata de uma terceira modalidade de dano material, a meio caminho entre o dano emergente e os lucros cessantes. Dano material que se fixa em percentual equivalente a 50% (cinquenta por cento) das verbas trabalhistas, eis que se reputa como provável e razoável que o Autor faça jus, pelo menos em parte, a algumas das verbas trabalhistas que seriam postuladas na referida reclamação. 6. Conduta da Advogado que ensejou abalo e sofrimento moral ao Autor, que transcende o mero dissabor e aborrecimentos inerentes ao cotidiano, vendo-se tolhido, concretamente, da possibilidade de auferir as verbas trabalhistas almejadas. (Processo: APL 0032306-25.2016.8.19.0206 – Órgão Julgador: DÉCIMA SEGUNDA CÂMARA CÍVEL – Julgamento: 8 de Outubro de 2019 – Relator: Des(a). MARIO GUIMARÃES NETO)

◙ Perda de uma chance. Prova pericial que atestou a gravidade do caso da genitora dos autores, bem como os nosocômios (estadual e municipal) não adotaram as técnicas necessárias ao correto diagnóstico da paciente

RESPONSABILIDADE CIVIL. PERDA DE UMA CHANCE. DEMORA NO ATENDIMENTO. DANO MORAL CONFIGURADO. 1. Preliminar de ilegitimidade passiva do Estado que deve ser rejeitada. Aplicação da teoria da asserção, considerando que se verifica a presença das condições da ação diante da narrativa da inicial. A questão acerca da existência ou não de responsabilidade é de mérito. 2. Perda de uma chance. Prova pericial que atestou a gravidade do caso da genitora dos autores, bem como os nosocômios (estadual e municipal) não adotaram as técnicas necessárias ao correto diagnóstico da paciente. Prova pericial não impugnada. 3. Elementos da responsabilidade presentes, considerando os documentos carreados aos autos, eis que não adotada a técnica adequada. 4. Dano moral configurado e corretamente fixado. 5. Recurso conhecido e improvido e sentença corrigida em remessa necessária, nos termos do voto do Desembargador Relator. (Processo: APL 0051844-84.2014.8.19.0004 RIO DE JANEIRO SAO GONCALO 3 VARA CIVEL – Órgão Julgador: DÉCIMA SEGUNDA CÂMARA CÍVEL – Partes: APTE: ESTADO DO RIO DE JANEIRO, APDO: ANDRÉ LUIZ RODRIGUES DA ROCHA e outros – Julgamento: 4 de Dezembro de 2018 – Relator: Des(a). CHERUBIN HELCIAS SCHWARTZ JÚNIOR)

◙ Nos casos de aplicação da teoria da perda de uma chance, não há ressarcimento da vantagem perdida propriamente dita, mas da perda da chance em se conquistar a vantagem.

Responsabilidade civil. Teoria da perda de uma chance. 1. Ilegitimidade de parte afastada. A presente ação versa sobre danos morais e materiais decorrentes de suposto descumprimento de contrato firmado entre a autora e a ré. É o que basta para a requerida ser parte legítima a figurar no polo passivo da demanda. 2. Aplicação da teoria da perda de uma chance. A autora perdeu a oportunidade de alcançar situação mais vantajosa, ou menos prejudicial, que muito provavelmente alcançaria, não fosse a conduta praticada pela ré. 3. Nos casos de aplicação da teoria da perda de uma chance, não há ressarcimento da vantagem perdida propriamente dita, mas da perda da chance em se conquistar a vantagem. Descabe, sob este aspecto, a indenização por dano material, cabendo exclusivamente indenização de ordem moral. 4. A indenização concedida pela perda de uma chance não pode, em qualquer hipótese, resultar na própria vantagem esperada pelo lesado. Deve o montante ser fixado em percentual que incida sobre o total da vantagem que poderia ser obtida, levando em conta o grau de probabilidade de ser configurada sua expectativa. 5. Manutenção do valor fixado. 6. Na distribuição da sucumbência, considera-se o número de pedidos formulados na inicial e o número de pedidos julgados procedentes. 7. No presente caso, os litigantes foram vencidos em parcelas semelhantes, havendo sucumbência recíproca. Recursos não providos. (Processo: APL 1017674-04.2014.8.26.0577 SP 1017674-04.2014.8.26.0577 – Órgão Julgador: 12ª Câmara Extraordinária de Direito Privado – Publicação: 16/10/2015 – Julgamento: 16 de Outubro de 2015 – Relator: Kenarik Boujikian)

■ **Restou incontroverso nos autos que, em razão da omissão do réu o paciente veio ao óbito. Perda de uma chance.**

INDENIZATÓRIA – MUNICÍPIO – HOSPITAL PÚBLICO – NEGLIGÊNCIA MÉDICA CARACTERIZADA – FALECIMENTO – PERDA DE UMA CHANCE – RESPONSABILIDADE CIVIL OBJETIVA – NEXO DE CAUSALIDADE – DANO MORAL CONFIGURADO – PENSIONAMENTO MENSAL EM BENEFÍCIO DA AUTORA – FAMÍLIA DE BAIXA RENDA. O pleito indenizatório vem ancorado em responsabilidade civil decorrente de erro médico, da qual decorre a responsabilidade objetiva do ente público por ato de seus agentes, prescindindo da averiguação de culpa. Restou incontroverso nos autos que, em razão da omissão do réu o paciente veio ao óbito. Perda de uma chance. Obrigação de reparar os danos morais sofridos. Verba indenizatória fixada de forma razoável. É devida pensão mensal à esposa do falecido. Taxa Judiciária devida, conforme entendimento cristalizado nas Súmulas 76 e 145 desta Corte e Enunciado 42 do FETJ. Negado provimento ao recurso. (Processo: APL 0015219-74.2014.8.19.0061 RIO DE JANEIRO TERESOPOLIS 2 VARA CIVEL – Órgão Julgador: DÉCIMA SÉTIMA CÂMARA CÍVEL – Partes: APTE: MUNICIPIO DE TERESÓPOLIS, APDO: OLGA DE BARROS TEIXEIRA BATISTA – Publicação: 18/12/2017 – Julgamento: 13 de Dezembro de 2017 – Relator: EDSON AGUIAR DE VASCONCELOS)

■ **Para poder aplicar a Teoria da Perda da Chance, necessário se faz observar a presença: (i) de uma chance concreta, real, com alto grau de probabilidade de obter um benefício ou sofrer um prejuízo; (ii) que a ação ou omissão do defensor tenha nexo causal com a perda da oportunidade de exercer a chance (sendo desnecessário que esse nexo se estabeleça diretamente com o objeto final); (iii) atentar para o fato de que o dano não é o benefício perdido, porque este é sempre hipotético**

EMENTA: APELAÇÃO CÍVEL – INDENIZAÇÃO – CEGUEIRA EM DECORRÊNCIA DE OMISSÃO NA REALIZAÇÃO DE CIRURGIA – PERDA DE UMA CHANCE – DANO MORAL E ESTÉTICO – CONFIGURADA A RESPONSABILIDADE CIVIL DO MUNICÍPIO – INDENIZAÇÃO DEVIDA – DANO MATERIAL – AUSÊNCIA DE COMPROVAÇÃO- IMPOSSIBILIDADE – JUROS E CORREÇÃO MONETÁRIA – HONORÁRIOS SUCUMBENCIAIS. 1- "Para poder aplicar a Teoria da Perda da Chance, necessário se faz observar a presença: (i) de uma chance concreta, real, com alto grau de probabilidade de obter um benefício ou sofrer um prejuízo; (ii) que a ação ou omissão do defensor tenha nexo causal com a perda da oportunidade de exercer a chance (sendo desnecessário que esse nexo se estabeleça diretamente com o objeto final); (iii) atentar para o fato de que o dano não é o benefício perdido, porque este é sempre hipotético." (REsp 1254141/PR, Rel. Ministra NANCY ANDRIGHI, TERCEIRA TURMA, julgado em 04/12/2012, DJe 20/02/2013) 2- Sobre a condenação deve incidir correção monetária pelo IPCA E, índice que melhor reflete a inflação do perío do, desde a data do arbitramento (Súmula 362, STJ), e juros de mora, nos termos do art. 1º-F da Lei nº. 9.494 /97, com redação dada pela Lei nº. 11.960 /09, desde a data do falecimento do menor (Súmula 54, STJ). 3- A sentença é o marco temporal para a aplicação das regras de fixação de honorários advocatícios, visto que é o nascedouro do direito à percepção destes. Portanto, às sentenças publicadas após a vigência do CPC/2015 aplicam-se, para fixação de honorários, as normas previstas neste diploma processual. (Processo: AC 10647130099276001 MG - Publicação: 09/07/2019 - Julgamento: 27 de Junho de 2019 - Relator: Jair Varão)

◙ **Conduta que fez desaparecer a probabilidade de um benefício futuro refere-se ao defeito na prestação do serviço - o qual, se fosse prestado na forma pactuada, não faria desaparecer a probabilidade de se encontrar o veículo. Além disso, a possibilidade de êxito foi séria e real, em razão da forma como seria prestada.**

RESPONSABILIDADE CIVIL OBJETIVA POR VÍCIO NA PRESTAÇÃO DE SERVIÇO. CLÁUSULA ABUSIVA DE LIMITAÇÃO DE RESPONSABILIDADE CIVIL. PRESTAÇÃO DE BLOQUEIO DE VEÍCULO E ENVIO DE EQUIPE DE BUSCA. DEFEITO: VEÍCULO NÃO FOI BLOQUEADO. APLICAÇÃO DA TEORIA DA PERDA DE UMA CHANCE. MANUTENÇÃO DA CONDENAÇÃO POR DANOS MATERIAIS E MORAIS. 1. A responsabilidade civil, de natureza objetiva, por vício na prestação de serviço ao consumidor é regulada pelo art. 14, da Lei nº 8.078 /90 (Código de Defesa do Consumidor). Para apurá-la, é necessário analisar se ocorreu defeito na prestação de serviço. Sendo, portanto, necessário apurar as prestações avençadas pelas partes. 2. "O serviço é defeituoso quando não fornece a segurança que o consumidor dele pode esperar, levando-se em consideração as circunstâncias relevantes" (art. 14, § 1º, CDC.)". *In casu*, a prestação consiste no bloqueio e no envio de equipes de busca por apoio tático terrestre. No entanto, embora tenham sido enviados os comandos, o veículo não foi bloqueado. Desse modo, houve defeito na prestação do serviço, assim é dever do prestador de serviço compensar os danos causados, independentemente de culpa. 3. A teoria da perda de uma chance "Caracteriza-se essa perda de uma chance quando, em virtude da conduta de outra parte, desaparece a probabilidade de um evento que possibilitaria um benefício futuro para a vítima". Doutrina. É admitida apenas se houver séria e real possibilidade de êxito (REsp 1354100/TO, Rel. Ministra ELIANA CALMON, SEGUNDA TURMA, julgado em 17/10/2013, REPDJe 06/03/2014, DJe 24/10/2013). No caso, a conduta que fez desaparecer a probabilidade de um benefício futuro refere-se ao defeito na prestação do serviço - o qual, se fosse prestado na forma pactuada, não faria desaparecer a probabilidade de se encontrar o veículo. Além disso, a possibilidade de êxito foi séria e real, em razão da forma como seria prestada. (Processo: APL 0050580-32.2014.8.19.0004 RIO DE JANEIRO SAO GONCALO 3 VARA CIVEL - Órgão Julgador: DÉCIMA SEGUNDA CÂMARA CÍVEL - Partes: APELANTE: CAR SYSTEM ALARMES LTDA, APELADO: WALLACE NASCIMENTO COUTINHO - Publicação: 13/07/2018 - Julgamento: 10 de Julho de 2018 - Relator: CHERUBIN HELCIAS SCHWARTZ JÚNIOR)

◘ Falha no envio de publicação oficial por Empresa de Recortes de Diários Oficiais, decorrente da má prestação do serviço da própria empresa caracteriza o ato ilícito

EMENTA: APELAÇÃO CÍVEL - RESPONSABILIDADE CIVIL - REPARAÇÃO POR DANOS MATERIAIS FUNDADA NA PERDA DE UMA CHANCE - FALHA NO ENVIO DE PUBLICAÇÃO OFICIAL POR EMPRESA DE RECORTES DE DIÁRIOS OFICIAIS - PERDA DE PRAZO PARA INTERPOSIÇÃO DE APELAÇÃO - PRESSUPOSTOS DA RESPONSABILIDADE OBJETIVA CONFIGURADOS - SENTENÇA REFORMADA. 1. A falha no envio de publicação oficial por Empresa de Recortes de Diários Oficiais, decorrente da má prestação do serviço da própria empresa caracteriza o ato ilícito. 2. A teoria da perda de uma chance visa à responsabilização do agente causador não de um dano emergente, tampouco de lucros cessantes, mas de algo intermediário entre um e outro, precisamente a perda da possibilidade de se buscar posição mais vantajosa - que muito provavelmente se alcançaria, não fosse o ato ilícito praticado. 3. Há, *in casu*, provas suficientes de que se a recorrente não houvesse perdido o prazo para interposição de recurso, este poderia reverter a sentença que lhe fora desfavorável. Precedentes do STJ. 4. Recurso de apelação conhecido e provido.

(Processo: APL 0028223-72.2012.8.08.0024 - Órgão Julgador: TERCEIRA CÂMARA CÍVEL - Publicação: 10/08/2017 - Julgamento: 1 de Agosto de 2017 - Relator: ELISABETH LORDES)

◘ Em caso de responsabilidade dos advogados pela prática de condutas negligentes, a teoria da perda de uma chance é aplicada por meio da análise das reais possibilidades de êxito do processo, eventualmente perdidas diante da negligência do causídico

EMENTA: RESPONSABILIDADE CIVIL. ADVOGADO. NEGLIGÊNCIA. PERDA DE UMA CHANCE. COMPROVAÇÃO DO PREJUÍZO MATERIAL. DANO MORAL CONFIGURADO. RECURSO CONHECIDO E PROVIDO. 1. Nos termos dos artigos 186 e 927 do Código Civil, aquele que, por ação ou omissão voluntária, negligência ou imprudência, violar direito e causar dano a outrem, ainda que exclusivamente moral, comete ato ilícito e está obrigado a reparar o dano que causou. 2. O art. 667 do Código Civil dispõe que O mandatário é obrigado a aplicar toda sua diligência habitual na execução do mandato, e a indenizar qualquer prejuízo causado por culpa sua ou daquele a quem substabelecer, sem autorização, poderes que devia exercer pessoalmente. Em complemento, o Estatuto da Ordem dos Advogados do Brasil (Lei 8.096/94), em seu art. 32, determina que O advogado é responsável pelos atos que, no exercício profissional, praticar com dolo ou culpa. 3. Entretanto, Em caso de responsabilidade dos advogados pela prática de condutas negligentes, a teoria da perda de uma chance é aplicada por meio da análise das reais possibilidades de êxito do processo, eventualmente perdidas diante da negligência do causídico (AgInt no AREsp 1213438/SP, Rel. Ministro RICARDO VILLAS BÔAS CUEVA, TERCEIRA TURMA, julgado em 24/04/2018, DJe 02/05/2018). 4. Constata-se dos autos que os valores pretendidos pelos apelantes estavam firmados em acórdão transitado em julgado, cuja satisfação restou prejudicada em razão da negligência do apelado, que não adotou as medidas processuais devidas e oportunamente, levando à extinção da execução, demonstrando o prejuízo imposto aos apelantes...(Processo: APL 0001680-76.2014.8.08.0019 - Órgão

Julgador: PRIMEIRA CÂMARA CÍVEL – Publicação: 20/03/2019 – Julgamento: 19 de Fevereiro de 2019 – Relator: JANETE VARGAS SIMÕES)

◙ **Pleito indenizatório vem ancorado em responsabilidade civil decorrente de erro médico, da qual decorre a responsabilidade objetiva do ente público por ato de seus agentes, prescindindo da averiguação de culpa.**

INDENIZATÓRIA – MUNICÍPIO – HOSPITAL PÚBLICO – ERRO NO PROCEDIMENTO CARACTERIZADO – FALECIMENTO – PERDA DE UMA CHANCE – RESPONSABILIDADE CIVIL OBJETIVA – PERÍCIA CONCLUSIVA – NEXO DE CAUSALIDADE – DANO MORAL CONFIGURADO – PENSIONAMENTO MENSAL EM BENEFÍCIO DA GENITORA DA VÍTIMA – FAMÍLIA DE BAIXA RENDA. O pleito indenizatório vem ancorado em responsabilidade civil decorrente de erro médico, da qual decorre a responsabilidade objetiva do ente público por ato de seus agentes, prescindindo da averiguação de culpa. Restou incontroverso nos autos que, em razão da má condução equivocada quanto ao diagnóstico (meningoencefalite) e, consequentemente, do tratamento aplicado, o menor veio ao óbito, com apenas 8 meses de vida. Perda de uma chance. Obrigação de reparar os danos morais sofridos. Verba indenizatória fixada de forma razoável. É devida pensão mensal à mãe do bebê, equivalente a 2/3 do salário mínimo, a partir da data em que a criança completaria 14 anos, até o limite de 25 anos de idade, reduzindo para 1/3 do salário mínimo até o óbito da mãe ou a data em que a vítima atingiria idade de 65 anos. Negado provimento ao primeiro recurso, e dado parcial provimento ao segundo. (Processo: APL 0023242-13.2006.8.19.0021 RIO DE JANEIRO DUQUE DE CAXIAS 4 VARA CIVEL – Órgão Julgador: DÉCIMA SÉTIMA CÂMARA CÍVEL – Partes: APTE: MUNICIPIO DE DUQUE DE CAXIAS e outros, APDO: OS MESMOS – Publicação: 06/12/2016 – Julgamento: 30 de Novembro de 2016 – Relator: EDSON AGUIAR DE VASCONCELOS)

◙ **Hospital Estadual – Erro Médico – Imperícia No Atendimento – Laceração Na Bexiga Da Paciente Durante Cesariana – Perícia Conclusiva – Nexo De Causalidade – Teoria Do Risco Administrativo – Aplicabilidade Da Teoria Da Perda De Uma Chance**

APELAÇÃO CÍVEL – AÇÃO INDENIZATÓRIA – RESPONSABILIDADE CIVIL – HOSPITAL ESTADUAL – ERRO MÉDICO – IMPERÍCIA NO ATENDIMENTO – LACERAÇÃO NA BEXIGA DA PACIENTE DURANTE CESARIANA – PERÍCIA CONCLUSIVA – NEXO DE CAUSALIDADE – TEORIA DO RISCO ADMINISTRATIVO – APLICABILIDADE DA TEORIA DA PERDA DE UMA CHANCE – DANO MORAL CONFIGURADO – ISENÇÃO DO PAGAMENTO DA TAXA JUDICIÁRIA ANTE O INSTITUTO DA CONFUSÃO – O pleito indenizatório vem ancorado em responsabilidade civil decorrente de erro médico, da qual deriva a responsabilidade do ente público por ato de seus agentes, prescindindo da averiguação de culpa, relevando apenas o mau funcionamento do serviço. Perícia conclusiva no sentido de que as falhas nos procedimentos médicos realizados foram a causa da sintomatologia clínica apresentada pela autora causada pela laceração na bexiga no ato da cesariana, o que acarretou a necessidade de realização de duas cirurgias, ficando a demandante incapacitada por mais de um mês. Assim, comprovados os atos de imperícia dos agentes do réu no atendimento à vítima e o resultante quadro clínico final. Presença dos pressupostos da responsabilidade civil. Dano moral caracterizado. Verba indenizatória fixada em consonância com os princípios da razoabilidade e da proporcionalidade, não merecendo reparo. Exclusão da condenação do Estado do Rio de Janeiro ao pagamento da taxa judiciária ante o instituto da confusão. Provimento parcial ao recurso. (Processo: APL 0009964-60.2016.8.19.0031 RIO DE JANEIRO MARICA 2 VARA – Órgão Julgador: DÉCIMA SÉTIMA CÂMARA CÍVEL – Partes: APTE: ESTADO DO RIO DE JANEIRO, APDO: SANDRA SUELI DOS SANTOS ROQUE – Publicação: 09/07/2018 – Julgamento: 4 de Julho de 2018 – Relator: EDSON AGUIAR DE VASCONCELOS)

■ **Responsabilidade civil. Indenização por danos morais. Falecimento de recém-nascido. Gravidez gemelar. Perda de uma chance de resultado favorável no tratamento da prematuridade da criança**

RESPONSABILIDADE CIVIL. INDENIZAÇÃO POR DANOS MORAIS. FALECIMENTO DE RECÉM-NASCIDO. GRAVIDEZ GEMELAR. PERDA DE UMA CHANCE DE RESULTADO FAVORÁVEL NO TRATAMENTO DA PREMATURIDADE DA CRIANÇA. A prematuridade foi efetivamente a causa da morte da criança. Contudo, não se pode afastar a prova no sentido de que o réu não oferecia infra-estrutura adequada ao atendimento da criança, muito embora tivesse o réu expressamente afirmado aos autores que o parto gemelar poderia ser realizado nas dependências daquela instituição. Ciente do risco desse tipo de parto, o réu não poderia ter assumido obrigação contratual que não poderia cumprir a contento. Assim, tirou o réu dos autores a chance de ver restabelecido seu filho. Em outras palavras, tirou o réu dos autores a chance de obtenção de resultado favorável no tratamento da criança prematura, visto que o réu não oferecia infra-estrutura adequada às necessidades do paciente, não obstante, repita-se, tivesse assegurado tratamento condizente à gravidez gemelar. Tinha o réu a obrigação de atuar, dispondo no momento do parto, de pediatras, medicamentos e unidade de terapia intensiva neonatal. Entretanto, viu-se a plena omissão do réu, omissão que foi combatida apenas pelos solícitos médicos que buscaram rápida remoção da criança para Hospital com adequado aparato. Não se concede a indenização pela morte da criança. Apenas pela perda de uma chance de resultado favorável no tratamento do prematuro. Assim, revela-se justificada a redução da indenização. Juros de mora a contar do evento danoso. Correção monetária de acordo com o disposto na Súmula nº 362 do STJ. Recurso do réu parcialmente provido para reduzir o valor da indenização. Recurso adesivo dos autores para determinar a incidência de juros de mora a contar da data dos fatos e correção monetária a partir do julgamento do recurso. (Processo: APL 0004037-74.2009.8.26.0319 SP 0004037-74.2009.8.26.0319 – Órgão Julgador: 10ª Câmara de Direito Privado – Publicação: 21/10/2015 – Julgamento: 20 de Outubro de 2015 – Relator: Carlos Alberto Garbi)

■ **Responsabilidade civil. Erro médico. Falecimento da paciente. Teoria da perda de uma chance. Dano material e moral.**

RESPONSABILIDADE CIVIL. ERRO MÉDICO. FALECIMENTO DA PACIENTE. TEORIA DA PERDA DE UMA CHANCE. DANO MATERIAL E MORAL. SENTENÇA

DE PROCEDÊNCIA PARCIAL. IRRESIGNAÇÃO DO 1º RÉU. No caso, a despeito da conclusão do Expert no laudo pericial elaborado em 1º Grau, no sentido de que não houve erro no atendimento e tratamento médico da paciente, o Juízo a quo aplicou a teoria da perda de uma chance, sob o fundamento de falha no primeiro atendimento, realizado em 24/09/2003, o que teria tirado, ou diminuído, a chance de êxito no tratamento médico diante do diagnóstico posterior, já após 11/11/2003, de gravidez tubária rota, o que motivou procedimento cirúrgico no qual houve complicações, e posterior falecimento da paciente. Em se tratando de responsabilidade civil por erro médico, a teoria da perda de uma chance somente deve ser aplicada nas hipóteses em que a falha médica tenha realmente diminuído as oportunidades reais e concretas de cura do paciente, devendo-se destacar trecho da lavra da i. Ministra NANCY ANDRIGHI no REsp 1254141/PR, 3ª TURMA, DJe 20/02/2013, in verbis: (.) Para aplicar teoria da perda de uma chance, necessário se faz observar a presença: (i) de uma chance concreta, real, com alto grau de probabilidade de obter um benefício ou de sofrer um prejuízo; (ii) que ação ou omissão do ofensor tenha nexo causal com a perda da oportunidade de exercer a chance (.); (iii) atentar para o fato de que o dano não o benefício perdido, porque este é sempre hipotético. (.)". Conversão do julgamento em diligência, determinando a realização de perícia complementar, de modo a elucidar o possível nexo causal e seus reflexos entre o diagnóstico da primeira visitação e o resultado final. Elucidativo e minucioso laudo médico pericial, esclarecendo, inicialmente, que o primeiro atendimento se deu 25/10/03 e não em 24/09/03. (Processo: APL 0002476-91.2005.8.19.0208 RJ 0002476-91.2005.8.19.0208 – Órgão Julgador: SÉTIMA CAMARA CIVEL – Partes: Autor: HOSPITAL BALBINO LTDA, Reu: MAURICIO LOPES HONORIO, Reu: LUCIA MARIA BARROS HONORIO, Reu: GUILHERME BARROS HONORIO DA SILVA REP/P/S/AVOS – Publicação: 31/03/2015 00:00 – Julgamento: 25 de Março de 2015 – Relator: DES. ANDRE EMILIO RIBEIRO VON MELENTOVYTCH)

▣ Teoria da perda de uma chance que deve ser aplicada nas hipóteses em que a falha médica tenha realmente diminuído as oportunidades reais e concretas de cura do paciente

Teoria da perda de uma chance que deve ser aplicada nas hipóteses em que a falha médica tenha realmente diminuído as oportunidades reais e concretas de cura do paciente, destacando-se trecho da lavra da i. Ministra NANCY ANDRIGHI no REsp 1254141/PR, 3ª TURMA, julgado em 04/12/2012, DJe 20/02/2013: "(...) Na hipótese dos autos a oportunidade perdida é de um tratamento de saúde que poderia interromper um processo danoso em curso, que levou a paciente à morte". A responsabilidade civil se evidencia, no caso, pela efetiva perda de uma chance da paciente, já que a falha médica, consubstanciada na inobservância dos princípios básicos da cadeia de infecção capaz de identificar o processo inicial, como ressaltado pelo Perito, realmente diminuiu as oportunidades reais e concretas de cura da paciente; isto é, de que se estancasse o processo infeccioso ainda no início, impedindo o progresso da infecção e o drástico resultado. Do conjunto probatório, notadamente do exame pericial realizado, denota-se a falha na prestação do serviço, por não ter sido adequadamente avaliada a paciente pela equipe médica já na primeira oportunidade da internação, com relação ao processo infeccioso ainda incipiente, cuja evolução culminou com o falecimento da paciente. RECURSO CONHECIDO E DESPROVIDO. (Processo: APL 0011773-77.2010.8.19.0037 RIO DE JANEIRO NOVA FRIBURGO 2 VARA CIVEL – Órgão Julgador: VIGÉSIMA PRIMEIRA CÂMARA CÍVEL – Partes: APELANTE: MUNICÍPIO DE NOVA FRIBURGO, APELADO: GILCILEIA DE OLIVEIRA RODRIGUES – Publicação: 18/03/2016 – Julgamento: 15 de Março de 2016 – Relator: ANDRE EMILIO RIBEIRO VON MELENTOVYTCH)

RESPONSABILIDADE CIVIL DOS BANCOS NA JURISPRUDÊNCIA PÁTRIA

■ **Assalto a banco. Força maior. Previsibilidade.**

A responsabilidade pelo pagamento dos danos morais e patrimoniais causados a cliente do banco por assalto é do próprio banco, por força do disposto na L 7102/83, independentemente de existir empresa contratada para fazer a segurança do local. Em caso de assalto a banco não pode ser alegado motivo de força maior, pois o roubo é fato previsível na atividade bancária (STJ, 3.ª T., REsp 182284-SP, rel. Min. Antônio de Pádua Ribeiro, j. 2.12.2003, v.u., DJU 19.12.2003). No mesmo sentido: "Esta Corte tem entendimento firme no sentido da responsabilidade do banco por roubo ocorrido no interior de agência bancária, por ser a instituição financeira obrigada por lei (L 7102/83) a tomar todas as cautelas necessárias a assegurar a incolumidade dos cidadãos, não podendo alegar força maior, por ser o roubo fato previsível na atividade bancária" (STJ, 4.ª T., REsp 227364-AL, rel. Min. Sálvio de Figueiredo Teixeira, STJ-RT 794/226).

■ **Assalto a banco. Responsabilidade civil da empresa de vigilância para com a instituição financeira. Inexistência.**

O banco não é consumidor final dos serviços prestados pela empresa de vigilância contratada. Na verdade, o serviço de segurança faz parte do próprio feixe de serviços ofertados ao consumidor final pela instituição financeira, serviço esse de contratação obrigatória ou de prestação direta pela própria casa bancária, nos termos da L 7102/83. Não há comprovação de que o preposto da empresa ré, ora recorrida, contribuiu de alguma maneira para o evento danoso. Ainda que o segurança não tivesse aberto a porta giratória da agência bancária, tal providência seria absolutamente inócua diante do potencial ofensivo do grupo criminoso, composto de oito integrantes, que se apresentaram para a prática do delito armados com fuzis. Incidência da STJ 7. A cláusula contratual que impõe à contratada o dever de "obstar assaltos" e de "garantir a preservação do patrimônio da contratante" não tem – e nem poderia ter – o alcance pretendido pelo recorrente. A L 7102/83 – que dispõe sobre serviço de segurança para estabelecimentos financeiros – restringe o armamento a ser utilizado por vigilantes não empenhados em transporte de valores, como os que se encontram permanentemente no interior de agências bancárias. Na mesma linha, o D 89056/83, a L 10826/03 (Estatuto do Desarmamento) e a Portaria 387/06 do Departamento de Polícia Federal/MJ. Portanto, se a própria legislação e atos normativos infralegais impõem limitação aos meios de segurança a ser utilizados por empresas de vigilância privada – notadamente ao vigilante que se encontra no interior da agência bancária –, a proteção oferecida a instituições financeiras contratantes também há de ser tida por limitada. Caso contrário, ter-se-ia de exigir das empresas contratadas posturas muitas vezes contrárias às normas que regulamentam a atividade. Com efeito, o contrato de segurança privada é de ser tido como constitutivo de obrigação de meio, consistente no dever de a empresa contratada, mediante seus agentes de vigilância, envidar todos os esforços razoáveis a evitar danos ao patrimônio da contratante e de proceder com a diligência condizente com os riscos inerentes ao pacto. Todavia, descabe exigir dos seguranças – que portam armamento limitado por imposição legal – atitudes heroicas perante grupo criminoso fortemente armado. Não fosse assim – além de patentear o completo desprezo à vida humana –, o contrato de vigilância transformar-se-ia em verdadeiro contrato de seguro, olvidando-se de que a própria L 7102/83 trata do seguro de estabelecimentos bancários como medida complementar ao serviço obrigatório de segurança armada (STJ, 4.ª T., REsp 1329831-MA, rel. Min. Luis Felipe Salomão, j. 19.3.2015, DJUE 5.5.2015).

◙ Assalto a banco. Teoria do risco integral.

Em face dos riscos inerentes à atividade bancária, a L 7102/83 criou para as instituições financeiras um dever de segurança em relação ao público em geral, razão pela qual, ocorrendo assalto dentro de agência bancária e vindo a ser um dos clientes atingido por projétil de arma de fogo, o banco tem a obrigação de indenizar o dano experimentado, mesmo em casos de culpa exclusiva da vítima, fato de terceiro, caso fortuito ou força maior, pois a responsabilidade do banco se funda na teoria do risco integral (RT 781/366).

> **Súmula nº 388 do STJ:** "A simples devolução indevida de cheque caracteriza dano moral".

◙ Cheque. Devolução. Contrato de abertura de crédito. Cancelamento não comunicado ao cliente.

Se a instituição financeira não comunicou ao correntista o cancelamento de contrato de abertura de crédito em conta corrente, deve arcar com o dano moral advindo da devolução de cheques por insuficiência de fundos se demonstrado que o cliente, na data da apresentação das cártulas, contava com saldo credor em conta corrente e o pagamento dos títulos não extrapolaria o limite de crédito fornecido pelo banco (RT 795/220).

◙ Cheque. Devolução de cheque por insuficiência de fundo. Saldo suficiente.

Responde o banco pela falha do serviço, ocasionadora da devolução de cheques por insuficiência de fundos, de cliente que tinha saldo na conta corrente comum, além de investimentos de resgate automático, transferido para a do cheque especial, sem autorização expressa do mesmo (RT 779/351). Em mesmo sentido: Devolvido cheque por insuficiência de fundo quando havia saldo, o banco deve indenizar por dano moral, caracterizado pelos transtornos, incômodo e vexame social ao emitente (STJ, 3.ª T., REsp 258411-MG, rel. Min. Waldemar Zveiter, j. 19.2.2001, DJU 2.4.2001).

■ Cheque. Devolução indevida. Indenização. Existência de saldo para compensação. Falha na prestação dos serviços.

Ato ilícito determinado pela responsabilidade profissional do estabelecimento bancário, descomprometido com a eficácia de seu sistema de segurança. Dano moral configurado. Condenação bem dimensionada. Apelação desprovida (TJSP, 17.ª Câm. Dir. Priv., Ap 0226066-15.2009.8.26.0100-São Paulo, rel. Des. Luiz Sabbato, j. 16.3.2011 – BolAASP 2760).

> **Súmula nº 28 do STF:** "O estabelecimento bancário é responsável pelo pagamento de cheque falso, ressalvadas as hipóteses de culpa exclusiva ou concorrente do correntista".

■ Conta corrente. Abertura por ato fraudulento. Cheques protestados. Responsabilidade do banco.

A abertura de conta corrente através de ato fraudulento, consistente na utilização de carteira de identidade, que havia sido perdida pelo titular do documento, sem o seu conhecimento ou participação, que acabou por culminar no protesto de cheques, impõe ao banco o dever de indenizar os danos morais e materiais suportados em decorrência da fraude, pois a falsificação foi montada contra a instituição financeira, decorrendo sua responsabilidade em virtude do risco profissional (RT 799/216). Fraude praticada por terceiros. Fortuito interno. Responsabilidade objetiva. STJ 479: "As instituições financeiras respondem objetivamente pelos danos gerados por fortuito interno relativo a fraudes e delitos praticados por terceiros no âmbito de operações bancárias". V. tb. STJ, 2.ª Seção, REsp 1199782-PR, rel. Min. Luis Felipe Salomão, j. 24.8.2011, DJE 12.9.2011 – acórdão submetido às regras do CPC/1973 543-C [CPC 1036] e Res. STJ 8/2008.

■ Fundos de investimento. Cláusula *stop loss*. Dano moral.

1. Por estar caracterizada relação de consumo, incidem as regras do CDC aos contratos relativos a aplicações em fundos de investimento celebrados entre instituições financeiras e seus clientes. STJ 297. 2. O risco faz parte do contrato de aplicação em fundos de investimento, podendo a instituição financeira, entretanto, criar mecanismos ou oferecer garantias próprias para reduzir ou afastar a possibilidade de prejuízos decorrentes das variações observadas no mercado financeiro. 3. Embora nem a sentença nem o acórdão esmiúcem, em seus respectivos textos, os contratos de investimento celebrados, ficou suficientemente claro ter sido pactuado o mecanismo *stop loss*, o qual, conforme o próprio nome indica, fixa o ponto de encerramento de uma operação com o propósito de "parar" ou até de evitar determinada "perda". Do não acionamento do referido mecanismo pela instituição financeira na forma contratada, segundo as instâncias ordinárias, é que teria havido o prejuízo. Alterar tal conclusão é inviável em recurso especial, ante as vedações contidas nos STJ 5 e 7. 4. Mesmo que o pacto do

stop loss refira-se, segundo o recorrente, tão somente a um regime de metas estabelecido no contrato quanto ao limite de perdas, a motivação fático-probatória adotada nas instâncias ordinárias demonstra ter havido, no mínimo, grave defeito na publicidade e nas informações relacionadas aos riscos dos investimentos, induzindo os investidores a erro, o que impõe a responsabilidade civil da instituição financeira. Precedentes. 5. O simples descumprimento contratual, por si, não é capaz de gerar danos morais, sendo necessária a existência de um plus, uma consequência fática capaz, essa sim, de acarretar dor e sofrimento indenizável pela sua gravidade (STJ, 4.ª T., REsp 656932-SP, rel. Min. Antonio Carlos Ferreira, j. 24.4.2014, DJE 2.6.2014).

▣ Limite de cheque especial. Alteração. Comunicação ao correntista. Devolução de cheque. Dano moral.

O titular da conta corrente deve ser notificado das alterações do respectivo limite de crédito (cheque especial), e a devolução indevida do cheque do correntista como sem fundos acarreta a responsabilidade de indenizá-lo por dano moral. Precedente citado: REsp 251713-BA, DJU 11.3.2002 (STJ, 3.ª T., REsp 486249-RS, rel. Min. Ari Pargendler, j. 25.3.2003, DJU 2.6.2003).

▣ Porta giratória de agência bancária. Exposição a constrangimento e humilhação. Cabimento da indenização.

I. Em princípio, em época em que a violência urbana atinge níveis alarmantes, a existência de porta detectora de metais nas agências bancárias é medida que se impõe para a segurança de todos, a fim de prevenir furtos e roubos no interior desses estabelecimentos de crédito. Nesse sentido, as impositivas disposições da L 7102/83. Por esse aspecto, é normal que ocorram aborrecimentos e até mesmo transtornos causados pelo mau funcionamento do equipamento, que às vezes trava, acusando a presença de não mais que um molho de chaves. E dissabores dessa natureza, por si sós, não ensejam reparação por dano moral. II. O dano moral poderá advir não do constrangimento acarretado pelo travamento da porta em si, fato que poderá não causar prejuízo a ser reparado a esse título, mas dos desdobramentos que lhe possam suceder, assim consideradas as iniciativas que a instituição bancária ou seus prepostos venham a tomar no momento, as quais poderão minorar os efeitos da ocorrência, fazendo com que ela assuma contornos de uma mera contrariedade, ou, de outro modo, recrudescê-los, degenerando o que poderia ser um simples contratempo em fonte de vergonha e humilhação, passíveis, estes sim, de reparação. É o que se verifica na hipótese dos autos, diante dos fatos narrados no aresto hostilizado, em que o preposto da agência bancária, de forma inábil e na presença de várias pessoas, fez com que o ora recorrido tivesse que retirar até mesmo o cinto e as botas, na tentativa de destravar a porta, situação, conforme depoimentos testemunhais acolhidos pelo acórdão, que lhe teria causado profunda vergonha e humilhação. III. Rever as premissas da conclusão assentada no acórdão na intenção de descaracterizar o dano demandaria o reexame das circunstâncias fáticas da causa, o que é vedado em sede de especial, em consonância com o que dispõe o STJ 7. Recurso especial não conhecido (STJ, 3.ª T., REsp 551840-PR, rel. Min. Castro Filho, j. 29.10.2003, DJU 17.11.2003).

◙ Roubo de joias empenhadas.

1. A orientação pacífica do Superior Tribunal de Justiça reconhece a submissão das instituições financeiras aos princípios e às regras do Código de Defesa do Consumidor. 2. Tendo ocorrido o roubo das joias empenhadas, a Caixa Econômica Federal deve indenizar a recorrente por danos materiais. 3. A cláusula contratual que restringiu a responsabilidade da CEF a 1,5 (um inteiro e cinco décimos) vez o valor de avaliação das joias empenhadas deve ser considerada abusiva, por força do CDC 51 I. Precedentes do STJ. 4. Não há como conhecer da insurgência quanto à indenização por danos morais, haja vista a ausência de demonstração do dissídio jurisprudencial nos moldes legais. 5. Recurso especial parcialmente provido (STJ, 3.ª T., REsp 1227909-PR, rel. Min. Ricardo Villas Bôas Cueva, j. 15.9.2015, DJUE 23.9.2015).

◙ Saque indevido de conta poupança. Responsabilidade.

O dano extrapatrimonial, mais do que o simples efeito de lesão, é aquele que incide sobre objetos próprios, sobre bens da vida autônomos, consistindo em gênero, no qual haverá espécies. Segundo desenvolvimento doutrinário, a par das lesões a direitos da personalidade (imagem, honra, privacidade, integridade física), o que se pode denominar de dano moral objetivo e, ainda, que ensejam um prejuízo a partir da simples violação da proteção a eles conferida, surgem situações outras, que, embora não atinjam diretamente tal complexo de direitos, também consubstanciam dano extrapatrimonial passível de compensação, por se relacionarem com um mal sofrido pela pessoa em sua subjetividade, em sua intimidade psíquica, sujeita a dor ou sofrimento intransferíveis, que o ato ilícito ou antijurídico veio a subverter. Enquanto a primeira categoria traduz um dano aferível de plano, com a mera lesão a um direito de personalidade, a segunda pressupõe uma maior investigação do caso concreto, a fim de que sejam examinadas as suas peculiaridades e, ao final, de definir se aquela determinada hipótese fática e suas repercussões e desdobramentos, embora não tenham atingido um direito de personalidade, ultrapassaram o que se entende por mero aborrecimento e incômodo, alcançando sobremodo a integridade psíquica do sujeito. É sob a ótica desta segunda categoria – danos morais subjetivos, os quais reclamam uma análise mais pormenorizada das circunstâncias do caso concreto –, que deve ser procedido o exame acerca do reconhecimento ou não de dano extrapatrimonial passível de compensação em hipóteses como a dos autos – saque indevido de numerário depositado em conta poupança. 2.3 A análise do enquadramento jurídico dos fatos expressamente mencionados no acórdão impugnado não constitui simples reexame probatório, mormente quando, em um juízo sumário, for possível visualizar *primo icto oculi* que a tese articulada no apelo nobre não retrata rediscussão de fato e nem interpretação de cláusulas contratuais, senão da própria qualificação jurídica dos fatos já apurados e consignados nas decisões proferidas pelas instâncias ordinárias. 2.4 Na hipótese dos autos, diversamente do que compreendido pelas instâncias ordinárias, as circunstâncias que envolveram o caso são suficientes à caracterização do dano moral. O autor somente está vendo restituído o seu dinheiro, indevidamente retirado de sua conta poupança, após ter intentado uma ação judicial que obrigou a instituição financeira a recompor os depósitos. Evidente que essa circunstância vai muito além de um mero dissabor, transtorno ou aborrecimento corriqueiro, não sendo admissível compreender que o intento e longo acompanhamento de uma demanda judicial, único instrumento capaz de refazer seu patrimônio e compelir a ré a proceder à reparação, seja acontecimento normal, comum no cotidiano de qualquer indivíduo (STJ, 4.ª T., AgRg no AREsp 395426-DF, rel. Min. Antonio Carlos Ferreira, rel. p/ acórdão Min. Marco Buzzi, j. 15.10.2015, DJUE 17.12.2015).

◙ Saque indevido em conta-corrente. Sujeito absolutamente incapaz.

1. A instituição bancária é responsável pela segurança das operações realizadas pelos seus clientes, de forma que, havendo falha na prestação do serviço que ofenda direito da personalidade daqueles, tais como o respeito e a honra, estará configurado o dano moral, nascendo o dever de indenizar. Precedentes do STJ. 2. A atual Constituição Federal deu ao homem lugar de destaque entre suas previsões. Realçou seus direitos e fez deles o fio condutor de todos os ramos jurídicos. A dignidade humana pode ser considerada, assim, um direito constitucional subjetivo, essência de todos os direitos personalíssimos e o ataque àquele direito é o que se convencionou chamar dano moral. 3. Portanto, dano moral é todo prejuízo que o sujeito de direito vem a sofrer por meio de violação a bem jurídico específico. É toda ofensa aos valores da pessoa humana, capaz de atingir os componentes da personalidade e do prestígio social. 4. O dano moral não se revela na dor, no padecimento, que são, na verdade, sua consequência, seu resultado. O dano é fato que antecede os sentimentos de aflição e angústia experimentados pela vítima, não estando necessariamente vinculado a alguma reação psíquica da vítima. 5. Em situações nas quais a vítima não é passível de detrimento anímico, como ocorre com doentes mentais, a configuração do dano moral é absoluta e perfeitamente possível, tendo em vista que, como ser humano, aquelas pessoas são igualmente detentoras de um conjunto de bens integrantes da personalidade. 6. Recurso especial provido (STJ, 4.ª T., REsp 1245550-MG, rel. Min. Luis Felipe Salomão, j. 17.3.2015, DJUE 16.4.2015).

◙ Transferência de valor via internet. Fraude. Fornecimento de senha pelo cliente a suposto preposto da agência.

Age com culpa o cliente que, sem tomar as devidas cautelas, fornece sua senha, por telefone, a pessoa que se apresenta como funcionário do estabelecimento bancário, ao pretexto de que esta declinara alguns de seus dados pessoais, tais quais: número de CPF, número de conta e código da agência. Por outro lado, o fato de haver transferido para a conta do fraudador, via internet, quantia superior ao limite diário estabelecido, evidencia a responsabilidade do banco, a quem cabe a supervisão das operações disponibilizadas aos clientes, por meio eletrônico, sendo tal prática incluída entre aquelas cujo risco profissional envolve a atividade bancária. A culpa nesse caso é recíproca, embora não o seja em partes iguais. Há culpa recíproca proporcional (TJDF, RTDCiv 2/179).

◙ Troca de cartão. Fraude realizada no interior da agência. Defeito de serviço.

É de responsabilidade do usuário o uso do cartão magnético e o sigilo de sua senha; porém, se é vítima de golpe de troca de cartão no interior das dependências da instituição bancária, vindo a sofrer vários desfalques em seu crédito em conta corrente, responde o banco pelos prejuízos causados em razão de ter oferecido um serviço defeituoso, sem a segurança necessária à realização de operações financeiras em caixa eletrônico, consoante o disposto no CDC 14 (RT 781/395).

◙ **Valores pagos a menor por instituição bancária.**

1. Cuida-se, na origem, de ação ordinária objetivando a rescisão de cédula de crédito industrial e o ressarcimento dos prejuízos causados pela atuação da instituição financeira, que teria repassado quantia aquém do contratado, em virtude da utilização do índice UFR-MA diverso da data do efetivo desembolso. 2. Os pedidos formulados pelas partes devem ser apreciados a partir de uma interpretação lógico-sistemática, não podendo o magistrado se esquivar da análise ampla e detida da relação jurídica posta em exame. 3. A obrigatória adstrição do julgador ao pedido expressamente formulado pelo autor pode ser mitigada em observância dos brocardos da *mihi factum dabo tibi ius* (dá-me os fatos que te darei o direito) e *iura novit curia* (o juiz é quem conhece o direito). 4. Inviável, em recurso especial, rever a condenação do banco ao pagamento da diferença de repasse (R$ 573.217,90), haja vista a adoção do índice UFR-MA de 1º.9.1993 (CR$ 1.403,14), quando deveria ter adotado o índice UFR-MA de 30.9.1993 (CR$ 1.844,14), ante o óbice da STJ 7. 5. O Superior Tribunal de Justiça tem a orientação firme de que é necessária a efetiva comprovação da ocorrência dos lucros cessantes e dos danos emergentes, não se admitindo indenização baseada em cálculos hipotéticos nem cálculos por presunção ou dissociados da realidade. 6. Somente após o reconhecimento da existência inequívoca do *an debeatur* seria possível ao julgador, quando assim se mostrar conveniente, remeter a apuração do quantum debeatur à fase de liquidação. 7. Na hipótese, o laudo pericial concluiu pela impossibilidade de atestar os alegados lucros cessantes e danos emergentes, o que impede a condenação do réu ao pagamento desses valores. 8. Viável a compensação prevista no CC 368 em liquidação de sentença, pois ambas as partes são credoras e devedoras: a empresa teria um passivo do empréstimo a pagar e o banco agora devedor da empresa da quantia relativa à utilização equivocada do índice inflacionário (STJ, 3.ª T., REsp 1496018-MA, rel. Min. Ricardo Villas Bôas Cueva, j. 17.5.2016, DJUE 6.6.2016).

❁ **Súmula nº 28 do STF:** O estabelecimento bancário é responsável pelo pagamento de cheque falso, ressalvadas as hipóteses de culpa exclusiva ou concorrente do correntista.

BANCO DE DADOS (SPC e SERASA) NA JURISPRUDÊNCIA PÁTRIA

❁ **Súmula nº 385 do STJ: "Da anotação irregular em cadastro de proteção ao crédito, não cabe indenização por dano moral, quando preexistente legítima inscrição, ressalvado o direito ao cancelamento";**

Súmula nº 475 do STJ: "Responde pelos danos decorrentes de protesto indevido o endossatário que recebe por endosso translativo título de crédito contendo vício formal extrínseco ou intrínseco, ficando ressalvado seu direito de regresso contra os endossantes e avalistas";

Súmula nº 476 do STJ: "O endossatário de título de crédito por endosso-mandato só responde por danos decorrentes de protesto indevido se extrapolar os poderes de mandatário".

Anotação em cadastro de devedores (SERASA)

RESPONSABILIDADE CIVIL – Anotação em cadastro de devedores (SERASA) – Alegação de inscrição do nome da consumidora em cadastro de inadimplentes sem a devida e prévia comunicação – Ação ajuizada em face do órgão mantenedor do cadastro – Sentença de improcedência – Irresignação da autora – Descabimento – Inclusão dos dados da autora em cadastro de proteção ao crédito – Comprovada a prévia notificação da consumidora, encaminhada ao endreço da – Desnecessário o envio da comunicação com aviso de recebimento – Regra do art. 43, § 2º, do CDC que restou atendida – Inteligência da Súmula 404 do C. STJ – Precedentes desta Corte – Inaplicabilidade da Lei 15.659/2015, porque os fatos da causa sucederam anteriormente à sua edição – Sentença de improcedência, mantida – Ônus de sucumbência mantida, observada a justiça gratuita concedida à autora. Apelo não provido. (TJSP; Apelação Cível 1010255-41.2016.8.26.0001; Relator (a): João Carlos Saletti; Órgão Julgador: 10ª Câmara de Direito Privado; Foro Regional I - Santana - 2ª Vara Cível; Data do Julgamento: 08/10/2019; Data de Registro: 10/01/2020)

Débito, protesto e inscrição em cadastro de inadimplentes

ATO ILÍCITO e DEFEITO DE SERVIÇO – Reconhecimento de que a parte autora não emitiu, nem colocou em circulação o cheque objeto da ação, nem tem responsabilidade pelo seu pagamento, e a existência de indevido protesto do cheque objeto da ação, por culpa da parte ré banco sacado, a quem cabe verificar a verificar a idoneidade dos documentos apresentados por terceiro para a realização do negócio jurídico, visto que a cártula protestada tem origem em conta aberta por terceiro, com utilização de documentos da parte autora, que haviam sido extraviados, o que basta para o reconhecimento da existência de ato ilícito e defeito de serviço, por descumprimento do dever de zelar pela segurança dos serviços que disponibiliza, no que concerne à emissão de título de crédito e consequente protesto indevido. DÉBITO, PROTESTO E INSCRIÇÃO EM CADASTRO DE INADIMPLENTES – Reconhecido que a parte autora não emitiu, nem colocou em circulação o cheque objeto da ação, nem tem responsabilidade pelo seu pagamento, de rigor, a manutenção da r. sentença, quanto a deliberação de declarar a inexistência de relação jurídica entre as partes, sem modificação da tutela de urgência concedida "para determinar a sustação dos efeitos publicísticos do protesto e a exclusão da anotação mencionada na vestibular dos cadastros do SPC, do Serasa e do Banco Central do Brasil". RESPONSABILIDADE CIVIL – 3.8. Caracterizado o ato ilícito, consistente em protesto indevido de cheque, com a consequente indevida inscrição em cadastro de inadimplentes, por culpa da parte ré banco sacado, uma vez que referente a débito inexigível, e não configurada nenhuma excludente de responsabilidade, de rigor, o reconhecimento da responsabilidade e a condenação da parte ré banco sacador, solidariamente com os outros réus, a indenizarem a parte autora pelos danos decorrentes do ilícito em questão. DANOS MORAIS – O protesto indevido de título constitui, por si só, fato ensejador de dano moral – Majoração da indenização por danos morais para a quantia de R$19.960,00, com incidência de correção monetária a partir da data deste julgamento. ENCARGOS DE SUCUMBÊNCIA – Reforma da r. sentença recorrida, para, com base no art. 85, caput, §§ 1º e 2º, do CPC, considerando-se os parâmetros dos incisos I a IV, do § 2º, do mesmo art. 85, majorar a condenação das partes rés ao pagamento da verba honorária para 20% do valor da condenação, montante este que se revela como razoável e adequado, sem se mostrar excessivo, para remunerar condignamente o patrono da parte autora, em razão do zelo do trabalho por ele apresentado e da natureza e importância da causa – em razão da sucumbência, por aplicação dos arts. 82, § 2º, e 87, do CPC, as partes rés respondem, proporcionalmente, pelas custas e despesas processuais e honorários advocatícios – Descabida a majoração, por sucumbência recursal (CPC/2015, art. 85, § 11), da verba honorária, uma vez que foi fixada no percentual máximo autorizado pelo art. 85, § 2º, do CPC/2015. Recurso da parte ré desprovido e recurso da parte autora provido, em parte. (TJSP; Apelação Cível 1004996-89.2015.8.26.0554; Relator (a): Rebello Pinho; Órgão Julgador: 20ª Câmara de Direito Privado; Foro de Santo André – 2ª Vara Cível; Data do Julgamento: 18/12/2019; Data de Registro: 18/12/2019)

◙ Inclusão do nome do autor no cadastro restritivo da ré, sem a devida comunicação prévia

Responsabilidade civil. Ação de indenização por danos morais movida em relação à Serasa. Alegação de inclusão do nome do autor no cadastro restritivo da ré, sem a devida comunicação prévia. Sentença que indeferiu a inicial porque o autor não a emendou para incluir a pessoa jurídica responsável pela inserção. Descabimento. Legitimidade e responsabilidade das empresas mantenedoras de cadastro restritivo pela reprodução de informações desabonadoras sem a prévia notificação do interessado. Precedentes do Colendo Superior Tribunal de Justiça. Apelação provida. (TJSP; Apelação Cível 1010216-66.2019.8.26.0477; Relator (a): Morais Pucci; Órgão Julgador: 35ª Câmara de Direito Privado; Foro de Praia Grande – 3ª Vara Cível; Data do Julgamento: 17/12/2019; Data de Registro: 17/12/2019)

◙ **No mesmo sentido:** RESPONSABILIDADE CIVIL – Nome da autora levado ao cadastro restritivo, de proteção ao crédito – Exigência legal de prévia comunicação ao devedor (Súmula 359 do STJ) – Ausência de publicidade que impõe o dever de informar (art. 43, § 2º, do Código de Defesa do Consumidor) – Comunicação procedida pelo SERASA, através do qual realizada a inscrição dos dados da devedora – Informações compartilhadas com a requerida – Suficiência da comunicação, bastando que a informação tenha sido levada ao conhecimento da destinatária – Dispensabilidade de aviso de recebimento (AR) na carta de comunicação ao consumidor sobre a negativação de seu nome em bancos de dados e cadastros (Súmula 404 do STJ) – Responsabilidade pelo fornecimento dos dados do devedor que é da empresa credora – Eventual discrepância no endereço informado que não implica falha na prestação do serviço pelos órgãos mantenedores do crédito, a quem incumbe, tão somente, a notificação prévia exigida pelo art. 43, §2º do CDC – Sentença mantida. Apelação não provida. (TJSP; Apelação Cível 1039337-77.2017.8.26.0100; Relator (a): João Carlos Saletti; Órgão Julgador: 10ª Câmara de Direito Privado; Foro Central Cível – 16ª Vara Cível; Data do Julgamento: 26/11/2019; Data de Registro: 11/12/2019)

▣ Quitação do acordo firmado entre as partes pela empresa autora – Manutenção, todavia, da inscrição no SPC/SERASA depois de quitado o débito

RESPONSABILIDADE CIVIL. Ação declaratória de inexistência de débito cumulada com danos morais – Sentença procedência – Inconformismo da ré – Quitação do acordo firmado entre as partes pela empresa autora – Manutenção, todavia, da inscrição no SPC/SERASA depois de quitado o débito – Ilícito configurado – Ônus da apelante em providenciar a exclusão do nome da autora do cadastro desabonador – Precedentes desta Corte e do Superior Tribunal de Justiça – Aplicação da teoria da responsabilidade objetiva do risco – Caracterização do dever de indenizar – Pessoa jurídica que é passível de abalo moral, em conformidade com a Súmula 227 do Superior Tribunal de Justiça e precedentes daquela Corte – Valor da indenização arbitrado em R$10.000,00, bem fixado – Sentença mantida – Recurso não provido. (TJSP; Apelação Cível 1007972-12.2018.8.26.0248; Relator (a): Helio Faria; Órgão Julgador: 18ª Câmara de Direito Privado; Foro de Indaiatuba – 2ª Vara Cível; Data do Julgamento: 03/12/2019; Data de Registro: 10/12/2019)

▣ Cobrança indevida de conta desconhecida pela autora, sendo de rigor a declaração de inexigibilidade de débito.

PRESTAÇÃO DE SERVIÇOS DE TELEFONIA – Ação declaratória c.c. indenização por danos morais – Indícios de fraude – Contrato de prestação de serviços que teria sido efetuado por terceiro em nome da autora – Responsabilidade objetiva da empresa de telefonia, que não tomou as cautelas necessárias e esperadas de sua parte – Inexistência de prova da contratação, tendo a ré juntado aos autos somente telas sistêmicas produzidas unilateralmente por ela – Cobrança indevida de conta desconhecida pela autora, sendo de rigor a declaração de inexigibilidade de débito. DANOS MORAIS – Apontamento indevido de valor junto ao SERASA e SPC que, por si só, gera o direito à reparação pelos danos morais, que se presumem existentes ante as graves consequências que a medida provoca – Dano "in re ipsa" – Indenização devida – Valor fixado em primeira instância em R$ 8.470,00 – Impossibilidade de diminuição, pois tal montante se reputa adequado, levando-se em conta as condições da autora-vítima e da ré – Caráter coibitivo da condenação, a fim de se reprimir novas condutas assemelhadas – Não aplicação no caso em tela da Súmula 385 do C. STJ – Existência de negativação anterior à discutida na presente ação – Inscrição não reconhecida pela consumidora, não podendo ser considerada legítima, posto que é objeto de ação judicial aforada pela autora – Sentença mantida – Recurso não provido. (TJSP; Apelação

Cível 1027134-55.2018.8.26.0001; Relator (a): José Augusto Genofre Martins; Órgão Julgador: 31ª Câmara de Direito Privado; Foro Regional I – Santana – 7ª Vara Cível; Data do Julgamento: 10/12/2019; Data de Registro: 10/12/2019)

◙ Inscrição indevida do nome da autora nos cadastros de proteção ao crédito, tendo em vista o ajuizamento de execução de título extrajudicial em face de homônimo

AÇÃO DE INDENIZAÇÃO POR DANO MORAL – Inscrição indevida do nome da autora nos cadastros de proteção ao crédito, tendo em vista o ajuizamento de execução de título extrajudicial em face de homônimo – Anotação cadastral que decorreu de convênio mantido entre o Tribunal de Justiça e o Serasa – Erro judiciário caracterizado, por não apresentar as informações suficientes para individualizar o devedor – Caracterização de dano moral "in re ipsa" – Responsabilidade objetiva (artigo 37, § 6º, da Constituição Federal) – Valor arbitrado na r. sentença que se mostra adequado ao caso – Sentença mantida. Apelo desprovido. (TJSP; Apelação Cível 1017589-70.2018.8.26.0482; Relator (a): Spoladore Dominguez; Órgão Julgador: 13ª Câmara de Direito Público; Foro de Presidente Prudente – Vara da Fazenda Pública; Data do Julgamento: 27/11/2019; Data de Registro: 28/11/2019)

◙ Responsabilidade civil – Banco de dados – Inconteste a imerecida negativação do nome da autora

Responsabilidade civil – Banco de dados – Inconteste a imerecida negativação do nome da autora, em 29.3.2018, nos cadastros mantidos pela "Serasa" – Contrato de prestação de serviços de telefonia declarado rescindido com efeitos a partir de 1.3.2017, mediante sentença proferida em primitiva ação – Autora que evidenciou o pagamento dos débitos de sua responsabilidade até a aludida data – Cobrança, após 1.3.2017, que se mostrou indevida – Declaração de inexigibilidade do débito e cancelamento da negativação que há de persistir. Banco de dados – Dano moral – Anotação do nome da autora, pessoa jurídica, nos cadastros mantidos pela "Serasa" que resultou de cobrança de débito posterior à vigência do contrato – Imerecida anotação comprovada – Dano moral puro configurado. Responsabilidade civil – Dano moral – "Quantum" indenizatório que deve ser estabelecido com base em critério de prudência e razoabilidade, levando-se em conta a sua natureza penal e compensatória, assim como as peculiaridades do caso concreto – Manutenção do valor indenizatório de R$ 10.000,00, correspondente, aproximadamente, a duas vezes o débito apontado em nome da autora, R$ 5.661,80 – Procedência da ação mantida. Juros moratórios – Termo inicial – Indenização por danos morais – Incidência dos juros moratórios lineares de 1% ao mês a partir da citação, quando a ré foi constituída em mora – Art. 240, "caput", do atual CPC – Ilícito contratual caracterizado – Sentença reformada nesse ponto, uma vez que fixou o termo inicial dos juros moratórios na data do evento danoso – Apelo da ré provido em parte. (TJSP; Apelação Cível 1007414-56.2018.8.26.0566; Relator (a): José Marcos Marrone; Órgão Julgador: 23ª Câmara de Direito Privado; Foro de São Carlos – 3ª Vara Cível; Data do Julgamento: 28/11/2019; Data de Registro: 28/11/2019)

◙ Cobrança decorrente de contrato de TV por assinatura, não reconhecido pelo autor

AÇÃO DECLARATÓRIA DE INEXISTÊNCIA DE DÉBITO C/C INDENIZAÇÃO POR DANOS MORAIS – Cobrança decorrente de contrato de TV por assinatura, não reconhecido pelo autor – Alegação, em contestação, de que tanto o autor como a ré foram vítimas de terceiro fraudador – Ligações indevidas e inscrição do débito na plataforma virtual SERASA CONSUMIDOR, sem disponibilização na consulta pública – Dano moral – Ocorrência (in re ipsa) – Responsabilidade objetiva da fornecedora de serviços – Dever de reparar o dano extrapatrimonial – Quantum indenizatório – Valor fixado em sentença, de R$5.000,00, apto a reparar os prejuízos e servir de desestímulo à ré, sem causar o enriquecimento ilícito – Sentença mantida. RATIFICAÇÃO DO JULGADO – Hipótese em que a sentença avaliou corretamente os elementos fáticos e jurídicos apresentados pelas partes, dando à causa o justo deslinde necessário – Artigo 252, do Regimento Interno do TJSP – Aplicabilidade – RECURSOS NÃO PROVIDOS. (TJSP; Apelação Cível 1019800-30.2019.8.26.0196; Relator (a): Spencer Almeida Ferreira; Órgão Julgador: 38ª Câmara de Direito Privado; Foro de Franca – 5ª Vara Cível; Data do Julgamento: 21/11/2019; Data de Registro: 21/11/2019)

◙ Inscrição do nome de adquirente de imóvel em cadastro de proteção ao crédito (Serasa), por débito de parcelas pagas

RESPONSABILIDADE CIVIL – Obrigação de fazer e indenização por danos materiais e morais – Inscrição do nome de adquirente de imóvel em cadastro de proteção ao crédito (Serasa), por débito de parcelas pagas – Parcelas, ademais, que não deveriam ter sido cobradas pela construtora, por força de sentença em processo anterior, que as declarara indevidas (0007182-51.2011.8.26.0196) – Dívida Inexistente – Ilícito e danos morais consequentes, configurados – Acolhimento do pedido – Valor arbitrado a título de indenização que atende aos princípios de razoabilidade e proporcionalidade – Sentença confirmada. Apelação não provida. (TJSP; Apelação Cível 0029182-74.2013.8.26.0196; Relator (a): João Carlos Saletti; Órgão Julgador: 10ª Câmara de Direito Privado; Foro de Franca – 3ª. Vara Cível; Data do Julgamento: 05/11/2019; Data de Registro: 07/11/2019)

◙ Cartão de crédito. Cancelamento com quitação dos débitos. Inclusão indevida.

A instituição financeira tem o dever de indenizar o dano moral experimentando por seu cliente que, após o cancelamento de cartão de crédito, com a comprovada quitação prévia de todos e quaisquer débitos, teve seu nome incluído como inadimplente junto ao SERASA, pelo valor correspondente à anuidade do referido cartão cancelado, ali permanecendo negativado por longo período (RT 781/247).

◙ Cartão de crédito. Registro de cliente inadimplente no SPC. Licitude.

O registro do nome de cliente inadimplente com a utilização de movimentação de cartão de crédito em cadastros restritivos do SPC não pode ser considerado como uma atitude ilegal ou arbitrária da instituição financeira, tampouco em desconformidade à lei ou ato ilícito gerador de reparação a título de dano moral, pois há possibilidade de os estabelecimentos bancários utilizarem-se deste sistema como meio de proteção ao seu próprio funcionamento (RT 780/375).

◙ Comunicação da inscrição por órgão de proteção ao crédito. Dever que não se escusa por disposição estatutária diversa.

O SPC deve indenizar pelo dano decorrente de indevida inscrição de inadimplência inexistente. Não se pode furtar da responsabilidade alegando não ser obrigado a comunicar. A comunicação do registro ao devedor é obrigação também do SPC, ainda que os seus estatutos imponham tal providência ao lojista (STJ, 4.ª T., REsp 273250-CE, rel. Min. Ruy Rosado de Aguiar, j. 7.12.2000, DJU 19.2.2001).

◙ Encargos bancários de conta encerrada. Inscrição irregular.

A inserção em conta corrente encerrada de encargos bancários aos quais o ex-correntista não deu causa e, em virtude disso, a inscrição irregular do seu nome em cadastro de devedor inadimplente bastam para autorizar o ressarcimento por danos morais, cuja prova depende unicamente da simples demonstração desses fatos (RT 778/377).

> **Súmula nº 550 do STJ:** "A utilização de escore de crédito, método estatístico de avaliação de risco que não constitui banco de dados, dispensa o consentimento do consumidor, que terá o direito de solicitar esclarecimentos sobre as informações pessoais valoradas e as fontes dos dados considerados no respectivo cálculo".
>
> **Súmula nº 548 do STJ:** "Incumbe ao credor a exclusão do registro da dívida em nome do devedor no cadastro de inadimplentes no prazo de cinco dias úteis, a partir do integral e efetivo pagamento do débito".

◙ Garantidor. Comunicação não provada. Inscrição indevida.

O mero garante da dívida deve ser notificado da inadimplência por parte do devedor principal, antes de ter seu nome negativado junto ao SERASA ou qualquer outro órgão de proteção ao crédito. Ausência de prova de tal notificação. Abalo de crédito provado e tido por indevido. Ação indenizatória por danos morais julgada procedente (2.º TACivSP, 10.ª Câm., Ap 620898-0/8, rel. Juiz Soares Levada, v.u., j. 12.12.2001).

◙ Inscrição supostamente indevida.

Embora os precedentes da STJ 385 tenham sido acórdãos em que a indenização era buscada contra cadastros restritivos de crédito, o seu fundamento – "quem já é registrado como mau pagador não pode se sentir moralmente ofendido por mais uma inscrição do nome como inadimplente em cadastros de proteção ao crédito", cf. REsp 1.002.985-RS, rel. Ministro Ari Pargendler – aplica-se também às ações voltadas contra o suposto credor que efetivou a inscrição irregular. 4. Hipótese em que a inscrição indevida coexistiu com quatorze outras anotações que as instâncias ordinárias verificaram constar em nome do autor em cadastro de inadimplentes (STJ, 2.ª Seção, REsp 1386424-MG, rel. Min. Paulo de Tarso Sanseverino, rel. p/ acórdão Min. Maria Isabel Gallotti, j. 27.4.2016, DJUE 16.5.2016). V. STJ 385: "Da anotação irregular em cadastro de proteção ao crédito, não cabe indenização por dano moral, quando preexistente legítima inscrição, ressalvado o direito ao cancelamento".

Súmula nº 572 do STJ: "O Banco do Brasil, na condição de gestor do Cadastro de Emitentes de Cheques sem Fundos (CCF), não tem a responsabilidade de notificar previamente o devedor acerca da sua inscrição no aludido cadastro, tampouco legitimidade passiva para as ações de reparação de danos fundadas na ausência de prévia comunicação".

Pendência judicial sobre a validade do contrato. Inscrição indevida.

É devida indenização por dano moral pelo fato de o banco, pendente ação em que se discute a validade do contrato, ajuizar execução e incluir o nome do mutuário no SERASA. "O descumpridor do contrato era o banco, que exigia o indevido e ainda levou o nome da compradora ao cadastro de inadimplentes" (STJ, 4.ª T., REsp 219184-RJ, rel. Min. Ruy Rosado de Aguiar, m.v., j. 26.10.1999, DJU 10.4.2000).

Responsabilidade objetiva. Cadastro indevido.

Jornada VI DirCiv STJ 553: "Nas ações de responsabilidade civil por cadastramento indevido nos registros de devedores inadimplentes realizados por instituições financeiras, a responsabilidade civil é objetiva".

RESPONSABILIDADE CIVIL DO ESTADO

EVOLUÇÃO HISTÓRICA

TEORIA DA IRRESPONSABILIDADE CIVIL

► **O Estado não respondia pelos seus atos**

Inicialmente, existia a teoria da irresponsabilidade civil do Estado, ou seja, *o Estado não respondia pelos seus atos*. Essa teoria ganhou corpo com *o triunfo do Absolutismo*, o que ocorreu a partir do século XVI. Datam dessa época expressões fortes como *The king can do no wrong*, que denotavam a força da irresponsabilidade civil do Estado. Todavia, registra Celso Antônio Bandeira de Mello que não havia total falta de proteção aos administrados perante condutas do Estado. Segundo o referido autor, *admitia-se responsabilização quando leis específicas a previssem explicitamente*, por exemplo, a Lei 28 pluvioso do Ano VIII, na França, que admitia responsabilidade por danos decorrentes de obras públicas. (COUTINHO, Dantas Alessandro Dantas, RODOR, Ronald Kruger. *Manual de Direito Administrativo: volume único,* 2ª edição ver., atual., ampl. Salvador, Editora Juspodivm, 2018, p. 1073)

> ► **No mesmo sentido:** A teoria da irresponsabilidade do Estado não foi acolhida pelo direito brasileiro; mesmo não havendo normas legais expressas, os nossos tribunais e doutrinadores sempre repudiaram aquela orientação. As Constituições de 1824 e 1891 não continham disposição que previsse a responsabilidade do Estado; elas previam apenas a responsabilidade do funcionário em decorrência de abuso ou omissão praticados no exercício de suas funções. (DI PIETRO, Maria Sylvia Zanella. *Direito Administrativo,* 29ª edição, Forense, p. 795)

► **Relata o autor que havia, ainda, a possibilidade de a vítima demandar diretamente os funcionários públicos, porém, dois obstáculos atrapalhavam o sucesso da demanda**

O primeiro, que o funcionário normalmente não tinha patrimônio para suportar a dívida; e, segundo, como se isso já não bastasse, a demanda direta contra o funcionário dependia de prévia autorização do Conselho de Estado francês, que normalmente não a concedia. (COUTINHO, Dantas Alessandro Dantas, RODOR, Ronald Kruger. *Manual de Direito Administrativo: volume único,* 2ª edição ver., atual., ampl. Salvador, Editora Juspodivm, 2018, p. 1073)

► **A queda dessa teoria – e não o fim – começa com a derrocada do absolutismo pela Revolução Francesa de 1789.**

Porém, apesar do fim do Absolutismo, o cenário ainda permaneceu inalterado por um tempo, pois a ideia de soberania persistia com enorme prestígio, tendo apenas sido substituída a sua titularidade, que passava do rei para o povo, em virtude do predomínio da vontade geral. (COUTINHO, Dantas Alessandro Dantas, RODOR, Ronald Kruger. *Manual de Direito Administrativo: volume único,* 2ª edição ver., atual., ampl. Salvador, Editora Juspodivm, 2018, p. 1073)

RESPONSABILIDADE CIVIL SUBJETIVA POR ATOS DE GESTÃO

A queda da teoria da irresponsabilidade foi gradativa, sendo que *a próxima fase da evolução foi aquela em que se fazia distinção para fins de responsabilização se o ato danoso praticado era ato de gestão ou de império.* (COUTINHO, Dantas Alessandro Dantas, RODOR, Ronald Kruger. Manual de Direito Administrativo: volume único, 2ª edição ver., atual., ampl. Salvador, Editora Juspodivm, 2018, p. 1073)

▶ **Por essa teoria, o Estado passava a ser responsabilizado, porém apenas pelos danos decorrentes dos atos de gestão**

Por essa teoria, o *Estado passava a ser responsabilizado,* porém apenas pelos *danos decorrentes dos atos de gestão,* que seriam aqueles feitos à semelhança dos particulares, sem prerrogativas, como a gestão de bens, pessoas e serviços. Nesse caso, a responsabilidade era subjetiva. (COUTINHO, Dantas Alessandro Dantas, RODOR, Ronald Kruger. Manual de Direito Administrativo: volume único, 2ª edição ver., atual., ampl. Salvador, Editora Juspodivm, 2018, p. 1073/1074)

▶ **Se o dano decorresse de atos de império ainda prevalecia a teoria da irresponsabilidade estatal.**

Se o dano decorresse de atos de império, aqueles perpetrados pelo Estado em decorrência do seu *jus imperi,* de sua posição de superioridade que ostentava perante o particular, tais como atos legislativos, regulamentos, medidas gerais de polícia ou indispensáveis à saúde pública, atos perpetrados em decorrência de convenções diplomáticas, atos judiciais, fatos de guerra, etc., *ainda prevalecia a teoria da irresponsabilidade estatal.* (COUTINHO, Dantas Alessandro Dantas, RODOR, Ronald Kruger. Manual de Direito Administrativo: volume único, 2ª edição ver., atual., ampl. Salvador, Editora Juspodivm, 2018, p. 1074)

▶ **Essa distinção entre atos de império e atos de gestão, gerando neste último caso responsabilização estatal, partia da concepção da *dupla personalidade jurídica do Estado,* existente à época.**

Essa teoria foi pouco a pouco sendo derrubada. Primeiro, porque havia grande dificuldade em distinguir os atos de império dos atos de gestão. Ainda, alegava-se que o art. 1.328 e ss. do Código Civil Francês, que disciplinava a responsabilidade civil, possuía um alcance geral e não fazia distinção de atividades, se de gestão ou de império, para fins de responsabilização. (COUTINHO, Dantas Alessandro Dantas, RODOR, Ronald Kruger. Manual de Direito Administrativo: volume único, 2ª edição ver., atual., ampl. Salvador, Editora Juspodivm, 2018, p. 1074)

TEORIA DA RESPONSABILIDADE CIVIL SUBJETIVA DO ESTADO

► **O próximo passo da evolução da matéria foi a adoção da teoria da responsabilidade civil subjetiva do Estado.**

Nesse caso, por se tratar de responsabilidade subjetiva, a vítima ou lesado, ao demandar o Estado, deveria demonstrar a culpa (negligência, imprudência ou imperícia) ou dolo do agente público, para obter a condenação do Poder Público. Para a condenação do Estado, exigia-se uma conduta (culposa ou dolosa) de alguém atuando em nome deste, um dano e a existência de um nexo de causalidade entre o dano e a conduta. Esse é o perfil da responsabilidade subjetiva, em que deve ficar comprovada a culpa ou o dolo subjetivo do agente causador do dano. (COUTINHO, Dantas Alessandro Dantas, RODOR, Ronald Kruger. Manual de Direito Administrativo: volume único, 2ª edição ver., atual., ampl. Salvador, Editora Juspodivm, 2018, p. 1074)

► **Como o Estado atuava em grande escala, era muito mais propício a causar dano a terceiros do que os próprios particulares a si mesmos, o que dificultava de sobremodo a condenação do Estado.**

Assim, por exemplo, se um veículo estatal que estava 5 Km/h acima da velocidade permitida colidisse com um veículo privado, para que a vítima pudesse obter a condenação estatal, pela sistemática da responsabilidade civil subjetiva, deveria provar tal fato, o que era quase impossível de ser feito. Por isso, no curso da segunda metade do século XIX começa a existir no Tribunal de Conflitos da França uma reação contra essa tendência de se aplicar a teoria da responsabilidade civil subjetiva ao Estado. (COUTINHO, Dantas Alessandro Dantas, RODOR, Ronald Kruger. Manual de Direito Administrativo: volume único, 2ª edição ver., atual., ampl. Salvador, Editora Juspodivm, 2018, p. 1074)

TEORIA DA CULPA DO SERVIÇO OU CULPA ANÔNIMA

► **Origem**

O episódio paradigmático para essa mudança foi o acidente fatal que vitimou uma criança de oito anos chamada de Agnes Blanco. Ao cruzar os trilhos ferroviários situados em uma rua da cidade de Bordeaux, ela foi atingida por vagão pertencente a uma companhia dedicada à manufatura de tabacos, cuja propriedade era de uma empresa estatal. O pai da criança ingressou com uma ação perante a Justiça Ordinária, a qual *se declarou incompetente* e, por isso, o processo foi enviado para o contencioso administrativo, que, por sua vez, também se declarou incompetente. Em razão do conflito negativo de competência, a matéria foi levada ao Tribunal de Conflitos Francês a fim de decidir qual jurisdição era competente. Nesse julgamento, em voto do Conselheiro David datado de 8 de fevereiro de 1873, foi decidido "que a responsabilidade, que pode incumbir ao Estado pelos prejuízos causados aos particulares por atos das pessoas que ele emprega no serviço público, não pode ser regida pelos princípios que estão estabelecidos no Código Civil, para as relações de particular a particular; que esta responsabilidade não é nem geral, nem absoluta; que ela tem suas regras especiais que variam segundo as necessidades do serviço e a necessidade de conciliar os direitos privados". (COUTINHO, Dantas Alessandro Dantas, RODOR, Ronald Kruger. Manual de Direito Administrativo: volume único, 2ª edição ver., atual., ampl. Salvador, Editora Juspodivm, 2018, p. 1074/1075)

► **É a partir desse momento que foi se abrindo uma nova sistemática de responsabilidade civil do Estado, *não precisando mais a vítima individualizar a culpa do agente.***

Mudava-se o eixo para fins de responsabilização. Antes deveria se provar a culpa dos agentes públicos para obtenção da condenação do Estado, agora, com a nova sistemática, bastava demonstrar a culpa do serviço, o que significa demonstrar apenas que o dano decorreu do mau funcionamento do serviço. Essa teoria ficou conhecida como *teoria da culpa do serviço, teoria da falta do serviço* ou *teoria da culpa anônima.* (COUTINHO, Dantas Alessandro Dantas, RODOR, Ronald Kruger. Manual de Direito Administrativo: volume único, 2ª edição ver., atual., ampl. Salvador, Editora Juspodivm, 2018, p. 1075)

> ► **No mesmo sentido:** José dos Santos Carvalho Filho doutrina que "a falta do serviço podia consumar-se de três maneiras: a inexistência do serviço, o mau funcionamento do serviço ou o retardamento do serviço. Em qualquer dessas formas, a falta do serviço implicava o reconhecimento da existência de culpa, ainda que atribuída ao serviço da Administração. Por esse motivo, para que o lesado pudesse exercer seu direito à reparação dos prejuízos, era necessário que comprovasse que o fato danoso se originava do mau funcionamento do serviço e que, em consequência, teria o Estado atuado culposamente. Cabia-lhe, ainda, o ônus de provar o elemento culpa". (FILHO, C., Santos, J. D. Manual de Direito Administrativo, 33ª edição. [Grupo GEN]. Retirado de https://grupogen.vitalsource.com/#/books/9788597020533/)

► **Por essa teoria, para obtenção da condenação do Estado, a vítima tem que provar:**

- o *fato administrativo*: uma omissão do poder estatal, que pode ser por falha na prestação de um serviço ou pela realização tardia do serviço;
- *dano*: o prejuízo experimentado em razão da omissão estatal;
- *nexo causal*: que o dano foi decorrente de uma omissão do Estado e que, se ele tivesse agido, como deveria e poderia agir, o dano seria evitado.

A vítima não precisava mais individualizar o agente (pessoa) que foi responsável pela omissão. A culpa é do serviço, da atividade, e não do agente. (COUTINHO, Dantas Alessandro Dantas, RODOR, Ronald Kruger. Manual de Direito Administrativo: volume único, 2ª edição ver., atual., ampl. Salvador, Editora Juspodivm, 2018, p. 1075/1076)

TEORIA DO RISCO ADMINISTRATIVO

► **O próximo passo de evolução da teoria, hoje predominantemente adotada, foi o de se atribuir responsabilidade objetiva ao Estado pelos danos causados por seus agentes.**

O próximo passo de evolução da teoria, hoje predominantemente adotada, foi o de se atribuir responsabilidade objetiva ao Estado pelos danos causados por seus agentes. Partia-se dos mesmos pressupostos: o Estado atua em diversas áreas e propicia um risco de dano a terceiros muito maior do que aquele que é propiciado pelos particulares entre si. Daí o nascimento da teoria do risco administrativo, de forma que, para obtenção da condenação do Estado, basta à vítima provar a conduta do Estado, o dano e um nexo de causalidade entre a conduta e o dano. (COUTINHO, Dantas Alessandro Dantas, RODOR, Ronald Kruger. Manual de Direito Administrativo: volume único, 2ª edição ver., atual., ampl. Salvador, Editora Juspodivm, 2018, p. 1076)

► **No mesmo sentido:** "o Estado detém o monopólio da força. É ele quem dita os termos de sua presença na coletividade, sem que os administrados possam esquivar-se. O Estado frui do poder de intervir unilateralmente na esfera jurídica de terceiros. O Estado tem o dever de praticar atos em benefício de todos, os quais, todavia, podem gravar especialmente a algum ou alguns dos membros da coletividade. Por tudo isso, não há cogitar de culpa, dolo ou infração ao Direito quando comportamento estatal comissivo gera, produz ou causa dano a alguém". (Curso de direito administrativo. 25. ed. São Paulo: Malheiros, 2008. p. 955.)

► **Em arremate:** Esses fundamentos vieram à tona na medida em que se tornou plenamente perceptível que o Estado tem maior poder e mais sensíveis prerrogativas do que o administrado. É realmente o sujeito jurídica, política e economicamente mais poderoso. O indivíduo, ao contrário, tem posição de subordinação, mesmo que protegido por inúmeras normas do ordenamento jurídico. Sendo assim, não seria justo que, diante de prejuízos oriundos da atividade estatal, tivesse ele que se empenhar demasiadamente para conquistar o direito à reparação dos danos. Diante disso, passou-se a considerar que, por ser mais poderoso, o Estado teria que arcar com um risco natural decorrente de suas numerosas atividades: à maior quantidade de poderes haveria de corresponder um risco maior. Surge, então, a teoria do risco administrativo, como fundamento da responsabilidade objetiva do Estado. (FILHO, C., Santos, J. D. Manual de Direito Administrativo, 33ª edição. [Grupo GEN]. Retirado de https://grupogen.vitalsource.com/#/books/9788597020533/)

TEORIA DO RISCO INTEGRAL

► **Segundo esta teoria, a atividade do Estado coloca a coletividade em um perigo bem acima do normal e, por isso, ele assume totalmente o risco (integral), caso haja dano.**

Por essa fórmula radical, a Administração ficaria obrigada a indenizar todo e qualquer dano suportado por terceiros, ainda que resultante de culpa ou dolo da vítima.

Daí por que foi acoimada de 'brutal', pelas graves consequências que haveria de produzir se aplicada na sua inteireza. Essa teoria jamais foi acolhida entre nós, embora haja quem tenha sustentado sua admissibilidade no texto das Constituições da República. Contestamos formalmente esse entender, que se desgarra da doutrina acolhida pelo nosso Direito e se divorcia da jurisprudência que se formou acerca do citado dispositivo constitucional, consagrador da teoria objetiva, mas sob a modalidade do risco administrativo, e não do risco integral" (MEIRELLES, Hely Lopes. Direito administrativo brasileiro. 35. ed. São Paulo: Malheiros, 2009. p. 658).

► <u>No mesmo sentido</u>: "o fato de ser o Estado sujeito à teoria da responsabilidade objetiva não vai ao extremo de lhe ser atribuído o dever de reparação de prejuízos em razão de tudo o que acontece no meio social. É essa a razão do repúdio à denominada teoria do risco integral, que, como já vimos, é injusta, absurda e inadmissível no direito moderno". (FILHO, C., Santos, J. D. Manual de Direito Administrativo, 33ª edição. [Grupo GEN]. Retirado de https://grupogen.vitalsource.com/#/books/9788597020533/)

► Em sendo adotada essa teoria, bastaria à vítima provar o dano ocorrido no desempenho da atividade pelo Estado

Portanto, *em sendo adotada essa teoria, bastaria à vítima provar o dano ocorrido no desempenho da atividade pelo Estado*. Não é necessário provar, como na teoria do risco administrativo, o nexo de causalidade entre a conduta e o dano. Assim, *o Estado sempre vai responder em caso de dano relacionado à atividade*, não cabendo, no caso, as excludentes de nexo causal (responsabilidade), até porque não precisa provar esse elemento para a responsabilização. (COUTINHO, Dantas Alessandro Dantas, RODOR, Ronald Kruger. Manual de Direito Administrativo: volume único, 2ª edição ver., atual., ampl. Salvador, Editora Juspodivm, 2018, p. 1076)

► A sistemática de responsabilização é a mesma, ou seja, objetiva, porém não é necessário provar o elo de ligação entre a conduta e o dano, bastando este último relacionado à atividade desenvolvida pelo Estado.

A sistemática de responsabilização é a mesma, ou seja, objetiva, porém não é necessário provar o elo de ligação entre a conduta e o dano, bastando este último relacionado à atividade desenvolvida pelo Estado. Grande parcela da doutrina entende que essa teoria não tem previsão no ordenamento jurídico pátrio, outros a admitem em caso de danos nucleares e por atentado terrorista à aeronave comercial brasileira. (COUTINHO, Dantas Alessandro Dantas, RODOR, Ronald Kruger. Manual de Direito Administrativo: volume único, 2ª edição ver., atual., ampl. Salvador, Editora Juspodivm, 2018, p. 1077)

► Quanto aos chamados danos nucleares, em que pesem as orientações doutrinárias de alguns, a legislação ordinária brasileira adotou a teoria do risco administrativo

Quanto aos chamados danos nucleares, em que pesem as orientações doutrinárias de alguns, a legislação ordinária brasileira adotou a teoria do risco administrativo, visto que, embora o art. 4.º da Lei 6.453/1977 exclua expressamente a necessidade de existência do elemento culpa, a responsabilidade civil é excluída nos casos em que o dano resulta exclusivamente de culpa da vítima (art. 6.º) e nas hipóteses de acidente decorrente de conflito armado, hostilidades, guerra civil, insurreição ou excepcional fato da natureza (art. 8.º). Essa legislação está em consonância com as disposições do art. IV da Convenção de Viena sobre Responsabilidade Civil por Danos Nucleares, em vigor no Brasil com a publicação do Decreto 911/1993, não se encontrando fundamentos jurídicos convincentes para a adoção da teoria do risco integral. (COUTINHO, Dantas Alessandro Dantas, RODOR, Ronald Kruger. Manual de Direito Administrativo: volume único, 2ª edição ver., atual., ampl. Salvador, Editora Juspodivm, 2018, p. 1077)

> ▶ **No mesmo sentido Diogenes Gasparini**, que sustenta que, em caso de dano nuclear, a responsabilidade é objetiva, porém com base na teoria do risco administrativo. Vejamos a lição do referido mestre: "o inciso XXIII do art. 21 da Constituição da República atribui à União a exploração dos serviços e instalações nucleares de qualquer natureza e o exercício, mediante monopólio, da pesquisa, da lavra, do enriquecimento, e reprocessamento, da industrialização e do comércio de minerais nucleares e seus derivados, enquanto a alínea 'c' desse inciso instituiu a responsabilidade civil por danos nucleares independentemente da existência de culpa (responsabilidade objetiva). A instituição dessa responsabilidade era desnecessária, já que a satisfação dos danos decorrentes de qualquer atividade estatal nessa área é da responsabilidade do Estado, por força do que estabelece o § 6.º do art. 37 da Lei Maior. Em razão dessa disposição autônoma de responsabilidade do Estado por danos decorrentes de qualquer atividade na área nuclear e que parece retirá-lo dos efeitos do § 6.º do art. 37 da Constituição Federal, cabe perguntar: cuida-se de responsabilidade integral? Persiste o direito de regresso contra o agente causador do dano? Se persiste, em que condições? Não se trata de submeter a União às consequências da teoria da responsabilidade integral, que determina o pagamento do prejuízo pelo só envolvimento do Poder Público, a União, no caso, no evento danoso. A teoria, como se disse, é injusta e inaplicável por dita razão. O direito de regresso contra o servidor, causador direto do dano nuclear, não só persiste como observa a exigência para sua responsabilização, conforme prescreve o § 6.º do art. 37, ou, seja, só responderá se agiu com dolo ou com culpa" (GASPARINI, Diogenes. Direito administrativo. 14. ed. São Paulo: Saraiva, 2009. p. 1.062).

▶ No que tange aos atos terroristas praticados em aeronaves comerciais, a matéria foi disciplinada na legislação brasileira como mera faculdade de assunção da União pelos danos a bens e pessoas, passageiros ou não, provocados por atos terroristas, atos de guerra ou eventos correlatos

No que tange aos atos terroristas praticados em aeronaves comerciais, a matéria foi disciplinada na legislação brasileira como mera faculdade de assunção da União pelos danos a bens e pessoas, passageiros ou não, provocados por atos terroristas, atos de guerra ou eventos correlatos (art. 1.º da Lei 10.744/2003). Imprescindível, nesses casos, que o Ministro da Defesa ateste que o fato tenha decorrido de atentados terroristas, atos de guerra ou eventos correlatos (art. 3.º). O Poder Executivo pode, ainda, fixar critérios de suspensão e cancelamento da assunção prevista na lei (art. 4.º). O Decreto 5.035/2004, por sua vez, ao regulamentar a lei, utilizou verbo em sentido de obrigatoriedade para qualificar a responsabilidade da União (assumirá), mas, ao mesmo tempo, criou diversas limitações à assunção de tal responsabilidade (vide arts. 2.º, 3.º e 4.º), daí por que não encontramos fundamentos jurídicos suficientes para nos perfilharmos à doutrina que defende a teoria do risco integral em tal situação. (COUTINHO, Dantas Alessandro Dantas, RODOR, Ronald Kruger. Manual de Direito Administrativo: volume único, 2ª edição ver., atual., ampl. Salvador, Editora Juspodivm, 2018, p. 1078)

CONCEITO.

▶ Conceito de responsabilidade civil do Estado.

Conceitualmente, podemos adotar a definição de Celso Antônio Bandeira de Mello, que ensina que a responsabilidade civil do Estado está ligada à *obrigação que lhe incumbe de reparar economicamente os danos lesivos à esfera juridicamente garantida de outrem e que lhes sejam imputáveis em decorrência de comportamentos unilaterais, lícitos ou ilícitos, comissivos ou omissivos, materiais ou jurídicos.* (Curso de direito administrativo. 25. ed. São Paulo: Malheiros, 2008. p. 977.)

▶ A sistemática legal de responsabilização do Estado é diferente daquela aplicada à iniciativa privada

Veremos, todavia, que *a sistemática legal de responsabilização do Estado é diferente daquela aplicada à iniciativa privada.* A sistemática em questão tem como *regra a responsabilidade objetiva* e é fruto da evolução da matéria no sistema de contencioso administrativo, especialmente na França, onde houve a evolução ponto a ponto do instituto. (COUTINHO, Dantas Alessandro Dantas, RODOR, Ronald Kruger. Manual de Direito Administrativo: volume único, 2ª edição ver., atual., ampl. Salvador, Editora Juspodivm, 2018, p. 1071)

O FUNDAMENTO

▶ O fundamento da responsabilidade patrimonial do Estado

O fundamento da responsabilidade patrimonial do Estado é bipartido, conforme seja ela decorrente de atos lícitos ou ilícitos.

▶ No caso dos atos lícitos o fundamento é o princípio da distribuição igualitária dos ônus e encargo a que estão sujeitos os administrados.

No caso dos atos lícitos (construção de um calçadão que interessa à coletividade, não obstante impeça a utilização de um prédio, construído e regularmente utilizado como garagem), o fundamento é o princípio da distribuição igualitária dos ônus e encargo a que estão sujeitos os administrados, como, entre nós, já decretou o STF (RDA,

190:194). Destarte, se o serviço ou a obra é de interesse público, mas, mesmo assim, causa dano a alguém, toda a comunidade deve responder por ele, e isso se consegue através da indenização. Para tanto todos concorrem, inclusive o prejudicado, já que este, como os demais administrados, também paga tributos. (GASPARINI, Diogenes. Direito administrativo. 14. ed. São Paulo: Saraiva, 2009. p. 1042)

▶ **Tratando-se de atos ilícitos (descumprimento da lei), o fundamento é a própria violação da legalidade.**

Tratando-se de atos ilícitos (descumprimento da lei), o fundamento é a própria violação da legalidade, como ocorre quando o Estado interdita indústria poluente e ao depois verifica que, em absoluto, era ela poluente. Nesse exemplo, o Estado cometeu uma ilegalidade e, por ter praticado ato ilícito do qual decorreu o dano, vê-se na contingência de ressarcir a vítima, no caso a sociedade industrial. Observe-se que essa diferenciação tem sentido lógico e interesse jurídico na medida em que o agente público autor do ato ou comportamento ilícito é obrigado a recompor, à custa do seu, o patrimônio público desfalcado, com o ressarcimento dos prejuízos sofridos pela vítima. Essa mesma responsabilidade não é impingida ao servidor autor do ato lícito (construção do calçadão). (GASPARINI, Diogenes. Direito administrativo. 14. ed. São Paulo: Saraiva, 2009. p. 1043)

TIPOS DE RESPONSABILIDADE

▶ **Tipos de responsabilidade Civil do Estado**

A responsabilidade civil do Estado está ligada ao dever de este reparar os danos causados a terceiros por ação ou omissão, lícita ou ilícita, praticados por seus agentes. Ocorre que a sistemática de responsabilização do Estado pode variar conforme o caso. Há hipóteses em que, para a condenação do Estado, basta a comprovação de que houve uma conduta, um dano e o correspondente nexo de causalidade entre a conduta e o dano. *Nesse caso, como não se perquire a culpa do agente, a sistemática de responsabilização é objetiva*. Há outros casos, *todavia, em que a condenação do Estado depende da demonstração da culpa na prestação das atividades, especialmente, nas hipóteses de omissão, sendo, nesse caso, subjetiva a responsabilidade*. Portanto, o ordenamento pátrio alberga tanto a sistemática da responsabilidade objetiva quanto a da responsabilidade subjetiva do Estado. (COUTINHO, Dantas Alessandro Dantas, RODOR, Ronald Kruger. Manual de Direito Administrativo: volume único, 2ª edição ver., atual., ampl. Salvador, Editora Juspodivm, 2018, p. 1083)

▶ **A responsabilidade civil do Estado no Brasil**

O fundamento normativo da responsabilidade civil do Estado encontra-se no art. 37, § 6.º, da Constituição Federal, que possui a seguinte redação:

> "Art. 37. A Administração Pública Direta e Indireta de qualquer dos Poderes da União, dos Estados, do Distrito Federal e dos Municípios obedecerá aos princípios

de legalidade, impessoalidade, moralidade, publicidade e eficiência e, também, ao seguinte: (Redação dada pela Emenda Constitucional 19, de 04.06.1998) (...) § 6.º As pessoas jurídicas de direito público e as de direito privado prestadoras de serviços públicos responderão pelos danos que seus agentes, nessa qualidade, causarem a terceiros, assegurado o direito de regresso contra o responsável nos casos de dolo ou culpa".

RESPONSABILIDADE OBJETIVA

► **A regra da responsabilidade objetiva exige, segundo o artigo 37, § 6º, da Constituição:**

1.que o ato lesivo seja praticado por agente de pessoa jurídica de direito público (que são as mencionadas no art. 41 do Código Civil) ou pessoa jurídica de direito privado prestadora de serviço público (o que inclui empresas públicas, sociedades de economia mista, fundações governamentais de direito privado, cartórios extrajudiciais, bem como qualquer entidade com personalidade jurídica de direito privado, inclusive as do terceiro setor, que recebam delegação do Poder Público, a qualquer título, para a prestação do serviço público); 2.que as entidades de direito privado prestem serviço público, o que exclui as entidades da administração indireta que executem atividade econômica de natureza privada; as que prestam serviço público respondem objetivamente, nos termos do dispositivo constitucional, quando causem dano decorrente da prestação de serviço público; mesmo as concessionárias e permissionárias de serviço público e outras entidades privadas somente responderão objetivamente na medida em que os danos por elas causados sejam decorrentes da prestação de serviço público; 3.que seja causado dano a terceiros, em decorrência da prestação de serviço público; aqui está o nexo de causa e efeito; como o dispositivo constitucional fala em terceiros, é inaceitável o entendimento adotado pelo Supremo Tribunal Federal, pelo voto do Ministro Carlos Velloso,1 no sentido de que a responsabilidade só é objetiva se o dano for causado ao usuário do serviço público; se for causado a terceiro, a responsabilidade é subjetiva (RE-262.651, 2ª turma, e RE-302.622-4, 2ª turma); em julgado posterior, no entanto, o STF retomou o seu entendimento anterior, favorável à existência de responsabilidade objetiva decorrente de dano causado a terceiro, independentemente da qualidade de usuário de serviço público;2 não poderia ser outra a interpretação, tendo em vista que o dispositivo, ao falar em danos causados a terceiros, não distingue entre o usuário e o não usuário; em consequência, não pode o intérprete fazê-lo, sob pena, inclusive, de derrogar o princípio da repartição dos encargos sociais e a ideia de risco que é inerente a grande parte das atribuições do Estado; 4.que o dano seja causado por agente das aludidas pessoas jurídicas, o que abrange todas as categorias, de agentes políticos, administrativos ou particulares em colaboração com a Administração, sem interessar o título sob o qual prestam o serviço; 5.que o agente, ao causar o dano, aja nessa qualidade; não basta ter a qualidade de agente público, pois, ainda que o seja, não acarretará a responsabilidade estatal se, ao causar o dano, não estiver agindo no exercício de suas funções. (DI PIETRO, Maria Sylvia Zanella. *Direito Administrativo,* 29ª edição, Forense, p.796/797)

▶ **A teoria do Risco Administrativo embora dispense a prova da culpa da Administração, permite que o Poder Público demonstre a culpa da vítima, para excluir ou atenuar a indenização.**

"embora dispense a prova da culpa da Administração, permite que o Poder Público demonstre a culpa da vítima, para excluir ou atenuar a indenização. Isto porque o risco administrativo não se confunde com o risco integral. O risco administrativo não significa que a Administração deve indenizar sempre e em qualquer caso o dano suportado pelo particular; significa apenas e tão somente que a vítima fica dispensada da prova da culpa da Administração, mas esta poderá demonstrar a culpa total ou parcial do lesado no evento danoso, caso em que a Fazenda Pública se eximirá integral ou parcialmente da indenização" (MEIRELLES, Hely Lopes. Direito administrativo brasileiro. 35. ed. São Paulo: Malheiros, 2009. p. 612).

▶ **A marca característica da responsabilidade objetiva é a desnecessidade de o lesado pela conduta estatal provar a existência da culpa do agente ou do serviço.**

A marca característica da responsabilidade objetiva é a desnecessidade de o lesado pela conduta estatal provar a existência da culpa do agente ou do serviço. O fator culpa, então, fica desconsiderado como pressuposto da responsabilidade objetiva.. (FILHO, C., Santos, J. D. Manual de Direito Administrativo, 33ª edição. [Grupo GEN]. Retirado de https://grupogen.vitalsource.com/#/books/9788597020533/)

▶ **Para configurar-se esse tipo de responsabilidade, bastam três pressupostos.**

O primeiro deles é a ocorrência do fato administrativo, assim considerado como qualquer forma de conduta, comissiva ou omissiva, legítima ou ilegítima, singular ou coletiva, atribuída ao Poder Público. Ainda que o agente estatal atue fora de suas funções, mas a pretexto de exercê-las, o fato é tido como administrativo, no mínimo pela má escolha do agente (culpa in eligendo) ou pela má fiscalização de sua conduta (culpa in vigilando). O segundo pressuposto é o dano. Já vimos que não há falar em responsabilidade civil sem que a conduta haja provocado um dano. Não importa a natureza do dano: tanto é indenizável o dano patrimonial como o dano moral. Logicamente, se o dito lesado não prova que a conduta estatal lhe causou prejuízo, nenhuma reparação terá a postular. O último pressuposto é o nexo causal (ou relação de causalidade) entre o fato administrativo e o dano. Significa dizer que ao lesado cabe apenas demonstrar que o prejuízo sofrido se originou da conduta estatal, sem qualquer consideração sobre o dolo ou a culpa.32 Se o dano decorre de fato que, de modo algum, pode ser imputado à Administração, não se poderá imputar responsabilidade civil a esta; inexistindo o fato administrativo, não haverá, por consequência, o nexo causal.33 Essa é a razão por que não se pode responsabilizar o Estado por todos os danos sofridos pelos indivíduos, principalmente quando decorrem de fato de terceiro ou de ação da própria vítima. (FILHO, C., Santos, J. D. Manual de Direito Administrativo, 33ª edição. [Grupo GEN]. Retirado de https://grupogen.vitalsource.com/#/books/9788597020533/)

► **O entendimento majoritário, seja na doutrina ou na jurisprudência, é de que a responsabilidade civil objetiva é cabível apenas por danos decorrentes de condutas positivas do Estado, ou seja, ação, não sendo, portanto, a sistemática aplicada para danos que decorrem de omissão estatal.**

O entendimento majoritário, seja na doutrina ou na jurisprudência, *é de que a responsabilidade civil objetiva é cabível apenas por danos decorrentes de condutas positivas do Estado*, ou seja, ação, não sendo, portanto, a sistemática aplicada para danos que decorrem de omissão estatal. Isso porque a *omissão, para ser relevante para o direito e justificar a responsabilidade estatal, deve ser necessariamente culposa*, e, por isso, ilícita, devendo ficar provado que o Estado poderia e deveria agir, porém não agiu, razão esta que ensejou a ocorrência do dano. (COUTINHO, Dantas Alessandro Dantas, RODOR, Ronald Kruger. Manual de Direito Administrativo: volume único, 2ª edição ver., atual., ampl. Salvador, Editora Juspodivm, 2018, p. 1083)

► **Quais situações ensejam responsabilidade objetiva do Estado pela óptica do Direito Administrativo?**

Essa é uma questão interessante que deve ser analisada. Em primeiro lugar, foi verificado que os danos decorrentes de ação do Estado geram responsabilidade objetiva deste, quando não presente alguma excludente de ilicitude, na verdade, de nexo de causalidade. Ocorre que essa ação pode ser imediata ou mediata. No caso de um policial que, em busca frenética a um marginal, atira inúmeras vezes e acaba por acertar um pedestre, tem-se que o dano decorre de ação imediata, sendo a primeira hipótese de responsabilização objetiva. Trata-se de *teoria do risco administrativo.* (COUTINHO, Dantas Alessandro Dantas, RODOR, Ronald Kruger. Manual de Direito Administrativo: volume único, 2ª edição ver., atual., ampl. Salvador, Editora Juspodivm, 2018, p. 1084)

► **Todavia, é possível que a ação do Estado, por outras palavras, sua atuação, seja mediata, que é o que se passa quando o dano decorre da guarda de coisas e pessoas perigosas.**

Poderia se imaginar, em uma primeira e rápida análise, que, se um depósito de explosivos do Exército pega fogo e explode e isso causa danos às moradias vizinhas, ter-se-ia um caso de responsabilidade civil subjetiva por omissão do Estado por não ter preservado a contento os explosivos. Ocorre que não é essa a interpretação correta e aceita majoritariamente. No caso, o Estado atuou de *forma mediata* no momento em que escolheu o local para a instalação do referido depósito, sendo aí sua conduta positiva. Por expor essa vizinhança a um risco muito maior de que os demais moradores que residem a uma distância maior, o Estado assume a responsabilidade objetivamente se essa situação propiciadora de dano efetivamente causar prejuízos a terceiros. Trata-se da *teoria do risco suscitado.* (COUTINHO, Dantas Alessandro Dantas, RODOR, Ronald Kruger. Manual de Direito Administrativo: volume único, 2ª edição ver., atual., ampl. Salvador, Editora Juspodivm, 2018, p. 1084/1085)

► **Essa teoria aplica-se tanto no caso de guarda de coisas perigosas, que foi o do exemplo visto acima, como na hipótese de guarda de pessoas perigosas.**

Essa teoria aplica-se tanto no caso de guarda de coisas perigosas, que foi o do exemplo visto acima, como na hipótese de guarda de pessoas perigosas. O exemplo ideal é a responsabilidade estatal por morte de detentos por outros condenados. Ou até mesmo quando um detendo foge e causa dano a proprietário que residia na vizinhança do presídio, pois este último está em situação ensejadora de dano muito superior aos demais munícipes. (COUTINHO, Dantas Alessandro Dantas, RODOR, Ronald Kruger. Manual de Direito Administrativo: volume único, 2ª edição ver., atual., ampl. Salvador, Editora Juspodivm, 2018, p. 1085)

► **Segundo Celso Antônio Bandeira de Mello**, "os danos causados pelo Estado resultam de comportamentos produzidos a título de desempenhar missões no interesse de toda a Sociedade, não sendo equânime, portanto, que apenas alguns arquem com os prejuízos suscitados por ocasião de atividades exercidas em proveito de todos" (BANDEIRA DE MELLO Celso Antônio. Curso de direito administrativo. 29. ed. São Paulo: Malheiros, 2012. p. 1.014).

► **O interessante é que a responsabilização vai mudando conforme a dinâmica da situação!**

Se o referido foragido não causa dano a nenhuma propriedade vizinha, porém no mesmo dia da fuga, e ainda com os policiais ao seu encalço, causa dano a um cidadão em uma cidade vizinha a 50 quilômetros do presídio, nesse caso não se trata mais de responsabilidade objetiva, *transmudando-a para subjetiva por culpa do serviço*, pois houve omissão do Estado na fiscalização da prisão e, como decorrência da fuga, houve o dano gerado no mesmo dia. Agora, imaginemos que o referido foragido não foi encontrado e um ano depois é preso por um assassinato praticado em outro Estado. Nesse caso, haveria responsabilização estatal? *Alguns entendem que, como não existe mais qualquer nexo de causalidade entre qualquer ação ou omissão do Estado e o dano gerado, não haverá possibilidade de responsabilização estatal.* (COUTINHO, Dantas Alessandro Dantas, RODOR, Ronald Kruger. Manual de Direito Administrativo: volume único, 2ª edição ver., atual., ampl. Salvador, Editora Juspodivm, 2018, p. 1085)

◙ **Neste sentido o entendimento do STJ**: Nesse sentido, registre-se decisão do STJ no REsp 669.258, veiculado no Informativo 311, em que se lê que: "Trata-se de ação indenizatória na qual se busca a responsabilidade civil do Estado em razão do dano causado por pessoa que, no momento do acidente de trânsito, deveria estar reclusa, sob custódia do Estado. No caso, um apenado dirigia na contramão quando atingiu uma motocicleta, ferindo, gravemente, o motociclista e seu carona. O condutor do veículo deveria estar recluso naquele momento, pois cumpria pena em prisão-albergue, em progressão de pena privativa de liberdade e só não estava recolhido em razão de os agentes estatais possibilitarem que dormisse fora. A Turma, por maioria, entendeu que o Estado não pode ser responsabilizado, pois, na espécie, o ato estatal que permitiu ao albergado sair de sua custódia, por si só, não é causa adequada para a ocorrência do dano, inexistindo, então, nexo de causalidade entre a omissão dos agentes públicos e o dano causado ao ora recorrente. Logo, por maioria, conheceu parcialmente do recurso e, nessa parte, negou-lhe provimento" (Rel. Min. Humberto Martins, j. 27.02.2007).

▣ **No mesmo sentido é o entendimento do STF:** "Constitucional e administrativo. Agravo regimental em recurso extraordinário. Responsabilidade extracontratual do Estado. Omissão. Danos morais e materiais. Crime praticado por foragido. Art. 37, § 6.º, CF/88. Ausência de nexo causal. 1. Inexistência de nexo causal entre a fuga de apenado e o crime praticado pelo fugitivo. Precedentes. 2. A alegação de falta do serviço – *faute du service*, dos franceses – não dispensa o requisito da aferição do nexo de causalidade da omissão atribuída ao poder público e o dano causado. 3. É pressuposto da responsabilidade subjetiva a existência de dolo ou culpa, em sentido estrito, em qualquer de suas modalidades – imprudência, negligência ou imperícia. 4. Agravo regimental improvido" (RE 395.942/RS, 2.ª T., Rel. Min. Ellen Gracie, DJe 27.02.2009).

Outros entendem que, se o preso não estivesse foragido, mesmo havendo um ano da fuga, se nesse período ele ainda tivesse que estar cumprindo pena, há responsabilidade estatal.

► ***De todo modo, a questão está em repercussão geral no STF***, conforme tema 362 publicado no informativo de repercussão geral do ano de 2013, decorrente do RE 608.880 RG/MT, cuja ementa ficou estabelecida da seguinte forma:

"Responsabilidade civil do Estado. Dano decorrente de crime praticado por preso foragido. Possui repercussão geral a controvérsia acerca da responsabilidade civil do Estado em face de dano decorrente de crime praticado por preso foragido, haja vista a omissão no dever de vigilância por parte do ente federativo. (COUTINHO, Dantas Alessandro Dantas, RODOR, Ronald Kruger. Manual de Direito Administrativo: volume único, 2ª edição ver., atual., ampl. Salvador, Editora Juspodivm, 2018, p. 1086)

► **O Estado pode responder por danos decorrentes de atos ilícitos ou lícitos.**

Segundo alguns doutrinadores, o Estado só responde objetivamente se o dano decorrer de ato antijurídico, o que deve ser entendido em seus devidos termos. Ato antijurídico não pode ser entendido, para esse fim, como ato ilícito, pois é evidente que a licitude ou ilicitude do ato é irrelevante para fins de responsabilidade objetiva; caso contrário, danos decorrentes de obra pública, por exemplo, ainda que licitamente realizada, não seriam indenizados pelo Estado. (DI PIETRO, Maria Sylvia Zanella. *Direito Administrativo*, 29ª edição, Forense, p. 797)

► **Exemplo típico de ato lícito que enseja a responsabilidade civil do Estado encontra-se no artigo 188, combinado com os artigos 929 e 930 do Código Civil.**

O artigo 188 estabelece que "não constituem atos ilícitos: I – os praticados em legítima defesa ou no exercício regular de um direito reconhecido; II – a deterioração ou destruição da coisa alheia, ou a lesão a pessoa, a fim de remover perigo iminente".

Neste último caso enquadra-se inteiramente a atuação do Estado quando, no exercício do poder de polícia, provoca danos com o objetivo de remover perigo iminente. Nos termos do parágrafo único do mesmo dispositivo, "no caso do inciso II, o ato será legítimo somente quando as circunstâncias o tornarem absolutamente necessário, não excedendo os limites do indispensável para a remoção do perigo". (DI PIETRO, Maria Sylvia Zanella. 29ª edição, Forense, p. 798)

► **Além disso, o artigo 930 determina que "no caso do inciso II do art. 188, se o perigo ocorrer por culpa de terceiro, contra este terá o autor do dano ação regressiva para haver a importância que tiver ressarcido ao lesado".**

Mais uma vez, a conclusão é a de que incide a responsabilidade civil do Estado, sem possibilidade de invocar a culpa de terceiro, a não ser para contra este exercer o direito de regresso. Pelo parágrafo único do artigo 930, "a mesma ação competirá contra aquele em defesa de quem se causou o dano (art. 188, inciso I)". Isto é, no caso de danos decorrentes de prática de atos em legítima defesa ou no exercício regular de um direito reconhecido, a responsabilidade civil incide, apesar da licitude do ato, cabendo direito de regresso contra aquele em defesa de quem se causou o dano. (DI PIETRO, Maria Sylvia Zanella. *Direito Administrativo,* 29ª edição, Forense, p. 798)

► **A responsabilidade civil por dano causado pela obra pública**

A responsabilidade civil por dano causado pela obra pública ao particular rege-se por princípios diversos dos que regulam a composição das lesões de vizinhança entre particulares. A Administração Pública é um vizinho de todos nós, mas um vizinho em posição especial, com poderes e deveres inerentes à sua condição estatal, o que exige a conciliação dos preceitos da responsabilidade civil com as normas administrativas que regem suas atividades. O que não se admite é que o Poder Público, com suas obras, cause danos a terceiros e se exima de responsabilidade. Quando a obra é executada diretamente pela Administração Pública, a responsabilidade civil se concentra e se exaure na entidade administrativa que a realiza; quando, porém, a obra pública é confiada a construtor particular, já o problema da composição de danos se complica pela presença de um agente estranho à Administração, mas a ela vinculado contratualmente para a execução técnica do projeto. Daí a necessidade de se estudar separadamente a posição do Poder Público, como dono da obra, e a situação do construtor particular como seu executor. (Hely Lopes Meirelles, Responsabilidade Civil Decorrente Da Obra Pública. Doutrinas Essenciais de Direito Administrativo | vol. 3 | p. 1203 - 1208 | Nov / 2012)

► **Responsabilidade da Administração pelos danos da obra pública**

- A obra pública é um fato administrativo e, como tal, sujeito às normas específicas da Administração, quer quanto à sua execução, quer quanto às suas implicações com os bens e interesses dos particulares. Pelos danos causados pela obra pública a terceiros responde a entidade administrativa que a executa ou ordena a sua execução. É a regra geral inferida do art. 194 da Constituição Federal (LGL\1988\3) vigente, que estabelece para as pessoas jurídicas de Direito Público interno a responsabilidade civil objetiva e absoluta pelos atos lesivos de seus agentes.

▶ **Responsabilidade civil pelo "fato da obra"**

Quanto à responsabilidade por *fato da obra*, José dos Santos Carvalho Filho explica que a *"primeira hipótese é aquela em que o dano é provocado pelo só fato da obra. Por alguma razão natural ou imprevisível, e sem que tenha havido culpa de alguém, a obra pública causa dano ao particular. Se tal ocorrer, dar-se-á a responsabilidade objetiva do Estado, independentemente de quem esteja executando a obra, eis que presentes todos os pressupostos para sua configuração. Ainda que não se possa caracterizar de ilícita a atividade estatal, a responsabilidade decorre da própria teoria do risco administrativo".* (FILHO, C.,, J.D.S. Manual de Direito Administrativo. [Grupo GEN]. 2020, Retirado de https://grupogen.vitalsource.com/#/books/9788597024975/)

▶ **Ainda:** *A ideia é: a obra é pública, do Estado, apenas está sendo executada por terceiros. Por isso, em caso de dano decorrente da obra em si e não de sua execução, há os pressupostos caracterizadores da responsabilidade objetiva do Estado.*

▶ **Atenção! Quando o dano é causado pela empresa contratada para executar a obra, cabe a ela responder pelos danos causados a terceiros.**

Quando o dano é causado pela empresa contratada para executar a obra, cabe a ela responder pelos danos causados a terceiros. A responsabilidade é subjetiva, porém o Estado pode ser responsabilizado subsidiariamente. (COUTINHO, Dantas Alessandro Dantas, RODOR, Ronald Kruger. Manual de Direito Administrativo: volume único, 2ª edição ver., atual., ampl. Salvador, Editora Juspodivm, 2018, p. 1087)

▶ **Se o dano for causado por uma agente do Estado na execução da obra, não mais se tratará de "fato da obra"**

Se o dano for causado por uma agente do Estado na execução da obra, não mais se tratará de "fato da obra", que, na verdade, é um fato administrativo gerando danos. Nesse caso, cuidado! Se o dano for causado em obra da União, Estados, Municípios, Distrito Federal, Autarquia, Fundações Públicas de Direito Público, a responsabilidade será objetiva. (COUTINHO, Dantas Alessandro Dantas, RODOR, Ronald Kruger. Manual de Direito Administrativo: volume único, 2ª edição ver., atual., ampl. Salvador, Editora Juspodivm, 2018, p. 1087)

▶ **Causado por uma sociedade de economia mista ou empresa pública**

Já se for causado por uma sociedade de economia mista ou empresa pública, o dano na execução da obra em si, por não ser serviço público, gerará responsabilidade, porém pela sistemática subjetiva. (COUTINHO, Dantas Alessandro Dantas, RODOR, Ronald Kruger. Manual de Direito Administrativo: volume único, 2ª edição ver., atual., ampl. Salvador, Editora Juspodivm, 2018, p. 1087)

▶ **Responsabilidade objetiva e socialização dos riscos**

Na teoria do risco social ou socialização dos riscos, a responsabilidade deixa de ser centrada no sujeito responsável pelo dano e volta-se para a vítima e para a reparação do dano sofrido por ela, para que a pessoa lesada não deixe de receber a justa reparação do dano. Ou seja, o foco é retirado do autor do ato ilícito e passa para a vítima do dano. Dessa forma, o dano deixa de ser somente contra a vítima e volta-se contra a própria coletividade, passando a ser um problema de toda a sociedade. Exemplo clássico para alcançar a socialização do dano é o seguro obrigatório, pois nele os riscos são distribuídos entre todos os segurados. No direito administrativo, podemos verificar a socialização dos riscos com a implantação do seguro DPVAT (Seguro de Danos Pessoais Causados por Veículos Automotores de Vias Terrestres), que é obrigatório a todos os proprietários de veículos automotores terrestres,[1] e, mais remotamente, com o seguro obrigatório de acidentes do trabalho. (COUTINHO, Dantas Alessandro Dantas, RODOR, Ronald Kruger. Manual de Direito Administrativo: volume único, 2ª edição ver., atual., ampl. Salvador, Editora Juspodivm, 2018, p. 1087)

► **Ônus da prova: inversão**

A questão relativa à prova leva, primeiramente, em conta a defesa do Estado na ação movida pelo lesado. Diante dos pressupostos da responsabilidade objetiva, ao Estado só cabe defender-se provando a inexistência do fato administrativo, a inexistência de dano ou a ausência do nexo causal entre o fato e o dano. Mas há ainda outro fator que merece ser analisado. A pretensão formulada pelo indivíduo para obter do Estado a reparação de prejuízos atenua em muito o princípio de que o ônus da prova incumbe a quem alega (*onus probandi incumbit ei que dicit, non qui negat*). Se o autor da ação alega a existência do fato, o dano e o nexo de causalidade entre um e outro, cabe ao Estado-réu a contraprova sobre tais alegações. (FILHO, C., Santos, J. D. Manual de Direito Administrativo, 33ª edição. [Grupo GEN]. Retirado de https://grupogen.vitalsource.com/#/books/9788597020533/)

► **Na opinião de José dos Santos Carvalho Filho, a referida teoria não foi acolhida pelo ordenamento pátrio.**

Nas palavras do mestre, "a referida teoria, no fundo, constitui mero aspecto específico da teoria do risco integral, sendo que para alguns autores é para onde se encaminha a responsabilidade civil do Estado: seria este responsável mesmo se os danos não lhe forem imputáveis. Em nosso entender, porém, tal caráter genérico da responsabilidade poderia provocar grande insegurança jurídica e graves agressões ao erário, prejudicando em última análise os próprios contribuintes". *(FILHO, C.,, J.D.S. Manual de Direito Administrativo. [Grupo GEN]. 2020, Retirado de https://grupogen.vitalsource.com/#/books/9788597024975/)*

1. A matéria está disciplinada na Lei 6.194/1974. Na verdade, embora esse seja o mais conhecido, existem muitos outros "seguros obrigatórios" previstos na legislação brasileira, merecendo destaque aqueles arrolados no art. 20 do Decreto-Lei 73/1966.

OS PRESSUPOSTOS DA RESPONSABILIDADE CIVIL OBJETIVA DO ESTADO

▶ Pressupostos da Responsabilidade Civil Objetiva do Estado

No atual estágio da responsabilidade civil, o exame dos pressupostos apresenta substancial modificação, pois alguns elementos anteriormente tidos como permanentes e inclusive apontados como fundamento da responsabilidade, como o fator de atribuição subjetiva (culpa), deixaram de ser constantes no concerto da determinação do dever de indenizar. Na mesma linha, a ilicitude (antijuridicidade) também deixou de se apresentar como um elemento constante. Por outro lado, dois pressupostos ainda se apresentam como indispensáveis ao engajamento do dever de indenizar, representando elementos constantes da responsabilidade. Nesse caso são observados o dano e o curso causal hipotético. O dano e elemento que nunca será subtraído por estar na essência do instituto, essencialmente voltado a recomposição ou satisfação de valores patrimoniais ou extrapatrimoniais vulnerados em função da lesão. De outra banda, o curso causal hipotético, como será demonstrado, apesar de muitas vezes ser questionado pela jurisprudência, não deixa de ser um elemento essencial e constante da responsabilidade, mas também a fonte da quebra do dever de indenizar. (Tratado de responsabilidade pública, p. 185)

▶ A marca característica da responsabilidade objetiva é a desnecessidade de o lesado pela conduta estatal provar a existência da culpa do agente ou do serviço. O fator culpa, então, fica desconsiderado como pressuposto da responsabilidade objetiva.

Para configurar-se esse tipo de responsabilidade, bastam três pressupostos. O primeiro deles é a ocorrência do fato administrativo, assim considerado como qualquer forma de conduta, comissiva ou omissiva, legítima ou ilegítima, singular ou coletiva, atribuída ao Poder Público. Ainda que o agente estatal atue fora de suas funções, mas a pretexto de exercê-las, o fato é tido como administrativo, no mínimo pela má escolha do agente (culpa in eligendo) ou pela má fiscalização de sua conduta (culpa in vigilando). O segundo pressuposto é o dano. Já vimos que não há falar em responsabilidade civil sem que a conduta haja provocado um dano. Não importa a natureza do dano: tanto é indenizável o dano patrimonial como o dano moral. Logicamente, se o dito lesado não prova que a conduta estatal lhe causou prejuízo, nenhuma reparação terá a postular. O último pressuposto é o nexo causal (ou relação de causalidade) entre o fato administrativo e o dano. Significa dizer que ao lesado cabe apenas demonstrar que o prejuízo sofrido se originou da conduta estatal, sem qualquer consideração sobre o dolo ou a culpa.32 Se o dano decorre de fato que, de modo algum, pode ser imputado à Administração, não se poderá imputar responsabilidade civil a esta; inexistindo o fato administrativo, não haverá, por consequência, o nexo causal. Essa é a razão por que não se pode responsabilizar o Estado por todos os danos sofridos pelos indivíduos, principalmente quando decorrem de fato de terceiro ou de ação da própria vítima. (FILHO, C.,, J.D.S. Manual de Direito Administrativo. [Grupo GEN]. 2020, Retirado de https://grupogen.vitalsource.com/#/books/9788597024975/)

▶ **A responsabilidade que aqui será abordada é a civil, que diz respeito ao dever do Estado de indenizar e reparar prejuízos economicamente mensuráveis, materiais ou morais, que seus agentes, por ação ou omissão, ocasionam a terceiros**

A responsabilidade que aqui será abordada é a civil, que diz respeito ao dever do Estado de indenizar e reparar prejuízos economicamente mensuráveis, materiais ou morais, que seus agentes, por ação ou omissão, ocasionam a terceiros, não nos interessando as condutas tidas por criminosas, objeto do direito penal, tampouco aquelas que se amoldam ao direito administrativo disciplinar, a serem vistas no capítulo próprio, referente aos servidores públicos. (COUTINHO, Dantas Alessandro Dantas, RODOR, Ronald Kruger. Manual de Direito Administrativo: volume único, 2ª edição ver., atual., ampl. Salvador, Editora Juspodivm, 2018, p. 1071)

▶ **Podemos resumir os fundamentos da responsabilidade civil em dois: *princípio da legalidade e princípio da isonomia.***

O primeiro, *princípio da legalidade, desponta como fundamento para a responsabilidade civil por atos ilícitos.* Praticado o ato ilícito, haverá o dever de reparação do dano como meio de restabelecimento da ordem jurídica. *Já a isonomia, por sua vez, fundamenta tanto a responsabilidade civil do Estado por atos lícitos quanto dá suporte à reparação de danos decorrentes de atos ilícitos.* Isso porque todas as atividades estatais são voltadas à satisfação dos interesses da coletividade, de forma que, se porventura o Estado causar danos a terceiros, esse prejuízo deve ser repartido de forma igualitária entre todos os membros da sociedade. (COUTINHO, Dantas Alessandro Dantas, RODOR, Ronald Kruger. Manual de Direito Administrativo: volume único, 2ª edição ver., atual., ampl. Salvador, Editora Juspodivm, 2018, p. 1082)

> ▶ **Nesse sentido, Celso Antônio Bandeira de Mello** doutrina que o princípio da isonomia estaria a exigir reparação em prol de quem foi lesado a fim de que se satisfizesse o interesse da coletividade. Quem aufere os cômodos, deve suportar os correlatos ônus. Se a sociedade, encarnada juridicamente no Estado, colhe os proveitos, há de arcar com os gravames econômicos que infligiu a alguns para o benefício de todos. (BANDEIRA DE MELLO, Celso Antônio. Curso de direito administrativo. 25. ed. São Paulo: Malheiros, 2008. p. 955.)

QUEM ESTÁ SUJEITO À RESPONSABILIZAÇÃO OBJETIVA?

▶ **Quem está sujeito à responsabilização objetiva?**

Analisando o art. 37, § 6.º, da Constituição Federal, as seguintes pessoas podem responder objetivamente:

I) As pessoas jurídicas de direito público:

a) União;

b) Estados;

c) Distrito Federal;

d) Municípios;

e) Autarquias, de qualquer nível da Federação;

f) Fundações Públicas de Direito Público, também de qualquer nível da Federação.

II) As pessoas jurídicas de direito privado, prestadoras de serviços públicos:

a) Sociedades de economia mista prestadoras de serviços públicos;

b) Empresas públicas prestadoras de serviços públicos;

c) Empresas privadas concessionárias de serviços públicos;

d) Empresas privadas permissionárias de serviços públicos.

► **Essas pessoas (pessoas jurídicas de direito privado prestadoras de serviços públicos) apenas respondem objetivamente, nos termos do art. 37, § 6.º, da Constituição Federal, se o dano for causado na prestação de um serviço público.**

Essas pessoas (pessoas jurídicas de direito privado prestadoras de serviços públicos) *apenas respondem objetivamente, nos termos do art. 37, § 6.º, da Constituição Federal, se o dano for causado na prestação de um serviço público*, não se aplicando, pelo menos sob esse fundamento normativo, quando o dano for decorrente de atividade outra que não a prestação de um serviço público, como, por exemplo, o protesto ilegal de uma duplicata. Por fim, foi visto que as permissionárias e concessionárias de serviços públicos respondem objetivamente pelos danos decorrentes da prestação de serviços públicos. E se o dano for causado por empresa detentora de autorização pública, se aplica ou não a responsabilidade objetiva? (COUTINHO, Dantas Alessandro Dantas, RODOR, Ronald Kruger. Manual de Direito Administrativo: volume único, 2ª edição ver., atual., ampl. Salvador, Editora Juspodivm, 2018, p. 1096)

► **As pessoas portadoras de autorização administrativa não estão sujeitas à responsabilidade objetiva, mas tão somente à responsabilidade subjetiva**

José dos Santos Carvalho Filho entende que as pessoas portadoras de autorização administrativa não estão sujeitas à responsabilidade objetiva, mas tão somente à responsabilidade subjetiva, com base no Código Civil. Ele justifica sua posição sob o argumento de que a autorização é ato administrativo precário por meio do qual a Administração consente que o indivíduo desempenhe atividade de seu interesse exclusivo ou predominante interesse, não se caracterizando a atividade como serviço público. (CARVALHO FILHO, José dos Santos. Responsabilidade civil das pessoas jurídicas de direito privado prestadoras de serviços públicos. In: FREITAS, Juarez (coord.). *Responsabilidade civil do Estado*. São Paulo: Malheiros, 2006. p. 151.)

► **<u>Em sentido contrário</u>:** Já Odete Medauar entende que pode haver autorização de serviços públicos, colocando esta última doutrinadora a autorização de serviços públicos ao lado de permissão e concessão e, por isso, sujeita à responsabilidade objetiva. (MEDAUAR, Odete. Direito administrativo moderno. 8. ed. São Paulo: RT, 2004. p. 438.)

A RESPONSABILIDADE SUBJETIVA DO ESTADO (POR OMISSÃO)

► **Quando a conduta estatal for omissiva, será preciso distinguir se a omissão constitui, ou não, fato gerador da responsabilidade civil do Estado.**

Todavia, quando a conduta estatal for omissiva, será preciso distinguir se a omissão constitui, ou não, fato gerador da responsabilidade civil do Estado. Nem toda conduta omissiva retrata um desleixo do Estado em cumprir um dever legal; se assim for, não se configurará a responsabilidade estatal. Somente quando o Estado se omitir diante do dever legal de impedir a ocorrência do dano é que será responsável civilmente e obrigado a reparar os prejuízos. (FILHO, C., Santos, J. D. Manual de Direito Administrativo, 33ª edição. [Grupo GEN]. Retirado de https://grupogen.vitalsource.com/#/books/9788597020533/)

► **Existe controvérsia a respeito da aplicação ou não do artigo 37, § 6º, da Constituição às hipóteses de omissão do Poder Público, e a respeito da aplicabilidade, nesse caso, da teoria da responsabilidade objetiva.**

Segundo alguns, a norma é a mesma para a conduta e a omissão do Poder Público; segundo outros, aplica-se, em caso de omissão, a teoria da responsabilidade subjetiva, na modalidade da teoria da culpa do serviço público. Na realidade, a diferença entre as duas teorias é tão pequena que a discussão perde um pouco do interesse, até porque ambas geram para o ente público o dever de indenizar. (DI PIETRO, Maria Sylvia Zanella. *Direito Administrativo.* 29ª edição, Forense, p. 801)

► **Alguns, provavelmente preocupados com as dificuldades, para o terceiro prejudicado, de obter ressarcimento na hipótese de se discutir o elemento subjetivo, entendem que o dispositivo constitucional abarca os atos comissivos e omissivos do agente público.**

Desse modo, basta demonstrar que o prejuízo sofrido teve um nexo de causa e efeito com o ato comissivo ou com a omissão. Não haveria que se cogitar de culpa ou dolo, mesmo no caso de omissão. (DI PIETRO, Maria Sylvia Zanella. *Direito Administrativo.* 29ª edição, Forense, p. 801)

► **Para outros, a responsabilidade, no caso de omissão, é subjetiva, aplicando-se a teoria da culpa do serviço público ou da culpa anônima do serviço público (porque é indiferente saber quem é o agente público responsável).**

Segundo essa teoria, o Estado responde desde que o serviço público *(a) não funcione, quando deveria funcionar; (b) funcione atrasado; ou (c) funcione mal.* Nas duas primeiras hipóteses, tem-se a omissão danosa. (DI PIETRO, Maria Sylvia Zanella. *Direito Administrativo* 29ª edição, Forense, p. 801)

► A responsabilidade subjetiva do estado (por omissão)

Como visto, o Estado também poderá responder civilmente com base na teoria da responsabilidade subjetiva. Tais hipóteses ocorrerão por danos decorrentes de omissão estatal que enseje dano a terceiros. A omissão ensejadora de dano deve ser necessariamente ilegal e, por isso, culposa, daí a responsabilidade subjetiva. (COUTINHO, Dantas Alessandro Dantas, RODOR, Ronald Kruger. Manual de Direito Administrativo: volume único, 2ª edição ver., atual., ampl. Salvador, Editora Juspodivm, 2018, p. 1096)

► A consequência, dessa maneira, reside em que a responsabilidade civil do Estado, no caso de conduta omissiva, só se desenhará quando presentes estiverem os elementos que caracterizam a culpa.

A consequência, dessa maneira, reside em que a responsabilidade civil do Estado, no caso de conduta omissiva, só se desenhará quando presentes estiverem os elementos que caracterizam a culpa. A culpa origina-se, na espécie, do descumprimento do dever legal, atribuído ao Poder Público, de impedir a consumação do dano. Resulta, por conseguinte, que, nas omissões estatais, a teoria da responsabilidade objetiva não tem perfeita aplicabilidade, como ocorre nas condutas comissivas. (FILHO, C., Santos, J. D. Manual de Direito Administrativo, 33ª edição. [Grupo GEN]. Retirado de https://grupogen.vitalsource.com/#/books/9788597020533/)

► É importante registrar que essa responsabilidade subjetiva não é a mesma prevista no Código Civil e que é aplicável aos particulares.

Nesse diploma a regra geral sobre a responsabilidade civil está prevista no art. 186, o qual possui a seguinte redação: "aquele que, por ação ou omissão voluntária, negligência ou imprudência, violar direito e causar dano a outrem, ainda que exclusivamente moral, comete ato ilícito". Nota-se que aqui deve ser provada a culpa de quem causou o dano, ou seja, deve ser individualizado o agente causador do dano e comprovada sua atuação com imprudência, imperícia ou negligência. (COUTINHO, Dantas Alessandro Dantas, RODOR, Ronald Kruger. Manual de Direito Administrativo: volume único, 2ª edição ver., atual., ampl. Salvador, Editora Juspodivm, 2018, p. 1096/1097)

► Na responsabilidade subjetiva do Estado, a vítima não precisa individualizar a culpa do agente.

Aqui o que importa é a demonstração de que o serviço não funcionou, funcionou mal ou tardou em funcionar. Por outras palavras: deve-se provar a culpa do serviço, e não a do agente. Por isso que a teoria que embasa essa responsabilização do Estado é chamada de teoria da culpa do serviço, teoria da falta do serviço ou teoria da culpa anônima. (COUTINHO, Dantas Alessandro Dantas, RODOR, Ronald Kruger. Manual de Direito Administrativo: volume único, 2ª edição ver., atual., ampl. Salvador, Editora Juspodivm, 2018, p. 1097)

► **Esse mau funcionamento do serviço, que está ligado à omissão do Estado, para ser relevante para o direito, e justificar sua responsabilidade, deve ser necessariamente culposo, e, por isso, ilícito.**

Esse mau funcionamento do serviço, que está ligado à omissão do Estado, para ser relevante para o direito, e justificar sua responsabilidade, deve ser necessariamente culposo, e, por isso, ilícito, devendo ficar provado que o Estado poderia e deveria agir, porém não agiu, razão esta que ensejou a ocorrência do dano. Relembrando o exemplo dado, imaginemos um caso em que uma família liga para a polícia e solicita que uma viatura ronde sua casa em razão da iminência de um assalto. Vinte minutos depois, retorna a ligação, pois a viatura ainda não tinha chegado e agora, mais do que nunca, o ingresso na casa pelos marginais iria ocorrer em poucos minutos. Mais uma vez a polícia não chega. O assalto é feito e a família é roubada. Duas horas depois, ou seja, bem após o evento danoso, chega a viatura policial. Nesse caso, haverá responsabilidade estatal. Isso porque o Estado tinha conhecimento da situação, tinha o dever de fiscalizar e evitar o assalto, porém foi omisso (ilegalmente) no cumprimento do dever, despontando essa omissão como condição para que o dano ocorresse. (COUTINHO, Dantas Alessandro Dantas, RODOR, Ronald Kruger. Manual de Direito Administrativo: volume único, 2ª edição ver., atual., ampl. Salvador, Editora Juspodivm, 2018, p. 1097)

► **A omissão configura a culpa *in omittendo ou in vigilando*.**

"A omissão configura a culpa *in omittendo ou in vigilando*. São casos de inércia, casos de não atos. Se cruza os braços ou se não vigia, quando deveria agir, o agente público omite-se, empenhando a responsabilidade do Estado por inércia ou incúria do agente. Devendo agir, não agiu. Nem como o *bonus pater familiae*, nem como *bonus administrator*. Foi negligente. Às vezes, imprudente ou até imperito. Negligente, se a solércia o dominou; imprudente, se confiou na sorte; imperito, se não previu a possibilidade de concretização do evento. Em todos os casos, culpa, ligada à ideia de inação, física ou mental". (CRETELLA JÚNIOR, José, Tratado de Direito Administrativo, Editora Forense, 1970, volume 8, p. 210)

► **No caso de omissão do Poder Público os danos em regra não são causados por agentes públicos.**

No caso de omissão do Poder Público os danos em regra não são causados por agentes públicos. São causados por fatos da natureza ou fatos de terceiros. Mas poderiam ter sido evitados ou minorados se o Estado, tendo o dever de agir, se omitiu. Isto significa dizer que, para a responsabilidade decorrente de omissão, tem que haver o dever de agir por parte do Estado e a possibilidade de agir para evitar o dano. (DI PIETRO, Maria Sylvia Zanella. *Direito Administrativo* 29ª edição, Forense, p. 802)

► **A culpa está embutida na ideia de omissão.**

Não há como falar em responsabilidade objetiva em caso de inércia do agente público que tinha o dever de agir e não agiu, sem que para isso houvesse uma razão aceitável. (DI PIETRO, Maria Sylvia Zanella. *Direito Administrativo,* 29ª edição, Forense, p. 802)

▶ A dificuldade da teoria diz respeito à possibilidade de agir; tem que se tratar de uma conduta que seja exigível da Administração e que seja possível.

A dificuldade da teoria diz respeito à possibilidade de agir; tem que se tratar de uma conduta que seja exigível da Administração e que seja possível. Essa possibilidade só pode ser examinada diante de cada caso concreto. Tem aplicação, no caso, o princípio da reserva do possível, que constitui aplicação do princípio da razoabilidade: o que seria razoável exigir do Estado para impedir o dano. (DI PIETRO, Maria Sylvia Zanella. *Direito Administrativo,* 29ª edição, Forense, p. 802)

▶ Há segmentos da doutrina e da jurisprudência que entendem haver uma presunção de culpa do Estado pela sua omissão ou pela execução defeituosa do serviço

Lembra-se que há segmentos da doutrina e da jurisprudência que entendem haver uma presunção de culpa do Estado pela sua omissão ou pela execução defeituosa do serviço, sendo que a não condenação do Estado depende de ele provar que agiu corretamente e que, mesmo assim, não houve a possibilidade de evitar o dano. Por exemplo, seria o caso, em um assalto, de os policiais tomarem todas as providências possíveis, atuarem com cautela junto aos assaltantes e mesmo assim um refém ser ferido por um bandido. Nesse caso, se a vítima ingressar com a ação e o Estado provar que tomou todas as cautelas para evitar o dano, porém não conseguiu, não haverá nexo de causalidade entre a omissão e o dano e, por isso, ele não poderá ser responsabilizado.

> ▶ **No mesmo sentido:** "...entendemos que, nessa hipótese, existe uma presunção de culpa do Poder Público. O lesado não precisa fazer a prova de que existiu a culpa ou dolo. Ao Estado é que cabe demonstrar que agiu com diligência, que utilizou os meios adequados e disponíveis e que, se não agiu, é porque a sua atuação estaria acima do que seria razoável exigir; se fizer essa demonstração, não incidirá a responsabilidade." (DI PIETRO, Maria Sylvia Zanella. *Direito Administrativo* 29ª edição, Forense, p. 802)
>
> ◙ **Neste sentido:** ADMINISTRATIVO. RESPONSABILIDADE CIVIL DO ESTADO. OMISSÃO. FALTA DO SERVIÇO. RESPONSABILIDADE SUBJETIVA. MORTE DE POLICIAL DURANTE TRANSFERÊNCIA DE PRESO. Não comprovação da culpa estatal (publicizada). Impossibilidade de revisão dos fatos no recurso especial para caracterização da culpa e do imprescindível nexo. Soberania da instância ordinária nas provas. Arts. 302 e 535 do CPC. Não violação. (...) 3. *A responsabilidade do Estado por omissão é subjetiva. Jurisprudência predominantes do STF e do STJ. Desde a inicial, vieram os recorrentes discutindo a falta do serviço estatal por omissão, o que é bem diferente de se discutir o fato do serviço para aplicação da responsabilidade objetiva.* (...)" (STJ, REsp 471.606/SP 2002/0126380-3, 2.ª T., Rel. Min. Humberto Martins, j. 02.08.2007, *DJ* 14.08.2007, p. 280, *LEXSTJ* vol. 217, p. 100).

▶ Quanto à responsabilidade do Estado por omissão, o Supremo Tribunal Federal vinha exigindo, para a caracterização do nexo de causalidade, a teoria do dano direto e imediato.

"... quanto à responsabilidade do Estado por omissão, o Supremo Tribunal Federal vinha exigindo, para a caracterização do nexo de causalidade, a teoria do dano direto e imediato. Serve como exemplo acórdão envolvendo indenização devida a vítimas de homicídios praticados por fugitivos de penitenciárias; a Corte vinha reconhecendo a responsabilidade do Estado quando não há rompimento da cadeia causal (ou seja, quando existe ligação direta entre causa e dano), mas elide tal responsabilidade quando já se tenham passado "meses" da fuga, por falta de nexo causal. A teoria do dano direto e imediato, expressamente mencionada em acórdão do STF, citando Agostinho Alvim, "só admite o nexo de causalidade quando o dano é efeito necessário de uma causa, o que abarca o dano direto e imediato sempre, e, por vezes, o dano indireto e remoto, quando, para a produção deste, não haja concausa sucessiva. Daí dizer Agostinho Alvim: 'os danos indiretos ou remotos não se excluem, só por isso; em regra, não são indenizáveis, porque deixam de ser efeito necessário, pelo aparecimento de concausas. Suposto não existam estas, aqueles danos são indenizáveis".

◙ **Neste sentido:** AGRAVO REGIMENTAL NO RECURSO EXTRAORDINÁRIO. RESPONSABILIDADE CIVIL DO ESTADO. ARTIGO 37, § 6º, DA CONSTITUIÇÃO DO BRASIL. LATROCÍNIO COMETIDO POR FORAGIDO. NEXO DE CAUSALIDADE CONFIGURADO. PRECEDENTE. 1. A negligência estatal na vigilância do criminoso, a inércia das autoridades policiais diante da terceira fuga e o curto espaço de tempo que se seguiu antes do crime são suficientes para caracterizar o nexo de causalidade. 2. Ato omissivo do Estado que enseja a responsabilidade objetiva nos termos do disposto no artigo 37, § 6º, da Constituição do Brasil. Agravo regimental a que se nega provimento. (RE 573595 AgR, Relator(a): Min. EROS GRAU, Segunda Turma, julgado em 24/06/2008, DJe-152 DIVULG 14-08-2008 PUBLIC 15-08-2008 EMENT VOL-02328-07 PP-01418)

► **Bom exemplo de responsabilidade subjetiva diz respeito a danos causados por buracos nas ruas, avenidas e estradas**

Ainda, outro bom exemplo de responsabilidade subjetiva diz respeito a danos causados por buracos nas ruas, avenidas e estradas. Se houve uma forte chuva e em razão dela surgiram buracos na pista, se, no mesmo dia, um veículo passar por eles e quebrar a roda, o Estado não será responsabilizado, pois não tinha como prever os buracos e, portanto, evitar o dano. Agora, se, após a chuva e o conhecimento pelo Estado do buraco na pista, o ente manter-se inerte e outro veículo for danificado, haverá, no caso, responsabilização pública, pois tinha o Poder Público conhecimento do fato, podia e tinha o dever de agir consertando a via, porém quedou-se inerte viabilizando danos a terceiros. (COUTINHO, Dantas Alessandro Dantas, RODOR, Ronald Kruger. Manual de Direito Administrativo: volume único, 2ª edição ver., atual., ampl. Salvador, Editora Juspodivm, 2018, p. 1097/1098)

◙ **Buraco na pista. Morte do motorista. Violação do art. 535 do CPC. Inocorrência. Responsabilidade subjetiva. Omissão. Ocorrência de culpa.**

Processual civil e administrativo. Responsabilidade civil do Estado. Acidente de trânsito em Rodovia Federal. *Buraco na pista. Morte do motorista. Violação do art. 535 do CPC. Inocorrência. Responsabilidade subjetiva. Omissão. Ocorrência de culpa.*

Danos morais. Impossibilidade de revisão. Proporcionalidade. Termo inicial dos juros de mora. Súmula 54/STJ. Pensão previdenciária. Honorários advocatícios. Súmula 284/STF. 1. Não há violação do art. 535 do CPC quando o Tribunal de origem analisa adequada e suficientemente a controvérsia objeto do recurso especial. 2. *Na hipótese dos autos, restaram assentados no acórdão os pressupostos da responsabilidade subjetiva, inclusive a conduta culposa, traduzida na negligência do Poder Público na conservação das rodovias federais.* O acolhimento da tese do recorrente, de existir culpa exclusiva da vítima, demandaria a incursão no conjunto fático-probatório dos autos, providência obstada pela Súmula 7/STJ. 3. Manutenção do valor fixado nas instâncias ordinárias por dano moral (R$ 100.000,00 – cem mil reais), por não se revelar nem irrisório, nem exorbitante. 4. Tratando-se de reparação por danos morais, nas hipóteses em que a responsabilidade é extracontratual, os juros são devidos desde o evento danoso, na forma da Súmula 54/STJ. 5. Nos termos da jurisprudência desta Corte, é possível a cumulação de pensão previdenciária com outra de natureza indenizatória. 6. Apresentadas alegações genéricas no que respeita à fixação dos honorários advocatícios, aplica-se no ponto a Súmula 284/STF. 7. Recurso especial conhecido em parte e não provido" (STJ, REsp 1.356.978/SC 2012/0256419-9, 2.ª T., Rel. Min. Eliana Calmon, j. 05.09.2013, *DJe* 17.09.2013).

▶ Responsabilidade civil do Estado decorrente de atos de multidão

Por fim, a doutrina e a jurisprudência admitem a responsabilização estatal por danos decorrentes de atos de multidão. Na sociedade atual, se torna cada dia mais comum o agrupamento em público de pessoas para manifestarem suas insatisfações (geralmente para protestar contra situações especiais), porém, nem sempre essas manifestações são pacíficas. Podemos observar esses movimentos pelo mundo todo, ora por estudantes lutando por melhorias no ensino, ora pela população contra o Estado protestando contra a insegurança pública ou pela falta de serviços públicos de qualidade, ora por uma classe de trabalhadores que luta por melhores condições de trabalho etc. (COUTINHO, Dantas Alessandro Dantas, RODOR, Ronald Kruger. Manual de Direito Administrativo: volume único, 2ª edição ver., atual., ampl. Salvador, Editora Juspodivm, 2018, p. 1098)

> ▶ **Ainda:** A regra, aceita no direito moderno, é a de que os danos causados ao indivíduo em decorrência exclusivamente de tais atos não acarretam a responsabilidade civil do Estado, já que, na verdade, são tidos como atos praticados por terceiros. Sequer existem os pressupostos da responsabilidade objetiva do Estado, seja pela ausência da conduta administrativa, seja por falta de nexo causal entre atos estatais e o dano. Pelo inusitado ou pela rapidez com que os fatos ocorrem, não se pode atribuir os seus efeitos a qualquer ação ou omissão do Poder Público. Ocorre, porém, que, em certas situações, se torna notória a omissão do Poder Público, porque teria ele a possibilidade de garantir o patrimônio das pessoas e evitar os danos provocados pela multidão. Nesse caso, é claro que existe uma conduta omissiva do Estado, assim como é indiscutível o reconhecimento do nexo de causalidade entre a conduta e o dano, configurando-se, então, a responsabilidade civil do Estado. Trata-se, pois, de situação em

que fica cumpridamente provada a omissão culposa do Poder Público. Essa é a orientação que tem norteado a jurisprudência a respeito do assunto. Suponha-se, para exemplificar, que se esteja formando um agrupamento com mostras de hostilidade em certo local onde há várias casas comerciais. Se os órgãos de segurança tiverem sido avisados a tempo e ainda assim não tiverem comparecido os seus agentes, a conduta estatal estará qualificada como omissiva culposa, ensejando, por conseguinte, a responsabilidade civil do Estado, em ordem a reparar os danos causados pelos atos multitudinários. Tal como na hipótese dos fatos imprevisíveis, contudo, a indenização será proporcional à participação omissiva do Estado no resultado danoso. (FILHO, C., Santos, J. D. Manual de Direito Administrativo, 33ª edição. [Grupo GEN]. Retirado de https://grupogen.vitalsource.com/#/books/9788597020533/)

▶ A questão é até que ponto esses atos, quando descambem para danos ao patrimônio de terceiros, são passíveis de responsabilidade civil do Estado.

A questão é até que ponto esses atos, quando descambem para danos ao patrimônio de terceiros, são passíveis de responsabilidade civil do Estado. *A princípio, a regra é de que os danos causados em decorrência exclusiva desses atos não responsabilizam civilmente o Estado*, pois são tidos como atos praticados por terceiros, não sendo possível caracterizar uma conduta administrativa, tampouco nexo causal entre atos estatais e o dano. (COUTINHO, Dantas Alessandro Dantas, RODOR, Ronald Kruger. Manual de Direito Administrativo: volume único, 2ª edição ver., atual., ampl. Salvador, Editora Juspodivm, 2018, p. 1098)

◙ Os danos causados ao indivíduo por atos de multidão não acarretam a responsabilidade civil do Estado, já que praticados por terceiros

"Os danos causados ao indivíduo por atos de multidão não acarretam a responsabilidade civil do Estado, já que praticados por terceiros, não havendo, assim, a presença dos pressupostos da responsabilidade objetiva, vez que não se pode imputar à administração qualquer conduta que tenha dado ensejo à rebelião, o que torna inexistente o nexo causal entre o os atos estatais e o dano sofrido". (TJMG, 2.ª Câm. Cível, Rel. Hilda Teixeira da Costa, j. 25.06.2013)

▶ Diferente é quando se percebe a omissão do Poder Público, que deveria garantir o patrimônio das pessoas e evitar os danos praticados pela multidão (ex.: quando órgãos de segurança são informados a tempo sobre o início de um tumulto, mas não comparecem, sendo tal conduta omissiva culposa)

Diferente é quando se percebe a omissão do Poder Público, que deveria garantir o patrimônio das pessoas e evitar os danos praticados pela multidão (ex.: quando órgãos de segurança são informados a tempo sobre o início de um tumulto, mas não comparecem, sendo tal conduta omissiva culposa). Nesse contexto, a conduta omissiva do Estado acaba por caracterizar o nexo de causalidade entre a conduta e o dano, restando configurada a responsabilidade civil do Estado. (COUTINHO, Dantas Alessandro Dantas, RODOR, Ronald Kruger. Manual de Direito Administrativo: volume único, 2ª edição ver., atual., ampl. Salvador, Editora Juspodivm, 2018, p. 1099)

► **No mesmo sentido:** "Qual a repercussão dos atos de multidões na responsabilidade civil do Estado? A regra, aceita no direito moderno, é a de que os· danos causados ao indivíduo em decorrência exclusivamente de tais atos não acarreta a responsabilidade civil do Estado, já que, na verdade, são tidos como atos· praticados por terceiros. Sequer existem os pressupostos da responsabilidade objetiva do Estado, seja pela ausência da conduta administrativa, seja por falta de nexo causal entre atos estatais e o dano. Pelo inusitado ou pela rapidez com que os fatos ocorrem, não se pode atribuir os seus efeitos a qualquer ação ou omissão do Poder Público. *Ocorre, porém, que, em certas situações, se torna notória a omissão do Poder Público, porque teria ele a possibilidade de garantir o patrimônio das pessoas e evitar os danos provocados pela multidão. Nesse caso, é claro que existe uma conduta omissiva do Estado, assim como é indiscutível o reconhecimento do nexo de causalidade entre a conduta e o dano, configurando-se, então, a responsabilidade civil do Estado. Trata-se, pois, de situação em que fica cumpridamente provada a omissão culposa do Poder Público. Essa é a orientação que tem norteado a jurisprudência a respeito do assunto.* Suponha-se, para exemplificar, que se esteja formando um agrupamento com mostras de hostilidade em certo local onde há várias casas comerciais. Se os órgãos de segurança tiverem sido avisados a tempo e ainda assim não tiverem comparecido os seus agentes, a conduta estatal estará qualificada como omissiva culposa, ensejando, por conseguinte, a responsabilidade civil do Estado, em ordem a reparar os danos causados pelos atos multitudinários. Tal como na hipótese dos fatos imprevisíveis, contudo, a indenização será proporcional à participação omissiva do Estado no resultado danoso". (FILHO, C.,, J.D.S. Manual de Direito Administrativo. [Grupo GEN]. 2020, Retirado de https://grupogen.vitalsource.com/#/books/9788597024975/)

► **Omissões genéricas e responsabilidade civil do Estado**

"... vemos com profunda preocupação decisões judiciais que atribuem responsabilidade civil do Estado por omissão, sem que esta tenha nexo direto de causalidade com o resultado, ou seja, omissões genéricas decorrentes das carências existentes em todas as sociedades.68 O mesmo ocorre com decisões que tratem as omissões sob o manto da responsabilidade objetiva, em flagrante desvio de perspectiva.69 Já se decidiu também pela responsabilidade do Estado, com dever de indenizar, por dano moral decorrente das más condições do sistema penitenciário, entendendo-se inaplicável a teoria da reserva do possível. São decisões que causam perigosos precedentes, razão por que – parece-nos – deva haver redobrada cautela no trato dessa matéria. (FILHO, C., Santos, J. D. Manual de Direito Administrativo, 33ª edição. [Grupo GEN]. Retirado de https://grupogen.vitalsource.com/#/books/9788597020533/)

PRESSUPOSTO 1 DA RESPONSABILIZAÇÃO: ATOS OMISSIVOS E ATOS COMISSIVOS.

► **Agentes**

De acordo com Celso Antônio Bandeira de Mello, agentes públicos são aqueles que tomam decisões ou realizam atividades estatais, independentemente de nível ou escalão, na condição de prepostos do mister público. (BANDEIRA DE MELLO. Curso de direito... p. 952-953)

► **O ato comissivo importa incompatibilidade material com o dever geral de diligência, o que dispensa maiores cogitações acerca do aspecto subjetivo do agente**

A distinção entre atos omissivos e comissivos deriva de que, nestes últimos, é evidente a infração a certo dever. O ato comissivo importa incompatibilidade material com o dever geral de diligência, o que dispensa maiores cogitações acerca do aspecto subjetivo do agente. Há o dever de evitar a prática de certas ações, pois contrárias ao direito ou a valores fundamentais. Se o agente praticar tais condutas, sua atuação será reprovável, sem necessidade de investigar profundamente os aspectos relacionados com a formação de sua vontade. Assim, o agente estatal que provoca um acidente de trânsito, ao trafegar sem observância do dever de diligência mínimo, pratica uma conduta comissiva. (JUSTEN FILHO, Marçal. Curso de direito administrativo, 13ª. ed. - São Paulo: Revista dos tribunais, 2018, p. 1308)

► **Já nos atos omissivos é necessário estabelecer uma distinção.**

Existem hipóteses em que o direito impõe ao Estado o dever de agir de modo específico e determinado. A ausência de adoção da conduta comandada pelo direito configura uma omissão indevida em sentido próprio. Se o Estado omitir a conduta que era juridicamente obrigatória adotar, há uma inquestionável infração à ordem jurídica. Pode-se aludir a omissão indevida em sentido próprio. (JUSTEN FILHO, Marçal. Curso de direito administrativo, 13ª. ed. - São Paulo: Revista dos tribunais, 2018, p. 1308)

► **Omissão indevida em sentido impróprio**

Mas há casos em que o Estado dispõe de uma competência genérica para atuar, sem que o direito determine a conduta específica a adotar. Em tais hipóteses, poderá consumar-se algum dano sem que tal configure uma atuação reprovável do Estado. Mas poderá haver casos em que caberá a responsabilização. O caso pode ser indicado pela expressão "omissão indevida em sentido impróprio", que se verifica quando a omissão é um meio apto a gerar um resultado antijurídico. Exemplos permitem compreender a distinção. Imagine-se a regra que determine o dever de o Estado exigir a apresentação de testes e exames como condição para deferir o registro de um medicamento. Se o Estado deferir o registro de medicamento sem que o requerente forneça os demonstrativos exigidos por lei, existe uma atuação reprovável, que será equivalente à ação indevida. Verificando-se que o medicamento, registrado sem a observância dos requisitos legais, causou dano à saúde de um usuário, é inquestionável o cabimento da responsabilização civil estatal. (JUSTEN FILHO, Marçal. Curso de direito administrativo, 13ª. ed. – São Paulo: Revista dos tribunais, 2018, p. 1309)

► **Em suma, existem duas categorias de disciplina jurídica da omissão estatal. Não é possível unificar o tratamento jurídico atinente a ambas.**

Em suma, existem duas categorias de disciplina jurídica da omissão estatal. Não é possível unificar o tratamento jurídico atinente a ambas. Deixar de agir quando a lei manda que o sujeito aja é juridicamente equivalente a agir quando a lei proíbe a ação. Num caso, a lei diz: "é proibido fazer"; noutro, estabelece: "é obrigatório fazer". A conduta que infringe o dever, no primeiro caso, consiste numa ação; no segundo, é uma omissão. Nos casos em que o direito estabelecer que a omissão estatal é em si mesma ilícita (omissão própria), o tratamento jurídico será semelhante ao adotado para a atuação estatal ativa. Nas hipóteses em que existir um comando genérico autorizando o Estado a atuar (omissão imprópria), será descabido reputar que a mera e simples inação produzirá a responsabilidade civil do Estado. Nesse caso, a responsabilização apenas surgirá se houver omissão juridicamente reprovável, consistente na infração a um dever de diligência. Assim, por exemplo, o Estado pode ser responsabilizado quando deixar de limpar galerias pluviais, daí derivando inundação das vias públicas e prejuízos a terceiros. (JUSTEN FILHO, Marçal. Curso de direito administrativo, 13ª. ed. – São Paulo: Revista dos tribunais, 2018, p. 1309/1310)

► **É necessário insistir que não existe diferença relativamente à reprobabilidade quando se trata de omissão imprópria e omissão própria.**

É necessário insistir que não existe diferença relativamente à reprobabilidade quando se trata de omissão imprópria e omissão própria. Em todos os casos, é necessário avaliar a conduta estatal e verificar se houve infração a um dever de diligência. A conduta, considerada em si mesma, é insuficiente para autorizar uma qualificação jurídica. O que se passa é que o dever de diligência apresenta configurações distintas nas duas situações. No caso da omissão própria, há um dever de diligência preciso e determinado. No caso da omissão imprópria, o dever de diligência não tem conteúdo exato. (JUSTEN FILHO, Marçal. Curso de direito administrativo, 13ª. ed. – São Paulo: Revista dos tribunais, 2018, p. 1310)

PRESSUPOSTO 2 DA RESPONSABILIZAÇÃO: NEXO DE CAUSALIDADE

► **O nexo de causalidade é fator primordial para atribuição da responsabilidade, pois é o elo entre a conduta ou omissão do Estado e o dano que justifica a responsabilização.**

O nexo de causalidade é fator primordial para atribuição da responsabilidade, pois é o elo entre a conduta ou omissão do Estado e o dano que justifica a responsabilização. Sem ele, mesmo que exista dano e conduta, não há responsabilidade civil. Por vezes o leitor inocente é levado a erro ao generalizar a afirmativa de que qualquer dano causado pelo Estado ensejaria responsabilização civil, pois esta, para o Estado, é pautada na sistemática da responsabilidade objetiva. Em verdade, podemos afirmar o seguinte: *caso o Estado, por ação ou omissão, cause dano a terceiro e não exista no caso concreto uma excludente de nexo de causalidade, haverá responsabilidade estatal.* (COUTINHO, Dantas Alessandro Dantas, RODOR, Ronald Kruger. Manual de Direito Administrativo: volume único, 2ª edição ver., atual., ampl. Salvador, Editora Juspodivm, 2018, p. 1106)

> ► **No mesmo sentido:** Sendo a existência do nexo de causalidade o fundamento da responsabilidade civil do Estado, esta deixará de existir ou incidirá de forma atenuada quando o serviço público não for a causa do dano ou quando estiver aliado a outras circunstâncias, ou seja, quando não for a causa única. Além disso, nem sempre os tribunais aplicam a regra do risco, socorrendo-se, por vezes, da teoria da culpa administrativa ou culpa anônima do serviço público. (DI PIETRO, Maria Sylvia Zanella. Direito Administrativo, 29ª edição, Forense, p.798)

► O nexo de causalidade é fator de fundamental importância para a atribuição de responsabilidade civil do Estado.

O nexo de causalidade é fator de fundamental importância para a atribuição de responsabilidade civil do Estado. O exame supérfluo e apressado de fatos causadores de danos a indivíduos tem levado alguns intérpretes à equivocada conclusão de responsabilidade civil do Estado. Para que se tenha uma análise absolutamente consentânea com o mandamento constitucional, é necessário que se verifique se realmente houve um fato administrativo (ou seja, um fato imputável à Administração), o dano da vítima e a certeza de que o dano proveio efetivamente daquele fato. Essa é a razão por que os estudiosos têm consignado, com inteira dose de acerto, que "a responsabilidade objetiva fixada pelo texto constitucional exige, como requisito para que o Estado responda pelo dano que lhe for imputado, a fixação do nexo causal entre o dano produzido e a atividade funcional desempenhada pelo agente estatal". (FILHO, C., Santos, J. D. Manual de Direito Administrativo, 33ª edição. [Grupo GEN]. Retirado de https://grupogen.vitalsource.com/#/books/9788597020533/)

► A rigor, é a primeira questão a ser enfrentada na solução de qualquer caso envolvendo responsabilidade civil.

A rigor, é a primeira questão a ser enfrentada na solução de qualquer caso envolvendo responsabilidade civil. Antes de decidirmos se o agente agiu ou não com culpa, teremos que apurar se ele deu causa ao dano. O Código Penal, que tem norma expressa sobre o nexo causal (art. 13), é muito claro ao dizer: "O resultado de que depende a existência do crime, somente é imputável a quem lhe deu causa". Vale dizer, ninguém pode responder por algo que não fez, de modo que não tem o menor sentido examinar culpa de alguém que não tenha dado causa ao dano. (CAVALIERI FILHO, Sérgio, Programa de responsabilidade civil, 13ª. ed., Atlas, São Paulo, 2019 p. 65)

► A relação causal não se confunde com a imputabilidade.

"São dois pontos que não se confundem – a relação causal e a imputabilidade. Quando se cogita de imputabilidade ou da culpabilidade, temos que determinar quais as condições necessárias a que um resultado deva ser imputado subjetivamente ao seu autor, enquanto o problema do nexo causal diz respeito às condições mediante as quais o dano deve ser imputado objetivamente à ação ou omissão de uma pessoa. No primeiro caso, temos uma questão de uma *imputatio iuris*, ao passo que, na segunda, um problema de imputatio facti. Na *imputatio iuris* impõe-se responder ao seguinte questionário: o causador do dano deve ser também considerado dele culpado, para os efeitos da responsabilidade?" (LOPES, Serpa. Curso de direito civil, 4. ed., Freitas Bastos, 1995, v. V, p. 219).

► É preciso que o dano tenha sido causado pela conduta ilícita do agente, que exista entre ambos uma necessária relação de causa e efeito.

Não basta, portanto, que o agente tenha praticado uma conduta ilícita; tampouco que a vítima tenha sofrido um dano. É preciso que esse dano tenha sido causado pela conduta ilícita do agente, que exista entre ambos uma necessária relação de causa e efeito. Em síntese, é necessário que o ato ilícito seja a causa do dano, que o prejuízo sofrido pela vítima seja resultado desse ato, sem o que a responsabilidade não correrá a cargo do autor material do fato. Daí a relevância do chamado nexo causal. Cuida--se, então, de saber quando um determinado resultado é imputável ao agente; que relação deve existir entre o dano e o fato para que este, sob a ótica do Direito, possa ser considerado causa daquele. (CAVALIERI FILHO, Sérgio, Programa de responsabilidade civil, 13ª. ed., Atlas, São Paulo, 2019 p. 66)

► O nexo de causalidade é elemento indispensável em qualquer espécie de responsabilidade civil

Pode-se ainda afirmar que o nexo de causalidade é elemento indispensável em qualquer espécie de responsabilidade civil. Pode haver responsabilidade sem culpa, como teremos oportunidade de ver quando estudarmos a responsabilidade objetiva, mas não pode haver responsabilidade sem nexo causal. (CAVALIERI FILHO, Sérgio, Programa de responsabilidade civil, 13ª. ed., Atlas, São Paulo, 2019 p. 67)

► Dentre os pressupostos para a reparação, existe a necessidade de comprovação da relação de causalidade entre a conduta do agente e o dano existente.

Este elemento possui grande relevância nas demandas que envolvem a responsabilidade civil, pois a sua ausência acarreta a impossibilidade de imputar ao agente o dever de indenizar, ainda que exista uma conduta culposa, bem como um dano. Esse foi o entendimento da 10.ª Câm. Civ. do TJRJ, no julgamento de um caso de erro médico em que se decidiu pela ausência de culpa do profissional médico, porque a prova pericial produzida afastou a existência de nexo causal entre a cirurgia realizada e o dano alegado pela apelante. (GONDIM, Glenda Gonçalves. Responsabilidade civil: teoria da perda de uma chance. RT 840/11, out. 2005.)

> ► **No mesmo sentido:** é necessária a existência de uma relação de causalidade entre a ação ou omissão culposa do agente e o dano experimentado pela vítima; em caso de não se evidenciar que resultou do comportamento ou atitude do ofensor, o pedido de indenização deverá ser julgado improcedente.

PRESSUPOSTO 3 DA RESPONSABILIZAÇÃO: DANO INDENIZÁVEL

► **A indenização é o montante pecuniário que traduz a reparação do dano. Corresponde à compensação pelos prejuízos oriundos do ato lesivo.**

A indenização devida ao lesado deve ser a mais ampla possível, de modo que seja corretamente reconstituído seu patrimônio ofendido pelo ato lesivo. Deve equivaler ao que o prejudicado perdeu, incluindo-se aí as despesas que foi obrigado a fazer, e ao que deixou de ganhar. Quando for o caso, devem ser acrescidos ao montante indenizatório os juros de mora e a atualização monetária. Tendo havido morte, incide a regra do art. 948 do Código Civil, que fixa os fatores suscetíveis de serem indenizados.91 Por outro lado, ocorrendo lesões corporais ou redução de capacidade de trabalho, aplicam-se os arts. 949 e 950 do mesmo Código. (FILHO, C.,, J.D.S. Manual de Direito Administrativo. [Grupo GEN]. 2020, Retirado de https://grupogen.vitalsource.com/#/books/9788597024975/)

► **Prescrição**

O direito do lesado à reparação dos prejuízos tem natureza pessoal e obrigacional. Como ocorre com os direitos subjetivos em geral, não podem eles ser objeto da inércia de seu titular, sob pena do surgimento da prescrição da ação que tenha por fim a tutela desses direitos. Se a pessoa responsável se enquadra como entidade federativa ou autárquica (incluídas, pois, as fundações de direito público), consumava-se a prescrição no prazo de cinco anos contados a partir do fato danoso. Tal prazo extintivo situava-se no âmbito da clássica prescrição quinquenal das ações pessoais contra o Estado (Decreto no 20.910/1932). Esse tipo de prescrição, como é sabido, abrangia, entre outras, a pretensão do lesado à indenização, tornando impossível quer o pedido administrativo, quer a ação judicial. Ao contrário, se ré for pessoa de direito privado, a questão relativa ao prazo prescricional merece cuidadoso exame. O Código Civil revogado fixava em vinte anos o prazo de prescrição de direitos pessoais (art. 177). Ocorre que a Medida Provisória no 2.180-35, de 24.8.2001, inserindo o art. 1º-C na Lei no 9.494, de 10.9.1997, que dispõe sobre tutela antecipada contra a Fazenda, consignou que prescreve em cinco anos o direito de obter indenização dos danos causados por agentes de pessoas jurídicas de direito público e de pessoas jurídicas de direito privado prestadoras de serviços públicos. Houve, portanto, derrogação do antigo Código Civil nessa parte, de forma que as pessoas privadas abrangidas pelo art. 37, § 6º, da CF, passaram a ter o mesmo privilégio que têm as pessoas públicas no que toca à prescrição quinquenal de ações indenizatórias de terceiros em virtude de danos causados por seus agentes. (FILHO, C.,, J.D.S. Manual de Direito Administrativo. [Grupo GEN]. 2020, Retirado de https://grupogen.vitalsource.com/#/books/9788597024975/)

► **Danos indenizáveis**

o dano só é reparável pela Administração Pública causadora do evento danoso se for certo (possível, real, efetivo, aferível, presente – exclui-se, pois, o dano eventual, isto é, o que poderá acontecer), especial (individualizado, referido à vítima, pois, se geral, configuraria ônus comum à vida em sociedade), anormal (excedente aos inconvenientes naturais dos serviços e encargos decorrentes do viver em sociedade), referente a uma situação protegida pelo Direito (incidente sobre uma atividade lícita; não são protegidos, por exemplo, os danos decorrentes da destruição de uma plantação de maconha) e de valor economicamente apreciável (não tem sentido a indenização de dano de valor econômico irrisório). (GASPARINI, Diogenes. Direito administrativo. 14. ed. São Paulo: Saraiva, 2009. p. 1050).

► Não há que se falar em indenização quando o dano envolve a cessação de atividade ilícita praticada pelo particular

Da mesma forma, não há que se falar em indenização quando o dano envolve a cessação de atividade ilícita praticada pelo particular, como na hipótese de apreensão e destruição ou perdimento de produtos contrabandeados ou de comercialização proibida por razões de saúde ou segurança públicas. (COUTINHO, Dantas Alessandro Dantas, RODOR, Ronald Kruger. Manual de Direito Administrativo: volume único, 2ª edição ver., atual., ampl. Salvador, Editora Juspodivm, 2018, p. 1105)

► Para que o dano seja indenizável é necessário que corresponda à lesão a um direito da vítima

Como adverte Celso Antônio Bandeira de Mello, não basta que o dano seja meramente econômico. Além disso, requer-se que o dano consista em agravo a algo que a ordem jurídica reconhece como garantido em favor de um sujeito. (BANDEIRA DE MELLO, Celso Antônio Curso de direito administrativo. 29. ed. São Paulo: Malheiros, 2012. p. 965.)

► Para que o dano seja indenizável é necessário que seja certo, não eventual ou possível.

Poderá ser atual como futuro, desde que certo, real. (COUTINHO, Dantas Alessandro Dantas, RODOR, Ronald Kruger. Manual de Direito Administrativo: volume único, 2ª edição ver., atual., ampl. Salvador, Editora Juspodivm, 2018, p. 1105)

► Quando o dano é decorrente de ato lícito do Estado, é necessária a presença das características da especialidade e anormalidade do dano.

Ensina Celso Antônio Bandeira de Mello que, quando o dano é decorrente de ato lícito do Estado, é necessária a presença das características da *especialidade* e *anormalidade* do dano. (BANDEIRA DE MELLO, Celso Antônio Curso de direito administrativo. 29. ed. São Paulo: Malheiros, 2012. p. 967.)

> ► **<u>No mesmo sentido:</u>** "Somente se pode aceitar como pressuposto da responsabilidade objetiva a prática de ato antijurídico se este, mesmo sendo lícito, for entendido como ato causador de dano anormal e específico a determinadas pessoas, rompendo o princípio da igualdade de todos perante os encargos sociais. Por outras palavras, ato antijurídico, para fins de responsabilidade objetiva do

Estado, é o ato ilícito e o ato lícito que cause dano anormal e específico." (DI PIETRO, Maria Sylvia Zanella. Direito Administrativo, 29ª edição, Forense, p.797)

► **Ainda:** Como se não bastasse tal circunstância legal, num caso típico de exceção que só faz confirmar a regra, temos o disposto nos arts. 188, 929 e 930 do Código Civil de 2002, cuja análise sistemática nos faz vislumbrar hipóteses de indenização por ato lícito. (GAGLIANO, Pablo Stolze. PAMPLONA FILHO, Rodolfo. Novo curso de direito civil, volume 3: Responsabilidade Civil / - 16ª. ed. rev., atual. e ampl. - São Paulo: Saraiva, 2018, p. 56)

► ***Dano especial* é aquele que onera a situação particular de um ou alguns indivíduos, não sendo, pois, um prejuízo genérico, disseminado pela Sociedade.**

Dano especial "é aquele que onera a situação particular de um ou alguns indivíduos, não sendo, pois, um prejuízo genérico, disseminado pela Sociedade. Corresponde a um agravo patrimonial que incide especificamente sobre certo ou certos indivíduos, e não sobre a coletividade como um todo ou sobre genérica e abstrata categoria de pessoas. Por isso não estão acobertadas, por exemplo, as perdas de poder aquisitivo da moeda decorrentes de medidas econômicas estatais inflacionárias". (BANDEIRA DE MELLO, Celso Antônio Curso de direito administrativo. 29. ed. São Paulo: Malheiros, 2012. p. 967.)

► **Já o dano anormal "é aquele que supera os meros agravos patrimoniais pequenos e inerentes às condições de convívio social".**

Já o *dano anormal* "é aquele que supera os meros agravos patrimoniais pequenos e inerentes às condições de convívio social". O referido professor cita como exemplo o fato de descaber "responsabilidade do Estado pela simples intensificação da poeira numa via pública objeto de reparação, inobstante tal fato provoque, como é natural, deterioração mais rápida da pintura dos muros das casas adjacentes. Idem com relação à transitória e breve interrupção da rua para conserto de canalizações, cujo efeito será obstar ao acesso de veículos às casas de seus proprietários, o que os obrigará, eventualmente, ao incômodo de alojá-los em outro sítio, com possíveis despesas geradas por isto". (BANDEIRA DE MELLO, Celso Antônio Curso de direito administrativo. 29. ed. São Paulo: Malheiros, 2012. p. 967.)

■ **Aborrecimentos que estão associados ao dia a dia dos centros urbanos. Ausência de dano anormal.**

RESPONSABILIDADE CIVIL DO ESTADO. Concessionária de serviço público. Empresa de transporte urbano. Ponto de ônibus. Localização resultante de critérios que atendam o interesse público. Diretrizes estabelecidas pela Política Nacional de Mobilidade Urbana. Acesso à residência não obstruído. Aborrecimentos que estão associados ao dia a dia dos centros urbanos. Ameaças e xingamentos. Afirmações desprovidas de indícios. Dano moral. Não ocorrência. Sentença de parcial procedência. Manutenção. Recurso não provido. (Processo: APL 1002632-14.2015.8.26.0565 SP 1002632-14.2015.8.26.0565 - Órgão Julgador: 10ª Câmara de Direito Público - Publicação: 30/08/2016 - Julgamento: 29 de Agosto de 2016 - Relator: Paulo Galizia.)

► O dano há de ser causado por um agente do Estado, sob pena de não se ter caracterizada a responsabilidade objetiva.

Desse modo, parece-nos que a expressão "agente", propositadamente incluída no texto dessa regra, é para ser havida como de conteúdo lato. Desse modo, abriga todas as espécies de agentes públicos. Assim também entende Lúcia Valle Figueiredo (Curso, cit., p. 273). Abriga, também, toda a variedade de empregados, dirigentes e sócios das pessoas jurídicas de Direito Privado, prestadoras de serviços públicos, como são, por exemplo, as concessionárias e permissionárias de serviço público. (GASPARINI, Diogenes. Direito administrativo. 14. ed. São Paulo: Saraiva, 2009. p. 1060).

► É imprescindível que o agente público esteja no exercício de seu cargo, emprego ou função pública

É imprescindível que o agente público esteja no exercício de seu cargo, emprego ou função pública na entidade (União, Estado, autarquia) a que está vinculado (RT, 715:258), tanto quanto é indispensável que o empregado, dirigente ou sócio da concessionária ou permissionária de serviço público esteja no desempenho das atribuições que lhe cabem na empresa. Sendo assim, não responde, conforme o caso, o Estado ou a empresa privada por dano causado por alguém que não é, respectivamente, seu agente ou empregado ou que, embora o seja, por ocasião do dano, não estava no desempenho das atribuições do seu cargo, função ou emprego público ou de seu emprego privado. (GASPARINI, Diogenes. Direito administrativo. 14. ed. São Paulo: Saraiva, 2009. p. 1060).

► A responsabilidade não se confunde propriamente com o dever jurídico, tal como exposto pela concepção da teoria dualista da obrigação, desenvolvida no âmbito do direito privado.

A imposição de um dever jurídico significa constranger um sujeito à realização de uma certa conduta, consistente numa ação ou omissão. No direito privado, costuma-se utilizar a expressão latina *debitum* para indicar essa faceta da obrigação. Mas o dever jurídico também abrange a submissão do sujeito e de seu patrimônio a recompor os interesses do credor em caso de violação ao conteúdo primário do dever. Essa vinculação complementar é indicada pelo vocábulo *obligatio*, que corresponde à figura da responsabilidade. A responsabilidade consiste, então, num aspecto complementar e inerente ao dever jurídico, relacionando-se com a infração à conduta prevista como obrigatória. Por isso, a infração ao dever jurídico acarreta a incidência da responsabilidade, que também apresenta natureza obrigacional. A responsabilidade consiste no dever (secundário) de arcar com os efeitos jurídicos da infração ao dever (primário) de fazer ou não fazer algo. Envolve a submissão do sujeito a arcar com os efeitos decorrentes da ausência de cumprimento espontâneo da conduta diretamente imposta a ele (ou a terceiro) como obrigatória. (JUSTEN FILHO, Marçal. Curso de direito administrativo, 13ª. ed. – São Paulo: Revista dos tribunais, 2018, p. 1281)

EXCLUDENTES DO NEXO DE CAUSALIDADE

► **Excludentes de nexo causal e, por isso, da responsabilidade estatal**

São excludentes de nexo causal a afastar a responsabilização do Estado: a) Culpa exclusiva da vítima; b) Caso fortuito; c) Força maior.

► **Culpa exclusiva da vítima**

A primeira causa de exclusão de nexo causal é quando o dano ocorre por *culpa exclusiva da vítima*. Aqui, o dano não é decorrência direta da ação ou omissão estatal. Em verdade, houve um ato voluntário praticado pela vítima, consciente ou não, e, por conta dessa ação, houve o dano. (COUTINHO, Dantas Alessandro Dantas, RODOR, Ronald Kruger. Manual de Direito Administrativo: volume único, 2ª edição ver., atual., ampl. Salvador, Editora Juspodivm, 2018, p. 1107)

► **Entretanto, pode ocorrer que o lesado tenha sido o único causador de seu próprio dano, ou que ao menos tenha contribuído de alguma forma para que o dano tivesse surgido.**

Entretanto, pode ocorrer que o lesado tenha sido o único causador de seu próprio dano, ou que ao menos tenha contribuído de alguma forma para que o dano tivesse surgido. No primeiro caso, a hipótese é de autolesão, não tendo o Estado qualquer responsabilidade civil, eis que faltantes os pressupostos do fato administrativo e da relação de causalidade. O efeito danoso, em tal situação, deve ser atribuído exclusivamente àquele que causou o dano a si mesmo. (FILHO, C., Santos, J. D. Manual de Direito Administrativo, 33ª edição. [Grupo GEN]. Retirado de https://grupogen.vitalsource.com/#/books/9788597020533/)

► **Pode ocorrer, no entanto, que a vítima apenas concorreu para o evento danoso, não sendo a única responsável pelo resultado.**

Ela e o Estado, em partes iguais ou não, contribuíram para a ocorrência do evento danoso. O dano, no caso, tem origem em dupla causa, pois decorrente da ação do Estado e do comportamento da vítima. É o que Celso Antônio Bandeira de Mello chama de o problema das concausas. Provado, pois, que a vítima participou, de algum modo, para o resultado gravoso, exime-se o Estado da obrigação de indenizar, na exata proporção dessa participação. Destarte, sua responsabilidade, nesses casos, será sempre parcial, na medida em que se leva em conta a colaboração da vítima na produção do acontecimento danoso (RDA, 137:233; RJTJSP, 85:140; RT, 550:106, 755:327 e 773:364 e REsp 13.369-MS, Boletim de Direito Administrativo, n. 3, São Paulo, 1993).

> ► **<u>No mesmo sentido:</u>** Quando houver culpa da vítima, há que se distinguir se é sua culpa exclusiva ou concorrente com a do Poder Público; no primeiro caso, o Estado não responde; no segundo, atenua-se a responsabilidade, que se reparte com a da vítima. Essa solução, que já era defendida e aplicada pela jurisprudência, está hoje consagrada no Código Civil, cujo artigo 945 determina

que "se a vítima tiver concorrido culposamente para o evento danoso, a sua indenização será fixada tendo-se em conta a gravidade de sua culpa em confronto com a do autor do dano". E, em matéria de transporte, o artigo 738, parágrafo único, estabelece que "se o prejuízo sofrido pela pessoa transportada for atribuível à transgressão de normas e instruções regulamentares, o juiz reduzirá equitativamente a indenização, na medida em que a vítima houver concorrido para a ocorrência do dano"; nesse caso, não ocorre a excludente de culpa da vítima, mas apenas a mitigação da responsabilidade do transportador; o Código Civil tratou dessa hipótese como sendo de culpa concorrente. (DI PIETRO, Maria Sylvia Zanella. Direito Administrativo, 29ª edição, Forense, p. 799)

► **Não há responsabilidade civil do Estado quando o evento danoso se consumou por efeito de atuação culposa da vítima.**

Se a culpa foi exclusiva, não há responsabilização civil alguma. Se houve concorrência de culpa entre vítima e Estado, há o compartilhamento da responsabilidade civil (o que não significa, por evidente, afirmar que a indenização devida corresponderá a exatos 50% do valor estimado). Esse é um exemplo claro da necessidade de verificar o elemento subjetivo atinente à atuação estatal, para apurar a responsabilidade civil do Estado. Suponha-se um acidente de trânsito. A teoria da responsabilidade objetiva redundaria em imaginar que ou há culpa do particular ou não há. Se houver culpa do particular, não se cogitará de responsabilização do Estado. Se não houver culpa do particular, haverá a responsabilização do Estado. Mas somente se pode cogitar de "culpa concorrente" na medida em que se reconheça que a responsabilidade do Estado não é objetiva, mas subjetiva. Em outras palavras, a culpa da vítima afasta a responsabilidade civil do Estado na medida em que o dano tiver resultado não da infração pelo agente estatal ao seu dever de diligência. Se tiver havido infração ao dever de diligência, ainda que concorrente com a culpa do particular, existirá responsabilização (parcial, se for o caso) do Estado. (JUSTEN FILHO, Marçal. Curso de direito administrativo, 13ª. ed. – São Paulo: Revista dos tribunais, 2018, p. 1312)

■ **Ausência de sinalização. Inobservância à preferência e configuração de culpa exclusiva da vítima**

APELAÇÃO CÍVEL – AÇÃO ORDINÁRIA – INDENIZAÇÃO – RESPONSABILIDADE CIVIL DO ESTADO – CRUZAMENTO – AUSÊNCIA DE SINALIZAÇÃO – INOBSERVÂNCIA À PREFERÊNCIA – CULPA EXCLUSIVA DA VÍTIMA – INDENIZAÇÃO INDEVIDA. 1- A responsabilidade civil das pessoas jurídicas de direito público, por atos comissivos ou omissivos, é objetiva – art. 37, § 6º, da Constituição da República. Precedente do Supremo Tribunal Federal. 2- Em caso de omissão, a responsabilidade civil do Estado pressupõe o dever legal específico de agir para impedir o evento danoso. 3- Admite-se a exclusão da responsabilidade civil do Estado por culpa exclusiva da vítima, força maior e fato de terceiro. 4- Inexistindo sinalização aérea ou asfáltica a disciplinar o tráfego em cruzamento municipal, o Código de Trânsito Brasileiro impõe ao condutor que se aproxima para a transposição da via moderação de velocidade e observância das regras de preferência estabelecidas na respectiva legislação. (Processo: AC 10528130018708001 MG – Publicação: 07/06/2019 – Julgamento: 30 de Maio de 2019 – Relator: Carlos Henrique Perpétuo Braga.)

► **Observe-se que, em certos eventos, o fato de os danos não terem sido causados pelo Estado não o libera da responsabilidade de indenizar se o comportamento público em relação a eles foi culposo ou doloso.**

Logo, se cabia ao Estado desobstruir as galerias de águas pluviais e não o fez, ocorrida a inundação em razão dessa negligência, a indenização é devida (RT, 445:100). Pela mesma razão a indenização é obrigatória se durante um temporal cai uma rede telefônica em mau estado de conservação, e seus fios, em contato com os elétricos, vitimam uma criança (RJTJRS, 58:215). Nos dois exemplos, os danos não foram causados pelo Estado, mas este, com seu comportamento culposo, facilitou-lhes a ocorrência e, consequentemente, deve indenizar. (GASPARINI, Diogenes. Direito administrativo. 14. ed. São Paulo: Saraiva, 2009. p. 1049).

◙ **Força maior e a culpa exclusiva da vítima podem figurar como excludentes de responsabilidade do Estado.**

"É bem de ver, contudo, que a força maior e a culpa exclusiva da vítima podem figurar como excludentes de responsabilidade do Estado, exatamente porque o nexo causal entre a atividade administrativa e o dano dela resultante não fica evidenciado" (RE 591.874, Pleno, rel. Min. Ricardo Lewandowski, repercussão geral – mérito, j. 26.08.2009, DJe 17.12.2009).

◙ **O fato exclusivo da vítima será relevante para fins de interrupção do nexo causal quando o comportamento dela representar o fato decisivo do evento**

"6. O fato exclusivo da vítima será relevante para fins de interrupção do nexo causal quando o comportamento dela representar o fato decisivo do evento, for a causa única do sinistro ou, nos dizeres de Aguiar Dias, quando 'sua intervenção no evento é tão decisiva que deixa sem relevância outros fatos culposos porventura intervenientes no acontecimento' (Da responsabilidade civil, vol. II, 10. ed. São Paulo: Forense, 1997, p. 946). Ocorre que, ao que se depreende dos autos, a menor, juntamente com sua avó, atravessou a rodovia seguindo as regras insculpidas pelo Código de Trânsito Nacional, isto é, na faixa destinada para tanto. 7. Não se pode olvidar que, conforme a sentença, 'a própria ré admitiu a deficiência de seu serviço no local, quando apressou-se depois e instalou passarela destinada a pedestres naquele trecho, como mostrado nas fotos de fls. 299/303'" (REsp 1.268.743/RJ, 4.ª T., rel. Min. Luis Felipe Salomão, j. 04.02.2014, DJe 07.04.2014).

◙ **Culpa exclusiva da vítima, a qual encontrava-se deitada nos trilhos do trem, logo após uma curva, momento em que foi avistada pelo maquinista que, em vão, tentou frear para evitar o sinistro**

"Responsabilidade civil. Recurso especial submetido à sistemática prevista no art. 543-C do CPC. Acidente ferroviário. Vítima fatal. Comprovada a culpa exclusiva da vítima na instância ordinária. Súmula 7 do STJ. Não comprovação do dissídio jurisprudencial nos moldes exigidos pelo RISTJ. 1. A culpa da prestadora do serviço de transporte ferroviário configura-se no caso de atropelamento de transeunte na via férrea quando existente omissão ou negligência do dever de vedação física das faixas de domínio da ferrovia com muros e cercas bem como da sinalização e da fiscalização dessas medidas garantidoras da segurança na circulação da população. Precedentes. 2. A responsabilidade civil do Estado ou de delegatário de serviço público, no caso de conduta omissiva, só se desenhará quando presentes estiverem os elementos que caracterizam a culpa, a qual se origina, na espécie, do descumprimento do dever legal atribuído ao Poder Público de impedir a consumação do dano. 3. A exemplo de outros diplomas legais anteriores, o Regulamento dos Transportes Ferroviários (Dec.1.832/1996) disciplinou a segurança nos serviços ferroviários (art. 1.º, IV), impondo às administrações ferroviárias o cumprimento de medidas de segurança e regularidade do tráfego (art. 4.º, I) bem como, nos termos do inc. IV do art. 54, a adoção de 'medidas de natureza técnica, administrativa, de segurança e educativas destinadas a prevenir acidentes'. Outrossim, atribuiu-lhes a função de vigilância, inclusive, quando necessário, em ação harmônica com as autoridades policiais (art. 55). 4. Assim, o descumprimento das medidas de segurança impostas por lei, desde que aferido pelo Juízo de piso, ao qual compete a análise das questões fático-probatórias, caracteriza inequivocamente a culpa da concessionária de transporte ferroviário e o consequente dever de indenizar. 5. A despeito de situações fáticas variadas no tocante ao descumprimento do dever de segurança e vigilância contínua das vias férreas, a responsabilização da concessionária é uma constante, passível de ser elidida tão somente quando cabalmente comprovada a culpa exclusiva da vítima. Para os fins da sistemática prevista no art. 543-C do CPC, citam-se algumas situações: (i) existência de cercas ao longo da via, mas caracterizadas pela sua vulnerabilidade, insuscetíveis de impedir a abertura de passagens clandestinas, ainda quando existente passarela nas imediações do local do sinistro; (ii) a própria inexistência de cercadura ao longo de toda a ferrovia; (iii) a falta de vigilância constante e de manutenção da incolumidade dos muros destinados à vedação do acesso à linha férrea pelos pedestres; (iv) a ausência parcial ou total de sinalização adequada a indicar o perigo representado pelo tráfego das composições. 6. No caso sob exame, a instância ordinária, com ampla cognição fático-probatória, consignou a culpa exclusiva da vítima, a qual encontrava-se deitada nos trilhos do trem, logo após uma curva, momento em que foi avistada pelo maquinista que, em vão, tentou frear para evitar o sinistro. Insta ressaltar que a recorrente fundou seu pedido na imperícia do maquinista, que foi afastada pelo Juízo singular, e na responsabilidade objetiva da concessionária pela culpa de seu preposto. Incidência da Súmula 7 do STJ (...)" (REsp 1.210.064/SP, 2.ª Seção, rel. Min. Luis Felipe Salomão, j. 08.08.2012, DJ 31.08.2012).

► **Essa conduta deve ser necessariamente ilegal, pois não há culpa legal.**

Essa conduta deve ser necessariamente ilegal, pois não há culpa legal. Esta é sempre antijurídica. Por exemplo, quando um pedestre atravessa uma avenida fora da faixa e com sinal verde para os veículos e, por isso, é atropelado por um veículo oficial, é de fácil percepção que, em caso de dano, terá havido a conduta ativa do particular como condição para o sinistro. (COUTINHO, Dantas Alessandro Dantas, RODOR, Ronald

Kruger. Manual de Direito Administrativo: volume único, 2ª edição ver., atual., ampl. Salvador, Editora Juspodivm, 2018, p. 1107)

► **Não importa se ele estava consciente (sóbrio) ou não (totalmente bêbado), em qualquer caso se tem como rompido o nexo de causalidade.**

Não importa se ele estava consciente (sóbrio) ou não (totalmente bêbado), em qualquer caso se tem como rompido o nexo de causalidade. (COUTINHO, Dantas Alessandro Dantas, RODOR, Ronald Kruger. Manual de Direito Administrativo: volume único, 2ª edição ver., atual., ampl. Salvador, Editora Juspodivm, 2018, p. 1107)

Se, ao contrário, o lesado, juntamente com a conduta estatal, participou do resultado danoso, não seria justo que o Poder Público arcasse sozinho com a reparação dos prejuízos.

Se, ao contrário, o lesado, juntamente com a conduta estatal, participou do resultado danoso, não seria justo que o Poder Público arcasse sozinho com a reparação dos prejuízos. Nesse caso, a indenização devida pelo Estado deverá sofrer redução proporcional à extensão da conduta do lesado que também contribuiu para o resultado danoso. Desse modo, se Estado e lesado contribuíram por metade para a ocorrência do dano, a indenização devida por aquele deve atingir apenas a metade dos prejuízos sofridos, arcando o lesado com a outra metade. É a aplicação do sistema da compensação das culpas no direito privado. Exemplo interessante foi o de acidente de trânsito em que dois veículos colidiram em cruzamento por força de defeito no semáforo: provado que ambos trafegavam com excesso de velocidade, contribuindo para o resultado danoso, foi-lhes assegurada indenização do Poder Público apenas pela metade dos danos. (FILHO, C., Santos, J. D. Manual de Direito Administrativo, 33ª edição. [Grupo GEN]. Retirado de https://grupogen.vitalsource.com/#/books/9788597020533/)

◙ **Havendo culpa concorrente, a responsabilidade existe, porém, é atenuada.**

O *Superior Tribunal de Justiça* entendeu que houve culpa recíproca no caso de menor que ficou tetraplégico ao mergulhar em ribeirão rochoso e pouco profundo no fim de semana desacompanhado de seus responsáveis. A culpa recíproca decorreu do fato de que era exigível da vítima prudência e certo discernimento de não mergulhar em local desconhecido, pois lá estava pela primeira vez, porém houve negligência do Estado em zelar pela segurança dos visitantes, na medida em que não providenciou o isolamento da zona perigosa, salva-vidas, enfermeiras ou ambulância (REsp 418.713/SP, 2.ª T., Rel. Min. Franciulli Netto, j. 20.05.2003).

◙ **Processual civil e administrativo. Responsabilidade civil do estado. Incidente envolvendo policiais civis e magistrado estadual.**

REVALORAÇÃO JURÍDICA DAS PROVAS. POSSIBILIDADE. PROCESSUAL CIVIL E ADMINISTRATIVO. RESPONSABILIDADE CIVIL DO ESTADO. INCIDENTE ENVOLVENDO POLICIAIS CIVIS E MAGISTRADO ESTADUAL. CULPA CONCORRENTE. REVALORAÇÃO JURÍDICA DAS PROVAS. POSSIBILIDADE. 1. O Plenário do STJ decidiu que "aos recursos interpostos com fundamento no CPC/1973 (relativos a decisões publicadas até 17 de março de 2016) devem ser exigidos os requisitos de admissibilidade na forma nele prevista, com as interpretações dadas até então pela jurisprudência do Superior Tribunal de Justiça" (Enunciado Administrativo n. 2). 2. De acordo com entendimento pacificado nesta Corte, a revaloração jurídica dos fatos incontroversos constantes do acórdão de apelação é possível em sede de recurso especial, não havendo se falar em vulneração da Súmula 7 do STJ. 3. Hipótese em que, a despeito de examinar os depoimentos coletados nos autos, a Corte de origem não levou em consideração que o promovente, na cena do acidente de trânsito, não apresentou, em momento algum – é fato incontroverso -, a sua identidade funcional de Magistrado, preferindo, ao revés (nos termos da prova testemunhal), se distanciar da postura que se exige de um Juiz, ao proferir impropérios aos delegados e agentes da Polícia Civil que acompanhavam a ocorrência, agredindo, inclusive, um perito criminal que ali estava. 4. Eventual irregularidade na condução do demandante pelos policiais à Delegacia de Polícia, em descompasso com a Lei Orgânica da Magistratura Nacional, decorreu da inércia do próprio promovente de se identificar como Magistrado, sendo certo que o fato de dizer que era Juiz de Direito naquela oportunidade, com comportamento de todo reprovável, não prescindiria da efetiva comprovação da sua condição de autoridade judiciária, evidenciando a culpa exclusiva da vítima. 5. Tendo o Distrito Federal se conformado com o reconhecimento da culpa concorrente, as circunstâncias do caso autorizam a redução do montante arbitrado na origem. 6. Agravo interno desprovido. (AgInt no AREsp 661.530/DF, Rel. Ministro GURGEL DE FARIA, PRIMEIRA TURMA, julgado em 21/10/2019, DJe 24/10/2019)

▶ **Caso fortuito e força maior são excludentes de ilicitude que estão ligados a fatos imprevisíveis, incontroláveis pelo agente e, por esse motivo, inevitáveis.**

Caso fortuito e força maior são excludentes de ilicitude que estão ligados a fatos imprevisíveis, incontroláveis pelo agente e, por esse motivo, inevitáveis. Significa que é algo imprevisível que não se pode controlar. O Código Civil, em seu art. 393, estabelece que "o devedor não responde pelos prejuízos resultantes de caso fortuito ou força maior, se expressamente não se houver por eles responsabilizado". Seu parágrafo único, por sua vez, prescreve que "o caso fortuito ou de força maior verifica-se no fato necessário, cujos efeitos não eram possíveis evitar ou impedir". (COUTINHO, Dantas Alessandro Dantas, RODOR, Ronald Kruger. Manual de Direito Administrativo: volume único, 2ª edição ver., atual., ampl. Salvador, Editora Juspodivm, 2018, p. 1107)

◼ **Queda de árvore que ocorreu por força de raio que atingiu o local (força maior). Evento previsível, porém, de efeitos inevitáveis.**

APELAÇÃO – RESPONSABILIDADE CIVIL DO ESTADO – AÇÃO DE REGRESSO – SEGURADORA – DANOS EM AUTOMÓVEL DECORRENTE DE QUEDA DE ÁRVORE – OMISSÃO NO DEVER DE CONSERVAÇÃO DO PASSEIO PÚBLICO – Pretensão inicial da seguradora-autora, sub-rogada nos direitos e ações de seu segurado, voltada à reparação dos danos materiais alegadamente suportados em decorrência de avarias acometidas a veículo de propriedade do segurado e supostamente ocasionadas por omissão negligente da Municipalidade – descabimento – dever de fiscalização e conservação do passeio público – averiguação da responsabilidade civil que deve se dar sob o enfoque subjetivo – omissão negligente (*faute du service*) não caracterizada – elementos de informação coligidos aos autos que não comprovam o nexo de causalidade necessário entre a omissão imputada à Administração Pública e os danos alegadamente suportados pela autora – queda de árvore que ocorreu por força de raio que atingiu o local (força maior) – evento previsível, porém de efeitos inevitáveis – sentença de improcedência da ação mantida. Recurso da autora desprovido. (Processo: 0002017-93.2013.8.26.0053 SP 0002017-93.2013.8.26.0053 – Órgão Julgador: 4ª Câmara de Direito Público – Publicação: 05/04/2018 – Julgamento: 19 de Março de 2018 – Relator: Paulo Barcellos Gatti.)

► **A lei não informa o que é caso fortuito e o que é força maior, porém a doutrina majoritária é no sentido de que força maior.**

A lei não informa o que é caso fortuito e o que é força maior, porém a doutrina majoritária é no sentido de que *força maior* tem relação com fenômeno da natureza, por exemplo, um terremoto que venha causar danos a proprietários de imóveis, ao passo de que *caso fortuito* está ligado a evento externo ligado a alguma conduta de terceiros que venha causar ou ensejar o dano, por exemplo, um acidente dentro de um ônibus decorrente de uma bala perdida. (COUTINHO, Dantas Alessandro Dantas, RODOR, Ronald Kruger. Manual de Direito Administrativo: volume único, 2ª edição ver., atual., ampl. Salvador, Editora Juspodivm, 2018, p. 1107)

> ► **No mesmo sentido:** O Código Civil parece identificar os dois conceitos, no artigo 393, parágrafo único, ao estabelecer que "o caso fortuito ou de força maior verifica-se no fato necessário, cujos efeitos não era possível evitar ou impedir". Sem maiores aprofundamentos sobre a controvérsia, temos entendido, desde a primeira edição deste livro, que **força maior** é acontecimento imprevisível, inevitável e estranho à vontade das partes, como uma tempestade, um terremoto, um raio. Não sendo imputável à Administração, não pode incidir a responsabilidade do Estado; não há nexo de causalidade entre o dano e o comportamento da Administração. **Já o caso fortuito** – que não constitui causa excludente da responsabilidade do Estado – ocorre nos casos em que o dano seja decorrente de ato humano ou de falha da Administração; quando se rompe, por exemplo, uma adutora ou um cabo elétrico, causando dano a terceiros, não se pode falar em força maior, de modo a excluir a responsabilidade do Estado. (DI PIETRO, Maria Sylvia Zanella. Direito Administrativo, 29ª edição, Forense, p. 799)

► **No entanto, mesmo ocorrendo motivo de força maior, a responsabilidade do Estado poderá ocorrer se, aliada à força maior, ocorrer omissão do Poder Público na realização de um serviço.**

No entanto, mesmo ocorrendo motivo de força maior, a responsabilidade do Estado poderá ocorrer se, aliada à força maior, ocorrer omissão do Poder Público na realização de um serviço. Por exemplo, quando as chuvas provocam enchentes na cidade, inundando casas e destruindo objetos, o Estado responderá se ficar demonstrado que a realização de determinados serviços de limpeza dos rios ou dos bueiros e galerias de águas pluviais teria sido suficiente para impedir a enchente. (DI PIETRO, Maria Sylvia Zanella. Direito Administrativo, 29ª edição, Forense, p. 799)

► **Porém, neste caso, entende-se que a responsabilidade não é objetiva, porque decorrente do mau funcionamento do serviço público**

Porém, neste caso, entende-se que a responsabilidade não é objetiva, porque decorrente do mau funcionamento do serviço público; a omissão na prestação do serviço tem levado à aplicação da teoria da culpa do serviço público *(faute du service);* é a culpa anônima, não individualizada; o dano não decorreu de atuação de agente público, mas de omissão do poder público. (DI PIETRO, Maria Sylvia Zanella. Direito Administrativo, 29ª edição, Forense, p. 799)

► **A mesma regra se aplica quando se trata de ato de terceiros, como é o caso de danos causados por multidão ou por delinquentes.**

A mesma regra se aplica quando se trata de ato de terceiros, como é o caso de danos causados por multidão ou por delinquentes; o Estado responderá se ficar caracterizada a sua omissão, a sua inércia, a falha na prestação do serviço público. Nesta hipótese, como na anterior, é desnecessário apelar para a teoria do risco integral; a culpa do serviço público, demonstrada pelo seu mau funcionamento, não funcionamento ou funcionamento tardio é suficiente para justificar a responsabilidade do Estado. (DI PIETRO, Maria Sylvia Zanella. Direito Administrativo, 29ª edição, Forense, p. 799)

► **Para a caracterização tanto do caso fortuito quanto da força maior faz-se necessária a presença dos seguintes requisitos:**

REQUISITO 1: o fato deve ser necessário, não decorrente de culpa do devedor; **REQUISITO 2:** o fato deve ser superveniente e inevitável; **REQUISITO 3:** o fato deve ser irresistível, fora do alcance do poder humano. Tais hipóteses destacam-se como excludentes de responsabilização, pois afetam o nexo de causalidade, rompendo o elo entre ação ou omissão do Estado e o dano sofrido pela vítima. (COUTINHO, Dantas Alessandro Dantas, RODOR, Ronald Kruger. Manual de Direito Administrativo: volume único, 2ª edição ver., atual., ampl. Salvador, Editora Juspodivm, 2018, p. 1108)

► **Eventual invocação de força maior – força da natureza irresistível – é relevante apenas na medida em que pode comprovar ausência de nexo causal entre a atuação do Estado e o dano ocorrido**

Aplicado ao Direito Administrativo, Celso Antônio Bandeira de Mello adverte que eventual invocação de força maior – força da natureza irresistível – é relevante apenas na medida em que pode comprovar ausência de nexo causal entre a atuação do Estado e o dano ocorrido. Se foi produzido por força maior, então não foi produzido pelo Estado. (BANDEIRA DE MELLO, Celso Antônio Curso de direito administrativo. 29. ed. São Paulo: Malheiros, 2012. p. 969.)

► **O que exime o Poder Público de responder é sempre a não configuração dos pressupostos.**

Salienta o referido autor que o que exime o Poder Público de responder é sempre a não configuração dos pressupostos. Por isso é que responde se criou situação perigosa, mesmo quando a força maior interfere atualizando o perigo potencial. Podemos *exemplificar* com o fato de um terremoto que, em razão do tremor, faz com que uma viatura perca a direção e atropele um pedestre. Há uma conduta (atropelamento por um veículo oficial), um dano (lesão causada ao pedestre), porém o dano decorreu de o terremoto fazer com que o agente perdesse a direção do veículo, sendo inevitável no momento o descontrole do carro.

◙ **A despeito da política pública mantida pelo Município, não é lícito exigir da Administração que exerça fiscalização em tempo integral sobre todos os jovens de modo a impedir a ocorrência de fatos danosos.**

ADMINISTRATIVO E PROCESSUAL CIVIL – RESPONSABILIDADE CIVIL DO ESTADO – DANO MORAL – INEXISTÊNCIA – INDENIZAÇÃO – DESCABIMENTO. 1. As pessoas jurídicas de direito público e as de direito privado prestadoras de serviços públicos respondem pelos danos que seus agentes, nessa qualidade, causarem a terceiros, assegurado o direito de regresso contra o responsável nos casos de dolo ou culpa (art. 37, § 6º, CF). 2. Ato ilícito. Morte causada por acidente com linha de pipa recoberta de cerol. A despeito da política pública mantida pelo Município, não é lícito exigir da Administração que exerça fiscalização em tempo integral sobre todos os jovens de modo a impedir a ocorrência de fatos danosos. Dever de indenizar inexistente. Pedido improcedente. Sentença mantida. Recurso desprovido. (Processo: APL 1037009-07.2017.8.26.0576 SP 1037009-07.2017.8.26.0576 – Órgão Julgador: 9ª Câmara de Direito Público – Publicação: 29/10/2018 – Julgamento: 29 de Outubro de 2018 – Relator: Décio Notarangeli.)

► **No entanto, parece evidente a responsabilidade estatal quando permite o desmatamento de uma encosta de morro e deixa de fiscalizar construções feitas irregularmente no local.**

No entanto, parece evidente a responsabilidade estatal quando permite o desmatamento de uma encosta de morro e deixa de fiscalizar construções feitas irregularmente no local. Nesse caso, se os prejuízos decorrentes de uma enxurrada no local são causados ou mesmo agravados ou potencializados por essas condutas antecedentes, nas quais ficou caracterizada a omissão estatal, pode-se responsabilizar o poder público, ainda que, eventualmente, a responsabilidade possa ser minorada pela aplicação da teoria da culpa recíproca em situações específicas. (COUTINHO, Dantas Alessandro Dantas, RODOR, Ronald Kruger. Manual de Direito Administrativo: volume único, 2ª edição ver., atual., ampl. Salvador, Editora Juspodivm, 2018, p. 1108)

■ **O art. 17, I, da Lei n. 6.538/1978 exclui a responsabilidade objetiva da empresa exploradora de serviço postal pela perda ou danificação de objeto postal em caso de força maior, cuja extensão conceitual abarca a ocorrência de roubo das mercadorias transportadas**

"A hipótese aventada, na verdade, corresponderia a um caso fortuito e não força maior, visto que decorrente de ação humana, no caso, dos assaltantes. Sobre o tema referente à responsabilidade civil de empresa de transporte em caso de assalto à mão armada, o STJ decidiu que "constitui causa excludente da responsabilidade da empresa transportadora o fato inteiramente estranho ao transporte em si, como é o assalto ocorrido no interior do coletivo" (REsp 435.865/RJ, 2.ª S., Rel. Min. Barros Monteiro, j. 09.10.2002).

▶ **Essa conclusão deve ser relativizada na hipótese em que os eventos passam a ser constantes e previsíveis, visto que deixam de ser inevitáveis**

Acreditamos, no entanto, que essa conclusão deve ser relativizada na hipótese em que os eventos passam a ser constantes e previsíveis, visto que deixam de ser inevitáveis. Assim, se o extravio ou perdimento de mercadorias no serviço postal ocorre com frequência, nos mesmos locais, e sem que a empresa tome providências para cientificar seus usuários quanto aos riscos existentes, deverá, igualmente, ser responsabilizada por sua omissão. (COUTINHO, Dantas Alessandro Dantas, RODOR, Ronald Kruger. Manual de Direito Administrativo: volume único, 2ª edição ver., atual., ampl. Salvador, Editora Juspodivm, 2018, p. 1109)

▶ **Já em relação ao caso fortuito, devem ser diferenciadas as hipóteses de caso fortuito interno e externo**

Já em relação ao caso fortuito, pensamos que devem ser diferenciadas as hipóteses de *caso fortuito interno e externo*, como hoje amplamente debatidos e entendidos no direito do consumidor, de modo que aquelas situações normalmente caracterizadoras da excludente, mas que dizem respeito a aspectos inerentes do próprio risco da atividade, não tenham o condão de afastar a responsabilidade civil do Estado. Portanto, da mesma forma que uma instituição financeira responde objetivamente pelos danos causados a seu correntista, decorrente de fraude praticada por terceiro na respectiva contracorrente, não podendo aquela invocar a culpa exclusiva de terceiro, responderá o Estado pelo prejuízo causado ao patrimônio de um particular durante obras de terraplanagem desenvolvidas para a construção de uma estrada, ainda que decorrentes de problemas mecânicos existentes em maquinário próprio ou arrendado. (COUTINHO, Dantas Alessandro Dantas, RODOR, Ronald Kruger. Manual de Direito Administrativo: volume único, 2ª edição ver., atual., ampl. Salvador, Editora Juspodivm, 2018, p. 1109)

■ **No mesmo sentido**: STJ, REsp 1.093.440/PR, 4.ª T., Rel. Min. Luis Felipe Salomão, j. 02.04.2013.

▶ **Caso fortuito interno inerente ao tipo de atividade desenvolvida**

Por ser esse fortuito interno inerente ao tipo de atividade desenvolvida, será indiferente saber se a causa originária do evento, o defeito do maquinário, foi decorrente de má conservação da peça, caso em que não haveria, propriamente, caso fortuito, mas sim culpa, ou se foi por um defeito de fabricação cujas consequências não poderiam ser previstas. No máximo, nessa última hipótese, tratando-se de equipamento arrendado, caberá ao Estado mover ação regressiva junto ao arrendante, e este, por sua vez, acionar o fabricante. (COUTINHO, Dantas Alessandro Dantas, RODOR, Ronald Kruger. Manual de Direito Administrativo: volume único, 2ª edição ver., atual., ampl. Salvador, Editora Juspodivm, 2018, p. 1109)

► O exercício regular de direito pelo agente estatal

O exercício regular do direito pelo agente estatal significa que não haverá responsabilidade civil do Estado se tiverem sido observados todos os limites e deveres pertinentes ao dever de diligência. Se, no cumprimento de seus deveres funcionais, o agente estatal adotou todas as precauções exigíveis, não haverá dever de indenizar em razão de dano a terceiro. Nesse caso, presume-se que o dano derivou ou de culpa exclusiva de terceiro ou de caso fortuito ou força maior. (JUSTEN FILHO, Marçal. Curso de direito administrativo, 13ª. ed. – São Paulo: Revista dos tribunais, 2018, p. 1315)

◙ Autor que tentou fugir de abordagem policial, portando arma de fogo ilegal, mas que foi impedido por Policial Militar. Exercício regular de direito pelo agente estatal.

RESPONSABILIDADE CIVIL DO ESTADO. Pretensão do autor ao recebimento de indenização a título de danos morais e materiais em virtude de alegado abuso de autoridade cometido por Policial Militar, após tentativa de fuga de abordagem policial. DESCABIMENTO DA PRETENSÃO. Ausência de comprovação da ilicitude da conduta dos agentes estatais a ensejar indenização. Autor que tentou fugir de abordagem policial, portando arma de fogo ilegal, mas que foi impedido por Policial Militar. Conjunto probatório suficiente para comprovação de que o autor efetuou disparo contra o policial, fazendo com que este, em seguida, disferisse outros dois disparos, cessando a violência. Não comprovada a ilicitude na conduta dos policiais militares, que atuaram no estrito cumprimento das funções e para a proteção de suas vidas – Culpa exclusiva da vítima configurada no caso em apreço. Rompimento do nexo causal. Inexistente dever de indenizar do Estado. Ônus da prova que recai sobre os autores, a teor do art. 373, inciso I, do CPC/2015. R. Sentença de improcedência mantida. HONORÁRIOS ADVOCATÍCIOS. Majoração, em grau recursal, nos termos do art. 85, §§ 1º e 11, do CPC/2015. Observação nesse sentido. RECURSO DE APELAÇÃO DO AUTOR DESPROVIDO. (Processo: AC 1001120-55.2017.8.26.0361 SP 1001120-55.2017.8.26.0361 – Órgão Julgador: 13ª Câmara de Direito Público – Publicação: 17/10/2019 – Julgamento: 16 de Outubro de 2019 – Relator: Flora Maria Nesi Tossi Silva.)

◙ A entrada forçada dos agentes de polícia no domicílio dos suspeitos, por si só, não configura o ilícito, posto que há indicação de que os requisitos legais, previstos no art. 245 do CPP, foram devidamente observados.

RESPONSABILIDADE CIVIL DO ESTADO. ATIVIDADE POLICIAL. CUMPRIMENTO DE MANDADO DE BUSCA E APREENSÃO. DANOS MATERIAIS E MORAIS. 1 – Na forma do art. 46 da Lei 9.099 /1995, a ementa serve de acórdão. Recurso próprio, regular e tempestivo. Pretensão indenizatória por danos materiais e morais decorrentes de atuação de policiais civis que, em cumprimento de mandado de busca e apreensão, na residência da autora, teriam extrapolado seus deveres legais. Recurso do réu visando à reforma da sentença que julgou procedentes os pedidos. 2 – Responsabilidade civil do Estado por ato comissivo. A responsabilidade civil do Estado nos casos de cumprimento de mandado judicial de busca e apreensão decorre da demonstração de ilegalidade ou abuso de poder por parte dos agentes de polícia. No caso em exame, não restou demonstrada a ilegalidade na ação policial. A entrada forçada dos agentes de polícia no domicílio dos autores, por si só, não configura o ilícito, posto que há indicação de que os requisitos legais, previstos no art. 245 do CPP, foram devidamente observados. Ademais, a diligência foi realizada por volta das 6h30 da manhã, o que corrobora a alegação de que houve tentativa de identificação dos agentes públicos, que restou frustrada em razão de os autores estarem dormindo. Dessa forma, sem demonstração inequívoca do excesso ilícito imputado aos agentes públicos, não há que se falar em responsabilidade civil do Estado. 3 – Danos morais. O cumprimento de mandado judicial de busca e apreensão, sem demonstração de excesso lesivo, não se afigura como situação ensejadora de dano moral, mas de mero aborrecimento, que não é passível de reparação (Acórdão n.776226, 20100111017439APC, Relator: ANA CANTARINO). Sentença que se reforma para julgar improcedentes os pedidos. 4 – Recurso conhecido e provido. Sem custas e sem honorários advocatícios, na forma do art. 55 da Lei 9.099 /1995, inaplicáveis as disposições do CPC..." (Processo: 0738827-63.2016.8.07.0016 DF 0738827-63.2016.8.07.0016 – Órgão Julgador: 1ª Turma Recursal dos Juizados Especiais Cíveis e Criminais do DF – Publicação: Publicado no PJe: 15/12/2018. Pág.: Sem Página Cadastrada. – Julgamento: 9 de novembro de 2018 – Relator: AISTON HENRIQUE DE SOUSA.)

◙ Omissão genérica do ente estatal quanto ao dever de zelar pela incolumidade daqueles sob sua custódia.

RESPONSABILIDADE CIVIL DO ESTADO. ÓBITO DE DETENTO EM INSTITUTO PRISIONAL. AUSÊNCIA DE NEXO DE CAUSALIDADE. OMISSÃO GENÉRICA. Ação de obrigação de fazer, com pedido cumulado de indenização por danos morais ajuizada por mãe, irmã e filho de detento falecido em instituto prisional. O ente estatal tem o dever de zelar pela incolumidade daqueles sob sua custódia, com responsabilidade objetiva pelos danos comprovados, com fulcro no § 6º, do artigo 37, da Constituição Federal. No mesmo sentido, o inciso XLIX, do artigo 5º, da Carta Magna impõe ao Estado o dever de zelar pela integridade física e mental dos internos. Responsabilidade objetiva, que não possui caráter absoluto. Diferença entre condutas omissivas genérica e específica. A primeira caracteriza-se quando o dano não é causado diretamente pela falta de agir do ente estatal. Já na última, o resultado danoso decorre necessariamente da inércia do Estado. Exigência de comprovação da ocorrência de omissão específica. Conjunto probatório, que conduz à ausência de comprovação de qualquer conduta comissiva ou omissiva apta a ensejar a responsabilidade do Estado, que tomou todas as providências cabíveis na tentativa de salvar o detento. Dever de indenizar do Estado não caracterizado, haja vista não evidenciado o nexo de causalidade entre a sua conduta e a morte da pessoa sob sua guarda e vigilância em estabelecimento prisional. Manutenção da sentença de improcedência, que se impõe. Fixação dos honorários recursais. Inteligência do §11, do artigo 85, do Código de Processo Civil de 2015. Recurso a que se nega provimento. (Processo: APL 0068619-52.2015.8.19.0001 - Órgão Julgador: VIGÉSIMA PRIMEIRA CÂMARA CÍVEL - Julgamento: 27 de agosto de 2019 - Relator: Des(a). DENISE LEVY TREDLER.)

◙ Diferença entre condutas omissivas genérica e específica para fins de responsabilização.

Diferença entre condutas omissivas genérica e específica. A primeira caracteriza-se quando o dano não é causado diretamente pela falta de agir do ente estatal. Já na última, o resultado danoso decorre necessariamente da inércia do Estado. Exigência de comprovação da ocorrência de omissão específica. Conjunto probatório, que conduz à ausência de comprovação de qualquer conduta comissiva ou omissiva apta a ensejar a responsabilidade do Estado, que tomou todas as providências cabíveis na tentativa de salvar o detento. Dever de indenizar do Estado não caracterizado, haja vista não evidenciado o nexo de causalidade entre a sua conduta e a morte da pessoa sob sua guarda e vigilância em estabelecimento prisional. Manutenção da sentença de improcedência, que se impõe. Fixação dos honorários recursais. Inteligência do §11, do artigo 85, do Código de Processo Civil de 2015. Recurso a que se nega provimento. (Processo: APL 0068619-52.2015.8.19.0001 - Órgão Julgador: VIGÉSIMA PRIMEIRA CÂMARA CÍVEL - Julgamento: 27 de agosto de 2019 - Relator: Des(a). DENISE LEVY TREDLER.)

► A culpa de terceiro

Se o dano foi acarretado por conduta antijurídica alheia, não cabe a responsabilização civil do Estado pela inexistência da infração ao dever de diligência - exceto quando a ele incumbia um dever de diligência especial, destinado a impedir a concretização de danos. Ou seja, pode-se cogitar de responsabilização civil do Estado por omissão, a depender das circunstâncias. (JUSTEN FILHO, Marçal. Curso de direito administrativo, 13ª. ed. - São Paulo: Revista dos tribunais, 2018, p. 1514/1515)

► A culpa de terceiro também tem sido apontada como excludente de responsabilidade. No entanto, nem sempre é essa a solução diante de inovações introduzidas pelo Código Civil de 2002.

Conforme demonstrado no item 15.3, no caso de deterioração ou destruição de coisa alheia ou lesão a pessoa, a fim de remover perigo iminente (conforme previsto no artigo 188, II, do Código Civil), a regra é a de que incide a responsabilidade de quem praticou tais atos. Essa responsabilidade se exclui com a invocação da culpa da vítima (art. 929), mas não se exclui com a culpa de terceiro, contra o qual é possível ser exercido o direito de regresso (art. 930). Em matéria de transporte de pessoas, o Superior Tribunal de Justiça, pela Súmula 187, já havia fixado o entendimento de que "a responsabilidade contratual do transportador, pelo acidente com o passageiro, não é ilidida por culpa de terceiro, contra o qual tenha ação regressiva". E o Código Civil, no artigo 735, do mesmo modo, determina que "a responsabilidade contratual do transportador por acidente com o passageiro não é elidida por culpa de terceiro, contra o qual tem ação regressiva". O Código Civil de 2002 avançou no âmbito do direito público ao trazer algumas normas referentes ao transporte exercido por meio de autorização, permissão ou concessão. Com estas duas últimas expressões, está abrangendo as permissionárias e concessionárias de serviços de transportes. De acordo com o artigo 731, esse tipo de transporte rege-se pelas normas regulamentares e pelo que for estabelecido nos atos de autorização, permissão e concessão, "sem prejuízo do disposto neste Código". E foi precisamente a propósito da responsabilidade das empresas transportadoras de pessoas que o Código Civil incluiu normas relevantes sobre excludentes de responsabilidade, que escapam ao entendimento anteriormente adotado (cf. Alice Gonzáles Borges, 2006:28-31). (DI PIETRO, Maria Sylvia Zanella. Direito Administrativo, 29ª edição, Forense, p.800)

◙ Viúva de vítima de projétil de arma de fogo, disparada por assaltante, no momento em que praticava roubo em sua residência.

RESPONSABILIDADE CIVIL DO ESTADO. Viúva de vítima de projétil de arma de fogo, disparada por assaltante, no momento em que praticava roubo em sua residência. Imputação de responsabilidade civil ao Estado por ser um dos criminosos foragido, beneficiado por saída temporária. Inadmissibilidade. Ato de terceiro. Ausência de nexo de causalidade. Sentença de improcedência. Recurso não provido. (Processo: APL 0003957-34.2015.8.26.0438 SP 0003957-34.2015.8.26.0438 – Órgão Julgador: 7ª Câmara de Direito Público – Publicação: 18/10/2016 – Julgamento: 17 de outubro de 2016 – Relator: Coimbra Schmidt.)

◙ Roubo de cargas transportadas pelos Correios – Informativo 505 STJ

Entendeu-se que o roubo mediante uso de arma de fogo é fato de terceiro equiparável à força maior, que deve excluir o dever de indenizar, mesmo no sistema de responsabilidade civil objetiva, por se tratar de fato inevitável e irresistível que gera uma impossibilidade absoluta de não ocorrência do dano. Não é razoável exigir que os prestadores de serviço de transporte de cargas alcancem absoluta segurança contra roubos, uma vez que a segurança pública é dever do Estado, também não havendo imposição legal obrigando as empresas transportadoras a contratar escoltas ou rastreamento de caminhão e, sem parecer técnico especializado, nem sequer é possível presumir se, por exemplo, a escolta armada seria eficaz para afastar o risco ou se o agravaria pelo caráter ostensivo do aparato (REsp 976.564/SP, 4.ª T., Rel. Min. Luis Felipe Salomão, j. 20.09.2012).

◙ Exclusão da responsabilidade por ato de vandalismo – Informativo 157 STJ

Não há responsabilidade civil de empresa ferroviária por acidente e graves danos provocados pelo arremesso, por terceiro, de pedra contra veículo, em via contígua à ferrovia, uma vez que tal ato de vandalismo não se equipara aos riscos e deveres inerentes aos serviços do transporte ferroviário (REsp 204.826/RJ, 4.ª T., Rel. Min. Cesar Asfor Rocha, j. 03.12.2002).

◙ Exclusão da responsabilidade por morte de passageiro por projétil disparado por outro passageiro – Informativo 216 STJ

A empresa de transporte não responde civilmente pela morte, ocorrida no interior de seu veículo, de passageiro que foi atingido por projétil disparado por outro passageiro que fazia baderna no ônibus (REsp 262.682/MG, 4.ª T., Rel. Min. Barros Monteiro, j. 03.08.2004).

◙ Exclusão da responsabilidade por tentativa de roubo em estação de metrô – Informativo 219 STJ

A companhia do metropolitano estadual não pode ser responsabilizada por morte resultante de tentativa de roubo ocorrida em escada rolante no interior de estação (REsp 402.708/SP, 2.ª T., Rel. Min. Eliana Calmon, j. 24.08.2004).

◙ Exclusão da responsabilidade por roubo à mão armada em coletivo – Informativo 224 STJ

Consubstancia causa excludente de responsabilidade da empresa de transporte concessionária de serviço público o roubo a mão armada perpetrado no interior do coletivo (REsp 331.801/RJ, 4.ª T., Rel. Min. Fernando Gonçalves, j. 05.10.2004).

◙ Exclusão da responsabilidade por bala vinda de outro veículo que atingiu transporte coletivo – Informativo 370 STJ

Não há responsabilidade da empresa de transportes coletivos pelos danos sofridos por passageiro no interior de seu ônibus. Ele foi atingido por uma bala vinda de outro veículo, fato considerado como força maior (REsp 589.629/RJ, 4.ª T., Rel. Min. Fernando Gonçalves, j. 02.10.2008).

RESPONSABILIDADE PRIMÁRIA E SUBSIDIÁRIA

► Responsabilidade primária e subsidiária

Quando o Estado por ação, imediata ou mediata, ou por omissão, causar danos a terceiros, será responsabilizado pela conduta danosa. Trata-se de responsabilidade primária, ou seja, incidente sobre quem gerou o dano. É possível que o Estado não cause e nem dê condições para que o dano ocorra, porém poderá, ainda assim, ser responsabilizado. Trata-se das hipóteses de responsabilidade subsidiária do Estado. (COUTINHO, Dantas Alessandro Dantas, RODOR, Ronald Kruger. Manual de Direito Administrativo: volume único, 2ª edição ver., atual., ampl. Salvador, Editora Juspodivm, 2018, p. 1104)

► A responsabilidade subsidiária ocorre quando aquele que causou o dano não tem condições de suportar economicamente os valores devidos à reparação do prejuízo, sendo transferido a outra pessoa, que responde, portanto, de forma subsidiária.

A responsabilidade subsidiária ocorre quando aquele que causou o dano não tem condições de suportar economicamente os valores devidos à reparação do prejuízo, sendo transferido a outra pessoa, que responde, portanto, de forma subsidiária. É o que ocorre, por exemplo, nos casos de danos causados pela Administração Indireta e estas não possuem condições de suportá-los, sendo o ressarcimento transferido à Administração Direta que instituiu a pessoa administrativa causadora do dano. É o que se passa quando o Estado cria uma empresa pública para prestar serviços públicos e esta é condenada em valor que ultrapassa seus limites de suporte econômico. Nesse caso, esgotado o patrimônio da estatal, poderá o autor da ação buscar a diferença indenizatória diretamente contra o Estado. (COUTINHO, Dantas Alessandro Dantas, RODOR, Ronald Kruger. Manual de Direito Administrativo: volume único, 2ª edição ver., atual., ampl. Salvador, Editora Juspodivm, 2018, p. 1104)

◙ **Neste sentido:** ADMINISTRATIVO. RESPONSABILIDADE CIVIL DO ESTADO. ACIDENTE DE TRÂNSITO. DANO MATERIAL. RESPONSABILIDADE DA AUTARQUIA. RESPONSABILIDADE SUBSIDIÁRIA DO ESTADO. A Jurisprudência desta Corte considera a autarquia responsável pela conservação das rodovias e pelos danos causados a terceiros em decorrência da má conservação, contudo remanesce ao Estado a responsabilidade subsidiária. Agravo regimental provido em parte para afastar a responsabilidade solidária da União, persistindo a responsabilidade subsidiária. (AgRg no REsp 875.604/ES, Rel. Ministro HUMBERTO MARTINS, SEGUNDA TURMA, julgado em 09/06/2009, DJe 25/06/2009)

◙ **Não obstante, já se entendeu que terceira empresa, sucessora do serviço, não tem obrigação de arcar com as consequências do ato ilícito, atribuído à sucedida, devendo sempre prevalecer a regra da responsabilidade subsidiária do Estado.**

ADMINISTRATIVO. RECURSO ESPECIAL. RESPONSABILIDADE CIVIL ADMINISTRATIVA. RESPONSABILIDADE OBJETIVA. RESPONSABILIDADE SUBSIDIÁRIA DO ESTADO. 1. As regras de Direito Administrativo e Constitucional dispõem que as empresas criadas pelo Governo respondem por danos segundo as regras da responsabilidade objetiva, e, na hipótese de exaurimento dos recursos da prestadora de serviços, o Estado responde subsidiariamente (art. 37, § 6º, da Constituição Federal). 2. É defeso atribuir o cumprimento de obrigação por ato ilícito contraída por empresa prestadora de serviços públicos a outra que não concorreu para o evento danoso, apenas porque também é prestadora dos mesmos serviços públicos executados pela verdadeira devedora. Tal atribuição não encontra amparo no instituto da responsabilidade administrativa, assentado na responsabilidade objetiva da causadora do dano e na subsidiária do Estado, diante da impotência econômica ou financeira daquela. 3. Recurso especial provido. (REsp 738.026/RJ, Rel. Ministra ELIANA CALMON, Rel. p/ Acórdão Ministro JOÃO OTÁVIO DE NORONHA, SEGUNDA TURMA, julgado em 26/06/2007, DJ 22/08/2007, p. 452)

◙ **São casos, ainda, de aplicação da responsabilidade subsidiária do Estado a assunção dos danos causados por concessionárias, permissionárias, terceirizadas em geral, quando estas não suportarem o peso da condenação.**

RECURSO ESPECIAL. RESPONSABILIDADE SUBSIDIÁRIA. PODER CONCEDENTE. CABIMENTO. PRESCRIÇÃO. NÃO OCORRÊNCIA. 1. Há responsabilidade subsidiária do Poder Concedente, em situações em que o concessionário não possuir meios de arcar com a indenização pelos prejuízos a que deu causa. Precedentes. 2. No que tange à alegada ofensa ao art. 1º, do Decreto 20.910/32, mostra-se improcedente a tese de contagem da prescrição desde o evento danoso, vez que os autos revelam que a demanda foi originalmente intentada em face da empresa concessionária do serviço público, no tempo e no modo devidos, sendo que a pretensão de responsabilidade subsidiária do Estado somente surgira no momento em que a referida empresa tornou-se insolvente para a recomposição do dano. 3. Em apreço ao princípio da *actio nata* que informa o regime jurídico da prescrição (art. 189, do CC), há de se reconhecer que o termo a quo do lapso prescricional somente teve início no momento em que se configurou o fato gerador da responsabilidade subsidiária do Poder Concedente, in casu, a falência da empresa concessionária, sob pena de esvaziamento da garantia de responsabilidade civil do Estado nos casos de incapacidade econômica das empresas delegatárias de serviço público. 4. Recurso especial não provido. (REsp 1135927/MG, Rel. Ministro CASTRO MEIRA, SEGUNDA TURMA, julgado em 10/08/2010, DJe 19/08/2010)

► **A incapacidade econômica do responsável direto pelo dano não é o único pressuposto jurídico que fundamenta a responsabilidade subsidiária do ente público integrante da Administração Pública**

Como se vê, a incapacidade econômica do responsável direto pelo dano não é o único pressuposto jurídico que fundamenta a responsabilidade subsidiária do ente público integrante da Administração Pública, sendo necessário, também, que exista relação jurídica que vincule este último ao primeiro. Nos casos citados, a participação do ente político na criação/gestão da própria entidade, seja visando a descentralização administrativa de seus serviços, seja visando a intervenção ou o fomento na economia, bem como a transferência de serviços públicos para entidades da iniciativa privada, mediante contrato ou ato administrativo, justifica a responsabilização subsidiária. (COUTINHO, Dantas Alessandro Dantas, RODOR, Ronald Kruger. Manual de Direito Administrativo: volume único, 2ª edição ver., atual., ampl. Salvador, Editora Juspodivm, 2018, p. 1104)

RESPONSABILIDADE EXTRACONTRATUAL E CONTRATUAL

► **Responsabilidade civil não diz respeito às relações de natureza contratual**

Entretanto, aquilo que comumente denominamos de responsabilidade civil não diz respeito às relações de natureza contratual, ou seja, não abrange os danos decorrentes do descumprimento de regras contratuais ou pactuais, embora o próprio termo, reconhecemos, possa ser utilizado em acepção mais ampla. (COUTINHO, Dantas Alessandro Dantas, RODOR, Ronald Kruger. Manual de Direito Administrativo: volume único, 2ª edição ver., atual., ampl. Salvador, Editora Juspodivm, 2018, p. 1071)

► **A responsabilidade contratual, assim, deriva do descumprimento do que restou pactuado entre as partes, e não, propriamente, de condutas ou omissões estranhas aos pactos obrigacionais que causam lesão a terceiros.**

A responsabilidade contratual, assim, deriva do descumprimento do que restou pactuado entre as partes, e não, propriamente, de condutas ou omissões estranhas aos pactos obrigacionais que causam lesão a terceiros. Claro que o tema da responsabilidade contratual não é indiferente ao direito administrativo, mas deverá ser analisado dentro do tópico atinente aos contratos administrativos, com todas as especificidades que esse instituto possui em relação ao direito das obrigações, aqui compreendendo todas as suas facetas (civil, comercial, trabalhista etc.). (COUTINHO, Dantas Alessandro Dantas, RODOR, Ronald Kruger. Manual de Direito Administrativo: volume único, 2ª edição ver., atual., ampl. Salvador, Editora Juspodivm, 2018, p. 1072)

► **A responsabilidade extracontratual é tradicionalmente baseada na ideia de culpa (negligência, imprudência e imperícia), abrangendo também, por extensão, o dolo.**

A responsabilidade extracontratual, como herdada do direito romano, e reproduzida em nossas leis civis, é tradicionalmente baseada na ideia de culpa (negligência, imprudência e imperícia), abrangendo também, por extensão, o dolo. É o que se denomina, tradicionalmente, de *responsabilidade subjetiva*, visto que fundada na inadequação consciente ou previsível do comportamento humano aos ditames do ordenamento jurídico. (COUTINHO, Dantas Alessandro Dantas, RODOR, Ronald Kruger. Manual de Direito Administrativo: volume único, 2ª edição ver., atual., ampl. Salvador, Editora Juspodivm, 2018, p. 1072)

► **A evolução do direito e das relações jurídicas, principalmente com o desenvolvimento de tecnologias que expõem as pessoas a perigo ou que trazem risco a seus usuários, relegou a responsabilidade subjetiva a um papel secundário no direito administrativo.**

Contudo, a evolução do direito e das relações jurídicas, principalmente com o desenvolvimento de tecnologias que expõem as pessoas a perigo ou que trazem risco a seus usuários, relegou a responsabilidade subjetiva a um papel secundário no direito administrativo, conforme veremos no decorrer deste capítulo, sendo cada vez mais comum, também no direito privado, a adoção da *responsabilidade objetiva*, embora ainda em escala muito menor. (COUTINHO, Dantas Alessandro Dantas, RODOR, Ronald Kruger. Manual de Direito Administrativo: volume único, 2ª edição ver., atual., ampl. Salvador, Editora Juspodivm, 2018, p. 1072)

► **Deve-se advertir que existem áreas de clara interseção entre as responsabilidades contratual e extracontratual, principalmente quando se analisam danos decorrentes da prestação de serviços públicos de natureza patrimonial**

Por fim, deve-se advertir que existem áreas de clara interseção entre as responsabilidades contratual e extracontratual, principalmente quando se analisam danos decorrentes da prestação de serviços públicos de natureza patrimonial, que são usualmente contratados pelos usuários, como transporte coletivo e fornecimento de energia elétrica. Nesses casos, o dano decorrente da má prestação dos serviços tanto pode ser fundado na regra do art. 37, § 6.º, da CF/1988, quanto nas próprias cláusulas contratuais referentes à adequação na prestação do serviço. (COUTINHO, Dantas Alessandro Dantas, RODOR, Ronald Kruger. Manual de Direito Administrativo: volume único, 2ª edição ver., atual., ampl. Salvador, Editora Juspodivm, 2018, p. 1072)

REPARAÇÃO DO DANO E DIREITO DE REGRESSO

► A indenização

A indenização é o montante pecuniário que traduz a reparação do dano. Corresponde à compensação pelos prejuízos oriundos do ato lesivo. A indenização devida ao lesado deve ser a mais ampla possível, de modo que seja corretamente reconstituído seu patrimônio ofendido pelo ato lesivo. Deve equivaler ao que o prejudicado perdeu, incluindo-se aí as despesas que foi obrigado a fazer, e ao que deixou de ganhar. Quando for o caso, devem ser acrescidos ao montante indenizatório os juros de mora e a atualização monetária. Tendo havido morte, incide a regra do art. 948 do Código Civil, que fixa os fatores suscetíveis de serem indenizados. Por outro lado, ocorrendo lesões corporais ou redução de capacidade de trabalho, aplicam-se os arts. 949 e 950 do mesmo Código. (FILHO, C.,, J.D.S. Manual de Direito Administrativo. [Grupo GEN]. 2020, Retirado de https://grupogen.vitalsource.com/#/books/9788597024975/)

► A vítima de ação danosa do Estado pode conseguir a correspondente indenização através de procedimento administrativo ou judicial.

O primeiro, também chamado amigável, ocorre perante a Administração Pública; o segundo, junto ao Poder Judiciário. Lá se instaura um processo administrativo; aqui, uma ação judicial. Indenizada a vítima, deve a Administração Pública restaurar seu patrimônio a custa do patrimônio do causador direto do dano – o seu agente. Essa medida (ação de regresso) está, entre nós, expressamente autorizada na parte final do § 6º do art. 37 da Constituição Federal e na última prescrição do art. 43 do Código Civil, embora esse preceptivo não tenha a mesma extensão de seu assemelhado constitucional, mas somente tem cabida quando o Estado promoveu, efetivamente, o pagamento da indenização e o agente causador direto do dano agiu com dolo ou fraude. Não basta, portanto, só a condenação da Administração Pública no pagamento da indenização. Esta há de ter ocorrido, mesmo que por decisão administrativa. (GASPARINI, Diogenes. Direito administrativo. 14. ed. São Paulo: Saraiva, 2009. p. 1052).

► Procedimento administrativo

O pedido administrativo de indenização ou pedido amigável de indenização processa-se perante a Administração Pública responsável pelo agente público causador do dano e, obviamente, pela indenização. A petição, sempre em termos, deve historiar os fatos e suas consequências, comprovando uns e outras sempre que necessário, e trazer o pedido de indenização, demonstrando o que perdeu, o que deixou de ganhar e o que despendeu, cifrando essas verbas. Conforme o caso, deve trazer, ainda, o pedido de juros de mora, de juros compensatórios e de correção monetária. Tal pedido é examinado pelos órgãos públicos (setor de obras, se o dano é decorrente da construção de um edifício público, setor fazendário e setor jurídico), que pela natureza de suas funções ou porque implicados diretamente no evento devem oferecer suas respectivas manifestações de mérito e de legalidade. (GASPARINI, Diogenes. Direito administrativo. 14. ed. São Paulo: Saraiva, 2009. p. 1052).

▶ Procedimento judicial

Entre nós, a ação de indenização deve ser proposta pela vítima perante a Justiça Estadual ou Federal competente, contra a entidade (União, Estado-Membro, Distrito Federal, Município, autarquia, fundação pública, particulares prestadores de serviços públicos) responsável pelo prejuízo sofrido, contra seu agente causador direto do dano ou contra ambos6. Quando proposta contra a entidade a que se vincula o agente causador direto do dano, não cabe denunciá-lo à lide, numa aplicação sem muito cuidado do art. 70, III, do Código de Processo Civil (RT Informa, 352:20), embora haja divergência (RT, 540:103). A inicial, em termos, deve preencher os requisitos da legislação processual civil, notadamente os do art. 282 do Código de Processo Civil. Provados os fatos, no que respeita ao dano efetivamente suportado pela vítima, e o nexo de causalidade entre o evento lesivo e o dano, está garantido o êxito da demanda, salvo se o Estado demonstrar que a culpa pelo dano é da vítima ou se não foi ele o causador do dano (caso fortuito, força maior) (GASPARINI, Diogenes. Direito administrativo. 14. ed. São Paulo: Saraiva, 2009. p. 1053).

▶ A indenização do dano

A indenização do dano há de ser completa. Assim também é entre nós (RT, 690:149), pois vivemos em um Estado de Direito. Vale dizer, o patrimônio da vítima, com o pagamento, deve permanecer inalterado. Seu valor, antes e depois do dano, deve ser o mesmo. A indenização há de deixar indene o patrimônio do prejudicado; destarte, deve abranger o que a vítima perdeu (o dano efetivo, ocorrido, emergente), o que despendeu (o que gastou) e o que deixou de ganhar (o que deixou de conseguir) em razão do evento danoso. Assim, se um caminhão de lixo de certo Município, em razão de culpa de seu motorista, abalroa um táxi, o taxista sofre um prejuízo efetivo com a destruição de parte do veículo. O montante dessa parcela do seu prejuízo é o que ele perdeu, ou seja, é o dano material ou emergente (RT, 683:103) (GASPARINI, Diogenes. Direito administrativo. 14. ed. São Paulo: Saraiva, 2009. p. 1054).

▶ Ação regressiva

Quem causa um dano, agindo com dolo ou culpa, deve indenizar por completo a vítima. Por outro lado, aquele que paga o prejuízo causado por alguém que por força de uma relação jurídica a isso estava coobrigado ou porque é tido como seu preposto, tem o direito de se voltar contra ele para haver o quanto pagou. Essas são regras universais ou princípios de direito, embora dotadas de peculiaridades em cada país. Entre nós não é diferente e a recuperação é feita mediante a interposição da competente ação regressiva. Ao Estado também se assegura, nessas hipóteses, o direito de regresso, como ocorre em nosso ordenamento jurídico, e assim prescrevem tanto a Constituição Federal (art. 37, § 6º) como o Código Civil (art. 43), ainda que em termos não absolutamente iguais. A ação regressiva é medida judicial de rito ordinário, que propicia ao Estado reaver o que desembolsou à custa do patrimônio do agente causador direto do dano, que tenha agido com dolo ou culpa no desempenho de suas funções. Essa ação não cabe se o agente público não agiu com dolo ou culpa. (GASPARINI, Diogenes. Direito administrativo. 14. ed. São Paulo: Saraiva, 2009. p. 1055).

◙ Tratando-se de ação reparatória proposta com fundamento na responsabilidade civil do Estado, o agente público envolvido diretamente na ocorrência é parte ilegítima para responder aos termos da ação.

Tratando-se de ação reparatória proposta com fundamento na responsabilidade civil do Estado, o agente público envolvido diretamente na ocorrência é parte ilegítima para responder aos termos da ação, ficando ao alvedrio da Fazenda Pública, se o caso, acioná-lo de forma regressiva. Exclusão do médico determinada na r. decisão agravada, que deve ser mantida. Recurso Desprovido. (Processo: AI 2153954-08.2018.8.26.0000 SP 2153954-08.2018.8.26.0000 – Órgão Julgador: 13ª Câmara de Direito Público – Publicação: 30/11/2018 – Julgamento: 28 de Novembro de 2018 – Relator: Flora Maria Nesi Tossi Silva.)

► Tal medida deve ser interposta, uma vez transitada em julgado a sentença que condenou a Administração Pública a satisfazer o prejuízo, após o pagamento da indenização, pois somente depois desse ato consuma-se o efetivo prejuízo da Administração Pública, ou após esse pagamento, nos casos de acordo.

Consoante legislação própria, pode-se estabelecer o prazo máximo para a interposição dessa medida. Na esfera federal o prazo é de sessenta dias (Lei n. 4.619/65, art. 1º), e dentro dele, salvo motivo justificado, o Procurador da República deve ingressar em juízo com o pedido de regresso, sob pena de falta funcional, consoante art. 3º dessa lei. Motivo justificado pode ser o não pagamento da indenização, dado ser esse pagamento, ao lado da culpa do causador do dano, um dos requisitos da ação de regresso, ou a ausência de culpa ou dolo do servidor. Se não proposta nesse prazo, isso não significa a prescrição do direito. O descumprimento desse prazo pode implicar uma infração administrativa, nunca a perda do direito. (GASPARINI, Diogenes. Direito administrativo. 14. ed. São Paulo: Saraiva, 2009. p. 1055).

► Requisitos da ação de regresso.

São requisitos dessa ação: a) a condenação da Administração Pública a indenizar, por ato lesivo de seu agente; b) o pagamento do valor da indenização; c) a conduta lesiva, dolosa ou culposa do agente causador do dano. Desse modo, se não houver o pagamento, não há como justificar o pedido de regresso, mesmo que haja sentença condenatória com trânsito em julgado e o agente tenha-se conduzido com dolo ou culpa. Observe-se que o primeiro requisito pode não existir se a satisfação do prejuízo causado aconteceu por via amigável. Nesse caso, devem ficar cabalmente demonstrados os dois últimos, ou seja, o pagamento e a culpa ou dolo do agente público. (GASPARINI, Diogenes. Direito administrativo. 14. ed. São Paulo: Saraiva, 2009. p. 1055).

► O direito de regresso não prescreve, consoante expressamente declara a parte final do § 5º do art. 37 da Lei Maior

A ação de regresso pode ser ajuizada contra o agente causador do dano e, na sua falta, contra seus herdeiros ou sucessores, dado que obrigação meramente patrimonial. Ademais, pode ser intentada após o afastamento (exoneração, demissão, disponibilidade, aposentadoria) do agente causador do dano de seu cargo, emprego ou função pública.

O VALOR DA INDENIZAÇÃO

■ **Revisão do valor devido fixado a títulos de danos morais em ações de responsabilidade civil quando irrisório ou exorbitante.**

PROCESSUAL CIVIL. AGRAVO INTERNO NO RECURSO ESPECIAL. CÓDIGO DE PROCESSO CIVIL DE 2015. APLICABILIDADE. RESPONSABILIDADE CIVIL DO ESTADO. REVISÃO. POSSIBILIDADE. SÚMULA N. 7/STJ. NÃO INCIDÊNCIA. PRISÃO ILEGAL. VALOR IRRISÓRIO. EXCEPCIONALIDADE CONFIGURADA. ARGUMENTOS INSUFICIENTES PARA DESCONSTITUIR A DECISÃO ATACADA. APLICAÇÃO DE MULTA. ART. 1.021, § 4º, DO CÓDIGO DE PROCESSO CIVIL DE 2015. DESCABIMENTO. I – Consoante o decidido pelo Plenário desta Corte na sessão realizada em 09.03.2016, o regime recursal será determinado pela data da publicação do provimento jurisdicional impugnado. In casu, aplica-se o Código de Processo Civil de 2015. II – O agravante ajuizou ação de indenização por danos morais, sob rito ordinário, sustentando que foi preso ilegalmente pela Polícia Militar de Minas Gerais, permanecendo custodiado durante o período de 04 (quatro) dias, ocasião em que foi exposto a diversos constrangimentos. O Tribunal de origem deu parcial provimento ao Apelo do Estado de Minas Gerais, para fixar o quantum debeatur em R$ 6.000,00 (seis mil reais). III – A jurisprudência desta Corte admite a revisão do valor devido fixado a títulos de danos morais em ações de responsabilidade civil quando irrisório ou exorbitante o valor arbitrado, superando o enunciado da Súmula 7 desta Corte. Evidencia-se o caráter irrisório do valor de R$ 6.000,00 (seis mil reais) a título de indenização por danos morais por prisão ilegal, fora dos parâmetros estabelecidos por esta Corte para casos de idêntica controvérsia. Restabelecimento da sentença, condenação no importe de R$ 30.000,00 (trinta mil reais). IV – Não apresentação de argumentos suficientes para desconstituir a decisão recorrida. V – Em regra, descabe a imposição da multa, prevista no art. 1.021, § 4º, do Código de Processo Civil de 2015, em razão do mero improvimento do Agravo Interno em votação unânime, sendo necessária a configuração da manifesta inadmissibilidade ou improcedência do recurso a autorizar sua aplicação, o que não ocorreu no caso. VI – Agravo Interno improvido. (AgInt no REsp 1808226/MG, Rel. Ministra REGINA HELENA COSTA, PRIMEIRA TURMA, julgado em 14/10/2019, DJe 16/10/2019)

■ **No mesmo sentido:** PROCESSUAL CIVIL. ADMINISTRATIVO. RESPONSABILIDADE CIVIL DO ESTADO. INDENIZAÇÃO POR DANO MORAL. ABUSO DE AUTORIDADE. QUANTUM INDENIZATÓRIO. EXORBITÂNCIA. POSSIBILIDADE DE REVISÃO. JURISPRUDÊNCIA DO STJ. AGRAVO INTERNO IMPROVIDO. I – Na origem, trata-se de ação objetivando a condenação do Estado de São Paulo ao pagamento de indenização em decorrência da prática por autoridade policial de ato considerado abusivo. Na sentença, julgou-se procedente o pedido para condenar o estado ao pagamento de indenização por danos morais no importe de R$100.000,00 (cem mil reais). No Tribunal de origem, a sentença foi mantida. Após a interposição de recurso especial, o valor foi reduzido para R$50.000,00 (cinquenta mil reais). II – No tocante à violação dos arts. 944 do Código Civil de 2002, quanto à pretensão de revisão da verba indenizatória, a jurisprudência desta Corte firmou o entendimento de que é admissível o reexame do valor fixado a título de danos morais em hipóteses excepcionais, quando for verificada a exorbitância ou a índole irrisória da importância arbitrada, em flagrante ofensa aos princípios da razoabilidade e da proporcionalidade. A propósito, confiram-se: AgInt no REsp 1287225/SC, Rel. Ministro Marco Buzzi, Quarta Turma, julgado em 16/3/2017, DJe 22/3/2017 e AgInt no AREsp 873.844/TO, Rel. Ministra Assusete Magalhães, Segunda Turma, julgado em 16/3/2017, DJe 27/3/2017. III - Nesse panorama, é necessária uma análise dos precedentes desta Corte de Justiça em casos análogos, para o fim de caracterização da excessividade apontada. Veja-se: AgInt no REsp 1666271/AC, Rel. Ministro Herman Benjamin, Segunda Turma, julgado em 13/12/2018, DJe 6/2/2019 e AgInt no REsp 1714545/SC, Rel. Ministro Sérgio Kukina, Primeira Turma, julgado em 17/5/2018, DJe 24/5/2018 IV - Com base nos precedentes citados, o valor de R$ 100.000,00 (cem mil reais) fixado pela instância ordinária, mostra-se excessivo, diante das peculiaridades do caso, podendo ser revisto nesta Corte, no que a pretensão, de fato, autoriza o afastamento do óbice sumular n. 7/STJ, merecendo, também, ser conhecido o dissídio invocado. V - Agravo interno improvido. (AgInt no AREsp 1425666/SP, Rel. Ministro FRANCISCO FALCÃO, SEGUNDA TURMA, julgado em 10/09/2019, DJe 16/09/2019)

■ **O entendimento jurisprudencial atualizado do STJ estabelece o termo final do pensionamento a data em que a vítima fatal completasse 70 anos, isto em razão dos dados atuais sobre a expectativa de vida média do brasileiro**

"... O entendimento jurisprudencial atualizado do STJ estabelece o termo final do pensionamento a data em que a vítima fatal completasse 70 anos, isto em razão dos dados atuais sobre a expectativa de vida média do brasileiro...." (AgInt nos EDcl no AREsp 784.824/SP, Rel. Ministro NAPOLEÃO NUNES MAIA FILHO, PRIMEIRA TURMA, julgado em 17/12/2019, DJe 19/12/2019)

■ **Quanto à ausência de provas acerca da renda mensal auferida pelo *de cujus*, esta Corte possui entendimento segundo o qual, em tais casos, a pensão deve ser arbitrada no valor do salário mínimo.**

"... 2. Quanto à ausência de provas acerca da renda mensal auferida pelo de cujus, esta Corte possui entendimento segundo o qual, em tais casos, a pensão deve ser arbitrada no valor do salário mínimo. 3. Agravo Interno do DEPARTAMENTO DE ESTRADAS DE RODAGEM desprovido. (AgInt nos EDcl no AREsp 784.824/SP, Rel. Ministro NAPOLEÃO NUNES MAIA FILHO, PRIMEIRA TURMA, julgado em 17/12/2019, DJe 19/12/2019)

■ **Somente em caráter excepcional que o *quantum* arbitrado a título de indenização pode ser alterado, caso se mostre irrisório ou exorbitante, em clara afronta aos princípios da razoabilidade e da proporcionalidade.**

ADMINISTRATIVO E PROCESSUAL CIVIL. AGRAVO INTERNO NO AGRAVO EM RECURSO ESPECIAL. RESPONSABILIDADE CIVIL DO ESTADO. FALHA NA

PRESTAÇÃO DE SERVIÇOS MÉDICOS. DANOS MORAIS. REDUÇÃO DO QUANTUM INDENIZATÓRIO. IMPOSSIBILIDADE. SÚMULA 7/STJ. 1. Em regra, não é cabível na via especial a revisão do montante indenizatório estipulado pelas instâncias ordinárias, ante a impossibilidade de reanálise de fatos e provas por este Sodalício no âmbito do recurso especial, conforme o óbice previsto na Súmula 7/STJ. 2. Ressalta-se que a jurisprudência deste Superior Tribunal de Justiça admite, somente em caráter excepcional, que o quantum arbitrado seja alterado, caso se mostre irrisório ou exorbitante, em clara afronta aos princípios da razoabilidade e da proporcionalidade, situação não configurada na espécie. 3. Agravo interno a que se nega provimento. (AgInt no AREsp 1520834/RJ, Rel. Ministro SÉRGIO KUKINA, PRIMEIRA TURMA, julgado em 02/12/2019, DJe 05/12/2019)

■ **Alteração do valor da indenização em razão de ser demasiadamente alta e desproporcional.**

PROCESSUAL CIVIL E ADMINISTRATIVO. RESPONSABILIDADE CIVIL DO ESTADO. NAUFRÁGIO BATEAU MOUCHE. DANOS MORAIS. VALOR. REDUÇÃO. 1. Conforme estabelecido pelo Plenário do STJ, "aos recursos interpostos com fundamento no CPC/1973 (relativos a decisões publicadas até 17 de março de 2016) devem ser exigidos os requisitos de admissibilidade na forma nele prevista, com as interpretações dadas até então pela jurisprudência do Superior Tribunal de Justiça" (Enunciado Administrativo n. 2). 2. É firme o entendimento deste Tribunal Superior de não admitir, em sede de recurso especial, a revisão do montante fixado pela instância de origem a título de danos morais, salvo em situações excepcionais, em que o quantum indenizatório seja induvidosamente irrisório ou exorbitante, conforme óbice estampado na Súmula n. 7 do STJ. 3. Hipótese em que o quantum indenizatório fixado pelo sentenciante, a título de danos morais, para cada autor, decorrente do naufrágio do Bateau Mouche, afigura-se demasiado, de acordo com a jurisprudência desta Corte versando sobre o mesmo acidente, sendo certo que o novo valor arbitrado é razoável e proporcional às circunstâncias do caso concreto. 4. Agravo interno desprovido. (AgInt no AREsp 354.318/RJ, Rel. Ministro GURGEL DE FARIA, PRIMEIRA TURMA, julgado em 25/11/2019, DJe 04/12/2019)

■ **Responsabilidade civil do estado. Dano moral. Indenização por morte de detento em estabelecimento prisional. Majoração do *quantum* indenizatório. Valor irrisório. Possibilidade**

ADMINISTRATIVO. RESPONSABILIDADE CIVIL DO ESTADO. DANO MORAL. INDENIZAÇÃO POR MORTE DE DETENTO EM ESTABELECIMENTO PRISIONAL. MAJORAÇÃO DO QUANTUM INDENIZATÓRIO. VALOR IRRISÓRIO. POSSIBILIDADE. PENSÃO MENSAL. DEPENDÊNCIA ECONÔMICA DA MÃE NÃO COMPROVADA. REEXAME DE PROVA. IMPOSSIBILIDADE. SÚMULA 7/STJ. 1. Cuida-se de Ação ordinária proposta por genitora de detento, objetivando a condenação do Estado do Rio de Janeiro a arcar com reparação por danos materiais e morais e com pensão mensal, em decorrência da morte de seu filho ocorrida no interior da 52ª Delegacia de Polícia, onde se encontrava preso para cumprimento de pena.

Colhe-se dos autos que o filho da autora foi vitimado por agressões desferidas por outros detentos durante rebelião ocorrida na carceragem onde cumpria pena, vindo a falecer. 2. A sentença julgou parcialmente procedente o pedido, condenado o Estado do Rio de Janeiro ao pagamento do valor correspondente a 01 (um) salário mínimo para ressarcimento das despesas do funeral, e da quantia de R$ 50.000,00 (cinquenta mil reais) pelos danos morais. 3. O TJRJ reformou a sentença para reduzir o quantum fixado a título de danos morais para R$ 30.000,00 (trinta mil reais), bem como negou o pedido da autora quanto ao pensionamento. Destaco fragmentos do voto condutor do acórdão atacado (fls. 368-371, e-STJ): "Restando clara e configurada a responsabilidade do estado, estabelece-se o seu deve de indenizar a Autora, face ao inquestionável abalo que esta sofreu, já que a vítima era seu filho, sendo inegável o dano moral causado por sua morte, mormente pelas circunstâncias em que se deu, o que justifica o valor arbitrado na sentença em relação ao dano material. Todavia, quanto ao dano moral, apesar deste ter restado plenamente configurado, entendo que o quantum arbitrado pelo magistrado a quo deve ser reduzido para R$ 30.000,00 (trinta mil reais), a fim de adequá-lo aos parâmetros adotados por esta Câmara em casos análogos. (...) Também não merece prosperar a irresignação da autora quanto ao pedido de pensionamento. Neste sentido, cumpre transcrever trecho da r. Sentença que solucionou com acerto a hipótese em questão: 'A vítima encontrava-se presa, inexistindo comprovação nos autos de que estava exercendo atividade laborativa antes de sua prisão, sabendo-se que a reparação pretendida tem caráter eminentemente alimentar. Além disso, para que fosse possível a concessão de pensão mensal seria preciso que entre os primeiros autores e a vítima existisse relação de dependência econômica que não é presumível em relação ao filho maior e nem restou comprovada nos autos. Enfim, é de se acolher apenas o pedido de indenização por danos morais e materiais'. Por tais razões, conheço dos recursos, para dar parcial provimento ao primeiro, a fim de reduzir o valor correspondente à indenização por danos morais para R$ 30.000,00 (trinta mil reais), e negar provimento ao apelo da autora, restando mantida, no mais, a r. Sentença impugnada." 4. In casu, é objetiva a responsabilidade do Estado (art. 37, § 6º, da CF) em indenizar a família do detento que estava sob sua custódia e foi brutalmente assassinado dentro da carceragem, visto que não cumpriu o dever constitucional de assegurar a integridade física do preso, conforme disposto no art. 5º, XLIX, da Constituição Federal. 5. A indenização por dano moral não é preço matemático, mas sim compensação parcial, aproximativa, pela dor injustamente provocada. É mecanismo que visa a minorar o sofrimento da família diante do drama psicológico da perda afetiva e humilhação social à qual foi submetida, na dupla condição de parente e cidadã. Objetiva também dissuadir condutas assemelhadas, seja pelos responsáveis diretos, seja por terceiros que estejam em condição de praticá-las futuramente. 6. No caso de morte de pais ou filhos, os danos morais são presumidos, pois seria absurdo ao Direito exigir a prova do óbvio. 7. A revisão do valor da indenização somente é possível em casos excepcionais, quando exorbitante ou insignificante a importância arbitrada, em flagrante violação dos princípios da razoabilidade e da proporcionalidade, o que se configurou no presente caso. 8. Na espécie, o quantum indenizatório arbitrado pelo Tribunal de origem revela-se irrisório, por isso se deve afastar a Súmula 7/STJ. Com efeito, mostra-se razoável e proporcional que se restabeleça o valor indenizatório fixado na sentença –

R$ 50.000,00 (cinquenta mil reais) -, a fim de adequar o montante da indenização aos parâmetros adotados por essa Corte Superior em casos análogos. Precedentes: AgInt no REsp 1531467/PB, Rel. Ministro Napoleão Nunes Maia Filho, Primeira Turma, DJe 10/10/2016; AgRg no AREsp 474.046/MA, Rel. Ministro Benedito Gonçalves, Primeira Turma, DJe 14/09/2015; AgRg no REsp 1368026/CE, Rel. Ministra Assusete Magalhães, Segunda Turma, DJe 28/11/2014; AgRg no AREsp 490.772/PE, Rel. Ministro Mauro Campbell Marques, Segunda Turma, DJe 11/06/2014. 9. Quanto ao pensionamento, a Corte estadual entendeu não ser cabível a concessão de pensão mensal porque está demonstrado nos autos que a vítima não exercia atividade laborativa antes da sua prisão e não auferia nenhum rendimento econômico, bem como não ter sido comprovada a relação de dependência econômica entre a autora (mãe) e a vítima (filho). Neste contexto, a modificação do entendimento esposado no acórdão recorrido, para se concluir pela comprovação da dependência econômica da genitora da vítima, demanda o reexame do conjunto fático-probatório, o que encontra óbice na Súmula 7/STJ. 10. Recurso Especial parcialmente provido. (REsp 1324341/RJ, Rel. Ministro HERMAN BENJAMIN, SEGUNDA TURMA, julgado em 10/11/2016, DJe 05/11/2019)

■ **Evidencia-se o caráter irrisório do valor de R$ 6.000,00 (seis mil reais) a título de indenização por danos morais por prisão ilegal.**

PROCESSUAL CIVIL. AGRAVO INTERNO NO RECURSO ESPECIAL. CÓDIGO DE PROCESSO CIVIL DE 2015. APLICABILIDADE. RESPONSABILIDADE CIVIL DO ESTADO. REVISÃO. POSSIBILIDADE. SÚMULA N. 7/STJ. NÃO INCIDÊNCIA. PRISÃO ILEGAL. VALOR IRRISÓRIO. EXCEPCIONALIDADE CONFIGURADA. ARGUMENTOS INSUFICIENTES PARA DESCONSTITUIR A DECISÃO ATACADA. APLICAÇÃO DE MULTA. ART. 1.021, § 4º, DO CÓDIGO DE PROCESSO CIVIL DE 2015. DESCABIMENTO. I – Consoante o decidido pelo Plenário desta Corte na sessão realizada em 09.03.2016, o regime recursal será determinado pela data da publicação do provimento jurisdicional impugnado. In casu, aplica-se o Código de Processo Civil de 2015. II – O agravante ajuizou ação de indenização por danos morais, sob rito ordinário, sustentando que foi preso ilegalmente pela Polícia Militar de Minas Gerais, permanecendo custodiado durante o período de 04 (quatro) dias, ocasião em que foi exposto a diversos constrangimentos. O Tribunal de origem deu parcial provimento ao Apelo do Estado de Minas Gerais, para fixar o quantum debeatur em R$ 6.000,00 (seis mil reais). III – A jurisprudência desta Corte admite a revisão do valor devido fixado a títulos de danos morais em ações de responsabilidade civil quando irrisório ou exorbitante o valor arbitrado, superando o enunciado da Súmula 7 desta Corte. Evidencia-se o caráter irrisório do valor de R$ 6.000,00 (seis mil reais) a título de indenização por danos morais por prisão ilegal, fora dos parâmetros estabelecidos por esta Corte para casos de idêntica controvérsia. Restabelecimento da sentença, condenação no importe de R$ 30.000,00 (trinta mil reais). IV – Não apresentação de argumentos suficientes para desconstituir a decisão recorrida. V – Em regra, descabe a imposição da multa, prevista no art. 1.021, § 4º, do Código de Processo Civil de 2015, em razão do mero improvimento do Agravo Interno em votação unânime, sendo necessária a +-configuração da manifesta inadmissibilidade ou improcedência do recurso a autorizar sua aplicação, o que não ocorreu no caso. VI – Agravo Interno improvido.

(AgInt no REsp 1808226/MG, Rel. Ministra REGINA HELENA COSTA, PRIMEIRA TURMA, julgado em 14/10/2019, DJe 16/10/2019)

◙ **Correção monetária de juros de mora.**

"7. Considerando a decisão de suspensão proferida nos Embargos Declaratórios no Recurso Extraordinário nº. 870.947/SE, nas condenações da Fazenda Pública deverão incidir, a título de correção monetária, os índices oficiais de remuneração básica (TR) e juros de mora aplicáveis à caderneta de poupança, nos termos do disposto no art. 1º-F, da Lei nº 9.494 /97, com redação dada pelo art. 5º da Lei nº 11.960 /09. (Processo: AC 10407150004742001 MG - Publicação: 04/04/2019 - Julgamento: 28 de Março de 2019 - Relator: Wagner Wilson.)

RESPONSABILIDADE CIVIL DOS AGENTES PÚBLICOS

► **A responsabilidade do agente público é sempre subjetiva**

A responsabilidade do agente público é sempre subjetiva. Não é possível demandar o servidor com base na sistemática da responsabilidade objetiva. (COUTINHO, Dantas Alessandro Dantas, RODOR, Ronald Kruger. Manual de Direito Administrativo: volume único, 2ª edição ver., atual., ampl. Salvador, Editora Juspodivm, 2018, p. 1111)

◙ **No âmbito da responsabilidade subjetiva do agente estatal, cabe à Administração Pública comprovar que as diversas avarias sofridas originaram-se por dolo ou culpa do servidor público.**

RESPONSABILIDADE CIVIL DO ESTADO DO ESPÍRITO SANTO. DEVER DE MANUTENÇÃO DE VIATURA PARA A PRESTAÇÃO DO SERVIÇO PÚBLICO. AUSÊNCIA DE COMPROVAÇÃO DE CULPA OU DOLO DO CAUSADOR DO DANO. RECURSO CONHECIDO E DESPROVIDO. I. A Administração Pública deve ajuizar a ação regressiva em face de seus agentes a fim de buscar o ressarcimento pelos danos por eles praticados. Todavia, no âmbito da responsabilidade subjetiva do agente estatal, cabe à Administração Pública comprovar que as diversas avarias sofridas originaram-se por dolo ou culpa do servidor público, a teor do artigo 373, inciso I, do CPC/2015 cominado com os artigos 37, §6º, da CF/1988 e 43 do CC/2002, para que tenha a si resguardado o direito de regresso contra o causador do dano, o que não restou configurado no caso discutido, uma vez que da análise dos elementos probatórios colhidos nos autos, o Apelante não se desincumbiu de seu ônus de afastar a presunção juris tantum de culpa do Apelado. II. Os depoimentos testemunhais acostados denotam que o motorista do veículo Celta freou no momento da batida, o que pode ter contribuído essencialmente para o sinistro, bem como o laudo técnico veicular juntado, requisitado pelo próprio Estado ao fabricante, asseverou que a viatura apresentava anormalidade no sistema ABS e informou que a luz de advertência permaneceu acesa durante a inspeção, sendo constatada a falha no sistema de freios da viatura por ausência de manutenção adequada. III. O Estado tem o dever de conservar as viaturas para a prestação do serviço público, o que in casu deixou de cumprir, permitindo que o veículo do Corpo de

Bombeiros circulasse com falha no seu sistema ABS de frenagem, tornando, portanto, inviável impor ao agente público a responsabilidade pelos danos causados. IV. Recurso conhecido e desprovido. (Processo: APL 0013438-81.2007.8.08.0024 – Órgão Julgador: TERCEIRA CÂMARA CÍVEL – Publicação: 14/08/2019 – Julgamento: 6 de agosto de 2019 – Relator: JORGE HENRIQUE VALLE DOS SANTOS)

► **Hoje há o entendimento no Supremo Tribunal Federal de que a vítima não pode ajuizar ação diretamente em face do servidor, devendo propor a demanda em face do Estado e este, em ação de regresso ou por meio de denunciação da lide, demanda o servidor.**

Hoje há o entendimento no Supremo Tribunal Federal de que a vítima não pode ajuizar ação diretamente em face do servidor, devendo propor a demanda em face do Estado e este, em ação de regresso ou por meio de denunciação da lide, demanda o servidor. Isso se deve à conclusão de que o disposto no art. 37, § 6.º, da Magna Carta constitui uma **dupla garantia**, não só do administrado que sofre o dano, mas também do servidor, que somente responde administrativa e civilmente perante a pessoa jurídica a cujo quadro funcional se vincular.

◙ **Tese da "dupla garantia".**

RECURSO EXTRAORDINÁRIO. ADMINISTRATIVO. RESPONSABILIDADE OBJETIVA DO ESTADO: § 6º DO ART. 37 DA MAGNA CARTA. ILEGITIMIDADE PASSIVA AD CAUSAM. AGENTE PÚBLICO (EX-PREFEITO). PRÁTICA DE ATO PRÓPRIO DA FUNÇÃO. DECRETO DE INTERVENÇÃO. O § 6º do artigo 37 da Magna Carta autoriza a proposição de que somente as pessoas jurídicas de direito público, ou as pessoas jurídicas de direito privado que prestem serviços públicos, é que poderão responder, objetivamente, pela reparação de danos a terceiros. Isto por ato ou omissão dos respectivos agentes, agindo estes na qualidade de agentes públicos, e não como pessoas comuns. Esse mesmo dispositivo constitucional consagra, ainda, dupla garantia: uma, em favor do particular, possibilitando-lhe ação indenizatória contra a pessoa jurídica de direito público, ou de direito privado que preste serviço público, dado que bem maior, praticamente certa, a possibilidade de pagamento do dano objetivamente sofrido. Outra garantia, no entanto, em prol do servidor estatal, que somente responde administrativa e civilmente perante a pessoa jurídica a cujo quadro funcional se vincular. Recurso extraordinário a que se nega provimento. (RE 327904, Relator(a): Min. CARLOS BRITTO, Primeira Turma, julgado em 15/08/2006, DJ 08-09-2006 PP-00043 EMENT VOL-02246-03 PP-00454 RTJ VOL-00200-01 PP-00162 RNDJ v. 8, n. 86, 2007, p. 75-78)

◙ **Há julgados do Superior Tribunal de Justiça admitindo a propositura da ação diretamente em face do servidor**

Não obstante, há recentes julgados do Superior Tribunal de Justiça admitindo a propositura da ação diretamente em face do servidor, conforme se verifica de transcrição constante do Informativo 532: *"Na hipótese de dano causado a particular por agente público no exercício de sua função, há de se conceder ao lesado a possibilidade de ajuizar ação diretamente contra o agente, contra o Estado ou contra ambos".*

■ **Há de se franquear ao particular a possibilidade de ajuizar a ação diretamente contra o servidor, suposto causador do dano, contra o Estado ou contra ambos, se assim desejar.**

RESPONSABILIDADE CIVIL. SENTENÇA PUBLICADA ERRONEAMENTE. CONDENAÇÃO DO ESTADO A MULTA POR LITIGÂNCIA DE MÁ-FÉ. INFORMAÇÃO EQUIVOCADA. AÇÃO INDENIZATÓRIA AJUIZADA EM FACE DA SERVENTUÁRIA. LEGITIMIDADE PASSIVA. DANO MORAL. PROCURADOR DO ESTADO. INEXISTÊNCIA. MERO DISSABOR. APLICAÇÃO, ADEMAIS, DO PRINCÍPIO DO *DUTY TO MITIGATE THE LOSS*. BOA-FÉ OBJETIVA. DEVER DE MITIGAR O PRÓPRIO DANO. 1. O art. 37, § 6º, da CF/1988 prevê uma garantia para o administrado de buscar a recomposição dos danos sofridos diretamente da pessoa jurídica que, em princípio, é mais solvente que o servidor, independentemente de demonstração de culpa do agente público. Vale dizer, a Constituição, nesse particular, simplesmente impõe ônus maior ao Estado decorrente do risco administrativo; não prevê, porém, uma demanda de curso forçado em face da Administração Pública quando o particular livremente dispõe do bônus contraposto. Tampouco confere ao agente público imunidade de não ser demandado diretamente por seus atos, o qual, aliás, se ficar comprovado dolo ou culpa, responderá de outra forma, em regresso, perante a Administração. 2. Assim, há de se franquear ao particular a possibilidade de ajuizar a ação diretamente contra o servidor, suposto causador do dano, contra o Estado ou contra ambos, se assim desejar. A avaliação quanto ao ajuizamento da ação contra o servidor público ou contra o Estado deve ser decisão do suposto lesado. Se, por um lado, o particular abre mão do sistema de responsabilidade objetiva do Estado, por outro também não se sujeita ao regime de precatórios. Doutrina e precedentes do STF e do STJ. 3. A publicação de certidão equivocada de ter sido o Estado condenado a multa por litigância de má-fé gera, quando muito, mero aborrecimento ao Procurador que atuou no feito, mesmo porque é situação absolutamente corriqueira no âmbito forense incorreções na comunicação de atos processuais, notadamente em razão do volume de processos que tramitam no Judiciário. Ademais, não é exatamente um fato excepcional que, verdadeiramente, o Estado tem sido amiúde condenado por demandas temerárias ou por recalcitrância injustificada, circunstância que, na consciência coletiva dos partícipes do cenário forense, torna desconexa a causa de aplicação da multa a uma concreta conduta maliciosa do Procurador. 4. Não fosse por isso, é incontroverso nos autos que o recorrente, depois da publicação equivocada, manejou embargos contra a sentença sem nada mencionar quanto ao erro, não fez também nenhuma menção na apelação que se seguiu e não requereu administrativamente a correção da publicação. Assim, aplica-se magistério de doutrina de vanguarda e a jurisprudência que têm reconhecido como decorrência da boa-fé objetiva o princípio do *Duty to mitigate the loss*, um dever de mitigar o próprio dano, segundo o qual a parte que invoca violações a um dever legal ou contratual deve proceder a medidas possíveis e razoáveis para limitar seu prejuízo. É consectário direto dos deveres conexos à boa-fé o encargo de que a parte a quem a perda aproveita não se mantenha inerte diante da possibilidade de agravamento desnecessário do próprio dano, na esperança de se ressarcir posteriormente com uma ação indenizatória, comportamento esse que afronta, a toda evidência, os deveres de cooperação e de eticidade. 5. Recurso especial não provido. (REsp 1325862/PR, Rel. Ministro LUIS FELIPE SALOMÃO, QUARTA TURMA, julgado em 05/09/2013, DJe 10/12/2013)

► Em razão da imunidade parlamentar, os vereadores, deputados e senadores não podem ser demandados em ação de regresso quando há dano decorrente de ato legislativo.

Em razão da imunidade parlamentar, os vereadores, deputados e senadores não podem ser demandados em ação de regresso quando há dano decorrente de ato legislativo. Esse entendimento, no entanto, deve ser relativizado se a lei tiver efeitos concretos e restar demonstrado o dolo dos legisladores em sua aprovação com o subsequente locupletamento destes ou de terceiros a eles ligados. Em regra, no entanto, costuma ser o próprio Estado o beneficiário dessa responsabilização, visto que geralmente é o patrimônio público o afetado por tais atos. (COUTINHO, Dantas Alessandro Dantas, RODOR, Ronald Kruger. Manual de Direito Administrativo: volume único, 2ª edição ver., atual., ampl. Salvador, Editora Juspodivm, 2018, p. 1112)

◙ Em razão da imunidade parlamentar os vereadores não podem ser demandados em ação de regresso quando há dano decorrente de ato legislativo

CONSTITUCIONAL. PENSÃO ESPECIAL A VIÚVA DE PREFEITO. LEI MUNICIPAL DE EFEITOS CONCRETOS. VALIDADE. ISONOMIA E PRINCÍPIO DA MORALIDADE (CF, ART. 37). IMUNIDADE MATERIAL DE VEREADORES (CF, ART. 29, VIII). EXTENSÃO QUANTO À RESPONSABILIDADE CIVIL. 1. Não há empecilho constitucional à edição de leis sem caráter geral e abstrato, providas apenas de efeitos concretos e individualizados. Há matérias a cujo respeito a disciplina não pode ser conferida por ato administrativo, demandando a edição de lei, ainda que em sentido meramente formal. É o caso da concessão de pensões especiais. 2. O tratamento privilegiado a certas pessoas somente pode ser considerado ofensivo ao princípio da igualdade ou da moralidade quando não decorrer de uma causa razoavelmente justificada. 3. A moralidade, como princípio da Administração Pública (art. 37) e como requisito de validade dos atos administrativos (art. 5.º, LXXIII), tem a sua fonte por excelência no sistema de direito, sobretudo no ordenamento jurídico-constitucional, sendo certo que os valores humanos que inspiram e subjazem a esse ordenamento constituem, em muitos casos, a concretização normativa de valores retirados da pauta dos direitos naturais, ou do patrimônio ético e moral consagrado pelo senso comum da sociedade. A quebra da moralidade administrativa se caracteriza pela desarmonia entre a expressão formal (= a aparência) do ato e a sua expressão real (= a sua substância), criada e derivada de impulsos subjetivos viciados quanto aos motivos, ou à causa, ou à finalidade da atuação administrativa. 4. No caso, tanto a petição inicial, quanto os atos decisórios das instâncias ordinárias, se limitaram a considerar "imoral" a lei que concedeu pensão especial a viúva de prefeito falecido no exercício do cargo por ter ela conferido tratamento privilegiado a uma pessoa, sem, contudo, fazer juízo algum, por mínimo que fosse, sobre a razoabilidade ou não, em face das circunstâncias de fato e de direito, da concessão do privilégio. 5. Com maior razão se mostrava indispensável um juízo sobre o elemento subjetivo da conduta, para fins de atribuir responsabilidade civil, relativamente aos demandados que exerciam o cargo de vereador, investidos, constitucionalmente, da proteção de imunidade material (=inviolabilidade) pelos votos proferidos no exercício do mandato (CF, art. 29, VIII). Se é certo que tal imunidade, inclusive para efeitos civis, é assegurada até mesmo em caso de cometimento de crime, não se há de afastá-la em casos como o da espécie, que de crime não se trata e em que sequer a intenção dolosa foi aventada. 6. Recursos extraordinários providos. (RE 405386, Relator(a): Min. ELLEN GRACIE, Relator(a) p/ Acórdão: Min. TEORI ZAVASCKI, Segunda Turma, julgado em 26/02/2013, DJe-057 DIVULG 25-03-2013 PUBLIC 26-03-2013 EMENT VOL-02685-01 PP-00001)

◙ **Em regra, no entanto, costuma ser o próprio Estado o beneficiário dessa responsabilização, visto que geralmente é o patrimônio público o afetado por tais atos.**

ADMINISTRATIVO. PROCESSUAL. IMPROBIDADE ADMINISTRATIVA. MAJORAÇÃO DE SUBSÍDIOS DE VEREADORES. INCIDÊNCIA DAS SÚMULAS 280/STF E 7/STJ. APLICABILIDADE DA LIA A AGENTES POLÍTICOS. ELEMENTO SUBJETIVO. INTRODUÇÃO 1. Trata-se, originariamente, de Ação Civil Pública por improbidade administrativa, amparada nos arts. 9º, 10 e 11 da LIA, movida contra o Vereador Presidente e demais Vereadores da Câmara Municipal de Atibaia, por força de majoração de subsídios com efeitos para a mesma legislatura, julgada procedente. 2. Consta do acórdão recorrido a seguinte narrativa: "Os réus são vereadores do Município de Atibaia e, por meio da Lei n. 3.102/2000, aprovada na legislatura anterior, fixaram seus subsídios para o período de 2001/2004 em R$ 3.986,05 e R$ 6.643,42, para Presidente da Câmara. Assim, em desrespeito ao teto e limite dos subsídios, que são regulados pelo salário do Deputado Estadual na época (art. 29, VI, 'd', CF), os próprios vereadores editam o Ato n. 1/2001, reduzindo os subsídios para RS 3.000,00, de acordo com a Emenda Constitucional n. 25/2000. Ao assumir a presidência da Câmara, o vereador PEDRO YOSIHIRO TOMINAGA, revogou o Ato n. 1/2001, retomando os efeitos da Lei n. 3.102/2000, situação que perdurou até fevereiro e março de 2003, quando a presidência da Câmara, acolhendo parecer do Instituto Brasileiro de Administração Municipal – IBAM, se posicionou pela inconstitucionalidade da lei e do ato mencionados. Inconformados por este parecer, alguns vereadores impetraram mandado de segurança visando à aplicação do ato normativo impugnado, ação que foi julgada improcedente. No entanto, foi aprovada a Lei n.3.389/2004 majorando novamente os subsídios dos vereadores. Assim, promulgada, esta lei repristinava todos os efeitos da Lei n.3.102/2000, retroagindo seus efeitos a 1º de janeiro de 2001, respeitado o limite previsto no art. 29, VI, 'd', da CF. Ocorre que a maioria dos vereadores celebrou Termo de ajustamento com o Ministério Público, obrigando-se a devolver a quantia recebida a maior, negando-se os réus a fazê-lo. Daí a presente ação". OMISSÃO AFASTADA 3. A desproporcionalidade da sanção foi examinada no acórdão às fls. 1686-1688/STJ, ainda que em sentido contrário à pretensão aqui deduzida. Não há violação do art. 535 do CPC.AUSÊNCIA DE EFEITOS DO ART. 17 DA LIA NA DEMANDA 4. Também ausente omissão ou ofensa ao art. 17 da LIA. Dentre todos os Vereadores da

Câmara Municipal de Atibaia, a Ação Civil Pública foi proposta apenas contra aqueles que se recusaram a firmar termo de ajustamento com o Ministério Público, destinado à devolução de quantias recebidas a maior. 5. Os recorrentes se valeram desse fato e do impedimento à celebração de acordo em demanda que versa sobre improbidade administrativa para aduzir que, em homenagem à isonomia, sua condenação não poderia discrepar daquela prevista no termo de ajustamento acima referido. Contudo, eventual nulidade do TAC por descumprimento da regra prevista no art. 17, §1º, da LIA não exime os recorrentes da responsabilidade por suas condutas: a invalidade do TAC leva exclusivamente à possibilidade de deduzir demanda também contra os demais vereadores. 6. Diante disso, a) o art. 17, §1º, da LIA não tem comando suficiente para elidir os fundamentos do acórdão recorrido à luz da propalada isonomia e falta de proporcionalidade, o que conduz à incidência da Súmula 284/STF; b) a revisão dos fatos para o exame da proporcionalidade (diante dos efeitos da assinatura do TAC perante os demais vereadores), in casu, esbarra na Súmula 7/STJ e c) o Tribunal de origem julgou integralmente a lide e solucionou a controvérsia, tal como lhe foi apresentada, não estando o julgador obrigado a rebater, um a um, todos os argumentos trazidos pelas partes em defesa da tese que apresentaram, em especial aqueles impertinentes, razão pela qual não houve contrariedade ao art. 535 do CPC pela falta de manifestação sobre o art. 17 da LIA. IMPROBIDADE E AGENTES POLÍTICOS 7. A Corte Especial do STJ decidiu pela submissão dos agentes políticos à LIA (Rcl 2.790/SC, Corte Especial, Rel. Ministro Teori Albino Zavascki, DJe 4.3.2010). ELEMENTO SUBJETIVO 8. O acórdão recorrido desconsidera os efeitos da norma municipal autorizadora da majoração porquanto "não foram observados os princípios constitucionais da anterioridade e moralidade administrativa na fixação dos subsídios". A alegação da boa-fé pressupõe a análise de normas constitucionais, o que refoge à competência do STJ, nos termos do art. 105, III, "a", da CF 9. O relatório descreve que os vereadores, de forma consciente, editaram lei municipal que fixou subsídio acima do teto, revogaram ato que o adequava aos parâmetros constitucionais, impetraram writ (denegado) objetivando a majoração inconstitucional, editaram nova lei ratificando a intenção de majorar os subsídios, sempre devidamente alertados para a inadequação do ato. 10. O acórdão contém elementos suficientes descritivos da intenção manifesta dos recorrentes de sobrepujar a Constituição, majorar seus subsídios e, em última instância, realizar conduta contrária aos deveres de honestidade e demais princípios constitucionais que regem a Administração Pública por meio de ato comissivo consciente que atentou contra os deveres de honestidade, imparcialidade, legalidade e lealdade às instituições. 11. Na hipótese dos autos, o reexame desses elementos, exaustivamente detalhados no acórdão recorrido, para depurar daí a legitimidade da conduta dos recorrentes – amparada pela existência da Lei Municipal que permitiria o aumento pretendido -, demanda o cotejo de norma local com os fatos narrados, o que é vedado pelas Súmulas 280/STF e 7/STJ. ATO LEGISLATIVO DE EFEITOS CONCRETOS E IMPROBIDADE 12. Inexiste, in casu, restrição à aplicabilidade da LIA. Não se cuida aqui de ato legislativo típico, de conteúdo geral e abstrato. Debate-se aqui norma de autoria do presidente da Câmara, cujos efeitos são concretos e delimitados à majoração de subsídios próprios e dos demais vereadores, em manifesta afronta ao texto constitucional e a despeito de inúmeros alertas feitos por instituições civis e pelo Ministério Público. 13. Em situações análogas, o STF e o STJ admitiram o repúdio de tal conduta com amparo na LIA, sem cogitar da aludida presunção de legitimidade/legalidade, por se tratar de ato ímprobo amparado em norma (cfr. STF, RE 597.725, Relatora Min. Cármen Lúcia, publicado 25/09/2012; STJ, AgRg no REsp 1.248.806/SP, Rel. Min. Humberto Martins, Segunda Turma, DJe 29/6/2012; REsp 723.494/MG, Rel. Min. Herman Benjamin, Segunda Turma, DJe 8/9/2009; AgRg no Ag 850.771/PR, Rel. Min. José Delgado, Primeira Turma, DJ 22/11/2007; REsp 1.101.359/CE, Rel. Ministro Castro Meira, Segunda Turma, DJe 9/11/2009). 14. Precedente desta Turma, relatado pelo eminente Ministro Castro Meira, lastreado em doutrina de Pedro Roberto Decomain, no sentido de que "A ação por improbidade administrativa não é meio processual adequado para impugnar ato legislativo propriamente dito. Isso não significa, todavia, que todos os atos a que se denomina formalmente de 'lei' estejam infensos ao controle jurisdicional por seu intermédio. Leis que usualmente passaram a receber a denominação de 'leis de efeitos concretos', e que são antes atos administrativos que legislativos, embora emanados do Poder Legislativos, podem ter sua eventual lesividade submetida a controle pela via da ação por improbidade administrativa (...)" (REsp 1.101.359/CE, Rel. Min. Castro Meira, Segunda Turma, DJe 9/11/2009). CONCLUSÃO 15. Recurso Especial parcialmente conhecido e não provido. (REsp 1316951/SP, Rel. Ministro HERMAN BENJAMIN, SEGUNDA TURMA, julgado em 14/05/2013, DJe 13/06/2013)

► **Poder Judiciário**

Já no caso do Poder Judiciário, não obstante a LOMAN possibilitar o ajuizamento de demanda direto em face do magistrado em face do magistrado quando este, no exercício de suas funções, proceder com dolo ou fraude ou recusar, omitir ou retardar, sem justo motivo, providência que deva ordenar de ofício, ou a requerimento das partes, o novo CPC, em seu artigo 143, ao contrário, expressamente prevê a **responsabilidade regressiva**, ou seja, o jurisdicionado deve acionar o Estado pleiteando a responsabilidade Civil e este, em demanda regressiva, aciona o magistrado. Na vigência do CPC de 73 havia a possibilidade de acionar diretamente o magistrado. No entanto, algumas considerações devem ser feitas. (COUTINHO, Dantas Alessandro Dantas, RODOR, Ronald Kruger. Manual de Direito Administrativo: volume único, 2ª edição ver., atual., ampl. Salvador, Editora Juspodivm, 2018, p. 1112)

► **Primeiro, as hipóteses do inciso I indicam situações absolutamente idênticas, ou seja, em que o magistrado atua com dolo, visto que não se concebe a fraude sem aquele.**

Veja-se que, num primeiro momento, a lei pareceu refutar a possibilidade de responsabilização por mera conduta culposa, o que nos parece ser a interpretação mais adequada, sob pena de se transformar o princípio processual do livre convencimento em letra morta, além de se retirar do magistrado uma de suas garantias principais, que é a independência ao tomar suas decisões. O controle quanto a estas, já resta implementado pela obrigatoriedade de fundamentação (art. 93, IX, da Carta Magna) e pelo duplo grau de jurisdição, que, aliás, é bastante intenso no Brasil, dado a miríade de recursos previstos em nossas leis processuais. Não obstante, o item II causa certa perplexidade, visto que o retardamento injustificado pode perfeitamente estar ligado à negligência e não necessariamente ao dolo ou ao intuito de prevaricar. Para compatibilização do preceito com as garantias que cercam a magistratura, pensamos que este deve ser interpretado sempre no sentido de que o elemento dolo esteja na gênese da conduta, visto que o erro judiciário não deve constituir fundamento da responsabilização do juiz, pessoa natural, mas sim do Estado. A conduta desidiosa, por outro lado, deverá sofrer a devida penalização no âmbito disciplinar, o que constitui outra história. (COUTINHO, Dantas Alessandro Dantas, RODOR, Ronald Kruger. Manual de Direito Administrativo: volume único, 2ª edição ver., atual., ampl. Salvador, Editora Juspodivm, 2018, p. 1112)

► **O segundo ponto a ser considerado diz respeito à possibilidade de responsabilização direta do magistrado.**

O segundo ponto a ser considerado diz respeito à possibilidade de responsabilização direta do magistrado. Aqui, como será visto mais à frente, pensamos que a regra legal será adotada conforme a orientação que se possa seguir quanto à própria possibilidade ou não de se responsabilizar diretamente o agente público pelos danos causados ao particular. Assim, a vingar o entendimento atual do STF, no sentido de que só o Estado pode ser acionado pelo particular, hipótese já adaptada pelo novo CPC em seu artigo 143, o art. 49 da LOMAN deve ser interpretado em conformidade com a vigente Constituição, no sentido de que tal dispositivo apenas estabelece os casos em que o Estado poderá regressivamente responsabilizar civilmente os magistrados. Do contrário, a vingar a tese prevalecente no STJ, e já anteriormente adotada no STF, de que o servidor pode também ser acionado diretamente pelo particular, a única restrição à aplicação integral dos dispositivos seria aquela que elimine qualquer tese interpretativa que fundamente a responsabilização apenas na culpa em sentido estrito, isso sem contar com o fato de, agora, o novo CPC expressamente proibir tal conduta! (COUTINHO, Dantas Alessandro Dantas, RODOR, Ronald Kruger. Manual de Direito Administrativo: volume único, 2ª edição ver., atual., ampl. Salvador, Editora Juspodivm, 2018, p. 1112/1113)

A ABSOLVIÇÃO CRIMINAL E SUAS IMPLICAÇÕES NA ESFERA CIVIL

► **Em razão da independência das instâncias, pode ocorrer de a conduta lesiva do agente, além de gerar danos a terceiros, ser tipificada como ilícito disciplinar ou mesmo penal.**

Em razão da independência das instâncias, pode ocorrer de a conduta lesiva do agente, além de gerar danos a terceiros, ser tipificada como ilícito disciplinar ou mesmo penal. As instâncias são independentes e, por isso, regem-se por regras próprias, baseando-se cada uma na prova produzida em sua esfera. (COUTINHO, Dantas Alessandro Dantas, RODOR, Ronald Kruger. Manual de Direito Administrativo: volume único, 2ª edição ver., atual., ampl. Salvador, Editora Juspodivm, 2018, p. 1113)

► **Para efeitos de responsabilidade civil do agente público, caso este seja absolvido na esfera penal por inexistência material do fato, essa decisão repercutirá nas instâncias administrativa e cível, por força do disposto no art. 66 do CPP.**

No entanto, para efeitos de responsabilidade civil do agente público, caso este seja absolvido na esfera penal por inexistência material do fato, essa decisão repercutirá nas instâncias administrativa e cível, por força do disposto no art. 66 do CPP. As causas excludentes da ilicitude reconhecidas na esfera penal também não poderão mais ser discutidas no cível (art. 65 do CPP), embora não necessariamente sejam razão suficiente para excluir a responsabilização cível, que deve ser examinada conforme regras do próprio direito civil. (COUTINHO, Dantas Alessandro Dantas, RODOR, Ronald Kruger. Manual de Direito Administrativo: volume único, 2ª edição ver., atual., ampl. Salvador, Editora Juspodivm, 2018, p. 1113)

► **Se a absolvição no processo penal se deu apenas por falta de provas de autoria ou da materialidade, nesse caso permanecem intocáveis as decisões dos processos disciplinar e cível, uma vez que aquela decisão não repercute nas demais esferas (art. 67, I, do CPP).**

Se a absolvição no processo penal se deu apenas por falta de provas de autoria ou da materialidade, nesse caso permanecem intocáveis as decisões dos processos disciplinar e cível, uma vez que aquela decisão não repercute nas demais esferas (art. 67, I, do CPP). Da mesma forma ocorre se a decisão da esfera penal limita-se a reconhecer a inexistência do crime (art. 67, III, do CPP), já que a inexistência do ilícito penal não importa necessariamente no reconhecimento de que também inexistem os ilícitos administrativo e civil. (COUTINHO, Dantas Alessandro Dantas, RODOR, Ronald Kruger. Manual de Direito Administrativo: volume único, 2ª edição ver., atual., ampl. Salvador, Editora Juspodivm, 2018, p. 1113)

► **Também não repercutirá no cível ou no administrativo a decisão que se limita a reconhecer a extinção da punibilidade do agente**

Também não repercutirá no cível ou no administrativo a decisão que se limita a reconhecer a extinção da punibilidade do agente (art. 67, II, do CPP). Essa última regra deve ser interpretada com evidente relativismo, uma vez que é óbvio que, a depender da causa extintiva, poderá haver sim a repercussão em outra esfera, como no caso da morte do agente, que, além de importar a extinção da ação penal, também importará na extinção do processo administrativo disciplinar. (COUTINHO, Dantas Alessandro Dantas, RODOR, Ronald Kruger. Manual de Direito Administrativo: volume único, 2ª edição ver., atual., ampl. Salvador, Editora Juspodivm, 2018, p. 1113)

■ **A Administração Pública pode responder civilmente pelos danos causados por seus agentes, ainda que estes estejam amparados por causa excludente de ilicitude penal.**

CIVIL E ADMINISTRATIVO. RECURSO ESPECIAL. AÇÃO ORDINÁRIA. RESPONSABILIDADE CIVIL DO ESTADO. DISPAROS DE ARMA DE FOGO PROVOCADOS POR POLICIAIS MILITARES. LEGITIMA DEFESA PUTATIVA RE-

CONHECIDA NA ESFERA PENAL. FALECIMENTO DA VÍTIMA. DANOS MORAIS SUPORTADOS PELO CÔNJUGE SUPÉRSTITE. RESPONSABILIDADE OBJETIVA DO ESTADO PELOS DANOS CIVIS. 1. Segundo a orientação jurisprudencial do STJ, a Administração Pública pode ser condenada ao pagamento de indenização pelos danos cíveis causados por uma ação de seus agentes, mesmo que consequentes de causa excludente de ilicitude penal: REsp 884.198/RO, 2ª Turma, Rel. Min. Humberto Martins, DJ 23.4.2007; REsp 111.843/PR, 1ª Turma, Rel. Min. José Delgado, DJ 9.6.1997. 2. Logo, apesar da não responsabilização penal dos agentes públicos envolvidos no evento danoso, deve-se concluir pela manutenção do acórdão origem, já que eventual causa de justificação (legítima defesa) reconhecida em âmbito penal não é capaz de excluir responsabilidade civil do Estado pelos danos provocados indevidamente a ora recorrida. 3. Recurso especial não provido. (REsp 1266517/PR, Rel. Ministro MAURO CAMPBELL MARQUES, SEGUNDA TURMA, julgado em 04/12/2012, DJe 10/12/2012)

RESPONSABILIDADE CIVIL DAS EMPRESAS CONCESSIONÁRIAS DE SERVIÇOS PÚBLICOS

◙ **Em caso de danos decorrentes de prestação de serviços de transporte, por concessionária de serviços públicos, apenas o usuário é que possui o direito de receber o serviço público ideal, por isso, em caso de dano, deve o prestador responder pela sistemática da responsabilidade objetiva.**

O Supremo Tribunal Federal, no ano de 2005, no julgamento do Recurso Extraordinário 262.651, cuja relatoria coube ao Ministro Carlos Velloso, entendeu que, em caso de danos decorrentes de prestação de serviços de transporte, por concessionária de serviços públicos, apenas o usuário é que possui o direito de receber o serviço público ideal, por isso, em caso de dano, deve o prestador responder pela sistemática da responsabilidade objetiva.

◙ **Entendeu-se, no referido julgamento, que a responsabilidade em relação aos não usuários seria subjetiva, sob pena de o julgador ir além da *ratio legis*.**

Entendeu-se, no referido julgamento, que a responsabilidade em relação aos não usuários seria subjetiva, sob pena de o julgador ir além da *ratio legis*. A doutrina majoritária, em que se destacam Celso Antônio Bandeira de Mello e José dos Santos Carvalho Filho, entende que até para os não usuários do serviço a responsabilidade será objetiva, uma vez que o legislador constituinte não fez distinção entre usuários e não usuários.

◙ **Posteriormente, o Supremo Tribunal Federal, no julgamento do *Recurso Extraordinário 459.749/PE*,** relatado pelo Ministro Joaquim Barbosa, começou a rever esse posicionamento, conforme o ***Informativo 458*** do Tribunal Excelso, dando a seguinte notícia[2]:

2. A Corte não concluiu a análise de mérito desse feito, em vista de acordo firmado entre as partes.

"Tribunal iniciou julgamento de recurso extraordinário interposto contra acórdão prolatado pelo Tribunal de Justiça do Estado de Pernambuco que, com base no princípio da responsabilidade objetiva (CF, art. 37, § 6.º), condenara a recorrente, empresa privada concessionária de serviço público de transporte, ao pagamento de indenização por dano moral a terceiro não usuário, atropelado por veículo da empresa. *O Min. Joaquim Barbosa, relator, negou provimento ao recurso por entender que a responsabilidade civil das pessoas jurídicas de direito privado prestadoras de serviço público é objetiva também relativamente aos terceiros não usuários do serviço. Asseverou que, em razão de a Constituição brasileira ter adotado um sistema de responsabilidade objetiva fundado na teoria do risco, mais favorável às vítimas do que às pessoas públicas ou privadas concessionárias de serviço público, toda a sociedade deveria arcar com os prejuízos decorrentes dos riscos inerentes à atividade administrativa, tendo em conta o princípio da isonomia de todos perante os encargos públicos. Ademais, reputou ser indevido indagar sobre a qualidade intrínseca da vítima, a fim de se verificar se, no caso concreto, configura-se, ou não, a hipótese de responsabilidade objetiva, haja vista que esta decorre da natureza da atividade administrativa, a qual não é modificada pela mera transferência da prestação dos serviços públicos a empresas particulares concessionárias do serviço.* Após os votos dos Ministros Cármen Lúcia, Ricardo Lewandowski e Carlos Britto que acompanhavam o voto do relator, pediu vista dos autos o Min. Eros Grau" (RE 459.749/PE, Rel. Min. Joaquim Barbosa, 08.03.2007).

◙ No *Informativo 557* do STF, no entanto, ficou enfatizada a mudança de entendimento na matéria, quando do julgamento do RE 591.874/MS (Pleno, Rel. Min. Ricardo Lewandowski, j. 26.08.2009), assentando-se que:

"No mérito, salientando não ter ficado evidenciado, nas instâncias ordinárias, que o acidente fatal que vitimara o ciclista ocorrera por culpa exclusiva deste ou em razão de força maior, reputou-se comprovado o nexo de causalidade entre o ato administrativo e o dano causado ao terceiro não usuário do serviço público, e julgou-se tal condição suficiente para estabelecer a responsabilidade objetiva da pessoa jurídica de direito privado, nos termos do art. 37, § 6.º, da CF ('As pessoas jurídicas de direito público e as de direito privado prestadoras de serviços públicos responderão pelos danos que seus agentes, nessa qualidade, causarem a terceiros, assegurado o direito de regresso contra o responsável nos casos de dolo ou culpa.')".

► Asseverou-se que não se poderia interpretar restritivamente o alcance do art. 37, § 6.º, da CF, sobretudo porque a Constituição, interpretada à luz do princípio da isonomia, não permite que se faça qualquer distinção entre os chamados "terceiros", ou seja, entre usuários e não usuários do serviço público

Asseverou-se que não se poderia interpretar restritivamente o alcance do art. 37, § 6.º, da CF, sobretudo porque a Constituição, interpretada à luz do princípio da isonomia, não permite que se faça qualquer distinção entre os chamados "terceiros", ou seja, entre usuários e não usuários do serviço público, haja vista que todos eles, de igual modo, podem sofrer dano em razão da ação administrativa do Estado, seja ela realizada diretamente, seja por meio de pessoa jurídica de direito privado. (COUTINHO, Dantas Alessandro Dantas, RODOR, Ronald Kruger. Manual de Direito Administrativo: volume único, 2ª edição ver., atual., ampl. Salvador, Editora Juspodivm, 2018, p. 1114/1115)

► **Observou-se, ainda, que o entendimento de que apenas os terceiros usuários do serviço gozariam de proteção constitucional decorrente da responsabilidade objetiva do Estado, por terem o direito subjetivo de receber um serviço adequado**

Observou-se, ainda, que o entendimento de que apenas os terceiros usuários do serviço gozariam de proteção constitucional decorrente da responsabilidade objetiva do Estado, por terem o direito subjetivo de receber um serviço adequado, contrapor-se-ia à própria natureza do serviço público, que, por definição, tem caráter geral, estendendo-se, indistintamente, a todos os cidadãos, beneficiários diretos ou indiretos da ação estatal. (COUTINHO, Dantas Alessandro Dantas, RODOR, Ronald Kruger. Manual de Direito Administrativo: volume único, 2ª edição ver., atual., ampl. Salvador, Editora Juspodivm, 2018, p. 1115)

ASPECTOS PROCESSUAIS

► **Sujeito ativo da ação de reparação de danos**

O sujeito ativo da ação pode ser pessoa física ou jurídica que experimentou dano material ou moral decorrente de ação ou omissão das pessoas jurídicas de direito público ou daquelas pessoas jurídicas de direito privado prestadoras de serviços públicos. (COUTINHO, Dantas Alessandro Dantas, RODOR, Ronald Kruger. Manual de Direito Administrativo: volume único, 2ª edição ver., atual., ampl. Salvador, Editora Juspodivm, 2018, p. 1115)

► **Seus sucessores também podem pleitear, seguindo, é claro, a ordem sucessória prevista no art. 1.829 do Código Civil**

Além desses, seus sucessores também podem pleitear, seguindo, é claro, a ordem sucessória prevista no art. 1.829 do Código Civil, que possui a seguinte redação: "Art. 1.829. A sucessão legítima defere-se na ordem seguinte: I – aos descendentes, em concorrência com o cônjuge sobrevivente, salvo se casado este com o falecido no regime da comunhão universal, ou no da separação obrigatória de bens (art. 1.640, parágrafo único); ou se, no regime da comunhão parcial, o autor da herança não houver deixado bens particulares; II – aos ascendentes, em concorrência com o cônjuge; III – ao cônjuge sobrevivente; IV – aos colaterais".

■ **Na ausência de sucessores mais próximos, foi reconhecida a legitimidade da irmã para o ingresso com ação indenizatória**

Em caso julgado pelo STJ, veiculado pelo Informativo de Jurisprudência 401, na ausência de sucessores mais próximos, foi reconhecida a legitimidade da irmã para o ingresso com ação indenizatória. Trata-se de REsp em que se discute a legitimidade da irmã de vítima morta em presídio, tendo em vista constar do boletim de ocorrência o estado civil da vítima (preso) como convivente. Diante disso, a Turma negou provimento ao recurso ao entendimento de que o fato de o agente prisional ter informado, no boletim de ocorrência, o estado civil da vítima como convivente, o que, segundo o Estado recorrente, revelaria a união estável, não afasta, por si só, a legitimidade ativa da irmã para propor a ação indenizatória. Isso porque, embora o boletim de ocorrência seja um documento público que faz prova da existência das declarações ali prestadas, não se pode afirmar que tais declarações sejam verídicas. Assim, na ausência de ascendente, descendente ou cônjuge, a irmã acha-se legitimada a pleitear indenização por danos morais em razão do falecimento de seu irmão. Vale ressaltar que a responsabilidade civil do Estado, nos casos de morte de pessoas custodiadas, é objetiva. Precedentes citados: REsp 63.750/SP, DJ 14.04.1997; REsp 37.253/SP, DJ 24.10.1994; AgRg no Ag 901.200/RJ, DJ 11.02.2008; AgRg nos EDcl no Ag 678.435/RJ, DJ 11.09.2006; REsp 596.102/RJ, DJ 27.03.2006; REsp 1.022.798/ES, DJ 28.11.2008; REsp 713.682/RJ, DJ 11.04.2005; REsp 1.054.443/MT, Rel. Min. Castro Meira, j. 04.08.2009.

► O dano por ricochete a pessoas não pertencentes ao núcleo familiar da vítima direta da morte, de regra, deve ser considerado como não inserido nos desdobramentos lógicos e causais do ato

Por outro lado, "o dano por ricochete a pessoas não pertencentes ao núcleo familiar da vítima direta da morte, de regra, deve ser considerado como não inserido nos desdobramentos lógicos e causais do ato, seja na responsabilidade por culpa, seja na objetiva, porque extrapolam os efeitos razoavelmente imputáveis à conduta do agente". Com esse fundamento, a mesma Corte negou a legitimidade para propor a ação ao noivo da vítima. (STJ, REsp 1.076.160/AM, 4.ª T., Rel. Min. Luis Felipe Salomão, j. 10.04.2012).

> ◙ **No mesmo sentido:** DIREITO CIVIL. RECURSO ESPECIAL. RESPONSABILIDADE CIVIL. LEGITIMIDADE PARA O AJUIZAMENTO DE AÇÃO INDENIZATÓRIA DE DANOS MORAIS POR MORTE. NOIVO. ILEGITIMIDADE ATIVA. NECESSÁRIA LIMITAÇÃO SUBJETIVA DOS AUTORIZADOS A RECLAMAR COMPENSAÇÃO.
>
> 1. Em tema de legitimidade para propositura de ação indenizatória em razão de morte, percebe-se que o espírito do ordenamento jurídico rechaça a legitimação daqueles que não fazem parte da "família" direta da vítima, sobretudo aqueles que não se inserem, nem hipoteticamente, na condição de herdeiro. Interpretação sistemática e teleológica dos arts. 12 e 948, inciso I, do Código Civil de 2002; art. 63 do Código de Processo Penal e art. 76 do Código Civil de 1916. 2. Assim, como regra – ficando expressamente ressalvadas eventuais particularidades de casos concretos -, a legitimação para a propositura de ação de indenização por dano moral em razão de morte deve mesmo alinhar-se, mutatis mutandis, à ordem de vocação hereditária, com as devidas adaptações. 3. Cumpre realçar que o direito à indenização, diante de peculiaridades do caso concreto, pode estar aberto aos mais diversificados arranjos familiares, devendo o juiz avaliar se as particularidades de cada família nuclear justificam o alargamento a outros sujeitos que nela se inserem, assim também, em cada hipótese a ser julgada, o prudente arbítrio do julgador avaliará o to-

tal da indenização para o núcleo familiar, sem excluir os diversos legitimados indicados. A mencionada válvula, que aponta para as múltiplas facetas que podem assumir essa realidade metamórfica chamada família, justifica precedentes desta Corte que conferiu legitimação ao sobrinho e à sogra da vítima fatal. 4. Encontra-se subjacente ao art. 944, caput e parágrafo único, do Código Civil de 2002, principiologia que, a par de reconhecer o direito à integral reparação, ameniza-o em havendo um dano irracional que escapa dos efeitos que se esperam do ato causador. O sistema de responsabilidade civil atual, deveras, rechaça indenizações ilimitadas que alcançam valores que, a pretexto de reparar integralmente vítimas de ato ilícito, revelam nítida desproporção entre a conduta do agente e os resultados ordinariamente dela esperados. E, a toda evidência, esse exagero ou desproporção da indenização estariam presentes caso não houvesse – além de uma limitação quantitativa da condenação – uma limitação subjetiva dos beneficiários. 5. Nessa linha de raciocínio, conceder legitimidade ampla e irrestrita a todos aqueles que, de alguma forma, suportaram a dor da perda de alguém – como um sem-número de pessoas que se encontram fora do núcleo familiar da vítima – significa impor ao obrigado um dever também ilimitado de reparar um dano cuja extensão será sempre desproporcional ao ato causador. Assim, o dano por ricochete a pessoas não pertencentes ao núcleo familiar da vítima direta da morte, de regra, deve ser considerado como não inserido nos desdobramentos lógicos e causais do ato, seja na responsabilidade por culpa, seja na objetiva, porque extrapolam os efeitos razoavelmente imputáveis à conduta do agente. 6. Por outro lado, conferir a via da ação indenizatória a sujeitos não inseridos no núcleo familiar da vítima acarretaria também uma diluição de valores, em evidente prejuízo daqueles que efetivamente fazem jus a uma compensação dos danos morais, como cônjuge/companheiro, descendentes e ascendentes. 7. Por essas razões, o noivo não possui legitimidade ativa para pleitear indenização por dano moral pela morte da noiva, sobretudo quando os pais da vítima já intentaram ação reparatória na qual lograram êxito, como no caso. 8. Recurso especial conhecido e provido. (REsp 1076160/AM, Rel. Ministro LUIS FELIPE SALOMÃO, QUARTA TURMA, julgado em 10/04/2012, DJe 21/06/2012)

▶ Sujeito passivo da ação de reparação de danos

I) As pessoas jurídicas de direito público: a) União; b) Estados; c) Distrito Federal; d) Municípios; e) Autarquias; f) Fundações Públicas de Direito Público. II) As pessoas jurídicas de direito privado, prestadoras de serviços públicos: a) sociedade de economia mista prestadora de serviços públicos; b) empresa pública prestadora de serviços públicos; c) concessionárias de serviços públicos; e d) permissionárias de serviços públicos. Estas últimas apenas respondem objetivamente, nos termos do art. 37, § 6.º, da Constituição Federal, se o dano for causado na prestação de um serviço público, não se aplicando, pelo menos sob esse fundamento normativo, quando o dano for decorrente de atividade outra que não a prestação de um serviço público, como, por exemplo, o protesto ilegal de uma duplicata.

► **Há alguns pontos controvertidos em relação ao sujeito passivo da lide indenizatória.**

De início, não há qualquer dúvida de que a pessoa jurídica de direito público ou a de direito privado prestadora de serviço público têm idoneidade para figurar no polo passivo do processo. Terão, portanto, a condição de rés, porque a elas é imputada a responsabilidade civil e a obrigação de reparar o dano.

► **Questiona-se, todavia, se é viável ajuizar a ação diretamente contra o agente estatal causador do dano, sem a presença da pessoa jurídica.**

Há autores que não o admitem. Outros entendem que é viável. Em nosso entender, acertada é esta última posição. O fato de ser atribuída responsabilidade objetiva à pessoa jurídica não significa a exclusão do direito de agir diretamente contra aquele que causou o dano. O mandamento contido no art. 37, § 6º, da CF visou a favorecer o lesado por reconhecer nele a parte mais frágil, mas não lhe retirou a possibilidade de utilizar normalmente o direito de ação. Há certa hesitação na jurisprudência com decisões proibitivas e permissivas. O entendimento configura-se como notoriamente restritivo: não se compadece com o amplo direito de ação assegurado aos administrados em geral e deixa em situação cômoda o agente que efetivamente perpetrou o dano. Por outro lado, não vislumbramos no ordenamento jurídico fundamento para a blindagem do agente causador do dano em virtude da possibilidade de ser ajuizada ação em face do Estado. Semelhante pensamento, portanto, é antagônico ao sistema de garantias outorgado pela Constituição. (FILHO, C.,, J.D.S. Manual de Direito Administrativo. [Grupo GEN]. 2020, Retirado de https://grupogen.vitalsource.com/#/books/9788597024975/)

► **Sendo assim, tanto pode o lesado propor a ação contra a pessoa jurídica, como contra o agente estatal responsável pelo fato danoso.**

Sendo assim, tanto pode o lesado propor a ação contra a pessoa jurídica, como contra o agente estatal responsável pelo fato danoso, embora seja forçoso reconhecer que a Fazenda Pública sempre poderá oferecer maior segurança ao lesado para o recebimento de sua indenização; por outro lado, a responsabilidade do agente livra o lesado da conhecida demora do pagamento em virtude do sistema de precatórios judiciais. Além dessas hipóteses, ainda pode o autor, no caso de culpa ou dolo, mover a ação contra ambos em litisconsórcio facultativo, já que são eles ligados por responsabilidade solidária. (FILHO, C.,, J.D.S. Manual de Direito Administrativo. [Grupo GEN]. 2020, Retirado de https://grupogen.vitalsource.com/#/books/9788597024975/)

► **O STF, entretanto, já decidiu que, em se tratando de dano causado por magistrado no exercício da função jurisdicional, a ação indenizatória deve ser ajuizada somente em face da respectiva pessoa de direito público, e não diretamente em face do magistrado, e isso porque este se caracteriza como agente político do Estado**

O STF, entretanto, já decidiu que, em se tratando de dano causado por magistrado no exercício da função jurisdicional, a ação indenizatória deve ser ajuizada somente em face da respectiva pessoa de direito público, e não diretamente em face do magistrado, e isso porque este se caracteriza como agente político do Estado, não se podendo, na hipótese, vislumbrar responsabilidade concorrente, mas apenas a que eventualmente venha a decorrer do exercício do direito de regresso. A despeito de ter havido divergências entre os órgãos das várias instâncias judiciais no assunto, parece-nos acertada a solução alvitrada, tendo em vista, realmente, a especificidade da natureza da atividade jurisdicional. Tratando-se, no entanto, de ato meramente administrativo, entendemos que a ação pode ser endereçada diretamente ao juiz, tal como ocorre com os demais agentes administrativos. (FILHO, C.,, J.D.S. Manual de Direito Administrativo. [Grupo GEN]. 2020, Retirado de https://grupogen.vitalsource.com/#/books/9788597024975/)

▶ E se o dano for causado por empresa detentora de autorização pública, se aplica ou não a responsabilidade objetiva?

José dos Santos Carvalho Filho e Maria Sylvia Di Pietro entendem que as pessoas portadoras de autorização administrativa não estão sujeitas à responsabilidade objetiva, mas subjetiva com base no Código Civil. Tais doutrinadores justificam sua posição sob o argumento de que a autorização é ato administrativo precário por meio do qual a Administração consente que o indivíduo desempenhe atividade de seu interesse exclusivo ou predominante interesse, não se caracterizando a atividade como serviço público. Já Hely Lopes Meirelles e Odete Medauar entendem que pode haver autorização de serviços públicos, colocando esta última doutrinadora a autorização de serviços públicos ao lado de permissão e concessão e, por isso, sujeita à responsabilidade objetiva.

▶ Objeto da demanda ou pedido

Na ação de reparação podem ser postulados:

a) indenização por danos materiais e/ou morais, abrangendo tanto os lucros cessantes quanto os danos emergentes;

b) juros, indenizatórios ou compensatórios e de mora, sendo pacífico o entendimento de que, se o dano decorrer de ato ilícito, os juros de mora são computados a partir do evento danoso[3];

c) honorários advocatícios e outras despesas processuais, como custas e honorários periciais eventualmente adiantados.

▶ Regra geral, não é cabível, em face da Fazenda Pública, tutela de urgência (art. 300 do novo CPC), principalmente a que importa na obrigação de pagar, por consectário lógico da prerrogativa insculpida no art. 100 da CF/1988

Regra geral, não é cabível, em face da Fazenda Pública, tutela de urgência (art. 300 do novo CPC), principalmente a que importa na obrigação de pagar, por consectário lógico da prerrogativa insculpida no art. 100 da CF/1988. A lei processual ainda se

3. *Súmula 54 do STJ*: "Os juros de mora fluem a partir do evento danoso, em caso de responsabilidade extracontratual".

incumbe de restringir expressamente sua adoção ao estender uma série de restrições quando a parte ré é uma pessoa jurídica de direito público (art. 1.º da Lei 9.494/1997), sendo que tais disposições foram consideradas constitucionais quando do julgamento da ADC 4 (Pleno, Red. p/ acórdão Min. Celso de Mello, j. 01.10.2008).

► Em alguns casos, não obstante, é possível requerer-se a tutela de urgência nas ações indenizatórias de dano ocasionado pelo Estado

Em alguns casos, não obstante, é possível requerer-se a tutela de urgência nas ações indenizatórias de dano ocasionado pelo Estado, como, por exemplo, para fins de fixação de alimentos provisórios ao dependente de pessoa vítima de acidente ocasionado por veículo pertencente ao poder público, ou para tratamento de saúde emergencial à vítima de erro médico ocorrido em hospital público. (COUTINHO, Dantas Alessandro Dantas, RODOR, Ronald Kruger. Manual de Direito Administrativo: volume único, 2ª edição ver., atual., ampl. Salvador, Editora Juspodivm, 2018, p. 1117)

► Nesses casos, embora o poder público seja obrigado a despender recursos para o cumprimento de decisão judicial ainda não transitada em julgado, deve prevalecer o direito fundamental à existência e dignidade do ser humano sobre a regra de pagamentos de créditos decorrentes de decisão judicial apenas por precatórios.

Nesses casos, embora o poder público seja obrigado a despender recursos para o cumprimento de decisão judicial ainda não transitada em julgado, deve prevalecer o direito fundamental à existência e dignidade do ser humano sobre a regra de pagamentos de créditos decorrentes de decisão judicial apenas por precatórios. (COUTINHO, Dantas Alessandro Dantas, RODOR, Ronald Kruger. Manual de Direito Administrativo: volume único, 2ª edição ver., atual., ampl. Salvador, Editora Juspodivm, 2018, p. 1117)

▣ O STF, ademais, pacificou jurisprudência no sentido de ressalvar o alcance das restrições impostas pela legislação processual em alguns casos determinados, como os de natureza previdenciária.

> **Súmula 729 do STF**: "A decisão na Ação Direta de Constitucionalidade 4 não se aplica à antecipação de tutela em causa de natureza previdenciária".

▣ O STJ, por sua vez, já entendeu que a exceção sobre matéria previdenciária deve ser interpretada ampliativamente, abrangendo qualquer ação que vise recebimento de verbas alimentares.

PREVIDENCIÁRIO, ADMINISTRATIVO E PROCESSUAL CIVIL - ANTECIPAÇÃO DOS EFEITOS DA TUTELA CONTRA O ESTADO - POSSIBILIDADE - INTERPRETAÇÃO DO ART. 1º DA LEI N. 9.494/97 - ADC N. 4/DF - JURISPRUDÊNCIA DO STF - ANÁLISE DOS REQUISITOS PARA A CONCESSÃO DA TUTELA ANTECIPADA - IMPOSSIBILIDADE - SÚMULA 07/STJ. 1. Conforme a jurisprudência do STF, é possível a antecipação dos efeitos da tutela contra a Fazenda Pública em casos previdenciários lato sensu, aí entendidos casos em que se requer liminarmente condenação em verbas alimentícias. 2. "O Supremo Tribunal Federal firmou o entendimento no sentido de que a decisão proferida na ADC n. 4-DF não se aplica às hipóteses de pensões previdenciárias." (Rcl 1257/RS; Rel. Min. Sidney Sanches; DJ 7.2.2003). 3. Ir além para analisar a existência ou não da presença do periculum in mora e do fumus boni iuris significa revolvimento da matéria fática, o que é impossível na via estreita do especial (Súmula 07/STJ). 4. No tocante à alínea "c", muito embora o recurso possa por ela ser conhecido, inviável querer o recorrente fazer valer os arestos paradigmas, uma vez que tanto a jurisprudência do STF quanto a do STJ firmaram-se em sentido contrário. Aplica-se, aqui, o enunciado 83 da Súmula do STJ. Recurso especial parcialmente conhecido e improvido. (REsp 735.850/RN, Rel. Ministro HUMBERTO MARTINS, SEGUNDA TURMA, julgado em 01/03/2007, DJ 12/03/2007, p. 210)

► Prazo para a propositura da ação

Em razão do princípio da segurança jurídica, em regra, o exercício das pretensões do Estado e dos particulares está sujeito a um prazo, o qual, se ultimado, enseja a perda do direito de questionar em juízo aquela pretensão. Estabelece-se, portanto, prazos de prescrição do exercício do direito. (COUTINHO, Dantas Alessandro Dantas, RODOR, Ronald Kruger. Manual de Direito Administrativo: volume único, 2ª edição ver., atual., ampl. Salvador, Editora Juspodivm, 2018, p. 1117)

► Uma vez lesada, a vítima possui um prazo de cinco anos para ingressar com ação contra o Estado, conforme estabelece o art. 1.º do Decreto 20.910/1932, cuja redação é a seguinte:

> "Art. 1.º As dívidas passivas da união, dos estados e dos municípios, bem assim todo e qualquer direito ou ação contra a fazenda federal, estadual ou municipal, seja qual for a sua natureza, prescrevem em cinco anos contados da data do ato ou fato do qual se originarem".

Em razão desse enunciado normativo, a doutrina e jurisprudência majoritárias sempre sustentaram o prazo quinquenal para ingresso com ação em face do Estado. (COUTINHO, Dantas Alessandro Dantas, RODOR, Ronald Kruger. Manual de Direito Administrativo: volume único, 2ª edição ver., atual., ampl. Salvador, Editora Juspodivm, 2018, p. 1117)

PRAZO PRESCRICIONAL

►Prescrição

O direito do lesado à reparação dos prejuízos tem natureza pessoal e obrigacional. Como ocorre com os direitos subjetivos em geral, não podem eles ser objeto da inércia de seu titular, sob pena do surgimento da prescrição da ação que tenha por fim a tutela desses direitos. Se a pessoa responsável se enquadra como entidade federativa ou autárquica (incluídas, pois, as fundações de direito público), consumava-se a prescrição no prazo de cinco anos contados a partir do fato danoso. Tal prazo extintivo situava-se no âmbito da clássica prescrição quinquenal das ações pessoais contra o Estado (Decreto no 20.910/1932). Esse tipo de prescrição, como é sabido, abrangia, entre outras, a pretensão do lesado à indenização, tornando impossível quer o pedido administrativo, quer a ação judicial. (FILHO, C.,, J.D.S. Manual de Direito Administrativo. [Grupo GEN]. 2020, Retirado de https://grupogen.vitalsource.com/#/books/9788597024975/)

RT ◙ O prazo prescricional das ações indenizatórias ajuizadas contra a Fazenda Pública é quinquenal (Decreto n. 20.910/1932), tendo como termo *a quo* a data do ato ou fato do qual originou a lesão ao patrimônio material ou imaterial. (Tese julgada sob o rito do art. 543-C do CPC/73 – Tema 553)

ADMINISTRATIVO. RECURSO ESPECIAL REPRESENTATIVO DE CONTROVÉRSIA (ARTIGO 543-C DO CPC). RESPONSABILIDADE CIVIL DO ESTADO. AÇÃO INDENIZATÓRIA. PRESCRIÇÃO. PRAZO QUINQUENAL (ART. 1º DO DECRETO 20.910/32) X PRAZO TRIENAL (ART. 206, § 3º, V, DO CC). PREVALÊNCIA DA LEI ESPECIAL. ORIENTAÇÃO PACIFICADA NO ÂMBITO DO STJ. RECURSO ESPECIAL NÃO PROVIDO. 1. A controvérsia do presente recurso especial, submetido à sistemática do art. 543-C do CPC e da Res. STJ n 8/2008, está limitada ao prazo prescricional em ação indenizatória ajuizada contra a Fazenda Pública, em face da aparente antinomia do prazo trienal (art. 206, § 3º, V, do Código Civil) e o prazo quinquenal (art. 1º do Decreto 20.910/32). 2. O tema analisado no presente caso não estava pacificado, visto que o prazo prescricional nas ações indenizatórias contra a Fazenda Pública era defendido de maneira antagônica nos âmbitos doutrinário e jurisprudencial. Efetivamente, as Turmas de Direito Público desta Corte Superior divergiam sobre o tema, pois existem julgados de ambos os órgãos julgadores no sentido da aplicação do prazo prescricional trienal previsto no Código Civil de 2002 nas ações indenizatórias ajuizadas contra a Fazenda Pública. Nesse sentido, os seguintes precedentes: REsp 1.238.260/PB, 2ª Turma, Rel. Min. Mauro Campbell Marques, DJe de 5.5.2011; REsp 1.217.933/RS, 2ª Turma, Rel. Min. Herman Benjamin, DJe de 25.4.2011; REsp 1.182.973/PR, 2ª Turma, Rel. Min. Castro Meira, DJe de 10.2.2011; REsp 1.066.063/RS, 1ª Turma, Rel. Min. Francisco Falcão, DJe de 17.11.2008; EREspsim 1.066.063/RS, 1ª Seção, Rel. Min. Herman Benjamin, DJe de 22/10/2009). A tese do prazo prescricional trienal também é defendida no âmbito doutrinário, dentre outros renomados doutrinadores: José dos Santos Carvalho Filho ("Manual de Direito Administrativo", 24ª Ed., Rio de Janeiro: Editora Lumen Júris, 2011, págs. 529/530) e Leonardo José Carneiro da Cunha ("A Fazenda Pública em Juízo", 8ª ed, São Paulo: Dialética, 2010, págs. 88/90). 3. Entretanto, não obstante os judiciosos entendimentos apontados, o atual e consolidado entendimento deste Tribunal Superior sobre o tema é no sentido da aplicação do prazo prescricional quinquenal – previsto do Decreto 20.910/32 – nas ações indenizatórias ajuizadas contra a Fazenda Pública, em detrimento do prazo trienal contido do Código Civil de 2002. 4. O principal fundamento que autoriza tal afirmação decorre da natureza especial do Decreto 20.910/32, que regula a prescrição, seja qual for a sua natureza, das pretensões formuladas contra a Fazenda Pública, ao contrário da disposição prevista no Código Civil, norma geral que regula o tema de maneira genérica, a qual não altera o caráter especial da legislação, muito menos é capaz de determinar a sua revogação. Sobre o tema: Rui Stoco ("Tratado de Responsabilidade Civil". Editora Revista dos Tribunais, 7ª Ed. – São Paulo, 2007; págs. 207/208) e Lucas Rocha Furtado ("Curso de Direito Administrativo". Editora Fórum, 2ª Ed. – Belo Horizonte, 2010; pág.

1042). 5. A previsão contida no art. 10 do Decreto 20.910/32, por si só, não autoriza a afirmação de que o prazo prescricional nas ações indenizatórias contra a Fazenda Pública foi reduzido pelo Código Civil de 2002, a qual deve ser interpretada pelos critérios histórico e hermenêutico. Nesse sentido: Marçal Justen Filho ("Curso de Direito Administrativo". Editora Saraiva, 5ª Ed. – São Paulo, 2010; págs. 1.296/1.299). 6. Sobre o tema, os recentes julgados desta Corte Superior: AgRg no AREsp 69.696/SE, 1ª Turma, Rel. Min. Benedito Gonçalves, DJe de 21.8.2012; AgRg nos EREsp 1.200.764/AC, 1ª Seção, Rel. Min. Arnaldo Esteves Lima, DJe de 6.6.2012; AgRg no REsp 1.195.013/AP, 1ª Turma, Rel. Min. Teori Albino Zavascki, DJe de 23.5.2012; REsp 1.236.599/RR, 2ª Turma, Rel. Min. Castro Meira, DJe de 21.5.2012; AgRg no AREsp 131.894/GO, 2ª Turma, Rel. Min. Humberto Martins, DJe de 26.4.2012; AgRg no AREsp 34.053/RS, 1ª Turma, Rel. Min. Napoleão Nunes Maia Filho, DJe de 21.5.2012; AgRg no AREsp 36.517/RJ, 2ª Turma, Rel. Min. Herman Benjamin, DJe de 23.2.2012; EREsp 1.081.885/RR, 1ª Seção, Rel. Min. Hamilton Carvalhido, DJe de 1º.2.2011. 7. No caso concreto, a Corte a quo, ao julgar recurso contra sentença que reconheceu prazo trienal em ação indenizatória ajuizada por particular em face do Município, corretamente reformou a sentença para aplicar a prescrição quinquenal prevista no Decreto 20.910/32, em manifesta sintonia com o entendimento desta Corte Superior sobre o tema. 8. Recurso especial não provido. Acórdão submetido ao regime do artigo 543-C, do CPC, e da Resolução STJ 08/2008. (REsp 1251993/PR, Rel. Ministro MAURO CAMPBELL MARQUES, PRIMEIRA SEÇÃO, julgado em 12/12/2012, DJe 19/12/2012)

▣ **No mesmo sentido:** PROCESSUAL CIVIL E ADMINISTRATIVO. RESPONSABILIDADE CIVIL DO ESTADO. AÇÃO ORDINÁRIA CONTRA A FAZENDA PÚBLICA. PRESCRIÇÃO. 1. Cuida-se, na origem, de Ação Ordinária ajuizada por Cimita Inácio de Oliveira contra a União, postulando a condenação da ré ao pagamento de indenização por danos morais, materiais e estéticos em razão do acidente que sofrera em pequena embarcação que navegava em rio no Estado do Pará. 2. O STJ, após o julgamento do REsp 1.251.993/PR, relator Ministro Mauro Campbell Marques, sob o rito dos Recursos Repetitivos, pacificou o entendimento de que a prescrição quinquenal prevista no art. 1º do Decreto 20.910/1932 deve ser aplicada a todo e qualquer direito ou ação contra a Fazenda Pública, seja ela federal, estadual ou municipal, independentemente da natureza da relação jurídica. 3. O Tribunal a quo consignou: "Nos presentes autos, a autora formulou pedido de indenização por danos morais e materiais contra a União, por suposta omissão da administração pública, em relação ao acidente que sofrera em pequena embarcação que navegava em rio, no Estado do Pará, e que lhe causou danos físicos e estéticos de grandes proporções, sendo que o episódio atingiu também a sua integridade moral, motivada pela deformidade e o abalo da sua auto-estima. (...) Conforme pontuou a sentença, o acidente que desencadeou as graves seqüelas sofridas pela autora ocorreu em 1972, o que demonstra ter sido superado em muito o prazo de cinco anos que rege a prescrição das pretensões a serem deduzidas contra a União, pois a ação só foi ajuizada em maio de 2012. (...) Não sendo insensível à situação da autora, não há como afastar a ocorrência, no caso, da prescrição prevista no Decreto-Lei 20.910 de 1932. (...) Não pode ser acolhida, ainda, a alegação da autora de que só tomou conhecimento da extensão dos danos por ocasião da elaboração do laudo pericial por Médico Legista do Departamento de Polícia do Estado do Amapá, em 2009, e assim considerar o cômputo do prazo prescricional dessa data, consoante orientação extraída da Súmula 278 do STJ. A autora submeteu-se a tratamento médico por longo período e desde a ocorrência do acidente, no ano de 1979, tomara conhecimento da gravidade de suas lesões. Assim, sendo da ocasião do evento a cientificação da autora sobre as seqüelas do acidente, é inevitável a conclusão de que transcorreu o lapso temporal para o ajuizamento da ação. Ante o exposto, nego provimento à apelação" (fls. 205-212, e-STJ). Assim, está caracterizada a prescrição. 4. Recurso Especial parcialmente conhecido, em relação à suposta ofensa ao art. 1º do Decreto 20.910/1932; e, quanto ao mérito, não provido. (REsp 1820872/AP, Rel. Ministro HERMAN BENJAMIN, SEGUNDA TURMA, julgado em 27/08/2019, DJe 05/09/2019)

◙ Ações contra pessoa jurídica de direito privado prestadora de serviço público. Informativo 563 STJ

É de 5 anos o prazo prescricional para que a vítima de um acidente de trânsito proponha ação de indenização contra concessionária de serviço público de transporte coletivo (empresa de ônibus). O fundamento legal para esse prazo está no art. 1º-C da Lei 9.494/97 e também no art. 27 do CDC. (STJ. 3ª Turma. REsp 1.277.724-PR, Rel. Min. João Otávio de Noronha, julgado em 26/5/2015)

◙ Início do prazo prescricional. Informativo 507 STJ

O termo inicial do prazo prescricional para o ajuizamento de ação de indenização contra ato do Estado ocorre no momento em que constatada a lesão e os seus efeitos, conforme o princípio da *actio nata*. (STJ. 2ª Turma. AgRg no REsp 1.333.609-PB, Rel. Min. Humberto Martins, julgado em 23/10/2012)

◙ Termo inicial da prescrição da pretensão indenizatória em caso de tortura e morte de preso. Informativo 556 STJ

Atenção! São duas regras:

- **SE tiver sido ajuizada ação penal contra os autores do crime**: o termo inicial da prescrição será o trânsito em julgado da sentença penal.
- **SE o inquérito policial tiver sido arquivado, ou seja, não foi ajuizada ação penal**: o termo inicial da prescrição da ação de indenização é a data do arquivamento do inquérito policial. (STJ. 2ª Turma. REsp 1.443.038-MS, Rel. Ministro Humberto Martins, julgado em 12/2/2015)

◙ Reconhecimento administrativo pela Fazenda e renúncia ao prazo prescricional. Informativo 509 STJ

Caso o Poder Público tenha reconhecido administrativamente o débito, o termo inicial do prazo prescricional de 5 anos para que servidor público exija seu direito será a data desse ato de reconhecimento, pois, para aquele Egrégio Pretório, o reconhecimento do débito implica renúncia, pela Administração, ao prazo prescricional já transcorrido. (STJ. 1ª Turma. AgRg no AgRg no AREsp 51.586-RS, Rel. Min. Benedito Gonçalves, julgado em 13/11/2012)

IMPRESCRITIBILIDADE

◙ **O Superior Tribunal de Justiça entende que o direito de reclamar indenização em virtude da morte de pessoas desaparecidas durante o período da ditadura militar, *ex vi* da Lei 9.140/1995, é imprescritível**

ADMINISTRATIVO E CIVIL. AGRAVO REGIMENTAL NO AGRAVO EM RECURSO ESPECIAL. RESPONSABILIDADE CIVIL DO ESTADO. INDENIZAÇÃO POR DANOS MORAIS. PERSEGUIÇÃO POLÍTICA, PRISÃO E TORTURA, DURANTE A DITADURA MILITAR. IMPRESCRITIBILIDADE DA PRETENSÃO INDENIZATÓRIA. PRECEDENTES DO STJ. INCIDÊNCIA DA SÚMULA 83 DO STJ. ACÓRDÃO DO TRIBUNAL DE ORIGEM EM CONSONÂNCIA COM A ORIENTAÇÃO JURISPRUDENCIAL PREDOMINANTE NESTA CORTE. PRETENSÃO DE APRECIAÇÃO DE DISPOSITIVOS CONSTITUCIONAIS. INVIABILIDADE, NA VIA DE RECURSO ESPECIAL. AGRAVO REGIMENTAL IMPROVIDO.

I. De acordo com a orientação jurisprudencial predominante no STJ, a prescrição quinquenal, prevista no art. 1º do Decreto 20.910/32, não se aplica às ações indenizatórias por danos morais, em face de perseguição política e tortura, ocorridos durante o regime militar, decorrentes de violação de direitos fundamentais, sendo, no caso, imprescritível a pretensão indenizatória. Precedentes do STJ (AgRg no AREsp 611.952/SC, Rel. Ministro SÉRGIO KUKINA, PRIMEIRA TURMA, DJe de 10/12/2014; AgRg no REsp 1.128.042/PR, Rel. Ministro SÉRGIO KUKINA, PRIMEIRA TURMA, DJe de 23/08/2013; AgRg no AREsp 302.979/PR, Rel. Ministro CASTRO MEIRA, SEGUNDA TURMA, DJe de 05/06/2013; AgRg no Ag 1.428.635/BA, Rel. Ministro MAURO CAMPBELL MARQUES, SEGUNDA TURMA, DJe de 09/08/2012). II. O Tribunal de origem decidiu a causa em consonância com a orientação jurisprudencial predominante neste Tribunal, pelo que incide, na espécie, a Súmula 83/STJ, enunciado sumular aplicável, inclusive, quando fundado o Recurso Especial na alínea a do inciso III do art. 105 da Constituição Federal. III. Não cabe ao STJ apreciar, na via especial, a alegada violação a dispositivos constitucionais, ainda que para fins de prequestionamento, sob pena de usurpação da competência do Supremo Tribunal Federal. Precedente (STJ, AgRg no AREsp 510.363/PE, Rel. Ministro HERMAN BENJAMIN, SEGUNDA TURMA, DJe de 15/08/2014). IV. Agravo Regimental improvido. (AgRg no AREsp 816.972/SP, Rel. Ministra ASSUSETE MAGALHÃES, SEGUNDA TURMA, julgado em 10/03/2016, DJe 17/03/2016)

◙ **No mesmo sentido:** ADMINISTRATIVO E PROCESSUAL CIVIL. NEGATIVA DE PRESTAÇÃO JURISDICIONAL. INOCORRÊNCIA. RESPONSABILIDADE CIVIL DO ESTADO. OPOSIÇÃO AO REGIME MILITAR INSTAURADO EM

1964. PERSEGUIÇÃO POLÍTICA. DANOS MORAIS. IMPRESCRITIBILIDADE. DESRESPEITO À DIGNIDADE DA PESSOA HUMANA. CARACTERIZAÇÃO. FIXAÇÃO DO QUANTUM INDENIZATÓRIO. CORREÇÃO MONETÁRIA E JUROS DE MORA. TERMO INICIAL. 1. Verifica-se não ter ocorrido ofensa aos arts. 489, § 1º, e 1.022, II, do CPC/2015, na medida em que o Tribunal de origem dirimiu, fundamentadamente, as questões que lhe foram submetidas, apreciando integralmente a controvérsia posta nos autos, não se podendo, ademais, confundir julgamento desfavorável ao interesse da parte com negativa ou ausência de prestação jurisdicional. 2. Este Superior Tribunal de Justiça tem entendimento no sentido de que "a prescrição quinquenal, disposta no art. 1º do Decreto 20.910/1932, é inaplicável aos danos decorrentes de violação de direitos fundamentais, que são imprescritíveis, principalmente quando ocorreram durante o Regime Militar, época na qual os jurisdicionados não podiam deduzir a contento suas pretensões" (AgInt no REsp 1.648.124/RJ, Rel. Ministro Herman Benjamin, Segunda Turma, julgado em 5/6/2018, DJe 23/11/2018). 3. O incontroverso quadro fático delineado pela Corte de origem evidencia, de parte do Estado brasileiro pós-1964, a existência de perseguição, tortura, prisão e imposição de uma vida clandestina em desfavor dos autores recorrentes, ex-militares, isso tudo por motivação política, em contexto indicador de violação da dignidade da pessoa humana e, por isso, caracterizador da ocorrência de dano moral. 5. Arbitramento, a esse título, de verba indenizatória para cada um dos autores recorrentes, a ser corrigida monetariamente a partir da data deste julgamento (Súmula 362/STJ), acrescida de juros de mora desde os eventos danosos (Súmula 54/STJ). 7. Recurso especial dos autores provido. (REsp 1815870/RJ, Rel. Ministro SÉRGIO KUKINA, PRIMEIRA TURMA, julgado em 19/09/2019, DJe 23/09/2019)

► **As ações indenizatórias decorrentes de violação a direitos fundamentais ocorrida durante o regime militar são imprescritíveis, não se aplicando o prazo quinquenal previsto no art. 1º do Decreto 20.910/1932**

No entanto, para o caso de ações indenizatórias decorrentes de violação a direitos fundamentais ocorridas durante o regime militar determina a tese comentada, de Responsabilidade Civil do Estado, que são imprescritíveis, não se aplicando o prazo quinquenal do mencionado decreto. (...) Foi exíguo o prazo quinquenal concedido pelos tribunais em geral aos torturados e perseguidos da ditadura militar para enfrentarem novamente tudo o que física e simbolicamente os traumatizou: o Estado, pois havia ainda o tormentoso e verossímil receio de que mesmo expondo suas cicatrizes, pudessem se deparar com uma resposta fria e distante de impunidade e esquecimento, o que representaria verdadeira retraumatização. Havia uma tendência de parte dos membros do Poder Judiciário de negar aos perseguidos e torturados nos porões da ditadura brasileira, que não ajuizaram suas ações no exíguo prazo de cinco anos a partir da abertura política, a devida indenização pelos danos sofridos, situação depois revertida nos Tribunais Superiores. (STJ em teses III, p. 261/262)

◙ Imprescritibilidade dos danos morais decorrentes de tortura no regime militar. Informativo 523 STJ

As ações de indenização por danos morais decorrentes de atos de tortura ocorridos durante Regime Militar de exceção são imprescritíveis, não se aplicando, no caso, o prazo prescricional de 5 anos previsto no art. 1º do Decreto 20.910/1932. (STJ. 2ª Turma. REsp 1.374.376-CE, Rel. Min. Herman Benjamin, julgado em 25/6/2013)

◙ A prescrição quinquenal, disposta no art. 1º do Decreto 20.910/1932, é inaplicável aos danos decorrentes de violação de direitos fundamentais, que são imprescritíveis, principalmente quando ocorreram durante o Regime Militar, época na qual os jurisdicionados não podiam deduzir a contento suas pretensões

ADMINISTRATIVO E PROCESSUAL CIVIL. NEGATIVA DE PRESTAÇÃO JURISDICIONAL. INOCORRÊNCIA. RESPONSABILIDADE CIVIL DO ESTADO. OPOSIÇÃO AO REGIME MILITAR INSTAURADO EM 1964. PERSEGUIÇÃO POLÍTICA. DANOS MORAIS. IMPRESCRITIBILIDADE. DESRESPEITO À DIGNIDADE DA PESSOA HUMANA. CARACTERIZAÇÃO. FIXAÇÃO DO QUANTUM INDENIZATÓRIO. CORREÇÃO MONETÁRIA E JUROS DE MORA. TERMO INICIAL. 1. Verifica-se não ter ocorrido ofensa aos arts. 489, § 1º, e 1.022, II, do CPC/2015, na medida em que o Tribunal de origem dirimiu, fundamentadamente, as questões que lhe foram submetidas, apreciando integralmente a controvérsia posta nos autos, não se podendo, ademais, confundir julgamento desfavorável ao interesse da parte com negativa ou ausência de prestação jurisdicional. 2. Este Superior Tribunal de Justiça tem entendimento no sentido de que «a prescrição quinquenal, disposta no art. 1º do Decreto 20.910/1932, é inaplicável aos danos decorrentes de violação de direitos fundamentais, que são imprescritíveis, principalmente quando ocorreram durante o Regime Militar, época na qual os jurisdicionados não podiam deduzir a contento suas pretensões" (AgInt no REsp 1.648.124/RJ, Rel. Ministro Herman Benjamin, Segunda Turma, julgado em 5/6/2018, DJe 23/11/2018). 3. O incontroverso quadro fático delineado pela Corte de origem evidencia, de parte do Estado brasileiro pós-1964, a existência de perseguição, tortura, prisão e imposição de uma vida clandestina em desfavor dos autores recorrentes, ex-militares, isso tudo por motivação política, em contexto indicador de violação da dignidade da pessoa humana e, por isso, caracterizador da ocorrência de dano moral. 5. Arbitramento, a esse título, de verba indenizatória para cada um dos autores recorrentes, a ser corrigida monetariamente a partir da data deste julgamento (Súmula 362/STJ), acrescida de juros de mora desde os eventos danosos (Súmula 54/STJ). 7. Recurso especial dos autores provido. (REsp 1815870/RJ, Rel. Ministro SÉRGIO KUKINA, PRIMEIRA TURMA, julgado em 19/09/2019, DJe 23/09/2019)

◙ Constitucionalidade do art. 1º-C da Lei 9.494/94 e prazo quinquenal. STF

É constitucional a norma decorrente do art. 1º-C da Lei 9.494/1997, que fixa em cinco anos o prazo prescricional para as ações de indenização por danos causados por agentes de pessoas jurídicas de direito público e de pessoas jurídicas de direito privado prestadoras de serviços públicos, reproduzindo a regra já estabelecida, para a União, os Estados e os Municípios, no art. 1º do Decreto 20.910/1932. (ADI 2.418, rel. min. Teori Zavascki, j. 4-5-2016, P, DJE de 17-11-2016).

◙ É prescritível a ação de reparação de danos à Fazenda Pública decorrente de ilícito civil. STF

O Plenário rejeitou embargos de declaração oposto de decisão proferida no RE 669.069/MG (DJe de 28.4.2016), que entendeu ser prescritível a ação de reparação de danos à Fazenda Pública decorrente de ilícito civil. O Tribunal observou que, nos debates travados na oportunidade do julgamento do acórdão embargado, ficara clara a opção da Corte de considerar como ilícito civil os de natureza semelhante à do caso concreto em exame, a saber: ilícitos decorrentes de acidente de trânsito. **O conceito, sob esse aspecto, deveria ser buscado pelo método de exclusão: não se considerariam ilícitos civis, de um modo geral, os que decorressem de infrações ao direito público, como os de natureza penal, os decorrentes de atos de improbidade e assim por diante.** (RE 669.069, Relator(a): Min. TEORI ZAVASCKI, Tribunal Pleno, julgado em 16/06/2016, pub. 30-06-2016)

LITISCONSÓRCIO ENTRE A PESSOA JURÍDICA E O AGENTE

◙ É cabível litisconsórcio passivo entre a pessoa jurídica e o agente público?

Existem dois posicionamentos.

◙ O Superior Tribunal de Justiça entende que a vítima pode ingressar com ação diretamente contra o Estado, em face do agente ou contra ambos, tratando-se, na espécie, de litisconsórcio passivo facultativo.

O Superior Tribunal de Justiça entende que a vítima pode ingressar com ação diretamente contra o Estado, em face do agente ou contra ambos, tratando-se, na espécie, de litisconsórcio passivo facultativo.

ADMINISTRATIVO. RESPONSABILIDADE CIVIL DO ESTADO. PRESCRIÇÃO. EXISTÊNCIA DE PROCESSO PENAL.

1. "O prazo prescricional da ação de indenização proposta contra pessoa jurídica de direito público é de cinco anos (art. 1º do Decreto nº 20.910/32). O termo inicial do quinquênio, na hipótese de ajuizamento de ação penal, será o trânsito em julgado da sentença nesta ação, e não a data do evento danoso, já que seu resultado poderá interferir na reparação civil do dano, caso constatada a inexistência do fato ou a negativa de sua autoria" (REsp 442.285/RS, Rel. Min. Franciulli Netto). **2. Inexiste a vedação legal ao litisconsórcio entre o ente estatal e os agentes públicos causadores do dano em ação de indenização por responsabilidade civil do Estado. Precedentes.** 3. Recurso especial não provido. (REsp 997.761/MG,

Rel. Ministro CASTRO MEIRA, SEGUNDA TURMA, julgado em 10/06/2008, DJe 23/06/2008)

◙ Nas ações indenizatórias por responsabilidade objetiva movidas contra o Estado, a também presença do agente público no polo passivo da lide induz a formação de litisconsórcio meramente facultativo (art. 46 do CPC).

ADMINISTRATIVO. PROCESSUAL CIVIL. RESPONSABILIDADE CIVIL DO ESTADO. BALA PERDIDA. DISPAROS EFETUADOS POR POLICIAL CIVIL EM SERVIÇO. VÍTIMA QUE RESULTA ACOMETIDA DE PARAPLEGIA. LITISCONSÓRCIO PASSIVO FACULTATIVO. EXCLUSÃO DE PREPOSTO DO ESTADO DO POLO PASSIVO DA LIDE. ARTIGO 37, § 6º DA CF. CELERIDADE PROCESSUAL. POSSIBILIDADE. INDENIZAÇÃO POR DANOS MORAIS. RAZOABILIDADE E PROPORCIONALIDADE DO QUANTUM ARBITRADO. REVISÃO DO MONTANTE. IMPOSSIBILIDADE. SÚMULA 7/STJ. AFASTAMENTO DA MULTA PREVISTA NO ART. 538 DO CPC. APLICAÇÃO DA SÚMULA 98/STJ. RECURSO ESPECIAL DO ESTADO PARCIALMENTE PROVIDO. 1. O Tribunal de origem não se pronunciou sobre as teses relacionadas aos artigos 46 e 48 do CPC, apesar de instado a fazê-lo por meio dos competentes embargos de declaração. Nesse contexto, caberia à parte recorrente, nas razões do apelo especial, indicar ofensa ao art. 535 do CPC, alegando a existência de possível omissão, providência da qual não se desincumbiu. Incide, pois, o óbice da Súmula 211/STJ. 2. Nas ações indenizatórias por responsabilidade objetiva movidas contra o Estado, a também presença do agente público no polo passivo da lide induz a formação de litisconsórcio meramente facultativo (art. 46 do CPC), sendo, por isso, lícito ao juiz, por critérios de economia e celeridade processuais, determinar a exclusão daquele preposto da relação processual, sem qualquer prejuízo para o ente público, que continua detendo ação de regresso em face do servidor (art. 37, § 6º da CF). 3. No que se refere aos danos morais, impende salientar que, na via especial, não é cabível, em regra, a revisão do montante fixado pela instância recorrida, ante a impossibilidade de reanálise de fatos e provas, como decorre da Súmula 7/STJ. 4. Todavia, a jurisprudência do Superior Tribunal de Justiça tem admitido, em caráter excepcional, a alteração da soma arbitrada, caso esta se revele irrisória ou exorbitante, vale dizer, em colisão com os princípios da razoabilidade e da proporcionalidade. O recorrente, contudo, não logrou demonstrar que, na espécie, o valor dos danos morais tenha resultado excessivo, por isso que, no ponto, o acórdão estadual deve ser mantido. 5. Por fim, na instância recursal ordinária, o Estado recorrente opôs embargos declaratórios com o nítido propósito de prequestionar matéria a ser alegada em seu recurso especial. Assim, na linha da firme jurisprudência do STJ, cumpre afastar a multa fundada no art. 538, parágrafo único, do CPC, quando ausente o intuito protelatório da parte embargante. Incidência da Súmula 98/STJ. 6. Recurso especial parcialmente provido, apenas para se afastar a multa do artigo 538, parágrafo único, do CPC. (REsp 1215569/AL, Rel. Ministro SÉRGIO KUKINA, PRIMEIRA TURMA, julgado em 16/12/2014, DJe 19/12/2014)

◙ Já o Supremo Tribunal Federal tinha o posicionamento no sentido de que caberia litisconsórcio passivo facultativo entre o Estado e o agente, não obstante a possibilidade da ação regressiva do Estado em face do servidor.

Registre-se, a respeito, a ementa do Agravo Regimental em Agravo de Instrumento 106.483, de relatoria do Ministro Rafael Mayer, julgado em 26 de novembro de 1985, ou seja, com base na pretérita Constituição Federal.

> "Responsabilidade civil do Estado. Art-107 da CF. Possibilidade de acionar o Estado e o funcionário causador do dano. Correção monetária ampla a partir do evento danoso. 1. 'O fato de a Constituição Federal prever direito regressivo às pessoas jurídicas de direito público contra o funcionário responsável pelo dano não impede que este último seja acionado conjuntamente com aquelas, vez que a hipótese configura típico litisconsórcio facultativo'. Precedente: RE 90071. 2. A Lei 6.899 não infirmou a construção jurisprudencial que assegura a correção monetária ampla desde o evento danoso, no sentido da Súmula 562. Agravo regimental improvido".

◙ Percebe-se uma mudança de posicionamento em decorrência de uma nova linha exegética adotada pelo Excelso Tribunal no sentido que a Constituição Federal prevê, a um só tempo, duas garantias distintas: a de a vítima ingressar com ação contra o Estado, pautada na responsabilidade objetiva, e a do agente público causador do dano de apenas ser acionado regressivamente pelo Estado, não podendo a vítima ajuizar demanda diretamente contra ele.

Nesse sentido foi o julgamento do *Recurso Extraordinário 327.904-1/SP*, relator Carlos Britto, julgado em 15 de agosto de 2006, cujo julgamento ficou resumido na seguinte ementa:

> "Recurso extraordinário. Administrativo. Responsabilidade objetiva do Estado: § 6.º do art. 37 da Magna Carta. Ilegitimidade passiva *ad causam*. Agente público (ex-prefeito). Prática de ato próprio da função. Decreto de intervenção. O § 6.º do artigo 37 da Magna Carta autoriza a proposição de que somente as pessoas jurídicas de direito público, ou as pessoas jurídicas de direito privado que prestem serviços públicos, é que poderão responder, objetivamente, pela reparação de danos a terceiros. Isto por ato ou omissão dos respectivos agentes, agindo estes na qualidade de agentes públicos, e não como pessoas comuns. *Esse mesmo dispositivo constitucional consagra, ainda, dupla garantia: uma, em favor do particular, possibilitando-lhe ação indenizatória contra a pessoa jurídica de direito público, ou de direito privado que preste serviço público, dado que bem maior, praticamente certa, a possibilidade de pagamento do dano objetivamente sofrido. Outra garantia, no entanto, em prol do servidor estatal, que somente responde administrativa e civilmente perante a pessoa jurídica a cujo quadro funcional se vincular*". (Recurso Extraordinário 327.904-1/SP, relator Carlos Britto, julgado em 15 de agosto de 2006)

DENUNCIAÇÃO DA LIDE

▶ Denunciação à lide pelo Estado do agente público

Outro ponto importante é saber se cabe ou não, em ação de responsabilidade civil proposta contra o Estado, a invocação do art. 125, II, do novo Código de Processo Civil, para denunciar à lide o servidor responsável pelo dano. Apenas para ficar mais claro o que se explicará, transcreveremos o inteiro teor do referido dispositivo legal.

> "Art. 125. É admissível a denunciação da lide, promovida por qualquer das partes:
>
> (...)
>
> II – àquele que estiver obrigado, por lei ou pelo contrato, a indenizar, em ação regressiva, o prejuízo de quem for vencido no processo.

▶ Evolução do entendimento no Superior Tribunal de Justiça

Muito se discutiu no âmbito dos Tribunais se o Estado teria a obrigação de se valer da denunciação da lide para instaurar demanda regressiva contra o agente público responsável pelo ato lesivo, materializando, de forma mais célere, o direito ao regresso disposto no art. 37, § 6º, da Constituição Federal. O Superior Tribunal de Justiça, por vezes, reconheceu o dever do Estado de denunciar à lide o agente público causador do ato lesivo, tendo, inclusive, determinado a anulação de processo em virtude da rejeição pelo juízo monocrático de pedido de tal natureza formulado pelo Estado. Assim se deu no julgamento dos Embargos de Divergência no Recurso Especial 109.208/RJ em que a 1ª Seção daquela Corte, por maioria simples, anulou o processo ante a denegação pelo juiz singular do pedido de denunciação à lide do agente público causador do dano ao erário. Entendeu-se, à época, que a não denunciação do agente acarretaria enorme lesão ao Poder Público, pois o obrigaria a iniciar do zero uma nova ação, já que todo o material probatório produzido na ação de responsabilidade não poderia ser aproveitado em face do agente público que não a integrou. Assim, conclui-se que a pretensão do particular em ter a reparação do dano o mais célere possível, não poderia se sobrepor ao direito do Estado de integrar ao processo o agente responsável pelo ato por meio da denunciação à lide. Todavia, gradativamente, o Superior Tribunal de Justiça foi abandonando essa compreensão clássica da obrigatoriedade da denunciação à lide, vindo a consolidar a tese de que "nas ações de responsabilidade civil do Estado, é desnecessária a denunciação da lide ao suposto agente público causador de ato lesivo". (STJ em teses III, p. 467)

◙ Não é obrigatória a denunciação da lide do agente público supostamente responsável pelo ato lesivo nas ações indenizatórias fundadas na responsabilidade civil objetiva do Estado.

RESPONSABILIDADE CIVIL DO ESTADO. DENUNCIAÇÃO DA LIDE E AFERIÇÃO DA CULPA DO AGENTE. DESNECESSIDADE. QUANTUM INDENIZATÓRIO. REDUÇÃO. IMPOSSIBILIDADE. 1. Não é obrigatória a denunciação da lide do agente público supostamente responsável pelo ato lesivo nas ações indenizatórias fundadas na responsabilidade civil objetiva do Estado. 2. Em sendo objetiva a responsabilidade, é desnecessária, para fins de ressarcimento da dívida, a aferição da culpa do agente causador do dano para fins de responsabilização do Estado, bastando para tanto a presença de três pressupostos: fato administrativo, dano e nexo causal. 3. As indenizações por danos morais e estéticos não devem ser reduzidas quando fixadas em patamares suficientes a amenizar a dor e o sofrimento de vítima de acidente de trânsito causado por servidor estadual. 4. Apelação conhecida e improvida. Unanimidade. (Processo: AC 0002922-75.2011.8.10.0001 MA 0543382017 - Órgão Julgador: QUARTA CÂMARA CÍVEL - Publicação: 23/08/2019 00:00:00 - Julgamento: 13 de Agosto de 2019 - Relator: PAULO SÉRGIO VELTEN PEREIRA.)

◙ **O Superior Tribunal de Justiça tem entendimento de que é possível a denunciação da lide, porém não é a mesma obrigatória, cabendo ao Estado optar pela denunciação ou pela ação regressiva posterior em face do agente público:**

ADMINISTRATIVO E PROCESSUAL CIVIL. AÇÃO CIVIL PÚBLICA. RESPONSABILIDADE OBJETIVA DO ESTADO. DENUNCIAÇÃO DA LIDE. NÃO OBRIGATORIEDADE. 1. Trata-se, na origem, de Agravo de Instrumento interposto pelo Município recorrente contra decisão que, nos autos de Ação Civil Pública voltada à reparação de danos morais coletivos, indeferiu o requerimento de denunciação da lide da empresa fabricante de brinquedos que causaram acidentes em escolas municipais. 2. O Tribunal de origem entendeu que " não comporta denunciação da lide nos casos em que o denunciante intenta eximir-se da responsabilidade pelo evento danoso atribuindo-a, com exclusividade, a terceiro (...). Não cabe denunciação da lide em sede de ação civil pública (RT 620/69, 718/109, JTJ 168/197), observando-se que o aludido instituto não requer mais observância obrigatória à luz do novo Código de Processo Civil (vide artigo 125), como também pelo fato de não ser forma de correção da ilegitimidade passiva (...). Em Suma, 'quando o reconhecimento da responsabilidade do denunciado suponha seja negada a que é atribuída ao denunciante (...) se acolhidas as alegações do denunciante, a ação haverá de ser julgada improcedente e não haverá lugar para regresso. Desacolhidas, estará afastada a responsabilidade do denunciado" (RSTJ 84/202). 3. Com efeito, o STJ possui jurisprudência consolidada de que, nas ações indenizatórias decorrentes da responsabilidade civil objetiva do Estado, não é obrigatória a denunciação à lide. 4. Ademais, conforme bem salientado no parecer do MPF, "o recurso não comportaria provimento, primeiro porque o artigo 125 do CPC não obriga à denunciação da lide, permitindo-a somente. Além disso, verifica-se que a causa de pedir da ação não tem pertinência com a atuação da empresa. Trata-se de omissões imputadas ao próprio Município, que teria deixado de fiscalizar a instalação dos brinquedos e não teria providenciado adequado treinamento aos servidores das escolas em que os mesmos foram instalados. Além disso, sempre resta ao Município, a ação de regresso" (fl. 155, e-STJ). 5. Recurso Especial não provido. (REsp 1799332/SP, Rel. Ministro HERMAN BENJAMIN, SEGUNDA TURMA, julgado em 11/06/2019, DJe 11/10/2019)

◙ **No mesmo sentido:** 5. O STJ possui jurisprudência consolidada de que, nas ações indenizatórias decorrentes da responsabilidade civil objetiva do Estado, não é obrigatória a denunciação à lide. 6. Recurso Especial parcialmente conhecido e, nessa parte, não provido. (REsp 1755103/PR, Rel. Ministro HERMAN BENJAMIN, SEGUNDA TURMA, julgado em 18/09/2018, DJe 27/11/2018). **Ainda:** "...1. A jurisprudência desta Corte firmou entendimento de que, nas ações indenizatórias decorrentes da responsabilidade civil objetiva do Estado, não é obrigatória a denunciação à lide. Precedentes: AgInt no AREsp. 1.071.054/PI, Rel. Min. NAPOLEÃO NUNES MAIA FILHO, DJe 31.8.2017; REsp. 1.666.024/BA, Rel. Min. HERMAN BENJAMIN, DJe 30.6.2017. 2. Agravo Interno do DEPARTAMENTO NACIONAL DE INFRAESTRUTURA DE TRANSPORTES-DNIT desprovido. (AgInt no REsp 1514462/SP, Rel. Ministro NAPOLEÃO NUNES MAIA FILHO, PRIMEIRA TURMA, julgado em 28/11/2017, DJe 06/12/2017)

■ **Em se tratando da alegação de responsabilidade civil do Estado, a denunciação da lide somente é obrigatória na hipótese de perda do direito de regresso.**

AGRAVO INTERNO NO AGRAVO EM RECURSO ESPECIAL. AÇÃO REGRESSIVA. COBERTURA SECURITÁRIA. DENUNCIAÇÃO DA LIDE. DESLOCAMENTO DE COMPETÊNCIA. IMPOSSIBILIDADE. FUNDAMENTO INATACADO SUFICIENTE PARA MANUTENÇÃO DO ACÓRDÃO. SÚMULA Nº 283/STF. RESPONSABILIDADE CIVIL DO ESTADO. DENUNCIAÇÃO DA LIDE. HIPÓTESE RESTRITA. PERDA DO DIREITO DE REGRESSO. SÚMULA Nº 83/STJ. DISSÍDIO JURISPRUDENCIAL. DISPOSITIVO NÃO APONTADO. DEFICIÊNCIA NA FUNDAMENTAÇÃO RECURSAL. SÚMULA Nº 284/STF. DECISÃO MANTIDA. 1. A subsistência de fundamento inatacado apto a manter a conclusão do aresto impugnado impõe o não conhecimento da pretensão recursal. Súmula nº 283/STF. 2. Em se tratando da alegação de responsabilidade civil do Estado, a denunciação da lide somente é obrigatória na hipótese de perda do direito de regresso. Súmula nº 83/STJ. 3. Não se conhece do recurso especial por dissídio pretoriano quando não apontado o artigo de lei federal sobre o qual os acórdãos recorrido e paradigma teriam divergido. Deficiência na fundamentação que enseja a aplicação da Súmula nº 284/STF. 4. Agravo interno não provido. (AgInt no AREsp 1286782/PR, Rel. Ministro LUIS FELIPE SALOMÃO, QUARTA TURMA, julgado em 02/10/2018, DJe 08/10/2018)

► **A professora Maria Sylvia Zanella Di Pietro, no entanto, entende que não cabe denunciação à lide no âmbito federal, pois o servidor responde perante a Fazenda Pública apenas em ação regressiva,**

A professora Maria Sylvia Zanella Di Pietro, no entanto, entende que não cabe denunciação à lide no âmbito federal, pois o servidor responde perante a Fazenda Pública apenas em ação regressiva, conforme preconiza o art. 122, § 2.º, da Lei 8.112/1990. Contudo, discordamos desse entendimento, pois a referida norma não exclui a aplicação do CPC e da jurisprudência atual sobre o tema. (COUTINHO, Dantas Alessandro Dantas, RODOR, Ronald Kruger. Manual de Direito Administrativo: volume único, 2ª edição ver., atual., ampl. Salvador, Editora Juspodivm, 2018, p. 1123)

AÇÃO REGRESSIVA

▶ **A Suprema Corte entende não ser cabível ação de indenização diretamente em face do agente público com base no art. 37, § 6.º, da CF, o que deve ser feito somente contra a pessoa jurídica sujeita à regra de responsabilidade objetiva.**

A Suprema Corte entende não ser cabível ação de indenização diretamente em face do agente público com base no art. 37, § 6.º, da CF, o que deve ser feito somente contra a pessoa jurídica sujeita à regra de responsabilidade objetiva. Ainda que se adote tal entendimento, que, como vimos, não é majoritário no STJ, se porventura a pessoa jurídica for condenada em ação intentada apenas em face dela, poderá esta, então, ajuizar ação regressiva contra o agente público, se foi este quem causou dano atuando nessa qualidade, devendo a Fazenda Pública, ainda, comprovar a existência de dolo ou culpa do agente. Para exercer o direito de regresso, a entidade pública (ou a delegatária de serviços públicos) precisará comprovar que já foi condenada judicialmente por decisão transitada em julgado, sendo este requisito essencial ao cabimento da ação regressiva, verdadeira condição de procedibilidade. (COUTINHO, Dantas Alessandro Dantas, RODOR, Ronald Kruger. Manual de Direito Administrativo: volume único, 2ª edição ver., atual., ampl. Salvador, Editora Juspodivm, 2018, p. 1115)

▶ **A obrigação de o agente ressarcir a Administração Pública depende da comprovação da existência de culpa ou dolo, caracterizando a responsabilidade subjetiva, na modalidade culpa comum.**

A obrigação de o agente ressarcir a Administração Pública depende da comprovação da existência de culpa ou dolo, caracterizando a responsabilidade subjetiva, na modalidade culpa comum. (COUTINHO, Dantas Alessandro Dantas, RODOR, Ronald Kruger. Manual de Direito Administrativo: volume único, 2ª edição ver., atual., ampl. Salvador, Editora Juspodivm, 2018, p. 1116)

▶ **Caracterizada a responsabilidade subjetiva do agente, a obrigação de ressarcir a Administração Pública transmite-se aos sucessores do agente que tenha atuado com dolo ou culpa.**

Caracterizada a responsabilidade subjetiva do agente, a obrigação de ressarcir a Administração Pública transmite-se aos sucessores do agente que tenha atuado com dolo ou culpa, sempre respeitando o valor do patrimônio transferido, conforme preconiza o art. 5.º, XLV, da Carta Magna. (COUTINHO, Dantas Alessandro Dantas, RODOR, Ronald Kruger. Manual de Direito Administrativo: volume único, 2ª edição ver., atual., ampl. Salvador, Editora Juspodivm, 2018, p. 1116)

▶ **O agente público poderá ser responsabilizado ainda que tenha pedido exoneração, esteja aposentado ou outras situações semelhantes.**

Por fim, o agente público poderá ser responsabilizado ainda que tenha pedido exoneração, esteja aposentado ou outras situações semelhantes. Nesse passo, registra-se que as ações de ressarcimento ao erário, movidas pelo Estado contra agentes que tenham praticado ilícitos, são imprescritíveis. (COUTINHO, Dantas Alessandro Dantas, RODOR, Ronald Kruger. Manual de Direito Administrativo: volume único, 2ª edição ver., atual., ampl. Salvador, Editora Juspodivm, 2018, p. 1116)

◙ A comprovação da culpa do médico atrai a responsabilidade do hospital embasada no artigo 932, inciso III, do Código Civil, mas permite ação de regresso contra o causador do dano.

AGRAVO INTERNO NO AGRAVO EM RECURSO ESPECIAL. AÇÃO DE INDENIZAÇÃO POR DANOS MORAIS E MATERIAIS. CIRURGIA PARA CORREÇÃO DE FRATURA NO TORNOZELO. COMPLICAÇÕES. ANESTESIA PERIDURAL. PACIENTE EM ESTADO VEGETATIVO. ERRO MÉDICO. CULPA CONFIGURADA. HOSPITAL. RESPONSABILIDADE SUBJETIVA. AÇÃO DE REGRESSO. PROCEDÊNCIA. DANOS MORAIS. VALOR. RAZOABILIDADE. 1. Recurso especial interposto contra acórdão publicado na vigência do Código de Processo Civil de 2015 (Enunciados Administrativos nºs 2 e 3/STJ). 2. A jurisprudência desta Corte encontra-se consolidada no sentido de que a responsabilidade dos hospitais, no que tange à atuação dos médicos contratados que neles trabalham, é subjetiva, dependendo da demonstração da culpa do preposto. 3. A responsabilidade objetiva para o prestador do serviço prevista no artigo 14 do Código de Defesa do Consumidor, no caso, o hospital, limita-se aos serviços relacionados com o estabelecimento empresarial, tais como a estadia do paciente (internação e alimentação), as instalações, os equipamentos e os serviços auxiliares (enfermagem, exames, radiologia). Precedentes. 4. No caso em apreço, o acórdão recorrido concluiu, com base na prova dos autos, que houve falha médica quando da aplicação da anestesia peridural para correção de fratura no tornozelo da autora, que se encontra em estado vegetativo. 5. A comprovação da culpa do médico atrai a responsabilidade do hospital embasada no artigo 932, inciso III, do Código Civil, mas permite ação de regresso contra o causador do dano. 6. O Superior Tribunal de Justiça, afastando a incidência da Súmula nº 7/STJ, tem reexaminado o montante fixado pelas instâncias ordinárias apenas quando irrisório ou abusivo, circunstâncias inexistentes no presente caso, em que arbitrada indenização no valor de R$ 70.000,00 (setenta mil reais). 7. Agravo interno não provido. (AgInt no AREsp 1375970/SP, Rel. Ministro RICARDO VILLAS BÔAS CUEVA, TERCEIRA TURMA, julgado em 10/06/2019, DJe 14/06/2019)

◙ A culpa ou má-fé constitui, apenas, pressuposto para a responsabilização do servidor, em eventual ação de regresso, pela indenização que o ente estatal tiver que suportar por força de decisão judicial, sem, no entanto, livrá-lo do dever de reparar o dano suportado pela vítima.

ADMINISTRATIVO E PROCESSUAL CIVIL. RESPONSABILIDADE OBJETIVA DO ESTADO. LEVANTAMENTO DE NUMERÁRIO DEPOSITADO EM CONTA JUDICIAL. ERRO NO PREENCHIMENTO DA GUIA. INDICAÇÃO DE CONTA NÃO PERTENCENTE À PESSOA BENEFICIÁRIA. DANO MATERIAL. NEXO DE CAUSALIDADE CONFIGURADO. DEVER DE INDENIZAÇÃO POR DANOS MATERIAIS RECONHECIDO. DANO MORAL NÃO CARACTERIZADO. 1. É objetiva a responsabilidade civil do Estado pelos danos causados por seus agentes no exercício da função pública, cabendo ao prejudicado, unicamente, comprovar o nexo de causalidade entre a conduta do agente estatal e o dano suportado, sem a necessidade de demonstrar a existência de culpa. 2. Caso em que ficou demonstrado o nexo de causalidade entre a conduta do agente estatal, consistente no erro na expedição de alvará de levantamento de depósito judicial, e os danos materiais alegados pelo recorrente, que teve numerário a ele pertencente levantado por pessoa não autorizada. 3. A ausência de má-fé não é causa excludente da responsabilidade da Administração por ato de seus agentes. A culpa ou má-fé constitui, apenas, pressuposto para a responsabilização do servidor, em eventual ação de regresso, pela indenização que o ente estatal tiver que suportar por força de decisão judicial, sem, no entanto, livrá-lo do dever de reparar o dano suportado pela vítima. 4. Em se tratando de levantamento de numerário depositado em conta judicial, redobrado cuidado se impõe ao agente que detém a atribuição de elaborar as autorizações pertinentes, pois qualquer equívoco pode redundar em prejuízo aos titulares dos valores confiados à guarda judicial, a exemplo do ocorrido no caso em comento. 5. Quanto à reivindicada reparação por dano moral, não logrou a parte autora demonstrar sua ocorrência, que, na espécie, não se presume. 6. Recurso especial do particular parcialmente provido. (REsp 1038259/SP, Rel. Ministro SÉRGIO KUKINA, PRIMEIRA TURMA, julgado em 08/02/2018, DJe 22/02/2018)

RESPONSABILIDADE DO ESTADO POR ATOS LEGISLATIVOS

► **Não se concebe, em princípio, que o Estado possa responder civilmente por danos que advenham do processo legislativo, até porque haveria clara limitação à própria produção das normas jurídicas primárias.**

O Poder Legislativo é o responsável pela produção das normas primárias que regem todas as relações jurídicas, tanto entre particulares como entre estes e o Estado. Em regra, toda lei, em sentido material, é impessoal, geral e abstrata, e, como tal, não possui o condão de produzir, por si só, danos concretos, específicos e individualizados. Sendo assim, não se concebe, em princípio, que o Estado possa responder civilmente por danos que advenham do processo legislativo, até porque haveria clara limitação à própria produção das normas jurídicas primárias. (COUTINHO, Dantas Alessandro Dantas, RODOR, Ronald Kruger. Manual de Direito Administrativo: volume único, 2ª edição ver., atual., ampl. Salvador, Editora Juspodivm, 2018, p. 1124)

► **Argumentos invocados em defesa da irresponsabilidade:**

1. O Poder Legislativo atua no exercício da soberania, podendo alterar, revogar, criar ou extinguir situações, sem qualquer limitação que não decorra da própria Constituição; 2. O Poder Legislativo edita normas gerais e abstratas dirigidas a toda a coletividade; os ônus delas decorrentes são iguais para todas as pessoas que se encontram na mesma situação, não quebrando o princípio da igualdade de todos perante os ônus e encargos sociais; 3. Os cidadãos não podem responsabilizar o Estado por atos de par-

lamentares por eles mesmos eleitos. (DI PIETRO, Maria Sylvia Zanella. Direito Administrativo, 29ª edição, Forense, p. 804)

▶ **Argumentos invocados em defesa da responsabilidade:**

"...1. Mesmo exercendo parcela da soberania, o Legislativo tem que se submeter à Constituição, de modo que acarreta responsabilidade do Estado quando edita leis inconstitucionais; 2. Nem sempre a lei produz efeitos gerais e abstratos, de modo que o Estado deve responder por danos causados por leis que atinjam pessoas determinadas, mesmo que se trate de normas constitucionais; 3. Ao terceiro argumento, responde-se que a eleição do parlamentar implica delegação para fazer leis constitucionais. (DI PIETRO, Maria Sylvia Zanella. Direito Administrativo, 29ª edição, Forense, p. 804/805)

▶ **Atualmente, aceita-se a responsabilidade do Estado por atos legislativos pelo menos nas seguintes hipóteses:**

Atualmente, aceita-se a responsabilidade do Estado por atos legislativos pelo menos nas seguintes hipóteses: *a) leis inconstitucionais; b) atos normativos do Poder Executivo e de entes administrativos com função normativa, com vícios de inconstitucionalidade ou ilegalidade; c) leis de efeitos concretos, constitucionais ou inconstitucionais; d) omissão no poder de legislar e regulamentar.* (DI PIETRO, Maria Sylvia Zanella. Direito Administrativo, 29ª edição, Forense, p. 805)

▶ **É evidente que leis, ao serem aplicadas, podem acarretar prejuízos econômicos, como no caso de uma norma que proíba a comercialização de determinado produto ou que restrinja o comércio em determinados horários.**

Esse prejuízo, no entanto, é suportado por toda uma categoria de pessoas, e não por alguns poucos, não deixando de ser geral, visto que, para ser geral, não precisa abranger todos os nacionais ou todos aqueles potencialmente sujeitos à normatização vigente num país. (COUTINHO, Dantas Alessandro Dantas, RODOR, Ronald Kruger. Manual de Direito Administrativo: volume único, 2ª edição ver., atual., ampl. Salvador, Editora Juspodivm, 2018, p. 1124)

▶ **A responsabilidade civil do Estado, em tais situações, não pode ser resguardada, cabendo ao próprio legislador prover, dentro do exercício de sua atividade, as compensações financeiras cabíveis àquelas categorias econômicas que serão afetadas pela mudança da legislação vigente, ou, no máximo, prever regras de transição aplicáveis aos casos concretos.**

Assim, a responsabilidade civil do Estado, em tais situações, não pode ser resguardada, cabendo ao próprio legislador prover, dentro do exercício de sua atividade, as compensações financeiras cabíveis àquelas categorias econômicas que serão afetadas pela mudança da legislação vigente, ou, no máximo, prever regras de transição aplicáveis aos casos concretos. Entender diferente acarretaria o engessamento completo do ordenamento jurídico, criando-se direitos adquiridos a inúmeros regimes jurídicos que se tornariam imutáveis, ante os custos que teriam de ser suportados pelo Estado, e, logo, pela sociedade, para arcar com qualquer modificação em seu plexo jurídico. (COUTINHO, Dantas Alessandro Dantas, RODOR, Ronald Kruger. Manual de Direito Administrativo: volume único, 2ª edição ver., atual., ampl. Salvador, Editora Juspodivm, 2018, p. 1124)

► **"Leis de efeitos concretos".**

Não obstante, a lei é, sobretudo, ato do Legislativo, e nem todo ato desse poder será impessoal, abstrato e genérico, podendo, em casos específicos, editar leis apenas em sentido formal, ou seja, verdadeiros atos administrativos que o ordenamento, no entanto, exige que sejam aprovados pela Casa Legislativa, de modo que são materializados como leis, resoluções, decretos legislativos etc., constituindo-se, na verdade, em "leis de efeitos concretos". (COUTINHO, Dantas Alessandro Dantas, RODOR, Ronald Kruger. Manual de Direito Administrativo: volume único, 2ª edição ver., atual., ampl. Salvador, Editora Juspodivm, 2018, p. 1125).

> ► **No mesmo sentido:** Com relação às leis de efeitos concretos (também chamadas de leis materialmente administrativas), que atingem pessoas determinadas, incide a responsabilidade do Estado, porque, como elas fogem às características da generalidade e abstração inerentes aos atos normativos, acabam por acarretar ônus não suportado pelos demais membros da coletividade. A lei de efeito concreto, embora promulgada pelo Legislativo, com obediência ao processo de elaboração das leis, constitui, quanto ao conteúdo, verdadeiro ato administrativo, gerando, portanto, os mesmos efeitos que este quando cause prejuízo ao administrado, independentemente de considerações sobre a sua constitucionalidade ou não. Incide, nesse caso, o princípio da repartição dos encargos sociais, como fundamento da responsabilidade civil do Estado. (DI PIETRO, Maria Sylvia Zanella. Direito Administrativo, 29ª edição, Forense, p. 806)

► **Esses casos não são raros, podendo ser encontrados em todos os níveis de nossa Federação aos borbotões**

Esses casos não são raros, podendo ser encontrados em todos os níveis de nossa Federação aos borbotões (leis que atribuem nomes a estradas, aeroportos, ruas, edifícios; leis que concedem pensão especial a determinado agente do poder público ou à sua família; decretos legislativos que concedem direito de exploração de serviços de radiodifusão; leis que homenageiam pessoas determinadas, concedendo-lhes títulos etc.). (COUTINHO, Dantas Alessandro Dantas, RODOR, Ronald Kruger. Manual de Direito Administrativo: volume único, 2ª edição ver., atual., ampl. Salvador, Editora Juspodivm, 2018, p. 1125)

► **Outra situação a ser considerada é a da inadequação da norma jurídica ao regramento constitucional, o que, obviamente, só pode ser discutido em países que adotam sistema de controle de constitucionalidade das leis, como é o caso do Brasil.**

Outra situação a ser considerada é a da inadequação da norma jurídica ao regramento constitucional, o que, obviamente, só pode ser discutido em países que adotam sistema de controle de constitucionalidade das leis, como é o caso do Brasil. Portanto, *leis inconstitucionais*, em tese, também podem acarretar a responsabilidade civil do Estado. Por derradeiro, diga-se que não há qualquer controvérsia quanto à possibilidade de responsabilização do Estado por atos administrativos praticados pelo Poder Legislativo, não se aplicando a estes os óbices levantados quanto aos atos legislativos. (COUTINHO, Dantas Alessandro Dantas, RODOR, Ronald Kruger. Manual de Direito Administrativo: volume único, 2ª edição ver., atual., ampl. Salvador, Editora Juspodivm, 2018, p. 1125)

► **Vale dizer que, em se tratando de lei de efeitos concretos, aceita-se a responsabilidade do Estado mesmo que ela seja constitucional.**

Vale dizer que, em se tratando de lei de efeitos concretos, aceita-se a responsabilidade do Estado mesmo que ela seja constitucional. É também a opinião de José Cretella Júnior (1970, v. 8:255-261), para quem "o Estado responde civilmente pelos danos que o ato legislativo cause a um ou a um número restritíssimo de administrados". Lembra ele que às vezes o próprio legislador insere na lei um dispositivo atenuante, prevendo uma indenização pelo dano. (DI PIETRO, Maria Sylvia Zanella. Direito Administrativo, 29ª edição, Forense, p. 806)

► **Leis de efeitos concretos podem justificar a responsabilização civil do Estado, desde que acarretem um dano desproporcional a uma pessoa individualizada ou a um grupo de pessoas que possa ser individualizado.**

Como dito, leis que se assemelham ou constituem verdadeiros atos administrativos, por não terem as características de generalidade e abstração típicas dos atos legislativos, em sentido material, podem justificar a responsabilização civil do Estado, desde que acarretem um dano desproporcional a uma pessoa individualizada ou a um grupo de pessoas que possa ser individualizado. Evidente que nem toda lei com essas características acarretará dano, pois, por exemplo, a norma estadual ou municipal que concede o título de cidadão a alguém não tem o condão de provocar qualquer tipo de prejuízo a quem quer que seja. (COUTINHO, Dantas Alessandro Dantas, RODOR, Ronald Kruger. Manual de Direito Administrativo: volume único, 2ª edição ver., atual., ampl. Salvador, Editora Juspodivm, 2018, p. 1125).

> ► **No mesmo sentido:** Yussef Said Cahali (1995:674), citando a doutrina estrangeira e nacional existente sobre o assunto, mostra que "a lei, produto da vontade soberana do órgão competente, perfeita constitucionalmente, pode causar um dano injusto aos particulares". Menciona, como situações mais frequentemente discutidas na doutrina: o caso em que o particular desfruta de certas vantagens econômicas asseguradas por um ato legislativo, e sendo este modificado ou revogado, resulta para ele a supressão ou diminuição daquelas vantagens; também a hipótese em que o Estado estabelece a seu benefício um monopólio industrial ou comercial de certa atividade, que assim fica interdita aos particulares, sofrendo aqueles que a exerciam a sua privação. (DI PIETRO, Maria Sylvia Zanella. Direito Administrativo, 29ª edição, Forense, p. 806)

► **Alterações na legislação edilícia ou viária de um município comumente podem ter efeitos concretos, quando sua aplicação não diz respeito ao zoneamento das áreas urbanas como um todo, mas apenas atingem determinado logradouro municipal.**

Alterações na legislação edilícia ou viária de um município comumente podem ter efeitos concretos, quando sua aplicação não diz respeito ao zoneamento das áreas urbanas como um todo, mas apenas atingem determinado logradouro municipal. Rafael Carvalho Rezende Oliveira cita o exemplo de posto de gasolina localizado em via pública que tem o acesso de veículos proibidos por determinada lei municipal, do qual nos apropriamos por entendermos exemplificativo do que aqui estamos a tratar. Nessas hipóteses, como adverte o mesmo doutrinador, teremos a "responsabilidade do Estado por ato legislativo lícito, fundada no princípio da repartição dos encargos sociais". (COUTINHO, Dantas Alessandro Dantas, RODOR, Ronald Kruger. Manual de Direito Administrativo: volume único, 2ª edição ver., atual., ampl. Salvador, Editora Juspodivm, 2018, p. 1125)

► **Leis inconstitucionais**

O constitucionalismo, movimento político, social e jurídico que deu origem às constituições nacionais, nascido no século XIX[4] e desenvolvido ao longo do século XX, acarretou a instituição de Constituições rígidas ou semirrígidas[5] na maioria dos países modernos, existindo nestes, de diferentes maneiras, mecanismos de controle da constitucionalidade das leis, preventivos ou repressivos. No Brasil, o controle de constitucionalidade das leis teve início com o Decreto 848/1890, instituidor da Justiça Federal, antes mesmo da promulgação da Constituição de 1891, a primeira norma nacional a prevê-lo. Inicialmente, somente se previa o controle difuso, passando-se a contar com o controle concentrado, a cargo do Supremo Tribunal Federal, com a instituição da representação de inconstitucionalidade pela Emenda Constitucional 16/1965. (COUTINHO, Dantas Alessandro Dantas, RODOR, Ronald Kruger. Manual de Direito Administrativo: volume único, 2ª edição ver., atual., ampl. Salvador, Editora Juspodivm, 2018, p. 1126)

4. Sua origem está no famoso caso julgado pela Suprema Corte norte-americana, no ano de 1803, conhecido como *Marbury v. Madison*, sob responsabilidade do juiz John Marshall.

5. São poucas as exceções a esses sistemas, limitando-se a doutrina constitucional brasileira, de um modo geral, a apontar o sistema inglês como o único exemplo de constituição flexível existente no mundo. No entanto, o Estado de Israel também pode ser citado como exemplo, visto que ali, talvez por influência do mandato britânico na Palestina, que precedeu a criação do Estado judeu em 1947, também não existe um único documento escrito que possa ser chamado de "Constituição", sendo as leis materialmente constitucionais votadas pelo parlamento (Knesset) da mesma forma que as leis ordinárias. Não obstante, diversamente da Grã-Bretanha, com a aprovação das onze Leis Básicas, o Estado de Israel passou a prever certos limites formais à alteração de determinadas regras daquelas, o que permitiu o desenvolvimento de um controle de constitucionalidade por parte de sua Suprema Corte. Sobre o assunto, *vide*: WAISBERG, Tatiana. Notas sobre o direito constitucional israelense: A revolução constitucional e a Constituição escrita do Estado de Israel. *Revista Brasileira de Direito Constitucional*, n. 11, jan.-jun. 2008.

► **O que interessa saber é que, reconhecida a inconstitucionalidade de uma lei, torna-se possível a responsabilização civil do Estado pelos danos causados pela aplicação dessa mesma lei.**

Os pressupostos dessa responsabilização são:

1) que o dano tenha efetivamente ocorrido, cabendo à parte sua demonstração;

2) que tenha decorrido da aplicação concreta da lei (nexo de causalidade);

3) que tenha havido a declaração de inconstitucionalidade dessa mesma lei pelo Poder Judiciário, uma vez que no Brasil o controle feito pelos demais poderes é meramente preventivo. (COUTINHO, Dantas Alessandro Dantas, RODOR, Ronald Kruger. Manual de Direito Administrativo: volume único, 2ª edição ver., atual., ampl. Salvador, Editora Juspodivm, 2018, p. 1126)

► **No mesmo sentido:** Existe decisão nesse sentido do Supremo Tribunal Federal, com voto do Ministro Celso de Mello (RE 153.464, JSTF 189/14, Lex Editora), no qual são citados vários precedentes em que aquela Corte decidiu no mesmo sentido. Juary Silva coloca o tema da responsabilidade do Estado de forma unitária, que abrange atos dos três poderes. O fundamento que ele aponta, nos três casos é o "princípio do Estado de Direito, vale dizer, o da plena submissão de toda a atividade estatal ao Direito, concebendo-se este como criado pelo Estado, senão como algo que se coloca acima do Estado". Na lição de Amaro Cavalcanti, referida por Celso de Mello no voto referido, "declarada uma lei inválida ou inconstitucional por decisão judiciária, um dos efeitos da decisão deve ser logicamente o de obrigar a União, o Estado ou Município a reparar o dano causado ao indivíduo cujo direito fora lesado – quer restituindo-se-lhe aquilo que indevidamente foi exigido do mesmo, como sucede nos casos de impostos, taxas ou multa inconstitucionais, quer satisfazendo-se os prejuízos provavelmente sofridos pelo indivíduo com a execução da lei suposta". A responsabilidade por leis inconstitucionais depende da prévia declaração do vício pelo STF, conforme, aliás, consta expressamente da lição de Amaro Cavalcanti. (DI PIETRO, Maria Sylvia Zanella. Direito Administrativo, 29ª edição, Forense, p. 805)

► **O mesmo entendimento adotado em relação às leis inconstitucionais pode ser adotado, pelos mesmos fundamentos, para os regulamentos do Poder Executivo e para os atos normativos das agências reguladoras e de outros entes que exerçam competência normativa no âmbito da Administração Pública**

O mesmo entendimento adotado em relação às leis inconstitucionais pode ser adotado, pelos mesmos fundamentos, para os regulamentos do Poder Executivo e para os atos normativos das agências reguladoras e de outros entes que exerçam competência normativa no âmbito da Administração Pública, não só quando sejam inconstitucionais, mas também quando sejam ilegais, por exorbitarem dos limites de sua competência regulamentar, contrariando normas de hierarquia superior. Só que, no caso de ilegalidade, não há necessidade de prévia apreciação judicial. A indenização pode ser pleiteada, tendo por fundamento a ilegalidade do ato normativo do Poder Executivo ou dos entes reguladores. É o ensinamento, que endossamos, de Yussef Said Cahali (1995:661), que faz a seguinte distinção: "a) Se o decreto regulamentar é ilegal, consequente de abuso do poder regulamentar, por ultrapassado o limite de atribuição que a lei havia delegado ao Poder Executivo, os danos que dele resultam para o particular podem ser reclamados desde logo, questionando-se incidentalmente a legalidade do decreto; b) Se o decreto regulamentar se ajusta aos parâmetros da atribuição que a lei havia delegado ao Poder Executivo, neste caso, decreto e lei se complementam, de tal modo que a pretensão indenizatória do particular prejudicado, se fundada em pretendida inconstitucionalidade do decreto, mais se condiciona ao reconhecimento e declaração da inconstitucionalidade desta pelo tribunal competente, como dano provocado por lei inconstitucional." (DI PIETRO, Maria Sylvia Zanella. Direito Administrativo, 29ª edição, Forense, p. 805/806)

► A maior dúvida que surge é em relação à declaração de inconstitucionalidade, visto que a Constituição Federal brasileira de 1988 adota tanto o sistema concentrado de controle de constitucionalidade quanto o sistema difuso de controle de constitucionalidade.

Tradicionalmente, somente no controle concentrado, a cargo do STF[6], a declaração tem efeito *erga omnes*, prescindindo, inclusive, de qualquer providência complementar pelo Legislativo quanto à retirada da norma inconstitucional do mundo jurídico, estando razoavelmente assentado que a providência prevista no art. 52, IX, da CF/1988, pelo Senado Federal, só tem sentido no controle difuso. (COUTINHO, Dantas Alessandro Dantas, RODOR, Ronald Kruger. Manual de Direito Administrativo: volume único, 2ª edição ver., atual., ampl. Salvador, Editora Juspodivm, 2018, p. 1127)

► Para alguns doutrinadores, nada impediria a responsabilização civil do Estado quando a norma for declarada inconstitucional dentro do sistema difuso, desde que a pretensão indenizatória seja exercida dentro dos limites dos efeitos *inter partes* da ação originária em que se deu a declaração

Para alguns doutrinadores, nada impediria a responsabilização civil do Estado quando a norma for declarada inconstitucional dentro do sistema difuso, desde que a pretensão indenizatória seja exercida dentro dos limites dos efeitos *inter partes* da ação originária em que se deu a declaração[7]. (COUTINHO, Dantas Alessandro Dantas, RODOR, Ronald Kruger. Manual de Direito Administrativo: volume único, 2ª edição ver., atual., ampl. Salvador, Editora Juspodivm, 2018, p. 1127)

► Em diferentes oportunidades, no entanto, o STJ firmou o entendimento de que tal pretensão só pode ter cabimento quando a declaração de inconstitucionalidade decorre de decisão do STF

Em diferentes oportunidades, no entanto, o STJ firmou o entendimento de que tal pretensão só pode ter cabimento quando a declaração de inconstitucionalidade de-

6. A CF/1988, no entanto, prevê o controle concentrado pelos Tribunais de Justiça quanto às leis e atos normativos municipais e estaduais em face das respectivas Constituições estaduais (art. 125, § 2.º).

7. *Vide* OLIVEIRA, Rafael Carvalho Rezende. *Curso de direito administrativo*. São Paulo: Método, 2013.

corre de decisão do STF. (COUTINHO, Dantas Alessandro Dantas, RODOR, Ronald Kruger. Manual de Direito Administrativo: volume único, 2ª edição ver., atual., ampl. Salvador, Editora Juspodivm, 2018, p. 1127).

Neste sentido: Avulta, ainda, destacar que o fato gerador da responsabilidade estatal no caso – a inconstitucionalidade da lei – alcança tanto a inconstitucionalidade material como a formal, pois que, na verdade, o vício de forma na lei também não escusa a ilegítima atuação do órgão legislativo. Primitivamente, admitia-se a responsabilidade apenas quando houvesse controle concentrado de constitucionalidade; entretanto, atualmente já se considera que o controle incidental pode, da mesma forma, gerar a responsabilidade do Estado, eis que inexiste qualquer óbice no direito positivo para tal conclusão. A verdade é que tanto numa hipótese quanto na outra fica reconhecido o erro legislativo. (FILHO, C., Santos, J. D. Manual de Direito Administrativo, 33ª edição. [Grupo GEN]. Retirado de https://grupogen.vitalsource.com/#/books/9788597020533/)

◙ **Neste sentido:** DIREITO FINANCEIRO E PROCESSUAL CIVIL. CRUZADOS NOVOS BLOQUEADOS E CONVERTIDOS EM CRUZEIROS (PLANO COLLOR), COM A RESPECTIVA TRANSFERÊNCIA PARA O BANCO CENTRAL. CORREÇÃO MONETÁRIA E MARCO TEMPORAL DE SUA INCIDÊNCIA (LEIS NºS. 7.730/89 E 8.024/90). DIES A QUO EM QUE SE CONFIGUROU A RESPONSABILIDADE DO BACEN PELO PAGAMENTO DA CORREÇÃO MONETÁRIA E SUA LEGITIMIDADE PARA FIGURAR NO PÓLO PASSIVO DA AÇÃO. ATUALIZAÇÃO DA MOEDA E O PRINCÍPIO DA LEGALIDADE ESTRITA. DESCONSIDERAÇÃO, NO JULGAMENTO DO ESPECIAL, DE QUESTÕES CONSTITUCIONAIS E FÁTICAS CUJA APRECIAÇÃO COMPETE A SUPREMA CORTE E AOS TRIBUNAIS ORDINÁRIOS. Consoante jurisprudência prevalecente na Corte, na esfera do especial, é defeso, ao juiz, apreciar questões (ou princípios) de natureza constitucional (tais como: o bloqueio constitui requisição, confisco, empréstimo compulsório, desapropriação; ou afronta o direito de propriedade, o direito adquirido, o ato jurídico perfeito ou a irretroatividade da lei), em que se impõe a interpretação (e aplicação ao caso concreto) de normas constitucionais, atividade confinada na competência do Supremo Tribunal Federal. No sistema-jurídico-constitucional brasileiro, o juiz é essencial e substancialmente julgador, função jurisdicional estritamente vinculada à lei, encastoando-se do poder do jus dicere, descabendo-lhe recusar cumprimento à legislação em vigor (salvante se lhe couber declarar-lhe a inconstitucionalidade), sob pena de exautorar princípios fundamentais do direito público nacional. A correção monetária, em nosso direito, está sujeita ao princípio da legalidade estrita, constituindo seu primeiro pressuposto a existência de lei formal que a institua. Se o Estado democrático de direito adotou o princípio do nominalismo monetário, estabelecendo o valor legal da moeda, é juridicamente inadmissível que esta (moeda) tenha, pari passu, um valor econômico sem autorização legal. Só a lei é o instrumento adequado para instituir a correção monetária. Na hipótese vertente (bloqueio dos cruzados novos), há lei (nº 8.024, art. 6º, § 2º), estabelecendo, de forma clara e precisa, a correção monetária dos saldos em caderneta de poupança convertidos em cruzeiros, indicando expressamente o índice de atualização (BTNF), fixando o período sujeito à correção e o marco temporal em que o fator de atualização passaria a incidir (a data do primeiro crédito de rendimento). Qualquer outro índice por mais real que aquele, por mais apropriado, por mais conveniente, não pode ser pretendido (e nem concedido nesta instância), por lhe faltar um requisito inafastável – a base legal. É, pois, antijurídico, na espécie, omitir-se, o julgador, em aplicar a lei e desbordando-se na apreciação dos fatos da causa (sob divisar existência de prejuízo ou possível enriquecimento da parte adversa), enveredar na busca de outro índice que, do ponto de vista econômico, possa ser mais aconselhável do que o preconizado pelo legislador. Se a lei – para o caso específico – instituiu o índice, de atualização, deve o legislador ter sido despertado para que este fosse o mais consentâneo com a realidade nacional e com o interesse público. Transmudar-lhe, é defeso ao Judiciário, ao qual é vedado investir-se na condição de legislador positivo. O legislador não fica obrigado, tendo-se como prevalecente o interesse nacional, em percentualizar o fator de correção (para atender a diversidade de situações e de condições que caracterizam uma dada conjuntura econômico-financeira), em igualdade absoluta com a inflação real. Por mais injusta que possa ser, a correção monetária consiste, apenas, na parcela de inflação reconhecida por lei. A transferência dos saldos em cruzeiros novos não convertidos, não se verificou, ipso facto, logo após a promulgação da Medida Provisória nº 168/90, mas, tão só, na data de conversão dos ativos inferiores a cinquenta mil cruzeiros (art. 6º da Lei nº 8.024/90) e que coincidiu com o dia do próximo crédito de rendimento da poupança (art. 9º). É somente a partir desse marco temporal (data do próximo crédito de rendimento) que o Banco Central se tornou responsável pela correção monetária dos saldos (porquanto, só aí, passaram à sua guarda e controle). A edição da Medida Provisória 169/90 se verificou em 16 de março de 1990 e só atuou para o futuro. E como o índice de correção (do período considerado) é calculado com base na média dos preços apurados entre o início da segunda quinzena do mês anterior e o término da primeira quinzena do mês de referência, é evidente que o índice pertinente ao mês de março (1990) foi apurado entre o dia 16 de fevereiro e 15 de março (arts. 10 e 17 da Lei nº 7.730/89), e nesse interregno os saldos de poupança se encontravam, ainda, em poder das instituições financeiras depositárias – com o aferimento, por estas, dos frutos e rendimentos – sobre elas recaindo a obrigação de corrigir, não se podendo impingir ao BACEN os ônus da atualização pertinente ao mês de março de 1990. A jurisprudência que se sedimentou no STF é no sentido de que, o índice de correção de poupança só não pode ser alterado durante o período de apuração em curso. In casu, inexiste conflito com o que se assentou na Suprema Corte, dês que, a Medida Provisória de nº 168 é de 16 de março (1990) e o fator de correção deste mês foi apurado integralmente (84,32%), porquanto o instrumento legislativo citado não alcançou o passado. Ainda que se atribua a natureza jurídica do bloqueio dos cruzados como sendo mera prorrogação dos contratos de poupança, inexistiu ilegalidade na correção dos ativos financeiros (poupança) pelo BTNF, porquanto, esse fator de atualização só foi aplicado a partir do primeiro aniversário das cadernetas de poupança (data do depósito dos rendimentos), subsequente à edição da Medida Provisória nº 168/90. O Estado só responde (em forma de indenização, ao indivíduo prejudicado) por atos legislativos quando inconstitucionais, assim declarados pelo Supremo Tribunal Federal. Recurso especial conhecido e provido. Decisão unânime. (REsp 133.882/SC, Rel. Ministro DEMÓCRITO REINALDO, PRIMEIRA TURMA, julgado em 25/05/1999, DJ 28/06/1999, p. 52)

► **É preciso ter em mente, no entanto, que os efeitos pretendidos pela parte geralmente são buscados na própria ação em que se visa o reconhecimento da inconstitucionalidade da norma, e raramente envolve a possibilidade de uma nova demanda, exclusivamente indenizatória.**

É preciso ter em mente, no entanto, que os efeitos pretendidos pela parte geralmente são buscados na própria ação em que se visa o reconhecimento da inconstitucionalidade da norma, e raramente envolve a possibilidade de uma nova demanda, exclusivamente indenizatória. Logo, nos parece não ter sentido a limitação alvitrada pelo STJ, embora, por outro lado, com a já massiva aceitação da tese que possibilita a desconstituição da chamada "coisa julgada inconstitucional", não se deve dar execução à decisão que, embora transitada em julgado, tenha reconhecido a inconstitucionalidade de norma que foi tida por constitucional pelo STF. Outro ponto a ser considerado é que, desde a edição da Lei 10.259/2001, que instituiu o mecanismo de julgamento uniforme para os recursos extraordinários envolvendo questões constitucionais afetas aos juizados especiais federais (art. 15), desenvolveu-se bastante a jurisprudência constitucional do STF no sentido de aceitar a repercussão geral de suas decisões também no controle difuso, matéria que parece já estar pacificada com o advento do próprio instrumento como espécie de filtro para os recursos extraordinários (Lei 11.418/2006). (COUTINHO, Dantas Alessandro Dantas, RODOR, Ronald Kruger. Manual de Direito Administrativo: volume único, 2ª edição ver., atual., ampl. Salvador, Editora Juspodivm, 2018, p. 1127)

► **A "modulação de efeitos" da declaração de inconstitucionalidade.**

A jurisprudência do STF também admite a chamada "modulação de efeitos" da declaração de inconstitucionalidade, de forma que, se a Corte fixar os efeitos da declaração de modo *ex nunc* (ou seja, sem efeito retroativo) ou prospectivamente (a partir de uma data futura), o que é admitido pelo art. 27 da Lei 9.868/1999, que trata do processo e julgamento da ação direta de inconstitucionalidade e da ação declaratória de constitucionalidade, somente a partir do prazo estabelecido pela Corte poder-se-á ter como iniciada, da mesma forma, a responsabilidade do Estado por danos advindos da aplicação da norma tida por inconstitucional. Geralmente, são ressalvados, apenas, os casos daqueles que já intentaram ação individual antes da decisão sobre a modulação dos efeitos. (COUTINHO, Dantas Alessandro Dantas, RODOR, Ronald Kruger. Manual de Direito Administrativo: volume único, 2ª edição ver., atual., ampl. Salvador, Editora Juspodivm, 2018, p. 1127)

► **Responsabilidade civil por omissão legislativa**

A Constituição Federal de 1988 inovou no ordenamento constitucional brasileiro ao admitir dois instrumentos jurídicos novos destinados a combater a chamada "inércia do legislador", ou seja, a mora legislativa. (COUTINHO, Dantas Alessandro Dantas, RODOR, Ronald Kruger. Manual de Direito Administrativo: volume único, 2ª edição ver., atual., ampl. Salvador, Editora Juspodivm, 2018, p. 1128)

► **A ação declaratória de inconstitucionalidade por omissão (art. 103, § 2.º, da CF) e o mandado de injunção (art. 5.º, LXXI, da CF), embora tenham pressupostos e legitimados distintos, eram utilizados, ao fim e ao cabo, para requerer ao Judiciário a declaração da mora legislativa.**

Tais instrumentos, a ação declaratória de inconstitucionalidade por omissão (art. 103, § 2.º, da CF) e o mandado de injunção (art. 5.º, LXXI, da CF), embora tenham pressupostos e legitimados distintos, eram utilizados, ao fim e ao cabo, para requerer ao Judiciário a declaração da mora legislativa. (COUTINHO, Dantas Alessandro Dantas, RODOR, Ronald Kruger. Manual de Direito Administrativo: volume único, 2ª edição ver., atual., ampl. Salvador, Editora Juspodivm, 2018, p. 1128)

◙ **Em especial com o mandado de injunção, a Corte Suprema promoveu a mudança de sua orientação quanto à impossibilidade de atribuir efeitos concretos à decisão proferida na ação**

No entanto, em especial com o mandado de injunção, a Corte Suprema promoveu a mudança de sua orientação quanto à impossibilidade de atribuir efeitos concretos à decisão proferida na ação, conforme *leading case* do MI 708 (Rel. Min. Gilmar Mendes). (COUTINHO, Dantas Alessandro Dantas, RODOR, Ronald Kruger. Manual de Direito Administrativo: volume único, 2ª edição ver., atual., ampl. Salvador, Editora Juspodivm, 2018, p. 1128)

► **Com isso, parte da doutrina logo se aventurou a defender a tese da possibilidade de responsabilização civil do Estado em decorrência de mora legislativa.**

Ocorre que em momento algum a Corte sufragou tal tese, limitando-se a dizer que a declaração possibilita, isto sim, que a parte interessada ajuíze ação em busca dos direitos que lhe são sonegados pela mora legislativa, inclusive, eventualmente, pretensões reparatórias[8]. (COUTINHO, Dantas Alessandro Dantas, RODOR, Ronald Kruger. Manual de Direito Administrativo: volume único, 2ª edição ver., atual., ampl. Salvador, Editora Juspodivm, 2018, p. 1128)

8. Esse entendimento restou bastante claro em precedente anterior ao *leading case* MI 708, no *MI 284/DF* (Rel. p/ acórdão Min. Celso de Mello), no qual se discutia o direito previsto no art. 8.º, § 3.º, do ADCT. Na ocasião, a Corte reconheceu que, como o dispositivo constitucional já estabelecia prazo para a edição da lei, com a superação deste já existiria um direito subjetivo a ser resguardado, não sendo suficiente a mera declaração da mora legislativa.

■ Neste sentido: MANDADO DE INJUNÇÃO. GARANTIA FUNDAMENTAL (CF, ART. 5º, INCISO LXXI). DIREITO DE GREVE DOS SERVIDORES PÚBLICOS CIVIS (CF, ART. 37, INCISO VII). EVOLUÇÃO DO TEMA NA JURISPRUDÊNCIA DO SUPREMO TRIBUNAL FEDERAL (STF). DEFINIÇÃO DOS PARÂMETROS DE COMPETÊNCIA CONSTITUCIONAL PARA APRECIAÇÃO NO ÂMBITO DA JUSTIÇA FEDERAL E DA JUSTIÇA ESTADUAL ATÉ A EDIÇÃO DA LEGISLAÇÃO ESPECÍFICA PERTINENTE, NOS TERMOS DO ART. 37, VII, DA CF. EM OBSERVÂNCIA AOS DITAMES DA SEGURANÇA JURÍDICA E À EVOLUÇÃO JURISPRUDENCIAL NA INTERPRETAÇÃO DA OMISSÃO LEGISLATIVA SOBRE O DIREITO DE GREVE DOS SERVIDORES PÚBLICOS CIVIS, FIXAÇÃO DO PRAZO DE 60 (SESSENTA) DIAS PARA QUE O CONGRESSO NACIONAL LEGISLE SOBRE A MATÉRIA. MANDADO DE INJUNÇÃO DEFERIDO PARA DETERMINAR A APLICAÇÃO DAS LEIS Nos 7.701/1988 E 7.783/1989. 1. SINAIS DE EVOLUÇÃO DA GARANTIA FUNDAMENTAL DO MANDADO DE INJUNÇÃO NA JURISPRUDÊNCIA DO SUPREMO TRIBUNAL FEDERAL (STF). 1.1. No julgamento do MI no 107/DF, Rel. Min. Moreira Alves, DJ 21.9.1990, o Plenário do STF consolidou entendimento que conferiu ao mandado de injunção os seguintes elementos operacionais: i) os direitos constitucionalmente garantidos por meio de mandado de injunção apresentam-se como direitos à expedição de um ato normativo, os quais, via de regra, não poderiam ser diretamente satisfeitos por meio de provimento jurisdicional do STF; ii) a decisão judicial que declara a existência de uma omissão inconstitucional constata, igualmente, a mora do órgão ou poder legiferante, insta-o a editar a norma requerida; iii) a omissão inconstitucional tanto pode referir-se a uma omissão total do legislador quanto a uma omissão parcial; iv) a decisão proferida em sede do controle abstrato de normas acerca da existência, ou não, de omissão é dotada de eficácia erga omnes, e não apresenta diferença significativa em relação a atos decisórios proferidos no contexto de mandado de injunção; iv) o STF possui competência constitucional para, na ação de mandado de injunção, determinar a suspensão de processos administrativos ou judiciais, com o intuito de assegurar ao interessado a possibilidade de ser contemplado por norma mais benéfica, ou que lhe assegure o direito constitucional invocado; v) por fim, esse plexo de poderes institucionais legitima que o STF determine a edição de outras medidas que garantam a posição do impetrante até a oportuna expedição de normas pelo legislador. 1.2. Apesar dos avanços proporcionados por essa construção jurisprudencial inicial, o STF flexibilizou a interpretação constitucional primeiramente fixada para conferir uma compreensão mais abrangente à garantia fundamental do mandado de injunção. A partir de uma série de precedentes, o Tribunal passou a admitir soluções "normativas" para a decisão judicial como alternativa legítima de tornar a proteção judicial efetiva (CF, art. 5º, XXXV). Precedentes: MI no 283, Rel. Min. Sepúlveda Pertence, DJ 14.11.1991; MI no 232/RJ, Rel. Min. Moreira Alves, DJ 27.3.1992; MI nº 284, Rel. Min. Marco Aurélio, Red. para o acórdão Min. Celso de Mello, DJ 26.6.1992; MI no 543/DF, Rel. Min. Octavio Gallotti, DJ 24.5.2002; MI no 679/DF, Rel. Min. Celso de Mello, DJ 17.12.2002;

e MI no 562/DF, Rel. Min. Ellen Gracie, DJ 20.6.2003. 2. O MANDADO DE INJUNÇÃO E O DIREITO DE GREVE DOS SERVIDORES PÚBLICOS CIVIS NA JURISPRUDÊNCIA DO STF. 2.1. O tema da existência, ou não, de omissão legislativa quanto à definição das possibilidades, condições e limites para o exercício do direito de greve por servidores públicos civis já foi, por diversas vezes, apreciado pelo STF. Em todas as oportunidades, esta Corte firmou o entendimento de que o objeto do mandado de injunção cingir-se-ia à declaração da existência, ou não, de mora legislativa para a edição de norma regulamentadora específica. Precedentes: MI no 20/DF, Rel. Min. Celso de Mello, DJ 22.11.1996; MI no 585/TO, Rel. Min. Ilmar Galvão, DJ 2.8.2002; e MI no 485/MT, Rel. Min. Maurício Corrêa, DJ 23.8.2002. 2.2. Em alguns precedentes(em especial, no voto do Min. Carlos Velloso, proferido no julgamento do MI no 631/MS, Rel. Min. Ilmar Galvão, DJ 2.8.2002), aventou-se a possibilidade de aplicação aos servidores públicos civis da lei que disciplina os movimentos grevistas no âmbito do setor privado (Lei no 7.783/1989). 3. DIREITO DE GREVE DOS SERVIDORES PÚBLICOS CIVIS. HIPÓTESE DE OMISSÃO LEGISLATIVA INCONSTITUCIONAL. MORA JUDICIAL, POR DIVERSAS VEZES, DECLARADA PELO PLENÁRIO DO STF. RISCOS DE CONSOLIDAÇÃO DE TÍPICA OMISSÃO JUDICIAL QUANTO À MATÉRIA. A EXPERIÊNCIA DO DIREITO COMPARADO. LEGITIMIDADE DE ADOÇÃO DE ALTERNATIVAS NORMATIVAS E INSTITUCIONAIS DE SUPERAÇÃO DA SITUAÇÃO DE OMISSÃO. 3.1. A permanência da situação de não-regulamentação do direito de greve dos servidores públicos civis contribui para a ampliação da regularidade das instituições de um Estado democrático de Direito (CF, art. 1º). Além de o tema envolver uma série de questões estratégicas e orçamentárias diretamente relacionadas aos serviços públicos, a ausência de parâmetros jurídicos de controle dos abusos cometidos na deflagração desse tipo específico de movimento grevista tem favorecido que o legítimo exercício de direitos constitucionais seja afastado por uma verdadeira "lei da selva". 3.2. Apesar das modificações implementadas pela Emenda Constitucional no 19/1998 quanto à modificação da reserva legal de lei complementar para a de lei ordinária específica (CF, art. 37, VII), observa-se que o direito de greve dos servidores públicos civis continua sem receber tratamento legislativo minimamente satisfatório para garantir o exercício dessa prerrogativa em consonância com imperativos constitucionais. 3.3. Tendo em vista as imperiosas balizas jurídico-políticas que demandam a concretização do direito de greve a todos os trabalhadores, o STF não pode se abster de reconhecer que, assim como o controle judicial deve incidir sobre a atividade do legislador, é possível que a Corte Constitucional atue também nos casos de inatividade ou omissão do Legislativo. 3.4. A mora legislativa em questão já foi, por diversas vezes, declarada na ordem constitucional brasileira. Por esse motivo, a permanência dessa situação de ausência de regulamentação do direito de greve dos servidores públicos civis passa a invocar, para si, os riscos de consolidação de uma típica omissão judicial. 3.5. Na experiência do direito comparado (em especial, na Alemanha e na Itália), admite-se que o Poder Judiciário adote medidas normativas como alternativa legítima de superação de omissões inconstitucionais, sem que a proteção judicial efetiva a direitos fundamentais se configure como ofensa ao modelo de separação de poderes (CF, art. 2º). 4. DIREITO DE GREVE DOS SERVIDORES PÚBLICOS CIVIS. REGULAMENTAÇÃO DA LEI DE GREVE DOS TRABALHADORES EM GERAL (LEI No 7.783/1989). FIXAÇÃO DE PARÂMETROS DE CONTROLE JUDICIAL DO EXERCÍCIO DO DIREITO DE GREVE PELO LEGISLADOR INFRACONSTITUCIONAL. 4.1. A disciplina do direito de greve para os trabalhadores em geral, quanto às "atividades essenciais", é especificamente delineada nos arts. 9º a 11 da Lei no 7.783/1989. Na hipótese de aplicação dessa legislação geral ao caso específico do direito de greve dos servidores públicos, antes de tudo, afigura-se inegável o conflito existente entre as necessidades mínimas de legislação para o exercício do direito de greve dos servidores públicos civis (CF, art. 9º, caput, c/c art. 37, VII), de um lado, e o direito a serviços públicos adequados e prestados de forma contínua a todos os cidadãos (CF, art. 9º, §1º), de outro. Evidentemente, não se outorgaria ao legislador qualquer poder discricionário quanto à edição, ou não, da lei disciplinadora do direito de greve. O legislador poderia adotar um modelo mais ou menos rígido, mais ou menos restritivo do direito de greve no âmbito do serviço público, mas não poderia deixar de reconhecer direito previamente definido pelo texto da Constituição. Considerada a evolução jurisprudencial do tema perante o STF, em sede do mandado de injunção, não se pode atribuir amplamente ao legislador a última palavra acerca da concessão, ou não, do direito de greve dos servidores públicos civis, sob pena de se esvaziar direito fundamental positivado. Tal premissa, contudo, não impede que, futuramente, o legislador infraconstitucional confira novos contornos acerca da adequada configuração da disciplina desse direito constitucional. 4.2 Considerada a omissão legislativa alegada na espécie, seria o caso de se acolher a pretensão, tão-somente no sentido de que se aplique a Lei no 7.783/1989 enquanto a omissão não for devidamente regulamentada por lei específica para os servidores públicos civis (CF, art. 37, VII). 4.3 Em razão dos imperativos da continuidade dos serviços públicos, contudo, não se pode afastar que, de acordo com as peculiaridades de cada caso concreto e mediante solicitação de entidade ou órgão legítimo, seja facultado ao tribunal competente impor a observância a regime de greve mais severo em razão de tratar-se de "serviços ou atividades essenciais", nos termos do regime fixado pelos arts. 9º a 11 da Lei no 7.783/1989. Isso ocorre porque não se pode deixar de cogitar dos riscos decorrentes das possibilidades de que a regulação dos serviços públicos que tenham características afins a esses "serviços ou atividades essenciais" seja menos severa que a disciplina dispensada aos serviços privados ditos "essenciais". 4.4. O sistema de judicialização do direito de greve dos servidores públicos civis está aberto para que outras atividades sejam submetidas a idêntico regime. Pela complexidade e variedade dos serviços públicos e atividades estratégicas típicas do Estado, há outros serviços públicos, cuja essencialidade não está contemplada pelo rol dos arts. 9º a 11 da Lei no 7.783/1989. Para os fins desta decisão, a enunciação do regime fixado pelos arts. 9º a 11 da Lei no 7.783/1989 é apenas exemplificativa (*numerus apertus*). 5. O PROCESSAMENTO E O JULGAMEN-

TO DE EVENTUAIS DISSÍDIOS DE GREVE QUE ENVOLVAM SERVIDORES PÚBLICOS CIVIS DEVEM OBEDECER AO MODELO DE COMPETÊNCIAS E ATRIBUIÇÕES APLICÁVEL AOS TRABALHADORES EM GERAL (CELETISTAS), NOS TERMOS DA REGULAMENTAÇÃO DA LEI No 7.783/1989. A APLICAÇÃO COMPLEMENTAR DA LEI No 7.701/1988 VISA À JUDICIALIZAÇÃO DOS CONFLITOS QUE ENVOLVAM OS SERVIDORES PÚBLICOS CIVIS NO CONTEXTO DO ATENDIMENTO DE ATIVIDADES RELACIONADAS A NECESSIDADES INADIÁVEIS DA COMUNIDADE QUE, SE NÃO ATENDIDAS, COLOQUEM "EM PERIGO IMINENTE A SOBREVIVÊNCIA, A SAÚDE OU A SEGURANÇA DA POPULAÇÃO" (LEI Nº 7.783/1989, PARÁGRAFO ÚNICO, ART. 11). 5.1. Pendência do julgamento de mérito da ADI no 3.395/DF, Rel. Min. Cezar Peluso, na qual se discute a competência constitucional para a apreciação das "ações oriundas da relação de trabalho, abrangidos os entes de direito público externo e da administração pública direta e indireta da União, dos Estados, do Distrito Federal e dos Municípios" (CF, art. 114, I, na redação conferida pela EC no 45/2004). 5.2. Diante da singularidade do debate constitucional do direito de greve dos servidores públicos civis, sob pena de injustificada e inadmissível negativa de prestação jurisdicional nos âmbitos federal, estadual e municipal, devem-se fixar também os parâmetros institucionais e constitucionais de definição de competência, provisória e ampliativa, para a apreciação de dissídios de greve instaurados entre o Poder Público e os servidores públicos civis. 5.3. No plano procedimental, afigura-se recomendável aplicar ao caso concreto a disciplina da Lei no 7.701/1988 (que versa sobre especialização das turmas dos Tribunais do Trabalho em processos coletivos), no que tange à competência para apreciar e julgar eventuais conflitos judiciais referentes à greve de servidores públicos que sejam suscitados até o momento de colmatação legislativa específica da lacuna ora declarada, nos termos do inciso VII do art. 37 da CF. 5.4. A adequação e a necessidade da definição dessas questões de organização e procedimento dizem respeito a elementos de fixação de competência constitucional de modo a assegurar, a um só tempo, a possibilidade e, sobretudo, os limites ao exercício do direito constitucional de greve dos servidores públicos, e a continuidade na prestação dos serviços públicos. Ao adotar essa medida, este Tribunal passa a assegurar o direito de greve constitucionalmente garantido no art. 37, VII, da Constituição Federal, sem desconsiderar a garantia da continuidade de prestação de serviços públicos – um elemento fundamental para a preservação do interesse público em áreas que são extremamente demandadas pela sociedade. 6. DEFINIÇÃO DOS PARÂMETROS DE COMPETÊNCIA CONSTITUCIONAL PARA APRECIAÇÃO DO TEMA NO ÂMBITO DA JUSTIÇA FEDERAL E DA JUSTIÇA ESTADUAL ATÉ A EDIÇÃO DA LEGISLAÇÃO ESPECÍFICA PERTINENTE, NOS TERMOS DO ART. 37, VII, DA CF. FIXAÇÃO DO PRAZO DE 60 (SESSENTA) DIAS PARA QUE O CONGRESSO NACIONAL LEGISLE SOBRE A MATÉRIA. MANDADO DE INJUNÇÃO DEFERIDO PARA DETERMINAR A APLICAÇÃO DAS LEIS Nos 7.701/1988 E 7.783/1989. 6.1. Aplicabilidade aos servidores públicos civis da Lei no 7.783/1989, sem prejuízo de que, diante do caso concreto e mediante solicitação de entidade ou órgão legítimo, seja facultado ao juízo competente a fixação de regime de greve mais severo, em razão de tratarem de "serviços ou atividades essenciais" (Lei no 7.783/1989, arts. 9º a 11). 6.2. Nessa extensão do deferimento do mandado de injunção, aplicação da Lei no 7.701/1988, no que tange à competência para apreciar e julgar eventuais conflitos judiciais referentes à greve de servidores públicos que sejam suscitados até o momento de colmatação legislativa específica da lacuna ora declarada, nos termos do inciso VII do art. 37 da CF. 6.3. Até a devida disciplina legislativa, devem-se definir as situações provisórias de competência constitucional para a apreciação desses dissídios no contexto nacional, regional, estadual e municipal. Assim, nas condições acima especificadas, se a paralisação for de âmbito nacional, ou abranger mais de uma região da justiça federal, ou ainda, compreender mais de uma unidade da federação, a competência para o dissídio de greve será do Superior Tribunal de Justiça (por aplicação analógica do art. 2º, I, "a", da Lei no 7.701/1988). Ainda no âmbito federal, se a controvérsia estiver adstrita a uma única região da justiça federal, a competência será dos Tribunais Regionais Federais (aplicação analógica do art. 6º da Lei no 7.701/1988). Para o caso da jurisdição no contexto estadual ou municipal, se a controvérsia estiver adstrita a uma unidade da federação, a competência será do respectivo Tribunal de Justiça (também por aplicação analógica do art. 6º da Lei no 7.701/1988). As greves de âmbito local ou municipal serão dirimidas pelo Tribunal de Justiça ou Tribunal Regional Federal com jurisdição sobre o local da paralisação, conforme se trate de greve de servidores municipais, estaduais ou federais. 6.4. Considerados os parâmetros acima delineados, a par da competência para o dissídio de greve em si, no qual se discuta a abusividade, ou não, da greve, os referidos tribunais, nos âmbitos de sua jurisdição, serão competentes para decidir acerca do mérito do pagamento, ou não, dos dias de paralisação em consonância com a excepcionalidade de que esse juízo se reveste. Nesse contexto, nos termos do art. 7º da Lei no 7.783/1989, a deflagração da greve, em princípio, corresponde à suspensão do contrato de trabalho. Como regra geral, portanto, os salários dos dias de paralisação não deverão ser pagos, salvo no caso em que a greve tenha sido provocada justamente por atraso no pagamento aos servidores públicos civis, ou por outras situações excepcionais que justifiquem o afastamento da premissa da suspensão do contrato de trabalho (art. 7º da Lei no 7.783/1989, in fine). 6.5. Os tribunais mencionados também serão competentes para apreciar e julgar medidas cautelares eventualmente incidentes relacionadas ao exercício do direito de greve dos servidores públicos civis, tais como: i) aquelas nas quais se postule a preservação do objeto da querela judicial, qual seja, o percentual mínimo de servidores públicos que deve continuar trabalhando durante o movimento paredista, ou mesmo a proibição de qualquer tipo de paralisação; ii) os interditos possessórios para a desocupação de dependências dos órgãos públicos eventualmente tomados por grevistas; e iii) as demais medidas cautelares que apresentem conexão direta com o dissídio coletivo de greve. 6.6. Em razão da evolução jurisprudencial sobre o tema da interpretação da omissão legislativa do direito de greve dos servidores públicos civis e em respeito aos ditames de segurança jurídica, fixa-se o prazo de 60 (sessenta) dias para que o Congresso Nacional legisle sobre a matéria. 6.7. Mandado de injunção conhecido e, no mérito, deferido para, nos termos acima especificados, determinar a aplicação das Leis nos 7.701/1988 e 7.783/1989 aos conflitos e às ações judiciais que envolvam a interpretação do direito de greve dos servidores públicos civis. (MI 708, Relator(a): Min. GILMAR MENDES, Tribunal Pleno, julgado em 25/10/2007, DJe-206 DIVULG 30-10-2008 PUBLIC 31-10-2008 EMENT VOL-02339-02 PP-00207 RTJ VOL-00207-02 PP-00471)

▶ **Exigir os direitos não contemplados na legislação por ausência de lei regulamentadora não se equipara a exigir do Estado indenização pela mora legislativa**

Ora, exigir os direitos não contemplados na legislação por ausência de lei regulamentadora não se equipara a exigir do Estado indenização pela mora legislativa, visto que a primeira pretensão é tão somente substitutiva daquilo que a própria lei regulamentadora deveria contemplar. Para dizermos que isso abrange a responsabilidade civil do Estado, teríamos, sinceramente, de trabalhar com um conceito bem mais ampliativo do assunto. (COUTINHO, Dantas Alessandro Dantas, RODOR, Ronald Kruger. Manual de Direito Administrativo: volume único, 2ª edição ver., atual., ampl. Salvador, Editora Juspodivm, 2018, p. 1128)

▶ **A questão toda está em saber, nos parece, se a omissão legislativa pode acarretar danos mensuráveis diversos do próprio objeto da norma regulamentadora, ainda não editada, da Constituição Federal.**

A questão toda está em saber, nos parece, se a omissão legislativa pode acarretar danos mensuráveis diversos do próprio objeto da norma regulamentadora, ainda não editada, da Constituição Federal. Ou seja, se a pessoa também pode pedir, além do implemento do direito sonegado, uma reparação pelo tempo em que esse mesmo direito lhe foi sonegado. (COUTINHO, Dantas Alessandro Dantas, RODOR, Ronald Kruger. Manual de Direito Administrativo: volume único, 2ª edição ver., atual., ampl. Salvador, Editora Juspodivm, 2018, p. 1128)

▶ **Deve-se observar que somente com o reconhecimento da mora legislativa pelo Judiciário é que surge o direito à pretensão de receber o que está sendo sonegado com a omissão legislativa,**

Deve-se observar que somente com o reconhecimento da mora legislativa pelo Judiciário é que surge o direito à pretensão de receber o que está sendo sonegado com a omissão legislativa, e essa decisão depende, no caso do mandado de injunção, da iniciativa da própria parte interessada. Como o provimento dado no mandado de injunção acaba substituindo, embora temporariamente, a própria norma regulamentadora, ele acaba, além da carga declaratória da mora legislativa, por constituir o próprio direito, não nos parecendo lógico, assim, que se possa reivindicar, cumulativamente, qualquer tipo de indenização/reparação por atos pretéritos, ligados a prejuízos correspondentes às privações que o titular do direito sonegado sofreu ao longo do período de mora legislativa. (COUTINHO, Dantas Alessandro Dantas, RODOR, Ronald Kruger. Manual de Direito Administrativo: volume único, 2ª edição ver., atual., ampl. Salvador, Editora Juspodivm, 2018, p. 1128)

▶ **Neste sentido:** Quanto à omissão do legislador, a Constituição prevê os remédios da ação direta de inconstitucionalidade por omissão de medida para tornar efetiva norma constitucional (art. 103, § 2º) e o mandado de injunção, sempre que a falta de norma regulamentadora torne inviável o exercício dos direitos e liberdades constitucionais e das prerrogativas inerentes à nacionalidade, à soberania e à cidadania (art. 5º, LXXI). O pressuposto do mandado de injunção é a omissão de norma regulamentadora, que pode ser de natureza regulamentar ou legal e ser de competência de qualquer das autoridades, órgãos e pessoas jurídicas que compõem os três Poderes do Estado, inclusive da administração indireta. É o que se deduz dos artigos 102, I, q, e 105, I, h, da Constituição, que fixam a competência do Supremo Tribunal Federal e do Superior Tribunal de Justiça, respectivamente, para julgar os mandados de injunção, em função da autoridade que se omitiu. Mas não há dúvida (porque assim decidiu o Supremo Tribunal Federal) de que a omissão da norma pode ensejar a responsabilidade por perdas e danos. No caso julgado no Mandado de Injunção 283-DF, sendo relator o Ministro Sepúlveda Pertence, tratava-se de omissão do Congresso Nacional em disciplinar a matéria do art. 8º do ADCT (RTJ 135-03, p. 882; DJU de 22-4-94, p. 8.925; e DJU de 1º-7-94, p. 17.495). A decisão foi no sentido de reconhecer a responsabilidade do Congresso Nacional (ou seja, da União) pelos danos decorrentes da omissão legislativa. Na parte final da ementa do acórdão consta o deferimento do mandado de injunção para: "a) declarar em mora o legislador com relação à ordem de legislar contida no art. 8, par. 3, ADCT, comunicando-o ao Congresso Nacional e à Presidência da República; b) assinar o prazo de 45 dias, mais 15 dias para a sanção presidencial, a fim de que se ultime o processo legislativo da lei reclamada; c) se ultrapassado o prazo acima, sem que esteja promulgada a lei, reconhecer ao impetrante a faculdade de obter, contra a União, pela via processual adequada, sentença líquida de condenação a reparação constitucional devida, pelas perdas e danos que se arbitrem; d) declarar que, prolatada a condenação, a superveniência de lei não prejudica a coisa julgada, que, entretanto, não impedirá o impetrante de obter os benefícios da lei posterior, nos pontos em que lhe for mais favorável". (DI PIETRO, Maria Sylvia Zanella. Direito Administrativo, 29ª edição, Forense, p.807/808)

▶ **Solução diferente foi adotada em outras hipóteses em que o Supremo Tribunal Federal não reconheceu o dever de indenizar diante da inércia do Executivo em iniciar a revisão geral dos vencimentos, prevista no artigo 37, X, da Constituição.**

Solução diferente foi adotada em outras hipóteses em que o Supremo Tribunal Federal não reconheceu o dever de indenizar diante da inércia do Executivo em iniciar a revisão geral dos vencimentos, prevista no artigo 37, X, da Constituição. A diversidade de tratamento diante da omissão do legislador mostra a insegurança do Poder Judiciário em relação à matéria, ou talvez a sua resistência em invadir matéria legislativa que envolve o servidor público. (DI PIETRO, Maria Sylvia Zanella. Direito Administrativo, 29ª edição, Forense, p. 807/808)

◙ **Neste sentido**: EMENTA: AGRAVO REGIMENTAL. REVISÃO GERAL ANUAL DE VENCIMENTOS. COMPETÊNCIA PRIVATIVA DO PODER EXECUTIVO. DEVER DE INDENIZAR. IMPOSSIBILIDADE. AGRAVO DESPROVIDO. Não compete ao Poder Judiciário deferir pedido de indenização no tocante à revisão geral anual de servidores, por ser atribuição privativa do Poder Executivo a iniciativa de lei que trate da matéria.(RE 500811 AgR, Relator(a): Min. CÁRMEN LÚCIA, Primeira Turma, julgado em 26/04/2007, DJe-018 DIVULG 17-05-2007 PUBLIC 18-05-2007 DJ 18-05-2007 PP-00080 EMENT VOL-02276-27 PP-05593 LEXSTF v. 29, n. 343, 2007, p. 291-296)

RESPONSABILIDADE CIVIL DO ESTADO POR ATOS JURISDICIONAIS

► **A legislação brasileira prevê a possibilidade de a parte prejudicada acionar o magistrado que age com dolo ou fraude, sendo evidente que o interessado pode optar por acionar diretamente o Estado**

Já vimos que a legislação brasileira prevê a possibilidade de a parte prejudicada acionar o magistrado que age com dolo ou fraude, sendo evidente que o interessado pode optar por acionar diretamente o Estado. (COUTINHO, Dantas Alessandro Dantas, RODOR, Ronald Kruger. Manual de Direito Administrativo: volume único, 2ª edição ver., atual., ampl. Salvador, Editora Juspodivm, 2018, p. 1129)

► **A dúvida que fica é se o Estado pode ser acionado também nos casos em que o prejuízo não está ligado à conduta dolosa do juiz.**

A dúvida que fica é se o Estado pode ser acionado também nos casos em que o prejuízo não está ligado à conduta dolosa do juiz. (COUTINHO, Dantas Alessandro Dantas, RODOR, Ronald Kruger. Manual de Direito Administrativo: volume único, 2ª edição ver., atual., ampl. Salvador, Editora Juspodivm, 2018, p. 1129)

► **Advirta-se que ato jurisdicional tem, aqui, sentido próprio, que não se confunde com ato judicial ou ato praticado por membro do Poder Judiciário.**

Advirta-se que ato jurisdicional tem, aqui, sentido próprio, que não se confunde com ato judicial ou ato praticado por membro do Poder Judiciário, visto que, em relação aos atos administrativos praticados no âmbito desse Poder, qualquer que seja a autoridade envolvida, é induvidosa a possibilidade de responsabilização civil. O ato jurisdicional diz respeito ao processo judicial, ou seja, são os atos praticados dentro de procedimento próprio, voltado a solucionar conflitos de interesses, e levados ao conhecimento do Estado-juiz pelas partes interessadas, eventualmente, inclusive, pelo Estado-administração. (COUTINHO, Dantas Alessandro Dantas, RODOR, Ronald Kruger. Manual de Direito Administrativo: volume único, 2ª edição ver., atual., ampl. Salvador, Editora Juspodivm, 2018, p. 1129)

► Tradicionalmente, são invocados alguns óbices ao reconhecimento da possibilidade de o Estado ser civilmente responsabilizado por danos decorrentes de atos jurisdicionais

Tradicionalmente, são invocados alguns óbices ao reconhecimento da possibilidade de o Estado ser civilmente responsabilizado por danos decorrentes de atos jurisdicionais, com destaque para argumentos como o da "independência do juiz", a "soberania estatal" e a formação da "coisa julgada". (COUTINHO, Dantas Alessandro Dantas, RODOR, Ronald Kruger. Manual de Direito Administrativo: volume único, 2ª edição ver., atual., ampl. Salvador, Editora Juspodivm, 2018, p. 1129)

► O argumento da soberania estatal é insustentável, visto que o Estado-juiz exerce apenas parcela daquela

Evidente que o argumento da *soberania estatal* é insustentável, visto que o Estado-juiz exerce apenas parcela daquela, em nada diferindo nesse aspecto com relação à atuação dos outros Poderes. (COUTINHO, Dantas Alessandro Dantas, RODOR, Ronald Kruger. Manual de Direito Administrativo: volume único, 2ª edição ver., atual., ampl. Salvador, Editora Juspodivm, 2018, p. 1129)

► O argumento da independência do juiz, esta não estará de forma alguma comprometida, visto que a responsabilização aqui cogitada não é do juiz, pessoa natural, mas sim do Estado

No que respeita ao argumento da *independência do juiz*, esta não estará de forma alguma comprometida, visto que a responsabilização aqui cogitada não é do juiz, pessoa natural, mas sim do Estado, entidade para a qual aquele atua como agente público. Ademais, o juiz deverá agir, independentemente do respeito a tal garantia, com responsabilidade e de forma absolutamente coincidente com o que é preconizado pelo ordenamento jurídico, conquanto se lhe garanta autonomia para interpretá-lo. Como veremos mais adiante, a possibilidade de responsabilização civil do Estado por erro judiciário é bastante limitada, não abrangendo meros desacertos interpretativos. (COUTINHO, Dantas Alessandro Dantas, RODOR, Ronald Kruger. Manual de Direito Administrativo: volume único, 2ª edição ver., atual., ampl. Salvador, Editora Juspodivm, 2018, p. 1129)

► O último argumento, o referente à *formação da coisa julgada*, é o que nos parece mais consistente do ponto de vista doutrinário.

Com efeito, a parte tem à disposição, em especial no direito brasileiro, quantidade enorme de recursos que lhe possibilitam rediscutir a maioria das decisões judiciais, meritórias ou não. Superadas as fases recursais, seja pela utilização dos recursos disponíveis ou pela inércia da parte, forma-se a coisa julgada, destacando-se a material, posto que relacionada com decisão judicial que apreciou o mérito (objeto) da demanda. Com a formação da coisa julgada material, restará devidamente sepultada, em regra, a possibilidade de rediscussão das matérias analisadas no processo (geralmente tomadas na chamada fase de conhecimento, mas não só nesta). Assim, reconhecer a possibilidade de responsabilização civil do Estado por atos jurisdicionais, indistintamente, corresponderia a permitir, por via transversa, a modificação/reforma das decisões, fora das hipóteses permitidas no ordenamento. (COUTINHO, Dantas Alessandro Dantas, RODOR, Ronald Kruger. Manual de Direito Administrativo: volume único, 2ª edição ver., atual., ampl. Salvador, Editora Juspodivm, 2018, p. 1129/1130)

► **Logo, para nós, esse último fundamento limita bastante a possibilidade de responsabilização civil do Estado por danos causados por atos jurisdicionais, o qual só poderá ser admitido nas expressas hipóteses constitucionais e desde que atendidos os seguintes requisitos:**

a) em se tratando de erro judiciário, não ser mais o dano corrigível com a utilização dos meios recursais pertinentes e à disposição da parte no sistema processual, sendo bastante interessante considerar que a desídia, negligência ou mesmo erro crasso da parte no uso desses meios pode, eventualmente, ser considerado como fator de limitação da responsabilidade civil do Estado, como sendo uma espécie de culpa recíproca;

b) em se tratando de erro judiciário, ter havido a antecedente desconstituição da coisa julgada material eventualmente formada, seja por ação rescisória, no cível e trabalhista, seja por revisão criminal, no penal, admitidos, excepcional e eventualmente, outros instrumentos jurídicos como a *querela nullitatis* ou *habeas corpus*. Essa condição, no entanto, só tem sentido quando o erro está ligado ao cumprimento da decisão transitada em julgado;

c) demonstração do dano e do nexo de causalidade. (COUTINHO, Dantas Alessandro Dantas, RODOR, Ronald Kruger. Manual de Direito Administrativo: volume único, 2ª edição ver., atual., ampl. Salvador, Editora Juspodivm, 2018, p. 1130)

► **Responsabilidade civil do Estado por erro judiciário (art. 5.º, LXXV, da CF/1988)**

A hipótese de responsabilização civil do Estado por erro judiciário é expressamente prevista na CF/1988, com a seguinte redação:

"Art. 5.º (...)

LXXV – O Estado indenizará o condenado por erro judiciário, assim como o que ficar preso além do tempo fixado na sentença;"

► **A dúvida óbvia que surge é quanto à extensão da expressão "erro judiciário", se este somente abrange aquele cometido no âmbito da jurisdição penal, ou se também se aplica à seara cível e/ou trabalhista.**

Para alguns, o erro judiciário aqui tratado só pode ser aplicado à jurisdição penal, seja porque o texto constitucional trata daquilo que já era previsto no art. 630 do CPP[9], seja porque o próprio dispositivo constitucional trata de uma garantia da jurisdi-

9. "Art. 630. O tribunal, se o interessado o requerer, poderá reconhecer o direito a uma justa indenização pelos prejuízos sofridos. § 1.º Por essa indenização, que será liquidada no juízo cível, responderá a União, se a condenação tiver sido proferida pela justiça do Distrito Federal ou de Território, ou o

ção penal, em vista, inclusive, de sua segunda parte. (COUTINHO, Dantas Alessandro Dantas, RODOR, Ronald Kruger. Manual de Direito Administrativo: volume único, 2ª edição ver., atual., ampl. Salvador, Editora Juspodivm, 2018, p. 1130)

► **Não obstante, temos de considerar que a norma constitucional não pode ser interpretada a partir da norma infraconstitucional**

Não obstante, temos de considerar que a norma constitucional não pode ser interpretada a partir da norma infraconstitucional, critério de hermenêutica que se revela uma consequência lógica do princípio da supremacia da Constituição. Já quanto ao dispositivo em apreço, este contém duas garantias, perfeitamente distinguíveis entre si, uma referente ao erro judiciário e outra referente à prisão além do tempo consignado na sentença, que, aliás, também pode se referir a atos da jurisdição civil. (COUTINHO, Dantas Alessandro Dantas, RODOR, Ronald Kruger. Manual de Direito Administrativo: volume único, 2ª edição ver., atual., ampl. Salvador, Editora Juspodivm, 2018, p. 1131)

► **O STF, aliás, já ratificou decisões de instâncias inferiores que consideraram devida a indenização no caso de prisão civil[10].**

AGRAVO REGIMENTAL NO AGRAVO DE INSTRUMENTO. PRISÃO ILEGAL. DEPOSITÁRIO INFIEL. MANDADO DE PRISÃO QUE RECAIU SOB PESSOA DIVERSA. ERRO DO PODER JUDICIÁRIO. RESPONSABILIDADE OBJETIVA DO ESTADO. 1. Indenização por danos morais. Necessidade de reexame de fatos e provas: Súmula n. 279 do Supremo Tribunal Federal. 2. Este Supremo Tribunal assentou que a teoria da responsabilidade objetiva do Estado não se aplica aos atos judiciais, salvo nos casos de erro judiciário e de prisão além do tempo fixado na sentença (inc. LXXV do art. 5º da Constituição da República) e nas hipóteses expressamente previstas em lei. 3. Agravo regimental ao qual se nega provimento. (AI 599501 AgR, Relator(a): Min. CÁRMEN LÚCIA, Segunda Turma, julgado em 19/11/2013, ACÓRDÃO ELETRÔNICO DJe-232 DIVULG 25-11-2013 PUBLIC 26-11-2013)

► **Esse erro judiciário, mencionado no dispositivo constitucional, tanto pode ser um erro de procedimento (*error in procedendo*), quanto um erro de julgamento (*error in judicando*).**

Esse erro judiciário, mencionado no dispositivo constitucional, tanto pode ser um erro de procedimento (*error in procedendo*), quanto um erro de julgamento (*error in judicando*). É natural, no entanto, que o segundo tenha potencial muito maior de ocasionar danos que o primeiro, visto que ele será a causa direta, na maioria das vezes, da execução específica dos comandos sentenciais ou decisórios. (COUTINHO, Dan-

Estado, se o tiver sido pela respectiva justiça. § 2.º A indenização não será devida: a) se o erro ou a injustiça da condenação proceder de ato ou falta imputável ao próprio impetrante, como a confissão ou a ocultação de prova em seu poder; b) se a acusação houver sido meramente privada".

10. STF, AgRg no AI 599.501/PR, 2.ª T., Rel. Min. Cármen Lúcia, j. 09.11.2013, conquanto a ementa seja pouco esclarecedora. Para maior compreensão, é necessário ler o inteiro teor desta decisão.

tas Alessandro Dantas, RODOR, Ronald Kruger. Manual de Direito Administrativo: volume único, 2ª edição ver., atual., ampl. Salvador, Editora Juspodivm, 2018, p. 1131)

► **Em rigor, não se vincula o erro judiciário à prolação de uma sentença**

Em rigor, não se vincula o erro judiciário à prolação de uma sentença, mas esta, por evidente, pode ser apenas confirmatória de decisão judiciária anterior que acarretou o dano diretamente, como nos casos em que se ratifica os efeitos de uma decisão antecipatória de tutela. (COUTINHO, Dantas Alessandro Dantas, RODOR, Ronald Kruger. Manual de Direito Administrativo: volume único, 2ª edição ver., atual., ampl. Salvador, Editora Juspodivm, 2018, p. 1131)

► **O dano, no entanto, pode surgir do cumprimento de decisões liminares.**

O dano, no entanto, pode surgir do cumprimento de decisões liminares. Hipótese que poderíamos citar é a de uma ação de dissolução de sociedade por ter fins ilícitos que, após ter suas atividades suspensas no limiar da ação, viesse a demanda a ser julgada improcedente no mérito e por decisão final, caso em que restariam evidenciados os danos causados pelo exercício da jurisdição. Observe-se que, numa situação como esta, como a própria decisão final de mérito revê a decisão liminar que acarretou o dano, seria prescindível a demanda rescisória. (COUTINHO, Dantas Alessandro Dantas, RODOR, Ronald Kruger. Manual de Direito Administrativo: volume único, 2ª edição ver., atual., ampl. Salvador, Editora Juspodivm, 2018, p. 1131)

◙ **Responsabilidade civil do estado. Prisão indevida. Ordem que já havia sido desconstituída. Danos morais. Indenização devida.**

RESPONSABILIDADE CIVIL DO ESTADO. PRISÃO INDEVIDA. ORDEM QUE JÁ HAVIA SIDO DESCONSTITUÍDA. DANOS MORAIS. INDENIZAÇÃO DEVIDA. QUANTUM FIXADO DE FORMA RAZOÁVEL. RECURSO DESPROVIDO. 1. No caso, encontra-se suficientemente provado o recolhimento indevido do apelado, ocorrido em 10/12/2012, pois, além do decreto de prisão não mais vigorar desde o ano de 2004 por força da extinção da sua punibilidade, com regular comunicação do fato por meio do ofício, a autoridade policial não cuidou de apurar a subsistência da ordem, que se encontrava em aberto há mais de 10 (dez) anos, tendo agido de forma negligente. Aliás, ainda que estivesse ausente a comunicação acima descrita, mesmo assim estaria válido o pleito indenizatório, por falha no recolhimento do mandado de prisão, cuja ordem já havia sido desconstituída há bastante tempo. 2. Evidente é o dissabor íntimo sofrido pelo apelado com a conduta ilegal e errônea dos agentes do apelante, mesmo porque a natureza e a função da prisão denota um caráter negativo de conduta, acarretando sérios transtornos psicológicos e sociais. 3. Resta devidamente comprovado o nexo causal entre a conduta dos agentes do Estado, ao prenderem o apelado por meio de ordem não mais subsistente, e o dano por este experimentado em razão da privação de sua liberdade. De toda sorte, ainda que numa análise subjetiva, há sim o dever de indenizar, estando presentes, no ensejo, os seus requisitos legais. 4. O valor fixado pelos danos morais, no patamar de R$ 10.000,00 (dez mil reais), foi arbitrado de forma moderada, de modo a não proporcionar enriquecimento ilícito, tendo sido levado em consideração a alta gravidade do dano, que consiste na privação da liberdade, bem como as condições econômicas do apelado. 5. Recurso desprovido. (Processo: APL 0010721-19.2014.8.08.0035 – Órgão Julgador: QUARTA CÂMARA CÍVEL – Publicação: 26/10/2015 – Julgamento: 19 de Outubro de 2015 – Relator: JORGE DO NASCIMENTO VIANA)

■ **O mero dissabor ocasionado por publicação errada de uma decisão judicial, que pode, inclusive, ser corrigida por meio da utilização dos recursos cabíveis, conforme já entendeu o STJ, não tem o efeito de gerar a responsabilidade civil do Estado.**

STJ, REsp 1.325.862/PR, 4.ª T., Rel. Min. Luis Felipe Salomão, j. 05.09.2013. Nesse caso concreto, a publicação, equivocadamente, havia feito constar a condenação do Estado por litigância de má-fé, o que gerou ação do procurador do Estado. Na oportunidade assentou-se que: "A publicação de certidão equivocada de ter sido o Estado condenado a multa por litigância de má-fé gera, quando muito, mero aborrecimento ao Procurador que atuou no feito, mesmo porque é situação absolutamente corriqueira no âmbito forense incorreções na comunicação de atos processuais, notadamente em razão do volume de processos que tramitam no Judiciário. Ademais, não é exatamente um fato excepcional que, verdadeiramente, o Estado tem sido amiúde condenado por demandas temerárias ou por recalcitrância injustificada, circunstância que, na consciência coletiva dos partícipes do cenário forense, torna desconexa a causa de aplicação da multa a uma concreta conduta maliciosa do Procurador".

■ **É preciso reconhecer que o STJ tem enfrentado no mérito relativamente poucos casos envolvendo erro judiciário, visto que, na maioria esmagadora das situações levadas ao seu conhecimento, a Corte tem entendido que a questão passa pelo reexame de provas, insuscetível de ser feito em sede de recurso especial.**

Súmula 7 do STJ: "A pretensão de simples reexame de provas não enseja recurso especial".

■ **Manutenção de indenização devida à pessoa condenada no lugar de outra, e que ficou presa por nove anos, motivo suficiente, inclusive, para a Corte já entender por presumido o dano sofrido**

(REsp 1.030.890/PR, 2.ª T., Rel. Min. Castro Meira, j. 14.04.2011);

■ **Manutenção de indenização devida a pessoa presa indevidamente, como depositária infiel, embora se tenha reduzido o valor deferido nas instâncias de origem**

(REsp 1.209.341/SP, 2.ª T., Rel. Min. Humberto Martins, j. 21.10.2010);

■ **Manutenção de indenização devida a pessoa presa indevidamente, no lugar de um homônimo, decretada no âmbito da Justiça do Trabalho, embora se tenha determinado a redução do valor da indenização a título de danos morais**

(REsp 1.147.513/SC, 2.ª T., Rel. Min. Herman Benjamin, j. 17.08.2010);

■ **Indenização devida a pessoa inimputável, absolvida em ação penal, mas que foi mantida em cadeia pública em vez de ser encaminhada para hospital de internação psiquiátrica**

(REsp 1.089.132/SP, 1.ª T., Rel. Min. Benedito Gonçalves, j. 10.11.2009);

■ **Manutenção de indenização devida a pessoa que foi presa indevidamente, posto que, em revisão criminal, já havia sido reconhecida sua inimputabilidade à época do fato (menor de idade), e mesmo assim foi cumprido o mandado de prisão, ainda em aberto**

(REsp 1.016.480/PR, 1.ª T., Rel. Min. Luiz Fux, j. 17.09.2009);

■ **Reconhecimento, genericamente, do direito à indenização de réu condenado por engano, inclusive com fundamento no art. 630 do CPP**

(AgRg no Ag 415.834/RJ, 1.ª T., Rel. Min. Garcia Vieira, j. 06.06.2002).

■ **Não podemos deixar de mencionar que, em determinadas situações, o constrangimento ou dano decorrente do erro judiciário não necessariamente estará ligado diretamente à data da prolação ou da publicação da decisão**

Já falamos a respeito da prescrição, mas não podemos deixar de mencionar que, em determinadas situações, o constrangimento ou dano decorrente do erro judiciário não necessariamente estará ligado diretamente à data da prolação ou da publicação da decisão ou sentença na qual se imputa o erro, ou ainda do cumprimento de suas disposições. Foi o que ocorreu num interessante caso, que o STJ teve a oportunidade de apreciar, em que a pessoa ajuizou ação indenizatória contra o Estado do Paraná por ter descoberto que outra pessoa, utilizando-se do documento da primeira, que havia sido extraviado, cometera crime, gerando ação penal que resultou na condenação do autor da ação civil. No caso, o prejuízo só teria ocorrido quando o condenado erroneamente descobriu o equívoco, por ocasião de pleito eleitoral[11].

► **Prisão além do tempo fixado na sentença**

De acordo com o art. 5.º, LXI, da Carta Magna, "ninguém será preso senão em flagrante delito ou por ordem escrita e fundamentada de autoridade judiciária competente, salvo nos casos de transgressão militar ou crime propriamente militar, definidos em lei". Assim, atualmente, com exceção da prisão em flagrante, que pode, inclusive, ser efetivada por qualquer pessoa do povo (art. 301 do CPP), e das hipóteses de transgressão militar[12] ou crime propriamente militar, toda prisão deve ser decretada por autoridade judiciária. (COUTINHO, Dantas Alessandro Dantas, RODOR, Ronald

11. STJ, REsp 1.178.633/PR, 2.ª T., Rel. Min. Herman Benjamin, j. 06.05.2010. No caso concreto, não obstante, reconheceu-se a prescrição do fundo de direito, visto que, entre a data do conhecimento da condenação e a propositura da ação civil, já havia transcorrido cinco anos.

12. Esta é a única prisão administrativa que ainda pode ser decretada por autoridades não judiciais. Na esfera federal, seu fundamento de validade se encontra no art. 47, § 1.º, do Estatuto dos Militares (Lei 6.880/1980) e na Lei 5.836/1972, que trata dos Conselhos de Justificação.

Kruger. Manual de Direito Administrativo: volume único, 2ª edição ver., atual., ampl. Salvador, Editora Juspodivm, 2018, p. 1132)

► **Dessa forma, tanto as prisões previstas na legislação processual penal (prisão decorrente de sentença condenatória transitada em julgado, prisão preventiva e prisão temporária) quanto as prisões civis e administrativas só podem ser decorrentes de expressa determinação judicial.**

Dessa forma, tanto as prisões previstas na legislação processual penal (prisão decorrente de sentença condenatória transitada em julgado[13], prisão preventiva[14] e prisão temporária[15]) quanto as prisões civis[16] e administrativas[17] só podem ser decorrentes de expressa determinação judicial. (COUTINHO, Dantas Alessandro Dantas, RODOR, Ronald Kruger. Manual de Direito Administrativo: volume único, 2ª edição ver., atual., ampl. Salvador, Editora Juspodivm, 2018, p. 1133)

► **Evidente que, se a prisão é decretada por autoridade administrativa, caso das transgressões disciplinares, eventual abuso não está relacionado com o tema da responsabilidade civil por erro judiciário, estando resguardado o direito daquele que foi preso indevidamente pela regra geral do art. 37, § 6.º, da CF/1988.**

Evidente que, se a prisão é decretada por autoridade administrativa, caso das transgressões disciplinares, eventual abuso não está relacionado com o tema da responsabilidade civil por erro judiciário, estando resguardado o direito daquele que foi preso indevidamente pela regra geral do art. 37, § 6.º, da CF/1988. (COUTINHO, Dantas Alessandro Dantas, RODOR, Ronald Kruger. Manual de Direito Administrativo: volume único, 2ª edição ver., atual., ampl. Salvador, Editora Juspodivm, 2018, p. 1133)

---

13. A jurisprudência posterior à CF/1988 não admitia a prisão decorrente tão somente de sentença condenatória, antes do trânsito em julgado desta, já tendo sido revogado pela Lei 12.403/2011 o art. 313, I, do CPP, que a previa.

14. Arts. 311 a 316 do CPP.

15. Lei 7.960/1989.

16. Art. 528, § 3.º, do novo CPC. O dispositivo se refere à prisão do devedor de prestação alimentícia. Quanto ao depositário infiel, embora a própria CF/1988 a possibilite (art. 5.º, LXVII), o STF firmou jurisprudência no sentido de não ser ela mais possível, ante a prevalência do disposto no § 2.º do mesmo art. 5.º da Carta Magna e a adesão do Brasil ao Pacto de San José da Costa Rica (art. 7.º, § 7.º) e ao Pacto Internacional sobre Direitos Políticos e Civis (art. 11), que não preveem essa prisão civil. *Vide Súmula Vinculante 25*: "É ilícita a prisão civil de depositário infiel, qualquer que seja a modalidade de depósito". Não tem mais aplicação, portanto, o disposto no antigo art. 904, parágrafo único, do CPC de 73, que a admitia, sendo que tal regra sequer consta mais no atual código de ritos.

17. O art. 319 do CPP não prevê mais a figura da prisão administrativa, desde a alteração desse dispositivo pela Lei 12.403/2011, mas esse instituto ainda pode ser encontrado no Estatuto do Estrangeiro (Lei 6.815/1980), para fins de deportação de estrangeiro (art. 61) e para fins de expulsão de estrangeiro (art. 69). Essas prisões, no entanto, não podem mais ser decretadas pelo Ministro da Justiça, devendo ser decretadas pela autoridade judiciária competente. A prisão para fins de extradição (art. 82) deve ser decretada pelo STF, já estando tal dispositivo adequado à nova Carta Constitucional ante a alteração empreendida pela Lei 12.878/2013.

▶ **Como o dispositivo ora analisado fala em prisão "por tempo além do fixado na sentença", ele não serve para fundamentar indenizações decorrentes de prisões cautelares ou provisórias eventualmente ilegais**

Como o dispositivo ora analisado fala em prisão "por tempo além do fixado na sentença", ele não serve para fundamentar indenizações decorrentes de prisões cautelares ou provisórias eventualmente ilegais, uma vez que a "prisão decretada na sentença" supõe aquela que é aplicada a título de penalidade, embora não se desconheça a possibilidade de a prisão preventiva, por exemplo, só vir a ser decretada em sentença. (COUTINHO, Dantas Alessandro Dantas, RODOR, Ronald Kruger. Manual de Direito Administrativo: volume único, 2ª edição ver., atual., ampl. Salvador, Editora Juspodivm, 2018, p. 1133)

▶ **A hipótese prevista constitucionalmente parece ter ligação com a preocupação do legislador constituinte originário de acabar com o triste cenário brasileiro de pessoas mantidas presas ilegalmente, em tempo muito superior ao das respectivas sentenças condenatórias, o que até hoje ocorre, tendo motivado, mais recentemente, a realização dos "mutirões carcerários".**

A hipótese em tela, portanto, está mais ligada à situação daqueles que permanecem presos por tempo superior ao fixado nas respectivas guias de recolhimento ou cartas de execução penal (documento referido no art. 105 da Lei de Execução Penal – Lei 7.210/1984). (COUTINHO, Dantas Alessandro Dantas, RODOR, Ronald Kruger. Manual de Direito Administrativo: volume único, 2ª edição ver., atual., ampl. Salvador, Editora Juspodivm, 2018, p. 1134)

▶ **Muitas vezes a situação se verifica em decorrência não da falta de análise da pena cumprida, mas por existirem outros mandados "em aberto" em desfavor do apenado, o que pode caracterizar mais um erro judiciário do que propriamente o cumprimento de "tempo fixado além da sentença".**

Muitas vezes a situação se verifica em decorrência não da falta de análise da pena cumprida, mas por existirem outros mandados "em aberto" em desfavor do apenado, o que pode caracterizar mais um erro judiciário do que propriamente o cumprimento de "tempo fixado além da sentença". (COUTINHO, Dantas Alessandro Dantas, RODOR, Ronald Kruger. Manual de Direito Administrativo: volume único, 2ª edição ver., atual., ampl. Salvador, Editora Juspodivm, 2018, p. 1134)

▶ **Outras vezes o exame do *quantum* da pena a ser cumprida resta dificultado por sucessivos incidentes de unificação de penas, como nos casos em que o apenado sofre sucessivas condenações transitadas em julgado.**

Outras vezes o exame do *quantum* da pena a ser cumprida resta dificultado por sucessivos incidentes de unificação de penas, como nos casos em que o apenado sofre sucessivas condenações transitadas em julgado. (COUTINHO, Dantas Alessandro Dantas, RODOR, Ronald Kruger. Manual de Direito Administrativo: volume único, 2ª edição ver., atual., ampl. Salvador, Editora Juspodivm, 2018, p. 1134)

► **De qualquer modo, nada justifica que o apenado fique cumprindo a pena indevidamente, devendo a indenização, assim entendemos, ser fixada conforme o tempo excedente e as condições da prisão.**

O dispositivo constitucional também não é claro, mas nos parece que deve ser interpretado de forma ampliativa, de modo a compreender também as hipóteses de manutenção do preso em regimes prisionais mais gravosos, desde que se apure, com cautela, as razões da não progressão ou não concessão de liberdade condicional, visto que estas podem ser imputadas ao próprio apenado. (COUTINHO, Dantas Alessandro Dantas, RODOR, Ronald Kruger. Manual de Direito Administrativo: volume único, 2ª edição ver., atual., ampl. Salvador, Editora Juspodivm, 2018, p. 1134)

► **Prisão processual ou cautelar**

Muita discussão existe em torno da questão envolvendo a prisão processual ou cautelar penal. Embora sem dar uma resposta à questão, o Ministro Sepúlveda Pertence fez percucientes considerações sobre o tema da indenização decorrente de prisão cautelar indevida, ao proferir seu voto no RE 505.393/PE (1.ª T., j. 26.06.2007), inclusive trazendo longo histórico, no Brasil e no estrangeiro, sobre o desenvolvimento da teoria da responsabilidade do Estado por erro judiciário. Para ele, nessa hipótese, o direito não estaria embasado no art. 5.º, LXXV, da CF/1988, mas o ordenamento não excluiria, por outro lado, o direito à indenização, visto que o dispositivo constitucional seria apenas um mínimo, elevado à garantia de direito individual, afastando a necessidade de prova quanto ao dolo ou culpa do magistrado. (COUTINHO, Dantas Alessandro Dantas, RODOR, Ronald Kruger. Manual de Direito Administrativo: volume único, 2ª edição ver., atual., ampl. Salvador, Editora Juspodivm, 2018, p. 1134)

◙ **Prisão indevida**

RESPONSABILIDADE CIVIL DO ESTADO. Prisão indevida. Configurado o nexo causal entre o dano experimentado e a ação praticada pela Administração Pública. Presente o dever de indenizar, o quantum arbitrado no primeiro grau – R$ 35.000,00 – deve ser reduzido para fazer frente ao abalo sofrido pelo autor. Sentença parcialmente reformada. Recurso provido em parte, com observação. (Processo: APL 0003737-61.2013.8.26.0323 SP 0003737-61.2013.8.26.0323 – Órgão Julgador: 7ª Câmara de Direito Público – Publicação: 18/04/2017 – Julgamento: 17 de Abril de 2017 – Relator: Coimbra Schmidt.)

◙ **No mesmo sentido**: RESPONSABILIDADE CIVIL DO ESTADO. Prisão indevida. Configurado o nexo causal entre o dano experimentado e a ação praticada pela Administração Pública. Presente o dever de indenizar, o quantum arbitrado no primeiro grau – R$ 50.000,00 para cada autora – deve ser reduzido, por incidência dos princípios da razoabilidade e da proporcionalidade. Sentença parcialmente reformada. Recurso provido em parte, com observação. (Processo: APL 1038746-33.2015.8.26.0053 SP 1038746-33.2015.8.26.0053 – Órgão Julgador: 7ª Câmara de Direito Público – Publicação: 13/09/2017 – Julgamento: 11 de Setembro de 2017 – Relator: Coimbra Schmidt.)

► Se o réu tiver a prisão preventiva ou temporária decretada e restar posteriormente absolvido, ou pior, se sequer denunciado for, pode requerer indenização frente ao Estado?

Primeiramente, entendemos que a hipótese está mais ligada à discussão do erro judiciário, visto que essas prisões não são naturalmente decorrentes de sentença condenatória. Segundo, deve ser descartada a indenização se a absolvição posterior resultou apenas de inexistência de provas da autoria ou da materialidade, uma vez que nesses casos não estaria cabalmente afastada a pertinência da medida coercitiva anteriormente tomada. Isso também vale para as hipóteses de extinção da punibilidade por prescrição, a menos que esta já fosse facilmente verificável antes do cumprimento da ordem de prisão. (COUTINHO, Dantas Alessandro Dantas, RODOR, Ronald Kruger. Manual de Direito Administrativo: volume único, 2ª edição ver., atual., ampl. Salvador, Editora Juspodivm, 2018, p. 1134)

► Na verdade, para que não se inviabilize a jurisdição penal, e tampouco a persecução penal, entendemos que a responsabilidade civil nesses casos só deve ser admitida nas hipóteses de flagrante equívoco ou ilegalidade da prisão.

Assim, se a prisão se deu dentro dos parâmetros legais, ainda que haja posterior absolvição do acusado, qualquer que seja o fundamento, não haverá que se falar em indenização, visto que, no momento em que efetivada a segregação, esta se mostrava necessária.

◙ **Neste sentido entendeu o STJ:** "Processual civil e administrativo. Prisão questionada. Ação indenizatória. Dano moral. Descabimento. I – Tendo sido realizada a prisão dentro dos parâmetros legais, mesmo ante a pertinência da questão afeita à falta de intimação para defesa prévia, não há que se cogitar de teratologia do ato judicial, o que mitiga o erro do judiciário a ponto de não impor a indenização por dano moral. II – Recurso improvido" (STJ, REsp 815.004/RJ, 1.ª T., Rel. p/ acórdão Min. Francisco Falcão, j. 12.09.2006).

◙ **Na mesma linha, decidiu também o STF:** "Agravo regimental no agravo de instrumento. Responsabilidade civil do Estado. Prisão cautelar determinada no curso de regular processo criminal. Posterior absolvição do réu pelo júri popular. Dever de indenizar. Reexame de fatos e provas. Impossibilidade. Ato judicial regular. Indenização. Descabimento. Precedentes. 1. O Tribunal de Justiça concluiu, com base nos fatos e nas provas dos autos, que não restaram demonstrados, na origem, os pressupostos necessários à configuração da responsabilidade extracontratual do Estado, haja vista que o processo criminal e a prisão aos quais foi submetido o ora agravante foram regulares e se justificaram pelas circunstâncias fáticas do caso concreto, não caracterizando erro judiciário a posterior absolvição do réu pelo júri popular. 2. Inadmissível, em recurso extraordinário, o reexame dos fatos e das provas dos autos. Incidência da Súmula nº 279/STF. 3. A jurisprudência da Corte firmou-se no sentido de que, salvo nas hipóteses de erro judiciário e de prisão além do tempo fixado na sentença, previstas no art. 5.º, inciso LXXV, da Constituição Federal, bem como nos casos previstos em lei, a regra é a de que o art. 37, § 6.º, da Constituição não se aplica aos atos judiciais quando emanados de forma regular e para o fiel cumprimento do ordenamento jurídico. 4. Agravo regimental não provido" (STF, AgRg no AI 803.831/SP, 1.ª T., Rel. Min. Dias Toffoli, j. 19.03.2013).

Se admitirmos o contrário, o simples fato de a pessoa responder uma ação penal ou mesmo ser indiciada em inquérito policial motivaria a pretensão indenizatória.

► **No entanto, existem situações teratológicas, de flagrante abuso, que não podem deixar de merecer repreensão do ordenamento jurídico.**

O STJ já reconheceu, por exemplo, que a prisão cautelar mantida por tempo muito superior ao permitido na legislação processual, e fora dos casos em que a própria defesa acarreta o atraso da conclusão do feito, ou que o atraso se justifica pela complexidade do caso, é motivo suficiente para o pleito indenizatório. (COUTINHO, Dantas Alessandro Dantas, RODOR, Ronald Kruger. Manual de Direito Administrativo: volume único, 2ª edição ver., atual., ampl. Salvador, Editora Juspodivm, 2018, p. 1115)

◙ **Neste sentido:** STJ, REsp 872.630/RJ, 1.ª T., Rel. p/ acórdão Min. Luiz Fux, j. 13.11.2007. Observe-se, no entanto, que o acórdão também se utilizou de argumentos mais amplos, consignando "Assemelha-se à hipótese de indenizabilidade por erro judiciário, a restrição preventiva da liberdade de alguém que posteriormente vem a ser absolvido. A prisão injusta revela ofensa à honra, à imagem, mercê de afrontar o mais comezinho direito fundamental à vida livre e digna. A absolvição futura revela da ilegitimidade da prisão pretérita, cujos efeitos deletérios para a imagem e honra do homem são inequívocos *(notoria no egent probationem)*".

► **Demora na prestação jurisdicional**

Com a Emenda Constitucional 19/1998, restou devidamente sufragado em nosso ordenamento jurídico constitucional o princípio da eficiência (art. 37, *caput*). O princípio não se resume à mera questão do combate à morosidade na prestação dos serviços públicos, também estando relacionado com a busca de sua otimização pelo uso de meios mais adequados e econômicos. Os serviços judiciários não estão excluídos da abrangência do referido princípio, em nenhum de seus aspectos, mas para a parte litigante o que mais conta é que o serviço seja prestado dentro de tempo razoável, para que seus direitos possam ser exercidos da forma mais plena possível. Hoje, a eficiência dos serviços judiciários é uma preocupação institucional, capitaneada pelo Conselho Nacional de Justiça – CNJ, inclusive com a instituição de sistemas de metas nacionais, definidas pela primeira vez no 2.º Encontro Nacional do Judiciário, em 2009. Para nós, a demora na prestação jurisdicional está relacionada com a responsabilidade do Estado por omissão, devendo ser analisada sob a ótica da teoria da culpa do serviço. Assim, não se pode excluir, mormente nos dias atuais, a responsabilidade estatal pela demora na prestação de seus serviços públicos, não deixando os serviços judiciários de estar abrangidos pela teoria que preconiza essa responsabilização. (COUTINHO, Dantas Alessandro Dantas, RODOR, Ronald Kruger. Manual de Direito Administrativo: volume único, 2ª edição ver., atual., ampl. Salvador, Editora Juspodivm, 2018, p. 1136)

► **No entanto, a demora da prestação jurisdicional pode estar relacionada a motivos não vinculados à infraestrutura do serviço em si ou a condutas desidiosas de seus agentes (magistrados e servidores), mas sim a atos ou omissões da própria parte litigante.**

Nessa situação, em que a demora é imputada à parte litigante, seja pelo uso excessivo de recursos, inclusive com claro intuito procrastinatório, ou pela ausência de condutas a ela atribuíveis pelo sistema processual, como juntada de provas exigidas pela autoridade judicial ou pela necessidade de adiantamento de honorários periciais, não há que se falar em responsabilização do Estado pela demora da prestação jurisdicional. Da mesma forma, a demora pode estar vinculada a razões externas ao processo, que pode estar suspenso aguardando a resolução de outro litígio. Ainda, pode ocorrer de a consumação material da prestação jurisdicional depender de algum ato final que a parte tem dificuldade de obter, como no caso de ações em que o levantamento de recursos pela parte depende da quitação de certos tributos. (COUTINHO, Dantas Alessandro Dantas, RODOR, Ronald Kruger. Manual de Direito Administrativo: volume único, 2ª edição ver., atual., ampl. Salvador, Editora Juspodivm, 2018, p. 1136)

► **A maior dificuldade na responsabilização do Estado por demora na prestação jurisdicional está no fato de que, via de regra, é o outro litigante, o que perde a ação, quem irá arcar com essa demora, pela natural imposição de encargos decorrentes da mora, como juros, multa e correção monetária.**

Contudo, não é só. A maior dificuldade na responsabilização do Estado por demora na prestação jurisdicional está no fato de que, via de regra, é o outro litigante, o que perde a ação, quem irá arcar com essa demora, pela natural imposição de encargos decorrentes da mora, como juros, multa e correção monetária. Assim, na prática, a responsabilização do Estado nesses casos representaria um enriquecimento sem causa, assumindo o Estado a condição de responsável pela conduta de terceiro, o outro litigante, uma vez que é este quem, ao fim e ao cabo, dá ensejo à demanda, devendo a parte vencedora receber deste último a recomposição integral de seu patrimônio. Feita essa ressalva, que acaba por restringir bastante a hipótese concreta de se ter a responsabilização do Estado pela demora da prestação jurisdicional, ainda assim temos como possível que esta ocorra, principalmente em situações em que não se pode imputar ao outro litigante responsabilidade alguma, como, por exemplo, em casos em que cabe ao Estado-juiz, tão somente, praticar atos jurídicos necessários ao exercício de direitos, como em ações em que a partilha de bens não é litigiosa, e, ainda assim, a prestação jurisdicional se dá em tempo muito além do razoável. (COUTINHO, Dantas Alessandro Dantas, RODOR, Ronald Kruger. Manual de Direito Administrativo: volume único, 2ª edição ver., atual., ampl. Salvador, Editora Juspodivm, 2018, p. 1136)

A RESPONSABILIDADE CIVIL DO ESTADO NOS TRIBUNAIS DE JUSTIÇA.

■ **Servidor público. Assédio moral. Retirada das funções e colocação do servidor ocioso, no pátio da secretaria, como forma de punição, tendo sido motivo de chacota e apelidos pejorativos pelos demais servidores.**

APELAÇÃO CÍVEL. PRELIMINAR DE IRREGULARIDADE FORMAL REJEITADA. RESPONSABILIDADE CIVIL. AÇÃO DE INDENIZAÇÃO POR DANOS MORAIS. SERVIDOR PÚBLICO. ASSÉDIO MORAL. RETIRADA DAS FUNÇÕES E COLOCAÇÃO DO SERVIDOR OCIOSO, NO PÁTIO DA SECRETARIA, COMO FORMA DE PUNIÇÃO, TENDO SIDO MOTIVO DE CHACOTA E APELIDOS PEJORATIVOS PELOS DEMAIS SERVIDORES. QUANTUM MAJORADO. JUROS E CORREÇÃO MONETÁRIA. RECURSO PRINCIPAL E RECURSO ADESIVO PARCIALMENTE PROVIDOS. SENTENÇA REFORMADA PARCIALMENTE DE OFÍCIO. 1. Hipótese em que o recurso de apelação propôs a reanálise das questões enfrentadas sentença, articulando argumentos de fato e de direito pertinentes ao mérito e de acordo com o propósito do duplo grau de jurisdição. O só fato do recurso repetir os fundamentos de fato e de direito invocados na inicial, não implica inobservância ao princípio da dialeticidade, nas hipóteses em que as razões apresentadas deixem configuradas a compatibilidade com os temas decididos na sentença e o interesse pela sua reforma, demonstrando a capacidade discursiva do recurso. Preliminar de irregularidade formal rejeitada. 2. A responsabilidade civil das pessoas jurídicas de direito público está disciplinada no art. 37, § 6º da CF, donde se nota que a Administração Pública responde objetivamente pelos atos praticados por seus agentes, sendo necessária para a sua responsabilização apenas a prova do ato e a demonstração do nexo de causalidade entre o ato e o dano. 3. A caracterização do assédio moral pressupõe, como razão imprescindível, a configuração de prática reiterada de atos persecutórios por parte do empregador ou de preposto, sempre observando a ordem hierárquica, com a finalidade de depreciar a imagem e o conceito do empregado perante si e seus colegas de trabalho. 4. Hipótese em que o assédio moral consistiu na prática de retirar o servidor de todas as suas funções como servidor público efetivo e colocá-lo à disposição, o dia inteiro, sentado em um banquinho no pátio da secretaria à qual era vinculado e do qual só poderia sair para horário de almoço, passando a ser vítima de piadas, brincadeiras e apelidos pejorativos pelos demais servidores, como forma de punição por ter se negado a adesivar seu carro com propaganda eleitoral e a pendurar bandeira de propaganda eleitoral de determinado candidato a deputado estadual em sua residência. 5. Induvidoso, também, que não ficou sem funções durante todo o período alegado, eis que é possível constatar o pagamento de horas extras nos dias 12/07/2015; 02, 24, 25 e 26/08/2015; 20, 22, 26 e 27/09/2015; e, 03, 04, 10, 11, 12, 17, 18, 24 e 25/10/2015. Todavia, tal circunstância não elide a prova dos autos, mormente a conduta dos prepostos do Município que o relegaram à situação de exclusão e ociosidade, impondo-lhe verdadeiro ostracismo laboral, colocando-o no pátio da secretaria para que todos vissem a punição implementada, o que caracteriza situação de assédio moral deflagradora da responsabilidade civil, não se circunscrevendo aos limites do mero aborrecimento. 6.

A quantificação da indenização deve ser feita com a observância dos princípios da razoabilidade e da proporcionalidade, de forma a reparar o dano e coibir a reincidência do causador, sem enriquecer a vítima. Indenização majorada para R$ 8.000,00 (oito mil reais). 7. A indenização por danos morais deve ser corrigida monetariamente pelo IPCA-E a partir da data do julgamento deste recurso e acrescida de juros de mora pelo índice de remuneração oficial da caderneta de poupança a partir da citação. 8. Recursos principal e adesivo parcialmente providos. Sentença parcialmente reformada de ofício. VISTOS, relatados e discutidos estes autos, ACORDAM os Desembargadores que integram a Primeira Câmara Cível do Tribunal de Justiça do Estado do Espírito Santo, na conformidade da ata e notas taquigráficas, À UNANIMIDADE, DAR PARCIAL provimento ao recurso PRINCIPAL E AO RECURSO ADESIVO, E, POR IGUAL VOTAÇÃO, DE OFÍCIO, REFORMAR PARCIALMENTE A SENTENÇA, nos termos do voto proferido pelo Eminente Relator. Vitória, 17 de dezembro de 2019. PRESIDENTE RELATOR (TJES, Classe: Apelação Cível, 006170010737, Relator: FABIO CLEM DE OLIVEIRA, Órgão julgador: PRIMEIRA CÂMARA CÍVEL, Data de Julgamento: 17/12/2019, Data da Publicação no Diário: 17/01/2020).

◙ Normas de circulação. Acidente de trânsito em zona rural. Culpa concorrente

CIVIL. APELAÇÕES CÍVEIS. PREJUDICIAL DE MÉRITO. DATA DA CONSOLIDAÇÃO DAS LESÕES. REJEITADA. CÓDIGO DE TRÂNSITO BRASILEIRO. NORMAS DE CIRCULAÇÃO. ACIDENTE DE TRÂNSITO EM ZONA RURAL. CULPA CONCORRENTE. RECURSOS CONHECIDOS E AMBOS DESPROVIDOS. 1. A jurisprudência do STJ orienta no sentido de que o termo inicial do prazo prescricional é a data da ciência do tipo de lesão provocada pelo acidente de trânsito, e não a data de ocorrência deste. (AgRg no AREsp 27.582/MS, Rel. Ministro JOÃO OTÁVIO DE NORONHA, TERCEIRA TURMA, julgado em 03/04/2014, DJe 10/04/2014). Prejudicial de mérito rejeitada. 2. A responsabilidade civil, consubstanciada no dever de indenizar, advém do ato ilícito, resultante da violação da ordem jurídica com ofensa ao direito alheio e lesão ao respectivo titular, exigindo o pedido indenizatório a caracterização da responsabilidade aquiliana, que imprescinde da prova da ação ou omissão, dolosa ou culposa, do agente, além do nexo causal entre o comportamento danoso e a lesão que resultará, características estas que se assentam na teoria subjetiva ou da culpa. (TJ/MG AC 1.0433.09.307028-5/002, Rel. Des.(a) Wanderley Paiva, 11ª CÂMARA CÍVEL, jul. em 08/08/2012). 3. Consoante o entendimento dos Tribunais Pátrios, Tratando-se de estrada de chão, sem pavimentação e estreita, cabe aos motoristas dirigir com cautela a fim de evitarem colisão frontal, acidente que ocorre com alguma frequência neste tipo de via. (TJ-RS – Recurso Cível: 71002972370 RS, Relator: Vivian Cristina Angonese Spengler, Data de Julgamento: 19/10/2011, Segunda Turma Recursal Cível, Data de Publicação: Diário da Justiça do dia 21/10/2011). 4. O arbitramento de indenização por danos morais há de ser feito com moderação, tendo por base o nível socioeconômico da ofendida, o porte econômico-financeiro do ofensor e, por fim, o grau do dano provocado. Além disso, deve o magistrado pautar-se na razoabilidade e bom senso, atentando-se às peculiaridades do caso em concreto. 5. Assim, considerando o caráter coercitivo e pedagógico da indenização e que a reparação não pode servir de causa a enriquecimento ilícito, tenho como justo o valor fixado pelo magistrado singular no importe de R$ 10.000,00 (dez mil reais) para o autor. 6. Recursos conhecidos e ambos desprovidos. VISTOS, relatados e discutidos estes autos ACORDAM os Desembargadores que compõem a Primeira Câmara Cível do Egrégio Tribunal de Justiça do Estado do Espírito Santo, de conformidade com a ata e notas taquigráficas que integram este julgado, à unanimidade, rejeitar a prescrição arguida e, no mérito, conhecer ambos os recursos e negar-lhes provimento, nos termos do voto da Relatora. Vitória, 17 de dezembro de 2019. PRESIDENTE RELATORA (TJES, Classe: Apelação Cível, 030150164496, Relator: JANETE VARGAS SIMÕES, Órgão julgador: PRIMEIRA CÂMARA CÍVEL, Data de Julgamento: 17/12/2019, Data da Publicação no Diário: 17/01/2020).

■ **Danos causados por ato registral. Responsabilidade civil do estado. Subsidiária.**

APELAÇÃO CÍVEL. AÇÃO REPARATÓRIA. DANOS CAUSADOS POR ATO REGISTRAL. RESPONSABILIDADE CIVIL DO ESTADO. SUBSIDIÁRIA. PRECEDENTES DO STJ. MATÉRIA CONTROVERTIDA NO ÂMBITO DO STF. REPERCUSSÃO GERAL. RECURSO DESPROVIDO. 1) Como é cediço, os cartórios são pessoas jurídicas de direito privado que exercem serviço notarial e de registro em caráter de delegação. 2) Com efeito, nos termos do art. 22 da Lei nº 8.935/94, que regulamenta o art. 236 da CF, a responsabilidade civil dos oficiais de registro quanto aos atos relacionados à serventia é objetiva, competindo ao ente público tão somente a responsabilidade subsidiária, quando demonstrado que o titular da atividade delegada não possui condições financeiras para responder pela reparação, como entende a mais recente jurisprudência do Colendo Superior Tribunal de Justiça. 3) Por conseguinte, embora incontroverso o dano sofrido pelo particular, devem ser esgotados os meios para consecução do ressarcimento, primeiramente, contra o oficial de registros públicos, para, então, o ente estatal assumir as obrigações, de forma subsidiária. 4) Por fim, importante ressaltar que o Pretório Excelso não possui entendimento uníssono sobre a questão, como alegado pelos recorrentes, tanto que, diante de controvertidas decisões, reconheceu a necessidade de pacificar o tema, admitindo a repercussão geral da matéria, no RE nº 842846-RG – ainda pendente de julgamento, e sem determinação do sobrestamento das demais causas em trâmite, uma vez que reconhecida na vigência do CPC/73. 5) Recurso desprovido. ACORDA a Egrégia Segunda Câmara Cível, em conformidade da ata e notas taquigráficas da sessão, que integram este julgado, à unanimidade, negar provimento ao recurso. Vitória, 22 de agosto de 2017. DESEMBARGADOR PRESIDENTE / RELATOR (TJES, Classe: Apelação, 045140027108, Relator: JOSÉ PAULO CALMON NOGUEIRA DA GAMA, Órgão julgador: SEGUNDA CÂMARA CÍVEL, Data de Julgamento: 22/08/2017, Data da Publicação no Diário: 30/08/2017).

■ **Ação regressiva de indenização. Defeito em componentes de equipamentos eletrônicos de condomínio segurado. Reparo custeado pela seguradora. Sub-rogação do direito de ser ressarcida pelo causador do dano. Responsabilidade civil objetiva da concessionária de serviço público de distribuição de energia elétrica.**

APELAÇÃO CÍVEL. AÇÃO REGRESSIVA DE INDENIZAÇÃO. DEFEITO EM COMPONENTES DE EQUIPAMENTOS ELETRÔNICOS DE CONDOMÍNIO SEGU-

RADO. REPARO CUSTEADO PELA SEGURADORA. SUB-ROGAÇÃO DO DIREITO DE SER RESSARCIDA PELO CAUSADOR DO DANO. RESPONSABILIDADE CIVIL OBJETIVA DA CONCESSIONÁRIA DE SERVIÇO PÚBLICO DE DISTRIBUIÇÃO DE ENERGIA ELÉTRICA. OSCILAÇÃO NO FORNECIMENTO DA ENERGIA. PROVAS QUE RESPALDAM A TESE AUTORAL. DOCUMENTO REDIGIDO UNILATERALMENTE PELA CONCESSIONÁRIA DE SERVIÇO PÚBLICO SEM RESPALDO EM OUTRAS PROVAS. REDUZIDO VALOR PROBATÓRIO. RESOLUÇÃO ANEEL Nº 414/2010. AFASTAMENTO DA RESPONSABILIDADE DA CONCESSIONÁRIA INCOMPATÍVEL COM A CONSTITUIÇÃO DA REPÚBLICA E COM A LEI Nº 8.987/95. HONORÁRIOS RECURSAIS. IMPOSSIBILIDADE. HONORÁRIOS SUCUMBENCIAIS JÁ ESTABELECIDOS NO PATAMAR MÁXIMO. RECURSO DESPROVIDO. RETIFICAÇÃO DO TERMO INICIAL DOS JUROS MORATÓRIOS DE OFÍCIO. AUSÊNCIA DE REFORMATIO IN PEJUS. 1) Nos termos dos arts. 349 e 786, ambos do Código Civil, e da Súmula nº 188 do Supremo Tribunal Federal, o segurador tem direito a propor ação regressiva contra o causador do dano, pelo que efetivamente pagou ao segurado, até o limite previsto no contrato de seguro. 2) Na condição de prestadora de serviço público de fornecimento de energia elétrica, a concessionária tem os limites de sua responsabilidade civil estabelecidos pelo art. 37, § 6º, da Constituição da República, o qual assegura que o indivíduo lesado pelo ente público não está obrigado a demonstrar a culpa ou o dolo do aparato estatal, bastando que demonstre a efetiva ocorrência do fato o dano expiado e o nexo causal entre a conduta e o resultado lesivo, consagrando a responsabilidade civil objetiva. 3) Por ser a apelante uma concessionária prestadora de serviço público de fornecimento e distribuição de energia elétrica, não há dúvida de que possui responsabilidade objetiva frente a terceiros em decorrência da natureza do serviço prestado e do próprio risco de sua atividade, sub-rogando-se a apelada neste direito que era de seu segurado, o qual alega que foi lesado pela falha na prestação do serviço de distribuição de energia elétrica. 4) Os diversos elementos de prova acostados aos autos demonstram o nexo de causalidade entre o dano experimentado pelo segurado (defeitos em componentes de equipamentos eletrônicos do condomínio) e a queda e oscilação no fornecimento de energia elétrica, bem como revelam a existência do pagamento efetuado pela apelada seguradora ao segurado das despesas geradas com o reparo dos referidos bens danificados, de modo que faz jus ao ressarcimento de tal montante. 5) O laudo elaborado pelo técnico que presta serviço de manutenção elétrica, indicando que a causa do defeito nos componentes dos bens foi a oscilação do fornecimento de energia elétrica, não pode ser considerada uma prova produzida unilateralmente pela autora, visto que a referida perícia não foi realizada por um expert indicado por esta, mas por um técnico totalmente desvinculado, o qual possuía relação exclusivamente com o condomínio segurado. Na verdade, este laudo foi apresentado aos autos como uma prova documental, a qual não pode ser comparada com o documento acostado pela requerida, confeccionado diretamente por ela para justificar a inocorrência de falha na prestação do serviço no dia e 6) Não é possível afastar a responsabilização da concessionária de serviço público com base na Resolução ANELL nº 414/2010, visto que tal circunstância se respalda na Constituição da República e no art. 25, caput, da Lei nº 8.987/95. Uma norma redigida por uma agência reguladora jamais poderá confrontar uma disposição legal ou constitucional, sob pena de ofensa aos princípios da legalidade e da hierarquia das normas. 7) Se os honorários sucumbenciais são estabelecidos no patamar máximo previsto em lei já na prolação da sentença 20% (vinte por cento) sobre o valor atualizado da condenação, resta inviável arbitrar honorários recursais, em atenção ao previsto no art. 85, § 11, do Código de Processo Civil. 8) Em ações de regresso ajuizadas por seguradoras em face do causador do sinistro, o termo inicial tanto para incidência da correção monetária quanto dos juros de mora é a data do pagamento efetuado pela seguradora junto ao condomínio segurado, pois é neste momento que se opera a sub-rogação da seguradora nos direitos do segurado. 9) A modificação do termo inicial dos juros moratórios constitui matéria de ordem pública, a qual pode ser enfrentada de ofício pela instância revisora, sem que se possa falar em reformatio in pejus, uma vez que se trata de consectário lógico da condenação principal. 10) Recurso desprovido, mas, de ofício, retifica-se o termo inicial dos juros moratórios do valor da condenação. (TJES, Classe: Apelação Cível, 024170004014, Relator: ELIANA JUNQUEIRA MUNHOS FERREIRA – Relator Substituto: VICTOR QUEIROZ SCHNEIDER, Órgão julgador: TERCEIRA CÂMARA CÍVEL, Data de Julgamento: 10/12/2019, Data da Publicação no Diário: 19/12/2019)

◙ Acidente de trânsito envolvendo ônibus de propriedade de concessionária de serviço público. Responsabilidade civil objetiva

APELAÇÃO CÍVEL. GRATUIDADE DA JUSTIÇA. PESSOA JURÍDICA. DEFERIMENTO PARA ESTA INSTÂNCIA REVISORA. AÇÃO INDENIZATÓRIA. ACIDENTE DE TRÂNSITO ENVOLVENDO ÔNIBUS DE PROPRIEDADE DE CONCESSIONÁRIA DE SERVIÇO PÚBLICO. RESPONSABILIDADE CIVIL OBJETIVA (ART. 37, § 6º, DA CF/88). TEORIA DO RISCO ADMINISTRATIVO. EXCLUDENTE DE RESPONSABILIDADE POR CULPA EXCLUSIVA DA VÍTIMA. COMPROVAÇÃO. INGRESSO REPENTINO DA OFENDIDA NA VIA E COM PEQUENA DISTÂNCIA PARA O ÔNIBUS QUE TRAFEGAVA EM VELOCIDADE COMPATÍVEL. INEXIGIBILIDADE DE CONDUTA DIVERSA DO CONDUTOR. AUSÊNCIA DE CAUTELA PELO PEDESTRE. INDENIZAÇÃO POR DANOS MATERIAIS E MORAIS. IMPOSSIBILIDADE. MANUTENÇÃO DA SENTENÇA DE IMPROCEDÊNCIA. RECURSO INTERPOSTO PELA AUTORA DESPROVIDO. DENUNCIAÇÃO DA LIDE JULGADA PREJUDICADA. HONORÁRIOS ADVOCATÍCIOS SUCUMBENCIAIS DEVIDOS PELO DENUNCIANTE EM FAVOR DOS PATRONOS DA DENUNCIADA. HIPÓTESE DE DENUNCIAÇÃO DA LIDE FACULTATIVA. RECURSO INTERPOSTO PELA DENUNCIADA PROVIDO. 1) O Novo Código de Processo Civil positivou o direito de a pessoa jurídica fazer jus à gratuidade da justiça (art. 98, caput, do CPC/2015), que já era garantido pela Súmula nº 481 do Superior Tribunal de Justiça. Contudo, ao contrário do que ocorre em relação à pessoa natural, a obtenção deste benefício exige a efetiva demonstração por parte da pessoa jurídica de sua impossibilidade de arcar com as custas processuais, não havendo que se falar em presunção de veracidade de uma eventual declaração de hipossuficiência, consoante se observa da interpretação, a contrario sensu, do art. 99, § 3º, do Código de Processo Civil. Na hipótese, a documentação colacionada aos autos pela seguradora apelante demonstra que as atividades da empresa encontram-se suspensas, tendo dado início ao processo de liquidação, estando, inclusive, com o seu patrimônio líquido negativo em patamar exorbitante, de forma que realmente não possui condições de arcar com as despesas do preparo recursal, circunstância esta que não é elidida pelo fato de ser assistida por advogado particular (art. 99, § 4º, do CPC/2015). 2) Em se tratando de responsabilidade civil, as empresas concessionárias, ao receberem do Estado a missão de colocar em funcionamento os serviços públicos, têm o dever constitucional de reparar os danos porventura produzidos, em consonância com o disposto no art. 37, § 6º, da Constituição Federal de 1988, o qual prevê expressamente a responsabilidade objetiva. 3) Tratando-se de acidente de trânsito envolvendo pessoa jurídica de direito privado prestadora de serviço de transporte público, seja em face de terceiros usuários ou não usuários do serviço, incidem as regras relativas à responsabilidade objetiva. Tema nº 130 de Repercussão Geral do Supremo Tribunal Federal. 4) Por estar fundada na chamada teoria do risco administrativo, e não do risco integral, essa responsabilidade civil objetiva pode ser abrandada e até mesmo afastada nas hipóteses de caso fortuito, força maior, culpa exclusiva da vítima ou de terceiro, ou seja, nas situações capazes de romper o nexo causal entre a atividade administrativa e o evento danoso. 5) Na hipótese, a despeito da prova coligida nos autos demonstrar que a autora sofreu traumatismo craniano e fratura da clavícula esquerda em virtude de ter sido atropelada por um ônibus de propriedade da concessionária de transporte público demandada, restou incontroverso que o grave acidente automobilístico decorreu de culpa exclusiva da própria vítima, a qual, sem observar a cautela necessária, se lançou, surpreendentemente, na via, em local distante da faixa de pedestres, impossibilitando conduta diversa do motorista do ônibus, que, mesmo tentando frear e desviar, não conseguiu evitar o choque com a requerente, inexistindo qualquer tipo de prova que indique a imprudência do condutor por estar em suposto excesso de velocidade, de forma que a requerida logrou êxito em demonstrar o fato extintivo do direito da autora (art. 373, inciso II, do CPC/2015), descortinando, portanto, o acerto da sentença que julgou improcedentes os pedidos contidos na lide principal. 6) O Superior Tribunal de Justiça firmou o entendimento no sentido que na hipótese de denunciação da lide, prevista no artigo 70, inciso III, do Código de Processo Civil de 1973 (atual art. 125, inciso II, do CPC/2015), aplicável ao caso em virtude do momento em que fora efetuada a citada denunciação, a instauração da ação regressiva incidental afigura-se como ato voluntário e facultativo, visto que não haveria a perda do direito de regresso, razão pela qual, com base no princípio da causalidade, serão imputados à parte denunciante os encargos sucumbenciais, no caso em que a lide secundária for extinta sem resolução do mérito. 7) Recurso interposto pela autora desprovido. Apelo manejado pela seguradora denunciada provido. (TJES, Classe: Apelação Cível, 048110013207, Relator: ELIANA JUNQUEIRA MUNHOS FERREIRA – Relator Substituto: VICTOR QUEIROZ SCHNEIDER, Órgão julgador: TERCEIRA CÂMARA CÍVEL, Data de Julgamento: 10/12/2019, Data da Publicação no Diário: 19/12/2019)

◙ Má Prestação De Serviço Erro Médico Responsabilidade Subjetiva Culpa Demonstrada Responsabilidade Solidária Do Hospital

APELAÇÃO CÍVEL – AÇÃO INDENIZATÓRIA MÁ PRESTAÇÃO DE SERVIÇO ERRO MÉDICO RESPONSABILIDADE SUBJETIVA CULPA DEMONSTRADA RES-

PONSABILIDADE SOLIDÁRIA DO HOSPITAL APLICABILIDADE DO CDC – MANUTENÇÃO DO VALOR FIXADO A TITULO DE DANOS MORAIS CORREÇÃO EX OFFICIO DO TERMO A QUO DOS JUROS DE MORA RECURSO IMPROVIDO. 1 Quanto a aplicabilidade do Código de Defesa do Consumidor, a jurisprudência deste Egrégio Tribunal de Justiça é pacífica no sentido de que nas hipóteses de hospitais particulares conveniados com o SUS, incide o disposto no Código de Defesa do Consumidor. 2 – A responsabilidade médica, tratada expressamente pelo Código de Defesa do Consumidor no §4º do artigo 14, é subjetiva, vale dizer, depende da prova de culpa em qualquer de suas modalidades para que lhe seja imputada a responsabilidade civil e consequente reparação de danos causados. 3 In casu, o magistrado de piso inverteu o ônus da prova, de forma que ao requerido cabia provar a ausência de erro médico, contudo esse não se desincumbiu de tal ônus. 4 – Restou demonstrado todos os elementos necessários para a responsabilização do hospital, quais sejam, culpa dos profissionais médicos, dano à paciente e nexo de causalidade, sendo dispensável a prova da culpa do hospital, porque sua responsabilidade é objetiva. 5 – A fixação dos danos morais em R$ 45.000,00 (quarenta e cinco mil reais) cumpre, no presente caso, a função pedagógico-punitiva de desestimular o ofensor a repetir a falta, sem constituir, de outro lado, enriquecimento indevido da paciente. 6 – Por se tratar de responsabilidade extracontratual, os juros de mora devem ser contados do evento danoso (Súmula 54 do STJ) e a correção monetária desde a data do arbitramento, nos termos da Súmula 362 do STJ, que é entendida como sendo o momento da fixação do valor definitivo da condenação. 7 – A matéria relativa aos juros de mora e à correção monetária é de ordem pública, pelo que a alteração do termo inicial de ofício no julgamento de recurso de apelação pelo tribunal na fase de conhecimento do processo não configura reformatio in pejus. (TJES, Classe: Apelação, 24090358284, Relator: FABIO CLEM DE OLIVEIRA, Órgão julgador: PRIMEIRA CÂMARA CÍVEL, Data de Julgamento: 14/06/2016, Data da Publicação no Diário: 22/06/2016). 8- Recurso improvido. Alteração ex officio, do termo inicial dos juros de mora para fixá-lo a partir da data do evento danoso. (TJES, Classe: Apelação Cível, 024090382425, Relator: MANOEL ALVES RABELO, Órgão julgador: QUARTA CÂMARA CÍVEL, Data de Julgamento: 09/12/2019, Data da Publicação no Diário: 17/01/2020)

◙ Uso indevido de programa de computador (software pirata) violação de direito autoral – dever de reparar responsabilidade daquele que efetivamente auxiliou na aquisição de programa manifestamente ilegal uso das dependências de instituição de ensino superior responsabilidade objetiva do empregador

APELAÇÃO CIVIL ILEGITIMIDADE PASSIVA CONFUSÃO COM O MÉRITO DESPROVIDA – USO INDEVIDO DE PROGRAMA DE COMPUTADOR (SOFTWARE PIRATA) VIOLAÇÃO DE DIREITO AUTORAL – DEVER DE REPARAR RESPONSABILIDADE DAQUELE QUE EFETIVAMENTE AUXILIOU NA AQUISIÇÃO DE PROGRAMA MANIFESTAMENTE ILEGAL USO DAS DEPENDÊNCIAS DE INSTITUIÇÃO DE ENSINO SUPERIOR RESPONSABILIDADE OBJETIVA DO EMPREGADOR 1) Em razão de a preliminar de ilegitimidade passiva confundir-se com o mérito, faz-se necessária a utilização do princípio da primazia do julgamento do mérito, consagrado no artigo 4º, do CPC/15. 2) Na hipótese de ação civil para fins de indenização por uso indevido de programa de computador sem licença (software pirata) a configuração do dano para fins de responsabilidade civil por violação de direito autoral prescinde da existência de atos de mercancia ou auferimento de lucro. 3) Naqueles casos em que docente empregado utiliza-se das dependências da Instituição de Ensino Superior para auxiliar terceiros na aquisição de programa de computador sem licença (software pirata), há responsabilidade objetiva para a Instituição de Ensino empregadora, sobretudo quando se observa que o programa adquirido tem pertinência com a disciplina ministrada. 3) A citação é o termo inicial da contagem de juros de mora e correção monetária naquelas condenações decorrentes de relações contratuais. Naqueles danos extracontratuais, os juros moratórios incidem a partir da data do fato, no tocante aos valores devidos a título de dano material e moral, nos termos da Súmula 54/STJ. 4) Recurso conhecido e não provido. Em razão de acordo formulado entre a autora e um dos devedores solidários, sentença reformada de ofício para alterar o valor devido solidariamente por Jaqueline da Silva Creazola e por Universidade de Vila Velha UVV para R$ 6.000,00 (seis mil reais). Vistos, relatados e discutidos estes autos, acordam os Desembargadores componentes da Terceira Câmara Cível do Tribunal de Justiça do Estado do Espírito Santo, em conformidade com a ata de julgamento e com as notas taquigráficas, à unanimidade, conhecer e NEGAR-LHE PROVIMENTO ao recurso. Vitória/ES, 03 de dezembro de 2019. PRESIDENTE / RELATOR (TJES, Classe: Apelação Cível, 035070123837, Relator: RONALDO GONÇALVES DE SOUSA, Órgão julgador: TERCEIRA CÂMARA CÍVEL, Data de Julgamento: 03/12/2019, Data da Publicação no Diário: 13/12/2019).

◙ Rompimento de barragem. Rejeitos de atividade extrativa mineral. Rio doce. Dano ambiental. Teoria do risco integral. Dano moral individual. Possibilidade.

APELAÇÃO CÍVEL. RESPONSABILIDADE CIVIL. ROMPIMENTO DE BARRAGEM. REJEITOS DE ATIVIDADE EXTRATIVA MINERAL. RIO DOCE. DANO AMBIENTAL. TEORIA DO RISCO INTEGRAL. DANO MORAL INDIVIDUAL. POSSIBILIDADE. COMPROVAÇÃO. CORTE NO ABASTECIMENTO DE ÁGUA. 1. – O colendo Superior Tribunal de Justiça já se manifestou no sentido de que consoante a jurisprudência pacífica dele, sedimentada inclusive no julgamento de recursos submetidos à sistemática dos processos representativos de controvérsia (arts. 543-C do CPC/1973 e 1.036 e 1.037 do CPC/2015), a responsabilidade por dano ambiental é objetiva, informada pela teoria do risco integral, sendo o nexo de causalidade o fator aglutinante que permite que o risco se integre na unidade do ato (REsp nº 1.374.284/MG) (REsp 1596081/PR, Rel. Ministro Ricardo Villas Bôas Cueva, Segunda Seção, julgado em 25-10-2017, DJe 22-11-2017). É também pacífico naquela Corte o entendimento de que um mesmo dano ambiental pode atingir tanto a esfera moral individual como a esfera coletiva, acarretando a responsabilização do poluidor em ambas, até porque a reparação ambiental deve ser feita da forma mais completa possível. (REsp 1175907/MG, Rel. Ministro Luis Felipe Salomão, Quarta Turma, julgado em 19-08-2014, DJe 25-09-2014). 2. – Caso concreto em que configurado o nexo causal entre o rompimento da barragem de Fundão, operada pela apelada Samarco, e a degradação das águas e do ecossistema do Rio Doce a partir de 05-11-2015; e, por conseguinte, entre a conduta da apelada e o resultado danoso consistente na suspensão do serviço essencial de fornecimento de água à população da cidade de Colatina-ES. 3. – As autoras demonstraram que naquela ocasião a unidade residencial possuía ligação com a rede de fornecimento de água operada pela companhia Sanear Serviço Colatinense de Meio Ambiente e Saneamento Ambiental. 4. – O dano moral suportado pelas autoras em razão do corte no abastecimento de água ficou demonstrado, já que o fato alterou a continuidade na prestação de serviço público essencial, o que presumidamente afetou a esfera subjetiva delas com intensidade suficiente para configurar tal espécie de lesão. 5. – Em atenção aos critérios sugeridos pela doutrina e pela jurisprudência para a fixação do valor da indenização por dano imaterial, sobretudo às condições socioeconômicas das vítimas e, ainda, à conduta da ré Samarco, que, apesar da gravidade da omissão que levou ao rompimento da barragem, buscou mitigar a extensão do dano com a distribuição de água mineral à população dos municípios afetados, é razoável e proporcional a quantia de R$2.000,00 (dois mil reais) para cada autora para reparar o dano moral sofrido pelas apelantes. 6. – O alegado sofrimento das autoras ocasionado pela degradação do ecossistema do Rio Doce não restou evidenciado nos autos. Não há elemento de prova a demonstrar que as autoras tenham tido seu patrimônio subjetivo lesado de maneira específica e anormal como decorrência direta dos danos ambientais em comento. 7. – Recurso parcialmente provido. (TJES, Classe: Apelação Cível, 014160357514, Relator: DAIR JOSÉ BREGUNCE DE OLIVEIRA – Relator Substituto: JULIO CESAR COSTA DE OLIVEIRA, Órgão julgador: TERCEIRA CÂMARA CÍVEL, Data de Julgamento: 03/12/2019, Data da Publicação no Diário: 13/12/2019)

■ **Direito do preso de cumprir pena em condições dignas.**

"...AÇÃO DE INDENIZAÇÃO – MORTE DE DETENTO – QUEDA DE BELICHE – RESPONSABILIDADE CIVIL DO ESTADO – DANO MORAL – VALOR DA INDENIZAÇÃO – JUROS E CORREÇÃO MONETÁRIA. 1. Constitui garantia fundamental inserta na Constituição Federal, o direito do preso cumprir sua pena em condições dignas, com devido respeito e proteção à sua integridade física e moral, a teor do disposto no art. 5º inciso XLIX da Constituição Federal...." (Processo: AC 10407150004742001 MG – Publicação: 04/04/2019 – Julgamento: 28 de Março de 2019 – Relator: Wagner Wilson.)

■ **Dano estético**

DIREITO PÚBLICO – APELAÇÕES DE AMBAS AS PARTES – RESPONSABILIDADE CIVIL DO ESTADO – INDENIZAÇÃO POR DANOS MORAIS E ESTÉTICOS – PROCEDIMENTO MÉDICO INADEQUADO – NEGLIGÊNCIA DOS AGENTES PÚBLICOS CARACTERIZADA – REPARAÇÃO DEVIDA – Comprovada nos autos que não houve boa prática médica no atendimento em hospital público, eis que à autora, ao procurar aquele nosocômio em trabalho de parto, não foi dispensado o correto tratamento, inclusive com ruptura do intestino grosso, somente diagnosticado após alta médica e queixas da requerente, já debilitada em função do parto, que correu sério risco de morte, permanecendo em U.T.I., sofrendo duas novas cirurgias, a segunda reparadora da primeira – Imperícia e negligência caracterizadas – Nexo causal estabelecido – Dever de indenizar reconhecido. DANO

MORAL – REDUÇÃO – Valor que deve ser arbitrado de forma global, já considerando o dano estético – Fixação, segundo esse entendimento, em parcela única de R$ 50.000,00 que se apresenta adequado às circunstâncias fáticas do caso concreto. JUROS DE MORA – Devem ser computados a partir do evento danoso – Súmula 54 do E. S.T.J. – Alteração ex officio. Sentença reformada em parte – Recurso da autora desprovido e provido parcialmente o apelo da requerida e o reexame necessário (redução do valor do dano moral), com observação (marco inicial dos juros moratórios). (Processo: 1036002-31.2016.8.26.0053 SP 1036002-31.2016.8.26.0053 – Órgão Julgador: 13ª Câmara de Direito Público – Publicação: 05/07/2018 – Julgamento: 4 de Julho de 2018 – Relator: Antônio Tadeu Ottoni.)

◙ Demora injustificada na concessão da aposentadoria

RESPONSABILIDADE CIVIL DO ESTADO. DEMORA INJUSTIFICADA NA CONCESSÃO DA APOSENTADORIA. DEVER DE INDENIZAR O SERVIDOR. RECURSO CONHECIDO E IMPROVIDO. 1. Em havendo o preenchimento para a concessão da aposentadoria, a mesma deve ser deferida pela administração pública no prazo de 30 dias, prorrogável por igual prazo em caso de justificativa razoável, nos termos do art. 49 da Lei Federal nº 9.784/99. 2. No caso em exame a demora, desde o dia do pedido de aposentadoria pelo apelado até seu deferimento foi de 06 (seis) meses, e, abatendo-se o prazo razoável de 30 (trinta) dias, prorrogável por igual período, temos que o apelado trabalhou indevidamente para o Estado, quando já poderia estar aposentado pelo prazo de 04 (quatro) meses, pelo qual tem o direito a ser indenizado, conforme bem emoldurado na sentença combatida. 3. Quanto à alegação de que o apelado se afastou das funções após o seu requerimento administrativo e permaneceu recebendo os salários mesmo sem trabalhar, não havendo, porquanto, qualquer prejuízo na espera pela concessão da aposentadoria, tal fato foi apresentado somente nesta seara recursal, não havendo contestação neste sentido, motivo pelo qual, deixo de analisar os argumentos recursais sob este prisma, sob pena de infringir o princípio da dialeticidade recursal, bem como cercear o direito de defesa do autor. SENTENÇA CONDENATÓRIA ILÍQUIDA CONTRA A FAZENDA PÚBLICA. HONORÁRIOS ADVOCATÍCIOS. PERCENTUAL. FIXAÇÃO NO MOMENTO DA LIQUIDAÇÃO DO JULGADO. REEXAME NECESSÁRIO CONHECIDO. REFORMA PARCIAL DO DECISUM. 4. Com efeito, a sentença comporta reparos quanto à condenação aos honorários, pois, em se tratando de sentença condenatória ilíquida, em face da Fazenda Pública, a definição do percentual apenas deve ocorrer quando liquidado o julgado, nos termos do artigo 85, § 4º, inciso II, do Código de Processo Civil. 5. Apelação parcialmente conhecida e improvida. (Processo: APL 0017232-37.2019.8.27.0000 – Relator: ANGELA MARIA RIBEIRO PRUDENTE.)

◙ Óbito de detento acometido pelo vírus do HIV

RESPONSABILIDADE CIVIL DO ESTADO. Indenização por danos materiais e morais e recebimento de pensão mensal vitalícia. Óbito de detento (filho da requerente) acometido pelo vírus do HIV. Tratamento interrompido por indicação médica em virtude de efeitos colaterais. Paciente que contraiu meningite meningocócica e que não recebeu atenção especial em virtude de suas deficiências imunológicas. Indicação médica para remoção em caráter emergencial para unidade hospitalar com suporte multidisciplinar. Pedido de internação, formulado em 29/10/2009 (fls. 130), que somente foi atendido em 09/11/2009 (fls. 134). Dever estatal de zelar pela integridade física do preso (art. 5º, XLIX da CF). Falha no serviço público. Dano moral caracterizado. Dever de indenizar. Dano material não configurado. Ausência de provas de que a requerente dependida financeiramente do filho. Sentença de procedência parcial mantida. Recurso não provido. (Processo: APL 0040503-95.2012.8.26.0114 SP 0040503-95.2012.8.26.0114 – Órgão Julgador: 10ª Câmara de Direito Público – Publicação: 06/09/2017 – Julgamento: 4 de Setembro de 2017 – Relator: Paulo Galizia.)

◼ Inscrição em dívida ativa de IPTU indevido e ulterior ajuizamento de execução fiscal

RESPONSABILIDADE CIVIL DO ESTADO. Indenização por danos morais. Inscrição em dívida ativa de IPTU indevido e ulterior ajuizamento de execução fiscal. Tributo quitado à vista, anos antes de ajuizada a demanda executiva. Conjunto probatório a demonstrar a falha da administração pública e os pressupostos da responsabilidade civil. Dano que se configura *in re ipsa*. Sentença de improcedência reformada. Recurso provido. (Processo: APL 0000846-83.2014.8.26.0080 SP 0000846-83.2014.8.26.0080 – Órgão Julgador: 7ª Câmara de Direito Público – Publicação: 07/03/2017 – Julgamento: 6 de Março de 2017 – Relator: Coimbra Schmidt.)

◼ Criança que sofreu várias mordidas no corpo, inclusive no rosto.

RESPONSABILIDADE CIVIL DO ESTADO. ACIDENTE EM ESCOLA MUNICIPAL DE EDUCAÇÃO INFANTIL. Criança que sofreu várias mordidas no corpo, inclusive no rosto. Sentença de procedência do pedido. Responsabilidade subjetiva da Administração. Falha do serviço. Criança que, estando sob os cuidados de escola municipal de educação infantil, teve seu rosto lesionado por mordidas desferidas por outra criança, a qual já era contumaz nessa prática. Falha no dever de guarda e de preservação da integridade física do menor. Repercussão moralmente danosa demonstrada. Danos morais caracterizados. Valor da indenização que deve ser majorado, arbitrando-se R$ 7.500,00 para a menor, a serem depositados em conta judicial até que a criança atinja a maioridade – ressalvada a possibilidade de movimentação da conta para finalidades condizentes com o propósito da indenização. Sucumbência plena do Município, pois o arbitramento dos danos morais em valor inferior ao requerido não gera sucumbência recíproca, conforme Súmula 326 do Superior Tribunal de Justiça. Consectários de mora que deverão seguir o entendimento do Supremo Tribunal Federal no julgamento do Tema 810, ressalvando-se eventual modulação em seus efeitos que venha a ser decidida pela Corte Superior. Recurso do Município não provido, provido parcialmente o recurso da Autora, com observação. (Processo: AC 1002970-31.2017.8.26.0431 SP 1002970-31.2017.8.26.0431 – Órgão Julgador: 8ª Câmara de Direito Público – Publicação: 09/08/2019 – Julgamento: 9 de Agosto de 2019 – Relator: Bandeira Lins.)

A atuação truculenta da Policial Militar perante menor com dez anos de idade e seu genitor.

RESPONSABILIDADE CIVIL DO ESTADO. DANO MORAL. ATUAÇÃO EXCESSIVA DE POLICIAIS MILITARES. CONFIGURAÇÃO DO DANO. I – O Distrito Federal responde objetivamente pelo dano moral causado à vítima, nos termos do art. 37, § 6º, da CF/88. II – A atuação truculenta da Policial Militar perante menor com dez anos de idade e seu genitor é causadora de constrangimento e de dano à integridade psíquica e moral. III – A valoração da compensação moral deve observar o princípio da razoabilidade, a gravidade e a repercussão dos fatos, a intensidade e os efeitos da lesão. A sanção, por sua vez, deve observar a finalidade didático-pedagógica, evitar valor excessivo ou ínfimo, e objetivar sempre o desestímulo à conduta lesiva. IV – Apelação do réu desprovida e apelação dos autores parcialmente provida. (Processo: 0706457-02.2018.8.07.0003 DF 0706457-02.2018.8.07.0003 – Órgão Julgador: 6ª Turma Cível – Publicação: Publicado no DJE: 13/09/2019. Pág.: Sem Página Cadastrada. – Julgamento: 7 de Setembro de 2019 – Relator: VERA ANDRIGHI.)

Demora no cumprimento de alvará de soltura

RESPONSABILIDADE CIVIL DO ESTADO. DEMORA NO CUMPRIMENTO DE ALVARÁ DE SOLTURA. DEVER DE INDENIZAR. RECURSO CONHECIDO E PROVIDO. (Número do Processo: 80029234920178050001, Relator (a): ANA CONCEICAO BARBUDA SANCHES GUIMARAES FERREIRA, 6ª Turma Recursal, Publicado em: 06/07/2018)

Manutenção indevida do nome do lesado em cadastro de pessoas procuradas em decorrência de prisão indevida.

RESPONSABILIDADE CIVIL DO ESTADO. DANO MORAL. Pretensão do autor colimando a reparação de danos morais e exclusão de seu nome no cadastro de pessoas procuradas, em decorrência de prisão indevida. Sentença de procedência parcial na origem, apenas para regularizar o cadastro prisional do autor, excluindo seu nome do rol de procurados. Inconformismo do autor. Cabimento. Apontamento que corresponde a pena declarada prescrita em 1999. Autor que permaneceu em cárcere, indevidamente, por três horas. Dano moral – Comprovação do dano e do nexo de causalidade. Ausência de excludentes de responsabilidade. Obrigação de indenizar. Inteligência do art. 5º, inc. LXXV, e art. 37, § 6º, ambos da CF/88. Dano moral arbitrado em R$ 5.000,00, valor suficiente para reparar o abalo psicológico do autor. Consectários legais. Correção monetária a partir da data do arbitramento (Súmula nº 362 do STJ) e juros moratórios a partir do evento lesivo (Súmula nº 54 do STJ). Os juros de mora devem observar os índices de remuneração da caderneta de poupança, nos termos do art. 1º-F da Lei 9494 /97, com a redação dada pela Lei nº 11.960 /09, e a correção monetária será calculada de acordo com o decidido pelo Supremo Tribunal Federal nos autos do RE nº 870.947/SE, quando definitivamente julgado o Tema nº 810. Sentença reformada em parte. Recurso parcialmente provido. (Processo: AC 1000802-19.2018.8.26.0238 SP 1000802-19.2018.8.26.0238 – Órgão Julgador: 13ª Câmara de Direito Público - Publicação: 13/06/2019 - Julgamento: 12 de Junho de 2019 - Relator: Djalma Lofrano Filho.)

■ Extração de dente do siso que resultou em fratura na mandíbula.

RESPONSABILIDADE CIVIL DO ESTADO. Pleito indenizatório por danos morais, decorrentes de má prestação de serviço público odontológico. Extração de dente do siso que resultou em fratura na mandíbula, obrigando a paciente a nova cirurgia para colocação de placa de titânio com doze pinos. Conjunto probatório suficiente a demonstrar a ilicitude da conduta do dentista e o nexo de causalidade. Sentença de procedência confirmada. Recurso não provido. (Processo: APL 0009028-47.2011.8.26.0053 SP 0009028-47.2011.8.26.0053 - Órgão Julgador: 7ª Câmara de Direito Público - Publicação: 12/04/2017 - Julgamento: 10 de Abril de 2017 - Relator: Coimbra Schmidt.)

■ Cidadão almejado por dois disparos de arma de fogo enquanto fornecia instrução por telefone a policiais durante ocorrência.

RESPONSABILIDADE CIVIL DO ESTADO. Pretensão do autor ao recebimento de indenização, em decorrência de ter sido alvejado por dois disparos de arma de fogo, enquanto fornecia instrução por telefone a policiais durante ocorrência. Ação julgada procedente na origem. Ausência de impugnação específica aos fundamentos da sentença ou de argumento que se preste a apontar "error in judicando" supostamente praticado pelo magistrado sentenciante. As razões constantes do recurso voluntário da Fazenda são mera reprodução da contestação outrora apresentada, com diminutas adequações. Falta de requisito de admissibilidade. Violação ao princípio da dialeticidade recursal. Inteligência do art. 1.010, do CPC. Decisão mantida. Recurso não conhecido. Recurso adesivo prejudicado, em razão da inadmissibilidade do recurso principal. Inteligência do artigo 997, § 2º, III, do CPC. Recurso da ré não conhecido e recurso adesivo do autor prejudicado. (Processo: APL 1005693-15.2016.8.26.0348 SP 1005693-15.2016.8.26.0348 - Órgão Julgador: 13ª Câmara de Direito Público - Publicação: 08/11/2018 - Julgamento: 31 de Outubro de 2018 - Relator: Djalma Lofrano Filho.)

■ Abordagem excessiva realizada por policiais militares.

RESPONSABILIDADE CIVIL DO ESTADO. INDENIZAÇÃO POR DANO MORAL. ABUSO DE AUTORIDADE. Abordagem excessiva realizada por policiais militares. O excesso cometido pelo agente público que, sem justa causa, agride o cidadão, gera o dever ao Estado de indenizar. Patente a situação de agressão e constrangimento. Danos de ordem subjetiva configurados. A fixação do quantum indenizatório deve atender tanto ao caráter educativo como ao coercitivo, a fim de que a vida e os direitos da personalidade do ser humano tenham maior valor, sendo fixado de modo a reparar a vítima pela lesão sofrida, causando impacto sobre o patrimônio do agente causador do dano, a fim de que o ilícito praticado não volte a se repetir; não obstante, deve haver o balizamento da verba indenizatória a fim de não acarretar o enriquecimento indevido da vítima. Danos materiais não demonstrados. Sentença mantida. Recursos conhecidos e não providos. (Processo: AC 0002492-91.2011.8.26.0288 SP

0002492-91.2011.8.26.0288 – Órgão Julgador: 2ª Câmara de Direito Público – Publicação: 22/04/2019 – Julgamento: 16 de Abril de 2019 – Relator: Vera Angrisani.)

◙ Prisão indevida

RESPONSABILIDADE CIVIL DO ESTADO. Prisão indevida. Configurado o nexo causal entre o dano experimentado e a ação praticada pela Administração Pública. Presente o dever de indenizar, o quantum arbitrado no primeiro grau – R$ 35.000,00 – deve ser reduzido para fazer frente ao abalo sofrido pelo autor. Sentença parcialmente reformada. Recurso provido em parte, com observação. (Processo: APL 0003737-61.2013.8.26.0323 SP 0003737-61.2013.8.26.0323 – Órgão Julgador: 7ª Câmara de Direito Público – Publicação: 18/04/2017 – Julgamento: 17 de Abril de 2017 – Relator: Coimbra Schmidt.)

◙ Inserção de nome indevidamente lançado em assentamentos criminais

RESPONSABILIDADE CIVIL DO ESTADO. DANOS MORAIS. ERRO DE IDENTIFICAÇÃO CRIMINAL. 1. Autora que teve seu nome indevidamente lançado em assentamentos criminais, por indicação da própria irmã, que se fez passar por ela, ao ser processada por furto. Desídia dos agentes estatais, uma vez que não diligenciaram em averiguar a correta identificação da autora do crime. Responsabilidade objetiva estatal reconhecida. Dano moral configurado. Sentença de parcial procedência do pedido. Reparação fixada em R$ 5.000,00. Insurgência da autora pretendendo majoração do valor da indenização. Descabimento. Danos morais arbitrados com critério, em montante suficiente para reparar o abalo sofrido. 2. Consectários legais. Correção monetária desde o arbitramento (Súmula nº 362 do STJ) e juros moratórios a partir do evento lesivo (Súmula nº 54 do STJ). Os juros de mora devem observar os índices de remuneração da caderneta de poupança, nos termos do art. 1º-F da Lei 9494 /97, com a redação dada pela Lei nº 11.960 /09, e a correção monetária será calculada de acordo com o decidido pelo Supremo Tribunal Federal nos autos do RE nº 870.947/SE, quando definitivamente julgado o Tema nº 810. Sentença mantida, com adequação dos consectários legais. Recurso não provido, com observação. (Processo: APL 1012385-79.2017.8.26.0482 SP 1012385-79.2017.8.26.0482 – Órgão Julgador: 13ª Câmara de Direito Público – Publicação: 31/01/2019 – Julgamento: 30 de Janeiro de 2019 – Relator: Djalma Lofrano Filho.)

◙ Queda em bueiro em via pública

RESPONSABILIDADE CIVIL DO ESTADO – QUEDA EM BUEIRO EM VIA PÚBLICA – DANO MORAL – EXISTÊNCIA – MAJORAÇÃO DA VERBA INDENIZATÓRIA – HONORARIOS ADVOCATÍCIOS – ART. 85, § 2O, CPC. – Ação de indenização por dano moral em que a Autora pretende majoração da reparação pelo dano moral estabelecido na sentença – Existência do dano moral. Majoração da verba indenizatória que foi arbitrada em R$ 1.000,00 para R$ 2.500,00 (dois mil e quinhentos reais) – Juros moratórios que devem iniciar sua contagem a partir do ato ilícito, como determinando pelo Juízo – Elevação dos honorários ao percentual de 20% sobre o valor da condenação – Recurso conhecido e provido. (Processo: APL 0013346-

70.2015.8.19.0007 – Órgão Julgador: SÉTIMA CÂMARA CÍVEL – Julgamento: 24 de Abril de 2019 – Relator: Des(a). CAETANO ERNESTO DA FONSECA COSTA.)

■ **Danos perpetrados com a inundação de esgoto sanitário causando evidente risco à saúde dos atingidos.**

RESPONSABILIDADE CIVIL DO ESTADO POR OMISSÃO. DANOS MORAIS CONFIGURADOS. 1- O direito ao saneamento básico é um direito fundamental do indivíduo, da coletividade, além de serviço público essencial. Sua provisão é um dever do Estado, que advém dos direitos ao meio ambiente ecologicamente equilibrado (artigo 225, CRFB/88) e à saúde (art. 196 CRFB/88), atuando entre a garantia do mínimo existencial e a proteção ambiental. 2- É dever de o Município prestar serviço básico de esgotamento sanitário (art. 23, IX, c/c 30, II, da CRFB). 3- A responsabilidade civil do Estado independe de contrato e é consequência da própria atividade estatal, vertendo-se na obrigação de indenizar danos causados a terceiros. 4- Por mais que a Constituição Federal consagre a responsabilidade objetiva do Estado, tal responsabilização limita-se aos prejuízos causados pelos seus agentes no exercício de suas funções ou a pretexto de exercê-las. Ou seja, pelos atos comissivos estatais. 5- Na responsabilidade do Estado por danos decorrentes de sua omissão vige a teoria da culpa administrativa, também chamada de teoria da "falta do serviço", segundo a qual o lesado deve demonstrar que o Estado tinha o dever legal de agir e que falhou no cumprimento deste dever legal. 6- Diante das provas juntadas nos autos restaram inquestionáveis os danos perpetrados com a inundação de esgoto sanitário, causando evidente risco à saúde dos atingidos. 7- Nexo causal entre a omissão do Município e os danos sofridos pelos autores. (Processo: APL 0390097-82.2011.8.19.0001 – Órgão Julgador: SEXTA CÂMARA CÍVEL – Julgamento: 15 de Maio de 2019 – Relator: Des(a). TERESA DE ANDRADE CASTRO NEVES.)

■ **Falha do Estado em prover segurança a seus servidores no interior de unidades educacionais**

RESPONSABILIDADE CIVIL DO ESTADO. Dano Moral. Verba devida, ante a falha do Estado em prover segurança a seus servidores no interior de unidades educacionais, causa eficaz da agressão sofrida pela autora, desferida por terceiro estranho ao quadro discente. Justificada, entretanto, a redução do valor indenizatório, ante as peculiaridades do caso. Precedentes. Ação procedente. RECURSO PROVIDO EM PARTE. (Processo: APL 0017043-16.2011.8.26.0405 SP 0017043-16.2011.8.26.0405 – Órgão Julgador: 11ª Câmara de Direito Público – Publicação: 10/05/2017 – Julgamento: 9 de Maio de 2017 – Relator: Jarbas Gomes.)

■ **A negligência estatal na prestação de serviços médicos ficou demonstrada, pois a autora não foi notificada sobre o diagnóstico de hepatite C nem houve a anotação em seu prontuário médico.**

RESPONSABILIDADE CIVIL DO ESTADO. OMISSÃO. AGRAVAMENTO DO QUADRO DE SAÚDE. I – A negligência estatal na prestação de serviços médicos ficou demonstrada, pois a autora não foi notificada sobre o diagnóstico de hepatite C nem houve a anotação em seu prontuário médico, o que impossibilitou a realização tempestiva do tratamento e culminou na necessidade de transplante de fígado, em vista da evolução para o quadro de cirrose hepática. II – Comprovados os elementos da responsabilidade civil do Estado, procede a pretensão indenizatória por danos morais. Mantida a r. sentença. III – Apelação desprovida. (Processo: 0042870-78.2016.8.07.0018 DF 0042870-78.2016.8.07.0018 – Órgão Julgador: 6ª TURMA CÍVEL – Publicação: Publicado no DJE: 12/06/2018. Pág.: 386/394 – Julgamento: 30 de Maio de 2018 – Relator: VERA ANDRIGHI.)

◙ Má prestação de serviço público médico/hospitalar

RESPONSABILIDADE CIVIL DO ESTADO. MÁ PRESTAÇÃO DE SERVIÇO PÚBLICO MÉDICO/HOSPITALAR. DANO MORAL. SENTENÇA DE PROCEDÊNCIA, QUE SE MANTÉM. Autora, sucedida pelos herdeiros, buscando reparação pelos danos morais decorrentes da demora no atendimento médico/hospitalar adequando, considerada a gravidade da enfermidade (infecção urinária e diminuição da atividade psíquica, em razão de tumor cerebral), somente obtida com a transferência deferida por ordem judicial, mas que não impediu a morte da autora 2 dias após. Responsabilidade objetiva do Estado, na forma do art. 37, § 6º, da CRFB, que adotou a teoria do risco administrativo, sendo despicienda qualquer indagação quanto a eventual culpa estatal pelo ocorrido, bastando prova da conduta, do resultado e do nexo de causalidade, cabendo aos réus, somente, a demonstração de alguma das excludentes de responsabilidade, ou seja, culpa exclusiva da vítima, inexistência de defeito na prestação do serviço, caso fortuito ou força maior, sendo que não se desincumbiram de tal ônus. Ainda que não se possa afirmar que a demora na prestação do tratamento adequado tenha causado a morte da autora, certamente contribuiu para o agravamento de seu quadro clínico, configurando dano moral, que merecer ser reparado. Sentença fixando a verba indenizatória em R$ 10.000,00, não merecendo modificação, atendendo bem aos fins a que se destina, respeitados os princípios da razoabilidade e da proporcionalidade. Correção monetária e juros incidentes sobre a verba indenizatória, fixados pelos índices consolidados na jurisprudência. Recursos desprovidos. (Processo: APL 0012838-73.2015.8.19.0024 – Órgão Julgador: VIGÉSIMA CÂMARA CÍVEL – Julgamento: 23 de Outubro de 2019 – Relator: Des(a). MARÍLIA DE CASTRO NEVES VIEIRA.)

◙ Falecimento do filho dos autores, de 16 anos de idade, após ser atropelado por veículo de transporte coletivo.

RESPONSABILIDADE CIVIL DO ESTADO. DANOS MORAIS. Falecimento do filho dos autores, de 16 anos de idade, após ser atropelado por veículo de transporte coletivo. Alegação dos autores de que houve demora no socorro prestado pelo SAMU. Ausência de provas da omissão dos servidores públicos, da falha na prestação de socorro à vítima e do nexo de causalidade. A prova documental indica que o socorro foi prestado de forma regular e que o gravíssimo quadro clínico da vítima, com grande perda de sangue e de massa encefálica, foi decisivo para o óbito, circunstâncias avalizadas também pela prova oral. Impossibilidade de se atribuir a responsabilidade ao Município. Precedentes deste E. TJSP. Sentença de improcedência do pedido mantida. Majoração da verba honorária, nos termos do disposto no art. 85, § 11, do CPC/15, observada a gratuidade judiciária. Recurso não provido. (Processo: AC 0016276-84.2012.8.26.0229 SP 0016276-84.2012.8.26.0229 – Órgão Julgador: 13ª Câmara de Direito Público – Publicação: 21/03/2019 – Julgamento: 20 de Março de 2019 – Relator: Djalma Lofrano Filho.)

◙ Acidente causado por uma placa que estava solta.

RESPONSABILIDADE CIVIL DO ESTADO. INDENIZAÇÃO POR DANOS MORAIS E MATERIAIS. Professora municipal que sofreu queda no caminho táctil para deficientes visuais. Acidente alegadamente causado por uma placa que estava solta. Responsabilidade subjetiva da Administração. Provas dos autos que corroboram as alegações iniciais. Ré que, por sua vez, não se desvencilhou do ônus probatório (art. 373, II, CPC). Nexo de causalidade e culpa da ré suficientemente demonstrados. DANOS MATERIAIS. Improcedência. Ausência de prova constitutiva do direito (art. 373, I, CPC). DANOS MORAIS. Procedência, mas não na extensão pleiteada. Dano moral *in re ipsa*. Fixação de valor compatível com as circunstâncias do caso concreto, sem dar causa a enriquecimento ilícito da autora. Recurso parcialmente provido. (Processo: AC 1005877-55.2016.8.26.0223 SP 1005877-55.2016.8.26.0223 – Órgão Julgador: 5ª Câmara de Direito Público – Publicação: 12/06/2019 – Julgamento: 10 de Junho de 2019 – Relator: Heloísa Martins Mimessi.)

◙ Autora transexual que, apesar de integrar a equipe feminina de voleibol do Município, foi impedida de participar de campeonato regional em virtude de impossibilidade de alterar seu cadastro e efetivar sua inscrição pelo seu nome social

RESPONSABILIDADE CIVIL DO ESTADO. APELAÇÃO E RECURSO ADESIVO. Autora transexual que, apesar de integrar a equipe feminina de voleibol do Município, foi impedida de participar de campeonato regional em virtude de impossibilidade de alterar seu cadastro e efetivar sua inscrição pelo seu nome social. Pretensão da autora à condenação da FESP e da Municipalidade ao pagamento de indenização por danos morais no montante de R$ 100.000,00 (cem mil reais). R. sentença que julgou parcialmente procedente o pedido da autora, para condenar apenas a FESP ao pagamento de indenização por danos morais em R$ 30.000,00. Pleito de reforma integral da r. sentença ou, subsidiariamente, de redução do "quantum" indenizatório pela FESP e pleito pela autora de aumento do "quantum" fixado. Parcial acolhimento do recurso da FESP e não acolhimento do recurso de apelação adesivo da autora. Em que pese a Municipalidade ser o ente responsável por realizar a inscrição das atletas no evento, o sistema operacional eletrônico de cadastro é posto à disposição e controlado exclusivamente pelo Estado de São Paulo. Impossibilidade de inscrição da autora em virtude de incompatibilidade de seu nome social com seu nome de nascimento vinculado ao seu CPF. Ausência de campo específico para alteração do cadastro e efetivação da inscrição pelo nome social. Omissão da FESP, pois mesmo ciente do ocorrido, não trouxe mecanismos capazes de suprir a incompatibilidade. Preenchidos os requisitos ensejadores da responsabilidade civil. Danos morais configurados, no caso concreto. Responsabilidade exclusiva da FESP. Redução do "quantum" devido para o montante de R$ 15.000,00 (quinze mil reais), em atenção aos princípios da razoabilidade e proporcionalidade. Consectários legais – De rigor a observância do que for decidido, oportunamente, em sede do Recurso Extraordinário nº 870.947/SE (Tema de Repercussão Geral nº 810, do E. STF). RECURSO DE APELAÇÃO DA FESP PARCIALMENTE PROVIDO. RECURSO ADESIVO DA AUTORA DESPROVIDO. (Processo: AC 1005581-86.2017.8.26.0291 SP 1005581-86.2017.8.26.0291 – Órgão Julgador: 13ª Câmara de Direito Público – Publicação: 19/09/2019 – Julgamento: 18 de Setembro de 2019 – Relator: Flora Maria Nesi Tossi Silva.)

■ **Queda de árvore sobre veículo em via pública.**

RESPONSABILIDADE CIVIL DO ESTADO. Danos Materiais. Queda de árvore sobre veículo em via pública. Reconhecida a responsabilidade do Município pelo evento danoso a ensejar a reparação do prejuízo material experimentado pela autora, ante a desídia da Administração de promover vistoria periódica, a fim de detectar problemas de saúde dos espécimes. Exame da doutrina e da jurisprudência. Ação procedente. RECURSO DESPROVIDO. (Processo: APL 1043275-67.2015.8.26.0224 SP 1043275-67.2015.8.26.0224 – Órgão Julgador: 11ª Câmara de Direito Público – Publicação: 07/06/2017 – Julgamento: 6 de Junho de 2017 – Relator: Jarbas Gomes.)

■ **Certidão expedida para fins de inscrição de débito fiscal com número de CPF de pessoa diversa.**

RESPONSABILIDADE CIVIL DO ESTADO. ERRO ADMINISTRATIVO. RESPONSABILIDADE OBJETIVA. DANO MORAL. – A responsabilidade civil do Estado em matéria de erro administrativo é do tipo objetiva, motivo pelo qual não se perquire sobre a ocorrência de culpa – Certidão expedida para fins de inscrição de débito fiscal com número de CPF de pessoa diversa caracteriza erro administrativo e torna o protesto indevido, pois tirado contra pessoa diversa do devedor. Conduta, dano e nexo causal demonstrados. Dano moral inconteste – Valor da indenização por dano moral de R$ 5.000,00 – que se afigura razoável e proporcional à hipótese dos autos e consentânea com a jurisprudência deste Tribunal. NEGADO PROVIMENTO AO RECURSO. (Processo: APL 0011922-63.2016.8.19.0037 RIO DE JANEIRO NOVA FRIBURGO 3 VARA CIVEL – Órgão Julgador: DÉCIMA SÉTIMA CÂMARA CÍVEL – Partes: APELANTE: ESTADO DO RIO DE JANEIRO, APELADO: MARCIA CRISTINA LIMAS BRAÇOS – Publicação: 08/06/2018 – Julgamento: 6 de Junho de 2018 – Relator: FLÁVIA ROMANO DE REZENDE.)

■ **Médicos que atuaram com negligência e imprudência inequívocas.**

RESPONSABILIDADE CIVIL DO ESTADO. AÇÃO DE REPARAÇÃO DE DANOS. MÁ PRESTAÇÃO DE SERVIÇOS MÉDICOS. ÓBITO DO PACIENTE POR NEGLIGÊNCIA DOS PREPOSTOS DO RÉU. Prova dos autos a demonstrar que os médicos do demandado atuaram com negligência e imprudência inequívocas, evidenciando que o óbito do paciente ocorreu pela falta de atendimento eficaz. Danos morais caracterizados. Valor arbitrado, de R$ 40.000,00 à mãe e irmão que se mostrou justo e atento aos princípios da razoabilidade e proporcionalidade. Desprovimento dos recursos.

Unânime. (Processo: APL 0025766-96.2013.8.19.0001 – Órgão Julgador: VIGÉSIMA CÂMARA CÍVEL – Julgamento: 3 de Outubro de 2018 – Relator: Des(a). MARÍLIA DE CASTRO NEVES VIEIRA.)

■ **Óbices de natureza administrativa como falta de recursos ou de planejamento não impedem o indeclinável cumprimento da obrigação constitucional relacionado ao fornecimento de remédio.**

RESPONSABILIDADE CIVIL DO ESTADO. FORNECIMENTO DE REMÉDIO. ALTERNATIVAS TERAPÊUTICAS. SUBSTITUIÇÃO. HONORÁRIOS DE ADVOGADO. DEFENSORIA PÚBLICA. Ação de obrigação de fazer para os Réus prestarem assistência médica com fornecimento de remédios necessários à enfermidade que acomete a Autora. Nos termos dos artigos 23, 196 e 198 da Constituição Federal os entes da Federação têm competência comum e concorrente para zelar pela saúde da população. O poder público deve prestar assistência médica aos necessitados. Óbices de natureza administrativa como falta de recursos ou de planejamento não impedem o indeclinável cumprimento da obrigação constitucional. Se Autora comprovou ser portadora de Alzheimer e não ter condições financeira para arcar com o tratamento indicado pelo médico que a assiste, tem o direito de receber os medicamentos postulados na inicial. Mas é possível o Poder Público fornecer similar terapêutico padronizado desde que possua o mesmo princípio ativo e igual eficácia do remédio indicado pelo médico. Considerando a modulação dos efeitos determinada pelo E. Superior Tribunal de Justiça, os requisitos para a concessão de medicamento fixados no julgamento do REsp nº 1657.156/RJ somente serão exigidos nos ¿processos distribuídos a partir da data da publicação do acórdão embargado, ou seja, 4/5/2018. O Município vencido na lide responde pelo pagamento de honorários de advogado em favor da Defensoria Pública. A condenação da pessoa jurídica de direito público em suportar honorários de advogado deve atender aos parâmetros do artigo 85, § 8º, do Código de Processo Civil. Valor fixado na sentença com razoabilidade. Recurso desprovido. (Processo: APL 0030652-08.2015.8.19.0054 – Órgão Julgador: QUINTA CÂMARA CÍVEL – Julgamento: 29 de Janeiro de 2019 – Relator: Des(a). HENRIQUE CARLOS DE ANDRADE FIGUEIRA.)

■ **A demora na efetiva prestação do serviço de saúde consistente na realização de procedimento cirúrgico de urgência.**

RESPONSABILIDADE CIVIL DO ESTADO. DEMORA NA REALIZAÇÃO DO PROCEDIMENTO CIRÚRGICO. DANOS MORAIS CONFIGURADOS. RAZOABILIDADE DO QUANTUM ARBITRADO. MANUTENÇÃO DA SENTENÇA. 1) A demora na efetiva prestação do serviço de saúde consistente na realização de procedimento cirúrgico de urgência, enseja a responsabilidade civil do Estado pelos danos morais daí advindos. 2) Apelo não provido. (Processo: APL 0034812-85.2015.8.03.0001 AP – Órgão Julgador: Tribunal – Partes: GLEICE LIMA PEREIRA, ESTADO DO AMAPÁ – Julgamento: 24 de Abril de 2018 – Relator: Desembargador ROMMEL ARAÚJO DE OLIVEIRA.)

◙ Dano ou morte decorrente de obra pública quando precária ou inexistente iluminação elétrica no local e ausente sinalização que pudesse orientar e evitar acidentes.

RESPONSABILIDADE CIVIL DO ESTADO. QUEDA DE TRANSEUNTE ATRIBUÍDA À REALIZAÇÃO DE OBRA PÚBLICA. DANOS MATERIAIS E MORAIS CONFIGURADOS. I. Configura-se a responsabilidade civil do município em caso de dano ou morte decorrente de obra pública, quando, precária ou inexistente iluminação elétrica no local e ausente sinalização que pudesse orientar e evitar acidentes. II. O dano moral experimentado pela família da vítima é manifesto e presumido do próprio evento danoso, que indubitavelmente lhe acarretara dor e sofrimento em grau máximo. III. Apelo conhecido e improvido. (Processo: AC 0000844-35.2009.8.10.0048 MA 0196862018 – Órgão Julgador: QUARTA CÂMARA CÍVEL – Publicação: 14/08/2019 00:00:00 – Julgamento: 25 de Junho de 2019 – Relator: JAIME FERREIRA DE ARAÚJO.)

◙ Profissional que incorreu em má prática médica.

RESPONSABILIDADE CIVIL DO ESTADO. Município de Votuporanga. Menor que apresentou febre e coriza. Diagnóstico inicial de virose. Quadro clínico que não se alterou no dia seguinte. Retorno a unidade municipal de saúde. Médico que mantém diagnóstico de pediatra que atendeu o menor no dia anterior, e não realiza outros exames clínicos. Evolução para pneumonia. Óbito do paciente. Profissional que incorreu em má prática médica, conforme constatado em laudo pericial. Existência de nexo de causalidade entre a conduta do médico e a morte do menor. Responsabilidade civil caracterizada. Falha na prestação do serviço público verificada. Dano moral configurado. Juros moratórios. Incidência. Evento danoso, conforme súmula 54 do Superior Tribunal de Justiça. Sucumbência recíproca afastada. Vigência, à época do ajuizamento da ação, da súmula 362 do STJ. Sentença de parcial procedência reformada. Recurso dos autores providos em parte e recursos dos réus não providos. (Processo: 0005935-52.2012.8.26.0664 SP 0005935-52.2012.8.26.0664 – Órgão Julgador: 10ª Câmara de Direito Público – Publicação: 08/08/2017 – Julgamento: 7 de Agosto de 2017 – Relator: Paulo Galizia.)

◙ Acidente de trabalho. Servidor público municipal que realizava coleta de lixo. Queda do caminhão. Morte por traumatismo crânio-encefálico.

RESPONSABILIDADE CIVIL DO ESTADO. Acidente de trabalho. Servidor público municipal que realizava coleta de lixo. Queda do caminhão. Morte por traumatismo crânio-encefálico. Fato ocorrido em 2006. Prescrição configurada em relação a três das quatro autoras. Questão já decidida em sede de agravo de instrumento. Teoria do risco administrativo. Art. 37, § 6º, da CF/88 e art. 927 do Código Civil. Circunstância de o funcionário laborar do lado de fora de veículo em constante movimento que impõe a utilização de EPI´s aptos a minimizar os efeitos de eventual queda, os quais não eram disponibilizados pela Prefeitura. Inteligência da NR nº 06 do MTE. Indenização por danos morais devida. Pensão mensal que já vinha sendo paga desde a data do óbito. Juros e correção nos termos das Súmulas nº 54 e 362 do C. STJ e observada a Lei nº 11.960 /09. Sentença parcialmente reformada. Recurso conhecido e provido em parte. (Processo: 1000201-95.2015.8.26.0374 SP 1000201-95.2015.8.26.0374 – Órgão Julgador:

2ª Câmara de Direito Público – Publicação: 10/08/2017 – Julgamento: 8 de Agosto de 2017 – Relator: Vera Angrisani.)

◙ Acidente de trânsito: motorista que acelerou enquanto a passageira estava descendo do ônibus

RESPONSABILIDADE CIVIL DO ESTADO. ACIDENTE DE TRÂNSITO. MOTORISTA QUE ACELEROU ENQUANTO A PASSAGEIRA ESTAVA DESCENDO DO ÔNIBUS. Trata-se de ação de responsabilidade civil na qual a parte Autora pugna pela reparação por danos morais em decorrência de acidente de trânsito. Prolatada sentença de procedência, insurge-se a Ré da decisão. A Demandada, concessionária de serviço público, sustenta que o valor fixado a título de danos morais é excessivo. Narrativa do evento danoso incontroversa. No caso dos autos, a passageira recebeu auxílio do motorista, que a levou ao Hospital mais próximo, bem como arcou com os custos dos medicamentos, fatos que justificam a redução da verba fixada a título de danos morais para R$ 5.000,00. Correção monetária referente ao dano moral flui a partir da sentença porque foi nesta data que se atualizou a dívida, a teor da Súmula 97 do TJRJ e da Súmula 362 do STJ. Por fim, saliente-se que o pagamento do Seguro DPVAT somente ocorre na hipótese de existência de vítima fatal ou portadora de invalidez em decorrência de acidente de trânsito, o que não ocorreu na espécie, motivo pelo qual dúvida não há que a Autora não recebeu indenização desta natureza, não havendo, portanto, que se cogitar de tal dedução no montante indenizatório resultante da condenação imposta à Ré nestes autos. RECURSO PARCIALMENTE PROVIDO. (Processo: APL 0081918-53.2013.8.19.0038 – Órgão Julgador: QUINTA CÂMARA CÍVEL – Julgamento: 6 de Agosto de 2019 – Relator: Des(a). DENISE NICOLL SIMÕES.)

◙ Morte de detento.

RESPONSABILIDADE CIVIL DO ESTADO POR MORTE DE DETENTO. INDENIZAÇÃO. DANO MORAL. I – O Supremo Tribunal Federal, ao julgar o RE 841.526/RS (Tema 592), adotando a teoria do risco administrativo, assentou haver responsabilidade objetiva do Estado pela morte do detento nas hipóteses de inobservância do seu dever específico de proteção previsto no art. 5º, XLIX, da CF, seja ele vinculado a condutas comissivas ou omissivas (art. 37, § 6º, da CF). II – Não prosperam as alegações expostas nas razões do apelo no sentido de eximir o Distrito Federal da responsabilidade pela morte do detento sob sua custódia atribuindo-a à conduta dolosa de terceiros, mormente quando a situação descrita nos autos exigia um dever específico de proteção. Presente tal contexto, a obrigação de indenizar se impõe, nos termos da jurisprudência que se firmou sobre o tema. III – Negou-se provimento ao recurso e à remessa de ofício. (Processo: 0709144-04.2018.8.07.0018 DF 0709144-04.2018.8.07.0018 – Órgão Julgador: 6ª Turma Cível – Publicação: Publicado no DJE: 16/10/2019. Pág.: Sem Página Cadastrada. – Julgamento: 4 de Outubro de 2019 – Relator: JOSÉ DIVINO.)

◙ Corpo liberado em avançado estado de decomposição

RESPONSABILIDADE CIVIL DO ESTADO. OMISSÃO. CORPO LIBERADO EM AVANÇADO ESTADO DE DECOMPOSIÇÃO. DANOS MORAIS. I – Nos eventos danosos decorrentes de falta ou falha do serviço, a despeito da dissonância sobre o tema, parte da doutrina e jurisprudência entende que a responsabilidade será subjetiva, exigindo a demonstração de dolo ou culpa. II – Comprovada a conduta omissiva culposa dos prepostos do ente estatal demandado, consistente na falta de acondicionamento do cadáver em geladeira por mais de 24h, causando o estado de decomposição do corpo, é devida a compensação do dano moral aos parentes do falecido. III – O valor da compensação por danos morais deve ser razoável e proporcional à violação experimentada, evitando o locupletamento indevido, mas sem se tornar inexpressivo. IV – Negou-se provimento ao recurso. (Processo: 0703199-02.2019.8.07.0018 DF 0703199-02.2019.8.07.0018 – Órgão Julgador: 6ª Turma Cível – Publicação: Publicado no PJe: 05/11/2019. Pág.: Sem Página Cadastrada. – Julgamento: 16 de Outubro de 2019 – Relator: JOSÉ DIVINO.)

RESPONSABILIDADE CIVIL DO ESTADO NA VISÃO DO SUPERIOR TRIBUNAL DE JUSTIÇA E DO SUPREMO TRIBUNAL FEDERAL

◙ Responsabilidade civil do estado. Erro médico que ocasionou a tetraplegia da paciente e incapacidade para a fala. Danos morais.

ADMINISTRATIVO E PROCESSUAL CIVIL. AGRAVO INTERNO NO RECURSO ESPECIAL. RESPONSABILIDADE CIVIL DO ESTADO. ERRO MÉDICO QUE OCASIONOU A TETRAPLEGIA DA PACIENTE E INCAPACIDADE PARA A FALA. DANOS MORAIS. PRETENDIDA REDUÇÃO DO QUANTUM INDENIZATÓRIO. IMPOSSIBILIDADE DE REVISÃO, NA VIA ESPECIAL. SÚMULA 7/STJ. AGRAVO INTERNO IMPROVIDO. I. Agravo interno aviado contra decisão que julgara Recurso Especial interposto contra acórdão publicado na vigência do CPC/2015. II. Na origem, trata-se de ação proposta por Olinda Barcelos Gonzaga, representada por sua curadora, Raimunda Dorothi Barcelos Ramos, em desfavor do Estado do Amazonas, objetivando a condenação da ré ao pagamento de indenização por danos morais, em decorrência de falha na prestação de serviço médico. Consoante se extrai dos autos, houve demora na prestação de socorro médico adequado após o quadro de AVC, sofrido pela autora, que produziu sequelas neurológicas que resultaram em quadro de tetraplegia e perda da fala. O Tribunal de origem reformou a sentença de improcedência da ação indenizatória. III. No que tange ao quantum indenizatório, a jurisprudência do Superior Tribunal de Justiça orienta-se no sentido de que "a revisão dos valores fixados a título de danos morais somente é possível quando exorbitante ou insignificante, em flagrante violação aos princípios da razoabilidade e da proporcionalidade, o que não é o caso dos autos. A verificação da razoabilidade do quantum indenizatório esbarra no óbice da Súmula 7/STJ" (STJ, AgInt no AREsp 927.090/SC, Rel. Ministro HERMAN BENJAMIN, SEGUNDA TURMA, DJe de 08/11/2016). IV. No caso, o Tribunal de origem, à luz das provas dos autos e em vista das circunstâncias fáticas do caso, fixou o valor da indenização por danos morais em R$ 300.000,00 (trezentos mil reais), considerando que, "por essa omissão específica, houve um dano direto contra a incolumidade física da Apelante, resultando-lhe num estado irreversível de tetraplegia e incapacidade de fala aos 37 anos de idade um dano imaterial inquestionável que atinge a Apelante enquanto pessoa, uma ofensa que a Corte Interamericana de Direitos Humanos denomina de dano projeto de vida", e que "o evento se constituiu em desrespeito à dignidade da Apelante, ofendendo de forma imensurável a saúde e a vida". Assim, registrou que, por essa razão, exercera o juízo de razoabilidade "para quantificar um valor justo de compensação ao dano moral". Nesse contexto, "a jurisprudência do Superior Tribunal de Justiça é no sentido de que a revisão dos valores fixados a título de danos morais somente é possível quando exorbitante ou insignificante, em flagrante violação aos princípios da razoabilidade e da proporcionalidade, o que não é o caso dos autos. A verificação da razoabilidade do quantum indenizatório esbarra no óbice da Súmula 7/STJ" (STJ, AgInt no AREsp 927.090/SC, Rel. Ministro HERMAN BENJAMIN, SEGUNDA TURMA, DJe de 08/11/2016). Incidência, no caso, da Súmula 7/STJ diante das peculiaridades da causa, expostas no acórdão recorrido. V. Agravo interno improvido. (AgInt no REsp 1828872/AM, Rel. Ministra ASSUSETE MAGALHÃES, SEGUNDA TURMA, julgado em 10/12/2019, DJe 16/12/2019)

■ Responsabilidade civil do estado. Acidente de trânsito. Morte ocasionada por ausência de sinalização em estrada em razão de ponte em ruína

ADMINISTRATIVO E PROCESSO CIVIL. AGRAVO INTERNO NOS EMBARGOS DE DECLARAÇÃO NO AGRAVO EM RECURSO ESPECIAL. RESPONSABILIDADE CIVIL DO ESTADO. ACIDENTE DE TRÂNSITO. MORTE OCASIONADA POR AUSÊNCIA DE SINALIZAÇÃO EM ESTRADA EM RAZÃO DE PONTE EM RUÍNA. DIREITO DOS ASCENDENTES AO PENSIONAMENTO ATÉ A DATA EM QUE O DE CUJUS COMPLETARIA 70 ANOS. VALOR DA INDENIZAÇÃO POR DANOS MORAIS FIXADA PELO TRIBUNAL DE ORIGEM. MONTANTE FIXADO CONDIZENTE COM O POSICIONAMENTO DESTA CORTE. AGRAVO INTERNO DO DEPARTAMENTO DE ESTRADAS DE RODAGEM DESPROVIDO. 1. O entendimento jurisprudencial atualizado do STJ estabelece o termo final do pensionamento a data em que a vítima fatal completasse 70 anos, isto em razão dos dados atuais sobre a expectativa de vida média do brasileiro. 2. Quanto à ausência de provas acerca da renda mensal auferida pelo de cujus, esta Corte possui entendimento segundo o qual, em tais casos, a pensão deve ser arbitrada no valor do salário mínimo. 3. Agravo Interno do DEPARTAMENTO DE ESTRADAS DE RODAGEM desprovido. (AgInt nos EDcl no AREsp 784.824/SP, Rel. Ministro NAPOLEÃO NUNES MAIA FILHO, PRIMEIRA TURMA, julgado em 17/12/2019, DJe 19/12/2019)

■ Responsabilidade civil do estado reconhecida. Negligência do hospital Pedro II, no parto de filho dos autores

ADMINISTRATIVO E PROCESSUAL CIVIL. AGRAVO INTERNO NO AGRAVO EM RECURSO ESPECIAL. RESPONSABILIDADE CIVIL DO ESTADO RECONHECIDA. NEGLIGÊNCIA DO HOSPITAL PEDRO II, NO PARTO DE FILHO DOS AUTORES. ALEGADA INEXISTÊNCIA DE REQUISITO IMPRESCINDÍVEL PARA A MAJORAÇÃO DOS HONORÁRIOS ADVOCATÍCIOS. ART. 85, § 11, DO CPC/2015. AUSÊNCIA DE PREQUESTIONAMENTO. SÚMULA 282/STF. ART. 1.025

DO CPC/2015. INAPLICABILIDADE, NO CASO. AGRAVO INTERNO IMPROVIDO. I. Agravo interno aviado contra decisão que julgara recurso interposto contra decisum publicado na vigência do CPC/2015. II. Na origem, trata-se de ação proposta por Luis Irisvaldo Rodrigues Marques e outra, em desfavor do Estado do Rio de Janeiro, objetivando a condenação do réu ao pagamento de indenização por danos morais, em virtude de negligência do Hospital Pedro II, no parto de filho dos autores, que ocasionou seu falecimento. O Tribunal de origem deu parcial provimento aos apelos dos autores e do réu, reformando parcialmente a sentença de procedência da ação. III. Não tendo o acórdão hostilizado expendido juízo de valor sobre a tese de "inexistência do segundo requisito imprescindível para que haja a majoração dos honorários prevista no NCPC, qual seja, o não conhecimento integral do recurso, ou o seu desprovimento", vinculada ao art. 85, § 11, do CPC/2015, a pretensão recursal esbarra em vício formal intransponível, qual seja, o da ausência de prequestionamento – requisito viabilizador da abertura desta instância especial -, atraindo o óbice da Súmula 282 do Supremo Tribunal Federal ("É inadmissível o recurso extraordinário, quando não ventilada, na decisão recorrida, a questão federal suscitada"), na espécie. IV. Para que se configure o prequestionamento, não basta que o recorrente devolva a questão controvertida para o Tribunal, em suas razões recursais. É necessário que a causa tenha sido decidida à luz da legislação federal indicada, bem como seja exercido juízo de valor sobre os dispositivos legais indicados e a tese recursal a eles vinculada, interpretando-se a sua aplicação ou não, ao caso concreto. V. Na forma da jurisprudência do STJ, "a admissão de prequestionamento ficto (art. 1.025 do CPC/15), em recurso especial, exige que no mesmo recurso seja indicada violação ao art. 1.022 do CPC/15, para que se possibilite ao Órgão julgador verificar a existência do vício inquinado ao acórdão, que uma vez constatado, poderá dar ensejo à supressão de grau facultada pelo dispositivo de lei" (STJ, REsp 1.639.314/MG, Rel. Ministra NANCY ANDRIGHI, TERCEIRA TURMA, DJe de 10/04/2017). VI. Consoante se depreende dos autos, o acórdão recorrido não expendeu juízo de valor sobre a tese invocada na petição do Recurso Especial, nem a parte ora agravante opôs os cabíveis Embargos de Declaração, nem suscitou, perante o Tribunal de origem, qualquer nulidade do acórdão recorrido, por suposta ausência da devida fundamentação do julgado, não se alegando, no Especial, ademais, violação ao art. 1.022 do CPC/2015, razão pela qual impossível aplicar-se, no caso, o art. 1.025 do CPC vigente. VII. Agravo interno improvido. (AgInt no AREsp 1534432/RJ, Rel. Ministra ASSUSETE MAGALHÃES, SEGUNDA TURMA, julgado em 10/12/2019, DJe 16/12/2019)

◼ Responsabilidade civil do estado. Acidente de trânsito. Travessia em faixa de pedestre. Atropelamento, com morte da genitora dos autores. Danos morais

ADMINISTRATIVO E PROCESSUAL CIVIL. AGRAVO INTERNO NO AGRAVO EM RECURSO ESPECIAL. RESPONSABILIDADE CIVIL DO ESTADO. ACIDENTE DE TRÂNSITO. TRAVESSIA EM FAIXA DE PEDESTRE. ATROPELAMENTO, COM MORTE DA GENITORA DOS AUTORES. DANOS MORAIS. DEVER DE INDENIZAR. CONTROVÉRSIA RESOLVIDA, PELO TRIBUNAL DE ORIGEM, À LUZ DAS PROVAS DOS AUTOS. IMPOSSIBILIDADE DE REVISÃO, NA VIA ESPECIAL. SÚMULA 7/STJ. PRETENDIDA REDUÇÃO DO QUANTUM INDENIZATÓRIO.

INVIABILIDADE, NA VIA ESPECIAL. SÚMULA 7/STJ. DISSÍDIO JURISPRUDENCIAL. SÚMULA 7/STJ. AGRAVO INTERNO IMPROVIDO. I. Agravo interno aviado contra decisão que julgara recurso interposto contra decisum publicado na vigência do CPC/2015. II. Na origem, trata-se de Ação de Indenização, ajuizada pela parte agravada em face de Antonio Aparecido Luz e Município de Garça, objetivando a condenação dos réus ao pagamento de indenização por danos morais e materiais, em virtude de acidente causado por veículo do ente público, que resultou no falecimento da mãe dos autores. A sentença julgou procedente, em parte, o pedido, a fim de condenar os réus ao pagamento de indenização por danos morais, no valor de R$ 88.000,00. O acórdão do Tribunal de origem reformou parcialmente a sentença, para majorar o valor da indenização por danos morais para R$ 120.000,00. III. O entendimento firmado pelas instâncias ordinárias, com base no exame dos elementos fáticos dos autos, no sentido de que restou demonstrada a culpa do condutor do veículo do Município-réu, não pode ser revisto, pelo Superior Tribunal de Justiça, em sede de Recurso Especial, sob pena de ofensa ao comando inscrito na Súmula 7 desta Corte. Precedentes do STJ. IV. No que tange ao quantum indenizatório, "a jurisprudência do Superior Tribunal de Justiça é no sentido de que a revisão dos valores fixados a título de danos morais somente é possível quando exorbitante ou insignificante, em flagrante violação aos princípios da razoabilidade e da proporcionalidade, o que não é o caso dos autos. A verificação da razoabilidade do quantum indenizatório esbarra no óbice da Súmula 7/STJ" (STJ, AgInt no AREsp 927.090/SC, Rel. Ministro HERMAN BENJAMIN, SEGUNDA TURMA, DJe de 08/11/2016). No caso, o Tribunal de origem, à luz das provas dos autos e em vista das circunstâncias fáticas do caso, majorou o valor da indenização por danos morais para R$ 120.000,000, "levando-se em consideração as circunstâncias do caso concreto, com as repercussões pessoais e sociais, os inconvenientes naturais suportados pelos autores e seu nível socioeconômico", quantum que não se mostra exorbitante, diante das peculiaridades da causa, expostas no acórdão recorrido. V. As razões que inviabilizaram o conhecimento do Recurso Especial, pela alínea a, servem de justificativa para o seu não conhecimento, pela alínea c do permissivo constitucional. VI. Agravo interno improvido. (AgInt no AREsp 1509452/SP, Rel. Ministra ASSUSETE MAGALHÃES, SEGUNDA TURMA, julgado em 05/12/2019, DJe 12/12/2019)

◙ A responsabilidade civil do Estado pela morte de detento em delegacia, presídio ou cadeia pública é objetiva, ainda que o mesmo tenha cometido suicídio, pois é dever do Estado prestar vigilância e segurança ao custodiados sob sua tutela

"...A respeito da responsabilidade objetiva nos casos de morte de detento ocorrido em presídio decorrente de suicídio, a remansosa jurisprudência do STJ e STF assim têm se manifestado." III – Consoante se verifica dos excertos colacionados do aresto vergastado, o Tribunal a quo, com base nos elementos fáticos dos autos, concluiu pela responsabilidade objetiva do ente estatal do detento, em razão da omissão de seus agentes no cuidado e vigilância do custodiado, estando tal posicionamento em consonância com a jurisprudência desta Corte, no sentido de que a responsabilidade civil do Estado pela morte de detento em delegacia, presídio ou cadeia pública é objetiva, ainda que o mesmo tenha cometido suicídio, pois é dever do Estado prestar vigilância e segurança ao custodiados sob sua tutela. A esse respeito, os seguintes julgados: REsp n. 1.671.569 / SP, Relator Ministro Herman Benjamin, Segunda Turma, julgamento em 27/6/2017, DJe 30/6/2017; AgRg no AREsp n. 782.450/ PE, Relator Ministro Sérgio Kukina, Primeira Turma, julgamento em 27/10/2015, DJe 10/11/2015; AgRg no AREsp n. 528.911 / MA, Relator Ministro Olindo Menezes (Desembargador convocado do TRF 1ª Região), Primeira Turma, julgamento 16/6/2015, DJe 25/6/2015. IV – A respeito da alegação de existência de dissídio jurisprudencial entre o acórdão recorrido e julgado do Superior Tribunal de Justiça, é forçoso esclarecer que a recente jurisprudência desta Corte é no sentido de que a idade de 65 anos como termo final para pagamento de pensão indenizatória não é absoluta, sendo cabível o estabelecimento de outro limite, com base nos dados estatísticos divulgados pela Previdência Social e nas informações do IBGE, no tocante ao cálculo da sobrevida da população média brasileira. A esse respeito os seguintes julgados: AgInt no AREsp n. 1.369.233/MS, Rel. Ministro Marco Aurélio Bellizze, Terceira Turma, julgado em 25/2/2019, DJe 13/3/2019; AgInt no AREsp n. 1.032.790/ CE, Rel. Ministro Benedito Gonçalves, Primeira Turma, julgado em 8/5/2018, DJe 16/5/2018.) V – Tendo o Tribunal a quo fixado o limite do pensionamento da viúva recorrida como sendo a data em que o de cujus completaria 70 anos de idade, para se estabelecer um lapso temporal diverso, no caso 65 anos, na forma pretendida no apelo nobre, seria necessário proceder a um exame acurado das peculiaridades fáticas do caso concreto, medida impossível pela via estreita do recurso especial, ante o óbice do enunciado da Súmula n. 7/STJ. VI – Agravo interno improvido. (AgInt no REsp 1819813/RO, Rel. Ministro FRANCISCO FALCÃO, SEGUNDA TURMA, julgado em 21/11/2019, DJe 05/12/2019)

◙ Contaminação por HIV. Transfusão de sangue. Transmissão da patologia ao marido e aos filhos da vítima. Responsabilidade Objetiva do Estado.

PROCESSUAL CIVIL E ADMINISTRATIVO. RESPONSABILIDADE CIVIL DO ESTADO. RECURSO ESPECIAL EM EMBARGOS INFRINGENTES. CONTAMINAÇÃO POR HIV. TRANSFUSÃO DE SANGUE. TRANSMISSÃO DA PATOLOGIA AO MARIDO E AOS FILHOS DA VÍTIMA. PROCEDIMENTO ANTERIOR À LEI 7.649/1988. APELO RARO VEICULADO PELA DIVERGÊNCIA JURISPRUDENCIAL. EXISTÊNCIA DE PRECEDENTES DESTE STJ (RESP 1.299.900/RJ, REL. MIN. HUMBERTO MARTINS, DJe 13.3.2015 E RESP 768.574/RJ, REL. MIN. CASTRO MEIRA, DJ 29.3.2007), RECONHECENDO A RESPONSABILIDADE OBJETIVA E INTEGRAL ADMINISTRATIVA EM TAIS CASOS. PARECER DO MPF PELO CONHECIMENTO E PROVIMENTO DO APELO RARO. AGRAVO CONHECIDO PARA CONHECER E DAR PROVIMENTO AO RECURSO ESPECIAL DOS PARTICULARES, RESTABELECENDO A SENTENÇA DE PRIMEIRO GRAU. 1. Hipótese em que o acórdão dos Embargos Infringentes manteve o julgamento da Apelação, que reformou, por maioria, a sentença de procedência, proferida em primeiro grau, pela simples razão de que a transfusão de sangue que contaminou a vítima foi realizada em data anterior à Lei 7.649/1988. 2. Referido entendimento está em conflito com o reconhecimento da responsabilidade objetiva e integral administrativa do Estado, em casos anteriores, julgados por este Tribunal Superior: REsp. 1.299.900/RJ, Rel. Min.

HUMBERTO MARTINS, DJe 13.3.2015 e REsp. 768.574/RJ, Rel. Min. CASTRO MEIRA, DJ 29.3.2007, o que autoriza o conhecimento e provimento do Apelo Raro, pela divergência apontada. 3. É de se notar que a sentença de primeiro grau, seguiu esta orientação do STJ, razão pela qual, há de ser restabelecida, conforme, inclusive, sugeriu o douto MPF, em seu brilhante Parecer. 4. Agravo conhecido para se conhecer e dar provimento ao Recurso Especial dos Particulares, ante o reconhecimento do dissídio interpretativo, restabelecendo-se a sentença de primeiro grau. (AREsp 657.893/RJ, Rel. Ministro NAPOLEÃO NUNES MAIA FILHO, PRIMEIRA TURMA, julgado em 26/11/2019, DJe 29/11/2019)

◙ Responsabilidade civil da autarquia federal. Vítima de acidente de trânsito em rodovia federal. Omissão da autarquia federal em fiscalizar animais na rodovia. Morte da vítima por animal na pista de rolamento em rodovia federal

ADMINISTRATIVO. AGRAVO INTERNO NO RECURSO ESPECIAL. RESPONSABILIDADE CIVIL DA AUTARQUIA FEDERAL. VÍTIMA DE ACIDENTE DE TRÂNSITO EM RODOVIA FEDERAL. OMISSÃO DA AUTARQUIA FEDERAL EM FISCALIZAR ANIMAIS NA RODOVIA. MORTE DA VÍTIMA POR ANIMAL NA PISTA DE ROLAMENTO EM RODOVIA FEDERAL. FATO INCONTROVERSO. VALORAÇÃO DOS CRITÉRIOS JURÍDICOS CONCERNENTES À UTILIZAÇÃO DA PROVA E À FORMAÇÃO DA CONVICÇÃO. DEVER DE VIGILÂNCIA. RESPONSABILIDADE SUBJETIVA CARACTERIZADA. REDUÇÃO DO QUANTUM INDENIZATÓRIO. INOVAÇÃO RECURSAL. AGRAVO INTERNO DA AUTARQUIA FEDERAL A QUE SE NEGA PROVIMENTO. 1. O Tribunal de origem, em sede de Apelação e Reexame Necessário, afastou a responsabilidade civil do DNIT por entender que seria impossível tal Entidade o controle extensivo de toda rodovia. 2. Todavia, com efeito ficou reconhecido que o acidente ocorreu em Rodovia Federal, em razão da presença de animal transitando na pista, situação que denotaria negligência na manutenção e fiscalização pelo DNIT, além de não haver nos autos quaisquer indícios de culpa exclusiva da vítima e de força maior. 3. Não há que se falar no afastamento da Responsabilidade Civil do Ente Estatal, isso porque é dever do Estado promover vigilância ostensiva e adequada, proporcionando segurança possível àqueles que trafegam pela rodovia. Trata-se, desse modo, de valoração dos critérios jurídicos concernentes à utilização da prova e à formação da convicção, e não de reexame do contexto fático-probatório dos autos. 4. Assim, há conduta omissiva e culposa do Ente Público, caracterizada pela negligência, apta a responsabilizar o DNIT, nos termos do que preceitua a teoria da Responsabilidade Civil do Estado, por omissão (AgInt no AgInt no REsp. 1.631.507/CE, Rel. Min. ASSUSETE MAGALHÃES, DJe 28.8.2018; e REsp. 1.198.534/RS, Rel. Min. ELIANA CALMON, DJe de 20.8.2010). 5. Com relação à redução do valor arbitrado a título de indenização, é certo que tal tema sequer foi mencionado nas razões das Contrarrazões do Recurso Especial, e somente foi suscitado em sede de Agravo Interno, o que caracteriza inovação recursal, vedada diante da preclusão consumativa. 6. Agravo Interno da Autarquia Federal a que se nega provimento. (AgInt no REsp 1632985/PE, Rel. Ministro NAPOLEÃO NUNES MAIA FILHO, PRIMEIRA TURMA, julgado em 11/11/2019, DJe 19/11/2019)

◙ A responsabilidade do Estado por dano ao meio ambiente decorrente de sua omissão no dever de fiscalização é de caráter solidário, mas de execução subsidiária, na condição de devedor-reserva

PROCESSO CIVIL. AMBIENTAL. AGRAVO INTERNO NO RECURSO ESPECIAL. DANO AMBIENTAL. RESPONSABILIDADE SOLIDÁRIA DE EXECUÇÃO SUBSIDIÁRIA. LEGITIMIDADE PASSIVA DO ESTADO. CELEBRAÇÃO DE TAC. DESCUMPRIMENTO. FALHA NA FISCALIZAÇÃO. AGRAVO NÃO PROVIDO. 1. A responsabilidade do Estado por dano ao meio ambiente decorrente de sua omissão no dever de fiscalização é de caráter solidário, mas de execução subsidiária, na condição de devedor-reserva. Precedentes. 2. Há responsabilidade do Estado ainda que, por meios apenas indiretos, contribua para a consolidação, agravamento ou perpetuação dos danos experimentados pela sociedade. 3. No caso, a narrativa fática realizada na origem é suficiente para concluir-se pela falha na fiscalização estatal, inclusive no tocante ao descumprimento do Termo de Ajustamento de Conduta celebrado entre o Ministério Público estadual e a indústria siderúrgica poluidora. Desse modo, não subsiste a assertiva de que a responsabilidade é integralmente da autarquia estadual que deferiu a licença de funcionamento da sociedade empresária que praticou o ilícito. 4. Agravo interno a que se nega provimento. (AgInt no REsp 1362234/MS, Rel. Ministro OG FERNANDES, SEGUNDA TURMA, julgado em 05/11/2019, DJe 11/11/2019)

◙ Ação de compensação por danos morais. Exame de DNA. Investigação de paternidade. Falso negativo. Laboratório. Defeito na prestação do serviço. Responsabilidade objetiva. Dano moral. Caracterização. Angústia e sofrimento íntimo. Ofensa à honra da mulher

DIREITO CIVIL. RECURSO ESPECIAL. AÇÃO DE COMPENSAÇÃO POR DANOS MORAIS. EXAME DE DNA. INVESTIGAÇÃO DE PATERNIDADE. FALSO NEGATIVO. LABORATÓRIO. DEFEITO NA PRESTAÇÃO DO SERVIÇO. RESPONSABILIDADE OBJETIVA. DANO MORAL. CARACTERIZAÇÃO. ANGÚSTIA E SOFRIMENTO ÍNTIMO. OFENSA À HONRA DA MULHER. 1. Ação ajuizada em 23/09/2009. Recurso especial interposto em 15/02/2017 e concluso ao gabinete em 25/10/2017. 2. O propósito recursal consiste em definir se o falso resultado negativo de exame de DNA, realizado para fins de averiguação de paternidade, gerou dano moral à recorrente, genitora do investigante. 3. Caracteriza-se como de consumo e, portanto, sujeito às disposições do Código de Defesa do Consumidor o serviço prestado por laboratórios na realização de exames médicos em geral, a exemplo do teste genético para fins de investigação de paternidade. 4. À luz do art. 14, caput e § 1º, do CDC, o fornecedor responde de forma objetiva, ou seja, independentemente de culpa, pelos danos causados por defeito na prestação do serviço, que se considera defeituoso quando não fornece a segurança que o consumidor dele pode esperar. 5. Em se tratando da realização de exames médicos laboratoriais, tem-se por legítima a expectativa do consumidor quanto à exatidão das conclusões lançadas nos laudos respectivos, de modo que eventual erro de diagnóstico de patologia ou equívoco no atestado de determinada condição biológica implica defeito na prestação do serviço, a atrair a responsabilidade objetiva do laboratório. 6. Compreende-se o dano moral como lesão a atributos valorativos da pessoa, enquanto ente ético e social que participa da vida em sociedade, estabelecendo relações intersubjetivas em uma ou mais comunidades ou, em outras palavras, são atentados à parte afetiva e social da personalidade. 7. Ante a «sacralização» do exame de DNA – corriqueiramente considerado pelo senso comum como prova absoluta da (in)existência de vínculo biológico – a indicação de paternidade que, em exame genético, se mostra inexistente sujeita a mãe a um estado de angústia e sofrimento íntimo, pois lança dúvidas quanto ao seu julgamento sobre a realidade dos fatos. O fato que tinha como certo é contrastado com a verdade científica, resultando em um momento de incompreensão e aflição. 8. Ademais, o antagonismo entre a nomeação feita e a exclusão da paternidade, atestada pelo exame, rebaixa a validade da palavra da mãe, inclusive perante o próprio filho, a depender de seu desenvolvimento psicossocial. 9. O simples fato do resultado negativo do exame de DNA agride, ainda, de maneira grave, a honra e reputação da mãe, ante os padrões culturais que, embora estereotipados, predominam socialmente. Basta a ideia de que a mulher tenha tido envolvimento sexual com mais de um homem, ou de que não saiba quem é o pai do seu filho, para que seja questionada sua honestidade e moralidade. 10. Ante as circunstâncias concretas dos autos, tem-se por justa e adequada a quantia de R$ 50.000,00 (cinquenta mil reais) a título de compensação por danos morais. 11. Recurso especial conhecido e provido. (REsp 1700827/PR, Rel. Ministra NANCY ANDRIGHI, TERCEIRA TURMA, julgado em 05/11/2019, DJe 08/11/2019)

◙ Responsabilidade civil do estado. Indenização por danos morais e estéticos derivados de acidente de trabalho. Indenização fixada em r$ 50.000,00 para cada autor

ADMINISTRATIVO. AGRAVO INTERNO NO AGRAVO EM RECURSO ESPECIAL. RESPONSABILIDADE CIVIL DO ESTADO. INDENIZAÇÃO POR DANOS MORAIS E ESTÉTICOS DERIVADOS DE ACIDENTE DE TRABALHO. INDENIZAÇÃO FIXADA EM R$ 50.000,00 PARA CADA AUTOR. SÚMULA 7/STJ. AGRAVO INTERNO DO ESTADO DO ACRE DESPROVIDO. 1. Inafastável, na hipótese, a incidência do óbice da Súmula 7/STJ, considerando que a Corte de origem, com base no suporte fático constante dos autos, concluiu pela responsabilidade do Estado pelo dano moral e estético causado aos autores, decorrente de acidente de trabalho que lhes ocasionou queimaduras em todo o corpo, impondo indenização no montante de R$ 50.000,00 para cada um. 2. Agravo Interno do ESTADO DO ACRE desprovido. (AgInt no AREsp 840.187/AC, Rel. Ministro NAPOLEÃO NUNES MAIA FILHO, PRIMEIRA TURMA, julgado em 14/10/2019, DJe 07/11/2019)

◙ É dever do Estado fornecer gratuitamente às pessoas carentes a medicação necessária para o efetivo tratamento médico, conforme premissa contida no art. 196 da Constituição Federal. 2. Ainda, considerando-se que o Sistema Único de Saúde é financiado pela União, pelos Estados-membros, Distrito Federal e Municípios, nos termos do art. 198, § 1º, da Constituição Federal, pode-se afirmar que é solidária a responsabilidade dos referidos entes no cumprimento dos serviços públicos de saúde prestados à população.

PROCESSUAL CIVIL. FORNECIMENTO DE MEDICAMENTO. RESPONSABILIDADE SOLIDÁRIA DOS ENTES POLÍTICOS. ASTREINTE. REEXAME DO CON-

TEXTO FÁTICO-PROBATÓRIO. SÚMULA 7 DO STJ. 1. A jurisprudência do Superior Tribunal de Justiça firmou-se no sentido de que é dever do Estado fornecer gratuitamente às pessoas carentes a medicação necessária para o efetivo tratamento médico, conforme premissa contida no art. 196 da Constituição Federal. 2. Ainda, considerando-se que o Sistema Único de Saúde é financiado pela União, pelos Estados-membros, Distrito Federal e Municípios, nos termos do art. 198, § 1º, da Constituição Federal, pode-se afirmar que é solidária a responsabilidade dos referidos entes no cumprimento dos serviços públicos de saúde prestados à população. 3. O direito constitucional à saúde faculta ao cidadão obter de qualquer dos Estados da federação (ou do Distrito Federal) os medicamentos de que necessite, sendo dispensável o chamamento ao processo dos demais entes públicos não demandados. 4. É pacífico o entendimento do STJ que admite a imposição da multa cominatória prevista no art. 461, § 4º, do CPC à Fazenda Pública. A Primeira Seção, ao julgar o REsp 1.474.665/RS, da relatoria do ilustre Ministro Benedito Gonçalves, sob o rito dos Recursos Repetitivos, entendeu cabível a aplicação de multa à Fazenda Pública em condenações de obrigação de fazer constante de fornecimento de medicamentos. 5. O valor da astreinte estabelecido pela instância ordinária pode ser revisto nesta esfera tão somente nas hipóteses em que a condenação revelar-se irrisória ou exorbitante, distanciando-se dos padrões de razoabilidade, o que não é o caso dos autos. Aplica-se, nesse ponto, a Súmula 7 do STJ. 6. Agravo Interno não provido. (AgInt no AREsp 1437362/PE, Rel. Ministro HERMAN BENJAMIN, SEGUNDA TURMA, julgado em 22/10/2019, DJe 05/11/2019)

◙ Responsabilidade civil do Estado. Prisão ilegal. Danos morais.

ADMINISTRATIVO. AGRAVO EM RECURSO ESPECIAL. RESPONSABILIDADE CIVIL DO ESTADO. PRISÃO ILEGAL. DANOS MORAIS. ALTERAÇÃO DO VALOR ARBITRADO. REEXAME DE MATÉRIA FÁTICA. IMPOSSIBILIDADE. SÚMULA 7/ STJ. 1. A jurisprudência do STJ admite, em caráter excepcional, a alteração do quantum arbitrado a título de danos morais, caso o valor se mostre ínfimo ou exorbitante, em clara afronta aos princípios da razoabilidade e da proporcionalidade, o que não ocorreu no caso concreto. 2. Agravo conhecido para negar provimento ao Recurso Especial. (AREsp 1559173/PR, Rel. Ministro HERMAN BENJAMIN, SEGUNDA TURMA, julgado em 22/10/2019, DJe 05/11/2019)

◙ Responsabilidade civil do Estado. Incidente envolvendo policiais civis e magistrado estadual. Culpa concorrente. Revaloração jurídica das provas. Possibilidade.

PROCESSUAL CIVIL E ADMINISTRATIVO. RESPONSABILIDADE CIVIL DO ESTADO. INCIDENTE ENVOLVENDO POLICIAIS CIVIS E MAGISTRADO ESTADUAL. CULPA CONCORRENTE. REVALORAÇÃO JURÍDICA DAS PROVAS. POSSIBILIDADE. 1. O Plenário do STJ decidiu que "aos recursos interpostos com fundamento no CPC/1973 (relativos a decisões publicadas até 17 de março de 2016) devem ser exigidos os requisitos de admissibilidade na forma nele prevista, com as interpretações dadas até então pela jurisprudência do Superior Tribunal de Justiça" (Enunciado Administrativo n. 2). 2. De acordo com entendimento pacificado nesta Corte, a revaloração jurídica dos fatos incontroversos constantes do acórdão de apelação é possível em sede de recurso especial, não havendo se falar em vulneração da Súmula 7 do STJ. 3. Hipótese em que, a despeito de examinar os depoimentos coletados nos autos, a Corte de origem não levou em consideração que o promovente, na cena do acidente de trânsito, não apresentou, em momento algum – é fato incontroverso -, a sua identidade funcional de Magistrado, preferindo, ao revés (nos termos da prova testemunhal), se distanciar da postura que se exige de um Juiz, ao proferir impropérios aos delegados e agentes da Polícia Civil que acompanhavam a ocorrência, agredindo, inclusive, um perito criminal que ali estava. 4. Eventual irregularidade na condução do demandante pelos policiais à Delegacia de Polícia, em descompasso com a Lei Orgânica da Magistratura Nacional, decorreu da inércia do próprio promovente de se identificar como Magistrado, sendo certo que o fato de dizer que era Juiz de Direito naquela oportunidade, com comportamento de todo reprovável, não prescindiria da efetiva comprovação da sua condição de autoridade judiciária, evidenciando a culpa exclusiva da vítima. 5. Tendo o Distrito Federal se conformado com o reconhecimento da culpa concorrente, as circunstâncias do caso autorizam a redução do montante arbitrado na origem. 6. Agravo interno desprovido. (AgInt no AREsp 661.530/DF, Rel. Ministro GURGEL DE FARIA, PRIMEIRA TURMA, julgado em 21/10/2019, DJe 24/10/2019)

■ **Responsabilidade civil do Estado. Máquina aparadora de grama. Lesão grave a criança.**

ADMINISTRATIVO E PROCESSUAL CIVIL. AGRAVO INTERNO NO AGRAVO EM RECURSO ESPECIAL. RESPONSABILIDADE CIVIL DO ESTADO. MÁQUINA APARADORA DE GRAMA. LESÃO GRAVE A CRIANÇA. ALEGADA VIOLAÇÃO AO ART. 1.022 DO CPC/2015. INEXISTÊNCIA DE VÍCIOS, NO ACÓRDÃO RECORRIDO. INCONFORMISMO. DANOS MORAIS. DEVER DE INDENIZAR. CONTROVÉRSIA RESOLVIDA, PELO TRIBUNAL DE ORIGEM, À LUZ DAS PROVAS DOS AUTOS. IMPOSSIBILIDADE DE REVISÃO, NA VIA ESPECIAL. SÚMULA 7/STJ. PRETENDIDA REDUÇÃO DO QUANTUM INDENIZATÓRIO. INVIABILIDADE, NA VIA ESPECIAL. SÚMULA 7/STJ. AUSÊNCIA DE INDICAÇÃO, NAS RAZÕES DO RECURSO ESPECIAL, DO DISPOSITIVO LEGAL QUE, EM TESE, TERIA RECEBIDO INTERPRETAÇÃO DIVERGENTE, PELO TRIBUNAL DE ORIGEM. DEFICIÊNCIA DE FUNDAMENTAÇÃO. SÚMULA 284/STF, APLICADA POR ANALOGIA. AGRAVO INTERNO IMPROVIDO. I. Agravo interno aviado contra decisão que julgara recurso interposto contra decisum publicado na vigência do CPC/2015. II. Na origem, trata-se de Ação de Indenização, ajuizada por M E DE L S em face de Braulino Martins e Município de Araguari/MG, objetivando a condenação dos réus ao pagamento de danos morais e estéticos, em virtude de acidente causado por máquina aparadora de grama, pertencente ao ente público. O acórdão do Tribunal de origem manteve a sentença, que julgara procedente, em parte, o pedido, para condenar os réus ao pagamento de indenização por danos morais e estéticos, no valor de R$ 80.000,00 (oitenta mil reais). III. Não há falar, na hipótese, em violação ao art. 1.022 do CPC/2015, porquanto a prestação jurisdicional foi dada na medida da pretensão deduzida, de vez que os votos condutores do acórdão recorrido e do acórdão proferido em sede de Embargos de Declaração apreciaram fundamentadamente, de modo coerente e completo, as questões necessárias à solução da controvérsia, dando-lhes, contudo, solução jurídica diversa da pretendida. IV. O entendimento firmado pelas instâncias ordinárias, com base no exame dos elementos fáticos dos autos – no sentido de que "nítida é a responsabilidade do referido ente no tocante ao evento que causou danos à autora" -, não pode ser revisto, pelo Superior Tribunal de Justiça, em sede de Recurso Especial, sob pena de ofensa ao comando inscrito na Súmula 7 desta Corte. Precedentes do STJ. V. No que tange ao quantum indenizatório, "a jurisprudência do Superior Tribunal de Justiça é no sentido de que a revisão dos valores fixados a título de danos morais somente é possível quando exorbitante ou insignificante, em flagrante violação aos princípios da razoabilidade e da proporcionalidade, o que não é o caso dos autos. A verificação da razoabilidade do quantum indenizatório esbarra no óbice da Súmula 7/STJ" (STJ, AgInt no AREsp 927.090/SC, Rel. Ministro HERMAN BENJAMIN, SEGUNDA TURMA, DJe de 08/11/2016). No caso, o Tribunal de origem, à luz das provas dos autos e em vista das circunstâncias fáticas do caso, manteve o valor da indenização por danos morais e estéticos, arbitrado, pela sentença, em R$ 80.000,00 (oitenta mil reais), "considerando os princípios da proporcionalidade e da razoabilidade", quantum que não se mostra exorbitante, diante das peculiaridades da causa, expostas no acórdão recorrido. VI. A falta de particularização dos dispositivos de lei federal aos quais o acórdão recorrido teria atribuído interpretação divergente consubstancia deficiência bastante a inviabilizar o conhecimento do apelo especial, atraindo, na espécie, a incidência da Súmula 284 do Supremo Tribunal Federal ("É inadmissível o recurso extraordinário, quando a deficiência na sua fundamentação não permitir a exata compreensão da controvérsia"). Nesse sentido: STJ, AgRg no REsp 1.346.588/DF, Rel. Ministro ARNALDO ESTEVES LIMA, CORTE ESPECIAL, DJe de 17/03/2014; AgRg no AREsp 732.546/MA, Rel. Ministro OG FERNANDES, SEGUNDA TURMA, DJe de 12/11/2015. VII. Agravo interno improvido. (AgInt no AREsp 1501313/MG, Rel. Ministra ASSUSETE MAGALHÃES, SEGUNDA TURMA, julgado em 17/10/2019, DJe 28/10/2019)

◙ Responsabilidade civil do Estado. Parto. Erro médico. Sequelas neurológicas em recém-nascido.

PROCESSUAL CIVIL E ADMINISTRATIVO. AGRAVO INTERNO NO AGRAVO EM RECURSO ESPECIAL. RESPONSABILIDADE CIVIL DO ESTADO. PARTO. ERRO MÉDICO. SEQUELAS NEUROLÓGICAS EM RECÉM-NASCIDO. JULGAMENTO ANTECIPADO DA LIDE. POSSIBILIDADE. CERCEAMENTO DE DEFESA. NÃO OCORRÊNCIA. DISSÍDIO JURISPRUDENCIAL NÃO DEMONSTRADO. REVISÃO. IMPOSSIBILIDADE. SÚMULA 7/STJ. 1. Segundo a Jurisprudência do STJ, havendo elementos de prova suficientes nos autos, mostra-se possível o julgamento antecipado da lide, sendo certo que o juiz, como destinatário das provas, pode indeferir aquelas que considerar desnecessárias, nos termos do princípio do livre convencimento motivado. Precedentes. 2. No caso dos autos, a Corte de origem, após ampla análise do conjunto fático-probatório, firmou compreensão de que não houve o alegado cerceamento de defesa diante do indeferimento do pedido de prova pericial, pois a causa já se encontrava madura para julgamento em virtude "de conjunto probatório robusto" (fl. 1366). Assim, tem-se que a revisão a que chegou o Tribunal de origem sobre a questão demanda o reexame dos fatos e provas constantes nos autos, o que é vedado no âmbito do recurso especial. Incide à hipótese a Súmula 7/STJ. 3 Agravo interno a que se nega provimento. (AgInt no AREsp 1406364/SP, Rel. Ministro BENEDITO GONÇALVES, PRIMEIRA TURMA, julgado em 14/10/2019, DJe 16/10/2019)

▣ Responsabilidade civil do Estado. Procedimento cirúrgico realizado no hospital universitário da UNIRIO. Perda da visão do olho direito. Danos material e moral configurados.

ADMINISTRATIVO E PROCESSUAL CIVIL. AGRAVOS EM RECURSOS ESPECIAIS INTERPOSTOS POR MARA LUCIA BRANDÃO E PELA UNIVERSIDADE FEDERAL DO ESTADO DO RIO DE JANEIRO. RESPONSABILIDADE CIVIL DO ESTADO. PROCEDIMENTO CIRÚRGICO REALIZADO NO HOSPITAL UNIVERSITÁRIO DA UNIRIO. PERDA DA VISÃO DO OLHO DIREITO. DANOS MATERIAL E MORAL CONFIGURADOS. PRETENDIDA REVISÃO DO QUANTUM INDENIZATÓRIO. IMPOSSIBILIDADE NA VIA ESPECIAL. SÚMULA 7/STJ. AGRAVO INTERNO IMPROVIDO. 1. Trata-se, na origem, de demanda judicial em que se pleiteava indenização no valor de 2000 salários mínimos por erro médico em virtude de erro médico atestado em perícia médica judicial realizada. A recorrente após ter sido submetida à cirurgia oftalmológica, teve drástica perda da visão do olho direito, a incapacitando parcialmente para o mercado de trabalho já que exercia a função de vigilante. A sentença julgou o pedido parcialmente procedente, condenando à União ao pagamento de R$ 50.000,00 (cinquenta mil reais) a título de danos morais. Foi interposta apelação visando a majoração do valor da indenização. O Tribunal Regional Federal da 2ª Região manteve a decisão de procedência do pedido inicial. 2. No que tange ao quantum indenizatório, a jurisprudência do Superior Tribunal de Justiça orienta-se no sentido de que "a revisão dos valores fixados a título de danos morais somente é possível quando exorbitante ou insignificante, em flagrante violação aos princípios da razoabilidade e da proporcionalidade, o que não é o caso dos autos. A verificação da razoabilidade do quantum indenizatório esbarra no óbice da Súmula 7/STJ" (STJ, AgInt no AREsp 927.090/SC, Rel. Ministro Herman Benjamin, Segunda Turma, DJe de 8/11/2016). 3. No caso, o Tribunal de origem, à luz das provas dos autos e em vista das circunstâncias fáticas do caso, manteve o valor da indenização por danos morais, arbitrado, pela sentença, em R$ 50.000,00 (cinquenta mil reais), quantum que não se mostra excessiva, diante das peculiaridades da causa, expostas no acórdão recorrido. Incidência da Súmula 7/STJ. 4. Agravos conhecidos para negar provimento aos Recursos Especiais. (AREsp 1228571/RJ, Rel. Ministro HERMAN BENJAMIN, SEGUNDA TURMA, julgado em 01/10/2019, DJe 18/10/2019)

▣ Omissão da autarquia federal em fiscalizar animais na rodovia. Morte da vítima por animal na pista

ADMINISTRATIVO. AGRAVO INTERNO NO RECURSO ESPECIAL. RESPONSABILIDADE CIVIL DA AUTARQUIA FEDERAL. VÍTIMA DE ACIDENTE DE TRÂNSITO EM RODOVIA FEDERAL. OMISSÃO DA AUTARQUIA FEDERAL EM FISCALIZAR ANIMAIS NA RODOVIA. MORTE DA VÍTIMA POR ANIMAL NA PISTA DE ROLAMENTO EM RODOVIA FEDERAL. FATO INCONTROVERSO. VALORAÇÃO DOS CRITÉRIOS JURÍDICOS CONCERNENTES À UTILIZAÇÃO DA

PROVA E À FORMAÇÃO DA CONVICÇÃO. DEVER DE VIGILÂNCIA. RESPONSABILIDADE SUBJETIVA CARACTERIZADA. REDUÇÃO DO QUANTUM INDENIZATÓRIO. INOVAÇÃO RECURSAL. AGRAVO INTERNO DA AUTARQUIA FEDERAL A QUE SE NEGA PROVIMENTO. 1. O Tribunal de origem, em sede de Apelação e Reexame Necessário, afastou a responsabilidade civil do DNIT por entender que seria impossível tal Entidade o controle extensivo de toda rodovia. 2. Todavia, com efeito ficou reconhecido que o acidente ocorreu em Rodovia Federal, em razão da presença de animal transitando na pista, situação que denotaria negligência na manutenção e fiscalização pelo DNIT, além de não haver nos autos quaisquer indícios de culpa exclusiva da vítima e de força maior. 3. Não há que se falar no afastamento da Responsabilidade Civil do Ente Estatal, isso porque é dever do Estado promover vigilância ostensiva e adequada, proporcionando segurança possível àqueles que trafegam pela rodovia. Trata-se, desse modo, de valoração dos critérios jurídicos concernentes à utilização da prova e à formação da convicção, e não de reexame do contexto fático-probatório dos autos. 4. Assim, há conduta omissiva e culposa do Ente Público, caracterizada pela negligência, apta a responsabilizar o DNIT, nos termos do que preceitua a teoria da Responsabilidade Civil do Estado, por omissão (AgInt no AgInt no REsp. 1.631.507/CE, Rel. Min. ASSUSETE MAGALHÃES, DJe 28.8.2018; e REsp. 1.198.534/RS, Rel. Min. ELIANA CALMON, DJe de 20.8.2010). 5. Com relação à redução do valor arbitrado a título de indenização, é certo que tal tema sequer foi mencionado nas razões das Contrarrazões do Recurso Especial, e somente foi suscitado em sede de Agravo Interno, o que caracteriza inovação recursal, vedada diante da preclusão consumativa. 6. Agravo Interno da Autarquia Federal a que se nega provimento. (AgInt no REsp 1632985/PE, Rel. Ministro NAPOLEÃO NUNES MAIA FILHO, PRIMEIRA TURMA, julgado em 11/11/2019, DJe 19/11/2019)

◙ Responsabilidade civil do estado. Parto. Erro médico. Sequelas neurológicas em recém-nascido

PROCESSUAL CIVIL E ADMINISTRATIVO. AGRAVO INTERNO NO AGRAVO EM RECURSO ESPECIAL. RESPONSABILIDADE CIVIL DO ESTADO. PARTO. ERRO MÉDICO. SEQUELAS NEUROLÓGICAS EM RECÉM-NASCIDO. JULGAMENTO ANTECIPADO DA LIDE. POSSIBILIDADE. CERCEAMENTO DE DEFESA. NÃO OCORRÊNCIA. DISSÍDIO JURISPRUDENCIAL NÃO DEMONSTRADO. REVISÃO. IMPOSSIBILIDADE. SÚMULA 7/STJ. 1. Segundo a Jurisprudência do STJ, havendo elementos de prova suficientes nos autos, mostra-se possível o julgamento antecipado da lide, sendo certo que o juiz, como destinatário das provas, pode indeferir aquelas que considerar desnecessárias, nos termos do princípio do livre convencimento motivado. Precedentes. 2. No caso dos autos, a Corte de origem, após ampla análise do conjunto fático-probatório, firmou compreensão de que não houve o alegado cerceamento de defesa diante do indeferimento do pedido de prova pericial, pois a causa já se encontrava madura para julgamento em virtude "de conjunto probatório robusto" (fl. 1366). Assim, tem-se que a revisão a que chegou o Tribunal de origem sobre a questão demanda o reexame dos fatos e provas constantes nos autos, o que é vedado no âmbito do recurso especial. Incide à hipótese a Súmula 7/STJ. 3 Agravo interno a que se nega provimento. (AgInt no AREsp 1406364/SP, Rel. Ministro BENEDITO GONÇALVES, PRIMEIRA TURMA, julgado em 14/10/2019, DJe 16/10/2019)

Responsabilidade civil do estado. Indenização por danos morais e estéticos derivados de acidente de trabalho

ADMINISTRATIVO. AGRAVO INTERNO NO AGRAVO EM RECURSO ESPECIAL. RESPONSABILIDADE CIVIL DO ESTADO. INDENIZAÇÃO POR DANOS MORAIS E ESTÉTICOS DERIVADOS DE ACIDENTE DE TRABALHO. INDENIZAÇÃO FIXADA EM R$ 50.000,00 PARA CADA AUTOR. SÚMULA 7/STJ. AGRAVO INTERNO DO ESTADO DO ACRE DESPROVIDO. 1. Inafastável, na hipótese, a incidência do óbice da Súmula 7/STJ, considerando que a Corte de origem, com base no suporte fático constante dos autos, concluiu pela responsabilidade do Estado pelo dano moral e estético causado aos autores, decorrente de acidente de trabalho que lhes ocasionou queimaduras em todo o corpo, impondo indenização no montante de R$ 50.000,00 para cada um. 2. Agravo Interno do ESTADO DO ACRE desprovido. (AgInt no AREsp 840.187/AC, Rel. Ministro NAPOLEÃO NUNES MAIA FILHO, PRIMEIRA TURMA, julgado em 14/10/2019, DJe 07/11/2019)

Responsabilidade civil do estado. Detento que teria sofrido agressão durante o período de custódia

ADMINISTRATIVO E PROCESSUAL CIVIL. AGRAVO INTERNO NO AGRAVO EM RECURSO ESPECIAL. ART. 535 DO CPC/73. OFENSA NÃO CONFIGURADA. RESPONSABILIDADE CIVIL DO ESTADO. DETENTO QUE TERIA SOFRIDO AGRESSÃO DURANTE O PERÍODO DE CUSTÓDIA. OMISSÃO ESTATAL. REEXAME DE MATÉRIA FÁTICA. SÚMULA 7/STJ. INDENIZAÇÃO PELOS DANOS MORAIS. VALOR DOS HONORÁRIOS ADVOCATÍCIOS. REVISÃO. IMPOSSIBILIDADE. 1. Verifica-se não ter ocorrido ofensa ao art. 535 do CPC/73, na medida em que o Tribunal de origem dirimiu, fundamentadamente, as questões que lhe foram submetidas, apreciando integralmente a controvérsia posta nos autos, não se podendo, ademais, confundir julgamento desfavorável ao interesse da parte com negativa ou ausência de prestação jurisdicional. 2. A Corte de origem, amparada no acervo probatório, consignou a configuração do nexo de causalidade apto a ensejar a responsabilidade civil do Estado, de maneira que rever tal conclusão demandaria, necessariamente, o reexame da matéria fática dos autos, providência vedada em recurso especial, conforme o óbice previsto na Súmula 7/STJ. 3. A jurisprudência do Superior Tribunal de Justiça admite, em caráter excepcional, que os montantes arbitrados a título de danos morais e honorários advocatícios sejam alterados caso se mostrem irrisórios ou exorbitantes, em clara afronta aos princípios da razoabilidade e da proporcionalidade, hipóteses que não se verificam no caso concreto. 4. Agravo interno não provido. (AgInt no AREsp 1090082/PE, Rel. Ministro SÉRGIO KUKINA, PRIMEIRA TURMA, julgado em 30/09/2019, DJe 03/10/2019)

Responsabilidade Civil De Tabelião Por Ato De Serventuário Vinculado Ao Poder Judiciário

PROCESSUAL CIVIL E CIVIL. AGRAVO INTERNO NO AGRAVO EM RECURSO ESPECIAL. RESPONSABILIDADE CIVIL DE TABELIÃO POR ATO DE SERVENTUÁRIO VINCULADO AO PODER JUDICIÁRIO. FUNDAMENTO CONS-

TITUCIONAL. RECURSO EXTRAORDINÁRIO NÃO INTERPOSTO. SÚMULA N. 126 DO STJ. RESPONSABILIDADE CIVIL DO ESTADO. JULGAMENTO EM RECURSO ESPECIAL SOB O RITO DA REPERCUSSÃO GERAL. 1. Inadmite-se o recurso especial quando não interposto recurso extraordinário contra acórdão assentado em fundamentos constitucional e infraconstitucional, qualquer deles suficiente para manter o julgado recorrido. Súmula n. 126 do STJ. 2. No julgamento do RE n. 842.846/SC, de relatoria do Min. Luiz Fux, cujo acórdão foi publicado em 13/8/2019, o STF fixou a tese de que o Estado responde, objetivamente, pelos atos dos tabeliães e registradores oficiais que, no exercício de suas funções, causem dano a terceiros, assentado o dever de regresso contra o responsável, nos casos de dolo ou culpa, sob pena de improbidade administrativa. 3. Agravo interno a que se nega provimento. (AgInt no AREsp 528.197/RJ, Rel. Ministro ANTONIO CARLOS FERREIRA, QUARTA TURMA, julgado em 30/09/2019, DJe 03/10/2019)

◙ Responsabilidade civil do estado. Acidente de trânsito. Ação de indenização por danos materiais e morais.

PROCESSUAL CIVIL E ADMINISTRATIVO. OFENSA AO ART. 1.022 DO CPC/2015 NÃO CONFIGURADA. RESPONSABILIDADE CIVIL DO ESTADO. ACIDENTE DE TRÂNSITO. AÇÃO DE INDENIZAÇÃO POR DANOS MATERIAIS E MORAIS. ACÓRDÃO RECORRIDO COM FUNDAMENTO CONSTITUCIONAL. SÚMULA 126/STJ. 1. A solução integral da controvérsia, com fundamento suficiente, não caracteriza ofensa ao art. 1.022 do CPC/2015. 2. No mérito, assim se manifestou a Corte local para reformar a sentença no que diz respeito aos danos emergentes (fl. 747-751, e-STJ): "Cinge-se a controvérsia à responsabilidade do Município de Cabedelo pelos danos percebidos em razão da colisão de veículo automotor de sua propriedade com o ciclista, em acidente ocorrido na BR-230. O art. 37, §6° da Constituição Federal dispõe que as pessoas jurídicas de direito público e as de direito privado prestadoras de serviços públicos responderão objetivamente pelos danos que seus agentes, nessa qualidade, causarem a terceiros. O dispositivo constitucional institui a responsabilidade objetiva por danos causados pelos agentes do Estado e das prestadoras de serviço público, sem distinguir se se cuida de responsabilidade por ação ou omissão, por ato lícito ou ilícito. Para que surja o dever de indenizar, bastante estejam provados o ato de agente estatal, o dano e o nexo de causalidade entre um e outro, prescindível a prova da conduta culposa ou dolosa. (...) Não há prova de que o autor tenha pago tal valor, tampouco realizado a cirurgia. Por isso, o pleito deve ser postulado em ação própria e não por via reflexa, em ação de indenização. Por óbvio, deve ser parcialmente reformada a sentença, no sentido de excluir da condenação a imposição constante no item 3 do dispositivo da sentença: '3) na obrigação de arcar com as despesas da cirurgia descrita no pedido de fls. 338'". 3. Ao decidir a questão, o Tribunal de origem se embasou em preceitos constitucionais e infraconstitucionais. Contudo, contra o aresto impugnado foi interposto unicamente o presente Recurso Especial, deixando o agravante de apresentar Recurso Extraordinário ao STF. Permanecem incólumes os fundamentos constitucionais do decisório recorrido, suficientes para mantê-lo. Incide o óbice da Súmula 126/STJ. 4. Agravo conhecido para conhecer parcialmente do Recurso Especial, apenas em relação à preliminar de violação do art. 1.022 do CPC/2015, e, nessa parte, não provido. (AREsp 1548458/PB, Rel. Ministro HERMAN BENJAMIN, SEGUNDA TURMA, julgado em 19/09/2019, DJe 11/10/2019)

◙ Responsabilidade civil do estado. Morte de preso. Danos morais.

PROCESSUAL CIVIL E ADMINISTRATIVO. RESPONSABILIDADE CIVIL DO ESTADO. MORTE DE PRESO. DANOS MORAIS. VALOR. CASO CONCRETO. MANUTENÇÃO. 1. Conforme estabelecido pelo Plenário do STJ, "aos recursos interpostos com fundamento no CPC/2015 (relativos a decisões publicadas a partir de 18 de março de 2016) serão exigidos os requisitos de admissibilidade recursal na forma do novo CPC" (Enunciado Administrativo n. 3). 2. É firme o entendimento deste Tribunal Superior de não admitir, em sede de recurso especial, a revisão do montante fixado pela instância de origem a título de danos morais, salvo em situações excepcionais, em que o quantum indenizatório seja induvidosamente irrisório ou exorbitante, conforme óbice estampado na Súmula n. 7 do STJ. 3. Hipótese em que o TJ/AM, ao confirmar a condenação do réu ao pagamento, em favor da genitora do detento morto dentro do presídio por disparo de arma de fogo, a título de danos morais, levou em conta a gravidade do caso vertente, que trata da perda de um filho que se encontrava sob a tutela do Estado, bem assim os parâmetros adotados pelo STJ em situações similares. 4. Agravo interno desprovido. (AgInt no REsp 1685425/AM, Rel. Ministro GURGEL DE FARIA, PRIMEIRA TURMA, julgado em 16/09/2019, DJe 20/09/2019)

◙ Responsabilidade civil do estado. Demora na disponibilização de vaga em unidade de tratamento intensivo (UTI).

ADMINISTRATIVO E PROCESSUAL CIVIL. AGRAVO INTERNO NO RECURSO ESPECIAL. RESPONSABILIDADE CIVIL DO ESTADO. DEMORA NA DISPONIBILIZAÇÃO DE VAGA EM UNIDADE DE TRATAMENTO INTENSIVO (UTI). ALEGADA VIOLAÇÃO AO ART. 1.022 DO CPC/2015. INEXISTÊNCIA DE VÍCIOS, NO ACÓRDÃO RECORRIDO. INCONFORMISMO. ALEGAÇÃO DE VIOLAÇÃO AO ART. 3º, § 2º, DO CDC. AUSÊNCIA DE PREQUESTIONAMENTO. SÚMULA 211 DO STJ. DEVER DE INDENIZAR. CONTROVÉRSIA RESOLVIDA, PELO TRIBUNAL DE ORIGEM, À LUZ DAS PROVAS DOS AUTOS. IMPOSSIBILIDADE DE REVISÃO, NA VIA ESPECIAL. SÚMULA 7/STJ. PRETENDIDA REDUÇÃO DO QUANTUM INDENIZATÓRIO. IMPOSSIBILIDADE. SÚMULA 7/STJ. AGRAVO INTERNO IMPROVIDO. I. Agravo interno aviado contra decisão que julgara Recurso Especial, interposto contra acórdão publicado na vigência do CPC/2015. II. Na origem, trata-se de ação de indenização por danos morais, promovida por Quitéria do Carmo Oliveira em face da União, do Estado de Pernambuco e do Município de Recife, em razão do falecimento de sua genitora, decorrente de ação omissiva dos requeridos, consistente na demora em disponibilização de vaga em unidade de tratamento intensivo (UTI). O Juízo de 1º Grau julgou procedente a ação, condenando os réus ao pagamento de indenização por danos morais, de maneira solidária, no valor de R$ 60.000,00 (sessenta mil) reais. III. Não há falar, na hipótese, em violação ao art. 1.022 do CPC/2015, porquanto a prestação jurisdicional foi dada na medida da pretensão deduzida, de vez que os votos condutores do acórdão recorrido e do acórdão proferido em sede de Embargos de Declaração apreciaram fundamentadamente, de modo coerente e completo, as questões necessárias à solução da controvérsia, dando-lhes, contudo, solução jurídica diversa da pretendida. IV. Não tendo o acórdão hostilizado expendido qualquer juízo de valor sobre o art. 3º, § 2º, do CDC, a pretensão recursal esbarra em vício formal intransponível, qual seja, o da ausência de prequestionamento – requisito viabilizador da abertura desta instância especial -, atraindo o óbice da Súmula 211/STJ. V. No caso, o Tribunal de origem, com base no exame dos elementos fáticos dos autos, concluiu pelo dever de indenizar, mantendo a sentença, no ponto, consignando que, «para fundamentar o reconhecimento da responsabilidade do Estado, mais precisamente da União, do Estado de Pernambuco e do Município do Recife, a sentença considerou que a falta do atendimento médico-hospitalar apropriado ‹suplantou a possibilidade de que tivesse a chance de superar o problema de saúde e sobrevivido› (fl. 323). Para o Juízo de 1º Grau, ‹o réu deixou de promover a internação da paciente na forma recomendada pelo médico que a assistiu e, o que é ainda mais grave, negligenciou o cumprimento da ordem judicial que determinava a sua transferência para a UTI'". Ressaltou, ainda, que "não se pode perder de vista que a possibilidade de alguma recuperação da paciente não foi descartada, não existindo outra prova nos autos que descartasse um 'processo de melhor convalescência' (...) O Sistema Unificado de Saúde – SUS, mesmo com a determinação do Estado-Juiz, privou a mãe da apelada de receber um tratamento digno (recomendado dentro das possibilidades materiais do serviço público de saúde), que talvez pudesse lhe garantir uma sobrevida". VI. No que tange ao quantum indenizatório, "a jurisprudência do Superior Tribunal de Justiça é no sentido de que a revisão dos valores fixados a título de danos morais somente é possível quando exorbitante ou insignificante, em flagrante violação aos princípios da razoabilidade e da proporcionalidade, o que não é o caso dos autos. A verificação da razoabilidade do quantum indenizatório esbarra no óbice da Súmula 7/STJ" (STJ, AgInt no AREsp 927.090/SC, Rel. Ministro HERMAN BENJAMIN, SEGUNDA TURMA, DJe de 08/11/2016). No caso, o Tribunal de origem, à luz das provas dos autos e em vista das circunstâncias fáticas do caso, reduziu o valor da indenização por danos morais a R$ 10.000,00, "especialmente considerando que houve, ainda que tardiamente, a disponibilização da vaga, como também que, no período entre a entrada no Hospital da Restauração e o óbito teria ocorrido uma melhora no estado de saúde a justificar a desnecessidade do remanejamento para uma UTI", quantum que não se mostra exorbitante, diante das peculiaridades da causa, expostas no acórdão recorrido. Incidência da Súmula 7/STJ. VII. Agravo interno improvido. (AgInt no REsp 1801602/PE, Rel. Ministra ASSUSETE MAGALHÃES, SEGUNDA TURMA, julgado em 10/09/2019, DJe 16/09/2019)

◙ Erro médico atestado em perícia médica judicial realizada. A recorrente após ter sido submetida à cirurgia oftalmológica teve drástica perda da visão do olho direito, a incapacitando parcialmente para o mercado de trabalho já que exercia a função de vigilante.

ADMINISTRATIVO E PROCESSUAL CIVIL. AGRAVOS EM RECURSOS ESPECIAIS INTERPOSTOS POR MARA LUCIA BRANDÃO E PELA UNIVERSIDADE FEDERAL DO ESTADO DO RIO DE JANEIRO. RESPONSABILIDADE CIVIL DO

ESTADO. PROCEDIMENTO CIRÚRGICO REALIZADO NO HOSPITAL UNIVERSITÁRIO DA UNIRIO. PERDA DA VISÃO DO OLHO DIREITO. DANOS MATERIAL E MORAL CONFIGURADOS. PRETENDIDA REVISÃO DO QUANTUM INDENIZATÓRIO. IMPOSSIBILIDADE NA VIA ESPECIAL. SÚMULA 7/STJ. AGRAVO INTERNO IMPROVIDO. 1. Trata-se, na origem, de demanda judicial em que se pleiteava indenização no valor de 2000 salários mínimos por erro médico em virtude de erro médico atestado em perícia médica judicial realizada. A recorrente após ter sido submetida à cirurgia oftalmológica, teve drástica perda da visão do olho direito, a incapacitando parcialmente para o mercado de trabalho já que exercia a função de vigilante. A sentença julgou o pedido parcialmente procedente, condenando à União ao pagamento de R$ 50.000,00 (cinquenta mil reais) a título de danos morais. Foi interposta apelação visando a majoração do valor da indenização. O Tribunal Regional Federal da 2ª Região manteve a decisão de procedência do pedido inicial. 2. No que tange ao quantum indenizatório, a jurisprudência do Superior Tribunal de Justiça orienta-se no sentido de que "a revisão dos valores fixados a título de danos morais somente é possível quando exorbitante ou insignificante, em flagrante violação aos princípios da razoabilidade e da proporcionalidade, o que não é o caso dos autos. A verificação da razoabilidade do quantum indenizatório esbarra no óbice da Súmula 7/STJ" (STJ, AgInt no AREsp 927.090/SC, Rel. Ministro Herman Benjamin, Segunda Turma, DJe de 8/11/2016). 3. No caso, o Tribunal de origem, à luz das provas dos autos e em vista das circunstâncias fáticas do caso, manteve o valor da indenização por danos morais, arbitrado, pela sentença, em R$ 50.000,00 (cinquenta mil reais), quantum que não se mostra excessiva, diante das peculiaridades da causa, expostas no acórdão recorrido. Incidência da Súmula 7/STJ. 4. Agravos conhecidos para negar provimento aos Recursos Especiais. (AREsp 1228571/RJ, Rel. Ministro HERMAN BENJAMIN, SEGUNDA TURMA, julgado em 01/10/2019, DJe 18/10/2019)

◙ **Vítima de tortura praticada por policiais civis.**

ADMINISTRATIVO E PROCESSUAL CIVIL. AGRAVO INTERNO NO AGRAVO EM RECURSO ESPECIAL. RESPONSABILIDADE CIVIL DO ESTADO. TORTURA PERPETRADA POR POLICIAIS CIVIS DO ESTADO DA PARAÍBA. DANOS MORAIS. PRETENDIDA REDUÇÃO DO QUANTUM INDENIZATÓRIO. IMPOSSIBILIDADE DE REVISÃO, NA VIA ESPECIAL. SÚMULA 7/STJ. AGRAVO INTERNO IMPROVIDO. I. Agravo interno aviado contra decisão que julgara recurso interposto contra decisum publicado na vigência do CPC/2015. II. Na origem, trata-se de ação de indenização por danos morais e materiais, movida por Reginaldo Batista da Silva em face do Estado da Paraíba, alegando o autor ter sido vítima de tortura, praticada por policiais civis do Estado da Paraíba. O Tribunal de origem manteve a sentença que julgara parcialmente procedente a ação, para obrigar o Estado da Paraíba a reparar o prejuízo moral experimentado pela parte autora, mediante o pagamento de indenização no valor de R$ 75.000,00 (setenta e cinco mil reais), ressaltando que "a conduta ilícita atribuída aos Policiais Civis do Estado da Paraíba – tortura com a finalidade de obter da vítima a confissão da prática do furto ocorrido na propriedade de um de um dos agentes agressores – restou devidamente comprovada, seja pela prova testemunhal colhida na audiência de instrução e julgamento, fls. 287/291, seja pela prova documental encartada aos autos, especialmente a sentença penal condenatória que reconheceu o cometimento do crime de tortura pelos agentes". III. No que tange ao quantum indenizatório, a jurisprudência do Superior Tribunal de Justiça orienta-se no sentido de que "a revisão dos valores fixados a título de danos morais somente é possível quando exorbitante ou insignificante, em flagrante violação aos princípios da razoabilidade e da proporcionalidade, o que não é o caso dos autos. A verificação da razoabilidade do quantum indenizatório esbarra no óbice da Súmula 7/STJ" (STJ, AgInt no AREsp 927.090/SC, Rel. Ministro HERMAN BENJAMIN, SEGUNDA TURMA, DJe de 08/11/2016). IV. No caso, o Tribunal de origem, à luz das provas dos autos e em vista das circunstâncias fáticas do caso, manteve o valor da indenização por danos morais, arbitrado, pela sentença, em R$ 75.000,00 (setenta e cinco mil reais), "considerando a gravidade do suplício imposto ao autor, que foi vítima de violência física e psicológica cometida por agentes do Estado que deveriam protegê-lo", quantum que não se mostra excessivo, diante das peculiaridades da causa, expostas no acórdão recorrido. Incidência da Súmula 7/STJ. V. Agravo interno improvido. (AgInt no AREsp 1469865/PB, Rel. Ministra ASSUSETE MAGALHÃES, SEGUNDA TURMA, julgado em 27/08/2019, DJe 02/09/2019)

◙ Abordagem policial arbitrária referente a condução à delegacia de polícia sem qualquer suspeita de ilegalidade contra os autores.

PROCESSUAL CIVIL E ADMINISTRATIVO. AGRAVO INTERNO NO AGRAVO EM RECURSO ESPECIAL. RESPONSABILIDADE CIVIL DO ESTADO. INDENIZAÇÃO POR DANOS MORAIS. ABORDAGEM POLICIAL ARBITRÁRIA. CONDUÇÃO À DELEGACIA DE POLÍCIA SEM QUALQUER SUSPEITA DE ILEGALIDADE CONTRA OS AUTORES. QUANTUM INDENIZATÓRIO FIXADO EM R$ 12.000,00 PARA CADA UM. JULGADO CUJA REVISÃO DEMANDA O REEXAME FÁTICO-PROBATÓRIO, INVIÁVEL NESTA SEARA RECURSAL. AGRAVO INTERNO DO ESTADO DE GOIÁS A QUE SE NEGA PROVIMENTO. 1. O Tribunal de origem, à luz dos elementos fático-probatórios, consignou que o quantum indenizatório a título de danos morais no importe de R$ 12.000,00 (doze mil reais) para cada um dos autores seria razoável. Hipótese em que ocorreu abordagem de policiais militares de forma arbitrária, uma vez que, de forma desnecessária, mesmo não recaindo qualquer suspeita de ilicitude sobre o comportamento dos autores, após sua identificação civil, estes foram detidos e encaminhados à delegacia, fato ocorrido em via pública, expondo-os a situação vexatória perante terceiros. 2. Não exige, pois, reparos o acórdão recorrido no que se refere ao valor fixado a título de danos morais, uma vez que o quantum fora estipulado em razão das peculiaridades do caso concreto, levando em consideração o grau da lesividade da conduta ofensiva e a capacidade econômica da parte pagadora, a fim de cumprir dupla finalidade: amenização da dor sofrida pela vítima e punição do causador do dano, evitando-se novas ocorrências. Assim, a revisão do valor a ser indenizado somente é possível quando exorbitante ou irrisória a importância arbitrada, em violação dos princípios da razoabilidade e da proporcionalidade, o que não se observa in casu. 3. Agravo Interno do ESTADO DE GOIÁS a que se nega provimento. (AgInt no AREsp 1046348/GO, Rel. Ministro NAPOLEÃO NUNES MAIA FILHO, PRIMEIRA TURMA, julgado em 26/08/2019, DJe 28/08/2019)

◙ Responsabilidade Civil do Estado pela anulação de concurso público.

ADMINISTRATIVO E PROCESSUAL CIVIL. AÇÃO INDENIZATÓRIA. RESPONSABILIDADE CIVIL DO ESTADO. ANULAÇÃO DE CONCURSO PÚBLICO. ACÓRDÃO RECORRIDO QUE CONCLUIU PELA EXISTÊNCIA DE DANO MORAL. REVISÃO. SÚMULA 7/STJ. 1. Trata-se, na origem, de Ação Indenizatória proposta pela parte ora recorrida contra o Município de Cubatão, na qual alega ter sido aprovada em dois concursos públicos realizados pela requerida no ano de 2016, logrando aprovação em primeiro e segundo lugares. Contudo, devido a irregularidades no edital, deu-se a anulação do primeiro, e, no segundo, não houve homologação, uma vez que candidato impedido de realizar a prova havia participado do certame. 2. O Tribunal de origem concluiu: "De um lado, está a Municipalidade de Cubatão, cuja desídia resultou em dois concursos não finalizados, com flagrante e inquestionável prejuízo aos candidatos aprovados; de outro, o munícipe, aprovado em primeiro e segundo lugares, que teve desperdiçados o esforço e empenho, bem como frustrada a legítima expectativa de convocação. Quer-se crer, assim, que quantia correspondente a R$ 6.000,00, estará em condições de consolar a vítima, a quem restará a certeza, outrossim, de que a Municipalidade de pagar pela sua desídia" (fls. 289-290, e-STJ). 3. Com relação aos danos morais, sua configuração e o valor arbitrado, percebe-se que a Corte de origem, ao analisar o conteúdo fático-probatório dos autos, concluiu por sua existência. Assim, para alterar a conclusão do Tribunal a quo, como requer o recorrente, seria imprescindível adentrar a seara dos fatos, o que esbarra na Súmula 7/STJ. 4. Recurso Especial não conhecido. (REsp 1814092/SP, Rel. Ministro HERMAN BENJAMIN, SEGUNDA TURMA, julgado em 15/08/2019, DJe 10/09/2019)

◙ Responsabilidade objetiva do Estado no caso de suicídio de detento.

O entendimento é de que não há que perquirir eventual culpa da Administração, pois a responsabilidade estatal pela integridade dos presidiários é objetiva em face dos riscos inerentes ao meio no qual foram inseridos pelo próprio Estado, cabendo pagamento de pensão e indenização por danos morais (AgRg no REsp 1.305.259/SC, 2.ª T., Rel. Min. Mauro Campbell Marques, j. 02.04.2013).

◙ Morte de detento em estabelecimento prisional

O entendimento é de que a responsabilidade civil do Estado, nos casos de morte de pessoas custodiadas, é objetiva (REsp 1.054.443/MT, 2.ª T., Rel. Min. Castro Meira, j. 04.08.2009). A principal discussão do recurso, no entanto, dizia respeito à legitimidade ativa *ad causam*.

Ainda, em repercussão geral, o STF decidiu que "é dever do Estado e direito subjetivo do preso que a execução da pena se dê de forma humanizada, garantindo-se os direitos fundamentais do detento, e o de ter preservada a sua incolumidade física e moral (art. 5º, XLIX, da Constituição Federal). O dever constitucional de proteção ao detento somente se considera violado quando possível a atuação estatal no sentido de garantir seus direitos fundamentais, pressuposto inafastável para a configuração da responsabilidade civil objetiva estatal, na forma do art. 37, § 6º, da Constituição Federal.

Ad impossibilia nemo tenetur, por isso que, nos casos em que não é possível ao Estado agir para evitar a morte do detento (que ocorreria mesmo que o preso estivesse em liberdade), rompe-se o nexo de causalidade, afastando-se a responsabilidade do Poder Público, sob pena de adotar-se contra legem e a opinio doctorum a teoria do risco integral, ao arrepio do texto constitucional. A morte do detento pode ocorrer por várias causas, como, v. g., homicídio, suicídio, acidente ou morte natural, sendo que nem sempre será possível ao Estado evitá-la, por mais que adote as precauções exigíveis. A responsabilidade civil estatal resta conjurada nas hipóteses em que o Poder Público comprova causa impeditiva da sua atuação protetiva do detento, rompendo o nexo de causalidade da sua omissão com o resultado danoso. Repercussão geral constitucional que assenta a tese de que: **em caso de inobservância do seu dever específico de proteção previsto no art. 5º, XLIX, da Constituição Federal, o Estado é responsável pela morte do detento.** *In casu*, o Tribunal *a quo* assentou que inocorreu a comprovação do suicídio do detento, nem outra causa capaz de romper o nexo de causalidade da sua omissão com óbito ocorrido, restando escorreita a decisão impositiva de responsabilidade civil estatal. (RE 841.526/RS, Rel. Min. Luiz Fux, julgado em 30/3/2016).

ATENÇÃO: no mesmo julgado foi prevista uma exceção à regra, ou seja, caso haja impossibilidade de o Estado agir para evitar a morte do detento. Aqui, rompe-se o nexo de causalidade e exclui-se a responsabilidade estatal.

"...nos casos em que não é possível ao Estado agir para evitar a morte do detento (que ocorreria mesmo que o preso estivesse em liberdade), rompe-se o nexo de causalidade, afastando-se a responsabilidade do Poder Público, sob pena de adotar-se *contra legem* e a *opinio doctorum* a teoria do risco integral, ao arrepio do texto constitucional. A morte do detento pode ocorrer por várias causas, como, v. g., homicídio, suicídio, acidente ou morte natural, sendo que nem sempre será possível ao Estado evitá-la, por mais que adote as precauções exigíveis. A responsabilidade civil estatal resta conjurada nas hipóteses em que o Poder Público comprova causa impeditiva da sua atuação protetiva do detento, rompendo o nexo de causalidade da sua omissão com o resultado danoso. (RE 841.526/RS, Rel. Min. Luiz Fux, julgado em 30/3/2016).

◙ Preso em presídio em condições precárias/degradantes e dano moral.

Detento cumprindo prisão ordenada pela Justiça ajuizou ação de indenização contra Estado-membro por sua manutenção em unidade prisional sem condições mínimas.

Para o Min. Teori Albino Zavascki (tese vencedora), duas premissas são importantes no julgamento desse recurso. A primeira: não está em questão o exame das condições do sistema carcerário brasileiro, mas apenas um específico estabelecimento prisional, em "estado caótico", tal como reconhecido no acórdão recorrido; a segunda: não se negou a ocorrência do dano moral, mas apenas a responsabilidade civil do Estado pela respectiva indenização. Observa que, estabelecidas essas premissas, não há como deixar de dar provimento ao recurso, e o princípio da reserva do possível, que, nos votos vencidos, teria o significado da insuficiência de recursos financeiros, não pode ser invocado, numa dimensão reducionista, nas situações como as do caso concreto. Ressalta que o dever de ressarcir danos, inclusive morais, efetivamente causados por ato dos agentes estatais ou pela sua inadequada prestação de serviços públicos, decorre do art. 37, § 6.º, da CF/1988, dispositivo autoaplicável. Assim, ocorrendo o dano e estabelecido o nexo causal com a atuação da Administração ou dos seus agentes, nasce a responsabilidade civil do Estado e, nesses casos, o dever de ressarcir (REsp 1.051.023/RJ, 1.ª T., Rel. Min. Francisco Falcão, Rel. p/ acórdão Min. Teori Zavascki, j. 11.11.2008).

STF ◙ Mais recentemente, agora julgado em âmbito de repercussão geral, o STF, considerando que é dever do Estado, imposto pelo sistema normativo, manter em seus presídios os padrões mínimos de humanidade previstos no ordenamento jurídico, é de sua responsabilidade, nos termos do art. 37, § 6º, da Constituição, a obrigação de ressarcir os danos, inclusive morais, comprovadamente causados aos detentos em decorrência da falta ou insuficiência das condições legais de encarceramento. Estaria caracterizado o dano moral porque, após laudo de vigilância sanitária no presídio e decorrido lapso temporal, não teriam sido sanados os problemas de superlotação e de falta de condições mínimas de saúde e de higiene do estabelecimento penal. Além disso, não sendo assegurado o mínimo existencial, seria inaplicável a teoria da reserva do possível. (RE 580.252, rel. p/ o ac. min. Gilmar Mendes, j. 16-2-2017)

◙ Indenização por danos morais por estupro praticado por policiais militares

O Estado foi condenado a pagamento de indenização por danos morais decorrentes de estupro praticado por policiais militares (REsp 910.256/CE, 2.ª T., Rel. Min. Castro Meira, j. 05.08.2008).

◙ Indenização por demissão de servidora de autarquia após descobrir ser portadora do vírus HIV

O Estado foi condenado a pagamento de dano moral à portadora do vírus HIV que, pouco depois de descobrir, em exame pré-natal, que o contraíra, foi demitida pela autarquia estadual, sua empregadora (REsp 1.049.189/SP, 3.ª T., Rel. Min. Nancy Andrighi, j. 21.08.2008).

◙ Indenização por morte de detento em carceragem estatal

PROCESSUAL CIVIL E ADMINISTRATIVO. RESPONSABILIDADE CIVIL DO ESTADO. MORTE DE PRESO. DANOS MORAIS. VALOR. CASO CONCRETO. MANUTENÇÃO. 1. Conforme estabelecido pelo Plenário do STJ, "aos recursos interpostos com fundamento no CPC/2015 (relativos a decisões publicadas a partir de 18 de março de 2016) serão exigidos os requisitos de admissibilidade recursal na forma do novo CPC" (Enunciado Administrativo n. 3). 2. É firme o entendimento deste Tribunal Superior de não admitir, em sede de recurso especial, a revisão do montante fixado pela instância de origem a título de danos morais, salvo em situações excepcionais, em que o quantum indenizatório seja induvidosamente irrisório ou exorbitante, conforme óbice estampado na Súmula n. 7 do STJ. 3. Hipótese em que o TJ/AM, ao confirmar a condenação do réu ao pagamento, em favor da genitora do detento morto dentro do presídio por disparo de arma de fogo, a título de danos morais, levou em conta a gravidade do caso vertente, que trata da perda de um filho que se encontrava sob a tutela do Estado, bem assim os parâmetros adotados pelo STJ em situações similares. 4. Agravo interno desprovido. (AgInt no REsp 1685425/AM, Rel. Ministro GURGEL DE FARIA, PRIMEIRA TURMA, julgado em 16/09/2019, DJe 20/09/2019)

◙ O Estado foi condenado, com base na responsabilidade objetiva, em razão da morte de detendo ocorrida dentro das dependências da carceragem estatal

O Estado foi condenado, com base na responsabilidade objetiva, em razão da morte de detendo ocorrida dentro das dependências da carceragem estatal (REsp 944.884/RS, 1.ª T., Rel. originário Min. Francisco Falcão, Rel. p/ acórdão Min. Luiz Fux, j. 18.10.2007).

◙ Responsabilidade civil por suicídio de militar nas dependências do Exército

A turma reconheceu o nexo causal entre a morte do militar e a ação suicida, pois havia conhecimento de que o militar estava deprimido e, por culpa da Administração – que deveria exercer maior vigilância –, ele teve acesso ao armamento da corporação, colocando em risco não apenas a sua existência, mas a de terceiros também (REsp 1.014.520/DF, 1.ª T., Rel. Min. Francisco Falcão, j. 02.06.2009, *DJe* 01.07.2009).

◙ Danos morais e materiais por transfusão de sangue infectado com o vírus do HIV que ocasionou morte do paciente

Reconhecida a responsabilidade no ato ilícito que consistiu na ausência de controle de qualidade do sangue utilizado em transfusão que contaminou com o vírus HIV e levou a óbito o filho dos autores, condenando solidariamente a União, o Estado-membro, os serviços de hemoterapia, o município e o hospital, por se tratar de responsabilidade objetiva (REsp 1.033.844/SC, 1.ª T., Rel. Min. Luiz Fux, j. 28.04.2009, *DJe* 20.05.2009).

◙ Pensão e dano moral por acidente de trânsito causado por veículo do Exército que resultou em morte dos pais do menor de apenas 3 anos de idade – Informativo 318 STJ

Houve condenação da União, aplicando a teoria do risco administrativo, a reparar os danos sofridos pelo menor em tenra idade por acidente causado por militar, conduzindo veículo do Exército em uso particular autorizado pela unidade em que servia, ressalvada a possibilidade de, via denunciação à lide, a União cobrar do servidor os prejuízos (REsp 866.450/RS, 2.ª T., Rel. Min. Herman Benjamin, j. 24.04.2007, *DJe* 07.03.2008).

◙ Responsabilidade solidária de empresa vinculada à Secretaria Municipal de Transporte e o Município do Rio de Janeiro – Informativo 265 STJ

Entendeu que a responsabilidade da empresa e do Município é solidária para responder pelos danos causados ao motorista que, autorizado a colocar seu veículo em estacionamento público, efetua o pagamento que lhe é cobrado e ainda assim tem seu veículo multado e rebocado (REsp 746.555/RJ, 1.ª T., Rel. Min. Francisco Falcão, j. 18.10.2005).

▣ Indenização por nomeação tardia

O STF firmou a tese em repercussão geral que "na hipótese de posse em cargo público determinada por decisão judicial, o servidor não faz jus a indenização, sob fundamento de que deveria ter sido investido em momento anterior, **salvo situação de arbitrariedade flagrante**". (RE 724.347, rel. p/ o ac. min. Roberto Barroso, j. 26-2-2015, P, DJE de 13-5-2015)

> **ATENÇÃO:** Recentemente o Superior Tribunal de Justiça entendeu ser caso de situação de arbitrariedade flagrante a não nomeação de candidato aprovado dentro número de vagas ofertadas no edital.
>
> Vejamos a referida decisão:
>
> RECURSO ESPECIAL. VIOLAÇÃO DO ART. 535 DO CPC/1973. NÃO OCORRÊNCIA. RESPONSABILIDADE CIVIL. REQUISITOS. REVISÃO. IMPOSSIBILIDADE. NECESSIDADE DE REEXAME DE PROVAS E FATOS. SÚMULA 7/STJ. NOMEAÇÃO TARDIA. DANO MORAL. EXORBITÂNCIA DO QUANTUM. MINORAÇÃO. NECESSIDADE. RECURSO ESPECIAL PARCIALMENTE CONHECIDO E PROVIDO. DECISÃO Trata-se de recurso especial interposto pela União, com fundamento no artigo 105, III, a, da Constituição Federal, contra acórdão do Tribunal Regional Federal da 4ª Região, assim ementado (fl. 109): ADMINISTRATIVO. CONCURSO PÚBLICO - CARGO TEMPORÁRIO. CLASSIFICAÇÃO DENTRO DAS VAGAS OFERTADAS. DIREITO À NOMEAÇÃO DOS CANDIDATOS APROVADOS. INDENIZAÇÃO POR DANO MATERIAL - INDEVIDO. INDENIZAÇÃO POR DANO MORAL - CABÍVEL PELA NÃO NOMEAÇÃO NO PRAZO. 1. Publicado o Edital que rege o concurso público, com número específico de vagas, o ato da Administração que declara os candidatos aprovados no certame cria um dever de nomeação para a própria Administração e, portanto, um direito à nomeação titularizado pelo candidato aprovado dentro desse número de vagas. 2. A jurisprudência do STJ tem se firmado no sentido de reconhecer que, quando a Administração Pública demonstra a necessidade de preenchimento dos cargos no número de vagas dispostas no edital de abertura do concurso, a mera expectativa de direito dos candidatos aprovados – antes condicionada à conveniência e à oportunidade da Administração (Súmula n. 15 do STF)- dá lugar ao direito líquido e certo à nomeação dos candidatos aprovados e classificados dentro do número de vagas oferecidas. 3. Não há falar em indenização por danos materiais na forma de recebimento dos vencimentos, já que estes são designados apenas para aqueles que efetivamente exerceram sua função pública, como disposto no artigo 40 da Lei nº 8112/9. 4. Demonstrada a ilegalidade no agir da Administração Pública em não nomear o candidato no prazo de validade do concurso, resta caracterizado o transtorno suportado pelo autor, devendo a União indenizá-lo pelos danos morais sofridos. Embargos de declaração rejeitados. Em suas razões, a parte recorrente alega, preliminarmente, violação do artigo 535, I e II, do CPC/1973, ao argumento de que a Corte local não se manifestou sobre pontos importantes para o deslinde da controvérsia, em especial acerca dos dispositivos tidos

por violados. Na questão de fundo, traz ofensa aos seguintes artigos: i) 186, 884 e 927 do CC, sob o fundamento de que os requisitos para a responsabilização civil do recorrente não se fazem presentes, mormente o nexo causal; ii) 884 e 944 do CC, ao argumento de que a indenização por danos morai, fixada em R$ 100.000,00 em função de nomeação tardia, é exorbitante, devendo ser diminuída. Sem contrarrazões. Juízo positivo de admissibilidade à fl. 200. É o relatório. Passo a decidir. Inicialmente, registra-se que "[a]os recursos interpostos com fundamento no CPC/1973 (relativos a decisões publicadas até 17 de março de 2016) devem ser exigidos os requisitos de admissibilidade na forma nele prevista, com as interpretações dadas, até então, pela jurisprudência do Superior Tribunal de Justiça (Enunciado Administrativo n. 2, aprovado pelo Plenário do Superior Tribunal de Justiça em 9/3/2016)". Ainda preliminarmente, afasta-se a alegada violação do artigo 535 do CPC/1973, porquanto o acórdão recorrido, mesmo sem ter examinado individualmente cada um dos argumentos suscitados, manifestou-se, de maneira clara e fundamentada, acerca de todas as questões relevantes para a solução da controvérsia, apenas não adotando a tese defendida pelo recorrente. Quanto à tese do item i (ausência de nexo causal), a convicção a que chegou o acórdão recorrido no tocante à existência do ato ilícito e dos requisitos legais necessários à responsabilização civil decorreu da análise do conjunto fático-probatório, de forma que o acolhimento da pretensão recursal demandaria o reexame do mencionado suporte, obstando a admissibilidade do especial à luz da Súmula 7 desta Corte. No que tange à tese do item ii (minoração dos danos morais), no entanto, a irresignação merece prosperar. Compulsando-se os autos, revela-se nítido que a indenização concedida na monta de R$ 100.000,00 em função de nomeação tardia é excessiva, principalmente se considerada a jurisprudência do STJ em casos análogos. No entanto, não se pode desconsiderar a gravidade da conduta perpetrada pela Administração Pública, nos moldes do entendimento assentado pelas instâncias ordinárias, que revela ato flagrantemente contrário ao que se espera do comportamento de um gestor na realização do certame, que deveria se pautar, sobretudo, na impessoalidade e na razoabilidade. Os concursos públicos já exercem, naturalmente, uma carga de estresse e ansiedade nos candidatos, haja vista o impacto que gera em suas vidas, quadro este que se agrava quando a Administração Pública não age com respaldo no ordenamento jurídico, causando dor e sofrimento desnecessário à parte prejudicada. Assim sendo, tendo em vista a reprovabilidade do ato praticado, o porte econômico e financeiro das partes, o caráter pedagógico da reprimenda e os constrangimentos e aborrecimentos gerados ao recorrido, entendo ser cabível a minoração da indenização reconhecida para R$ 20.000,00, quantia essa que mais se aproxima do conceito de razoabilidade e se mantém adstrita aos parâmetros legais vigentes, sem ensejar enriquecimento sem causa à parte beneficiária. A propósito: PROCESSUAL CIVIL, CIVIL E ADMINISTRATIVO. AGRAVO REGIMENTAL NO AGRAVO EM RECURSO ESPECIAL. CONCURSO PÚBLICO. NOMEAÇÃO TARDIA. DANO MATERIAL. INEXISTÊNCIA DE PREJUÍZO. DANO MORAL. PROVAS. REEXAME. PRETENSÃO. SÚMULA 7/STJ. INCIDÊNCIA. [...] 2. Não é possível, em sede de recurso especial, o reexame dos elementos fáticos constantes dos autos utilizados para a fixação dos danos morais, especialmente quando o montante não se revela exorbitante nem irrisório. Incidência da Súmula 7 desta Corte. 3. Agravo regimental a que se nega provimento. Nota: Indenização por dano moral: R$ 10.000,00 (dez mil reais). (AgRg no AREsp 344723/RJ, Segunda Turma, Rel. Ministro OG FERNANDES, DJe 11/11/2015) ADMINISTRATIVO. AGRAVO REGIMENTAL. RESPONSABILIDADE CIVIL DO ESTADO. CONCURSO PÚBLICO. NOMEAÇÃO TARDIA. INDENIZAÇÃO. DESCABIMENTO. DANOS MORAIS. MAJORAÇÃO. IMPOSSIBILIDADE. 1. "À luz do disposto no art. 37, § 6º, da Constituição, o Supremo Tribunal Federal tem entendimento de que, 'nos termos da orientação firmada nesta Corte, é indevida indenização pelo tempo em que se aguardou solução judicial definitiva sobre aprovação em concurso público' (AgRg no RE 593.373, 2ª Turma, Min. Joaquim Barbosa, DJ de 18/04/2011). Considera-se que, se a nomeação foi decorrente de sentença judicial, o retardamento não configura preterição ou ato ilegítimo da Administração Pública a justificar uma contrapartida indenizatória" (EREsp 1.117.974/RS, Corte Especial, Rel. Min. Eliana Calmon, Rel. para acórdão Min. Teori Albino Zavascki, DJe 19.12.11). 2. Os danos morais são revistos apenas quando exorbitantes ou irrisórios, o que não é o caso, em que fixados em R$ 5.000,00 (cinco mil reais), inviabilizando a pretendida majoração. 3. Agravo regimental não provido. (AgRg no REsp 1336051/PR, Segunda Turma, Rel. Ministro CASTRO MEIRA, DJe 29/11/2012) Ante o exposto, conheço parcialmente do recurso especial e, nessa extensão, dou-lhe provimento para minorar o quantum concedido pelas instâncias ordinárias a título de danos morais de R$ 100.000,00 para R$ 20.000,00, mantendo-se todos os demais termos do acórdão recorrido. Publique-se. Intimem-se. Brasília, 24 de março de 2017. (STJ – REsp: 1547412 RS 2015/0192641-5, Relator: Ministro BENEDITO GONÇALVES, Data de Publicação: DJ 24/04/2017)

◙ Morte de motociclista que se chocou com animal na pista.

A concessionária responde de forma objetiva pela morte do motociclista. Com esse entendimento, a Turma não conheceu do recurso da concessionária, no qual se defendia a denunciação à lide do DNER para reparação danos (REsp 573.260/RS, 4.ª T., Rel. Min. Aldir Passarinho Junior, j. 27.10.2009, *DJe* 09.11.2009)[18-19].

18. Veja a ementa do referido julgado: "*Civil e processual. Recurso especial. Acidente. Rodovia. Animais na pista. Responsabilidade objetiva. Concessionária de serviço público. Segurança. Veículos. Dever de cuidar e zelar. Denunciação à lide. Incabimento. Precedentes. Recurso especial não conhecido.* I. Cabe às concessionárias de rodovia zelar pela segurança das pistas, respondendo civilmente, de consequência, por acidentes causados aos usuários em razão da presença de animais na pista. II. Denunciação à lide corretamente negada, por importar em abertura de contencioso paralelo, estranho à relação jurídica entre o usuário e a concessionária. III. Recurso especial não conhecido" (STJ, 4.ª T., Rel. Min. Aldir Passarinho Junior, j. 27.10.2009).

19. Interessante é que existem diversas decisões recentes mantendo a responsabilidade objetiva em caso como o registrado. Em tese, ao que nos parece, seria caso de responsabilidade subjetiva por omissão, especialmente falha na fiscalização das rodovias. Veja os seguintes julgados do STF

◘ Lesões sofridas por militar das Forças Armadas em treinamento.

Não é cabível indenização por danos morais/estéticos em decorrência de lesões sofridas por militar das Forças Armadas em acidente ocorrido durante sessão de treinamento, salvo se ficar demonstrado que o militar foi submetido a condições de risco excessivo e desarrazoado. (STJ. 1ª Turma. AgRg no AREsp 29.046-RS, Rel. Min. Arnaldo Esteves Lima, julgado em 21/2/2013 (Info 515))

◘ Indenização por danos morais a anistiado político.

O anistiado político que obteve, na via administrativa, a reparação econômica prevista na Lei nº 10.559/2002 (Lei de Anistia) não está impedido de pleitear, na esfera judicial, indenização por danos morais pelo mesmo episódio político. Inexiste vedação para a acumulação da reparação econômica com indenização por danos morais, porquanto se tratam de verbas indenizatórias com fundamentos e finalidades diversas: aquela visa à recomposição patrimonial (danos emergentes e lucros cessantes), ao passo que esta tem por escopo a tutela da integridade moral, expressão dos direitos da personalidade. (STJ. 1ª Turma. REsp 1.485.260-PR, Rel. Min. Sérgio Kukina, julgado em 5/4/2016)

◘ Servidor obrigado a pedir exoneração por conta de interpretação equivocada de acumulação ilícita de cargos públicos tem direito à indenização.

No caso em que o servidor público foi impedido irregularmente de acumular dois cargos públicos em razão de interpretação equivocada da Administração Pública, o Estado deverá ser condenado e, na fixação do valor da indenização, não se deve aplicar o critério referente à teoria da perda da chance, e sim o da efetiva extensão do dano causado, conforme o art. 944 do CC. (STJ. 2ª Turma. REsp 1.308.719-MG, Rel. Min. Mauro Campbell Marques, julgado em 25/6/2013.)

◘ Lei estadual que preveja pensão para cônjuges de mortos por crimes hediondos é inconstitucional.

Pensão especial a cônjuge de vítima assassinada no Distrito Federal. Lei que impõe ao Distrito Federal responsabilidade além da prevista no art. 37, § 6º, da Constituição. Inocorrência da hipótese de assistência social. Inconstitucionalidade do art. 1º da Lei 842/94. (STF. Plenário. ADI 1.358/DF, Rel. Min. Gilmar Mendes, julgado em 4/2/2015)

◘ Responsabilidade civil do Estado por ato lícito: intervenção econômica e contrato.

A União, na qualidade de contratante, possui responsabilidade civil por prejuízos suportados por companhia aérea em decorrência de planos econômicos existentes no período objeto da ação. RE 571969/DF, Rel. Min. Cármen Lúcia, 12.3.14. Pleno.

---

mantendo decisão nesse sentido: STF, RE 750.255/SP, Rel. Min. Dias Toffoli, j. 23.08.2013, *DJe*-171, Divulg. 30.08.2013, Public. 02.09.2013; STF, ARE 772.276/SP, Rel. Min. Teori Zavascki, j. 22.11.2013, *DJe*-237, Divulg. 02.12.2013, Public. 03.12.2013 etc.

Indenização em razão de equívoco no reconhecimento de reincidência criminal.

No caso em que o reconhecimento da reincidência tenha origem em infração anterior cuja pena tenha sido cumprida ou extinta há mais de cinco anos, deferido o pedido revisional para diminuir a pena equivocadamente fixada, será devida a indenização ao condenado que tenha sofrido prejuízos em virtude do erro judiciário. REsp 1.243.516-SP, Rel. Min. Reynaldo Soares da Fonseca, DJ 30.9.2016. 5ª T.

Responsabilidade civil do Estado e perda de uma chance.

Na fixação do valor da indenização, não se deve aplicar o critério referente à teoria da perda da chance, e sim o da efetiva extensão do dano causado (art. 944 do CC), na hipótese em que o Estado tenha sido condenado por impedir servidor público, em razão de interpretação equivocada, de continuar a exercer de forma cumulativa dois cargos públicos regularmente acumuláveis. REsp 1.308.719-MG, Rel. Min. Mauro Campbell Marques, 25.6.13. 2ª T.

Vale citar, por fim, o que dispõe a Súmula Vinculante 11, do STF:

Só é lícito o uso de algemas em casos de resistência e de fundado receio de fuga ou de perigo à integridade física própria ou alheia, por parte do preso ou de terceiros, justificada a excepcionalidade por escrito, sob pena de responsabilidade disciplinar, civil e penal do agente ou da autoridade e de nulidade da prisão ou do ato processual a que se refere, **sem prejuízo da responsabilidade civil do Estado**.

Animal transitando na pista, situação que denotaria negligência na manutenção e fiscalização pelo Estado

ADMINISTRATIVO E PROCESSUAL CIVIL. AGRAVO INTERNO NO RECURSO ESPECIAL. RESPONSABILIDADE CIVIL DO ESTADO. ACIDENTE AUTOMOBILÍSTICO. ANIMAL NA PISTA. DEVER DE VIGILÂNCIA. OMISSÃO. RESPONSABILIDADE SUBJETIVA. ACÓRDÃO RECORRIDO EM DISSONÂNCIA COM O ENTENDIMENTO DESTA CORTE. SENTENÇA CONDENATÓRIA RESTABELECIDA. AGRAVO INTERNO IMPROVIDO. I. Agravo interno aviado contra decisão que julgara Recurso Especial interposto contra acórdão publicado na vigência do CPC/2015. II. Trata-se, na origem, de Ação indenizatória, ajuizada pela parte ora agravada, com o objetivo de condenar o DNIT e a União ao pagamento de indenização por danos morais e materiais, decorrentes de acidente automobilístico ocasionado por animal solto em rodovia federal, que culminou na morte de Francisco Viera da Costa Filho, marido e pai dos autores. O Juízo de 1º Grau julgou parcialmente procedente a ação, reconhecendo a presença dos elementos configuradores da responsabilidade civil do Estado, por omissão. III. O Tribunal a quo, por maioria, afastou a responsabilidade civil do Estado na configuração do dano moral e material, ao fundamento de que "o Estado não tem como controlar, como não tem como controlar a passagem de um animal, a passagem de uma pessoa, de uma criança que se largue das mãos da mãe e atravesse a rodovia". O voto vencedor destacou, ainda, que "o fato de não haver sinalização luminosa, no meio-fio ou cerca nas propriedades, entendo que no meio-fio não é obrigatório em

rodovias, como também não é obrigação do DNIT construir cercas para contenção de animais. Em um acaso como este, entendo que não há obrigação do Estado em indenizar". IV. Contudo, do contexto fático, exposto pelas instâncias ordinárias, ficou reconhecido que o acidente ocorreu em rodovia federal, em razão da presença de animal transitando na pista, situação que denotaria negligência na manutenção e fiscalização pelo Estado, além de restarem listados os danos causados aos autores, afastados quaisquer indícios de culpa exclusiva da vítima e de força maior. Segundo constou do voto vencido, "inexistem, nos autos, documentos que comprovem que a entidades públicas têm efetivamente atuado na área com vias a erradicar o problema. Por outro lado, pelas fotos acostadas aos autos, é claramente visível a inexistência de contenções para impedir a travessia de animais na pista, o que configura, sobretudo quando levado em consideração a frequência com que tais acidentes ocorrem na localidade, a existência de uma falha no serviço prestado. Nesse passo, a par da situação fática acima delineada e devidamente comprovada, entendo que restou caracterizada na espécie a responsabilidade civil do Estado por omissão, havendo nexo causal entre o acidente e a conduta estatal, consubstanciada no dever de fiscalizar as rodovias e de impedir que animais fiquem soltos em suas imediações e invadam a pista". Constou, ainda, que a vítima "usava capacete e estava com a Carteira Nacional de Habilitação regular, não havendo informações sobre a velocidade em que conduzia a motocicleta. Afastada, portanto, a possibilidade de alegação de culpa exclusiva da vítima". V. Portanto, o acórdão recorrido contraria a orientação desta Corte, no sentido de ser dever estatal promover vigilância ostensiva e adequada, proporcionando segurança possível àqueles que trafegam pela rodovia, razão pela qual se verifica conduta omissiva e culposa do ente público, caracterizada pela negligência, apta à responsabilização do Estado. Nesse sentido: STJ, REsp 1.198.534/RS, Rel. Ministra ELIANA CALMON, SEGUNDA TURMA, DJe de 20/08/2010; REsp 438.831/RS, Rel. Ministro JOÃO OTÁVIO DE NORONHA, SEGUNDA TURMA, DJU de 02/08/2006; AgInt no AgInt no REsp 1.631.507/CE, Rel. Ministra ASSUSETE MAGALHÃES, SEGUNDA TURMA, DJe de 28/08/2018. VI. Estando o acórdão recorrido em dissonância com a orientação firmada por esta Corte, merece ser mantida a decisão ora agravada, que deu provimento ao Recurso Especial da parte autora, para restabelecer a sentença, que havia reconhecido a presença dos elementos configuradores da responsabilidade civil do Estado por omissão. VII. Agravo interno improvido. (AgInt no REsp 1658378/PB, Rel. Ministra ASSUSETE MAGALHÃES, SEGUNDA TURMA, julgado em 27/08/2019, DJe 02/09/2019)

◙ Acidente ocorreu em Rodovia Federal em razão da presença de animal transitando na pista. Situação que denotaria negligência na manutenção e fiscalização pelo DNIT.

ADMINISTRATIVO. AGRAVO INTERNO NO RECURSO ESPECIAL. RESPONSABILIDADE CIVIL DA AUTARQUIA FEDERAL. VÍTIMA DE ACIDENTE DE TRÂNSITO EM RODOVIA FEDERAL. OMISSÃO DA AUTARQUIA FEDERAL EM FISCALIZAR ANIMAIS NA RODOVIA. MORTE DA VÍTIMA POR ANIMAL NA PISTA DE ROLAMENTO EM RODOVIA FEDERAL. FATO INCONTROVERSO. VALORAÇÃO DOS CRITÉRIOS JURÍDICOS CONCERNENTES À UTILIZAÇÃO DA PROVA E À FORMAÇÃO DA CONVICÇÃO. DEVER DE VIGILÂNCIA. RESPONSABILIDADE SUBJETIVA CARACTERIZADA. REDUÇÃO DO QUANTUM INDENIZA-

TÓRIO. INOVAÇÃO RECURSAL. AGRAVO INTERNO DA AUTARQUIA FEDERAL A QUE SE NEGA PROVIMENTO. 1. O Tribunal de origem, em sede de Apelação e Reexame Necessário, afastou a responsabilidade civil do DNIT por entender que seria impossível tal Entidade o controle extensivo de toda rodovia. 2. Todavia, com efeito ficou reconhecido que o acidente ocorreu em Rodovia Federal, em razão da presença de animal transitando na pista, situação que denotaria negligência na manutenção e fiscalização pelo DNIT, além de não haver nos autos quaisquer indícios de culpa exclusiva da vítima e de força maior. 3. Não há que se falar no afastamento da Responsabilidade Civil do Ente Estatal, isso porque é dever do Estado promover vigilância ostensiva e adequada, proporcionando segurança possível àqueles que trafegam pela rodovia. Trata-se, desse modo, de valoração dos critérios jurídicos concernentes à utilização da prova e à formação da convicção, e não de reexame do contexto fático-probatório dos autos. 4. Assim, há conduta omissiva e culposa do Ente Público, caracterizada pela negligência, apta a responsabilizar o DNIT, nos termos do que preceitua a teoria da Responsabilidade Civil do Estado, por omissão (AgInt no AgInt no REsp. 1.631.507/CE, Rel. Min. ASSUSETE MAGALHÃES, DJe 28.8.2018; e REsp. 1.198.534/RS, Rel. Min. ELIANA CALMON, DJe de 20.8.2010). 5. Com relação à redução do valor arbitrado a título de indenização, é certo que tal tema sequer foi mencionado nas razões das Contrarrazões do Recurso Especial, e somente foi suscitado em sede de Agravo Interno, o que caracteriza inovação recursal, vedada diante da preclusão consumativa. 6. Agravo Interno da Autarquia Federal a que se nega provimento. (AgInt no REsp 1632985/PE, Rel. Ministro NAPOLEÃO NUNES MAIA FILHO, PRIMEIRA TURMA, julgado em 11/11/2019, DJe 19/11/2019)

◼ **Vítima de acidente de trânsito em rodovia federal. Omissão da autarquia federal em fiscalizar animais na rodovia. Morte da vítima por animal na pista de rolamento em rodovia federal. Fato incontroverso**

ADMINISTRATIVO. AGRAVO INTERNO NO RECURSO ESPECIAL. RESPONSABILIDADE CIVIL DA AUTARQUIA FEDERAL. VÍTIMA DE ACIDENTE DE TRÂNSITO EM RODOVIA FEDERAL. OMISSÃO DA AUTARQUIA FEDERAL EM FISCALIZAR ANIMAIS NA RODOVIA. MORTE DA VÍTIMA POR ANIMAL NA PISTA DE ROLAMENTO EM RODOVIA FEDERAL. FATO INCONTROVERSO. VALORAÇÃO DOS CRITÉRIOS JURÍDICOS CONCERNENTES À UTILIZAÇÃO DA PROVA E À FORMAÇÃO DA CONVICÇÃO. DEVER DE VIGILÂNCIA. RESPONSABILIDADE SUBJETIVA CARACTERIZADA. REDUÇÃO DO QUANTUM INDENIZATÓRIO. INOVAÇÃO RECURSAL. AGRAVO INTERNO DA AUTARQUIA FEDERAL A QUE SE NEGA PROVIMENTO. 1. O Tribunal de origem, em sede de Apelação e Reexame Necessário, afastou a responsabilidade civil do DNIT por entender que seria impossível tal Entidade o controle extensivo de toda rodovia. 2. Todavia, com efeito ficou reconhecido que o acidente ocorreu em Rodovia Federal, em razão da presença de animal transitando na pista, situação que denotaria negligência na manutenção e fiscalização pelo DNIT, além de não haver nos autos quaisquer indícios de culpa exclusiva da vítima e de força maior. 3. Não há que se falar no afastamento da Responsabilidade Civil do Ente Estatal, isso porque é dever do Estado promover vigilância ostensiva e adequada, proporcionando segurança possível àqueles que trafegam pela rodovia. Trata-se, desse modo, de valoração dos critérios jurídicos concernentes à utilização da prova e à formação da convicção, e não de reexame do contexto fático-probatório dos autos. 4. Assim, há conduta omissiva e culposa do Ente Público, caracterizada pela negligência, apta a responsabilizar o DNIT, nos termos do que preceitua a teoria da Responsabilidade Civil do Estado, por omissão (AgInt no AgInt no REsp. 1.631.507/CE, Rel. Min. ASSUSETE MAGALHÃES, DJe 28.8.2018; e REsp. 1.198.534/RS, Rel. Min. ELIANA CALMON, DJe de 20.8.2010). 5. Com relação à redução do valor arbitrado a título de indenização, é certo que tal tema sequer foi mencionado nas razões das Contrarrazões do Recurso Especial, e somente foi suscitado em sede de Agravo Interno, o que caracteriza inovação recursal, vedada diante da preclusão consumativa. 6. Agravo Interno da Autarquia Federal a que se nega provimento. (AgInt no REsp 1632985/PE, Rel. Ministro NAPOLEÃO NUNES MAIA FILHO, PRIMEIRA TURMA, julgado em 11/11/2019, DJe 19/11/2019)

◙ Agressão de aluno contra professora em escola pública.

Apesar de a direção da escola estar ciente das ameaças sofridas pela professora antes das agressões, não tomou qualquer providência para resguardar a segurança da docente, sendo que existiam meios suficientes e razoáveis para impedir a agressão, o que acarretou a responsabilidade civil por omissão do Estado (REsp 1.142.245/DF, 2.ª T., Rel. Min. Castro Meira, j. 05.10.2010).

◙ Majoração dos danos morais por omissão do Estado no combate à dengue.

A Turma proveu o recurso para majorar o valor indenizatório de danos morais, considerando que, provado o nexo de causalidade entre a omissão do Estado e do município no combate à epidemia e o evento da morte de vítima acometida de dengue hemorrágica, o dano moral advindo de tal omissão fora fixado irrisoriamente em desconformidade com o evento fatal (REsp 1.133.257/RJ, 1.ª T., Rel. Min. Luiz Fux, j. 27.10.2009).

◙ Veículo estacionado em estabelecimento público

Responsabilidade civil por furto de veículo em estacionamento de universidade pública. A turma decidiu que há responsabilidade subjetiva do poder público na falha do serviço de guarda e vigilância de veículo furtado em estacionamento de universidade pública (REsp 615.282/PR, 2.ª T., Rel. Min. Castro Meira, j. 06.04.2004).

◙ Entulho acumulado à beira de estrada

Há responsabilidade civil do Estado pelo fato de não ter removido entulho acumulado à beira de uma estrada, o que contribui para que ele atingisse uma casa próxima e causasse o dano, em hipótese de responsabilidade por omissão. Entendeu-se que há responsabilidade civil subjetiva do Estado diante de condutas omissivas (REsp 721.439/RJ, 2.ª T., Rel. Min. Eliana Calmon, j. 21.08.2007).

◙ Morte de menor soterrado em buraco causado por erosão

O Estado foi condenado em razão da morte de menor soterrado, em decorrência de acidente em buraco (voçoroca) causado por erosão pelas águas da chuva. A Turma reconheceu a responsabilidade subjetiva do município, pois, embora a municipalidade tenha sinalizado a área afetada pela erosão pluvial, deixou de isolá-la por completo e não promoveu com urgência as obras necessárias à segurança do local, o que caracteriza negligência e omissão (REsp 135.542/MS, 2.ª T., Rel. Min. Castro Meira, j. 19.10.2004).

◙ Indenização por acidente em bueiro aberto em via pública

Cabível indenização correspondente ao montante necessário para repor o veículo no estado em que se encontrava antes do sinistro, ainda que superior ao valor de mercado, pois prevalece o interesse da parte lesada (REsp 334.760/SP, 1.ª T., Rel. Min. José Delgado, j. 06.11.2001, *DJ* 25.02.2002, p. 233).

◙ Demora injustificada da Administração em analisar o requerimento de aposentadoria do servidor – STJ

A demora injustificada da Administração em analisar o pedido de aposentadoria do servidor público gera o dever de indenizá-lo, considerando que, por causa disso, ele foi obrigado a continuar exercendo suas funções por mais tempo do que o necessário. (STJ. 1ª Turma. AgInt no AREsp 483.398/PR, Rel. Min. Benedito Gonçalves, julgado em 11/10/2016).

► Reconhecido o direito à anistia política, a falta de cumprimento de requisição ou determinação de providências por parte da União, por intermédio do órgão competente, no prazo previsto nos arts. 12, § 4º, e 18, *caput* e parágrafo único, da Lei 10.559/20022, caracteriza ilegalidade e violação de direito líquido e certo.

Ao tratar do regime do anistiado político, a Lei 10.559/2002, além de reconhecer a condição de anistiado político, também reconheceu ao beneficiado o direito à reparação econômica de caráter indenizatório, que pode ser paga em prestação única ou em prestação mensal, permanente e continuada. A existência de dotação legal é suficiente para que haja o cumprimento integral da portaria que reconheceu a condição de anistiado político, conforme o art. 12, § 4º, da Lei 10.559/2002. Demonstrada, portanto, a existência de dotação orçamentária, decorrente de presumida legítima programação financeira pela União, não se visualiza afronta ao princípio da legalidade da despesa pública ou às regras constitucionais que impõem limitações às despesas de pessoal e concessões de vantagens e benefícios pessoais. Dessa forma, o descumprimento da obrigação de pagamento, "de valor certo e determinado, caracteriza ato omissivo da Administração Pública". Além disso, ao Poder Judiciário não compete a análise de forma detalhada da execução orçamentária para concluir pela suficiência ou insuficiência de recursos para o pagamento das indenizações aos anistiados políticos. Esse exame cabe ao administrador, em momento anterior à publicação da portaria que declara a condição de anistiado político e assegura as reparações econômicas correspondentes.

Referência: RE 553.710; RG – Tema 394. Rel. min. Dias Toffoli; Plenário; DJE de 31-8-2017Informativo STF 847.

(Informativos do STF 2014/2018, teses e fundamentos: organizados por matéria. Direito Administrativo, p. 229)

STF- RG ◙ Direito Constitucional e Administrativo. Mandado de segurança. Anistiado político. Pagamento retroativo de prestação mensal concedida.

EMENTA Direito Constitucional e Administrativo. Mandado de segurança. Anistiado político. Pagamento retroativo de prestação mensal concedida. Norma que torna vinculante requisição ou decisão administrativa de órgão competente que determina o pagamento pela União. Dívida da Fazenda Pública que não foi reconhecida por decisão do Poder Judiciário. Afastamento do regime do art. 100 da Constituição Federal. Obrigação de fazer que está sendo descumprida. Repercussão geral reconhecida. Recurso extraordinário a que se nega provimento. Tese fixada. 1. Recurso extraordinário em que se discute, à luz dos arts. 167, II, e 169, § 1º, I e II, da Constituição Federal, a possibilidade, ou não, de se determinar o pagamento imediato, em sede de mandado de segurança, de valores retroativos devidos a título de reparação econômica a anistiados políticos, assim declarados com base em portaria expedida pelo Ministro de Estado da Justiça, com fundamento no art. 8º, caput, do Ato das Disposições Constitucionais Transitórias e na lei. 2. Declarado anistiado político por portaria do Ministro de Estado da Justiça, a falta de cumprimento da determinação de providências por parte da União, por intermédio do Ministério competente, no prazo previsto no parágrafo único do art. 18 da Lei nº 10.599/2002 caracteriza omissão ilegal e violação de direito líquido e certo. 3. O art. 12, § 4º, da Lei nº 10.559/2002 tornou vinculante a decisão administrativa ao estabelecer que "as requisições e decisões proferidas pelo Ministro de Estado da Justiça nos processos de anistia política serão obrigatoriamente cumpridas no prazo de sessenta dias, por todos os órgãos da Administração Pública e quaisquer outras entidades a que estejam dirigidas". A ressalva inserida na última parte desse parágrafo não serve para tornar sem eficácia a primeira parte do enunciado normativo. A obrigação existe, inclusive houve na espécie a inclusão no orçamento das despesas decorrentes da decisão administrativa vinculante. 4. Não há que se aplicar o regime jurídico do art. 100 da Constituição Federal se a Administração Pública reconhece, administrativamente, que o anistiado possui direito ao valor decorrente da concessão da anistia. A dívida da Fazenda Pública não foi reconhecida por meio de uma decisão do Poder Judiciário. A discussão cinge-se, na verdade, ao momento do pagamento. O direito líquido e certo do impetrante já foi reconhecido pela portaria específica que declarou sua condição de anistiado, sendo, então, fixado valor que lhe era devido, de cunho indenizatório. O que se tem, na espécie, é uma obrigação de fazer por parte da União que está sendo descumprida. Fundamentos na doutrina e nos julgados da Suprema Corte. 5. Recurso extraordinário a que se nega provimento. 6. Fixada a seguinte tese de repercussão geral, dividida em três pontos: i) Reconhecido o direito à anistia política, a falta de cumprimento de requisição ou determinação de providências por parte da União, por intermédio do órgão competente, no prazo previsto nos arts. 12, § 4º, e 18, caput e parágrafo único, da Lei nº 10.599/02, caracteriza ilegalidade e violação de direito líquido e certo. ii) Havendo rubricas no orçamento destinadas ao pagamento das indenizações devidas aos anistiados políticos e não demonstrada a ausência de disponibilidade de caixa, a União há de promover o pagamento do valor ao anistiado no prazo de 60 dias. iii) Na ausência ou na insuficiência de disponibilidade orçamentária no exercício em curso, cumpre à União promover sua previsão no projeto de lei orçamentária imediatamente seguinte. (RE 553710, Relator(a): Min. DIAS TOFFOLI, Tribunal Pleno, julgado em 23/11/2016, ACÓRDÃO ELETRÔNICO REPERCUSSÃO GERAL - MÉRITO DJe-195 DIVULG 30-08-2017 PUBLIC 31-08-2017)

Tema: 394 – Pagamento imediato de reparação econômica a anistiados políticos.

Tese: I – Reconhecido o direito à anistia política, a falta de cumprimento de requisição ou determinação de providências por parte da União, por intermédio do órgão competente, no prazo previsto nos arts. 12, § 4º, e 18, caput e parágrafo único, da Lei nº 10.599/02, caracteriza ilegalidade e violação de direito líquido e certo; II – Havendo rubricas no orçamento destinadas ao pagamento das indenizações devidas aos anistiados políticos e não demonstrada a ausência de disponibilidade de caixa, a União há de promover o pagamento do valor ao anistiado no prazo de 60 dias; III – Na ausência ou na insuficiência de disponibilidade orçamentária no exercício em curso, cumpre à União promover sua previsão no projeto de lei orçamentária imediatamente seguinte.

► O Estado é responsável pela morte de detento em caso de inobservância do dever específico de proteção previsto no art. 5º, XLIX, da Constituição Federal (CF)

A execução da pena de forma humanizada é dever do Estado e direito subjetivo do preso. Além disso, devem ser garantidos os direitos fundamentais e a preservação da incolumidade física e moral. A responsabilidade civil estatal, segundo o art. 37, § 6º, da CF, insere-se na teoria do risco administrativo, tanto para as condutas estatais comissivas quanto para as omissivas, uma vez rejeitada a teoria do risco integral. (Informativos do STF 2014/2018, teses e fundamentos: organizados por matéria. Direito Administrativo, p. 231)

Referência: RE 841.526, RG – Tema 592. Rel. min. Luiz Fux; Plenário; DJE de 1º-8-2016. Informativo STF 819.

► O nexo de causalidade entre essas omissões e os danos sofridos pelos particulares só estará caracterizado quando o poder público ostentar o dever legal específico de agir para impedir o evento danoso e não se desincumbir dessa obrigação legal

É fundamental ressaltar que, embora o Estado também responda de forma objetiva por suas omissões, o nexo de causalidade entre essas omissões e os danos sofridos pelos particulares só estará caracterizado quando o poder público ostentar o dever legal específico de agir para impedir o evento danoso e não se desincumbir dessa obrigação legal. (Informativos do STF 2014/2018, teses e fundamentos: organizados por matéria. Direito Administrativo, p. 231)

Referência: RE 841.526, RG – Tema 592. Rel. min. Luiz Fux; Plenário; DJE de 1º-8-2016. Informativo STF 819.

► No caso, o dever constitucional de proteção ao detento será considerado violado apenas quando for possível atuação estatal que garanta os direitos fundamentais do preso.

No caso, o dever constitucional de proteção ao detento será considerado violado apenas quando for possível atuação estatal que garanta os direitos fundamentais do preso. Esse pressuposto é inafastável para a configuração da responsabilidade civil objetiva estatal. (Informativos do STF 2014/2018, teses e fundamentos: organizados por matéria. Direito Administrativo, p. 231)

Referência: RE 841.526, RG – Tema 592. Rel. min. Luiz Fux; Plenário; DJE de 1º-8-2016. Informativo STF 819.

► Por essa razão, nas situações em que o Estado não poderia agir para evitar a morte de detento, como é o caso de homicídio, suicídio, acidente ou morte natural, rompe-se o nexo de causalidade.

Por essa razão, nas situações em que o Estado não poderia agir para evitar a morte de detento, como é o caso de homicídio, suicídio, acidente ou morte natural, rompe-se o nexo de causalidade. Afasta-se, assim, a responsabilidade do poder público, sob pena de adoção da teoria do risco integral. Portanto, a responsabilidade civil estatal fica excluída nas hipóteses em que o poder público comprova causa impeditiva de atuação protetiva do detento, rompendo o nexo de causalidade da omissão com o resultado danoso. Ocorre, por exemplo, nos casos em que o preso sofre mal súbito ou possui moléstia desconhecida, que se manifesta de forma abrupta e fatal. Dessa forma, não se pode exigir que o Estado seja responsabilizado por morte que fatalmente ocorreria, mesmo se o preso estivesse em liberdade. (Informativos do STF 2014/2018, teses e fundamentos: organizados por matéria. Direito Administrativo, p. 231)

Referência: RE 841.526, RG – Tema 592. Rel. min. Luiz Fux; Plenário; DJE de 1º-8-2016. Informativo STF 819.

STF – RG ◙ Repercussão geral. Responsabilidade civil do estado por morte de detento.

RECURSO EXTRAORDINÁRIO. REPERCUSSÃO GERAL. RESPONSABILIDADE CIVIL DO ESTADO POR MORTE DE DETENTO. ARTIGOS 5º, XLIX, E 37, § 6º, DA CONSTITUIÇÃO FEDERAL. 1. A responsabilidade civil estatal, segundo a Constituição Federal de 1988, em seu artigo 37, § 6º, subsume-se à teoria do risco administrativo, tanto para as condutas estatais comissivas quanto paras as omissivas, posto rejeitada a teoria do risco integral. 2. A omissão do Estado reclama nexo de causalidade em relação ao dano sofrido pela vítima nos casos em que o Poder Público ostenta o dever legal e a efetiva possibilidade de agir para impedir o resultado danoso. 3. É dever do Estado e direito subjetivo do preso que a execução da pena se dê de forma humanizada, garantindo-se os direitos fundamentais do detento, e o de ter preservada a sua incolumidade física e moral (artigo 5º, inciso XLIX, da Constituição Federal). 4. O dever constitucional de proteção ao detento somente se considera violado quando possível a atuação estatal no sentido de garantir os seus direitos fundamentais, pressuposto inafastável para a configuração da responsabilidade civil objetiva estatal, na forma do artigo 37, § 6º, da Constituição Federal. 5. *Ad impossibilia nemo tenetur*, por isso que nos casos em que não é possível ao Estado agir para evitar a morte do detento (que ocorreria mesmo que o preso estivesse em liberdade), rompe-se o nexo de causalidade, afastando-se a responsabilidade do Poder Público, sob pena de adotar-se *contra legem* e a *opinio doctorum* a teoria do risco integral, ao arrepio do texto constitucional. 6. A morte do detento pode ocorrer por várias causas, como, v. g., homicídio, suicídio, acidente ou morte natural, sendo que nem sempre será possível ao Estado evitá-la, por mais que adote as precauções exigíveis. 7. A responsabilidade civil estatal resta conjurada nas hipóteses em que o Poder Público comprova causa impeditiva da sua atuação protetiva do detento, rompendo o nexo de causalidade da sua omissão com o resultado danoso. 8. Repercussão geral constitucional que assenta a tese de que: em caso de inobservância do seu dever específico de proteção previsto no artigo 5º, inciso XLIX, da Constituição Federal, o Estado é responsável pela morte do detento. 9. In casu, o tribunal a quo assentou que inocorreu a comprovação do suicídio do detento, nem outra causa capaz de romper o nexo de causalidade da sua omissão com o óbito ocorrido, restando escorreita a decisão impositiva de responsabilidade civil estatal. 10. Recurso extraordinário DESPROVIDO. (RE 841526, Relator(a): Min. LUIZ FUX, Tribunal Pleno, julgado em 30/03/2016, ACÓRDÃO ELETRÔNICO REPERCUSSÃO GERAL - MÉRITO DJe-159 DIVULG 29-07-2016 PUBLIC 01-08-2016)

Tema: 592 – Responsabilidade civil objetiva do Estado por morte de detento.

Tese: Em caso de inobservância do seu dever específico de proteção previsto no art. 5º, inciso XLIX, da Constituição Federal, o Estado é responsável pela morte de detento.

► **É inconstitucional lei estadual que imponha ao ente estatal o pagamento de pensão especial a cônjuge de vítima de determinados crimes hediondos praticados por terceiros na respectiva unidade federativa, independentemente de o autor do crime ser ou não agente público.**

Os dispositivos legais impugnados impuseram ao Governo do Distrito Federal responsabilidade superior à prevista pelo art. 37, § 6º, da Constituição Federal (CF). O ente seria obrigado a reparar danos causados por terceiros, uma vez que o autor do delito não precisaria ser, necessariamente, agente público. Além disso, não se pode atribuir caráter assistencial à referida pensão especial, ante à não observância das disposições contidas nos arts. 203 e 204 da CF. Foi declarada, portanto, a inconstitucionalidade da Lei 842/1994, com redação dada pela Lei 913/1995, e a do art. 2º da Lei 913/19953, ambas do Distrito Federal. Tais normas dispunham sobre o pagamento de pensão especial a ser concedida pelo Governo do Distrito Federal em benefício dos cônjuges de pessoas vítimas de determinados crimes hediondos, independentemente de o autor do delito ser ou não agente do Estado. (Informativos do STF 2014/2018, teses e fundamentos: organizados por matéria. Direito Administrativo, p. 233)

Referência: ADI 1.358. Rel. min. Gilmar Mendes; Plenário; DJE de 3-3-2015; Informativo STF 773

► **Considerando que é dever do Estado, imposto pelo sistema normativo, manter em seus presídios os padrões mínimos de humanidade previstos no ordenamento jurídico, é de sua responsabilidade, nos termos do art. 37, § 6º, da Constituição Federal (CF), a obrigação de ressarcir os danos, inclusive morais, comprovadamente causados aos detentos em decorrência da falta ou insuficiência das condições legais de encarceramento.**

A garantia mínima de segurança pessoal, física e psíquica dos detentos constitui dever estatal que possui amplo lastro não apenas no ordenamento nacional – CF, Lei 7.210/1984 (Lei de Execução Penal), Lei 9.455/1997 (Lei de Tortura), Lei 12.847/2013 (Sistema Nacional de Prevenção e Combate à Tortura) – mas também em fontes normativas internacionais adotadas pelo Brasil – Pacto Internacional de Direitos Civis e Políticos das Nações Unidas; Convenção Americana de Direitos Humanos; Princípios e Boas Práticas para a Proteção de Pessoas Privadas de Liberdade nas Américas (Resolução 1/2008 da Comissão Interamericana de Direitos Humanos); Convenção da Organização das Nações Unidas (ONU) contra a Tortura e outros Tratamentos ou Penas Cruéis, Desumanos ou Degradantes; e Regras Mínimas para o Tratamento de Prisioneiros. (Informativos do STF 2014/2018, teses e fundamentos: organizados por matéria. Direito Administrativo, p. 235)

Referência: RE 580.252; RG – Tema 365. Red. p/ o ac. min. Gilmar Mendes; Plenário; DJE de 11-9-2017; Informativo STF 854.

► **O dever de ressarcir danos, inclusive morais, efetivamente causados por ações e omissões dos agentes estatais ou pela inadequação dos serviços públicos decorre diretamente do art. 37, § 6º, da CF.**

O dever de ressarcir danos, inclusive morais, efetivamente causados por ações e omissões dos agentes estatais ou pela inadequação dos serviços públicos decorre diretamente do art. 37, § 6º, da CF. Tal norma é autoaplicável, não sujeita a intermediação legislativa ou administrativa para assegurar o correspondente direito subjetivo à indenização. (Informativos do STF 2014/2018, teses e fundamentos: organizados por matéria. Direito Administrativo, p. 235)

Referência: RE 580.252; RG – Tema 365. Red. p/ o ac. min. Gilmar Mendes; Plenário; DJE de 11-9-2017; Informativo STF 854.

► **Ocorrendo o dano e estabelecido o seu nexo causal com a atuação da Administração ou dos seus agentes, nasce a responsabilidade civil do Estado.**

Ocorrendo o dano e estabelecido o seu nexo causal com a atuação da Administração ou dos seus agentes, nasce a responsabilidade civil do Estado. Nesse caso, os recursos financeiros para a satisfação do dever de indenizar, objeto da condenação, serão providos, se for o caso, na forma do art. 100 da Constituição. (Informativos do STF 2014/2018, teses e fundamentos: organizados por matéria. Direito Administrativo, p. 235)

Referência: RE 580.252; RG – Tema 365. Red. p/ o ac. min. Gilmar Mendes; Plenário; DJE de 11-9-2017; Informativo STF 854.

► O Estado é responsável pela guarda e segurança das pessoas submetidas a encarceramento, sendo seu dever mantê-las em condições carcerárias com mínimos padrões de humanidade

O Estado é responsável pela guarda e segurança das pessoas submetidas a encarceramento, sendo seu dever mantê-las em condições carcerárias com mínimos padrões de humanidade estabelecidos em lei, bem como, se for o caso, ressarcir os danos que daí decorrerem. (Informativos do STF 2014/2018, teses e fundamentos: organizados por matéria. Direito Administrativo, p. 235)

Referência: RE 580.252; RG – Tema 365. Red. p/ o ac. min. Gilmar Mendes; Plenário; DJE de 11-9-2017; Informativo STF 854.

► A responsabilidade estatal será objetiva, no que concerne à integridade física e psíquica daqueles que estão sob sua custódia.

A responsabilidade estatal será objetiva, no que concerne à integridade física e psíquica daqueles que estão sob sua custódia. (ARE 662.563 AgR, rel. min. Gilmar Mendes, 2ª T; RE 466.322 AgR, 2ª T, rel. min. Eros Grau; e RE 272.839, 2ª T, rel. min. Gilmar Mendes.). (Informativos do STF 2014/2018, teses e fundamentos: organizados por matéria. Direito Administrativo, p. 235)

Referência: RE 580.252; RG – Tema 365. Red. p/ o ac. min. Gilmar Mendes; Plenário; DJE de 11-9-2017; Informativo STF 854.

► As violações a direitos fundamentais causadoras de danos pessoais a detentos em estabelecimentos carcerários não podem ser relevadas ao argumento de que a indenização não tem o alcance para eliminar o grave problema prisional globalmente considerado

As violações a direitos fundamentais causadoras de danos pessoais a detentos em estabelecimentos carcerários não podem ser relevadas ao argumento de que a indenização não tem o alcance para eliminar o grave problema prisional globalmente considerado, que depende da definição e da implantação de políticas públicas específicas, providências essas de atribuição legislativa e administrativa. (Informativos do STF 2014/2018, teses e fundamentos: organizados por matéria. Direito Administrativo, p. 236)

Referência: RE 580.252; RG – Tema 365. Red. p/ o ac. min. Gilmar Mendes; Plenário; DJE de 11-9-2017; Informativo STF 854.

► Também não é possível invocar subterfúgios teóricos – tais como a separação dos Poderes, a reserva do possível e a natureza coletiva dos danos sofridos

Também não é possível invocar subterfúgios teóricos – tais como a separação dos Poderes, a reserva do possível e a natureza coletiva dos danos sofridos – para se afastar a responsabilidade estatal pelas calamitosas condições de carceragem no Brasil. (Informativos do STF 2014/2018, teses e fundamentos: organizados por matéria. Direito Administrativo, p. 236)

Referência: RE 580.252; RG – Tema 365. Red. p/ o ac. min. Gilmar Mendes; Plenário; DJE de 11-9-2017; Informativo STF 854.

STF – RG ◙ Responsabilidade civil do Estado. Art. 37, § 6º. 2. Violação a direitos fundamentais causadora de danos pessoais a detentos em estabelecimentos carcerários.

Recurso extraordinário representativo da controvérsia. Repercussão Geral. Constitucional. Responsabilidade civil do Estado. Art. 37, § 6º. 2. Violação a direitos fundamentais causadora de danos pessoais a detentos em estabelecimentos carcerários. Indenização. Cabimento. O dever de ressarcir danos, inclusive morais, efetivamente causados por ato de agentes estatais ou pela inadequação dos serviços públicos decorre diretamente do art. 37, § 6º, da Constituição, disposição normativa autoaplicável. Ocorrendo o dano e estabelecido o nexo causal com a atuação da Administração ou de seus agentes, nasce a responsabilidade civil do Estado. 3. "Princípio da reserva do possível". Inaplicabilidade. O Estado é responsável pela guarda e segurança das pessoas submetidas a encarceramento, enquanto permanecerem detidas. É seu dever mantê-las em condições carcerárias com mínimos padrões de humanidade estabelecidos em lei, bem como, se for o caso, ressarcir danos que daí decorrerem. 4. A violação a direitos fundamentais causadora de danos pessoais a detentos em estabelecimentos carcerários não pode ser simplesmente relevada ao argumento de que a indenização não tem alcance para eliminar o grave problema prisional globalmente considerado, que depende da definição e da implantação de políticas públicas específicas, providências de atribuição legislativa e administrativa, não de provimentos judiciais. Esse argumento, se admitido, acabaria por justificar a perpetuação da desumana situação que se constata em presídios como o de que trata a presente demanda. 5. A garantia mínima de segurança pessoal, física e psíquica, dos detentos, constitui dever estatal que possui amplo lastro não apenas no ordenamento nacional (Constituição Federal, art. 5º, XLVII, "e"; XLVIII; XLIX; Lei 7.210/84 (LEP), arts. 10; 11; 12; 40; 85; 87; 88; Lei 9.455/97 – crime de tortura; Lei 12.874/13 – Sistema Nacional de Prevenção e Combate à Tortura), como, também, em fontes normativas internacionais adotadas pelo Brasil (Pacto Internacional de Direitos Civis e Políticos das Nações Unidas, de 1966, arts. 2; 7; 10; e 14; Convenção Americana de Direitos Humanos, de 1969, arts. 5º; 11; 25; Princípios e Boas Práticas para a Proteção de Pessoas Privadas de Liberdade nas Américas – Resolução 01/08, aprovada em 13 de março de 2008, pela Comissão Interamericana de Direitos Humanos; Convenção da ONU contra Tortura e Outros Tratamentos ou Penas Cruéis, Desumanos ou Degradantes, de 1984; e Regras Mínimas para o Tratamento de Prisioneiros – adotadas no 1º Congresso das Nações Unidas para a Prevenção ao Crime e Tratamento de Delinquentes, de 1955). 6. Aplicação analógica do art. 126 da Lei de Execuções Penais. Remição da pena como indenização. Impossibilidade. A reparação dos danos deve ocorrer em pecúnia, não em redução da pena. Maioria. 7. Fixada a tese: "Considerando que é dever do Estado, imposto pelo sistema normativo, manter em seus presídios os padrões mínimos de humanidade previstos no ordenamento jurídico, é de sua responsabilidade, nos termos do art. 37, § 6º, da Constituição, a obrigação de ressarcir os danos, inclusive morais, comprovadamente causados aos detentos em decorrência da falta ou insuficiência das condições legais de encarceramento". 8. Recurso extraordinário provido para restabelecer a condenação do Estado ao pagamento de R$ 2.000,00 (dois mil reais) ao autor, para reparação de danos extrapatrimoniais, nos termos do acórdão proferido no julgamento da apelação. (RE 580252, Relator(a): Min. TEORI ZAVASCKI, Relator(a) p/ Acórdão: Min. GILMAR MENDES, Tribunal Pleno, julgado em 16/02/2017, ACÓRDÃO ELETRÔNICO REPERCUSSÃO GERAL - MÉRITO DJe-204 DIVULG 08-09-2017 PUBLIC 11-09-2017)

Tema: 365 – Responsabilidade do Estado por danos morais decorrentes de superlotação carcerária.

Tese: Considerando que é dever do Estado, imposto pelo sistema normativo, manter em seus presídios os padrões mínimos de humanidade previstos no ordenamento jurídico, é de sua responsabilidade, nos termos do art. 37, § 6º da Constituição, a obrigação de ressarcir os danos, inclusive morais, comprovadamente causados aos detentos em decorrência da falta ou insuficiência das condições legais de encarceramento.

► A União, na qualidade de contratante, deve observar a manutenção do equilíbrio econômico-financeiro do contrato e indenizar os prejuízos suportados por companhia aérea em virtude de suposta diminuição do seu patrimônio decorrente de planos econômicos em vigor no período objeto da ação em consequência da política de congelamento tarifário vigente no País.

Os atos administrativos, mesmo os legislativos, se submetem, em um Estado de Direito, aos ditames constitucionais, de forma que o Estado deve ser responsabilizado pela prática de atos lícitos quando deles decorram prejuízos específicos, expressos e demonstrados para os particulares em condições de desigualdade com os demais. Apesar de toda a sociedade ter sido submetida aos planos econômicos, impuseram-se à recorrente prejuízos especiais, pela sua condição de concessionária de serviço, vinculada às inovações contratuais ditadas pelo poder concedente, sem que pudesse atuar para evitar o colapso econômico-financeiro. Dessa forma, não é juridicamente aceitável sujeitar determinado grupo de pessoas –funcionários, aposentados, pensionistas e a própria concessionária – às específicas condições com ônus insuportáveis e desigualados dos demais, decorrentes das políticas adotadas, sem contrapartida indenizatória objetiva, para minimizar os prejuízos sofridos, segundo determina a Constituição. (Informativos do STF 2014/2018, teses e fundamentos: organizados por matéria. Direito Administrativo, p. 237)

Referência: RE 571.969. Rel. min. Cármen Lúcia; Plenário; DJE de 18-9-2014; Informativo STF 738.

◙ Responsabilidade da União por danos causados à concessionária de serviço de transporte aéreo (VARIG S/A). Ruptura do equilíbrio econômico-financeiro do contrato

RECURSOS EXTRAORDINÁRIOS. RESPONSABILIDADE DA UNIÃO POR DANOS CAUSADOS À CONCESSIONÁRIA DE SERVIÇO DE TRANSPORTE AÉREO

(VARIG S/A). RUPTURA DO EQUILÍBRIO ECONÔMICO-FINANCEIRO DO CONTRATO DECORRENTE DOS EFEITOS DOS PLANOS "FUNARO" E "CRUZADO". DEVER DE INDENIZAR. RESPONSABILIDADE POR ATOS LÍCITOS QUANDO DELES DECORREREM PREJUÍZOS PARA OS PARTICULARES EM CONDIÇÕES DE DESIGUALDADE COM OS DEMAIS. OBSERVÂNCIA DO PRINCÍPIO DA LEGALIDADE, DO DIREITO ADQUIRIDO E DO ATO JURÍDICO PERFEITO. 1. Recurso extraordinário da União contra acórdão em embargos infringentes. Intervenção do Ministério Público na ação. Legitimidade do Ministério Público para interpor recurso extraordinário, como custos legis (§ 2º do art. 499 do Código de Processo Civil), harmoniza-se com as funções institucionais previstas nos arts. 127 e 129 da Constituição da República. 2. Recurso do Ministério Público não conhecido na parte relativa aos arts. 21, inc. XII, alínea e, 170, parágrafo único, 173 e 174 da Constituição da República. Ausência de prequestionamento. 3. Recurso da União não conhecido quanto à alegada carência de elementos para a comprovação da quebra do equilíbrio econômico-financeiro do contrato. Impossibilidade de reexame do conjunto fático-probatório em recurso extraordinário (Súmula n. 279 do Supremo Tribunal Federal). 4. Responsabilidade da União em indenizar prejuízos sofridos pela concessionária de serviço público, decorrentes de política econômica implementada pelo Governo, comprovados nos termos do acórdão recorrido. Precedentes: RE 183.180, Relator o Ministro Octavio Gallotti, Primeira Turma, DJ 1.8.1997. 5. A estabilidade econômico-financeira do contrato administrativo é expressão jurídica do princípio da segurança jurídica, pelo qual se busca conferir estabilidade àquele ajuste, inerente ao contrato de concessão, no qual se garante à concessionária viabilidade para a execução dos serviços, nos moldes licitados. 6. A manutenção da qualidade na prestação dos serviços concedidos (exploração de transporte aéreo) impõe a adoção de medidas garantidoras do reequilíbrio da equação econômico-financeira do contrato administrativo, seja pela repactuação, reajuste, revisão ou indenização dos prejuízos. 7. Instituição de nova moeda (Cruzado) e implementação, pelo Poder Público, dos planos de combate à inflação denominados 'Plano Funaro' ou 'Plano Cruzado', que congelaram os preços e as tarifas aéreas nos valores prevalecentes em 27.2.1986 (art. 5º do Decreto n. 91.149, de 15.3.1985). 8. Comprovação nos autos de que os reajustes efetivados, no período do controle de preços, foram insuficientes para cobrir a variação dos custos suportados pela concessionária. 9. Indenização que se impõe: teoria da responsabilidade objetiva do Estado com base no risco administrativo. Dano e nexo de causalidade comprovados, nos termos do acórdão recorrido. 10. O Estado responde juridicamente também pela prática de atos lícitos, quando deles decorrerem prejuízos para os particulares em condições de desigualdade com os demais. Impossibilidade de a concessionária cumprir as exigências contratuais com o público, sem prejuízos extensivos aos seus funcionários, aposentados e pensionistas, cujos direitos não puderam ser honrados. 11. Apesar de toda a sociedade ter sido submetida aos planos econômicos, impuseram-se à concessionária prejuízos especiais, pela sua condição de concessionária de serviço, vinculada às inovações contratuais ditadas pelo poder concedente, sem poder atuar para evitar o colapso econômico-financeiro. Não é juridicamente aceitável sujeitar-se determinado grupo de pessoas – funcionários, aposentados, pensionistas e a própria concessionária – às específicas condições com ônus insuportáveis e desigualados dos demais, decorrentes das políticas adotadas, sem contrapartida indenizatória objetiva, para minimizar os prejuízos sofridos, segundo determina a Constituição. Precedente: RE 422.941, Relator o Ministro Carlos Velloso, Segunda Turma, DJ 24.3.2006. 12. Não conhecimento do recurso extraordinário da União interposto contra o acórdão proferido no julgamento dos embargos infringentes. 13. Conhecimento parcial do recurso extraordinário da União, e na parte conhecida, provimento negado. 14. Conhecimento parcial do recurso extraordinário do Ministério Público Federal e, na parte conhecida, desprovido, mantendo-se a decisão do Superior Tribunal de Justiça, conclusivo quanto à responsabilidade da União pelos prejuízos suportados pela Recorrida, decorrentes dos planos econômicos. (RE 571969, Relator(a): Min. CÁRMEN LÚCIA, Tribunal Pleno, julgado em 12/03/2014, ACÓRDÃO ELETRÔNICO DJe-181 DIVULG 17-09-2014 PUBLIC 18-09-2014)

► **Na hipótese de posse em cargo público determinada por decisão judicial, o servidor não faz jus a indenização, sob fundamento de que deveria ter sido investido em momento anterior, salvo situação de arbitrariedade flagrante.**

Em regra, não há direito à reparação financeira pelo tempo em que se aguardou solução judicial definitiva sobre aprovação em concurso público. O pagamento de indenização referente a período em que não houve prestação de serviços configura, nos termos de precedentes da Corte, enriquecimento sem causa. (Informativos do STF 2014/2018, teses e fundamentos: organizados por matéria. Direito Administrativo, p. 238)

Referência: RE 724.347; RG – Tema 671; Red. p/ o ac. min. Roberto Barroso; Plenário; DJE de 13-5-2015; Informativo STF 775

STF ◙ Neste sentido: EMENTA: AGRAVO REGIMENTAL. CONCURSO PÚBLICO. NOMEAÇÃO. PROVIMENTO JUDICIAL. INDENIZAÇÃO. IMPOSSIBILIDADE. Nos termos da orientação firmada nesta Corte, é indevida indenização pelo tempo em que se aguardou solução judicial definitiva sobre aprovação em concurso público. Agravo regimental a que se nega provimento. (RE 593373 AgR, Relator(a): Min. JOAQUIM BARBOSA, Segunda Turma, julgado em 05/04/2011, DJe-073 DIVULG 15-04-2011 PUBLIC 18-04-2011 EMENT VOL-02505-01 PP-00121)

STF ◙ Ainda: Agravo regimental no agravo de instrumento. Concurso público. Nomeação. Provimento judicial. Negativa de prestação jurisdicional. Não ocorrência. Ofensa reflexa. Indenização. Impossibilidade. 1. A jurisdição foi prestada pelo Tribunal de origem mediante decisão suficientemente fundamentada. 2. A afronta aos princípios da legalidade, do devido processo legal, da ampla defesa e do contraditório, dos limites da coisa julgada e da prestação jurisdicional, quando depende, para ser reconhecida como tal, da análise de normas infraconstitucionais, configura apenas ofensa indireta ou reflexa à Constituição da República. 3. A jurisprudência da Corte é no sentido de que o pagamento de remuneração a servidor público, assim como o reconhecimento dos correspondentes efeitos funcionais, pressupõem o efetivo exercício do cargo, sob pena de enriquecimento sem causa. 4. Agravo regimental não provido. (AI 839459

AgR, Relator(a): Min. DIAS TOFFOLI, Primeira Turma, julgado em 05/03/2013, PROCESSO ELETRÔNICO DJe-080 DIVULG 29-04-2013 PUBLIC 30-04-2013)

Ao proferir voto-vista, o ministro Teori Zavascki, no que concerne ao dever de indenizar, ponderou:

> *"O dever de reparação eventualmente surgido na condução de concursos públicos não pode alcançar todas as hipóteses possíveis de judicialização. Fosse isso verdadeiro, a responsabilidade estatal assumiria elastério desproporcional, tornando os procedimentos seletivos praticamente inadministráveis, já que a impugnação de qualquer aspecto pode provocar, em tese, o adiamento do seu desfecho e, consequentemente, das nomeações. Admitir essa premissa resultaria em considerar possível o nascimento do dever de reparação civil em decorrência de atrasos causados, por exemplo, pela impugnação de cláusulas editalícias de alcance genérico, bem como pelo questionamento de etapas intermediárias da avaliação, como a correção do gabarito de uma determinada questão de prova objetiva." (Trecho do voto-vista do min. Teori Zavascki no presente julgamento.)*

► **Não se pode deixar de reconhecer, no entanto, a possibilidade de que determinadas condutas praticadas pelo Estado na aplicação de concursos públicos possam vir a ocasionar danos materiais passíveis de indenização, notadamente nos casos em que haja inequívoca e manifesta ilegitimidade do comportamento da Administração.**

Não se pode deixar de reconhecer, no entanto, a possibilidade de que determinadas condutas praticadas pelo Estado na aplicação de concursos públicos possam vir a ocasionar danos materiais passíveis de indenização, notadamente nos casos em que haja inequívoca e manifesta ilegitimidade do comportamento da Administração. Dessa forma, nos casos de patente arbitrariedade, de descumprimento de ordens judiciais, de litigância meramente procrastinatória, de má-fé e de outras manifestações de desprezo ou mau uso das instituições, será devida a reparação adequada [Constituição Federal (CF), art. 37, § 6º]. (Informativos do STF 2014/2018, teses e fundamentos: organizados por matéria. Direito Administrativo, p. 238)

> *Referência: RE 724.347; RG – Tema 671; Red. p/ o ac. min. Roberto Barroso; Plenário; DJE de 13-5-2015; Informativo STF 775*
>
> ◙ **Neste sentido:** RECURSO EXTRAORDINÁRIO. DIREITO ADMINISTRATIVO CONSTITUCIONAL. CONCURSO PÚBLICO. DIREITO À NOMEAÇÃO E POSSE. ILEGALIDADE DO ATO OMISSIVO RECONHECIDA EM DECISÃO JUDICIAL TRANSITADA EM JULGADO. SUPERVENIÊNCIA DE SUSPENSÃO DOS DIREITOS POLÍTICOS COM BASE NO AI-5/68. NOVA OMISSÃO APÓS TRANSCORRIDO O PRAZO DA MEDIDA EXCEPCIONAL. RESPONSABILIDADE DO ESTADO. INDENIZAÇÃO PELO ATO ILÍCITO. 1. Transitada em julgado decisão judicial que determinou a nomeação e a posse da candidata, restou caracterizada a responsabilidade da Administração pela sua inércia até a superveniência do ato de exceção, que suspendeu por dez anos os direitos políticos da autora. 2. Após o decênio, instaura-se novo período para a Administração

cumprir a decisão judicial, persistindo a responsabilidade do Estado. 3. Se a Administração cumpriu tardiamente a ordem judicial, não pode eximir-se do dever de indenizar a autora, consistindo o ressarcimento do dano na soma das parcelas referentes à remuneração que teria auferido se houvesse sido nomeada no momento próprio, e no reconhecimento do direito aos adicionais por tempo de serviço, ressalvado o período em que seus direitos políticos foram suspensos. 4. Hipótese que não contempla pretensão de receber vencimentos atrasados de cargo não exercido, mas reconhecimento do direito de indenização pela prática ilícita de ato omissivo do agente público. Recurso extraordinário não conhecido. (RE 188093, Relator(a): Min. MAURÍCIO CORRÊA, Segunda Turma, julgado em 31/08/1999, DJ 08-10-1999 PP-00057 EMENT VOL-01966-02 PP-00388)

STF – Ainda: Desligamento de praça da Brigada Militar do Rio Grande do Sul. Nulidade do ato, por falta de oportunidade do exercício do direito de defesa (Constituição, art. 5º, LV). Recurso extraordinário conhecido em parte e nela provido, para determinar-se o retorno do recorrente à condição de estagiário e condenar-se o Estado ao ressarcimento da remuneração a que teria ele feito jus, a partir da data do seu afastamento. (RE 247349, Relator(a): Min. SEPÚLVEDA PERTENCE, Relator(a) p/ Acórdão: Min. OCTAVIO GALLOTTI, Primeira Turma, julgado em 29/02/2000, DJ 27-04-2001 PP-00101 EMENT VOL-02028-06 PP-01281)

STF – RG ◙ Na hipótese de posse em cargo público determinada por decisão judicial, o servidor não faz jus a indenização, sob fundamento de que deveria ter sido investido em momento anterior, salvo situação de arbitrariedade flagrante.

ADMINISTRATIVO. RESPONSABILIDADE CIVIL DO ESTADO. INVESTIDURA EM CARGO PÚBLICO POR FORÇA DE DECISÃO JUDICIAL. 1. Tese afirmada em repercussão geral: na hipótese de posse em cargo público determinada por decisão judicial, o servidor não faz jus a indenização, sob fundamento de que deveria ter sido investido em momento anterior, salvo situação de arbitrariedade flagrante. 2. Recurso extraordinário provido. (RE 724347, Relator(a): Min. MARCO AURÉLIO, Relator(a) p/ Acórdão: Min. ROBERTO BARROSO, Tribunal Pleno, julgado em 26/02/2015, ACÓRDÃO ELETRÔNICO REPERCUSSÃO GERAL – MÉRITO DJe-088 DIVULG 12-05-2015 PUBLIC 13-05-2015)

Tema: 671 – Direito de candidatos aprovados em concurso público a indenização por danos materiais em razão de alegada demora na nomeação, efetivada apenas após o trânsito em julgado de decisão judicial que reconheceu o direito à investidura.

Tese: Na hipótese de posse em cargo público determinada por decisão judicial, o servidor não faz jus à indenização sob fundamento de que deveria ter sido investido em momento anterior, salvo situação de arbitrariedade flagrante.

► É prescritível a ação de reparação de danos à Fazenda Pública decorrentes de ilícito civil.

A prescritibilidade é fator importante para a segurança e a estabilidade das relações jurídicas e da convivência social. Assim, no direito brasileiro, a prescritibilidade das ações e pretensões é a regra – pode-se até dizer o princípio –, e a imprescritibilidade é a exceção. Nessa linha de entendimento, merece interpretação restritiva a excepcional hipótese de imprescritibilidade prevista no art. 37, § 5º, da Constituição Federal (CF). Entendimento diverso levaria a resultados incompatíveis com o sistema. Se o conceito de ilícito anunciado no § 5º do art. 37 da CF fosse adotado em amplo sentido, toda e qualquer ação ressarcitória movida pelo erário, mesmo as fundadas em ilícitos civis que não decorrem sequer de dolo ou culpa, estaria sob a proteção da imprescritibilidade. A própria execução fiscal seria imprescritível, pois a não satisfação de tributos ou de outras obrigações fiscais, principais ou acessórias, representa comportamento contrário ao direito (ilícito, portanto) e causador de dano. Essa visão tão estremada mostra-se incompatível com uma interpretação sistemática do ordenamento constitucional. Em síntese, é inadequado embutir na norma de imprescritibilidade (CF, art. 37, § 5º) alcance ilimitado, ou limitado apenas pelo (a) conteúdo material da pretensão a ser exercida, o ressarcimento, ou pela (b) causa remota que deu origem ao desfalque no erário, ato ilícito em sentido amplo. Por fim, é necessário aplicar o prazo prescricional comum para as ações de indenização por responsabilidade civil em que a Fazenda figure como autora, ao tempo do fato, seja o prazo do art. 177 do Código Civil (CC) de 1916, seja o do art. 206, § 3º, V, do CC/2002, com a possibilidade de aplicação imediata, em razão da regra de transição do art. 2.028. (Informativos do STF 2014/2018, teses e fundamentos: organizados por matéria. Direito Administrativo, p. 241)

Referência: RE 669.069; RG – Tema 666. Rel. min. Teori Zavascki; Plenário; DJE de 28-4-2016; Informativo STF 813

STF – RG ◙ É prescritível a ação de reparação de danos à Fazenda Pública decorrente de ilícito civil.

CONSTITUCIONAL E CIVIL. RESSARCIMENTO AO ERÁRIO. IMPRESCRITIBILIDADE. SENTIDO E ALCANCE DO ART. 37, § 5º, DA CONSTITUIÇÃO. 1. É prescritível a ação de reparação de danos à Fazenda Pública decorrente de ilícito civil. 2. Recurso extraordinário a que se nega provimento. (RE 669069, Relator(a): Min. TEORI ZAVASCKI, Tribunal Pleno, julgado em 03/02/2016, ACÓRDÃO ELETRÔNICO REPERCUSSÃO GERAL – MÉRITO DJe-082 DIVULG 27-04-2016 PUBLIC 28-04-2016)

◙ Indenização por danos morais e estéticos

AGRAVO REGIMENTAL EM RECURSO EXTRAORDINÁRIO COM AGRAVO. INTERPOSIÇÃO EM 16.04.2018. DIREITO ADMINISTRATIVO. RESPONSABILIDADE CIVIL DO ESTADO. ART. 37, § 6º, DA CF. INDENIZAÇÃO. DANOS MORAIS, ESTÉTICOS E LUCROS CESSANTES. EXPLOSÃO DE GRANADA. USO EXCLUSIVO DAS FORÇAS ARMADAS. CULPA EXCLUSIVA DA VITIMA. NEXO DE CAUSALIDADE. AUSÊNCIA DE COMPROVAÇÃO. NECESSIDADE DO REEXAME DE FATOS E PROVAS DA CAUSA. INCIDÊNCIA DA SÚMULA 279 DO STF. PRECEDENTES. 1. É inadmissível o extraordinário quando, para se chegar a conclusão diversa daquela a que chegou o Tribunal de origem, exija-se o reexame dos fatos e provas dos autos. Incidência da Súmula 279 do STF. 2. Agravo regimental a que se nega provimento, com aplicação da multa prevista no art. 1.021, §4º, do CPC. Mantida a decisão agravada quanto aos honorários advocatícios, eis que já majorados nos limites do art. 85, §§ 2º e 3º, do CPC e observada a suspensão da exigibilidade por ser a parte beneficiária da justiça gratuita. (ARE 1107790 AgR, Relator(a): Min. EDSON FACHIN, Segunda Turma, julgado em 18/10/2019, PROCESSO ELETRÔNICO DJe-236 DIVULG 29-10-2019 PUBLIC 30-10-2019)

◙ Morte de recém-nascido após o parto

AGRAVO REGIMENTAL EM RECURSO EXTRAORDINÁRIO COM AGRAVO. INTERPOSIÇÃO EM 11.05.2018. DIREITO ADMINISTRATIVO. RESPONSABILIDADE CIVIL DO ESTADO. ART. 37, § 6º, DA CF. INDENIZAÇÃO. DANOS MORAIS. CONFIGURAÇÃO. MORTE DE RECÉM-NASCIDO APÓS O PARTO. SERVIÇO MÉDICO-HOSPITALAR. NEGLIGÊNCIA. NEXO DE CAUSALIDADE. NECESSIDADE DO REEXAME DE FATOS E PROVAS DA CAUSA. INCIDÊNCIA DA SÚMULA 279 DO STF. ALEGADA AFRONTA AO PRINCÍPIO DO JUIZ NATURAL. DISCUSSÃO INFRACONSTITUCIONAL. OFENSA REFLEXA. 1. Para se chegar a conclusão diversa daquela a que chegou o Tribunal de origem sobre a existência ou não de nexo de causalidade entre a prestação de serviço público e o suposto dano sofrido pelos Recorridos, a responsabilizar o ente público, seria necessário o reexame dos fatos e provas dos autos, o que encontra óbice na Súmula 279 do STF. 2. Esta Suprema Corte entende que a questão relativa à afronta ao princípio do juiz natural, quando a sua análise depender de prévia interpretação de norma infraconstitucional, impede o trânsito do apelo extremo, uma vez que a alegada ofensa à Constituição Federal, se houvesse, seria meramente reflexa. 3. Agravo regimental a que se nega provimento, com aplicação da multa prevista no art. 1.021, §4º, do CPC, majorada a verba honorária fixada anteriormente, nos termos do art. 85, § 11, do CPC, observados os limites legais do art. 85, § 2º e 3º, do CPC. (ARE 1101135 AgR, Relator(a): Min. EDSON FACHIN, Segunda Turma, julgado em 18/10/2019, PROCESSO ELETRÔNICO DJe-236 DIVULG 29-10-2019 PUBLIC 30-10-2019)

◙ Tentativa de homicídio praticada por policial fora do exercício de sua função pública utilizando arma com autorização expirada de propriedade do ente público.

AGRAVO REGIMENTAL EM RECURSO EXTRAORDINÁRIO COM AGRAVO. INTERPOSIÇÃO EM 18.05.2018. DIREITO ADMINISTRATIVO. RESPONSABILIDADE CIVIL DO ESTADO. ART. 37, § 6º, DA CF. INDENIZAÇÃO. DANOS MORAIS. TENTATIVA DE HOMICÍDIO. CONDUTA PRATICADA POR POLICIAL FORA DO EXERCÍCIO DE SUA FUNÇÃO PÚBLICA. ARMA UTILIZADA COM AUTORIZAÇÃO EXPIRADA DE PROPRIEDADE DO ENTE PÚBLICO. NECESSIDADE DO REEXAME DE FATOS E PROVAS DA CAUSA. INCIDÊNCIA DA SÚMULA 279 DO STF. 1. É inadmissível o extraordinário quando, para se chegar a conclusão diversa daquela a que chegou o Tribunal de origem, exija-se o reexame dos fatos e provas dos autos. Incidência da Súmula 279 do STF. 2. Agravo regimental a que se nega provimento, com aplicação da multa prevista no art. 1.021, §4º, do CPC, mantida a decisão agravada quanto aos honorários advocatícios, eis que já majorados nos limites do art. 85, §§ 2º e 3º, do CPC. (ARE 1121029 AgR, Relator(a): Min. EDSON FACHIN, Segunda Turma, julgado em 18/10/2019, PROCESSO ELETRÔNICO DJe-236 DIVULG 29-10-2019 PUBLIC 30-10-2019)

◙ Prisão ilegal

AGRAVO REGIMENTAL EM RECURSO EXTRAORDINÁRIO COM AGRAVO. INTERPOSIÇÃO EM 10.09.2018. DIREITO ADMINISTRATIVO. RESPONSABILIDADE CIVIL DO ESTADO. ART. 37, § 6º, DA CF. INDENIZAÇÃO. DANOS MATERIAIS E MORAIS. PRISÃO ILEGAL. AGENTE DA POLÍCIA CIVIL. ARTS. 306 E 309 DO CTB. AUSÊNCIA DE CONFIGURAÇÃO DOS ILÍCITOS. NEXO DE CAUSALIDADE. NECESSIDADE DO REEXAME DE FATOS E PROVAS DA CAUSA. INCIDÊNCIA DA SÚMULA 279 DO STF. HONORÁRIOS. MAJORAÇÃO NOS TERMOS DO ART. 85, § 11, DO CPC. ALEGAÇÃO DE AUSÊNCIA DE CONTRARRAZÕES. TRABALHO ADICIONAL. APLICABILIDADE NA HIPÓTESE. INTUITO PROTELATÓRIO. PRECEDENTES. 1. É inadmissível o extraordinário quando, para se chegar a conclusão diversa daquela a que chegou o Tribunal de origem, exija-se o reexame dos fatos e provas dos autos. Incidência da Súmula 279 do STF. 2. Cabível a majoração dos honorários advocatícios à parte sucumbente no recurso, no caso, porque a ausência de resposta ao recurso pela parte contrária não tem o condão de afastar a aplicação do disposto no artigo 85, §11, do CPC, eis que a medida tem o claro intuito de desestimular a interposição de recursos procrastinatórios, como o que ora se apresenta. 3. Agravo regimental a que se nega provimento, com aplicação da multa prevista no art. 1.021, §4º, do CPC, mantida a decisão agravada quanto aos honorários advocatícios, eis que já majorados nos limites do art. 85, §§ 2º e 3º, do CPC. (ARE 1120213 AgR, Relator(a): Min. EDSON FACHIN, Segunda Turma, julgado em 18/10/2019, PROCESSO ELETRÔNICO DJe-236 DIVULG 29-10-2019 PUBLIC 30-10-2019)

◙ Supressão de gratificação durante o período de licença médica.

AGRAVO REGIMENTAL EM RECURSO EXTRAORDINÁRIO COM AGRAVO. INTERPOSIÇÃO EM 17.10.2018. DIREITO ADMINISTRATIVO. RESPONSABILIDADE CIVIL DO ESTADO. ARTS. 5º, V E 37, § 6º, DA CF. INDENIZAÇÃO. DANOS MORAIS. GRATIFICAÇÃO. SUPRESSÃO DURANTE O PERÍODO DE LICENÇA MÉDICA. NECESSIDADE DO REEXAME DE FATOS E PROVAS DA CAUSA. INCIDÊNCIA DA SÚMULA 279 DO STF. 1. É inadmissível o extraordinário quando, para se chegar a conclusão diversa daquela a que chegou o Tribunal de origem, exija-se o reexame dos fatos e provas dos autos. Incidência da Súmula 279 do STF. 2. Agravo regimental a que se nega provimento, com aplicação da multa prevista no art. 1.021, §4º, do CPC, mantida a decisão agravada quanto aos honorários advocatícios, eis que já majorados nos limites do art. 85, §§ 2º e 3º, do CPC. (ARE 1161070 AgR, Relator(a): Min. EDSON FACHIN, Segunda Turma, julgado em 18/10/2019, PROCESSO ELETRÔNICO DJe-236 DIVULG 29-10-2019 PUBLIC 30-10-2019)

◙ Morte de aluno nas dependências de escola estadual

AGRAVO REGIMENTAL EM RECURSO EXTRAORDINÁRIO COM AGRAVO. INTERPOSIÇÃO EM 12.12.2018. DIREITO ADMINISTRATIVO. AUSÊNCIA DE IN-

DICAÇÃO EXPRESSA, NO RECURSO EXTRAORDINÁRIO, DOS DISPOSITIVOS DADOS COMO CONTRARIADOS. SÚMULA 284 DO STF. RESPONSABILIDADE CIVIL DO ESTADO. INDENIZAÇÃO. DANOS MORAIS. MORTE DE ALUNO NAS DEPENDÊNCIAS DE ESCOLA ESTADUAL. NECESSIDADE DO REEXAME DE FATOS E PROVAS DA CAUSA. INCIDÊNCIA DA SÚMULA 279 DO STF. 1. A ausência de indicação expressa dos dispositivos constitucionais que teriam sido violados atrai a incidência da Súmula 284 do STF. 2. É inadmissível o extraordinário quando, para se chegar a conclusão diversa daquela a que chegou o Tribunal de origem, exija-se o reexame dos fatos e provas dos autos. Incidência da Súmula 279 do STF. 3. Agravo regimental a que se nega provimento, com aplicação da multa prevista no art. 1.021, §4º, do CPC, mantida a decisão agravada quanto aos honorários advocatícios, eis que já majorados nos limites do art. 85, §§ 2º e 3º, do CPC. (ARE 1147852 AgR, Relator(a): Min. EDSON FACHIN, Segunda Turma, julgado em 18/10/2019, PROCESSO ELETRÔNICO DJe-236 DIVULG 29-10-2019 PUBLIC 30-10-2019)

◙ Prisão ilegal

AGRAVO REGIMENTAL EM RECURSO EXTRAORDINÁRIO COM AGRAVO. INTERPOSIÇÃO EM 18.02.2019. DIREITO ADMINISTRATIVO. RESPONSABILIDADE CIVIL DO ESTADO. ART. 37, § 6º, DA CF. INDENIZAÇÃO. DANOS MORAIS. PRISÃO ILEGAL. NECESSIDADE DO REEXAME DE FATOS E PROVAS DA CAUSA. INCIDÊNCIA DA SÚMULA 279 DO STF. 1. É inadmissível o extraordinário quando, para se chegar a conclusão diversa daquela a que chegou o Tribunal de origem, exija-se o reexame dos fatos e provas dos autos. Incidência da Súmula 279 do STF. 2. Agravo regimental a que se nega provimento, com aplicação da multa prevista no art. 1.021, §4º, do CPC, mantida a decisão agravada quanto aos honorários advocatícios, eis que já majorados nos limites do art. 85, §§ 2º e 3º, do CPC. (ARE 1162817 AgR, Relator(a): Min. EDSON FACHIN, Segunda Turma, julgado em 18/10/2019, PROCESSO ELETRÔNICO DJe-236 DIVULG 29-10-2019 PUBLIC 30-10-2019)

◙ Erro médico

Agravo regimental no recurso extraordinário com agravo. Direito Administrativo. Responsabilidade civil do estado. Erro médico. Fatos e provas. Reexame. Impossibilidade. Precedentes. 1. Não se presta o recurso extraordinário para o reexame de fatos e provas dos autos. Incidência da Súmula nº 279/STF. 2. Agravo regimental não provido, com imposição de multa de 1% (um por cento) do valor atualizado da causa (art. 1.021, § 4º, do CPC). 3. Havendo prévia fixação de honorários advocatícios pelas instâncias de origem, seu valor monetário será majorado em 10% (dez por cento) em desfavor da parte recorrente, nos termos do art. 85, § 11, do Código de Processo Civil, observados os limites dos §§ 2º e 3º do referido artigo e a eventual concessão de justiça gratuita. (ARE 1224852 AgR, Relator(a): Min. DIAS TOFFOLI (Presidente), Tribunal Pleno, julgado em 11/10/2019, PROCESSO ELETRÔNICO DJe-238 DIVULG 30-10-2019 PUBLIC 04-11-2019)

◙ Uso de algemas

AGRAVO INTERNO NO RECURSO EXTRAORDINÁRIO COM AGRAVO. ADMINISTRATIVO. RESPONSABILIDADE CIVIL DO ESTADO. INDENIZAÇÃO POR DANOS MORAIS. USO DE ALGEMAS. INCURSIONAMENTO NO CONJUNTO FÁTICO-PROBATÓRIO CARREADO AOS AUTOS. SÚMULA 279 DO STF. REITERADA REJEIÇÃO DOS ARGUMENTOS EXPENDIDOS PELA PARTE NAS SEDES RECURSAIS ANTERIORES. MANIFESTO INTUITO PROTELATÓRIO. MULTA DO ARTIGO 1.021, § 4º, DO CPC/2015. AGRAVO INTERNO DESPROVIDO. (ARE 1118000 AgR, Relator(a): Min. LUIZ FUX, Primeira Turma, julgado em 27/09/2019, PROCESSO ELETRÔNICO DJe-220 DIVULG 09-10-2019 PUBLIC 10-10-2019)

◙ Abuso de poder e danos morais

Agravo regimental no recurso extraordinário com agravo. Direito Administrativo. Responsabilidade civil do Estado. Abuso de poder. Dano moral. Fatos e provas. Reexame. Impossibilidade. Precedentes. 1. Não se presta o recurso extraordinário para o reexame de fatos e provas dos autos. Incidência da Súmula nº 279/STF. 2. Agravo regimental não provido, com imposição de multa de 1% (um por cento) do valor atualizado da causa (art. 1.021, § 4º, do CPC). 3. Havendo prévia fixação de honorários advocatícios pelas instâncias de origem, seu valor monetário será majorado em 10% (dez por cento) em desfavor da parte recorrente, nos termos do art. 85, § 11, do Código de Processo Civil, observados os limites dos §§ 2º e 3º do referido artigo e a eventual concessão de justiça gratuita. (ARE 1223990 AgR, Relator(a): Min. DIAS TOFFOLI (Presidente), Tribunal Pleno, julgado em 27/09/2019, PROCESSO ELETRÔNICO DJe-231 DIVULG 23-10-2019 PUBLIC 24-10-2019)

◙ Queimaduras provocadas em menor apreendido

AGRAVO REGIMENTAL NO RECURSO EXTRAORDINÁRIO COM AGRAVO. DIREITO ADMINISTRATIVO. RESPONSABILIDADE CIVIL DO ESTADO. DANO MORAL POR QUEIMADURAS PROVOCADAS EM MENOR APREENDIDO. IMPOSSIBILIDADE DE REEXAME DE PROVAS. SÚMULA N. 279 DO SUPREMO TRIBUNAL FEDERAL. VERBA HONORÁRIA MAJORADA EM 1%, PERCENTUAL QUE SE SOMA AO FIXADO NA ORIGEM, OBEDECIDOS OS LIMITES DOS §§ 2º, 3º E 11 DO ART. 85 DO CÓDIGO DE PROCESSO CIVIL/2015. AGRAVO REGIMENTAL AO QUAL SE NEGA PROVIMENTO. (ARE 1193154 AgR, Relator(a): Min. CÁRMEN LÚCIA, Segunda Turma, julgado em 06/09/2019, PROCESSO ELETRÔNICO DJe-210 DIVULG 25-09-2019 PUBLIC 26-09-2019)

◙ Inexistência de direito à indenização decorrente de nomeação em cargo público por força de decisão judicial.

AGRAVO REGIMENTAL NO RECURSO EXTRAORDINÁRIO COM AGRAVO. DIREITO ADMINISTRATIVO. CONCURSO PÚBLICO. NOMEAÇÃO INVESTIDURA EM CARGO PÚBLICO POR FORÇA DE DECISÃO JUDICIAL. INEXISTÊNCIA DE DIREITO À INDENIZAÇÃO. TEMA 671. ALEGAÇÃO DE ARBITRARIEDADE

FLAGRANTE: SÚMULA N. 279 DO SUPREMO TRIBUNAL FEDERAL. AGRAVO REGIMENTAL AO QUAL SE NEGA PROVIMENTO. (ARE 1199762 AgR, Relator(a): Min. CÁRMEN LÚCIA, Segunda Turma, julgado em 06/09/2019, PROCESSO ELETRÔNICO DJe-210 DIVULG 25-09-2019 PUBLIC 26-09-2019)

◙ Contaminação pelo vírus da Hepatite C

AGRAVO INTERNO NO RECURSO EXTRAORDINÁRIO COM AGRAVO. ADMINISTRATIVO. RESPONSABILIDADE CIVIL DO ESTADO. INDENIZAÇÃO. HEMOTERAPIA. CONTAMINAÇÃO PELO VÍRUS DA HEPATITE C. NEXO DE CAUSALIDADE. INCURSIONAMENTO NO CONJUNTO FÁTICO-PROBATÓRIO CARREADO AOS AUTOS. SÚMULA 279 DO STF. AGRAVO INTERNO DESPROVIDO. (ARE 1210540 AgR, Relator(a): Min. LUIZ FUX, Primeira Turma, julgado em 30/08/2019, PROCESSO ELETRÔNICO DJe-199 DIVULG 12-09-2019 PUBLIC 13-09-2019)

◙ Assistência médico-hospitalar de servidor público e recusa de cobertura de procedimento

Agravo regimental no recurso extraordinário com agravo. Direito Administrativo. Assistência médico-hospitalar de servidor público. Recusa de cobertura de procedimento. Indenização por dano moral. Legislação infraconstitucional. Ofensa reflexa. Fatos e provas. Reexame. Impossibilidade. Precedentes. 1. Não se presta o recurso extraordinário para a análise da legislação infraconstitucional, tampouco para o reexame de fatos e provas dos autos. Incidência da Súmula nº 279/STF. 2. Agravo regimental não provido, com imposição de multa de 1% (um por cento) do valor atualizado da causa (art. 1.021, § 4º, do CPC). 3. Havendo prévia fixação de honorários advocatícios pelas instâncias de origem, seu valor monetário será majorado em 10% (dez por cento) em desfavor da parte recorrente, nos termos do art. 85, § 11, do Código de Processo Civil, observados os limites dos §§ 2º e 3º do referido artigo e a eventual concessão de justiça gratuita. (ARE 1214626 AgR, Relator(a): Min. DIAS TOFFOLI (Presidente), Tribunal Pleno, julgado em 30/08/2019, PROCESSO ELETRÔNICO DJe-207 DIVULG 23-09-2019 PUBLIC 24-09-2019)

◙ A teoria da responsabilidade objetiva do Estado, em regra, não é cabível para atos jurisdicionais, salvo nos casos do art. 5º, LXXV, da CF e naqueles expressamente declarados em lei

Agravo regimental em recurso extraordinário. 2. Direito Administrativo. Responsabilidade civil do Estado por erro judiciário. A teoria da responsabilidade objetiva do Estado, em regra, não é cabível para atos jurisdicionais, salvo nos casos do art. 5º, LXXV, da CF e naqueles expressamente declarados em lei. Precedentes. 3. Ausência de argumentos capazes de infirmar a decisão agravada. 4. Agravo regimental a que se nega provimento. Sem majoração da verba honorária. (RE 831186 AgR, Relator(a): Min. GILMAR MENDES, Segunda Turma, julgado em 23/08/2019, PROCESSO ELETRÔNICO DJe-191 DIVULG 02-09-2019 PUBLIC 03-09-2019)

◙ Danos morais decorrentes de poluição ambiental vinculada à aplicação de agrotóxicos

Agravo regimental em recurso extraordinário. 2. Direito Administrativo. 3. Responsabilidade civil do Estado. Danos morais decorrentes de poluição ambiental vinculada à aplicação de agrotóxicos. 4. Necessidade de reexame do acervo probatório. Súmula 279 do STF. Precedentes. 5. Regime de correção monetária e dos juros moratórios incidentes sobre as condenações impostas à Fazenda Pública, conforme previsto no art. 1º-F da Lei 9.494/1997, com redação dada pela Lei 11.960/2009. Modulação temporal dos efeitos do acórdão proferido por ocasião do julgamento do RE 870.947. Tema 810 da sistemática da repercussão geral. 6. Parcial provimento ao agravo regimental apenas para determinar a devolução do feito à origem. (RE 1207822 AgR, Relator(a): Min. GILMAR MENDES, Segunda Turma, julgado em 23/08/2019, PROCESSO ELETRÔNICO DJe-191 DIVULG 02-09-2019 PUBLIC 03-09-2019)

◙ Responsabilidade subsidiária da administração pública e empresas terceirizadas

EMBARGOS DECLARATÓRIOS EM RECURSO EXTRAORDINÁRIO. TEMA 246 DA SISTEMÁTICA DA REPERCUSSÃO GERAL. RESPONSABILIDADE SUBSIDIÁRIA DA ADMINISTRAÇÃO PÚBLICA. EMPRESAS TERCEIRIZADAS. INEXISTÊNCIA DE OMISSÃO, OBSCURIDADE, CONTRADIÇÃO OU ERRO MATERIAL. EMBARGOS DE DECLARAÇÃO REJEITADOS. 1. Não há contradição a ser sanada, pois a tese aprovada, no contexto da sistemática da repercussão geral, reflete a posição da maioria da Corte quanto ao tema em questão, contemplando exatamente os debates que conduziram ao acórdão embargado. 2. Não se caracteriza obscuridade, pois, conforme está cristalino no acórdão e na respectiva tese de repercussão geral, a responsabilização subsidiária do poder público não é automática, dependendo de comprovação de culpa *in eligendo* ou culpa in vigilando, o que decorre da inarredável obrigação da administração pública de fiscalizar os contratos administrativos firmados sob os efeitos da estrita legalidade. 3. Embargos de declaração rejeitados. (RE 760931 ED, Relator(a): Min. LUIZ FUX, Relator(a) p/ Acórdão: Min. EDSON FACHIN, Tribunal Pleno, julgado em 01/08/2019, PROCESSO ELETRÔNICO DJe-194 DIVULG 05-09-2019 PUBLIC 06-09-2019)

◙ Danos estéticos.

AGRAVO REGIMENTAL EM RECURSO EXTRAORDINÁRIO COM AGRAVO. INTERPOSIÇÃO EM 12.9.2017. RESPONSABILIDADE CIVIL DO ESTADO. ATO OMISSIVO. DANOS MORAIS E ESTÉTICOS. ALEGAÇÃO DE FALTA DE ATENDIMENTO MÉDICO ADEQUADO. RECOLHIMENTO EM ESTABELECIMENTO PRISIONAL. NEXO DE CAUSALIDADE. AUSÊNCIA DE COMPROVAÇÃO. INCIDÊNCIA DA SÚMULA 279 DO STF. PRECEDENTES. 1. É inadmissível o recurso extraordinário quando para se chegar a conclusão diversa daquela a que chegou o Tribunal de origem seja necessário o reexame dos fatos e das provas dos autos. Incidência da Súmula 279 do STF. 2. Agravo regimental a que se nega provimento, com previsão de aplicação da multa prevista no art. 1.021, § 4º, do CPC. (ARE 1069076 AgR, Relator(a): Min. EDSON FACHIN, Segunda Turma, julgado em 05/04/2019, PROCESSO ELETRÔNICO DJe-101 DIVULG 14-05-2019 PUBLIC 15-05-2019)

Remoção de servidor público com arbitrariedade.

DIREITO ADMINISTRATIVO. EXTRAORDINÁRIO INTERPOSTO SOB A ÉGIDE DO CPC/2015. RESPONSABILIDADE CIVIL DO ESTADO. REMOÇÃO DE SERVIDOR PÚBLICO. AUSÊNCIA DE PROCESSO ADMINISTRATIVO DISCIPLINAR. ARBITRARIEDADE DO ATO DO PODER PÚBLICO VERIFICADA PELA ORIGEM. REELABORAÇÃO DA MOLDURA FÁTICA. PROCEDIMENTO VEDADO NA INSTÂNCIA EXTRAORDINÁRIA. AGRAVO MANEJADO SOB A VIGÊNCIA DO CPC/2015. 1. A controvérsia, a teor do já asseverado na decisão guerreada, não alcança estatura constitucional. Não há falar em afronta ao preceito constitucional indicado nas razões recursais. Compreensão diversa demandaria a reelaboração da moldura fática a tornar oblíqua e reflexa eventual ofensa à Constituição, insuscetível, como tal, de viabilizar o conhecimento do recurso extraordinário. Desatendida a exigência do art. 102, III, "a", da Lei Maior, nos termos da remansosa jurisprudência desta Suprema Corte. 2. As razões do agravo não se mostram aptas a infirmar os fundamentos que lastrearam a decisão agravada, mormente no que se refere à ausência de ofensa a preceito da Constituição da República. 3. Majoração em 10% (dez por cento) dos honorários anteriormente fixados, obedecidos os limites previstos no art. 85, §§ 2º, 3º e 11, do CPC/2015, ressalvada eventual concessão do benefício da gratuidade da Justiça. 4. Agravo interno conhecido e não provido, com aplicação da penalidade prevista no art. 1.021, § 4º, do CPC/2015, calculada à razão de 1% (um por cento) sobre o valor atualizado da causa, se unânime a votação. (ARE 1176551 AgR, Relator(a): Min. ROSA WEBER, Primeira Turma, julgado em 29/03/2019, PROCESSO ELETRÔNICO DJe-069 DIVULG 04-04-2019 PUBLIC 05-04-2019)

Agente público agredido por adolescente sob custódia.

Agravo regimental em recurso extraordinário com agravo. 2. Direito Administrativo. 3. Responsabilidade objetiva do Estado. Agente público agredido por adolescente sob custódia. Os prejuízos sofridos por servidor público no exercício de suas funções ensejam a responsabilidade objetiva do Estado, ainda que originados de ato ilícito de terceiros. Ausência de violação ao art. 37, § 6º, da CF. Precedentes. 4. Inexistência de argumentos capazes de infirmar a decisão agravada. 5. Agravo regimental a que se nega provimento. (ARE 1152367 AgR, Relator(a): Min. GILMAR MENDES, Segunda Turma, julgado em 29/03/2019, ACÓRDÃO ELETRÔNICO DJe-071 DIVULG 05-04-2019 PUBLIC 08-04-2019)

Morte de testemunha inscrita em programa de proteção

AGRAVO INTERNO NO RECURSO EXTRAORDINÁRIO COM AGRAVO. ADMINISTRATIVO. RESPONSABILIDADE CIVIL DO ESTADO. MORTE DE TESTEMUNHA INSCRITA EM PROGRAMA DE PROTEÇÃO. DANO MORAL E MATERIAL. NEXO DE CAUSALIDADE. CULPA EXCLUSIVA DA VÍTIMA. NECESSIDADE DO REEXAME DO CONJUNTO FÁTICO-PROBATÓRIO. INCIDÊNCIA DA SÚMULA

279/STF. INDEFERIMENTO DE DILIGÊNCIA PROBATÓRIA. MATÉRIA COM REPERCUSSÃO GERAL REJEITADA PELO PLENÁRIO DO STF NO ARE 639.228. TEMA 424. VIOLAÇÃO AOS PRINCÍPIOS DA AMPLA DEFESA, DO CONTRADITÓRIO E DO DEVIDO PROCESSO LEGAL. MATÉRIA COM REPERCUSSÃO GERAL REJEITADA PELO PLENÁRIO DO STF NO ARE 748.371. TEMA 660. NEGATIVA DE PRESTAÇÃO JURISDICIONAL. INOCORRÊNCIA. OFENSA AO ARTIGO 93, IX, DA CF. INEXISTÊNCIA. REITERADA REJEIÇÃO DOS ARGUMENTOS EXPENDIDOS PELA PARTE NAS SEDES RECURSAIS ANTERIORES. RECURSO INTERPOSTO SOB A ÉGIDE DO NOVO CÓDIGO DE PROCESSO CIVIL. MAJORAÇÃO DOS HONORÁRIOS DE SUCUMBÊNCIA. AGRAVO INTERNO DESPROVIDO. (ARE 978821 AgR, Relator(a): Min. LUIZ FUX, Primeira Turma, julgado em 29/03/2019, PROCESSO ELETRÔNICO DJe-071 DIVULG 05-04-2019 PUBLIC 08-04-2019)

◙ Falecimento, no âmbito do sistema prisional, de custodiado

RECURSO EXTRAORDINÁRIO – RESPONSABILIDADE CIVIL – ESTADO -CUSTODIADO – ÓBITO – PRECEDENTE DO PLENÁRIO. Inobservado dever específico de proteção, na forma assentada pelas instâncias ordinárias a partir do exame de quadro fático, surge a responsabilidade civil do Estado a direcionar a procedência do pedido de indenização em razão do falecimento, no âmbito do sistema prisional, de custodiado. Precedente do Plenário: recurso extraordinário nº 841.526, relatado pelo ministro Luiz Fux no Pleno, sob a sistemática da repercussão geral, acórdão publicado no Diário da Justiça de 1º de agosto de 2016. AGRAVO – MULTA – ARTIGO 1.021, § 4º, DO CÓDIGO DE PROCESSO CIVIL DE 2015. Se o agravo é manifestamente inadmissível ou improcedente, impõe-se a aplicação da multa prevista no § 4º do artigo 1.021 do Código de Processo Civil de 2015, arcando a parte com o ônus decorrente da litigância protelatória. (RE 1177865 AgR, Relator(a): Min. MARCO AURÉLIO, Primeira Turma, julgado em 26/03/2019, PROCESSO ELETRÔNICO DJe-086 DIVULG 25-04-2019 PUBLIC 26-04-2019)

◙ Responsabilidade da Administração por encargos trabalhistas inadimplidos pela empresa contratada junto aos seus empregados em contratos administrativos. Informativo 862 do STF

O inadimplemento dos encargos trabalhistas dos empregados do contratado não transfere automaticamente ao poder público contratante a responsabilidade pelo seu pagamento, seja em caráter solidário ou subsidiário, nos termos do art. 71, § 1º, da Lei 8.666/1993. A Corte entendeu que uma interpretação conforme do art. 71 da Lei 8.666/1993, com o reconhecimento da responsabilidade subsidiária da Administração Pública, infirma a decisão tomada no julgamento da ADC 16/DF (DJE de 9-9-2011), nulificando, por conseguinte, a coisa julgada formada sobre a declaração de constitucionalidade do dispositivo legal. Observou que, com o advento da Lei 9.032/1995, o legislador buscou excluir a responsabilidade subsidiária da Administração, exatamente para evitar o descumprimento do disposto no art. 71 da Lei 8.666/1993, declarado constitucional pela Corte. *Anotou que a imputação da culpa in vigilando ou in elegendo à Administração Pública, por suposta deficiência na fiscalização da fiel observância das normas trabalhistas pela empresa contratada, somente pode acontecer nos casos em que se tenha a efetiva comprovação da ausência de fiscalização.* Nesse ponto, asseverou que a alegada ausência de comprovação em juízo da efetiva fiscalização do contrato não substitui a necessidade de prova taxativa do nexo de causalidade entre a conduta da Administração e o dano sofrido. Ao final, pontuou que a Lei 9.032/1995 (art. 4º), que alterou o disposto no § 2º do art. 71 da Lei 8.666/1993, restringiu a solidariedade entre contratante e contratado apenas quanto aos encargos previdenciários resultantes da execução do contrato, nos termos do art. 31 da Lei 8.212/1991. (RE 760.931, rel. p/ o ac. min. Luiz Fux, j. 26-4-2017)

◙ Tiro de arma de fogo desferido por aluno em escola pública.

Professora. Tiro de arma de fogo desferido por aluno. Ofensa à integridade física em local de trabalho. Responsabilidade objetiva. Abrangência de atos omissivos. (ARE 663.647 AgR, rel. min. Cármen Lúcia, j. 14-2-2012, 1ª T, DJE de 6-3-2012.)

◙ Rompimento unilateral, pela Administração, do plano de pensão.

O dano suportado pelos servidores, derivado do rompimento unilateral pela administração do plano de pensão, consubstancia direito à indenização, na forma do § 6º do art. 37 da CF. Com o que se faz imperioso o reconhecimento da situação jurídica subjetiva dos recorrentes ante o Poder Público, sob pena de se chancelar o enriquecimento estatal sem causa. (RE 486.825, rel. min. Ayres Britto, j. 6-9-2011, 1ª T, DJE de 6-2-2012.)

◙ Latrocínio cometido por foragido.

Latrocínio cometido por foragido. Nexo de causalidade configurado. (...) A negligência estatal na vigilância do criminoso, a inércia das autoridades policiais diante da terceira fuga e o curto espaço de tempo que se seguiu antes do crime são suficientes para caracterizar o nexo de causalidade. Ato omissivo do Estado que enseja a responsabilidade objetiva nos termos do disposto no art. 37, § 6º, da CB. (RE 573.595 AgR, rel. min. Eros Grau, j. 24-6-2008, 2ª T, DJE de 15-8-2008.)

◙ Contaminação por material potencialmente infectocontagioso em hospital.

A jurisprudência dos tribunais em geral tem reconhecido a responsabilidade civil objetiva do Poder Público nas hipóteses em que o *eventus damni* ocorra em hospitais públicos (ou mantidos pelo Estado), ou derive de tratamento médico inadequado, ministrado por funcionário público, ou, então, resulte de conduta positiva (ação) ou negativa (omissão) imputável a servidor público com atuação na área médica. Servidora pública gestante, que, no desempenho de suas atividades laborais, foi exposta à contaminação pelo citomegalovírus, em decorrência de suas funções, que consistiam, essencialmente, no transporte de material potencialmente infecto-contagioso (sangue e urina de recém-nascidos). Filho recém-nascido acometido da "Síndrome de West", apresentando um quadro de paralisia cerebral, cegueira, tetraplegia, epilepsia e malformação encefálica, decorrente de infecção por citomegalovírus contraída por sua mãe, durante o período de gestação, no exercício de suas atribuições no berçário de hospital público. Configuração de todos os pressupostos primários determinadores do reconhecimento da responsabilidade civil objetiva do Poder Público, o que faz emergir o dever de indenização pelo dano pessoal e/ou patrimonial sofrido. (RE 495.740 AgR, rel. min. Celso de Mello, j. 15-4-2008, 2ª T, DJE de 14-8-2009.)

◘ Crime praticado por policial militar durante o período de folga, usando arma da corporação.

Vejamos o seguinte julgado:

> RESPONSABILIDADE CIVIL OBJETIVA DO PODER PÚBLICO - ELEMENTOS ESTRUTURAIS - PRESSUPOSTOS LEGITIMADORES DA INCIDÊNCIA DO ART. 37, § 6º, DA CONSTITUIÇÃO DA REPÚBLICA - TEORIA DO RISCO ADMINISTRATIVO - MORTE CAUSADA POR DISPARO EFETUADO COM ARMA DE FOGO PERTENCENTE À POLÍCIA MILITAR DO ESTADO DE SÃO PAULO E MANEJADA POR INTEGRANTE DESSA CORPORAÇÃO EM PERÍODO DE FOLGA- DANOS MORAIS E MATERIAIS - RESSARCIBILIDADE - DOUTRINA - JURISPRUDÊNCIA - RECURSO DE AGRAVO IMPROVIDO. - Os elementos que compõem a estrutura e delineiam o perfil da responsabilidade civil objetiva do Poder Público compreendem (a) a alteridade do dano, (b) a causalidade material entre o *eventus damni* e o comportamento positivo (ação) ou negativo (omissão) do agente público, (c) a oficialidade da atividade causal e lesiva imputável a agente do Poder Público que tenha, nessa específica condição, incidido em conduta comissiva ou omissiva, independentemente da licitude, ou não, do comportamento funcional e (d) a ausência de causa excludente da responsabilidade estatal. Precedentes. - Configuração de todos os pressupostos primários determinadores do reconhecimento da responsabilidade civil objetiva do Poder Público, o que faz emergir o dever de indenização pelo dano moral e/ou patrimonial sofrido. (STF - ARE: 751186 SP, Relator: Min. CELSO DE MELLO, Data de Julgamento: 02/12/2014, Segunda Turma, Data de Publicação: DJe-248 DIVULG 16-12-2014 PUBLIC 17-12-2014)

◘ Dano moral *in re ipsa* no caso de extravio de carta registrada.

Se a Empresa Brasileira de Correios e Telégrafos (ECT) não comprovar a efetiva entrega de carta registrada postada por consumidor nem demonstrar causa excludente de responsabilidade, há de se reconhecer o direito a reparação por danos morais *in re ipsa*, desde que o consumidor comprove minimamente a celebração do contrato de entrega da carta registrada. • EREsp 1.097.266-PB. 2015.

◘ ADI: reconhecimento de responsabilidade civil do Estado e iniciativa legislativa.

Norma de iniciativa parlamentar que autoriza o Poder Executivo estadual a reconhecer sua responsabilidade civil pelas violações aos direitos à vida e à integridade física e psicológica decorrentes das atuações de seus agentes contra cidadãos sob a guarda legal do Estado não viola o art. 61, § 1º, II, b, da CF, que fixa a competência privativa do Presidente da República para dispor sobre a organização administrativa e judiciária, matéria tributária e orçamentária, serviços públicos e pessoal da administração dos Territórios. Ademais, a disciplina estabelecida na norma impugnada, a dispor sobre responsabilidade civil – matéria de reserva legal –, seria, inclusive, salutar. Permitiria que a Administração reconhecesse, *"motu proprio"*, a existência de violação aos direitos nela mencionados. ADI 2255/ES, Rel. Min. Gilmar Mendes, 19.11.14. Pleno.

REPERCUSSÃO GERAL: RESPONSABILIDADE CIVIL DO ESTADO

RG – Recurso Extraordinário. Trabalhista. Natureza jurídica da responsabilidade do empregador de reparar danos a empregado, decorrentes de acidente do trabalho. Artigo 7º, XXVIII, da Constituição Federal. Repercussão geral reconhecida.

STF – Repercussão Geral no RE 828.040 – j. 10/2/2017 – julgado por Gilmar Mendes – DJe 9/11/2017 – Área do Direito: Constitucional; Processual; Trabalho

> Tese: O artigo 927, parágrafo único, do Código Civil é compatível com o artigo 7º, XXVIII, da Constituição Federal, sendo constitucional a responsabilização objetiva do empregador por danos decorrentes de acidentes de trabalho, nos casos especificados em lei, ou quando a atividade normalmente desenvolvida, por sua natureza, apresentar exposição habitual a risco especial, com potencialidade lesiva e implicar ao trabalhador ônus maior do que aos demais membros da coletividade.

RG – Direito à saúde. Tratamento médico. Responsabilidade solidária dos entes federados. Reafirmação de jurisprudência.

STF – Repercussão Geral no RE 855.178 – Plenário – j. 5/3/2015 – julgado por Luiz Fux – Área do Direito: Constitucional; Administrativo

Ementa Oficial:

RECURSO EXTRAORDINÁRIO. CONSTITUCIONAL E ADMINISTRATIVO. DIREITO À SAÚDE. TRATAMENTO MÉDICO. RESPONSABILIDADE SOLIDÁRIA DOS ENTES FEDERADOS. REPERCUSSÃO GERAL RECONHECIDA. REAFIRMAÇÃO DE JURISPRUDÊNCIA.

O tratamento médico adequado aos necessitados se insere no rol dos deveres do Estado, porquanto responsabilidade solidária dos entes federados. O polo passivo pode ser composto por qualquer um deles, isoladamente, ou conjuntamente.

RG – Responsabilidade civil do Estado – Morte de detento em estabelecimento penitenciário

STF – Repercussão Geral no RE com Ag 638.467 – j. 30/8/2012 – m.v. – julgado por Luiz Fux – DJe 4/10/2012 – Área do Direito: Constitucional; Civil; Processual

REPERCUSSÃO GERAL – Ocorrência – Responsabilidade civil do Estado – Morte de detento em estabelecimento penitenciário – Questão relevante do ponto de vista econômico, político, social e jurídico, transcendendo os interesses da causa – Inteligência do art. 37, § 6.º, da CF/1988 e art. 543-A, § 1.º, do CPC.

Ementa Oficial:

Recurso extraordinário com agravo. Responsabilidade civil objetiva do Estado por morte de detento. Relevância da matéria e transcendência de interesses. Manifestação pela existência de repercussão geral da questão constitucional.

RG – Ministro de Estado que acusa empresário de ter interesse em grampo telefônico do qual fora vítima

STF – Repercussão Geral no RE 685.493 – j. 10/8/2012 – julgado por Marco Aurélio Mendes de Farias Mello – DJe 1/10/2012 – Área do Direito: Constitucional; Penal; Processual

DANO MORAL – Ministro de Estado que acusa empresário de ter interesse em grampo telefônico do qual fora vítima – Controvérsia sobre a configuração de ofensa à honra decorrente da manifestação de pensamento do agente público, tomando por base o dever de informar – Existência de repercussão geral.

> TESE: Ante conflito entre a liberdade de expressão de agente político, na defesa da coisa pública, e honra de terceiro, há de prevalecer o interesse coletivo.

RG – Dever de empresa hospedeira de sítio na internet fiscalizar o conteúdo publicado e de retirá-lo do ar quando considerado ofensivo, sem intervenção do Judiciário.

STF – Repercussão Geral no RE com Ag 660.861 – j. 22/3/2012 – julgado por Luiz Fux – Área do Direito: Civil

REPERCUSSÃO GERAL – Ocorrência – Dever de empresa hospedeira de sítio na internet fiscalizar o conteúdo publicado e de retirá-lo do ar quando considerado ofensivo, sem intervenção do Judiciário.

Ementa Oficial:

GOOGLE – REDES SOCIAIS – SITES DE RELACIONAMENTO – PUBLICAÇÃO DE MENSAGENS NA INTERNET – CONTEÚDO OFENSIVO – RESPONSABILIDADE CIVIL DO PROVEDOR – DANOS MORAIS – INDENIZAÇÃO – COLISÃO ENTRE LIBERDADE DE EXPRESSÃO E DE INFORMAÇÃO vs. DIREITO À PRIVACIDADE, À INTIMIDADE, À HONRA E À IMAGEM. REPERCUSSÃO GERAL RECONHECIDA PELO PLENÁRIO VIRTUAL DESTA CORTE.

RG – Responsabilidade civil do Estado por dano moral decorrente de publicação da remuneração de servidor público em site na internet.

STF – Repercussão Geral no RE com Ag 652.777 – j. 29/9/2011 – julgado por Carlos Ayres Britto – Área do Direito: Constitucional; Administrativo

REPERCUSSÃO GERAL – Ocorrência – Responsabilidade civil do Estado por dano moral decorrente de publicação da remuneração de servidor público em site na internet.

> Decisão: O Tribunal reconheceu a existência de repercussão geral da questão constitucional suscitada, vencidos os Ministros Marco Aurélio e Celso de Mello, mas, no mérito, não reafirmou a jurisprudência dominante sobre a matéria, que será submetida a posterior julgamento. Não se manifestaram os Ministros Cezar Peluso, Joaquim Barbosa e Cármen Lúcia. Ministro AYRES BRITTO Relator

RG – Responsabilidade civil – Proprietário de terras que cultiva plantas psicotrópicas

STF – Repercussão Geral no RE 635.336 – Plenário – j. 27/4/2011 – julgado por Antonio Cezar Peluso – DJe 31/8/2011 – Área do Direito: Constitucional; Civil; Processual

REPERCUSSÃO GERAL – Ocorrência – Responsabilidade civil – Proprietário de terras que cultiva plantas psicotrópicas – Possível reconhecimento da responsabilidade objetiva na decretação do confisco de terras que possui impacto político e social – Inteligência do art. 243 da CF/1988.

> Ementa Oficial:
>
> Recurso extraordinário. 2. Constitucional. Administrativo. Cultivo ilegal de plantas psicotrópicas. Expropriação. Art. 243 da CF/88. Regime de responsabilidade. 3. Emenda Constitucional 81/2014. Inexistência de mudança substancial na responsabilidade do proprietário. 4. Expropriação de caráter sancionatório. Confisco constitucional. Responsabilidade subjetiva, com inversão de ônus da prova. 5. Fixada a tese: "A expropriação prevista no art. 243 da CF pode ser afastada, desde que o proprietário comprove que não incorreu em culpa, ainda que in vigilando ou in eligendo". 6. Responsabilidade subjetiva dos proprietários assentada pelo Tribunal Regional. 7. Negado provimento ao recurso extraordinário.

RG – Responsabilidade do Estado por danos morais decorrentes de superlotação carcerária.

STF – Repercussão Geral no RE 580.252 – j. 17/2/2011 – julgado por Carlos Ayres Britto – Área do Direito: Civil; Penal

REPERCUSSÃO GERAL – Ocorrência – Responsabilidade do Estado por danos morais decorrentes de superlotação carcerária.

> Ementa Oficial:

Recurso extraordinário representativo da controvérsia. Repercussão Geral. Constitucional. Responsabilidade civil do Estado. Art. 37, § 6º. 2. Violação a direitos fundamentais causadora de danos pessoais a detentos em estabelecimentos carcerários. Indenização. Cabimento. O dever de ressarcir danos, inclusive morais, efetivamente causados por ato de agentes estatais ou pela inadequação dos serviços públicos decorre diretamente do art. 37, § 6º, da Constituição, disposição normativa autoaplicável. Ocorrendo o dano e estabelecido o nexo causal com a atuação da Administração ou de seus agentes, nasce a responsabilidade civil do Estado. 3. "Princípio da reserva do possível". Inaplicabilidade. O Estado é responsável pela guarda e segurança das pessoas submetidas a encarceramento, enquanto permanecerem detidas. É seu dever mantê-las em condições carcerárias com mínimos padrões de humanidade estabelecidos em lei, bem como, se for o caso, ressarcir danos que daí decorrerem. 4. A violação a direitos fundamentais causadora de danos pessoais a detentos em estabelecimentos carcerários não pode ser simplesmente relevada ao argumento de que a indenização não tem alcance para eliminar o grave problema prisional globalmente considerado, que depende da definição e da implantação de políticas públicas específicas, providências de atribuição legislativa e administrativa, não de provimentos judiciais. Esse argumento, se admitido, acabaria por justificar a perpetuação da desumana situação que se constata em presídios como o de que trata a presente demanda. 5. A garantia mínima de segurança pessoal, física e psíquica, dos detentos, constitui dever estatal que possui amplo lastro não apenas no ordenamento nacional (Constituição Federal, art. 5º, XLVII, "e"; XLVIII; XLIX; Lei 7.210/84 (LEP), arts. 10; 11; 12; 40; 85; 87; 88; Lei 9.455/97 - crime de tortura; Lei 12.874/13 Sistema Nacional de Prevenção e Combate à Tortura), como, também, em fontes normativas internacionais adotadas pelo Brasil (Pacto Internacional de Direitos Civis e Políticos das Nações Unidas, de 1966, arts. 2; 7; 10; e 14; Convenção Americana de Direitos Humanos, de 1969, arts. 5º; 11; 25; Princípios e Boas Práticas para a Proteção de Pessoas Privadas de Liberdade nas Américas Resolução 01/08, aprovada em 13 de março de 2008, pela Comissão Interamericana de Direitos Humanos; Convenção da ONU contra Tortura e Outros Tratamentos ou Penas Cruéis, Desumanos ou Degradantes, de 1984; e Regras Mínimas para o Tratamento de Prisioneiros adotadas no 1º Congresso das Nações Unidas para a Prevenção ao Crime e Tratamento de Delinquentes, de 1955). 6. Aplicação analógica do art. 126 da Lei de Execuções Penais. Remição da pena como indenização. Impossibilidade. A reparação dos danos deve ocorrer em pecúnia, não em redução da pena. Maioria. 7. Fixada a tese: "Considerando que é dever do Estado, imposto pelo sistema normativo, manter em seus presídios os padrões mínimos de humanidade previstos no ordenamento jurídico, é de sua responsabilidade, nos termos do art. 37, § 6º, da Constituição, a obrigação de ressarcir os danos, inclusive morais, comprovadamente causados aos detentos em decorrência da falta ou insuficiência das condições legais de encarceramento". 8. Recurso extraordinário provido para restabelecer a condenação do Estado ao pagamento de R$ 2.000,00 (dois mil reais) ao autor, para reparação de danos extrapatrimoniais, nos termos do acórdão proferido no julgamento da apelação.

(RE 580252, Relator(a): TEORI ZAVASCKI, Relator(a) p/ Acórdão: GILMAR MENDES, Tribunal Pleno, julgado em 16/02/2017, ACÓRDÃO ELETRÔNICO REPERCUSSÃO GERAL - MÉRITO DJe-204 DIVULG 08-09-2017 PUBLIC 11-09-2017)

RG – Responsabilidade civil do Estado por ato praticado por preso foragido.

STF – Repercussão Geral no RE 608.880 – j. 3/2/2011 – julgado por Marco Aurélio Mendes de Farias Mello – Área do Direito: Administrativo

REPERCUSSÃO GERAL – Ocorrência – Responsabilidade civil do Estado por ato praticado por preso foragido.

Ementa Oficial:

EMENTA. CONSTITUCIONAL E ADMINISTRATIVO. RESPONSABILIDADE CIVIL DO ESTADO. ART. 37, § 6º, DA CONSTITUIÇÃO. PESSOA CONDENADA CRIMINALMENTE, FORAGIDA DO SISTEMA PRISIONAL. DANO CAUSADO A TERCEIROS. INEXISTÊNCIA DE NEXO CAUSAL ENTRE O ATO DA FUGA E A CONDUTA DANOSA. AUSÊNCIA DE DEVER DE INDENIZAR DO ESTADO. PROVIMENTO DO RECURSO EXTRAORDINÁRIO. 1. A responsabilidade civil das pessoas jurídicas de direito público e das pessoas jurídicas de direito privado prestadoras de serviço público baseia-se no risco administrativo, sendo objetiva, exige os seguintes requisitos: ocorrência do dano; ação ou omissão administrativa; existência de nexo causal entre o dano e a ação ou omissão administrativa e ausência de causa excludente da responsabilidade estatal. . 2. A jurisprudência desta CORTE, inclusive, entende ser objetiva a responsabilidade civil decorrente de omissão, seja das pessoas jurídicas de direito público ou das pessoas jurídicas de direito privado prestadoras de serviço público. 3. Entretanto, o princípio da responsabilidade objetiva não se reveste de caráter absoluto, eis que admite o abrandamento e, até mesmo, a exclusão da própria responsabilidade civil do Estado, nas hipóteses excepcionais configuradoras de situações liberatórias como o caso fortuito e a força maior ou evidências de ocorrência de culpa atribuível à própria vítima. 4. A fuga de presidiário e o cometimento de crime, sem qualquer relação lógica com sua evasão, extirpa o elemento normativo, segundo o qual a responsabilidade civil só se estabelece em relação aos efeitos diretos e imediatos causados pela conduta do agente. Nesse cenário, em que não há causalidade direta para fins de atribuição de responsabilidade civil extracontratual do Poder Público, não se apresentam os requisitos necessários para a imputação da responsabilidade objetiva prevista na Constituição Federal - em especial, como já citado, por ausência do nexo causal. 5. Recurso Extraordinário a que se dá provimento para julgar improcedentes os pedidos iniciais. Tema 362, fixada a seguinte tese de repercussão geral: "Nos termos do artigo 37, § 6º, da Constituição Federal, não se caracteriza a responsabilidade civil objetiva do Estado por danos decorrentes de crime praticado por pessoa foragida do sistema prisional, quando não demonstrado o nexo causal direto entre o momento da fuga e a conduta praticada" .

(RE 608880, Relator(a): MARCO AURÉLIO, Relator(a) p/ Acórdão: ALEXANDRE DE MORAES, Tribunal Pleno, julgado em 08/09/2020, PROCESSO ELETRÔNICO REPERCUSSÃO GERAL - MÉRITO DJe-240 DIVULG 30-09-2020 PUBLIC 01-10-2020)

RG – Responsabilidade civil do Estado por danos decorrentes de omissão do dever de fiscalizar comércio de fogos de artifício em residência.

STF – Repercussão Geral no RE 136.861 – j. 1/2/2011 – julgado por Joaquim Barbosa – Área do Direito: Civil; Administrativo

REPERCUSSÃO GERAL – Ocorrência – Responsabilidade civil do Estado por danos decorrentes de omissão do dever de fiscalizar comércio de fogos de artifício em residência.

Ementa Oficial:

> Ementa: RECURSO EXTRAORDINÁRIO COM REPERCUSSÃO GERAL RECONHECIDA. DIREITO CONSTITUCIONAL E ADMINISTRATIVO. RESPONSABILIDADE CIVIL DO ESTADO POR OMISSÃO. ART. 37, § 6º, DA CONSTITUIÇÃO FEDERAL. FISCALIZAÇÃO DO COMÉRCIO DE FOGOS DE ARTIFÍCIO. TEORIA DO RISCO ADMINISTRATIVO. RESPONSABILIDADE OBJETIVA. NECESSIDADE DE VIOLAÇÃO DO DEVER JURÍDICO ESPECÍFICO DE AGIR. 1. A Constituição Federal, no art. 37, § 6º, consagra a responsabilidade civil objetiva das pessoas jurídicas de direito público e das pessoas de direito privado prestadoras de serviços públicos. Aplicação da teoria do risco administrativo. Precedentes da CORTE. 2. Para a caracterização da responsabilidade civil estatal, há a necessidade da observância de requisitos mínimos para aplicação da responsabilidade objetiva, quais sejam: a) existência de um dano; b) ação ou omissão administrativa; c) ocorrência de nexo causal entre o dano e a ação ou omissão administrativa; e d) ausência de causa excludente da responsabilidade estatal. 3. Na hipótese, o Tribunal de Justiça do Estado de São Paulo concluiu, pautado na doutrina da teoria do risco administrativo e com base na legislação local, que não poderia ser atribuída ao Município de São Paulo a responsabilidade civil pela explosão ocorrida em loja de fogos de artifício. Entendeu-se que não houve omissão estatal na fiscalização da atividade, uma vez que os proprietários do comércio desenvolviam a atividade de forma clandestina, pois ausente a autorização estatal para comercialização de fogos de artifício. 4. Fixada a seguinte tese de Repercussão Geral: "Para que fique caracterizada a responsabilidade civil do Estado por danos decorrentes do comércio de fogos de artifício, é necessário que exista a violação de um dever jurídico específico de agir, que ocorrerá quando for concedida a licença para funcionamento sem as cautelas legais ou quando for de conhecimento do poder público eventuais irregularidades praticadas pelo particular". 5. Recurso extraordinário desprovido.

(RE 136861, Relator(a): EDSON FACHIN, Relator(a) p/ Acórdão: ALEXANDRE DE MORAES, Tribunal Pleno, julgado em 11/03/2020, ACÓRDÃO ELETRÔNICO REPERCUSSÃO GERAL - MÉRITO DJe-201 DIVULG 12-08-2020 PUBLIC 13-08-2020)

RG – Administração pública – Responsabilidade subsidiária – Exame da constitucionalidade do art. 71, § 1.º, da Lei 8.666/1993

STF – Repercussão Geral no RE 603.397 – j. 4/2/2010 – julgado por Ellen Gracie Northfleet – Área do Direito: Constitucional; Processual; Trabalho

REPERCUSSÃO GERAL – Ocorrência – Administração pública – Responsabilidade subsidiária – Exame da constitucionalidade do art. 71, § 1.º, da Lei 8.666/1993 – Existência de repercussão geral.

Ementa Oficial:

ADMINISTRATIVO. RESPONSABILIDADE SUBSIDIÁRIA DA ADMINISTRAÇÃO PÚBLICA POR ENCARGOS TRABALHISTAS EM FACE DO INADIMPLEMENTO DE EMPRESA PRESTADORA DE SERVIÇO. EXAME DA CONSTITUCIONALIDADE DO ART. 71, § 1º, DA LEI 8.666/1993. EXISTÊNCIA DE REPERCUSSÃO GERAL.

RG – Discussão entre a limitação do quantum indenizatório previsto na Convenção de Varsóvia, e o princípio constitucional da indenizabilidade irrestrita

STF – Repercussão Geral no RE 762184 – j. 22/10/2009 – julgado por Antonio Cezar Peluso – WEB 22/10/2009 – Área do Direito: Civil; Consumidor

REPERCUSSÃO GERAL – Ocorrência – Discussão entre a limitação do quantum indenizatório previsto na Convenção de Varsóvia, e o princípio constitucional da indenizabilidade irrestrita – Matéria que transcende os limites subjetivos da causa – Uniformização jurisprudencial que, ademais, se coaduna com a observância do princípio da segurança jurídica – Inteligência do art. 543, § 2.º, do CPC.

Ementa Oficial:

RECURSO. Extraordinário. Extravio de bagagem. Limitação de danos materiais e morais. Convenção de Varsóvia. Código de Defesa do Consumidor. Princípio constitucional da indenizabilidade irrestrita. Norma prevalecente. Relevância da questão. Repercussão geral reconhecida. Apresenta repercussão geral o recurso extraordinário que verse sobre a possibilidade de limitação, com fundamento na Convenção de Varsóvia, das indenizações de danos morais e materiais, decorrentes de extravio de bagagem.

RG – Competência jurisdicional para processar e julgar ação de reparação de danos causados por crítica veiculada pela internet.

STF – Repercussão Geral no RE 601.220-0 – j. 11/9/2009 – julgado por Eros Roberto Grau – Área do Direito: Civil; Processual

REPERCUSSÃO GERAL – Ocorrência – Competência jurisdicional para processar e julgar ação de reparação de danos causados por crítica veiculada pela internet.

Ementa Oficial:

RECURSO EXTRAORDINÁRIO. REPARAÇÃO DE DANOS. OBRIGAÇÃO DE FAZER. COMPETÊNCIA. FORO. INFORMAÇÃO. INTERNET. REPERCUSSÃO GERAL. EXISTÊNCIA.

RG – Responsabilidade objetiva do Estado em caso de responsabilidade civil da pessoa jurídica de direito privado prestadora de serviço público em relação a terceiros não-usuários do serviço.

STF – Repercussão Geral no RE 591.874-2 – j. 23/10/2008 – julgado por Enrique Ricardo Lewandowski – Área do Direito: Administrativo

REPERCUSSÃO GERAL – Ocorrência – Responsabilidade objetiva do Estado em caso de responsabilidade civil da pessoa jurídica de direito privado prestadora de serviço público em relação a terceiros não-usuários do serviço.

Ementa Oficial:

> EMENTA: CONSTITUCIONAL. RESPONSABILIDADE DO ESTADO. ART. 37, § 6º, DA CONSTITUIÇÃO. PESSOAS JURÍDICAS DE DIREITO PRIVADO PRESTADORAS DE SERVIÇO PÚBLICO. CONCESSIONÁRIO OU PERMISSIONÁRIO DO SERVIÇO DE TRANSPORTE COLETIVO. RESPONSABILIDADE OBJETIVA EM RELAÇÃO A TERCEIROS NÃO-USUÁRIOS DO SERVIÇO. RECURSO DESPROVIDO. I - A responsabilidade civil das pessoas jurídicas de direito privado prestadoras de serviço público é objetiva relativamente a terceiros usuários e não-usuários do serviço, segundo decorre do art. 37, § 6º, da Constituição Federal. II - A inequívoca presença do nexo de causalidade entre o ato administrativo e o dano causado ao terceiro não-usuário do serviço público, é condição suficiente para estabelecer a responsabilidade objetiva da pessoa jurídica de direito privado. III - Recurso extraordinário desprovido.
>
> (RE 591874, Relator(a): RICARDO LEWANDOWSKI, Tribunal Pleno, julgado em 26/08/2009, REPERCUSSÃO GERAL - MÉRITO DJe-237 DIVULG 17-12-2009 PUBLIC 18-12-2009 EMENT VOL-02387-10 PP-01820 RTJ VOL-00222-01 PP-00500)

REPETITIVOS

RT – Responsabilidade civil – Dano ambiental – Vazamento de produto químico em área pesqueira – Teoria do risco integral.

STJ – Resp – j. 26/3/2014 – julgado por Luis Felipe Salomão – DJe 5/5/2014 – Área do Direito: Civil; Ambiental

RECURSO ESPECIAL REPRESENTATIVO DE CONTROVÉRSIA – Responsabilidade civil – Dano ambiental – Vazamento de produto químico em área pesqueira – Teoria do risco integral.

Ementa Oficial:

EMENTA

RESPONSABILIDADE CIVIL POR DANO AMBIENTAL. RECURSO ESPECIAL REPRESENTATIVO DE CONTROVÉRSIA. ART. 543-C DO CPC. DANOS DECORRENTES DE VAZAMENTO DE AMÔNIA NO RIO SERGIPE. ACIDENTE AMBIENTAL OCORRIDO EM OUTUBRO DE 2008.

1. Para fins do art. 543-C do Código de Processo Civil: a) para demonstração da legitimidade para vindicar indenização por dano ambiental que resultou na redução da pesca na área atingida, o registro de pescador profissional e a habilitação ao benefício do seguro-desemprego, durante o período de defeso, somados a outros elementos de prova que permitam o convencimento do magistrado acerca do exercício dessa atividade, são idôneos à sua comprovação; b) a responsabilidade por dano ambiental é objetiva, informada pela teoria do risco integral, sendo o nexo de causalidade o fator aglutinante que permite que o risco se integre na unidade do ato, sendo descabida a invocação, pela empresa responsável pelo dano ambiental, de excludentes de responsabilidade civil para afastar a sua obrigação de indenizar; c) é inadequado pretender conferir à reparação civil dos danos ambientais caráter punitivo imediato, pois a punição é função que incumbe ao direito penal e administrativo; d) em vista das circunstâncias específicas e homogeneidade dos efeitos do dano ambiental verificado no ecossistema do rio Sergipe – afetando significativamente, por cerca de seis meses, o volume pescado e a renda dos pescadores na região afetada -, sem que tenha sido dado amparo pela poluidora para mitigação dos danos morais experimentados e demonstrados por aqueles que extraem o sustento da pesca profissional, não se justifica, em sede de recurso especial, a revisão do quantum arbitrado, a título de compensação por danos morais, em R$ 3.000,00 (três mil reais); e) o dano material somente é indenizável mediante prova efetiva de sua ocorrência, não havendo falar em indenização por lucros cessantes dissociada do dano efetivamente demonstrado nos autos; assim, se durante o interregno em que foram experimentados os efeitos do dano ambiental houve o período de "defeso" – incidindo a proibição sobre toda atividade de pesca do lesado -, não há cogitar em indenização por lucros cessantes durante essa vedação; f) no caso concreto, os honorários advocatícios, fixados em 20% (vinte por cento) do valor da condenação arbitrada para o acidente – em atenção às características específicas da demanda e à ampla dilação probatória -, mostram-se adequados, não se justificando a revisão, em sede de recurso especial.

RT – PRESCRIÇÃO – Ação indenizatória – Fazenda Pública – Aplicação do prazo quinquenal previsto no art. 1.º do Dec. 20.910/1932 em desfavor do lapso trienal estabelecido no art. 206, § 3.º, V, do CC/2002

STJ – Resp 1.251.993 – j. 12/12/2012 – v.u. – julgado por Mauro Campbell Marques – DJe 19/12/2012 – Área do Direito: Civil; Administrativo

PRESCRIÇÃO – Ação indenizatória – Fazenda Pública – Aplicação do prazo quinquenal previsto no art. 1.º do Dec. 20.910/1932 em desfavor do lapso trienal estabelecido no art. 206, § 3.º, V, do CC/2002 – Admissibilidade – Norma especial que deve prevalecer sobre lei geral.

> TESE FIRMADA: Aplica-se o prazo prescricional quinquenal - previsto do Decreto 20.910/32 - nas ações indenizatórias ajuizadas contra a Fazenda Pública, em detrimento do prazo trienal contido do Código Civil de 2002.

RT – RESPONSABILIDADE CIVIL. Prestador de serviço de transporte ferroviário. Culpa exclusiva da vítima.

STJ – Resp 1.210.064 – j. 8/8/2012 – julgado por Luis Felipe Salomão – DJe 31/8/2012 – Área do Direito: Civil; Processual

RESPONSABILIDADE CIVIL. Prestador de serviço de transporte ferroviário. Culpa exclusiva da vítima. Aplicabilidade da Súmula 7 do STJ.

> TESE FIRMADA: A despeito de situações fáticas variadas no tocante ao descumprimento do dever de segurança e vigilância contínua das vias férreas, a responsabilização da concessionária é uma constante, passível de ser elidida tão somente quando cabalmente comprovada a culpa exclusiva da vítima. Para os fins da sistemática prevista no art. 543-C do CPC, citam-se algumas situações: (i) existência de cercas ao longo da via, mas caracterizadas pela sua vulnerabilidade, insuscetíveis de impedir a abertura de passagens clandestinas, ainda quando existente passarela nas imediações do local do sinistro; (ii) a própria inexistência de cercadura ao longo de toda a ferrovia; (iii) a falta de vigilância constante e de manutenção da incolumidade dos muros destinados à vedação do acesso à linha férrea pelos pedestres; (iv) a ausência parcial ou total de sinalização adequada a indicar o perigo representado pelo tráfego das composições.

RT – ACIDENTE FERROVIÁRIO – Indenização – Responsabilidade objetiva do Estado – Inadmissibilidade – Hipótese de conduta omissiva que torna imprescindível a caracterização da culpa, evidenciada, no caso, pela negligência do dever de segurança, fiscalização e sinalização da via – Concorrência da vítima para o evento, todavia, que reduz o quantum indenizatório à metade

STJ – Resp 1.172.421 – j. 8/8/2012 – julgado por Luis Felipe Salomão – DJe 19/9/2012 – Área do Direito: Civil

ACIDENTE FERROVIÁRIO – Indenização – Responsabilidade objetiva do Estado – Inadmissibilidade – Hipótese de conduta omissiva que torna imprescindível a caracterização da culpa, evidenciada, no caso, pela negligência do dever de segurança, fiscalização e sinalização da via – Concorrência da vítima para o evento, todavia, que reduz o quantum indenizatório à metade.

Ementa Oficial:

RESPONSABILIDADE CIVIL. RECURSO ESPECIAL SUBMETIDO À SISTEMÁTICA PREVISTA NO ART. 543-C DO CPC. ACIDENTE FERROVIÁRIO. VÍTIMA FATAL. CONCORRÊNCIA DE CAUSAS: CONDUTA IMPRUDENTE DA VÍTIMA E DESCUMPRIMENTO DO DEVER LEGAL DE SEGURANÇA E FISCALIZAÇÃO DA LINHA FÉRREA. REDUÇÃO DA INDENIZAÇÃO POR DANOS MORAIS PELA METADE. INDENIZAÇÃO POR DANOS MATERIAIS. NÃO COMPROVAÇÃO DE DEPENDÊNCIA ECONÔMICA PELOS GENITORES. VÍTIMA MAIOR COM QUATRO FILHOS. SÚMULA 7 DO STJ.

1. A responsabilidade civil do Estado ou de delegatário de serviço público, no caso de conduta omissiva, só se concretiza quando presentes estiverem os elementos que caracterizam a culpa, a qual se origina, na espécie, do descumprimento do dever legal atribuído ao Poder Público de impedir a consumação do dano. Nesse segmento, para configuração do dever de reparação da concessionária em decorrência de atropelamento de transeunte em via férrea, devem ser comprovados o fato administrativo, o dano, o nexo direto de causalidade e a culpa.

2. A culpa da prestadora do serviço de transporte ferroviário configura-se, no caso de atropelamento de transeunte na via férrea, quando existente omissão ou negligência do dever de vedação física das faixas de domínio da ferrovia – com muros e cercas – bem como da sinalização e da fiscalização dessas medidas garantidoras da segurança na circulação da população. Precedentes.

3. A exemplo de outros diplomas legais anteriores, o Regulamento dos Transportes Ferroviários (Decreto 1.832/1996) disciplinou a segurança nos serviços ferroviários (art. 1º, inciso IV), impondo às administrações ferroviárias o cumprimento de medidas de segurança e regularidade do tráfego (art. 4º, I) bem como, nos termos do 'inciso IV do art. 54, a adoção de "medidas de natureza técnica, administrativa, de segurança e educativas destinadas a prevenir acidentes". Outrossim, atribuiu-lhes a função de vigilância, inclusive, quando necessário, em ação harmônica com as autoridades policiais (art. 55).

4. No caso sob exame, a instância ordinária consignou a concorrência de causas, uma vez que, concomitantemente à negligência da concessionária ao não se cercar das práticas de cuidado necessário para evitar a ocorrência de sinistros, houve imprudência na conduta da vítima, que atravessou a linha férrea em local inapropriado, próximo a uma passarela, o que acarreta a redução da indenização por dano moral à metade.

5. Para efeitos do art. 543-C do CPC: no caso de atropelamento de pedestre em via férrea, configura-se a concorrência de causas, impondo a redução da indenização por dano moral pela metade, quando: (i) a concessionária do transporte ferroviário descumpre o dever de cercar e fiscalizar os limites da linha férrea, mormente em locais urbanos e populosos, adotando conduta negligente no tocante às necessárias práticas de cuidado e vigilância tendentes a evitar a ocorrência de sinistros; e (ii) a vítima adota conduta imprudente, atravessando a via férrea em local inapropriado.

6. Recurso especial parcialmente conhecido e, nesta extensão, parcialmente provido. Acórdão submetido ao regime do art. 543-C do CPC e da Resolução STJ 08/2008.

STJ – Resp 1.114.398 – j. 8/2/2012 – julgado por Sidnei Beneti – Área do Direito: Civil; Processual

RT – RESPONSABILIDADE CIVIL – Denunciação da lide – Admissibilidade – Reparação de danos – Seguradora que pode ser condenada direta e solidariamente com o segurado – Dever de indenizar da litisdenunciada, ademais, que deve estar limitado ao contratado na apólice.

STJ – Resp 925.130 – j. 8/2/2012 – v.u. – julgado por Luis Felipe Salomão – DJe 20/4/2012 – Área do Direito: Civil; Processual

RESPONSABILIDADE CIVIL – Denunciação da lide – Admissibilidade – Reparação de danos – Seguradora que pode ser condenada direta e solidariamente com o segurado – Dever de indenizar da litisdenunciada, ademais, que deve estar limitado ao contratado na apólice.

Ementa Oficial:

Processual civil. Recurso especial representativo de controvérsia. Art. 543-C do CPC. Seguradora litisdenunciada em ação de reparação de danos movida em face do segurado. Condenação direta e solidária. Possibilidade.

1. Para fins do art. 543-C do CPC: Em ação de reparação de danos movida em face do segurado, a seguradora denunciada pode ser condenada direta e solidariamente junto com este a pagar a indenização devida à vítima, nos limites contratados na apólice.

2. Recurso especial não provido.

REsp 925.130/SP (2007/0030484-4).

RT – AÇÃO INDENIZATÓRIA – Dano moral – Instituição financeira – Falsificação de documentos para abertura de conta-corrente que causou lesões reflexas a não consumidor do serviço – Alegação de culpa exclusiva de terceiros – Irrelevância – Fortuito interno – Aplicação teoria da responsabilidade objetiva que decorre do risco inerente à atividade bancária – Verba devida.

STJ – Resp 1.199.782 – j. 24/8/2011 – julgado por Luis Felipe Salomão – DJe 12/9/2011 – Área do Direito: Civil; Bancário; Consumidor

AÇÃO INDENIZATÓRIA – Dano moral – Instituição financeira – Falsificação de documentos para abertura de conta-corrente que causou lesões reflexas a não consumidor do serviço – Alegação de culpa exclusiva de terceiros – Irrelevância – Fortuito interno – Aplicação teoria da responsabilidade objetiva que decorre do risco inerente à atividade bancária – Verba devida.

Ementa Oficial:

RECURSO ESPECIAL REPRESENTATIVO DE CONTROVÉRSIA. JULGAMENTO PELA SISTEMÁTICA DO ART. 543-C DO CPC. RESPONSABILIDADE CIVIL. INSTITUIÇÕES BANCÁRIAS. DANOS CAUSADOS POR FRAUDES E DELITOS

PRATICADOS POR TERCEIROS. RESPONSABILIDADE OBJETIVA. FORTUITO INTERNO. RISCO DO EMPREENDIMENTO.

1. Para efeitos do art. 543-C do CPC: As instituições bancárias respondem objetivamente pelos danos causados por fraudes ou delitos praticados por terceiros – como, por exemplo, abertura de conta-corrente ou recebimento de empréstimos mediante fraude ou utilização de documentos falsos -, porquanto tal responsabilidade decorre do risco do empreendimento, caracterizando-se como fortuito interno.

2. Recurso especial provido.

RT – Responsabilidade civil. Instituições bancárias. Danos causados por fraudes e delitos praticados por terceiros. Responsabilidade objetiva. Fortuito interno. Risco do empreendimento.

STJ – Resp 1.197.929 – j. 24/8/2011 – v.u. – julgado por Luis Felipe Salomão – DJe 12/9/2011 – Área do Direito: Civil; Penal; Processual

RECURSO ESPECIAL REPRESENTATIVO DE CONTROVÉRSIA. JULGAMENTO PELA SISTEMÁTICA DO ART. 543-C DO CPC. RESPONSABILIDADE CIVIL. INSTITUIÇÕES BANCÁRIAS. DANOS CAUSADOS POR FRAUDES E DELITOS PRATICADOS POR TERCEIROS. RESPONSABILIDADE OBJETIVA. FORTUITO INTERNO. RISCO DO EMPREENDIMENTO.

Ementa Oficial:

RECURSO ESPECIAL REPRESENTATIVO DE CONTROVÉRSIA. JULGAMENTO PELA SISTEMÁTICA DO ART. 543-C DO CPC. RESPONSABILIDADE CIVIL. INSTITUIÇÕES BANCÁRIAS. DANOS CAUSADOS POR FRAUDES E DELITOS PRATICADOS POR TERCEIROS. RESPONSABILIDADE OBJETIVA. FORTUITO INTERNO. RISCO DO EMPREENDIMENTO.

1. Para efeitos do art. 543-C do CPC: As instituições bancárias respondem objetivamente pelos danos causados por fraudes ou delitos praticados por terceiros – como, por exemplo, abertura de conta-corrente ou recebimento de empréstimos mediante fraude ou utilização de documentos falsos -, porquanto tal responsabilidade decorre do risco do empreendimento, caracterizando-se como fortuito interno.

2. Recurso especial provido.

REsp 1.197.929 – PR (2010/0111325-0).

RT – Caderneta de poupança – Correção monetária – Bloqueio dos ativos financeiros – Índice aplicável – Quantias retidas, sob a guarda do Banco Central do Brasil, por ocasião do Plano Collor – Incidência do BTNF, e não o IPC, conforme dispõe o art. 6.º, § 2.º, da Lei 8.024/1990

STJ – Resp 1.070.252 – j. 27/5/2009 – julgado por Luiz Fux – Área do Direito: Constitucional; Civil; Financeiro e Econômico; Bancário

RECURSO REPRESENTATIVO DE CONTROVÉRSIA – Caderneta de poupança – Correção monetária – Bloqueio dos ativos financeiros – Índice aplicável – Quantias retidas, sob a guarda do Banco Central do Brasil, por ocasião do Plano Collor – Incidência do BTNF, e não o IPC, conforme dispõe o art. 6.º, § 2.º, da Lei 8.024/1990.

LEGITIMIDADE PASSIVA AD CAUSAM – Ocorrência – Responsabilidade civil do Estado – Banco Central do Brasil – Cadernetas de poupança – Pagamento da correção monetária dos cruzados novos retidos pela implantação do Plano Collor – Instituição financeira que responde pelo creditamento somente após a transferência dos ativos – Bancos depositários que, ademais, são responsáveis pelo reajuste dos saldos referentes ao mês de março de 1990, bem como ao pertinente ao mês de abril do mesmo ano, referente às contas cujas datas de aniversário foram anteriores ao envio dos ativos.

Ementa Oficial:

PROCESSUAL CIVIL. RECURSO ESPECIAL REPRESENTATIVO DE CONTROVÉRSIA. ART. 543-C, DO CPC. ADMINISTRATIVO. PLANO COLLOR. CRUZADOS NOVOS RETIDOS. MEDIDA PROVISÓRIA Nº 168/90 E LEI Nº 8.024/90. LEGITIMIDADE PASSIVA AD CAUSAM DO BACEN. CORREÇÃO MONETÁRIA. BTNF. VIOLAÇÃO DO ART. 535, II, CPC. NÃO CONFIGURADA.

1. O Banco Central do Brasil ostenta, em princípio, legitimidade passiva ad causam para responder pela correção monetária dos cruzados novos retidos pela implantação do Plano Collor.

2. Os bancos depositários são responsáveis pela correção monetária dos ativos retidos até o momento em que esses foram transferidos ao Banco Central do Brasil. Conseqüentemente, os bancos depositários são legitimados passivos quanto à pretensão de reajuste dos saldos referente ao mês de março de 1990, bem como ao pertinente ao mês de abril do mesmo ano, referente às contas de poupança cujas datas de aniversário ou creditamento foram anteriores à transferência dos ativos. Precedentes: REsp 637.966 – RJ, DJ de 24 de abril de 2006; AgRg nos EDcl no REsp 214.577 – SP, DJ de 28 de novembro de 2005; RESP 332.966 – SP; DJ de 30 de junho 2003.

3. O IPC é o índice a ser utilizado para a correção monetária dos ativos retidos até a transferência destes para o BACEN, sendo certo que após a data da referida transferência, e no mês de abril de 1990, para as contas de poupança com aniversário na segunda quinzena, incide o BTNF, na forma do art. 6º, § 2º, da Lei 8.024/90. Precedentes do STJ: REsp 692.532/RJ, Rel. Ministro TEORI ALBINO ZAVASCKI, PRIMEIRA TURMA, DJ de 10/03/2008; AgRg nos EDcl no Ag 484.799/MG, Rel. Ministro HUMBERTO MARTINS, SEGUNDA TURMA, DJ 14/12/2007 e AgRg no Ag 811.661/SP, Rel. Ministro LUIZ FUX, PRIMEIRA TURMA, DJ 31/05/2007.

4. O Pleno do Supremo Tribunal Federal afastou a inconstitucionalidade do art. 6º, § 2º, da lei supracitada, instituidora do Plano Collor (precedentes: AgRg no Ag 706.995 – SP, DJ de 20 de fevereiro de 2006; REsp 637.311 – PE, DJ de 28 de novembro de 2005; REsp 652.692 – RJ, DJ de 22 de novembro de 2004).

5. Os Embargos de Declaração que enfrentam explicitamente a questão embargada não ensejam recurso especial pela violação do artigo 535, II, do CPC.

6. Recurso Especial desprovido. Acórdão submetido ao regime do art. 543-C do CPC e da Resolução STJ 08/2008.

ANOTAÇÕES

ANOTAÇÕES

EDITORA JusPODIVM
www.editorajuspodivm.com.br
RENOVA GRAF
www.renovagraf.com.br